중국문자학 핸드북

(상)

한자문명연구사업단
Hanja Civilization Research Center

한자총서 10

원저:『中國文字學手冊』

저자: 장극화(臧克和) 등

출판사: 중국 화동사범대학출판사, 2023.

This work was supported by the Ministry of Education of the Republic of Korea and the
National Research Foundation of Korea (NRF-2018S1A6A3A02043693)

中國敎育部人文社會科學重點硏究基地重大項目"全能型出土實物文字智能圖像識別硏究"(項目批准
號：22JJD740034)

中國敎育部人文社會科學重點硏究基地重大項目"全息型出土實物文字釋讀網絡查詢平台建設"(項目批
准號：22JJD740023)

한자문명연구사업단
Hanja Civilization Research Center

한국한자연구소 한자총서 10

중국문자학
핸드북

Handbook of Chinese Character Studies

장극화(臧克和) 외 지음
하영삼(河永三), 김화영(金和英) 옮김

도서출판 3

한국어 번역에 붙여

1.

『중국문자학 핸드북』은 한국 독자들에게 처음 소개되는 획기적인 중국문자학 분야의 종합 안내서입니다. 중국문자학의 권위자 화동사범대학의 장극화(臧克和) 교수를 필두로 한 한국, 중국, 일본의 23명의 최고 전문가들이 집필에 참여하여, 중국문자의 역사와 현재를 총망라한 이 책은 기존의 어떤 저작과도 비교할 수 없는 독보적인 위치를 차지합니다.

'핸드북(handbook)'은 특정 학문의 핵심 지식을 압축적으로 담은 참고서를 의미합니다. 그래서 이 책은 '중국문자학'을 이해하고 연구하기 위해 반드시 '손에 지니고 다녀야 하는 책'임을 선언합니다. 이 때문에 더없이 광범위한 '중국문자'의 영역을 체계적으로 정리하고 최신 연구 성과를 반영하여 학문적 깊이와 실용성을 동시에 추구하고 있습니다. 체계적 구성과 압축적 정보 제공을 통해 독자들은 필요한 지식을 효율적으로 습득할 수 있으며, 이는 연구자들의 심도 있는 탐구와 학생들의 체계적 학습을 동시에 지원할 것입니다. 물론 여기서 말하는 '중국문자'는 '중국에 존재하는 문자'를 지칭하는 광범위한 개념으로, 현재는 물론 역사적으로 존재했던 주요 문자들, 그리고 '한자'를 기반으로 만들어진 소수 민족의 문자들까지 포함합니다.

2.

이 책이 갖는 가장 큰 차별성은 학술적 깊이와 광범위한 포괄성의 완벽한 균형에 있습니다. 상고시대 갑골문자부터 현대 한자, 다양한 소수민족 문자, 그리고 한자문화권 국가들의 한자 사용까지 아우르며, 동시에 최신 연구 성과를 집대성했습니다. 이는 기존의 어떤 중국 문자학 서적도 이루지 못한 성과입니다.

특히 눈여겨보아야 할 부분은 지금까지 이루어진 관련 연구 성과의 개괄은 물론 상세한 참고자료를 구체적으로 제공한다는 점입니다. 중국문자학의 역사적 발전과정을 추적하면서 동시에 최신 연구 동향을 포괄적으로 다루고 있으며, 각 장에는 풍부한 연구 문헌 목록을 제공하여 독자들이 특정 주제에 대해 더 깊이 탐구할 수 있도록 했습니다. 이러한 구성은 초보자부터 전문 연구자까지 모든 수준의 독자들에게 유용한 자료로 활용될 수 있게 할 것입니다. 따라서 『중국문자학 핸드북』은 단순한 참고서를 넘어 이 분야의 표준을 제시하고 학문적 발전을 선도하는 핵심 자료로서의 역할을 수행할 것이라 확신합니다.

3.

이 책은 총 6장으로 구성되어 있으며, 각 장의 내용은 다음과 같습니다.

1. 서론: 중국 문자의 기원과 유형을 심도 있게 다루고 있습니다.
2. 한자의 이론: 한자의 본질, 구조, 간화 과정, 현대 한자의 특징을 상세히 설명하며, 이와 관련된 깊은 학술적인 이론이 포함되어 있습니다.
3. 역사 속의 한자: 갑골문, 금문, 간백(簡帛), 석각문자, 소전, 예서, 해서, 간화자 등 역사적 한자의 변천을 추적합니다.

4. 한자의 응용: 컴퓨터 기술, 서예, 교육, 문화와의 관계, 인공지능
   (AI) 등 현대적 응용을 탐구합니다.
5. 중국의 민족 문자: 서하 문자, 거란 문자, 여진 문자, 납서(納西)
   족 문자, 수(水)족 문자, 이(彝)족 문자 등 다양한 소수민족 문자
   를 소개합니다.
6. 한자문화권: 일본과 한국의 한자 사용 현황과 미래를 분석합니다.

이러한 구성을 통해 독자들은 중국 문자학의 전모를 파악할 수 있으
며, 이는 다른 어떤 책에서도 찾아볼 수 없는 이 책만의 강점이라 하겠
습니다.

더불어 이 책은 학술서임에도 불구하고 일반 독자들도 쉽게 접근
할 수 있도록 구성되어 있어, 전문가부터 중국 문화에 관심 있는 일
반인까지 폭넓은 독자층을 만족시킬 수 있을 것입니다.

4.

『중국문자학 핸드북』의 한국어 번역은 의미 깊은 배경을 가지고
있습니다. 이 번역 프로젝트는 한국한자연구소와 중국 화동사범대학
중국문자연구와응용센터 간의 오랜 협력 관계의 결실이자, 세계한자
학회(WACCS) 제10회 연례회의를 기념하기 위해 기획되었습니다.

세계한자학회는 2012년 한국 제주도에서 출발하여, 2013년 중국 상
해에서 제1회 학술대회가 개최되었으며, 이후 매년 일본, 베트남, 한국,
중국, 독일 등 다른 국가를 순회하며 개최되어 왔습니다. 2024년 10월
17일부터 화동사범대학에서 열리는 제10회 학술대회는 학회의 발전과
지속성을 보여주는 중요한 이정표입니다. 특히 코로나19 팬데믹 상황
에서도 학회가 꾸준히 유지되어 온 것은 큰 의미가 있다 하겠습니다.

특히, 이 책의 저자들 중 유지기, 동련지, 연등강, 당균, 주보화, 하

쟁, 장덕소, 주건군, 요미령, 장춘봉, 도하파 교수는 물론 일본의 사사하라, 한국의 이규갑 교수 등 거의 대다수가 세계한자학회 회원이며, 한국한자연구소와 긴밀한 협력 관계를 유지해 온 학자들입니다. 이는 이 번역서의 학술적 가치와 신뢰성을 더욱 높여줄 것이라 확신하며, 그간의 역사를 회상하고 기억할 수 있는 정겨운 이름들이기에 더욱 의미가 있다 생각합니다.

5.

번역은 제가 상권을, 중국학과의 김화영 교수가 하권을 맡아 진행했습니다. 이 자리를 빌려 장극화 회장님의 한국어 번역 허락과 김화영 교수의 노고에 깊은 감사를 표합니다.

영국의 저명 출판사 SAGE사가 기획하고 중국국가출판기금의 지원을 받아 출간된 이 책이 중국 문자학의 세계적 표준으로 자리 잡기를 희망합니다. 또한 다양한 언어로 번역되어, 중국 문자의 깊이 있는 세계를 탐구하고자 하는 모든 이에게 지적 즐거움을 선사하길 기대합니다.

2024년 10월 9일
도고재(度古齋)에서 하영삼 씁니다

특별한 인연의 큰 씨앗, 지혜의 재탄생

─ 한국한자연구소의 번역 출간에 부쳐 ─

　생성형 대규모 언어 모델의 언어 상호작용이 지속적으로 발전하면서, 각계 사용자들에게 편리함과 놀라움을 안겨주고 있습니다. 이와 동시에 전문가들 사이에서 여러 논의가 이어지고 있습니다. 이러한 논의 중 일부는 인간 번역과 비교했을 때, 기계의 언어 상호작용이 언어의 문화적 층위에 도달하지 못하여 '재창작'이라는 번역 가공 과정을 완성하기 어렵다는 점에 집중되어 있습니다. 심지어 일부 논문에서는 언어가 사고와 완전히 동일한 관계를 가지는지에 대한 고찰까지 이어지고 있습니다.

　유성 언어와 비교하여, 역사적 한자는 '이차원 코드'로서 '문화적 거울'이라는 심층적 인지 구조를 지니고 있으며, 정보의 '수용─전달'의 주요 경로인 '시각적 사고'와 밀접한 관련성을 가집니다. 다른 문자 체계와 비교해볼 때, 이러한 연관성이 수천 년간 단절 없이 지속되어 왔다는 점은, 아마도 유전자 차원에서 문자 사용자 사회 집단의 인지 방식에 깊은 영향을 미치고 영구적인 흔적을 남겼을 가능성을 배제할 수 없습니다.

이러한 피상적이고 모호한 인식에 집착하면서, 지난 1980~1990년
대부터 지금까지 간헐적으로 저술해 온 『설문해자(說文解字)의 문화
해설』 등 몇 권의 소책자들은 대부분 역사 한자의 문화개념에 대한
'지식 수집'에 해당한다 하겠습니다. 최근 필자는 그간 산발적으로 발
표한 논문과 출판된 문집들을 모아 『독자록(讀字錄)』을 출판하기도
했습니다. 순간의 흥취에 따라, 또 감흥을 따라 글을 쓰는 과정이었
지만 뿌리 깊은 생각이 하나 있었습니다. 그것은 바로 이 정미한 분
야가 급변하는 사회 속에서는 언제나 이른바 '냉대 받는 업(業)'에 속
한다는 것이었습니다. 그래서 한가하고 관심을 가진 독자가 몇 없을
것이라 생각하여, 독자를 위한 배려를 진정으로 고민한 적도 거의 없
었습니다. 이러한 이유로 이 책을 지금 제가 다시 읽어보아도 매우
생경하고 읽기 어렵게 느껴집니다.

최근, 한국한자연구소의 하영삼 소장께서 무더위를 무릅쓰고 화동사
범대학까지 직접 방문하여 올 가을 상해에서 개최될 세계한자학회 제
10회 연례회의의 준비 상황을 점검하고 지도해 주셨습니다. 이 기회를
빌려 저와 직접 만나 이 책의 번역 관련 문제도 논의하고 검증하는 시
간을 가졌는데, 이를 통해서 많은 깨달음을 얻었습니다. 이 과정에서
저는 하 교수님께서 연구소의 관련 교수님들과 함께 이해하기 어려운
저의 옛 저작들의 난해한 중국어 텍스트를 우아한 한국어 텍스트로
'생성' 변환하는 작업을 거의 완료하였다는 소식을 듣게 되었습니다.
앞서 언급한 이유들까지 생각하니, 경외감과 동시에 불교에서 말하는
'죄책감' 같은 감정이 갑자기 일어났습니다.

하영삼 선생님은 수십 년을 한결 같이 헌신하시며 현대 학계에 뚜
렷한 공헌을 하신 저명한 언어학자이자 문자학 연구자이며 번역가입
니다. 동서양 고전 언어학 이론의 전파와 번역에서부터 중국 역사 한

자에 관한 수많은 저작의 전문적 연구에 이르기까지, 각 분야에서 뛰어난 성과를 이루었습니다. 여기서 한 가지 예를 들자면, 중국 최초의 자전인 『설문해자』는 과학적인 편찬 체계와 복잡한 구조를 지녀 문사 전공 학자들의 필수 참고서가 되었습니다. 하지만 중국 대륙에서조차 아직 현대 중국어로 완전히 번역된 '금역본'이 없을 정도로, 이 번역 작업이 얼마나 방대하고 어려운지를 짐작할 수 있습니다. 『설문해자』의 세계 최초 완역본인 한국어 '번역본'이 바로 하 선생님의 10년간의 노고를 담아 출판되었습니다. 웅장하고 아름다운 대작이며, 10년의 고된 노력이 비범했음을 보여줍니다.

또 작년 말에 저희들이 협업하여 출간한 『중국문자학 핸드북』도 하 선생님의 한국한자연구소에서 이미 번역을 완성했다고 했습니다. 이는 제가 아는 한 세계 중국학계의 주요 언어 중 가장 빠른 최초의 번역본입니다.

현재 예측 가능한 지금의 시대에서도, 대규모 언어 모델은 금석학 도상과 같은 역사적 한자의 상호작용 요구에 아직 대응하지 못하고 있습니다. 하 선생님과 그가 이끄는 팀의 동료들은 오랜 시간의 정진과 창작을 통해 마침내 돌을 금으로 바꾸는 기적을 이루어내었습니다. 쌓여있던 것을 연기처럼 사라지게 하고, 굳어있던 것을 흐르게 만들었으며, 낡은 것을 신비로운 것으로 바꾸어, 진정한 연금술의 도가니를 만들어냈습니다.

학술적 전통에서 역사적 한자는 줄곧 동아시아 지역에서 '사료'로서 인식되고 활용되어 왔습니다. 동아시아 지역의 역사적 한자 기록 메모리 데이터베이스는 문자 발전사, 언어사 및 새로운 사료학의 기초 플랫폼일 뿐만 아니라, 인류 세계의 인지 발전을 발굴하고 지혜 전승의 법칙을 밝히며 '디지털 에너지'를 부여하는 데 기여합니다.

바로 이런 의미에서 하 교수님이 오랫동안 천착해 오신 한자학 사업은 진정으로 저와 특별한 인연과 의미가 있다 하겠습니다.

장극화(臧克和)
갑진년 초여름에
상해 화동사범대학 중국문자연구와응용센터에서

상 권

하 권

중국문자학 핸드북

제1장

서론

제1장 서론

제1절 중국 문자의 기원

중국 문자의 기원에 관해서는 선진(先秦) 시기에 이미 몇 가지 주장이 등장했는데, 주로 새끼 매듭 설(結繩說), 복희(伏羲) 팔괘(八卦)설, 창힐(倉頡) 창제설, 하도(河圖)와 낙서(洛書)설 등이 그것이다. 이후 2천여년의 세월 동안 이러한 학설이 기본적으로 사용되다가, 근대에 이르러 서학(西學)이 전해진 후 새로운 학설이 등장하기 시작했다.

국외 일부 학자들은 중국 문명을 포함하여 중국 문자가 중국 본토에서 기원했다는 것에 의심을 품었었다. 예컨대 17세기 예수회 신부 아타나시우스 키르허(Athanasius Kircher)[1]는 『이집트의 수수께끼』

---

[1] [역주] 아타나시우스 키르허(Athanasius Kircher)는 17세기 독일 출신의 예수회 학자이자 다방면에 능통한 박학가(polymath)였으며, 그의 연구는 중국 문자의 어원과 직접 관련이 없지만, 중국 문화와 언어 연구에 간접적으로 연결되어 있다. 그가 살던 시기는 유럽 지식인들 사이에서 중국에 관한 관심이 증가하고 있었던 때였는데, 이는 주로 예수회 선교사들의 보고에 의해 주도되었다.
키르허의 중국에 관한 관심은 이집트학, 지질학, 음악 이론을 포함한 다양한 분야에 대한 그의 폭넓은 지적 호기심의 일부였다. 신학 분야에서 그의 주요 작품인 『중국 예속에 대한 기록』(*China Illustrata*)(1667년 출판)는 주목할 만한 저작이다. 이 책은 중국에 있는 예수회 선교사들의 여러 보고서를 종합하여 유럽 독자들에게 중국 문화, 지리, 역사에 대한 포괄적인 개요를 제공하려고 했다.

(1654)와 『중국 예속에 대한 기록』(1667)이라는 두 책을 통해, 중국 문자가 이집트 문자와 유사함을 들어 중국인이 이집트인의 후예라고 주장했다. 18세기 프랑스 한학자 조지프 드 기냥(Joseph de Guignes)[2]은 중국 문명이 이집트에서 유래했으며, 한자와 고대 이집트의 상형문자가 유사하다고 보고, 한자가 이집트에서 전래했다고 믿었다. 같은 견해를 가진 사람으로는 마이란(S. de Mairan)[3], 워버

『중국 예속에 대한 기록』은 중국 문자의 기원에 구체적으로 다루지 않았지만, 유럽인들에게 중국 문명에 대한 이해를 제공하는 데 기여했다. 하지만 키르허의 작업은 그 당시의 역사적 맥락에서 이해되어야 한다. 그의 작업은 이 시기 유럽의 비유럽 문화에 대한 작업에서 흔히 볼 수 있는 추측과 부정확함으로 가득 차 있었다.

중국 문자 문화권(한국, 중국, 일본 및 역사적으로 중국 문자를 사용했던 기타 지역을 포함)과의 연결성에 관해서, 키르허의 작업은 유럽이 완전히 다르고 복잡한 문자 체계를 이해하려는 초기 시도의 일부로 볼 수 있다. 그의 노력은 결함이 있었지만, 결국 중국 문자와 그 문화적 중요성에 대한 보다 정확하고 존중하는 이해로 이어질 초기 단계 중 하나였다.

2) [역주] 조지프 드 기냥(Joseph de Guignes, 1721~1800)은 프랑스의 동양학자이자 중국학자로, 중국, 말레이, 터키 문화와 언어에 관한 연구로 주목받았다. 그의 주요 업적 중 하나는 중국과 다른 문명과의 역사적 연결을 탐구하는 것이었다. 특히, 그는 중국과 고대 서아시아 사이의 연결을 주장했다.

그의 중요한 저작 중 하나인 『훈족, 튀르크족, 몽골족, 기타 서역 타르타르 족 등의 일반적인 역사』(Histoire générale des Huns, des Turcs, des Mogols, et des autres Tartares occidentaux, etc.)는 중국 역사와 유라시아의 다른 민족들 사이의 상호작용에 대해 다루고 있다. 이 책에서, 그는 훈족과 튀르크족, 몽골족 등이 역사적으로 어떻게 중국과 상호 작용했는지를 연구했다.

그의 연구는 당시 유럽의 중국학 발전에 중요한 이바지를 했으며, 중국과 서아시아 간의 역사적 연결을 이해하는 데 있어 중요한 출발점이 되었다. 그러나 그의 일부 가설과 결론은 후대의 학자들에 의해 논란의 대상이 되었고, 현대의 관점에서는 정확하지 않은 부분도 있다. 그럼에도 불구하고, 그는 유럽 중국학의 초기 발전에 중요한 인물로 남아 있다.

3) [역주] S. de Mairan, 즉 장 자크 도르투 드 마이란(Jean-Jacques Dortous de Mairan, 1678‑1771)은 과학자이자 천문학자로 알려져 있으며, 그의 주요 업적은 중국학보다는 과학 분야에 있었다. 그는 프랑스 과학 아카데미의 일원으로, 주로 천문학, 생물리듬, 열역학 분야에 중요한 이바지를 했다.

중국문자학 핸드북

튼(Warburton), 니덤(Needham)[4] 등이 있다.[5]

1933년 일본인 이타쓰 시치로(板津七郎)[6]는 『이집트 문자와 한자

중국학과 관련하여, 마이란의 주요 업적은 과학 연구에서 비롯된 것으로, 그는 중국과의 과학적 교류에 관심을 가졌다. 그는 중국의 과학과 기술, 특히 천문학 분야의 발전에 관심을 보였으며, 이러한 중국의 과학적 업적을 유럽에 소개하는 데 일조했다.

하지만, 마이란이 중국 문자의 기원이나 중국 문화에 깊게 관여했다는 증거는 제한적이다. 그의 주요 관심사와 연구는 자연과학 분야에 집중되어 있었으며, 중국학 분야에서의 그의 역할은 다른 유럽 학자들과 비교하면 상대적으로 덜 두드러진 것으로 보인다.

4) [역주] 조지프 니덤(Joseph Needham, 1900~1995)은 중국학 분야에서 매우 중요한 인물이다. 영국의 생화학자이자 역사학자로, 주로 중국의 과학과 기술 역사에 관한 깊은 연구로 유명한데, 그의 가장 유명한 업적은 『중국의 과학과 문명』(Science and Civilisation in China)이라는 방대한 시리즈이다.

이 시리즈에서 니덤은 중국의 과학기술, 의학, 천문학 등 여러 분야에서 이루어진 중요한 발전을 상세히 조사하고 기술했다. 그는 중국이 과거에 이룩한 과학적, 기술적 성취를 서구 세계에 소개함으로써, 중국의 역사와 문화에 대한 서구의 이해를 크게 넓혔다.

니덤의 작업은 서구 중심적인 과학사 관점에 도전했으며, 중국이 세계 과학사에서 차지하는 중요한 위치를 부각시켰다. 그는 중국이 왜 근대 과학 혁명에서 선구자 역할을 하지 못했는지에 대해, 유명한 'Needham Question'을 제기하기도 했다.

니덤의 연구는 중국학과 과학사 분야에서 광범위하게 인정받고 있으며, 그의 작업은 중국의 과학적 및 기술적 업적을 이해하는 데 여전히 중요한 자료로 남아 있다. 그의 연구는 중국의 과학과 기술이 어떻게 사회, 문화, 경제와 상호작용했는지를 탐구함으로써, 중국 문화와 역사에 대한 깊은 이해를 제공했다.

5) J. de Guignes. *Mémoire dans lequel on prouve, que les Chinois sonl une Colonie Egyptienne*(중국이 이집트의 식민지였음을 증명하는 회고록), Desaint& Saillant, Paris (1760). 江曉原, 鈕衛星, 『天文西學東漸集』(上海書店出版社, 2001), 3쪽 재인용.

6) [역주] 이타츠 시치로(板津七郎, Itazu Shichiro)는 일본의 중국학자로, 중국어 및 중국 문학 연구에 이바지한 인물이다. 그의 주요 연구 분야는 중국 고전 문학과 언어학이었으며, 특히 고대 중국의 시와 문학 작품에 대한 분석을 통해 중국 문학의 이해를 심화시켰다.

이타로 시치로는 중국 문학 작품의 일본어 번역과 해설을 통해 일본 내에서 중국 문학에 관한 관심과 이해를 촉진했다. 그의 작업은 일본과 중국 문화 간의 학술적 교류에 중요한 이바지했으며, 이를 통해 두 나라 문학과 문화의 상호 이해에 도움을 주었다.

그의 연구는 일본에서 중국학을 연구하는 학자들 사이에서 중요한 위치를 차지

동원고(埃漢文字同源考)』를 저술하고, 2년 후에 개정판과 내용을 보완하여 책을 출판했지만, 여전히 중국 문자가 이집트에서 유래되었다고 주장했다.[7]

기낭 등과 같은 학자 이후로는 중국 문자가 바빌론에서 왔다는 주장도 있었다. 예컨대, 19세기 말 런던대학 교수였던 테리앙 드 라쿠페리(Terrien de Lacouperie)[8]는 『중국 상고 문명 서양 기원론(中國上古文明西源論)』이라는 책을 통해 중화민족은 바빌론의 바커족(巴克族)이 동쪽으로 이주해 온 것이며, 문자를 포함한 그 문화에 많은 유사점이 존재한다고 주장했다.[9]

하며, 중국어와 중국 문학의 일본 내 연구 및 교육 발전에 영향을 미쳤다. 그러나 그의 업적이 서구 중국학 분야에서 널리 알려진 것은 아니며, 주로 일본 내에서의 그의 기여가 중요하게 평가되고 있다.

7) 李學勤, 「古埃及与中國文字的起源」, 『比較考古學隨筆』(廣西師範大學出版社, 1997), 130쪽.

8) [역주] Albert Étienne Jean Baptiste Terrien de Lacouperie는 1845년 프랑스에서 태어났으며 한자와 문화에 관한 연구로 유명한 중요한 동양 학자이자 문헌 학자였다. 그의 학문적 여정은 비록 특정 기관에 대해 철저하게 문서화 되지는 않았지만, 런던에 있는 동안 명성을 얻었다. 그는 초기 중국 문헌학, 특히 한자의 기원과 발전을 연구하는 데 주목할 만한 공헌을 했다. 또 중국 문자의 기원을 바빌로니아 문자와 연결하는 논란의 여지가 있지만 영향력 있는 이론을 제안한 바 있으며, 언어학적 연구 외에도 중국 문화의 역사적 측면을 탐구하여 고대 중국 문명에 대한 서양의 이해를 도왔다. 한자의 바빌로니아 뿌리에 관한 그의 이론은 대체로 반박되었지만, 그의 연구는 중국학 분야와 19세기 서양의 중국 문화에 대한 이해를 연결하는 데 중요한 역할을 했다.
관련 저작으로는 『중국어 이전의 중국 언어』(The Languages of China before the Chinese), 『기원전 2,300년부터 서기 200년까지의 초기 중국 문명의 서양 기원』(The Western Origin of the Early Chinese Civilization from 2,300 B.C. to 200 A.D.), 『중국 문명의 초기 역사』(Early History of the Chinese Civilization), 『고대 바빌로니아 문자와 그 중국어 파생물』(The Old Babylonian Characters and their Chinese Derivates) 등이 있다.

9) T. de Lacouperie. The Western Origin of the Early Chinese Civilization, London. 江曉原, 鈕衛星, 『天文西學東漸集』(上海書店出版社, 2001), 4쪽 재인용.

1899년에는 일본인 시라카와 지로(白河次郞)와 고쿠부 타네노리(國府種德)가 공동으로 집필한『지나문명사(支那文明史)』에서는 라쿠페리의 주장을 더욱 발전시켜 바빌론과 고대 중국의 학문, 문자, 정치, 종교, 신화 등에 존재하는 70가지의 유사점을 나열했다. 1913년에는 영국 선교사 찰스 제임스 볼(C. J. Ball)도『중국인과 수메르인(China and the Sumerians)』이라는 책을 통해 대체로 비슷한 주장을 폈다.10)

20세기 초, 중국 문명이 서양에서 유래했다는 이러한 주장은 중국 학계에서도 크게 환영받았다. 이러한 견해를 지지한 저술로는 정겸(丁謙)의『중국 인종 유래 고(中國人種從來考)』, 장지유(蔣智由)의『중국 인종 고(中國人種考)』, 장병린(章炳麟)의『종성편(種姓篇)』, 유사배(劉師培)의『국토원시론(國土原始論)』,『화하편(華夏篇)』,『사고국편(思故國篇)』, 황절(黃節)의『입국편(立國篇)』,『종원편(種原篇)』등이 있는데, 라쿠페리의 주장을 지지했다. 이러한 견해가 인기를 얻었던 이유 중 하나는 청나라 말기 만주족에 대항하는 감정이 고조되면서 "한족의 서양 유래설은 한족과 만주족과의 차이를 뒷받침하는 증거로 사용될 수 있다."라는 정치적인 배경이 있었기 때문이다.11)

정치적 색채가 짙은 이 같은 학술적 입장은 중국 문자의 기원에 관한 연구에 지속적인 영향을 미쳤다. 지금까지도 일부 학자들은 중국 문자가 이집트에서 유래했다고 주장한다. 예컨대, 소삼(蘇三)은 중국 문명이 중동에서 기원했고 중국 문자가 고대 이집트의 상형문자에서 유래했다고 주장했는데12), 이는 서양 학자들의 주장을 다시 한 번 반복하는 행태였다.

---

10)『天文學西學東漸集』, 4쪽.
11) 方豪,『中國交通史』, 嶽麓書社, 1987, 32쪽.
12) 蘇三,『歷史也瘋狂』, 金城出版社, 2005.

이제(李濟)는 '중국 문자의 시작'을 '아직 명확히 근원을 단정하기 어려운 것'으로 결론지었다.[13] 이러한 견해는 출토자료가 아직 충분하지 않은 상태에서 제시된 신중한 태도였다. 이제(李濟) 사후 30년 동안, 출토자료는 점차 풍부해졌고, 고고학 역시 크게 발전하였다. 지금은 이런 유리한 조건들에서 이루어진 논의를 통해, 이제(李濟)의 의문에 대해 다음과 같이 대답할 수 있을 것 같다. "중국 문자는 확실히 중국 본토에서 기원했다. 중국 문자는 본토에서 기원했을 뿐 아니라 두 개의 문자 체계가 존재했었다. 하나는 중원(中原) 문자 체계이며, 다른 하나는 남방(南方) 문자 체계였다. 중원 문자는 우리가 지금도 사용하고 있는 한자(漢字)로 발전하였으며, 남방 문자는 이미 소멸하였다(그러나 남방 문자가 영향을 끼치고 있는지는 여전히 탐구해야 할 문제이다)."

학자들은 일찍부터 중국 문자의 기원을 탐구했다. 이제(李濟)는 이렇게 말했다. "갑골문(甲骨文)은 중국에서 가장 초기 단계의 문자는 분명 아니다. 중국에서 가장 초기의 문자가 언제부터 있었는지 현재로서는 그 해답을 알 수 없다."[14] 이제(李濟)와 대체로 유사한 관점을 가진 일부 학자들은 상(商)나라 이전 더 이른 시기에 중국에 이미 문자가 존재했다고 믿고 있다. 다만 이제와 다른 점은, 이들 학자는 중국에서 가장 초기의 문자가 언제 출현했는지에 대해 탐구했다는 것이다. 예컨대, 곽말약(郭沫若)은 앙소 문화(仰韶文化)의 채토(彩陶) 위에 새겨진 부호의 의미는 아직 밝혀지지 않았지만, 이들은 의심할 여지 없이 문자의 성질을 가진 상징들이라고 주장했다.[15] 우성오(于省吾)도 앙소 문화의 새김 부호가 "문자의 기원 단계에서 생성된 몇몇 간

---

13) 李濟, 『試論中國文化的原始』, 『考古瑣談』, 湖北教育出版社, 1998, 176쪽.
14) 위의 주와 같음.
15) 郭沫若, 「古代文字之辯證的發展」, 『奴隸制時代』, 人民出版社, 1973, 245쪽.

단한 문자"라고 믿었다.16) 이효정(李孝定)은 앙소 문화부터 성자애(城子崖) 상층 문화의 각 시기에 이르기까지 "거의 모든 기간에 도기문자(陶文)가 나타났으며", 이들 도기문자가 "중국 초기의 비교적 원시적인 문자"라고 생각했다.17) 당란(唐蘭)은 "대문구(大汶口) 도기의 문자가 중국에서 현재 볼 수 있는 가장 초기의 의미부호 문자(意符文字)이며, 중국의 의미부호 문자의 창제 시기는 그 이전으로 더 거슬러 올라가야 한다.……대문구 도기문자는 적어도 이미 1천 년 이상의 역사가 있으므로, 중국의 의미부호 문자는 태호(太昊)씨와 염제(炎帝) 시대에 해당해야 한다."18)라고 주장하면서, 중국 문자의 기원을 앙소 문화 이전으로 상향 조정했다.

　그러나 다른 일부 학자들은 중국 문자가 그렇게 이른 시기에 등장했다고 보지 않았다. 예컨대, 이선등(李先登)은 문자가 하(夏)나라 초에 형성되었다고 보았고19), 진위담(陳偉湛)은 하나라 중후기에 문자가 형성되었다고 생각했다.20) 구석규(裘錫圭)는 "한자가 기본적으로 완전한 문자 체계를 형성한 시기는 아마도 하(夏)와 상(商)의 사이일 가능성이 있다."라고 주장했다.21)

　한 가지 지적해야 할 것은 '최초의 문자'와 '문자의 기원 문제'는 엄밀히 말하자면 동일한 문제가 아니라는 사실이다. 왜냐하면 '최초의 문자'를 찾아내었다 해도 바로 "이 최초의 문자는 어디에서 왔을까?"

---

16) 于省吾, 「關於古文字硏究的若干問題」, 『文物』 1973年 第2期, 32쪽.
17) 李孝定, 「再論史前陶文和漢字起源問題」, 『漢字的起源與演變論叢』(臺北聯經出版事業公司, 1986), 223쪽.
18) 唐蘭, 「中國有六千多年的文明史~論大汶口文化是少昊文化」, 『大公報三十周年紀念論文集』, 香港, 1978.
19) 李先登, 「試論中國文字之起源」, 『天津師範大學學報』 1985年 第4期.
20) 陳偉湛, 「漢字起源試論」, 『中山大學學報』 1978年 第1期.
21) 裘錫圭, 「漢字形成問題的初步探索」, 『中國語文』 1978年 第3期.

라는 질문을 제기해야 하기 때문이다. 따라서 문자의 기원 문제는 '최초의 문자'만을 논의하는 것이 아니라 문자와 관련된 '초기 요소' 또한 포함해야 한다. 필자는 문자의 기원 문제는 바로 이 '초기 요소'들이 어떻게 여러 단계를 거쳐 최초의 문자 체계로 발전했는지에 대해 연구해야 한다고 생각한다.

현재로 말하자면, 학자들의 위의 논의는 두 가지 부족한 점이 있다고 본다. 첫째, 그들이 문자의 형성에 대해 논할 때, 주로 기호 자체의 진화에 초점을 맞추고, 기호가 자연스럽게 문자로 진화할 수 있다고 보는 듯하며, 문자 기호와 사회 발전의 관계, 경제와 문화와의 관계에 대해서는 많은 주목을 하지 않았다는 점이다. 둘째, 그들이 이른바 '최초의 문자', '비교적 원시적인 문자', '완전한 문자 체계' 등의 개념을 엄격하게 정의하지 않았으므로, 그들의 문자 형성에 대한 논의는 공통된 기준이 없어 서로 다른 이야기를 하는 것과 같다는 점이다. 필자는 이것이 중국 문자를 포함한 문자 기원을 연구할 때의 두 가지 기본적인 이론적 문제이며, 그러나 이 두 기본적인 이론적 문제는 여전히 해결되지 않았다고 생각한다.

이 두 가지 기본적인 이론 문제는 실제로 문자생성 메커니즘의 문제에 해당한다. 필자는 필자의 저서 『중국 문자 기원 연구』의 「서론」에서 문자생성 메커니즘에 관해 탐구한 바 있다. 「서론」은 우선 세계적인 범위에서 구석기 시대 말기부터 그림과 기호가 연이어 등장했지만, 이러한 그림과 기호가 모두 문자 체계로 발전한 것은 아니라고 지적했다. 그리고 소위 말하는 문자 체계는 다양한 단계가 있는데, 「서론」에서는 문자 체계를 무사(巫師) 문자와 통행(通行) 문자로 분류했다. 무사 문자는 주로 무술(巫術)에서 인간과 신(神) 간의 교류에 사용되며, 그 본질은 무술의 정교화 된 표현이다. 반면 통행 문자는 인간 간 교류에 사용되는 서면 기호체계로 사회의 여러 방면에 적용될 수 있다. 무사 문자와 통행 문자는 다른 단계의 두 문자 체계이며, 후자는 전자의 기반 위에 발전된 것이다.

문자생성 메커니즘은 대략 세 단계로 나타난다. 첫 번째 단계는 그림과 기호의 등장이며, 두 번째 단계는 무사 문자의 형성이며, 세 번째 단계는 통행 문자의 형성이다. 그림과 기호가 무사 문자로 발전하려면 일정 수준의 농업 경제 기반을 요구하며, 무사 문자가 통행 문자로 발전하려면 대규모 무역을 전개할 수 있는 조건이 필요하다. 이에는 상당한 발전 단계의 농업, 목축업, 수공업이 필요하며, 우수한 지리적 조건이 필요하고, 가축의 힘을 이용하고 차량과 같은 운반 도구를 사용할 수 있어야 하며, 동일한 시기에 여러 문명이 동시에 발생해야 한다. 이로 인해 전개된 대규모 무역은 통행 문자 형성의 원동력이 된다. 통행 문자 형성의 조건은 매우 엄격하여, 세계적으로 이러한 조건에 부합하는 지역은 매우 드물다. 따라서 지중해-서아시아 지역만이 이 조건을 완전히 충족하는데, 이것이 세계적으로 인정받는 가장 이른 두 문자 체계인 수메르 문자와 고대 이집트 상형문자가 지중해-서아시아 지역에서 형성된 이유이기도 하다.

문자생성 메커니즘 이론에 따르면, 수메르 문자와 고대 이집트 상형문자는 이미 일반적인 문자 체계로 발전했으며, 이는 그들이 단순한 종교적 또는 의례적(儀禮的) 용도에서 더 넓은 사회적 소통 도구로 변모한 과정을 상징한다. 이 이론은 마야 문자와 중국 문자를 포함한 다른 문화에서의 문자 발전을 탐구하는 데에도 적용할 수 있다.

구석기 시대 말기, 중국에서는 이미 획을 새기는(刻劃) 현상이 나타났다. 그러나 그림 형태(圖形)의 출현 여부에 대해서는 여전히 다양한 견해가 존재한다. 신석기 시대 초에는 황하(黃河) 유역의 대지만(大地

灣) 문화, 가호(賈湖) 문화, 회하(淮河) 유역의 쌍둔(雙墩) 문화, 장강(長江) 중류의 유림계(柳林溪) 제1기 유적 등에서 추상적 기호와 상형 기호가 등장했다. 신석기 시대 중기에는 황하 유역의 앙소(仰韶) 문화, 마가요(馬家窯) 문화, 대문구(大汶口) 문화와 장강 유역의 대계(大溪) 문화, 하모도(河姆渡) 문화, 송택(崧澤) 문화 등에서도 다양한 문자 기호가 발견되었다. 신석기 시대 말기에는 황하 유역의 제가(齊家) 문화, 용산(龍山) 문화, 장강 유역의 양저(良渚) 문화 등에서도 다양한 문자 기호가 발견되었다. 또한, 북방 지역과 남방 지역의 일부 신석기 시대 유적지에서도 문자 기호가 발견되었다. 종합적으로 볼 때, 중국 신석기 시대의 문자 기호는 그 출현 시기가 이르고, 분포 범위가 넓으며, 수량도 많다. 중국 신석기 시대의 각 선사 문명은 다원일체(多元一體)의 특징을 갖고 있으며, 서로 계승하고 영향을 주고받는 관계로, 이러한 문자 기호들 사이에도 유사한 연관성이 존재한다.

중국의 신석기 시대에 등장한 문자 기호가 실제로 문자(文字)에 해당하는지에 대한 논의가 많은 학자에 의해 이루어져 왔지만, 이들은 아직도 문자 발전의 단계성과 문자의 서로 다른 계층에 대한 인식이 부족하며, 다양한 계층의 문자에 대해 명확한 정의가 내려지지 않고 있다. 이들은 신석기 시대의 일부 문자 기호를 함부로 문자라고 불러, 최초의 문자가 언제 등장했는지에 대한 견해에 차이를 보인다. 문자 생성 메커니즘의 세 단계 이론에 따르면, 우리는 중국 신석기 시대의 문자 기호의 본질에 관한 판단을 내릴 수 있다.

분명하게 말할 수 있는 것은, 중국 신석기 시대의 문자 기호들이 이미 문자의 특성을 갖추었지만, 이들은 모두 무사(巫師) 문자의 범주에 속하며, 아직 통행(通行) 문자로 발전하지 않았다는 점이다. 이러한 문자 기호들은 모두 농업 경제의 기반 위에서 생성되었으며, 예외

없이 대규모 무역의 조건을 갖추지 못했었다. 같은 시기에 여러 높은 수준의 문명이 나타나지 않았고, 가축의 힘을 이용하거나 수레와 같은 운반 수단을 사용하는 것은 물론, 규모 있는 목축업이나 수공업도 등장하지 않았다.

신석기 시대 초기의 문자 부호, 예컨대 가호(賈湖) 문화의 문자 부호는 귀갑(龜甲), 수골(獸骨) 및 도기(陶器), 석기(石器) 등에 새겨져 있는데, 학자들은 당시 무사(巫師)의 등장 가능성을 제기하고 있어 이러한 문자 부호들이 무사 문자에 속한다고 본다. 쌍돈(雙墩) 문화는 고기잡이와 사냥을 주로 하고 농업을 부차적인 경제 활동으로 하는 가운데, 원시 종교의 존재도 나타나고 있다. 쌍돈 문화의 문자 부호는 도기에 새겨진 것이 많으며, 상형 부호, 추상 부호, 조합 부호 및 집단 부호 등이 포함되어 있다. 쌍돈 문화의 문자는 고대 이집트의 상형문자, 메소포타미아의 우루크 '옛 스타일 문자(古風字)'와 함께 무사 문자에 속하지만, 쌍돈 문화의 문자는 후자들보다 약 1천여 년 더 빠르고 부호화의 정도가 더 높기 때문에 더 진보적이라 할 수 있다. 하지만 쌍돈 문화 및 그 시대는 비교적 대규모 무역을 진행할 조건이 되지 않아 통행(通行) 문자로 발전할 수 없었으며, 후자들은 대규모 무역의 추진에 힘입어 통행 문자로 발전하였다.

신석기 시대 중기의 문자 부호, 예컨대 앙소 문화의 문자 부호는 새김 부호와 묘사 부호가 있으며, 모두 채도(彩陶)에 새기거나 그려져 있다. 묘사된 부호에 대해 학자들은 대부분 단순한 무늬로 보지만, 사실 어떤 무늬는 추상화, 개괄화의 문자적 특성을 보이고 있어, 부호로 볼 수 있다. 앙소 문화의 채도 위에는 또한 일련의 이야기로 보이는 그림이 있는데, 이는 고대 이집트의 상형문자의 성질과 유사하여, 실로 그림문자라고 할 수 있다. 앞서 언급된 바에 따르면, 일부 학자들은 앙소 문화의 새김 부호를 "문자적 성질을 지닌 부호", "문자 기원 단계의 단순한 문자"라고 여기지만, 실제로 새김 부호와 일부 무늬 그리고 이야기로 보이는 그림 모두 문자로 간주해야 한다. 다만, 아직 무사(巫師) 문자에 속해 있으며, 이들 문자 부호는 주로 무술(巫術)의 의미를 지니며, 기본적으로 언어를 표현하는 능력은 갖추지 못한 상태이다.

또한 마가요(馬家窯) 문화의 문자 부호 역시 주로 채도(彩陶) 위에 나타나는 새김 부호와 묘사 부호로서, 복골(卜骨) 위에도 소수의 새김 부호가 발견된다. 이 복골 위의 부호는 지금까지 발견된 가장 이른 복골에 해당하며, 복골에다 문자 부호를 새겨 넣는 선례를 창조하였다. 마가요 문화의 문자 부호는 거의 200종에 달하며 총수는 1000개를 넘는데, 대부분이 추상 부호이며, 소수의 조합 부호와 집단 부호가 포함되었다. 마가요 문화의 원시 종교는 상당히 발전되어 그 문자 부호는 무사 문자에 속해야 할 것이다. 마가요 문화의 채도 무늬 중에는 춤추는 인물 형태가 있는데, 이는 서아시아로부터 전해진 것을 증명하며, 마가요 문화가 서아시아와의 연결 고리를 가졌음을 보여준다.

다시 대문구(大汶口) 문화를 예로 들면, 도준(陶尊) 위에 새긴 문자 부호가 총 27개, 도배호(陶背壺) 위에 주서(朱書: 붉은색 글씨)로 된 문자 부호가 1개 발견되었으며, 이러한 새김과 주서로 된 문자 부호는 모두 10종류이다. 이 10종류의 부호 중 대부분은 상형 부호이다. 이러한 상형적 특성 때문에 일부 학자들의 관심을 끌었으며, 그들은 이 부호들을 나중의 갑골문(甲骨文) 및 금문(金文)과 비교하여, 이들이 갑골문 및 금문과 연원을 같이 한다고 보고, 갑골문과 금문을 참조하여 이 부호들을 해석하고, 중국에 문자가 존재하는 문명 시대를 대문구 문화시기로 상향 조정하고자 하였다. 그러나 다른 일부 학자들은 대문구 문화의 문자 부호를 단지 '몇 개의 고립된 그림'이라고 보며, 이들을 문자로 보는 것을 부인한다. 실제로 이 문자 부호가 새겨진 도준은 제사와 관련이 있으므로, 이 문자 부호는 원시 종교와 관련이 있고 무사 문자에 속해야 할 것이다.

신석기 시대 중기의 이러한 고고학 문화들은 수량이 다양한 상형 부호와 추상 부호를 생산했으며, 조합 부호와 집단 부호도 등장했고, 심지어는 이야기의 줄거리를 나타내는 그림문자로 볼 수 있는 그림들까지 나타났다. 그러나 이러한 고고학 문화들은 여전히 규모가 큰 무역을 진행할 조건을 갖추지 못했다. 아직 규모가 큰 목축업과 수공업을 발달시키지 못했고, 가축의 힘을 이용하거나 수레와 같은 운반 수단을 쓸 능력도 없었으며, 발달한 여러 문명이 동시에 존재하는 상황도 아니었다. 이 고고학 문화들의 원시 종교는 더욱 발전되었지만, 문자를 더 높은 단계로 밀어 올릴 원동력은 되지 못했으므로, 이 고고학 문화들의 문자 부호는 여전히 무사 문자 단계에 머물러 있다.

신석기 시대 말기의 고고학 문화는 더욱 발전을 이루었고, 학자들은 일부 고고학 문화가 추방(酋邦)을 형성했다고 주장했다. 그 시대의 문자 부호는 비록 출토된 양이 선행 시대를 초과하지는 못했으나, 상당수의 기호가 많은 집단 부호로 나타났으며, 이는 그 기록하는 사건이나 언어를 기록하는 능력을 더욱 강화했다. 그러나 다양한 징후들이 이러한 문자 부호들이 여전히 무사 문자 단계에 있다는 것을 나타낸다.

용산(龍山) 문화의 문자 부호는 섬서성, 하남성, 산동성 등지에 널리 분포되어 있다. 산서성 양분(襄汾)의 도사(陶寺) 유적을 용산 문화 범주에 포함한다면, 산서성 지역에서도 용산 문화의 부호가 출토된 것으로 볼 수 있다.

섬서성 용산 문화에서는 단지 몇 개의 간단한 기호만이 출토되었다. 하남성 용산 문화 유적에서도 10여 개의 기호만 발견되었으며, 등봉(登封) 왕성강(王城崗)에서 출토된 한 기호는 '공(共)'자와 유사한 형태라고 인식되었다. 산서성 도사(陶寺) 유적에서 출토된 한 조각의 편호(扁壺) 파편에는 양면에 붉은색으로 쓴 문자가 있는데, 학자들은 이를 문자로 인식하고 각기 해석을 시도했으나, 해석은 제각각이다. 이러한 문자의 수량은 모두 많지 않으며, 분명하게 통행(通行) 문자를 형성하지는 못했으므로, 여전히 무사(巫師) 문자 단계에 있다고 볼 수밖에 없다.

산동성 용산 문화의 문자기호는 성자애(城子崖) 유적에서 3개가 발견되었고, 청도(靑島)에서 1개가 발견되었을 뿐이지만, 산동성 추평(鄒平)의 정공(丁公)에서 나온 도기문자(陶文)가 가장 주목을 받는다(그림 1-1). 이 도기문자에는 5행에 걸쳐 총 11자가 연속해서 쓰여 있다. 대부분의 학자는 이 도기문자의 신뢰성에 의심을 제기하지 않았으나, 의심을 표하는 학자도 있었다. 그러나 양저(良渚) 문화 유적과 고우(高郵) 용규장(龍虯莊) 남탕(南蕩) 문화 유적에서도 유사한 문자체가 나타난 것을 고려한다면, 정공(丁公)의 도기문자가 단독 현상이 아니라는 점이 입증되므로 신뢰할 만하다고 볼 수 있다.

일부 학자들은 정공(丁公)의 도기문자가 이미 '문장을 이루었으며(成文)', 심지어 '완전한 문서'라고 주장하였다. 또 일부 학자들은 정공(丁公)의 도기문자를 상주(商周) 문자와 비교해 해석하려 시도하기도 하였다. 그러나 상주(商周) 문자와 산동성 용산 문화 문자 사이의 관계는 명확하지 않으며, 두 문자가 완전히 일맥상통한다는 증거도 없다. 따라서 이러한 해석은 신뢰하기 어렵다. 어떤 학자들은 심지어

[그림 1-1] 산동성 추평(鄒平)의 정공(丁公) 도기문자

정공(丁公) 도기문자를 고대 이족(彝族) 문자(古彝文)로 보고 있는데, 현재 이족의 기원조차 확정하기 어려운 상황에서 이러한 주장을 제기하는 것은 분명한 근거가 부족하다고 볼 수 있다.

산동성 용산 문화의 경제 상태는 이미 동(銅) 제련업과 소와 양을 기르는 목축업 등을 포함하고 있었다. 정공(丁公) 도기문자의 비슷한 문자가 양저(良渚) 문화 유적과 고우(高郵) 용규장(龍虯莊) 남탕(南蕩) 문화 유적에서 발견되었다는 사실은 이러한 문자가 산동(山東), 강회(江淮), 강절(江浙) 지역에서 사용되었을 가능성을 시사한다. 그러나 이러한 도기문자(陶文)는 출토량이 많지 않고, 산동 용산 문화가 더욱 대규모의 교역을 수행할 조건이 충분하지 않아 이러한 문자가 충분히 발전할 수 없었다. 따라서 정공(丁公) 도기문자는 통행(通行) 문자로의 전환 직전 단계에 있었다고 볼 수 있다. 그러나 전환을 위한 조건이 완전히 갖추어지지 않아 여전히 무사(巫師) 문자 단계에 머물고 있었다고 할 수 있다.

양저(良渚) 문화에서는 50여 종의 추상적이고 상형적인 단일 문자가 발견되었으며, 더불어 14개의 조합 부호(組合符號)와 7개의 조합을 이룬 부호(成組符號)가 존재한다. 양저 문화의 수공업은 이미 전문성을 갖춘 생산으로 발전했을 가능성이 크며, 그 생산 범주에는 방직(紡織), 죽편(竹編), 제옥(製玉), 제도(製陶) 등이 포함되었다. 이러한 흔적은 양저 문화가 대문구(大汶口) 문화와 장기적인 무역 관계를 맺고 있었으며, 이는 대문구 문화의 후속 문화인 산동성 용산 문화에까지 이어졌음을 시사한다. 그러나 고고학적 자료로 미루어 볼 때, 이 무역의 규모는 그리 크지 않았으며, 주로 상층 사회를 위한 옥기(玉器)를 중심으로 한 소규모 무역이었을 가능성이 크다. 또한, 대문구 문화를 제외하고 양저 문화와 인접한 다른 문화들의 경제 발전 수준은 그들과의 규모 있는 무역을 진행하기에는 부족하였다. 따라서 양저 문화의 문화는 아직 통행(通行) 문자로 발전하기에 충분한 조건을 갖추지 못했다.

이외에도, 호북성의 석가하(石家河) 문화 및 기타 용산 문화 시기의 유적에서도 일부 문자 기호가 출토되었으나, 이들 문자는 여전히 무사(巫師) 문자 단계에 머물고 있다.

신석기 시대 말기, 경제와 문화는 더욱 발전하였고, 문자 기호도 상당한 수량에 이르렀으며, 조합을 이룬 부호(成組符號) 역시 이전 시대보다 증가하였다. 그러나 대규모 무역을 진행하기 위한 조건은 아직 갖추어지지 않았기 때문에, 이러한 문화 기호들이 통행 문자로 더욱 발전하기에는 부족하다. 앞으로 신석기 시대의 문자 기호가 계속해서 출토된다고 하더라도, 우리는 그중에서 통행 문자 체계를 발견하지 못할 것이라 믿는다. 하지만 주목해야 할 점은, 산동 용산 문화와 양저 문화의 문자 기호는 여전히 무사 문자 단계에 속하지만, 이미 통행 문자로 발전하는 전야에 놓여 있다는 점이다.

하(夏)나라 때의 문자 형성은 학계에서 매우 중요하게 다루어져 왔다. 학자들은 이에 대해 다양한 견해를 제시했다. 어떤 이는 하나라 초기에, 어떤 이는 중·후기에, 또 어떤 이는 하나라와 상(商)나라의 사이에서 문자가 형성되었다고 본다. 즉, 하나라가 문자 형성의 결정적인 시기로 여겨진다. 하나라 때 문자가 형성되었는지를 논의할 때, 학자들이 말하는 '문자'를 먼저 정의할 필요가 있다. 하나라에서 문자가 형성되었다고 할 때, 그저 '단순 문자'나 '원시 문자'로 말해선 안 되며, 필자가 정의하는 '통행 문자', 즉 전 사회의 인간 상호 소통에 사용되는 기호체계로 논의되어야 한다. 하나라가 이러한 기호체계를 형성할 수 있었는지는 하나라가 통행 문자를 형성할 조건을 갖추었는지에 달려있다. 필자의 조사에 의하면, 하나라는 아직 그러한 조건을 갖추지 못했다.

하(夏)나라 경제의 경우, 초기에는 발전 수준이 비교적 낮았지만, 중·후기, 즉 이리두(二里頭) 문화시기에 이르면 경제가 어느 정도 발전하였다. 하나라 초기에 경제가 발전하지 못한 것은 태강(太康)이 국가를 잃고, 후예(后羿)가 '하나라 사람들 때문에 하나라 정치를 대신하는' 등 일련의 변천과 관련이 있을 수 있다. 고고 자료로 보면, 하나라 사람들의 경제 교역은 하나라 중·후기(이리두 문화 1, 2기에 해당)에서야 발전하기 시작하여, 이때부터 소량의 소형 동(銅), 옥기(玉器)가 등장한다. 이는 당시에 오직 소규모의 거래만이 가능했음을 의미하며, 출토된 문자 기호도 많지 않고, 심지어 조합 부호조차 드물게 나타난다. 따라서 이 시기에는 아직 통행 문자를 형성할 조건을 갖추지 못했다. 상나라로 들어서면(이리두 문화 3, 4기에 해당), 하나라 후기 문화의 동(銅)과 옥기(玉器)가 늘어났는데, 이는 하나라의 유민 거래가 발전했음을 의미한다. 이리두 문화 제3기에 하나라 사람들은 두 바퀴 수레(쌍륜거)를 갖게 되었는데, 이는 운송에 유리하여 그들의 거래 규모 확대를 촉진할 수 있었고, 당시 이루어진 여러 문명의 동시 출현도 교역 발전에 유리했다. 하지만 이 시기에는 이미 하나라가 상나라에 의해 대체되었고, 하나라 유민들은 정치적으로 종속적인 지위에 있었으며, 그들의 교역은 상나라의 통제 하에 있었고, 그들의 문화 발전도 통제를 받았을 것이다. 이리두 유적이 이리두 문화 제4기 말에서 이리강(二里岡) 하층 문화 초기에 전면적으로 쇠퇴한 것이 이를 증명한다. 따라서 이리두 문화 제3, 4기에 하나라 유민들의 경제 교역은 발전했을지라도, 정치의 종속적 지위로 인해 여전히 통행 문자로 발전할 수가 없었다.

위의 분석에 따르면, 하나라에서는 통행 문자가 형성될 가능성이 없었으며, 하나라의 문자 기호는 여전히 무사 문자 단계에 머물렀다.

상(商)나라 때에는 이미 하나의 문자 체계가 형성되었다. 이는 학계에 의해 널리 인정받고 있다. 그러나 대부분의 학자는 상나라 문자 이전의 더 이른 시기의 문자가 존재했다고 믿고 있다. 앞의 논의를 통해, 상나라 문자 이전에 더 이른 시기의 문자가 존재했다는 것에 대해 명확히 답할 수 있다. 상나라 이전에는 문자가 있었으나, 기본적으로 무사(巫師) 문자 단계에 있었고, 이들 무사 문자는 통행 문자로 발전하지 못했다. 만약 우리가 상나라에 문자 체계가 형성되었다고 인정한다면, 그 문자 체계는 통행 문자였을 것이다. 우리가 논의해야 할 것은 이 통행 문자 체계의 형성 과정이다.

상나라 문자의 형성 과정을 이해하려면 상 민족의 경제와 무역 발전 과정을 알아야 한다. 선상(先商) 시기에 상 민족의 경제는 아직 발전하지 않았으며, 그들의 도구는 주로 석기와 골기로, 청동기는 거의 발견되지 않았다. 상나라로 진입하면서 상 민족의 경제가 발전하기 시작하였고, 그들의 농업, 축산업, 수공업, 청동 주조업 등이 고도로 발전하였다. 많은 도시 유적이 등장했으며, 이들 도시 유적은 경제와 정치의 중심이었고, 청동 주조와 기타 수공업 작업장들도 이들 도시 유적에 집중되었다. 고고 자료와 문헌 자료에 따르면 상 민족은 이미 말, 소, 양 등 가축의 힘을 이용하고 수레를 사용하였으며, 가축의 힘으로 수레를 끌 수 있었다.

상 민족은 매우 일찍부터 무역을 시작했다. 문헌에는 상의 선조 왕해(王亥)의 '상양어역(喪羊於易: 역 땅에서 양을 잃다)'에 관한 사건이 기록되어 있는데, 이는 왕해(王亥)가 적인(狄人, 즉 有易)과 교역을 했던 일을 의미한다. 상나라 선공(先公)들은 적인과 무역을 하고 혼인 관계를 맺었으며, 이익과 손실이 충돌하는 때도 있었음에도 장기간 긴밀한 관계를 유지하였다. 상나라 선공들은 적인으로부터 수레 사용법을 배우고 소를 이용한 수레 운전법을 익혔으며, 소와 양을 방목하는 기술도 습득하여, 신생 산업인 축산업을 발전시켰고, 급기야 그 힘은 급속히 강해져 결국 하(夏)나라를 대체하였다.

상나라의 경제 기반은 농업이었지만, 상나라 선공선왕(先公先王)에 속해 있던 부족은 무역을 통해 재산을 축적하였고, 상 민족 중에서 가장 강대한 부족이 되었으며, 상 민족의 정치와 문화의 중심이 되었다. 문헌에는 은상(殷商)이 설(契)부터 탕(湯)까지 여덟 번 수도를 옮겼고, 탕(湯)부터 반경(盤庚)까지 다섯 번 옮겼다고 기록되어 있다. 천도의 이유는 다양했겠지만, 여기에는 무역의 요소가 포함되어야 한다. 상나라 왕이 옮긴 수도에는 규모가 큰 청동 주조, 도자기 제작, 옥기와 석기 제작, 뼈와 상아로 만든 도구 제작 등의 작업장이 있었다. 이 작업장들의 제품은 자체 사용 외에도 대부분 무역을 위해 사용되었을 것이다.

문헌에 따르면, 상나라는 공물 제도를 구축했으며, 속국으로 하여금 왕실에 각종 물품을 진상하도록 규정했고, 동시에 왕실은 그에 상응하는 하사품을 주어야 했다. 이것은 사실상 물품의 교역이며, 일종의 무역 행위였다. 갑골문에는 공물에 관한 용어로 치(氐=致), 공(共=供), 입(入), 헌(見=獻), 등(登), 취(取), 시(𦣻), 개(匄), 래(來), 지(至) 등 10개의 전문 용어가 사용되었다. 공물로는 가축, 야생 짐승, 대량의 점복용 거북딱지(卜甲)와 동물 뼈(卜骨), 곡물, 노예, 뼈와 상아와 옥석, 비단 직물 및 기타 재물 등이 포함되었다.

상나라의 수공업은 무역에 필요한 다양한 상품을 제공했으며, 그 중 가장 중요한 것은 청동기(青銅器)였다. 상나라 문화의 청동기는 상나라 초기의 성터와 일부 상 문화 분포 지역에서 주로 출토되었다. 중기에는 분포 범위가 확대되면서 상 문화 분포 지역의 외부에서도 출토되기 시작했으며, 말기에는 상 문화 분포 지역뿐만 아니라 상 문화의 각 지방 유형에서도 널리 출토되었고, 상 문화 범위 외부에서도 출토되었다. 상나라의 도기(陶器) 역시 판매 범위가 매우 넓은 상품이었고, 교역 전용의 특정 형태의 가마터가 있었다. 이러한 제품은 영역 외부에서도 출토되었다. 상나라는 대량의 물품을 수출했을 뿐만 아니라 수입도 했다. 가장 중요한 수입품 중 하나는 동(銅)의 재료였는데, 학자들은 상나라의 동 재료가 주로 남부에서 왔다고 보고 있다. 또한, 옥료(玉料), 해패(海貝), 거북 등과 기타 일부 물품들은 상 왕조 영토 외부는 물론 고대 중국의 외부 지역에서 왔다.

선상(先商) 시기로부터 은허(殷墟) 시기에 이르는 상 문명이 성장하는 동안, 그 주변에는 다양한 문명들이 동시에 발달하고 있었으며, 이는 상 민족에게 무역 대상을 제공했다. 예컨대, 이리두(二里頭) 문화, 악석(嶽石) 문화, 오성(吳城) 문화, 마교(馬橋) 문화, 호숙(湖熟) 문화, 삼성퇴(三星堆) 문화, 진중(晉中) 지역의 토착문화, 이가애(李家崖) 문화, 정가파(鄭家坡) 유형 유적 등이 대표하는 선주(先周) 문화, 사패(四壩) 문화, 주개구(朱開溝) 문화, 하가점(夏家店) 문화 등이 있다. 이러한 고고학 문화들은 경제적으로 상당한 수준의 발전을 이루었으며, 상 민족과 무역을 진행할 충분한 실력이 있었다. 동시에, 여러 가지 징후들에서 영역 외부에 있던 인더스 문명과 상 문명 사이에도 무역과 문화 교류의 연결이 있었음을 시사한다.

상 민족의 문자 기호와 그들의 무역은 기본적으로 동시에 발전했다. 선상(先商) 시기에는 상 민족의 문자 기호가 출토된 것을 확인할 수 없다. 하북(河北) 하칠원(下七垣) 유적지에서 발견된 초기 상나라 시기의 문자 기호는 단 2개뿐이었다. 정주(鄭州)의 상성(商城)과 이리강(二里岡) 유적의 연대는 초기와 중기 상나라 시기에 해당하며, 여기에서는 도기에 새겨진 기호와 뼈에 새긴 문자가 출토되었다. 상나라 중기에 속하는 정주 소쌍교(小雙橋) 유적에서는 도기에 붉은색으로 쓴 문자와 소량의 도기 새김 기호가 출토되었다. 상나라 초기에 속하는 하북 고성(槁城) 대서촌(臺西村) 유적에서는 도기 새김 기호가 출토되었다. 학자들의 연구에 따르면, 이리강 시기에도 청동기 명문이 나타났다. 이러한 도기 새김 기호, 붉은색으로 쓴 문자, 뼈 새김 문자 및 청동기 명문의 총수는 약 160개가 넘으며, 단일 문자의 형태는 약 120개에 이른다. 여기에는 복사(卜辭) 성질의 문장 2개와 2~4글자의 조합된 문자, 합체자(合體字)도 나타났다. 이러한 문자 기호는 분명히 아직 통용 문자를 형성하지는 못했지만, 은허(殷墟) 문자의 형성을 위한 조건이 준비되었다 할 것이다.

정주(鄭州)의 이리강(二里岡) 유적지에서 출토된 소 갈비뼈에 새겨진 각사에는 두 개의 복사 성질의 문장이 있다(그림 1-2). 학자들은 처음에 이 복골을 무을(武乙)이나 문무정(文武丁) 시기로 분류했지만, 최근에는 이리강(二里岡) 시기에 속하며, 상나라 초기 말기 혹은 중기에 해당한다고 보는 견해가 많아졌다. 이 복골을 초기와 중기로 분류한 후에, 하나의 문제가 제기되었다. "을축일에 점을 칩니다. ……을 받을 수 있을까요? 7월이었다.(乙丑貞從受……七月)"라는 문장에는 천간(天干)을 사용한 10진법, 지지(地支)를 사용한 12진법, 그리고 60갑자(甲子)의 60진법을 포함하는 세 가지 기수법(記數法)이 포함되어 있다. 상나라 초기와 중기에 이러한 세 가지 기수법이 존재하는 조건이 있었는지에 대한 논의가 필요하다.

정주 상나라 유적에서 출토된 도기 새김 기호로부터, 상나라 초기에 사용된 기수법(記數法)이 5진법이었다는 사실을 알 수 있었다. 또 신석기 시대 및 그보다 늦은 문자 기호로부터 앙소(仰韶) 문화, 마가요(馬家窯) 문화와 마교(馬橋) 문화가 사용한 기수법이 5진법이었고, 강서(江西) 응담(鷹潭) 각산(角山)의 상나라 가마터에서 출토된 도편(陶片)의 숫자 역시 5진법이었다는 것을 알 수 있다. 이는 신석기 시대부터 상나라에 이르기까지, 서부에서 중원(中原) 지역, 장강(長江) 유역, 남부 지역에 이르는 광범위한 지역에서 5진법 기수법이 널리 사용되었음을 보여준다. 은허(殷墟) 시기, 상 민족이 가장 흔하게 사용한 것은 10진법 기수법이었고, 간지(干支)를 이용한 날짜 기록법은 12진법과 60진법 기수법의 사용을 시사한다. 이리강에서 발견된 소 갈비뼈 복사는 이 세 가지 기수법이 상나라 초기와 중기에 이미 사용되고 있었음을 보여준다. 그러나 이 세 가지 기수법이 분명히 고대 중국인들

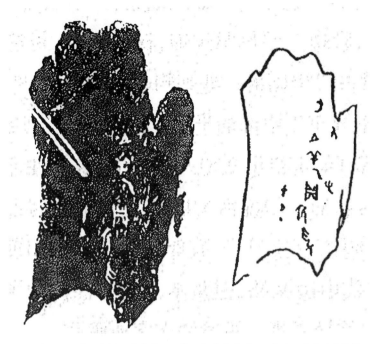

[그림 1-2] 정주(鄭州) 이리강(二里崗) 유적에서 출토된 소 갈비뼈(牛肋骨)
각사(刻辭)

의 발명은 아닐 것이다. 상나라 초기와 중기 이전에 이 세 가지 기수
법의 어떠한 흔적도 볼 수 없기 때문이다. 또 상 민족이 짧은 시간
내에 이 세 가지 기수법을 발명한 것도 상상하기 어렵다. 필자는 이
세 가지 기수법이 영역 외부, 구체적으로는 고대 이집트와 메소포타
미아에서 왔을 것으로 생각한다.

학자들은 고대 중국과 고대 서양 문명 간에 문화 교류가 있었다고
널리 인정한다. 필자의 생각에는 고대 중국과 지중해-서아시아 지역
문명 간에 문화 교류가 존재했지만, 지리적으로 떨어져 있는 거리와
장거리로 인해 이러한 교류는 대부분 직접적인 교류가 아닌 간접적
인 교류였을 것이다. 원시 시대에는 중서 문화 교류의 접점이 있었으

며, 이 접점은 인더스 강 유역에서 발견된다. 인더스 강 유역의 지리적 위치는 서아시아와 고대 중국의 중간 지점에 있어 두 큰 권역 모두와 직접 접촉할 수 있다. 인더스 강 유역에서 번성한 인더스 문명(하라파 문명)의 연대는 대략 고대 중국 신석기 시대 말기에서 하나라 혹은 상나라 초기에 해당하며, 여러 가지 흔적은 인더스 문명이 중국 신석기 말기 문명과 상 문명에 직접적인 접촉이 있었음을 나타낸다. 인더스 문명의 도기 새김 기호에서 사용된 기수법은 앙소 문화, 마가요 문화와 거의 완전히 같은 5진법을 사용했다. 그리고 문헌에 따르면 고대 인도에서는 이미 10진법, 12진법, 60진법을 사용하고 있었다. 그러나 학자들은 고대 이집트와 바빌론이 10진법을 더 일찍 사용했고, 바빌론은 10진법과 12진법을 결합하여 60진법을 창조했다고 본다. 인더스 문명과 바빌론 간에 빈번한 무역 관계가 있었기 때문에 이 세 가지 기수법이 인더스 문명에 전파되었고, 상 문명은 인더스 문명과의 직접 접촉을 통해 이 세 가지 기수법을 습득했을 것이다.

고대 중국과 인더스 문명 간의 문화 교류는 세 가지 기수법이 중국에 전달된 것뿐만 아니라, '풍육여신(豐育女神)', 채도(彩陶) 위의 춤추는 문양, 권장두(權杖頭) 등 다른 일부 사물들도 인더스 문명을 통해 고대 중국으로 전해졌을 가능성이 있다. 그러나 동시에 고대 중국의 일부 사물들도 인더스 문명에 전달되었는데, 위에서 언급한 5진법, 중국에 광범위하게 퍼져 있는 반지하식 주택, 중국 앙소 문화 및 용산 문화 스타일의 기물들이 인더스 문명 분포 지역에서 발견되었으며, 이는 고대 중국에서 전해진 것으로 보인다. 중국의 비단도 아마 인더스 문명에 일찍 전달되었을 것이며, 인더스 문명의 문자와 상나라 문자 모두에 '비단을 묶은 것'과 같은 문자 형태가 있다. 인더스 문명의 문자 기호와 고대 중국의 문자 기호 중 유사하거나 같은 것이

89개에 달하며, 이 89개의 문자 기호 중 일부는 인더스 문명보다 이른 고대 중국 문명에서 발견되지만, 일부는 고대 중국 문명에서 보이지 않으나, 기본적으로는 고대 중국 문명에서 전해졌거나 전해진 기호에서 파생된 것이다. 이러한 문자 기호는 기본적으로 은허(殷墟) 문자에 의해 흡수되었다.

상 민족은 경제와 무역 발전을 동시에 이루며, 지속해서 문자 기호를 흡수하고 창조했다. 은허(殷墟) 시기에 이르러, 초기의 통용 문자인 은허 문자가 형성되었다. 은허 문자의 자형은 주로 세 가지 원천에서 비롯되었다. 하나는 신석기 시대의 일부 고고학 문화에서 비롯된 문자 기호이고, 다른 하나는 은허 시대와 비교적 가까운 고고학 문화의 문자 기호이며, 마지막 하나는 인더스 문명의 문자 기호 중 실제로는 고대 중국인이 스스로 창조한 기호이다. 은허 문자는 이러한 여러 출처로부터 약 120개 이상의 자형을 흡수했다. 그러나 은허 문자는 대략 5000개 가량의 자형을 가지고 있는데, 이 120개 이상의 자형과 5000개 가량의 자형 간의 관계는 어떠했을까?

필자는 약 5000개에 이르는 은허 문자 자형은 주로 두 가지 방법으로 파생되었다고 생각한다. 하나는 계승 파생이고, 다른 하나는 독립 제작이다. 계승 파생이란, 은허 문자가 흡수한 120개 이상의 자형 중 일부 독체자(獨體字, 합체자 내에 포함된 독체자를 포함)가 높은 생산성을 갖고 있어, 각각의 이러한 독체자가 다양한 수의 자형을 파생시킬 수 있다는 것을 의미한다. 이러한 독체자는 대략 50개 정도 있으며, 약 3000개 가량의 자형을 파생시킬 수 있다. 독립 제작은 은허 시기 이전에 보이지 않는 상형자(象形字)를 의미하는데, 이러한 상형자 중 대부분은 상 민족이 은허 시기에 만들어 낸 것으로 보이며, 약 50개 이상이 존재한다. 이러한 상형자도 높은 생산성을 갖고 있어, 대략

1000개 이상의 자형을 파생시켰다. 이 두 가지 방식으로 파생된 자형은 은허 문자의 총 수량에 거의 근접한다.

은허(殷墟) 문자가 주로 위에서 언급한 두 가지 방식으로 파생되었다고 할 수 있지만, 자형의 파생을 촉발한 근본적인 동력은 상나라 중기 이후 형성된 규모가 큰 무역에서 비롯되었다. 상 왕실은 무역에서 항상 주도적인 위치를 차지했으며, 그 경영 관리 인원에는 고급 관료, 점복관(卜人), 신(臣)이나 소신(小臣), 제부(諸婦) 등이 포함되었다. 이들은 상품을 획득하고 제공하며, 상품을 검사하고 기록하는 등의 업무를 담당했다. 그리고 점복관이 무역 활동에 참여함으로써 은허 문자 체계의 형성에 결정적인 역할을 했다.

최초의 문자는 점복관에 의해 관리되었지만 주로 신과 인간 간의 교류를 위해 사용되었으며, 그들이 관리하는 문자는 오로지 무사(巫師) 문자에 국한되었다. 규모가 큰 무역의 촉진 없이는 무사 문자가 전체 사회에서 사용되는 통용 문자로 발전하는 것은 불가능했다. 점복관이 무역 활동에 참여하면서, 무역의 규모가 계속 확장되고 관리 업무가 점점 복잡해지면서, 더 정확한 문서 기록이 필요해졌다. 점복관은 자신들이 원래 관리하던 문자를 무역 업무에 사용하게 되었고, 이를 지속해서 개선함으로써 문자 체계가 형성되는데 이바지했다.

은허 문자 체계가 주로 무정(武丁) 시기에 형성되었다고 보는 것은 합리적인 추론이다. 은허 갑골문에서 사용 빈도가 가장 높은 대략 2800개의 문자 자형 중 무정 시기에 이미 2100개 이상이 등장했으며, 이는 자주 사용되는 문자의 약 77%에 해당한다. 이는 무정 시기의 무역 규모가 급속히 확대되면서 문자 응용에 대한 수요가 높아졌기 때문이다. 은허복사(卜辭)에 따르면, 무정 시기의 점복관(卜人)의 수는 약 70명에 달했으며, 이는 다른 시기의 점복관 수를 훨씬 초과

한다. 이는 당시 점복관이 무역 관리에 참여하는 동시에 새로운 자형을 만드는 데에도 참여했음을 의미한다. 새로운 자형을 만들기 위해서는 더 많은 점복관이 필요했을 것이다. 무정은 59년간 재위했고, 이 비교적 긴 시간 동안 대량의 새로운 문자 기호를 만드는 것은 완전히 가능한 일이었다.

세계 문자발전사에서 이미 존재하는 문자를 모방하거나 참고하여 자기 민족의 문자를 만든 사례가 드문 것이 아니다. 상 왕조가 외부 지역과 무역으로 연결되었기 때문에, 바빌론과 고대 이집트의 문자에 대해 어느 정도 인지하고 있었을 가능성이 있다. 거리가 멀어 상 왕조가 직접 그런 요소들을 흡수할 수는 없었겠지만, 문자 체계의 우수성은 상 왕조가 자신들의 문자 체계를 발전시키는 데 참고할 수 있는 모델은 제공했을 것이다. 이러한 참고는 중요한데, 이는 전통적으로 의존해 오던 구술 전달 방식에서 벗어나는 데 도움을 줄 수 있기 때문이다.

호후선(胡厚宣)의 통계에 따르면, 은허 갑골 중에서 글자가 새겨진 갑골과 글자가 없는 갑골이 거의 절반씩을 차지했다. 글자가 없는 점복용 갑골의 대량 존재는, 당시의 점복이 종종 기억에 의존하여 이루어졌기 때문에 갑골에 새겨지지 않았음을 의미한다. 이는 구술 전달의 전통이 얼마나 깊이 뿌리내렸는지, 그리고 무정이 이러한 전통을 깨고 문자를 만드는 데 얼마나 큰 노력을 기울였는지를 보여준다.

무역 업무가 점점 복잡해짐에 따라 문자는 점복관을 넘어 다른 사람들 사이에도 점차 전파되었다. 은나라 수도 내부에는 지식을 전수하고 문자를 학습하는 학교가 이미 존재했다. 기사 각사(記事刻辭)에 서명한 사람들은 점복관 뿐만 아니라 관리와 다른 사람들도 포함되었다. 은허 시기의 옥기, 도기 및 석기에는 종종 문자가 새겨져 있고,

주서(朱書: 붉은색 글씨)나 묵서(墨書: 검은색 글씨)의 형태도 보인다. 이러한 문자는 신석기 시대에 무사나 추장이 새겨 넣은 것과 달리, 아마도 장인이 새겨 넣은 것으로, 이는 문자가 장인들 사이에서도 보급되었음을 의미한다. 고고학 자료에 따르면, 상 왕조에서 제작된 청동기는 상 문화 권역뿐만 아니라 그 지역 밖으로도 널리 퍼져 있었다. 이러한 청동기 중 일부는 명문이 있는 청동기로, 이 명문들이 문자 전파에 이바지할 수 있었음은 분명하다.

물론, 옥, 석기, 도기 및 청동기는 일상적인 문자사용의 매체는 아니지만, 상나라 시기에는 일상적인 문자사용을 위한 매체로 대(竹), 나무(木), 비단(帛), 삼(麻) 등이 있었을 가능성이 크다. 이러한 재료는 보존 기간의 수명 때문에 현재 이 매체로 작성된 문자를 거의 볼 수는 없지만, 문헌과 일부 흔적들에 따르면 상나라 때에는 이러한 문자 매체를 사용하여 일상적인 문자를 기록했을 것으로 보인다. 결론적으로, 은허시기에 들면 문자는 점차 점복관의 독점을 깨고 전체 사회에 적용되기 시작하여, 통행 문자로 자리 잡게 되었다.

은허시기에 상나라 문자 체계의 형성은 중원(中原) 문자 체계가 기본적으로 완성되었음을 의미한다. 그러나 은허 문자는 여전히 통행 문자의 초기 단계에 머물러 있었으며, 언어를 표현하는 능력은 아직 제한적이었고, 긴 글의 문자는 드물었다. 따라서 상나라 문자 체계는 계승과 발전을 거쳐야만 진정한 통행 문자가 될 수 있었다. 상나라 문자를 주로 계승하고 발전시킨 것은 의심할 여지없이 주(周)나라 사람들이었다. 이전 학자들은 주나라 사람들이 주나라 초기나 은나라 말기에 상나라 문자를 배우고 익히기 시작했다고 통상적으로 생각했지만, 현재의 관점에서 보면 이는 주나라 사람들이 문자 체계를 완전히 습득하고 발전시킬 능력을 과소평가한 것으로 보인다.

출토자료와 문헌 자료는 문왕(文王) 시대 이전에 이미 주나라 사람들이 문자를 사용하고 있었다는 것을 보여준다. 주원(周原) 갑골문은 형식, 체례, 스타일에서 은허(殷墟) 갑골문과 상당한 차이가 있다. 은허 갑골문에 나타나지 않는 새로운 문자도 수십 개가 등장하는데, 이는 주원 갑골문이 은허 갑골문의 단순한 복사본이 아니라 오랜 시간에 걸쳐 발전해온 것임을 나타낸다. 정가파(鄭家坡) 문화 범위 내 기산(岐山) 하가촌(賀家村)에서 출토된 은허 제2기에 해당하는 시기의 명문이 있는 경족(庚族) 청동기는 최소한 은허 제2기에 해당하기 때문에, 선주(先周) 문화가 이미 청동기 명문에 접근했음을 보여준다. 제2기에서 제4기에 해당하는 경족 청동기는 관중(關中) 지역에서도 발견되었다. 또한, 기산 쌍암(雙庵)에서는 제4기에 해당하는 육족(陸族) 청동기가 출토되었다. 주목할 만한 것은 보계(寶雞) 투계대(鬥雞臺)에서 출토된 선주 시기의 측족(矢族) 청동기이다. 측인(矢人)은 희주(姬周) 족에 속하며 전통을 가진 명망 높은 가문이었다. 동시에 상주(商周) 혼합 스타일의 기물들, 예컨대 「율패갑뢰(聿貝甲罍)」, 보계의 「유천궤(裕泉簋)」 및 「유천유(裕泉卣)」, 경천(涇川)의 「동력(銅鬲)」의 명문 등도 주나라 사람들의 손에서 나온 것으로 추정된다.

물론, 은 말기 상 왕조의 관리들이 주나라 사람들에게 귀순하여 주나라 사람들이 문자를 완전히 습득하고 발전시키는 데 동력을 제공했을 것이다. 문헌에 따르면 은나라의 신하(殷臣) 신갑대부(辛甲大夫), 내사(內史) 향지(向摯), 진나라 선공(秦先公) 중연(中衍)의 현손, 은의 '서쪽 변방 수비대(保西垂)'였던 중휼(中潏) 등이 이에 포함된다. 그러나 주나라 사람들이 은 말기 이전에 이미 문자사용의 기반이 있었다는 사실을 인식해야 한다.

주원 갑골문과 은허 문자가 동일한 체계에 속함에도, 주나라 사람들은 이 문자 체계를 단순히 받아들여 사용하는 데 그치지 않고, 이를 크게 발전시켜 나갔다. 주나라 사람들이 문자 체계를 사용하고 발전시키게 된 동기는 끊임없이 발전한 무역 활동 때문이었다. 주나라 사람들의 경제적 기반이 농업에 뿌리를 두고 있었음에도, 그들은 무역을 매우 중시했으며, 무역을 통해 상당한 부를 축적할 수 있었다. 주원 갑골문에서 언급된 '500마리의 소(五百牛)'는 무역에 사용된 상품일 가능성이 크다. 주나라 사람들은 지리적 위치 덕분에 신장과 중원 지역의 옥 무역을 독점할 수 있었는데, 이는『목천자전(穆天子傳)』에도 기록되어 있다.『일주서(逸周書)』의 일부 장에서는 무역을 발전시키기 위한 문왕의 정책과 조치를 서술하고 있다. 계력(季歷) 시기에 주나라 사람들은 이미 무역을 통해 강력해졌으며, 문왕과 무왕도 무역을 통해 재력을 축적하여 결국 상을 멸망시키는 대업을 완수할 수 있었다.

상나라 문자가 중원 문자를 통행 문자로서의 시작 단계에 들어서는 데 이바지했다면, 주나라 문자는 중원 문자가 통행 문자로서 자리 잡는 추세를 공고히 하고 발전시켰다고 할 수 있다(그림1-3). 은나라 사람들은 귀신을 섬기고 신을 존경하는 문화가 있었으며, 그들의 문자 체계는 비록 통행 문자로서 시작 단계에 들어섰지만, 여전히 강한 무사 문자의 색채를 띠고 있었다. 반면 주나라 사람들은 실용적 정신을 더 중시했으며, 귀신과 신을 섬기되 거리를 두었다. 그들이 새로 만든 문자는 주로 구체적인 사무와 관련이 많았다.

서주(西周) 청동기 명문은 은허의 복사와 청동기 명문에 비해 더욱 웅대해 보이며, 내용의 범위도 많이 확장되어 당시 사회생활의 거의 모든 측면을 포괄했다. 은나라 말에서 서주에 이르는 기간 동안 주나라 사람들이 창조한 문자 중에서 형성자(形聲字)가 많이 증가했으므로,

주나라 사람들이 형성자를 만드는 방법을 공고히 하고 발전시켰다고 볼 수 있다. 이로 인해 자형의 수량이 많이 증가하며, 이는 문자가 언어를 기록하는 능력을 향상하는 데 이바지했다.

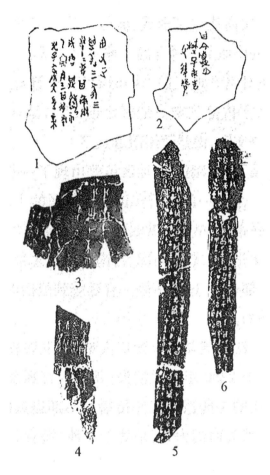

[그림 1-3] 상(商)·주(周) 갑골문의 비교 1~2는 주(周)나라 갑골이고 3~6은 상(商)나라 갑골이다.

주나라 문자가 발전한 이후, 중원 문자는 점차 오월(吳越)과 남방 지역으로 퍼져나가 통행 문자가 되었고, 이는 고대 중국 전역에서 중원 문자가 통용되는 기반이 되었다. 그 이전에 남방 지역에 중원 문자가 일부 전달되었지만, 주로 남방 자체의 문자를 사용했다. 출토된 청동기는 서주 초기에 중원 문자가 오(吳)나라를 통해 장강 하류 지역으로 전파되었음을 보여준다. 장강 중류와 그 이남 지역으로 중원 문자를 전파한 주요 세력은 초(楚)나라였다. 서주 말기에는 초나라가 상당히 긴 청동기 명문을 집필할 수 있는 높은 문자 조작 능력을 갖추었으며, 초나라의 영토 확장은 동정호(洞庭湖) 이남과 오령(五嶺) 일대에 이르렀고, 중원 문자를 이곳으로 가져와 점차 자신들만의 서예 스타일을 형성했다. 동시에, 서주시기에 몇몇 중원의 씨족, 제후나 관리들이 중원 문자를 강한(江漢) 지역으로 가져갔다. 예컨대 장국(長國)의 후예, 희씨(姬姓)의 증국(曾國), 우(盂)라는 관리 등이 명문 청동기를 남겼다. 그러나 강한 지역의 제희(諸姬)는 춘추 중기 이전에 대부분 초에 의해 흡수되었으므로, 춘추 이후 중원 문자가 남쪽으로 전파되는 것은 주로 초나라에 의해 이루어졌다.

중원 문자는 한자 형성의 근원이며, 주나라 문자는 중원 문자가 통행 문자로 발전하는 중요한 단계이다. 따라서 한문(漢文) 형성 과정에서 주나라 문자가 갖는 중요한 역할을 충분히 인식해야 한다.

중원 문자가 점차 통행 문자로 발전하는 동안, 남방 지역에서도 자체적인 문자가 형성되고 있었는데, 이것이 바로 남방 문자이다. 남방 문자는 대략 상나라 때에 점차 형성되기 시작하여, 장강 유역 및 그 이남의 광대한 지역에 전파되었으며, 상과 주나라 문자를 대표로 하는 중원 문자와 병립하는 독립된 문자 체계이다.

하상(夏商) 시기 중원 문화는 남방 지역에 영향을 미쳤지만, 항상 남방 지역을 통제하지는 못했다. 오(吳)나라와 초(楚)나라가 중원 문자를 남방 지역으로 전파하기 전에, 남방 지역에는 중원 문자가 간헐적으로 전달되었지만, 기본적으로 남방 지역에서는 중원 문자를 사용하지 않고, 남방 자체의 문자를 사용했다.

하상 시기 장강 유역 및 그 이남의 광대한 지역에서는 몇몇 지역성의 토착문화와 정치 중심이 등장했으나, 단일한 정치적 실체를 형성하지는 못했다. 각 지역의 토착문화는 서로 다른 모습을 보였지만, 그들 사이에는 넓고 밀접한 연결이 있었으며, 매우 이른 시기부터 하나의 큰 부족 공동체로 속해 있었고, 공통의 부족 문화를 형성했다. 이것이 고대 월족(古越族)의 문화이다. 전반적인 상황을 보면, 남방 지역의 동부 문화가 상대적으로 강세를 보이며, 많은 문화 요소가 동부에서 서부로 전파되었다. 이러한 경향은 전국(戰國)시대까지 계속되었다. 그 결과 남방 문자 역시 대체로 동쪽에서 서쪽으로 전파되었다.

하상(夏商) 시기 이전, 장강 유역 및 그 이남 지역에서 가장 발전된 문화는 양저(良渚) 문화였다. 양저 문화는 기원전 2200년경 사라졌으며, 그 소멸 후의 행방은 현재까지도 해결되지 않은 문제이다. 그러나 양저 문화의 일부 유물은 여전히 서부의 먼 지역까지 전파되었으며, 양저 문화의 다양한 문화 요소들은 양저 문화의 소멸과 함께 사라지지 않고 '잠복 상태'에 머물러 있었고, 특정 조건에서 다시 등장하거나 새로운 모습으로 다시 나타났다. 예컨대, 양저 문화의 '신의 상징'이나 문자 기호 등은 양저 문화가 소멸한 서쪽 지역에서도 여전히 영향을 미쳤다(그림 1-4).

동부 지역의 다른 문화 유물과 문화 요소들도 계속해서 서부로 전달되어 서부 지역에 영향을 미쳤다. 예컨대, 동부의 순우(錞于), 배 모양 관(船棺, 獨木棺을 포함함), 장례 풍습, 일부 월(越)나라 스타일의

[그림 1-4] 삼성퇴(三星堆) 문화의 손(手) 모양, 파촉(巴蜀) 문자의 손(手)
모양과 '신비한 족휘(神徽)'와 양저(良渚) 문화의 '신성한 족휘(神徽)'의
비교. 1은 삼성퇴 신수(神樹)의 용에 달린 손, 2는 파촉 문자의 손 모양,
3은 십방(什邡) 원형 인장의 '신성한 족휘(神徽)', 4는 미국 프리어 미술
관 절옥석(截玉錫)의 '신성한 족휘', 5는 반산(反山) 양저 문화 옥황(玉璜)
의 '신비한 족휘'이다.

기물 등이 서부로 전해졌다. 영향은 상호적이기는 했지만, 동부에서
서부로의 영향이 주요한 것으로 보인다. 따라서 동부 지역의 문자 기
호가 서부 지역에도 큰 영향을 미쳤을 것으로 추정된다.

남방 문자는 넓은 지역에 걸쳐 분포하며, 주요 출토지로는 상해의
마교(馬橋) 유적, 강서의 번성퇴(樊城堆) 유적, 오성(吳城) 유적, 대양주
(大洋洲) 상(商)나라 무덤, 응담(鷹潭)의 각산(角山) 가마터, 호북 악서
(鄂西) 지역의 노가하(路家河) 유적, 향로석(香爐石) 유적, 호북과 호남
의 춘추전국 시기 무덤, 광동과 광서 일부 유적과 무덤, 그리고 파촉
(巴蜀) 지역의 전국 시기 무덤과 유적 등이 있다. 이들 장소에서 출토
된 문자 기호들은 각각 특색을 가지고 있지만, 자형이 동에서 서로
전파되는 영향을 볼 수 있다.

마교 문화는 대략 상나라 중 후기부터 서주 초기에 걸쳐 있으며, 47개의 도기 새김 기호가 출토되었고, 이 중 일부 기호는 오성 유적의 새김 기호에서도 발견된다. 그리고 이들 숫자 기호는 응담 각산의 상나라 유적과 유사성을 보인다.

강서(江西)성 오성(吳城) 유적과 대양주(大洋洲)의 상나라 무덤은 모두 오성 문화에 속한다. 오성 문화의 첫 번째 단계는 초기 상(商)나라 제3기와 대응되며 상 문화의 강한 영향을 받았다. 하지만, 그 문자 기호는 대체로 초기 상 문화의 문자 기호와 같은 발전 수준에 있으며, 소수의 기호만이 상 문자에서 유사한 형태를 찾을 수 있고, 대부분은 상이하다. 오성 문화의 두 번째와 세 번째 단계에서는 상 문자와 유사한 형태의 기호가 더욱 적다. 이는 오성 문화의 문자 기호가 상 문자의 영향을 많이 받지 않았음을 나타낸다. 그러나 오성 문화의 문자 기호는 양저(良渚) 문화와 다른 남방 지역의 문자 기호와 많은 유사점이 있다.

강서성 응담(鷹潭) 각산(角山) 상나라 가마터에서 출토된 문자 기호는 1489개에 달하며, 이 중 숫자 류 기호가 1155개로, 전체의 78.83%를 차지한다. 학자들의 연구에 따르면, 이 숫자 류 기호는 5진법 기수법을 사용했다. 그러나 이 5진법 기수법을 고대 월족이 처음으로 사용한 것은 아니다. 자료에 따르면 5진법은 고대 중국에서 매우 널리 퍼진 기수법으로, 신석기 중기 이후 중원 지역의 앙소(仰韶) 문화, 마가요(馬家窯) 문화가 이미 사용하고 있었고, 상나라 초기와 중기에는 상 민족도 계속 사용하고 있었다. 상나라 초기와 중기 이후에는 10진법 기수법이 도입되었고, 이는 5진법보다 우수하여 무역 발전의 필요성에 더 잘 부응할 수 있었기 때문에, 10진법이 빠르게 5진법을 대체했을 것이다. 남방 지역에서는 중원 지역과 비교하면 경제 무역이 뒤처져 있었기 때문에 여전히 5진법을 사용하고 있었다.

호북성 서부 지역의 이창(宜昌) 노가하(路家河) 유적에서는 10개 이상의 새김 기호와 도장으로 찍은 듯 보이는 기호가 발견되었고, 향로석(香爐石) 유적에서는 2개의 도기로 된 도장이 출토되었다. 대다수 학자는 호북성 서부 지역이 파인(巴人)과 밀접한 관련이 있다고 보고 있는데, 전통적인 설명은 파인들이 호북성 서부 지역의 청강(淸江)에서 기원했다는 것이다. 그러나 고고학 자료에 따르면, 파(巴) 스타일의 전형적인 무기들은 대부분 섬서성과 감숙성 지역에서 기원하였고, 파인들이 창조한 것은 아니다. 문헌에 따르면 무왕(武王)이 종실을 파(巴) 지역에 봉한 것으로, 그 후의 파족은 호북성 서쪽 지역의 늠군(廩君)의 후예인 토착민과 주(周) 종실과의 결합으로 형성되었다고 한다. 따라서 노가하 유적과 향로석 유적의 거주민을 후에 나타난 파족과 동일시할 수는 없다.

상주시기에 서릉협(西陵峽)을 중심으로 한 협강(峽江) 지역 유적은 분포는 밀집되어 있지만, 유적의 면적은 일반적으로 크지 않으며, 대부분 면적이 몇십 제곱미터에 불과하다. 가장 큰 노가하 유적조차도 320㎡에 지나지 않기 때문에, 이 지역의 상주시기 유적의 문화 발전 정도는 높지 않았을 것으로 추정된다. 반면에, 초(楚) 민족은 이미 하상 시기에 강한(江漢) 지역으로 이주했으며, 노가하 유적과 향로석 유적에 인접해 있었으므로, 후자의 문자 기호와 도장은 초나라 사람들의 영향을 받았을 가능성이 있다.

춘추전국 시기에 호북, 호남 지역의 토착 양월(揚越) 사람들은 여전히 자신들의 문자를 사용하고 있었다. 양월 사람들의 문자는 대략 세 가지 유형으로 나눌 수 있다.

- A형 문자는 형태가 추상적이며 상징화 정도가 높아 보통 여러 자형이 수직으로 배열되어 있으며, 문장을 이룰 수도 있는 것으로 보인다.
- B형 문자는 형태가 비교적 규칙적이며, 자형이 반복되거나 약간의 변화를 가진 반복을 보이며, 주로 좌우 구조의 합체자로, 수직으로 배열되며 과(戈)이 명문에서만 발견된다.
- C형 문자는 인장, 청동 창(銅矛), 순우(錞于), 청동 도끼(銅鉞), 긁개 칼(刮刀) 및 기타 도구에 새겨져 있으며, 추상 자형과 그림 기호를 포함한다.

양월 사람들의 문자는 양저(良渚) 문화의 문자와 분명한 연관성이 있다. 두 문자 모두 자형의 반복 현상이 보이며, B형 문자는 자형이 반복되어, 이 B형 문자는 양저 문화에서 유래했을 것으로 보인다. 월(越)나라의 무기 명문에도 자형의 반복 현상이 나타나며, 이 역시 양저 문화의 문자 기호와 연관이 있을 것이다.

양월 사람들의 문자는 오성(吳城) 문화의 문자와도 연관이 있으며, 두 문자 사이에 유사한 자형이 보인다. 특히 A형 문자는 오성 문자의 스타일과 매우 유사하다. 오성 문화의 청동기에서 가장 먼저 '왕(王)'자의 명문이 나타났으며, 이후에 양월 사람들에게 흡수되었다.

양월 사람들의 A, B, C형 문자는 또한 파촉(巴蜀) 문자에서도 발견되므로, 양월 문자와 파촉 문자 사이에 밀접한 연관성이 있다. 전국 시기 말까지 호남을 완전히 점령한 후 초(楚)나라 사람들과 양월 사람들이 점차 통합되면서 초 문자를 사용하기 시작했다.

학자들은 호남 지역의 청동기 시대 월(越)나라 무덤과 양광(兩廣: 광동과 광서를 지칭) 지역의 청동기 시대 월나라 무덤이 묘제 형식, 무덤 속 장례 도구, 도구 구성면에서 기본적으로 같다고 지적한다. 따라서 호남과 양광 지역의 청동기 시대 월나라 무덤 문화의 모습은 기본적으로 일치하며, 동일한 민족 문화에 속한다고 할 수 있다. 이는 양호(兩湖: 호북과 호남을 지칭) 지역의 양월 사람이 초(楚)나라 사람들의 공격에 맞서 통합하거나 계속 남쪽으로 이주해 양광 지역에 도달한 후 토착민과 결합하면서, 그들이 가져온 보다 진보된 월 문화가 현지의 주류 문화가 되었기 때문일 것이다. 초나라 사람들은 영남(嶺南, 광동과 광서를 아우르는 지역) 지역에 진입하지 못했기 때문에, 양광 지역에서 초 문화의 영향은 상대적으로 적고, 월 문화가 주를 이룬다. 양광 지역에는 원래 오성(吳城) 문화의 문자, 각산(角山) 상나라 가마터의 문자와 유사한 기호들이 있었으며, 양월 사람의 진입은 '왕(王)'자 명문과 양월 사람의 일부 문자를 가져왔다. 진시황(秦始皇)이 중국을 통일한 후, 중원 문자는 양광 지역에서 널리 퍼지기 시작했다.

파촉(巴蜀) 문자는 후기 파촉 문화와 밀접한 관련이 있으며, 둘은 항상 함께 발전해왔다. 초기 파촉 문화에도 소수의 문자 기호가 있었는데, 예컨대 삼성퇴(三星堆) 문화와 십이교(十二橋) 문화의 문자 기호가 그것이다. 그러나 이러한 초기 파촉 문화의 문자 기호와 파촉 문자는 다른 체계에 속하므로, 파촉 문자가 초기 파촉 문화의 문자 기호에서 발전한 것은 아니다. 필자의 연구에 따르면, 파촉 문자의 주요 근원은 월(越) 문자이다.

다량의 자료는 후기 파촉 문화와 월 문화가 밀접한 관계에 있었음을 증명한다. 후기 파촉 문화의 무덤과 월나라 무덤은 많은 공통점을 가지고 있다. 후기 파촉 문화에서 좁고 긴 토광묘(土坑墓)와 배 모양 관묘(船棺墓)가 큰 비중을 차지하는데, 이 두 가지 묘제는 모두 월나라 사람들의 장례형식이다. 그들의 부장품은 주로 실용기물로, 예기(禮器)는 드문데, 이는 양호(兩湖) 양월 사람 무덤의 부장품과 대체로 같다.

후기 파촉(巴蜀) 문화는 초기의 파(巴) 문화와 촉(蜀) 문화와 상당한 차이가 있는데, 이는 주로 후기 파촉 문화의 주요 문화 요소가 양월(揚越)인에 의해 도입되었기 때문이다. 개명(開明) 왕조를 열었던 별령(鱉靈)[22]을 이전 학자들은 그가 초(楚)나라 사람이라고 여겼으나, 실제로 그는 초인에 의해 정복된 양월 사람에 속한다. 별령이 속한 양월 사람 부족은 초나라 사람들에 의해 서부의 실변(實邊)으로 추방되었고, 그는 기회를 잡아 부족을 이끌고 촉(蜀) 땅으로 들어가 두우(杜宇)를 대체하여 개명 왕조를 건립했다. 그가 초나라 사람이 아닌 양월 사람이기 때문에 초나라 문자가 아닌 양월 사람의 문자를 사용했다.

파촉 문자의 자형도 그 특성에 따라 A, B, C 세 가지 유형으로 분류할 수 있으며, 이 세 유형의 자형은 양호(兩湖: 호북과 호남을 지칭) 양월 사람 문자의 A, B, C 세 가지 유형과 각각 유사하다. 양호 지역의 양월 사람 문자는 파촉 문자보다 시기적으로 더 이른 것으로, 파촉 문자가 양호 지역의 양월 사람 문자에서 유래했다고 볼 수 있다. 물론, 파촉 문자 중에는 초기 촉 문화의 문자 기호와 일부 문화 요소와 관련된 소수의 형태가 있으며, 후기 파촉 문화에서도 일부 자체 제작된 자형이 존재한다.

---

22) [역주] 명(明, 생졸 년대 미상)은 전설 속의 고대 촉나라(古蜀國)의 국왕으로, 별령(鼈靈)으로도 불리는데, 형(荊) 지역(오늘날의 湖北, 湖南) 사람이다. 전설에 따르면, 별령이 사망한 후 그의 시신이 강물을 따라 흘러 다니다가 성도(成都)에 이르러 촉의 왕 두우(杜宇)를 만났다. 두우는 그를 재상(相)으로 삼고, 곧 국위(國位)를 주어 개명(開明)이라는 호를 받았다. 이는 곧 개명 왕조(開明王朝)의 시작을 의미한다. 별령은 다강호(多江湖)의 형초(荊楚) 지역에서 자라 물의 성질을 잘 알고, 물을 다스리는 경험이 있어, 강을 따라 서쪽으로 올라가 먼저 남안(지금의 四川 樂山)에 이르렀고, 이후 비읍(郫邑, 望帝의 都城, 즉 오늘날의 成都市 郫都區)에 이르러 망제(望帝)를 만났다. 망제는 그의 물 다스리기 경험을 알고 그를 상으로 삼아 물 다스리기 사업을 계속하도록 명령했다. 그 결과 민강(岷江)의 홍수 피해가 진정되고, 촉의 백성들이 안정을 찾아 부지런히 농사를 지었다는 이야기가 전한다. 결국 그는 국왕의 자리를 산양 받아 나라를 얻었으며, 이로써 총제(叢帝)가 되었다.(바이두 백과)

파촉 문자의 세 가지 유형 중에서 A형 문자는 상징화 정도가 높아, 더 넓은 범위에서 사용되면 통행 문자로 발전할 가능성이 있다. 그러나 전국 중기에 중원 지역과 초(楚)나라에서는 모두 중원 문자를 널리 사용하고 있었기 때문에, 파촉 지역의 주민들이 이러한 문자를 사용하여 국외 주민들과 교류하는 것은 불가능했으며, 이로 인해 해당 문자가 더는 발전할 수 없었다. 게다가 파촉 지역의 경제력도 진(秦)과 초(楚)에 대항할 수 없었으므로, 문자의 영향력이 상(商), 주(周) 왕조처럼 경제적인 지원을 받기는 어려웠다. 이렇게 볼 때, 파촉 문자는 통행 문자로 발전할 수 있는 임계점에 있었으나 주변 문화의 영향력이 워낙 강해서 통행 문자로 발전할 수 없었다. 파촉 문자는 남방 문자 발전의 마지막 단계로, 이전 단계의 다른 남방 문자보다 발전 정도가 높았다. 파촉 문자가 통행 문자로 발전하지 못했으니, 다른 남방 문자들은 무사 문자에 속할 수밖에 없었다.

　　파촉 문자는 대략 춘추전국 시기에 촉(蜀) 지역에 등장해 전국 중기에서 후기에 번성했으며, 진시황이 중국을 통일한 후에서 서한(西漢) 시기에 점차 사라졌다. 파촉 문자가 사라진 후에도 일부 영향이 있었을 수 있는데, 도교 부록(符籙)의 형성이 파촉 문자와 어떤 관련이 있을 수 있으나 이는 추가적인 연구가 필요한 부분이다.

제2절 중국 문자의 유형

중국은 영토가 광대하고 민족이 다양하다. 또 '중국 문자'는 세계에서 유일하게 현존하는 가장 오래된 인류의 문자인 한자를 포함할 뿐만 아니라, 다양한 유형과 상당한 수량의 소수민족 문자도 포함한다. 이 중국 문자들은 다채롭고 독특하며, 중국 각 민족의 오랜 역사와 문화를 담고 있으며, 중화민족의 역사 문화에서 중요한 구성 부분이다. 고대부터 현재까지 중국에는 얼마나 많은 종류의 민족 문자가 있었는지는 여전히 의견이 분분하고 정확히 답하기 어려운 문제이다.

부무적(傅懋勣)이 1988년에 발표한『중국 대백과 전서·언어문자 분책』에 따르면, 중국의 문자는 약 57종이 있다고 한다. 중화인민공화국이 세워지기 전에 이미 사용되고 있던 민족 문자는 24종이었다. 중화인민공화국이 설립된 이후에는 라틴문자를 기반으로 한 병음문자(拼音文字) 방안이 일부 민족을 위해 16종이 추가로 제정되었다. 물론 역사적으로 사용되다가 이후에 사용이 중단된 문자도 17종도 있는데, 그것은 튀르크 문자(突厥文), 위구르 문자(回鶻文), 차가타이 문자(察合臺文), 호탄 문자(于闐文), 엔치-쿠차 문자(焉耆-龜玆文), 소그드 문자(粟特文), 파스파 문자(八思巴字), 거란 대자(契丹大字), 거란 소자(契丹小字), 서하 문자(西夏文), 여진 문자(女眞文), 동파 그림문자(東巴圖畫文字), 사파 그림문자(沙巴圖畫文字), 동파 상형문자(東巴象形文字), 가파 문자(哥巴文), 만주 문자(滿文), 수 문자(水書) 등이 그것이다.[1]

섭홍음(聶鴻音)은 부무적(傅懋勣)의 통계에 추가 설명과 보완을 하였는데, 그는 네 부류의 민족 문자가 목록에서 빠져 있음을 지적하였다. 그것은 첫째, 여서(女書), 방괴 포의족 문자(方塊布依字), 방괴 합니족 문자(方塊哈尼字) 등 당시에 아직 학계의 주목을 받지 못한 문자들, 둘째, 신강(新疆)의 카로쉬 문자(佉盧文), 셋째, 20세기 초 서양 선교사들이 설계한 소수민족 문자, 넷째 1940년대 이후에 제정되었지만, 시험 사용 기간이 짧았던 소수민족 문자들이 그것이다. 섭홍음의 추정에 따르면, 부무적이 통계를 낸 57종의 문자와 위의 몇 가지를 합친다면, 중국의 민족 문자는 거의 100종에 달한다고 할 수 있다.[2]

부무적의 통계는 1988년 이전의 자료를 기반으로 하고 있으며, 섭홍음의 통계는 1998년 이전까지 해당한다. 지금 현재는 민족 문자에 대한 조사와 연구가 발전함에 따라 몇몇 민족 문자가 새롭게 발견되거나 인정을 받게 되었다. 따라서 중국의 문자 종류는 위의 두 분의 통계를 기반으로 몇 가지가 추가되어야 할 것으로 보인다. 예를 들면, 납서(納西)족의 달파 문자(達巴文), 운남(雲南) 부녕현(富寧縣) 장족(壯族) 지역에서 사용되는 '파아 가요집(坡芽歌書)' 등이 새롭게 추가될 수 있다.

이처럼 풍부한 중국의 문자들은 다양한 관점에서 분류하고 규정할 수 있다.

문자의 분류와 범주화에 관하여, 국내외 많은 학자들이 일찍부터 주목하기 시작하여 다양한 분류를 제시하였다. 여기서는 주유광(周有光)의 『비교언어학 초탐(比較文字學初探)』(語文出版社, 1998)에 나타난 내용을 바탕으로 일부 보충을 하고, 문자 분류 문제에 관한 국내외 학자들의 연구 결과에 대한 초기 검토를 진행하였다.[3] 문자 유형 문

---

1) 傅懋勣, 『中國諸民族文字』, 『中國大百科全書·語言文字卷』(中國大百科全書出版社, 1988)

2) 聶鴻音, 『中國文字槪略』, 語文出版社, 1998, 30쪽.

3) 朱建軍, 「文字類型學硏究的意義, 現狀及設想~兼談各民族文字資料庫的建立給文字

제에 관한 연구 결과를 살펴보면, 관련 연구 결론에서 여전히 큰 차이가 있음을 발견할 수 있다. 문제의 핵심은 주로 다음의 두 가지 측면에서 반영된다. 첫째, 분류 기준이 통일되지 않았으며, 일부는 하나의 분류에서 여러 분류 기준을 채택하여 개념과 용어의 혼란을 초래하였다. 이러한 개념과 용어 중 일부는 이름은 같지만 실제로는 다르기도 하다. 둘째, 일부 분류는 글쓰기의 본질적 특성을 충분히 반영하지 못했다.

위에서 언급된 부족함을 고려할 때, 우리는 문자 유형의 문제를 재검토할 필요가 있으며, 이를 통해 더욱 합리적이고 과학적인 관점에서 이 문제에 대한 새로운 인식을 기대할 수 있다. 우리는 문자가 하나의 기호체계임을 고려할 때, 기호학(符號學)의 관점에서 접근하여 문자 분류 연구를 진행하는 것이 문자의 본질적 특성을 보다 전면적으로 반영할 수 있다고 본다. 기호학적 관점에서의 문자 분류 연구는 이미 「기호학 관점의 문자 분류 연구」(2010)라는 논문에서 상세히 논의한 바 있다.[4]

문자는 언어를 기록하는 서사(書寫) 기호이며, 그것은 독립된 기호체계라고 생각한다. 기호학의 관점에서 출발하여 문자의 분류 연구를 진행하는 것은 문자의 본질적 특성을 보다 전면적이고 객관적으로 반영할 수 있다고 할 수 있다. 이러한 관점에서 진행되는 문자 분류는 다른 관점의 분류보다 일정한 합리성과 과학성을 드러낼 수 있다. 현대 서양 기호학의 발단은 주로 두 곳에서 시작되었다. 하나는 유럽으로 스위스 언어학자 소쉬르(Ferdinand de Saussure, 1857-1913)를

類型學研究帶來的契機」, 『中國文字研究』(第四輯)』, 廣西教育出版社, 2003.

4) 朱建軍, 「符號學角度的文字分類研究」, 『中國海洋大學學報』(社會科學版) 2010年 第5期.

대표로 하고, 다른 하나는 미국으로 피어스(Charles Sanders Peirce, 1839-1914)를 대표로 한다. 소쉬르와 피어스의 기호학적 관점은 각각 독립적으로 발전되었으며, 서로 간에 누가 누구에게 영향을 미쳤는지의 문제는 존재하지 않는다. 소쉬르와 피어스의 기호 관점을 비교해 보면, 소쉬르는 이원적 관계(能指와 所指)의 기호적 관점을 지니고 있으며, 그것은 정적이고 폐쇄적이다. 반면에 피어스는 삼원적 관계(代表項, 對象, 解釋項)의 기호적 관점을 강조하며, 그것은 동적이고 개방적이다. 따라서 이들을 비교해 볼 때, 피어스의 기호 관점이 소쉬르의 그것보다 더욱 생명력이 있으며, 그 적용성이 더 넓고, 해석력과 분석력이 더 강하다고 생각한다. 기호로서의 문자는 언어 등 다른 기호와 마찬가지로, 피어스가 말한 '대표항', '객체', '해석항'이라는 이 세 가지 요소를 갖추고 있다. 문자 기호에 있어서, '대표항'은 문자의 글자 형태, 즉 문자 기호의 형체를 의미한다. '객체'는 문자 글자 형태가 대응하는 언어의 '독음과 의미' 또는 '독음'을 가리킨다. 그 '해석항'은 문자 글자 형태가 언어의 '독음과 의미' 또는 '독음'을 기록하는 방식을 의미한다. 이 세 가지 요소를 바탕으로 출발한 문자 분류는 분류 시 표준적인 원칙을 따를 뿐만 아니라, 기호의 본질적 특징도 함께 정확하게 파악하고 있다.

다음에서는 위에서 언급된 세 가지 관점에서 중국 문자의 유형 문제에 관하여 소개하고자 한다. 동시에, 발생학과 사용 지역이라는 두 가지 보조적 관점에서 중국 문자의 유형에 관해 간략히 소개하고자 한다.

1. 문자 기호의 체형(體態)적 관점

이 관점에서 우리는 중국 문자를 그림문자(圖畫文字), 상형문자(象形文字), 기호 문자(記號文字)의 세 가지로 분류할 수 있다.[5]

여기서 사용하는 '그림문자', '상형문자', '기호 문자'는 문자 기호의 체형이라는 관점에서 분류한 결과이며, 문자학계에서 일부 학자들이 사용하는 유사한 용어의 내포에 대해서는 다소 차이가 있을 수 있다.

소위 '그림문자'는 형태가 복잡하고 그림의 성질이 강한 문자 체계를 가리킨다. 이러한 문자는 주로 원시 그림에서 유래했고, 또 많은 부분이 문자와 그림이 혼동되는 단계에 있기 때문에, 이것이 어느 것이라고 단정 지을 수는 없는 상태이다. 이러한 문자는 다음과 같은 특징을 가지고 있다. (1) 자형(字形)은 주로 객관적 사물이나 그 사물이 가장 잘 표현할 수 있는 부분을 충실하게 묘사한다. (2) 문자의 서술에는 고정된 형식이나 행관(行款: 글자의 배치규칙)이 없다. (3) 주로 방위나 색상 등의 보조수단을 사용하여 의미를 나타내고 구별한다. 납서족의 동파 문자(東巴文), 이소(爾蘇)족의 사파 문자(沙巴文)가 이러한 유형의 문자에 속하며, 은주(殷周) 청동기 명문 중의 족휘(族徽) 또한 그림문자의 잔존으로 볼 수 있다.

'상형문자(象形文字)'는 그림문자(圖畫文字)보다 한 단계 더 발전한 형태로, 그림문자처럼 복잡하지 않고 선의 형태가 뚜렷해지는 경향이 있으며, 형태를 통해 그것이 대표하는 의미를 대략이나마 유추할 수

---

5) 여기에서 사용하는 '그림문자', '상형문자', '기호 문자'는 문자의 상징적 형태 측면에서 분류한 결과로, 문자 학계에서 유사한 용어를 사용하는 일부 학자들이 이들의 내포에 대해 이해하는 바와 일정한 차이가 있을 수 있다.

있다. 즉, 형체(形)를 보고 의미(義)를 알 수 있는 문자 체계가 바로 '상형문자'이다. 이러한 문자의 특징은 다음과 같다. (1) 그림문자에 비해 도상적 성질이 약화되고 형태가 단순하며 선조화와 기호화 한 정도가 높다. (2) 문자의 필사에 고정된 형식과 규칙이 있다. (3) 문자의 크기가 기본적으로 통일되어 있다. 갑골문(甲骨文)과 금문(金文)이 이러한 상형문자의 특성이 가장 두드러진 문자 유형이다.

소위 '기호 문자(記號文字)'는 형태가 완전히 기호화되어 있어, 형체(形)를 보아서만 그 의미(義)를 알 수가 없는 문자 체계를 말한다. 이러한 문자의 특징은 다음과 같다. (1) 형태가 완전히 기호화되어 추상화 정도가 매우 높다. (2) 문자의 서술 형식과 행관(行款)이 일반적으로 고정되어 있다. (3) 문자의 형태가 비교적 규격화되어 있다. 카로쉬(Kharoshthi) 문자, 호탄(Hotan) 문자, 위구르 문자(Uighur), 카자흐 문자(Kazakh), 몽골 문자, 만주 문자(Manchu), 신 중국 성립 이후 정부에서 조직적으로 창제한 알파벳 유형의 문자 등이 기호 문자에 속한다.

2. 문자의 자형에 대응하는 언어 속의 '독음과 의미'나 '독음'의 관점

이는 문자의 본질적 특성을 가장 잘 반영하는 관점이다. 이 관점에서 중국 문자를 언어 단위 문자(語段文字), 어휘 기호 문자(詞符文字), 음절 문자(音節文字), 음소 문자(音素文字) 등 몇 가지로 나눌 수 있다.

'언어 단위 문자'의 문자는 언어 속의 단어와 일대일로 대응하지 않으며, 문자는 언어 속의 어떤 음성 단락을 기록한다. 이 음성 단락은 짧으면 한 단어가 될 수 있고, 길면 한 문장이나 심지어 한 단락의 말이 될 수 있다. 이런 유형의 문자는 다음과 같은 특징을 가진다. (1) 언어를 순서대로, 정확하게 기록하거나 재현할 수 없다. (2) 대개 어떤 힌트를 주거나 기억을 돕는 역할을 한다. (3) 문자가 대표하는 독음과 의미는 일정한 관습성을 가진다. 납서(納西)족의 동파 문자(東巴文), 이소(爾蘇)족의 사파 문자(沙巴文)가 이러한 언어 단위 문자의 전형적인 예이다.

'어휘 기호 문자'는 문자가 언어 속의 단어나 어근과 일대일로 대응할 수 있으며, 언어를 순서대로, 완전하게 기록할 수 있다. 이 유형은 언어를 완전하게 기록할 수 있으며, 언어를 다른 시간과 다른 장소로 독립적으로 전달하고 보존할 수 있으며, 문자가 대응하는 언어 단위는 단어나 어근이다. 여기에는 한자(漢字), 이족 문자(彝文), 여진 문자(女眞文) 등이 속한다.

'음절 문자(音節文字)'의 각 문자는 언어의 다른 음절을 대표하며, 언어를 순서대로, 완전하게 기록할 수 있다. 이 문자의 특징은 다음과 같다. (1) 문자가 기록하는 것은 언어의 음절이며, 언어의 의미와는 필연적인 연관이 없다. (2) 언어를 순서대로, 완전하게 기록할 수 있다. (3) 문자의 수량이 제한되어 있다(적으면 수십 개, 많으면 수백 개; 그 수량은 언어 내 음절의 수에 따라 결정된다). 예컨대, 납서(納西)족의 가파 문자(哥巴文), 율속족의 죽서(竹書), 양산(涼山)의 규범 이족 문자(彝文) 등이 있다.

그리고 '음소 문자(音素文字)'의 각 문자는 언어 중에서 가장 작은 음성 단위인 음소를 대표하며, 언어를 순서대로, 완전하게 기록할 수 있다. 이 문자의 특징은 다음과 같다. (1) 문자가 기록하는 것은 언어의 음소이며, 의미와는 필연적인 연관이 없다. (2) 언어를 순서대로, 완전하게 기록할 수 있다. (3) 문자의 수량이 제한되어 있으며, 일반적으로 20-40개 사이이다. 예컨대 신 중국 성립 이후 정부에서 조직적으로 창제한 라틴 식 납서족 문자(納西文), 장족 문자(壯文), 율속족 문자(傈僳文) 등이 있다.

3. 문자 자형의 언어 기록 속의 '독음과 의미'나 '독음'을 기록하는 방식의 관점

이 관점에서는 주로 중국 문자를 형의 문자(形意文字), 형음 문자(形音文字), 의음 문자(意音文字)의 세 가지로 분류할 수 있다.

'형의 문자'는 형태로 의미를 나타내며, 형태를 보고 의미를 알 수 있으나 문자형이 직접적으로 음을 나타내지 않는 문자 체계를 말한다. 이 문자의 특징은 다음과 같다. (1) 문자와 의미가 직접적으로 연결되며 그 관계가 고정적이다. (2) 문자와 발음은 직접적으로 연관되지 않으며, 둘 사이의 대응 관계는 관습에 의해 정립된다. (3) 글자를 만드는 방법으로 볼 때, 이 유형의 문자는 주로 상형, 지사, 회의 등의 표의 문자를 만드는 방법을 사용하며, 가끔 의미의 차용(義借)[6]을 사용할 수도 있다. 또 색깔이나 방위 등을 의미 표현의 보조적 수단으로 삼는다.

이러한 글자 만드는 방식은 다소 고대적인 방법이다.[7] 이 유형의 문자는 이소(爾蘇)족의 사파 문자(沙巴文), 납서족의 달파 문자(達巴文) 등이 대표적이다.

'형음 문자'는 형태로 독음을 나타내며, 형태를 보고 독음을 알 수

---

6) 의미의 차용(義借)은 "기존의 글자 형태를 빌려 그것과 관련된 다른 의미의 단어를 기록하는 글자 만드는 방법"을 말하며, "이러한 글자 만드는 방법은 비교적 고대적이다."라고 설명할 수 있다.(王元鹿, 『古漢字與納西東巴文字比較硏究』, 華東師範大學出版社, 1988年, 50, 83쪽)

7) Wang Yuanlu, *A Comparative Study of Ancient Chinese Characters and Naxi Dongba Characters*, East China Normal University Press, 1988, pp.50-83).

있으나 문자형이 직접적으로 의미를 나타내지 않는 문자 체계를 말한다. 이 문자의 특징은 다음과 같다. (1) 문자와 언어음(음절 또는 음소)이 직접적으로 연결된다. (2) 문자와 의미 사이에는 고정된 대응 관계가 없다. (3) 글자를 만드는 방법에서 이 유형의 문자에는 상형, 지사, 회의, 의차, 형성 등 표의 문자를 만드는 방법이 존재하지 않으며, 가장 많아야 가차(假借)가 있을 수 있다. 납서족의 가파 문자(哥巴文), 율속족의 죽서(竹書), 알파벳 유형의 각 민족문자 등이 이러한 유형에 속한다.

'의음 문자(意音文字)'는 문자 체계 내에 읽는 소리와 직접 연결되는 문자도 있고, 의미와 직접 연결되는 문자도 있으며, 심지어는 표음 자소와 표의 자소가 결합된 문자도 있는 문자 유형을 가리킨다. 이러한 문자는 '형의 문자'와 '형음 문자'의 일부 특성을 동시에 가지고 있으며, 그 구체적인 특징은 다음과 같다. (1) 일부 문자는 의미와 직접 연결되고, 일부 문자는 읽는 소리와 직접 연결되며, 또 다른 일부 문자는 음과 의미 양쪽 모두와 관련이 있다. (2) 글자를 만드는 방법에서 이 유형의 문자는 상형, 지사, 회의, 형성, 가차 등 다양한 글자 만드는 방법이 동시에 존재하며, 때때로 의미의 차용(義借)에 의해 글자 만드는 방법의 흔적이 남아 있을 수 있다. 이 유형의 문자는 한자(漢字), 이족 문자(彝文), 납서족 동파 문자(東巴文), 수족 문자(水文) 등이 대표적이다.

4. 발생학적 관점

발생학적 관점에서 볼 때, 중국 문자는 독자 기원 문자(自源文字), 차용 문자(借源文字), 합성 문자(拼盤文字)의 세 가지로 분류할 수 있다.

'독자 기원 문자'란 독립적으로 발생한 문자 체계를 의미한다. 중국의 전형적인 독자 기원 문자로는 한자(漢字), 납서족 동파 문자(東巴文), 이소족 사파 문자(爾蘇沙巴文), 전통 이족 문자(彝文) 등이 있으며, 이들 문자는 모두 독립적으로 발생했다.

'차용 문자'는 다른 문자 종에서 발전해 온 문자 체계를 말한다. 중국의 차용 문자는 주로 '한자 계열'의 차용 문자(예: 방괴 장족 문자(方塊壯文), 방괴 동족 문자(方塊侗文), 포의족 문자(布依文), 백족 문자(白文), 서하 문자(西夏文), 거란 문자(契丹文), 여진 문자(女真文), 여서(女書) 등), '인도 문자 계열'의 차용 문자(예: 카로쉬(Kharoshthi), 호탄(Hotan), 엔치-쿠차(Yenisei-Kyrgyz), 티베트 문자(藏文), 파스파 문자(八思巴字), 태족 문자(傣文) 등), '소그드 문자계열' 차용 문자(예: 위구르 문자(回鶻文), 몽골 문자(蒙古文), 만주 문자(滿文), 석백 문자(錫伯文), 튀르크 문자(突厥文) 등), '아랍 문자 계열' 차용 문자(예: 위구르 문자(維吾爾文), 카자흐 문자(哈薩克文), 키르기즈 문자(柯爾克孜文) 등), '라틴 문자계열' 차용 문자(예: 신중국 건립 후 정부에서 조직적으로 창제한 장족 문자(壯文), 납서족 문자(納西文), 율속족 문자(傈僳文) 등)으로 분류된다.

'합성 문자(拼盤文字)'는 일부 단어가 본 민족에 의해 만들어졌지만, 일부 단어는 다른 문자에서 차용되어 형성된 문자 체계를 말한다. 대표적인 합성 문자로는 수족 문자(水文)가 있다.

발생학적 관점에서 중국 문자의 실제 상황은 상당히 복잡하며, 그들 각자의 주류 상황에 기초하여 위와 같이 초기적이고 대략적인 분류를 할 수 있다. 이렇게 말하는 이유는 우리가 일부 문자의 발생 상황이나 문자 간의 관계를 아직 명확히 이해하지 못하고 있기 때문이다. 예컨대 납서족의 달파 문자(達巴文), 율속족의 죽서(竹書)와 같은 경우가 그렇다. 또한 독자 기원과 차용이 공존하지만, 어느 한 상태가 우세한 문자를 다루기가 어렵기 때문이다. 예컨대, 전통 이 문자

(彝文)는 독자 기원 문자와 차용 문자를 모두 포함하지만, 차용 문자가 주류를 이루지 않기 때문에 이를 독자 기원 문자로 분류한다.

또한, '한자 계열' 차용 문자 내에서도 적어도 두 가지 큰 범주로 나눌 수 있다는 점을 지적할 필요가 있다. 한 범주는 주로 한자의 문자 형태를 차용한 것으로, 방괴 장족 문자(方塊壯文) 등이 이에 속한다. 다른 범주는 주로 한자의 만드는 원리를 차용한 것으로, 서하 문자(西夏文) 등이 이에 속한다.

5. 사용 지역의 관점

문자의 사용 지역을 기준으로 삼을 때, 한자의 사용 지역이 가장 넓으며 전국 각지에서 사용되고 있다. 다른 중국 문자들은 그 사용 지역에 따라 대략 다음과 같이 분류할 수 있다.

① 서북 지역 문자: 카로쉬(Kharoshthi, 佉盧) 문자, 엔치−쿠차(Yenisei-Kyrgyz, 焉耆−龜玆) 문자, 소그드(Sogdian, 粟特) 문자, 호탄(Hotan, 于闐) 문자, 위구르 문자(回鶻文), 서하 문자(西夏文), 위구르 문자(維吾爾文), 카자흐 문자(哈薩克文), 키르기즈 문자(柯爾克孜文) 등.

② 북부 지역 문자: 거란 문자(契丹文), 여진 문자(女眞文), 몽골 문자(蒙古文), 파스파 문자(八思巴字), 만주 문자(滿文), 투르크 문자(突厥文) 등.

③ 중부 지역 문자: 여서(女書) 등.

④ 남부 지역 문자: 납서족 동파 문자(納西東巴文), 가파 문자(哥巴文), 달파 문자(達巴文), 이소족 사파 문자(爾蘇沙巴文), 이족 문자(彝文), 율속족 죽서(竹書), 수족 문자(水文), 방괴 장족 문자(方塊壯文), 티베트 문자(藏文), 태족 문자(傣文), 백족 문자(白文) 등.

이 책에서 다루는 중국 문자들이 구체적으로 위에서 언급된 어떤 문자 유형에 속하는지, 뒤이은 관련 장에서 하나씩 소개할 것이다.

제2장

한자의 이론

제2장 한자의 이론

제1절 한자의 성질

1. 한자의 성질에 대한 정의

한자의 성질은 한자학 분야에서 많이 논의되는 이론적 문제 중 하나이며, 고대부터 현대에 이르기까지 중국과 해외에서 논의된 그에 관한 관점도 상대적으로 상당히 복잡하다. 문자의 성질 문제는 간단히 말해서, 어떤 문자가 어떤 종류의 서사 체계인지에 대한 대답이다. 이 질문에 대한 정의는 이미 많이 있다. 한자와 한어(漢語)라는 두 가지 측면으로부터의 논의는 현재까지 아마도 다음과 같은 두 가지 큰 범주로 나눌 수 있을 것이다. 하나는 문자의 내부 분류에 중점을 두어 한자 문자의 구성 속성에 대한 대답이다. 예컨대, '육서(六書)', '삼서(三書)', '이서(二書)', '자소(字素)', '구형(構形)' 등을 핵심 개념으로 하는 '표음(表音)', '표의(表意)', '의-음(意-音)' 문자 등이 있다. 다른 하나는 한자가 한어를 표현하는 방식과 단위에 중점을 두어, 한자가 한어를 기록하는 방식에 대한 대답으로, '어휘 표시(表詞)', '형태소 표시

(表詞素)', '의미 범주의 표시(表語義範疇)' 문자 등이 있다.

이러한 관점은 각기 강조점을 가지고 있으며, 일정 조건에서 한자의 기본 속성에 대한 인식을 반영한다. 조건이 변하면 규칙도 달라진다. 물론 사용자들은 "한자는 바로 하나의 글자 부호일 뿐이다"라는 단순한 표현에 만족하지 않을 것이다. 왜냐하면, 그것은 단지 '공통성'을 찾아내거나 하나의 범주를 규정한 것에 불과하기 때문이다. 더욱 흔한 방법은 문자 체계 내부의 분석과 분류에 중점을 두는 것인데, 이는 문자 체제의 조직 구성 이라는 특정적 측면을 드러내는 것이다. 예컨대, 언어학에서 '병음자모'의 속성에 관하여, "병음자모는 자음과 모음 알파벳으로 구성된다."라는 정의로는 설득력을 얻기가 어렵다. 마찬가지로, 자연과학의 화학에서 "H_2O는 두 개의 수소 원자와 한 개의 산소 원자로 구성된다."라는 말로 물 분자의 구성을 설명하는 것이 관련 속성의 본질적 정의를 내릴 수 없는 것과 같은 이치이다.

그뿐만 아니라, 사람들은 너무 많은 개념의 복잡한 도입에 혼란스러워하기도 한다. 현대 한자학의 의미에서, 한자의 기본 속성에 대해 전문가들은 각 한자가 형체(形), 독음(音), 의미(義)라는 세 가지 요소를 갖추고 있으며, 이 세 가지가 하나로 통합되어 있다고 지적한다. 한자의 디지털화 정보 처리 시대에 들면서, 전문가들은 여기에다 코드(문자 인코딩), 빈도(사용 빈도), 순서(배열순서) 등을 추가하였다. 후자의 이러한 세 가지는 정보 처리의 필요에 따라 추가된 것이다. 앞서 언급한 세 가지 요소 중에서, 독음과 의미는 언어에서 비롯된다. 그러므로 한자의 성질을 이야기할 때, 실제로는 한자의 형체구조와 언어와의 관계에 관한 것이며, 이는 한자 형체구조의 단위 분류와 이러한 체계가 어떠한 구조 방식을 근거로 하여 한어의 어떠한 단위를 표현하는지에 관련된다.

간단하게 말하자면, 각 민족이 사용하는 문자는 모두 각자의 모국어를 기반으로 한다.1) 한자체계에서 문자의 조합 과정과 이후의 분

---

1) 문자학에서 한자(漢字)가 하나의 학술용어로 제시된 것은 한자 사용의 역사에 비하면 매우 최근의 일이다. 비록 일반적으로 '한어(漢語)'의 '한(漢)'이 '한(漢)나라'라는 역사적 명칭이 연관이 있다고 여겨지지만, 적어도 현재까지 발견된 가장 이른 한대의 문자학 전문 사전인 『설문해자(說文解字)』에서는 이 용어를 볼 수 없다. 동한(東漢) 때의 허신(許愼)은 그저 '문자(文字)'라는 개념을 사용했을 뿐이며, '문(文)'과 '자(字)'를 구분하여 설명했다. 이를 통해 볼 때, 전문 용어로서의 사용 역사는 '문자'가 먼저이고 '한자'가 나중이다. '한자'라는 용어의 사용 역사를 검토할 때, '한어'라는 언어학 용어의 사용 역사와 연관 지어볼 필요가 있다. 명나라 때에 이르러서야 '한(漢)나라 사람들의 문자 언어'를 연관 짓기 시작했다. 예컨대, 명나라 당순지(唐順之)의 「답황보백천랑중서(答皇甫百泉郎中書)」에서 "그 문에 있어서, 대체로 소위 송나라 때 '머리에 두건을 쓰던 기풍'과 같이, 진(秦)나라 글자에 든 한어를 한 글자라도 구하려 해도 얻을 수 없다.(其於文也, 大率所謂宋頭巾氣習, 求一秦字漢語了不可得.)"라고 했다. 여기서 사용된 한(漢)은 분명 특정 시대, 즉 한(漢) 왕조의 개념이다. 남북조 시대에 이르면 '호언(胡言)'과 '한어(漢語)'가 나란히 등장하기 시작했다. 예컨대 북주(北周) 유신(庾信)의 「봉화법연응소(奉和法筵應詔)」에서는 "부처의 모습은 호인들이 기록하고, 경문은 한어로 번역한다.(佛影胡人記, 經文漢語翻.)"라고 했는데, 여기서 '호인'과 '한어'가 대비되는 구조를 이루고 있다.

필자가 서유럽에서 협력 프로젝트를 수행할 때, '문자학'이 영어, 독일어, 프랑스어 지역에서 어떻게 번역되는지에 주목한 적이 있다. 관련 전문가에 따르면, 일치하는 용어는 존재하지 않으며, 필요한 경우 일반적으로 '문헌학(philology)'과 연결되었다. 이른바 '한자문화권'의 주요 사용 지역에서, 여러 나라의 언어에 능통한 베트남 한자쯔놈연구원의 응우옌 뚜언 끄엉(阮俊强) 원장은 'sin-graphic'이라는 '자'에 관한 핵심 관계 용어를 제시하였고, 그 앞에다 'Chinese', 'Korean', 'Japanese', 'Vietnamese' 등을 추가하여 통일된 개념 표현을 형성할 수 있다고 제안했다. 세계한자학회의 사무총장인 한국 한자연구소 하영삼 소장은 이렇게 되면 중국어의 'hànzi', 일본어의 'かんじ' 등의 특수 속성을 잃게 될 것이라고 생각했다. 시카고 대학의 쇼네시 교수는 'ideographic'(일반적으로 '표의문자'로 번역됨)라는 용어는 의미가 너무 광범위하여 'Chinese Writing'으로 직접 번역하는 것이 더 낫다고 주장했다. 이 용어는 한자의 기능적 속성과 한어와의 관련성을 강조하여, '문자 언어'에 더 적합하다고 본다. 이것은 아마도 현재 '문자'의 세계적 공통 속성과 언어와의 관계를 가장 명확하게 표현하는 용어일 것이다. 독일 본 대학의 쿠빈 교수와 함께 한자의 상위 개념이 '표의 문자'인지 아니면

석 과정은 모두 특정한 한어(漢語)의 언어 맥락에 대응하는데, 이는 문자를 구성하는 요소의 기능 분석이며, 이는 각 단어 구조 내에서 실현된다. 단어 구조와 방식은 표현된 어휘소에 해당하며, 문자 요소의 분석 과정은 어휘소 맥락과의 관계를 숙지하고 설정하는 과정이다.[2] 맥락이 부족하거나 충분하지 않다면, 아무리 사실적인 이미지라도 문자 언어의 문자 체계와는 관련이 없다.[3]

이에 기반을 두어, 다양한 문자의 특성을 정의할 때 일반적으로 체제와 기능의 두 가지 차원을 포함하며, 세 가지 항목 관계에 관련된다. 문자 체계의 구조 조직과 그 유형 특성, 이러한 문자 조직 구조 유형 특성을 기반으로 하는 언어 기록 방식의 특수성과 다양한 단위, 한 문자의 성질 등을 완전히 정의하기 위해서는 체제와 기능의 양면 관계를 고려해야 한다. 한편으로는 이 문자 조직 구조가 다른 문자 체제와 비교하여 어떤 특성을 가지는지, 다른 한편으로는 이 문자 조직 구조에 해당하는 언어 기록의 특수 방식이 무엇인지를 고려해야 한다. 첫 번째 측면은 문자 체제 내부의 구조 방식과 분류를 고려하

'기호'의 논리적 관계인지에 관해 토론한 적이 있다. 프랑스 파리 사회과학원 동아시아 연구소의 로단 교수는 갑골문의 문법을 연구하며, 그가 직접 해설한 바에 따르면, '한자'의 의미상 '문자학'은 대략 '문헌학'에 해당한다. 이를 통해 볼 때, 서양 학술 '용어 체계' 안에서는 '한자' 용어에 자리를 남겨두지 않았다. 때때로 한자는 영어로 'Chinese Characters' 즉 '한어의 문자'로 번역된다. 실제로 이것은 단어 구조로, 어떤 외연 범위 안의 '문자(characters)'를 표현하는 것이지만, 전문 용어로서의 차별성 내포를 드러내지 않는다.

2) 마음속에 이미 그림이 그려져 있으면, 눈에 모든 글자가 보이는 법이다(胸有成竹, 目無全字.) 이러한 전제를 설정해야만 비로소 한자의 구조를 해체하는 다양한 일반적인 단점들을 피할 수 있다. 예컨대, "이(李)와 조(早)로 구성된 것이 장(章)이다"라거나 "구(口)와 일(一)로 구성된 것이 일(日)이다"라거나 "언(言)과 신(身)과 촌(寸)으로 구성된 것이 사(謝)이다"라는 것 등이 그렇다.

3) 한자의 기원을 논의하고, 특정 이미지가 문자인지 판단하는 것은 현재까지 가능한 한 할 수 있는 것은, 존재하는 상하 문맥을 보는 것이다.

며, 두 번째 측면에 의해 규정된다. 두 번째 측면은 이러한 구조 방식을 가진 문자가 기록하는 언어와의 관계를 가리키며, 즉 문자가 어떤 방식으로 언어를 표현하는지, 언어 단위를 기록하는 것을 포함한다. 다시 말해, 두 번째 측면은 첫 번째 측면의 문자 수량과 구조 방식을 규정한다. 한자는 긴 역사적 발전과 축적을 거쳐 형성된 문자 상징의 집합체로, 그 주요 유형은 더 작은 문자 단위가 특정 구조 방식에 따라 조직되어 한어 어휘소 단위를 구별하는 원칙을 표현하는 시각적 상징체계이다.

한자의 주요 구조 유형은 한어 어휘소에 따라 형태를 부여받으면서도, 일정 정도에서는 형태를 보고 의미를 알 수 있는 '형의(形意)'의 성질을 가지고 있다. 발음을 표기하는 문자에 비해, 한자는 구조적 형태로 한어를 '체현'하는 것이라고 할 수 있다. 만약 어떤 한자 구조 단위를 '알아보지 못한다면', 그것은 한어 어휘소 단위와의 '대응' 관계를 얻지 못했음을 의미한다. 한자는 그 구조의 수량이 방대하고, 유형이 풍부하여 한어에 다양한 표시와 구별 방법을 제공한다. 이는 구조 관계의 서술, 형태 조합의 조정, 동음이의어 대체 등을 포함한다. 일부 전문 학자들이 이해하는 것처럼, 만약 한자가 발음을 표기하는 문자이거나 발음과 의미를 동시에 표기하는 문자라면, 한어가 그렇게 방대한 문자 체계를 필요치 않는다는 것은 명백한 사실이다.[4]

음소를 표현하는 발음 기호체계와 비교할 때, 한자는 시각적 기호체계로서 한어의 문자 언어에 '가시성'을 부여하는 정도까지, 즉 어떤 단어 의미 관계의 맥락을 비교적 직접 표현할 수 있게 만든다. 따라서 일부 학자들은 한자가 일부 한어의 언어 기능이 있다고 주장한다.

---

4) 심지어 한자를 사용하는 지역에서조차, 전문가들도 어떤 경우에는 '알아보지 못하는' 한자를 만나게 된다.

이러한 관계를 정의하는 것에 따라, 한자체계의 특수한 성질을 다음과 같이 묘사할 수도 있다.

한자의 주체는 범주부호(類符)와 차용된 범주부호를 독음 부호(音符)로 사용하여, 일정한 방식으로 조합된 구조로서 한어 어휘소를 표현하는 문자 기호체계이다.[5]

이 정의에는 세 가지 요소가 포함된다. 첫째는 한자 범주부호의 구성과 분류 항목, 둘째는 한자 범주부호와 한어와의 관계 항목, 셋째는 1, 2항 사이의 연결 항목, 즉 '체현(體現)'의 방식과 기능 항목이다. 단지 첫 번째 항목만으로는 한자의 기본 문자 구성과 분류에 대한 답변만 가능하며, 한자의 속성 정의의 내포를 완전히 드러내지 못한다. 게다가, 두 번째 항목 없이는 문자의 구성과 분류도 상상하기 어렵고 실현하기도 어렵다.

---

5) 한자 유형론에서는 '형체부호/의미부호(形符/義符)'라는 개념을 자주 사용하는데, 이는 대체로 '표음', '표의', '성부(聲符)'라는 개념에 상대적으로 대응하는 용어로, '형상의 부호'로 해석될 수는 없다. 시각적 사고 규칙에 근거하면, 언어에 속하게 되면 얼마나 구상적인 문자든지 간에 관계 없이 개괄성을 가지며, 하나의 범주를 대표한다. '형체부호/의미부호'는 모두 어떤 범주를 대표하는데, 『설문해자서(敍)』에서도 "대체로 범주에 따라 그 형태를 본떴기 때문에 이를 文이라고 한다(蓋依類象形, 故謂之文.)"라고 명확히 설명하고 있다. 따라서 여기서는 간단히 '범주 부호(類符)'라고 부르기로 한다. 역사의 다양한 단계에서, 어휘의 의미를 표현하기 위해 독립적으로 사용되기도 했다. 여기서 언급된 '독음부호'에 대해, 사람들은 일반적으로 '성부'라고 부른다. 사실상, 形聲 구조 내에서 단어의 음절 부분을 표현하는 것은 '초성(聲母)' 부분만을 지칭하는 것이 아니라, 해당 문자가 표기하는 단어의 음가 전체를 지칭한다. 게다가 조사 통계 데이터에 의하면 이것은 더 많은 경우에 '운모' 부분을 지칭한다는 것을 보여준다.

2. 한자의 성질에 대한 논의

(1) 한자의 성질에 대한 고대 중국인들의 몇몇 인식

역사상 한자의 성질에 대한 논의는 하나의 총체적 경향을 지니고 있다. 한자는 상대적으로 독립적이며, 심지어 한어(漢語)와 대립하는 형태로 나타난다.

예컨대, 전국시대 때의 『맹자·만장(萬章)』(상)에 이런 말이 나온다. "그러므로 『시경』을 해설하는 자라면, 글자(文)로 인해 말(辭)을 해치지 않고, 말(辭)로 인해 뜻(志)을 해치지 않는다. 마음(意)으로 뜻(志)을 맞아들여야만 『시경』의 의미를 얻었다고 할 수 있다.(故說『詩』者, 不以文害辭, 不以辭害志, 以意逆志, 是爲得之.)" 이에 의하면, "글자(文)로 인해 말(辭)을 해치지 않는다."라는 구조 속에서, '문(文)'과 '사(辭)'는 대립 관계를 형성하는데, 이는 통상 보는 '문(文)과 질(質)'의 구조와는 다르다. 여기서 '문(文)'은 모든 글자를 지칭한다.[6]

서한(西漢) 때의 양웅(揚雄)의 『법언(法言)』에서는 "말은 마음의 소리이며, 글은 마음의 그림이다.(言, 心聲也, 書, 心畫也.)"라고 한 바 있다. 여기서 '마음(心)'은 한나라 때의 문자 학자들에 의해 '사고(思考) 기능을 가진 기관'으로 이해되었으며, '그림(畫)'은 '도상(圖像)'을 지칭했음을 알 수 있다. 이를 결합하면 '글자(字)'는 사고(思考)의 구체화이며, 직접 관념과 연결된다고 할 수 있다.[7] '서(書)'에 대한 이러한 정

---

6) 臧克和, 『讀字錄』(中冊), 「결국 누구의 의도로, 누구의 뜻에 부합하는가(畢竟以孰人之意, 對應誰家之志)」, 上海古籍出版社, 2020年, 739~750쪽.

의와 해석은 주나라 때의 청동기 명문과 연관 지어 볼 수 있다. 선진(先秦) 때의 출토자료에서 이는 '문(文)'자 중간에 '심(心)'자를 채워 넣은 구조를 사용했다.[8]

동한 때의 허신(許愼)이 저술한 『설문해자(說文解字)』는 한자체계에 대해 과학적 성격을 가진 분류를 최초로 진행한 저작이다. 다만 책 뒷부분에 첨부된 「서(敍)」에서 원초적인 문자의 서사를 독립된 존재로 다루었지만 언어와의 관련성을 언급하지는 않았다. "창힐(倉頡)이 처음으로 문자를 만들었을 때, 대체로 종류에 따라 형상을 모방했기 때문에 이를 '문(文)'이라 불렀다. 그 후에 형(形)과 성(聲)이 서로 보완되면서 '자(字)'라고 불렀다. 문(文)이라는 것은 물상(物象)의 근본(本)이며, 자(字)라는 것은 번식하여 점차 많아진 것을 말한다. 대나무나 비단에다 기록한 것을 '서(書)'라고 한다."[9] "형성(形聲)은 사물을 이름으로 삼고 비유를 들어 서로 완성하는 것이며, 강(江)과 하(河)자가 그 예이다."[10] 합체자(合體字)의 조합을 언급하면서 허신은 '형성(形聲)'만

---

7) 臧克和, 『<說文>認知分析』, "「心部」參與思維", 武漢, 湖北人民出版社, 2019年, 69~84쪽.

8) '文'자의 중간에 '心'자가 든 자형은 容庚(編著)의 『金文編』 第9卷(635쪽)의 '文'자 아래에 총 9자가 수록되었다. 구체적으로는, 「能匋尊」, 「×者鼎」, 「曾伯文鼎」(2번 출현), 「旂鼎」, 「令簋」, 「君父簋」, 「友簋」, 「文簋」, 「夋尊」, 「×罍」, 「服尊」, 「孟簋」, 「臣諫簋」, 「利鼎」, 「師酉簋」, 「史喜鼎」 등이다.(北京, 中華書局, 1985年.) 또 臧克和·劉本才의 『實用說文解字』「文部」에는 이렇게 수록되었다. [圖]甲骨文 [圖]金文 [圖]簡牘文 [圖]古璽文 [圖]古幣文 [圖]石刻文), 錯畫也, 象交文."(上海古籍出版社, 2012年, 9卷, 277쪽.)

9) "倉頡之初作書, 蓋依類象形, 故謂之文; 其後形聲相益卽謂之字. 文者, 物象之本也; 字者, 言孳乳而浸多也. 著於竹帛諸之書, 書者如也."

10) "形聲者, 以事爲名, 取譬相成, 江河是也." 臧克和·劉本才의 『實用說文解字』 第15卷 469쪽. "창힐이 문자를 창조할 때, 대체로 사물의 종류에 따라 그 형태를 그렸기 때문에 이를 '문'이라고 불렀으며, 그 후 形旁과 聲旁이 서로 보완하면서 늘어났기 때문에 '자'라고 불렀다.(倉頡之初作書, 蓋依類象形, 故謂之文; 其後聲相益, 卽謂之字.)" 形聲은 形旁과 聲旁을, 相益은 相互補益을, 文은

을 언급하고, 다른 유형에 대해서는 언급하지 않았다.

남조(南朝) 때의 유협(劉勰)이 저술한 『문심조룡(文心雕龍)·련자(練字)』에서는 "심(心)은 이미 말(言)에서 그 소리(聲)를 의탁하였을 뿐 아니라, 말(言) 또한 그 형태를 글자(字)에 의탁한다.(心既托聲於言, 言亦寄形於字.)"라고 했는데11), 언어와 문자의 경우 하나는 소리(聲)를 주로 다루고 다른 하나는 형태(形)를 주로 다루며, 이들은 서로 상호 대응함을 말했다.

당나라 때의 공영달(孔穎達)이 저술한 『상서정의(尚書正義)·서(序)』에도 문자에 관해 유사한 표현이 있다. 즉 "말(言)은 마음(意)의 소리이며, 글(書)라는 것은 말(言)의 기록이다. 따라서 말(言)은 소리의 마음을 보존하고, 글(書)은 말(言)을 기록하기 위해 세워졌다.(言者, 意之聲. 書者, 言之記. 是故存言以聲意, 立書以記言.)"12)

또 청나라 때의 진례(陳澧)가 저술한 『동숙독서기(東塾讀書記)』에서는 문자가 유동적인 구어와 구별되는 특수한 기능과 역할을 다루고 있다고 했다. 즉 "소리는 다른 장소로 전달되지 않으며, 다른 시간에 남겨지지도 않는다. 그래서 글로 써서 문자가 되었다. 문자(文字)라는 것이 뜻과 소리의 흔적이 되는 것이다.(聲不能傳於異地, 留於異時, 於是乎書之爲文字. 文字者, 所以爲意與聲之跡也.)"라고 했다.13) 문자는 시간과 공간의 한계를 뛰어넘어 언어의 독음과 의미를 보존하고 전승하

物象之本也을, 字는 言孳乳而浸多也를 말한다. 文이 그려낸 것은 사물 형상의 本原이며, 字가 말하는 것은 文(獨體)이 일정한 방식에 의해 점차 늘어나 많아진(合體) 글자 창제 현상을 말한다. 현재 통용되는 판본에서는 "文者, 物象之本也"라는 문장이 빠졌는데, 『書序正義』와 『左傳·宣公』(15년)에 근거하여 문장을 보충했다.

11) [南朝] 劉勰, 『文心雕龍』, 上海古籍出版社, 2015年, 226쪽.

12) 清代 阮元 校刻, 『十三經注疏』, 北京, 中華書局, 1991年影印, 上冊, 113쪽.

13) 上海古籍出版社, 2012年, 213쪽.

기 위해 존재한다. 이러한 기능적 정의는 일반적인 그림과 언어가 속하지 않는 것들과 구별된다.

한어(漢語)의 역사를 살펴보면, 일부 '글자(字)'의 관습적 표현은 실제로 '단어(詞)'를 가리키는 경우가 많다. 예컨대, '교자(咬字: 글자를 씹다, 발음을 정확하고 분명하게 하다)', '토자(吐字: 글자를 토하다/내뱉다, 말을 또박또박 명확하게 발음하다)', '토자청초(吐字淸楚: 발음이 명확하다)', '자정강원(字正腔圓: 글자(발음)도 정확하고 곡조도 완벽하다)', '런자(煉字: 글자를 다듬고 가다듬다)', '자안(字眼: 글의 핵심이 되는 단어나 표현)', '구자안(摳字眼: 글자의 의미를 지나치게 파고들다)', '점정지필(點睛之筆: 눈동자를 찍는 붓놀림, 화룡점정)' 등이 그렇다. 한어 학계의 일부 전문가들은 이러한 예컨대 한어의 '글자 본위(字本位)'의 성질을 증명하려 시도했는데, 이는 실제로 오해이다. 한어 교류에서 흔히 보이는 현상은, 별도의 '언어 환경(語境)'을 구축하지 않고서는 갑작스럽게 이해하기 어려운 경우가 많다. 이러한 상황에서 종종 '써봄'으로써 교류를 완성하는 마지막 수단으로 삼게 된다.[14]

(2) 현대 언어학에서의 한자의 성질에 대한 논의─문자와 언어 관계라는 측면에 집중한 논의

1. 일반 언어학의 '표의설(表意說)'

스위스의 일반 언어학자 소쉬르(索緖爾)는 세계 문자를 '표음 체계'

---

14) 소위 '語境'이란 언어의 환경을 지칭하는 것으로, 본래 언어적 요소와 비언어적 요소를 모두 포함하고 있다. '서술하여' '언어 환경'을 구축함으로써 종종 중국어의 차별화 수단을 효과적으로 보완하는 데에 기여했다. 이러한 차별화 방법은 明과 淸 왕조 시기의 『儒林外史』, 『三國志』, 『紅樓夢』, 『英雄傳』 등과 같은 대중적인 작품에 이르러서야 비로소 볼 수 있다.

와 '표의 체계'로 구분한 최초의 학자 중 한 명이며, 한자를 '표의 문자 체계'에 속하는 것임을 명확히 지적했다. 이 체계에서는 하나의 단어를 하나의 기호로 표현하지만, 이 기호는 단어를 구성하는 소리와는 무관하다. 이 기호는 전체 단어와 관계를 맺으므로, 간접적으로 그것이 표현하는 개념과도 관련이 있다. 이 체계의 대표적인 예가 바로 한자이다. 표음 체계의 목적은 단어 내 연속적인 소리를 모사하는 것으로, 음소를 기반으로 한다.[15]

한자체계는 '단어의 언어적 소리와 무관한' 표의 문자로 지칭되며, 이는 지금까지 영향력이 컸던 언어학적 표현이다. 한자체계 내부의 일면에 대한 조사와 분석이 충분하지 않아, 나중에 논쟁의 분기점을 마련했다.

2. 고문자학의 '표음설'

고문자학자 요효수(姚孝遂)(1979)는 비교적 일찍 다음과 같이 분명하게 지적한 바 있다. "갑골문(甲骨文)의 전체 체계, 즉 그 발전 단계, 다시 말해 그 기본 개념과 기능을 놓고 볼 때, 그 각각의 기호는 고정된 독음을 가지며, 완전히 표음문자의 체계에 속하며, 이미 표음문자 단계로 발전했다."[16] 그는 이로부터 고대 한자의 성질이 표음문자 체계에 속한다는 것을 설명했다. 이러한 가장 간결한 설명은 갑골문 단계에서 대량으로 사용된 가차(假借)자가 복사(卜辭)를 기록했다는 문자사용의 실제에 기반한다. 물론 요효수가 해석한 이러한 갑골문을 단순히 독음 자료로 사용할 수는 없으며, 심지어 가차자조차도 앞뒤

---

15) 索緒爾, 『普通語言學教程』, 高名凱(譯), 商務印書館, 1980年, 47쪽.
16) 姚孝遂, 『古漢字的形体結构及其發展階段』, 『古文字研究』 第四輯, 中華書局, 1980年.

문맥 속에서 이해해야 하며, 『설문해자』와 같은 도구서의 '주음(注音)'에 의존해야 한다.17)

3. 이중(二重) 속성론

조성(趙誠)(1981, 1988)은 갑골문자가 유성 언어의 기호이며, 본질적으로 표음적인 문자라고 주장했다. 동시에 갑골문자의 매우 명확한 표의적인 특징에도 주목했다. 그는 한자가 일반 문자와 다른 특성을 가진 것은 바로 그 표의성 때문이라고 생각했다. 이 설은 한자의 '유별성 형부(類別性形符)' 사용의 의미를 특히 강조하며, '유별성 형부'의 보편적 사용은 한자를 형성화(形聲化)의 길로 이끌었으며, 대량의 형성자를 생성했다. 한편으로는 한자의 표음 본질을 강조하고, 다른 한편으로는 형태로 의미를 표현하는 한자의 특징을 강화했다고 설명한다.18)

문자의 성질이 공통성과 특성의 이중적 속성을 포함한다는 것에 동일한 주장을 편 왕백희(王伯熙)는 '특성'의 중요성을 더욱 강조했다.

---

17) 데이터베이스 문자학 전문가의 데이터 통계 분석에 따르면, 갑골문의 상형문자는 전체 문자 형태의 40.16%를 차지하고, 지사 문자는 5.06%, 회의 문자는 40.89%, 형성 문자는 13.89%를 차지한다. 은상 금문의 동일 기준 통계 결과는 갑골문의 통계 데이터의 진실성을 뒷받침하고 있다. 중복되지 않는 문자 형태를 기준으로 한 통계와 비교할 때, 데이터는 다음과 같은 변화를 보였다. 상형과 지시의 비율이 상승하여 상형은 40.16%에서 76.97%로, 지사는 5.06%에서 7.67%로 상승했다. 반면에 회의와 형성은 큰 폭으로 하락하여 회의는 40.89%에서 12.67%로, 형성은 13.89%에서 2.5%로 하락했다. 은상 금문의 동일 기준 통계 결과 역시 갑골문의 통계 데이터의 진실성을 뒷받침 해준다. 이러한 관점에서의 데이터 변화는 갑골문에서 사용되는 독체자가 합체자보다 더 높은 비율을 차지한다는 것을 의미한다. 臧克和, 『中國文字發展史·總序』, 上海, 華東師範大學出版社, 2015年.

18) 趙誠, 『甲骨文字的二重性及其構形關系』, 『古文字研究』 第六輯, 北京, 中華書局 1981年. 趙誠, 『漢字探索』, 見中國社會科學院語言文字應用研究所(編), 『漢字問題學術討論會論文集』, 北京, 語文出版社, 1988年, 287~288쪽.

특성은 "다양한 기호체계가 언어를 기록하는 다양한 방식, 걸어온 다른 발전 경로 등"으로, 다양한 문자가 각자의 특성을 형성한다.[19]

이러한 설명은 문자의 공통성과 개성을 고려하여 규칙에 부합하며 합리적인 방향으로 나아간다. 그러나 '표의(表義)' 방식과 의미 단위의 측면에 대해서는 아직 심도 있는 논의가 이루어지지 않았다.

(3) 한자체계 내부의 기본 문자 분류 및 속성에 대한 논의

이는 문자 구조에 초점을 맞추고 있다. 이 부분의 논의는 주로 한자라는 문자의 속성에 따른 문자 구성요소의 분류를 다룬다.

1. 삼서설(三書說)

당란(唐蘭)(1935)은 『고문자학도론(古文字學導論)』에서 '육서(六書)'를 '삼서(三書)'로 요약하여, 한자를 상형문자(象形文字), 상의문자(象意文字), 형성문자(形聲文字)의 세 가지로 분류했다. 이후 『중국문자학(中國文字學)』에서 이를 더욱 상세히 설명했다. "상형, 상의, 형성은 삼서라고 불리며, 이것으로 중국 문자의 모든 범위를 포함할 수 있다. 형(形)에 속하지 않으면 반드시 의(意)에 속하고, 의에 속하지 않으면 반드시 성(聲)에 속한다. 형, 의, 성은 문자의 세 가지 측면이며, 우리가 삼서로 분류하면 더는 혼동되는 부분이 없을 것이다."[20]

과학은 분류이며, 분류는 심층 분석을 의미한다. 저자는 한자학을 훈고학, 음운학 등을 소학(小學) 분야에서 독립시키려 노력했으나, 세

---

19) 王伯熙, 『文字的分類和漢字的性質』, 北京, 『中國語文』, 1984年 第2期.
20) 唐蘭, 『古文字學導論』, 濟南, 齊魯書社, 1981年, 57쪽. 唐蘭, 『中國文字學』, 上海古籍出版社, 1979年, 11쪽.

분류 간에 여전히 '혼동되는 부분'이 존재하고 있다.

2. 삼서삼단설(三書三段說)

진몽가(陳夢家)는 『설문해자』의 '육서(六書)' 분류를 기반으로 재분류하고, 당란(唐蘭)의 '삼서설' 분류의 미비점을 보완하여 '상형자(象形字)' '성가자(聲假字)' '형성자(形聲字)'의 삼서를 한자의 세 가지 기본 유형으로 개괄했다. 삼서의 배열순서는 한자 진화의 세 단계를 나타낸다고 했다.[21] 그중 '성가자(聲假字)'는 바로 '가차(假借字)'를 의미한다. 이후에 나온 '삼서설'은 대체로 이러한 종합 분류를 기반으로 한 세부 조정에 해당한다. 21세기에 들어서, 연등강(連登崗)(2011)은 진몽가의 '삼서설'을 기반으로 하여 표의 표음 기준에 따라 한자를 표의자(表意字), 표성자(表聲字), 의성자(意聲字)의 세 가지로 분류했다.[22]

위의 '삼서설'은 문자의 기능 속성에 따른 문자 분류 탐색의 새로운 관점을 개척했다. 이보다 더 앞서, 심겸사(沈兼士)(1920)는 '의부문자(意符文字)'와 '음부문자(音符文字)'의 '이분법(二分法)'을 제안한바 있는데, 이는 문자 기능 속성에 따른 문자 분류에 속한다.[23]

3. 의-음(意-音) 문자론

구석규(裘錫圭)(1988)의 『문자학개요(文字學槪要)』는 기본적으로 진몽가(陳夢家)의 '삼서설(三書說)' 분류에 동의하면서, 이론 분석에서 더

---

21) 陳夢家, 『中國文字學』, 北京, 中華書局 2006年, 256~257쪽. 저자가 책에서 제시한 '삼서삼단설(三書三段說)'은 이른바 '상형자(象形字)', '성가자(聲假字)', '형성자(形聲字)'의 삼서 배열순서가 곧 한자의 진화 세 단계이며, 아직 한자 기원 발전에 대한 한어사(漢語史) 시기 구분에 대한 문제로 남아 있다.
22) 連登崗(編著), 『基礎漢字學敎程』, 北京, 中央廣播電視大學出版社, 2011年, 63쪽.
23) 沈兼士, 『文字形義學』, 『沈兼士學術論文集』, 北京, 中華書局, 1986年, 386쪽에 보임.

깊이 있고 세밀한 경향을 보인다. (1) 문자를 구성하는 문자와 단어를 표시하는 단위를 명확하게 구분하며, 이들을 동일한 수준에서 다루지 않는다. (2) 표의자(表意字), 가차자(假借字), 형성자(形聲字) 등 세 가지 큰 범주의 문자를 속성에 따라 여러 하위분류로 나눈다. 예컨대, 표의자는 추상자(抽象字), 상물자(象物字), 지시자(指示字), 상물식 상사자(象物字式象事字), 회의자(會意字), 변체자(變體字) 등 여섯 종류로 다시 분류되며, 회의자는 다시 도형식(圖形式) 회의자, 편방(偏旁) 간의 위치 관계를 이용한 회의자, 주체(主體)와 기관(器官)의 회의자, 동일한 편방을 반복하여 만든 회의자, 편방을 연속적으로 읽어 만들어진 회의자, 기타 등 여섯 종류로 나뉜다. 상형을 표의로 바꾸고, 표의자는 의부(意符)를 사용하므로 의부자(意符字)라고도 부를 수 있으며, 가차는 기존의 가차 범위에 한정하지 않고 통가(通假)도 포함하여, 가차자는 음부(音符)를 사용하므로 표음자(表音字)나 음부자(音符字)라고도 할 수 있다. 형성자는 의부와 음부를 동시에 사용하므로 반표의반표음(半表意半表音)이나 의부음부자(意符音符字)라고도 할 수 있다. 이는 분명히 "한 종류의 문자의 성질은 해당 문자가 사용하는 기호의 성질에 의해 결정된다."라는 개념에 기반한다.[24]

'삼서(三書)'와 '삼서삼단(三書三段)'에서 '의-음(意-音)' 문자론으로의 발전은 문자 학계에 큰 영향을 미쳤다. 모든 과학적 규칙은 특정 상황과 조건에 한정된다. 우선, '삼서설'에서 일부 개념은 적용 범위에 대한 고려가 필요하다. 가차자의 외연이 '본래 그 문자가 있는' 유형을 포함하도록 확장될 때, 즉 글쓴이의 우연한 오용으로 일시적으로 형성된 관계 때문에 문자 본체와 문자사용이 동일한 수준에 놓이게 되면, 이는 한자 구조 분류 범위를 벗어나며 일정 정도의 분류 기준

---

24) 裘錫圭, 『文字學槪要』, 北京, 商務印書館, 1988年, 9쪽.

혼란을 일으킨다. 문자 사용자가 문자 집합을 대면할 때, 본래 문자와 차용 문자를 구별하기 어렵다. 이 점에서, 중국 최초의 사전 『설문해자』는 거의 1만 자에 이르는 역사적 한자 구조 단위를 모아 놓았으나, 이 사전에는 '가차' 문자가 존재하지 않는다. 이는 저자 허신의 문자 수집 분류 저장 방식이 한자체계 실제와 부합한다는 것을 보여준다. 또한, '본래 그 문자가 있는' 조사는 어떤 한자 사용자에게도 어려운 일이다. 이로 인해 실제로 분류 기준이 무효화 된다. 오늘날까지도, 대량의 조사에서 표기된 이른바 '통가(通假)자'는 종종 후세 전세 문헌과의 비교 결과이다. 사실, 각 시대의 출토 문헌에서 필사된 것은 후세에만 존재하는 문자 체계가 없었으며, 많은 '가차'가 필요하지 않았다. 다시 말해 대량의 '통가자'는 후인들이 현재의 인식으로 과거를 해석한 결과이다.25)

'가차(假借)'라는 이 개념은 한자가 실제로 사용되는 언어학적 상황에서만 유효한 용어일 수 있다.26) 다음으로, '가차'가 '표의(表意)'나 '형성(形聲)' 구조 유형과 병렬될 수 없다는 점 외에도, 표의자와 형성자 유형의 문자 기능 분류는 또한 모호성을 낳기 쉽다. 표의자의 형상 부호나 의미 부호 기능은 한자로 한어를 표기하는 데 사용되는 문자와 본질적으로 다른 수준에 속하며, 기능이 동등하지 않을 수 있다. 형성구조에서, 독음 부호의 '독음을 나타내는' 기능이 독음 부호와 형체 부호의 '상호보완' 및 '상호완성' 과정에서 전체 형성 구조의 음가를 표기할 수 있는지는 질문의 여지가 있다. 즉, 표의자, 형성자 등의 개념은 문자 구성요소 간의 구조적 관계를 드러내는 반면, 통차자(通

---

25) 臧克和, 『"注解"的標注』, 『華東師範大學學報』 2021年 第5期, 146~157쪽.
26) 마찬가지로, '이체자(異體字)'라는 이 개념도 한어사(漢語史) 속에서의 한자의 조사 정리 과정 내에서 논의해야만 유효할 것이다.

假字)의 개념은 문자 간의 다양한 유형의 관계를 밝힌다. 이는 저자가 제시한 문자 구성요소와 단어를 표기하는 단위를 명확히 구분해야 한다는 개념과 일정한 모순을 가지고 있다.[27]

이에 근거하여, 한자의 성질을 논의하고 정의하는 것은 문자 내부 기능의 분류에만 한정되며, 한자가 해당하는 한어(漢語) 구조 단위 관계의 한 측면을 고려할 필요는 없다. 이는 세 가지 '서(書)'가 한어를 어떻게 '표현(表)'하는지, 그리고 '표현'하는 한어의 구성단위가 무엇인지, 그리고 이것이 '표음문자'의 '표'와 동일한지, 아니면 다른지에 대한 깊이 있는 논의의 여지가 있음을 의미한다.[28]

앞서 문자 성질 정의에 대한 논의 과정에서 이미 밝혔듯이, 각종 문자 분류와 기능은 문자가 언어를 표현하는 방식과 표기하는 단위에

---

27) 앞에서 말한 『설문해자서』에 언급된 형성 구조에 대한 설명은 두 부분으로 나뉜다. 하나는 '형과 성이 서로 더해진다(形聲相益)'는 것이고, 다른 하나는 '사물의 이름으로 삼아 비유로 서로를 완성한다(以事爲名, 取譬相成)'는 것이다. 이는 사물의 종류에 따라 문자(형부, 하나의 의미 범주를 대표)를 결정하고, 만들어진 문자의 발음과 유사한 다른 문자(성부)를 선택하여 상호 결합하는 것을 의미한다. 사물의 종류를 '이름' 즉 의미 범주의 범위로 삼고, 성부와 비유적 표시를 결합한다. 결합 관계에서 형부와 성부는 서로 의존하며, 구별을 형성하여 사물의 종류가 속하는 구체적인 범주로 구체화된다. 석각 문자의 규범화 통계는 "규범화 선택이 형성 구조를 선호하며, 이는 단순히 의미를 나타내는 발음 기능을 고집스럽게 유지하는 것이라기보다는 규범 문자 구조의 구별성 원칙을 유지하는 것이며, 이로 인해 인식 메커니즘 상 분류 식별의 편리함을 가져오는 것으로 보인다." 臧克和, 『中國文字發展史・隋唐五代文字』第1章 第1節 "楷字的區別性", 華東師範大學出版社, 2015年, 76쪽.

28) 문자 내부 각 '서(書)'의 유형의 분석에 관해서는, 구체적인 과정은 실제로는 한어의 어구, 단어, 어소(詞素) 등의 단위 언어 환경에서 완성된 인식 과정에 기반한다. 즉, 모든 독립적인 기본 문자는 실제 언어 자료 사용 과정을 거쳤다. 한나라 허신(許愼)이 저술한 『설문(說文)』의 분석 분류는 군경(群經)은 물론 통인(通人)의 언어 자료를 기반으로 완성되었고, 후세의 분석 분류도 모두 자신이 익숙한 어휘, 어소 등의 언어 맥락에서 진행되었다. 이러한 객관적 연관 과정이 존재하기 때문에, 한자가 한어의 어소를 반영할 수 있다. 그러나 이러한 연관성은 이미 익숙해져 무의식적으로 되었다.

서 비롯된다. 다시 말해, 문자와 언어의 관계는 문자 분류와 기능으로 나타나며, 이 두 측면 사이에는 원래 '치우침(偏枯)'은 없었다.

이령박(李玲璞)(1995)은 『갑골문문자학(甲骨文文字學)』에서 처음으로 한어의 '어소(語素)'에 상응하여 '자소(字素)'라는 핵심 용어를 제시했다. 이 용어를 통해 은상(殷商) 시대의 갑골문자 형체구조를 전면적으로 조사하고 분석했다. 그는 각종 문자 형체구조를 '표사(表詞)' 방식으로 분석할 수 있다고 주장했다. 이는 한자의 내부 구조와 그것이 표현하는 언어적 단위 사이의 관계를 더욱 명확히 이해하는 데 중요한 개념적 기여로 볼 수 있다. 그의 이러한 접근방식은 문자의 형태적 특징과 언어적 기능 사이의 상호작용을 탐색하는 데 도움을 주며, 문자학 분야에서 중요한 이론적 발전을 나타낸다.[29]

『갑골문문자학』에서 제시된 자소(字素) 구조 단위와 분류 모델은 한어의 '어소(語素)'에 상응한다. 문제는 핵심 용어인 '자소' 즉 문자를 구성하는 요소를 '형(形) 음(音) 의(義)'의 완전한 통합체로 정의할 때, '자(字)'로서의 '형음의' 통합체와 구분하지 않으면 논리적 혼란을 일으킬 수 있다는 것이다. 간단히 말해, 어떤 문자 구성요소가 '형음의'를 하나의 단위로 통합한다면, 그 구조 단위는 반드시 하나의 독립적인 문자, 즉 독체(獨體) 구조의 문자가 된다.

왕녕(王寧)(2015)의 『한자구형학(漢字構形學)』은 '육서설(六書說)'이나 '삼서설(三書說)' 등에 한정되지 않고, 체계적 방법론을 사용하여 전통 '육서' 이론에 대해 전면적인 분석을 수행했다. 한자의 표의 특성과 한자 구성 체계라는 두 가지 기본 원칙을 바탕으로, 시간을 관

---

29) 李圃(筆名), 『甲骨文文字學』, 上海, 學林出版社, 1995年. 이 책은 갑골학에서 시기 구분(斷代)에 의한 문자의 실상을 묘사한 최초로 저작이다. 비록 나중에 '자소(字素)' 분석이 자주 언급되지 않았지만, 실제로 많은 연구자들의 연구 주제에 영향을 미쳤다. 이 때문에 여기에서는 이러한 분류 방법을 특별히 언급했다.

통하는 계층적 한자 집합체 구조 분석을 제안했다. 또한, 체계적인 기술의 일반 원칙과 조작 가능한 방법을 제시하고, 한자 발전사의 다양한 현상들에서 규칙을 추론하여 한자 구성에 관한 용어 체계를 수립했다. "한자는 한어를 기록하는 시각적 기호이며, 그 독음과 의미는 한어에서 유래하고, 자형이야말로 그것의 본체이다."[30]

『한자구형학』에서 구축한 완전한 '구형학(構形學)'이라는 용어 체계는 점점 많은 학자들의 인정을 받고 있다. 한자의 기능적 성질과 언어-문자 관계에 관한 논의에서, 예컨대 '이체자(異體字)'의 '이사(異寫)'와 '이구(異構)'와 같은 개념들을 실제 언어 자료의 조사 및 분석 과정에서 사용할 때, 연구자들은 여전히 일부 조작하기 어려운 문제들을 경험하곤 한다. 이에 기반하여, 앞서 특별히 지적된 바와 같이, 특정 용어들은 그들의 특정 사용 범위가 있으며, 이를 한자의 성질에 대한 논의로 옮기면 실제로 인식의 혼란을 증가시킬 수 있다.

공가진(龔嘉鎭)(1995)은 한자의 형태와 독음과 의미 관계에 대한 비교 연구를 통해 다음과 같은 점을 발견했다. "한자의 형태와 음의 결합은 상대적으로 취약하며, 표음문자의 형음(形音)의 연결보다 약하고, 한자의 형의(形義) 연결보다도 약하다." 그는 이어서 「한자의 기억방식과 구조기능(漢字的記詞方式與結構功能)」(2018)에서 다음과 같은 '모델'을 제안했다. 한자의 성질은 문자가 구의(構意)와 구형(構形)에서 발휘하는 표사(表詞) 기능에 의해 결정된다. 문자가 기록하는 어휘의 의미를 나타내는 것은 의부(義符)이고, 문자가 기록하는 어휘의 음을 표시하는 것은 음부(音符)이며, 의미를 표시하지도 음을 표시하

---

30) "한자는 한어를 기록하는 시각적 기호이며, 그것의 독음과 의미는 한어에서 유래하며, 자형이 비로소 그 본체이다." 王寧, 『漢字構形學導論』, 北京, 商務印書館2015年, 291쪽.

지도 않고 단지 구조 기능만 있는 것은 기호(記號)이다. 한자에서 의부의 수는 음부보다 훨씬 적지만, 의부의 글자 구성 능력은 음부보다 훨씬 강하다. 의부 시스템은 시스템적으로 음부 시스템보다 강하며, 그 표의(表意) 기능도 음부 시스템의 표음(表音) 기능보다 훨씬 강하다. 따라서 "기본 문자로서의 의부가 한자의 표의 문자 체계의 특성을 반영한다고 할 수 있다."[31]

문자가 구의(構意) 및 구형(構形) 과정에서 발휘하는 표사(表詞) 기능의 관계를 통해 '한자의 성질'을 이해하는 것은 최근 몇 년간 확장된 기술이다. 그러나 저자가 제시한 "한자체계에서 의부(義符)의 수가 음부(音符)보다 훨씬 적다."라는 주장에 대해, 독자는 이러한 통계 결과를 어떻게 도출했는지 명확하지 않다. 그래서 이에 대한 한 가지 질문을 제기할 수 있다. 한자체계가 오랜 사용 역사의 집합체에서 비롯되었다고 인정하고, 시대별로 계층화한다면, 음부는 과연 어디에서 왔는가? 이러한 관점에서 고려한다면, 음부가 의부보다 많다는 결론을 내릴 수 있을까?[32]

4. '의사자(意詞字)'와 '음의자(音意字)'의 사분설(四分說)

전 소련의 빅토르 알렉산드로비치 이스틀린(Viktor Alexandrovich

---

31) 龔嘉鎭, 『現行漢字形音義關系研究』, 武漢, 湖北人民出版社, 1995年, 10쪽. 『漢字的記詞方式與結構功能』, 成都, 巴蜀書社, 2018年, 233~234쪽.
32) 위의 내용은 요효수(姚孝遂)의 '표음설'에 대한 갑골문자 형체구조의 다양한 비율에 대한 데이터 분석의 주석을 참조했다. 『설문해자』에서는 540개 부수로 분류했으며, 체계의 원칙상 형부(또는 의부)를 부수로 삼는다. 물론, 지금 보면 일부 부수의 설정이 체계의 원칙을 관통하지 못했으며, 일부 부수는 합병할 수 있는 것이기도 하고, 또 다른 일부는 분해할 수 있는 것이기도 하다. 또한, 역대 초서의 사용은 기본적인 규칙이 바로 의미 범주에 의한 의미 부류의 합병 귀속을 인정하는 것이다.

중국문자학 핸드북

Uspensky)은 1960년에 출간된 그의 저서 『문자의 생성과 발전』에서 일반적인 문자 유형에 기반하여 한자를 네 가지 유형으로 분류하는 것이 가장 정확하다고 주장했다. 첫째, 순수한 의사자는 두 가지로 세분된다. (1) 순수 의사자(意詞字)는 단순 의사자(하나의 요소로 구성됨)와 복합의사자(두 개 이상의 순수 표의 요소가 결합됨)의 둘로 나누어진다. 둘째, 음의자는 음사자(音詞字)와 의부(意符, 편방)의 결합으로 이루어지며, 다음의 두 가지로 세분된다. 즉 독음이 비슷하지만 어원상 서로 연관이 없는 여러 단어를 나타내기 위해 한 글자를 사용하는 방법으로 생성된 음의자(音意字), 그리고 해당 글자가 나타내는 단어가 새로운 어원상 유사한 의미로 인해 생성된 음의자 등이다.[33]

이스틀린의 일반 문자학 학자로서의 이론적 견해는, 문자 기능에 기반한 분류 방식에 대해 분명한 영향을 미쳤다. 특히 그가 제시한 '음의자(音意字)' 중 제3유형에 대한 설명인, "한 글자를 사용하여 읽기는 비슷하지만 어원상 연관이 없는 여러 단어를 나타내는 방법으로 생성된 음의자"는 구문학적으로 "한 글자로 여러 단어를 나타내는 방법으로 생성된 글자"로 요약될 수 있다. 이것이 번역자의 오해가 아니라면, 저자의 논리적 순환에 해당한다. 왜냐하면 구조적 합성에 참여하는 것은 문자 구조 단위에 한정되며, 직접적으로 단어를 표기하는 자형과는 같은 수준이 아니기 때문이다.

5. 한자와 한어 관계에 대한 논의

이 방면의 논의는 주로 현대 한어 및 현대 한자 학자들 사이에서 진행되었다.

---

33) [蘇] B.A.伊斯特林(著), 『文字的發生與發展』, 左少興(譯), 北京大學出版社, 1987年, 155쪽.

한자는 의미를 나타내며, 한어의 단어나 어근을 기록함으로써 간접적으로 단어나 어근의 소리를 대표한다. 이러한 견해는 황백영(黃伯榮)과 요욱동(廖旭東)은 1983년에 편집한 『현대한어(現代漢語)』에 보인다.

"한자는 직접적으로 음소(音位)나 음절을 나타내는 문자가 아니라, 다수의 표의 기호를 사용하여 한어의 어휘나 형태소를 기록함으로써 간접적으로 그 어휘나 어소의 소리를 대표한다."34) 『현대한어』에서 말한 한자와 한어 관계에 대한 설명은 문제가 없지만, 한자 문자 자체에 대한 구체적인 인식은 부족하다.

현대 한자학자인 소배성(蘇培成)은 한자가 기록하는 한어의 단위가 어소(語素)라고 보고, 한자를 '어소자(語素字)'라고 불렀다. 그는 현대 한자 중 형성자(形聲字)가 전체 한자의 80% 이상을 차지하며, 각 형성자는 의부(義符)와 음부(音符) 두 부분을 포함한다는 사실을 지적했다. 그리고 음부 부분을 전혀 고려하지 않고 한자를 표의 문자로 정의하는 것은 한자의 본질을 정확하게 반영하지 못한다고 주장했다. 그러나 그는 언어 측면을 배제하는 정의에 동의하지 않았다. "문자의 성질을 고려하지 않고, 문자가 기록하는 기본 단위가 대표하는 언어 요소의 성질만을 바탕으로 문자 체계에 이름을 붙이는 것은 적절하지 않다. 영어는 쓰기의 기본 단위로 단어를 사용하지만, 사람들은 영어를 표사 문자가 아니라 음소 문자로 간주하지 않는가?"35) 음소 문자가 영어의 쓰기 성질을 지칭할 수 있듯이, 저자는 최근 논의에서 문자의 내부 구조를 결정하는 것은 문자의 성질이 아니라고 주장했다.36)

---

34) 黃伯榮, 廖旭東(主編), 『現代漢語』(上冊), 蘭州, 甘肅人民出版社, 1983年, 161쪽.
35) 『文字學槪要』, 16쪽.
36) 蘇培成, 「漢字的性質和優點」, 『中國文字研究』 第1期, 上海, 華東師範大學出版社, 2022年, 187~190쪽.

한자 문자의 속성과 분류를 정확히 하는 것은 한자가 한어 어소(語素)를 기록하는 방식을 이해하는 데 도움이 된다. 따라서 이 측면은 무시할 수 없다. 한자의 핵심 속성은 위에서 언급된 두 가지 관계에서 찾을 수 있다. 문자의 분류와 구성 방식은 한어의 고립어(孤立語) 구조 단위에 기반한다. 한자의 범주 기호 특징은 한어를 표현하는 특징을 규정한다. 이 특징은 앞서 '체현(體現)'으로 드러났으며, 이는 범주 기호 구조의 형태로 표현된다. 바로 이 '체제(體制)'와 '기능' 사이의 중간 연결 고리인 '체현'이 한자가 다른 종류의 문자들과 구별되는 특징을 반영한다. 모든 종류의 문자는 '표(表)' 즉 '표현'하는 것이며, 예컨대 앞부분의 '표의자(表意字)', '표음자(表音字)', '표음의자(表音意字)' 등과 뒷부분의 '표사(表詞)', '표사소(表詞素)', '표어소(表語素)' 등이 있다. 한자의 '표현'은 그 범주 기호 수가 많고 구조 방식이 풍부하여, 구조 형태를 통해 한어 어소와의 관계를 설정할 수 있다. 바로 이 '체현'의 적용으로 인해 한자체계에서 문자 사용량이 점차 복잡해지는 현상이 발생한다.

　　위에서 언급한 학자들의 탐구 외에도, '한자의 성질'에 대해 심도 있는 사고를 한 다른 전문 학자들도 있다. 이들 각자의 접근 방식과 전문적 배경이 다양하며, 각자의 고유한 이바지를 하여 관련 문제 논의의 심화에 도움을 주었다. 예컨대, 여숙상(呂叔湘), 조원임(趙元任), 주덕희(朱德熙), 유우신(劉又辛), 왕봉양(王鳳陽), 쇼네시(夏含夷), 조선탁(曹先擢), 이대수(李大遂), 첨은흠(詹鄞鑫) 등의 논의 방향과 방법도 대체로 위에서 언급된 범위를 벗어나지 않는다. 본문의 체제와 분량에 한계가 있으므로, 여기서는 각각에 대해 일일이 논의하지 않겠다.

3. 한자의 성질에 대한 연구의 전망

(1) 비교 문자학적 연구

한자의 성질과 그 정의 하에 있는 한자의 특성 문제를 논의하는 데 있어 중요한 논리적 전제는, 한자의 특질이 세계 다른 문자 체계에 비추어 볼 때 상대적임을 인식하는 것이다. 단순히 '문자→음성→개념'을 강조하거나, '독음(讀音)'이 먼저인지 '어의(語義)'가 먼저인지를 논하는 것은, 세계의 모든 문자가 표음(表音)적 성질을 가진다는 결론에 이르게 하며, 한자 역시 예외가 아니라는 주장으로 이어진다. 이는 문자 개념을 추상화하여 세계에 단 하나의 문자만 존재하는 것처럼 간주하게 되며, 이 경우 한자의 성질에 대해 더 이상 논의할 내용이 없게 된다.

한자는 고립어(孤立語) 문법 구조를 가진 한어(漢語)의 문자적 표기 기호이다. 한자체계는 형태와 그 구조 방식을 통해 한어의 어소(語素) 단위 의미를 표시하고 구별하는 데 도움을 준다. 이에 따라 한자는 문자의 공통성인 표기의 약정성을 가지면서 동시에 특수성인 표기의 체시성(體示性)을 갖추고 있다. 한자는 시각에 호소하는 표기 기호체계로서, 세계 다른 민족의 문자와 마찬가지로 표기의 결과는 문어(書面語)에 속한다. 한어의 문어는 반드시 한자체계와 동일하지는 않다. 한자 문자 집합은 한어 문어에서 파생된 한자 단위의 집합이다. 소위 문자 체계 내부 속성은 문자 체계가 사용하는 기본 문자의 성질을 말하며, 이에는 문자 구조 유형, 구조 방식, 구조 수량, 한어의 구조 단위인 어소를 표현하는 것이 포함된다. 일본어가 한자를 기본 문자로 차용한 경우, 훈독(訓讀) 부분은 말할 것도 없고, 음독(音讀) 부분조차 그 표음 기능 속성이 가타카나(50音圖) 기호와 동일하지 않으며, 표음 문자라고 할 수 없다. 소위 표음문자란, 그 문자의 서면 기록 형태를 보고 읽을 수 있는 것을 말한다. 이러한 기능적 특징은 일본어에서는 오직 가나에서만 갖추고 있다. 중국 최초의 사전인 『설문해자』는 540개의 의미 범주에 따라 해당하는 부수(部首)를 추출하여 분류하고 편찬하는 작업을 할 수 있었지만, 음운학적 분류를 통해 모든 한자를 효과적으로 포괄하는 것은 불가능했다.

1. 약정성(約定性)

모든 문어(書面語)를 가진 언어 유형은 약속과 관습을 따르는 점에서 동일하다. 차이라면 오직 약속 방식과 사용하는 약속 기호의 수량에 있다. 무역, 주술 등 교류가 밀집된 사회 집단에서는 구체적인 이미지, 소수의 기호가 언어와 계약 관계를 맺는 것이 더 일찍 시작되었다. 한어에서 이 두 종류의 시각적 표기 기호는 후에 상형(象形), 지사(指事) 구조로 발전했다. 대부분의 한자는 한어의 단어나 어소 단위와 약속된 대응 관계를 맺고 있으며, 많은 표음문자는 음소 단위와 약속된 대응 관계를 맺는다.[37]

---

37) 한대(漢代) 언어에서도 한자 하나가 하나의 구(詞組)를 기록하는 현상도 발견된다. 예컨대, 『사기·화식열전(貨殖列傳)』의 '사람이란 부유하면서도 인자해야 한다(人富而仁義附焉)'에서 '부언(附焉)은 '그 사이에 붙어있다는 뜻인데(附麗于其間), 언(焉)은 '어기간(於其間)'의 3음절을 빠르게 읽어 'yān'이라는 하나의 음절로 합쳐진 구조를 형성한다. 한어사(漢語史)에서 이런 것을 '겸사(兼詞)'라고 한다. 이러한 언어 단위는 역사적으로 '을어나는' 반대 방향의 구조도 존재했다. 일부 한어 방언 지역에서 이른바 '방언본자(方言本字)' 조사 과

정에서도 여전히 발견된다. 백화문학과 같은 통속적인 작품에서, 군사 용어를 기록한 말에 '자사리/격사리(剌斜里/隔斜里)'(棘이나 剌는 모두 束를 音符로 사용하고 있다)가 있다. 예컨대, 『삼국연의(三國演義)』제5회에서 "유현덕이 손에 두 개의 고검을 들고, 누런 갈기를 가진 말을 타고서, 측면에서 비스듬히 들어와 전쟁을 도왔다.(劉玄德製雙股劍, 驟黃鬃馬, 剌斜里也來助戰.)"라고 한 표현이나, 제48회에서의 "(한당이) 방패로 공격을 막고, 초촉(焦觸)은 긴 창을 춤추듯 휘두르며 한당과 교전을 벌였다. 한당이 창을 한번 내질러 초촉을 찔러 죽였다. 장남(張南)이 뒤에서 큰 소리를 지르며 쇄도해 왔다. 이때 주진(周泰)의 전함이 옆에서 공격해 왔다. 장남은 뱃머리에서 창을 쥐고 서 있었고, 양편에서 궁수들이 활을 어지럽게 쏘아댔다. 주태(周泰)는 한편으로 방패를 집어 들면서 칼을 집어 들었다. 두 전함 사이의 거리는 불과 7~8척 밖에 되지 않았다. 주태는 곧바로 나는 듯 뛰어올라 장남의 전선으로 날아가더니, 한 칼에 장남의 목을 잘라 물속에 떨어트리고 말았다. 그리고 혼란한 틈을 타 전함을 몰던 병사들을 다 죽여 버렸다.((韓當)用牌遮隔. 焦觸撚長槍與韓當交鋒. 當手起一槍, 刺死焦觸. 張南隨後大叫趕來. 隔斜裏周泰船出. 張南挺槍立於船頭, 兩邊弓矢亂射. 周泰一臂挽牌, 一手提刀, 兩船相離七八尺, 泰卽飛身一躍, 直躍過張南船上, 手起刀落, 砍張南於水中, 亂殺駕舟軍士.)"나 『수호전(水滸傳)』제48회에서의 "구붕(歐鵬)이 일장청(一丈青) 호삼낭(扈三娘)과 격렬한 싸움을 벌이고 있었다. 그러나 구붕이 호삼낭의 적수가 되지는 못했다. 마가 아연실색하여 경황이 없었는데 그 틈을 타갑지기 한 무리 군사가 옆길에서 맹렬하게 돌진해 왔다.(歐鵬鬥一丈青不下, 正慌哩, 只見一彪軍馬從刺斜裏殺將來.)" 등의 기록이 보인다.

이 중 '자사리/격사리(剌斜里/隔斜里)'는 한어사에서 '첩(捷)'자로 기록되었다. 예컨대, 수(隋)나라 대업(大業) 3년의 「수고은청광록은주구사지명(隋故銀青光祿殷州刺史志銘)」에서 "기이한 전략를 네 차례나 제시했지만 그것이 어찌 세 번의 대첩만을 위한 것이었겠는가?((奇鋒四伐, 非唯三捷)"라고 하였다. 이들은 혹 '첩족선등(捷足先登: 발빠른 사람이 정상에 먼저 오른다)'의 '첩(捷)', 즉 속칭인 '초소도(抄小道)'나 '주첩경(走捷徑)' 등에서 유래하여, 공간적으로 가까운 것을 시간적으로 짧은 것으로 비유한 것이 아닌가 한다.

『좌전·성공(成公)』(5년)』에서 "(식량 운수 책임을 맡은) 중인(重人)이 '우리를 기다려라, 옆으로 비껴 나아가는 것보다 나을 것이다.'라고 했다.(重人曰, '待我, 不如捷之速也.')"라고 하였는데, 두예(杜預)의 주석에서 "첩(捷)은 비스듬히 나아가다(邪出)는 뜻이다."라고 하였다. 여기서 말한 '사출(邪出)'은 '사출(斜出)', 즉 옆으로 비껴 가까운 길로 나간다는 뜻이다.

『국어·진어(晉語)』(5)에서 "소식을 전하는 것은 신속함이 생명이다. 만약 내가 기다려서 피한다면, 그것은 오히려 사태를 더욱 느리게 만들 뿐이다. 차라리 옆길로 가는 것이 낫겠다.(傳爲速也. 若俟吾避, 則加遲矣. 不如捷而行.)"라

한자가 결국 한어 중의 개념과 먼저 연결되는지, 아니면 음성과 먼저 연결되는지는 일반 언어학, 언어 철학, 심지어 뇌 기능 인지 과학의 과제에 속하며, 한자학에서 이를 논의하는 것은 관련성이 미약하고 의미도 충분하지 않다.

2. 체시성(體示性)

한자는 그 기본 문자의 풍부함과 구조 방식의 다양성을 통해 한어 어소의 의미를 일정하게 체시하는 역할을 한다. 이는 한자체계의 개성이다. 한어에는 동음이의어(同音異義語)가 대량으로 존재하고, 문법 수단이 매우 제한적이기 때문에, 한자가 한어를 기록하는 역할 중 하나는 '어의(語義)를 체시하고 구별하는 것'이다. 한자의 이러한 체시 구별 기능에 따라, 한자 기호체계를 분류할 수 있다. 이에 기반하여, 한자 학자들과 한자 인식 과정은 한자 형체구조에 더 많은 관심을 기울이며, 한자 형체구조의 분석과 분류에 집중한다. 심지어 한자체계 내에서 주류를 이루는 형성(形聲) 구조조차도 형부(形符)와 음부(聲符)의 결합에 의존하여 대립 구별을 형성한다.

한자체계 기능의 특수성에서 본 한자 구조의 번체(繁)와 간체(簡)의

고 하였는데, 위소(韋昭)의 주석에서 '옆에서 나타나는 것(旁出)을 첩(捷)이라 한다.'라고 하였다.

사이 길로 가는(間行) 첩경(捷徑)의 방식으로부터, 빠르고(快捷)이나 편리함(便捷)을 의미하는 '보첩(報捷)'과 '첩보(捷報)'로 인식이 전환되어 '행동 방식—명사 사용—동사 사용'으로의 인지 전환의 통로가 형성되었다. 후대에서는 '첩(捷)'자의 기능이 다양해지자, 보다 통속적인 설부 문헌(說部文獻) 즉 고대 소설, 필기, 잡에기 등과 같은 작품에서는 '자사(刺斜)'라는 어휘로 확산되었다. 즉 '첩(捷)'의 한 음절을 천천히 읽어 '자사(刺斜)'의 두 음절 구조로 만들고, 여기에 방위를 나타내는 '리(里)'를 더해 공간적 위치를 가리키는 전체 구조를 형성하게 되었다. 반대로 말하자면, '첩'은 '자사 두 음절을 빠르게 읽어 한 음절로 만든 것에 불과하다.

문제를 살펴보면, 기호의 간결성은 사고 효율성과 긍정적인 상관관계를 가진다. 그러나 지능형 입력 방식, '이차원 코드' 이미지 인식 등과 같은 과학기술 매체의 등장으로 한자의 쓰기 속도와 한자 구조의 복잡성 사이의 모순은 점차 해소되고 있다. 상대적으로 필획 밀도가 높은 한자체계는 정보의 풍부함, 구별도가 높은 측면에서 오히려 어떤 우위를 나타낸다. 일부 한자 학자들은 다음과 같이 주장한다. "한자 형체구조의 복잡성이 없다면, 한자의 강한 생산력과 높은 구별성이라는 장점도 없을 것이다. 부수(偏旁)의 부분적으로 부정확한 표음의 단점이 없다면, 한자가 역사와 방언을 초월하는 장점도 없을 것이다. 이 점을 이해한다면, 한자의 복잡함과 어려움을 탓하지 않게 될 것이다."[38]

3. 안정성(穩定性)

한자가 처음 사용된 주요 지역인 황하(黃河)와 장강(長江) 유역에서 사람들의 생산과 무역은 역사적으로 안정된 순환 체계를 형성했다. 이러한 기반 위에서, 왕조의 교체나 서예 매체의 변화에도 불구하고 한자체계의 흐름은 항상 일정한 안정 상태를 유지해 왔다. 또한, 문자 구조 자체의 특성에서, 한자의 구조는 처음부터 폐쇄적인 '완형(完形)' 시각 구조로 경향이 있었으며, 이는 세계 다른 고대 문자, 예컨대

---

38) 李大遂, 『簡明實用漢字學』, 北京大學出版社, 2003年, 23쪽. "포계변증(頗契辯證, quite dialectical?) 이론에 따르면, 이득과 손실은 균형을 이루며, 이는 자연의 법칙이다. 선진(先秦) 시대의 고문자는 기본적으로 선으로 구성된 굽혀서 돌리는 폐쇄적인 도형에 속한다. 전국시대 말기에서 진한(秦漢) 시대로 넘어가는 한자의 예변(隸變: 소전에서 예서로의 변화) 과정에서, 특히 초기의 고예(古隸) 단계에서는 비록 필법이 편리하여 이전의 폐쇄적인 구조를 깨뜨리긴 했지만, 가능한 한 높은 밀도의 필획 구성으로 원래의 모습을 보충하려 했다. 그리고 현대 문자에 이르러서는, 규범화 과정과 초서의 영향으로 필획 밀도가 전반적으로 감소하는 경향을 보인다."

고대 이집트 문자와는 매우 뚜렷한 차이를 보인다.

(2) 역사적 층위에 따른 한자의 속성 연구

한자 사용자가 마주하는 한자체계가 사실상 하나의 역사적 집합체라고 할 수 있다. 이 체계의 속성을 이해하기 위해서는 단순히 평면적으로 문자 형체구조를 분석하는 것만으로는 부족하다. 특정시기에 특정한 구조에 속했던 한자가 다른 역사적 층위에서는 다른 구조 유형으로 변화할 수 있다. 예컨대, 가장 흔히 보이는 형성(形聲) 구조는 다른 역사적 단계에서 음부(聲符)의 교체 현상이 발생할 뿐만 아니라, 다른 구조 유형으로 개조되는 경우도 있다. 역사적 층위의 한자 속성 연구는 한자체계의 역사적 속성을 깊이 이해하고 한자의 본질을 파악하는 데 중점을 둔다. 앞서 '한자의 성질'을 정의하는 과정에서 이미 밝혔듯이, 사용자가 마주하는 한자 집합은 자체적으로 다양한 발전 단계를 포함하는 복합 시스템이며, 한자 구조 체계는 역사적 속성을 지니고 있다.39)

---

39) "때는 임인년, 음력 호랑이 해이다."라고 할 때의 호(虎)자의 구조 사용의 다양한 역사적 시기를 관찰하면, 몇 가지 유형의 변환이 존재하는 것을 발견할 수 있다. 「진공대묘(秦公大墓)석경(石磬)」에서는 ▨로 적었고, 『설문해자 호(虎)부』에 따르면, "호(虎)는 산 짐승 중 왕이다. 호(虍)가 의미부이고, 호랑이의 발이 사람의 발을 닮았음 그렸다. 상형이다. 호(虎)는 고문체이고, 또 호(虝)도 고문체이다."라고 했다. 한나라 때의 허신이 이해한 바와 같이, 호랑이 머리 아래 호랑이 발이 사람의 발처럼 첨부되어 있다고 했지만, 서로 비슷해 보이진 않는다. 현재, 한자 사용 지역인 중국 대륙 지역에서 호(虎)자 아래에는 궤(几)자를 추가했다. 호(虎)자의 변화는 여러 형체구조의 전환을 거쳐 진화했다. 갑골문과 금문은 대부분 호랑이의 측면 모습을 상형으로 하여 독체 상형에 속한다. 오직 후기 금문에 하나 남아 있는 ▨자의 경우, 아래쪽에 궤(几)자에 가까운 모양이 추가되어 있다. 이는 이후에 궤(几)자로 구성된 호(虎)자의 중간

전환 과정일 가능성이 있다. 한대의 인장과 석각에는 ▦(漢印)와 같이 사람 모양에 가까운 '호(虎)'자가 보존되어 있다. 진나라 죽간에서는 호(虎)자의 아랫부분에 건(巾)자 모양의 구조가 자주 사용되었는데, 이는 건(巾)부수가 궤(几)자와 호(虎)자의 머리 부분의 몇 가지 획이 관통하여 합쳐진 결과로 이해할 수 있다. 예컨대, ▦(『수호지진간·진률잡초』25)는 윗부분의 호(虎)와 아랫부분의 궤(几)가 관통하여 합쳐진 전형적인 구조에 속하며, 이러한 구조는 진한 간독 문자에서 자주 보인다. 또 『악록서원진간·점몽서』(38)의 "꿈에서 호랑이나 표범을 보면 귀인을 만나게 된다(夢見虎豹者見貴人)"에서의 호(虎)를 ▦로 적었는데, 삽입된 부분의 획이 의도적으로 끊긴 것을 볼 수 있다. 또 ▦(『이야진간(里耶秦簡)·제8층』170)에서는 여전히 사람의 형태를 하였는데, 『설문』에 기록된 전서체는 바로 이러한 구조를 기반으로 했을 것이다. ▦(『북경대 소장 서한죽간·노자』36)은 윗부분과 아랫부분이서로 교차하는 형태이다. 또한, 한나라 죽간의 문자 형태도 『설문』 본문에서 제시한 호(虎)의 고문체를 '호(虎)가 의미부이고 물(勿)이 소리부인 구조'로 변형되는 기반을 마련했다. 예컨대, ▦(『장가산(張家山)·인서(引書)』26)은 『설문』에 보존된 호(虎)의 고문체를 '호(虎)가 의미부이고 물(勿)이 소리부인 구조'로 변형된 근거가 되었다. 또한, 일부 간독문자에서는 '시(市)'를 소리부로 하는 구조로 발전하는 경향도 있는 것처럼 보인다. 예컨대, ▦(晉黃庭內景經), ▦(東魏王偃墓志), ▦(隋元智墓志), ▦(唐『干祿字書』) 등과 같은 호(虎)자는 궤(几)로 구성되든지, 인(人)으로 구성되든지, 인(儿)으로 구성되든지 이미 아무런 상관이 없어 보인다.

'궤(几)'를 소리부로 사용하는 구조는 자주 보인다. '부(鳧)': 갑골문 부(鳧)자는 부(几)로 구성되었는데, 인(人)자와 비슷한 모습이다. 예컨대, ▦ ▦에서 아랫부분은 사람이 엎드린 모습이다. 이는 『설문해자』에서 '호(虎)'자의 아랫부분의 사람(人)의 형태를 한 것과 비교적 가깝다. '부(鳧)'의 소리부인 부(几)는 '역(力)'이나 '궤(几)'와 구별이 잘 되지 않아 소리부에서 혼동이 일어난다. '부(鳧)'자는 조(鳥)가 의미부이고 부(几)가 소리부인 구조인데, 금문에서는 추(隹)가 의미부이고 부(几)가 소리부인 구조로 되었고, 『설문』에서 조(鳥)가 의미부이고 부(几)가 소리부인 구조로 분석되었다. 부(几)의 고문자형은 사람이 엎드린 형태를 나타내며, 예변(隷變)을 거쳐 해서화 하는 단계에서 '부(几)', '력(力)', '궤(几)' 등의 구별성이 사라졌다. 한나라 죽간과 남북조 시대의 석각에서는 구조가 대부분 조(鳥)와 력(力)으로 구성되었는데, 력(力)은 사실 부(几)의 가로획이 돌출된 결과이다. 당나라 석각자료에서는 대부분 조(鳥)와 부(几)로 구성되어 있지만, 간혹 부(几)의 가로획이 약간 돌출되어 구별성을 나타내주고 있다.

또 '부(俯)'의 경우, 금문에서는 '부(府)'를 ▦로 적었는데, 부(府)가 의미부이고

먼저, 한자체계에서 사람들이 분석하는 '삼서(三書)' 등의 구조 유형
에서 유추해낸 '표음(表音)' 혹은 '시음(示音)', '시원(示源)' 등의 구조 요

부(几)가 소리부인 구조이다. 아니면 둘 다 소리부인 구조로 볼 수도 있는데,
부(几)가 원래 문자로, 사람이 엎드린 모습을 그렸다. 『설문』에는 '부(俯)'자가
수록되지 않았으며, 현재 '부(俯)'는 '부(頫)'의 후기 형성 문자로, 인(人)이 의미
부이고 부(府)가 소리부인 구조이다.

이밖에도 '포(包)'자를 구성하는 '포(勹)'도 소리부인데, 이 역시 엎드린 사람 모
양이 잘못 변한 결과이다. 사천성 성도(成都) 출신의 주양(周陽)에 의하면, '부
(俯)'자의 이중 음소 구조와 유사한 예를 포함하여, 사천성 청도 방언에서 '孵
蛋(계란을 품다)'를 '抱蛋'일 하고, '老虎(호랑이)'를 '老斧'(음역)이라 하며, '豆腐
(두부)'를 '灰貓兒'(음역)이라 한다고 한다.

또 '부(否)'의 경우, 당나라 개원 7년 「수정사기비(修定寺記碑)」의 "於時金行運
否, 水德潛通.(이 때는 금의 운이 행해지지 않고, 수덕이 은밀히 통할 때였다.)"
에서 부(否)를 🔲로 적었는데, 아랫부분의 마지막 필획이 빠진 '부(否)'자로,
마찬가지로 부(几)가 소리부인 구조 유형이다.

그런가 하면, '수(殳)'의 경우, 『설문·수(殳)부수』에서 "수(殳)는 사람을 이기는
데 사용된다. 우(又)가 의미부이고 부(几)가 소리부이다."라고 했는데, 소리부
인 부(几)의 구조도 사람이 엎드린 형태에 속한다. 또한, 여러 계층 구조를 거
쳐 형성된 글자, 예컨대 '처(處)'도 '호(虍)'가 의미부이고 '처(處)'가 소리부인데,
사실 '처(處)'도 부(几)가 소리부이다.

'호(虎)'자는 오랜 사용 역사와 진화 과정에서 주류를 이룬 문자 구조가 있었
는데, 이를 역사적 계층으로 구분해야 할 것이다. 예컨대, 상주(商周)의 갑골문
과 금문은 기본적으로 상형 구조였고, 전국시대의 금문부터 진한(秦漢)의 간독
문자까지는 주로 '호(虍)'가 의미부이고 부(几)가 소리부'인 형성구조가 많이 사
용되었다. 의미부인 '호(虍)'와 소리부인 부(几)가 일부 합쳐진 구조도 많이 사
용되었는데, 전체적으로 보자면 부수로 사용된 '호(虍)'가 구별적 역할을 했다.
한나라부터 위진 남북조, 수당오대(隋唐五代)까지는 '호(虍)'나 '인(人)'이나 궤
(几)로 구성되는 과정에서 그 근거가 부족했지만, 이러한 구조가 확정되어 현
대에 이르고 있다. 그중 한국 등지에서는 하단부가 '인(儿)'에서 유래한 구조도
사용되고 있으며, 현재 통용 문자 코드세트에도 이 구조가 포함되어 있는데,
인(人)이나 부(几)의 형태에 가까운 변형으로 간주할 수 있다. 전체적으로 보
면, '호(虎)'의 문자 구조는 비유기적으로 결합된 문자가 아니며, 언어의 표현
과 이해에도 지장을 주지 않는다.

이는 예변을 거쳐 해서화한 과정 이후, 형태소 기능이 점차 구조의 전체 윤곽
을 통한 구별에 의존하게 되었으며, 문자 조합 관계가 발휘하는 역할이 점차
사라지고 있음을 의미한다.

소는, 과거에 독립적인 어소를 표현하는 구조에서 유래한 것이다. 역대로 이어진 한어의 역사적 사실은, 한자 자체가 주음(注音)의 대상이자 단위라는 것이다. 이와 대조적으로, 언어의 소리를 세밀하게 묘사하는 표음 기호는 어휘에 대한 서면 음독(音讀)을 표시하는 역할을 한다.

첫 번째 단계, 즉 초기 창조 단계에서는, 한자가 단어에 해당하는 것뿐만 아니라, 구(短語)나 문장과 같은 한어 구조 단위에도 해당하는 부분이 존재했다. 기본 문자는 인체, 물체의 형태 및 그 위치 관계를 추출하는 방식으로 얻어졌으며, 이러한 기본 문자는 인체와 인체 활동 범위와 밀접하게 관련된 외물, 즉 '물상(物象)'과 일련의 추상적인 숫자 '기호'에서 유래했다. 이 초기 문자의 표현 방식은 '상형(象形)+기호'로, 대부분의 형태적 특징은 일반적으로 이른바 독체(獨體)의 '문(文)'에 해당한다. 즉, 형체구조의 구성 변화와 공간 물리적 관계를 통해 단어, 구, 문장의 의미와 연관성을 표시한다. 이러한 연관성이 일단 확립되면, 언어 음성과의 관계도 고정된다. 통계 분석에 따르면, 이 초기 문자 단위의 수량은 대략 400개 정도이다. 이 약 400개의 문자가 선조들의 생활과 사회 생산의 기본 연관성과 기본 유형을 고정했기 때문에, 사회생활이 점차 풍부해짐에 따라 한자가 조합 발전하고 뚜렷한 유추 연관성 특징을 형성하는 데 인지적 기반을 마련했다.

두 번째 단계에서는, 고정된 사물의 변화 관계와 새로운 사물을 표기하는 발전 요구에 따라, 기존에 창조된 소수의 기본 문자 '문(文)'을 계속 만들어 내는 것 외에도, 대량으로 기본 문자를 조합하여 새로운 구조 단위를 생성했다. 이러한 합성 단위들은 주로 단위 간의 구조적 관계에 의존하여 어의를 체시하고, 더 많은 경우에는 어의를 구별하는 데 사용된다. 기존의 기본 문자 조합 방식을 대량으로 채택함에 따라, 이 단계에서 합성된 '자(字)'는 불가피하게 독체 문자가 원래 단어의 언어 음성과 고정된 연관성에 영향을 받아 '형성(形聲) 구조', 즉 이미 존재하는 독체 문자를 '음부(聲符)'로 사용하는 현상을 생성했다. 편리함, 친숙함, 그리고 절약하는 유추 인지 원칙에 따라, 이러한 합성 구조는 어의를 구별하는 데 있어서 자연스럽게 일정한 '생산성'을 가지게 되었다.40)

세 번째 단계에서는, 기존에 조합된 새로운 '자(字)'를 지속적으로 만들어 내는 것 외에도, 주로 한자를 사용하는 과정에서 언어 음성과 어의의 분화 및 진화를 따라 구조적 방식에서 조정을 이루었다.41)

---

40) 한 프랑스 한학자가 방문 과정에서, 인도유럽어 계통의 표음문자의 알파벳을 참고하여, 현대 한자를 필획을 단위로 한어를 기록하면 좋겠다는 것을 제안했다. 이는 중국 호남(湖南)방송국의 한 직원이 상해를 직접 찾아가 자신이 발견한 중대한 발견을 보여준 것과 일부 유사한 점이 있다. 즉 "모든 한자는 발음을 나타내고 있다. 이는 각 한자 구조 내에 하나의 음소가 존재한다는 것을 발견했기 때문이며, 이는 이전의 학자들과 한자 사용자들이 한자 구조를 철저히 분석하지 않았기 때문일 뿐이다." 예컨대, '일(日)'자는 형성구조로, 중간에 든 '일(一)'을 분리할 수 있으며, 이 '일(一)'은 '일(日)'의 음소로, '일(日)'의 독음을 표시한다. 그러나 이러한 방식이 기본적으로 비효율적이라는 점(예컨대, 전서(篆書) 구조의 선들은 이런 식으로 필획을 분석하기가 편리하지 않음)을 떠나서, 전체 한자체계를 완전히 해체시키고 말 것이다.

41) 예컨대, 한나라 이전의 '대(臺)'자는 '고토(高土)'라는 구조에서 유래했다. 갑골문에서는 🔲, 금문에서는 🔲로 적었고, 『설문·고(高)부수』에서 "높다는 뜻이다(崇也). 높이 선 누대를 그렸다.(象臺觀高之形). 형(冂)과 구(口)가 의미부이다. 창(倉)과 사(舍)도 같은 의미이다."라고 했다.
현존하는 『설문해자』의 소전체에서 윗부분은 더 이상 높은 형태를 나타내지 않고 '길(吉)'자에 가깝다. 한대 및 그 이후에는 주로 '길(吉)'로 변형되어, '길(吉)'을 소리부로 삼는 구조로 변했다. 필획은 줄어들지 않았을 뿐만 아니라 오히려 늘어났으며, 이를 '회의'라고 할 수도 없다.
'길(吉)' 부호로 교체하는 주된 이유는 '길(吉)' 부호가 소리부로서 담당하는 역할을 고려한 것이다. 한나라 때의 '대(臺)'에는 두 가지 독음이 있었는데, 하나는 질(質)부에, 다른 하나는 해(咍)부에 있다. 이 두 가지 독음은 한날 때 분화되었고, 질(質)부에 속한 독음이 뚜렷하지 않게 되자 '대(臺)'자를 질(質)부에 속한 길(吉)로 바꾸어 소리부로 사용했다. 『사기·항우본기』에는 '우이(盱眙)'이라는 지명이, 『삼국지·왜인전』과 『후한서·동이전』에는 일본 고대국가의 지명

분명하게 볼 수 있는 것은, 과도하게 단순화된 접근법은 학문적 논의의 심화에 도움이 되지 않으며, 다양한 데이터 집합 처리 및 관련 학문 간의 교차 발전에 따른 문자 체계의 요구에도 적용 할 수가 없다는 점이다. 간단히 말해서, 음소 기호나 소위 '표의 문자'라고 불리는 것들은 어휘/어소 기능에 있어서 일관되며 이에 예외는 없다.

모든 성숙한 문자 체계에서, 음소 기호(音母記號)[42]가 어소(語素) 기능을 표현하는 것은 약속된 관계에 의존하며, 한자의 어휘/어소 기능은 '체현'과 '약속'에 의존한다. '체현'을 위해서는 형체구조가 필요하며, 형태가 있으면 자연스럽게 구조적 방식과 어소를 표현하는 방식

이 각각 '야마대(邪馬臺)'와 '야마일(邪馬壹)'로 기록되어 있는데, 당시 두 지명의 독음은 일치하였을 것이며 '일(壹)'(㰤)'과 '대(臺)'는 모두 '길(吉)'을 소리부로 삼고 있다. '고(高)'와 토(土)로 구성된 회의'에서 '길(吉)을 소리부로 삼는 형성'으로의 변화는 다른 시대에 문자 구조가 언어 변화를 따라 구조 방식을 조정한 것으로 볼 수 있다. 장극화(臧克和), 『'주해'의 표기('注解'的標注)』, 149~150쪽 참조.

또 예컨대, '예(隷)'자는 '내(柰)'가 소리부인지, 아니면 '이(隶)'가 소리부인지에 대한 질문이다. 『설문해자 착(辵)부수』에서 "체(逮)는 당체(唐逮)로 미치다는 뜻이다(及也). 착(辵)이 의미부이고 이(隶)가 소리부이다."라고 했다. 또 『설문해자이(隶)부수』에서는 "례(隸)는 이(隶)가 의미부이고 내(柰)가 소리부이다. 독음은 랑(郎)과 계(計)의 반절이다."라고 했다. 진(秦)나라 죽간에서 '도례(徒隷)'라는 단어가 대량으로 사용되었지만, 많은 문자 구조가 '미(尾)'의 생략된 모습'으로 구성된 것이 아니라 '미(米)'로 구성되어 있다. '미(米)'가 소리부로서 참여한 이유는 대체로 '내(柰)'의 소리부 역할 때문인 것으로 볼 수 있으며, 당시 기능의 분화로 인해 두 가지 독음이 존재하게 되었다는 서실을 많은 사람들이 이미 잘 알지 못했을 수 있다. 진나라 및 진나라 이후의 역대 '예(隷)'자의 사용과 서술 변화는 수호지(睡虎地) 진나라 죽간의 「진율18종(秦律十八種)」와 「위리(爲吏)」, 악록서원(嶽麓書院) 진나라 죽간의 「예도안(芮盜案)」, 리아(里耶) 진나라 죽간의 「제오층(第五層)」 등에서 '급(及)'과 '체(逮)'가 서로 뜻풀이됨을 참고할 수 있다. 그리고, '당체(唐逮)'는 성훈(聲訓)에 의한 것으로, 빨리 읽으면 '해(呬)'로 읽힌다. 『사기』 시대에는 '급(及)', '례(隸)', '체(逮)'의 독음 분화가 아직 완료되지 않았을 수 있다.

42) 여기서는 '알파벳(字母)'이라는 용어를 사용하지 않는다. 이는 논의 과정에서 '알파벳(字母)'과 '문자기호(字符)' 간의 혼동을 피하기 위해서이다.

중국문자학 핸드북

이 존재한다. 어소를 표현하는 다양한 형체구조 방식 뒤에는 유추 인지 모델이 존재한다. 문자의 주요 부분이 형체구조를 통해 어소를 '체현'하고 구별해야 한다면, 단순한 기호와 형체구조로는 충분하지 않으며, 한어 언어 의미 체계를 '체현'하는 데 필요한 대량의 문자가 필요하다. 만약 어떤 문자 체계가 수백 개의 기본 문자나 수천 개의 문자로 구성된다면, 각 시대의 문자사용 상황을 조사하고 정리하는 것이 연구 과제가 된다. 이것이 바로 역대 한자학이 전문 분야로 발전하고 심지어 '현학(顯學)'으로 인정받는 학문의 전제와 논리적 출발점이 되는 이유이다.

(3) 인지과학 등의 개입으로 이루어진 한자의 성질에 대한 학제간 연구

전통적으로 '형태로 의미를 나타낸다'는 표현에서, 문자의 형태와 '문자 의미' 사이의 관계가 정확히 무엇인지를 탐구한다. 어휘의 음성과 의미는 언어 단위의 양면이어야 하며, 문자 시스템의 차이는 결국 표기가 어느 쪽에 해당하는지의 문제에 있다. 또한, 문자를 인지 도구로서 볼 때, 형태는 객관적이지만 '표의'는 문자 사용자의 인지 작용이 존재하며, 다른 인지 경험과 인지 수준을 가진 사람들에게 '표의' 효과는 항상 동일하지는 않다.43) 다양한 역사적 단계의 한자체계에서 '이론적 근거'의 비율도 변화 과정에 있다.44)

---

43) 臧克和, 『結構的整體性─漢字與視知覺』, 教育部語言文字應用研究所, 『語言文字應用』 2006年 第3期.

44) 고문자 및 예변(隷變) 문자의 각 단계와 각종 출토 문자 구조 변화 데이터는 이미 상술한 '고문자학'의 '표음문자'의 정의에서 근거한 주석(7)에서 언급되었다. 蘇培成(2012)은 현대 한자의 이론적 근거도가 약 50% 정도라고 주장

또한, 왜 '체현'인가? '체현'의 방식과 유형은 무엇인가? '체현' 기능을 만족시키는 체계가 다른 '표기'의 기호체계와 비교하여 수량적으로 어떤 차이가 있을까? 이러한 차이는 전문 학문적 의미에서 어떤 특징을 가져올까? 이러한 질문들은 한자의 본성을 이해하는 데 중요한 요소이다.

1. 자음(字音)

자음(字音)은 어디서 유래하는가? 문자가 일단 실제 읽는 소리를 명확히 하면, 그것은 단어나 형태소(詞素)를 표기하는 것이며, 즉 서면어(書面語)의 한 단어나 단어의 구성 부분이 된다. 문제의 복잡성은, 하나의 서술 형태가 종종 여러 읽는 소리에 해당한다는 데에 있다. 과연 그 중 어느 음절이 이 서술 형태, 즉 문자의 음가에 속하는가? 답은 모두에 해당한다고 할 수 있으며, 이는 곧 문자의 독음이 개괄성(概況性)을 지닌다는 것을 의미한다. 한자 사전의 편찬에서의 난점은 바로 여기에 있다: 과연 문자가 대응하는 각각의 음가 사이의 차이가 어느 정도에 이르러 두 개 혹은 그 이상의 단어로 간주되어, 다른 표제어(字頭)나 표제항(詞條)으로 확립되는가? 또한, 특별히 지적해야 할 것은, 상당 부분의 문자 구조가 기록된 한어(漢語) 단어의 읽는 소리와 가깝거나, 소수 부분은 심지어 완전히 동일한 이른바 '성부(聲符)'를 포함하고 있지만, 이는 전체 문자 구조 단위가 결합된 작용으로만 볼 수 있다. 게다가, 이러한 작용은 단지 '구별'을 위한 약속에 불과하다. 사람들은 자주 같은 '성부'가 다른 단어를 기록할 때, 어느 정도 단계에 이르러 해당 음가가 다르다는 사실을 마주하게 된다.[45]

했다. 「試論漢字的理據性」, 『第三屆漢字與漢字教育國際研討會論文集』, 北京, 中華書局, 2012年, 참조.

한자가 고정시킨 한어(漢語)의 음성체계는, 한어사(漢語史)에서 총 400여 개의 음절만을 가지게 만들었다. 설사 음가에 4개의 성조를 더하여 구분한다 해도, 1000여 개의 음절 단위에 불과하다. 부수(部首), 즉 기본 한자 부호(字符)의 사용도 대략 400개 정도이다. 이러한 기반은 한어에 다수의 동음어(同音詞)가 존재하게 하는 결정적 요인이다. 의사소통 과정에서는 종종 한자로 '써서' 구별해야 하는 상황이 발생한다.[46]

일반 언어학에서 언어체계 내의 형태, 음성, 의미의 관계에 대해 언급할 때, 일반적으로 다음과 같이 지적한다. 언어가 먼저 있었고, 그 다음에 문자가 생겼으며, 문자는 음성을 따른다. 이에 따라 일반적인 문자 연구자들이 이 문제에 대해 답할 때, 그들의 대답도 마찬가지로 보이며, 깊이 고민할 필요가 없는 것처럼 보인다. 그러나 한어사(漢語史) 발전의 실제 상황을 고려하면, 이 문제는 사실 여러 단계로 나뉜다. 다른 단계에서는 문자 형태와 언어 음성의 관계가 완전히 같지 않다. 문자의 발생과 창제 단계에서, 문자가 언어 음성을 따른다는 것은 의심의 여지가 없다. 또한 언어 음성을 따르기 위해, 문자사용 과정 중의 구조 체제도 항상 상응하는 조정을 거친다. 예컨대,

---

45) 예(乂)/예(艾)—예(刈); 대(台)/대(苔)—이(眙); 길(吉)/일(壹)—대(臺); 리(里)/리(理)—매(埋) 등은 고대음 단계에서는 통용되었을 것이나, 사용과정에서 이미 어휘 확산에 의해 분화가 일어났다.

46) 민간에서 흔히 사용되는 성씨 구별 방식, 예컨대 '천리초(千里艸)—동(董)', '십일복(十日卜)—탁(卓)', '범조(凡鳥)—봉(鳳)', '서패(西貝)—가(賈)', '초근(艸斤)—근(芹)', '구천(口天)—오(吳)', '입조(立早)—장(章)', '인가(人可)—하(何)', '궁장(弓長)—장(張)', '언신촌(言身寸)—사(謝)' 등은 비록 표의(表意) 구조 방식에 부합하지 않지만, 구어(口語) 소통에서 실제로 구별 역할을 하기 때문에 사회생활에서도 드물지 않게 볼 수 있다. 한어사(漢語史)에서 청나라 구어(口語) 자료인 『홍루몽(紅樓夢)』, 『유림외사(儒林外史)』, 『삼국연의(三國演義)』, 『아녀영웅전(兒女英雄傳)』 등에서도 여전히 이러한 구별 방식을 따르고 있다.

형성구조 내의 성부(聲符) 조정 등이 그것이다. 그러나 문자가 발생한 후, 문자는 서면어로 나타나며, 긴 사회 역사적 시기 동안 주로 문자의 전승과 사용 과정이다. 문자의 전승과 사용 과정에서, 문자 사용자에게 제시되는 문자의 독음과 형체의 관계는, 문자 형체에 따라 나중에 추가된 문자 독음, 즉 문자 독음 표시 기호가 나중에 추가된 것이다. 즉, 문자를 창제하는 단계와 문자 학습 및 사용이 일반적인 사회 현상이 되는 두 단계의 표음 속성은 구분되어야 한다. 즉 전자는 주동적인 것이고, 후자는 외부에서 추가된 것이다.47)

한자 문자 구조 분석에서 이른바 '성부'를 도출하며, 전문가들은 일반적으로 이에 '시음(示音)' 기능이 있다고 인정한다.48)

실제로 초학자의 인식 과정에서, 이러한 기능은 기본적으로 효과가 없다. 그 이유는 한자가 이 방면에서 발휘하는 작용이 결국 '천성적'인 것이 아니기 때문이다. 한어사(漢語史)에 존재했던 여러 가지 '주음(注音)' 형태들 중, 현대 한어(漢語)에서 사용하는 '병음방안(拼音方案)'을 제외하고, 각종 독음(讀音) 기능은 여러 가지 한계를 가지고 있다.49)

---

47) 臧克和, 蔡夢麒, 『說文解字注音研究·序』, 濟南, 齊魯書社, 2007年.

48) 『설문해자·서(敍)』에서 '형성(形聲)'으로 표기하였고, 구체적인 분석 과정에서는 '~가 의미부이고 ~가 소리부이다(從某某聲)'로 표기된다. 실제로, 이러한 경우에 사용된 용어가 연결된 '소리'는 전체 한자 구조의 독음을 가리키며, 종종 음소 부분의 음가와는 차이가 있다. 청대 '설문학(說文學)' 대가 주준성(朱駿聲)이 편찬한 『설문통훈정성(說文通訓定聲)』에서 도출된 결론은 "동음은 반드시 동부에 속한다(同聲必同部)", 즉 서로 통용되는 소리부는 반드시 같은 운부에 위치한다는 것이었다. 朱駿聲, 『說文通訓定聲』, 北京, 中華書局, 1984年.

49) 한자 읽기 경험과 관습은 약정속성적인 것이다. 특히 읽기 어려운 한자를 만났을 때, 해당 글자가 어떤 음가를 표기했는지를 즉시 떠올리는 것이 아니라, 구체적인 사용 언어 맥락, 즉 단어, 구, 문장 구조 내에서 그것이 어떤 음가를 낼 수 있는지와 몇 개의 음가가 있는지를 곧바로 떠올린다. 명대(明代)에 들어 연극이 유행했는데, 연극에서는 노래하거나 대사를 할 때 발음과 발성에 대해

중국문자학 핸드북

2. 자의(字義)

'의미(意義)'라는 개념은 철학(哲學) 범주에 속하며, 명확한 의미는 통일된 구조 속에서 존재하거나 발생한다. 문자학(文字學) 상의 자의(字義)는 어디서 유래하는가? 자의는 자연스럽게 기록된 단어의 의미에 의해 부여된다. 여기에는 몇 가지 다른 수준의 문제가 존재하며, 이를 더욱 명확히 해야 한다.

첫째, 자의의 내원 문제이다. 자의는 자연스럽게 기록된 단어가 부여한다. 그러나 사람들이 직면하는 혼란은, 하나의 글자가 통상 다수의 의미 항목을 기록하는데, 과연 어떤 의미 항목이 그 글자의 '자의'로 간주되는가? 이에 대한 대답은 모두 해당된다고 할 수 있으며, 이는 '자의' 역시 개괄적이라는 것을 의미한다.[50]

특별한 요구가 있었다. 그래서 일부 각본에서는 각 희곡 문서에 추가된 음주(音注) 현상이 있다. 문자와 독음 관계, 문자와 어휘 관계 등 한자 속성과 관련된 연구를 조사하는 이들은 이에 특별히 주의를 기울여야 한다. 참고 문헌에 열거된 명대 기진륜(紀振倫)이 교정하고, 명대 만력(萬曆) 연간(1573-1620) 남경(南京) 당씨(唐氏) 광경당(廣慶堂)에서 각인한 2권짜리, 일본 교토대학 문학부 도서관 원본, 『出相點板梁狀員折桂記』를 참조할 수 있다.

편집자는 '출상(出相)'에 대해 이렇게 생각했다. 이 판각의 특징은 그림을 새긴 것으로, 마치 통속 문학에서 말하는 '수상전도(繡像全圖)'와 같다. 점판(點板)은 구두점과 교정을 추가하는 것이며, 판 내부를 보면 음주(音注)도 포함되어 있다. 권 앞의 서문 제목 아래에 '왕국유(王國維) 인장이 찍혀 있어, 이 판본이 관당(觀堂: 왕국유)의 손을 거쳐 일본으로 전해진 흔적을 볼 수 있다.(紀振倫, 「新刊校正全相音釋折桂記」, 하북교육출판사, 2021년 참조.) 이 페이지는 상하 두 단으로 나뉘어 있으며, 페이지 상단에 '음주(音注)'라고 표시되어 있다. 총 395개의 음주 그룹이 있으며(그 중 1개 그룹은 완전히 흐려 식별하기 어려움), 대부분 '직음법(直音法)'으로 표기되어 있다. 표음 글자와 표음 대상 글자가 정렬되지 않거나, 표음 글자가 표음 대상 글자보다 읽기 어려운 경우 등의 문제가 존재한다. 구조가 비교적 복잡한 글자 형태에 대해서는 '직음(直音)'이나 '독약(讀若)' 등의 표기 방식을 사용하여 상대적으로 간단하고 읽기 쉬운 글자 형태와 연관 지어 표시했지만, 실제 효과는 필연적으로 큰 한계가 있었을 것이다.

자음(字音) 문제의 처리와 마찬가지로, 사전 편찬자에게는 과연 어느 정도의 의미 항목 차이가 다른 '단어 단위'로 간주되어 다른 글자로 기록되어야 하는지는 상당히 고민스러운 문제이다. 다수의 의미 항목이 많은 언어 구문에 존재하여, 사용자가 선택하는 데 상당한 어려움이 따른다.

　둘째, 문자 구조의 소위 '구조적 의도(構造意圖)'의 문제이다. 일부 학자들은 문자가 표의문자로 불리는 이유는 문자가 단어의 의미를 기록하는 기능을 가지면서 동시에 자체 구조에서 '구조적 의도' 즉 소위 '구조 본의(本義)'를 가지는데 있다고 본다. 많은 문자 형태, 특히 고문자 단계에서 사용된 이 부분의 문자 형태는 그 대부분의 구조 형태가 '상형(象形)'의 정도가 높아 어떤 구조적 개념을 '체현'할 수 있으며, 이로써 기록된 단어의 의미를 추론하는 어떤 실마리가 된다. 그러나 '구상적'인 문자 형체구조 역시 상당한 정도의 개괄성(概括性)을 지녀야만 단어 의미의 개관성(概況性)에 상응할 수 있다.[51]

　이러한 문자 형태의 '구조적 의도'는 어디서 유래하는가? 이는 자연스럽게 기록된 단어나, 혹은 단어구(詞組) 심지어 문장(각기 句意字, 圖象字, 表詞字 등에 상응한다)에서 비롯된다. 다시 말해, 구체적인 언어 구조 단위의 연관 속에서만 '구조적 의도'의 형태 부여(즉 結體)와 기능부여(즉 作用)의 이해가 가능해진다. 또는 이를 다음과 같이 표현할 수 있다: 서술의 구조 형식은 문장, 단어구, 단어, 단어소 의미의

---

50) 한자(漢字)에는 명사 의미 항목과 동시에 동사 의미 항목을 표기하는 글자가 상당수 존재하는데, 중국 고전 철학에서는 이를 '체용불이(體用不二)'라 칭하지만, 실제로는 유추(類比)에 기반한 인식 결과이다. 예컨대, 鉤: {弔鉤}{鉤止}; 篩: {篩子}{篩酒}; 鑷: {鑷子}{鑷酒}; 貨: {貨幣}{貨賣}; 燭: {燭影}{燭照}; 刃: {刀刃}{手刃} 등이 그렇다.

51) 臧克和, 『漢字取象論』 "文字的視覺分類──圖象的概括性", 臺北, 聖環圖書出版公司, 1995年.

이해를 필요로 한다. 마찬가지로, 문장, 단어구, 단어, 단어소 의미를 이해함으로써 적절한 서술 구조 형식을 선택할 수 있다. 사물의 기본 규칙은 의미가 구조에 있음을 의미한다. 한자의 구조적 의도는 바로 한어의 구조 속에서 자의(字義) 이해가 가능해지는 곳에 존재한다.

셋째, 한자의 구조 유형과 어소(語素) 표현 방식에 관한 것이다. 전통 문자학에서는 문자 구조 분석(문헌에서는 '설해(說解)'라고 사용)에 대해 '육서(六書)'를 제시했으며, 일반 학자들은 이를 구조 분류나 구조 겸용으로 보는 경향이 있다. 실제로 이는 독체(獨體) 구조나 합성(合成) 구조가 표기하는 단어의 기본 의미 항목과의 연관성, 그리고 다양한 합성 구조 유형 내에서 각종 구조 요소의 작용 문제를 설명하는 것이다. 어떤 유형의 분석이든, 결국은 단어의 명확한 의미 항목을 가리킨다. 일부 경우에는 심지어 단어의 용례까지 제공한다. 의미는 구조 속에 존재하며, 구조의 전체적 의미는 부분이나 부분들 간의 단순한 합산과는 다르다. 얼마나 많은 유형이 있든지(습관적으로 '삼서(三書)', '육서', '십여 서(十幾書)' 등으로 불리는), 본질적으로는 구조의 합성 전체를 통해 단어의 의미 항목과 단어의 음절을 구별하고 표기하는 것이며, 이러한 기능은 분해된 각각의 구성요소로는 수행할 수 없다.[52]

---

52) 臧克和, 『說文認知分析』, 武漢, 湖北人民出版社, 2019年. 예컨대, '수(水)'부수에서 흔히 보이는 형성 구조를 살펴보면, 전반적으로 볼 때, 소리부의 참여 구조가 특정 물길 이름의 구별적 인지를 명확히 규정해 주고 있다. 마찬가지로, 부수 '수(水)'가 '편방(偏旁)'의 일부로 참여하는 합성자도, 해당 글자의 독음을 구체적으로 실현해 준다. 형성 구조가 만들어내는 구별 특성 중 두 번째는, 소리부가 같은 유형이 부수의 구체적인 구별에 기대고 있다는 것이다. 즉, 부수의 배치에 주목함으로써, 소리부가 해당하는 문자 구조가 표기하는 전체 단어의 음가를 개성화, 즉 구체적인 음가를 확정할 수 있다. 『설문해자』전문 검색 시스템을 통한 조회에 따르면, '~가 의미부이고 ~가 소리부'라는 인지 표시 구조는 약 8,000자에 이른다. 이렇게 방대한 형성(形聲) 구조 집단은 현대의 독음으로 보더라도 대부분이 유사한 소리부의 참여와 조합을 통해 성부(聲符)

따라서 얼마나 많은 '서(書)'(구조 유형)가 있든, 모두 어소(語素) 표현 방식으로 간주되어야 한다. 이를 바탕으로, 자의(字義)가 어디서 유래하는지를 설명하는 것은 근본적으로 문자의 기본 속성 문제에 대해 답을 한 것과 같다.

은상(殷商) 시대의 갑골복사(甲骨卜辭)를 읽어보면, 지명, 인명, 식물, 동물 등 다양한 사물 이름과 인간의 동작, 행위 등 실사를 기록한 것 외에도, 당시의 일부 허사 현상을 기록한 것을 발견할 수 있다. 상고(上古) 전래 문헌에는 많은 음절이 중복되는 단어가 존재한다. 학자들은 이러한 경우에 사용된 문자를 '표음자(表音字)'로 간주한다. 사실,

---

의 인지 기능을 나타내고 있다. 예컨대 '자(束)'를 소리부로 하는 예에서, 모두 '자(束)'에서 해당 독음을 얻었기에 '제(帝)'나 '책(策)' 등과 같은 구조에서 독음 인지 차별을 없앨 수는 없다. '즉 '제(帝)'는 '상(丄)이 의미부이고 자(束)가 소리부이고, '책(策)'은 '죽(竹)이 의미부이고 자(束)가 소리부'인 구조이다. '저(氐)'를 소리부로 하는 예에서, 모두 '저(氐)'에서 해당 독음을 얻었기에 '지(祗)'나 '저(底)' 등과 같은 구조에서 독음 인지 차별을 없앨 수는 없다. 즉 '지(祗)'는 '시(示)가 의미부이고 저(氐)가 소리부'이고, '저(底)'는 '엄(广)이 의미부이고 저(氐)가 소리부'인 구조이다. 또 '근(斤)'을 소리부로 하는 예에서, 모두 '근(斤)'에서 해당 독음을 얻었기에 '흔(欣)'이나 '기(沂)' 등과 같은 구조에서 독음 인지 차별을 없앨 수는 없다. 즉 '흔(欣)'은 '흠(欠)이 의미부이고 근(斤)이 소리부'이고(听(yīn)은 '口가 의미부이고 斤이 소리부'인 구조인데, '口부수'에도 수록되었다), '기(祈)'는 '시(示)가 의미부이고 근(斤)이 소리부'이며, '기(沂)'는 '수(水)가 의미부이고 근(斤)이 소리부'이다. 또 '임(林)'을 소리부로 하는 예에서, 모두 '임(林)'에서 해당 독음을 얻었기에 '금(禁)'이나 '임(琳)' 등과 같은 구조에서 독음 인지 차별을 없앨 수는 없다. 즉 '금(禁)'은 '시(示)가 의미부이고 임(林)이 소리부'이며, '임(琳)'은 '옥(玉)이 의미부이고 임(林)이 소리부'이다. 또 '유(攸)'를 소리부로 하는 예에서, 모두 '유(攸)'에서 해당 독음을 얻었기에 '수(修)'나 '조(條)' 등과 같은 구조에서 독음 인지 차별을 없앨 수는 없다. 즉 '수(修)'는 '삼(彡)이 의미부이고 유(攸)가 소리부'이고, '조(條)'는 '목(木)이 의미부이고 유(攸)가 소리부'이다.…… 현대에 들어 한자의 필사는 주로 컴퓨터와 휴대폰 입력으로 전환되었다. 사실, 일부 음성 입력을 제외하면, 현재 대부분은 '구조—구별' 원칙을 이용하여 단어를 조합하는 방식으로 이루어진다. 단일 문자를 입력한다면, 그 속도가 절반으 떨어질 수 있다.

상고 한어에서 허어를 기록하는 데 사용된 문자는 대부분 실사에서
허사로의 허화(虛化) 과정을 거쳤으며, 심지어 '문법 기능'을 가진 양
사자(量詞字)조차도 많은 경우 실어의 유추 인지를 통해 허화된 것이
거나, 읽기 발음이 같거나 매우 유사한 차용(借用) 과정을 거쳤다.53)

(4) 한어의 글자(字)와 어휘(詞)의 관계에 대한 추가적인 논의

최근 몇 년간, 한자의 성질에 대한 인지가 깊어짐에 따라, 한어의
자와 어 관계에 대한 논의도 점차 증가하고 있다.

앞서 지적했듯이, 한어 역사상 많은 경우에 사용된 '자(字)'라는 용
어는 실제로는 '단어(詞)'에 관한 문제였다. 한어 역사상 존재했던 이
러한 현상은 한어의 가장 기본적인 구조 단위에 대한 인지를 방해해
서는 안 된다. 한자의 형태(形), 독음(音), 의미(義) 세 가지 속성 요소
는 실제로 모두 추상적으로 개괄된 것이다. 이 외에도, 일부 용어들
이 한자체계 내부의 개념으로 보이지만, 실제로는 그 논리적 전제가
여전히 언어학 범주에 속한다.

'이체자(異體字)'의 정의가 성립하는 기반은 어휘학에 있다. 한자의
기본 속성은 형태에 있으며, 문자 형태 속성에 따르면, 구조 형태가
같으면 자연스럽게 동일한 글자(字)이다. 반면에 다른 구조 형태는 자
연스럽게 다른 글자가 된다. 처음부터 동음(同音), 동형(同形), 이형(異
形), 이체(異體), 동원(同源) 등의 구분은 없었다. 위에서 언급한 개념

---

53) 제1기 갑골문(『갑골문합집』 제584편 정면)의 "그 어려움이 닥쳐올까요?(其有來
艱?)", "과연 어려움이 서쪽에서부터 닥쳐왔다(允有來艱自西.)"에서처럼, 점복
복사에는 주체의 실질적인 단어를 기록하는 것 외에도, 한 문장 내에서 추측
의 어기를 나타내는 조사 '기(其)', 부사 '윤(允)', 방향을 나타내는 전치사 '자
(自)' 등을 동시에 기록했다.

의 사용은 최대한으로는 글자와 단어가 연관되어, 즉 문자 형태가 실제로 단어를 기록하는 사용 과정에 들어갈 때만 필요한 일부 구분 원칙을 제시하는 것이다. 다시 말해, 이는 단어본위(詞本位) 참조 하에 나타나는 결과이다. 다른 시대에 마주한 문자 형태는 모두 역사적 축적의 결과로, 여러 역사적 시간 층을 반영한다. 조사 정리를 진행할 때만 '이체자'와 같은 용어를 인용하는 것이 필요하다.

공시적(共時的) 성질의 문자 자료는 공시적 이체자(異體字)의 조사 정리를 진행하며, 통시적(歷時的) 성질의 문자 자료는 추원명류(溯源明流)의 통시적 고변(考辨) 과정을 통해 특정 시간 층에서 우연히 혼용되어 형성된 여러 '체이용동(體異用同: 형체는 다르나 동일하게 사용됨)' 관계를 배제할 수 있다. 그러나 불필요하게 말할 필요는 없지만, 통시적 정리는 사실 매우 어려운 일이며, 어떤 공시적 언어 어휘 수준에서만 더욱 철저히 이루어질 수 있다. 사용 범위와 빈도는 사실상 조사하기 어려운 부분이다. 따라서 "동일한 단어를 기록했으며, 다른 역사적 조건하에서도 서로 대체될 수 있다"는 식의 표현은 단지 말을 더 포괄적으로 하려는 시도에 불과하며, 구체적인 조사 연구 과정에서는 파악하기 어렵고, 즉 실용성이 없는 것이다.

통시적 조사는, 예서(隸書)의 변화 과정에서 초서(草書)의 유행 과정에 이르기까지, 중간에 대량의 형태적으로 '과도기'에 속하는 것들이 생성되었음을 보여준다. 한자 발전의 실제 역사를 관찰하며 종합해보면, 이체자(異體字) 관계에 대한 논의는 형태, 사용, 그리고 역사를 고려해야 한다.54)

---

54) 臧克和, 『中國文字發展史·總序』, 上海, 華東師範大學出版社, 2015年, 13쪽.

(5) 대규모 데이터 통계 분석 연구

대규모 데이터 통계 분석 연구를 통해 한어(漢語) 역사 데이터베이스를 조사하고 분석하는 것은 중요하다. 한어가 고립어로서 품사 표기가 어려운 점을 고려할 때, 현재까지의 데이터베이스 처리는 사실상 한자 속성 데이터베이스 구축에 해당한다. 각 역사 시기에 출토된, 종이 매체를 통해 일회성으로 기록된, 역대 전래 한자의 사용량과 사용 빈도를 통계 분석하고, 다양한 구조 간의 상호 작용을 파악함으로써 한자 발전의 역사적 규칙과 변화 추세를 정확히 파악하는 데 도움이 될 것이다.

소위 과도기 형체 또는 중개성(中介性) 형체는 예서(隸書)의 해서화(楷化) 과정과 초서(草書)의 유행 과정에서 다양한 변이로 인해 형체구조가 분화되어 원본 형태와 크게 다른 형태로 최종적으로 형성된 것을 말한다. 일부 변이된 구조는 심지어 어휘에 의해 별도의 자(字)로 고정되어 독립적인 지위를 얻었으며, 이로 인해 원래의 연결이 중단되고 상실되었다. 이러한 변이 형태들은 모두 과도기 형태에 속한다.[55]

---

55) 예컨대, [旌-㫊-旃]의 이체자 그룹에서, 정(旌)에서 정(旃)으로 변화할 때, 정(旃)이 정(旌)에서 왔다는 것을 처음 언뜻 보았을 때는 구조적으로 상당히 멀게 느껴진다. 그러나 중간에 위치한 정(㫊)자는 전체 구조에서 '생(生)', '전(全)', '령(令)'의 해서체 윤곽과 매우 유사하다. 이렇게 해서 정(㫊)은 정(旌)에서 정(旃)으로 변화하는 중간 연결 고리를 형성하는데, 이 연결고리는 과도기적인 역할을 담당한다. 또 [湣-𢟋-𢙢-愍]에서, 민(湣)=민(𢟋)=민(𢙢), 민(𢙢)=민(愍)임을 이미 알기 때문에, 민(湣)=민(愍)이 된다. 또 [鑄-𨮯-𨥏]에서 주(鑄)=주(𨮯), 주(𨮯)=주(𨥏)임을 이미 알기 때문에, 주(鑄)=주(𨥏)가 된다. 또 [浣-𣴠-涚-洮]에서 완(浣)=완(𣴠), 완(涚)=완(洮)임을 알기 때문에, 완(浣)=완(洮)이 된다.

장기간의 사용과 발전 과정에서, 최종적으로 어휘에 의해 고정된 자형(字形)에 비해, 대량의 변이 형태는 단지 과도기적 또는 중개적 역할만을 수행했으므로, 이를 '과도기적 형태'라고 일컬었다. 역사적으로 볼 때, 실제로 사용된 모든 형태는 이미 객관적인 존재로 굳어졌으며, '과도기'라는 개념은 본래 존재하지 않는다. 다만, 역사적 어휘의 정적 고정에 비해, 대량의 동적 사용 과정에서의 자형은 무시되었으며, 그것은 최대한 '과도기' 단계의 산물로만 여겨졌다. 어휘가 저장한 다양한 이체자(異體字), 심지어는 소위 '의난자(疑難字)'로 나타나는 것들은 대부분 '과도기적 형태'에서 진화한 결과이다.

실천적 측면에서 볼 때, '과도기적 형태'는 자형(字形)의 변화 추세를 관찰하는 핵심 요소이자, 한자 인지 관련성을 구축하는 경로이다. 따라서, 문자 변이의 다양한 중개 과도 상태를 복원하는 노력은 한자 발전사를 진실되게 관찰하고 객관적으로 묘사하는 데 중요한 요소가 된다. 과도 형태를 정리함으로써, 정적으로 고정된 자형을 동적인 사용 역사 과정에서 검토하고, 문자 이해에 전례 없는 가능성을 제공한다. 이는 복잡한 자간(字間) 관계의 정의, 각종 소위 '의난자(疑難字)'의 식별에 있어 이미 상실된 연결 고리를 복원하고 인지의 실마리를 재구축하는 것과 다름없다. 이로써 한자의 과도기적 혹은 중개적 형태가 한자 발전에 대한 인지 경로를 확장하는 데 대체 불가능한 가치를 지닌다는 것을 알 수 있다.

과도기 형태 조사 과정은 '원형→과도 형태(과도기 I -과도기 II -과도기 III …)→정형'의 복원 모델을 따르며, 이를 통해 문자 자원 통계, 문자 규범 표준 연구, 나아가 한자 발전 중 자형 선택의 핵심 단계를 구성한다. 한자 변화를 조사하는 단위 작업은 이미 오류나 중단된 변화의 연결 고리를 이어 복원하고, 당시 사회의 문자 생태 환경을 복

중국문자학 핸드북

원하는 것이다. 자형 참고서 편찬, 나아가 '전체 글자 코드집(全字符集)' 구축에서의 자량(字量)의 차이는 실제로 대부분 과도기 형태의 선택에서 발생한다. 다시 말해, 한 자형에 독립된 자리를 확립하는 것은 한자 역사 진화의 규칙에 부합하는지에 대한 논의가 필요하다. 과도기 형태의 선택은 사회적 실제 사용을 출발점으로 하여, 그 사용 빈도와 역사적 영향력을 조사해야 한다. 이러한 데이터베이스 기반의 조사 및 통계 분석은 문자 지식의 대규모 데이터 마이닝과 떼려야 뗄 수 없는 관계에 있다.[56]

인류의 서면 기억을 보존하는 텍스트(文本)의 데이터베이스를 어떻게 구축할 것인가는 빅데이터(大數據) 시대 한 문화권에서 지혜로운 중요 과제이다. 한자의 '과도기(過渡)적 형태'와 '중개 도표(圖譜) 시리즈' 이론은 한자문화권의 서면 언어 문헌에 대한 빅데이터 분석에 이론적 기반을 제공한다. '과도 형태' 필드 단위의 설정은 방대한 문헌의 데이터화 처리를 가능하게 하여, 실제로 운용할 수 있게 한다. 이 데이터베이스를 기반으로 하여, 연구자들은 인류의 인지 행위 발전 규칙과 지능 기억 전승을 밝히는 '일차 자료'를 갖추게 된다.

소위 '과도(過渡)'라는 것은 실질적으로 한자(漢字) 발전 과정의 여러 중간 단계를 의미한다. '과도기적 형체(過渡形)'를 제안하는 것은 원래부터 글자와 단어 구분이 명확하지 않은 혼란스러운 '한자학(漢字學)' 용어 체계에 더욱 복잡함을 더하기 위함이 아니라, 인지를 관찰하기 위한 편의를 위함이다. 즉 정적인 결과를 동적 과정 속에서 관찰하여 '언어맥락(語境)'의 연관성을 재구성하는 것이다.

모든 규칙은 객관적으로 존재하며, 사람들이 할 수 있는 것은 원래 객관적으로 존재하는 규칙과의 관련성을 탐구하고 구축하는 것이며,

---

56) 臧克和, 『漢字過渡性形體結構的價値』, 『古漢語研究』 2013年 第3期.

이는 자연과학이나 인문학과도 무관하지 않다. 언어가 인간의 인지 방식과 인지 결과로 세계를 구축한다면, 문자가 바로 이 흐르는 대천 세계(大千世界)를 고정시킨 것이라고 할 수 있지 않을까? 문자 표기는 인류 사회가 처음으로 체계적인 부호화를 실현한 것이다. 동일 구조의 형태 부여는 만사만물이 저장되고, 연결되고, 분류되고, 추출되며, 따라서 사물을 규명하고, 지식을 얻을 수 있게 한다.57)

유구한 역사의 한자는 인류 세계의 각종 구조 관계를 확정했다. 사회생활 영역의 구조 관계뿐만 아니라, 관념 영역의 천인(天人) 관계도 포함한다.58) 이 세계 구조를 '가시화(可視化)'하고 '장면화(場景化)'하게 만든다. 규칙이 명확해지고, 세계를 파악할 수 있다. 만물은 모두 흐르고, 상주(常居)하지 않으며, 백마(白駒)는 이미 틈을 지났지만, 문자는 상록수처럼 항상 푸르다.

---

57) '격물(格物)'은 중국 초기 고문헌에서 '외물을 불러오는 것'을 의미한다. 외물을 불러올 수 있는 사람은 종종 우주의 비범한 에너지를 다룰 수 있다. 예컨대, 가장 초기의 역사 문서인 『상서(尚書)』에 언급된 '봉황(鳳凰)' 등이 그렇다.
58) 현존하는 가장 초기의 갑골문자에 기록된 내용을 보면, 인간과 신 사이의 소통은 사회생활의 여러 영역을 관통하고 있다.

제2절 한자의 구조

1. 한자구조의 정의

(1) 한자구조의 함의

한자학(漢字學)에서, 한자구조라는 용어는 다음과 같은 몇 가지 의미를 지니고 있다.

1. 한자의 조자(造字) 방법

한자의 조자(造字) 방법은 조자 시 한자의 형태와 음의의 결합 방식을 의미한다. 전통 한자학에서는 구체적인 조자 방법을 육서(六書)라고 본다. 이방걸(李芳傑)과 심상원(沈祥源)은 이렇게 말한다. "한자의 구조 방식은 한자의 조자 방법을 지칭한다. 한자는 표의체계의 문자로, 문자형과 문자의 의미는 밀접한 관계를 가지고 있다. …… 전통적으로 육서의 설명이 있으며, 이는 고인들이 한자구조를 분석하고 귀납해낸 여섯 가지 조문이다."[1]

장대가(張大可)와 서흥해(徐興海)는 이렇게 말했다. "한자의 구조,

---

1) 李芳傑, 沈祥源等(編), 『漢語』, 武漢大學出版社, 1984年, 228쪽.

즉 조자 방법은 고인들이 육서로 귀납한 여섯 가지로, 전통적으로 소위 '육서'라고 불린다."2) 또 고림파(高林波)는 이렇게 말했다. "한자의 구조, 즉 한자의 조자 방법은 상형(象形), 지사(指事), 회의(會意) 및 형성(形聲)의 네 가지 조어법을 포함한다."3) '육서'를 '조자의 방법'이라고 칭하는 것은 한대(漢代) 반고(班固)의 『한서·예문지(藝文志)』에서 유래한다.4)

이러한 의미의 '한자구조'에 대해 학자들은 다양한 용어를 사용한다.5) '한자의 구조(構造)'라는 용어도 있고6), '한자의 구조'라는 표현도 있다.7) 구별의 편의를 위해, 우리는 이러한 의미의 한자구조를 '조자

---

2) 張大可, 徐興海(編), 『史學入門與文史工具書』, 青海人民出版社, 1987年.
3) 高林波, 『現代漢語』, 吉林人民出版社, 2005年版, 105쪽.
4) 반고의 『한서·예문지』에 이렇게 기록했다. "옛날에는 8살에 소학에 들어갔는데, 주관(周官) 보씨(保氏)가 공경대부의 자제들을 맡아 가르쳤으니, 상형(象形), 상사(象事), 상의(象意), 상성(象聲), 전주(轉注), 가차(假借) 등이 그것인데, 조자의 근본이다.(古者八歲入小學,故周官·保氏掌管國子,敎之六書,象形, 象事, 象意, 象聲, 轉注, 假借, 造字之本也.)" 당(唐)나라 때의 안사고(顔師古) 주석에서, "문자의 의미는 총괄적으로 육서에 귀결되기에, 그래서 문자의 근본을 세운다."라고 하였다. 송나라 때의 장여우(章如愚)는 『군서고색(群書考索)』에서 "조자의 근본에 육서가 있다."라고 하였고, 『의문독서기(義門讀書記)』에서는 "소학은 상형, 상사, 상의, 상성, 전주, 가차를 말하니, 조자의 근본이다."라고 하였다. 청나라 때의 황이주(黃以周)의 『육서고통(六書故通)』에서는 "이 육서는 모두 고대의 조자법이니, 고로 '조자의 근본'이라 한다."라고 하였다.
5) 戴仁君, 『中國文字構造論』(世界書局, 1931年4月). 이 책에서 말하는 '文字構造'는 한자의 조자(造字) 구조를 말한다. 또 陳夢家의 『文字學甲編』(『中國文字學』, 中華書局, 2006年7月에 수록), 張世祿의 『中國文字學概要』(文通書局, 1941年)의 제4장 '中國文字的構造'. 齊佩瑢, 『中國文字學概要』(國立華北編譯館, 1942年), 王力(主編), 『古代漢語』(中華書局, 1962年, 初版), '漢字的構造' 등에서도 '한자의 조자 구조'를 가리킨다.
6) 예를 들어, 姜亮夫의 『古文字學』(1956年 집필, 重慶出版社, 2019年6月 출판), 郭錫良, 唐作藩, 何九盈, 蔣紹愚, 田瑞娟 등이 편집한 『古代漢語』(北京出版社, 1983年), 蔣禮鴻, 任善銘의 『古漢語通論』(浙江教育出版社, 1984年), 裘錫圭의 『文字學概要』(商務印書館, 1988年), 王初慶의 『漢字結構析論』(中華書局, 2010年) 등 수십 종의 저서에서 말하는 '한자의 구조'는 모두 한자의 조자 구조를 말한다.

구조(造字結構)'라고 부르기로 한다.

한자의 조자구조는 실질적으로 한자의 형태와 독음과 의미가 결합하는 방식을 주로 지칭한다. 조자의 관점에서 볼 때, 육서(六書)는 문자 형태와 그 의미 및 읽음이 결합하는 방식을 의미한다. 진수민(陳垂民), 려운한(黎運漢)은 이렇게 말한다. "문자는 표기 언어의 상징체계이며, 각각의 문자 기호는 표기 언어의 필요에 따라 구성된다. 따라서 문자의 구성 방식은 본질적으로 문자가 표기 언어를 나타내는 방식이다. 언어는 음성과 의미가 결합된 상징체계이며, 언어의 각 구성 요소는 음과 의미의 결합체이다. 문자가 언어의 구성 요소를 표기할 때, 음성 측면에 중점을 둘 수도 있고, 의미 측면에 중점을 둘 수도 있으며, 두 가지를 겸비할 수도 있다. 의미 표기의 필요에 따라 구성된 것을 표의자(表意字)라 하며, 음성 표기의 필요에 따라 구성된 것은 표음자(表音字)이며, 두 가지를 겸비한 것은 형성자(形聲字)이다."[8]

2. 한자의 전체와 부분 간의 조합 관계 및 그 방식

'한자구조'의 두 번째 의미는 '한자의 전체와 부분 간의 조합 관계 및 그 방식'을 가리킨다.[9] 연등강(連登崗)은 "한자구조는 형태, 독음, 의미가 일체로 통합된 문자 기호의 구조를 의미한다. 한자는 형태,

---

7) 陳垂民, 黎運漢(主編), 『現代漢語教程』(廣東高等教育出版社, 1987年, 361쪽)의 '構造方式也稱構字法', 王鎭遠의 『中國書法理論史』(黃山書店, 1990年, 222쪽)의 "그가 말한 '義理'는 바로 조자의 원리를 말한다. 즉 卽象形, 指事, 會意, 形聲, 轉注, 假借 등 '六書'의 구조법을 말한다." 이외에도 趙廷琛(編)의 『古代漢語』(河南大學出版社, 1979年), 李新魁의 『古音槪說』(廣東人民出版社, 1979年), 李國英의 『小篆形聲字研究』(中華書局, 1996年), 王元鹿의 『普通文字學槪論』(貴州人民出版, 1996年) 등 십 수 종의 저작에서 말한 '構字法'은 모두 造字法을 가리킨다.
8) 陳垂民, 黎運漢(主編), 『現代漢語教程』, 廣東高等教育出版社, 1987年, 361쪽.
9) 連登崗, 『中國漢字結構現代硏究述略(一)』『漢字漢文教育』 第三十四輯, 2014年, 306쪽.

독음, 의미가 일체로 통합된 문자 기호일 뿐만 아니라 계층적 구조의 문자이기도 하다. 즉, 한자는 내부의 다양한 계층에 속한 여러 부품이 결합하여 이루어진 문자이다. 따라서 한자구조는 형태, 독음, 의미가 통합된 문자 기호로서의 한자 내부의 각 계층, 각종 부품 간의 조합 방식을 지칭한다."[10]

이러한 의미의 한자구조는 또한 '내부 구조(內部結構)'[11] 또는 '기능 구조(功能結構)'[12]라고도 불린다.

3. 한자자형의 구성성분(構件)이 전체 글자를 만드는 방식

'한자구조'의 세 번째 의미는 한자의 글자 형태를 이루는 구성 요소들이 전체 글자를 형성하는[13] 방식을 가리킨다. 장일전(蔣一前)은『중국문자의 구조 및 형체와 자모 창제설』에서[14], 손석균(孫錫鈞)은『한자통론』의 제7장 '한자의 구조와 필사'[15]에서, 부영화(傅永和)는『한자의 구조』에서[16], 이대수(李大遂)는『간명실용한자학』[17] 등에서 모두 '한자의 구조'를 한자의 글자 형태를 이루는 구성 요소들이 전체 글자를 형성하는 방식으로 사용했다.『언어학 명사(語言學名詞)』에서는 '한자구조'를 다음과 같이 설명한다. "한자의 글자 형태의 구조적 조성.

---

10) 連登崗,『漢字理論與實踐』, 甘肅教育出版社, 2000年 7月, 80쪽.
11) 蘇培成『現代漢字的構字法』,『語言文字應用』1994年 第3期.
12) "우리는 '한자구조'라는 개념을 크게 두 부분 즉 외부 구조와 기능 구조로 나눌 수 있다고 생각한다.……'기능 구조'는 일부 학자들이 말하는 '내부 구조'에 해당한다." 沙宗元,『文字學基本術語簡釋』, 186-189쪽.
13) 정자(整字)는 형태가 완전한 개별 문자를 의미하며, 부품이나 필획 등 한자 구성 요소에 대비되는 개념이며, 문자의 기본 단위이다.
14) 蔣一前,『中國字之結構及其形母創說』, 識字教育社, 1939年, 35쪽.
15) 孫錫鈞,『漢字通論』, 河北教育出版社, 1988年.
16) 傅永和,『漢字的結構』,『語文建設』1991年 第9期.
17) 李大遂,『簡明實用漢字學』第三版, 北京大學出版社, 2013年.

즉, 한자의 선, 필획, 부품, 편방 등의 구성 요소가 일정한 근거와 규칙에 따라 공간적으로 배열되어 조합되고 구성된 것을 의미한다."[18]

'자형구조'는 일부 학자들에 의해 '외부구조(外部結構)'라고도 불린다. 고가앵(高家鸞)은 "구조는 외부 구조와 내부 구조 두 가지 측면에서 분석될 수 있다. 외부 구조는 순수하게 글자의 형태 구조를 지칭하며, 내부 구조는 글자 형태가 음과 의미와 결합되는 방식, 즉 일반적으로 말하는 조자(造字)의 방법과 방식을 의미한다."라고 말했다.[19] 또 도효동(陶曉東)은 이렇게 말한다. "구성법 연구의 대상은 한자의 '외부 구조', 즉 순수한 글자 외형 구조의 연구이다. 이는 한자 글자 형태가 최소한의 구성 요소(필획)로부터 단계적으로 조합되어 평면 네모꼴 한자를 이루는 방식을 연구한다. 이는 한자의 구성단위, 구성 방식, 구성과정 및 구성단위 간의 위상 관계를 연구한다."[20] 편의상, 이러한 의미의 한자구조를 우리는 '자형구조(字形結構)'라고 칭한다.

(2) 한자구조의 외연

'한자구조의 외연'은 세 가지 관점에서 살필 수 있다.

첫째, 시간의 관점에서 볼 때, 한자구조는 고문자의 구조, 고대 문자의 구조 및 현대한자의 구조를 포함한다.[21]

둘째, 문자 기호의 관점에서 볼 때, 한자구조는 한어를 기록하는

---

18) 語言學名詞審定委員會, 『語言學名詞』, 商務印書館, 2011年, 23쪽.
19) 高家鸞, 『現代漢字的特點和結構』, 『語文學習』 1987年 第2期.
20) 陶曉東, 『現代漢字字形結構研究的三個平面』, 王鈞(主編), 『語文現代化叢刊』 第2輯, 1996年.
21) 여기서 말하는 고문자는 상(商)나라 때부터 진(秦)나라 소전(小篆)까지의 문자를 의미하며, 고대 문자는 한대(漢代)부터 청말(淸末)까지의 예서(隸書)와 해서(楷書)를 가리킨다. 현대한자는 현대 한어를 기록하는 문자를 지칭한다.

한자라는 문자 기호의 구조만을 가리키며, 한어를 기록하는 비 한자 문자 필사기호의 구조는 포함하지 않는다.

셋째, 기록되는 언어의 관점에서 볼 때, 한자구조는 오직 한어를 기록하는 한자의 구조만을 의미하며, 비 한어를 기록하는 한자의 구조는 포함하지 않는다.

2. 한자구조, 자형구조, 조자구조의 차이

(1) 한자구조와 자형구조의 차이

한자구조와 자형구조는 두 가지 다른 구조이다. 손석균(孫錫鈞)은 다음과 같이 말한다. "여기서 '구조'는 한자의 서체 구조를 가리키며, 한자의 형태, 독음, 의미 간의 내부 관계를 의미하지 않는다. 한자는 표의성 문자이다. 한자의 형태 구조는 두 가지 체계를 가지고 있다. 하나는 필획 편방 체계로, 이는 그 형성 요소와 구성단위에 관한 것이며, 다른 하나는 조자법 체계(조자구조)로, 이는 그 구성 이유에 관한 것이다.[22]

연등강(連登崗)은 한자구조와 자형구조 사이에 네 가지 차이점이 있다고 생각했다. 즉 (1) 두 구조의 성질이 다르다. 자형구조는 글자의 형태 구조로, 글자 형태의 각 구성 요소가 전체 글자의 형태를 이룰 때의 공간적 위치 구조를 의미한다. 반면 글자 구조는 특정한 표음이나 표의 작용을 하는 부품의 조합을 의미한다. (2) 두 구조의 단

---

22) 孫錫鈞, 『漢字通論』, 河北教育出版社, 1988年, 282쪽.

위가 다르다. 자형구조는 세 가지 단계의 단위를 가지고 있는데, 필획(또는 선), 부품, 전체 글자 등이다. 글자 구조는 두 가지 단계 즉 구성성분과 전체 글자의 단위만을 가지고 있다. (3) 두 구조가 속한 문자 체계가 다르다. 자형구조는 세계의 모든 문자가 가지고 있는 구조이며, 표사 구조는 표사(表詞)문자만이 가지고 있는 구조이다. (4) 두 구조에 대한 연구의 관점과 목적이 다르다. 자형구조에 대한 연구는 사람들이 한자 서체의 규칙을 파악하고, 따라서 더 과학적이고, 더 아름답고, 더 빠르게 한자를 쓸 수 있도록 돕는다. 글자 구조는 글자의 표어 측면에서 이루어지는 연구로, 글자 구조에 대한 연구는 사람들이 한자의 형태를 통해 그 음과 의미를 이해하는 방법을 더 잘 파악하고, 따라서 한자 학습의 효율성을 효과적으로 높이는 데 도움을 준다.[23]

연등강은 또 이렇게 말했다. "한자의 자형구조와 그 표사(表詞) 구조는 서로 완전히 분리된 것이 아니라 상호 연관되어 있다. 구체적으로, 자형구조는 표사 구조의 기반이다. 왜냐하면 한자 표어는 글자의 형태를 통해 실현되기 때문이며, 글자 형태가 없다면 표어에 대해 논의할 수 없다. 표사 구조는 다시 자형구조가 그 표어 기능을 실현하는 방법이다. 표사 구조가 없다면 한자는 그 형태로 표어 기능을 실현할 수 없다."[24]

(2) 한자구조와 조자구조의 차이

한자구조와 조자구조의 차이에 대해 소배성(蘇培成)은 이렇게 논의

---

23) 連登崗, 『漢字理論與實踐』, 甘肅教育出版社, 2000年, 81-82쪽.
24) 連登崗, 『漢字理論與實踐』, 甘肅教育出版社, 2000年, 82쪽.

한 바 있다. "조자법은 글자의 기원을 분석하는 것을 의미하며, 구자법은 현상을 분석하는 것을 의미한다. 한 글자가 생성될 때 드러나는 구성 규칙은 조자법의 범주에 속한다. 전통적인 육서(六書) 이론은 고대 한자의 조자 규칙을 연구하는 것이며, 그 목적은 고대 한자의 자형과 글자의 독음, 의미의 관계를 밝히는 것이다."[25]

한자구조(소배성은 '構字法'이라 불렀다)에 대해서 소배성은 또 이렇게 말했다. "구자법 연구는 구자의 근거를 연구하며, 전체 글자와 구성성분의 관계에 중점을 둔다. 구성성분은 크기에 따라 등급으로 나눌 수 있는데, 예를 들어 '대(貸)'자의 '대(代)'와 '패(貝)'는 첫 번째 등급 부품이다. '대(代)'자의 '인(亻)'과 '예(弋)'는 두 번째 등급 부품이다."[26]

이로부터 볼 때, 조자구조는 주로 한자 전체 글자를 구성하는 요소들의 결합 방식을 가리키며, 즉 한자의 형태, 독음, 의미 세 요소가 전체 글자를 구성하는 방식을 의미한다. 반면 한자구조는 한자의 전체와 부분 사이의 조합 관계 및 방식을 지칭한다.[27]

---

25) 蘇培成,『現代漢字的構字法』,『語言文字應用』1994年 第3期.
26) 蘇培成,『一門新學科, 現代漢字學』, 語文出版社, 2009年, 52쪽.
27) "한자 체계는 복잡한 체계이며, 종적으로 보면 여러 계층이 존재한다. 그 문자 구조와 자형구조도 마찬가지이다. 전체 글자는 문자 체계의 기본 단위이며, 전체 글자보다 작은 문자 단위는 자소(字素)로, 한자 전체 글자의 2차 단위이며, 전체 글자를 구성하는 직접적인 재료이다. 전체 글자들은 특정한 방식으로 더 큰 문자 단위로 구성되며, 이 단위는 조합 체계의 단위일 수도 있고, 집합 체계의 단위일 수도 있다. 전체 글자보다 더 큰 조합 문자 단위는 자열(字串), 전체 글자보다 더 큰 집합 문자 단위는 자부(字部), 자부보다 더 큰 문자 단위가 문자 체계이다. 이렇게 문자 체계의 문자 단위는 다음과 같은 계층 구조를 이룬다. 즉 문자 체계, 문자열 또는 자부(字部), 전체 글자, 자소 등이다." 連登崗,『關於漢字性質的再認識』(向光忠(主編),『文字學論叢』第三輯, 中國戲劇出版社, 2006年, 13-68쪽.

3. 한자구조 연구의 역사

일직이 선진(先秦) 시기에 이미 한자구조에 주목한 사람들이 있었으며, 일부 글자의 구조에 대해 설명을 시도했다.28) 한대에 이르러 문자학이 발전하면서, 한자구조는 한자학 연구의 중요한 내용이 되어 지금까지 지속되고 있다.

(1) 고대의 한자구조 연구(동한~청말)

한자구조 연구는 동한 때 시작되었다. 허신(許愼)은 '육서(六書)'의 명칭을 해석하고, 한자 조자구조 이론을 창립하며, 한자 부수 체계를 만들었다. 그는 『설문해자(說文解字)』에 수록된 모든 한자를 540부로

28) 예를 들어 『좌전 · 선공(宣公)』(12년)에서는 "무릇 글자(文)에서, 지(止: 멈추다)와 과(戈: 무기)가 합쳐진 글자가 무(武)이다.……무(武)는 폭력을 억제하고 무기를 거두어들여, 대업을 보호하고 백성을 안정 화합시키며, 재산을 불리는 것이다.(夫文, 止戈爲武. ……夫武, 禁暴戢兵, 保大定功, 安民和衆, 豐財者也.)"라고 하였다. 『좌전·선공』(15년)에서는 "하늘이 반대하면 재앙이 되고, 땅이 반대하면 괴물이 되며, 백성이 덕을 거스르면 혼란이 된다. 혼란하면 괴물과 재앙이 생긴다. 그러므로 문(文)이 바르지 않으면 부족함이 된다.(天反時爲災, 地反物爲妖, 民反德爲亂. 亂則妖災生, 故文反正爲乏.)"라고 하였다. 『좌전 · 소공(昭公)』(원년)에는 의사가 '고(蠱)'라는 질병에 대해 설명하면서 "고(蠱)는 음란과 혼란에서 생긴 것이다. 글자를 보면, 그릇(皿)과 벌레(蟲)가 합쳐져 고(蠱)를 이룬다. 곡식에서 날아다는 것도 고(蠱: 蠹)라고 한다."라고 했다. 『주역(周易)』에서는 "여성이 남성을 현혹하는 것은 바람이 산을 무너트리는 것과 같아 모두 재앙(蠱)을 가져온다. 모두 같은 이치이다.(女惑男, 風落山謂之蠱. 皆同物也.)"라고 기록되어 있다. 『한비자(韓非子)』에서는 "옛날 창힐(倉頡)이 글자를 만들 때, 스스로 둘러싼 것을 사(私: 厶)라 하고, 사(私)를 등진 것을 공(公)이라고 했다.(古者, 倉頡之造字也, 自環者爲私, 背私爲公.)"라고 하였다. 이들은 이미 문자 구조 분석을 시도했으며, 분명한 한자구조 인식을 가지고 있었다.

나누고, 각 부수에 속하는 글자들을 분류하며, 각 글자의 구조를 분석함으로써 한자구조 연구의 기초를 다졌다.

송(宋), 원(元), 명(明) 시기에는 정초(鄭樵), 대동(戴侗), 주백기(周伯琦), 조휘겸(趙撝謙), 조이광(趙宧光) 등이 육서(六書) 연구와 자원(字原) 연구라는 이름 아래 '모(母), 자(子)', '부(父), 모(母), 자(子)'를 사용하여[29] 독체자(獨體字)와 합체자(合體字) 간의 관계를 '조부(祖父)', '자손(子孫)', '모자(母子)'에 비유하는 학설을 제시했다.

청대 학자들은 육서 이론에 변형을 가하여, 대진(戴震)은 육서를 네 가지 형태(象形, 指事, 會意, 形聲)와 두 가지 용법(轉注, 假借)으로 나누어, 네 가지 형태는 조자법으로, 두 가지 용법은 용자법으로 여겼다. 이 이론은 단옥재(段玉裁)와 왕균(王筠) 등의 학자들에 의해 널리 전파되었다. 왕균은 그의 『설문석례(說文釋例)』 등의 저서에서 육서를 여러 소분류로 나누었고, 주준성(朱駿聲)의 『설문통훈정성(說文通訓定聲)』은 다층 구조의 한자 체계를 구축하였다.[30] 청대 문자학 학자들은 또한 전체 글자의 구조에 대해 구체적으로 연구했다.

전체적으로 볼 때, 고대의 한자 학자들은 한자구조 이론을 창립했으며, 구체적인 한자의 구조에 대해 실제 연구를 진행했다. 그들의

---

29) '조부(祖父)', '자손(子孫)', '모자(母子)'를 이용해 독체자(獨體字)와 합체자(合體字) 사이의 관계를 비유한 것은 『효경연신계(孝經援神契)』에서 처음 보인다. "문자(文字)란, 총괄하여 말하자면, 의미를 담아 명사화한 것이다. 분할하여 의미를 나누면, 그 문리(文理)를 기록하고 형상을 나타내는 것을 '문(文)'이라 한다. 거기에서 뻗어나가며 번성하고, 모자(母子)가 서로 생명을 주고받듯, 형성(形聲)과 회의(會意)에 속하는 것을 '자(字)'라 한다. '자(字)'란, 말이 번식하여 점점 많아진다는 뜻이다.(文字者, 總而爲言, 包意意名事也. 分而爲義, 碑其文理, 象形之屬則謂之文. 因而滋蔓, 母子相生, 形聲會意之屬則謂之字. 字者, 言孶乳寖多也.)" [淸] 趙在翰輯, 鍾肇鵬 蕭文鬱點校『七緯』, 中華書局, 2012年版, 686쪽.
30) 連登崗, 『研索<說文解字>部首與字原之著述』, 向光忠(主編), 『說文學研究』第五輯, 線裝書局, 2010年, 186-232쪽.

연구는 당시의 고전 훈석에 큰 지원을 제공했으며, 후대의 한자구조 연구에 견고한 기반을 마련했다. 그러나 시대의 한계로 인해 고인들의 한자구조 연구는 대체로 조자구조 측면에 속하며, 상대적으로 다소 거칠었다 하겠다.[31]

(2) 현대 학자들의 한자구조 연구(청말~1980년)

청대 말기, 서학이 동쪽으로 전파되면서, 중국의 학문적 패러다임에 근본적인 변화가 일어났다. 5.4 신문화 운동 이후, 문자개혁이 트렌드가 되었고, 한자구조 연구에 새로운 전환점이 나타났다. 일부 학자들은 전통적인 관점과 방법을 계속 사용하여 한자의 구조를 연구했다.

예를 들어, 유사배(劉師培)의 『중국문학교과서』[32], 호박안(胡樸安)의 『중국문자ABC』[33], 조백한(曹伯韓)의 『중국문자의연변』[34], 양수달(楊樹達)의 『중국문자학개요』[35], 장백잠(蔣伯潛)의 『문자학찬요』[36] 등은 여전히 육서 이론을 사용하여 한자의 구조를 분석했다. 더 많은 학자들은 현대 언어학의 이론과 방법을 적용하여 한자구조에 대해 연구했으며, 새로운 학설을 제시했다. 예컨대, 심겸사(沈兼士), 대군인(戴君仁), 당란(唐蘭), 장세록(張世祿), 진몽가(陳夢家), 제패용(齊佩瑢), 왕력(王力), 진독수(陳獨秀), 손상서(孫常敍), 장선국(蔣善國), 유우신(劉

---

31) 連登崗, 『中國古代漢字結構硏究的流變』, 『第三屆漢字與漢字敎育國際硏討會論文集』, 2012年, 150-160쪽.
32) 劉師培, 『中國文學敎科書』 第一冊, 1905年~1906年.
33) 胡樸安, 『中國文字ABC』, 世界書局, 1929年.
34) 童振華(즉 曹伯韓), 『中國文字的演變』, 上海生活書店, 1937年.
35) 楊樹達, 『中國文字學槪要』, 國立湖南大學, 1940年.
36) 蔣伯潛, 『文字學纂要』, 中正書局, 1946年初.

叉辛) 등이 그렇다.

그들이 제시한 새로운 학설은 다음과 같은 몇 가지 범주로 요약할 수 있다. (1)전통적인 조자구조 이론을 개조하고 발전시켰다. (2)새로운 한자 구성 이론을 창립했다. (3)한자구조에 대한 견해를 제시했다. (4)자형구조 이론을 창립했다.

한자구조 이론 연구에 변화가 생긴 동시에, 일부 학자들은 새롭게 발견된 문자 자료를 결합하여 구체적인 한자의 구조에 대해 분석했다. 예를 들어, 마서륜(馬敍倫)의 『설문해자 육서 소증』37)은 수록된 글자의 구조에 대한 분석을 포함하고 있다.

4. 한자구조 연구의 진전(1981~2021년)

1980년대 이후, 한자 정보 처리, 대외 한자 교육 및 한자 문화학의 추동 하에 한자구조는 다시 학계의 관심을 끌기 시작했으며, 점차 한자 연구의 주요 문제 중 하나로 자리 잡았다. 학자들은 새로운 과학 이론, 연구 방법 및 기술을 적용하여 고대 학자들의 한자구조 연구 성과를 계승하고, 한자구조에 대한 다각도, 다층적인 심도 있는 연구를 수행하여 풍부한 성과를 거두었다. 연구 내용은 주로 다음과 같은 몇 가지 측면을 포함한다.

　1. 한자구조 이론에서의 새로운 발전.
　　첫째, 전통적인 조자구조 이론이 새로운 발전을 보였다. 둘째, 새로운 한자구조 이론이 등장했다. 셋째, 현대한자 자형구조의 이론 체계가 구축되었다.

---

37) 馬敍倫, 『說文解字六書疏證』, 科學出版社, 1957年(初版); 上海書店出版社, 1985年.

2. 한자 전체 구조 연구에서의 진전.
   이 시기의 주요 연구 대상은 현행 한자의 구조였다. 학자들은 한자의 조자구조, 한자구조, 자형구조에 대해 연구를 진행하여 큰 성과를 달성했다.
3. 한자구조의 응용 연구에서의 진전.
   연구 내용은 주로 다음과 같은 몇 가지 측면을 포함한다. 첫째, 한자구조가 한자 정보 처리 분야에서의 연구 둘째, 한자구조 이론과 실제 지식이 한자 교육에의 응용. 셋째, 한자구조 사전 및 매뉴얼의 편집. 넷째, 한자구조의 규범 연구
4. 한자구조와 관련 학문과의 관계 연구
   주요 내용은 다음과 같다. 첫째, 한자구조와 언어와의 관계 연구 둘째, 한자구조와 사고의 관계 연구 셋째, 한자구조와 서예 예술과의 관계 연구 넷째, 한자구조와 역사 문화와의 관계 연구

이러한 연구들은 모두 새로운 성과를 거두었다.

5. 한자구조 연구의 기본 자료

한자구조 연구의 기본 자료는 주로 다음과 같은 것들이 있다.

(1) 한자구조에 관한 연구

1. 조자구조에 관한 연구서

(1) 『설문해자(說文解字)』, 동한(東漢) 서신(許愼) 저술, 서기 100년경에 완성. 이 책에서 한자구조 연구와 관련된 주요 내용은 다음과 같다. 첫째, 『설문해자서(說文解字序)』에서 '육서(六書)'를 해설하고, 한자구조 이론을 구축했다. 둘째, 본문에서 수록된 개별

한자38)의 구조를 일일이 설명했다. 셋째, 한자 부수 체계를 구축했다. 넷째, 수록된 한자를 540부로 나누고, 각 부는 여러 개별 한자를 포괄하여 한자 체계를 구축했다.

(2) 『설문석례(說文釋例)』, 청(淸) 왕균(王筠) 저술. 이 책에서 한자구조 연구와 관련된 주요 내용은 다음과 같다. 첫째, 『설문해자』, 『육서략(六書略)』 등의 연구를 계승하고, 육서 이론에 대한 새로운 해석을 제시했다. 둘째, 육서를 여러 소분류로 나누고 설명했다. 셋째, 일부 개별 한자의 조자구조에 대해 구체적인 분석을 수행했다.

(3) 『중국어와 중국문자(中國語與中國文)』, 스웨덴의 칼그렌(高本漢) 저술, 1918년 출판. 원작은 스웨덴어로, 1931년 장세록(張世祿)이 중국어로 번역했다. 이 책의 제4장에서 한자의 구조를 연구했으며, 저자는 한자 구성의 다섯 가지 원칙을 제시했다. 이 다섯 가지 원칙은 다음과 같다. 첫째, 중국 문자의 가장 초기 형태로 물체의 이미지에 기반을 둔 것39)(즉 상형), 둘째, 추상적인 개념을 나타내는 문자(즉 지사). 셋째, 구체적인 동음어를 대신 사용하는 것40)(즉 가차). 넷째, '회의'는 의미의 결합으로 이루어진다.41) 다섯째, 의미를 나타내는 글자 뿌리와 독음을 나타내는 음표를 사용하여 새로운 글자를 구성하는 것.(즉 형성)

(4) 『중국문자구조론(中國文字構造論)』, 대인군(戴仁君) 저술, 세계서국(世界書局) 1934년 4월 출판. 저자는 한자의 조자법이 네 가지 주요 유형으로 구성되어 있다고 주장한다. 형태를 나타내는 방법, 의미를 나타내는 방법, 형태와 의미를 함께 나타내는 방법, 음을 취하는 방법. 여기서 형태를 나타내는 방법은 일곱 소분류로 나뉘며, 의미를 나타내는 방법은 세 소분류로 나뉘고, 음을 취하는 방법은 두 소분류로 나뉜다.

(5) 『고문자학도론(古文字學導論)』, 당란(唐蘭) 저술, 1934년에 집필

---

38) 단자(單字)는 '개별 한자를 의미하며, 한자 자족(字族), 자부(字部), 문자 체계 등 보다 더 큰 문자 단위와 상응하는 개념으로 사용되었다.
39) [스웨덴] 高本漢(著), 張世祿譯, 『中國語與中國文』, 山西人民出版社, 2015年, 52쪽.
40) [스웨덴] 高本漢(著), 張世祿譯, 『中國語與中國文』, 山西人民出版社, 2015年, 60쪽.
41) [스웨덴] 高本漢(著), 張世祿譯, 『中國語與中國文』, 山西人民出版社, 2015年, 61쪽.

중국문자학 핸드북

됨. 저자는 상고문자와 근고문자에 대한 자신의 연구를 바탕으로 전통적인 육서(六書) 설을 개혁하고, 전체 글자의 구조 유형을 세 가지로 나누었다. 상형자, 상의자, 형성자. 그는 자신의『중국문자학(中國文字學)』에서 이 이론을 재확인했다.42)

(6)『중국문자학(中國文字學)』, 진몽가(陳夢家) 저술, 중화서국(中華書局) 2006년 출판. 이 책은 저자가 1939년에 집필한『중국문자학 갑편(中國文字學甲編)』을 수록하고 있다. 저자는 문자 발전의 관점에서, 갑골문을 근거로 하여 한자의 기본 유형을 세 가지로 나누었다. '문(文)'(형상자), '명(名)'(성가자), '자(字)'(형성자 등). 이 책은 저자의『중국문자학』1943년 재판본을 수록하고 있으며, 여기서 그는 말한다. '문자의 의미는 세 가지 방법으로 표현될 수 있다. 하나는 형태에 의해, 하나는 음에 의해, 하나는 형태와 음에 의해 반씩이다. 첫 번째는 상형자, 두 번째는 성가자(가차자 또는 가음자), 세 번째는 형성자다.43) 그는 1956년에 출판된『은허복사종술(殷墟蔔辭綜述)』에서 이 견해를 재확인했다.44)

(7)『중국문자학개요(中國文字學槪要)』, 장세록(張世祿) 저술, 문통서국(文通書局) 1941년 출판. 저자는 문자가 언어를 기록하는 관점에서 한자의 구성 방법을 분석하고, 한자의 구성이 '실제 기록', '상징', '표음' 세 가지 방법을 가진다고 주장한다.

(8)『문자학개요(文字學槪要)』, 구석규(裘錫圭) 저술, 북경대학출판사

---

42) 당란(唐蘭)은『중국문자학(中國文字學)』에서 이렇게 말했다. "유흠(劉歆)이나 반고(班固)는 처음으로 육서에 대해 설명한 사람들이다(설사 다른 데서 근거한 바가 있다 하더라도). 그들의 설명에 따르면, 육서는 조자의 근원이며, 조자의 여섯 가지 방법이다. 상형, 상의, 상성 세 가지는 이미 한 글자의 형태, 독음, 의미세 가지 측면을 포괄하고 있었다. 그러나 그들은 이미지로 실물을 그린 문자와 소수의 표시 문자를 구분하므로, 추가로 '상사'라는 유형이 생겼다. 전주와 가차는 실제로는 무한한 언어를 표현하기 위해 문자를 사용하는 것으로, 새로운 문자를 생성하는 방법과 혼합되어 있다. 이것은 시가 여섯 가지 시작을 가지고 있으며, 풍(風), 아(雅), 송(頌)와 비(比), 흥(興), 부(賦)를 혼합한 것과 같다."

43) 陳夢家,『中國文字學』, 中華書局, 2006年, 256쪽.

44) "상형, 가차, 형성은 모두 상형을 구성 원리로 하여 점차 발생한 세 가지 기본 유형이며, 한자의 기본 유형이다." 陳夢家,『殷墟甲骨綜述』, 中華書局, 1988年, 77쪽.

(北京大學出版社) 1988년 출판. 이 책은 진몽가(陳夢家)의 삼서(三書) 설을 계승했지만, 진몽가의 '상형'을 '상의'로 변경했다. 또한 저자는 '삼서에 포함되지 않는 문자'라는 새로운 범주를 설정했으며, 여기에는 기호자, 반기호자, 변체표음자, 합음자, 양성자 등이 포함된다. 이렇게 '팔서(八書)'설이 완성되었다.

또한, 첨신흠(詹鄞鑫)의 『한자설략(漢字說略)』[45], 장옥금(張玉金)의 『한자학개론(漢字學概論)』[46], 장기운(張其昀)의 『한자학기초(漢字學基礎)』[47], 왕초경(王初慶)의 『한자구조석론(漢字結構析論)』[48], 이운부(李運富)의 『한자학신론(漢字學新論)』[49], 이대수(李大遂)의 『간명실용한자학(簡明實用漢字學)』[50], 유수생(喩遂生)의 『문자학교과서(文字學敎程)』[51] 도 모두 한자구조에 대해 연구했다.

2. 한자구조에 관한 연구서

(1) 『육서략(六書略)』, 송(宋) 정초(鄭樵) 저술. 이 책에서 한자구조와 관련된 주요 내용은 다음과 같다. 첫째, '육서'에 대해 새롭게 해석하고, 육서를 여러 소분류로 나누었다. 둘째, 한자의 구조 유형을 '문(文)', '자(字)', '문과 자를 겸비함(文字俱)'의 세 가지로 나누었다.[52] 셋째, 한자 구성 요소를 '주형'의 '모(母)'와 주음의 '자

---

45) 詹鄞鑫, 『漢字說略』, 遼寧教育出版社, 1991年.
46) 張玉金, 『漢字學概論』, 廣西教育出版社, 2001年.
47) 張其昀, 『漢字學基礎』, 中國社會科學出版社, 2005年.
48) 王初慶, 『漢字結構析論』, 中華書局, 2010年.
49) 李運富, 『漢字學新論』, 北京師範大學出版社, 2012年.
50) 李大遂, 『簡明實用漢字學』第三版, 北京大學出版社, 2013年
51) 喩遂生, 『文字學敎程』, 北京大學出版社, 2014年.
52) 정초(鄭樵)는 이렇게 말했다. "상형, 지사는 문(文)이며, 회의, 해성, 전주는 자(字)이다. 가차는 문과 자를 겸한 것이다." 鄭樵, 『通志二十略』上, 中華書局, 1995年, 233쪽.

(子)'로 나누었다. 넷째, '합문으로 이루어진 글자(合文而成字)'의 전체 글자 구조 관점을 제시했다.53) 또한, 『육서략』은 그의 『상류서(象類書)』(이미 유실)가 한자 체계 구조에 대한 연구를 소개하고 있다.

(2) 『육서고(六書故)』, 원(元) 대동(戴侗) 저. 이 책에서 한자구조와 관련된 주요 내용은 다음과 같다. 첫째, 모자(母子) 서로 생성하는 전체 글자 구조 원리를 제시했다. 그는 모든 한자가 일부 기본 '문', '의문(疑文)'과 '자'로 구성되어 있다고 봤다. 둘째, 구성 요소 '모'와 '자'에 대한 체계적 연구를 수행했다. 셋째, 수록된 글자를 의미 중심의 한자 체계로 구성했다.

(4) 『갑골문문자학(甲骨文文字學)』, 이포(李圃) 저, 학림출판사(學林出版社) 1995년 출판. 이 책은 저자가 창립한 자소(字素) 이론을 사용하여 갑골문의 구조에 대한 종합적인 연구를 진행했으며, 주요 내용은 다음과 같다. 첫째, 자소(구성성분)에 대한 연구 둘째, 자소가 전체 글자를 구성하는 방식에 대한 연구 셋째, 전체 글자의 구조 유형에 대한 연구 넷째, 갑골문의 체계 구조에 대한 연구

(5) 『한자구형학강좌(漢字構形學講座)』, 왕녕(王寧) 저, 상해교육출판사(上海教育出版社) 2002년 출판. 이 책은 저자가 제창한 한자 구형학 이론을 소개하며, 한자구조의 다양한 문제를 연구했다. 주요 내용은 다음과 같다. 첫째, 한자의 구조를 '구형'과 '구의'로 나누었다. 둘째, 한자 구성 요소와 그 시스템에 대한 연구를 수행했다. 셋째, 구성 요소가 전체 글자를 구성하는 구형 모델에 대해 연구했다. 넷째, 전체 글자의 구조 유형에 대해 연구했다. 다섯째, 한자 시스템의 구조에 대해 연구했다. 후에 이 책은 『한자구형학도론(漢字構形學導論)』으로 확장되었다.54)

(6) 『한자이론과실천(漢字理論與實踐)』, 연등강(連登崗) 저, 감서교육출판사(甘肅教育出版社) 2000년 5월 출판. 이 책의 제2장에서는 한자의 구조를 연구했다. 주요 내용은 다음과 같다. 첫째, 글자

---

53) 鄭樵, 『通志二十略』(上), 中華書局, 1995年, 261쪽.
54) 王寧, 『漢字構形學導論』, 商務印書館, 2015年.

형태와 글자 작업을 구분했다. 둘째, 한자구조가 '자형구조'와 '한자구조' 두 가지 구조를 포함한다는 견해를 제시했다. 셋째, 자형구조와 한자구조에 대해 각각 구체적인 분석을 수행했다. 내용에는 한자의 구조 유형, 구성성분, 부품이 전체 글자를 구성하는 방법, 전체 글자의 분할 등이 포함되어 있다.

3. 한자자형 구조에 관한 연구서

(1) 『중국문자의 구조 및 그 형제 자모 창제설(中國字之結構及其形母創說)』, 장일전(蔣一前) 저술, 한자교육사(漢字教育社) 1939년 출판. 이 책은 처음으로 체계적으로 한자의 자형구조를 연구하고, 완전한 한자 자형구조 이론을 구축했다. 이 책에서는 전체 글자의 구조 계층, 구성성분의 기본 유형, 필획의 기본 유형을 연구했으며, 한자의 각급 단위가 상위 단위를 구성하는 기본 방식에 대해서도 연구했다.

(2) 『통용한자구조론석(通用漢字結構論析)』, 장삭(仉爍) 저, 하해대학출판사(河海大學出版社) 1998년 출판. 이 책은 자형구조의 이론을 소개하고, 『현대한자통용자표(現代漢字通用字表)』에 수록된 7000개 한자의 구조를 글자별로 분석했다.'

4. 한자 체계구조에 관한 연구서

'한자 체계 구조를 연구한 저작들은 두 가지 유형이 있다. 첫 번째 유형은 일정한 수의 개별 한자를 모아 체계를 구성하고, 그 안에 포함된 각각의 글자의 조자구조를 설명하는 것이다. 두 번째 유형은 한자 체계의 구조를 연구하는 것이다.

첫 번째 유형의 저작들은 다음과 같다.

중국문자학 핸드북

(1) 『설문통훈정성(說文通訓定聲)』, 청(淸) 주군성(朱駿聲) 저. 이 책은 총 17,240개의 한자를 수록하고, 먼저 성모(聲母, 즉 성부(聲符))를 기준으로 하여 1,145부로 나누었다.55) 그런 다음 운부(韻部)를 중심으로 이 1,137부를 18부(部)오 나누었으며, 이 18부가 전체 책을 구성하도록 했다. 이렇게 해서 수록한 모든 글자가 여러 층으로 된 구조를 갖춘 한자 체계가 되도록 했다.56)

(2) 『한문전(漢文典)』, 스웨덴의 칼그렌(高本漢) 저, 1940년 출판, 원문은 영어로, 1992년에 반오운(潘悟雲) 등이 중국어로 번역했다. 이 책은 '본문이 주준성의 『설문통훈정성』을 모방하여 수록된 한자들을 1,000개가 넘는 협성(諧聲) 자족(字族)에 편성하고, 자족을 상고운부(上古韻部)로 배열한다. 그리고 각 자족 내에서 먼저 성부(聲符) 글자, 독체자를 나열한 후 회의자, 형성자 등을 나열한다.57) 이렇게 하여 수록된 글자들을 하나의 체계로 조직했다. 각 전체 글자에 대한 설명에는 해당 글자의 조자구조에 대한 설명이 포함되어 있다.

(2) 『고문자보계소증(古文字譜系疏證)』, 황덕관(黃德寬) 주편, 상무인서관(商務印書館) 2007년 출판. 이 책은 총 8,875개의 한자를 수록하며, 운부(韻部, 23부)를 기준으로 하여 성계(聲系, 19뉴)를 통제하고, 각 성계가 전체 글자를 지배한다. 이렇게 하여 수록된 글자들을 전체 글자→성계→운부→전체 책이라는 체계로 구축했다. 각 전체 글자에 대한 설명에는 해당 글자의 조자구조에 대한 설명이 포함되어 있다.

두 번째 유형의 저작들은 다음과 같다.

---

55) 朱駿聲의 『說文通訓定聲凡例』에서 "성모는 1,137부인데, 그 속에는 자(字)도 아니고 모(母)도 아닌 것이 254부 포함되어, 실제 성모는 883부이다."라고 했다. 황경(黃瓊)의 통계에 의하면, "『설문통훈정성』은 사실 1145개이 성모만 있다."고 했다. 黃瓊의 博士論文 『<說文通訓定聲>與漢語同族詞研究』, 30쪽 참조.

56) 何書, 『<說文通訓定聲>的詞義硏究』, 南京師範大學, 2006年 博士論文.

57) 張世祿, 『漢文典編譯前言』, 『漢文典』, 中華書局, 2021年.

(1)『서주금문문자시스템론(西周金文文字系統論)』, 장재흥(張再興) 저, 화동사범대학출판사(華東師範大學出版社) 2004년 출판. 이 책은 서주 금문의 문자 시스템 구조에 대해 연구했다.

(2) "한자구형사총서(漢字構形史叢書)", 왕녕(王寧) 주편, 상해교육출판사(上海教育出版社) 2003년부터 2007년까지 출판. 이들에는 다음의 것들도 포함된다. 정진봉(鄭振峰)의『갑골문자구형시스템연구(甲骨文字構形系統研究)』, 나위동(羅衛東)의『춘추금문 구형시스템연구(春秋金文構形系統研究)』, 조학청(趙學淸)의『전국 동방오국문자구형 시스템연구(戰國東方五國文字構形系統研究)』, 진숙매(陳淑梅)의『동한 비례 구형시스템연구(東漢碑隸構形系統研究)』, 유연령(劉延玲)의『위진행서 구형연구(魏晉行書構形研究)』, 제원도(齊元濤)의『수당오대 비지 해서구형시스템연구(隋唐五代碑志楷書構形系統研究)』, 왕립군(王立軍)의『송대 조판 해서 구형시스템연구(宋代雕版楷書構形系統研究)』, 이민(易敏)의『운거사 명각 석경문자 구형연구(雲居寺明刻石經文字構形研究)』등이 있다. 또 유사한 책들로는 이운부(李運富)의『초국 간백문자 구형시스템연구(楚國簡帛文字構形系統研究)』[58], 왕귀원(王貴元)의『마왕퇴 백서한자 구형시스템연구(馬王堆帛書漢字構形系統研究)』[59], 양굉(楊宏)의『북위 석각해서 구형시스템연구(北魏石刻楷書構形系統研究)』[60], 온영명(溫英明)의『수호지 진례 구형시스템연구(睡虎地秦隸構形系統研究)』[61] 등이다.

5. 한자 구성성분(構件)에 대한 연구서

(1) 한자 구성성분(構件)에 대한 연구서로는 다음의 것들이 있다. 왕술가(王術加)의『편방부수간설(偏旁部首簡說)』[62], 진풍(陳楓)의『

---

58) 李運富,『楚國簡帛文字構形系統研究』, 嶽麓書社, 1997年
59) 王貴元,『馬王堆帛書漢字構形系統研究』, 廣西教育出版社, 1999年
60) 楊宏,『北魏石刻楷書構形系統研究』, 對外經濟貿易大學出版社, 2015年
61) 溫英明,『睡虎地秦隸構形系統研究』, 北京師範大學出版社, 2020年.
62) 王術加,『偏旁部首簡說』, 湖南人民出版社, 1985年.

한자의부연구(漢字義符研究)』[63], 증소총(曾昭聰)의 『형성자 성부
시원 기능 술론(形聲字聲符示源功能述論)』[64], 섭창원(葉昌元)의 『
자리(字理)—한자부건통해(漢字部件通解)』[65], 하산(何山)의 『위진남
북조 비각문자 구건 연구(魏晉南北朝碑刻文字構件研究)』[66], 진효
강(陳曉强)의 『형성자 성부 시원 기능 연구(形聲字聲符示源功能研
究)』[67], [미] 황위가(黃偉嘉)의 『편방지식과 편방문제(偏旁知識與偏
旁問題)』[68], 오윤의(吳潤儀)의 『한자부건해석(漢字部件解析)』[69] 등
이다.

(2) 부수에 관한 연구서: 서복(徐復), 송문민(宋文民)의 『설문540부수
정해(說文五百四十部首正解)』[70], 동련지(董蓮池)의 『설문부수형의
신증(『說文部首形義新證)』[71], 좌민안(左民安), 왕진충(王盡忠)의 『
한자부수강해(漢字部首講解)』[72], 추효려(鄒曉麗)의 『기초한자형의
석원(基礎漢字形義釋源)—<설문>부수금독본의(<說文>部首今讀本
義)』[73], 왕연림(王延林)(편)의 『한자부수자전(漢字部首字典)』[74], 섭
정발(葉正渤)의 『한자부수학(漢字部首學)』[75], 위려(魏勵)의 『한자부
수해설(漢字部首解說)』[76] 등이 있다.

(3) 한자 구성성분에 대한 대표적인 논문들은 다음과 같다. 이령박
李玲璞)의 『설자소(說字素)』[77], 유지기(劉志基)의 『한자표의자소
의 의미변이에 관한 시론(試論漢字表意字素的意義變異)』[78], 이포

---

63) 陳楓, 『漢字義符研究』, 中國社會科學出版社, 2006年.
64) 曾昭聰, 『形聲字聲符示源功能述論』, 黃山書社, 2002年.
65) 葉昌元, 『字理-漢字部件通解』, 東方出版社, 2008年.
66) 何山, 『魏晉南北朝碑刻文字構件研究』, 人民出版社, 2016年.
67) 陳曉强, 『形聲字聲符示源功能研究』, 上海古籍出版社, 2021年.
68) [美] 黃偉嘉, 『偏旁知識與偏旁問題』, 中華書局, 2021年.
69) 吳潤儀, 『漢字部件解析』, 商務印書館國際有限公司, 2017年.
70) 徐復, 宋文民, 『說文五百四十部首正解』, 江蘇古籍出版社, 2003年.
71) 董蓮池, 『說文部首形義新證』, 作家出版社, 2007年.
72) 左民安, 王盡忠, 『漢字部首講解』, 福建人民出版社, 1998年.
73) 鄒曉麗, 『基礎漢字形義釋源-<說文>部首今讀本義』, 北京出版社, 1990年.
74) 王延林, 『漢字部首字典』, 上海書畫出版社, 1990年.
75) 葉正渤, 『漢字部首學』, 中國文聯出版社, 2001年.
76) 魏勵, 『漢字部首解說』, 商務印書館, 2017年.
77) 李玲璞, 『說字素』, 『語文研究』 1993年 第1期.

(李圃)의『자소이론과 한자분석 문제(字素理論與漢字分析問題)』[79], 장재흥(張再興)의 『자소기능의 단대체계연구를 논함(論字素功能 的斷代系統研究)』[80], 연등강(連登崗)의『문자 단위론(論文字的單位) 』[81] 등이 있다.

6. 한자구조 변천에 관한 연구서

이에는 『한자구조연변사(漢字結構演變史)』(장소봉(張素鳳) 저술, 상해고적출판사(上海古籍出版社) 2012년 6월 출판)이 있는데, 이 책은 한자구조의 역사적 변화를 연구했으며, 주요 내용으로는 다음과 같다. 첫째, 한자구조 변화의 묘사. 둘째, 한자구조 변화의 규칙. 셋째, 서체 요소가 한자구조에 미치는 영향. 넷째, 기록 기능이 한자구조에 미치는 영향. 다섯째, 사회 역사 문화가 한자구조에 미치는 영향. 저자는 또『고대한자 구조변화연구(古漢字結構變化研究)』[82]를 출판했는데, 내용은 전자와 기본적으로 동일하다.

(2) 한자구조 연구를 위한 문자 자료

한자구조는 구체적인 한자에 존재하며, 한자구조를 연구하기 위해서는 구체적인 한자를 분석할 필요가 있다. 현재 연구에 사용 가능한 한자 집합은 주로 두 가지 유형이 있다.

---

78) 劉志基, 『試論漢字表意字素的意義變異』, 『華東師範大學學報』(哲學社會科學版), 1995年 第2期.
79) 李圃, 『字素理論與漢字分析問題』, 『中國文字研究』, 2001年.
80) 張再興, 『論字素功能的斷代系統研究』, 『中國文字研究』, 2001年.
81) 連登崗, 『論文字的單位』, 『中國文字研究』 第十六輯, 2012年 第1期.
82) 張素鳳, 『古漢字結構變化研究』, 中華書局, 2008年.

1. 사전류

(1) 『설문해자(說文解字)』, 동한(東漢) 허신(許愼) 저술, 서기 100년경 완성, 9,353개의 글자를 수록하고, 중복된 글자 1,163개를 포함한다. 동한 이전에 존재한 대부분의 한자가 이 책에 수집되어 있다.

(2) 『옥편(玉篇)』, 남조(南朝) 양(梁)나라 고야왕(顧野王) 저술, 서기 543년 완성, 22,561자를 수록하고 있다. 남조 양(梁) 이전에 존재한 대부분의 한자가 이 책에 수집되어 있다.

(3) 『유편(類編)』, 송(宋) 사마광(司馬光) 등 저술, 1067년 완성, 3,139개의 글자를 수록. 송 이전에 존재한 대부분의 한자가 이 책에 수집되어 있다.

(4) 『강희자전(康熙字典)』, 진정경(陳廷敬), 장옥서(張玉書) 등 편찬, 1716년 완성, 47,035개의 글자를 수록. 송 이전에 존재한 대부분의 한자가 이 책에 수집되어 있다.

(5) 『중화대자전(中華大字典)』, 서원호(徐元浩), 구양부존(歐陽溥存) 등 주편, 1915년 완성, 4.8만개 이상의 글자를 수록. 이 사전이 완성되기 전에 존재한 대부분의 한자가 이 책에 수집되어 있다.

(6) 『한어대자전(漢語大字典)』, 서중서(徐中舒) 주편, 여러 권으로 구성, 1990년에 전체 출간 완료, 5.6만개 이상의 글자를 수록. 2010년에 두 번째 판을 출간하여 60,037개의 글자를 수록. 현대에 존재하는 대부분의 규체 한자가 이 책에 수집되어 있다.

(7) 『중화자해(中華字海)』, 냉옥룡(冷玉龍) 주편, 1994년 출판, 85,568개의 글자를 수록. 현대에 존재하는 대부분의 규체 한자를 수집하였다.

(8) 『고문자고림(古文字詁林)』, 이포(李圃) 주편, 여러 권으로 구성, 2004년부터 2012년까지 출판. 1만개 이상의 고문자와 그들의 다양한 형태 16만개 이상을 수록하였다.

2. 자형표

(1) 황덕관(黃德寬) 주편, 서재국(徐在國) 부주편의 "고대한자자형표 (古漢字字形表)" 시리즈는 다음을 포함한다. 『상대문자자형표(商代文字字形表)』[83], 『서주문자자형표(西周文字字形表)』[84], 『춘추문자자형표(春秋文字字形表)』[85], 『전국문자자형표(戰國文字字形表)』(상)[86], 『전국문자자형표(戰國文字字形表)』(중)[87], 『전국문자자형표(戰國文字字形表)』(하)[88], 『진문자자형표(秦文字字形表)』[89].

(2) 장극화(臧克和)(주편), 곽서(郭瑞), 유원춘(劉元春), 이해연(李海燕) 등이 편찬한 『한위육조수당오대자형표(漢魏六朝隋唐五代字形表)』.[90]

(3) 장극화(臧克和)(주편), 『일본 소장 당대 한자 초본 자형표(日藏唐代漢字抄本字形表)』(총 9책)[91]. 이 자형표는 중국 본토에서는 없지만 일본에 보존된 필사로 전해지는 동시대 종이 문서를 기반으로 하여, 당대의 실제 문자 상황을 반영한다.

6. 한자구조 연구의 다양한 문제

허신(許愼) 이래로 2천년 동안, 학자들은 한자구조에 대한 방대한 연구를 수행해왔으며, 그 개요는 다음과 같다.

---

83) 夏大兆, 『商代文字字形表』, 上海古籍出版社, 2017年.
84) 江學旺, 『西周文字字形表』, 上海古籍出版社, 2017年.
85) 吳國升, 『春秋文字字形表』, 上海古籍出版社, 2017年.
86) 徐在國, 程燕, 張振謙, 『戰國文字字形表』(上), 上海古籍出版社, 2017年.
87) 徐在國, 程燕, 張振謙, 『戰國文字字形表』(中), 上海古籍出版社, 2017年.
88) 徐在國, 程燕, 張振謙, 『戰國文字字形表』(下), 上海古籍出版社, 2017年.
89) 單曉偉, 『秦文字字形表』, 上海, 上海古籍出版社, 2017年.
90) 臧克和(主編), 『漢魏六朝隋唐五代字形表』, 南方日報出版社, 2011年.
91) 臧克和(主編), 『日藏唐代漢字抄本字形表』(1-9冊), 華東師範大學出版社, 2016年2月~2017年6月.

(1) 한자구조에 대한 연구

앞서 언급했듯이, '한자구조'라는 용어는 세 가지 개념을 포함하는데, 한자의 조자구조, 한자구조, 자형구조가 그것이다. 이제 이 세 부분에 따라 학자들의 한자구조 연구를 소개한다.

1. 한자 조자구조 연구

한자 조자구조에 대한 연구는 주로 다음과 같다.

① 한자 구성 방식 연구

허신 이후 많은 학자들이 한자 전체 글자의 구성 방식에 대해 연구했으며, 여섯 가지 방식(육서), 다섯 가지 방식(오서), 네 가지 방식(사서), 세 가지 방식(삼서), 두 가지 방식(이서) 등 다양한 설을 제시했다.
'육서설'은 한자 전체 글자의 구성 방식을 여섯 가지로 나눈다. 육서에는 새로운 것과 오래된 것의 구분이 있다. 전통적인 '육서'는 상형, 지사, 회의, 형성, 전주, 가차를 의미한다. 육서의 개념은『주례·지관·보씨』에서 처음 나왔으며,『한서예·문지』는 이를 '조자의 근원'으로 칭했다.『설문해자·서』가 처음으로 이에 대해 해석을 제시했으며, 이후『설문해자계전』,『육서통』,『육서고』,『설문해자육서소증』,『한자구조석론』등의 저작들이 육서에 대해 설명을 더했다. 일부 저작들은 육서를 여러 소분류로 나누었는데, 왕균의『설문석례』, 양수달의『중국문자학개요』등이 그 예이다. 첨은흠(詹鄞鑫)은 새로운 육서 설을 제시했다. 그는 '한자구조' 유형을 여섯 가지로 나누었다. 상형, 지시, 상사, 회의, 형성, 변체 등이다.92) 소배성(蘇培成)은 현대한자의 구조를 6가지로 분류했다. 회의자, 형성자, 반의부호반기호자, 반음부호반기호자, 독체기호자, 합체기호자가 그것이다.93)

'오서설(五書說)'은 조자 방법이 총 다섯 가지라고 보는데, 스웨덴의 칼그렌(高本漢)이 처음 주장했다. 그는 한자 생성에는 다섯 가지 방법이 있다고 믿었다. 첫 번째는 '물체의 도상을 기반으로 하는데94), 바로 상형(象形)이다. 두 번째 유형은 추상적인 개념을 표현하는 문자인데, 바로 지사(指事)이다. 세 번째 유형은 특정 동음이의어를 빌려 표현하는 것인데95), 가차(假借)에 해당한다. 네 번째 유형은 회의(會意)라고 하는데, 의미의 합류에 의해 형성된다.96) 다섯 번째 유형은 의미를 표현하는 뿌리와 소리를 표현하는 음표를 사용하여 새로운 단어를 형성하는 것인데, 이것은 형성(形聲)이다. 왕원록(王元祿)은 고대 한자의 생성에 다섯 가지 방법이 있다고 주장했는데, 상형(象形), 지사(指事), 회의(會意), 가차(假借), 형성(形聲)이 그것이다.97) 장기윤(張其昀)은 문자 생성 방법에는 상형조자법(象形造字法), 표기조자법(標記造字法), 회의조자법(會意造字法), 형성조자법(形聲造字法), 변체조자법(變體造字法) 등이 있다고 했다.98)

'사서설(四書說)'은 조자 방법이 총 네 가지라고 보며, 사서설에도 몇 가지 다른 설이 있다. 첫째는 육서(六書)에서 유래한 사서설로, 이 설은 육서 중 상형(象形), 지사(指事), 회의(會意), 형성(形聲) 네 가지

---

92) 詹鄞鑫, 『漢字說略』, 遼寧敎育出版社, 1991年版, 171쪽.
93) 蘇培成, 『現代漢字學綱要』, 北京大學出版社, 2001年.
94) [스웨덴] 高本漢(著), 張世祿譯, 『中國語與中國文』, 山西人民出版社, 2015年, 52쪽.
95) [스웨덴] 高本漢(著), 張世祿譯, 『中國語與中國文』, 山西人民出版社, 2015年, 60쪽.
96) [스웨덴] 高本漢(著), 張世祿譯, 『中國語與中國文』, 山西人民出版社, 2015年, 61쪽.
97) 王元鹿, 『漢古文字與納西東巴文字比較研究』, 華東師範大學出版社, 1988年, 43-44쪽.
98) 張其昀, 『漢字學基礎』, 中國社會科學出版社, 2005년, 70쪽.

유형만이 조자 방법이며, 전주(轉注)와 가차(假借)는 용자(用字)의 방법 이라고 본다. 이 설은 명대 양신(楊愼)에서 기원하고[99], 청대 대진(戴 震)에 의해 확립되었으며, 단옥재(段玉裁), 왕균(王筠) 등에 의해 발전 되고 학계에서 널리 받아들여졌다. 두 번째는 대군인(戴君仁)의 사서 설로, 1931년에 그는 『중국문자구조론(中國文字構造論)』을 출판했다. 그는 육서 이론을 뒤로하고, 한자의 구조를 네 가지 주요 유형으로 구분했는데, 형표법(形表法), 의표법(義表法), 형의겸표법(形義兼表法), 취음법(取音法)이 그것이다. 세 번째는 장옥금(張玉金), 하중화(夏中華) 의 사서설로, 그들은 "우리는 한자의 조자법이 네 가지 유형이라고 생각한다, 즉 표의법(表義法), 표음법(表音法), 음의법(音義法), 기호법 (記號法)이다."라고 했다.[100]

'삼서설(三書說)'은 한자의 조자 방법을 세 가지로 요약한다. 삼서설 의 기원은 송대 정초(鄭樵)에게서 찾을 수 있다. 그는 이렇게 말했다. "상형, 지사는 문(文)이며, 회의, 협성, 전주는 자(字)이다. 가차는 문과 자를 겸한 것이다."[101] 청대 왕균(王筠)은 육서를 형태(形), 의미(義), 음(聲)의 세 가지 범주로 분류했다.[102]

현대의 삼서설은 당란(唐蘭)에 의해 창립되었으며, 그는 한자가 세 가 지 유형, 즉 상형 문자, 상의 문자, 형성 문자만을 가진다고 주장했다.[103]

---

99) 楊樹達, 『中國文字學槪要』, 吉林人民出版社, 2014年, 제2장 제3절.
100) 張玉金, 夏中華, 『漢字學槪論』, 廣西教育出版社, 2001年, 162쪽.
101) 鄭樵, 『通志二十略』上, 中華書局, 1995年, 233쪽.
102) "한 글자의 함축에는 형태, 독음, 의미를 모두 포함한다. 즉 육서의 이름으로 형태, 독음, 의미를 통합할 수 있다……상형은 형체(形)이고, 지사, 회의는 의 미(義)이고, 형성, 전주, 가차는 모두 소리(聲)이다.(一字之蘊, 形聲義盡之矣. 卽 六書之名, 亦可以形聲義統之. ……象形, 形也; 指事, 會意, 義也; 形聲, 轉注, 假 借, 皆聲也.)" 王筠, 『說文釋例』, 中華書局, 1987年, 8쪽.
103) 唐蘭, 『中國文字學』 新1版, 上海古籍出版社, 1979年, 75-76쪽.

- 제패용(齊佩瑢)은 육서를 표형자(表形字, 상형과 지사자 포함), 표의자(表意字, 회의 포함), 표음자(表音字)의 세 단계로 나누었다.104)
- 장세록(張世祿)의 삼서설은 '실제법(寫實法)', '상징법(象徵法)', '표음법(標音法)'이다.105)
- 진몽가(陳夢家)의 삼서설은 '첫 번째는 상형자, 두 번째는 성가자(聲假字, 가차자 또는 가음자), 세 번째는 형성자이다.106)
- 유우신(劉又辛)은 인류가 문자를 창조하는 것은 이 세 가지 방법, 즉 표형, 표음, 또는 형음을 겸한 것뿐이라고 했다.107)
- 임운(林沄)은 문자 기호와 기록된 어휘의 관계는 세 가지 주요 범주로 나눌 수 있다고 했는데, (1) 형태로 의미를 나타내는 것; (2) 형태로 음을 기록하는 것; (3) 음과 의미를 모두 포함하는 것이 그것이다.108)
- 구석규(裘錫圭)는 "우리는 진몽가의 삼서설이 기본적으로 타당하다고 생각한다. 다만 상형은 표의(表意, 즉 의미 기호로 문자를 만드는 것)로 변경되어야 한다. 이렇게 해야만 한자 내의 모든 표의자가 삼서에서 자리를 찾을 수 있다."라고 했다.109)
- 왕봉양(王鳳陽)은 조자법을 형상쓰기법(形象寫詞法), 상성쓰기법(象聲寫詞法), 형성쓰기법(形聲寫詞法)으로 나누었다.110)
- 장옥금(張玉金)은 "문자 창조 방법은 다음 세 가지, 즉 그림으로 의미를 표현하는 법, 형태로 소리를 나타내는 법, 의미를 표현하며 소리를 모방하는 법이어야 한다."라고 했다.111)
- 조성(趙誠)은 "이론적이고 실용적인 두 측면에서 고려하여, 갑골문의 실제와 결합하여, 갑골문의 구성 유형을 세 가지, 즉 형의자(形

---

104) 齊佩瑢, 『中國文字學概要』, 國立華北編譯館, 1942年.
105) 張世祿, 『中國文字學概要』, 文通書局, 1941年.
106) 陳夢家, 『中國文字學』, 中華書局, 2006年, 256쪽.
107) 劉又辛, 「關於漢字發展史的幾個問題(上)」, 『語文建設』 1998年 第11期.
108) 林沄, 『古文字研究簡論』, 吉林大學出版社, 1986年, 14쪽.
109) 裘錫圭, 『文字學概要』, 商務印書館, 1998年, 106쪽.
110) 王鳳陽, 『漢字學』, 吉林文史出版社, 1989年12月, 356쪽.
111) 張玉金, 「對近百年來漢字學研究的歷史反思」, 『遼寧師範大學學報』 1991年 第3期, 52쪽.

義字), 음의자(音義字), 형성자(形聲字)로 나눌 수 있다."라고 했
다.112)

　'이서설(二書說)'은 한자의 조자 유형을 두 가지로 요약한다. 이 설
은 왕력(王力)이 1940년에 창안한 것으로, 그는 조자 방법을 '두 가지
큰 범주'로 요약할 수 있다. 즉 (1) 순수한 의미 기호(상형, 지사, 회의),
(2) 표음의 의미 기호(형성)라고 주장한다.113) 이 설은 이후 왕력이
주편한 『고대한어(古代漢語)』, 호유수(胡裕樹)가 주편한 『현대한어(現
代漢語)』 등 교재에 채택되어 널리 퍼졌다. 손상서(孫常敍)는 한자를
'상형 문자'로 보고, 이를 두 가지 유형으로 분류했다. 하나는 표음 성
분이 없는 상형 문자로, 이들은 상물(象物), 상사(象事), 상의(象意)이
며, 다른 하나는 상형 문자의 표음화로, 형성, 가차를 포함한다.114)
장선국(蔣善國)은 한자를 두 가지로 나누었다. 하나는 '상형 문자'로,
상형자, 지사자, 회의자를 포함하며, 다른 하나는 '표음자'로, 가차자,
전주자, 형성자를 포함한다.115) 황천수(黃天樹)도 이서설을 제안했는
데116), 대체로 전인들의 설을 계승한 것이다.

　② 한자 구성 요소(構件) 연구
　한자 구성요소(構件)란 한자 전체 글자를 구성하는 요소(構件)를 의

---

112) 趙誠, 『甲骨文字學綱要』, 中華書局, 2005年.
113) 王力, 『漢字改革』, 商務印書館, 1940年, 4쪽.
114) 孫常敍, 『中國語言文字學綱要』, 上海古籍出版社, 2014年, 251쪽.
115) 蔣善國, 『漢字的組成和性質』, 文字改革出版社, 1960年.
116) "우리는 역대 한자구조 유형에 적합한 새로운 틀을 구축하고자 한다. 이를
　　위해 한자구조에서 '성부(聲符)'의 유무를 분류 기준으로 삼아, 한자를 두 가
　　지 큰 범주로 나눈다. 하나는 성부가 없는 것으로 '무성부자(無聲符字)'라 칭
　　하며, 다른 하나는 성부가 있는 것으로 '유성부자(有聲符字)'라 칭한다." 黃天
　　樹, 『說文解字通論』, 北京大學出版社, 2014年, 57쪽.

미한다. 이 구성 요소는 방(旁), 자모(子母), 편방(偏旁), 자부(字符) 등과 같은 여러 이름으로 불린다. 한대(漢代)부터 현재까지, 문자학자들은 한자 구성 요소에 대해 다음과 같은 몇 가지 측면에서 연구를 진행해왔다.

첫째, 구성 요소의 종류에 대한 연구

한자 구성 요소의 범주에 대해, 많은 한자들이 다양한 분류를 제시했다. 허신(許愼)은 한자 구성 요소를 표성부건(表聲部件), 표의부건(表意部件), 음의 겸용 부건(音義兼表部件)의 세 가지로 나누었다.[117] 동한 때부터 '방(旁)'이라는 용어로 구성성분을 지칭하기 시작했고, 당대에는 일부 학자들이 이를 편방(偏旁)이라고 불렀으며[118], 이 용어는 현재까지 사용되고 있다.

일반적으로 편방은 '성방(聲旁)'과 '형방(形旁)'으로 나뉜다. 근대 이후, 일부 학자들은 구성성분을 '문자'로 지칭하고, 그 범주에 대해 다양한 분류를 제시했다. 유대백(劉大白)은 문자를 '형부(形符)', '의부(意符)', '음부(音符)'의 세 가지로 나누었다.[119] 또 구석규(裘錫圭)는 한자 부품을 '부호(符號)'로 칭하며, 부호를 의부, 음부, 기호 세 가지로 보고, 기호에는 5개의 소분류를 포함한다.[120]

이밖에 동한 때부터 현재까지, 많은 학자들이 부수에 대해 연구했다. 부수는 한 부문의 첫 부분이자 동시에 구성성분으로, 『한자부수표(漢字

---

117) 허신(許愼)은 글자를 구성하는 부건(部件)에 특별한 이름을 붙이지 않았지만, 그가 한자 구조 분석에서 사용한 용어를 통해 볼 때, 그는 한자 구성 요소를 세 가지 유형으로 나누었다고 볼 수 있다. 예를 들어 '從某, 某聲'에서 '從某'는 일반적으로 표의(表意) 부건을 의미하고, '某聲'은 표음(表聲) 부건을 가리킨다. 또한 '亦聲'은 음의(音義)를 겸한 부건을 의미한다.

118) 劉靖年, 『漢字結構研究』, 吉林大學, 2011年 博士論文, 36-39쪽.

119) 劉大白, 『文字學槪論』, 大江書鋪, 1933年, 22쪽.

120) 裘錫圭, 『文字學槪要』, 商務印書館, 2015年, 11쪽.

部首表)』에서 부수의 정의에 대해 "집단을 이룬 글자를 구성하는 일부분으로, 동일한 글자구성 요소를 가진 글자가 문자 집합에서 동일하게 함께 배열되며, 해당 구성요소가 선두 단위로 배치되어 글자 집합의 선두에 배치되며 이들 글자를 찾는 기준이 된다."라고 했다.121)

둘째, 한자 구성 요소가 전체 글자에서 수행하는 기능에 대한 연구

학자들은 한자 구성 요소가 전체 글자에서 수행하는 기능에 대해 연구했으며, 그들의 견해는 다양하다. 허신(許愼)은 한자구조를 분석할 때 종종 '~가 의미부이고 ~가 소리부이다(從某, 某聲)'라는 형식을 사용하는데, 이는 그가 구성성분이 전체 글자에서 각각 표의와 표음의 기능을 가진다고 생각했음을 보여준다. 그는 또 '~가 의미부인데, `는 소리부도 겸한다(從某, 某亦聲)'라는 형식을 사용하여, 일부 한자 구성 요소가 독음과 의미를 겸하는 기능을 가진다고 보았다. 구석규(裘錫圭)는 의부(意符)가 전체 글자의 의미와 관련이 있고, 음부(音符)는 전체 글자의 소리와 관련이 있으며, 기호(記號)는 구성하는 전체 글자의 음의와 관련이 없고, 다른 언어소(語素)를 대표하는 문자를 구별하는 기능만 한다고 생각했다.122)

③ 한자 전체 글자 구성 유형에 대한 연구

한자 구성방식에 대한 견해가 다양하므로, 학자들은 한자 전체 글자 구성 유형의 분류에 대해서도 의견이 갈렸다. 육서설을 지지하는 학자들은 한자의 구조 유형을 여섯 가지로 분류했다. 상형자(象形字), 지사자(指事字), 회의자(會意字), 형성자(形聲字), 전주자(轉注字), 가차

---

121) 中華人民共和國教育部, 國家語言文字工作委員會, 『漢字部首表』, 語文出版社, 2009年, 1쪽.
122) 裘錫圭, 『文字學槪要』, 商務印書館, 2015年, 16쪽.

자(假借字). 사서설을 지지하는 학자들은 네 가지 유형 즉 상형자, 지사자, 회의자, 형성자 등으로 분류했다. 또 삼서설을 지지하는 학자들은 세 가지 유형, 즉 표의자(表意字), 표성자(表聲字, 즉 假借字), 음의겸표자(音義兼表字, 즉 形聲字) 등으로 분류했다.

2. 한자 구조 연구

한자구조 연구의 주요 내용은 다음과 같다.

① 한자 구성 요소 연구

한자 구성 요소에는 여러 가지 명칭이 있다. 예를 들어, 자모(子母), 부품, 구성성분, 자소(字素), 자근(字根), 자원(字元) 등이 있다. 다양한 학자들은 한자 구성 요소의 명명과 기능에 대해 각기 다른 견해를 가지고 있다.

· 정초(鄭樵)는 구성성분을 두 가지로 분류했다. 하나는 '모(母)'로, 표음 부품으로서 전체 글자에서 표성 역할을 한다. 다른 하나는 '자(子)'로, 표의 부품으로서 전체 글자에서 표의 역할을 한다. 그는 "문자에는 자와 모가 있으며, 모는 의미를 주도하고, 자는 소리를 주도한다."라고 했다.123)

· 심겸사(沈兼士)는 구성성분을 '문자의 최소 단위'라고 불렀다.124)

---

123) 鄭樵, 『通志二十略』上, 中華書局, 1995年, 261쪽.

124) 심겸사(沈兼士)는 이렇게 말했다. "모든 문자는 상형(象形), 지사(指事), 회의(會意), 형성(形聲) 등의 방법을 적용하여 ·, 一, ㅣ, U, O, ×, +, ······ 등의 간단한 기호들을 조합하여 만들어졌다. 전자를 '문자 창조의 원칙'이라 하고, 후자를 '문자 형체의 최소 단위'라 한다. 앞의 정의에 따라 연구할 수 있는 방법은, (1) 각각의 글자체를 분석하여 최소 분자의 기능과 분류를 확정하고, (2) 확정한 각 최소 단위를 분자를 통해 각 원칙의 응용을 살핀다." 沈兼士, 『沈兼

· 진독수(陳獨秀)는 구성성분을 '자근(字根) 및 반자근'이라 부르며, 10가지, 즉 상수(象數), 상천(象天), 상지(象地), 상초목(象草木), 상조수충어(象鳥獸蟲魚), 상인신체(象人身體), 상인동작(象人動作), 상궁실성곽(象宮室城郭), 상복식(象服飾), 상기용(象器用) 등으로 분류했다.125)

· 이포(李圃)는 한자 구성 요소를 자소로 칭하며, 자소에 대한 다각도의 분류를 수행했다. 독립적인 조자 기능의 존재 여부에 따라 자소를 자소(字素)와 자철(字綴)로 구분했다. 또한 자소가 나타내는 상태에 따라 안정적 자소(穩性字素, 독립적인 정적 상태의 자소)와 활성 자소(活性字素, 한자구조 속에 든 자소)로 구분하고, 하위 자소의 수량에 따라 단일 자소와 복합 자소로 나누었다.126)

· 연등강(連登崗)은 한자 전체 글자의 구성성분으로 자소(字素)와 시의기호(示意符號)의 두 가지가 있다고 보았다. 그는 여러 각도에서 자소를 분류했는데, 전체 글자에서 음의 기능을 나타내는 역할에 따라 자소는 의소(義素), 음소(音素), 음의소(音義素) 세 가지로 구분될 수 있다; 형태 구조에 따라 자소는 독체자소(獨體字素), 부호첨가자소(加符字素), 복합자소(復合字素)의 세 가지로 나눌 수 있다; 자소와 전체 글자의 관계에 따라 직접자소(直接字素)와 간접자소(間接字素)로 나눌 수 있으며; 구성 능력의 강약과 사용 빈도의 높낮이에 따라 기본자소(基本字素)와 비 기본자소(非基本字素)로 나눌 수 있다.127)

· 왕녕(王寧)은 구성성분을 다섯 가지로 분류했다. 즉 표형 구성요소(表形構件), 표의 구성요소(表義構件), 시음 구성요소(示音構件), 표시 구성요소(標示構件) 및 기호(記號) 등이다. 이러한 구성 요소는 각각 전체 글자에서 표음 기능, 표의 기능, 구형(글자구조) 기능, 시원(어원표시) 기능 등을 수행한다.128)

士學術論文集』, 中華書局, 1986年, 1쪽.
125) 陳獨秀, 『小學識字教本』, 新星出版社, 2017年.
126) 李圃, 『甲骨文文字學』, 學林出版社, 1995年.
127) 連登崗, 『漢字理論與實踐』, 甘肅敎育出版社, 2000年.
128) 王寧, 『漢字構字學講座』, 上海敎育出版社, 2002年.

제2장 한자의 이론

② 한자 구조방식 연구

학자들은 한자구조 방식에 대해 각기 다른 견해를 가지고 있다. 정초(鄭樵)는 '문(文)'(독체자)을 사용하여 '자(字)'(합체자)를 구성하는 방식을 '문합이성자(文合而成字)'라고 보았다.129)

· 대동(戴侗)은 전체 글자의 구조 방식에는 두 가지가 있다고 보았는데, "독립하면 문(文)이 되고, 결합하면 자(字)가 된다."라고 했다.130)
· 심겸사(沈兼士)는 모든 전체 글자가 '최소 분자'에 의해 상형, 지사, 회의, 형성 등의 방법으로 조직된다고 보았다.131)
· 이령박(李玲璞)은 갑골문의 조자 방법이 총 8가지라고 보았다. 즉 독소조자(獨素造字), 합소조자(合素造字), 가소조자(加素造字), 갱소조자(更素造字), 이위조자(移位造字), 성변조자(省變造字), 증가조자(綴加造字), 차형조자(借形造字) 등이다.132)
· 연등강(連登崗)은 한자구조 방식이 세 가지라고 보았는데, 독소성자(獨素成字), 가부성자(加符成字), 합소성자(合素成字) 등이다.133)
· 왕녕(王寧)은 한자의 구성 방식이 11가지라고 보았다. 즉 전능제로합성자(全功能零合成字), 표형합성자(標形合成字), 표의합성자(標義

---

129) 鄭樵, 『通志二十略』(上), 中華書局, 1995年, 261쪽.
130) 戴侗, 『六書故』, 上海科學院出版社, 2006年, 14쪽.
131) 심겸사는 "모든 문자는 본질적으로 ·, -, ㅣ, U, O, x, + 등과 같은 단순 기호로 구성된 상형 문자, 단순 표의 문자, 복합 표의 문자, 음성 복합 문자와 같은 방법을 사용한다. 전자는 문자창작원리라고 하며, 후자를 문자형태의 가장 작은 단위라고 하며, 이러한 정의에 기초하여 연구에는 두 가지 방법론이 적용된다. (a) 각 문자 형태를 분석하여 가장 작은 문자의 기능과 분류를 결정한다. (b) 이러한 가장 작은 단위를 합성하여 각 원리의 적용을 관찰한다." (沈兼士. 『沈兼士學術論文集』, 中華書局, 1986年, 1쪽.) 여기서 완성된 캐릭터의 구조는 2층 구조, 즉 직접적으로 구성되는 문자구조로 본다. 가장 작은 단위. 소위 '문자 창작의 원리'란 가장 작은 단위가 완전한 문자를 구성할 때 형태, 소리, 의미를 결합하는 방법을 말한다.
132) 李圃, 『甲骨文文字學』, 學林出版社社, 1995年.
133) 連登崗, 『漢字理論與實踐』, 甘肅敎育出版社, 2000年.

合成字), 회형합성자(會形合成字), 형의합성자(形義合成字), 회의합
성자(會義合成字), 무음종합합성자(無音綜合合成字), 표음합성자(標
音合成字), 형음합성자(形音合成字), 의음합성자(義音合成字), 유음
합성자(有音合成字) 등이다.[134]

3. 자형 구조 연구

① 문자학에서의 자형구조 연구

문자학에서의 자형구조에 대한 연구는 20세기 중반에 시작되었다.
1939년, 장일전(蔣一前)은 그의 저서『중국자지구조급기형모창설(中國
字之結構及其形母創說)』[135)에서 한자 자형구조 체계를 구축했다. 첫째,
그는 전체 글자의 구조 계층을 연구하여, 한자의 구조가 세 단계, 즉
필획(筆畫)→단일체(單體, 또한 '형모(形母)'라고 불림)→합체자(合體字)를
포함한다고 보았다. 둘째, 한자 구성성분의 기본 유형을 연구했는데,
저자는 필화를 11가지 유형으로 분류했다. 즉 점(點), 횡(橫), 직(直),
별(撇), 척(剔)(일반적으로 提라고 불림), 날(捺), 구(鉤), 좌완(左灣), 우완
(右灣), 상완(上灣), 하완(下灣) 등이다. 또 필획이 구성하는 단체를 5가
지로 분류했다. 즉. 이석결합류(離析結合類), 간지결합류(干枝結合類),
투각결합류(鬥角結合類), 천교결합류(穿交結合類), 절접결합류(折接結合
類) 등이다. 셋째, 한자 각급 단위가 상급 단위를 구성하는 기본 방식
을 연구했는데, 필획이 단일체를 구성하는 기본 방식에는 5가지가 있
다고 보았다. 즉 이사조합(離析組合), 간지조합(干枝組合), 투각조합(鬥
角組合), 천교조합(穿交組合), 절접조합(接析組合) 등이며, 단일체가 전
체 글자를 구성하는 기본 방식에는 8가지가 있다고 보았다. 즉 좌우

---

134) 王寧,『漢字構形學講座』, 上海敎育出版社, 2002年版, 58-61쪽.
135) 蔣一前,『中國字之結構及其形母創說』, 識字敎育社, 1939年, 30쪽.

평열배합(左右平列配合), 상하퇴첩배합(上下堆疊配合), 사칭배합(斜稱配合), 내외포위배합(內外包圍配合), 중간협대배합(中間狹帶配合), 주종성배합(主從性配合), 천첩배합(穿疊配合), 협도식배합(夾道式配合) 등이다. 이와 같은 방식으로 완전한 한자 자형구조 이론을 구성했다. 유감스럽게도 이 창의적인 학설은 오랫동안 잊혀 있었고, 한자학 연구에서 그에 상응하는 역할을 하지 못했다.

1970년대에 들어서면서 전자 컴퓨터가 사람들의 생활에 들어오고, 한자 정보 처리 기술은 한자구조 지식을 절실히 필요로 했다. 그러나 '전통적인 한자 분석 이론과 방법은 모두 적합하지 않았다. 전통적인 연구 성과는 정량 분석 데이터를 제공할 수 없었고, 이는 일부 자연과학 연구자들이 필요에 따라 직접 한자 부품 분석 통계를 수행하게 만들었다.[136]

이들의 연구는 한자 자형구조에 대한 인식을 촉진했다. 처음에는 한자 자형구조의 절단 방안이 수십 가지에 달했지만, 1983년 장보는 기존 한자 자형구조 학설을 종합 정리하여『한자 부건 분석의 방법과 이론』[137] 등 논문을 발표했다. 그는 자신의 한자 자형구조 이론을 제시했는데, 한자의 구조 단위를 필획(筆畫), 부건(部件), 전체 글자(整字) 등의 세 가지로 나누었다. 그리고 부품의 종류, 부품이 전체 글자를 구성하는 방식과 필화의 종류, 필화가 부품을 구성하는 방식 등을 연구했다. 이 이론 틀은 후에 학계의 공감대가 되었으며, 현대한자학 저작에서의 한자 자형구조 이론은 대체로 장보의 이론과 크게 다르지 않다. 자세한 내용은 이 책의 "현대한자" 부분에 자세히 설명되어 있다.

---

136) 張普,『漢字部件分析的方法和理論』,『語文研究』, 1984年 第1期.
137) 張普,『漢字部件分析的方法和理論』,『語文研究』, 1984年 第1期.

② 서예학에서의 자형구조 연구

서예학에서의 자형구조 연구는 문자학 자형구조 연구의 선구자이
지만, 서예학에서 연구하는 한자구조는 "점획(點畫) 간의 연결, 조합
및 구성, 실화(實畫)와 허백(虛白)의 배치에 관한 것이다. … 서체 구조
는 일반적으로 글자의 내부 구조와 장법(章法)의 레이아웃 구조를 포
함한다."[138]

진대(晉代)부터 일부 서예가들, 예를 들어 위삭(衛鑠), 왕희지(王羲
之), 오양순(歐陽詢), 장회도(張懷瓘), 이순(李淳), 황자원(黃自元) 등이
한자구조에 대한 연구를 수행했으며, 자형구조에 관한 일련의 저작을
남겼다.[139]

현대 서예가들은 고대의 전통을 이어 받아 한자구조에 대한 많은
전문 저작을 출판했다.[140] 이들은 한자의 자형구조에 대한 다양한 문
제를 탐구했다.

4. 전문적인 논저에서의 한자 구성 요소, 전체 글자 구조 및 한자
체계 구조에 대한 연구

상술한 일반적인 저작들에서의 한자구조 연구 외에도, 몇몇 전문
적인 논저들도 한자구조에 대해 연구하였다. 이하 간략히 소개한다.

---

138) 馬國俊, 『書法散論』, 甘肅敎育出版社, 2001年, 43쪽.
139) 예를 들어, 당대(唐代) 구양순(歐陽詢)의 『36법(三十六法)』, 원대(元代) 무명씨
    (無名氏)의 『대결구(大結構)』 중의 '53법(五十三法)', 명대(明代) 이순(李淳)의 『
    대자 결구 84법(大字結構八十四法)』, 청(淸) 황자원(黃自元)의 『간가 결구 적
    요 92법(間架結構摘要九十二法)』 등이 있다.
140) 陳啓智, 『漢字的藝術結構』, 新蕾出版社 1992年; 周曉陸, 『漢字藝術結構體系與
    歷史演進』, 貴州人民出版社, 1997年; 孫廣如, 『破譯漢字結構密碼』, 天津人民美
    術出版社, 2007年; 鄭軒, 孟繁禧, 『漢字結構黃金率』, 人民美術出版社, 2019年.

① 한자 구성 요소 연구

학자들은 다양한 한자 구성 요소와 그 기능에 대해 별도로 연구하였으며, 주요 연구로는 다음과 같다.

> 먼저, 성방(聲旁)의 표음 기능 연구로는 주유광(周有光)의『한자 성방 독음 편사(漢字聲旁讀音便查)』[141], 고가영(高家鶯)의『성방의 표음 기능 및 이용(聲旁的表音功能及其利用)』[142] 등이 있다.
> 다음으로, 성방의 표의 작용 연구에는 호쌍보(胡雙寶)의『성방의 표의 작용(聲旁的表義作用)』[143] 등이 있다.
> 또 성부(聲符)의 시원(示源) 기능 연구로는, 증소총(曾昭聰)의『형성자 성부 시원기능 술론(形聲字聲符示源功能述論)』[144], 진효강(陳曉強)의『형성자 성부 시원기능 연구(形聲字聲符示源功能研究)』[145] 등이 있다.
> 또 형부(形符)에 관한 연구로는, 진풍(陳楓)의『한자 의부 연구(漢字義符研究)』[146], 모원명(毛遠明)의『한위육조비각의 한자형방의 유화문제(漢魏六朝碑刻中的漢字形旁類化問題)』[147], 곽서(郭瑞)의『한자 해서화 과정중 구건 형태의 혼동과 분화—위진남북조 석각문자를 예시로(漢字楷化過程中構件形體的混同與分化—以魏晉南北朝石刻文字爲例)』[148], 제원도(齊元濤)의『구성 요소의 표의 기능의 실현 및 한자발전에 대한 영향(構件表義功能的實現及其對漢字發展的影響)』[149] 등이 있다.

---

141) 周有光,『漢字聲旁讀音便查』, 吉林人民出版社, 1980年.
142) 高家鶯,『聲旁的表音功能及其利用』,『語文學習』, 1983年 第9期.
143) 胡雙寶,『聲旁的表義作用』,『語文研究』, 1985年 第1期.
144) 曾昭聰,『形聲字聲符示源功能述論』, 黃山書社, 2002年.
145) 陳曉强,『形聲字聲符示源功能研究』, 上海古籍出版社, 2021年.
146) 陳楓,『漢字義符研究』, 中國社會科學出版社, 2006年.
147) 毛遠明,『漢魏六朝碑刻中的漢字形旁類化問題』,『中國文字研究』, 2006年.
148) 郭瑞,『漢字楷化過程中構件形體的混同與分化－以魏晉南北朝石刻文字爲例』,『中國文字研究』, 2013年 第1期.
149) 齊元濤,『構件表義功能的實現及其對漢字發展的影響』,『語言教學與研究』, 2016

구성 요소 체계에 대한 연구에는, 이국영(李國英)의 『소전 형성자
연구(小篆形聲字硏究)』150) 등이 있다.
글자 형태 구성 요소에 대한 연구에는 심극성(沈克成), 심가(沈迦)의
『한자 부건학(漢字部件學)』151) 등이 있다.

이외에도 한자학의 부수에 대한 연구로는 다수의 저작들이 있
고152), 검자법(檢字法) 부수에 대한 연구도 있다.153)

② 전체 글자 구조 연구
한대(漢代) 이래로 2천여 년 동안, 전체 글자 구조 연구의 성과는
셀 수 없이 많다. 주요 연구 유형은 다음과 같다.
첫째, 형태를 중심으로 글자 형태와 음의 관계를 연구했다. 예를
들어 『설문해자(說文解字)』, 『설문해자계전(說文解字系傳)』, 『한자 형
의 분석자전(漢字形義分析字典)』154), 『한자구조해석(漢字結構解析)
』155) 등이 있다. 둘째, 독음을 중심으로, 글자의 독음과 그 형체와 의
미간의 관계를 연구한 것인데, 『설문통훈정성(說文通訓定聲)』, 『한문
전(漢文典)』, 『고문자보계소증(古文字譜系疏證)』 등이 있다.

年 第5期.
150) 李國英, 『小篆形聲字硏究』(北京師範大學出版社, 1995年)는 소전(小篆)의 형성
자(形聲字)의 성부(聲符)와 의부(義符) 및 그 체계에 대해 연구했다.
151) 沈克成, 沈迦, 『漢字部件學』, 機械工業出版社, 1998年.
152) 문자학의 부수 연구에 관한 수십 편의 저작이 있다. 예를 들어, 王延林(編), 『
漢字部首字典』, 上海書畫出版社, 1990年; 徐復, 宋文民, 『說文五百四十部首正解
』, 江蘇古籍出版社, 2003年; 董蓮池, 『說文部首形義新證』, 作家出版社, 2007年;
葉正渤, 『漢字部首學』, 中國文聯出版社, 2001年; 王玉新, 『漢字部首認知硏究』,
山東大學出版社, 2009年.
153) 魏勵, 『漢字部首解說』, 商務印書館, 2017年.
154) 曹先擢, 蘇培成(主編), 『漢字形義分析字典』, 北京大學出版社, 1999年.
155) 鄭慧生(編), 『漢字結構解析』, 河南大學出版社, 2011年.

③ 한자(漢字) 체계의 구조 연구

송(宋)나라 시대부터 현재에 이르기까지, 많은 학자들이 한자 체계의 구조에 대해 연구해왔다. 예를 들어, 정초(鄭樵), 대동(戴侗), 이포(李圃), 왕녕(王寧), 황덕관(黃德寬), 장재흥(張再興) 등은 그들의 전문 저술을 통해 한자 체계의 구조를 연구했으며, 이는 앞서 소개된 바 있다. 또한, 나래동(羅來棟)의『한자 체계의 구조 특징과 글자학습 교육(漢字系統的結構特點與識字教學)』[156], 사춘령(謝春玲)의『한자 체계의 소산(耗散) 구조 특성에 대한 논의(論漢字系統的耗散結構特徵)』[157], 연등강(連登崗)의『한자의 성질에 대한 재인식(關於漢字性質的再認識)』[158] 등도 한자의 체계 구조에 대해 깊이 있는 연구를 진행하였다.

5. 한자(漢字) 구조 변천에 대한 연구

한자구조의 변천에 대해 몇몇 전문가들이 연구를 진행하였다. 예를 들어, 장소봉(張素鳳)의『한자구조 변천사(漢字結構演變史)』[159]에서는 한자 구성학을 이론적 지침으로 삼아, 한자의 구성 상황에 대한 역사적 비교 연구를 진행하였다. 또한, 여러 논문에서도 한자구조의 발전과 변화에 대해 연구가 이루어졌다. 예를 들면 다음과 같은 것들이 있다.

· 우백방(吳伯方)의『한자의 구조와 변천에 대한 간론(簡論漢字的結

---

156) 羅來棟,『漢字系統的結構特點與識字教學』,『江西教育』 1991年 第10期.
157) 謝春玲,『論漢字系統的耗散結構特徵』,『廣東社會科學』 1993年 第10期.
158) 連登崗,『關於漢字性質的再認識』, 向光忠(主編),『文字學論叢』 第三輯, 中國戲劇出版社, 2006年, 50-51쪽.
159) 張素鳳,『漢字結構演變史』, 上海古籍出版社, 2012年.

構和演變)』160)

· 조평안(趙平安)의 『한자 형태 구조의 자음과 자의 표현을 둘러싼 개조(漢字形體結構圍繞字音字義的表現而進行的改造)』161),
· 신소룡(申小龍)의 『한자구조 형태의 역사적 변이(漢字結構形態的歷時變異)』162)
· 이운부(李運富)의 『한자구조의 변천에 관한 논의(論漢字結構的演變)』163)
· 하서(何書)의 『『설문해자주(說文解字注)』에 대한 한자 구성 의미 분석(<說文解字注>對漢字構形示意的分析)』164),
· 제원도(齊元濤)의 『한자 발전 중의 횡단 구조 변화(漢字發展中的跨結構變化)』165)
· 왕귀원(王貴元)의 『한자 구성 체계와 그 발전 단계(漢字構形系統及其發展階段)』166)
· 왕립군(王立軍)의 『'전서와 예서의 변화'를 통해 본 한자구성체계 발전의 방향성 조정과 범시성 특징』(王立軍, 『從'篆隸之變'看漢字構形系統發展的方向性調整和泛時性特徵』167)

6. 한자구조이론의 발전 변화에 대한 연구

일부 학자들은 한자구조이론의 발전 변화에 대해 연구하였는데, 다음의 것들이 있다.

---

160) 吳伯方, 『簡論漢字的結構和演變』, 『華南師範大學學報』(社會科學版) 1988年 第1期.
161) 趙平安, 『漢字形體結構圍繞字音字義的表現而進行的改造』, 『中國文字研究』, 1999年.
162) 申小龍, 『漢字結構形態的歷時變異』, 『中學語文』 2002年 第11期.
163) 李運富, 『論漢字結構的演變』, 『河北大學學報』(哲學社會科學版) 2007 第2期.
164) 何書, 『<說文解字注>對漢字構形示意的分析』, 『南通大學學報』(社會科學版) 2007年 第6期.
165) 齊元濤, 『漢字發展中的跨結構變化』, 『中國語文』 2011年 第2期.
166) 王貴元, 『漢字構形系統及其發展階段』, 『中國人民大學學報』 1999年 第1期.
167) 王立軍, 『從'篆隸之變'看漢字構形系統發展的方向性調整和泛時性特徵』, 『語文研究』 2020年 第3期.

· 왕정(王晶), 『'·육서'에서 탄생한 한자구조유형 이론의 변천(以'六書'爲濫觴的漢字結構類型理論的流變)』168)

· 연강등(連登崗), 『중국 고대한자 구조 연구의 변천(中國古代漢字結構研究的流變)』169)

· 여연(余延), 『20세기 한자 구조의 이론 연구(20世紀漢字結構的理論研究)』170)

· 임지강(林志强), 『20세기 한자 구조유형이론의 새로운발전─'삼서설'과 '신 육서설'을 예시로(20世紀漢字結構類型理論的新發展─以'三書說'和'新六書說'爲例)』171)

· 왕녕(王寧), 주효문(周曉文), 『컴퓨터를 수단으로 한 한자 구조유형 역사 연구(以計算機爲手段的漢字構形史研究)』172)

· 한위(韓偉), 『한자 구조유형 고금 연구 종술(漢字結構類型古今研究綜述)』173)

· 사종원(沙宗元), 『백년 이래 문자학 통론성 저작의 한자 구조연구 종술(百年來文字學通論性著作關於漢字結構研究的綜述)』174)

· 연등강(連登崗), 『중국 현대한자 구조관의 변천(中國現代漢字結構觀的流變)』175)

· 유정성(劉精盛), 『한자 구형에 대한 논리적 해석의 역사와 현황(對漢字構形進行邏輯闡釋的歷史和現狀)』176)

· 오혜(吳慧), 오매홍(吳梅紅), 『21세기 이후 한자 구형연구 종술(21世

---

168) 王晶, 『以'六書'爲濫觴的漢字結構類型理論的流變』, 『長春師範學院學報』 2006年 第1期.

169) 連登崗, 『中國古代漢字結構研究的流變』, 『第三屆漢字與漢字教育國際硏討會論文集』, 2012年, 150-160쪽.

170) 余延, 『20世紀漢字結構的理論研究』, 『漢字文化』 1997年 第3期.

171) 林志强, 『20世紀漢字結構類型理論的新發展─以'三書說'和'新六書說'爲例』, 『福建師範大學學報(哲學社會科學版)』 2001年 第3期.

172) 王寧, 周曉文, 『以計算機爲手段的漢字構形史研究』, 『中國文字研究』 2001年.

173) 韓偉, 『漢字結構類型古今研究綜述』, 『深圳教育學院學報』(綜合版) 2002年 第1期.

174) 沙宗元, 『百年來文字學通論性著作關於漢字結構研究的綜述』, 『安徽大學學報』 2004年 第2期.

175) 連登崗, 『中國現代漢字結構觀的流變』, [韓國] 『漢字漢文教育』 第34輯, 韓國漢字漢文教育學會, 2014年.

176) 劉精盛, 『對漢字構形進行邏輯闡釋的歷史和現狀』, 『唐都學刊』, 2005年 第4期.

紀以來漢字構形研究綜述)』[177]

이외에도 일부 학자들은 한자구조의 이론적 근거에 대해 연구했으며[178], 또 일부는 한자구조의 방식에 대해 연구했다.[179]

(2) 한자(漢字) 구조 응용 연구

학자들은 한자구조 본체에 대한 연구뿐만 아니라, 한자구조의 다양한 응용문제에 대해서도 연구를 진행해왔다.

1. 한자구조 인식 연구

1990년대 이후, 일부 학자들은 한자구조의 인식에 관해 연구를 해왔다. 예를 들어, 천전봉(陳傳鋒), 황희정(黃希庭)의 『구조 대칭성(結構對稱

---

177) 吳慧, 吳梅紅, 『21世紀以來漢字構形研究綜述』, 『新餘學院學報』, 2021年 第4期.
178) 周復剛, 『略論漢字構形理據的認識及其運用』, 『貴州文史叢刊』, 1992年 第2期; 王寧, 『漢字構形理據與現代漢字部件拆分』, 『語文建設』 1997年 第3期; 趙光, 『原始思維對漢字構形理據的影響』, 『語言研究』 2002年 第A1期; 李海濤, 『漢字構形理據的歷史演變』, 『山東省農業管理干部學院學報』, 2006年 第2期; 陳擁軍, 『漢字構形理據的歷史演變與漢字的記號化』, 『貴州民族大學學報』(哲學社會科學版) 2014年 第2期; 張智慧, 宋春淑, 『現代漢字構形模式與理據分析』, 『唐山師範學院學報』 2014年 第3期.
179) 예컨대 다음의 것들이 있다. 黃德寬, 『漢字構形方式的動態分析』, 『安徽大學學報』 2003年 第4期. 于麗萍, 『漢字構形的發展與字體的演變』, 『內蒙古師範大學學報』(哲學社會科學版) 2004年 第A2期. 劉精盛, 『論漢字構形的優勢和表意文字說的片面性』, 『延安大學學報』(社會科學版), 2005年 第4期. 吳慧, 『論漢字構形的整體聯系性』, 『重慶郵電大學學報』(社會科學版) 2007年 第1期. 陳順芝, 『論漢字構形的個性特徵』, 『江西社會科學』 2007年 第12期. 周曉文, 『漢字構形層級變化之量化研究』, 『陝西師範大學學報』(哲學社會科學版) 2008年 第6期. 賈愛媛, 『論漢字構形中的類化現象』, 『青海師範大學學報』(哲學社會科學版) 2007年 第4期. 吳慧 『古漢字構形方式的演進及動因』, 『寧夏大學學報』(人文社會科學版) 2021年 第5期.

性) 한자 인식 연구와 응용(結構對稱性漢字認知硏究與應用)』180), 유백림
(喩柏林); 조하흔(曹河炘)의 『한자구조 방식의 인식 연구』(喩柏林; 曹河
炘, 『漢字結構方式的認知硏究』181), 장극화(臧克和)의 『구조의 전체성 –
한자와 시각 인식』(臧克和『結構的整體性 – 漢字與視知覺』)182) 등이 있다.

2. 한자(漢字) 구조 서예 연구

일부 학자들은 한자구조의 서예에 대해 연구를 해왔다. 예를 들어,
학미령(郝美玲), 범혜금(范慧琴)의 『부건 특징과 구조 유형의 유학생
한자 서사에 대한 영향(部件特徵與結構類型對留學生漢字書寫的影響)
』183), 이은강(李恩江)의 『서사 재료의 한자 형체와 구조에 대한 영향
(書寫材料對漢字形體, 結構的影響)』184), 제원도(齊元濤)의 『한자 구형과
한자서사의 비동보 발전(漢字構形與漢字書寫的非同步發展)』185) 등은
해당 연구 분야에 기여한 바가 크다.

3. 한자(漢字) 구조 교육 연구

현재까지의 자료에 따르면, 선진(先秦) 시기에 이미 한자구조를 교
육에 활용한 사례가 있다.186) 당(唐)나라 때에는 국자감(國子監)이 『설
문해자(說文解字)』를 문자학 교재로 사용했는데, 여기에도 한자구조에

---

180) 陳傳鋒, 黃希庭, 『結構對稱性漢字認知硏究與應用』, 新華出版社, 2004年.
181) 喩柏林, 曹河炘, 『漢字結構方式的認知硏究』, 『心理科學雜志』 1992年 第5期.
182) 臧克和, 『結構的整體性 – 漢字與視知覺』, 『語言文字應用』 2006年 第3期.
183) 郝美玲, 範慧琴, 『部件特徵與結構類型對留學生漢字書寫的影響』, 『語言敎學與硏
     究』 2008年 第5期.
184) 李恩江, 『書寫材料對漢字形體, 結構的影響』, 『古漢語硏究』 1991年 第1期.
185) 齊元濤, 『漢字構形與漢字書寫的非同步發展』, 『勵耘語言學刊』 2017年 第2期.
186) 『周禮地官保氏』: "保氏掌諫王惡, 而養國子以道, 乃敎之六藝, ……五曰六書." 班
     固, 『漢書藝文志』: "古者八歲入小學. 故周官保氏 掌養國子, 敎之六書, 謂象形,
     象事, 象意, 象聲, 轉注, 假借, 造字之本也."

관한 내용이 포함되어 있었다. 청(淸)대에는 왕균(王筠)이 저술한『문자몽구(文字蒙求)』에서 한자구조를 활용한 한자 교육이 이루어졌다. 현대에 들어와 교육이 보편화되면서 한자구조 교육에 관한 논문과 저술이 더 많아졌다. 1960년부터 2021년까지 한자구조 교육에 관한 논문은 150여 편에 이른다. 전문 저술도 계속해서 출현하고 있는데, 예를 들면, 동정춘(董正春), 천명상(陳明祥)의『한자 형의 분석과 글자 학습 교육(漢字形義分析與識字敎學)』[187], 동락천(佟樂泉), 최란(崔巒) 주편의『교육용 한자 규범 핸드북(敎學漢字規範手冊)』[188], 유정년(劉靖年), 조문휘(曹文輝)의『한자 규범 부건자 학습법(漢字規範部件識字敎學法)』[189], 행옥화(行玉華)의『현대한자 구조체계를 기반으로 한 대외한자교육 연구(基於現代漢字結構系統的對外漢字敎學研究)』[190] 등이 있다. 자세한 내용은 본서의 "한자 교육" 부분을 참조하기 바란다.

4. 한자(漢字) 구조 규범 연구

언어문자 학계와 정보처리학계에서는 한자구조에 대해 다양한 이론과 운영 방법이 존재한다. 한자 정보 처리와 교육 연구의 필요성에 따라 국가 관련 부서에서는 전문가들을 조직하여 한자구조 규범에 대한 연구를 진행했다. 이 연구를 통해 편방(偏旁), 부수(部首), 필획(筆畫), 필순(筆順) 등에 관한 규범을 마련했다. 일부 학자들은 한자구조 교육의 표준화 문제에 대해서도 연구했다. 자세한 내용은 이 책의의 제2장 제4절의 "현대한자" 부분에서 확인할 수 있다.

---

187) 董正春, 陳明祥,『漢字形義分析與識字敎學』, 山東敎育出版社, 1986年
188) 佟樂泉, 崔巒,『敎學漢字規範手冊』, 人民敎育出版社, 2000年.
189) 劉靖年, 曹文輝,『漢字規範部件識字敎學法』, 吉林大學出版社, 2009年.
190) 行玉華,『基於現代漢字結構系統的對外漢字敎學研究』, 南開大學出版社, 2018年.

5. 한자(漢字) 구조 사전 편찬

일부 학자들은 한자구조 사전을 편찬했다. 예를 들어, 여평귀(呂平貴)의 저서『한자 해서 구조 사전(漢字楷書結構字典)』[191], 남조신(藍祖伸), 등서용(鄧瑞蓉) 주편의『한자구조 사전(漢字結構字典)』[192], 상무인서관(商務印書館) 편『필획 부수 구조 한자 등급 필순 사전(筆畫部首結構字級筆順字典)』[193] 등이 있다. 이러한 사전들은 한자 학습과 연구에 있어서 중요한 자료로 활용되고 있다.

6. 한자(漢字) 구조 정보 처리 연구

한자구조의 정보 처리 연구는 1970년대 말에 시작되어 현재까지 이어지고 있다. 주로 다루는 문제들은 한자 정보 처리 과정에서의 한자 부호화(編碼), 저장, 인식, 출력 등 각 단계에서 마주치는 문자형 구조 문제와 컴퓨터를 이용한 한자구조 정보의 통계적 연구 등이다. 이러한 연구는 한자의 디지털화와 정보 기술의 결합을 통해 한자 사용과 연구의 혁신을 촉진하고 있다. 자세한 내용은 본서의 "한자와 컴퓨터 기술" 부분에서 확인할 수 있다.

(3) 한자(漢字) 구조와 언어, 사고, 미학 예술, 문화 등과의 관계 연구

일부 학자들은 한자구조와 언어, 사고, 미학 예술, 문화 등 다양한 사항과의 관계에 대해 연구를 진행해왔다. 이러한 연구는 한자가 단순한 문자 체계를 넘어 어떻게 다양한 인문학적 및 사회문화적 요소

---

191) 呂平貴,『漢字楷書結構字典』, 陝西人民出版社, 1994年.
192) 藍祖伸, 鄧瑞蓉,『漢字結構字典』, 湖南人民出版, 2010年.
193) 商務印書館(編),『筆畫部首結構字級筆順字典, 商務印書館國際有限公司, 2017年.

와 상호작용하는지를 탐구한다.

1. 한자(漢字) 구조와 언어 연구

이 분야의 연구는 다음과 같은 내용을 포함한다.

첫째, 한자구조의 의미 관계 연구 예를 들어, 양가(楊牁)의 『한자구조의 의미 관계 시론(漢字結構的語義關系試析)』[194]과 같은 연구가 있다.

둘째, 한자구조와 어휘[195], 셋째, 한자구조와 어음[196]. 넷째, 한자구조와 어법[197] 등이 있다.

2. 한자구조와 사유관계에 대한 연구

일부 학자들은 한자구조와 사유관계에 대한 연구했다, 예를 들어, 왕작신(王作新)의 『한자 구조체계와 전통사유방식(漢字結構系統與傳統思維方式)』[198]은 한자구조 체계와 전통적 사고방식의 관계를 연구하였으며, 내용은 다음과 같다. 첫째, 한자와 이미지(意象) 사고. 둘째, 한자와 전체적 사고. 셋째, 한자와 천인합일(天人合一) 관념. 넷째, 한자와 우연적 대응 사고. 다섯째, 한자와 환도(圜道: 완곡법) 관념. 여섯째, 한자와 추원(推原: 근원 추적) 사고 등이다. 또 요감명(姚淦銘)의 『한자문화사유(漢字文化思維)』[199], 신소룡(申小龍) 등의 『한자사유(漢字

194) 楊牁, 『漢字結構的語義關系試析』, 『上海大學學報』(社會科學版) 1990年 第1期.
195) 王翊, 『從漢字結構看'以'字詞義, 詞性的演引』, 『遼寧師範大學學報』 1986年 第2期.
196) 舒華, 曾紅梅, 『兒童對漢字結構中語音線索的意識及其發展』, 『心理學報』, 1996
    年 第2期; 賀薈中, 『漢語聾童對漢字結構中語音線索的意識及其發展』, 『西北師大
    學報』(社會科學版) 2012年 第4期.
197) 張世輝, 孔令富, 『基於結構文法的漢字表達及其應用』, 『燕山大學學報』 2004年
    第3期; 盧鳳鵬, 『從漢文佛典對梵文語法分析看漢字結構中的語法觀』, 『銅仁學院
    學報』 2008年 第3期.
198) 王作新, 『漢字結構系統與傳統思維方式』, 武漢出版社, 2000年.
199) 姚淦銘, 『漢字文化思維』, 首都師範大學出版社, 2008年.

思維)』200) 등에는 모두 한자주조와 사유에 관한 내용이 들어 있다. 일부 논문들은 한자 구조와 사고의 관계에 대해 연구하였으며, 그 내용은 대략 다음과 같은 몇 가지 유형으로 나뉜다. 첫째, 한자 구조와 사고의 관계에 대한 개괄적 연구201), 둘째, 한자 구조 사고 모델에 대한 연구202), 셋째, 한자 구조가 사고에 미치는 영향에 대한 연구203), 넷째, 사고가 한자 구조에 미치는 영향에 대한 연구204) 등이 있다.

3. 한자(漢字) 구조의 미학 예술 연구

한자구조의 예술적 아름다움에 대한 연구205), 한자구조 미의 응용에 관한 연구206), 자형 구조에서 미의 형성에 관한 연구207) 등이 있다.

---

200) 申小龍(等), 『漢字思維』, 山東教育出版社, 2014年.
201) 예를 들면 다음의 것들이 있다. 林欽娟, 『論漢字構形與傳統思維模式』, 『欽州師範高等專科學校學報』 1998年 第3期; 吳慧, 付婷, 『漢字的形體結構與辯證思維』, 『巢湖學院學報』 2005年 第1期; 劉敬林, 『古人有關人腦思維能力的認識及其在文字構形上的反映』, 『勵耘學刊』(語言卷) 2005年 第2期; 丁慶富, 『漢字結構與敍事思維』, 『漢字文化』 2020年 第22期; 孫迪, 『淺談漢字結構與中醫象思維』, 『漢字文化』 2021年 第1期.
202) 예를 들면 다음의 것들이 있다. 孫雍長, 『漢字構形的思維模式』, 『湖北大學學報』(哲學社會科學版), 1990年 第4期; 申小龍, 『論漢字構形的辯證思維』, 『江蘇社會科學』 1994年 第1期; 王應龍, 『論漢字構形的思維特徵』, 『新疆石油教育學院學報』 2005年 第5期.
203) 錢偉, 『淺析漢字構形對中國人思維方式的影響』, 『中國西部科技』, 2010年 第27期; 邢立志『我國古文字構形中'意象'造字思維研究』, 『語文建設』, 2015年 第24期; 申小龍『漢字構形的主體思維及其人文精神』, 『學術月刊』, 1994年 第11期.
204) 趙光, 『原始思維對漢字構形理據的影響』, 『語言研究』 2002年 第S1期; 李曉華, 『論思維方式對漢字構形理據的影響』, 『甘肅聯合大學學報』(自然科學版) 2011年 第S1期.
205) 예를 들면 다음의 것들이 있다. 廖振華, 『淺談漢字結構的藝術美』, 『衡陽師專學報』(社會科學) 1985年 第3期; 張如之, 『漢字二元結構和書藝美的創造』, 『蘭州教育學院學報』 1991年 第2期; 王蘋, 『漢字的線條美和結構和諧均衡美』, 『喀什師範學院學報』 2006年 第2期; 楊志恒, 『論漢字構形的形象美與抽象美問題』, 『藝術教育』 2006年 第6期.
206) 예를 들면 다음의 것들이 있다. 利江, 『漢字字'形'結構及字體設計'形'的重構分

중국문자학 핸드북

4. 한자 구조와 문화 연구

1990년대 이후, 한자문화학(漢字文化學)의 부상과 함께 한자구조와 문화의 관계에 대한 연구도 시작되었다. 연구는 다양한 관점에서 이루어졌으며, 주요 내용은 다음과 같다. 첫째, 한자의 형태 구조를 통해 중국 문화를 탐구하는 것이다. 둘째, 문화의 관점에서 한자구조를 해석하는 것이다. 셋째, 한자구조와 문화의 양방향 관계에 대한 연구를 진행하는 것이다. 자세한 내용은 본서의 "한자와 문화" 부분에서 확인할 수 있다.

7. 한자 구조 연구의 뜨거운 주제

최근 수십 년 동안 한자(漢字) 구조 연구의 핵심 주제들은 다음과 같다.

(1) 한자구조

한자구조는 한자학(漢字學)의 핵심 문제 중 하나이다. 수년 동안, 설문학(說文學) 저작과 통론적(通論性) 한자학 저작에는 일반적으로 한자구조에 대한 내용이 포함되어 왔다. 한자구조에 대한 논문은 계속해서 쏟아져 나오고 있으며, 불완전한 통계이긴 하지만, 최근 60년

析』,『美術界』2011年 第11期; 王惠,『簡析廣告設計中漢字結構的創意應用』,『美術敎育硏究』2018年 第9期; 張天平,『漢字結構在包裝藝術設計中的創意與應用』,『中國包裝工業』2015年 第13期.
207) 예를 들면 다음의 것들이 있다. 陳兆軍, 王玉新『論漢字構形方式中抽象內容具象化的手段』,『中國書法』2018年 第16期; 郭照川,『漢字構形圖式形成機制探析』,『陝西師範大學學報』(哲學社會科學版) 2018年 第6期.

동안 육서(六書)에 대한 논문은 600편 이상이며, 편방(偏旁, 여기에는 聲符와 形符 등이 포함된다)에 대한 논문은 거의 1천 편에 달한다.

(2) 한자(漢字) 구조 교육 연구

최근 60년 간, 한자구조 지식은 다양한 교육 분야에 활용되었다. 일반 교육의 글자(字) 학습, 대외 한자 교육, 고문자(古文字) 교육, 한자 서예 교육 등이 그것이다. 따라서 한자구조 교육에 대한 연구도 주목받는 연구 주제로 자리 잡았다. 통계에 따르면, 1965년 이후 한자구조 교육 연구와 관련된 논문과 저작이 거의 200부(편)에 달한다.

(3) 한자구조와 문화 예술의 관계 연구

지난 30여 년 동안, 한자구조와 문화 예술의 관계는 언어문자학, 예술 장식학, 미학 등 학계에서 매우 중요하게 여겨졌다. 이 분야의 연구는 이론 탐구와 실천 운영을 모두 포함하며, 연구 영역은 지속적으로 확장되고 있고, 연구 수준도 높아지며, 성과도 계속해서 나타나고 있다. 이러한 연구는 한자구조가 문화와 예술에 미치는 영향과 상호작용을 깊이 있게 탐구하며, 현대 학계의 뜨거운 주제가 되었다.

(4) 한자(漢字) 구조와 정보 처리 연구

최근 40여 년 동안, 한자구조와 정보 처리 문제는 정보 처리 학계와 언어문자 학계 양쪽에서 공통적으로 중요하게 여겨졌으며, 연구의 뜨거운 주제가 되었다.

8. 한자(漢字) 구조 연구의 미래 전망

미래를 전망하며, 한자구조 문제에 있어서 다음과 같은 문제들이 더 큰 연구 공간을 가지며, 추가적인 연구가 필요하다.

(1) 한자구조의 기본 이론 연구

현존하는 한자구조 연구에서는 대상이 일치하지 않고, 명칭과 실제가 일치하지 않으며, 개념이 불명확하고, 논리가 혼란스러운 등 여러 문제가 존재한다. 이에 현대 과학 이론의 지도 아래, 현대의 과학적 방법을 사용하여 한자구조의 기본 문제들, 예를 들어 한자구조의 대상, 기능, 특징, 발전 및 변화 등에 대한 체계적이고 종합적인 연구를 진행할 필요가 있다. 이를 통해 한자구조의 실제에 부합하며 적용 가능한 한자구조 이론을 도출할 수 있을 것이다.

(2) 한자 자족(字族) 구조와 자부(字部) 구조 연구

한자구조는 구성성분의 구조, 전체 문자의 구조, 자족(字族)의 구조, 자부(字部)의 구조, 한자 체계의 구조 등 다양한 단위를 가지고 있다. 지금까지 전체 문자 구조와 부품 구조에 대한 연구가 많이 이루어졌지만, 자족 구조와 자부 구조에 대한 연구는 아직 부족하다. 이 분야의 연구를 강화할 필요가 있다.

(3) 한자(漢字) 구조와 사고 구조와의 관계 연구

한자구조는 일정 정도에서 사고 구조를 반영하며, 사고 구조는 일정 정도에서 한자구조에 영향을 미친다. 두 구조 사이에는 대립과 통합의 관계가 존재한다. 이 두 구조 사이의 관계에 대해서는 이미 일부 연구 성과가 있지만, 이러한 연구들은 여전히 조각적이고 다소 피상적인 경향이 있어, 더 종합적이고 심층적인 연구가 필요하다. 이를 통해 체계적인 이론 구축을 목표로 해야 한다.

(4) 한자구조와 언어 구조와의 관계 연구

한자구조는 언어의 구조를 일정 정도 반영하며, 언어 구조는 한자구조에 일정한 제약을 가한다. 이 두 구조 사이에는 대립과 통합의 관계가 있다. 이 두 구조 사이의 관계에 대한 연구는 이미 일부 진행되었으나, 이러한 연구들은 여전히 조각적이고 피상적인 경향이 있어, 더 심층적인 연구가 필요하다. 연구를 통해 이 관계를 체계화하고, 언어학적 및 인지학적 관점에서 한자구조의 역할과 중요성을 명확히 하는 것이 중요한다.

(5) 한자(漢字) 구조와 인간 생리와의 관계 연구

한자의 제작자와 사용자는 모두 인간과 뗄 수 없으며, 이러한 측면에서 볼 때, 한자의 제작과 사용은 인간의 생리 활동의 일부이다. 분명히, 한자구조와 인간의 생리 사이에는 밀접한 관계가 존재한다. 이러한 관계에 대한 연구는 현재까지 소수의 연구 성과만 존재하며, 여전히 미성숙하고 체계적이지 않다. 따라서 향후 이 분야의 연구를 강화할 필요가 있다.

(6) 한자구조와 물리적 관계 연구

한자의 제작은 특정한 물질을 필요로 하며, 따라서 한자구조는 이러한 물질과 일정 정도 밀접한 관계를 가집니다. 이 방면의 연구는 아직 개척되어야 할 분야이다.

(7) 한자구조 이론사의 체계적 연구

이 분야의 연구는 현재까지 일부 부분적이고 조각적인 연구에 그치고 있다. 향후에는 체계적인 연구가 필요하다.

제3절 한자의 간화(簡化)

1. 정의

(1) 내함

한자의 간략화('한자간화'라고 줄여 부름)는 한자를 단순화하는 작업을 말한다.[1] 뿐만 아니라, 한자의 획을 줄이고 한자의 수를 감소시키는 글쓰기 현상을 의미한다.[2] 한자 획수의 감소는 동일한 단일 문자의 획수가 줄어드는 현상을 가리키며, 글자 수의 감소는 특정 기간 사회에서 흔히 사용되는 문자 유형이 줄어드는 현상을 의미한다. 또

---

[1] "한자의 간화(簡化漢字)는 현행 한자를 연구하고 정리하는 작업 중 하나이다. 이는 필획의 간소화와 글자 수의 정제라는 두 가지 측면을 포함한다. 즉 필획이 많은 한자를 필획이 적은 한자로 변경하고, 여러 가지 쓰기 방식을 하나의 방식으로 변경하는 것을 의미한다." 夏征農, 陳至立, 『大辭海』(제1권), 上海辭書出版社, 2015年, 1585쪽.

[2] "한자간화는 한자의 필획과 글자 수를 점차적으로 정제하여, 한자의 기억, 쓰기, 읽기 및 인쇄에서의 어려움을 줄이기 위한 것이다.……한자간화의 주요 목적은 대중이 손으로 쓰며 이미 습관화된 간필(簡筆) 문자를 인쇄 분야에 사용하여 원래의 번필(繁筆) 문자를 대체하는 동시에 인쇄와 쓰기에서 흔히 보이는 이체자(異體字)를 폐지하는 것이다." 吳玉章, 『文字必須在一定條件下加以改革』, 吳玉章, 『文字改革文集』(中國人民大學出版社, 1978年, 101쪽에 보임). 또 "'한자간화' 작업은 1. 문자 형태의 간소화, 2. 글자 수의 감소 등 두 부분을 포함한다." 鄭林曦, 『文字改革』, 上海教育出版社, 1984年3月版, 62쪽.

한, 한자의 모양이 복잡함에서 단순함으로 변화하는 것으로 한자간화를 정의하기도 한다. 예를 들어, 『언어학명사(語言學名詞)』에서는 '간략화(簡化)'를 한자의 형태 진화에서의 한 가지 현상으로, 한자의 독음과 의미가 변하지 않으면서, 특정 구조 요소를 생략하여 자형이 복잡함에서 단순함으로 줄어든 것을 말한다고 정의했다.[3] 이 책에서 말하는 한자의 간략화는 한자의 단순화와 한자의 획수 및 글자 수의 감소 현상을 모두 포함한다.

(2) 외연

한자간화(漢字簡化)는 시간적 관점에서 볼 때, 이는 고대부터 현대에 이르기까지의 한자간화 과정을 포함하며, 지역적 관점에서는 중국 대륙 내에서의 한자간화를 의미하며, 중국의 홍콩(香港), 마카오(澳門), 대만(臺灣)의 한자간화나 다른 국가에서 사용하는 간체 한자(簡體漢字)를 포함하지 않는다.

2. 한자간화운동의 개요

한자간화는 고대부터 현대에 이르기까지 지속된 문자 현상이다. 그러나 고대의 한자간화는 사회적으로 자발적인 행위였던 반면, 현대의 한자간화는 학자들의 주도, 정부의 지도, 군중의 참여가 결합된 조직적이고, 체계적인 작업으로 변모했다. 이는 계획적이고 목적의식 있는 단계별 작업으로 이루어졌다.

---

3) 語言學名詞審定委員會(編), 『語言學名詞』, 商務印書館, 2011年, 22쪽.

현대의 한자간화는 문자개혁운동(文字改革運動)의 일부인데, 이 운동은 한자간화 운동이 시작되기 전에 이미 존재했었다. 19세기 중반, 중국은 내외부의 심각한 모순 하에 '삼천 년 만의 큰 변혁'[4]에 직면했다. 이 시기에, 많은 개혁가들은 중국이 제국주의 열강에 의해 괴롭힘을 받는 원인이 중국의 교육과 문화가 낙후되어 있기 때문이라고 보았다. 그들은 중국의 발전을 위해서는 한자의 혁명이 필요하다고 주장했다.

한자 혁명은 19세기 말에 시작되었다. 1891년 송서(宋恕)는 '절음문자(切音文字) 창조'를 주장했으며[5], 이와 동시에 노당장(盧戇章), 왕조(王照), 노내선(勞乃宣) 등이 절음자운동(切音字運動)을 시작했다. 20세기 초에는 오치휘(吳稚暉), 이석증(李石曾) 등이 세계어(世界語)를 제창하고 '한자 혁명'[6]이라는 구호를 제시했다. '5·4 운동' 기간에는 전현동(錢玄同), 부사년(傅斯年) 등 학자들이 한자 혁명을 적극 주장하고 실천했다. 이들은 한자의 복잡함이 중국 발전의 장애물이라고 보고, 한자를 폐지하고 음성 문자(拼音文字)를 사용할 것을 제안했다.[7]

오랜 연구와 실천을 거쳐, 전현동 등은 중국 문자의 음성화가 요원한 목표임을 인식하고, 그 전에 당면한 과제로 한자간화를 보았다.[8] 그 결과, '한자 혁명'의 구체적인 행동은 중국 문자의 음성화에서 한자간화로 전환되었다.[9]

---

4) 李鴻章, 『李鴻章全集』 第二冊, 時代文藝出版社, 1998年, 873쪽.
5) 倪海曙, 『清末漢語拼音運動簡史』上海人民出版社, 1959年, 30쪽.
6) 李石曾, 『進化與革命』, 載陳飛徐國利編著『回讀百年, 20世紀中國社會人文論爭』第1卷, 大象出版社, 2009第, 45-53쪽.
7) 錢玄同, 『漢字革命』, 『錢玄同文字音韻學論集』, 上海古籍出版社, 2011年, 44-54쪽; 傅斯年『漢語改用拼音文字的初步談』, 『新潮』 제1卷3號, 民國八年(1919年)二月十二日.
8) 錢玄同, 『減省現行漢字的筆畫案』, 『錢玄同文字音韻學論集』, 上海古籍出版社, 2011年, 65-71쪽.
9) 한자간화 운동은 육비규(陸費逵)에 의해 시작되었다. 1909년 육비규는 『교육잡

이 주장은 많은 지식인과 대중의 지지를 받았고, 한자간화 운동이 활발해졌다. 1930년대에는 중화민국 정부가 간체자(簡體字) 시행을 명령했으나, 이후 중단되었다. 1949년 중화인민공화국이 성립되면서, 공산당과 국가는 한자간화를 문자개혁의 일환으로 채택하고 실행에 옮겼다. 1980년대까지 이어진 이 작업은 언어 문자 환경의 변화로 인해 대규모 한자간화가 잠시 중단되었고, 한자는 규범화, 표준화, 정보화의 새 시대로 진입하며 한자간화 작업이 일시적으로 중단되었다.

3. 한자간화 연구(漢字簡化硏究)의 간단한 역사

한자간화 연구(漢字簡化硏究)는 한자간화 작업과 동시에 시작되어 지금까지 계속되고 있다.

(1) 한자간화연구의 시작 단계(1909~1949년)

1. 한자간화 이론 연구

한자간화 작업은 이론적 지침이 필요하다. 그러나 중국 전통의 문자학은 이러한 이론을 상당히 결여되어 있었다. 이에, 1920년대와 1930년대 동안 이석증(李石曾), 오치휘(吳稚暉), 육비규陸費逵), 부사년(傅斯年), 전현동(錢玄同) 등과 같은 학자들은 "문자는 도구이며, 언어의

지(教育雜志)』 창간호에 「보통교육은 속체자를 채택해야 한다(普通教育當采用俗體字)」를 발표하고, 『교육잡지』(제3호)에는 「속자를 채택해야 한다는 신우경 대한 답변(答沈君友卿論采用俗字)」을 발표했다. 1922년, 육비규는 『국어월간(國語月刊)』(제1권 제1호)에 「한자 정리에 대한 의견(整理漢字的意見)」을 발표했다. 이러한 글들은 보통 교육에서 필획이 간단한 속체자를 채용해야 한다는 주장을 제기하고, 속체자 채택의 이점을 논하며, 한자를 간화하는 방법과 절차를 제안했다.

기호"라는 관점을 바탕으로 한자의 단점과 문자 발전의 법칙을 연구했다. 이들은 한자개혁의 필연성, 필요성, 실행 가능성을 논증하고, 한자간화의 목적과 방법, 단계를 제시하면서 문자개혁의 이론을 수립했다. 이러한 이론적 토대는 한자간화에 대한 이론적 근거를 제공했다.

2. 한자간화의 실천

간화자운동은 '5·4운동' 시기에 시작되었다. 1919년, 전현동(錢玄同)은 『북경대학월간(北京大學月刊)』 제1권 제1호에 「중국문자 형태 변천에 대한 신론(中國字形變遷新論)」을 발표하여 한자간화를 제창했다. 1922년 국어통일주비회(國語統一籌備會)10) 제4차 대회에서 전현동은 「현행한자의 필획 간화에 대한 제안(簡省現行漢字的筆畫案)」을 제출했고, 육기(陸基), 여금희(黎錦熙), 양수달(楊樹達) 등의 지지를 받아 통과되었다. 대회에서는 한자 형체 줄이기 위원회(漢字省體委員會)가 설립되었다. 이후로 한자간화는 운동으로 발전했다. 호적(胡適), 주작인(周作人) 등 유명 인사들이 한자간화에 찬성하는 글을 발표했고, 많은 학자들이 한자간화에 관한 이론 연구와 방법 탐구를 위해 논문을 발표하거나 전문서적을 출판했다.11)

1935년 8월, 국민정부 교육부는 '제1차 간화자 목록(第一批簡化字表)'을 공표하고 시행을 명령했으나, 대계도(戴季陶), 하건(何鍵) 등의 반대12)로 1936년 2월 국민정부는 '일시적으로 시행을 중단하라'는 명령을 내렸고, 이후로 진전이 없었다. 그러나 국민당 통치 지역에서는 한자간화 작업이 여전히 민간에서 진행되었다.13)

---

10) 국어통일주비회(國語統一籌備會)는 1919年4月21日에 설립했으며, 국민정부(國民政府)의 교육부(敎育部)에 소속되었다.
11) 王均, 『中國當代的文字改革』 第1章, 蘇培成, 『二十世紀的現代漢字研究』 第五章.
12) 何鍵, 『對敎育部推行簡體字表之意見』, 『船山學報』 十期, 34-41쪽

이 외에도, 중국공산당이 이끄는 해방구(解放區)에서는 항일전쟁과 해방전쟁 시기에 많은 간체자를 도입하고 창조했다. 인민혁명 운동의 발전과 함께 이러한 간체자는 전국 각지로 퍼져 '해방자(解放字)'라고 불리게 되었다.

종합적으로 보면, 이 시기에 한자간화 이론이 창조되었으며, 한자간화의 목표, 임무, 방법이 확립되었고, 실제 한자간화 작업과 이론 연구가 시작되었다. 그러나 이 시기의 한자간화는 학자들의 적극성이 높았지만 정부의 적극성은 낮았고, 이론 연구와 제창, 호소는 많았지만 실제 작업의 성과는 그리 두드러지지 않았다.

(2) 한자간화 및 연구의 전면적 전개(1949년~1980년)

1949년 중화인민공화국(中華人民共和國)의 수립은 중국 사회가 새로운 역사적 단계로 진입했음을 상징한다. 한자간화는 문자 현대화의 중요한 구성 부분으로, 중국 공산당(中國共産黨)과 인민정부의 높은 관심을 받았다. 한자간화 연구와 간화자(簡化字)의 실시는 차례로 전면적으로 전개되었다. 이 시기의 한자간화 작업과 연구의 기본 상황은 다음과 같다.

1. 한자간화 작업의 전면적 실시

1949년부터 1955년까지, 중앙당(黨中央)과 국무원(國務院)의 지도

---

13) 1936년 10월, 용경(容庚)은 『간체자전(簡體字典)』을 출판했고, 같은 해 11월에는 진광요(陳光堯)가 『상용 간체자 목록(常用簡體字表)』을 출판했다. 1937년 5월, 자체연구회(字體硏究會)는 『간체자 목록 제1표(簡體字表第一表)』를 발표했다.

아래, 중국문자개혁협회(中國文字改革協會), 중국문자개혁연구위원회(中國文字改革硏究委員會), 중공중앙문자위원회(中共中央文字委員會), 중국 문자개혁위원회(中國文字改革委員會) 등이 잇따라 설립되어 나라 전체의 문자개혁 작업을 주관했다. 오옥장(吳玉章), 여금희(黎錦熙), 호교목(胡喬木), 마서륜(馬敍倫), 호유지(胡愈之), 나상배(羅常培), 위각(韋慤), 임한달(林漢達), 노지위(陸志偉), 섭성도(葉聖陶), 조백한(曹伯韓), 섭공작(葉恭綽), 위건공(魏建功), 정서림(丁西林) 등 수십 명의 인사가 이를 지지하고 참여했다.14)

문자개혁의 주관 부서는 전문가의 충분한 논의와 각계 의견을 광범위하게 수렴한 기반 위에 문자개혁의 방침을 수립하고, 한자간화의 임무와 방법, 단계를 확정하며 한자간화 실시를 시작했다.

1951년부터 1955년까지, 중앙교육부사회교육사(中央敎育部社會敎育司)와 중국문자개혁위원회는 『한자간화방안(漢字簡化方案)』을 차례로 편찬했고, 이 방안은 1956년 1월 국무원 전체회의 제23차 회의를 통과하여 1956년 2월 1일부터 4단계에 걸쳐 시행되었다. 이후『한자간화방안』은 여러 차례 조정을 거쳐, 1964년에는 이를 바탕으로『간화자 총표(簡化字總表)』가 편찬되었다.15)

『한자간화방안』이 통과된 후, 문자개혁위원회는 새로운 한자간화 방안을 제정하기 시작했고, 최종안을 『제2차 한자간화방안(草案)』이라 명명했다. 1977년 12월 20일 국무원의 승인을 받아 시험적으로 시행되기 시작했으나, 이 방안에 대한 문제점이 많고 각계의 의견이 크게 나타나 1986년 6월 24일 국가어문위원회(國家語委)가 국무원의 승인을 받아 공식적으로 폐지를 선언했다.

---

14) 王均, 『當代中國的文字改革』第1章.
15) 蘇培成, 『近百年來漢字的簡化與規範』, 『語言文字報』2013年11月20日.

2. 한자간화 작업에 대한 연구

1949년부터 1955년 사이에, 당과 정부는 한자간화의 필요성, 가능성, 방향, 임무, 방법, 단계 등에 대해 관련 전문가들과 충분한 연구를 진행했다.[16] 전문가들은 학습 및 작업 효율을 높이고, 문맹 퇴치를 진행하여 인민의 문화적 요구와 국가 건설 필요성을 충족시키기 위해 한자를 간략화해야 한다고 봤다. 이들은 당과 국가의 강력한 리더십, 광범위한 인민의 지지, 그리고 많은 전문가들의 노력으로 한자간화가 성공할 수 있다고 믿었다.[17]

한자간화의 방향에 대한 연구도 진행되었다.[18] 이 방향은 1956년

---

16) 이와 관련된 주요 연구 저작으로는 오옥장(吳玉章)의 『한자간화 문제에 관하여(關於漢字簡化問題)』, 우재춘(于在春)의 『한자간화에 대해 논함(論漢字的簡化)』, 진광요(陳光堯)의 「간화 한자(簡化漢字)」, 장세록(張世祿)의 『한자개혁의 이론과 실천(漢字改革的理論和實踐)』(1957.05), 장선국(蔣善國)의 『한자형체학(漢字形體學)』(1959.09), 양동한(梁東漢)의 『한자의 구조와 유변(漢字的結構及其流變)』 등은 모두 한자간화의 필요성과 가능성에 관한 내용을 담고 있다. 또 정서림(丁西林), 섭공탁(葉恭綽), 위건방(魏建功) 등의 관련 논문도 있다.

17) 1952년, 당시 중앙인민정부 정무원 교육위원회 주임을 맡았던 곽말약(郭沫若)은 "인민이 현재 경제적으로, 정치적으로 일어서고 있으며, 문화 학습이 절실히 필요하다. 따라서 문자 도구 문제의 해결이 시급하다. 또한 국가 건설 측면에서도 문자는 개혁이 절실히 필요하다."라고 말했다. 1955년 10월 15일, 당시 정무원 부총리였던 진의(陳毅)는 전국문자개혁회의에서의 연설에서 문자개혁을 "3개 5개년 계획을 완성하고 우리나라가 사회주의 산업 국가로 건설되는 것과 연결시켜야 한다."라고 말했다.

18) 한자개혁의 방침과 원칙에 대한 논문으로는, 오옥장(吳玉章)의 「한자간화 문제에 관하여(關於漢字簡化問題)」, 위각(韋慤)의 「한자간화 작업에 대한 간단한 언급(略談漢字簡化工作)」, 섭공탁(葉公綽)의 「한자 정리와 한자간화(漢字整理和漢字簡化)」 등이 있는데, 이들은 모두 한자의 역사적 공적, 오늘날의 역할과 그 심각한 단점에 대해 언급하였다. 또한, 중국 문자는 반드시 개혁되어야 하며, 세계 문자가 공통으로 나아가는 알파벳 표기 방향을 따라야 한다고 하면서, 이는 장기적 목표이며, 현재는 한자를 정리하고 간화하는 것이 한자개혁의 첫

국가가 수립한 문자개혁 방침에서 나타났으며, 이 방침은 '한자는 개혁되어야 하며, 한자개혁은 세계 문자의 공통된 음성 방향으로 나아가야 하며, 음성화를 실현하기 전에는 한자를 간략화 하여 현재의 적용을 용이하게 해야 한다[19])는 내용이었다.

전문가들이 수립한 한자간화의 단계[20])는 '관습에 따라, 안정적으로 추진'하는 것이었다.[21]) 전문가들이 확정한 한자간화의 방법은 여덟 가지로, 원래 문자의 윤곽 유지, 원 문자의 특징적 부분을 유지하면서 일부를 생략, 보다 단순한 음성 부분이나 형태 부분으로 대체, 새로운 회의 문자 창조, 초서체 해서화, 기호 대체, 동음 대체, 고대 문자 활용 등이 포함되었다.[22])

단계라고 했다.

19) 王均, 『當代中國的文字改革』, 當代中國出版社, 1995年, 73쪽.

20) 한자간화의 단계별 방법 연구에 관한 주요 논저로는 조백한(曹伯韓)의 「한자 문제 간단한 정리(精簡漢字問題)」, 이희오(易熙吾)의 「동음 가차는 정리한자의 한 방법이다(同音假借是精簡漢字的一個方法)」, 정림희(鄭林曦)의 「한자 동음 대체의 초보적 연구(漢字同音代替的初步研究)」, 진광요(陳光堯)의 「한자에 정리에 대해(談精簡漢字)」, 보기(保琦)의 「간화자의 몇 가지 방법(談談簡化字的幾種方法)」과 「한자 쓰기에 대해(談談寫漢字)」, 조백한(曹伯韓)의 「한문 문장에 병용된 병음자 예시(漢字文章夾用拼音字擧例)」, 노지분(盧芷芬)의 「인쇄 글꼴 정리의 제안(整理印刷字體的建議)」, 계선림(季羨林)의 「복음어 창조의 풍기는 반드시 중단되어야 한다(隨意創造復音詞的風氣必須停止)」 등의 글이 있으며, 이들은 이체자 제거, 간필자 사용, 일정 범위 내에서 부수 부품의 간소화 및 합병, 다음자 의 연속쓰기 방식 채택 조건 하에서 형편을 생략하고 동음자 대체(가차) 및 병음자 참조 사용 등 다양한 한자 정리 간소화 방법에 대해 세밀하게 논의했다.

21) "한자개혁 작업에서 우리가 채택한 방침은 '약속에 의한 관습, 안정적인 진행'이다. '약속에 의한 관습'이란, 대중으로부터 나와 대중에게 돌아가는 방침을 의미한다. 우리는 많은 문자를 한 번에 간소화하는 것을 주장하지 않으며, '안정적으로 전진'하는 것을 주장한다. 이는 한 번에 간소화하는 것이 아니라, 여러 차례에 걸쳐 진행되며, 각 차례에 공개된 간소화 문자는 여러 배치로 나누어 시행될 수 있다는 것을 의미한다." 吳玉章, 「文字必須在一定條件下加以改革」, 吳玉章, 『文字改革文集』(人民大學出版社, 1978年版), 102쪽에 수록.

22) 張書岩, 『簡化字溯源』, 語文出版社, 1997年, 35쪽.

『간화자 방안(草案)』의 초안이 완성되어 토론 단계에 접어들었을 때, 조백한(曹伯韓), 위건공(魏建功), 황백영(黃伯榮), 김명성(金鳴盛) 등의 전문가들은 방안의 구체적 내용, 편집 과정, 한자간화의 역사적 의미 및 역사적 기반에 대해 설명하고 논의했다.23)

3. 간화자에 대한 연구

'간화자(簡化字)'는 전문 용어로, "간체자와 간화자는 두 개의 다른 개념이며, 이 둘 간의 차이는 간체자가 군중 사이에 통용되는, 정리되거나 개선되지 않은 형태가 간단한 속자를 의미하며, 법적인 효력을 갖지 않고, 그 쓰임새가 하나일 수도, 여러 가지일 수도 있다는 것이다. 반면 간화자는 간체자를 기반으로 전문가의 정리와 개선을 거쳐 정부 주관 부서에 의해 공표된 법적인 간체자를 의미하며, 그 쓰임새는 오직 하나이다. 『한자간화방안』(나중에 『간화자총표』로 발전)에 포함된 간체자가 현재 사용되는 간화자이다."24)

한자가 간화된 후, 간화자는 사회에서 통용되는 법적인 용어가 되었으며, 모든 사회 구성원이 이를 이해하고 익혀야 했다. 따라서 이 시기에 간화자와 그 교육에 대한 연구가 중요한 연구 주제가 되었다. 연구의 구체적인 문제는 다음과 같다. (1)간화자의 기원과 발전 과정, (2)『제2차 한자간화방안(草案)』의 내용과 시행, (3)간화자 교육, (4)한자간화 작업, (5)간화자, (6)간화자 서예 등이다.

이 시기의 한자간화는 상당한 성과를 이루었다. 간화자는 역사상 처음으로 법적 지위를 획득했으며, 전국적으로 널리 시행되었다. 이

---

23) 吳玉章(等), 『漢字簡化問題』, 中華書局股份有限公司, 1956年.
24) 張書岩(等), 『簡化字溯源』, 語文出版社, 1997年, 5-6쪽.

는 한자 교육 효율성을 높이고, 문맹을 없애며, 국민들의 문화 수준을 빠르게 향상시키는 데 긍정적인 역할을 했다. 간화자에 대한 이론 연구도 일부 성과를 거두었다.

그러나 문자 발전의 법칙에 대한 인식의 오류로 인해 한자간화 과정에서 문자의 형태 간략화에만 주목하고, 문자 형태와 그 음의미의 연결에 충분한 주의를 기울이지 않는 등의 오류가 발생했다. 또한 작업에서 서두르는 경향이 있어, 이는 『제2차 한자간화방안(초안)』의 실패로 이어졌다.

(3) 한자간화 및 연구의 전환(1980년~1999년)

1980년부터 1999년까지는 한자간화와 그 연구의 전환 단계로 볼 수 있다. 이 시기 중국의 언어 문자 생활에서 중대한 변화가 일어났다. 우선, 다수의 한자가 간략화 되고 인민의 문화 수준이 크게 향상되어 문맹률이 크게 감소했다.[25] 따라서 한자를 더욱 간략화 하는 것은 더 이상 급선무가 아니게 되었다. 둘째, 개혁 개방 이후 해외 언어 문자와의 교류가 크게 증가하면서, 간화자와 번체자 사이, 중국 한자와 해외 한자 사이의 모순이 두드러지게 나타났다. 셋째, 한자 처리 정보화 수단의 등장으로 인해 한자의 안정화, 규범화, 표준화, 정보화가 새로운 추세가 되었다. 이러한 배경 하에 국가는 언어 문자 작업의 방침을 조정했으며, 한자간화 작업과 간화자 연구도 이에 따라 변화했다.

---

25) 中華人民共和國敎育部, 『中國普及九年義務敎育和掃除靑壯年文盲報告』(2012.11)

1. 한자간화 작업의 중대한 전환

이 시기에 한자간화 작업은 중대한 전환을 맞이했다.

① 국가가 언어 문자 작업에 대한 방침을 조정했다.

1986년 '당 중앙과 국무원은 새 시대의 언어 문자 작업 방침을 적시에 규정하였는데, 이는 국가의 언어 문자 작업에 대한 정책과 법령을 이행하고, 언어 문자의 규범화, 표준화를 촉진하며, 문자개혁 작업을 계속 추진하여 언어 문자가 사회주의 현대화 건설에서 더욱 잘 기능하게 하는 것이다.[26]

문자 작업의 주요 임무는 '현재 사용되는 한자를 연구하고 정리하여 관련 표준을 제정'하고, '한국어 한자 정보 처리 문제 연구 및 관련성과에 대한 감정에 참여'하며, '언어 문자의 기초 연구와 응용 연구를 강화하고 사회 조사 및 사회 상담 서비스 작업을 잘 수행'하는 것으로 조정되었다.[27]

또한, 문자개혁의 방향과 한자간화 작업에 대한 새로운 제안이 있었다. '한국어 음성화 문제에 대해, 많은 동지들이 이것은 미래의 일이며 현재는 결론을 내리기에 서두를 필요가 없다고 생각한다.[28]

장기적으로 볼 때 한자는 간략화 되지 않을 수 없으나, 앞으로 한자간화에 대해서는 신중한 태도를 취해야 하며, 일정 기간 동안 한자의 형태를 상대적으로 안정적으로 유지하여 사회적 적용에 이로움을

---

26) 『全國語言文字工作會議紀要』, 全國語言文字工作會議秘書處(編), 『新時期的語言文字工作』(語文出版社, 1986年), 2쪽.
27) 『全國語言文字工作會議紀要』, 全國語言文字工作會議秘書處(編), 『新時期的語言文字工作』(語文出版社, 1986年), 2쪽.
28) 『全國語言文字工作會議紀要』, 載全國語言文字工作會議秘書處(編), 『新時期的語言文字工作』(語文出版社, 1986年), 4쪽.

주어야 한다.29) 이에 따라 대량 한자간화 작업은 일단 중단되었다.

② 『제2차 한자간화방안(草案)』 폐지

1986년 6월 24일, 국무원은 『국무원이 국가 언어 문자 작업 위원회의 제2차 한자간화방안(草案) 폐지 및 사회용 문자 혼란 현상 교정 요청에 관한 통지』를 발표했다. 이 통지는 '1977년 12월 20일 발표된 『제2차 한자간화방안(草案)』은 본 통지 발효일로부터 사용을 중단한다.'라고 규정했다.30)

③ 『간화자총표』 재 공표

국무원의 요청에 따라, 사람들이 간화자를 올바르게 사용할 수 있도록 국가 언어 문자 작업 위원회는 1986년 10월 10일 『간화자총표』를 다시 발표했다(『간화자총표』의 일부 문자는 조정되었다). 이에 '사회용 문자는 『간화자총표』를 기준으로 한다'라고 요구했다.31)

2. 한자간화 작업의 연구

이 시기 한자간화 작업에 대한 연구는 주로 다음과 같았다. (1)한자간화 역사에 대한 연구 (2)한자간화 작업의 종합적 평가와 반성. (3) 한자간화 작업에 대한 평가의 논란. (4)또한 학자들은 한자간화 방법과 단계에 대해 재 연구를 진행했다.

---

29) 『全國語言文字工作會議紀要』, 載全國語言文字工作會議秘書處(編), 『新時期的語言文字工作』(語文出版社, 1986年), 4쪽.
30) 國家語言文字工作委員會政策法規室, 『國家語言文字政策法規』(語文出版社, 1996年), 29쪽.
31) 國家語言文字工作委員會政策法規室, 『國家語言文字政策法規』, 語文出版社, 1996年, 167쪽.

3. 간화자 연구

이 시기 간화자에 대한 연구는 주로 세 가지 방향으로 진행되었다. (1)간화자와 해당 번체자의 관계에 대한 연구 (2)현재 사용되는 간화자에 존재하는 문제점에 대한 연구 (3)해외 한자의 간략화 및 간화자에 대한 연구

4. 한자간화 작업 및 연구의 새로운 발전(2000년~2021년)

2000년부터 2010년까지, 한자간화 작업과 그 연구는 새로운 발전을 이루었다.

(1) 한자간화 작업의 새로운 배경 변화

2000년 이후 한자간화 작업의 배경은 명백한 변화를 겪었다.

1. 한자의 생활 상황이 크게 변화했다.

첫째, 한자를 처리하는 도구, 방법, 플랫폼이 크게 변화했다. 컴퓨터, 휴대전화, 인터넷의 급속한 보급으로 이들이 한자 처리의 중요한 도구와 플랫폼이 되었다. 둘째, 한자의 대외 교류 범위가 더욱 확대되었다. 중국의 양안 네 지역(兩岸四地: 중국, 대만, 홍콩, 마카오)과 전통적인 한자 문화권, 나아가 전 세계적으로, 번체자와 간화자 간의 충돌이 점차 두드러지게 되었다. 셋째, 전통 문화에 대한 주목이 더욱

증가하면서, 사회적으로 번체자를 읽고 사용하는 수요가 증가했다. 이러한 상황은 문자에 대해 모순된 요구를 제기했는데, 한편으로는 문자의 안정성, 실용성을 중시하고, 한자 사용의 규범화, 정보화, 표준화를 신속하게 실현해야 하는 반면, 다른 한편으로는 간화자와 번체자 간의 관계를 적절히 처리할 필요가 있었다.

2. 이 시기에는 국가 관련 법률 및 정책의 새로운 변화가 있었다.

첫째, 2000년 10월 31일, 국가는 『중화인민공화국 국가 통용 언어문자 법』을 공포하여, 간화자를 포함한 한자의 지위와 사용에 대한 법적 규정을 마련했다. 둘째, 2012년 12월 4일, 교육부와 국가 언어문자 작업 위원회는 『국가 중장기 언어 문자 사업 개혁 및 발전 계획 강령(2012~2020년)』을 발표하여, 간화자를 포함한 한자의 사용과 연구에 대한 계획을 수립했다.

(2) 『통용 규범 한자표』의 간화자 새로운 처리

교육부와 국가 어문 위원회가 조직하여 제정한 『통용 규범 한자표』는 2013년 6월 5일에 공포되어 시행되었다. 『간화자총표』는 『통용 규범 한자표』에 통합되어 규범자의 일부가 되었으며, 원래의 『간화자총표』는 사용이 중단되었다.

(3) 한자간화 작업 연구의 새로운 발전

이 시기 한자간화 작업에 대한 연구는 여전히 이전 시기의 몇 가지 주제를 중심으로 진행되었다. (1)한자간화 역사에 대한 연구 (2)한자간화 작업의 종합 및 반성. (3)간화자 간화 작업에 대한 기본 평가. 그러나 연구는 더욱 깊이 있고 체계적으로 진행되었다.

(4) 간화자 연구의 새로운 발전

21세기에 들어서 간화자에 대한 연구는 주로 다음과 같은 내용을 포함했다.

1. 『통용 규범 한자표』와 관련된 연구

『통용 규범 한자표』 제정 전과 제정 과정에서 국가 어문 위원회 등 관련 부서는 여러 차례 전문가 회의를 개최하여 전국적으로 관련 전문가들을 모아 간화자의 여러 면을 충분히 논의했다. 또한 많은 학자들도 자발적으로 『통용 규범 한자표』 제정과 관련하여 간화자에 대한 연구를 진행했으며, 특히 현재 사용되는 간화자의 문제점과 해결 방안에 대해 연구했다. 일부 학자들은 간화자 해석에 관한 저작을 출판했다. 『통용 규범 한자표』 발표 후, 일부 학자들은 표에 포함된 간화자에 대해 설명했고, 다른 학자들은 표에 포함된 간화자의 문제점에 대해 의문을 제기했으며, 또 다른 학자들은 표 외의 문자에 대한 유사 간략화 문제 등에 대해 연구했다.

2. 번체자와 간화자 관계에 대한 연구

한자가 간략화된 후에도, 번체자는 여전히 사람들의 한자 사용 생활에 존재한다. 그러나 『간화자총표』와 『통용 규범 한자표』에서 정한 간화자와 번체자 간의 대응 관계는 상당히 복잡한다. 이로 인해

사람들이 번체자와 간화자의 대응 관계를 이해하고 변환하는 데 큰
어려움을 겪고 있다. 따라서 학자들은 번체자와 간화자의 대응 관계
및 변환에 관한 연구를 지속적으로 수행해왔다.

3. 해외 한자간화 및 간화자에 대한 연구

중국의 간화자는 해외에 널리 전파되었으며, 해외에는 자체적인
간화자가 존재한다. 이 시기에 해외 한자간화와 간화자에 대한 연구
가 더욱 증가하고, 더욱 심도 있고 세밀한 연구가 진행되었다.

4. 기존의 간화자 연구 주제 계속 진행

한자간화방안과 관련 문자표에 대한 연구, 간화자의 기원 연구, 간
화자의 미래에 대한 연구, 간화자 교육 연구, 간화자 서예 연구 등 기
존의 연구 주제들이 계속 진행되었으며, 새로운 연구 성과가 지속적
으로 나타났다.

5. 간화자 연구의 새로운 확장

예를 들어, 간화자 연구사에 대한 연구, 한국어 간화자와 다른 언
어 문자와의 비교 연구, 간화자와 사회 문화의 관계에 대한 연구 등
이 새롭게 확장되었다.

5. 한자간화 연구의 기본 자료

한자간화 연구에는 다양한 자료가 필요하며, 그 분류는 다음과 같다.

(1) 한자간화 운동 연구의 기본 자료

1. 한자간화 운동 역사 연구의 기본 자료

- 오옥장(吳玉章)의『문자개혁문집(文字改革文集)』[32]. 이 책은 저자가 중국 문자개혁 위원회 주임으로 재직하던 10년 이상의 기간 (1949년 10월 중국 문자개혁 협회 설립, 오옥장 상무 이사회 주임 선출, 1954년 중국 문자개혁 위원회 설립 및 주임) 동안의 문자개혁 관련 문건을 수록하고 있으며, 당과 국가의 문자개혁 작업에 대한 방침, 정책을 설명하고, 중국의 문자개혁 작업 경험을 정리한 중요한 자료이다.
- 부영화(傅永和)의『규범한자(規範漢字)』[33]. 이 책은 두 부분으로 나뉘며, 첫 번째는 한자의 간략화, 두 번째는 한자의 정리에 관한 것이다. 1950년부터 1988년까지 국가에서 관련된 한자간화 및 정리의 각종 규범 내용과 그 제정, 발표 과정을 체계적으로 소개한다.
- 왕균(王均) 주편의『현대중국의 문자개혁(當代中國的文字改革)』[34]. 이 책은 청대 말년부터 1985년까지 중국의 문자개혁을 체계적으로 소개하며, 이 시기의 한자간화 상황을 포함하고 있다.
- 비금창(費錦昌) 주편『중국 어문 현대화 백년 기사: 1892-1995(中國語文現代化百年記事: 1892-1995)』[35]. 이 책은 1892년부터 1995년까지 중국 어문 현대화의 중요 사건을 기록하고 있으며, 한자간화의 중요 사건을 포함한다.

---

32) 吳玉章,『文字改革文集』, 人民大學出版社, 1978年.
33) 傅永和,『規範漢字』, 語文出版社, 1994年.
34) 王均主,『當代中國的文字改革』, 當代中國出版社, 1995年.
35) 費錦昌,『中國語文現代化百年記事(1892-1995)』, 語文出版社, 1997年.

2. 한자간화와 관련된 국가 정책 및 법규

· 중화민국 시기 간화자 관련 정령. 주로 『국민정부 교육부령 제
  11400호』, 국민정부가 제정 및 공포한 『각 성시 교육 행정 기구
  추진 부령 간화자 방법』이 있으며, 이 두 문서는 당시 간화자의
  추진 범위, 시간, 방법을 규정하고, 간화자를 추진하는 이유를
  설명한다.
· 중화인민공화국 간화자 관련 정책 및 법규. 주요 법규로는 1956년
  1월 28일 『국무원의 한자간화방안 공포에 관한 결의』, 1986년 6
  월 24일 국무원이 국가 어문 위원회의 『제2차 한자간화방안(草
  案) 폐지에 관한 통지』를 승인한 사항36), 중화인민공화국 문화
  부 중국 문자개혁 위원회의 『제1차 이체자 정리표 발표에 관한
  연합 통지』37), 『중화인민공화국 언어 문자법』, 『국가 중장기 언
  어 문자 사업 개혁 및 발전 계획 강령』 등이 있다.
· 『국가 어문정책 법규 집성(1949—1995)』38). 이 집성은 1949년부터
  1995년까지 한자간화 작업과 밀접한 관련이 있는 국가 정책 및
  법규를 수록하고 있다.
· 『언어 문자 규범 수첩』(제5판)39). 이 수첩은 국가의 현행 언어 문
  자 정책 및 법규를 수록하고 있으며, 이 중 간화자에 관한 현행
  국가 정책 및 법규를 포함하고 있다.

(2) 간화자 연구의 기본 자료

간화자 연구의 기본 자료는 간화자 목록과 간략화 방안을 포함한
다. 1935년 이후 간화자 지위를 획득한 간화자들은 대부분 다음과 같
은 몇 가지 문서에 포함되어 있다.

---

36) 『中華人民共和國國務院公報』 1986-04-19.
37) 『中華人民共和國國務院公報』 1956-01-13, 人民教育出版社, 1956年.
38) 『國家語言文字政策法規彙編(1949-1995)』, 語文出版社, 1996年.
39) 語文出版社, 『語言文字規範手冊』(第5版), 語文出版社, 2019年.

①『제1차 간화자 목록』. 1935년 8월 국민정부 교육부에서 공포한
이 목록은 민간에서 가장 널리 퍼진 324개의 속자, 고자, 초서자
를 수록했다. 처음에는 '각 학교 및 출판 단위가 따라야 할 것'으
로 규정되었지만, 후에 간화자 목록을 전면적으로 시행하라고
요구했다. 그러나 반대 의견이 제기되어 1936년 2월 교육부는
행정원의 명령에 따라 '간화자의 시행을 잠시 중단하기로 결정'
했다.[40] 이 이후로 이 표는 사라지고 말았다.

②『한자간화방안』[41]. 이 방안은『인민일보』1956년 1월 31일자에
게재되었으며, 한자간화 제1표(간화자 230개), 제2표(간화자 285
개), 부수 간략화 목록(간화자 부수 54개)을 포함하고 있다. 이
목록의 각 간화자와 간체 부수 뒤에는 해당 번체자가 나열되어
있다. 이 방안은 1956년 1월 28일 중화인민공화국 국무원 전체
회의 제23차 회의에서 통과되었다(국무원의『한자간화방안』공
포에 관한 결의).

③『간화자총표』. 이 목록은『한자간화방안』을 기반으로 작성되었
으며, 세 개의 목록을 포함한다. 제1표는 '간체 부수로 사용되지
않는 간화자' 352개, 제2표는 '간체 부수로 사용될 수 있는 간화
자와 간체 부수' 132개와 간체 부수 14개, 제3표는 '제2표에 나
열된 간화자와 간체 부수를 사용하여 얻은 간화자' 1754개이다.
세 목록에는 총 2238개의 간화자가 수록되어 있다.[42] 이 목록은
1964년 공포된 후 전국에서 시행되었다. 1986년 10월, 국무원은
『제2차 한자간화방안(草案)』(즉 이간자)을 폐지한 후, 국가 어문
위원회가 국무원의 승인을 받아『간화자총표』를 다시 발표하고
일부 조정을 했다.

④『제이차 한자간화방안(초안)』(습칭 '이간'), 두 개의 자표를 포함

---

40) 蘇培成,『20世紀的現代漢字硏究』, 書海出版社, 2001年版, 198-199쪽.
41)『人民日報』1956年1月31日.
42) 또한 '수(須)'와 '첨(簽)'이 총표 내에서 각각 두 번씩(첫 번째 표와 세 번째 표)
나타나 중복 계산되었기 때문에, 실제로는 2,236개의 간화자가 존재한다. 蘇培
成,『二十世紀的現代漢字硏究』, 209쪽.

하고 있다. 첫 번째 표에는 간화자 248자가, 두 번째 표에는 간화자 605자가 있으며, 별도로 간화 편방(簡化偏旁) 61개가 있다. 이 방안은 문자개혁 위원회(文字改革委員會)가 국무원(國務院)에 보고하여, 1977년 12월 20일에 승인되었다. 국무원의 지시에 따라, 첫 번째 표의 248개 간화자는 공포된 날부터 출판물에서 시험적으로 사용되며, 두 번째 표의 간화자는 의견을 수렴하기 위한 것으로, 시험 사용되지 않다. '이간'이 발표된 후, 여러 방면에서 큰 의견이 제기되었고, 반응이 강렬했다. 1986년 6월 24일, 국무원은 국가 어문 위원회(國家語委)의 『제이차 한자간화방안(초안)의 폐지와 사회용자 혼란 현상의 교정에 관한 청구』 통지를 승인하여, '이간'은 폐지되었다.

⑤『통용 규범 한자표』. 이 표는 『제일차 이체자 정리표』(1955년), 『간화자총표』(1986년), 『현대 한어 상용자표』(1988년), 『현대 한어 통용자표』(1988년)를 통합하여 만들어진 것으로, 『간화자총표』의 모든 간화자를 흡수했으며, 『간화자총표』와 『현대 통용 한자표』에 포함되지 않은 226개의 간화자도 수록하였다. 이 표는 2013년 6월 5일에 공포되어 시행되었으며, 이 표의 공포와 함께 통합된 각 자료의 사용이 중단되었다.

위의 자료들에 포함된 간화자는 자료 편찬자들이 연구한 결과일 뿐만 아니라, 자료가 발표된 후 사람들이 간화자를 연구하는데 중요한 대상이 되었다.

(3) 간화자(簡化字), 번체자(繁體字), 이체자(異體字) 대응 관계에 대한 기본 자료 연구

1. 『제1차 이체자정리표』(第一批異體字整理表)와 『간화자총표』(簡化字總表)를 기반으로 편찬된 '번간자' 대조 사전.

① 『한자간화자와 번체자 대조 사전』(漢字簡化字與繁體字對照字典),
소배성(蘇培成) 편저, 중신 출판사(中信出版社) 1992년 6월 출판.
본 사전은 1986년에 재발표된 『간화자총표』(簡化字總表)의 2235
개 간화자와 『제일차 이체자 정리표』의 39개 선택 사용자를 수
록하고 있다. 각 글자에는 주음(注音), 간명 해의(簡明釋義), 예사
(例詞)가 있으며, 간화자와 번체자 간의 관계에 대한 설명이 포
함되어 있다.

② 『간화자 번체자 대조 사전』(簡化字繁體字對照字典), 강람생(江藍
生), 육존오(陸尊梧) 편저, 한어 대사전 출판사(漢語大詞典出版社)
2007년 6월 출판. 본 사전은 총 2274개의 간화자를 수록하고 있
으며, 이는 1986년에 재발표된 『간화자총표』의 2235개 간화자와
『제일차 이체자 정리표』의 39개 선택 사용자를 포함한다. 이 사
전은 주음 해의(注音釋義)와 설해(說解) 두 부분으로 나뉘며, 설해
부분에서는 간화자의 부수(部首), 자형 구조(字形結構), 구자 방법
(構字方法), 간화 방법(簡化方法)을 소개하고 있다. 또한 고대의
자서(字書), 운서(韻書) 및 민간 필본(寫本), 간본(刊本) 등의 문헌
자료를 바탕으로 일부 간화자나 간화 방법이 한자 변천사에 있
어 근거와 선례가 되었음을 소개하고 있다.

2. 『통용규범한자표(通用規範漢字表)』를 기반으로 한 간화자, 번체
자, 이체자 대조 사전

① 『간화자 번체자 이체자 대조사전(簡化字繁體字異體字對照字典)』,
장서암(張書岩) 주편, 상하이 사전 출판사(上海辭書出版社) 2021년
1월 출판. 이 사전은 『통용 규범 한자표』에 수록된 간화자, 번체
자, 이체자 대조 내용을 포함한 표제자(單字頭) 약 3700세트를
수록하고 있는데, 그 중 1급자가 약 2050그룹, 2급자가 약 1150
그룹, 3급자가 약 500그룹 포함되었다. 각 간화자 표제자 뒤에는
해당하는 번체자나 이체자를 나열하고, 한어 병음(漢語拼音)을
주석하며, 그 의미를 제공한다. [변석(辨析)]과 [비고(備考)]난이

있어 같은 자표의 간화자, 번체자, 이체자의 독음, 형체, 의마의
대응 관계를 분석한다.

② 한어대자전 편찬처(漢語大字典編纂處) 편『간화자 번체자 이체자
대조 사전(簡化字繁體字異體字對照字典)』, 사천 사서출판사(四川辭
書出版社) 2019년 6월 출판. 이 사전은 범례(凡例), 한어병음 음절
색인(漢語拼音音節索引), 본문, 간화자에서 번체자, 이체자 필순
색인(筆畫索引), 번체자에서부터 이체자와 간화자에 이르기까지
의 필순 색인, 한자간화총표(漢字簡化總表) 등의 부분으로 구성
되어 있다. 각 자표에는 간번(簡繁) 또는 간이(簡異) 대조가 있으
며, 간번 대조가 설정된 자표에는 간번 전환 규칙의 항목이 있
고, 각 자표 아래에는 의미 해석이 배치되어 있으며, 의미 해석
부분은 일일이 처리되었다. 일대다, 다대일 현상에 대해서는 '주
의' 항목을 별도로 설정하여 각각의 관계를 설명했다.

③ 『간화자 번체자 이체자 대조사전(簡化字繁體字異體字對照字典)』,
양합명(楊合鳴) 주편, 숭문서국(崇文書局) 2019년 10월 출판. 이 사
전은『통용 규범 한자표』의 수록자를 기준으로 하고, 해당 표에
수록되지 않았지만『신화자전(新華字典)』,『현대한어사전(現代漢
語詞典)』에 수록된 번체자와 이체자를 함께 수록했다. 총 2990개
의 규범 한자, 2456개의 번체자, 1070개의 이체자 등 총 6516개
가 수록되어 있다. 이 사전은 간화자와 번체자, 이체자 간의 복
잡한 대응 관계를 정리할 뿐만 아니라, 책 뒤의 부록에서는 일대
다 번체자 간이표, 쉽게 읽거나 쓰기 틀리기 쉬운 고대 인명(人
名), 지명(地名) 등을 포함하고 있다.

(4) 간체자(簡體字) 연구 자료

간화자는 연구자의 창조에서 비롯된 것이 아니라, 이미 존재하던
간체자에서 유래했다.43) 간화자 연구는 간체자 없이는 불가능하며,

---

43) 張書岩,『簡化字溯源』, 語文出版社, 1997, 6쪽.

간체자를 보존하는 자료는 주로 다음과 같다.

1. 고대의 자서(字書)

예를 들어, 『설문해자(說文解字)』, 『옥편(玉篇)』, 『간록자서(干祿字書)』, 『광운(廣韻)』, 『집운(集韻)』, 『오음집운(五音集韻)』, 『용감수경(龍龕手鏡)』, 『자회(字彙)』, 『자휘보(字彙補)』, 『정자통(正字通)』, 『예변(隷辨)』 등이 있다.

2. 현대 학자들이 정리한 통속자 관련 서적

주요한 것들은 다음과 같은 것들이 있다.

① 유복(劉復), 이가예(李家瑞) 합편 『송원 이래 속자보(宋元以來俗字譜)』[44] 이 책은 송(宋), 원(元), 명(明), 청(淸) 시대의 12부 통속 문학 의 판각본에서 6240개의 속자를 수집하여, 그것들과 대응하는 1604개의 정자(正字) 아래에 배치했다. 그중 많은 간체자가 있으며, 1964년 『간화자총표』는 그 간체자 형태 269개를 직접 흡수하고, 미세 조정된 후 간속자(簡俗字) 191개를 사용했다.[45]

② 반중규(潘重規) 주편의 『돈황 통속자보(敦煌俗字譜)』[46], 황정(黃征) 의 『돈황 통속자전(敦煌俗字典)』[47], 장용천(張湧泉)의 『돈황 속자 연구(敦煌俗字研究)』[48] 등과 같은 몇몇 저작은 돈황 문헌에서의 속자를 정리했다.

③ 조홍(趙紅)의 『투루판 속자전(吐魯番俗字典)』[49] 이 책은 투루판 필본(寫本) 중의 속자를 수집하고 해석했다.

---

44) 劉復, 李家瑞, 『宋元以來俗字譜』, 中央研究院歷史語言研究所, 1930年.
45) 邱龍升, 「<宋元以來俗字譜>與簡化字」, 『勵耘語言學刊』 2014年 第2期.
46) 潘重規, 『敦煌俗字譜』, 石門圖書公司, 1978年.
47) 黃征, 『敦煌俗字典』上海教育出版社 , 2005年.
48) 張湧泉, 『敦煌俗字研究』(第2版), 2015年.
49) 趙紅, 『吐魯番俗字典』, 上海古籍出版社, 2019年.

④ 저소참(儲小囷), 장려(張麗)의『송원 이래 계약 문서 속자 연구(宋元以來契約文書俗字研究)』.50) 이 책은 최근 안휘(安徽), 귀주(貴州), 절강(浙江), 운남(雲南), 북경(北京), 복건(福建), 광동(廣東), 내몽골(內蒙), 호북(湖北), 사천(四川), 대만(臺灣) 등지에서 발견되고 공개된 송(宋), 원(元) 이래의 계약 문서에 나타난 속자를 연구했다.

⑤ 양소평(楊小平)의『청대 수기 문헌의 속자 연구(淸代手寫文獻之俗字研究)』.51) 이 책은 청대(淸代) 필사문헌(檔案, 文書)에 나타난 속자에 대해 연구했다.

이상의 속자 서적과 속자 연구서들은 간체자를 포함하고 있다.

3. 서예 사전

난전익(欒傳益), 난건훈(欒建勳) 편저『중국 서예 이체자 대자전(中國書法異體字大字典 附考辨)』(상)52) 이 사전은 약 4000개 한자의 자형 변화를 수록하고 있으며, 그 중 많은 간체자가 포함되어 있다.

4. 고대 문자 자료에서 수집하여 정리한 자형표.

주요한 것들은 다음과 같다.

① 황덕관(黃德寬) 주편, 서재국(徐在國) 부주편의 "고한자 자형표 시리즈"에 포함된 다음의 것들이 있다. 『상대문자자형표(商代文字字形表)』53), 『서주문자자형표(西周文字字形表)』54), 『춘추문자자형표(春秋文字字形表)』55), 『전국문자자형표(戰國文字字形表)』

---

50) 儲小囷, 張麗, 『宋元以來契約文書俗字研究』, 人民出版社, 2020年.
51) 楊小平, 『淸代手寫文獻之俗字研究』, 北京師範大學出版社, 2019年.
52) 欒傳益, 欒建勳, 『中國書法異體字大字典』(附考辨, 上), 西泠印社出版社, 2018年.
53) 夏大兆, 『商代文字字形表』, 上海古籍出版社, 2017年.
54) 江學旺, 『西周文字字形表』, 上海古籍出版社, 2017年.
55) 吳國升, 『春秋文字字形表』, 上海古籍出版社, 2017年.

(상)56), 『전국문자자형표(戰國文字字形表)』(중)57), 『전국문자자형
표(戰國文字字形表)』(하)58) , 『진문자자형표(秦文字字形表)』59).

② 장극화(臧克和) 주편, 곽서(郭瑞), 유우너춘(劉元春), 이해연(李海
燕) 등 편, 『한위육조수당오대자형표(漢魏六朝隋唐五代字形表)』60).

③ 장극화(臧克和) 주편, 『일본 소장 당대 한자 초본 자형표(日藏唐
代漢字抄本字形表)』(전9책)61). 이 자형표는 중국 본토에서는 결여
된, 일본에 보존된 필사본을 통해 수집한 공시적 문헌의 자료를
바탕으로 하며, 당대(唐代)의 실제 문자 상태를 반영한다.

이상의 자형표는 공시적 문헌으로서, 각각의 시대에 사용된 문자
의 실제 상황을 진실하게 반영하고 있으며, 여기에는 간체자도 포함
되어 있다.

5. 고문자 사전

예를 들면 서중서(徐中舒) 주편 『갑골문자전(甲骨文字典)』62), 하림
의(何琳儀)의 『전국고문자전(戰國古文字典)』63) 등은 당시의 간체자를
수록하고 있다.

6. 현대 대형 사전

예를 들어 『사해(辭海)』, 『한어대자전(漢語大字典)』, 『중화자해(中華

---

56) 徐在國, 程燕, 張振謙, 『戰國文字字形表』(上), 上海古籍出版社, 2017年.
57) 徐在國, 程燕, 張振謙, 『戰國文字字形表』(中), 上海古籍出版社, 2017年.
58) 徐在國, 程燕, 張振謙, 『戰國文字字形表』(下), 上海古籍出版社, 2017年.
59) 單曉偉, 『秦文字字形表』, 上海古籍出版社, 2017年.
60) 臧克和主編; 郭瑞, 劉元春, 李海燕, 『漢魏六朝隋唐五代字形表』, 南方日報出版社, 2011年.
61) 臧克和(主編), 『日藏唐代漢字抄本字形表』(共9冊), 華東師範大學出版社2016年2月~2017年6月.
62) 徐中舒, 『甲骨文字典』, 中華書局, 1980年.
63) 何琳儀, 『戰國古文字典』, 中華書局, 1998年.

字海)』[64] 등은 모두 간체자를 포함하고 있다.

6. 한자간화 연구의 기본 문제

1909년부터 2021년까지 100년 이상의 기간 동안, 학자들은 한자의 간화 작업과 간화자에 대해 다양한 측면에서 연구를 진행해왔다. 아래에서는 한자간화 작업에 대한 연구와 간화자에 대한 연구의 두 부분으로 나누어 주요한 내용을 간략하게 소개한다.

(1) 한자간화 작업에 대한 연구

1. 한자간화의 필요성, 가능성, 목적 및 방법

한자간화의 각 단계에서, 학자들은 그 시기의 한자간화 필요성, 가능성, 목적 및 방법에 대해 연구를 진행했다. 예를 들어, 전현동(錢玄同)의 『한자혁명(漢字革命)』[65], 『현행 한자의 필순 감소 안(減省現行漢字的筆畫案)』[66]은 5·4 운동 시기의 한자간화 필요성, 가능성, 목적 및 방법에 대해 연구했다.

오옥장(吳玉章)의 『문자개혁문집(文字改革文集)』[67], 정림희(鄭林曦) 등의 『중국문자개혁문제(中國文字改革問題)』[68], 정서림(丁西林)의 『한자의 정리와 간화(漢字的整理與簡化)』[69], 우재춘(於在春)의 『한자의 간

---

64) 冷玉龍, 韋一心, 『中華字海』, 中華書局, 中國友誼出版社, 1994年.

65) 錢玄同, 「漢字革命」, 『國語月刊』 1923年 第1卷.

66) 錢玄同, 「減省現行漢字的筆畫案」, 『錢玄同文字音韻學論集』, 上海古籍出版社, 2011年.

67) 吳玉章, 『文字改革文集』, 中國人民大學出版出版社, 1978年.

68) 鄭林曦(等), 『中國文字改革問題』, 新建設雜志社出版, 1952年.

69) 丁西林(等), 『漢字的整理與簡化』, 中華書局, 1954年.

화를 논함(論漢字的簡化)』70), 진광요(陳光堯)의 『간화한자(簡化漢字)』71), 조백한(曹伯韓)의 『한자간화문제 제강(漢字簡化問題提綱)』72) 등은 1950년대 한자간화의 필요성, 가능성, 목적 및 방법에 대해 연구했다.

또 사정국(史定國) 주편의 『간화자연구(簡化字研究)』73)는 21세기 초 한자간화의 필요성, 가능성, 목적 및 방법에 대해 연구했다.

2. 한자간화의 역사

한자간화의 역사에 대해 거시적 연구를 수행한 여러 논저가 있다. 예를 들어, 범자경(範子靖)의 『한자간화의 여정(漢字簡化之旅)』74), 소배성(蘇培成)의 『간화 한자 60년(簡化漢字60年)』75), 부영화(傅永和)의 『한자간화 50년 회고(漢字簡化五十年回顧)』76), 향광충(向光忠)의 『국어운동 백년과 한자간화 진행과정(國語運動百年與漢字簡化進程)』77), 모자(眸子)의 『간화자의 역사적 연원과 시대적 운용(簡化字的史源與時運)』78) 등이 있다.

그리고 특정 시기의 한자간화에 대한 연구 논저들도 있다. 예를 들어, 임상(林翔)의 『'간자'에서 '간체자'로－청말 민초 문자개선 전략의 조정(從'簡字'到'簡體字'－清末民初文字改良策略的調整)』79), 손건위(孫建偉)의 『청말 민국시기 한자간화 운동의 발생과 발전(清末民國時期漢字

---

70) 於在春, 『論漢字的簡化』, 通聯書店, 1953年.
71) 陳光堯, 『簡化漢字』, 通俗讀物出版社, 1955年.
72) 曹伯韓, 『漢字簡化問題提綱』, 『文字改革』, 1960年.
73) 史定國, 『簡化字研究』, 商務印書館, 2004年.
74) 範子靖, 『漢字簡化之旅』, 上海錦繡文章出版社, 2016年.
75) 蘇培成, 『簡化漢字60年』, 『語言文字應用』 2009年 第4期.
76) 傅永和, 『漢字簡化五十年回顧』, 『中國語文』 2005年 第6期.
77) 向光忠, 『國語運動百年與漢字簡化進程』, 『雲南師範大學學報(哲學社會科學版)』 2011年 第6期.
78) 眸子, 『簡化字的史源與時運』, 『文史知識』 2008年 第9期.
79) 林翔, 『從簡字到簡體字－清末民初文字改良策略的調整』, 『中國語文』, 2020年 第3期

簡化運動的發生與發展)』80), 최명해(崔明海)의『중화인민공화국 초기 한
자간화 개혁 연구(中華人民共和國成立初期漢字簡化改革研究)』81) 등이
있다.

또한 유명 학자들의 한자간화 작업에 대한 기여를 연구한 논저들
도 존재한다. 예를 들어, 진정(陳靖)의『진광요와 간화한자(陳光堯與簡
化漢字)』82), 조현덕(趙賢德)의『민국시기 강소성 남부 언어학자들이
한자간화 정책에 미친 영향(民國時期蘇南語言學家對漢字簡化政策的影
響)』83), 손건위(孫建偉)의『전현동의 한자간화에 대한 이론 전술과 실
천 추진(錢玄同對漢字簡化的理論闡述及實踐推進)』84), 손건위(孫建偉)의『
여금희의 한자간화 이론과 실천(黎錦熙漢字簡化的理論與實踐)』85) 등이
있다.

또 한자간화의 역사적 내용을 담고 있는 책들도 있다. 예를 들어.
왕균(王均) 주편의『당대중국의 문자개혁(當代中國的文字改革)』86), 소
배성(蘇培成)의『20세기의 현대한자 연구(二十世紀的現代漢字研究)』87),
심극성(沈克成), 심가(沈迦)의『한자간화 약설(漢字簡化說略)』88), 왕애
운(王愛雲)의『신중국 문자개혁(新中國文字改革)』89) 등이 있다.

---

80) 孫建偉,『清末民國時期漢字簡化運動的發生與發展』,『寧夏大學學報』(人文社會科
    學版) 2020年 第1期.
81) 崔明海,『中華人民共和國成立初期漢字簡化改革研究』,『史林』2020年 第1期.
82) 陳靖,『陳光堯與簡化漢字』,『縱橫』2006年 第12期.
83) 趙賢德,『民國時期蘇南語言學家對漢字簡化政策的影響』,『江蘇理工學院學報』
    2016年 第1期.
84) 孫建偉,『錢玄同對漢字簡化的理論闡述及實踐推進』,『寧夏大學學報(人文社會科學
    版)』2021年 第3期.
85) 孫建偉,『黎錦熙漢字簡化的理論與實踐』,『漢字漢語研究』2021年 第4期.
86) 王均,『當代中國的文字改革』, 當代中國出版社, 1995年.
87) 蘇培成,『二十世紀的現代漢字研究』, 書海出版社, 2001年.
88) 沈克成, 沈迦(著),『漢字簡化說略』, 人民日報出版社, 2001年.
89) 王愛雲,『新中國文字改革』, 人民出版社, 2019年.

3. 한자간화 작업에 대한 종합적 평가와 반성

한자간화 작업에 대한 전반적인 종합을 제시한 몇몇 논저들이 있다. 예를 들면, 비금창(費錦昌)의 『간화 한자의 갖가지 모습관－한자간화 작업 중의 10가지 관계를 올바르게 처리하기(簡化漢字面面觀－正確處理漢字簡化工作中的10種關系)』[90], 진장태(陳章太)의 『한자간화론(論漢字簡化)』[91], 장기윤(張其昀)의 『한자간화의 회고와 사고(關於漢字簡化的回顧與思考)』[92], 곽용생(郭龍生)의 『한자간화의 득과 실(漢字簡化的得與失)』[93], 장민권(張民權), 곽능학(郭淩鶴)의 『한자간화 문제에 대한 이성적 사고(關於漢字簡化問題的理性思考)』[94] 등이 있다.

한자간화 작업의 특정 측면에 대해 연구한 논저들도 존재한다. 예를 들면, 진명원(陳明遠) 『한자간화 추이－한자 필순의 통계와 분석을 통해 본 한자간화(漢字簡化芻議－從漢字筆畫的統計和分析看漢字簡化)』[95], 연등강(連登崗)의 『한자간화가 한자 기초 부건 및 그 시스템에 미치는 영향에 대하여－한자규범에서 기초 부건을 올바르게 처리해야 함을 함께 논함(論漢字簡化對漢字基礎部件及其系統的影響－兼論漢字規範應正確處理基礎部件)』[96], 정덕혜(丁德惠), 장계화(蔣繼華)의 『전파 시각에서의 건국 후 두 차례 한자간화 개혁 연구(傳播視域下建國後兩次漢字簡化改革研究)』[97],

---

90) 費錦昌, 『簡化漢字面面觀－正確處理漢字簡化工作中的10種關系』, 『語文建設』 1991年 第3期.
91) 陳章太, 『論漢字簡化』, 『語言文字應用』, 1992年 第2期.
92) 張其昀, 『關於漢字簡化的回顧與思考』, 『鹽城師專學報』(哲學社會科學版) 1994年 第2期.
93) 郭龍生, 『漢字簡化的得與失』, 『現代語文』 2004年 第3期.
94) 張民權, 郭淩鶴, 『關於漢字簡化問題的理性思考』, 『現代傳播』 2004年 第5期.
95) 陳明遠, 『漢字簡化芻議－從漢字筆畫的統計和分析看漢字簡化』, 『自然雜志』 1981年 第12期.
96) 連登崗, 『論漢字簡化對漢字基礎部件及其系統的影響－兼論漢字規範應正確處理基礎部件』, 『中國文字研究』 2005年 第6輯.

장혜령(張惠玲)의 『한자간화 필요성의 재인식(漢字簡化必要性的再認識)』[98], 고옥(高玉)의 『한자간화의 이유 및 그 반성(漢字簡化理由及其反思)』[99], 초해연(焦海燕), 진선송(陳先松)의 『신중국 초기 한자간화 개혁이 반영한 인민의 입장(新中國成立初期漢字簡化改革體現的人民立場)』[100].

연등강(連登崗)의 『한자간화 '약정속성' 방침의 편파성을 논함(論漢字簡化'約定俗成'方針的偏頗)』[101], 장서암(張書岩)의 『유추 간화로 조성된 간번체자 간의 복잡 관계 — 규범 자표로서의 형식 문제를 함께 논함(因類推簡化造成的簡繁體字之間的復雜關系—兼及作爲規範字表的形式問題)』[102], 소배성(蘇培成)의 『'표외자는 더 이상 유추할 수 없다'는 것의 주요 해악은 번체자의 회복에 있다('表外字不再類推'的要害是恢復繁體字)』[103] 등이 있다.

그런가 하면, 한자간화 작업에 대한 부정적인 입장을 취한 논저들도 있다. 예를 들면, 단생농(段生農)의 『문자개혁에 대한 반성(關於文字改革的反思)』[104], 신소룡(申小龍)의 『한자간화의 목적, 합리화인가 표음화인가?(漢字簡化的目的.合理化還是拼音化?)』[105], 왕문원(王文元)의 『단순화하고자 하면 복잡해지고, 명료하게 하고자 하면 혼란스러워

---

97) 丁德惠, 蔣繼華, 『傳播視域下建國後兩次漢字簡化改革研究』, 『漢字文化』 2018年 第19期.
98) 張惠玲, 『漢字簡化必要性的再認識』, 『長江叢刊』 2018年 第21期.
99) 高玉, 『漢字簡化理由及其反思』, 『中國現代文學論叢』 2018年 第2期.
100) 焦海燕; 陳先松, 『新中國成立初期漢字簡化改革體現的人民立場』, 『馬克思主義研究』 2019年 第8期.
101) 連登崗, 『論漢字簡化'約定俗成'方針的偏頗』, 中國文字學會, 河北大學文字研究中心(編), 『漢字研究第』 第一輯(學苑出版社, 2005年), 63-67쪽.
102) 張書岩, 『因類推簡化造成的簡繁體字之間的復雜關系—兼及作爲規範字表的形式問題』, 『辭書研究』 2009年 第1期.
103) 蘇培成, 『'表外字不再類推'的要害是恢復繁體字』, 『北華大學學報(社會科學版)』, 2014年 第1期.
104) 段生農, 『關於文字改革的反思』, 教育科學出版社, 1990年.
105) 申小龍, 『漢字簡化的目的.合理化還是拼音化?』, 『中學語文』 2002年 第23期.

지며, 빠릴 하고자 하면 지체됨에 대한 감상 - 간화자 개혁에 대한 유감(欲簡彌繁,欲淸彌渾,欲速彌遲 - 有感於簡化字改革)』106), 유사하(流沙河)의 『정체자 회귀, 간화자의 근거 상실을 상세히 논함(正體字回家 - 細說簡化字失據(稿本))』107) 등이 있다.

(2) 간화자 연구

1. 간화자 원류 연구

간화자의 기원에 대한 통시적 연구를 수행한 논저들로는 다음의 것들이 있다. 이희오(易熙吾)의 『간체자원(簡體字原)』108), 이낙의(李樂毅)의 『간체자원(簡體字源)』109), 장서암(張書岩)(등)의 『간화자 근원 탐원(簡化字溯源)』110), 강계증(姜繼曾)의 『간화자의 유래(簡化字的由來)』111), 이낙의(李樂毅)의 『감화자의 80%는 '옛날부터 이미 존재했다'(80%的簡化字是'古已有之'的)』112) 등이다.

또 특정 시기의 간체자에 대한 연구를 진행한 논저들도 있다. 예를 들어, 곽존효(郭存孝)의 『태평천국의 간화자(太平天國的簡化字)』113), 장쌍(張雙)의 『양한위진 비각 간체자 연구(兩漢魏晉碑刻簡體字研究)』114), 이수(李水), 이봉란(李鳳蘭), 이미락(李媚樂)의 『진한시기에 처음 보이

---

106) 王文元, 『欲簡彌繁,欲淸彌渾,欲速彌遲 - 有感於簡化字改革』, 『書屋』2002年 第8期.
107) 流沙河, 『正體字回家 細說簡化字失據(稿本)』, 新星出版社, 2016年.
108) 易熙吾, 『簡體字原』, 中華書局, 1955年.
109) 李樂毅, 『簡體字源』, 華語教學出版社, 1996年.
110) 張書岩(等), 『簡化字溯源』, 語文出版社, 1997年.
111) 姜繼曾, 『簡化字的由來』, 四川大學出版社, 2015年.
112) 李樂毅, 『80%的簡化字是'古已有之'的』, 『語文建設』1996年 第8期.
113) 郭存孝, 『太平天國的簡化字』, 『文字改革』1961年 第11期.
114) 張雙, 『兩漢魏晉碑刻簡體字研究』, 西南大學, 2008-05-01碩士論文.

는 현행 간화자 탐원(始見於秦漢時期的現行簡化字溯源)』115), 맹헌무(孟憲武), 이귀창(李貴昌,) 이양(李陽)의 『은허문자 간화자 연구 3례(殷墟文字中簡化字研究三例)』116) 등이 있다.

그런가 하면 특정 저작물에 나타난 간체자에 대한 연구를 수행한 논저들도 있다. 예를 들어, 유복(劉復), 이가서(李家瑞)의 『송원 이래 속자보(宋元以來俗字譜)』117), 오남남(吳楠楠)의 『<복고편> 간체자 연구(<復古編>簡體字研究)』118), 최일비(崔一非), 장전박(張傳博)의 『<설문해자>, <간록자서>, <송원 이래 통속자보>에 나타난 간화자의 정리 및 연구(對<說文解字>, <干祿字書>, <宋元以來俗字譜>中出現的簡化字的整理及研究)』119), 뇌여명(雷黎明)의 『돈황 마권만 한간 간화자 및 한자학적 가치에 대한 고찰(敦煌馬圈灣漢簡簡化字及其漢字學價值考)』120), 오계강(吳繼剛)의 『<한어대자전> 간화자 탐원-한위육조 비각을 기반으로(<漢語大字典>簡化字溯源—基於漢魏六朝碑刻)』121) 등이 있다.

2. 간화자 해석 및 간화자 이론적 근거 연구

---

115) 李水, 李鳳蘭, 李媚樂,『始見於秦漢時期的現行簡化字溯源』, 『瀋陽農業大學學報(社會科學版)』 2013年 第1期.
116) 孟憲武, 李貴昌, 李陽,『殷墟文字中簡化字研究三例』, 『殷都學刊』 2015年 第4期.
117) 劉復, 李家瑞,『宋元以來俗字譜』, 中央研究院歷史語言研究所, 1930年.
118) 吳楠楠,『<復古編>簡體字研究』, 『綿陽師範學院學報』 2010年 第10期.
119) 崔一非, 張傳博, 『對<說文解字>, <干祿字書>, <宋元以來俗字譜>中出現的簡化字的整理及研究』, 『第三屆漢字與漢字教育國際研討會論文摘要集』, 2012年.
120) 雷黎明,『敦煌馬圈灣漢簡簡化字及其漢字學價值考』, 『勵耘語言學刊』 2017年 第2期.
121) 吳繼剛『<漢語大字典>簡化字溯源-基於漢魏六朝碑刻』, 『平頂山學院學報』 2020年 第1期.

간화자에 대한 해석을 제시한 저작들이 있다. 예를 들어, 소홍(邵鴻), 소관용(邵冠勇)의 『간화 한자 해설(簡化漢字解說)』[122], 이문도(李文燾)의 『간화자 풀이(簡化字釋)』[123], 종환해(鍾煥懈)의 『간화자 주(簡化字注)』[124] 등이 있다.

간화자의 이론적 근거에 대한 연구를 수행한 논저들도 있다. 예를 들면, 양정산(梁廷山)의 『이론이 있는 간화자(簡化字有字理)』[125], 동국염(董國炎)의 『표준어와 간화자의 학문적 근거에 대하여-학술사상 몇 가지 중요한 현안을 함께 논함(論普通話與簡化字的學理依據-兼論學術史上幾種重要公案)』[126], 이석(李晰)의 『간화자 중 형성자의 이론적 근거에 대한 간단한 분석(簡化字中形聲字理據性淺析)』[127] 등이 있다.

3. 간화자 방안 및 간화자표 연구

간화자 방안에 대한 연구를 수행한 논저들도 있다. 예를 들면. 은환선(殷煥先)의 『<제이차 한자간화방안(草案)>의 학습-동음 대체 및 형성자에 대한 시론(學習<第二次漢字簡化方案(草案)>-試論同音代替與形聲字)』[128], 유신우(劉新友)의 『<제2차 한자간화방안(草案)> 제1표의 초보적 연구(<第二次漢字簡化方案(草案)>第一表初步研究)』[129],

122) 邵鴻, 邵冠勇, 『簡化漢字解說』, 齊魯書社, 2010年.
123) 李文燾, 『簡化字釋』, 南開大學出版社, 2012年.
124) 鍾煥懈, 『簡化字注』, 江西教育出版社, 2021年.
125) 梁廷山, 『簡化字有字理』, 『學術交流』 1991年 第2期.
126) 董國炎, 『論普通話與簡化字的學理依據-兼論學術史上幾椿重要公案』, 『山西大學學報』(哲學社會科學版) 2001年 第2期.
127) 李晰, 『簡化字中形聲字理據性淺析』, 『哈爾濱學院學報』 2005年 第6期.
128) 殷煥先, 『學習<第二次漢字簡化方案(草案)>-試論同音代替與形聲字』, 『文史哲』 1978年 第2期.
129) 劉新友, 『<第二次漢字簡化方案(草案)>第一表初步研究』, 『四平師院學報』(哲學

주옥금(朱玉金)의 『<제2차 한자간화방안(草案)>연구(<第二次漢字簡化方案(草案)>研究)』[130] 등이 있다.

또『간화자총표』에 대한 연구를 수행한 논저들도 존재한다. 예를 들어, 연등강(連登崗)의『<간화자총표> 합병자와 대체자 연구(<簡化字總表>歸並字代替字研究)』[131], 오방방(吳芳芳)의 『<간화자총표> 중 간화자와 그 대응 번체자의 이론적 근거 비교 및 분석(<簡化字總表>中簡化字與其對應繁體字理據性比較與分析)』[132], 요비(姚菲)의 『<간화자총표> 수록 간화자 연구(<簡化字總表>所收簡化字研究)』[133] 등이 있다.

또『통용 규범 한자표』에 대한 연구를 수행한 논저들도 존재한다. 예를 들어, 소애길(邵靄吉)의『<통용 규범 한자표> 간화자 통계 및 사고(<通用規範漢字表>簡化字統計與思考)』[134] 등이 있다.

4. 번체자와 간체자 관계 연구

번체자와 간체자의 관계에 대해 연구한 논저들이 있으며, 주로 다음과 같은 문제들을 다루었다.

첫째, 간화자와 그에 해당하는 번체자의 대응 관계에 대한 연구

예를 들어. 왕정(王正)의『간화자와 번체자 대응 관계 사례 분석(簡化字與繁體字對應關系例析)』(1)[135], 탕음비(湯吟菲)의 『<간화자총표>

社會科學版) 1978年 第1期.

130) 朱玉金,『<第二次漢字簡化方案(草案)>研究』, 山東師範大學, 2005碩士論文.

131) 連登崗, 『<簡化字總表>歸並字代替字研究』, 『漢字書同文研究』 2012年 第, 146-173쪽.

132) 吳芳芳,『<簡化字總表>中簡化字與其對應繁體字理據性比較與分析』, 河北大學, 2003年 碩士論文.

133) 姚菲,『<簡化字總表>所收簡化字研究』, 青島大學, 2018年 碩士論文.

134) 邵靄吉,『<通用規範漢字表>簡化字統計與思考』,『漢字文化』 2017年 第16期.

135) 王正,『簡化字與繁體字對應關系例析』(1),『秘書』 2011年 第7期.

188   중국문자학 핸드북

번간자 대응 관계의 주석 설명(<簡化字總表>繁簡字對應關系的注釋說
明)』136), 사종원(沙宗元), 심량(沈亮)의 『<통용 규범 한자표>와 <간
화자총표> 간의 간번 한자 대비 분석(<通用規範漢字表>與<簡化字總
表>簡繁漢字對比分析)』137) 등이 있다.

둘째, 간화자와 그에 해당하는 번체자의 변환 연구

예를 들어, 향광(向光)의 『간체자와 번체자의 배열 변환(簡繁體字的
編排變換)』138), 서인요(徐仁堯)의 『간체자와 번체자의 자동 변환(簡體
字繁體字的自動轉換)』139), 소배성(蘇培成)의 『간화자와 번체자의 변환
(簡化字與繁體字的轉換)』140), 소오운(小烏雲)의 『번간체자 변환의 해결
방안(解決繁簡體字轉換的方法)』141), 유상(劉爽)의 『<간화자총표>에
기반한 '비대칭' 번간자의 변환 문제 연구(基於<簡化字總表>'非對稱'
繁簡字的轉換問題研究)』142), 서위(徐煒)의 『간화자－번체자 변환 중 나
타나는 혼동에 대한 탐구(簡化字－繁體字轉換中所出現混淆的探討)』143),
주이미(祝伊湄)의 『번간자 변환은 고서 편집의 한 장애－<규범자, 번
체자, 이체자 대조표>에 대한 제안(繁簡字轉換是古籍編輯的一道坎－對
<規範字與繁體字, 異體字對照表>的一點建議)』144) 등이 있다.

---

136) 湯吟菲, 『<簡化字總表』繁簡字對應關系的注釋說明』, 『郎陽師範高等專科學校學
　　報』, 2010年 第4期.
137) 沙宗元, 沈亮, 『<通用規範漢字表>與<簡化字總表>簡繁漢字對比分析』, 『中國
　　文字學報』 2017年 12月.
138) 向光, 『簡, 繁體字的編排變換』, 『辭書研究』 1983年 第4期.
139) 徐仁堯, 『簡化字, 繁體字的自動轉換』, 『現代圖書情報技術』 1990年 第3期.
140) 蘇培成, 『簡化字與繁體字的轉換』, 『語文研究』 1993年 第1期.
141) 小烏雲, 『解決繁簡體字轉換的方法』, 『網絡與信息』 2007年 第9期.
142) 劉爽, 『基於<簡化字總表>'非對稱'繁簡字的轉換問題研究』, 三峽大學, 2019年
　　碩士論文.
143) 徐煒, 『簡化字－繁體字轉換中所出現混淆的探討』, 『文史雜志』 2013年 第1期.
144) 祝伊湄, 『繁簡字轉換是古籍編輯的一道坎－對<規範字與繁體字, 異體字對照表>
　　的一點建議』, 『編輯學刊』 2018年 第1期.

셋째, 간화자와 번체자의 비교 연구

예를 들면, 진명원(陳明遠)의『한자의 간화자와 번체자(漢字的簡化字和繁體字)』145), 장서암(張書岩)의『간화자와 번체자 관계의 두 가지 문제(簡化字與繁體字關系的兩個問題)』146), 곽소륜(郭曙綸)의『간화자와 번체자 필순 수의 동태적 통계 및 비교(簡化字與繁體字筆畫數的動態統計與比較)』, 서지학(徐志學)의『간화 편방이 사용되지 않은 간화자의 간번, 번간 비대칭 현상 분석(不作簡化偏旁用的簡化字簡繁, 繁簡非對稱現象分析)』147) 등이 있다.

5. 간화자 평가

많은 논저들이 간화자에 대한 평가를 제시했으며, 그 내용은 다음과 같은 몇 가지 범주로 나눌 수 있다.

첫째, 간화자에 대한 전반적인 평가

예를 들어. [미국] 마크 레이버리(Mark Lavery)(저), 왕지요(王志堯)(역)의『이익과 손실－중화인민공화국 간화자에 대한 견해(利與弊—對中華人民共和國簡化字的看法)』148), 주책종(周策縱)『중국어문 개혁과 교육 초보적 논의－특히 간화자 문제에 대하여(中國語文改革與教學芻議－特論簡化字問題)』149), 손건위(孫建偉)『20세기 전반기 학계의 간

---

145) 陳明遠,『漢字的簡化字和繁體字』,『語言教學與研究』1981年 第4期.
146) 張書岩,『簡化字與繁體字關系的兩個問題』,『第四屆全國語言文字應用學術研討會論文集』, 2005年.
147) 徐志學,『不作簡化偏旁用的簡化字簡繁, 繁簡非對稱現象分析』,『三峽論壇』(三峽文學·理論版), 2018年 第5期.
148) [美] Mark Lavery(著); 王志堯(譯),『利與弊—對中華人民共和國簡化字的看法』,『平頂山師專學報』1998年 第1期.
149) 周策縱,『中國語文改革與教學芻議－特論簡化字問題』,『中國文學研究(輯刊)』2001年 第2期.

체자에 대한 변증적 인식(二十世紀前半葉學界對簡體字的辯證認知)』150) 등이 있다.

둘째, 간화자의 문제점을 지적하며 해결 방안을 제시한 경우.

예를 들면. 하군(夏軍)『간화자 중의 성방 혼동 현상에 대한 시론(試論簡化字中的聲旁混同現象)』151), 소배성(蘇培成)『간화자를 재검토하다(重新審視簡化字)』152) 등이 있다.

셋째, 간화자에 대한 긍정적인 평가.

예를 들면. 장정(張靜)의 『간화자는 인민 군중에 뿌리를 내렸다(簡化字植根於人民群衆之中)』153), 왕혜(王惠)의 『간화자는 TV 전파에서의 우위성(簡化字在電視傳播中的優勢)』154), 유하(劉夏)의 『대외한어 교육에서 간화자의 우수성(對外漢語教學工作中簡化字優於繁體字)』155)

이장인(李長仁), 아룡(阿龍)의 『간화자의 사용이 한자발전추세에 부합함(使用簡化字符合漢字發展趨勢)』156), 진요(陳瑤)의 『정보화 시대의 간화자의 우세에 대한 분석(信息化時代下簡化字的優勢分析)』157), 소배성(蘇培成)의 『한자간화 문제와 대만 학자들과의 논의(就漢字簡化問題和臺灣學者商榷)』158), 장송곡(蔣松穀), 존옥지(錢玉趾)의 『＜정체자 회귀＞와 간화자의 미래(＜正體字回家＞與簡化字的未來)』159) 등이 있다.

넷째, 간화자에 대한 부정적인 평가.

---

150) 孫建偉,『二十世紀前半葉學界對簡體字的辯證認知』,『中國社會科學報』2021年2月9日.
151) 夏軍,『試論簡化字中的聲旁混同現象』,『中國文字研究』, 2003年 第4輯.
152) 蘇培成,『重新審視簡化字』,『北京大學學報』(哲學社會科學版) 2003年 第1期.
153) 張靜,『簡化字植根於人民群衆之中』,『語文建設』, 1991年 第2期.
154) 王惠,『簡化字在電視傳播中的優勢』,『語文建設』, 1995年 第1期.
155) 劉夏,『對外漢語教學工作中簡化字優於繁體字』,『焦作大學學報』2009年 第4期.
156) 李長仁; 阿龍,『使用簡化字符合漢字發展趨勢』,『社會科學戰線』2005年 第4期.
157) 陳瑤,『信息化時代下簡化字的優勢分析』,『産業與科技論壇』2020年 第6期.
158) 蘇培成,『就漢字簡化問題和臺灣學者商榷』,『語文建設』1991年 第3期.
159) 蔣松穀; 錢玉趾,『＜正體字回家＞與簡化字的未來』,『文史雜志』2016年 第2期.

예를 들면. 반려민(潘麗敏)의 『잃어버린 한자 문화의 매력-컴퓨터 시대에서 한자간화에 대한 반성(被兼並掉的漢字文化魅力-計算機時代 對漢字 簡化的反思)』160), 사공백(司空白)의 『간화자 대부분은 역사의 역행이다(簡化字大部分是開歷史的倒車)』161), 하림(何林) 『간화한자에 대한 초의(芻議簡化漢字)』162)

왕혜녀(王慧女)의 『동원 병합과 동음 대체-간화자는 정말로 '간화' 했는가?(同源歸並同音替代—簡化字眞的'簡化'了嗎?)』163), 길문휘(吉文輝) 의 『간화자의 오류에 대한 종합적 논의, 정체자 사용을 호소함(綜述簡 化字的失誤, 呼籲啓用正體字)』164), 왕문원(王文元)의 『가장 위한 시기에 도달한 한자-소배성 선생의 <간화자 시대에 진입한 한자>에 대한 평가(漢字到了最危險的時候—評蘇培成先生<漢字進入了簡化字時代>) 』165) 등이 있다.

6. 번체자를 익히고 간화자를 쓰는 것에 대한 연구

복잡한 글자와 간단한 글자의 관계 문제에 대해 학자들은 두 가지 주장을 제시했다.

첫째, 번체자를 익히고 간화자를 쓰자는 주장.

예를 들어, 원효원(袁曉園)의 『복잡한 글자를 알고 간단한 글자로

---

160) 潘麗敏, 『被兼並掉的漢字文化魅力-計算機時代對漢字簡化的反思』, 『漢字文化』 2006年 第5期.
161) 司空白, 『簡化字大部分是開歷史的倒車』, 『中國鋼筆書法』 2008年 第7期.
162) 何林, 『芻議簡化漢字』, 『首都博物館叢刊』 2009年 第23期.
163) 王慧女, 『同源歸並 同音替代—簡化字眞的簡化了嗎?』, 『科技視界』 2015年 第13期.
164) 吉文輝, 『綜述簡化字的失誤,呼籲啓用正體字』, 『漢字文化』 2015年 第3期.
165) 王文元, 『漢字到了最危險的時候-評蘇培成先生<漢字進入了簡化字時代>』, 『社會科學論壇』 2011年 第12期.

쓰기. 같은 글자의 공동 인식과 상호 신뢰를 통해 조국의 평화로운 통일 촉진』(袁曉園, 『識繁寫簡書同文字共識互信促進祖國和平統一』166), 원효원(袁曉園)의 『'복잡한 글자를 알고 간단한 글자로 쓰기'와 '문자 개혁'에 대하여 - 여숙상(呂叔湘)선생 등께 답하다』(袁曉園, 『論'識繁寫簡'與'文字改革'─答呂叔湘等先生』167), 장붕붕(張朋朋)의 『'복잡한 글자를 알고 간단한 글자로 쓰기'의 학술적 가치와 그 중대한 의미에 대하여』(張朋朋, 『論'識繁寫簡'的學術價値及其重大意義』168) 등이 있다.

둘째, 번체자의 학습에 대한 반대

예를 들어, 정림희(鄭林曦)의 『한자간화가 잘못된 것인가? - '복잡한 글자를 알고 간단한 글자로 쓰기'에 대한 논의』(鄭林曦, 『漢字簡化錯了嗎?─兼論'識繁寫簡'』169), 문련(文煉)의 『'복잡한 글자를 알고 간단한 글자로 쓰기'에 대해 이야기하다』(文煉, 『談談'識繁寫簡'』170), 진신(陳雙新), 안려연(安麗娟)의 『'복잡한 글자를 알고 간단한 글자로 쓰기' 문제에 대한 인식』(『對'識繁寫簡'問題的認識』)171), 소배성(蘇培成)의 『'『간소한 글자 총목록』 폐지 및 관련 논의'와의 상담』(『與'廢止『簡化字總表』及相關之說'的商榷』)172), 진만(陳曼)의 『간화자의 운명에 대한 초보적 논의 - 간화자의 사회성과 과학성(淺談簡化字的命運 - 簡化字的社會性與科學性)』173) 등이 있다.

166) 袁曉園, 『識繁寫簡書同文字共識互信促進祖國和平統一』, 『漢字文化』 1989年 第Z1期.
167) 袁曉園, 『論'識繁寫簡'與'文字改革'─答呂叔湘等先生』, 『漢字文化』 1992第2期.
168) 張朋朋, 『論'識繁寫簡'的學術價値及其重大意義』, 『漢字文化』 2013年 第2期.
169) 鄭林曦, 『漢字簡化錯了嗎?─兼論'識繁寫簡'』, 『語文建設』 1990年 第1期.
170) 文煉, 『談談'識繁寫簡'』, 『語文建設』 1991年 第2期.
171) 陳雙新; 安麗娟, 『對'識繁寫簡'問題的認識』, 『尋根』 2009年 第5期.
172) 蘇培成, 『與'廢止『簡化字總表』及相關之說'的商榷』, 『通化師範學院學報』 2014年 第5期.
173) 陳曼, 『淺談簡化字的命運 - 簡化字的社會性與科學性』, 『北京宣武紅旗業餘大學學報』 2010年 第3期.

7. 간체자(簡化字)와 문화의 관계 연구

간체자와 문화의 관계를 연구한 논문들은 주로 두 가지 관점을 제시한다.

첫째, 간체자가 문화 전승을 방해한다고 보는 견해.

예를 들어, 주대가(朱大可)의 『문화 부활은 한자로부터 시작해야 한다』(朱大可『文化復蘇當從漢字起步』)는 간체자가 고대 경전의 독서 장벽을 만들고 자연스럽고 효과적인 문화 전승을 방해한다고 주장한다.

둘째, 간체자가 전통 문화와의 연결을 끊지 않았다고 보는 견해.

예를 들어, 이우창(李友昌)의 『번체자와 간체자의 문화 함량 비교』(『繁體字和簡化字的文化含量比較』[174]), 장걸(張傑)의 『간체자 역시 전통 문화를 전승한다』(『簡化字同樣傳承傳統文化』[175]), 소배성(蘇培成)의 『간체자는 중국 사회의 발전에 유리하다―주대가의 <문화 부활은 한자로부터 시작해야 한다>에 대한 평가』(『簡化字有利於中國社會的發展―評朱大可<文化復蘇當從漢字起步>』[176]), 소배성(蘇培成)의 『간체자는 결코 우리나라의 전통 문화와의 연결을 끊지 않았다』(『簡化字從未切斷我國的傳統文化』[177]), 등해하(鄧海霞)의 『한자간화와 문화 전승 문제에 대한 재고찰』(『漢字簡化與文化傳承問題再思考』[178]), 우전유(於全有)의 『한자간화와 문화 전승 논의에 필요한 몇 가지 문제의 명확화』(『漢字簡化與文化傳承探討需要澄清的幾個問題』[179]) 등이 있다.

---

174) 李友昌, 『繁體字和簡化字的文化含量比較』, 『雲南電大學報』 2008年 第2期.
175) 張傑, 『簡化字同樣傳承傳統文化』, 『中國社會科學報』 2013年8月21日.
176) 蘇培成, 『簡化字有利於中國社會的發展―評朱大可<文化復蘇當從漢字起步>』, 『北華大學學報』(社會科學版) 2015年 第6期.
177) 蘇培成, 『簡化字從未切斷我國的傳統文化』, 『常州工學院學報(社科版)』 2015年 第1期.
178) 鄧海霞, 『漢字簡化與文化傳承問題再思考』, 『漢字文化』 2015年 第6期.

8. 해외 한자간화 및 간화자 연구

해외에서의 한자간화와 간화자에 대한 연구는 다음과 같은 몇 가지 유형으로 분류할 수 있다.

첫째, 해외 간화자 상황 연구

예를 들어, 추대임(邱大任)의 『해외 간제자 초의(境外簡體字芻議)』(연재)[180], 추대임(邱大任)의 『해외 간제자 초보적 논의(境外簡體字芻議)』(연재 2)[181], 진건흥(陳鍵興)의 『대만에서의 간체자—양안 출판 교류 일고(簡體字在臺灣—兩岸出版交流一瞥)』[182], 조경화(趙晶華)의 『일본어의 '간체자'에 대한 간단한 논의(淺談日語的'簡體字')』[183], 왕은규(王恩逵)의 『해외 중문 매체에서 간체자 사용의 의미에 대해 이야기하다(談海外中文媒體上使用簡化字的意義)』[184], 하화진(何華珍)의 『일본 간체자 탐원(日本簡體字探源)』[185] 등이 있다.

둘째, 간체자를 해외에 확산시키는 연구

예를 들어, 왕정지(王正智)의 『풍부하고 평화로운 통일 실천에서 간체자의 유연한 확산(在豐富和平統一實踐中柔性推廣簡體字)』[186], 호유수(胡裕樹), 진광뢰(陳光磊)의 『간체 한자를 세계로 보내자—＜한자간화

---

179) 於全有, 『漢字簡化與文化傳承探討需要澄淸的幾個問題』, 『瀋陽師範大學學報』(社會科學版) 2019年 第3期.

180) 邱大任, 『境外簡體字芻議』(連載), 『北京警院學報』 1995年 第6期.

181) 邱大任, 『境外簡體字芻議』(連載二), 『北京警院學報』 1996年 第4期.

182) 陳鍵興, 『簡體字在臺灣—兩岸出版交流一瞥』, 『兩岸關系』 2003年 第4期.

183) 趙晶華, 『淺談日語的'簡體字'』, 『日語知識』 2001年 第1期.

184) 王恩逵, 『談海外中文媒體上使用簡化字的意義』, 『首屆世界華文傳媒論壇論文集』, 2001年.

185) 何華珍, 『日本簡體字探源』, 『語言研究』 2003年 第4期.

186) 王正智, 『在豐富和平統一實踐中柔性推廣簡體字』, 『統一論壇』 2020年 第1期.

방안> 공표 35주년 소회(讓簡化漢字走向世界－＜漢字簡化方案＞發布
35周年感言)』[187) 등이 있다.

셋째, 중국 대륙과 해외의 간체자 비교 연구

예를 들어, 소가릉(邵嘉陵)의 『중일 양국의 간체자에 대한 잡담(漫
談中日兩國的簡體字)』[188), 마숙준(馬叔駿)의 『중일 한자 사용 비교－간
화자 통일을 함께 논함(中日使用漢字之比較－兼論統一漢字簡化字)』[189),
우광원(于廣元)의 『정보 처리 관점에서 본 중일 간화 한자의 정리(從
信息處理的角度看中日整理簡化漢字)』[190), 김홍월(金紅月)의 『중·한·일 삼
국의 간체자 비교 연구(中, 韓, 日三國漢字簡化字比較研究)』[191), 임청운
(任靑雲)의 『일본어 상용한자와 현대중국어 간체자의 자형 비교(日語
常用漢字和現代漢語簡化字的字形比較)』[192), 최효비(崔曉飛)의 『일본어
당용 한자와 중국 간화 한자의 비교 연구(日語當用漢字與中國簡化漢字
的比較研究)』[193), 상락(常樂)의 『중일 간화 한자 대비 연구(中日簡化漢
字對比研究)』[194), 사세애(謝世涯), 왕춘효(王春曉)의 『신 중일 간체자
연구(新中日簡體字研究)』[195), 임지휘(林智輝)의 『해협 양안 유학생의
번체, 간체자 사용 상황과 학습 현황(海峽兩岸留學生的繁, 簡體字使用情

---

187) 胡裕樹,陳光磊, 『讓簡化漢字走向世界－＜漢字簡化方案＞發布35周年感言』, 『語
文建設』 1991年 第1期.
188) 邵嘉陵, 『漫談中日兩國的簡體字』, 『復旦學報(社會科學版)』 1980年 第2期.
189) 馬叔駿, 『中日使用漢字之比較——兼論統一漢字簡化字』, 『內蒙古大學學報』(哲
學社會科學版) 1994年 第2期.
190) 於廣元, 『從信息處理的角度看中日整理簡化漢字』, 『揚州大學學報』(人文社會科
學版) 2001年 第2期.
191) 金紅月, 『中, 韓, 日三國漢字簡化字比較研究』, 中央民族大學, 2005年 碩士學位論文.
192) 任靑雲, 『日語常用漢字和現代漢語簡化字的字形比較』, 『中國科敎創新導刊』 2008年
第7期.
193) 崔曉飛, 『日語當用漢字與中國簡化漢字的比較研究』, 『漢字文化』 2008年 第5期.
194) 常樂, 『中日簡化漢字對比研究』, 大連海事大學, 2011年 碩士學位論文.
195) 謝世涯, 王春曉, 『新中日簡體字研究』, 『華西語文學刊』, 2011年 第2期.

況和學習情況)』196) 등이 있다.

넷째, 해외에서의 간체자 논쟁 연구

예를 들어, 대가홍(戴家鴻)의 『미국에서 발생한 간체 한자에 대한 한 번의 논쟁(簡化漢字在美國引發的一場論戰)』197), 대가홍(戴家鴻)의 『간체 한자 반대의 실질은 무엇인가?—미국에서 일어난 간체 한자에 대한 한 차례 큰 논쟁(反對簡化漢字的實質何在?—簡化漢字在美國引發的一場大論戰)(2)198) 등이 있다.

9. 간화자 교육 연구

간화자 교육에 관한 연구는 다음과 같은 네 가지 유형으로 분류될 수 있다.

첫째, 간화자가 언어 문학 교육에 미치는 영향 연구

예를 들어, 정림희(鄭林曦)의 『간화자가 언어문학 교육 개선에 유리하다(簡化漢字有利於改進語文教學)』199), 유하(劉夏)의 『대외 한어 교육에서 간화자가 번체자보다 우수하다(對外漢語教學工作中簡化字優於繁體字)』200), 왕로영(王露瑩)의 『한자간화와 한자교육 연구(漢字簡化與漢字教學研究)』201), 진가(陳歌)의 『<간화자총표>에서 동음 대체자가 문언문 교육에 미치는 영향의 사례 분석(例析<簡化字總表>中同音代替字

---

196) 林智輝, 『海峽兩岸留學生的繁, 簡體字使用情況和學習情況』, 南京大學, 2020年 碩士學位論文.

197) 戴家鴻, 『簡化漢字在美國引發的一場論戰』, 『集寧師專學報』, 1998年 第3期.

198) 戴家鴻, 『反對簡化漢字的實質何在?—簡化漢字在美國引發的一場大論戰之二』, 『集寧師專學報』 1999年 第2期.

199) 鄭林曦, 『簡化漢字有利於改進語文教學』, 『語文學習』 1955年 第2期.

200) 劉夏, 『對外漢語教學工作中簡化字優於繁體字』, 『焦作大學學報』 2009年 第4期.

201) 王露瑩, 『漢字簡化與漢字教學研究』, 揚州大學, 2011年 碩士學位論文.

對文言文敎學的影響)』202), 료서동(廖序東)의『간화자의 추가 확산과 한자교육(簡化字的進一步推廣和漢字敎學)』203) 등이 있다.

둘째, 간화자 교육 방법과 접근 연구

예를 들어, 고갱생(高更生)의『<간화자 총목록> 학습의 지름길(學習<簡化字總表>的捷徑』(1)204), 임춘함(林春含)의『글자의 이치를 이용한 간화자 교육 방법에 대한 논의(談如何利用字理識字簡化漢字敎學)』205) 등이 있다.

셋째, 간화자 교육에서 나타나는 문제에 대한 연구

예를 들어, 곽굉군(郭宏君)의『초등 언어문학 교사가 간화자에 대해 갖는 4가지 오해와 교육적 시사점(小學語文敎師對簡化字的四種誤解及敎學啓示)』206) 등이 있다.

넷째, 대외 간화자 교육 연구

예를 들어, 키무라모리(木村守), 우에지코이치(上地宏一)의『간화자를 이미 학습한 일본 학생들에게 어떻게 번체자를 가르칠 것인가?(如何對已學過簡體字的日本學生敎繁體字)』207), 진숙매(陳淑梅), 도림(陶琳), 사금화(佘錦華)의『일본 학생을 위한 중국어 간화자 멀티미디어 교재(針對日本學生的漢語簡體字多媒體課件)』208), 임일흔(林逸欣)의『독일인 한어 학

---

202) 陳歌,『例析<簡化字總表>中同晉代替字對文言文敎學的影響』,『學苑敎育』2012年 第10期.

203) 廖序東,『簡化字的進一步推廣和漢字敎學』,『語文建設』1991年 第2期.

204) 高更生,『學習<簡化字總表>的捷徑』(1),『中學語文敎學』2001年 第7期.

205) 林春含,『談如何利用字理識字簡化漢字敎學』,『西部素質敎育』, 2018年 第2期.

206) 郭宏君,『小學語文敎師對簡化字的四種誤解及敎學啓示』,『福建基礎敎育硏究』, 2020年 第9期.

207) 木村守; 上地宏一,『如何對已學過簡體字的日本學生敎繁體字』,『第四屆中國古籍數字化國際學術硏討會論文集』, 2013年.

208) 陳淑梅, 陶琳, 佘錦華,『針對日本學生的漢語簡體字多媒體課件』,『國際漢語敎育硏究』, 2015年.

습자가 번체자에서 간화자로 전환하는 과도기에 생기는 한자 오류(『德籍漢語學習者繁體字轉換成簡體字過渡時期之漢字偏誤)』[209) 등이 있다.

10. 간화자 서예 연구

간화자 서예에 관한 연구는 많은 학자들에 의해 진행되었다. 예를 들어 다음의 것들이 있다.

- 풍자개(豐子愷)의 『간화자도 예술화할 수 있다(簡化字一樣可以藝術化)』[210),
- 양영정(楊瑩庭)의 『간화자도 서예가 될 수 있다(簡化字也可以入書法)』[211),
- 등삼(鄧森)의 『간화자를 쓸 때도 한자의 서예규칙에 주의해야 한다(寫簡化字也要注意漢字的書寫規律)』[212),
- 장립매(張立玫)의 『한묵수범―등산목과 간화자보』(翰墨垂範―鄧散木與簡化字譜』[213),
- 진위담(陳煒湛)의 『서예가와 간화자―<한자간화방안> 공표 35주년을 기념함(書法家與簡化字―紀念<漢字簡化方案>公佈35周年)』[214),
- 이서도(李瑞濤)의 『계공 선생의 간화자 서예작품(啓功先生的簡化字書法作品)』[215),
- 임평(任平)의 『한자간화와 간화한자의 서예 문제 소고(漢字簡化和簡化漢字的書法問題小議)』[216),

---

209) 林逸欣, 『德籍漢語學習者繁體字轉換成簡體字過渡時期之漢字偏誤』, 『第9屆漢字與漢字教育國際研討會論文摘要集』, 2019.
210) 豐子愷, 『簡化字一樣可以藝術化』, 『文字改革』 1964年 第6期.
211) 楊瑩庭, 『簡化字也可以入書法』, 『文字改革』 1985年 第1期.
212) 鄧森, 『寫簡化字也要注意漢字的書寫規律』, 『文字改革』 1961年 第11期.
213) 張立玫, 『翰墨垂範―鄧散木與簡化字譜』, 『書法賞評』 2016年 第2期.
214) 陳煒湛, 『書法家與簡化字―紀念<漢字簡化方案>公布35周年』, 『語文建設』 1991年 第2期.
215) 李瑞濤, 『啓功先生的簡化字書法作品』, 『中國書畫』 2020年 第11期.

· 진운화(陳雲華)의 『한자 서예의 번체자와 간화자(漢字書法的繁體字
  與簡化字)』217)

7. 한자간화 연구의 뜨거운 주제

최근 20년 동안 한자간화 연구의 뜨거운 주제는 대략 다음 세 가
지이다.

(1) 한자간화의 성패와 간화자의 존속과 번영 문제에 대한 논쟁

한자간화는 신중국 건립 후 당과 국가의 언어 문자 작업의 중요한
임무 중 하나였다. 1986년까지 이 작업은 일단락되었지만, 한자간화의
성패에 대한 논쟁은 여전히 계속되고 있다. 1950년대 한자간화방안 발
표 후, 간화자를 둘러싼 논쟁이 벌어졌다. 1980년대, 1990년대, 그리고
21세기 들어서는 한자간화 작업과 간화자의 장단점, 성패에 대한 논쟁
이 계속되고 있다. 간화자의 존속과 번영에 대해서도 다양한 견해가
있으며, 현 상태 유지, 추가 간화, 간화 폐지 및 복잡한 문자로의 복귀,
복잡한 글자를 알고 간단한 글자로 쓰기 등의 주장이 있다.

(2) 번체자의 교육 문제

한자간화 이후에도 번체자는 완전히 현실 문자 생활에서 사라지지
않았다. 최근 몇 년 동안 전통 문화의 부활과 함께 사회적으로 번체자

---

216) 任平, 『漢字簡化和簡化漢字的書法問題小議』, 『書法』 2015年 第10期.
217) 陳雲華, 『漢字書法的繁體字與簡化字』, 『新疆藝術(漢文)』 2016年 第1期.

에 대한 수요가 크게 증가했다. 하지만, 우리의 기초 교육에서 사용하는 문자는 규범자이기 때문에, 한자 교육과 사용 사이에는 모순이 발생했다. 최근 30년 동안, 번체자 교육에 관한 논쟁과 연구가 계속되었으며, 주된 논쟁과 연구 문제는 다음과 같다. (1) 번체자 교육을 중소학교 교실에 도입할 것인가. (2) 어떻게 번체자를 가르칠 것인가?

(3) 번체자와 간화자의 변환 문제

간화자와 그에 상응하는 번체자 사이의 관계는 상당히 복잡하여, 비전문가의 학습과 사용에 큰 어려움을 주고 있다. 따라서 이 문제에 대한 연구는 간화자 도입 이후 지금까지 계속 관심을 받고 있다.

8. 한자간화 연구의 미래전망

미래를 내다보면, 앞으로 일정 기간 동안 한자간화 연구에서 다음과 같은 몇 가지 문제에 대한 강화가 필요하다.

(1) 한자간화 역사 연구

한자간화는 이미 1백년의 역사를 지녔으며, 지금까지 가장 규모가 크고 영향이 깊은 한자간화 운동으로, 이의 역사에 대해 체계적이고 자세한 기록을 남겨 현재와 미래 세대에게 전달하고 참고할 수 있도록 해야 한다. 현재 이미 한자간화 역사에 대한 일부 연구와 저술이 있지만, 이러한 연구는 언어 문자 역사의 일부로 존재하거나 일부 지역에 한정된 연구에 불과해, 한자간화 역사에 대한 전면적이고 체계적인 종합적 연구 저작은 아직 발견되지 않았다. 물론, 한자간화 역사 연구를 강화하는 것은 한자 발전사와 현재 및 미래의 한자 계획, 한자 연구 작업에 대해 필수적이다.

(2) 한자간화의 이론 연구 강화

지금까지 한자간화의 이론적 근거는 도구론, 기호론, 한자 낙후론에 바탕을 두고 있었다. 현재 보면, 이러한 이론들은 편향된 면이 없지 않으며, 간화된 한자에서 나타나는 일부 문제들은 궁극적으로 이러한 이론과 관련이 있다. 간화자에서 존재하는 일부 문제를 전면적으로 완전히 해결하기 위해서는 더 과학적인 이론이 필요하며, 현재 이러한 이론은 아직 미성숙한 상태이다. 이는 한자의 기초 이론 연구를 강화하고, 간화자가 직면한 어려움을 해결할 수 있는 더 나은 이론을 찾기 위한 것이다.

(3) 간체 한자 작업의 전망에 대한 연구 강화

한자의 지속적인 간화가 필요한지 명확한 답변이 요구된다. 1986년 국가교육위원회와 국가언어문자위원회가 발행한 『전국언어문자공작회의기록』에서는 "한자의 변화는 복잡에서 간단으로 이루어진다. 장기적으로 볼 때 한자는 간화되지 않을 수 없지만, 앞으로 한자의 간화에 있어서는 신중한 태도를 유지하고, 일정 기간 동안 한자의 형태를 상대적으로 안정되게 유지해야 한다."라고 언급했다.[218] 그로부

---

218) 全國語言文字工作會議秘書處, 『新時期的語言文字工作』, 語文出版社, 1987年, 4쪽.

　　　　　　　　　　　중국문자학 핸드북

터 30년 이상이 지난 지금, 간화자의 존폐와 관련하여 사회적 논쟁이 계속되고 있어, 실제 문자 생활에 영향을 미치고 있다. 어떻게 해야 할지에 대해서는 문자학계가 연구를 수행하고 이론적 답변을 제시해야 한다.

(4) 현행 간화자 조정에 대한 연구 강화

현행 간화자의 필요성 및 조정 방법에 대해 계획이 필요하다. 현행 간화자 중에는 일부 비합리적인 문제가 존재한다. 예를 들어, 현행 간화자 중 일부는 병합자로, 간화자가 그 대체하는 문자와 동일한 문자의 간체와 번체 관계가 아니라, 하나의 간화자가 두 개 이상의 의미(또는 음의)가 다른 번체자에 해당하는 상황이다.[219] 이러한 문자들은 한자 체계성에 부합하지 않으며, 간화자 습득 및 간·번 변환의 주된 원인이 되고 있다. 이에 대한 적절한 조정이 제안되었지만 아직 실행되지 않았다. 따라서 이러한 문자들의 조정 필요성, 가능성, 방법에 대한 연구가 필요하다.

(5) 번체자 교육에 대한 연구 강화

번체자 교육 문제의 해결이 필요하다. 번체자를 인식하고 사용하는 것은 특정한 과학 연구, 교육, 작업의 필요뿐만 아니라, 대중문화 생활의 필요에까지 이르고 있다. 예를 들어, 고서 읽기, 서예, 대외

---

219) 소위 귀병자(歸並字)란, 간화자와 그것이 대체하는 문자 사이에, 같은 문자의 간체와 번체의 관계가 아니라, 하나의 간화자가 두 개 이상의 의미(또는 음의)가 다른 번체자에 해당하는 경우를 말한다. 즉, 귀병자는 두 개 이상의 의미(또는 음의)가 다른 번체자를 대체하는 간화자이다.

교류, 심지어 관광에서도 번체자를 마주친다. 그러나 현재 일반 교육 체제에서는 번체자 교육의 지위가 부족하다. 따라서 번체자 교육 방법에 대한 연구는 더욱 확대될 필요가 있다.

제4절 현대한자

1. 현대한자의 정의

(1) 현대한자의 내함

현대한자의 내포 현대한자(現代漢字)는 현대중국어(現代漢語) 통용어를 기록하는 한자 체계를 말한다.[1]

현대한자의 정의에 대해 학계에서는 두 가지 의견이 있다. 하나는 현대한자가 현대중국어(現代漢語)에서 사용하는 문자를 가리킨다고 보는 견해이다. 이 견해를 지지하는 학자로는 왕이강(王爾康), 주유광(周有光), 장지공(張志公), 소배성(蘇培成), 양윤륙(楊潤陸) 등이 있다.[2] 다른 하나의 의견은 현대한자가 5·4 운동 이후 현대 사회에서 사용되는 한자를 가리킨다고 보는 견해이다. 이 견해를 지지하는 학자로는 고가앵(高家鶯), 비금창(費錦昌), 두려영(杜麗榮), 소문리(邵文利) 등이 있다.[3]

---

1) 『언어학 명사(語言學名詞)』에서 현대한자애 대해 "20세기 이후 현대중국어를 기록하는 한자 문자 체계"라고 정의하였다. 語言學名詞審定委員會, 『語言學名詞』, 商務印書館, 2011年, 21쪽.
2) 王爾康, 『試論現代漢字的結構及其簡化規律』, 『廈門大學學報』 1961年 第2期, 74쪽; 周有光, 『現代漢字中聲旁的表音功能問題』, 『中國語文』 1978年 第3期, 172쪽; 張志公, 『現代漢語』, 人民敎育出版社, 1982版, 72쪽; 蘇培成, 『二十世紀的現代漢字學研究』, 書海出版社, 2001年版, 1쪽; 楊潤陸, 『現代漢字學通論』, 長城出版社, 2000年, 93쪽 참조.

우리는 두 번째 정의가 충분히 합리적이지 못하다고 생각한다. 현대 사회에서 사용되는 한자에는 현대중국어를 기록하는 한자뿐만 아니라 고대 중국어를 기록하는 한자도 포함되어 있기 때문에, 이 정의는 현대한자와 고대 한자 사이의 차이를 명확히 구분하지 못한다.

(2) 현대한자의 외연

현대한자의 외연을 기록된 언어의 관점에서 볼 때, 그것은 "고대와 현대중국어에서 통용되는 문자와 현대중국어 전용 문자를 포함한다"라고 할 수 있다.[4] 규범의 관점에서 볼 때, 현대한자는 현대한자 중의 규범자(規範字)와 비규범자(非規範字)를 포함한다.[5] 현재 사용되는 한자 중 규범자는 『통용 규범 한자표』에 포함된 한자로, 총 8,105자가 있다.

현대한자(現代漢字)의 외연에 대해 학계의 견해는 다양하다. 양윤륙(楊潤陸)은 "현대한자는 현대중국어 구어(口語)와 문어(文語)의 사용 문

---

3) 高家鶯, 范可育, 費錦昌, 『現代漢字學』, 高等教育出版社, 1993年, 21쪽; 費錦昌, 『現代漢字與現代漢字學』, 『中國文字研究』 2007年 第一輯; 杜麗榮, 邵文利『現代漢字芻議』, 『中國文字研究』 第二十輯, 83쪽.

4) 蘇培成, 『現代漢字學綱要』(第三版), 商務印書館, 2014年, 24쪽.

5) 규범한자란, 정리 간화되어 국가에서 문자표 형식으로 공식 발표된 정체자(正體字), 간체자(簡體字) 및 정리 간화되지 않은 전통자(傳承字)를 의미한다(國家語言文字工作委員會政策法規室編『語言文字工作百題』, 語文出版社, 1995版, 63쪽). 비규범자는 국가가 발표한 간체자에 대응하는 번체자(繁體字), 국가가 발표한 이미 폐지된 이체자(異體字), 그리고 사회에서 사용되는 국가 관련 기관의 인정을 받지 않은 속자(俗字)를 가리킨다. 일부 사람들은 현대한자에 한정하여 규범 한자로만 보는데, 이는 사실과 논리에 부합하지 않는다. 사람들이 현대중국어를 기록할 때 규범 한자를 사용하는 동시에 일부 비규범 한자도 사용하고 있기 때문이다. 이러한 비규범 한자들이 현대중국어를 기록하는 데 사용된다면, 그것 또한 현대한자가 된다.

중국문자학 핸드북

자를 포함하며, 현대와 고대 모두에서 통용되는 한자도 포함한다. 현대한자에는 고대의 인명(人名), 지명(地名), 기물명(器物名) 및 문언 고어(文言古語) 사용 문자가 포함되지 않으며, 백화문(白話文) 중에 혼용된 문언 인용구, 문언 성어(成語), 문언 단어(詞語)의 사용 문자도 포함되지 않는다. 현대한자는 고대 한자와 다르며, 문언문을 기록하는 데 주력하지 않는다. 현대한자에는 방언자(方言字)도 포함되지 않으며, 방언을 기록하는 데 주력하지 않는다. 물론, 현대한자에는 외국어 사용 문자도 포함되지 않는다. 예를 들어 한글과 일본어에 혼용된 한자는 포함되지 않는다. 즉, 현대한자는 엄격한 의미에서 현대중국어를 기록하는 데 사용되는 문자이지, 현대에서 통용되는 한자를 의미하지 않는다. 현대에서 통용되는 한자는 사용 측면에서만 고려되며, 현행한자(現行漢字)라고도 한다. 현행 한자가 지칭하는 범위는 현대한자보다 더 넓어서, 현대한자 외에도 현대인의 글에서 혼용된 문언 인용구, 문언 성어, 문언 단어 사용 문자와 더불어 일부 방언에 사용되는 문자와 대만, 홍콩, 마카오에서 사용되는 중국 본토와 다른 사용 문자를 추가로 포함한다."라고 말했다.[6]

반면 두려영(杜麗榮)과 소문리(邵文利)는 "현대한자는 중국 대륙에서 현재 사용되는 규범 한자를 포함할 뿐만 아니라 대만, 홍콩, 마카오 동포 및 해외 화인이 현재 사용하는 한자, 그리고 한자 문화권 국가 특히 일본, 한국, 싱가포르 등 현재 사용하는 한자도 포함한다."라고 주장한다.[7]

우리는 전자의 의견에 동의하며, 후자의 의견에는 동의하지 않는다. 그 이유는 다음과 같다. 첫째, 방언에 사용된 문자, 대만, 홍콩, 마

---

6) 楊潤陸, 『現代漢字學通論』, 長城出版社, 2000年, 93쪽.
7) 杜麗榮, 邵文利, 『現代漢字學芻議』, 『中國文字研究』 第二十輯.

카오 동포 및 해외 화교들이 현재 사용하는 한자는 현대중국어 통용어 사용 문자와 완전히 일치하지 않는다. 둘째, 일본, 한국 등 국가에서 현재 사용하는 한자는 엄밀히 말하면 더 이상 한자에 속하지 않는다. 왜냐하면 그것들이 기록하는 것은 중국어가 아니라 다른 언어이기 때문이다. 또한, 이러한 다른 언어를 기록하는 한자는 중국 한자에서 유래했지만, 그중 일부 문자의 형태, 독음, 의미는 중국 대륙에서 현재 사용되는 규범 한자와 상당한 차이가 있다. 따라서 이들을 현대한자의 범주에 포함시키는 것은 적절하지 않다.

2. 현대한자의 특징

여기서 말하는 현대한자의 특징은 비한자 문자와 비교하여 얻은 차이점이 아니라, 고대 한자와 비교하여 도출한 차이점이다. 체제(體式)의 측면에서 볼 때, 현대한자는 근대 한자와 차이가 없다.[8] 그렇기 때문에 일부 학자들은 현대중국어를 기록하는 한자를 한자사(漢字史)에서 독립적인 단계로 보지 않는다.[9] 하지만, 다른 측면에서 볼 때, 고대 한자와 비교할 때 현대한자는 여전히 자신만의 몇 가지 특징을 가지고 있다.

첫째, 기록된 중국어의 시대가 다르다. 고대 한자(古代漢字)는 고대 중국어를 기록했지만, 현대한자(現代漢字)는 현대중국어를 기록한다.
둘째, 간체자(簡體字)와 이체자(異體字)가 고대와 현대한자 체계에서

---

8) 근대 한자는 진한(秦漢) 이후부터 20세기 초까지 사용된 예서(隸書)와 해서(楷書)를 주체로 하는 한자 문자 체계를 말한다.(語言學名詞審定委員會, 『語言學名詞』, 商務印書館, 2011年, 21쪽.)
9) 蘇培成, 『二十世紀的現代漢字學研究』, 書海出版社, 2001年, 34-35쪽.

차지하는 위치가 다르다. 고대 한자 체계에서는 간체자가 속자(俗字)로 여겨져 정자(正字)에서 제외되었지만, 현대한자 체계에서는 2,000여 개의 간체자를 규범자(規範字)로 확정했다. 이체자의 다양한 형태는 고대 한자 체계에서 종종 정자의 지위를 동시에 가졌지만, 현대한자 체계에서는 고대의 상호 대응하는 이체자 중 하나를 선택하여 선택용자(選用字)로 삼고 나머지는 이체자로 폐지되었다.

셋째, 규범화 정도가 다르다. 고대의 사용 문자에도 규범 표준이 있었지만 그 규범화 정도는 상대적으로 낮았으며, 현대한자의 규범화 정도는 훨씬 높다.

넷째, 다른 문자 기호와의 관계가 다르다. 고대 중국어 저작에서 한자는 절대적인 지배적 위치를 차지했으며, 대부분의 저작은 전부 한자로 되어 있었고, 소수의 작품에서만 한자 사이에 몇몇 비문자 기호가 혼용되었다. 반면 현대중국어 저작에서 한자는 다른 비한자 문자 기호[10]와 공존하며 사용된다.

다섯째, 국제적 사용 범위가 다르다. 역사적으로 한자의 사용은 주로 국내에 한정되었으나, 현대한자는 세계적인 문자로 발전하여 다른 문자들과 함께 전 세계에 서비스를 제공하고 있다.

여섯째, 사용 주체가 다르다. 고대 한자는 오직 사람이 사용하는 기호였지만, 현대한자는 사람뿐만 아니라 컴퓨터와도 공동으로 사용되는 기호가 되었다.

일곱째, 제작 수단과 사용되는 물질 재료가 다르다. 고대의 한자 제작(서예, 인쇄)은 주로 수작업에 의존했으나, 현대한자의 제작에는 수작업 외에도 현대 기계가 추가되었다. 고대 한자의 서예 재료는 주로 붓, 먹, 종이, 벼루였던 반면, 현대한자의 기계 제작에는 기계와 전기 등이 사용된다.

---

10) 예를 들어, 아라비아 숫자, 새로운 표준 부호, 과학 기호, 알파벳 단어, 화성문(火星文) 등이다. (역주) '화성문'이란 인터넷 언어에서, 특히 젊은이들 사이에서, 이해하기 어렵거나 외계어처럼 보이는 문자 표현 방식을 묘사하는 데 사용된다. 이러한 화성문은 잘못된 한자 사용, 병음, 영어 단어, 숫자를 문자 대신 사용하는 등의 방식을 포함하여 문장이 마치 외계인의 언어처럼 보이게 만들기 때문에 '화성문'이라는 이름이 붙었다.

3. 현대한자의 형성과 발전 약술

'현대한자'라는 명칭은 1950년대에 등장했다.[11] 그러나 현대한자의 형성은 훨씬 이전부터 시작되었다. 현대한자는 새로 창조된 문자가 아니라 고대 한자에서 진화한 것이다. 이 문자는 원래 고대 중국어를 기록하던 것이었는데, '5·4 운동' 시기에 현대중국어가 생겨나면서 현대 중국어를 기록하게 되었고, 이에 따라 현대한자로 변모하게 되었다.[12]

현대한자는 생성된 이후 지속적으로 발전하고 진화해왔다. 이 변화는 단순히 사용 글자 수의 제한과 일부 문자의 형태적 간화에만 국한되지 않고, 한자의 적용, 제작 등이 고대 모델에서 현대 모델로 전환되는 것을 포함한다. 현대한자의 발전 과정은 지속적인 현대화 과정이라고 할 수 있다. 한자의 현대화는 근본적으로 사회 발전에 의해 추진되며, 문자 생활 측면에서는 사회적 필요에 따라 한자 사용자가 한자를 규범화하는 결과로 나타난다.

현대한자가 처음 탄생하여 현대중국어를 기록하기 시작했을 때, 사회적으로 사용되는 문자에는 엄격한 규범이 없었다. 번체자(繁體

---

11) 1950년대에 정서림(丁西林), 여금희(黎錦熙), 오옥장(吳玉章), 주유광(周有光) 등 학자들이 자신의 글에서 '현대한자'라는 용어를 사용했다.(蘇培成, 『二十世紀的 現代漢字學硏究』, 34-35쪽).
12) 1918년 4월, 노신(魯迅)이 창작한 『광인일기(狂人日記)』는 중국 최초의 현대 백화 소설로, 이의 출현은 문인 창작 언어가 고대 중국어(문언문)에서 현대중 국어로 전환되었음을 상징한다. 즉 공식적으로 현대중국어를 인정한 것이다. "1920년 이후, 몇몇 유명한 간행물들, 예를 들어 『동방잡지(東方雜志)』, 『소설 월보(小說月報)』 등도 백화를 사용하게 되었다. 1920년 교육부는 초등학교의 국문교과(國文科)를 국어교과(國語科)로 변경하고 기존의 문언 교과서를 폐지 했다."(何九盈, 『中國現代語言學史』, 廣西敎育出版社, 2005年, 25쪽.) 이는 정부 측에서의 현대한어에 대한 인정이다.

중국문자학 핸드북

字), 간체자(簡體字), 정자(正字), 속자(俗字) 모두 동등한 법적 지위를 가지며 사용되었다. 5·4 운동에서 1949년까지 이루어진 한자개혁의 내용은 사용 글자 수를 줄이고, 한자 형태를 간화하며, 주음(註音) 방법과 검자(檢字) 방법을 개혁하는 것이었고, 이러한 개혁은 한자에 현대적 규범화를 요구했다.

1949년부터 1980년까지, 국가는 교육의 보편화와 문자사용의 대중화 필요성에 따라 한자를 체계적으로 간화하고 정리했으며, 수행된 주요 작업은 다음과 같다.

> 첫째, 간화 한자. 1956년 중화인민공화국 국무원 회의에서 『한자간화방안』을 통과시켜 시행을 시작했으며, 이 방안에 포함된 문자 목록은 1964년 『간화자 총목록』으로 정리되어 간화자 2,236개, 간화된 번체자 2,264개가 수록되었다.13) 이후 여러 차례 조정을 거쳐 『통용 규범 한자표』에 수록된 간화자는 2,546개, 폐지된 번체자는 2,574개가 되었다14)
>
> 둘째, 이체자 정리. 1955년 중화인민공화국 문화부와 문자개혁위원회는 『제1차 이체자 정리표』를 발표하여 시행을 시작했다. 이 문자표는 총 1,865자를 정리하여 810자를 선택용자(규범자)로, 1,055자를 이체자로 폐지했다.15) 후속 조정을 거쳐 『통용 규범 한자표』에 수록된 폐지된 이체자는 총 1,023자가 되었다.16)
>
> 셋째, 지명 사용 문자 변경 및 측정 단위 명칭 통일. 1955년 3월 30일부터 1964년 8월 29일까지 국무원의 승인을 받아 현(縣) 이상의 지명 사용 문자 35자를 변경했다.17) 1977년 7월 20일, 문자개혁위원회와 국가표준계량국이 공동으로 『일부 계량 단위 명칭

---

13) 蘇培成, 『二十世紀的現代漢字研究』, 書海出版社, 2001年, 209쪽.
14) 『通用規範漢字表』, 語文出版社, 2013年, 90쪽.
15) 蘇培成, 『二十世紀的現代漢字研究』, 書海出版社, 2001年, 237쪽.
16) 『通用規範漢字表』, 語文出版社, 2013年, 90쪽.
17) 蘇培成, 『二十世紀的現代漢字研究』, 書海出版社, 2001年, 262쪽.

의 통일된 사용 문자 규범』을 발표하여 기존 계량 단위 명칭 사용 문자 20개를 폐지했다.[18]

넷째, 인쇄용 연활자(鉛字) 문자 형태 정리. 1965년, 문화부와 문자 개혁위원회는 『인쇄용 통용 한자 문자형 표』를 발표하여 시행 하였다. 이 표에는 인쇄용 통용 송체자(宋體字: 흔히 '신자형(新字形)', 또는 '인민체(人民體)'라고 불림[19]) 6,196자가 포함되어 있으며(고대 서적 및 기타 전문적 사용 문자 제외)[20], 이를 통해 한자의 간이화(簡易化), 규범화(規範化), 그리고 주음(註音)의 병음화(拼音化)를 실현하였다.

1980년 이후, 국가는 한자의 정보화, 세계화라는 새로운 추세에 따라 한자의 규범화, 표준화, 정보화 구축을 강화했다. 이를 위해 일련의 규범을 제정하고 시행했으며, 주요 규범으로는 『현대중국어 통용 문자표(現代漢語常用字表)』, 『현대중국어 일반 사용 문자표(現代漢語通用字表)』, 『표준 중국어 이독어 심음표(普通話異讀詞審音表)』, 『중화인민공화국 언어문자법(中華人民共和國語言文字法)』, 『통용 규범 한자표(通用規範漢字表)』, 『현대 일반 사용 독체자 규범(現代常用獨體字規範)』, 『현대 상용한자 부건 및 부건 명칭 규범(現代常用字部件及部件名稱規範)』, 『GB13000.1 문자 집합 한자 절필 규범(GB13000.1字符集漢字折筆規範)』, 『GB13000.1 문자 집합 한자 문자 순서(필획순서) 규범(GB13000.1字符集漢字字序(筆畫序)規範)』, 『한자부수표(漢字部首表)』, 『GB13000.1 문자 집합 한자 부수 귀부 규범(GB13000.1字符集漢字部首歸部規範)』, 『통용 규범 한자 필획 순서 규범(通用規範漢字筆順規範)』 등이 있다. 이러한 법규의 시행으로 현대한자는 사람과 컴퓨터가 공

---

18) 蘇培成, 『二十世紀的現代漢字研究』, 書海出版社, 2001年, 270쪽.
19) 蘇培成, 『二十世紀的現代漢字研究』, 書海出版社, 2001年, 255쪽.
20) 中國科學院語言研究所漢字字形整理組, 『印刷通用漢字字形表』, 文字改革出版社, 1986年, 3쪽.

동으로 사용하는 문자로 자리매김했으며, 규범화, 표준화, 정보화 수
준이 새롭게 향상되었다.

또한, 한자 주음(注音) 문자와 주음 방법에 대한 개혁이 이루어졌
다. 고대 한자의 주음에 사용된 문자는 모두 한자였으며, 주음 방법
에는 직음(直音), 반절(反切) 등이 있었다. 현대에 들어와서 학자들은
한자 주음 문자를 표음 부호로 변경하고, 주음 방법을 병음(拼音)으로
바꾸었다. 연구 개발된 주음 도구 중 널리 시행된 것은 두 가지가 있
다. 첫째, 한어주음부호(漢語注音符號)이다. 1913년 중국 독음 통일회
에서 제정되었고, 1918년 북양(北洋) 정부의 교육부에서 공식적으로
시행했다. 중국 대륙에서는 1959년까지 사용되었고, 중국 대만 지역
에서는 현재까지도 사용되고 있다. 둘째, 『한어병음방안(漢語拼音方案)
』이다. 1958년 2월 11일 제1회 전국인민대표대회 제5차 회의에서 승
인되었고, 1982년 국제표준화기구에서 한어를 표기하는 국제 표준으
로 결정되었다. 이 방안은 라틴 문자를 사용하고, 음소화 된 음절 구
조 표기법을 채택했다. 『한어병음방안』은 한자 주음 도구일 뿐만 아
니라 다양한 용도로 사용된다.

4. 현대한자 연구사 개요

현대한자 연구의 역사는 20세기 초부터 1999년까지 대략 다음 세
단계로 나눌 수 있다.

(1) 현대한자 연구의 시작 단계(20세기 초~1949년까지)

20세기 초부터 1949년까지는 현대한자 연구의 시작 단계이다. 이

시기에 한자개혁을 주창하고 추진하며 한자개혁 연구를 진행한 사람들은 오치휘(吳稚暉), 전현동(錢玄同), 여금희(黎錦熙), 진망도(陳望道), 구추백(瞿秋白), 오옥장(吳玉章) 등을 대표로 하는 한자개혁파와 정부 관련 부서 및 일부 사회 조직이었다. 그들은 한자개혁의 기본 이론을 수립하고, 한자개혁의 목적, 단계, 방법을 정하며, 한자의 정형(定形: 형체 확정), 정량(定量: 수량 확정), 정음(定音: 독음 확정), 정서(定序: 순서 확정)를 기본 임무로 초기 확립했으며, 일정 범위 내에서 실천을 진행했다. 그러나 이 단계에는 한자개혁에 참여하는 사람이 적었고, 논의된 문제가 다소 분산되어 있어, 연구 성과가 사회에 미치는 영향이 크지 않았으며, 대중 교육 보급과 국민의 문화 수준 향상에 제한적인 역할을 했다. 한편, 처음부터 일부 학자들은 위에서 언급한 문자개혁 주장과 방법에 대해 다른 의견을 제시했다.

(2) 현대한자 연구의 발전 단계 (1949년~1980년까지)

1949년부터 1980년까지는 현대한자 연구의 발전 단계이다. 문맹 퇴치와 교육 보급을 가속화하고, 인민의 문화 수준 향상 및 사회주의 건설 사업의 필요성을 충족시키기 위해, 국가는 전담 기관을 설립하고 언어문자개혁의 정책을 수립하였으며, 다수의 전문가를 조직하여 체계적인 한자개혁 및 연구를 전개했다. 이를 통해 현대한자 체계를 구축하고 국가 통용 문자로 만들었으며, 현대한자의 형태, 발음을 초기에 규범화하고 한자의 주음부호를 확정하여 현대한자의 초기 규범화를 실현했다. 이러한 작업은 문맹 퇴치, 기초교육 읽기 효율 향상, 인민의 문화 수준 향상 및 사회주의 건설 사업의 필요성을 충족시키는 데 역사적 기여를 했다.

그러나 성과를 거두는 동시에 일부 문제도 발생했다. 주요 문제는 다음과 같다. 첫째, 한자의 성질과 기능에 대한 인식이 충분하지 않았다. 둘째, 간화자 사용에 대한 일부 방법이 적절하지 않았다. 셋째, 한자의 미래에 대한 인식에 편향이 있었다. 넷째, 한자개혁이 운동의 형태로 진행되어 정치화의 폐단이 발생했다. 이로 인해 일정 정도 한자의 체계성에 손상을 입혔다.

(3) 현대한자 연구의 전환 단계 (1980년~2000년까지)

1980년대에 이르러 현대한자의 상황과 생태는 변화를 겪었다. 먼저, 기초교육의 보편화로 인민들의 문화 수준이 크게 향상되어 문맹 퇴치는 더 이상 한자 연구의 주요 임무가 아니게 되었다. 둘째, 한자는 간화와 정리를 거쳐 현대한자의 규범 문자 체계를 구축했으며, 현대중국어를 기록하는 데 기본적으로 적합하게 되었다. 셋째, 정보화의 물결과 함께 한자 정보 처리 기술의 등장이 한자에 새로운 요구를 제기했다. 넷째, 국내외 한자 생태에 중대한 변화가 일어났다.

이러한 새로운 상황에 직면하여 국가는 언어 문자 작업의 방침21)을 조정하고, 새로운 작업 과제를 확정했으며22), 새로운 규범을 제정 공

---

21) "중앙당과 국무원은 적시에 새 시기 언어 문자 작업의 방침으로, 국가가 언어 문자 작업에 관한 정책과 법령을 집행하도록 하고, 언어 문자의 규범화, 표준화를 촉진하며, 문자 개혁 작업을 계속 추진하여 언어 문자가 사회주의 현대화 건설에서 더욱 잘 발휘되도록 한다."라고 규정했다. 『全國語言文字工作會議紀要』『新時期語言文字工作』, 語文出版社, 1986年, 2-8쪽,

22) 정부는 1986년에 문자 작업의 주요 과제를 "현행 한자 연구 및 정리, 관련 표준 제정, 한자와 중국어 정보 처리 문제 연구, 관련성과 평가 참여, 언어문자의 기초 연구와 응용 연구 강화, 사회 조사 및 사회 상담 서비스 작업을 잘 수행 등"으로 조정했다. 「全國語言文字工作會議紀要」, 『新時期語言文字工作』, 語文出版社, 1986, 2-8쪽.

표했다.23) 이를 통해 한자개혁과 연구의 중심이 한자의 간화와 정리에서 현행 한자의 규범화, 표준화, 정보화 건설 및 연구로 전환되었다.

이 시기에 현대한자 본체 연구는 변화를 겪었으며, 주요 변화는 다음과 같다. 첫째, 한자학(漢字學)이 창립되어 한자 연구가 산발적이고 부분적인 것에서 종합적이고 체계적인 방향으로 전환되었다. 둘째, 현대한자의 문자형 연구가 크게 진전되었다. 셋째, 한자의 독음 연구에서 새로운 성과를 달성했다.

이 기간 동안 현대한자의 응용 연구에도 변화가 있었다. 첫째, 한자 정보 처리의 필요에 따라 국가의 일부 부서와 단위에서 문자 빈도 연구를 시작하여 여러 성과를 얻었다. 둘째, 국가에서 제정한 한자 규범에 대한 관련 연구가 진행되었다. 셋째, 현대한자의 교육 연구에 새로운 진전이 있었다. 넷째, 한자 정보 처리 연구가 돌파적인 진전을 이루어 한자 정보 처리의 기초를 다졌다.24)

또한, 이 시기에는 한자의 장단점 및 한자개혁 방향에 대한 논쟁이 다시 주목받았으며, 한자 문화 연구가 활발히 일어나 한자문화학(漢

---

23) 이러한 규범은 대체로, 1985년 12월에 발표된 『표준 중국어 이독어 심음표』가 있다. 1986년에는 『간화자 총목록』을 재발표하고 『제이차 간화방안(二簡)』을 폐지하는 것 등을 포함했다. 1988년부터 1999년까지, 정부는 전문가를 조직하여 일련의 문자표와 규범을 제정 및 발표했으며, 주요 내용으로는 『현대 중국어 일반 사용 문자표』(1988년), 『현대중국어 통용 문자표』(1988년), 『정보 처리용 GB3000.1 문자 집합 한자 부품 규범』(1997년), 『GB13000.1 문자 집합 한자 필획 순서 규범』, 『GB13000.1 문자 집합 한자 문자 순서(필획순) 규범』(1999년) 등이 있다.

24) 이러한 연구는 1970년대 말에 시작되었으며, 이 시기에 전자 컴퓨터의 보급과 함께 한자 정보 처리 연구가 전면적으로 전개되어 많은 성과를 거두었다. 특히, 국가 표준국이 발표한 『정보 교환용 한자 부호 문자 집합·기본 집합』(GB2312-80)은 한자 6,763자를 포함하며, 일반적인 한자 처리, 한자 통신 등 시스템 간의 정보 교환에 적용되었다. 이후 20년 동안 이것은 한자 부호 연구, 한자 데이터베이스, 한자 정보 처리 등의 분야에서 권위 있는 표준으로, 국가 정보화 사업의 초기 발전에 중요한 역할을 했다.

字文化學)이 구축되었다.

5. 현대한자 연구의 새로운 진전 (2000년~2021년)

2000년부터 2021년까지는 한자 간화 연구의 최신 단계로, 이 기간 동안 언어문자 생활에 새로운 변화가 일어났다. 첫째, 컴퓨터와 네트워크의 보급이 한자 규범에 새로운 요구를 제기했다. 둘째, 한자 사용 범위의 확장이 한자 규범에 새로운 요구를 제기했다. 셋째, 국가 건설과 인민 생활이 한자에 새로운 요구를 제기했다. 이러한 상황에서 국가는 『중화인민공화국 국가통용 언어문자법(中華人民共和國國家通用語言文字法)』과 『국가 중장기 언어문자 사업 개혁 및 발전계획 강령(國家中長期語言文字事業改革和發展規劃綱要)』(2012－2020년)을 잇달아 발표했으며, 현대한자 연구에 새로운 진전이 있었다. 이 진전은 주로 다음과 같다.

첫째, 한자 규범의 통합 및 향상.
『중화인민공화국 국가통용 언어문자법(中華人民共和國國家通用語言文字法)』을 구현하기 위해, 국가 관련 부서는 10년 이상의 노력 끝에 『통용 규범 한자표』를 개발했으며, 2013년 6월 국무원에 의해 공표되었다. 이 문자표는 기존 관련 한자 규범을 통합한 것으로, 이러한 규범의 종합적인 향상이다. 『통용 규범 한자표(通用規範漢字表)』의 전체 개발 과정에서 많은 전문가가 연구에 참여했다. 이 표가 공표된 후에도 계속해서 연구가 진행되었다.
둘째, 한자 기능 연구의 확장.
현대한자 연구 초기 50년 동안 학자들은 한자의 기능 연구에 주로 언어 기록 기능에 집중했다. 21세기에 들어서면서 학자들은 한자 문화, 특히 한자 서예, 한자 예술 연구에 더 많은 관심을 기울이기 시작했다.

셋째, 현대한자 응용 연구의 새로운 진전.

한자 계획 연구에 새로운 내용이 추가되었으며, 현대 교육 기술 하에서 한자 교육 연구가 시작되었다. 또한, 여러 현대한자 사전이 편찬되었으며, 한자 정보 처리 연구가 크게 향상되었다.

넷째, 현대한자 연구의 역사에 대한 체계적 연구의 시작이다.[25]

6. 현대한자 연구의 기본 자료

현대한자 연구에 사용되는 기본 자료를 다음과 같이 분류하여 소개한다.

(1) 현대한자 관련 법규

첫째, 『중화인민공화국 국가 통용 언어문자법(中華人民共和國國家通用語言文字法)』은 2000년 10월 31일 제9기 전국인민대표대회 상무위원회 제18차 회의에서 심의 통과되었다. 이 법률은 처음으로 법적 형태로 표준 중국어(普通話)와 규범 한자를 국가 통용 언어문자로서의 법적 지위를 확정했으며, 그 제정 및 시행은 중국 언어문자의 규범화, 표준화 작업이 법적 궤도에 오르게 했다. 이것은 현대한자 사용의 법적 근거일 뿐만 아니라 현대한자학 연구의 중요한 대상이다. 둘째, 『국가 언어문자 정책 법규집(國家語言文字政策法規彙編)』(1949-1995)은 국가 언어문자 작업 위원회 정책법규실이 편집하였으며, 1996년 3월 언문출판사에서 출판되었다. 이 책은 1949년부터 1995

---

25) 예컨대, 蘇培成, 『二十世紀的現代漢字學研究』, 書海出版社, 2001年; 陳雙新, 『60年來現代漢字研究與規範的三個階段及相關問題』, 『勵耘語言學刊』 2016年 第2期 등이 있다.

년까지의 국가 언어문자 정책 법규를 수집했다.

셋째, 『언어문자 규범 핸드북(語言文字規範手冊)』(제5판)은 장서암(張書岩)이 주편집하였으며, 2019년 언문출판사에서 출판되었다. 이 수첩은 국가의 현행 가장 중요한 언어문자 규범 표준을 수록하고 있으며, 현대한자 연구에 중요한 참고 자료이다.

(2) 현대한자 규범

첫째, 『통용 규범 한자표(通用規範漢字表)』는 2013년 중화인민공화국 국무원에 의해 공표되었다. 이 문자표는 『제1차 이체자 정리표』, 『간화자 총목록』, 『현대중국어 일반 사용 문자표』, 『현대중국어 통용 문자표』를 통합하여 대체했다. 해당 문자표는 총 8,105자를 수록하고 있으며, 세 등급으로 분류된다. 1등급은 3,500자로, 기초교육 및 문화 보급 수준의 문자 요구를 만족한다. 2등급은 3,000자이다. 1-2등급 합계 6,500자는 출판 인쇄, 사전 편찬, 정보 처리 등 일반적인 문자 요구를 만족한다. 3등급은 1,605자로, 대중 생활과 밀접한 특수 분야(예컨대 성씨, 인명, 지명, 과학 기술 용어, 중학 소학 문언문 사용 문자)의 문자 요구를 만족한다.

둘째, 『한자 부수표(漢字部首表)』는 중국 교육부, 국가 언어위원회가 조직하여 제정하였고, 2009년 3월 2일 발표되어 2009년 5월 1일부터 시행되었다. 『한자 부수표』는 한자의 부수표 및 그 사용 규칙을 규정하고 있으며, 주요 부수 201개, 부형 부수 99개를 포함한다. 이 규범은 주로 사전 편찬, 한자 정보 처리 및 기타 분야에서의 한자 정렬 검색에 적용되며, 한자 교육 참고 자료로도 사용될 수 있다.

셋째, 『현대 일반 사용 문자 부건 및 부건 명칭 규범(現代常用字部件及部件名稱規範)』은 중국 교육부, 국가 언어위원회가 2008년 3월 24일 발표하여 시행하였다. 이 규범은 현대 일반 사용 문자의 부건 분해 규칙, 부건 및 그 명칭을 규정하고 있으며, 『현대

상용자 부건표(現代常用字部件表)』와『상용 완성자 부건표(常用成字部件表)』를 제공한다. 이 규범은 한자 교육, 사전 편찬 등에서 한자 부품 분석 및 설명에 적용되며, 한자 정보 처리 등의 참고 자료로도 사용될 수 있다.

넷째, 『GB13000.1 문자 집합 한자 문자 순서(필획 순서) 규범(GB13000.1字符集漢字字序(筆畫序)規範)』은 국가언어위원회가 1999년 10월 1일 발표하고 2000년 1월 1일부터 시행했다. 이 규범은 필획 순서에 따른 한자 문자 순서 규범으로, GB13000.1 문자 집합 한자 문자집의 정렬 규칙 및 해당 문자 집합에 수록된 20,902개 한자의 문자 순서표를 제공한다. 주로 한자 정보 처리, 정렬 검색, 사전 편찬 등에 적용된다.

다섯째, 『GB13000.1 문자 집합 한자 부수 귀속 규범(GB13000.1字符集漢字部首歸部規範)』은 중화인민공화국 교육부, 국가 언어문자 작업 위원회가 2009년에 발표했다. 이 규범은 GB13000.1 문자 집합 한자 부수의 귀속 원칙과 규칙을 규정하며, 20,902개 한자의 부수 귀속표를 제공한다.

여섯째, 『현대중국어 문자 빈도 통계표(現代漢語字頻統計表)』는 국가 언어문자 작업 위원회, 국가 표준국이 편집하였으며, 1992년 어문출판사에서 출판되었다. 이 통계는 1977년부터 1982년 사이의 중국어 텍스트를 기반으로 하며, 총 1,108만 자, 7,754개의 문자 종류를 포함한다. 사회과학, 자연과학 등을 포함한 종합 문자 빈도표 3종과 뉴스 보도, 역사 철학, 문학 예술, 정치 경제, 문체 생활, 기초 지식, 농림 목축 부수 어업, 중공업, 경공업, 건설 운송 등 범주별 문자 빈도표 10종이 포함되어 있다.

일곱째, 『표준 중국어 이독어 심음표(普通話異讀詞審音表)』는 국가 언어위원회와 국가 교육위원회, 방송국이 1985년 12월에 발표했다. 이 표는 표준 중국어에서 이독어와 이독어로 사용되는 문자의 발음을 규정하였으며, 이독어 발음의 최신 법적 표준으로, 이독자 발음의 주요 근거가 된다.

여덟째, 『통용 규범 한자 필획 순서 규범(通用規範漢字筆順規範)』은 중화인민공화국 교육부, 국가 언어문자 작업 위원회가 2021년 3

월 1일에 발표했다. 이 규범은『통용 규범 한자표』의 표준 송체 (宋體) 문자형을 기준으로, 각 문자의 순차적 필획과 필획 번호식 순서를 제공하며, ISO/IEC10646 국제 표준 부호(UCS)와『통용 규범 한자표』번호를 제공한다. 이 규범은 언어생활에서 언어문자 규범 표준의 요구를 충족시키는 기본적인 규범으로, 사회 통용 수준의 한자 교육 및 연구, 정보 처리, 정렬 검색, 사전 편찬 등에 중요한 근거를 제공한다.

(3) 현대한자 사전과 핸드북

① 『신화자전』(新華字典), 이는 신중국이 성립된 후 출판된 첫 번째 현대 한어 사전이다. 1953년 10월 인민교육출판사에서 출판되었으며, 후에 상무인서관으로 출판사가 변경되었다. 2020년 8월 10일에는 제12판이 출판되었다. 이 사전 2020년 판은 국가 어문 규범과 표준에 따라 개정되어, 단일 문자 13,000여 개를 수록하고 있다. 각 문자 헤더 아래에는 먼저 발음 주석(한어 병음 사용)이 있고, 그 다음에 의미 해석이 있다. 이것은 현대한자 수집 및 조회에 있어 중요한 자료이다.

② 『통용규범한자사전』(通用規範漢字字典), 왕녕(王寧)이 주편집한 이 사전은 상무인서관에서 2013년에 출판되었다. 이 사전은『통용규범한자표(通用規範漢字表)』의 해석에 사용되며, 규범 한자의 사용을 지도한다. 이 사전은 국가 언어 문자 분야의 최신 표준을 반영하여, 문자의 양, 문자의 사용, 문자의 순서, 문자의 형태, 문자의 독음 등을 포함한다.

③ 『간화자 번체자 이체자 대조사전(簡化字繁體字異體字對照字典)』, 장서암(張書巖)이 주편집한 이 사전은 상해사서출판사에서 2016년 4월에 출판되었다. 이 사전은 검자표와 본문 두 부분으로 구성되어 있으며, 그 내용은 간화자에서 번체자, 이체자를 찾거나 번체자, 이체자에서 간화자를 찾는 것을 포함한다.

④ 『<통용규범한자표>사용 핸드북(<通用規範漢字表>使用手冊)』,

이행건(李行健)이 주편집한 이 핸드북은 인민출판사에서 2013년에 출판되었다. 이 핸드북은『통용규범한자표』에 수록된 문자에 대한 읽기 발음, 필순 수, 소속 부수 등의 기본 정보를 표기하고, 간명한 해석으로 기본 뜻이나 흔히 쓰이는 뜻을 개괄적으로 설명한다. 본문은『통용규범한자표』에 따라 1급 문자표(1-3500), 2급 문자표(3501-6500), 3급 문자표(6501-8105)로 구분된다.

(4) 현대한자 및 한자개혁의 이론 저작 연구

1. 현대한자의 전반적이고 체계적인 연구 저작

이러한 저작들은 현대한자에 대해 전반적이고 체계적인 연구를 수행하며, 현대한자의 정의, 성질, 특징, 기능, 구조, 자형, 자음, 자의, 규범, 교육, 정보 처리, 발생 및 발달 등 다양한 문제를 포함한다. 주요 저작으로는. 손균석(孫鈞錫)의『한자와 한자 규범화(漢字和漢字規範化)』26), 장정현(張靜賢)의『현대한자 교정(現代漢字敎程)』27), 고가앵(高家鶯), 범가육(范可育), 비금창(費錦昌)의『현대한자학(現代漢字學)』28), 소배성(蘇培成)의『현대한자학 개요(現代漢字學槪要)』29), 양윤육(楊潤陸)의『현대한자학 통론(現代漢字學通論)』30) 등이 있다.

2. 문자개혁(文字改革) 연구를 소개한 저작

---

26) 孫鈞錫,『漢字和漢字規範化』, 北京, 敎育科學出版社, 1990年.
27) 張靜賢,『現代漢字敎程』, 現代出版社, 1992.
28) 高家鶯, 范可育, 費錦昌,『現代漢字學』, 高等敎育出版社, 1993.
29) 蘇培成,『現代漢字學綱要』第1版, 北京大學出版社, 1994年; 第2版, 北京大學出版社, 2001年; 第3版, 商務印書館, 2014.
30) 楊潤陸,『現代漢字學通論』, 長城出版社, 2000.

①『문자개혁 문집(文字改革文集)』, 오옥장(吳玉章) 저, 중국 인민 대학 출판사(中國人民大學出版社) 1978년 출판. 이 책은 저자가 1940년부터 1980년 사이에 문자개혁에 관한 글을 수록하고 있으며, 문자개혁의 이론, 당과 국가의 문자개혁에 대한 설명, 문자개혁 작업의 경험 정리를 담고 있다.

②『한자개혁(漢字改革)』, 왕력(王力) 저, 문사총서편집부(文史叢書編輯部), 1940.12 초판, 『용충병조재 문집(龍蟲並雕齋文集)』 제2책에 수록. 이 책은 언어학의 입장에서 한자의 장단점을 전면적으로 분석하고, 문자개혁의 성공과 실패가 사회 정치와의 관계에 대해 심오한 분석을 제시하며, 한자개혁의 방안을 제시한다. 이 책은 이론적으로 강하고, 사고가 깊으며, 탁월한 견해를 제시하고 있어, 오늘날의 한자 규범 작업에 여전히 교훈적인 작용과 지도적 가치가 있다.[31]

③『1949년 중국 문자개혁 논문집(一九四九年中國文字改革論文集)』, 두경송(杜勁松) 편집, 대중서점(大衆書店) 1950년 출판. 이 책에는 호유지(胡愈之), 노지위(陸志偉), 조백한(曹伯韓)의 '오사(五四)' 운동과 개혁에 대한 글, 형공완(邢公畹), 여금희(黎錦熙) 등의 라틴화 운동, 새 문자 방안에 대한 글, 예해서(倪海曙), 섭뢰사(葉籟士), 당란(唐蘭), 두자경(杜子勁) 등이 중국의 문자개혁 문제에 대해 논한 글이 수록되어 있다.

④『중국 문자개혁 문제(中國文字改革問題)』, 정림희(鄭林曦) 등 저, 신건설잡지사(新建設雜誌社) 1952년 출판. 이 책에는 정림희, 위건공(魏建功), 조백한, 이희오(易熙吾), 여금희 등이 쓴 12편의 글

---

31) 주유광(周有光)은 이렇게 말했다, "왕력((王力) 선생이 '언어학'의 입장에서 한자개혁을 논한 것은 중국의 언어 문제를 대중 운동에서 학술 연구로 발전시켜 언어문화 운동의 새로운 경지를 개척했다. 이로 인해 점차 사람들은 언어문화 운동이 단순한 선전에 만족할 수 없으며 과학성과 객관성을 중시하고 운동과 학술을 결합시켜야 한다는 것을 알게 되었다." "50년 전 왕력 선생이 쓴 『한자개혁』이라는 책은 비록 구체적 상황은 오늘날 이미 변화했지만, 그 안의 많은 논점들이 여전히 영감을 주는 역할과 지도적 가치를 가지고 있다." 周有光, 『緬懷王力敎授對文改事業的貢獻: 王力先生和〈漢字改革〉』, 『語文建設』 1986年 第5期, 45쪽.

이 수록되어 있으며, 한자의 성질, 발전 역사 및 간화 개선 문제, 그리고 중국 문자의 로마자화 문제를 논의했다.

⑤『중국 문자 로마자화 문제(中國文字拼音化問題)』, 중국어문잡지사(中國語文雜誌社) 편집, 동방서점(東方書店) 1954년 출판. 이는 1952년부터 1954년 사이에 문자개혁 정책에 관한 중요 문헌 모음으로, 곽말약(郭沫若), 마서륜(馬續倫), 오옥장(吳玉章)의 연설이 당시 문자개혁 정책을 반영하고 있다. 위각(韋慤), 정서림(丁西林), 나상배(羅常培)의 글은 구체적 자료를 바탕으로 한자의 로마자화 필요성과 가능성을 입증한다.

⑥『한자개혁(漢字改革)』, 정림희(鄭林曦) 저, 신지식출판사(新知識出版社) 1957.05 출판. 이 책은 체계적으로 한자의 단점, 개혁 필요성, 간화 및 로마자화 등의 문제를 다루었다.

3. 한자 규범화 연구 저작

①『한자의 정리와 간화(漢字的整理與簡化)』, 중화서국(中華書局) 1954년 출판. 이 책은 논문집으로, 정서림(丁西林), 섭공작(葉恭綽), 위건공(魏建功), 조백한(曹伯韓), 이희오(易熙吾), 정림희(鄭林曦), 진광요(陳光堯), 보기(保琦), 계선림(季羨林) 등의 글을 수록하고 있다. 이들은 한자간화 및 정리의 주요 내용과 중요성을 입증하고, 한자간화 및 정리 방법을 논의하며, 남발된 복음자(復音字)와 신형성자(新形聲字)의 잘못된 경향에 대해 비판했다.

②『한자간화문제(漢字簡化問題)』, 오옥장(吳玉章) 등 저, 중화서국주식회사(中華書局股份有限公司) 1956.03 출판. 이 책의 첫 번째 부분에는 오옥장, 위각(韋慤), 섭공철 등의 글이 있으며, 한자개혁의 방침과 원칙을 소개했다. 두 번째 부분에는 조백한, 위건공, 황백영(黃伯榮), 김명성(金鳴盛), 왕현(王顯) 등의 글이 있으며, 『간화한자방안(簡化漢字方案)』(초안)의 편집 과정과 구체적 내용에 대한 설명과 분석이다.

③『한자규범문제 연구총서(漢字規範問題硏究叢書)』, 상무인서관(商務印書館) 2004년 9월 출판, 네 권의 논문집을 포함한다. 제1책은

이우명(李宇明), 비금창(費錦昌) 주편 『한자규범 백가담(漢字規範百家談)』이고, 제2책은 장서암(張書岩) 주편 『이체자연구(異體字研究)』이고, 제3책은 여병(厲兵) 주편의 『한자자형연구(漢字字形研究)』이고, 제4책은 석정국(石定國) 주편의 『간화자연구(簡化字研究)』이다. 논문집에 수록된 논문은 '규범한자표' 과제 팀이 개최한 일련의 학술대회논문으로, 그 저자들은 전국 범위의 문자 학자들이 포함되었고, 자표(字表)와 관련된 각 방면의 문제들에 대해 전면적으로 깊이 연구했으며, 이후의 『통용규범한자표(通用規範漢字表)』의 연구 제작에 상당한 영향을 끼쳤다.

4. 문자개혁에 대한 반성과 한자 평가에 관한 저술

① 『1957년 문자개혁 변론 선집(1957年文字改革辯論選輯)』, 신지식출판사(新知識出版社) 1958년 출판. 이 책은 1957년 문자개혁 변론의 23편의 글을 수록하고 있으며, 당시 문자개혁에 대한 다양한 의견과 한자에 대한 다양한 평가를 반영하고 있다.

② 『한자문제 학술토론회 논문집』(漢字問題學術討論會論文集), 중국사회과학원 언어문자응용연구소(中國社會科學院語言文字應用研究所) 편집, 어문출판사(語文出版社) 1988년 출판. 이 문집은 중국사회과학원 문자응용연구소가 1986년 2월 개최한 '한자문제 학술토론회'의 37편의 논문을 수록하고 있다. 내용은 한자의 성질, 기능, 발전 법칙, 한자와 중국 문화, 한자개혁 등 여러 방면을 다루고 있으며, 일부 장기간 논란이 되었던 문제들에 대해 진지한 연구와 토론을 진행하였다.

③ 『문자개혁에 대한 반성』(關於文字改革的反思), 단생농(段生農) 저, 교육과학출판사(敎育科學出版社) 1990년 출판. 저자는 문자와 한자의 발전에 대해 분석하고, 한자의 라틴화에 존재하는 문제점을 제시하며, 간체 한자의 개혁에 대해 반성적 시각을 제공하였다.

④ 『과학적으로 평가하는 한어 한자』(科學地評價漢語漢字), 윤빈용(尹斌庸), 소배성(蘇培成) 편집, 화어교육출판사(華語敎學出版社) 1994년 출판. 이 책은 1980년대부터 1990년대에 걸친 한어 한자

연구 및 평가 논문 28편을 수록하고 있다. 여러 논문에서는 한 자 우월론에 대해 비판적인 견해를 제시하고 있다.

⑤『한자신론(漢字新論)』, 유경아(劉慶俄) 편, 동신출판사(同心出版 社), 2006년 출판. 이 책은 45명의 저자에 의한 72편의 글을 담고 있는데, 다음의 연구 주제를 포함한다. 새 시대의 중국어 작업, 중국 문자에 대한 새로운 평가, 중국 문자의 본질과 특성, 중국 문자의 기능, 중국 문자의 낙후성에 대하여, 중국 문자의 라틴화 에 대하여, 중국 문자와 중국 병음의 비교, 중국 문자의 심리학, 중국 문자의 기원과 발전, 전통 문자와 간체 문자 간의 얽힘, 중 국 문자의 정보 처리, 중국 문자의 문화적 함의 등이다. 핵심은 중국 문자의 평가로, 중국 문자가 낙후되었다는 이론을 반박하 고, 중국 문자의 병음화에 대한 오류를 지적한다.

5. 현대 한자연구사 저작

『20세기의 현대한자 연구(20世紀的現代漢字研究)』, 소배성(蘇培成) 저, 서해출판사(書海出版社) 2001년 출판. 이 책은 20세기 현대 중국 문자 연구의 역사를 체계적으로 소개하고 있으며, 중국문자의 본질, 현대 중국문자와 현대 중국문자학, 현대 중국문자의 문자 크기 연구, 현대 중국문자의 간소화 및 배열, 현대 중국문자의 글자 분석, 현대 중국문자의 발음 연구, 현대 중국문자의 표준화, 현대 중국문자와 중 국 정보 처리, 대만 양안의 책 작성 등 12부분으로 구성되어 있으며, 중국문자 연구 역사에서 중요한 성과로 평가된다.

6 한자 개혁사 연구 저작

①『당대중국의 문자개혁(當代中國的文字改革)』, 왕균(王均) 주편, 당 대중국출판사(當代中國出版社) 1995년5월 출판. 이 책은 청말부

터 1985년에 이르는 기간 동안의 중국 문자 개혁 운동을 체계적
으로 연구했으며, 현대 한자의 형성 발전 과정을 포함하고 있다.
②『중국어문 현대화 백년 기록(中國語文現代化百年記事)』(1892-1
995)』, 비금창(費錦昌) 주편, 어문출판사(語文出版社) 1997년7월
출판. 이 책은 1892년부터 1995년에 이르는 기간 동안 중국어문
현대화 과정에서의 주요 사건을 기록하며, 현대 한자와 관련된
각종 주요 사건을 포함하고 있다.
③『당대중국의 어문개혁과 어문규범(當代中國的語文改革和語文規範)
』, 소배성(蘇培成) 주편, 상무인서관(商務印書館) 2010년12월 출판.
이 책은 1949년부터 2007년에 이르는 기간 동안 중국의 어문 개
혁과 어문 규범의 역사를 전반적으로 논의하며, 현대 한자의 형
성 발전 과정을 포함하고 있다.

7. 현대한자 연구의 문제

20세기 5.4운동 이후 100년 동안 수많은 세대의 학자들이 현대 한
자에 대한 광범위하고 심오한 연구에 헌신해 왔다. 현재의 연구 분류
를 간략하게 소개하면 다음과 같다.

(1) 한자개혁의 과제

한자를 개혁하려는 노력은 청나라 말기에 시작되어 오늘날까지 지
속되고 있다. 개혁에 참여하고 혁신적으로 기여한 존경받는 학자로는
오치휘(吳稚暉), 전현동(錢玄同), 진독수(陳獨秀), 호적(胡適), 여금희(黎錦
熙), 구추백(瞿秋白), 진망도(陳望道), 오옥장(吳玉章), 위각(韋愨), 섭공작
(葉公綽), 조백위(曹伯韓), 위건공(魏建功), 정림희(鄭琳曦) 등이 있다. 이

들은 한자개혁의 필요성, 타당성, 목표, 단계, 방법 등을 탐구했다.

1. 한자개정의 필요성과 타당성에 관한 고찰.

이 학자들의 공통된 의견은 첫째, 문자는 도구이자 상징의 역할을 한다는 것이다.32) 둘째, 문자는 활용되어야 한다는 것이다.33) 셋째,

---

32) 장학령(張鶴齡)은 이렇게 말했다. "정치학은 마치 음식과 같고, 문자는 그릇과 같다. 현재 문자는 깊고 정교하지만, 정치는 쇠퇴하고 학문은 천박해, 마치 그 릇은 화려하나 음식이 없는 것과 같다. 지력과 이해력은 전기와 같고, 문자는 전기를 전달하는 도구와 같다. 현재 가장 이해하기 어려운 문자로 지혜와 이 치의 흐름을 전하려 하니, 마치 전기를 전하고자 하나 전기를 전달할 도구가 없는 것과 같다." 1896년, 심학(沈學)은 이렇게 말했다. "문자는 지혜의 도구이 다. 고대와 현대의 말과 생각을 담는 것이다." 또 1897년, 뇌홍규(賴鴻逵)는 "고인들은 각기 사물에 따라 문자를 만들었으며, 형태는 다르나 모두 문자로 기록하는 진주와 같다."라고 했다. 1907년, 노내선(勞乃宣)은 "문자는 언어를 기록하는 표지이다."라고 했다. 유조려(劉照藜)와 도남(陶枏)은 "언어는 사람의 마음의 소리이고, 문자는 기록의 상징이다. 그러므로 언어와 문자가 합치면 진화가 쉽고, 언어와 문자가 분리되면 진화가 어렵다."라고 했다. 또 전현동 (錢玄同)은 "문자는 본래 언어의 상징이다, 언어를 상징으로 써내면, 오래 전 해질 수 있다."라고 했다. 전현동은 또 "감소 후에는 문자 만드는 본래의 의미 가 자연스레 사라진다. 하지만 문자는 본래 언어의 상징이며, 언어는 생각과 감정을 표현하는 소리이므로, 문자는 이러한 소리의 상징이다. 단지 몇 가지 간단한 형태로, 모두가 어떤 소리의 상징으로 공인한다면 그것으로 충분하다. 어떤 형태를 본떠서, 어떤 의미를 나타내는 것은 모두 필요 없다."라고 했다. 錢玄同, 『減省現行漢字的筆畫案』, 『錢玄同文字音韻學論集』, 上海古籍出版社, 2011년, 67쪽.

33) 예컨대, 1898년, 임로존(林輅存)은 이렇게 말했다. "실로 문자는 중요한 지혜의 도구이다. 도구는 사용에 적합해야 하므로, 서법은 시대에 따라 변하고, 문자 유형은 시대에 따라 확장된다." 1900년, 왕조(王照)는 이렇게 말했다. "중국의 옛 사람들이 문자를 만든 것은 백성의 사용을 편리하게 하기 위해서이며, 명 명된 소리는 반드시 당시 언어와 다르지 않아야 한다. 이는 확실한 사실이다. 그러나 언어는 시대에 따라 변하고, 문자 또한 따라 변한다." 또 전현동(錢玄 同)은 "문자는 본래 하나의 도구이며, 도구는 사용의 적합성을 우열의 기준으 로 삼아야 한다. 획이 많아 쓰기 어렵고 시간이 많이 드는 것은 당연히 부적 합하다. 획이 적어 쓰기 쉽고 시간을 절약할 수 있는 것은 당연히 적합하다.

번잡함으로부터 간화가 문자의 변화 규칙이라는 것이다.34) 넷째, 한자는 낙후된 문자라서 반드시 개혁되어야 한다는 것이다.35) 다섯째, 한자개혁의 방향은 병음화의 길이라는 것이다. 여섯째, 한자개혁은 필요할뿐더러 가능하다는 것이다.36) 이러한 이론의 건립은 이후에 벌어질 한자개혁에 이론적 근거를 제시해 주었다.

2. 한자개혁의 목표, 단계, 방법에 대한 고찰

우리는 현재의 적합성을 고려해야 하며, 고인의 정교함을 신경 쓸 필요가 없다."라고 했다.

34) 예컨대, 1896년, 탕금명(湯金銘)은 이렇게 말했다, "고대로부터 현재에 이르기까지, 문자는 여러 차례 변화했으며, 고문(古文), 주문(籒), 전서(篆)에서 팔분(八分)에 이르기까지, 그리고 예서(隸書), 해서(楷書), 행서(行書) 및 초서(草書)에 이르기까지 모두 복잡함에서 단순함으로 나아가는 경향이 있었다." 1896년, 심학(沈學)은 이렇게 말했다. "창힐(蒼頡)이 육서(六書)를 만들어 매듭짓기(結繩)를 대신함으로써, 문물이 점차 번성하고 밝아졌다. 주문(籒文)과 전자(篆字), 예자(隸字)는 문자의 형태가 시대에 따라 변화했으며, 수천 년의 역사를 거치며 거의 모든 제작된 문자의 정수를 잃어버렸고, 대부분 복잡함을 줄이고 단순함을 추구하며, 어려움을 피하고 편리함을 추구했다. 그러나 이것 또한 인간의 속성이 만들어낸 결과이며, 사물의 이치가 반드시 이르게 되어 있다."

35) 전현동(錢玄同)은 이렇게 말했다. "현재 사용되는 한자는 필획이 너무 많고, 쓰기에 시간이 많이 드는, 학술적으로나 교육적으로 큰 장애가 되는 부적합한 기호이다. 이는 모두가 알고 있는 사실이다."(錢玄同, 『減省現行漢字的筆畫案』, 『錢玄同文字音韻學論集』, 上海古籍出版社, 2011年, 67쪽.) 전현동은 또 이렇게 말했다. "저는 대담하게 선언합니다. 한자가 혁명하지 않는다면, 교육은 결코 보편화될 수 없고, 국어는 결코 통일될 수 없으며, 국어 문학은 결코 충분히 발전할 수 없습니다. 전 세계 사람들이 공유하는 새로운 이론, 새로운 학문, 새로운 지식을 국어로 쓰는 것이 결코 편리하거나 자유롭지 못할 것입니다. 왜냐하면 경직된 한자는 생동감 있는 국어를 표현하기에 부족하기 때문이며, 한자가 언어의 소리를 나타내는 유용한 도구가 아니기 때문이며, 한자가 방해가 되어 새로운 학문, 새로운 이론의 원어가 국어로 들어오기 어렵기 때문입니다." (錢玄同, 『漢字革命』, 『錢玄同文字音韻學論集』, 上海古籍出版社, 2011年, 46쪽.)

36) 丁西林, 魏建功(等), 『漢字的整理和簡化』, 中華書局, 1954年; 中國文字改革委員會(編), 『文字改革和漢字簡化是怎麽回事?』, 通俗讀物出版社, 1956年.

5·4운동이 시작된 이후부터 1986년까지 한자개혁론자들은 한자개혁의 궁극적인 목표가 병음체계의 채택이라고 결론지었다.[37] 그러나 한자개혁의 단계에 대해서 의견이 갈리어, 전현동(錢玄同) 등은 이를 달성하기 전에 먼저 한자의 단순화가 필요하다고 주장했다.[38] 한편, 구추백(瞿秋白), 오옥장(吳玉章) 등은 한자를 병음 문자를 기반으로 한 새로운 문자로 직접 대체할 것을 주장했다. 1956년 국가가 확정한 언어개혁방침은 "한자는 개혁을 거쳐야 하며 이 개혁은 공통화를 향한 세계적인 추세에 부합해야 한다. 그리고 병음을 구현하기 전에 한자를 단순화하여 현재 사용을 용이하게 하는 동시에 다양한 병음 관련 작업을 적극적으로 진행하는 것이 필수적다."라는 것이었다.[39] 학자들은 한자개혁의 본질이 주로 기존 한자의 단순화와 정형화에 있다고 주장했다.[40] 물론 어떤 학자들은 한자개혁의 목표, 내용, 방법에 있어서 다른 의견을 견지하기도 했다.[41]

(2) 현대한자의 기본이론 연구

현대한자학의 정립과정에서 학자들은 현대한자의 기초이론에 관한 연구를 시작하여 왔으며 주요 연구주제는 다음과 같다.

---

37) 王均, 『當代中國的文字改革』, 73쪽.
38) 錢玄同, 『簡省現行漢字的筆畫案』, 『錢玄同文字音韻學論集』, 上海古籍出版社, 2011年, 46쪽.
39) 王均, 『當代中國的文字改革』, 當代中國出版社, 1995年, 73쪽.
40) 丁西林(等), 『漢字的整理和簡化』, 中華書局, 1954年; 吳玉章(等), 『漢字簡化問題』, 中華書局股份有限公司, 1956年.
41) 王鈞, 『當代中國的文字改革』, 當代中國出版社, 1995年版, 468-477쪽; 劉慶俄, 『漢字新論』, 同心出版社, 2006年.

1. 현대한자의 정의

왕이강(王爾康), 주유광(周有光), 장지공(張志公), 소배성(蘇培成), 양윤육(楊潤陸), 비금창(費錦昌), 두려영(杜麗榮), 소문리(邵文利) 등과 같은 학자들은 모두 현대 한자를 정의하는 데 참여했다. 이러한 정의의 구체적인 내용은 앞에서 이미 소개되었다.

2. 현대 한자의 성격

현대 한자의 성격은 학자들 사이에서 다양한 관점을 이끌어내며 연구의 대상이 되어 왔다. 어떤 사람들은 현대 한자를 단순히 중국어를 기록하기 위한 도구로 간주한다. 예를 들어, 비진창(費進昌)은 "한자는 의미와 음성 요소를 모두 겸하는 형태소-음절 문자여야 하며, 이를 통해 의미-음성 문자 또는 형태소 문자라고 부를 수 있다."라고 주장했다.[42]

소배성(蘇培成)은 "한자의 단자 기록은 한어의 형태소이며, 그래서 한자는 형태소 문자이다."라고 했다.[43] 또 왕소녕(王小寧)은 "현대한자는 의미-음성 문자(意音文字)이다."라고 했다.[44]

그런가 하면 어떤 학자들은 한자가 다기능의 상징이라고 주장한다. 예컨대 연등강(連登崗)은 "문자는 단순히 언어적 상징이 아니라 사상, 예술, 문화의 상징이기도 하다. 그것은 단일 기능을 가진 기호가 아니라 여러 기능을 가진 기호이다."라고 했다.[45]

---

42) 費錦昌, 『現代漢字的性質和特點』, 『語文建設』 1990年 第4期.
43) 蘇培成, 『現代漢字學綱要』 第三版, 商務印書館, 2019年, 2쪽.
44) 王小寧, 『從形聲字聲旁的表音度看現代漢字的性質』, 『淸華大學學報』(哲學社會科學版) 1999年 第1期, 68쪽.
45) 連登崗, 『關於漢字的性質』, 『南通大學學報』(社會科學版), 2005年 第2期, 84쪽.

3. 현대한자의 특징

비록 관점은 다르지만 일부 학자들은 현대 한자의 특징을 분석해왔다. 고가영(高家鸞)은 현대 한자가 네 가지 특징을 보인다고 주장했다. 1. 현대 한자는 표의문자이다. 2. 현대한자는 음절을 나타낸다. 3. 현대한자는 정사각형 모양의 평면 문자이다. 4. 현대한자는 중국어를 기록하기 위해 연사법(連寫法)을 사용하지 않는다.46)

비진창(費進昌)은 "현대한자는 주로 다음과 같은 특징을 보인다고 주장했다. 즉 1. 기호의 양이 많고 복잡한 구조를 지닌다. 2. 다양한 한자의 사용 빈도에 현격한 변화가 있다. 3. 형성자가 대다수를 차지한다. 4. 기호자와 반(半)기호자의 수가 증가한다. 5. 간화자가 표준자형이 되었다. 6. 자형은 정사각형 모양으로, 단어를 나누어 연결해서 필사하지 않는다.(分詞連寫)"47)

소배성(蘇培成)은 한자가 6가지 특징을 보인다고 주장한다. 즉 1. 한자와 중국어는 근본적으로 호환된다. 2. 한자는 형태, 소리, 의미의 통일체이다. 3. 한자는 뚜렷한 시간적, 공간적 특성을 가지고 있다. 4. 한자는 글자의 수가 매우 많고 구조가 복잡하며, 음성 체계가 결여되어 있다. 5. 기계 처리와 정보처리에 어려움을 겪는다. 6. 국제 문화 교류에 활용하기 어렵다.48)

4. 현대한자의 내원 및 규범자의 형성

많은 학자들이 현대한자의 내원에 대해 연구해왔다. 예컨대, 이의림(李義琳)의 『<설문>과 현대한자(<說文>與現代漢字)』49), 장종복(蔣

---

46) 高家鸞, 『現代漢字的特點和結構』, 『語文學習』1987年 第2期, 52-53쪽.
47) 費錦昌, 『現代漢字的性質和特點』, 『語文建設』1990年 第4期.
48) 蘇培成, 『現代漢字學綱要』第三版, 商務印書館, 2019年, 5-9쪽.
49) 李義琳, 『<說文>與現代漢字』, 『貴州文史叢刊』1994年 第4期.

宗福)의 『<설문해자>와 현대통용한자(<說文解字>與現代通用漢字)
』50), 인민교육출판사 사서연구중심(人民教育出版社辭書研究中心)(편)의
『한자원류 정해자전(漢字源流精解字典)』51) 등이 그렇다. 또 어떤 학자
들은 현대규범한자의 형성에 대해 연구해 왔는데, 부영화(傅永和)의 『
신중국의 한자정리(新中國的漢字整理)』52)가 대표적이다.

  5. 한자의 장점, 단점, 미래에 관한 논쟁
  한자의 장점, 단점, 미래에 관한 논쟁은 100년 넘게 지속되어 왔으
며, 세 단계로 분류할 수 있다.
  초기 단계는 5·4운동부터 1949년까지이다. 대표 학자로는 전현동
(錢玄同), 부사년(傅斯年), 조원임(趙元任), 채원배(蔡元培), 노신(魯迅), 구
추백(瞿秋白), 오옥장(吳玉章) 등이 있는데, 그들은 한자가 병음보다 열
등하다는 견해를 갖고 한자개혁이 병음 노선을 따라야 한다고 주장했
다. 이와는 반대로 오균생(吳鈞生), 주진농(朱津農) 등은 한자는 병음과
대체할 수 없는 장점을 갖고 있으므로 버려서는 안 된다고 주장했다.
  두 번째 시기는 1950년부터 1979년까지이다. 이 시기는 한자개혁
이 전면적으로 실시되는 시기로서 한자에 대한 평가와 향후 개혁방
향에 대한 논의가 심화되었다. 오옥장(吳玉章), 나상배(羅常培), 조백한
(曹伯韓), 정림희(鄭林曦) 등의 학자들은 한자가 병음보다 열등하므로
개혁이 필요하다고 주장했다. 반면, 이진린(李振麟), 양동한(梁東漢) 등
의 학자들은 문자 체계의 진화로 인해 한자가 표음 문자로 대체될 수
밖에 없다고 주장했다.53) 그러나 당란(唐蘭), 진몽가(陳夢家), 도곤(陶

---

50) 蔣宗福, 『<說文解字>』與現代通用漢字』, 『西南師範大學學報』(人文社會科學版)
    2002年 第4期.
51) 人民教育出版社辭書研究中心, 『漢字源流精解字典』, 人民教育出版社 2017年.
52) 傅永和, 『新中國的漢字整理』, 『語文建設』 1995年 第7期.

坤), 전백찬(翦伯贊) 등은 한자가 장점이 많고 한자의 부족함은 극복할 수 있기에, 음성 문자로 전환해서는 아니 된다고 주장했다.54)

세 번째 시기는 1980년부터 지금까지이다. 1980년대에 들어 한자 우열과 문자개혁방향이 문제가 다시 연구의 초점이 되었다. 단생농(段生農)은 한자 라틴화의 개혁방향에 대해 의문을 제시했고, 한자 라틴화의 방향을 폐기해야 한다고 주장했다.55) 증성초(曾性初), 안자개(安子介), 원효암(袁曉岩) 등은 한자가 병음문자보다 많은 부분에서 우월성을 가족 있으며, 원대한 미래를 갖고 있다고 주장했다.56) 임계유(任繼愈)는 한자의 기능은 현재 전 세계에서 통용되는 문자 중 가장 완전하다고 했다.57) 또 전위장(錢偉長)은 "한자가 아마도 미래에 통용되는 세계문자가 될 것이다."라고 했으며58), 고가영(高家鶯), 장지공(張志公), 허가로(許嘉璐), 주조모(周祖謨), 오철평(伍鐵平), 후일린(侯一麟) 등도 한자는 낙후된 문자가 아니며, 표음문자로 대체되어서는 아니 된다고 주장했다.59) 그러나 주유광(周有光) 등은 여전히 한자는 반드시 병음문자로 대체되어야 한다는 주장을 견지했다. 세 번째 관점은 한자는 장점도 있지만 단점도 있어, 應고쳐가면서 계속적으로 사용해야 한

53) 詹鄞鑫,『二十世紀文字改革爭鳴綜述』,『中國文字研究』第4輯, 2003年.
54) 詹鄞鑫,『二十世紀文字改革爭鳴綜述』,『中國文字研究』第4輯, 2003年.
55) 段生農,『漢字拉丁化質疑』,『北京師範大學學報』(哲學社會科學版) 1981年 第5期;『漢字拼音化的必要性初探』,『文字改革』1982年 第1期;『關於文字改革的反思』, 教育科學出版社, 1990年.
56) 曾性初,『漢字好學好用證』,『教育研究』1983年 第1-2期; 安子介,『漢字的再認識』,『第二屆國際漢語教學討論會論文選』1987年; 袁曉園,『論漢語漢字的科學性』,『漢字文化』, 1989年 第1-3期.
57) 任繼愈,『<昭雪漢字百年冤案>序』, 劉慶俄(編),『漢字新論』, 同心出版社, 2006年, 123-126쪽.
58) 錢偉長,『在漢字問題座談會上的講話』, 劉慶俄(編),『漢字新論』, 同心出版社, 2006年, 113쪽.
59) 詹鄞鑫,『二十世紀文字改革爭鳴綜述』,『中國文字研究』 4輯, 2003年.

다는 주장인데, 이러한 견해는 여숙상(呂叔湘), 주덕희(朱德熙) 등에 의
해 견지되었다.[60]

6. 현대한자학 학과 건설 연구

1980년대부터 몇몇 학자들은 현대한자학의 학과건설에 관해 연
구하였는데, 주유광(周有光)의 『현대한자학 발범(現代漢字學發凡)』[61],
고가영(高家鶯), 범가육(范可育)의 『현대한자학 건립에 관한 논의(建立
現代漢字學芻議)』[62], 소배성(蘇培成)의 『현대한자학의 학과 건설(現代
漢字學的學科建設)』[63], 비금창(費錦昌)의 『현대한자와 현대한자학(現代
漢字與現代漢字學)』[64] 등이 있다.

7. 한자개혁사 연구

어떤 학자들은 한자개혁사를 연구하기도 했는데, 주유광(周有光)의
『한자개혁개론(漢字改革槪論)』[65], 무점곤(武占坤), 마국범(馬國凡)의 『
한자한자개혁사(漢字漢字改革史)』[66], 조하추(趙遐秋), 증경서(曾慶瑞)의
『청조 말기의 한자개혁 과 한어병음운동 -'절음자' 운동 70주년을 기
념하여(淸朝末年的漢字改革和漢語拼音運動 - 紀念'切音字'運動七十周年)』
(1892 - 1962)[67], 왕이강(王爾康)의 『신민주주의시기의 한자개혁운동

---

60) 呂叔湘, 『漢字和拼音字的比較』『漢字問題學術討論會論文集』, 1988年, 8-10쪽; 朱
    德熙, 『在'漢字問題學術討論會'上的發言』, 『漢字問題學術討論會論文集』, 1988年,
    11-16쪽.
61) 周有光, 『現代漢字學發凡』, 『語文現代化』 第2輯, 知識出版社, 1980年, 94쪽.
62) 高家鶯; 范可育, 『建立現代漢字學芻議』, 『上海師範大學學報』(哲學社會科學版)
    1985年 第4期.
63) 蘇培成, 『現代漢字學的學科建設』, 『語言文字應用』 2007年 第2期.
64) 費錦昌, 『現代漢字與現代漢字學』, 『中國文字硏究』 第八輯, 2007年 第1期
65) 周有光, 『漢字改革槪論』, 文字改革出版社, 1961年.
66) 武占坤, 馬國凡, 『漢字漢字改革史』, 湖南人民出版社, 1988年.

(新民主主義時期的漢字改革運動)』68), 유효명(劉曉明)의『청말에서 신중
국 성립까지(1892-1949)의 한자개혁사론(淸末至新中國成立(1892-1949)
漢字改革史論)』69) 등은 모두 한자개혁운동의 역사에 대한 연구 성과
들이다.

(3) 현대한자의 본원 연구

현대한자의 본원에 대한 연구도 다음과 같은 것들이 있다.

1. 한자구조와 한자자형 구조에 대한 구분

고가영(高家鶯), 소배성(蘇培成), 도효동(陶曉東) 등은 한자구조와 자
형구조를 구분하였는데, 그들은 전자를 구자법(構字法)이나 조자법(造
字法)이라 불렀다.70)

2. 구자법(構字法) 연구

일부 학자들은 현대한자의 구자법에 대해 연구하였는데, 하건국(賀
建國)의『현대한자 구자법 신탐(現代漢字構字法新探)』71), 정방호(丁方
豪)의『현대한자 조자법 탐색(現代漢字造字法探索)』72), 소배성(蘇培成)

---

67) 趙遲秋,曾慶瑞, 『淸朝末年的漢字改革和漢語拼音運動－紀念'切音字'運動七十周年
    (1892－1962)』,『北京大學學報』(哲學社會科學版), 1962年 第6期.
68) 王爾康, 『新民主主義時期的漢字改革運動』, 『福建師大學報』(哲學社會科學版)
    1983年 第2期.
69) 劉曉明, 『淸末至新中國成立(1892-1949)漢字改革史論』, 河北師範大學, 2013博士
    論文.
70) 高家鶯,『現代漢字的特點和結構』,『語文學習』1987年 第2期, 53쪽; 蘇培成,『現
    代漢字的構字法』,『語言文字應用』1994年 第3期.
71) 賀建國,『現代漢字構字法新探』,『鎭江師專學報』(社會科學版) 1989年 第4期, 43쪽.
72) 丁方豪,『現代漢字造字法探索』, 語文現代化編輯部,『語文現代化』(叢刊第10輯),

의 『현대한자의 구자법(現代漢字的構字法)』73) 등은 바로 구자법(字法的)을 전문적으로 연구한 논문들이다. 이외에도 장현정(張靜賢)의 『현대한자학교정(現代漢字學敎程)』74), 소배성(蘇培成)의 『현대한자학강요(現代漢字學綱要)』75) 등도 구자법에 대한 연구라 할 수 있다.

3. 현대한자의 형체 체계에 대한 연구

한자의 형체만을 따로 떼서 독립된 연구대상으로 사망 연구한 것은 현대한자학의 커다란 특색이다. 1961년, 왕이강(王爾康)이 현대한자 형체의 체계를 연구하기 시작했다.76) 20년 후, 진명원(陳明遠), 고가앵(高家鶯), 소배성(蘇培成), 도효동(陶曉東) 등도 이 방면의 연구를 진행하였으며77), 상대적으로 완전한 이론 체계를 세웠다. 현대한자의 형체연구는 주로 다음의 내용을 포함한다.

① 한자자형의 전체 구조라는 측면. 왕이강(王爾康), 고가앵(高家鶯) 등은 현대한자의 자형 구조는 3단계구조로 되어 있다고 보았다. 왕이강에 의하면, 필획이 한자의 가장 작은 단위이며, 필획과 필획의 조합, 그리고 필획의 조합으로부터 전체 글자가 만들어진다.78) 또 고가앵은 "글제 글자를 분해하여 나온 부건(部件), 부건

知識出版社, 1990年, 191-204 쪽.

73) 蘇培成, 『現代漢字的構字法』, 『語言文字應用』 1994年 第3期.
74) 張靜賢, 『現代漢字學敎程』, 語文出版社, 1992年.
75) 蘇培成, 『現代漢字學綱要』, 北京大學出版社, 1994年.
76) 王爾康, 『試論現代漢字的結構及其簡化規律』, 『廈門大學學報』(社會科學版) 1961年 第2期.
77) (1) 陳明遠, 『漢字簡化芻議－漢從漢字筆畫的統計和分析看漢字簡化』, 『自然雜志』 1981年 第12期, 904쪽. (2) 高家鶯, 『現代漢字的特點和結構』, 『語文學習』 1987年 第2期. (3) 蘇培成, 『現代漢字的構字法』, 『語言文字應用』 1994年 第3期. (4) 陶曉東, 『現代漢字獨體與合體的再認識』, 『語文建設』 1994年 第8期. (5) 陶曉東, 『現代漢字字形研究的三個平面』, 『語文現代化論叢』 第2輯, 語文出版社, 1996年.
78) 王爾康, 『試論現代漢字的結構及其簡化規律』, 『廈門大學學報』(社會科學版) 1961

을 분해하여 나온 필획 등, 글자 전체, 부건, 필획이 한자의 3단
계 계층상의 3가지 구조 단위이다."라고 했다.79) 이후 이러한 견
해는 현대한자학의 상식이 되었다.

② 한자 자형 전체의 기본 구성요소. 왕이강, 고가앵, 소배성 등은
자형의 기본 요소가 두 가지 계층으로 분류된다고 했다. 첫째는
필획으로, 이는 한자를 구성하는 가장 기본적인 단위이다. 둘째
는 부건(部件)인데, 이는 필획으로 구성되며, 또 글자 전체를 구
성하는 요소이기도 하다.

③ 구성 요소를 구성하는 기본 방법. 학자들은 현대 한자의 구조를
두 가지로 분류한다. 첫 번째 계층은 필획이 구성 요소를 구성
하는 방식과 관련이 있다. 임어당(林語堂)은 필획이 부분으로 부
건을 구성하는 방식에는 교차(交), 연결(接), 분리(離)의 세 가지가
있다고 했다.80)

정서림(丁西林)은 필획이 부건을 구성하는 방식에는 분리, 교차,
접촉, 연결의 네 가지 방식이 있다고 보았다.81) 현재 일반적으
로 필획이 부건을 구성하는 방식에는 세 가지, 즉 분리(分離), 교
차(相交), 절단(相切)이 있다고 보고 있다.82) 첫 번째 수준은 부건
이 전체 글자를 형성하는 기본적인 방식이다. 어떤 이들은 분리
(相離), 교차(相交), 연결(相接)의 세 가지 방식이 있다고 생각하는
반면83), 다른 이들은 분리(相離)와 연결(相接)의 두 가지 유형만
있다고 생각하기도 한다.84)

④ 현대 한자 문자의 구조 유형. 수많은 학자들이 현대 한자의 구
조적 유형을 탐구하여 다양한 결론을 내렸다. 왕이강(王二康)은
5분류, 장보(張普)는 대분류 5분류, 소분류 11분류, 부영화(傅永
和)는 8분류, 이공의(李公宜), 유여수(劉如水)는 5분류로 분류했으

年 第2期, 76쪽.

79) 高家鴛, 『現代漢字的特點和結構』, 『語文學習』, 1987年 第2期.
80) 林語堂, 『漢字索引制說明』, 『新青年』 4卷2號, 1918年2月15日.
81) 丁西林, 『漢字的筆畫結構及其寫法與計算筆畫的規則』, 『中國語文』 1956年 第8期.
82) 蘇培成, 『二十世紀的現代漢字研究』, 書海出版社, 2001年, 309쪽.
83) 張普, 『漢字部件分析的方法和理論』, 『語文研究』, 1984年 第1期, 39쪽.
84) 蘇培成, 『二十世紀的現代漢字研究』, 書海出版社, 2001年, 347쪽.

며, 소배성(蘇培成)은 13개 부류로 나누었다.85).

⑤ 현대한자 부건(部件) 및 분할. 어떤 학자들은 현대한자 부건(部件) 및 분할에 대해 연구했다. 예를 들어, 소배성(蘇培成)의 『현대한자의 부건 분할(現代漢字的部件切分)』86), 비금창(費錦昌)의 『현대한자 부건 탐구(現代漢字部件探究)』87), 왕녕(王寧)의 『한자 구형 근거와 현대한자 부건 분할(漢字構形理據與現代漢字部件拆分)』88), 장덕소(張德劭)의 『한자 부건 규범의 목적과 부건 분할의 표준―<기초교학서 사용 현대한어 상용자 부건 규범>에 대한 논평을 겸함(漢字部件規範的目的和部件拆分標准―兼評『基礎敎學用現代漢語常用字部件規範』)』89), 진연(陳燕)의 『현대한자 부수법에서 사용하는 개별자 분할 연구(現代漢字部首法所用單字切分的研究)』90) 등이 있다.

이밖에, 필획의 정의, 필획의 명칭, 필획의 유형, 필획의 기능 및 필획의 순서, 부건의 정의, 부건의 종류, 다양한 부건의 명칭, 부건의 통계 정보, 부건의 변형 등과 같은 한자 자형에 관한 일부 미시적인 문제들도 있으며, 이와 관련한 연구 결과가 발표되었다.91)

4. 현대 한자 독음에 대한 연구

중화민국 초기부터 현재까지, 일부 학자들은 현대한자의 독음에 대해 연구를 진행하고 일부 성과를 출판했다. 예를 들어, 교육부독음통

---

85) 蘇培成, 『二十世紀的現代漢字硏究』, 書海出版社, 2001年, 352-355쪽.
86) 蘇培成, 『現代漢字的部件切分』, 『語言文字應用』, 1995年 第3期.
87) 費錦昌, 『現代漢字部件探究』, 『語言文字應用』, 1996年 第2期.
88) 王寧, 『漢字構形理據與現代漢字部件拆分』, 『語文建設』, 1997年 第3期.
89) 張德劭, 『漢字部件規範的目的和部件拆分標准-兼評<基礎敎學用現代漢語常用字部件規範>』, 『中國文字硏究』 第9輯, 2007年 第2期.
90) 陳燕, 『現代漢字部首法所用單字切分的研究』, 『天津師範大學學報(社會科學版)』 2006年 第4期.
91) 蘇培成, 『二十世紀的現代漢字硏究』(書海出版社, 2001)

일회(教育部讀音統一會)의 『국음자전(國音字典)』92), 교육부국어통일주
비위원회(教育部國語統一籌備委員會)의 『국음상용자휘(國音常用字彙)
』93), 주유광(周有光)의『현대한자 중 성방의 표음기능 문제(現代漢字中
聲旁的表音功能問題)』94), 여병(厲兵)의『한자 이독 문제 종횡담(漢字異
讀問題縱橫談)』95), 장청상(張淸常)의『한어 한문의 일자다음 문제(漢語
漢文的一字多音問題)』96), 장일주(蔣一舟)의『일부 다음자의 단음화로부
터의 논의(從某些多音字的單音化談起)』97), 장보(張普)의『현대한어의 개
별자 음절(現代漢語的獨字音節)』98) 등이 있다. 이외에도 장정현(張靜賢)
의『현대한자교정(現代漢字教程)』, 고가앵(高家鶯)(등)의『현대한자학(現
代漢字學)』 등이 있는데, 모두 현대한자의 독음에 대한 연구들이다.

5. 현대 한자의 의미에 대한 연구

많은 전문가들이 현대 한자의 의미, 현대 한자의 형태와 의미의 관
계, 현대 한자의 독음과 의미의 관계에 대한 연구를 수행하고 수많은
논문을 발표했다. 예를 들어 장정현(張靜賢)의『현대한자교정(現代漢字
教程)』, 고가앵(高家鶯)(등)의 『현대한자학(現代漢字學)』 등은 모두 현
대 한자의 의미에 대한 연구를 포함하고 있다. 주요 연구 주제에는
현대 한자 의미의 특성, 현대 한자의 의미 기능, 단어 의미와 단어 의
미, 현대 한자의 기능적 분류가 포함된다.

---

92) 教育部讀音統一會, 『國音字典』, 商務印書館, 1920年.
93) 教育部國語統一籌備委員會, 『國音常用字彙』, 商務印書館 , 1932年.
94) 周有光, 『現代漢字中聲旁的表音功能問題』, 『中國語文』1978年 第3期, 172쪽.
95) 厲兵, 『漢字異讀問題縱橫談』, 『語言文字應用』1993年 第3期.
96) 張淸常, 『漢語漢文的一字多音問題』, 『張淸常語言學論文集』, 商務印書館, 1993年.
97) 蔣一舟, 『從某些多音字的單音化談起』, 『語文建設』, 1996年 第10期.
98) 張普, 『現代漢語的獨字音節』, 『語言文字應用』, 1994年 第2期.

6. 현대 한자의 예술에 대한 연구

한자는 고대부터 미학적 기능을 가지고 있었으며, 고대 서예 연구는 어학의 중요한 부분이다. 중국 사회가 현대에 접어들면서, 한자는 다양한 장식에서 널리 사용되었고, 이러한 장식에서 한자는 예술화되었다. 한자의 예술화와 함께, 한자의 예술에 대한 연구도 시작되었다. 일부는 한자 쓰기의 예술을 연구하고, 일부는 한자의 장식 기능을 연구하며, 일부는 한자의 미학적 심리를 연구하는 등 다양하다. 자세한 내용은 이 책의 "한자의 응용" 부분을 참조하면 된다.

7. 현대 한자 연구의 역사에 대한 연구

예를 들어, 소배성(蘇培成)의 『20세기 현대 한자 연구(二十世紀的現代漢字研究)』는 20세기 현대 한자 연구의 역사에 대해 체계적인 연구를 수행했다.

(4) 현대 한자의 응용에 대한 연구

1. 현대 한자 빈도에 대한 통계 및 연구

지난 백 년 동안 학자들은 다양한 범위에서 한자 빈도에 대해 연구하고 많은 결과를 도출했다.[99]

---

99) 한자 빈도 통계의 주요 성과는 다음과 같다. 1.『한자 빈도 통계』, 2.『한자 빈도표』(총 4574개의 글자를 수록한 『현대 한어 빈도 사전』에 포함됨), 3.『가장 자주 사용되는 한자는 무엇인가-3000 고빈도 한자표』(1986년 문자 개혁 출판사에서 출판), 4.『현대 한어 자빈도 통계표』(1992년 어문출판사에서 출판), 5.『현대 한어 상용 글자 빈도 통계』(1988년 어문출판사에서 출판), 6.『현대 한어 통용 글자 데이터 통계표』(『현대 통용 글자표』에 첨부됨), 7. 특별한 글자 빈도 통계(『<모택동 저작 선독>(을종본)의 사용 글자와 출현 빈도 통계』(『<모택동 선집> 사용 글자 통계 자료』, 중국 사회과학원 언어문자응

2. 현대 한자의 수량에 대한 연구

1920년대에 이미 진학금(陳鶴琴)은 현대 한자의 수량에 대한 연구를 시작했다. 해방 후, 국가는 전문가들을 조직하여 현대 한자의 수량에 대한 상세한 통계를 수행하고 사용되는 단어의 수량에 대한 규정을 만들었다. 현재, 국가 표준은 단어 사용을 세 가지 수준으로 나눈다. 첫째, 일반적으로 사용되는 상용자의 수량100), 둘째, 통용자의 수량101), 셋째, 전문 한자의 수량102) 등이다. 학자들은 현대 한자의 크기와 관련된 다른 문제들도 연구했다.103)

3. 현대 한자의 글자 순서에 대한 연구

학자들은 현대 한자의 순서 연구에서 주로 다음과 같은 작업을 수행했다. 첫째, 순서의 확정은 특정 문자 집합에서 한자의 배열 순서를 결정하는 것이다. 예를 들어, 자전이나 사전과 같이 문자를 수집하는 책에서의 글자 순서, 한자의 정보 처리에서 사용되는 문자 집합의 글자 순서 등이 그렇다. 둘째, 단어 검색 방법의 정리이다.104) 정리

용연구소 한자정리연구실 편, 『성씨 인명 사용 글자 분석 통계(姓氏人名用字分析統計), 1991년 어문출판사에서 출판)

100) 상용자는 사람들이 자주 사용하는 글자, 즉 빈번히 사용되는 글자를 말한다. 상용자의 선택은 문해 교육에 특히 중요하다. 현대 한자의 탄생 직후부터 학자들은 이를 연구해 왔다.

101) 통용한자는 여러 가지 의미를 가지고 있으며, 여기서 말하는 '통용한자'는 현대 한어를 쓰는 데 일반적으로 사용되는 글자를 말한다. 이는 드물게 사용되는 글자(罕用字)와 대비되는 개념이다. 蘇培成, 『現代漢字學綱要』, 北京大學出版社, 1994年, 39-40쪽.

102) 전문용 한자는 사회의 특정 집단이 사용하는 한자를 지칭한다.

103) 蘇培成, 『二十世紀的現代漢字研究·第四章現代漢字的字量研究』, 書海出版社, 2001年.

104) 검자법(檢字法)은 달리 찾기법(査字法)이라도 하는데, 사전이나 기타 서적에서 문자의 배열 순서에 따른 검색 방법을 의미한다.

중국문자학 핸드북

를 통해 현행 검색법에는 다음의 네 가지가 있는데, 부수 검색법, 독음 순서 검색법, 획수 검색법 및 사각번호 검색법이다.

4. 현대 한자 표준에 대한 연구

지난 100년 동안, 한자 표준화에 대한 연구는 주로 다음을 포함하였다,

① 한자의 표준화에 대한 연구 예를 들어, 부영화(傅永和)의 『규범 한자를 논함(談規範漢字)』105), 왕녕(王寧)의 『한자규범의 사회성 과 과학성—신 형세 하의 한자규범문제에 대한 반성(論漢字規範 的社會性與科學性—新形勢下對漢字規範問題的反思)』106), 공가진(龔 嘉鎭)의 『신시기 한자규범 문제의 사고에 대하여(關於新時期漢字 規範問題的思考)』107), 황덕관(黃德寬)의 『한자규범의 현실 기초 및 경로 선택(論漢字規範的現實基礎及路徑選擇)』108), 육석형(陸錫 興)의 『한자규범의 세 가지 원칙 문제(論漢字規範的三個原則問題) 』109), 왕녕(王寧)의 『<통용규범한자표> 공포의 배경과 제정 의 의를 다시 논함—한자규범의 안정적 유지의 중요성을 함께 논함 (再論<通用規範漢字表>發布的背景和制定的意義—兼論漢字規範保 持穩定的重要性)』110) 등은 모두 한자 표준화에 대한 몇몇 문제들 을 연구한 것들이다.

② 현대 한자 자형의 표준에 대한 연구 1950년대 이후, 일부 학자 들은 현대 한자의 자형 표준에 대해 연구해왔다. 예를 들면, 장 유송(蔣維崧)의 『간화한자가 한자자형의 규범을 세운다(簡化漢字 建立漢字字形的規範)』111), 소배성(蘇培成)의 『한자자형 규범의 이

---

105) 傅永和, 『談規範漢字』, 『語文建設』, 1991年 第10期.
106) 王寧, 『論漢字規範的社會性與科學性－新形勢下對漢字規範問題的反思』, 『中國 社會科學』, 2004年 第3期.
107) 龔嘉鎭, 『關於新時期漢字規範問題的思考』, 『中國語文』, 2005年 第6期.
108) 黃德寬, 『論漢字規範的現實基礎及路徑選擇』, 『語言文字應用』, 2007年 第4期.
109) 陸錫興, 『論漢字規範的三個原則問題』, 『中國文字研究』 第10輯, 2008年 第1期.
110) 王寧, 『再論<通用規範漢字表>發布的背景和制定的意義－兼論漢字規範保持穩 定的重要性』, 『雲南師範大學學報(哲學社會科學版)』, 2014年 第6期.

론과 실천(漢字字形規範的理論和實踐)』112), 장만빈(張萬彬)의 『자형규범의 몇 가지 문제에 관해(關於字形規範的幾個問題)』113), 연등강(連登崗)의 『한자자형 체계와 인쇄자형 규범(漢字字形系統與印刷字形規範)』114), 첨은신(詹鄞鑫)의 『한자규범과 한자자형 문제(漢字規範與漢字字形問題)』115) 등이 있다.

③ 현대 한자 발음 표준에 대한 연구 일부 학자들은 현대 한자 독음의 표준에 대해 연구를 수행했다. 예를 들어, 고명개(高名凱), 유정담(劉正埮)의 『어음 규범화와 한자 정음 문제(語音規範化和漢字正音問題)』116), 왕력(王力)의 『심음의 원칙을 논함(論審音的原則)』117), 주유광(周有光)의 『현대한자 중 성방의 표음 기능 문제(現代漢字中聲旁的表音功能問題)』118), 여병(厲兵)의 『한자 이독 문제 종횡담(漢字異讀問題縱橫談)』119), 서세영(徐世榮)의 『<심음표> 분석(<審音表>剖析)』120), 조선탁(曹先擢)의 『<심음표>의 약간 문제를 학습과고 관철해야함(學習和貫徹<審音表>的若干問題)』121), 여진영(呂永進)의 『<심음표>관규(<審音表>管窺)』122), 장청상(張清常)의 『한어 한문의 일자다음 문제(漢語漢文的一字多音問題)』123), 장보(張普)의 『현대한어의 독자 음절(現代漢語的獨字音節)』124) 등이 있다. 이외에도 장정현(張靜賢)의 『현대한자교정(現代漢字敎程)』, 고가앵(高家鶯)(등)의 『현대한자학(現代漢字學)』도

---

111) 蔣維崧, 『簡化漢字建立漢字字形的規範』, 『文史哲』, 1958年 第5期.
112) 蘇培成, 『漢字字形規範的理論和實踐』, 『語言文字應用』 1992年 第2期.
113) 張萬彬, 『關於字形規範的幾個問題』, 『語言文字應用』 2003年 第3期.
114) 連登崗, 『漢字字形系統與印刷字形規範』, 『南通師範學院學報』(哲學社會科學版), 2003年 第4期
115) 詹鄞鑫, 『漢字規範與漢字字形問題』, 『語言文字應用』, 2008年 第1期.
116) 高名凱, 劉正埮, 『語音規範化和漢字正音問題』, 『新建設』 1956年 第3期.
117) 王力, 『論審音的原則』, 『中國語文』, 1965年 第6期.
118) 周有光, 『現代漢字中聲旁的表音功能問題』, 『中國語文』, 1978年 第3期, 172쪽.
119) 厲兵, 『漢字異讀問題縱橫談』, 『語言文字應用』 1993年 第3期.
120) 徐世榮, 『<審音表>剖析』, 『語文建設』 1995年 第11期.
121) 曹先擢, 『學習和貫徹<審音表>的若干問題』, 『語文建設』 1997年 第9期.
122) 呂永進, 『<審音表>管窺』, 『語文現代化論叢』 第3輯, 語文出版社 1997年.
123) 張清常, 『漢語漢文的一字多音問題』, 『張清常語言學論文集』, 商務印書館, 1993年.
124) 張普, 『現代漢語的獨字音節』, 『語言文字應用』, 1994年 第2期.

현대한자의 자음 연구에 관한 내용을 포함하고 있다.

④ 표준 한자 목록에 대한 연구 많은 전문가들이 한자 규격 표에 대한 연구를 진행해왔다. 예를 들어, 장서암(張書岩)의『<규범한자표> 제정에 관한 구상(硏制<規範漢字表>的設想)』[125], 소문리(邵文利)의『<규범한자표>의 이체자 정리의 원칙과 방법에 관한 시론(試論<規範漢字表>整理異體字的原則與方法)』[126], 왕철곤(王鐵琨)의『<규범한자표> 제작의 몇 가지 문제(<規範漢字表>硏制的幾個問題)』[127], 이우명(李宇明)의『규범한자와 <규범한자표>(規範漢字和<規範漢字表>)』[128], 왕립군(王立軍)의『한자의 자연발전 규율과 인위적 규범—<규범한자표> 제작의 과학적 이념을 함께 논함(漢字的自然發展規律與人爲規範—兼談<規範漢字表>硏制的科學理念)』[129], 호쌍보(胡雙寶)의『<통용규범한자표>의 몇 가지 관점(關於<通用規範漢字表>的幾點看法)』[130], 장맹(張猛)의『국학 전승의 공구로서의 한자의 현재와 미래—<통용규범한자표>와 '한어소망론'을 함께 논함(國學傳承工具的漢字之現在與未來—談<通用規範漢字表>和'漢語消亡論')』[131], 왕효명(王曉明)의『<통용규범한자표>의 사회성을 논함(論<通用規範漢字表>的社會性)』[132] 등이 있다.

⑤ 한자 표준화의 역사에 대한 연구 일부 학자들은 한자 표준화의 역사에 대해 연구를 수행했다. 예를 들어, 부영화(傅永和)의『규범한자(規範漢字)』[133], 부영화(傅永和)의『한자규범화60년(漢字規

---

125) 張書岩,『硏制<規範漢字表>的設想』,『語言文字應用』2002年 第2期
126) 邵文利,『試論<規範漢字表>整理異體字的原則與方法』,『四川大學學報』(哲學社會科學版) 2003年 第2期.
127) 王鐵琨,『<規範漢字表>硏制的幾個問題』,『語文研究』2003年 第4期.
128) 李宇明,『規範漢字和<規範漢字表>』,『中國語文』2004年 第1期.
129) 王立軍,『漢字的自然發展規律與人爲規範—兼談<規範漢字表>硏制的科學理念』,『語言文字應用』, 2008年 第2期.
130) 胡雙寶,『關於<通用規範漢字表>的幾點看法』,『漢字文化』, 2010年 第1期.
131) 張猛,『國學傳承工具的漢字之現在與未來—談<通用規範漢字表>和'漢語消亡論'』,『中國訓詁學報』2013年 第1期.
132) 王曉明,『論<通用規範漢字表>的社會性』,『語言文字應用』, 2016年 第3期.
133) 傅永和,『規範漢字』, 北京, 語文出版社, 1994年.

範化60年)』[134], 진쌍신(陳雙新)의 『60년 이래 현대한자연구와 규범의 세 가지 단계와 상관 문제(60年來現代漢字研究與規範的三個階段及相關問題)』[135] 등이 있다.

5. 현대 한자 교육에 대한 연구

현대 한자의 탄생 이후, 그 교육에 대한 연구가 시작되었다. 시대의 발전과 한자 교육의 확장에 따라, 한자 교육에 대한 연구도 지속적으로 발전하고 있다. 연구의 주제는 주로 다음과 같은 측면에 초점을 맞추어져 있다. (1) 현대 교육 기술 하에서의 한자 교육. (2) 문자학의 원리를 적용한 한자 교육. (3) 고대부터 현재까지 한자의 진화를 기반으로 한 교육. (4) 외국인 한자 교육. 자세한 내용은 이 책의 "한자와 교육" 부분을 참조하면 된다.

6. 한자의 생활환경 변화가 한자에 미치는 영향 및 대책에 대한 연구

현대 과학 기술의 발전과 외국 문화 교류의 확대로 한자의 대내외 생활환경은 엄청난 변화를 겪었으며, 이는 한자의 생존에 큰 영향을 미쳤는데, 많은 학자들이 이를 연구하고 대책을 제시했다.

예를 들어, 육석흥(陸錫興)의 『한자의 내우와 외환(漢字的內憂與外患)』[136], 연등강(連登崗)의 『중국어문 외국어 혼용과 알파벳 어휘(論漢語文雜用外文與字母詞)』[137], 진위(秦偉), 적계명(翟啓明)의 『정보화 시대하의 한자 생존위기(信息時代下的漢字生存危機)』[138], 전녕(田寧)의 『

---

134) 傅永和, 『漢字規範化60年』, 『語言文字應用』, 2009年 第4期.

135) 陳雙新, 『60年來現代漢字研究與規範的三個階段及相關問題』, 『勵耘語言學刊』, 2016年 第2期.

136) 陸錫興, 『漢字的內憂與外患』, 『中國文字研究』 第5輯, 2004年.

137) 連登崗, 『論漢語文雜用外文與字母詞』, 『中國文字研究』, 11輯, 2009年.

138) 秦偉, 翟啓明, 『信息時代下的漢字生存危機』, 『內蒙古農業大學學報(社會科學版)』, 2009

인터넷 병음 축사 배후의 한자위기 사고(網絡拼音縮寫背後的漢字危機 思考)』139) 등이 있다.

7. 현대 한자의 비교 연구

일부 학자들은 현대 한자와 해외 한자 간의 비교 연구도 수행했다. 예를 들면, 조욱(趙旭)의 『현대 한어한자와 일어 당용한자의 비교분석 (現代漢語漢字與日語當用漢字的比較分析)』140), 임청운(任青雲)의 『일어 상용한자와 현대한어 간화자의 자형비교(日語常用漢字和現代漢語簡化 字的字形比較)』141), 양념(楊恬)의 『한중 현행 한자 차이의 문화취향- 한자교육과 현대한자 열풍 문제에 대한 사고(韓中現行漢字差異的文化 取向-對漢字教育, 現代漢字熱點問題的思考)』142), 왕평(王平), 하영삼(河 永三)의 『중한 통용한자 데이터베이스 구축과 한국현대한자 연구(中韓 通用漢字數據庫的建設與韓國現代漢字研究)』143) 등이 있다.

8. 현대 한자 자전의 편찬

현대 한자가 등장한 이래, 학자들은 다수의 현대 한자 자전을 편찬 했다. 위에서 소개된 것들 외에도 대표적인 예로는 장만기(張萬起)의 『현대 상용한자 규범자전(現代常用漢字規範字典)』144), 장서암(張書岩)

---

139) 田寧, 『網絡拼音縮寫背後的漢字危機思考』, 『漢字文化』, 2021年 第20期.
140) 趙旭, 『現代漢語漢字與日語當用漢字的比較分析』, 『北京第二外國語學院學報』, 1999年 第2期.
141) 任青雲, 『日語常用漢字和現代漢語簡化字的字形比較』, 『中國科教創新導刊』, 2008年 第7期.
142) 楊恬, 『韓中現行漢字差異的文化取向-對漢字教育, 現代漢字熱點問題的思考』, 『 現代語文』(語言研究版) 2009年 第8期.
143) 王平, 河永三, 『中韓通用漢字數據庫的建設與韓國現代漢字研究』, 『中國文字研究 』, 15輯, 2013年.
144) 張萬起, 『現代常用漢字規範字典』, 陝西人民教育出版社, 2006年.

의 『현대한어 통용 규범자전(現代漢語通用規範字典)』[145] 등이 있다.

9. 한자 정보 처리 연구

1970년대 이후, 전문가들은 한자 정보 처리와 관련된 다양한 문제를 연구해 왔다. 자세한 내용은 이 책의 "한자와 컴퓨터 기술" 부분을 참조하면 된다.

10. 한자 문화 연구

1987년 이령박(李玲璞)이 한자 문화 건설의 아이디어를 제안한 이후로, 한자 문화 연구는 빠르게 발전해 왔다. 지금까지 한자 문화는 한자 문화의 모든 측면을 연구하는 학문 분야가 되었으며, 많은 단행본과 수천 편의 논문이 출판되었다. 자세한 내용은 이 책의 "한자와 문화" 부분을 참조하면 된다.

8. 현대 한자 연구의 뜨거운 주제

현대 한자 연구의 역사와 현재 상황을 개관하며, 현대 한자 연구에서 다음과 같은 문제들이 뜨거운 주제들이다.

(1) 한자 교육 문제

필자가 현대 한자의 역사를 추적한 결과, 현대 한자 연구 역사에서 한자 교육은 영구적인 연구 주제임을 발견했다. 처음에 한자 교육은

---

145) 張書岩, 『現代漢語通用規範字典』, 上海辭書出版社, 2014年.

어려웠다. 문제는 복잡한 형태와 많은 수량에 있었다. 그러나 한자가 간소화되고 정리된 후, 교육 문제는 문해력 효율성을 어떻게 향상시킬 것인가로 바뀌었다. 컴퓨터와 모바일 폰과 같은 현대 한자 처리 도구가 등장했을 때, 한자 효율성 문제는 해결되었지만, 펜을 들고 나서 다시 글씨를 잊어버리는 문제가 다시 나타났다. 따라서 새로운 조건 하에서 한자 교육 방법을 개선하고 한자 문해력 교육의 효율성과 질을 향상시키는 것은 여전히 연구에서의 뜨거운 주제들이다.

(2) 한자의 예술적 발전 문제

현대 사회에서 산업과 상업의 급속한 발전, 영화와 텔레비전 문화, 의류 문화, 조각 문화의 빠른 발전과 함께 한자는 일반적으로 사용되는 표현 상징과 장식 상징이 되었다. 따라서 한자의 예술화에 대한 연구는 빠르게 연구 뜨거운 주제가 되었다.

(3) 한자의 문화적 문제들

한자개혁의 초기 및 중기 단계에서 학자들은 한자에 의한 중국어 기록과 한자 교육의 효율성에 대한 연구에 집중했다. 1990년대 이후로, 한자 문화는 한자 연구에서 뜨거운 주제가 되었다.

(4) 한자 정보 처리 문제

지난 40년 동안, 한자 정보 처리는 한자 연구의 뜨거운 주제 중 하나였다. 일부 학자들의 통계에 따르면, "1949년부터 2015년 12월까지 국가에서 공표한 251개의 언어 문자 표준 중 190개가 컴퓨터 정보 처리와 관련된 것들이다. 시간이 지날수록 이 분야의 표준이 차지하는 비율이 높아질 것이다.146)

9. 현대 한자 연구의 전망

현대 한자는 100년이 넘는 여정을 거쳤으며, 그 연구도 100년 이상 지속되었다. 과거를 돌아보고 현재를 검토하며 미래를 전망함으로써, 현대 한자가 풍부한 성과를 이루었음에도 불구하고 여전히 일부 문제가 있음을 알 수 있었다. 즉 새로운 세기의 투쟁이 시작됨에 따라, 국가는 문서 작업에 대해 새로운 요구를 제시했다. 이러한 상황을 바탕으로, 앞으로 다음 문제들이 연구되고 해결될 것으로 대략 결론지을 수 있다.

(1) 한자에 대한 기본 이론 연구

한자의 본질, 특성, 표현 및 발전 전망과 같은 문제에 대해, 현대 한자가 등장한 이래로 언어 및 문자 학문 분야의 주류는 항상 관련 서양 이론을 사용해왔다. 이러한 이론들은 한자의 실제와 완전히 일치하지 않으며, 일정 정도 중국의 한자연구를 오도했다. 앞으로, 한자의 실제에 기반한 물질주의 변증법 및 역사 변증법의 방법을 사용하여 더 과학적인 한자 기본 이론을 구축하는 것이 어려운 과제가 될 것이다.

---

146) 陳雙新, 『60年來現代漢字硏究與規範的三個階段及相關問題』, 『勵耘語言學刊』, 2016年 第2期.

(2) 한자와 그 미래 문제에 대한 과학적 평가

현대 한자가 등장한 이래로, 한자가 복잡하고 낡았으며 현대 사회에 적응할 수 없고 병음에 의해 대체될 것이라는 견해가 한자개혁을 지배해왔고, 오늘날에도 여전히 일정한 영향력을 가지고 있다. 그러나 지금 다시 돌아보면, 이러한 이해에는 편견이 없지 않다. 과학적인 평가 체계를 수립하고, 한자의 본질, 특성 및 기능을 역사적이고 종합적으로 바라보며, 그 장단점을 과학적이고 공정하게 평가하고, 그 미래를 과학적으로 예측하는 것은 현대 한자 연구의 미래에서 중요한 과제이다.

(3) 한자의 문화적 기능의 진일보한 탐구와 개발

한자는 중국어를 기록하는 문자 상징일 뿐만 아니라 중국 문화의 중요한 매개체이다. 그 문화적 내포를 더 깊이 탐구하고 그 문화적 기능을 충분히 발휘하는 것은 한자 연구의 또 다른 과제이다.

(4) 현대 문자 서비스 능력 향상의 문제

현재 한자는 상당 부분 표준화되고 규격화되며 정보화된 문자 체계가 되었다. 그러나 사회의 발전, 국가 건설 및 사람들의 문서 생활에 따라 한자에 대한 더 높은 요구가 제시되었으며, 이는 현대 문자의 발전을 가속화하고 정보화 건설을 규격화 및 표준화하여 현대 문자 서비스 능력을 강화할 것을 요구한다. 이 과제를 어떻게 달성할지에 대해 연구가 필요하다.

(5) 한자 내 비중국어 문자 기호와의 관계

최근 수십 년 동안, 한자로 된 글에 많은 수의 비중국어 문자 기호가 혼합되어 사용되고 있다. 이 현상에 대해, 이론적으로 어떻게 이해하고 실제적으로 어떻게 적절히 해결할지에 대한 추가 연구가 필요하다.

(6) 대만 해협 양안의 '서동문(書同文)' 문제

현재 중국 대륙과 대만의 한자 표준은 다르다. 사용되는 한자의 모양, 독음, 글자의 순서 및 컴퓨터 사용 문자에 큰 차이가 있다. 이 문제를 어떻게 적절히 해결할지에 대해서는 추가 연구가 필요하다.

(7) 현대 한자의 생태 연구

현대 한자의 생태는 그것이 존재하는 환경을 의미하며, 사회 환경과 문화 환경을 포함한다. 한자의 환경은 한자의 생존, 운영 및 발전을 위한 기본 조건이다. 환경이 없다면, 한자는 의지할 데가 없을 것이다. 최근 수십 년 동안, 한자의 생태 환경은 엄청난 변화를 겪었으며, 이는 한자에 큰 영향을 미쳤다. 그러나 현재 이 문제에 대한 연구는 여전히 약하며, 향후 이 분야의 연구를 적극적으로 강화해야 할 것이다.

제3장

역사 속의 한자

제3장 역사 속의 한자

제1절 갑골문(甲骨文)

1. 갑골문의 정의

(1) 갑골문의 함의

갑골문을 상(商)나라 후기에 거북 등딱지와 짐승 뼈에 새겨진 글자라고 하는 것은 서사 매체의 관점에서 문자에 내린 광의의 정의이다. 세계적으로, 거북 등딱지와 짐승 뼈에 대량으로 새기거나 필사되어, 이미 체계를 이룬 성숙한 문자 기호로는 오직 중국 은상(殷商) 시기의 갑골문만이 알려져 있다. 상나라 사람들은 귀신을 숭상하였으며, 행사에서 습관적으로 귀신에게 점을 치고, 점치는 내용이 점치는 데 사용된 거북 등딱지와 짐승 뼈에 의도적으로 새김으로써 오늘날까지 보존되었다. 따라서 우리가 흔히 갑골문이라고 하면 일반적으로는 거북 등딱지와 짐승 뼈에 새겨진 기록성의 문자를 의미한다. 종합하면, 소위 갑골문은 거북 등딱지와 짐승 뼈에 새겨진 체계화된 문자를 지칭하며, 통상적으로는 중국 은상 시기에 거북 등딱지와 짐승 뼈에 새기거나 필사된, 주로 상나라의 점복 사건을 기록한 고대 문자를 뜻한다.

(2) 갑골문의 외연

다른 정의 관점에 따라, '갑골문(甲骨文)'의 개념은 다양한 속성으로 구분될 수 있다. 즉 출토 지역에 따르면, 갑골문은 주로 하남(河南) 안양(安陽) 은허(殷墟)에서 출토되었지만, 정주(鄭州) 이리강(二里崗), 산동(山東) 대신장(大辛莊) 등지에서도 발견되었다.[1] 따라서 이를 은허 갑골문, 이리강 갑골문, 대신장 갑골문 등으로 나눌 수 있다. 또 글자가 속한 시대에 따르면, 현재까지 발견된 갑골문은 주로 은상(殷商) 시기에 속하지만, 섬서(陝西) 기산(岐山) 등지에서도 서주(西周) 때의 갑골문이 발견되었다.[2] 이에 따라 상대 갑골문, 서주 갑골문 등으로도 나눌 수 있다. 또 갑골문의 내용적인 측면에서, 대부분은 점복 기록이지만, 소량의 납공 정보나 간지표(干支表) 등과 같은 기록성 각사도 포함되어 있으므로, 갑골문 점복문, 갑골문 기록 각사 등으로 나눌 수도 있다.[3]

갑골문은 중국에서 알려진 최초의 체계화된 문자인데, 이는 중국 문자 발전사의 한 단계를 나타낸다. 갑골문의 내용은 주로 점복 기록성 문사이지만, 그 내용은 다양하며 자연, 천상, 제사, 사냥, 군사, 외

---

1) 趙全堌, 「鄭州二里崗的考古發現」, 『新史學通訊』 1953年 第6期; 方輝, 「濟南大辛莊遺址出土商代甲骨文」, 『中國歷史文物』 2003年 第3期; 李學勤, 「談安陽小屯以外出土的有字甲骨」, 『文物參考資料』 1956年 第11期.
2) 陝西周原考古隊, 「陝西岐山鳳雛發現周初甲骨文」, 『文物』 1979年 第10期; 陝西周原考古隊, 「扶風縣齊家村西周甲骨發掘簡報」, 『文物』 1981年 第9期.
3) 胡厚宣, 「武丁時五種記事刻辭考」, 胡厚宣, 『甲骨學商史論叢初集』(齊魯大學國學研究所, 1944年)에 수록, 467-614쪽.

교 등을 포함한다. 따라서 갑골문 연구는 중국 문자 발전의 근원을 탐구하는 데 중요한 의미가 있을 뿐만 아니라, 고대 중국 역사의 면모를 복원하는 데도 중요한 참고적 가치를 지닌다. 따라서 본문에서 다룬 '갑골문'은 주로 은허에서 출토된 상대 갑골문(아래 그림 참조)을 가리키며, 서주 갑골문은 상대 갑골문과 일맥상통하기 때문에 아래의 해당 부분에서도 일부 서주 갑골문에 대해서도 언급한다.

[그림 3-1]
곽말약(郭沫若),『갑골문합집(甲骨
文合集)』 6654편 앞면.

[그림 3-2] 사회과학원 고고연구소 소장
『소둔남지갑골(小屯南地甲骨)』 2366편.

2. 갑골문 자료와 공구서

(1) 갑골문의 발굴

갑골문의 발굴은 사적 발굴과 과학적 발굴로 나뉜다. 사적 발굴은 갑골문이 처음 발견된 1899년부터 1928년까지의 사적 도굴 시기를 말하며, 과학적 발굴은 갑골문 출토지가 하남 안양(安陽) 소둔촌(小屯村) 인근으로 확정된 후, 1928년부터 1937년 사이, 정부에서 조직한 전문 고고학 관련 인원이 진행한 대규모 과학적 발굴을 의미한다. 사적 발굴로 얻은 갑골문 자료의 출처는 다소 복잡하여 여기에서는 자세히 언급하지 않는다. 신중국 성립 이전의 갑골문 과학적 발굴은 총 15차에 걸쳐 진행되었으며, 약 24,800조각의 갑골문 자료가 수집되었다. 그중 가장 중요한 발굴은 1936년 제13차 발굴로, 'YH127'라 명명된 완전한 저장소에서 온전한 거북 배딱지 200여 점과 갑골 조각 17,800여 편을 획득했다. 과학적 발굴의 처음 9차례는 동작빈(董作賓)의 주도하에 이루어졌으며, 그가 획득한 6,500여 조각의 갑골문 자료는 대부분 『은허문자 갑편』에 탁본을 거쳐 수록되었지만, 이 책은 1948년에야 출판되었다. 제10차부터 제12차까지의 발굴에서는 글자가 포함된 갑골을 획득하지 못했다. 제13차부터 제15차까지의 발굴로 얻은 18,400여 조각의 갑골 자료는 동작빈의 주도하에 편찬되어 『은허문자 을편』(3책)으로 각각 1948년, 1949년, 1953년에 출판되었다.[4]

(2) 갑골문의 수량

갑골문은 출토된 고대 문헌으로, 갑골문 연구의 주요 근거는 출토된 원시 자료이다. 하지만 갑골문이 발견된 후 전쟁 등을 거치며 현재 남아 있는 원시 자료는 국내외에 선재한 약 200~300개의 기관 및 개인 수집품에 널리 분포하고 있다. 이러한 자료의 총량은 얼마나 될까? 지난 세기에 갑골문 자료의 수량을 정리한 주요 작업은 호후선(胡厚宣)이 1937년부터 1996년 사이에 진행한 것으로, 그의 통계 결과에 따르면 은허에서 85년간 출토된 갑골문 자료는 총 15만 조각 정도이다.5) 이후, 손아빙(孫亞冰)은 2006년에 호후선의 정리를 보완하고 수정하여, 은허 발굴 100년간의 갑골문 자료는 약 13만 조각이라고 다시 통계하였다.6) 그 후, 갈량(葛亮)은 은허 발굴 120주년을 맞이하여 갑골 자료에 대해 새롭게 통계하고 정리하였으며, 그의 정리 결과에 따르면 120년간 출토된 상주(商周) 갑골 각사의 총수는 약 16만 조각이다.7)

출토된 고고학적 유물로서의 갑골문 원시 자료는 대부분의 연구자들이 널리 실체 연구를 진행하기 어렵다. 따라서 갑골 연구자들은 주로 원시 자료를 기반으로 한 탁본, 사진, 모본 등의 자료를 대상으로

---

4) 다른 비과학적 발굴 및 과학적 발굴의 구체적 정황은 趙誠, 『二十世紀甲骨文研究述要』(書海出版社, 2006)를 참조.

5) 胡厚宣, 「甲骨文材料之統計」, 『益世報·人文周刊』 1937年 第13期; 胡厚宣, 「甲骨文發現之歷史及其材料之統計」, 胡厚宣, 『甲骨學商史論叢初集』(齊魯大學國學研究所, 1944), 727-772쪽; 胡厚宣, 『五十年甲骨文發現的總結』, 商務印書館, 1951年; 胡厚宣, 「八十五年來甲骨文材料之再統計」, 『史學月刊』 1984年 第5期.

6) 孫亞冰, 「百年來甲骨文材料統計」, 『故宮博物院院刊』 2006年 第1期.

7) 葛亮, 『一百二十年來甲骨文材料的初步統計』, 『漢字漢語研究』 2019年 第4期.

관련 연구를 진행하고 있다.

(3) 갑골의 저록

갑골문 발견 이래 120여 년이 지나면서, 공개 발행된 갑골문 자료 저록서는 1백여 종에 이른다. 이러한 저록의 특성에 따라 다음과 같은 몇 가지 범주로 나누어 소개할 수 있다.

1. 초기 저록

초기 저록은 대규모 종합 저록서가 출판되기 전에 갑골학자나 수집가들이 탁본하여 출판한 저록서를 말한다. 이의 시작은 유악(劉鶚)의『철운장귀(鐵雲藏龜)』(1903)로, 이는 세계 최초의 갑골문 저록 전문서이다. 이후 나진옥(羅振玉)이 편찬한『은허서계전편(殷虛書契前編)』(1912), 『은허서계정화(殷虛書契菁華)』(1914),『철운장귀지여(鐵雲藏龜之餘)』(1915),『은허서계후편(殷虛書契後編)』(1916), 캐나다의 멘지스(明義士)의『은허복사(殷虛卜辭)』(1917), 일본의 하야시 다이스케(林泰輔)의『귀갑수골문자(龜甲獸骨文字)』(1921), 섭옥삼(葉玉森)의 『철운장귀습유(鐵雲藏龜拾遺)』(1925), 동작빈(董作賓)의『새로 획득한 복사 사본(新獲卜辭寫本)』(1928), 관백익(關白益) 등이 편집한『은허문자존진(殷虛文字存眞)』(1931), 호후선(胡厚宣)의『갑골육록(甲骨六錄)』(1945),『전후 북평과 천진에서 새로 획득한 갑골집(戰後平津新獲甲骨集)』(1946),『갑골속존(甲骨續存)』(1955), 동작빈의『은허문자 갑편(殷虛文字甲編)』(1948),『은허문자 을편(殷虛文字乙編)』(1948-1953) 등 수십 종의 갑골 저록서가 잇따라 출판되었다.[8]

---

8) 초기 갑골 저록은 복잡하여 여기서 일일이 언급하기 어렵다. 자세한 내용

초기 저록서는 당시의 시대적 한계로 인해 인쇄 품질이 낮거나, 모본의 오류, 자료의 진위 구분 문제 등이 존재한다. 또 당시 출판 범위가 넓지 않고 인쇄 부수가 많지 않아 자료 획득이 어려운 상황이었다.

2. 대형 종합 저록

대형 종합 저록은 초기 저록과 기타 산재한 갑골 자료를 종합적으로 정리한 종합 저록 성과이다. 1978년부터 1982년 사이에 중국 사회과학원 역사연구소의 구성원들이 곽말약(郭沫若)의 조직하에, 당시 각지의 저록과 사적 수집품을 광범위하게 수집하여, 중국 내 첫 종합 갑골문 저록서인 『갑골문합집(甲骨文合集)』(이하 『합집』으로 부름)을 출간했다. 『합집』은 전체가 총 13권으로 구성되어 있으며, 41,956조각의 갑골 자료를 수록하고 있다. 이 중 탁본은 39,476조각, 모사본은 2,480조각이며, 자료는 '5연대 구분법(五期法)'에 따라 시기를 나누었으며, 각 시기는 복사 내용에 따라 다시 하위 분류가 이루어졌다.9) 1999년에는 호후선이 주편한 『갑골문합집보편(甲骨文合集補編)』(이하 『보편』)은 『합집』에 미수록 된 자료 8,000여 조각을 보완하고, 『합집』 중 일부 자료를 수정하여 출간되었다. 『보편』 전체는 7권으로 구성되어 있으며, 13,450조각의 갑골 자료를 수록하고 있다. 이 중 탁본은 13,170조각, 모사본은 280조각이다.10)

『합집』과 『보편』은 모두 종합적인 갑골문 저록으로, 두 저록에 수록된 자료는 현재까지 볼 수 있는 갑골문 자료의 대부분을 포함하고 있으며, 오늘날까지 갑골문 연구의 가장 주요한 저록으로 여겨진다.

은 趙誠, 『二十世紀甲骨文研究述要』(書海出版社, 2006) 참조.

9) 郭沫若(主編), 胡厚宣(總編輯), 『甲骨文合集』, 中華書局, 1978-1983.

10) 彭邦炯, 謝濟, 馬季凡(主編), 『甲骨文合集補編』, 語文出版社, 1995.

3. 새로 발견된 자료의 저록

새로 발견된 자료의 저록은 종합적인 저록서 출판 이후에 새롭게
발견된 갑골문 자료의 저록을 의미한다. 1973년 고고학 연구소가 안
양(安陽) 소둔촌(小屯村) 남쪽 지역에서 갑골 4,589조각을 발굴한 후,
이를 『소둔남지갑골(小屯南地甲骨)』(이하 『둔남』으로 부름)으로 정리했
다. 『둔남』은 1980년과 1983년에 완성되었으며, 당시 『합집(合集)』이
아직 출판되지 않았기 때문에 『둔남』의 내용은 『합집』에 포함되지
않았다. 『둔남』 전체는 상, 하권으로 구성되어 있으며, 상권은 도판으
로 글자가 든 갑골 4,612조각을 수록하고, 하권은 해석문과 색인 등
의 내용을 담고 있다.[11]

1991년에는 은허(殷墟) 화원장(花園莊) 동쪽 지역 H3 회갱(灰坑)에
서 중요한 갑골 자료가 발굴되었으며, 이 중 글자가 든 갑골 각사는
총 689조각에 이른다. 이 자료는 결국 『은허 화원장 동지갑골(殷墟花
園莊東地甲骨)』로 정리되었다.[12] 학계에서는 이 자료를 '화동(花東) 갑
골', '화동 H3 갑골' 등으로 통칭하며, 이 갑골문 복사의 점복 주체가
상왕(商王)이 아닌 '자(子)'로 되었기 때문에 '화동 자복사(花東子卜辭)'
등으로도 불린다.

또 1986년부터 2004년 사이에, 사회과학원 고고학 연구소는 은허
소둔촌의 촌중(村中)과 촌남(村南) 두 지역에서 연이어 고고학 발굴을
진행하여, 각각 글자가 든 갑골 305조각과 233조각을 획득했으며, 이
자료는 『은허 소둔촌의 촌남 갑골(殷墟小屯村中村南甲骨)』로 정리되어,
총 538조각의 글자가 든 갑골을 수록하였다.[13]

---

11) 中國社會科學院考古研究所, 『小屯南地甲骨』, 中華書局, 1980, 1983年.
12) 中國社會科學院考古研究所, 『殷墟花園莊東地甲骨』, 雲南人民出版社, 2003年.

4. 보충적 저록

보충적 저록은 주로 『합집(合集)』과 『보편(補編)』 등 종합적인 저록에 수록되지 않았거나 불완전하게 수록된 각종 공식 및 사적 수집 갑골 자료를 다시 저록한 것을 말한다. 과거에 이미 발견된 갑골 자료에 대한 보충적 저록이므로, 『합집』이나 『보편』에 이미 수록된 중복 자료가 많이 포함되어 있다. 그러나 중복 자료라 할지라도 더욱 선명하고 완전한 복판 등으로 새로운 가치를 지닌다. 보충성 저록 중에서 중요한 공식 수집 자료로는 다음과 같은 것들이 있다.

1979년 『동양문고 소장 갑골문자(東洋文庫所藏甲骨文字)』
1980년 『미국 소장 갑골집(美國所藏甲骨集)』
1983년 『동경대학 동양문화연구 소장 갑골문자(東京大學東洋文化研究所藏甲骨文字)』
1985년 『영국 소장 갑골집(英國所藏甲骨集)』
1985년 『프랑스 소장 갑골록(法國所藏甲骨錄)』
1987년 『천리대학 부속 천리참고관 갑골문자(天理大學附屬天理參考館甲骨文字)』
1995년 『은허문자 을편 보유(殷虚文字乙編補遺)』
1997년 『독일 스웨덴 네덜란드 벨기에 소장 일부 갑골록(德瑞荷比所藏一些甲骨錄)』
1998년 『산동성박물관 진장 갑골 먹탁집(山東省博物館珍藏甲骨墨拓集)』
1998년 『하북대학 문물실 소장 갑골(河北大學文物室所藏甲骨)』
1999년 『스웨덴 스톡홀름 원동 고기물 박물관 소장 갑골문자(瑞典斯德哥爾摩遠東古物博物館藏甲骨文字)』
2007년 『중국 국립박물관관 소장 문물연구총서·갑골권(中國國家博物館館藏文物研究叢書·甲骨卷)』

---

13) 中國社會科學院考古研究所, 『殷墟小屯村中村南甲骨』, 雲南人民出版社, 2012年.

2008년『북경대학 진장 갑골문자(北京大學珍藏甲骨文字)』[14)

갑골문(甲骨文) 자료의 분산은 갑골문 저록서의 종류를 다양화하였으며, 이 중에는 중복된 저록된 것이 적지 않게 섞여 있음에도 불구하고, 각각의 저록은 고유한 참고 가치를 지니고 있어 선택의 어려움을 야기한다. 연구자는 연구의 필요에 따라 집성적 성격의 대형 저록 자료를 주로 활용하면서 동시에 새로운 자료와 보충적인 저록 자료를 병행하여 관련 연구를 전개할 수 있으며, 특정 저록 자료에 관한 주제별 연구를 집중적으로 진행할 수도 있다.

(4) 갑골의 짜 맞추기(綴合) 자료

갑골의 짜 맞추기(綴合)는 거북 껍질의 형태, 복사(卜辭) 내용, 지층 구덩이 위치 등의 정보에 기반하여 파손된 갑골 자료를 결합하여 가능한 한 원래의 갑골 자료 모습으로 복원하는 과정이다. 짜 맞추기 자료란 짜 맞추기 된 갑골 자료의 편집을 말한다. 갑골문이 발견된 초기에 이미 많은 학자들이 갑골 자료에 대한 개별적인 짜 맞추기 작업을

---

14) 2017年 이전의 저록에 대한 구체적 상황은 宋鎭豪,『甲骨文材料的全面整理與研究』(宋鎭豪(主編),『甲骨文與殷商史·新七輯』, 上海古籍出版社, 2017에 수록)을 참조. 나머지는 李宗焜(主編),『典雅勁健·香港中文大學藏甲骨集』(香港中文大學出版社, 2017); 呂靜主(編), 葛亮(編著),『復旦大學藏甲骨集』(上海古籍出版社, 2019); 安陽博物館,『安陽博物館藏甲骨』(西泠印社出版社, 2019); 曾廣慶(主編), 張新俊(編纂),『河南藏甲骨集成·開封博物館卷』(河南美術出版社, 2021); 吳振武(主編),『吉林大學藏甲骨集』(上海古籍出版社, 2021); 宋鎭豪,『符凱棟所藏殷墟甲骨』(上海古籍出版社, 2018); 宋鎭豪(主編), 馬季凡(編纂),『徐宗元尊六室甲骨拓本集』(上海古籍出版社, 2018); 宋鎭豪(主編), 馬季凡(編纂),『繪園所藏甲骨』(上海古籍出版社, 2019); 拓本搜聚策事組,『甲骨文合集第十三冊拓本搜聚』(文物出版社, 2019) 등을 참조.

진행한 바 있다. 예를 들어 곽말약(郭沫若)은 그의 저서『복사통찬(卜辭通纂)』에서 짜 맞추기 된 갑골 30여 판을 수록하였다. 갑골에 대한 짜 맞추기 정리 작업을 전문적으로 시작한 최초의 인물은 증의공(曾毅公)인데, 그가 1939년에 출판한『갑골철존(甲骨叕存)』은 최초의 갑골 짜 맞추기 전문서이다. 이후의 관련 성과로는 다음과 같은 것들이 있다.

> 1950년 증의공(曾毅公),『갑골철합편(甲骨綴合編)』
> 1955년 곽약우(郭若愚)(등),『은허문자철합(殷虛文字綴合)』
> 1975년 엄일평(嚴一萍),『갑골철합신편(甲骨綴合新編)』
> 1976년 엄일평(嚴一萍),『갑골철합신편보(甲骨綴合新編補)』
> 1989년 엄일평(嚴一萍),『은허 제13차발굴에서 얻은 복갑철합집(殷
> 虛第十三次發掘所得卜甲綴合集)』
> 1999년 채철무(蔡哲茂),『갑골철합집(甲骨綴合集)』
> 2004년 채철무(蔡哲茂),『갑골철합속집(甲骨綴合續集)』
> 2010년 황천수(黃天樹)(주편),『갑골병합집(甲骨拼合集)』
> 2011년 림홍명(林宏明),『취고집(醉古集)』
> 2011년 황천수(黃天樹)(주편),『갑골병합 속집(甲骨拼合續集)』
> 2011년 채철무(蔡哲茂),『갑골철합회편(甲骨綴合彙編)』
> 2013년 임홍명(林宏明),『계합집(契合集)』
> 2013년 황천수(黃天樹)(주편),『갑골병합 삼집(甲骨拼合三集)』
> 2016년 황천수(黃天樹)(주편),『갑골병합 사집(甲骨拼合四集)』
> 2019년 황천수(黃天樹)(주편),『갑골병합 오집(甲骨拼合五集)』[15]

(5) 도구서

갑골문(甲骨文) 연구에서 저록(著錄) 및 짜 맞추기(綴合) 자료 외에

---

15) 구체적인 서지 목록에 대해서는 李愛輝,『甲骨綴合的發展回顧』(『中國書法』 2019年 第23期) 참조.

도 다양한 관련 도구서를 참조할 필요가 있는데, 주요한 도구서 유형은 다음과 같다.

1. 자편(字編)류

자편류 도구서는 개별 갑골문자의 형태를 종합적으로 편집하거나 분류하는 데 초점을 맞춘다. 초기 수초본(手抄本)으로는 왕양(王襄)의 『보실은계유찬(簠室殷契類纂)』, 상승조(商承祚)의 『은허문자유편(殷虛文字類編)』, 손해파(孫海波)의 『갑골문편(甲骨文編)』 등이 있다.[16]

신중국 시기(新時期) 인쇄본으로 출판된 주요 성과로는 심건화(沈建華)와 조금염(曹錦炎)이 편집한 『신편 갑골문 자형총표(新編甲骨文字形總表)』(개정 및 개정증보판 있음), 유교(劉釗)의 『신갑골문편(新甲骨文編)』(증보판 있음), 이종곤(李宗焜)의 『갑골문자편(甲骨文字編)』, 왕온지(王蘊智)의 『갑골문 해석 가능자 자형총표(甲骨文可釋字形總表)』, 진년복(陳年福)의 『갑골문자 신편(甲骨文字新編)』, 한강소(韓江蘇)와 석복금(石福金)의 『은허갑골문편(殷墟甲骨文編)』 등이 있다.[17]

2. 자석류(字釋類)

자석(字釋)류 도구서는 개별 갑골문자의 해석 의견을 수집하는 데

---

16) 王襄, 『簠室殷契類纂』(宋鎭豪, 段志洪(主編), 『甲骨文獻集成(十四)』, 四川大學出版社, 2001), 400쪽(1920年 初版); 商承祚, 『殷虛文字類編』(北京圖書館出版社, 2000, 1923年 初版); 孫海波, 『甲骨文編』(哈佛燕京社, 1934).

17) 沈建華, 曹錦炎, 『新編甲骨文字形總表』, 香港中文大學出版社, 2001年; 沈建華, 曹錦炎, 『甲骨文字形表』, 上海古籍出版社, 2008年; 劉釗, 『新甲骨文編』, 福建人民出版社, 2009年; 李宗焜, 『甲骨文字編』, 中華書局, 2012年; 劉釗, 『新甲骨文編(增訂本)』, 福建人民出版社, 2014年; 沈建華, 曹錦炎, 『甲骨文字形表(增訂版)』, 上海辭書出版社, 2017年; 王蘊智, 『甲骨文可釋字形總表』, 河南美術出版社, 2017年; 陳年福, 『甲骨文字新編』, 線裝書局, 2017年; 韓江蘇, 石福金, 『殷墟甲骨文編』, 中國社會科學出版社, 2017年.

초점을 맞춘 도구서로, 사전 및 문자 집석(文字集釋)류를 포함한다. 초기 작품으로는 주방포(朱芳圃)의 『갑골학문자편(甲骨學文字編)』이 있으며, 후에 집대성적 성격의 성과인 『갑골문자고림(甲骨文字詁林)』이 발표되었다.[18]

그 외 중요한 성과로는 이효정(李孝定)의 『갑골문자집석(甲骨文字集釋)』, 서중서(徐中舒)의 『갑골문자전(甲骨文字典)』, 마쓰마루 미치오(松丸道雄)와 타카시마 겐이치(高島謙一)의 『갑골문자자석종람(甲骨文字字釋綜覽)』, 하경성(何景成)의 『갑골문자고림 보편(甲骨文字詁林補編)』 등이 있다.[19]

3. 사전류(詞典類)

사전류(詞典類) 도구서는 갑골문의 어휘를 단위로 하여 해석을 제공하는 참고서로, 주요 작품으로는 조성(趙誠)의 『갑골문 간명 사전·복사분류독본(甲骨文簡明詞典·卜辭分類讀本)』, 장옥금(張玉金)의 『갑골문 허사 사전(甲骨文虛詞詞典)』, 맹세개(孟世凱)의 『갑골학 사전(甲骨學辭典)』 등이 있다.[20]

4. 사례배보류(辭例排譜類)

사례배보류(辭例排譜類) 도구서는 갑골문의 문장을 단위로 하여 동일한 유형의 복사(卜辭) 사례를 분류하여 배보(排譜)하거나 유찬(類纂)

---

18) 朱芳圃, 『甲骨學文字編』, 商務印書館, 1933年; 于省吾(主編), 『甲骨文字詁林』, 中華書局, 1996年.

19) 李孝定, 『甲骨文字集釋』, 臺北歷史語言研究所, 1970年; 徐中舒, 『甲骨文字典』, 四川辭書出版社, 1989年; 松丸道雄, 高島謙一, 『甲骨文字字釋綜覽』, 東京大學出版社, 1994年; 何景成, 『甲骨文字詁林補編』, 中華書局, 2017年.

20) 趙誠, 『甲骨文簡明詞典·卜辭分類讀本』, 中華書局, 1988年; 張玉金, 『甲骨文虛詞詞典』, 中華書局, 1994年; 孟世凱, 『甲骨學辭典』, 上海人民出版社, 2009年.

하는 데 초점을 맞춘다. 주요 성과로는 시마 쿠니오(島邦男)의 『은허복사종류(殷墟卜辭綜類)』, 요효수(姚孝遂)의 『은허갑골각사류찬(殷墟甲骨刻辭類纂)』, 제항복(齊航福)과 장수하(章秀霞)의 『은허 화원장 동지 갑골 각사유찬(殷墟花園莊東地甲骨刻辭類纂)』, 주기상(朱歧祥)의 『갑골문사보(甲骨文詞譜)』, 홍앙(洪颺)의 『은허 화원장 동지 갑골문 유찬(殷墟花園莊東地甲骨文類纂)』, 이상결(李霜潔)의 『은허 소둔촌의 촌남 갑골각사 유찬(殷墟小屯村中村南甲骨刻辭類纂)』 등이 있다.21)

5. 석문류(釋文類)

석문류(釋文類) 도구서는 갑골편(甲骨片)을 단위로 하여 각 저록서(著錄書)에 수록된 갑골편의 내용을 문장별로 해석하는 데 초점을 맞춘다. 주요 성과로는 요효수(姚孝遂)과 소정(肖丁)의 『은허갑골각사모석총집(殷墟甲骨刻辭摹釋總集)』, 호후선(胡厚宣)의 『갑골문합집석문(甲骨文合集釋文)』, 백우람(白于於藍)의 『은허갑골각사모석총집 교정(殷墟甲骨刻辭摹釋總集校訂)』, 조금염(曹錦炎)과 심건화(沈建華)의 『갑골문교석총집(甲骨文校釋總集)』, 진년복(陳年福)의 『은허갑골문모석 전편(殷墟甲骨文摹釋全編)』 등이 있다.22)

---

21) [日] 島邦男, 『殷墟卜辭綜類』, 汲古書院, 1967年; 姚孝遂, 肖丁(主編), 『殷墟甲骨刻辭類纂』, 中華書局, 1989年; 齊航福, 章秀霞, 『殷墟花園莊東地甲骨刻辭類纂』, 線裝書局, 2011年; 朱歧祥, 『甲骨文詞譜』, 里仁書局, 2013年; 洪颺, 『殷墟花園莊東地甲骨文類纂』, 福建人民出版社, 2016年; 李霜潔, 『殷墟小屯村中村南甲骨刻辭類纂』, 中華書局, 2017年.

22) 姚孝遂, 肖丁(主編), 『殷墟甲骨刻辭摹釋總集』, 中華書局, 1988年; 胡厚宣(主編), 『甲骨文合集釋文』, 中國社會科學出版社, 1999年; 白於藍, 『殷墟甲骨刻辭摹釋總集校訂』, 福建人民出版社, 2004年; 曹錦炎, 沈建華, 『甲骨文校釋總集』, 上海辭書出版社, 2006年; 陳年福, 『殷墟甲骨文摹釋全編』, 線裝書局, 2010年.

6. 종합기술과 문헌목록

이러한 자료는 갑골문 관련 연구의 종합적인 문헌과 관련 문헌의
목록화 도구서를 가리킨다. 이 분야의 성과는 매우 풍부하며, 여기서
는 일부 성과만을 열거하여 참고용으로 제시한다. 예를 들어, 호후선
(胡厚宜)의 『오십년 갑골문 발견의 총결(五十年甲骨文發現的總結)』과 『
오십년 갑골학 논저목(五十年甲骨學論著目)』, 진몽가(陳夢家)의 『은허복
사 종술(殷虛卜辭綜述)』, 왕우신(王宇信)의 『갑골학통론(甲骨學通論)』,
송진호(宋鎭豪)의 『백년 갑골학 논저목(百年甲骨學論著目)』, 조성(趙誠)
의 『20세기 갑골문 연구 술요(二十世紀甲骨文研究述要)』, 유일만(劉一
曼)과 한강소(韓江蘇)의 『갑골문 서적 제요(증정본)(甲骨文書籍提要(增訂
本))』 등이 있다.[23]

3. 갑골문 연구의 역사와 진전

갑골문(甲骨文)에 대한 연구는 전문 분야인 갑골학(甲骨學)으로 발
전하였다. 갑골학 연구의 범위는 갑골 언어문자, 단대(斷代: 연대 구
분), 찬조(鑽鑿), 철합(綴合: 짜 맞추기), 역사, 문화, 지리 등을 포함한다.
갑골 언어문자 연구는 문자학적 관점에서 갑골문에 대해 펼치는 전
문적인 연구로, 주로 갑골문자의 해석, 어휘, 문법 등 언어 문자적 내
용에 초점을 맞춘다. 이는 갑골문을 이용한 역사 연구 등과는 다른
접근이다. 이 책에서는 갑골문자 연구에만 초점을 맞추며, 다른 갑골

---

23) 胡厚宜, 『五十年甲骨文發現的總結』, 商務印書館, 1951年; 胡厚宜, 『五十年甲骨
學論著目』, 中華書局, 1952年; 陳夢家, 『殷虛卜辭綜述』, 中華書局, 1988年; 王宇
信, 『甲骨學通論』, 中國社會科學出版社, 1989年; 宋鎭豪(主編), 『百年甲骨學論著
目』, 語文出版社, 1999年; 趙誠, 『二十世紀甲骨文研究述要』, 書海出版社, 2006
年; 劉一曼, 韓江蘇, 『甲骨文書籍提要(增訂本)』, 上海古籍出版社, 2017年.

학 관련 내용은 상황에 따라 간략히 언급한다.

(1) 문자 고석(考釋)

최근에 발간된 갑골 문자편(甲骨文字編)류 도구서 중에서 『갑골문
자형표(甲骨文字形表)』(증정판)은 총 4,159개의 갑골 표제자를 수록하고
있으며, 『갑골문자 신편(甲骨文字新編)』은 4,078개의 문자를 수록하고
있다. 이를 근거로 현재 알려진 중복되지 않는 갑골문 단일 문자의 총
수는 대략 4,100개 정도임을 알 수 있다. 『갑골문 해독 가능 자형총표
(甲骨文可釋字形總表)』에는 총 1,336개의 해석 가능한 갑골문 문자가
수록되어 있으며, 이를 통해 4,000여 개의 갑골문 단일 문자 중 절반
에도 못 미치는 문자만이 해석되었으며, 여전히 대부분의 갑골문자가
해독 대기 상태에 있음을 알 수 있다.

갑골문의 고석 연구는 그 발전 상황에 따라 대체로 다음과 같은
몇 시기로 나눌 수 있다.

1. 기초 확립 시기

갑골문(甲骨文)의 고석 연구에서 기초확립 시기는 갑골문 발견 초
기 20년을 지칭한다. 이 시기는 갑골문 고증의 기초를 마련한 중요한
시기로, 대표적인 인물로는 손이양(孫詒讓), 나진옥(羅振玉), 왕국유(王
國維)가 있다.

손이양은 일반적으로 갑골문 고증의 첫 번째 인물로 여겨지며, 그
의 『계문거례(契文擧例)』는 최초의 갑골문 고증 전문서로 그의 개척
적 업적은 매우 중요하다. 나진옥은 초기에 『은상정복문자고(殷商貞
卜文字考)』를 저술하였고, 이를 바탕으로 『은허서계고석(殷虛書契考釋)

』을 작성했다. 후자는 갑골문 고석의 기초 작으로 평가된다. 왕국유의 갑골문 연구는 초기에 나진옥의 영향을 크게 받았으나, 학계에 많은 중요한 참고 자료를 제공했다. 그의 고증 성과는 나진옥이 편집한『은 허서계(殷虚書契)』의 고석 중에서도 찾아볼 수 있으며,『전수당 소장 은허문자 고석(戩壽堂所藏殷虚文字考釋)』등에서도 확인할 수 있다.24)

기초 확립 시기에 고석된 갑골문자는 총 600개에 가까워 현재 확실히 해석된 갑골문자 총수의 절반 정도에 이르며, 후세 갑골문 고증에 견고한 기반을 마련했다.25)

2. 발전 시기

은허(殷墟)의 과학적 발굴로 인해 갑골문 자료가 점차 풍부해지고, 고석 팀도 점차 확대되면서 갑골문 고증 연구는 발전 시기에 접어들었다. 이 시기의 주요 대표 인물로는 곽말약(郭沫若), 당란(唐蘭), 우성오(于省吾) 등이 있다.

곽말약의 주요 성과로는『갑골문자연구(甲骨文字硏究)』,『은계 여론 (殷契餘論)』,『복사 통찬(卜辭通纂)』,『은계 수편(殷契粹編)』등이 있으며, 그의 문자 및 어휘 고석에는 독창적인 견해가 있고, 상나라 사회 역사 문제에 대한 관련 논의도 펼쳤다. 당란의 중요한 성과로는『은 허문자기(殷墟文字記)』,『천양각 갑골문존 및 고석(天壤閣甲骨文存並考釋)』등이 있으며, 그의 문자 고증 방법에 관한 이론적 연구는 후세에 큰 영향을 미쳤다. 고증 이론 연구에 크게 기여한 인물로는 우성오도

---

24) 孫詒讓,『契文舉例』, 齊魯書社, 1993年; 羅振玉,『殷商貞卜文字考』, 宋鎮豪, 段志洪(主編),『甲骨文獻集成(七)』, 四川大學出版社, 2001年(1910年初版); 羅振玉,『殷虚書契考釋三種』, 中華書局, 2006年; 王國維,『戩壽堂所藏殷虚文字考釋』, 倉聖明智大學石印, 1917年.

25) 張德劭,『甲骨文考釋簡論』, 世界圖書出版廣東有限公司, 2012年, 7쪽.

있는데, 그의 주요 성과로는 『쌍검이 은계변지(雙劍誃殷契駢枝)』, 『쌍검이 은계변지 속편(雙劍誃殷契駢枝續編)』, 『쌍검이 은계변지 삼편(雙劍誃殷契駢枝三編)』 등이 있다. 우성오는 나진옥과 왕국유에 이어 갑골문자를 가장 많이 고증한 인물이다.26)

이외에도 이 시기에는 다른 중요한 고증 성과들도 있었다. 예를 들어, 가창제(柯昌濟)의 『'은허서계 보석(殷虛書契補釋)』, 진방회(陳邦懷)의 『은허서계 고석 소전(殷虛書契考釋小箋)』, 왕양(王襄)의 『보실은계징문(簠室殷契徵文)』, 섭옥삼(葉玉森)의 『은계구침(殷契鉤沉)』, 상승조(商承祚)의 『은허문자고(殷虛文字考)』, 양수달(楊樹達)의 『적미거갑문설(積微居甲文說)』과 『내림경갑문설(耐林廎甲文說)』, 굴만리(屈萬里)의 『은허문자갑편고석(殷虛文字甲編考釋)』 등이 있다. 이러한 작품들은 갑골문 연구 및 고증 분야에 있어 중요한 이바지를 한 것으로 평가된다.27)

3. 종합적 개척 발전 시기

갑골문의 저록서와 고석(考釋) 성과가 지속적으로 발표됨에 따라, 갑골문의 고석 작업은 종합적 개척 발전 시기로 접어들었으며, 다수의 집대성 성격의 고석 성과들이 잇따라 등장하였다. 이에는 오기창

---

26) 郭沫若, 『甲骨文字硏究』, 上海大東書局, 1931年; 郭沫若, 『殷契餘論』, 科學出版社, 1982年; 郭沫若, 『卜辭通纂』, 科學出版社, 1983年; 郭沫若, 『殷契粹編』, 科學出版社, 1965年; 唐蘭, 『殷墟文字記』, 中華書局, 1981年; 唐蘭, 『天壤閣甲骨文存並考釋』, 輔仁大學出版社, 1939年. 于省吾, 『雙劍誃殷契駢枝三編』, 中華書局, 2009年.

27) 王襄, 『簠室殷契征文』, 宋鎭豪, 段志洪(主編), 『甲骨文獻集成(一)』, 四川大學出版社, 2001年, 99쪽; 柯昌濟, 『殷虛書契補釋』, 宋鎭豪, 段志洪(主編), 『甲骨文獻集成(七)』, 四川大學出版社, 2001年, 213쪽; 陳邦懷, 『殷墟書契考釋小箋』, 宋鎭豪, 段志洪(主編), 『甲骨文獻集成(七)』, 四川大學出版社, 2001年, 222쪽; 葉玉森, 『殷契鉤沈』, 富晉書社, 1929年; 商承祚, 『殷虛文字考』, 『國學叢刊』 1924年 第2卷 第4期; 楊樹達, 『積微居甲文說·耐林廎甲文說·卜辭瑣記·卜辭求義』, 上海古籍出版社, 1983年; 屈萬里, 『殷虛文字甲編考釋』, 臺北歷史語言硏究所, 1992年.

(吳其昌)의 『은허서계해사(殷墟書契解詞)』, 주방포(朱芳圃)의 『은주문자석총(殷周文字釋叢)』, 이효정(李孝定)의 집석(集釋) 성과인 『갑골문자집석(甲骨文字集釋)』, 우성오(于省吾)의 고석 전문서인 『갑골문자석림(甲骨文字釋林)』, 주기상(朱歧祥)의 『은허갑골문자통석고(殷墟甲骨文字通釋稿)』 등이 포함된다. 이 시기의 집대성 작품으로는 우성오(于省吾)가 주편한 『갑골문자고림(甲骨文字詁林)』을 들 수 있으며, 이 책은 갑골문 발견 90년간의 문자 고석 성과를 광범위하게 수집하고, 총 3691개의 갑골문자를 수록한 뒤 각 문자의 집석 후에 요효수(姚孝遂)가 작성한 안어(按語)를 첨부하였다.[28] 이외에 종합적 개척 발전 시기의 갑골문 고석 대표 인물로는 서중서(徐中舒), 요종이(饒宗頤), 요효수(姚孝遂), 구석규(裘錫圭), 노실선(魯實先), 서석대(徐錫臺), 장아초(張亞初) 등이 있다.

4. 고석의 새로운 시기

갑골문 신자료의 출토 및 간백(簡帛) 등 기타 출토 문헌 신자료의 발간과 공표에 따라, 갑골문 고석은 새로운 시기에 접어들었다. 신시기의 갑골문 고석 성과는 주로 학자들의 단편 고석 논문들에 흩어져 있는데, 주요 대표 인물로는 구석규(裘錫圭), 채철무(蔡哲茂), 황천수(黃天樹), 연소명(連劭名), 유교(劉釗), 진검(陳劍), 진사붕(陳斯鵬), 심배(沈培), 조평안(趙平安), 하경성(何景成), 강옥빈(蔣玉斌), 유환(劉桓), 시병(時兵), 서보귀(徐寶貴), 장옥금(張玉金), 왕자앙(王子揚) 등이 있다. 신시기 갑골문 고석의 집성적 성과로는 하경성(何景成)의 『갑골문자고림 보편

---

28) 吳其昌, 『殷墟書契解詁』, 藝文印書館, 1960年; 朱芳圃, 『殷周文字釋叢』, 中華書局, 1962年; 李孝定, 『甲骨文字集釋』, 臺北歷史語言硏究所, 1970年; 于省吾, 『甲骨文字釋林』, 中華書局, 1979年; 朱歧祥, 『殷墟甲骨文字通釋稿』, 文史哲出版社, 1989年; 于省吾(主編), 『甲骨文字詁林』, 中華書局, 1996年.

(甲骨文字詁林補編)』을 들 수 있으며, 여기에는 1990년부터 2013년 사이의 갑골문 고석 성과가 수록되어 있다.29)

　장덕소(張德劭)의 통계에 따르면, 갑골문(甲骨文) 발견 이후 20년 동안 학자들은 비교적 신뢰할 수 있는 약 400개의 고석(考釋) 성과를 도출해냈으며, 이는 현 시점에서 의심의 여지가 없는 고석 성과의 절반 정도에 달한다. 갑골문 발견 후 50년이 지난 시점에서는 신뢰할 수 있는 총 800여 개의 고석 문자를 얻어내었으며, 이는 현재 신뢰할 수 있는 고석 문자 총수의 약 70%를 차지한다.30) 학계에서 신뢰할 수 있는 고석 문자에 대해 다양한 견해를 가지고 있어 '확정 해석자(確釋字)'의 총수에는 일정한 차이가 있지만, 갑골문 고석 발전 과정의 불균형성은 명백하다. 초기에 해석된 문자들은 상형독체자(象形獨體字), 간지용자(幹支用字), 숫자 등이 포함되어 있으며, 이러한 문자들은 상대적으로 해석하기 쉬웠다. 이러한 문자를 기반으로 구성된 일련의 관련 문자들 역시 고석에서 어렵지 않게 도출될 수 있었기 때문에 초기의 해석 성과는 상대적으로 풍부했다. 그러나 연구가 깊어질수록 고석의 난이도는 점점 커지고 성과도 상대적으로 줄어들었는데, 이는 학문적 수준의 후퇴가 아닌 고석 연구 발전의 필연적인 결과라 할 수 있다.

　신시기(新時期)의 갑골문 고석은 고석 시각, 고석 깊이, 고석 방법 측면에서 모두 일정한 발전과 혁신을 이루었다. 고석 시각의 측면에서, 신시기의 고석은 종종 간백(簡帛) 등 신출(新出) 고문자(古文字) 자료를 근거로 삼아 형체, 독음, 의미 등의 측면에서 연결을 짓고 이를 통해 갑골문자를 해석했다. 예를 들어, 장신준(張新俊)의 「새로 출토

---

29) 何景成, 『甲骨文字詁林補編』, 中華書局, 2017年.
30) 張德劭, 『甲骨文考釋簡論』, 世界圖書出版廣東有限公司, 2012年, 7-8쪽.

된 초간(楚簡)을 근거로 갑골복사(卜辭)의 '곡(梏)', '어(圉)'자 등을 논함
」은 이 방면의 실천적인 예이다.31)

고석의 깊이라는 측면에서, 신시기의 고석은 단순히 특정 갑골문
자 형태가 현대 통용 한자에 해당한다는 것을 해석하는 데 그치지 않
고, 문자의 형체, 독음, 의미 측면의 역사적 변화와 문자 간 관계 등
문제에 주목했다. 예를 들어, 진검(陳劍)의 「갑골 금문(金文) 구석(舊
釋) '유(尤)'자 및 관련 '각(各)'자의 새로운 해석」이 이를 보여준다.32)

고석의 방법적인 측면에서는, 신시기에 유형별 차이 대비법, 양적
분석법 등 다양한 새로운 고석 방법이 등장했다. 예컨대, 왕자양(王子
揚)의 「갑골문 구석 '범(凡)'자는 대부분 '동(同)'자로 해석되어야 한다―
'범(凡)', '동(同)'의 차이에 대한 논의를 겸하여」는 형태가 유사한 문자
를 유형별 차이 대비법을 통해 해석한 성과의 예이다.33)

(2) 어휘 어법 연구

1. 사류(詞類: 품사분류) 연구
이 분야의 종합적 연구로는 양봉빈(楊逢彬)의 『은허갑골각사사류연
구(殷墟甲骨刻辭詞類研究)』가 주를 이루며, 각 사류(詞類)에 대한 전문
적 논의도 다수 있다.34)

---

31) 張新俊, 『據新出楚簡談談甲骨卜辭中的"梏", "圉"等字』, 羅運環(主編), 『楚簡楚文
化與先秦歷史文化國際學術研討會論文集』, 湖北教育出版社, 2013年, 501-510쪽.

32) 陳劍, 『甲骨金文舊釋"尤"之字及相關諸字新釋』, 北京大學中國古文獻研究中心(編),
『北京大學中國古文獻研究中心集刊·第4輯』, 北京大學出版社, 2004年, 74-94쪽.

33) 王子楊, 『甲骨文舊釋"凡"之字絶大多數當釋爲"同"―兼談"凡""同"之別』, 復旦大學
出土文獻與古文字研究中心(編), 『出土文獻與古文字研究·第五輯』, 上海古籍出版
社, 2013年, 6-30쪽.

34) 楊逢彬, 『殷墟甲骨刻辭詞類研究』, 花城文藝出版社, 2003年.

명사에 관해서는 황천수(黃天樹)의 방위사(方位詞) 연구, 무칭희(巫稱喜)의 명사 연구, 등비(鄧飛)의 시간사(時間詞) 연구가 대표적이다. 동사에 관해서는 정계아(鄭繼娥)의 제사 동사 연구, 이발(李發)의 군사 행위 동사 연구, 갈량(葛亮)의 전렵(田獵) 동사 연구, 장옥금(張玉金)과 훤건총(禤健聰)의 동사 '우(于)'에 대한 연구가 있다. 대명사에 관해서는 진년복(陳年福)과 장옥금의 대명사 '하(何)'와 '차(此)'에 대한 논의, 심배(沈培)와 황천수의 대명사 '기(其)'에 대한 논의가 있다. 개사(介詞)에 관해서는 곽석량(郭錫良)과 구석규(裘錫圭)의 전치사 '우(于)'에 대한 논의, 장옥금의 전치사 '우(于)'와 '자(自)'에 대한 논의, 모지강(毛志剛)의 전치사 전문 연구 등이 있다. 연어(連詞)에 관해서는 양봉빈의 연어 '기(暨)', '이(以)', '비(比)' 등에 대한 논의, 장옥금의 연어 '기(暨)'에 대한 논의 E,D이 있다. 조동사에 관해서는 황천수의 관련 연구가 있다. 복사 중 부정 복사에 관해서는 섭정발(葉正渤), 홍양(洪颺), 양우훤(楊于萱), 공파(龔波), 장국염(張國艷), 연소명(連劭名) 등의 관련 연구가 있으며, 기타 복사 중에서는 파울 세루이스(司禮義, Paul Serruys)의 '기(其)'자 연구가 가장 큰 영향을 끼쳤다. 이외에도 심배의 '기(氣)'자 연구, 장옥금의 '기(其)'자 연구, 왕연(王娟)의 시간 부사 연구, 주언민(朱彥民)의 '혜(叀)', '추(隹)'에 대한 연구 등이 있다.[35]

---

35) 공간의 제한으로 인해 여기에서 개별적으로 인용하기에는 어휘 및 문법에 대한 연구가 너무 많다. 구체적인 출처는 張玉金, 『21世紀以來甲骨文語法研究的回顧與展望』, 『出土文獻』2021年 第2期를 참고하면 된다. 나머지 주요 성과는 다음을 참고하라. 黃天樹, 『古文字研究－黃天樹學術論文集』, 人民出版社, 2018年; 鄧飛, 『商代甲金文時間範疇研究』, 人民出版社, 2013年; 鄭繼娥, 『甲骨文祭祀卜辭語言研究』, 巴蜀書社, 2007年; 沈培, 『殷墟甲骨卜辭語序研究』, 文津出版社, 1992年; Paul L-M Serruys(司禮義), 『*Towards A Grammar Of The Language Of The Shang Bone Inscriptions*』, 『中央研究院國際漢學會議論文集·語言文字組』, 臺北"中央研究院", 1981年, 313-364쪽.

2. 어법 문법 연구

갑골문의 어법 연구는 가장 초기에 1928년 호소석(胡小石)의 『갑골문례(甲骨文例)』로 시작되었는데, 이는 첫 번째 갑골문 어법 연구 전문 저서였다. 이후 어법 관련 종합 연구로는 주요한 것으로 장옥금(張玉金)의 『갑골문어법학(甲骨文語法學)』과 『갑골 복사 어법 연구(甲骨卜辭語法研究)』, 이희(李曦)의 『은허복사어법(殷墟卜辭語法)』 등이 있다.36)

종합적 어법 연구 외에도, 대구식의 구문 등에 관한 많은 전문적 논의가 이루어졌다. 예를 들어, 제항복(齊航福)의 목적어 전치 문장과 이중목적어 문장 연구, 등통상(鄧統湘)의 화원장(花園莊) 동지(東地) 복사(卜辭)의 이중목적어 문장과 삼중목적어 문장 연구, 유수생(喩遂生)의 삼중목적어 문장 연구, 심배(沈培)의 피동문 연구, 장옥금(張玉金)의 문형 문식 연구, 진련문(陳練文)의 문법 연구, 유수생의 제사(祭祀) 관련 동사 문장 연구, 요지호(姚志豪)의 문법 시기구분(斷代) 연구 등이 있다.37)

3. 갑골문례(甲骨文例) 연구

복사(卜辭) 언어의 특수성으로 인해 갑골문의 '문례(文例)' 개념은 일반 언어학상의 '문례'와는 다른 것으로, 갑골문이라는 특정 언어 자료에 한정된 문서 작성용 언어 체계를 말한다. 왕우신(王宇信)은 "복사의 문례는 갑골학(甲骨學) 상의 약정 의미로 점복 문사(文辭)와 점복

---

36) 胡小石, 『甲骨文例』, 中山大學語言歷史學研究所, 1928年; 張玉金, 『甲骨文語法學』, 學林出版社, 2001年; 張玉金, 『甲骨卜辭語法研究』, 廣東高等教育出版社, 2002年; 李曦, 『殷墟卜辭語法』, 陝西師範大學出版社, 2004年.

37) 相關文章出處同參張玉金, 『21世紀以來甲骨文語法研究的回顧與展望』, 『出土文獻』 2021年 第2期.

매체(載體)의 결합 관계를 나타내며, 복용(卜用) 갑골에 새겨진 복사의 문례 형태, 위치, 행관(行款) 진행 방향의 습관과 분포 규칙 등을 전문적으로 지칭한다."라고 말한다.[38] 송진호(宋鎭豪)는 갑골문례에는 '글자체(字體)의 쓰기와 새기는 습관'도 포함되어야 한다고 주장했다.[39]

갑골문례 연구는 최초로 손이양(孫詒讓)의 『계문거례(契文舉例)』에 그 기원을 찾을 수 있다. 이 책의 「잡례(雜例)」 장은 갑골 문례에 대한 최초의 탐구로 간주될 수 있다. 갑골문례에 대한 첫 번째 전문적 연구는 호광위(胡光煒, 별칭 胡小石)의 『갑골문례(甲骨文例)』였다. 이후 동작빈(董作賓)이 이 분야에서 연구를 확장하였는데, 예를 들어 『상대(商代) 귀복(龜卜)의 추측』에서 정위법(定位法)을 통한 문례 연구 등을 탐구하였다. 관련된 다른 성과로는 『대귀 4판 고석(大龜四版考釋)』, 『은대 문례 분상례 특례 이종설(殷代文例分常例特例二種說)』, 『골문례(骨文例)』 등이 있다. 동작빈 외에 다른 학자들의 주요 성과로는 호후선(胡厚宣)의 『복사잡례(卜辭雜例)』, 『복사동문례(卜辭同文例)』, 장병권(張秉權)의 『성투복사를 논함(論成套卜辭)』, 이달량(李達良)의 『귀판 문례연구(龜版文例研究)』, 유영(劉影)의 『은허견골문례(殷墟胛骨文例)』, 하회(何會)의 『은허 왕복사 귀복갑 문례 연구(殷墟王卜辭龜腹甲文例研究)』 등이 있다.[40]

---

38) 王宇信, 楊升南, 『甲骨學一百年』, 社會科學文獻出版社, 1999年, 258쪽.

39) 宋鎭豪, 『甲骨文例研究·序言』, 李旼娀, 『甲骨文例研究』, 臺灣古籍出版有限公司, 2003年, 1쪽.

40) 胡小石, 『甲骨文例』, 中山大學語言歷史學研究所, 1928年; 董作賓, 『商代龜卜之推測』, 『安陽發掘報告』 1929年 第1期; 董作賓, 『大龜四版考釋』, 『安陽發掘報告』 1931年 第3期; 董作賓, 『殷代文例分常例特例二種說』, 『中國文字』 1962年 第6期; 董作賓, 『骨文例』, 『中央研究院歷史語言研究所集刊』 1936年 第7期; 胡厚宣, 『卜辭雜例』, 『中央研究院歷史語言研究所集刊』 1939年 第8期; 胡厚宣, 『卜辭同文例』, 『中央研究院歷史語言研究所集刊』 1947年 第9期; 張秉權, 『論成套卜辭』, 臺北歷史語言研究所(編), 『慶祝董作賓先生六十五歲論文集』(上冊), 臺北歷史語言研究

중국문자학 핸드북

연구의 발전에 따라 갑골문례(甲骨文例)에 대한 연구도 점차 세분되어 가고 있다. 학자들은 다양한 연구 각도에 따라 문례의 분류 연구를 진행하고 있다. 예를 들어, 갑골 재료에 따라 귀갑문례(龜甲文例)와 견골 문례(胛骨文例)를 별도로 연구하거나, 복사(卜辭) 유형에 따라 성투복사 문례(成套卜辭文例)와 대정복사 문례(對貞卜辭文例)를 연구하기도 한다. 또한 복사 내용에 따라 전렵복사 문례(田獵卜辭文例)와 제사복사 문례(祭祀卜辭文例) 등을 별도로 연구하는 경우도 있다.

(3) 디지털화 모델의 갑골문 정밀화 정량화 연구

갑골문 분야에서의 정량 연구는 최근 갑골문 연구의 새로운 관점으로, 갑골문의 방대한 자료 데이터양에 기반하여 결정되었다. 정량 연구는 정밀한 데이터 분석을 기초로 하며, 과학적인 갑골문 연구 촉진에 중요한 의미를 가진다. 이 분야 연구는 유지기(劉志基)를 선두로, 그는 정량화된 데이터 자료를 기반으로 갑골문자의 문자형, 구성 요소, 문자 빈도 등에 대한 정밀한 분석을 수행하여 갑골문의 정밀화 정량 연구의 서막을 열었다.[41] 그가 지도한 여러 학위 논문들도 갑골문 자형의 정량 연구에 많은 작업을 수행하였다.[42] 또한, 정량법을

所, 1960年; 李達良, 『龜版文例研究』, 宋鎭豪, 段志洪(主編), 『甲骨文獻集成』(17)』, 四川大學出版社, 2001年, 219쪽; 劉影, 『殷墟胛骨文例』, 首都師範大學出版社, 2016年; 何會, 『殷墟王卜辭龜腹甲文例研究』, 中國社會科學出版社, 2020年.

41) 劉志基, 「甲骨文字形規整化再研究」, 『華東師大學學報(哲社版)』 2009年 第5期; 劉志基, 「簡論甲骨文字頻的兩端集中現象」, 『語言研究』 2010年 第4期; 劉志基, 「字頻視角的甲骨文構件定量研究」, [韓國] 『漢字研究』 2010年 第2期; 劉志基, 「偏旁視角的先秦形聲字發展定量研究」, 『語言科學』 2012年 第1期; 劉志基, 「基於文獻用字分類的甲骨卜辭話題類型簡說－以<小屯南地甲骨>爲例」, [韓國] 『漢字研究』 2013年 第9期; 劉志基, 「中國文字發展史·商周文字卷」, 華東師範大學出版社, 2015年.

42) 陳婷珠, 「殷商甲骨文字形系統再研究」, 華東師範大學博士論文, 2007年; 康烜黃, 「

사용하여 갑골문 연구를 전개한 다른 학자로는 가연자(賈燕子), 기천류(崎川隆) 등이 있다.[43]

(4) 기타 갑골학 연구

1917년, 왕국유(王國維)는 「은 복사에 보이는 선공선왕에 대한 고찰(殷卜辭中所見先公先王考)」을 통해 상나라 사람들의 선조 이름을 검증했는데[44], 이 연구는 문헌에 기록된 상나라를 믿을 만한 역사(信史)로 만들었으며, 이후 갑골문을 이용한 역사 문화 연구의 새로운 지평을 열었다.

한편, 곽말약(郭沫若)의 『중국 고대사회 연구(中國古代社會研究)』는 갑골문 등 출토 자료를 활용하여 중국 고대 사회 문제를 탐구했는데[45], 이러한 연구들은 갑골문을 통한 역사 및 문화 연구의 새로운 방향을 제시하며 중요한 발전을 이루었다.

1. 국가와 사회 연구

이 분야에서 주요한 연구로는 카이즈카 시게키(貝塚茂樹)의 『고대은 제국(古代殷帝國)』, 송진호(宋鎭豪)의 『하상 사회생활사(夏商社會生活史)』 등이 있다.[46]

師組甲骨文字體分類定量研究」, 華東師範大學碩士論文, 2019年.

43) 賈燕子, 「甲骨文單祭祀動詞句型定量研究」, 『漳州師範學院學報』 2006年 第3期; 賈燕子, 「甲骨文多祭祀動詞句定量研究」, 『周口師範學院學報』 2006年 第6期; 崎川隆, 「賓組甲骨文字體分類研究」, 上海人民出版社, 2012年.

44) 王國維, 『殷卜辭中所見先公先王考及續考』, 王國維, 『觀堂集林·卷九』, 中華書局, 1959年.

45) 郭沫若, 『中國古代社會研究』, 聯合書店, 1930年.

46) 貝塚茂樹, 『古代殷帝國』, みすず書房, 1957年; 宋鎭豪, 『夏商社會生活史(增訂本)』, 中國社會科學出版社, 2005年.

2. 세계(世系)와 예제 연구

이 분야에서는 왕국유(王國維)가 중요한 역할을 했다. 『은 복사에 보이는 선공선왕에 대한 고찰(殷卜辭中所見先公先王考)』과 「속고(續考)」 외에도 그의 주요 연구 성과로는 『은주제도론(殷周制度論)』, 『은례징문(殷禮徵文)』 등이 있다. 다른 학자들의 연구로는 상유지(常玉芝)의 『상대 주제제도(商代周祭制度)』, 정산(丁山)의 『갑골문에 보이는 씨족 및 그 제도(甲骨文所見氏族及其制度)』, 이학근(李學勤)의 「은대 친족제도를 논함(論殷代親族制度)」, 임운(林沄)의 「무정 시대의 몇 가지 ‘자복사(子卜辭)’로부터 상대의 가족 형태를 시험적으로 논함」, 주봉한(朱鳳瀚)의 『상주 가족형태 연구(商周家族形態硏究)』 등이 있다.[47]

3. 역법 천문

이 분야와 관련된 연구로는 동작빈(董作賓)의 『은력보(殷歷譜)』, 『갑골년표(甲骨年表)』, 『속 갑골년표(續甲骨年表)』, 상유지(常玉芝)의 『은상역법연구(殷商歷法硏究)』, 풍시(馮時)의 『백년 이래 갑골문 천문역법 연구(百年來甲骨文天文歷法硏究)』 등이 있다.[48]

4. 지리 방국 연구

---

47) 王國維, 『王國維全集(五, 八)』, 浙江敎育出版社, 2009年; 常玉芝, 『商代周祭制度』, 線裝書局, 2009年; 丁山, 『甲骨文所見氏族及其制度』, 科學出版社, 1956年; 李學勤, 「論殷代親族制度」, 『文史哲』 1957年 第11期; 林沄, 「從武丁時代的幾種“子卜辭”試論商代的家族形態」, 吉林大學古文字硏究室(編), 『古文字硏究』 第一輯, 中華書局, 1979年; 朱鳳瀚, 『商周家族形態硏究(增訂本)』, 天津古籍出版社, 2004年.

48) 董作賓, 『董作賓先生全集』, 藝文印書館, 1977年; 常玉芝, 『殷商歷法硏究』, 吉林文史出版社, 1998年; 馮時, 『百年來甲骨文天文歷法硏究』, 中國社會科學出版社, 2011年.

이 분야와 관련된 연구로는 이학근(李學勤)의 『은대 지리 간론(殷代地理簡論)』, 종백생(鍾柏生)의 『은상 복사 지리 논총(殷商卜辭地理論叢)』, 정걸상(鄭傑祥)의 『상대 지리 개론(商代地理概論)』, 진가패(陳珈貝)의 『상주 남쪽 지역 정치 지리구조 연구(商周南土政治地理結構研究)』 등이 있다.49)

5. 과학 기술 경제 연구

이 분야에서는 원소봉(溫少鋒)과 원정동(袁庭棟)의 『은허복사연구(殷墟卜辭研究)—과학기술편』이 초기 주요 성과 중 하나이며, 이후 양승남(楊升南)의 『상대경제사(商代經濟史)』와 팽방형(彭邦炯)의 『갑골문 농업 자료 고변과 연구(甲骨文農業資料考辨與研究)』 등이 있다.50)

6. 인물 칭호 연구

요종의(饒宗頤)의 『은대 정복인물 통고(殷代貞卜人物通考)』는 초기에 매우 영향력 있는 복사(卜辭) 인물에 관한 전문적 연구 성과 중 하나이다. 이후 오준덕(吳俊德)의 『은 복사 선왕칭호 종론(殷卜辭先王稱謂綜論)』과 조림(趙林)의 「은계석친: 상대(商代)의 친족 칭호 및 친족 조직 제도를 논함(殷契釋親, 論商代的親屬稱謂及親屬組織制度)」은 칭호 문제에 관 전문적 연구이며, 왕진봉(王進鋒)의 『신(臣)·소신(小臣)과 상주(商周) 사회』는 신과 소신에 관한 전문적 연구이다.51)

---

49) 李學勤, 『殷代地理簡論』, 科學出版社, 1959年; 鍾柏生, 『殷商卜辭地理論叢』, 藝文印書館, 1989年; 鄭傑祥, 『商代地理概論』, 中州古籍出版社, 1994年; 陳珈貝, 『商周南土政治地理結構研究』, 花木蘭文化出版社, 2009年.

50) 溫少鋒, 袁庭棟, 『殷墟卜辭研究—科學技術篇』, 四川省社會科學院, 1983年; 楊升南, 『商代經濟史』, 貴州人民出版社, 1992年; 彭邦炯, 『甲骨文農業資料考辨與研究』, 吉林文史出版社, 1997年.

51) 饒宗頤, 『殷代貞卜人物通考』, 中華書局, 2015年; 吳俊德, 『殷卜辭先王稱謂綜論』, 里仁書局, 2010年; 趙林, 『殷契釋親, 論商代的親屬稱謂及親屬組織制度』, 上海古籍出版社, 2011年; 王進鋒, 『臣, 小臣與商周社會』, 上海人民出版社, 2018年.

7. 종합 연구

종합 연구는 개별 학자들의 갑골학에 관한 종합 연구 성과를 의미
하며, 주요한 작품으로는 호후선(胡厚宣)의『갑골학 상사논총 초집(甲
骨學商史論叢初集)』,『이집(二集)』,『삼집(三集)』, 진몽가(陳夢家)의『은
허복사종술(殷虛卜辭綜述)』, 주방포(朱芳圃)의『갑골학 상사편(甲骨學商
史編)』, 정산(丁山)의『상주 사료고증(商周史料考證)』, 팽방형(彭邦炯)의
『상사탐미(商史探微)』;『상대사(商代史)』 등이 있다.[52]

또한, 종합적인 문헌으로는 호후선의『오십년 갑골문 발견의 총결
(五十年甲骨文發現的總結)』,『은허발굴(殷墟發掘)』, 왕우신(王宇信)의『
건국 이래 갑골문 연구(建國以來甲骨文研究)』,『갑골학통론(甲骨學通論)
』 등이 있다.[53]

(5) 서주(西周) 갑골문 연구

1. 간단한 소개

서주 갑골문 연구는 갑골문 연구의 중요한 분야이다. 서주 갑골문
은 그것이 속한 시대에 따라 명명되었으며, 출토 지점이 다양하게 분
포한다. 주로 섬서(陝西), 산서(山西), 하남(河南), 하북(河北), 산동(山
東), 호북(湖北), 사천(四川) 등지에서 발견되었는데, 특히 1977년부터

---

52) 胡厚宣,『甲骨學商史論叢初集·二集·三集』, 齊魯大學國學研究所, 1944-1945年; 陳
    夢家,『殷虛卜辭綜述』, 中華書局, 1988年; 朱芳圃,『甲骨學商史編』, 香港書店,
    1972年; 丁山,『商周史料考證』, 中華書局, 1988年; 彭邦炯,『商史探微』, 重慶出
    版社, 1988年; 宋鎭豪(主編),『商代史』, 中國社會科學出版社, 2010年.
53) 胡厚宣,『五十年甲骨文發現的總結』, 商務印書館, 1951年; 胡厚宣,『殷墟發掘』,
    學習生活出版社, 1955年; 王宇信,『建國以來甲骨文研究』, 中國社會科學出版社,
    1981年; 王宇信,『甲骨學通論』, 中國社會科學出版社, 1989年.

1979년 사이의 주원(周原) 봉추(鳳雛, 학계에서는 특별히 '봉추갑골'로 부름)와 2008년 주공묘(周公廟) 유적에서 발견된 갑골문이 가장 많다.[54] 현재까지 알려진 서주 갑골문의 수량은 17000편 이상이며, 공개된 글자가 있는 갑골문은 335편에 달한다. 서주 갑골문의 내용은 매우 풍부하며 주로 제사, 축도(祝禱), 농사, 사냥, 출입(出入), 정벌 등을 다룬다.

2. 저록(著錄)과 고석(考釋)

서주 갑골의 주요 저록으로는 조위(曹瑋)의 『주원갑골문(周原甲骨文)』과 대만 국립고궁박물원의 『혁혁종주(赫赫宗周): 서주문화특전도록(西周文化特展圖錄)』이 있다. 이 두 자료 모두 주원 봉추(周原鳳雛)와 기산 주공묘(岐山周公廟) 유적지에서 발견된 자료를 수록하고 있다.[55]

3. 관련 연구

서주 갑골문의 고석 및 관련 연구에 대해, 더욱 종합적인 연구 성과로는 다음의 것들이 있다.

- 이학근(李學勤)과 왕우신(王宇信)의 「주원복사 선석(周原卜辭選釋)」,
- 진전방(陳全方)의 『섬서 기산 봉추촌 갑골문 개론(陝西岐山鳳雛村甲骨文槪論)』,
- 서석대(徐錫台)의 『주원갑골문 종술(周原甲骨文綜述)』,
- 진전방의 『주원과 주문화(周原與周文化)』,

---

54) 陝西周原考古隊, 『陝西岐山鳳雛村發現周初甲文』, 『文物』 1979年 第10期; 陝西周原考古隊, 『扶風縣齊家村西周甲骨發掘簡報』, 『文物』 1981年 第9期; 周公廟考古隊, 『周公廟考古工作彙報暨新出西周甲骨座談會紀要』, 國家文物局主辦, 『中國文物報』, 2009年3月27日.

55) 曹瑋, 『周原甲骨文』, 世界圖書出版公司北京公司, 2002年; 臺北故宮博物院, 『赫赫宗周, 西周文化特展圖錄』, 臺北故宮博物院, 2012年.

- 왕우신의 『서주갑골탐론(西周甲骨探論)』,
- 주기상(朱歧祥)의 『주원갑골연구(周原甲骨研究)』,
- 풍시(馮時)의 「섬서 기산 주공묘 출토 갑골문의 초보적 연구(陝西 岐山周公廟出土甲骨文的初步研究)」,
- 이학근의 「주공묘 유적 축가항 복갑 시석(周公廟遺址祝家巷卜甲試 釋)」,
- 동산(董珊)의 「주공묘 귀갑복사 및 관련 문제에 대한 시론(試論周 公廟龜甲卜辭及其相關問題)」,
- 왕녕(王寧)의 「주공묘 '녕풍'복갑의 초보적 연구(周公廟"寧風"卜甲的 初步研究)」,
- 이령(李零)의 「독<주원갑골문>(讀<周原甲骨文>)」

이외에도, 개별 문자형의 고석에 대해 구석규(裘錫圭)의 '㘒'자에 대한 해독과 쇼네시(夏含夷)의 '사(思)'자에 대한 해석이 주요 대표 사례이다.[56] 서주 갑골문의 문자형은 전반적으로 상대 갑골문보다 정제되지 않 았으며, 형태와 어휘 면에서도 상대 갑골문과 다소 차이가 있다. 서주 갑골문의 문자체 스타일에 대한 관련 연구로는 조위(曹瑋)의 「주원 갑 골각사 각봉 문제에 대한 논의(對周原甲骨刻辭刻鋒問題的討論)」와 동곤

---

56) 李學勤, 王宇信, 「周原卜辭選釋」, 中山大學古文字研究室(編), 『古文字研究』 第四 輯, 中華書局, 1980年; 陳全方, 「陝西岐山鳳雛村西周甲骨文槪論」, 『四川大學學 報叢刊』 第十輯, 四川人民出版社, 1982年; 徐錫台, 『周原甲骨文綜述』, 三秦出版 社, 1987年; 陳全方, 『周原與周文化』, 上海人民出版社, 1988年; 王宇信, 『西周甲 骨探論』, 中國社會科學出版社, 1984年; 朱歧祥, 『周原甲骨研究』, 學生書局, 1997年; 馮時, 『陝西岐山周公廟出土甲骨文的初步研究』, 李學勤, 『周公廟遺址祝 家巷卜甲試釋』, 董珊, 『試論周公廟龜甲卜辭及其相關問題』 등 3편은 모두 北京 大學中國考古學研究中心, 『古代文明』 五, 文物出版社, 2006年에 수록됨; 王寧, 「周公廟"寧風"卜甲的初步研究」, 沈長雲, 張翠蓮(主編), 『中國古代文明與國家起源 學術研討會論文集』, 科學出版社, 2011年; 李零, 『讀<周原甲骨文>』, 李零, 『待 冤軒文存·說文卷』, 廣西師範大學出版社, 2015年; 裘錫圭, 「釋西周甲骨文的"㘒" 字」, 張光裕等(編), 『第三屆國際中國古文字學研討會論文集』, 香港中文大學中文 系, 1997年; 夏含夷, 「再論周原卜辭由字與周代卜筮性質諸問題」, 夏含夷, 『興與 象: 中國古代文化史論集』, 上海古籍出版社, 2012年, 57-85쪽.

(董琨)의「주원 갑골문과 한자형체 발전(周原甲骨文與漢字形體發展)」이 있다. 또한 문예(門藝)의「주원 갑골문 동사 및 용자 형의 관계 천석(周原甲骨文動詞及用字形義關系淺析)」은 서주 갑골문의 어휘 측면에 대해 논의한다.57)

120년의 연구 역사를 가진 은상 갑골문에 비해, 서주 갑골문 연구는 아직 초기 단계에 있으며, 많은 미지의 의문점과 미정 결론의 문제들이 학자들의 더 깊은 탐구를 기다리고 있다.

4. 연구의 주요 쟁점

(1) 명사(命辭)의 성질 문제 탐구

명사는 점복 시 제시된 질문의 내용을 담은 말이다. 갑골복사(甲骨卜辭)에서의 명사는 통상적으로 '정(貞)'자 뒤에 나타난다. 명사의 성질에 대한 논의는 한때 학계에서 많은 논의를 불러일으켰다. 초기에는 대부분 학자들이 명사를 의문문으로 간주했지만, 1970년대에 들어서 명사가 의문문인지에 대한 의문을 제기하기 시작했다. 이러한 의문을 처음 제기한 사람은 1972년 데이비드 N. 키틀리(吉德煒, David N. Keightley)의「석정(釋貞)－상대 정복 본질에 대한 새로운 가설(商代貞卜本質的新假設)」과 폴 세뤼스(Paul L-M. Serruys, 司禮義)의「상대 복사 언어연구(商代卜辭語言研究)」였다. 이후 데이비드 셰퍼

---

57) 曹瑋,「對周原甲骨刻辭刻鋒問題的討論」, 王宇信, 宋鎭豪, 孟憲武(主編), 『2004年安陽殷商文明國際學術硏討會論文集』, 社會科學文獻出版社, 2004年; 董琨,「周原甲骨文與漢字形體發展」, 『古漢語硏究』 1994年增刊; 門藝,「周原甲骨文動詞及用字形義關系淺析」, 『商丘師範學院學報』 2004年 第6期.

드 니비슨(David Shepherd Nivison, 倪德衛, 1913-2014)와 이학근(李學勤) 등도 비슷한 의문을 제기했다. 1988년 구석규(裘錫圭)는 신설의 일부 주장을 반박했으며, 복사 중 명사를 의문문과 비 의문문 두 가지 경우로 각각 논의한 끝에, 대부분의 복사 중 명사는 진술문이자 의문문으로 볼 수 있으며, 어떠한 일반화된 견해도 충분히 정확하지 않다고 주장했다. 구석규의 견해는 많은 학자들의 인정을 받았지만, 여전히 다른 의견도 존재한다. 예를 들어, 왕우신(王宇信)과 장옥금(張玉金)은 복사 중 명사를 모두 의문문으로 보았고, 무칭희(巫稱喜)는 명사가 진술문이라고 주장했다.58)

학계에서 명사가 의문문인지 진술문인지에 대한 의견은 아직 통일되지 않았지만, 대부분의 연구에서는 보수적으로 구석규의 견해를 따라 문장 끝에 마침표를 사용한다.

(2) '사방풍(四方風)' 연구

'사방풍'은 복사(卜辭)에서 볼 수 있는 『산해경(山海經)』 등 전래 문헌 중의 '사방명(四方名)'과 '사방풍명(四方風名)'을 가리킨다. 관련 연

---

58) 키틀리(吉德煒)의 글은 雷煥章, 『法國所藏甲骨錄』, 利氏學社, 1985年, 123쪽 참조; 司禮義, 「商代卜辭語言研究」, 『通報』 1974年 第60卷 1-3期; 倪德衛, 「問句的問題」, 檀香山商代文明國際討論會, 1982年; 李學勤, 「續論西周甲骨」, 『中國語文研究』 1984年 第7期; 裘錫圭, 『裘錫圭學術文集』(一), 復旦大學出版社, 2012年, 309-337쪽, 344-349쪽. 王宇信, 「申論殷墟卜辭的命辭爲問句」, 『中原文物』 1989年 第2期; 張玉金, 「論殷墟卜辭命辭的語氣問題」, 『古漢語研究』 1995年 第3期; 巫稱喜, 「甲骨卜辭的命辭」, 『漢語學報』 2011年 第3期; 巫稱喜, 「再論甲骨卜辭的命辭」, 『漢字文化』 2013年 第6期; 巫稱喜, 「三論甲骨卜辭的命辭」, 『漢字文化』 2014年 第2期; 巫稱喜, 「四論甲骨卜辭的命辭, "可控＋不可控"類吉凶型二重對比復句分類研究」, 『漢字文化』 2016年 第1期; 巫稱喜, 「甲骨文命辭二重對比復句研究－五論甲骨卜辭的命辭」, 『貴州師範大學學報』(社科版) 2016年 第2期.

구를 최초로 공개한 것은 호후선(胡厚宣)으로, 그는 『산해경』과 『상서·요전(堯典)』을 인용해 갑골문 중 동남서북의 사방명이 각각 '석(析), 협(夾), 이(夷), 완(宛)'이고, 사방풍의 명칭이 '협(協), 미(微), 𩂁, 역(役)'라고 주장했다. 양수달(楊樹達)은 사방풍이 상대(商代) 사람들의 사계절 관념을 나타낸다고 주장했다. 진몽가(陳夢家)는 갑골문의 사방명이 사방 신의 이름이며, 사방풍이 상제의 사신(帝使)이라고 보았다. 이후 학계에서 갑골문 사방풍 연구가 활발해졌다. 언어와 문자 측면에서, 사방풍의 용어 문제에 대한 다양한 의견이 있다. 예를 들어, 남방명의 해석에서 진방회(陳邦懷)는 '염(炎)', 정산(丁山)은 '린(麟)', 구석규(裘錫圭)는 '인(因)'으로 제안했고, 남방풍의 이름에 대한 고석으로는 진방회가 '장(長)', 엄일평(嚴一萍)은 '요(搖)', 임운(林沄)은 '표(髟)'를 제안했다. 서방풍의 이름에 대한 해석에서 우성오(于省吾)는 '개(介)', 연소명(連劭名)은 '함(函)', 구석규는 '𩂁', 유홍도(劉洪濤)는 '곤(困)'을 제안했다. 북방풍의 이름에 대한 해석에서 조금염(曹錦炎)은 '복(伏)', 이가호(李家浩)는 '포(勹)'를 제안했고, 북방풍의 이름에 대한 해석에서 정산은 '전(殿)', 우성오는 '열(洌)', 이학근(李學勤)은 '삼(芟)', 하경성(何景成)은 '권(卷)', 진검(陳劍)과 방유송(方稚松)은 '살(殺)'을 제안했다. 사방풍에 대한 해석은 단어의 해석뿐만 아니라 다른 측면에서도 다양한 견해가 있으며, 주요 연구 성과는 위의 다양한 해석 외에도 정혜생(鄭慧生), 첨은흠(詹鄞鑫), 요종의(饒宗頤), 이학근, 채철무(蔡哲茂), 이발(李發) 등 학자들의 의견을 참조할 수 있다.[59] 사방풍의 연구는 지금도 여전히 학계의 주목을 받고 있어, 갑골문연구의 핫 이슈가 되었으며, 고대사와 고전문헌 등과의 관련 연구에서도 주목하는 주제가 되었다.

---

59) 이러한 연구는 많은 주제를 포함하는 단일 기사인 경우가 많다. 자세한 인용은 劉曉晗, 『甲骨四方風硏究的新進展與反思』, 『中國史硏究動態』 2021年 第4期 참조.

(3) 비왕복사(非王卜辭) 연구

비왕복사(非王卜辭)는 점복의 일부 주체가 상나라 왕이 아닌 복사를 말한다. 비왕 복사의 내함에 대해서, 황천수(黃天樹)는 왕복사(王卜辭)의 점복 주체가 왕이지만 '왕복사'가 반드시 '왕실복사(王室卜辭)'와 동일한 개념이 아닌 것과 마찬가지로 '비왕복사'의 점복 주체가 비왕(非王)이지만 '비왕복사'가 '비왕실복사(非王室卜辭)'와 동일한 개념이 아님을 지적한다.[60] 이는 비왕복사가 점복 주체가 왕이 아닌 경우에만 한정되지만, 왕실 구성원일 가능성을 배제하지 않는다는 의미이다. 비왕복사의 유형은 단일하지 않으며, 점복 주체에 따라 다음과 같이 부녀복사(婦女卜辭), 자조복사(子組卜辭), 화동복사(花東卜辭) 등으로 구분할 수 있다. 장옥빈(蔣玉斌)은 비왕복사를 구체적으로 다음과 같이 갑종(甲種), 을종(乙種), 병종(丙種), 원체류(圓體類), 열체류(劣體類), 도복사(刀卜辭), 화동류(花東類), 후남류(侯南類), 둔서류(屯西類), 산견류(散見類) 등으로 구분하였다.[61]

비왕복사(非王卜辭)의 연구는 지난 1930년대에 시작되었다. 그 이전까지 학계는 복사(卜辭)의 점복(占卜) 주체가 모두 상왕(商王)이라고 일반적으로 받아들였다. 1938년 일본 학자 카이즈카 시게키(貝塚茂樹)가 이러한 관점에 처음으로 이의를 제기하며, 자복정복사(子卜貞卜辭)와 다자족복사(多子族卜辭)의 존재를 논문에서 언급했다. 이후 1950년대 말, 이학근(李學勤)은 진몽가(陳夢家)가 언급한 오조(午組)와 자조(子組)가 비왕복사임을 지적하며, 학계에서 처음으로 '비왕복사'라는 개

---

60) 黃天樹, 『關於非王卜辭的一些問題』, 『陝西師大學報』(哲社版) 1995年 第4期.
61) 蔣玉斌, 『殷墟子卜辭的整理與研究』, 吉林大學博士論文, 2006年.

념을 제시했다.

'비왕복사' 개념의 등장 이후, 학계는 비왕복사에 관한 전문적인 연구에 주목하기 시작했다. 예를 들어, 이학근은 제을(帝乙) 시대의 비왕복사에 대해 전문적으로 논의했으며, 임운(林沄)은 비왕복사의 주인공이 상 왕실 의 귀족 수장인 '자(子)'라고 지적했다. 황천수(黃天樹)도 여러 논문을 통해 다양한 유형의 비왕복사에 대한 관련 문제를 탐구했으며, 팽유상(彭裕商)은 비왕복사의 시대와 내용에 대해 논의했다. 관련 전문적인 논의는 계속해서 나타나고 있으며, 이 분야에 대한 더 자세한 연구는 위자덕(魏慈德), 요훤(姚萱), 장옥빈(蔣玉斌), 양군회(楊軍會), 상요화(常耀華) 등의 연구를 참조할 수 있다.62)

(4) 분기(分期), 분조(分組), 분류(分類) 및 단대연구(斷代研究)

분기단대(分期斷代)의 목적은 갑골문 문헌을 구체적인 역사 시대와 연계시켜, 갑골문 문헌의 사료 가치를 향상하고 관련 언어 및 역사 연구를 촉진하는 데 있다. 갑골문의 분기 단대 연구는 지난 19세기 초부터 시작되었으며, 구체적인 연구 과정은 다음과 같은 여러 단계

---

62) 貝塚茂樹,「論殷代金文中所見圖象文字(擧)」,『東京學報』, 1938年; 貝塚茂樹, 伊藤道治,「甲骨文斷代研究法の再檢討－董氏の文武丁時代卜辭を中心として」, 宋鎭豪, 段志洪(主編),『甲骨文獻集成』(十五), 四川大學出版社, 2001年, 262쪽; 李學勤,「評陳夢家＜殷虛卜辭綜述＞」,『考古學報』1957年 第3期; 李學勤,「帝乙時代的非王卜辭」,『考古學報』1958年 第1期; 林沄,「從武丁時代的幾種"子卜辭"試論商代的家族形態」,『古文字研究』1979年 第1期; 黃天樹,『黃天樹古文字論集』, 學苑出版社, 2005年; 彭裕商,「非王卜辭研究」,『古文字研究』1986年 第13期; 魏慈德,『殷墟花園莊東地甲骨卜辭研究』, 臺灣古籍, 2006年; 姚萱,『殷墟花園莊東地甲骨卜辭的初步研究』, 線裝書局, 2006年; 蔣玉斌,「殷墟子卜辭的整理與研究」, 吉林大學博士論文, 2006年; 楊軍會,「殷墟子卜辭整理及其文字研究」, 華東師範大學博士論文, 2012年; 常耀華,『殷墟甲骨非王卜辭研究』, 線裝書局, 2006年.

로 나눌 수 있다.

1. 단대분기(斷代分期)

1917년, 왕국유(王國維)는 「은 복사에 보이는 선공선왕에 대한 고찰(殷卜辭中所見先公先王考)」라는 논문에서 칭호와 세계(世系)를 통해 갑골 조각이 속한 상왕(商王)의 구체적인 연대를 판단함으로써 갑골문 단대 연구의 서막을 열었다. 1928년, 멘지스(明義士)는 『은허복사후편(殷墟卜辭後編)』의 정리 과정에서 일부 복사(卜辭)에 대해 시기의 구분을 명확히 했다. 1931년에는 동작빈(董作賓)이 「대귀 4판 고석(大龜四版考釋)」에서 복사의 단대를 위한 8가지 기준을 열거했다. 이후 동작빈은 1933년 「갑골문 단대 연구례(甲骨文斷代研究例)」에서 갑골문 단대의 '10가지 기준(十項標準)'을 공식적으로 제시하고, 복사를 상왕 세계에 따라 5시기로 나누었는데, 이것이 학계에서 오늘날까지 통용되는 갑골 분기 이론, 즉 5시기 분기법(五期分期法)이다.63)

2. 정인분조(貞人分組)

복사(卜辭)의 분조(分組) 연구는 동작빈(董作賓)에 의해 시작되었으나, 조별(組別) 개념은 진몽가(陳夢家)에 의해 제안되었다. 동작빈은 「대귀 4판 고석(大龜四版考釋)」에서 처음으로 복사 중 '복(卜)'자 다음과 '정(貞)'자 앞에 존재하는 한 글자를 '복인(卜人)'의 이름으로 간주하고, 공판(共版) 관계를 통해 네 조각의 거북딱지에 나타난 복인의 이름을 연결하여, 제사를 지내는 제왕(帝王), 서체(書體) 등의 정보와 결합하

---

63) 王國維, 『殷卜辭中所見先公先王考及續考』, 王國維, 『觀堂集林·卷九』, 中華書局, 1959年; 明義士, 『殷墟卜辭後編·序』, 藝文印書館, 1972年; 董作賓, 『大龜四版考釋』, 『安陽發掘報告』 1931年 第3期; 董作賓, 『甲骨文斷代研究例』, 『慶祝蔡元培先生六十五歲論文集·上冊』, 臺北歷史語言研究所, 1933年.

여 동일 시기의 복인 그룹을 정리했다. 이는 정복(貞卜) 인물에 의한 복사 분조의 초기 시도였다.

진몽가는 동작빈의 연구를 이어받아, 정복 인물을 '정인(貞人)'으로 정의하고, 동판(同版) 관계를 통해 일련의 정인 그룹(組)을 연계해내어, 각 정인 구룹을 주요 정인의 이름으로 명명하여 '빈조(賓組)', '출조(出組)', '하조(何組)' 등의 조별로 분류했다. 이러한 조별 명칭은 오늘날에도 학계에서 널리 사용되고 있다.

3. 자체 분류(字體分類)

자체 분류는 갑골문을 글자체의 특성 관점에서 분류하는 방법으로, 이 분류법은 이학근(李學勤)과 임운(林沄)의 이론에서 시작하여 황천수(黃天樹)의 실제 연구에서 발전하였다. 1957년, 이학근은 최초로 복사(卜辭)의 자형(字形) 분류를 분기단대(分期斷代)와 구분했다. 그는 "복사의 분류와 단대는 두 가지 다른 단계이며, 우리는 먼저 자체, 자형 등의 특징에 따라 복사를 몇 가지로 나누고, 그런 다음 각 분류가 속한 시대를 각각 판정해야 한다. 같은 왕세(王世)에서도 하나의 복사만 존재하는 것은 아니며, 같은 분류의 복사가 단일 왕세에 속한다고도 볼 수 없다."라고 주장했다.[64]

임운도 이학근의 의견에 동의하며, "복인명(卜人名)이 있는 복사이건 없는 복사이건, 이는 과학적인 분류의 유일한 기준은 자체이다."라고 강조했다.[65]

황천수는 이학근과 임운 두 학자의 이론을 결합하여, 은허 왕복사(殷墟王卜辭)에 대한 자체분류의 실제 연구를 전개했으며, 은허 왕복

---

64) 李學勤, 『評陳夢家＜殷虛卜辭綜述＞』, 『考古學報』 1957年 第3期.
65) 林沄, 『無名組卜辭中父丁稱謂的硏究』, 『古文字硏究』 1986年 第13期.

사를 자체 형태에 따라 20가지 유형으로 분류했다. 펑유상(彭裕商)과 이학근도 복사의 분기 분류 연구 작업을 차례로 진행했다.66)

이후 갑골문의 자체분류 연구는 세밀화 발전 단계에 접어들었다. 학자들은 선대 이론과 실천을 결합하여 갑골문 자체분류의 세밀화 연구에 전념하였으며, 주요 연구 성과로는 장세초(張世超)의 『은허 갑골 자적 연구(殷墟甲骨字跡研究)·사조복사편(師組卜辭篇)』, 양울언(楊鬱彦)의 『갑골문합집 분조분류총표(甲骨文合集分組分類總表)』, 장위빈(蔣玉斌)의 『은허 '자복사'의 정리와 연구(殷墟子卜辭的整理與研究)』, 류풍화(劉風華)의 『은허 촌남 계열 갑골복사의 정리와 연구(殷墟村南系列甲骨卜辭的整理與研究)』, 사키카와 다카시(崎川隆)의 『빈조갑골문자체분류연구』, 왕건군(王建軍)의 『빈조복사의 자형 특징 및 유형 구분(賓組卜辭字形特征及類型劃分)』, 막백봉(莫伯峰)의 『은허 갑골복사 자체 분류 연구(賓組甲骨文字體分類研究)』, 소성결(蕭晟潔)의 『역조복사 자체 분석(歷組卜辭字體分析)』, 진건(陳健)의 『은상 갑골문 '경'·'술'·'유'자 자체 분류 및 관련 문제 연구(殷商甲骨文庚戌酉字體窮盡分類及相關問題研究)』, 서려군(徐麗群)의 『은허 제2기 출조 갑골복사의 정리와 연구(殷墟第二期出組甲骨卜辭的整理與研究)』 등이 있다.67)

---

66) 黃天樹, 『殷墟王卜辭的分類與斷代』, 文津出版社, 1991年; 彭裕商, 『殷墟甲骨斷代』, 中國科學社會出版社, 1994年; 李學勤, 彭裕商, 『殷墟甲骨分期研究』, 上海古籍出版社, 1996年.

67) 張世超, 『殷墟甲骨字跡研究·師組卜辭篇』, 東北師範大學出版社, 2002年; 楊鬱彦, 『甲骨文合集分組分類總表』, 藝文印書館, 2005年; 蔣玉斌, 「殷墟子卜辭的整理與研究」, 吉林大學博士論文, 2006年; 劉風華, 『殷墟村南系列甲骨卜辭的整理與研究』, 上海古籍出版社, 2014年; 崎川隆, 『賓組甲骨文字體分類研究』, 上海人民出版社, 2012年; 王建軍, 「賓組卜辭字形特征及類型劃分」, 鄭州大學博士論文, 2010年; 莫伯峰, 「殷墟甲骨卜辭字體分類的整理與研究」, 首都師範大學博士論文, 2011年; 蕭晟潔, 「歷組卜辭字體分析」, 華東師範大學博士論文, 2013年; 陳健, 「殷商甲骨文庚戌酉字體窮盡分類及相關問題研究」, 華東師範大學博士論文, 2016年; 徐麗群, 「殷墟第二期出組甲骨卜辭的整理與研究」, 華東師範大學博士論文, 2021年.

(5) 사조(師組), 역조(歷組)의 시대와 '두 계통설(兩系說)'

1. 사조(師組) 복사 시대의 시기 소급

은허(殷墟) 제13차 발굴 중 일련의 복사(卜辭)는 정인명(貞人名) '부(扶)'와 칭호 '부을(父乙), 모경(母庚)'을 통해 제1기 무정(武丁) 시대에 속한다고 판단되었으나, 그 글자체는 제4기 문정(文丁) 시대에 속했다. 동작빈(董作賓)은 이러한 명명된 정인 '부(扶)'의 복사를 '문무정복사(文武丁卜辭)'로 간주하고, 칭호 '대을(大乙)'을 근거로 그 시대를 후기에 속한다고 판정했다. 그러나 카이즈카 시게키(貝塚茂樹)와 진몽가(陳夢家)는 동작빈의 의견을 부정하고 '문무정복사'를 무정 시대로 전환했다. 이후 추형(鄒衡), 초남(肖楠), 이학근(李學勤) 등은 소둔남지(小屯南地)의 지층 관계를 통해 사조복사가 무정 시대에 속함이 의심의 여지가 없다고 하였으며, 이에 따라 사조, 오조(午組), 자조(子組) 시대가 무정 시대로 전환되었다. 이로써 사조, 오조, 자조의 시대를 무정 시대로 앞당기는 결론이 학계의 공감을 얻게 되었다.[68]

2. 역조(歷組) 복사의 시대

역조복사는 원래 학계에서 제4기인 것으로 인식되었던 '무을, 문정 복사(武乙文丁卜辭)'를 가리킨다. 이학근(李學勤)의 논증에 따라 이들의 시대는 무정(武丁), 조경(祖庚) 시기로 앞당겨졌다. 이에 따라 격렬한 논

---

68) 董作賓, 『殷墟文字甲編·序』, 商務印書館, 1948年; 貝塚茂樹, 『中國古代史學的發展』, 弘文堂, 1946年; 陳夢家, 『殷墟卜辭綜述』, 中華書局, 1988年; 鄒衡, 『試論殷墟文化分期』, 『北京大學學報』 1964年 第4期; 肖楠, 『安陽小屯南地發現的"師組卜甲"·兼論 "師組卜辭"的時代及其相關問題』, 『考古』 1976年 第4期; 李學勤, 『關於師組卜辭的一些問題』, 中華書局編輯部, 『古文字研究·第三輯』, 中華書局, 1980年.

쟁이 일었다. 1976년 부호(婦好) 묘가 발굴된 후, 이학근은 「부호 묘의 연대 및 관련 문제에 대하여」라는 논문에서 글자체의 특징을 근거로 원래 제4기로 간주했던 복사 중의 '부호'라는 칭호가 이기동명(異期同名)이 아니며, 원 제4기의 일부 복사(즉 '역조복사')는 무정 말년이나 조경 시기로 앞당겨져야 한다고 주장했다.[69]

이학근의 의견에 동의하는 학자들로는 규석규(裘錫圭), 이선등(李先登), 연소명(連劭名), 팽유상(彭裕商), 임운(林沄), 황천수(黃天樹), 임굉명(林宏明) 등이 있다. 반면, 초남(肖楠)은 둔남(屯南) 지층 관계와 칭호 체계를 근거로 이학근이 주장한 '역조복사'가 여전히 제4기 '무을, 문정복사'에 속한다고 주장했다.[70] 이에 동의하는 학자로는 엄일평(嚴一萍), 짐위담(陳煒湛), 유일만(劉一曼)을 비롯해 조정운(曹定雲), 방술흠(方述鑫), 허진웅(許進雄), 상옥지(常玉芝), 오준덕(吳俊德) 등이 있다.

규석규((裘錫圭)는 「역역조복사의 시대에 대하여」라는 논문에서 초남의 주장을 부정하고, "지층학은 상대 연대만을 결정할 수 있으며 절대연대를 결정할 수는 없다."라고 주장했다. 그는 역조 복사가 초기 사조(師組), 빈조(賓組) 등의 자형 예시와 유사하다는 예를 들면서 역조복사가 초기에 속한다고 논증했다.[71]

오늘날까지도 이 논쟁은 해결되지 않았다. 유일만(劉一曼), 조정운(曹定雲)은 두 조각의 갑골 자료를 연계하여 '삼조(三祖)'설을 제기하고, 제사 순서를 근거로 역조 후기설을 여전히 지지한다.[72] 그러나 임운은 유일만과 조정운의 의견을 부정하며, 소위 '삼조'는 빈조 중의 '삼

69) 李學勤, 「論"婦好"墓的年代及有關問題」, 『文物』 1977年 第11期.
70) 肖楠, 『論武乙, 文丁卜辭』, 中華書局, 1980年.
71) 裘錫圭, 「論"歷組卜辭"的時代」, 四川大學歷史系古文字研究室(編), 『古文字研究』 第六輯, 中華書局, 1981年.
72) 曹定雲, 劉一曼, 「四論武乙, 文丁卜辭」, 『考古學報』 2019年 第2期.

부(三父)'이며, 그들의 복사 연계에 대해 의문을 제기했다.73) 채철무(蔡哲茂)도 발표한 논문에서 소위 '삼조'가 실제로는 '삼공(三公)'이라고 주장하며 유일만과 조정운의 견해를 부정했다.74)

3. 두 계통설(兩系說)

'두 계통설'은 앞서 언급된 '역조복사(歷組卜辭) 시대' 문제와 관련된 이론이다. 이 이론은 이학근(李學勤)에 의해 제시되었다. 역조복사 시대 문제에서, 역조복사가 빈조(賓組), 출조(出組) 복사와 칭호, 인명, 사건 분류 등에서 너무 많은 중복을 보이면서, 그들 사이의 자형과 문례(文例) 스타일이 크게 다른 점은 동작빈(董作賓)의 '5시기 설(五期說)'과 모순을 일으켰다. 이에 이학근은 '두 계통설' 이론을 제시했다.75)

'두 계통'은 은허 왕복사(殷墟王卜辭) 내에서 복법(卜法)의 차이에 따라 두 개의 체계로 나뉜다는 것을 의미한다. 한 체계는 주로 소둔촌(小屯村) 북쪽에서 출현하며, 대체로 빈조, 출조, 황조(黃組)의 발전 경로를 따른다. 다른 체계는 주로 소둔촌 남쪽에서 나타나며, 주로 역조, 무명조(無名組)의 경로로 발전한다. 두 계통설에 따르면, 역조복사가 빈조, 출조와 동시기에 속하면서도 자형과 문례 스타일이 크게 다른 상황을 잘 설명할 수 있다. '두 계통설'의 제시는 많은 학자들의 인정을 받았지만, '역조 후기론'을 지지하는 학자들의 반대도 받았다. 이들 반대 학자들에는 방술흠(方述鑫), 임소안(林小安), 유일만(劉一曼), 조정운(曹定雲) 등이 포함된다.76)

---

73) 林沄, 「評<三論武乙, 文丁卜辭>」, 李宗焜(主編), 『第四屆國際漢學會議論文集, 出土材料與新視野』, 臺北"中央研究院", 2013年.
74) 蔡哲茂, 「殷卜辭"三公父二"試釋」, 何志華, 馮勝利(主編), 『承繼與拓新, 漢語語言文字學研究』(上), 商務印書館, 2014年.
75) 李學勤, 「論"婦好"墓的年代及有關問題」, 『文物』 1977年 第11期.
76) 方述鑫, 『殷墟卜辭斷代研究』, 文津出版社, 1992年; 林小安, 「再論"歷組卜辭"的年

(6) 찬조(鑽鑿)와 갑골 형태

1. 찬조(鑽鑿) 연구

갑골의 찬조 문제를 최초로 논의한 것은 1910년 나진옥(羅振玉)이
『은상정복문자고(殷商貞卜文字考)』의 복법(卜法) 부분에서였다. 1929
년 동작빈(董作賓)은 「상대 귀복의 추측(商代龜卜之推測)」에서 전래 문
헌을 바탕으로 갑골에 판 구멍을 각각 '찬(鑽)'과 '조(鑿)'로 명명했다.
1973년 허진웅(徐進雄)은 『복골 상의 찬조 형태(卜骨上的鑽鑿形態)』에
서 은허(殷墟) 5시기(五期) 갑골의 찬조 형태에 대해 체계적으로 연구
하여 갑골 연구의 새로운 분야를 개척했고, 이후 『갑골 상의 찬조형
태의 연구(甲骨上鑽鑿形態的研究)』에서 다시 찬조 각 부위의 명칭 문
제를 확정했다.[77)]

1980년 『둔남(屯南)』 하권에서는 '찬조' 부분을 별도로 분류했고,
2003년 『은허 화원장 동지 갑골(殷墟花園莊東地甲骨)』 저록에서도 찬
조 연구를 별도로 기술했다. 주충병(周忠兵)의 『갑골 찬조형태 연구
(甲骨鑽鑿形態研究)』는 두 계통설(兩系說)과 갑골 조류(組類) 연구 이론
을 결합하여 갑골의 찬조 형태를 체계적으로 연구함으로써, 찬조 형
태 연구를 학술 전선에 뒤따르게 했다. 2012년 『은허 소둔촌의 촌남
갑골(殷墟小屯村中村南甲骨)』 저록에서는 찬조를 6가지 형태로 분류했

代」, 『故宮博物院院刊』 2000年 第1期; 劉一曼, 曹定雲, 「三論武乙, 文丁卜辭」,
『考古學報』 2011年 第4期.

77) 羅振玉, 「殷商貞卜文字考」, 宋鎭豪, 段志洪(主編), 『甲骨文獻集成』(七), 四川大學
出版社, 2001年, 1쪽(1910年玉簡齋石印); 董作賓, 「商代龜卜之推測」, 『安陽發掘
報告』 1929年 第1期; 許進雄, 『卜骨上的鑿鑽形態』, 藝文印書館, 1973年; 許進
雄, 『甲骨上鑽鑿形態的研究』, 藝文印書館, 1979年.

다. 또한, 유일만(劉一曼)은 「은허 갑골 다듬기와 점복의 몇 가지 문제에 대하여(論殷墟甲骨整治與占卜的幾個問題)」에서 갑골의 천, 착, 조(灼)의 배열 상황을 연구했으며, 조붕(趙鵬)도 여러 조류 갑골의 찬조 상황에 대한 전문적 논의를 진행했다.[78]

갑골문이 발견된 지 100년 이상이 지나는 동안, 찬조(鑽鑿) 연구는 학계의 지속적인 관심을 받아왔으며, 이와 관련된 연구는 갑골학의 발전에 많은 중요한 참고 자료를 제공해 왔다. 특히, 조붕(趙鵬)이 서술한 100년간의 갑골 찬조 연구 상황에 대한 논평은 이 분야의 중요한 참고 자료이다.[79]

2. 갑골 형태학(形態學)

갑골 형태학은 귀갑(龜甲)과 견골(肩骨) 형태를 연구하는 학문이다. 황천수(黃天樹)는 갑골 형태학을 "완전한 견골의 구조 연구, 완전한 귀갑의 복갑(腹甲), 등갑(背甲) 및 갑교(甲橋)의 외층과 내층 구조 연구, 뼈 이음새 조각의 외형 윤곽 및 순문(盾紋), 치문(齒紋) 형태 연구, 찬조, 조탁(兆坼) 형태 연구를 통해 규칙을 정리하고, 갑골 파편의 재질 식별, 파편 부위 판단, 파편의 조합 및 복사(卜辭)의 해석을 이롭게 하

---

78) 中國社會科學院考古研究所, 『小屯南地甲骨』, 中華書局, 1980, 1983年; 中國社會科學院考古研究所, 『殷墟花園莊東地甲骨』, 雲南人民出版社, 2003年; 周忠兵, 「卡內基博物館所藏甲骨的整理與研究」, 吉林大學博士論文, 2009年; 中國社會科學院考古研究所, 『殷墟小屯村中村南甲骨』, 雲南人民出版社, 2012年; 劉一曼, 「論殷墟甲骨整治與占卜的幾個問題」, 『古文字與古代史』(四), 臺北"中央研究院", 2015年; 趙鵬, 「殷墟YH127坑賓組龜腹甲鑽鑿布局探析」, 『考古學報』 2017年 第1期; 趙鵬, 「出組二類胛骨鑽鑿布局, 兆序排列與占卜」, 中國古文字研究會, 吉林大學中國古文字研究中心編 『古文字研究』 第三十二輯, 中華書局, 2018年; 趙鵬, 「黃組胛骨鑽鑿布局, 兆序排列及相關問題」, 『南方文物』 2019年 第3期.
79) 趙鵬, 「殷墟甲骨鑽鑿研究述評」, 宋鎭豪(主編), 『甲骨文與殷商史·新十輯』, 上海古籍出版社, 2019年.

기 위함"이라고 정의했다.[80]

갑골 형태 연구는 1929년 동작빈의 「상대 귀복의 추측」으로 시작되었으며[81], 장빙권(張秉權)은 「은허 복귀의 복조 및 관련 문제」에서 처음으로 귀갑의 선 그림(線圖)을 공개했으며[82], 「복귀 복갑의 서수」에서 '치봉(齒縫)'이라는 용어를 처음으로 언급했다. 동작빈(董作賓)의 「갑골 실물의 정리(甲骨實物之整理)」는 '둔문(盾紋)'이라는 용어를 처음 사용한 논문이다.[83] 또 엄일평(嚴一萍)의 『갑골학』은 등갑, 복갑 및 견골 각각의 형태를 소개하고 있다.[84] 2010년, 황천수의 『갑골 형태학』은 갑골 형태학을 갑골의 부문 학문으로 제안했으며, 이 책에서 '귀봉편(龜縫片)'이라는 개념을 처음 사용했고, '원변(原邊)'이라는 개념을 갑골 중 자연스러운 형태의 가장자리로 지칭했다.[85] 또 이연연(李延彦)의 『은허 복갑 형태 연구』는 귀갑의 형태를 전면적이고 세밀하게 연구했다.[86]

갑골 형태 연구는 갑골 연구의 새로운 분야를 개척했으며, 동시에 갑골 조합 등 갑골 관련 연구를 촉진하는 데 이바지했으며, 갑골학 연구의 중요한 부문으로 자리 잡았다.

---

80) 黃天樹, 「甲骨形態學」, 黃天樹(主編), 『甲骨拼合集』, 學苑出版社, 2010年, 515쪽.
81) 董作賓, 「商代龜卜之推測」, 『安陽發掘報告』 1929年 第1期.
82) 張秉權, 「殷虛卜龜之卜兆及其有關問題」, 『中央研究院院刊』(一), 臺北"中央研究院", 1954年; 張秉權, 「卜龜腹甲的序數」, 『中央研究院歷史語言研究所集刊』 1956年 第28期(上).
83) 董作賓, 「甲骨實物之整理」, 『中央研究院歷史語言研究所集刊』 1957年 第29期(下).
84) 嚴一萍, 『甲骨學』, 藝文印書館, 1978年.
85) 黃天樹, 「甲骨形態學」, 黃天樹(主編), 『甲骨拼合集』, 學苑出版社, 2010年, 515쪽.
86) 李延彦, 『殷墟卜甲形態研究』, 故宮博物院博士後出站報告, 2017年.

5. 미래 전망

갑골이 발견된 지 120년이 넘는 동안, 갑골문 관련 연구는 풍부한 성과를 거두었다. 갑골문 연구가 두 번째 1백 년을 맞이한 지금, 갑골문 관련 연구는 다음과 같은 여러 방면에서 더욱 심층적인 탐구가 가능하다.

(1) 문자 고증

갑골문자의 고증은 그것이 발굴된 후 초기 50년에 비해, 후기로 갈수록 어려워지고 있다. 하지만 문자 고증은 고문자 연구의 기초이므로, 미래의 갑골문 연구에서 문자 고증은 여전히 중요한 중심이 될 것이다. 서주(西周) 갑골의 발굴, 새롭게 발견된 금문(金文)과 간백(簡帛) 자료의 공개로, 학자들은 계련법(系聯法)을 통해 갑골문 해석 중의 일부 난제들을 어느 정도 해결했다. 그리고 고증 연구의 발전에 따라, 문자 고증은 더 이상 단일 문자의 인식에만 국한되지 않고, 문자 형태, 의미, 음향 등 다양한 측면에서의 문자 역사적 변화 연구로 깊이 들어가게 된다. 이는 갑골문 고증 발전의 필연적 추세이다. 향후 더 많은 새로운 자료의 상호 증명과 신기술 및 새로운 연구 방법의 발전을 통해, 갑골문자 고증은 더 많은 기대할 만한 성과를 얻을 수 있을 것이라 믿는다.

(2) 자형의 세분화 분류

자형 분류는 황천수(黃天樹)의 분류와 단대(斷代) 연구 이후 상당한 발전을 이루었다. 최근 들어 자형 분류 연구는 점점 더 세분화하는 추세로 나아가고 있으며, 이는 자형 분류 연구의 필연적 경로일 뿐만 아니라, 갑골문 연구의 필수적 추구이다. 세분화한 자형 분류 연구는 갑골문자의 역사적 변화 연구를 효과적으로 촉진할 수 있으며, 갑골문 단대 연구 발전의 기초 역할을 한다. 그러나 현재 갑골문의 각 조류(組類)에 대한 세분화한 분류는 여전히 초기 개발 단계에 있으며, 더 많은 학자의 노력이 필요한 상황이다. 미래에 이 분야 연구는 더 깊고 포괄적인 발전을 이룰 것으로 기대한다.

(3) 조류(組類) 간의 차이와 대비

갑골문 분류 연구의 중요한 포인트 중 하나는 조류(組類) 간의 자형과 언어의 차이를 통해 갑골문자의 형태와 언어의 진화 경로를 연구하는 것이다. 왕자양(王子揚)의 조류 차이 현상 연구는 좋은 시작이었으나, 관련 전문 연구는 학계에서 아직 많이 보이지 않는다. 특히, 각 조류 간의 자형과 용어의 비교 분석, 동시기 각 조류 간의 자형과 용어의 유사성 및 차이 분석, 인접한 조류이지만 다른 시기에 속하는 각 조류 간의 자형과 용어의 유사성 및 차이 분석 등은 자료가 많고 작업량이 방대하기 때문에, 더욱 전면적인 연구가 어려운 상태이다. 조류 차이 대비는 복사(卜辭)의 분류 연구와 더 나아가 갑골 단대 연구에 매우 중요한 의미를 지니고 있다. 향후 이 분야의 연구는 디지털화와 같은 새로운 수단을 활용하여 더 깊이 있게 진행될 수 있을 것으로 기대된다.

(4) 디지털화 및 지능화 연구

컴퓨터 정보 공학과 인공 지능 기술의 발전과 함께, 점점 더 많은 전통 학문이 첨단 과학 기술을 활용하여 관련 분야 연구를 촉진하고 있는데, 이는 갑골문 연구도 예외가 아니다. 2005년에는 이미 류지기(劉志基)가 「고문자 디지털화를 위한 문서 처리 초보적 논의(面向古文字數字化的文本處理芻議)」를 통해 갑골문 및 고문자 디지털화 연구의 관련 문제를 제기했다.[87]

최근에는 갑골문의 지능화 연구가 많은 공학 분야 연구자들의 주목을 받고 있다. 예를 들어, 고소통(顧紹通) 등은 갑골문 인식 기술 연구에 착수했으며[88], 초명(肖明) 등은 갑골문 부호화 기술 연구를 진행했다.[89] 이와 더불어 오금하(吳琴霞) 등은 기술적 방법을 통해 갑골문 언어 데이터베이스 구축 문제를 연구했다.[90] 그리고 관련 문제에 대

---

87) 劉志基,「面向古文字數字化的文本處理芻議」,『華東師範大學學報』 2005年 第4期.

88) 顧紹通,『基於分形幾何的甲骨文字形識別方法』,『中文信息學報』 2018年 第10期; 劉永革, 劉國英,『基於SVM的甲骨文字識別』,『安陽師範學院學報』 2017年 第2期; 栗青生, 楊玉星, 王愛民,『甲骨文識別的圖同構方法』,『計算機工程與應用』 2011年 第8期.

89) 肖明, 趙慧, 甘仲惟,『甲骨文象形編碼方法研究』,『中文信息學報』 2003年 第5期; 李東琦, 劉永革,『基於構件的甲骨文字編碼器設計與實現』,『科技創新導報』2010年 第15期; 周曉文, 李國英,『建立"信息交換用古漢字編碼字符集"的必要性及可行性』,『北京師範大學學報(人社版)』 2006年 第1期.

90) 吳琴霞,『基於本體的甲骨文專業文檔語義標注方法』,『計算機應用與軟件』 2013年 第10期; 葛彥强, 汪向征, 楊彤,『基於貝葉斯網絡的甲骨文輔助考釋專家系統語料庫的構建』,『計算機應用與軟件』 2011年 第11期; 開金宇, 劉永革, 李欣,『甲骨刻辭詞性標注語料庫系統設計與實現』,『殷都學刊』 2011年 第2期.

한 논의도 점차 늘어나고 있으며, 진정주(陳婷珠), 막백봉(莫伯峰), 문예(門藝) 등의 연구도 진행 중이다.[91]

특히 최근에는 화동사범대학 중국문자연구 및 응용센터가 '갑골문 지능 인식' 플랫폼을 성공적으로 개발했고, 하남대학 황하 문명 및 지속가능 발전 연구센터에서도 갑골문 인공 지능 인식에 대한 깊이 있는 연구를 진행했다. 안양사범학원에서는 갑골문 정보 처리 연구실을 설립했다. 이러한 점으로 볼 때, 갑골문의 디지털화와 지능화 연구는 이미 많은 대학과 연구 기관의 갑골문 및 관련 학자들의 깊은 관심을 끌고 있다.

디지털화와 지능화 연구는 전문 분야의 갑골문 형체와 의미의 고증 연구를 효과적으로 촉진할 뿐만 아니라, 다른 전문 학자들이 갑골문 지식을 활용하여 관련 연구를 진행하는 데 도움을 준다. 이를 통해 갑골문이 어려운 학문 분야에서 일반 대중에게 더욱 친숙해지고, '희소멸종학문(冷門絕學)'로 여겨지던 갑골문이 더는 '희소(冷)'하지 않고 미래에도 '멸종(絕)'되지 않을 것이다. 갑골문의 디지털화와 지능화 연구는 시작 단계에 있으며, 더 많은 학자의 참여로 이 분야의 연구는 미래에 화려하게 빛날 것으로 기대한다.

---

91) 陳婷珠, 吳少騰, 吳江, 李淋, 「基於編碼的甲骨文識別技術研究」, 臧克和(主編), 『中國文字研究』 第二十九輯』, 上海書店出版社, 2019年; 莫伯峰, 「利用深度神經網絡進行甲骨文單字識別和檢測的初步測試」, 西南大學出土文獻綜合研究中心, 西南大學漢語言文獻研究所, 『出土文獻綜合研究集刊』 第九輯』, 巴蜀書社, 2019年; 莫伯峰, 「AI綴合中的人機耦合」, 『出土文獻』 2021年 第1期; 門藝, 張重生, 「基於人工智能的甲骨文識別技術與字形數據庫構建」, 臧克和(主編), 『中國文字研究』 第三十三輯』, 華東師範大學出版社, 2021年.

제2절 상주(商周) 금문(金文)

1. 무엇이 금문(金文)인가?

금문은 중국 고대 문자의 한 종류로, 주로 상주(商周) 시대부터 전국시대 말기에 이르기까지 청동기에 주조된 글씨를 말한다. 이러한 고문자는 모두 청동기에 주조된 방식으로 새겨졌기 때문에, 처음에는 '예기관지(彝器款識)'라 불렸다. 또한, 이러한 글씨가 주로 종(鐘)과 정(鼎)과 같은 청동기에 새겨졌기 때문에 '종정문(鐘鼎文)'이라고도 불렸다. 청동은 고대에 '길금(吉金)'으로 불렸기 때문에 이 글씨를 '길금문(吉金文)'이라고도 하며, 간단히 '금문(金文)'이라고도 한다. 또한, 청동기를 매개체로 사용하기 때문에 '청동기명문(青銅器銘文)'이라고도 한다. 오늘날 학계에서는 이러한 문자를 일반적으로 '금문'이라고 부른다.

2. 금문의 필사 역사

고대 중국에서 청동기에 '이름을 새기는(勒銘)' 것은 상(商)나라의 이리강(二里岡) 시기에 시작되었으며, 일반적으로 초기 상나라(早商)에 속하며, 현재로부터 약 3,600년 전의 것으로 여겨진다. 아래는 출토된 이리강 시기에 문자가 새겨진 청동기이다.

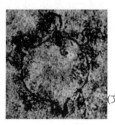
(文字, 龜)

[그림 3-3] 「귀정(龜鼎)」, 1977년 북경시 평곡현(平谷縣) 유가하(劉家河) 이리강(二里崗) 시기의 묘장에 출토. 상나라 초기).

(文字, ⟨⟩)

[그림 3-4] 「瓶」, 1972년 산서성 장자현(長子縣) 북관(北關)의 동복(同福)생산대 북고묘(北高廟)에서 출토. 상나라 초기).

(文字, 亘)

[그림 3-5] 「항격(亘鬲)」, 이리강(二里崗) 시기, 중국문자박물관 소장. 초기 상나라).

이러한 문자들은 일반적으로 해당 기물이 속한 족씨(族氏)를 기록하는 데 사용되었으며, 금문(金文) 서술의 시작으로 여겨진다. 이후 '이름을 새기는(勒銘)' 풍습이 유행하게 되었고, 현재까지 발견된 상대(商代) 중기 청동기 중 '이름을 새긴(勒銘)' 것은 20여 점에 이른다. 상대 말기에는 이미 일반적인 풍습으로 발전하여, '이름을 새긴(勒銘)' 기물이 5,000여 점에 이른다. '이름을 새긴(勒銘)' 글자의 수는 1자, 2자, 3자로 된 것이 1천 점 이상이다. 그중 1자로 된 것은 일반적으로 족씨명(族氏名)이며, 2자로 된 것은 조(祖), 부(父), 모(母), 비(妣) 등 친족 칭호와 일명(日名)을 더한 것으로, 예를 들면 '부을(父乙)', '조정(且丁)', '모무(母戊)', '비임(妣壬)' 등이 그러하다. 족씨명인 경우도 있는데, 예를 들어 '아필(亞弱)', '아곳(亞昗)', '북단(北單)' 등이 그렇다. 3자로 된 것은 일반적으로 족씨명과 친족 칭호나 일명을 더한 것으로, 예를 들어 '黽부을(黽父乙)', '人부정(人父丁)' 등이 있다. 족씨 명이 아닌 경우도 있는데, 예를 들어 '사모무(司母戊)'와 같은 경우이다. 10자 이상인 경우는 약 110여 점이며, 가장 많은 글자 수는 48자로, 「소자畬유(小子畬卣)」에 보이며, 전쟁 관련 사건을 기록했다. 그 다음으로는 45자로, 「사사찬기유(四祀攢其卣)」에 보이며, 상왕(商王)의 제사, 상품 등 활동을 기록했다.

서주(西周) 시대에는 왕실에서 귀족에 이르기까지, 일반적으로 금석(金石)에 새기는 것을 지위, 존영(尊榮), 불멸 등을 연관시켰다. 상대(商代)에 성행했던 기물에 '이름을 새기던(勒銘)' 풍습은 서주에 이르러 더욱 대대적으로 이루어졌으며, 현재까지 발견된 서주의 명문(銘文)이 있는 청동기는 7,100여 점에 달한다. 명문 중 가장 긴 것은 무려 497자에 이르는데, 「모공정(毛公鼎)」의 명문이 그것이다. 이 명문들은 당시 사회의 다양한 분야를 포괄하고 있으며, 많은 명문들이 전래 문헌인 『상서(尚書)』와 견줄 만하다. 이들은 서주 왕조와 인류 초기 문명을 연구하는 데 있어 귀중한 보물로 여겨진다.

[그림 3-6] 「모공정(毛公鼎)」 사진 및 명문 탁본

동주(東周) 시기의 경우, 춘추(春秋) 시기부터 시작해서 왕조(王朝)가
쇠약해지고 제후국(諸侯國)의 세력이 급부상했다. 이로 인해 전체 사
회의 정치, 사상, 문화는 중대한 변화를 겪었다. 주조된 기물에 명문
(銘文)을 새기는 풍습은 여전했지만, 그 형식과 내용은 서주와는 많이
달라졌다. 오늘날 발견된 춘추 시기의 명문은 1800여 점에 달하나,
그중에서 '천자의 달력(正朔)'을 숭배하는 내용은 10분의 1에도 미치
지 못한다. 내용은 제작자의 서원(誓願)이나 기원(祈願)을 담거나, 제
작자가 자신을 그 기물의 주인임을 밝히거나, 자신의 선조를 찬양하
는 것 등 다양하다. 단지 「융생편종(戎生編鐘)」, 「진강정(晉姜鼎)」, 「진
공종(秦公鍾)」, 「진공박(秦公鎛)」, 「진공궤(秦公簋)」 등 소수의 명문에
서만 서주의 기상을 일부 보존하고 있다. 이 시기에 명문이 가장 긴
것은 「숙이박(叔夷鎛)」으로, 494자에 달한다.

전국(戰國) 시기에는 제후들이 왕에게 복속되지 않았고, 주(周) 왕
조는 본래의 천자(天子)의 나라에서 '소방주(小邦周: 작은 나라 주)'로
변모하며 제후에 대한 통제력을 완전히 상실했다. "천하(天下)가 일곱
나라로 나뉘었고", 여러 면에서 중대한 변화가 일어났다. 주조된 기

물에 명문(銘文)을 새기는 것에 있어서도 변화는 더욱 컸다. 현재 발견된 명문이 있는 동기(銅器)는 2091점에 달하지만, 그중 무기(兵器)가 대다수를 차지하며, 종(鐘), 정(鼎), 력(鬲), 궤(簋), 반(盤), 야(匜), 준(尊), 호(壺), 화(盉), 부절(符節) 등은 매우 적은 비중을 차지한다. 명문의 내용은 춘추(春秋) 시기와 다르며, 무기에는 공명(工銘: 기술자의 이름)이, 용기(容器)와 형량기(衡量器)에는 용량이나 무게를 기록하고, 종에는 종률(鐘律)을 기록한 것이 많다. 용기(用器)의 경우, 중산(中山) 삼기(三器)의 내용이 풍부한데, 정(鼎)의 명문은 최대 469자에 달해 역사적 사실과 잠계(箴誡)를 통해 후계 왕을 교훈하는 내용이다. 이는 이 시기 금문 중 가장 긴 명문이다. 부절(符節)의 경우, 가장 가치 있는 것은 「악군계절(鄂君啓節)」로, 당시 초(楚) 나라의 경제활동을 서술하며 내용은 초나라의 상업, 교통, 지리, 제도 등을 포함하고 있어 전국 시기의 경제활동과 초나라 역사 연구에 귀중한 문헌이다.

초기 상나라부터 전국 말기까지, 금문은 거의 1천 년에 걸쳐 사용되었다.

3. 상주(商周) 서체에서의 금문의 지위

금문(金文)은 초기 상나라 시기에 창제되어 사용되었다. 상나라 때의 주요 필사도구는 붓(毛筆)이었는데, 금문의 형태를 보면 모필의 서풍(書風)이 상당히 뚜렷하다. 예를 들어, '자(子)'자를 '�..'(「小子射鼎」), '원(元)'자를 '𠑺'(「兀作父戊卣」), '일(日)'자를 'O'(「日癸簋」)로 쓰여져 있다. 반면, 갑골문(甲骨文)은 칼로 거북딱지에다 새겨야 했기 때문에 필사도구와 매체의 제약으로 할 수 없이 '자(子)'를 '𡦇'(『合集』27649)로,

'일(日)'을 '☐'(『合集』6571), '원(元)'을 '𠂤'(『合集』19642)로 쓸 수밖에 없었는데, 이는 정상적인 쓰기 방식을 변경한 것이다. 중국 문자의 필사 영역에서 정상적인 글자와 속체(俗體)의 구분이 있음을 우리는 알고 있다. 갑골문의 일부 문자가 정상적인 쓰기 방식을 변경했기 때문에 뚜렷한 속체 특성을 지니고 있으며, 금문은 기본적으로 원래의 쓰기 방식을 유지할 수 있었으므로 정체(正體)로 인정받았다.

서주(西周) 금문은 상대 금문의 전통을 이어받았다. 현재 발견된 문자 데이터를 보면, 서주 금문은 서주시기에 사용된 주요 글꼴이다. 주원(周原)에서 발견된 서주 초기 갑골문과 비교할 때에도 여전히 정체의 특징을 나타낸다. 예를 들어, 주원 갑골문의 '초자(楚子)'를 '𣏣𡿨'(H11:83)로 쓰고 있으며, '초(楚)'를 구성하는 '족(足)' 부분 상단과 '자(子)'의 머리 부분은 모두 사각형으로 되어 있다. 반면, 서주 초기 금문에서는 '초(楚)'를 '𣏣'(「鴻叔簋」)로, '자(子)'를 '𡥜'(「史子日癸壺」)로 쓰고 있어, 모두 정체 쓰기 방식을 따르고 있다. 따라서 서주 시기에도 금문은 서주 문자의 정체로 여겨졌으며, 이는 상나라 때와 일관성을 가진다.

4. 금문 자형 및 진화

금문(金文)의 문자 형태와 진화는 크게 두 단계로 나눌 수 있다. 첫 번째 단계는 상(商)에서 서주(西周) 말기에 이르며, 두 번째 단계는 춘추(春秋)에서 전국(戰國) 말기에 해당한다.

(1) 첫 번째 단계의 문자 형태 특징

1. 일부 독체자(獨體字)의 상형성(象形性)이 강함

(皇: 켜진 등불의 상형,「皇旗卣」商代)

(若: 사람이 꿇어앉아 머리카락을 빗질하는 모양을 본뜬 형상, 「亞若癸鼎」商代)

(牛: 소의 머리 부분을 본뜬 모양,「牛鼎」商代)

(止: 지(趾)의 초기 문자로, 발가락 모양을 본뜬 형상,「亞偉止鼎」商代)

(由: 투구의 윗부분을 취하여 글자를 만들었으며, 투구 주(冑)의 윗부분 모양을 본뜬 형상,「協卣」商代)

(荆: 칼로 가시나무를 베는 모양을 본뜬 형상,「鼎鼎」西周早期)

(馬: 말을 상형함,「召尊」西周早期)

(首: 머리를 상형함,「榮作周公簋」西周早期)

(須: 턱수염을 형상함,「遣叔吉父盨」西周中期)

2. 일부 합체자(合體字) 편방(偏旁)의 상형성이 강함

(咸: 구(口)가 의미부이고 술(戌)도 의미부이다. '구(口)'나 '술(戌)'은 모두 상형자이다.「咸子作祖丁鼎」商代)

(步: '보(步)'의 번체자이며, '보(步)' 부분과 '척(彳)' 부분이 모두 상형이다.)

(正: '정(正)'의 번체자이며, '지(止)'와 성음을 나타내는 '口'는 모두 상형이다.「正號尊」商代)

(遘: '구(冓)'는 서로 만나는 두 마리 '물고기(魚)'를 그렸다.「轍作

중국문자학 핸드북

父乙簋」商代)

⬚(髭: 수염을 나타내는 편방 ⬚는 상형이다. 「大盂鼎」西周초기)

⬚(縣: '매달다'는 뜻의 '현(懸)'의 초기 문자이며, '목(木)', '계(系)', '수(首)'는 모두 상형이다. 「縣改簋」西周中期)

⬚(諨: '혈(頁)'은 상형이다. 「頌簋蓋」西周晩期)

⬚(穆: 주 구성성분인 '⬚'이 상형이다. 「㦰方鼎」西周中期)

3. 상형(象形)의 필획이 선조화(線條化)의 방향으로 발전함

문자는 언어를 기록하는 필사 기호로서, 단순하고 쉽게 쓰고 기억하기 좋은 것이 기본 요구사항이다. 상형 문자는 그림처럼 보이기 때문에 필획성이 약하고, 쓰기가 복잡하며 기억하기 어렵다. 따라서 상형 부분을 점과 선으로 변형하는 것이 필연적이다. 현재까지 발견된 상주(商周) 금문 자료를 보면, 상대 금문은 주로 제을(帝乙)과 제신(帝辛) 시기의 서술 유적으로, 역사적 기간이 그리 길지 않다. 그러나 서주는 275년(기원전 1046년~기원전 771년, 이는 '夏商周斷代工程年表'에 의거함. 옛『竹書紀年』에 따르면 서주의 시작 연도를 기원전 1027년으로 추정하고, 총 연수는 257년으로 본다)이라는 긴 역사적 기간을 거쳤으며, 이 기간 동안 선조화로의 진화가 매우 뚜렷하다.

① 글자 전체의 선조화

· '원(元)'자의 변화: 상대(商代)부터 서주(西周)에 이르기까지 '원(元)'자는 총 45회 기록되었다. 상나라나 서주 초기에 이르는 두 차례의 자형을 보면 '⬚'(「狽元作父戊卣器」)이나 '⬚'(「狽元作父戊卣蓋」)로 적었으며, 원(元)의 본래 뜻은 사람의 머리(首)이다.『좌전·희공(僖公)』(30년)에서 말한 "적인(狄人)들이 그 '머리'를 돌려주

니, 얼굴은 살아 있는 것 같았다.(狄人歸其元, 面如生.)"라는 언급이 그 증거이다. 글자는 사람의 몸에 큰 머리를 그려 표현했다. 그러나 서주 초기 금문에서는 '吞'와 같이 머리 모양을 하나의 가로선(一)으로 나타내었으며, 이 가로선에 장식적 필획인 가로획 하나를 더했다. 이러한 방식은 은허(殷墟) 갑골문에서 이미 나타나며, 서주 말기까지 이와 같은 형태로 계속 사용되었다. 복고적 형태인 '人'은 단 한 차례만 나타난다.

· '천(天)'자의 변화: 상대부터 서주에 이르기까지 '천(天)'자는 총 513회 기록되었는데, 상나라 때에는 ⴕ(「天鼎」)로 적었다. 천(天)의 본래 의미는 사람의 '머리 꼭대기'를 나타낸다. 『설문』에서는 "천(天)은 전(顚)과 같아 머리 꼭대기를 말한다."고 했다. 이 글자는 사람의 정면 형태의 목 부분 상단에 원형의 머리를 그려 표현했다. 그러나 상나라 금문에서는 원형의 머리 꼭대기를 하나의 가로선(一)으로 바꾸어 '𠀑'(「皿天方彝蓋」)과 같이 나타냈는데, 이런 형태는 갑골문에서도 흔히 볼 수 있다. 서주 중기에 이르면 머리 꼭대기와 사람 몸체 모두 선으로 변화하기 시작하여 '天'(「追簋」)과 같이 적었으며, 서주 말기에는 '천(天)'자가 대부분이 선으로 표현된 방식을 사용했다.

· '왕(王)'자의 변화: 상대부터 서주에 이르기까지 '왕(王)'자는 총 1877회 기록되었다. '왕(王)'은 상나라와 서주 때의 최고 통치자 호칭으로, 생사를 결정하는 권한을 가진 자를 나타내었는데, 글자는 가장 위협적인 형구인 도끼를 상징하여 만들어졌다. 이 글자는 무정(武丁) 시기의 복사에서는 '𡯛'(『合集』21471反)의 형태로 기록되었으며, 상나라 말기의 금문에서는 '王'으로 나타났는데, 상형성이 매우 분명했다. 그러나 상나라 금문에서는 '王'(「磬亞作父癸角蓋」)나 '王'(「小臣邑斝」)으로 적어 이미 완전히 선으로 표현되었다. 서주 중기에 이르면 '王'(「吳方彝蓋」)와 같이 적어 선으로 표현된 방식이 일반적이었다. 서주 말기에는 도끼와 무기의 형상을 반영한 '왕(王)'자의 예는 보이지 않는다.

② 부분 형체의 선조화

- ·'고(古)'자의 변화: 상나라 때에는 '🔯'(「亞古父己觚」)로 적었는데, 이는 고(固)의 초기 글자이다. 상형인 둔(盾: 방패의 모습)과 구 (口: 입)으로 구성되었다. 서주 초기에는 '🔯'(「大盂鼎」)로 표기되 었으며, 서주 중기에는 '古'(「史牆盤」)로, 서주 말기에는 '🔯'(「師 詢簋」)로 간략화 되어, '🔯'이 선조형의 '十'으로 변해 방패의 모 습을 완전히 상실했다.
- ·'률(⚔)'자의 변화: 상나라 때에는 '🔯'(「商尊」)로 표기되어, 한 손이 다른 손으로부터 '●'을 취하는 모습을 형상화 했는데, '●'은 원 형 물체를 나타낸다. 서주 중기에는 '🔯'로 표기되어, ●이 하나 의 가로선(一)으로 표현되었다.
- ·'취(取)'자의 변화: 상나라 때에는 '🔯'로 표기되어, 수(手: 손)과 이 (耳: 귀)로 구성된 회의(會意)자이다. 서주 중기에는 '🔯'로 쓰였 는데, 이(耳)의 옆 부분이 선으로 변형되어 귀(耳)의 형태가 사라 졌다.

그러나 모든 글자가 이렇게 변한 것은 아니다. 예컨대, '명(明)'자를 보면, 상나라 때에는 '🔯'(「明亞乙鼎」)으로 표기되었으며, 서주 초기에 는 '🔯'(「矢令方彝」)로 썼으며, 서주 중기에는 '🔯'(「服尊」)으로, 서주 말기에는 '🔯'(「四十二年逑鼎乙」)으로 표기했는데, 모두 경(囧)으로 구 성되었는데, 이는 창살이 그려진 창문의 모습이다. 이는 달빛이 창문 을 통해 비추는 모습을 형상화한 것이다. 소전(小篆)에서도 여전히 '🔯'으로 표기되어, 경(囧)에는 별 다른 변화가 일어나지 않았다.

4. 한 덩어리로 된 블록 형태의 표의자(表意字) 발생과 분할
상나라와 서주(西周)의 금문에서는 일부 문자가 통합된 블록 형태

의 그림으로 의미를 나타내는 방식을 사용했다. 하지만 문자의 선조화(線條化: 문자를 선으로 단순화하는 과정)가 진행됨에 따라 이러한 문자들은 분할되어 여러 독립적인 부분으로 나뉘었다. 이 중 일부는 의미를 나타내는 부수(部首)나 독음을 나타내는 부수가 되었고, 일부는 음성이나 의미가 없는 구성 요소로 남았다.

예컨대 '보(保)'자를 보면, 상대 금문에서 '𥃩'(「保父癸卣」)나 '𥃩'(「保鼎」)로 그려졌는데, 이는 한 사람이 손을 등 뒤로 넘겨 어린이를 업은 모습을 상형화한 것이다. 그래서 등(背)이 보(保)의 원래 뜻이다. 『상서(尙書)·소고(召誥)』에서 말한 "保抱攜持厥婦子(부인 '자'의 아이를 등에 업고 손으로 이끌다)"의 보(保)가 이 글자의 본래 의미를 사용한 예이다. 그러나 이러한 형태는 이미 상나라 때 분할되어 '𥃩'(「子保觚」)로 적었는데, 등 뒤로 향했던 손(手) 부분이 제거되었고, 자(子)의 아랫부분에 아무런 의미도 독음 표시 기능도 하지 못하는 'ノ' 편방 하나가 남았다. 초기에 필사된 보(保)자는 종종 이러한 요소가 남아 있었는데, 서주 초기의 「보유개(保卣蓋)」에 보이는 '𥃩'자가 그렇다.

또 '굉(玄)'자의 경우, 상나라 금문에서는 '𥃩'(「亞玄父乙卣」)으로 적었으나, 서주 때에 이르러 분할이 일어났다. 「모공정(毛公鼎)」에서는 '𥃩'로 적어, '𥃩'와 'ㅇ'의 조합으로 변했는데, '𥃩'는 의미부이다. 'ㅇ'는 아무런 의미와 독음 기능이 없는 구성 요소일 뿐이지만, 빠질 수 없는 요소이다.

5. 이사(異寫)와 이구(異構)

이사(異寫)와 이구(異構)는 모두 한 글자의 이체자(異體字)이다. 이사(異寫)는 동일한 구조를 가진 글자에서 필획(筆劃)이나 부수(部首)의 위치에 차이가 있는 것을 말하고, 이구(異構)는 구조가 다른 동일한 글자를 지칭한다. 이사와 이구, 특히 이사는 많은 글자에서 나타나며, 해당 시기의 문자 형태의 특징을 반영한다. 예를 들어, 고빈도 글자인 '현(搟)'은 여러 가지 이사자(異寫字)를 가지고 있다. 이에는 양손으로 세안 기구나 그릇을 들거나 문지르는 등의 행위를 나타내는 경우가 포함된다.

(郙鍾) (晉侯對鼎) (頌鼎) (頌簋) (頌簋) (梁其鼎) (瑪伐父簋) (裹鼎) (追簋)

다음처럼 든 두 손을 생략한 경우도 있다.

(應侯見工簋) (虢盤) (遣伯盨) (師嫠父鼎)

다음처럼 그릇(皿)이 아랫부분에 놓인 경우도 있다.

(伯潘父簋) (伯潘父簋) (仲枏父鬲) (仲枏父鬲) (仲枏父鬲) (仲枏父簋) (無叀鼎) (陽飤生簋蓋)

그런가 하면 그릇(皿)류가 들지 않은 것도 있다.

(虢匜) (㲄公盨)

이 글자는 다음과 같은 이구자(異構字)도 존재한다.

(刮鍾)

(應侯見工簋)

(殷儌盤)

(仲柟父鬲)

(瓾匜)

(臾壺蓋)

고빈도 글자인 '보(寶)'자의 경우, 상나라와 서주 시대 때 총 3,600
여 차례 이상의 필사 사례가 등장하는데, 다음처럼 여러 가지 이사자
(異寫字)가 존재한다.

·(史頌匜)

·(矩尊)

·(禦尊)

·(羊卣)

·(倭伯方鼎)

·(帳攝作父癸卣)

중국문자학 핸드북

위의 예에서 가장 두드러진 것은 '면(宀)', '옥(玉)', '패(貝)', '부(缶)'
와 같은 편방들이 조합할 때 그 위치가 유동적이라는 것이다.

그런가 하면 다음과 같이 다양한 이구자(異構字)도 존재한다.

- 𩺬(呂仲爵)
- 𩵦(嬴氏鼎)
- 𤘌(禽簋)
- 𥂞(轉作寶䤾盤)
- 𠤎(貯子己父匜)
- 𥃉(辛湪簋)

나머지 예는 더 들지 않아도 될 것이다.

이구자(異構字)의 생성에는 여러 발전 과정이 포함된다. 예를 들어,
그 의미를 더 잘 나타내기 위해 의미부(意符)를 추가하거나, 발음을
명확히 하기 위해 소리부(聲符)를 추가하는 경우, 때로는 소리부나 의
미부를 변경하거나, 쓰기가 더 간편하도록 단순화 하는 경우도 있다.

예를 들어 '양(粱)'자의 경우, '양(𥹀)'(「曾叔寙父簠」)으로 적어, 미(米)
가 의미부이고 창(刅)이 소리부인 구조인데, 다시 '창(刅)'이 소리부인
구조로 바꾸어 '창(𥼎)'(「伯公父戈」)으로 썼다. '창(𥹀)'과 '창(𥼎)' 등은
이구자이다. 또 '환(環)'의 경우, 서주 중기 때에는 '원(袁)'을 소리부로
삼아 '𤩹'(「師遽方鼎」)으로 썼지만, 서주 후기에는 경(睘)을 소리부로
삼아 '𤩴'(「毛公鼎」)으로 썼는데, '𤩹'과 '𤩴'은 이구자이다. 또 '각(珏)'
자의 경우, 서주 중기 때에는 '𤤴'(「抗簋」)로 써 옥(玉)이 의미부이고

각(殼)이 소리부인 구조였으나, 서주 후기에는 '⬤'(璧을 그린 상형자)이 의미부이고 각(殼)이 소리부인 구조의 '🔣'(「鄂侯鼎」)으로 써, '🔣'과 '🔣'은 이구자이다. 또 만(曼)의 경우, 상나라 때에는 '🔣'(「曼鼎」)으로 적어, 두 손으로 눈을 크게 벌린 모습으로, 눈을 길게 하여 시야를 넓게 하다는 뜻의 회의자였다. 그러나 서주 때에는 소리부인 '모(冃)'를 더하여 '🔣'로 적어 형성자로 변화했다. 그리하여 '🔣'과 '🔣'은 이구자가 되었다. 또 '삼(參)'의 경우, 상나라 때에는 '🔣'(「氫參父乙盉」)으로 적은 상형자였는데, 서주 중기에는 '🔣'(「衛盉」)으로 적어 소리부인 '삼(三)'을 더해 형성자가 되었다. 그리하여 '🔣'과 '🔣'은 이구자가 되었다. 또 '궤(簋)'의 경우, 상나라나 서주 때에는 모두 '🔣'(「玷簋」, 商代), '🔣'(「毛公旅鼎」, 西周)로 적었는데, 서주 때의 어떤 자형에서는 의미부인 '명(皿)'을 더해 '🔣'(「舟作寶簋」)로 적었는데, '🔣'와 '🔣'는 이구자이다. 또 '자(黼)'의 경우, 상나라 금문에서는 '🔣'(「髭鼎」)로 적어 상형자였는데, 서주 초기에는 소리부인 '차(此)'를 더해 '🔣'(「大盂鼎」)으로 적어 형성자가 되었으며, '🔣'와 '🔣'는 이구자이다.

상주(商周) 금문에서 이사자와 이구자의 현상은 대부분 구성이 복잡하거나, 전체 문자가 상형 정도가 높거나, 부수의 상형 정도가 높은 글자에 나타난다. 반면에 구성이 간단하거나 추상적인 개념을 나타내는 일부 문자들, 예를 들어 '전(奠)', '호(乎)', '우(于)', '건(虔)', '치(值)' 등에서는 이사나 이구 상태가 존재하기는 하지만 그 정도가 심각하지는 않다. 심지어 '반(反)', '우(又)', '혜(兮)'와 같은 일부 글자들은 이사자가 거의 존재하지 않는다.

이사자와 이구자의 존재는 많은 이체자(異體字)를 생성하는데, 이는 당시 금문의 서술 규범이 아직 높지 않음을 시사한다. 어떤 글자는 한두 획이 더 있거나 덜 있거나 심지어 '형태가 변형되어도' 그 글자의 읽기나 사용에 지장을 주지 않았다. 이는 사람들이 문자를 인식하는 방식이 두 가지, 즉 그 형태와 그 맥락을 보는 것에 기반했기 때문이다. '맥락'은 사용 환경, 즉 앞 뒤 문맥을 의미한다. 예를 들어 '미수(眉壽)'의 '미(眉)'는 보통 '𦟼', '𦝼', '𦝵'로 쓰이지만 가끔은 ㅎ로 표기되어 '𦟼', '𦝼', '𦝵'의 형태와 매우 큰 차이를 보인다. 그러나 '수(壽)'와 결합하여 단어를 이루고, 가사(嘏詞: 의례적인 축복의 말씀)에 위치에 있기 때문에 '미수(眉壽)'의 '미(眉)'임을 알 수 있다. 이러한 현상은 금문이 당시 언어 사용과 문화적 맥락에 밀접하게 연결되어 있었음을 보여준다.

6. 자형이 점차 정형화 함

고문자(古文字), 특히 은허(殷墟) 갑골문에서는 많은 글자가 좌우 방향성을 가지고 있다. 갑골문에서는 글자들의 방향이 상당히 임의적이어서 '좌우무별(左右無別)'이라는 말이 나올 정도이다. 그러나 상주(商周) 금문에서는 많은 글자의 방향이 후대에 걸쳐 점점 정형화되어 갔다.

예를 들어, ''반(反)'자는 상나라와 서주에서 총 46번 기록되었는데, 모두 '엄(厂)'이 왼쪽에, '우(又)'가 오른쪽에 위치하여 '반(反)'으로 쓰였으며, 반대 방향으로 쓴 '𠬝'과 같은 예는 없다. '비(比)'자는 21번 기록되었는데, 이 중 20번은 '비(比)"로 썼다. '보(保)'자는 서주부터 총 136번 기록되었으며, 왼쪽에 '𠂆'와 오른쪽 '𠂤'(혹은 아래에 '丿'이 없거나 子의 위에 '玉'자가 들기도 함)인 '𠊳'가 134번이고, '𡥀'로 쓴 글자는 2번에 그친다.

또 '비(卑)'자는 18번 기록되었는데, 이 중 17번은 '𢌳'로 썼고, 반대 방향으로 쓰인 것은 단 1번이다. '탕(宕)'자는 16번 모두 '𡩟'으로 쓰였다. '조(吊=叔)'자는 530번 기록되었으나, '인(人)'이 오른쪽을 향한 '𠂊'의 형태로 쓰인 것은 단 2개의 기물에서 4번이었고, 나머지 526번은 모두 왼쪽을 향한 '𠂊'로 쓰였다. 나아가 '부(父)'자는 4180번 기록되었으며, 대부분 '𠂆'로 왼쪽을 향해 쓰였고, 오른쪽을 향한 '𠂆'의 형태로 쓰인 경우는 극히 드물었다.

(2) 제2단계에서의 금문 자형의 특징

이 시기에는 첫 번째 단계의 발전 경향을 계승하여 형태가 더욱 선조화 되었다. 또한, 이 시기에는 "제후들이 정치에 힘써, 더는 천자의 통제에 놓이지 않았고, 기존의 예악 제도가 자신들을 해친다고 여기고서는 모든 전적들을 없애버렸으며, 드디어 7개의 나라로 분할되었다.(諸侯力政(征), 不統於王, 惡禮樂之害己, 而皆去其典籍. 分爲七國.)"라는 국면으로, 제후국들이 각자 독자적으로 통치하게 되면서 "농지의 규격도 다르고, 수레의 폭도 달랐으며, 법령도 달랐고, 의관 제도도 달랐으며, 언어도 달랐다(田疇異晦, 車塗(途)異軌, 律令異法, 衣冠異制, 言語異聲.)"라는 현상이 발생했다. 문자 측면에서는 '이형(異形)'이라는 현상이 나타났다('이형'에 대한 언급은 『說文序』에서 찾아볼 수 있다). '이형'은 동일한 단어를 각 나라에서 기록할 때 사용하는 문자가 다르거나, 동일한 문자를 각 나라에서 다른 형태로 쓰는 것을 말한다.

후자의 경우, 예를 들어 '수(受)'자는 춘추 초기의 진(秦)나라에서는 𣪘(「秦公鎛」), 초(楚)나라에서는 𣪘(「蔡侯盤」), 삼진(三晉)에서는 '𣪘'(「令狐君世子壺」), '𣪘'(「永用涅郢壺」)로 썼는데, 뒤의 자형들은 이미 모두 제 모습이 아니어서 잘 알아보기 어렵다.

또 '의(宜)'자를 보면, 진(秦)나라에서는 '𡧜'(「宜安戈」)로, 삼진(三晉)

에서는 '🔲'(「梁上官鼎」), '🔲'(「中山王嚳鼎」)으로 적었으며, '안(安)'자의 경우, 진(秦)에서는 '🔲'(「宜安戈」)으로, 삼진(三晉)에서는 '🔲'(「安邑下官鍾」), '🔲'(「信安君鼎」)으로, 제(齊)나라에서는 '🔲'(「陳純釜」)으로, 오월(吳越) 지역에서는 '🔲'(「者吸鍾」)으로 적었다. 또 '위(爲)'자의 경우, 연(燕)에서는 '🔲'(「郾侯載鼎」), 제(齊)에서는 '🔲'(「陳喜壺」), '🔲'(「陳逆簋」), 초(楚)나라에서는 '🔲'(「曾侯乙鍾」), '🔲'(「楚王酓前鼎」), '🔲'(「鄂君啓節」), 삼진(三晉)에서는 '🔲'(「中山王嚳鼎」)으로 적었다. '민(民)'자의 경우, 연(燕)에서는 '🔲'(「燕侯載鼎」), 제(齊)에서는 '🔲'(「陳喜壺」), 삼진(三晉)에서는 '🔲'(「㭬柅壺」), '🔲'(「魚鼎匕」)로, '노(老)'자의 경우, 제(齊)에서는 '🔲'(「寺公典盤」), '🔲'(「邢公孫敦」), 삼진(三晉)에서는 간혹 '🔲'(「中山王嚳壺」) 등으로 적었다. 이러한 글자 형태상의 이형(異形)은 당시 역사적 단계의 문자 형태에서 가장 두드러진 특징 중 하나이다.

5. 금문의 행관(行款), 글자수(字數), 구조(構形)

(1) 행관(行款)

1. 행관(行款)

행관은 글자의 필사 순서와 행(行)의 배열 형식을 가리킨다. 현재까지 발견된 두 글자 이상으로 구성된 글에서, 글자의 필사 순서는 일반적으로 위에서 아래로 진행된다. 하지만 오른쪽에서 왼쪽으로 가로로 진행하는 경우도 간혹 있다(이는 주로 친족 호칭과 일자를 나타내는 경우에 한정되는데, 예를 들어 '부을(父乙)'과 같은 경우이다). 행의 배열순서는 일반적으로 오른쪽에서 왼쪽으로 진행되지만, 왼쪽에서 오른쪽으로 진행하는 경우도 드물지만 있다. 왼쪽에서 오른쪽으로 진행한 예로는 서주 중기의 「비헐정(斐歇鼎)」(『集成』 02201), 서주 말기의 「탕숙반(湯叔盤)」(『集成』 10155), 「우사구호(虞司寇壺)」(『集成』 9694) 등이 있다.

2. 글자수(字數)와 구조(構形)

현재까지 출판된 모든 금문(金文) 자료를 기반으로 할 때, 『설문(說文)』에서 확인할 수 있는 인식 가능한 단일 글자는 2,363자이다. 『설문』에 나타나지 않은 인식 가능한 단일 글자는 1,873자이며, 현대 글자로 옮길(隷定) 수 없는 글자는 1,878자이다. 이를 다 합치면 6,114개의 단일 글자가 존재한다.

『설문』에서 확인할 수 있는 인식 가능한 글자는 주로 상형(象形), 지사(指事), 회의(會意), 형성(形聲)의 4가지 주요 범주에 속한다. 또한, 기호 문자(記號字)나 구조가 불명확한 문자도 일부 존재한다.

① 상형류(象形類).

이 범주의 글자들은 표현하려는 사물의 형태를 묘사한다. '형체(形)'를 통해 표현되는 의미를 전달한다. 예를 들면 다음과 같다.

· 인(人): 상(商)나라 때에는 ' 〉 '(「作冊般甁」), 서주(西周) 때에는 ' 〉 '(「大盂鼎」), 춘추(春秋) 때에는 ' 〉 '(「洹子孟姜壺」), 전국9 戰國) 때에는 ' 〉 '(「中山王礜壺」) 등으로 적었다. 사람의 측면 신체와 앞으로 내민 팔의 모습을 그렸으며, 이러한 '형체(形)'를 통해 '사람(人)'이라는 단어를 표현했다.

· 무(舞): 상나라 때에는 ''(「無□觚」), ''(「作冊般甗」), 서주 초기에는 ''(「大盂鼎」), ''(「匽侯舞昜銅泡」), 서주 중기에는 ''(「宗人簋器」), ''(「仲辛父簋」), 서주 후기에는 ''(「頌 簋」), 춘추 때에는 ''(「秦公鎛」) 등으로 썼다. 사람이 두 손으로 무구(舞具)를 들고 춤을 추는 모습을 그렸으며, 이로써 무도(舞蹈)의 '무(舞)'를 표현했다. 나머지 예는 더 들지 않겠다.

상형(象形)은 금문 자형 구조의 기본 방식이다. 현재 보이는 통계에 의하면 이러한 유형에 속하는 글자는 365자이며, 전체 금문의 약 15%를 차지하고 있다.

② 지사류(指事類)

이 범주의 글자들은 표현하려는 단어의 의미와 관련된 기본 글자로 선택하고, 그 위에 지사(指事) 기호를 추가하여 표현하려는 의미를 나타낸다. 허신(許愼)은 이에 대해 "보면 쉽게 알 수 있고, 자세히 관찰하면 뜻이 드러난다(視而可識, 察而可見)."라고 표현했다. 예를 들면 다음과 같다.

· 주(朱): 주(株)의 본래 글자이다. 서주 초기에는 ''(「女朱戈觶」)로, 중기에는 ''(「威方鼎」)로 적었다. 나무를 그래도 그린 '' 을 기초로 하고, 나무줄기에다 짧은 가로획이나 둥근 점을 그곳이 '붉음'을 나타냈다.

· 역(亦): 액(腋)의 원래 글자이다. 서주 초기에는 ''(「毛公旅鼎」)

로, 중기에는 ''(「六年琱生簋」)로 적었는데, 두 팔을 벌린 정
면의 모습인 '大'을 기본 형체로 삼고, 두 겨드랑이 부분에 각각
점 하나씩을 더하여 그곳이 '겨드랑이'임을 나타냈다.

나머지는 더 들지 않겠다. 이 유형에 해당하는 글자는 30개가 있으
며, 이는 금문 전체 글자의 약 1.2%를 차지한다.

③ 회의류(會意類)

이는 글자의 의미와 관련된 몇 개의 글자를 선택하여 하나의 글자
로 조합하는 방식이다. 허신(許愼)은 이를 "부류를 나열하여 의미를
합하고, 이로써 가리키는 바를 나타낸다.(比類合誼, 以見指撝.)"라고 설
명했다. 예를 들면, 다음과 같다.

· 융(戎): 상나라 때에는 ''(「乙戎鼎」), 서주 금문애서는 ''(「大盂
鼎」)으로 적어, 과(戈)와 둔(盾)으로 구성되었다. 과(戈)는 공격용
무기를 말하고, 둔(盾)은 방어용 무기를 말한다. '과(戈)'와 '둔(盾)'
을 조합하여 '무기'라는 의미를 조합하여 '전쟁'이라는 의미를 만
들어냈다.

· 나(祼): 상나라 때에는 ''(「毓祖丁卣」), 서주 초기에는 ''(「德
方鼎」)으로 적었는데, '우(又)'는 '손'을 뜻하며 ''는 물을 따르
는 기물을 뜻하며, '시(示)'는 신주(神主)를 뜻한다. '손(又)'으로
'물 따르는 용기()'를 들고 '신주(示)'에 '물을 뿌리는 제사(祼
祭)'의 의미를 그려냈다.

회의(會意)라는 글자 창조 방식의 생산성은 형성(形聲) 다음에 자리
하며, 이러한 방식에 의해 만들어진 글자는 총 544자로, 전체 해독

가능한 글자의 23%를 차지했다.

④ 형성류(形聲類)

이는 단어의 의미와 관련된 부수를 형방(形旁, 즉 표의 성분)으로 사용하고, 글자의 발음과 유사하거나 같은 글자를 성방(聲旁, 즉 표음 성분)으로 사용하여 하나의 글자를 구성하는 방식이다. '형(形)'과 '성(聲)'이 결합하여 한 글자를 이룬다. 허신(許慎)은 이를 두고 "사물을 이름으로 삼고 비유를 취해 서로 완성한다.(以事爲名, 取譬相成.)"라고 설명했다. 예를 들면 다음과 같은 것들이 있다.

· 적(賊): 서주 금문에서는 (「散氏盤」)으로 적었다. 『설문』에서 "적(賊)은 깨부수다는 뜻이다(敗也)"라고 하여, 파괴하다, 부수다는 뜻이다. 글자를 보면 과(戈)로 구성되었는데, 과(戈)는 공격용 무기의 대표이며, 과(戈)로부터 이 글자의 의미가 만들어졌다. '즉(則)'은 소리부로 이 글자의 독음을 나타낸다.

· 예(醴): 서주 금문에서 ''로 적었는데, 예(醴)는 속성으로 빚은 단맛의 술을 말한다. 『설문·유(酉)부수』에서, '예(醴)는 하루 만에 빚은 술을 말한다. 유(酉)가 의미부이고 예(豊)가 소리부이다.(酒一宿孰也. 從酉豊聲.)'라고 했다. 『옥편·유(酉)부수』에서는 '예(醴)는 단 술을 말한다(甛酒也).'라고 했다. 술의 일종이기 때문에 '유(酉)'를 의미부로 삼았는데, '유(酉)'는 술을 저장하는 용기를 그린 글자이고, 고대 한자에서는 이로써 '술(酒)'의 의미를 나타냈다. '예(豊)'와 '예(醴)'는 독음이 비슷하여, '예(豊)'를 갖고서 이 글자의 독음을 표시했다.

형성(形聲)이라는 방식은 생산성이 가장 강력한데, 이러한 방식으로 만들어진 글자는 총 1,402개로, 전체 글자의 59%를 차지했다.

⑤ 기호자(記號字)

이는 관련된 다른 글자의 일부 필획을 취하거나, 숫자를 나타내기 위해 적합한 도형을 사용하여 만들어진 글자들이다. 예를 들면, '이(爾)'는 '이(爾)'의 상단 부분을 취해 만들어졌고, '역(易)'은 '𝒴'의 오른쪽 부분을 취해 만들어졌으며, '우(于)'는 상형자인 '우(竽)'의 일부 필획을 취해 만들어졌으며, '일(一)'은 하나의 가로선으로 만들어진 글자들이다. 이러한 유형의 글자는 총 15개로, 인식 가능한 글자의 약 0.6%를 차지한다.

6. 금문의 글자 사용

금문의 글자 사용에는 다음의 몇 가지가 존재한다.

첫째, 한 글자(一字)가 하나의 단어(一詞)에 대응하는 경우

이는 한 글자가 하나의 단어를 고정적으로 표현하는 것을 의미한다. 예를 들면, '신(神)'은 오직 귀신을 의미하는 '신'만을 나타내고, '사(社)'는 오직 사직(社稷)을 의미하는 '토지 신'만을 나타낸다. '화(禍)'는 오직 재앙을 의미하는 '재앙'만을 나타내고, '약(礿)'은 오직 약제(礿祭)를 의미하는 '봄에 지내는 제사'만을 나타낸다. 또 '추(騅)'는 오직 말 이름을 나타내며, '둔(🜨)'은 오직 방패를 의미하는 '둔(盾)'만을 나타낸다. 또 '송(訟)'은 오직 소송을 의미하는 의미만을 나타내며, '란(讕)'은 오직 '간언'을 의미하며, '첩(妾)'은 오직 신첩(臣妾)이라고 할 때의 '첩(妾)'만을 나타낸다. 또 '호(虖)'는 오직 어기사인 '호(乎=呼)'만을 나타내며, '근(饉)'은 오직 기근을 의미하는 '굶주림'만을 나타낸다. 또 '금(今)'은 오직 '지금'이라는 의미만 나타내며, '채(采)'는 오직 채읍(采

邑)을 의미하는 '영지'만을 나타낸다.

한 글자(一字)가 하나의 단어(一詞)에 대응하는 경우의 많은 부분은 본자본용(本字本用: 글자 그대로의 원래 사용)에 속한다.

둘째, 한 글자(一字)가 여러 단어(多詞) 혹은 여러 의미(多義)에 대응하는 경우나 다양한 의미를 나타낼 수 있는 경우를 의미한다. 예를 들어, '불(不)'은 부정어로사의 '불(不)'을 나타낼 수도 있지만, 형용사인 '비(조: 크다)'는 의미를 나타낼 수도 있다. 또 '의(衣)'는 웃옷을 의미하는 '의(衣)'를 나타낼 수도 있고, '졸(卒)'과 같이 '마지막'이라는 의미를 나타낼 수도 있다. 또 '수(受)'는 받다는 의미의 '수(受)'를 나타낼 수도 있고, 주다는 의미의 '수(授)'를 나타낼 수도 있다. 또 '봉(夆)'은 지명을 나타낼 수도 있고, 경계를 정하다는 뜻의 '봉(封)'을 나타낼 수도 있다. 또 '휴(休)'는 휴식의 의미를 나타낼 수도 있고, 은택이나 보호, 포상 등의 의미를 나타낼 수도 있다.

이렇듯 한 글자(一字)가 여러 단어(多詞) 혹은 여러 의미(多義)에 대응하는 경우는 글자의 가차(假借: 다른 의미나 단어를 나타내기 위해 글자를 빌리는 것)와 관련이 있다.

셋째, 여러 글자(多字)가 하나의 단어(一詞)에 대응하는 경우

이는 하나의 단어를 여러 글자로 표현하는 것을 말한다. 예를 들어, '주다(賜)'라는 의미를 '역(易)'이나 '석(錫)'으로 표현하거나, 또 문장 속에서 어기사로 쓰이는 '유(唯)'를 '추(隹)'나 '유(唯)'로 나타내거나, '만들다(作)'는 뜻을 '사(乍)'나 '사(詐)'나 '사(乍)'로 표현하는 등의 경우가 이에 해당한다. 이는 문자의 가차(假借) 현상과도 관련이 있다.

넷째, 여러 형태(多形)가 하나의 단어(一詞)에 대응하는 경우

여러 형태라는 것은 한 글자에 여러 가지 필사법(異寫)이나 여러 가지 구조(異構)로 나타나는 것을 의미한다. 이러한 경우는 특히 금문

(金文)에서 자주 보이는 현상이다. 이형(異形)과 이체(異體)에 대해서는 앞에서 이미 설명했으므로, 여기서는 추가적인 예시를 들지 않겠다.

7. 금문(金文)의 내용

금문은 주로 상(商)과 주(周) 시대의 문화적 보물로, 다양한 사회적 측면을 담고 있다. 이는 성씨(姓氏)와 가문(家族), 축복과 기원(祝嘏祈福), 봉건 제도와 명령(封建冊命), 군사적 원정과 전투(軍旅征戰), 종묘의 제사(宗廟祭享), 관제와 법률(官制法律), 상업과 거래(商貿買賣), 토지와 영지(土地採邑), 훈계와 경계(訓誥箴誡), 농사와 사냥 및 순시(田獵巡省), 혼인(媵嫁婚娶) 등 다양한 주제를 포괄한다. 이러한 금문은 상주(商周) 사회의 문화적 가치가 높은 역사적 자료로, 상주 시대의 가장 신뢰할 수 있는 서면 언어이며, 상주시대 언어 연구에 있어 중요한 언어 자료이다. 예를 들면 다음과 같다.

(1) 성(姓)과 씨(氏)

이에 대한 기록을 살펴보면, 상(商)나라 때의 성씨에는 자(子) 성을 가진 사람들이 있다. 예를 들어, 「송공란부(宋公欒簠)」에는 "은나라 '태을'의 먼 후손인 '송공란'이 그 여동생 '구오'부인을 위해 '계자잉보'를 만든다.(有殷天乙唐孫宋公欒作其妹句敔夫人季子媵簠)."라고 기록되어 있다. 여기서 '계(季)'는 형제의 순서를, '자(子)'는 그녀의 성을 나타낸다. 송(宋)은 상나라의 후예이다. 상나라 때의 자(子) 성에 여(女)자가 들어가지 않은 것은 상나라 때의 필사 관습을 따른 것으로 보이다.

주(周)나라 때의 성씨로는 기(姬), 강(姜), 비(妃), 기(娸), 사(姒), 운

(妘), 운(娟), 익(妷), 규(嬀), 임(妊), 자(嫌), 요(姚), 㛸, 묵(嫼), 嬬, 당(當), 영(嬴) 등이 있다.

상주 시대의 부족 및 가문 명으로는 糞, 원(黿), 醜, 과(戈), 식(息), 남궁(南宮), 전(奠=鄭), 번(番), 전정(奠丼), 미(㪲), 곽(虢), 광(匡) 등이 있다.

(2) 종법(宗法) 제도

종법 제도는 상주(商周) 시대의 기본적인 사회 제도인데, 이 제도는 상주 시대의 금문에도 기록되어 있다. 예를 들어 상나라 때의 금문인 「소자창유(小子佫卣)」에는 대종의 족장인 '자(子)'와 소종의 족장 '소자(小子)'에 대해 기록되어 있다. 서주 때의 금문에는 '자(子)'가 나타나지는 않지만, '소자(小子)'는 등장하는데, 이는 '자(子)'에 대한 상대적인 용어이다. 이는 '자(子)'의 존재를 시사하며, 또한 '대종(大宗)'이라는 용어도 서주 금문에 나타나고 있다.

(3) 중요한 역사적 사건

1. 극상(克商)과 영락(營洛)

극상(克商)과 영락(營洛)은 주나라 초기 때의 두 가지 중대한 사건으로, 모두 명문에 기록되어 있다. 예를 들어, 「이궤(利簋)」에는 "갑자일 아침에 '세' 제사를 드리고 점을 쳤더니, 이길 것이라는 점괘가 나왔다. 과연 아침에 상을 정복했다는 소식을 들었다.(甲子朝, 歲鼎克𪓌, 夙有商.)"라고 기록했다. 또 「하준(何尊)」에는 "왕께서 처음으로 '성주'

에 정착하셨다(隹王初遷宅于成周)"라고 기록되어 있다. 이는 전래 문헌에 기록된 관련 내용의 신뢰성을 입증해 준다. 이러한 기록은 주나라가 상나라를 정복하고 낙(洛: 낙양)에 새로 수도를 건설한 역사적 사건들을 담고 있다.

2. 평란천엄(平亂踐奄)

무왕(武王)이 상(商)을 정복한 후, 주(紂)의 아들 무경(武庚)을 은(殷) 수도에 제후로 봉해 상나라의 제사를 이어가게 하는 한편, 관(管), 채(蔡), 확(霍) 세 삼촌을 은나라 지역에 배치하여 은의 유민들을 감독하게 했는데 이것이 이른바 '삼감(三監)'이다. 무왕이 죽은 후, 무경은 이들 '삼감'과 공모하여 난을 일으켰다(『逸周書·作洛解』 등 참조). 이에 주공(周公)과 소공(召公)이 성왕(成王)을 보좌하여 무경과 삼감의 난을 평정했다. 이때 동이(東夷)도 반란을 일으켜 주공과 소공은 대군을 이끌고 이들도 평정했다.

3. 제후를 봉지에 임명함

제후를 봉지에 임명한 것은 서주 왕조가 건립된 후 왕국을 공고히 하기 위해 시행한 중대한 조치이다. 서주 금문에는 이와 관련된 많은 기록이 있다. 예를 들어, 「소신盧정(小臣盧鼎)」에는 소공(召公)을 북언(北匽, 즉 燕)에 봉하고 소공이 직접 언(匽, 즉 燕)의 대례(大禮)를 주관한 것, 「潘사도의궤(潘司徒疑簋)」의 명문에는 위(衛)에 강숙(康叔)을 제후로 임명한 사실, 「의후측궤(宜侯夨簋)」에는 "우후(虞侯)인 측(夨)을 다른 지역의 제후로 임명한" 사실이, 「사십이년구정(四十二年逑鼎)」에는 "양후(楊侯)를 제후에 봉한" 사실 등의 사례가 기록되어 있다. 이러한 기록들은 서주가 제후들을 각지에 봉해 중앙집권을 강화하고 지방을 통치하는 봉건 체제를 확립하는 과정을 보여준다.

(4) 역법(曆法)

서주 때에는 '월상(月相)'을 시간 기록에 보조적으로 사용했으며, 이는 당시의 특징적인 특성으로 간주된다. '월상'에서 흔히 볼 수 있는 네 가지 단계는 초길(初吉, 일부 학자들은 이것이 월상이라는 데 반대함), 기생패(旣生霸), 기망(旣望), 기사패(旣死霸) 등이다. 왕국유(王國維)는 이들이 한 달을 네 부분으로 나누고, 각각이 7-8일을 대표한다고 주장했다. 이 이론은 많은 사람의 인정을 받았지만, 정설로 여겨지지는 않고 있다. 이 네 가지 명칭은 『상서(尙書)』와 『일주서(逸周書)』에서도 볼 수 있는데, 그 의미에 관해서는 한나라 때의 유흠(劉歆)부터 연구가 시작되어 오늘날까지도 이루어졌지만, 모든 이들이 인정하는 결과가 나오지 않아, 앞으로도 계속 연구해야 할 과제이다.

(5) 제사(祭祀), 전쟁(戰爭), 군대와 국방(軍旅戍守)

금문(金文)에는 제사, 전쟁, 군대와 국방과 같은 내용들이 두드러지게 반영되었다.

우선, 제사와 관련된 금문 예의 경우, 인(禋)과 같은 제사에 관해서는 「애성숙정(哀成叔鼎)」, 「채후준(蔡侯尊)」에, 약(礿)에 관한 제사에 관해서는 「아방정(我方鼎)」에, 체(禘)에 관한 제사에 관해서는 「랄정(剌鼎)」, 관(祼)에 관한 제사에 관해서는 「하준(何尊)」, 「덕방정(德方鼎)」에, 어(禦)에 관한 제사에 관해서는 「아방정(我方鼎)」에, 상(嘗)에 관한 제사에 관해서는 「여병방호(與兵方壺)」에, 禷에 관한 제사에 관해서는 「盠방정(盠方鼎)」에, 시(祡)에 관한 제사에 관해서는 「대우정(大盂鼎)」에 관련 내용이 실려 있다.

다음으로, 전쟁과 관련해서는 주로 상(商)과 '인방(人方)' 간의 전쟁, 그리고 주(周)가 '삼감'과 무경의 난을 평정한 것, 그리고 '시(屍, 즉夷)', '융(戎)', '험윤(玁狁)'과의 전투 등이 주요 내용이다. 이러한 사건을 기록한 금문으로는 「소자창유(小子倀卣)」, 「소신유희준(小臣兪犧尊)」, 「작책반언(作冊般甗)」, 「소신단치(小臣單觶)」, 「潘사도의규궤(潘司徒疑簋)」, 「금궤(禽簋)」, 「강겁준(剛刼尊)」, 「盠방정(盠方鼎)」, 「대보궤(大保簋)」, 「보유(保卣)」, 「진후소종(晉侯蘇鐘)」, 「사십이년구정을(四十二年逑鼎乙)」, 「동궤(戜簋)」, 「반궤(班簋)」, 「사밀궤(史密簋)」 등이 있다.

(6) 책명(冊命)

책명(冊命)은 서주 왕조에서 관리를 임명하고 작위를 수여하는 의식 활동이자 정치 제도였다. 당시 많은 고관들이 이 의식을 통해 임명되었다. 귀족들은 고위직을 얻게 되면 큰 영광으로 여겼으며, 반드시 기물을 주조하여 명문(銘文)을 새겨 이를 표현했다. 이는 왕의 은총에 대한 감사를 나타내는 한편, 후세에 전파하여 가문의 영광으로 삼기 위함이었다. 이와 관련된 명문은 서주 초기부터 나타나기 시작했으나, 초기에는 그 수가 적었다. 서주 중기부터는 이러한 관행이 증가하기 시작했는데, 이는 관직에 오른 사람들이 서로 경쟁적으로 모방하기 시작한 결과로 보인다. 이러한 현상은 서주의 책명과 관제 연구에 있어 풍부한 역사적 자료를 남겼다.

(7) 토지제도

"넓은 하늘 아래, 왕의 땅이 아닌 곳이 없다.(溥天之下, 莫非王土.)"
라는 말은 왕이 천하의 최고 통치자임을 나타낸다. 상나라 때의 금문
에서는 이 점이 명확하게 기술되지 않았지만, 서주 금문에는 이러한
내용이 포함되어 있다. 예를 들어 「대우정(大盂鼎)」에는 "훌륭하신 문
왕께서 하늘의 천 명을 받으셨으며, 무왕 때에는 문왕을 이어받아 이
나라를 만드셨으며, 숨어 있는 자들을 드러내고, 온 사방으로 땅을
넓히셨다.(不(丕)顯玟王, 受天有大令(命), 才(在)珷王嗣玟王乍(作)邦, 辟氒
(厥)匿(慝), 匍(溥)有四方.)"라고 기록했다. "사방(四方)"은 전 세계의 땅
을 의미하며, 모두 왕의 소유였다. 명문에서는 이 권력이 '천명(天命)'
에서 비롯되었으며, 신성하고 침범할 수 없는 것이며, 만민이 따르는
것으로 설명한다. 이는 최고 통치자의 점유물로, 이령(李零)은 이를
'왕유(王有)'라고 불렀다.

땅의 사용과 관련하여, 제후와 왕의 신하들은 사용 및 점유 권리를
얻었다. '왕은 최종 결정권자였으며, 그 방식은 '봉수(封授)'에 의하였
다. 예를 들어, 서주 초기 「대우정」에는 왕이 "백성을 하사하였고 땅
을 내리셨다(授民授疆土)"라 하였고, 「의후측궤(宜侯夨簋)」에서는 왕이
우후(虞侯)를 이동시켜 의후(宜侯)로 삼고 "땅을 하사했는데, 그 하천
이 3백□, 그 땅(?)이 120이었다.(易(賜)土, 氒(厥)川鱻(三百)□, 氒(厥)
[田?]百又廿"라고 기록되어 있다. 또한, 채(采)를 하사하는 경우도 있
는데, 예를 들어 「견준(遣尊)」에서는 "12월 신묘일에 왕께서 엄(斤)에
계셨다. 견(遣)에게 채(采)를 내리셨는데 '기(㠱)'였다."라고 기록되어
있다. '채(采)'는 '채읍(采邑)'이라고도 한다. 바로 관직에 상응하는 받

은 땅의 하나로, 『예기 · 예운(禮運)』에서는 "대부에게는 채읍이 있어서 그의 자손에게까지 계승된다(大夫有采以處其子孫)."라고 했다. 안사고(顔師古)는 이에 대해 "채(采)는 관(官)과 같은 뜻이다. 관(官)을 통해 통치하는 땅을 얻으니, 이를 채지(采地)라 한다."고 설명한다(『한서·형법지』 顔師古의 주석).

공을 세워 봉지를 상으로 내린 경우도 있는데, 「소유(召卣)」에는 소(召)가 왕실을 열심히 도와 이에 왕이 그에게 "필의 땅 사방 50리를 하사했다(畢土方五十里)"라고 했고, 「대보궤(大保簋)」에서는 대보(大保)가 난을 평정한 공을 세워 왕이 "휴도의 땅을 하사했다(易休余土)"라는 등등이 기록되어 있다

토지의 매매, 교환, 사용권의 이전 등에 관한 금문 기록도 많이 있는데, 이러한 사건들은 주로 귀족 간에 발생했다. 예를 들어, 「위화(衛盉)」, 「오사위정(五祀衛鼎)」, 「구년위정(九年衛鼎)」, 「조생궤(琱生簋)」, 「산씨반(散氏盤)」 등에 보인다.

(8) 사상 문화

금문에서 발견된 사상과 문화적 요소는 상주 시대의 철학과 세계관을 반영한다. 예를 들어, 최근 발견된 「빈공수명(豳公盨銘)」에는 천명(天命)에 따라 대홍수를 메워 평지로 만든 유(禹)의 이야기를 담고 있다. 우(禹)는 높은 산을 깎고 낮은 땅을 메워 홍수가 잦은 물길을 열어주었으며, 이에 대한 보답으로 천상(天上)에서는 그에게 구주대법(九疇大法)을 하사하고 오행(五行)의 관직인 '정(正)'을 세우게 했다. 천상에서는 백성들을 내려주었고 그들의 덕을 감찰하며, 그에 어울리는 인군(人君)을 만들어 백성들이 덕을 중시하게 했다. 천상은 왕을 낳아

백성의 부모로 삼고, 왕의 신하를 만들었는데, 그들은 오직 덕만을 중시했다. 백성들은 밝은 덕을 가진 군주를 좋아하며, 덕으로 천하를 화합시켜 더욱 밝고 아름다운 세상을 만들었다. 백성들은 평안하고, 모두 효도와 우정의 도를 밝히며, 제사와 절제를 상도로 여기고 악한 생각을 버렸다. 마음은 오직 덕에 두고, 결혼도 천리(天理)에 맞게 하여 조상신으로부터 끊임없는 복록을 받아 천하가 오래도록 안정되었다.

이 명문에서는 '망망우적(芒芒禹跡: 끝없이 아득한 우왕의 발자취)'에 관한 신화를 담고 있으며, 덕(德)의 중요성을 반복적으로 강조하였는데, 이는 문헌에 기록된 주나라 사람들이 덕(德)을 숭상했다는 것과 일치한다.

(9) 법률

법률은 정부의 권력에 의해 강제적으로 시행되는 행위 규범으로, 모든 구성원에게 보편적인 구속력을 가진다. 서로 다른 사회는 각기 다른 법률을 가지고 있다. 상주(商周) 때에는 왕조가 법률을 제정하고, 부서의 관리들이 이를 관리했다. 관리들의 주요 책임은 법의 준수 상황을 검토하고 법률 위반 사건을 처리하는 것이었다. 서주(西周) 금문(金文)을 통해 볼 때, 왕조는 법의 시행에 있어서 원칙적으로 '신벌(愼罰: 신중한 형법 집행)'을 강조했는데, 이와 관련된 내용이 서주 금문에 기록되어 있다. 예를 들어, 「대우정(大盂鼎)」에는 왕이 관리를 책명(冊命)할 때 관리에게 '민구벌송(敏諫罰訟: 범죄와 소송에 대해 신속하게 처리하고 처벌할 것)'을 당부하는데, 이는 형벌 소송 사건을 신중하게 심리하라는 의미이다. 형사 사건의 심문과 처분은 '중(中)'(편향되지 않음)과 '정(井)'(즉 型, 법률을 따름)을 준수해야 하며, 민간인을 '학대(虐)'하지 않아야 한다거 했다(「牧簋」에 보임).

또한 일부 문헌에서는 편형(鞭刑)이나 지(棄) 등과 형벌의 이름도 있고, 형벌에 재산 벌금을 부과, 형벌 면제에 재산 벌금 가중, 집행 거부 시 처벌 강화 등과 같은 형벌의 종류, 나아가 재판 과정과 처분 방식에 대해서도 기록하고 있다. 이는 「산씨반(散氏盤)」, 「홀정(曶鼎)」, 「잉야(䤼匜)」, 「패희반(霸姬盤)」 등에서 볼 수 있다.

(10) 무역과 경제

상나라와 주나라는 농경 사회였으며, 상업은 이 사회의 '윤활제' 역할을 했다. 서주 금문에는 상업과 관련된 여러 내용이 기록되어 있다. 예를 들어, 1986년에 하남성 신양현(信陽縣) 사하탄(溮河灘)의 주수로(主航道)에서 발견된 서주 초기의 각(角), 고(觚), 방이(方彝) 등과 같은 일부 청동기 명문에는 '신(鼉)'이라는 사람이 '조가(肇賈)'를 위해 기물을 만든 일을 기록하고 있는데, '조가(肇賈)'는 바로 '장사의 시작'이라는 뜻을 담았다. 「송정(頌鼎)」에는 '성주가(成周賈)'라는 말이 나오는데, '가(賈)'는 상인을 의미한다. 「노방이(魯方彝)」에는 "제생노가 장사를 시작하여 많은 이윤을 남겼다(齊生魯肇賈休多贏)"라고 기록되어 있는데, 제생노가 거래를 시작하여 많은 이익을 얻었다는 내용이다. 「혜갑반(兮甲盤)」에서는 왕실에서 시장 무역을 관리한 내용을 기록하고 있다.

(11) 잉가(媵嫁)

이는 주로 춘추 시대의 청동기에서 많이 발견되는데, 결혼을 통해 여성을 다른 나라에 보내는 관습을 기록한 것이다. 예를 들어, 1979

년 하남성 고시(固始) 후고퇴(侯古堆) M1에서 출토된 「송공란보(宋公欒簠[盙])」에는 "은나라 '천을 탕'의 후손 '송공란'이 여동생 '구오'부인을 위해 '계자잉보'를 만든다.(有殷天乙唐孫宋公欒作妹句敔夫人季子滕簠)"라고 기록하고 있다. '송공란'은 송나라 경공(宋景公)을 말하는데, 송(宋)은 은(殷)의 후예로, 자(子) 성을 가졌다. 따라서 기물을 만들면서 '유은(有殷)'이라고 불렀으며, '천을 당(天乙唐)'은 은의 선왕인 '태을 탕(太乙湯)'을 말하며, 자신을 그의 후손이라고 주장했다. '구오(句敔)'는 '구오(句吳)'로 읽혀 '공오(攻吳)'와 같은데, 오(吳)나라에 시집간 것을 의미한다. '계(季)'는 순서를, '자(子)'는 성을 나타낸다.

이 명문은 짧지만 내용이 매우 풍부하며, 춘추 시대에 송(宋)과 오(吳)나라 사이에 결혼한 역사적 사실을 기록하고 있다. 이 사실은 전래 문헌에 기록되지 않았기 때문에 역사적 공백을 채우는 데 매우 중요한 가치가 있다.

(12) 고교침계(誥敎箴誡)

'교교침계(誥敎箴誡)'는 왕이 신하들에게 기대와 요구를 표현한 내용으로, 많은 금문에서 찾아볼 수 있다. 예를 들어, 「대우정(大盂鼎)」에는 강왕(康王)이 신하들에게 "술을 감히 마시지 말라. 이 '증' 제사 때 외에는 술을 마시고 소란을 피워서는 아니 된다."(酒無敢酖, 有[侑]䢔[祡]䠦[烝]祀無敢䬼[擾])라고 하였으며, "도덕을 삼가 받들고, 밤낮으로 간언을 하는 데 게으르지 말라.(偸[敬]珛[擁]德㢺[經]. 敏朝夕入讕[諫])"는 등을 당부한다. 「모공정(毛公鼎)」에는 선왕(宣王)이 모공(毛公)에게 다음과 같이 권교하는 내용이 실렸다.

"女[汝]母[毋]敢妄[荒]盗[寧], 虔殂[夙]夕蕈[助]我入(一人), 饔[离-擁]我邦
尖[小大]猷, 母[毋]斯[折]威[緘], 告餘先王若德, 用印[仰]卲[昭]皇天, 韹
[紳-申]劉[固]大命, 康能三(四)或(域), 俗[欲]我弗乍[作]先王憂."
그대는 감히 방종하거나 태만해서는 안 되며, 경건하게 아침저녁으
로 나 한 사람을 보좌하고, 우리나라의 크고 작은 계책을 함께 도모
하라. 중도에 그만두지 말고, 선왕의 덕을 본받아 알리며, 이로써 하
늘을 우러러 받들고, 큰 명을 공고히 하여, 사방 영토를 편안히 하
고, 내가 선왕들께 근심을 끼치는 일을 하지 않기를 바라노라.[1]

8. 자료의 정리와 저록

『한서(漢書)』의 기록에 따르면, 금문 자료는 이미 한 무제(漢武帝)
시절에 출토되었다. 『설문·서(敍)』에서도 당시 "군국(郡國)의 산천(山
川)에서 청동기(鼎彝)가 발견되었는데, 그 명문은 전대의 고문(古文)이
었다"라는 기록이 있다.

그러나 대규모의 발견과 정리 및 연구는 북송(北宋) 시대에 시작되
었다. 유창(劉敞)은 금문 자료를 정리하고 연구한 최초의 사람으로,
그는 『선진고기물도(先秦古器記圖)』를 저술했다.

그 후, 여대림(呂大臨)이 『고고도(考古圖)』 10권을 저술하여, 224점
의 명문 청동기를 수록했다. 이는 유창 이후에 이루어진 개인에 의한
대형 전문 저록 서적으로, 저록 방법과 체제 면에서 매우 창의적이었
으며, 후세에 큰 영향을 미쳤다. 북송 말 대관(大觀) 초기에 송나라 휘
종(徽宗)이 『선화전 박고도록(宣和殿博古圖錄)』(또는 『선화박고도』, 『선화
박고도록』이라 줄여 부르기도 함) 30권(학자들은 20권이 되어야 한다고 여김)

---

1) [역주] 「모공정(毛公鼎)」의 명문 해석은 학자에 따라 많은 차이를 보인다. 여기
서는 복잡한 논쟁을 제거한 채 대략의 번역문을 제공해 참고용으로 삼고자 했다.

을 편찬하여, 527점의 기물을 수록했다. 선화 연간에는 이를 다시 개정하여 기물을 839점(혹자는 현재 판본에 따르면 840여 점이라고 함)으로 늘려 『중수선화박고도록(重修宣和博古圖錄)』(또는 『宣和重修博古圖錄』) 30권으로 출판했는데, 이는 송대 금석학 저작 중에서 가장 많은 기물을 수록한 책이다. 당시 수집된 청동기 기물의 모습과 명문은 이 두 책에 의존하여 전해졌다.

원(元)·명(明) 두 시기의 경우, 금문 자료 정리에는 큰 성과가 없었다. 그러나 청(淸)나라 때는 정치적, 학문적 대환경의 영향을 받아 금문 연구와 정리의 정점을 이루었다.

하나는 정부의 대규모 정리와 기록이다. 건륭(乾隆) 14년에 양시정(梁詩正) 등이 칙명을 받들어 『선화박고도록(宣和博古圖錄)』을 모방하여 『서청고감(西淸古鑒)』 40권을 저술했다. 이 책은 내부(內府)에 소장된 상(商)에서 당(唐)나라 때까지의 기물 1,529점을 수록하여 『선하박고도록』의 수를 크게 초과했다. 학자들의 연구에 따르면 이 책에 수록된 기물 중 990점이 이후 행방불명이 되었고, 179점만이 다른 책에 기록되어 있다. 그리고 780점은 그 형식과 명문을 이 책을 통해서만 알 수 있기 때문에, 데이터 보존 측면에서 큰 공헌을 했다.

건륭 44년에는 『녕수감고(寧壽鑒古)』 16권을 편찬하여, 701점의 기물을 수록했다. 또 건륭 58년에는 왕걸(王傑) 등에게 명령하여 『서청속감 갑편(西淸續鑒甲編)』 20권을 편찬하게 했으며, 944점의 기물을 수록했다. 또한 『서청속감 을편(西淸續鑒乙編)』 20권도 편찬하여, 봉천(奉天)의 행궁(行宮)에 소장된 청동기 900점을 수록했다. 이 세 책은 『서청고감』과 함께 '서청사감(西淸四鑒)'(또는 '乾隆四鑒')으로 불리며, 정부에서 편찬한 네 권의 대형 기록서이다.

다른 하나는 민간 학자의 정리와 기록이다. 전래 되는 성과로는 천점(錢坫)의 『십육장락당고기관지고(十六長樂堂古器款識考)』 4권, 조재규(曹載奎)의 『회미산방길금도(懷米山房吉金圖)』 2권, 유희해(劉喜海)의 『장안획고편(長安獲古編)』 2권, 오운(吳雲)의 『양뢰헌이기도록(兩罍軒彝器圖錄)』 12권, 반조음(潘祖蔭)의 『반고루이기관지(攀古樓彝器款識)』 2권, 오대징(吳大澄)의 『항헌소견소장길금록(恒軒所見所藏吉金錄)』 2책, 단방(端方)의 『도재길금록(陶齋吉金錄)』 8권 등이 있다(기타는 '명문의 고석(考釋' 부분에서 볼 수 있음).

근현대에 들어서는 금문 자료의 정리와 기록이 청(淸)대에 비해 크게 발전했다.

먼저, 1937년 나진옥(羅振玉)은 『삼대길금문존(三代吉金文存)』을 출판했는데, 이는 근대인이 편찬한 최초의 종합적인 금문 총집으로, 상주(商周)기 명문 4,835점을 수록했다.

이후 대만의 구덕수(邱德修)는 『상주금문집성(商周金文集成)』을 편찬하여, 8,974점의 기물을 수록했는데, 이 책은 1983년 타이베이(臺北) 오남(五南)출판사에서 출판되었다. 엄일평(嚴一萍)은 『금문총집(金文總集)』을 편찬하여, 7,823점의 기물을 수록했으며, 이는 1983년 대만 예문(藝文)인서관에서 출판되었으며, 수록 범위는 1983년 6월까지이다.

중국 본토의 경우, 중국사회과학원 고고연구소는 『은주금문집성(殷周金文集成)』 18권을 편찬하여, 1984~1994년에 중화(中華)서국에서 출판했다. 이는 『삼대길금문존』 이후 가장 큰 규모와 가장 많은 기물 명문을 수록한 총집으로, 제1권의 기물은 1983년까지, 제16권은 1988년까지의 자료를 담고 있으며, 제17권과 제18권은 무기에 관한 내용이다. 이 총집은 (1) 국내외 박물관, 기타 기관 및 개인 소장의 전세 청동기, (2) 각지에서의 고고학적 발견, (3) 송대 이후 기록된 책에서 현재 위치를 알 수 없는 기물, (4) 그간 기록되지 않았던 명문

자료 등을 포함한다.

　수록한 기물들은 기물의 종류에 따라 배열했는데, 악기(樂器), 취사기(炊器), 음식 담는 그릇(盛食器), 주기(酒器), 수기(水器), 병기(兵器), 기타(其它) 등의 순서로 되었다. 그리고 각각의 부류는 명문의 글자 수가 적은 것부터 많은 순서로 배열했으며, 각 권에서 명문의 배열을 다 마친 뒤에는 해당 책의 명문에 대한 설명을 덧붙여, 해당 기물 명문의 글자 수, 기물의 시대, 저록 현황, 출토 정보, 유전 현황, 현재 소장지, 이 책에서 사용한 탁본의 출처 등을 밝혔다. 이 책에서 수록된 기물은 총 11,983점(매김번호는 12,113)에 이른다. 2006년에는 이 책의 수정 보완본이 9권으로 출판되었는데, 1-8권은 본문이고 9권은 색인(기물 출토지 색인, 기물 현 소장처 색인, 기물 저록서 색인, 일부 저록서와 본서의 번호 대조표)이다. 이 수정판은 '문자 설명'의 일부 내용을 보완하고, 일부 탁본이 불분명한 기물 명문에 모사본을 첨부했으며, 각 기물 명문 아래에 장아초(張亞初)가 작성한『은주금문집성색인(引得)』의 해석을 추가했다.

　『은주금문집성(殷周金文集成)』에 이은 작업으로, 2002년 중화서국에서 류우(劉雨)와 노암(盧岩)이 편집한『최근 출토 은주금문 집록(近出殷周金文集錄)』이 출판되었다. 이 총집은 4권으로 구성되어 있으며, 정본과 부록 두 부분으로 나뉜다. 정본에는 1,258점의 기물이 수록되어 있으며, 명문이 불분명하거나 활용하기 어려운 경우를 부록으로 분류하였다. 부록에는 96점이 포함되어 총 1,354점의 기물이 수록되었다. 이 책에서 수록한 연대의 범위는 1999년 5월까지이다. 또한 중화서국에서는 2010년에 류우와 엄지빈(嚴志斌)이 편집한『최근 출토 은주금문 집록 이편(近出殷周金文集錄二編)』을 출판했는데, 이 총집에는 1,346점의 기물과 90점의 부록이 포함되어 있다. 이 책의 저자들은 의심스러운 기물은 일체 수록하지 않았다.

2006년에는 대만의 종백생(鍾柏生) 등이『새로 수집한 청동기 명문 및 기영 휘편(新收青銅器銘文暨器影彙編)』을 편집하여 출판했다. 이 책은 3권으로 구성되었는데,『은주금문집성』에 이어 출토된 기물을 수록하고,『은주금문집성』에서 누락된 기물도 포함했다. 총 수록된 기물은 2005년까지의 총 2,005점에 이른다. 이 총집은 상편, 하편, 부록으로 구성되어 있으며, 상편은 출토지가 명확한 기물을 성(省)별로 분류하고, 출토 량이 많은 성으로 적은 성의 순서로 배열했다. 하편은 출토지가 불분명한 기물을 출토 지명의 획수에 따라 배열했으며, 부록에서는 데이터 총람, 기물 분류와 글자 수 색인, 족휘(族徽) 색인, 인명 색인, 지명 색인, 관명 색인, 인용 서적표 등이 포함되어 있다.

2012년 9월, 오진봉(吳鎭鋒)이 편집하여 출판한『상주 청동기 명문 및 도상 집성(商周青銅器銘文暨圖像集成)』은 35권으로 구성되어 있으며, 수록된 자료는 2012년 2월 말까지의 것으로, 전래 및 새로 출토된 명문이 있는 상주(商周) 청동기 16,704점을 포함한다. 이 중 약 700점은 처음으로 수록된 것이다. 각 기물은 '시대', '소장자', '치수와 무게', '형제와 문늬', '명문의 글자 수', '명문의 해독문', '비고', '기영', '명문 탁본' 등 9가지 내용을 담고 있다. 전체 책은 기물 종류별로 배열되고, 각 종류는 문자수에 따라 순서가 정해져, 글자 수가 적은 것이 앞에, 많은 것을 뒤에 배치했다.

이어서 오진봉(吳鎭鋒)은 2016년에 다시『상주 청동기 명문 및 도상집성 속편(商周青銅器銘文暨圖像集成續編)』4권을 출판했다. 이 책의 체제는 이전 책과 같으며, 이전 책 출판 이후에 지속적으로 수집된 기명 청동기 1,509점을 추가 수록하고 있으며, 이 중 미발표된 공사(公私) 소장품이 742점으로 전체의 절반을 차지한다. 2020년에는『상주 청동기 명문 및 도상 집성 삼편(商周青銅器銘文暨圖像集成三編)』 4권이 출판되었으며, 이 책 역시 이전 책과 같은 체제로, 2015년 6월부터 2019년 12월까지 출토되거나 확인된 기명 청동기 1,772점을 추가 수록했다. 오진봉의 세 가지 책은 현재까지 출판된 기명 청동기를 가장 풍부하게 기록한 작품이다.

9. 기물 명문의 고석(考釋)

송(宋)나라 때의 설상공(薛尚功)은 금문을 전문적으로 고석(考釋)한 최초의 인물인데, 그의 주요 업적으로는 『역대종정이기관지법첩(歷代鍾鼎彝器款識法帖)』 20권이 있다. 이 책에 수록된 명문은 주로 『고고도(考古圖)』와 『선화박고도록(宣和博古圖錄)』에서 발췌했으나, 그 범위는 이 두 책을 훨씬 넘어선다. 총 511점의 명문을 검토하였으며, 그 중 하(夏)나라 기물 명문 2점, 상(商)나라 기물 명문 209점, 주(周)나라 기물 명문 253점, 진(秦)나라 기물 명문 5점, 한(漢)나라 기물 명문 42점이 포함되었다.

설상공은 명문을 모사하여 해독문을 작성한 후, 기물 명문 중의 어려운 글자나 단어에 대해 고석을 진행했다. 예를 들어, 권2의 「기유수명이(己酉戍命彝)」에 대한 고석에서는 '기유수(己酉戍)'의 경우 "기유(己酉)는 해를 기록한 것이고, '수(戍)'는 지키다는 뜻이다. 지켜야 할 땅이 있다는 뜻이다. 『춘추』에서 제후(齊侯)가 연칭(連稱)과 관지보(管至父)로 하여금 계구(葵丘)를 지키게 하였다.'라고 한 것과 같은 이치이다."라고 설명한다.

또 '준의우소주용(隣宜于豔奏鏞)'에 대해서는 이렇게 말했다. "'의우소보(宜于昭黼)'라는 것은 그 차이를 말한 것이다. 곤의(袞衣)에서 조분

(藻粉)을 취하거나 보불(黼黻)의 채택해 구분했던 것과 같이 깃발(旌)로 구분했던 것이다." 또 '상패붕방(商貝朋方)'에 대해서는, "'상패붕방(商貝朋方)'의 경우, 5패(貝)가 1붕(朋)인데, 이는 『시』에서 '사아백붕(錫我百朋: 나에게 100붕을 내리셨네)'는 그 봉록이 많음을 뜻한 것과 같다."라고 했다. 또 '용실위종이(用室圍宗彝)'에 대해서는 "이(彝)는 종묘(宗廟)에 상설된 기물이다. 이는『주관(周官)』에 실린 육이(六彝)와 같은 것이다."라고 했다.

설상공의 저작은 금문 고석의 체제를 창조적으로 개발했으며, 이 체제는 후대의 금문 고석자들에게 모델이 되었다. 또한 문헌의 보존이라는 측면에서도 그의 공헌은 매우 중요하며, 많은 귀중한 명문은 이 책을 통해서만 전해지게 되었다. 예를 들어, 「사굉궤명(師旬簋銘)」, 「미련정명(微縊鼎銘)」, 「월왕종명(越王鍾銘)」 등이 그 예이다.

설상공 이후, 청나라에 들면서 금문의 고석은 전성기를 맞이했으며, 이 시기에는 여러 중요한 업적들이 이루어졌다.

· 천점(錢坫)의 『십육장락당고기관지고(十六長樂堂古器款識考)』는 4권으로, 가경(嘉慶) 원년에 자신이 판각하여 출판되었다. 총 29점의 상주(商周) 청동기를 수록했으며, 나머지는 진한(秦漢) 기물이다. 각 기물의 모양을 도록(圖錄)에 담고, 모각(摹刻) 방식으로 기명을 기록한 후 간단한 고석을 제공했다. 이 책의 총체적인 고석 수준은 높지 않지만, 중요한 기여를 한 부분이 있다. 바로 송나라 사람들이 '돈(敦)'으로 해석한 기물을 그 기물에서 부른 이름인 '궤(殷)'에 근거하여 '궤(簋)'로 재해석함으로써, 송대 사람들의 기물 이름 확정에서 저지른 큰 실수를 바로잡았다. 이러한 정정은 '한 글자가 천금 같다'는 중요성을 지닌다.
· 완원(阮元)이 저술한『적고재 종정이기 관지(積古齋鐘鼎彝器款識)』는 청나라 금문 고석의 첫 번째 대형 저작이다. 이 책은 건가(乾嘉) 시기의 저명한 경학자였다. 가경(嘉慶) 9년에 완원이 자체적

으로 인쇄한 이 책은 상주(商周) 때의 기물 446점을 수록하고 있다. 각 기물의 명문은 탁본이나 모본을 모사하여 기록하고, 그에 대한 고석을 제공한다. 특히 일부 기물의 명문 모사는 매우 정확하여 원래 글자의 정신과 분위기를 잘 살려냈다. 예를 들어, 「홀정(曶鼎)」의 명문은 이 책에서 처음으로 모본 방식으로 기록되었으며, 완원은 이에 대한 해문과 고석을 제공했다. 완원의 고석은 경사(經史)를 광범위하게 참고했으며, 일부 문자와 단어의 해석은 매우 정확했다. 또한, 그의 몇몇 창의적인 이론은 후대 학자들에게 상당한 영향을 끼쳤다.

· 천개기(陳介祺)는 「천망궤(天亡簋)」, 「악후정(鄂侯鼎)」, 「혜갑반(兮甲盤)」, 「대우정(大盂鼎)」, 「모공정(毛公鼎)」 등에 대한 고석을 진행했다. 또 오영광(吳榮光)은 『균청관금문(筠淸館金文)』5권을 저술했다. 또 서동백(徐同柏)은 『종고당 관지학(從古堂款識學)』16권을 저술했으며, 이 책에는 그 유명한 「대우정명(大盂鼎銘)」과 「모공정명(毛公鼎銘)」이 처음으로 기록되었다.

· 이후 오식분(吳式芬)은 『군고록금문(攈古錄金文)』을 저술하였으며, 총 1,334점의 기물을 수집했다. 기물 명문은 모본으로 기록되었으며, 고석은 주로 허인림(許印林)과 서동백(徐同柏)의 해석을 참조했다.

· 오대징(吳大澂)은 『객재집고록(愙齋集古錄)』, 『객재집고록 석문 잉고(愙齋集古錄釋文剩稿)』, 『설문고주보(說文古籀補)』, 『자설(字說)』등을 저술했는데, 이들 모두는 금문 고석의 우수한 예이다. 특히 『객재집고록』26권은 탁본 방식으로 명문을 기록하고, 총 1,144점의 기물을 수집했다(중복 및 누락을 제외하면 실제 수집 기물은 1,026점이다). 오대징은 금문 중 중요한 단어와 문구에 대한 고석을 제공했는데, 예를 들어 제1책의 「정정숙종(鄭幷叔鍾)」에서는 해석문의 뒤에서 '정(幷)'과 '정(井)'을 구별하고, "전(奠)이 바로 정(鄭)의 고문체이며, 정(幷)은 정(邢)의 고문체이다"라고 했는데, 매우 정확한 견해이다.

그의 『객재집고록 석문 잉고』는 금문 고석의 유고로, 총 136점의 기물에 대해 고석했다. 또 『설문고주보』는 금문을 대표로 하여 편찬한 자전으로, 주로 출현한 글자를 표제자로 삼아 고석의 의견을 제시하였는데, 필요시 때로는 해당 표제자의 아래에다 고석에 관한 의견을 제시하기도 했다. 또『자설』은 금문에 나타나는 일부 중요한 어휘에 대한 고석으로, '역자설(數字說)', '이자설(夷字說)', '편자설(鞭字說)', '문자설(文字說)', '간지자설(干支字說)', '숙자설(叔字說)', '사자설(沙字說)', '새자설(鉥字說)' 등은 모두 매우 적절한 해설이다.

오대징의 이러한 저작들은 금문 기록 방식을 새롭게 하고, 중요한 어려운 단어와 문구에 대한 탁월한 해석을 제공함으로써 금문 연구에 뛰어난 공헌을 했다. 그의 작품은 전인의 잘못된 해석을 바로잡고 새로운 해석을 창조함으로써 금문 연구 분야에 중요한 발전을 가져왔다.

· 방준익(方濬益)의 『철유재 종정이기관지 고석(綴遺齋鍾鼎彝器款識考釋)』은 총 30권으로 구성되어 있으며, 상주 때의 기물 명문 1,382점을 수록하고 있다. 이 책에서 명문의 기록은 모사(摹寫) 방식을 사용하며, 모사는 매우 정확하게 이루어졌다. 모사본 아래에는 해석문과 고석이 제공되었는데, 그의 고석 업적은 오대징(吳大澂)과 비견될 만하다.

· 유심원(劉心源)의 저작인『기고실 길금문술(奇觚室吉金文述)』20권과『고문심(古文審)』8권.

『기고실 길금문술』은 상주 때의 청동기 575점과 무기 77점을 수집하였다. 이 작품은 탁본의 방식으로 기물의 명문을 기록하였는데, 일부 탁본은 매우 우수하다. 탁본 아래에는 해당 글자를 현대 글자로 옮겼으며(隸定), 그런 다음 해당 기명을 검토하고 해석했다.『고문심』은 먼저 글자를 고석하고, 해석문을 명문의 왼쪽에 모사하여 자형과 해석문을 대조할 수 있게 하였으며, 그런 다음 전체 기명에 대한 검토와 해석을 진행했다.

유심원의 해석 특징은 글자의 구성 형태 분석에 중점을 두었으며, 문자 연구에 많은 발명을 보여준다. 이 두 저작은 모두 금문 해석의 우수한 작품이다.

· 손이양(孫詒讓)의 저작인『고주습유(古籒拾遺)』3권(상, 중, 하)와『

고주여론(古籀餘論)』 2권.

『고주습유』 상권에서는 설상공(薛尙功)의 『역대 종정이기관지법
첩(歷代鍾鼎彝器款識法帖)』의 14점의 명문을 선별하여 검토하였
고, 중권에서는 완원(阮元)의 『적고재 종정이기관지(積古齋鍾鼎彝
器款識)』의 30점의 명문을 검토하였다. 하권에서는 오영광(吳榮
光)의 『균청관금문(筠淸館金文)』의 22점의 명문을 검토하였으며,
책 끝에는 「송 정화 예기 문자고(宋政和禮器文字考)」라는 논문 1
편을 부록으로 첨부했다. 또 『고주여론』은 오식분(吳式芬)의 『군
고록금문(攘古錄金文)』을 검토하고 수정하기 위해 작성되었으며,
총 105편을 검토하였다. 손이양의 이 두 저작은 각각의 문자를
해석할 때, 형태 연구로부터 출발하여 부수 분석법을 사용하는
동시에 역사 비교법, 사례 추감법(辭例推勘法)을 종합적으로 사용
하여, 과학적인 접근을 보여주었다. 많은 글자의 해석은 정확하
고 신뢰할 수 있으며, 청대 금문 해석의 최고 수준을 대표한다.
그의 해석 방법은 후세에 의해 체계화되어 고문자 해석의 과학적
방법으로 자리 잡았다.

근현대 중국에서는 서양의 언어학, 고고학, 천문학 등의 과학 이론
의 영향과 새로운 자료인 갑골(甲骨), 간목(簡帛), 금석(金石) 등의 발
견으로 인해 고문자 해석자들의 시야가 크게 확장되어 청대를 넘어
서는 성과를 이루었으며, 가장 찬란한 시기를 맞이했다.

먼저, 왕국유(王國維)이다.

그는 「생패사패고(生霸死霸考)」를 저술하여 금문의 월상(月相) 어휘
연구에 획기적인 진전을 이루었으며, '사분일월설(四分一月說)'을 창립
하여 깊은 영향을 끼쳤다. 또한, 서주 역사와 관련된 긴 명문을 연구
하여 「관당고금문고석오종(觀堂古金文考釋五種)」, 「모공정명고석(毛公
鼎銘考釋)」, 「산씨반고석(散氏盤考釋)」, 「불기돈개명고석(不其敦蓋銘考
釋)」, 「우정명고석(盂鼎銘考釋)」, 「극정명고석(克鼎銘考釋)」 등을 저술

했다. 그는 또 해독이 어려운 글자와 어휘를 연구하여 「설화(說盃)」, 「설각붕(說玨朋)」, 「석설(釋辞)」, 「석필(釋弼)」 등을 저술하며 많은 성과를 이루었다. 그는 「모공정고석서(毛公鼎考釋序)」에서 문자 해석과 명문 통독의 '6가지 원칙(六項原則)'을 제시했다. 즉 역사 사실과 제도 문물을 연구하여 그 시대의 상황을 이해하고, 시서(詩書)에 근거하여 그 문장의 의미와 사례를 탐구하며, 고음(古音)을 연구하여 그 의미의 가차(假借)에 통달하고, 이기(彝器)와 대조하여 그 글자의 변화를 검증하며, 이를 바탕으로 다른 것으로부터 추론하면, 해석할 수 없는 글자나 통하지 않는 의미에서 반드시 새로운 발견이 있을 것이며, 마지막으로 확실히 알 수 없는 것은 후세의 연구자를 기다려야 한다. 이 여섯 가지 원칙은 후세 연구자들에게 큰 영감을 주었다.

다음은 곽말약(郭沫若)이다.

그는 1930년대에 일본에서 『양주금문사대계(兩周金文辭大系)』를 인쇄 출판하였으며, 서주 왕신(王臣)의 기물명문 162점, 동주 제후(諸侯)들의 기명 161점을 해석하였다. 그의 해석 특징은 먼저 시기를 구분(斷代)하거나 해당 기물의 국가를 확정한 다음, 명문 중의 핵심적인 단어와 구절을 연구하여 명문의 의미를 통하게 하는 것이었다. 그의 이러한 검증을 통해 각각의 명문은 양주(兩周) 역사 연구에 귀중하고도 생동적인 사료가 되었다. 또한 그는 『은주청동기명문연구(殷周青銅器銘文研究)』, 『금문총고(金文叢考)』, 『금문총고보록(金文叢考補錄)』을 저술하였으며, 해독이 어려운 글자들의 해독, 중요 명문의 해독 등 분야에서 창의적인 해석이 많았다. 예를 들어, 「과조戚髳필동사설(戈璃戚髳必彤沙說)」, 「석屋(釋屋)」, 「석경(釋巠)」, 「모공정지연대(毛公鼎之年代)」 등이 있다.

곽말약(郭沫若) 이후, 당란(唐蘭), 서중서(徐中舒), 우성오(于省吾), 장

정량(張政烺), 양수달(楊樹達), 진몽가(陳夢家), 이학근(李學勤), 구석규(裘錫圭), 임운(林澐), 우호량(于豪亮) 등 많은 학자가 금문 연구에 크게 이바지하였다.

당란(唐蘭)은 1930년대 말에 『고문자학도론(古文字學導論)』을 저술하여 고문자학의 과학적 체계를 구축하고, 고문자 해석의 4가지 방법을 제안했다. 이를 통해 금문 연구에서 풍성한 성과를 거두었으며, 대표적인 성과로는 전문 저작인 『서주청동기명문분대사징(西周青銅器銘文分代史徵)』이 있다. 이 저작에서 그는 서주 때의 명문 176점에 대한 시기구분(斷代)을 수행하고, 주석과 번역을 제공하였다. 또한 논문 「모공정의 '주불' '총형' '옥환' '옥수'에 대한 새로운 해석(毛公鼎'朱韍''蔥衡''玉環''玉瑹'新解)」, 「'멸력'에 대한 새로운 뜻풀이('蔑区'新詁)」 등 다수의 글을 통해 의문스러웠던 단어와 구절을 해석하고 많은 발견을 했다. 예를 들어, 하사 명문에서 자주 보이는 '황(黃)'자를 '형(衡)'으로 해석하고, 이것이 '슬갑(市)의 띠'임을 지적하여 '황(璜)'으로의 잘못된 해석을 바로잡았는데, 그의 해석은 학계에서 널리 인정받았다.

서중서(徐中舒)는 『금문하사해례(金文嘏辭釋例)』를 저술하여 금문 중의 하사(嘏辭)를 체계적으로 검증하고 창의적인 해설이 많으며, 그 영향은 깊고 오래 지속되었다.

우성오(于省吾)는 「석비(釋黹)」, 「석량(釋兩)」, 「장반명문십이해(墙盤銘文十二解)」 등의 논문을 저술했다. 그는 고문자 연구에서 각 글자의 자형, 독음, 의미 측면의 상호 관계뿐만 아니라, 동시대 다른 글자와의 횡적 관계와 역사적으로 다른 시기의 글자 형태 간의 종적 관계에 주목했다. 따라서 그의 해석은 항상 자형 연구에서 시작하여 문자의 해석을 정확하게 한 다음, 그 사용을 검증하는 방식으로 진행되었으며, 그리하여 그의 결론은 설득력이 있었다. 예를 들어, 그가 「장반

(牆盤)」 명문 '갹상(㒣趩)'을 연결사인 '경상(競爽)'으로 해석하여, 강건하고 선명함을 의미하는 것으로 해석한 것은 학계에서 널리 인정받았다. 또한 '龏'을 '거(擧)'로 해석한 것도 학계에서 많은 인정을 받았다. 또 '량(兩)'의 자형 구조 원리에 대한 그의 해석은 여러 학자에 의해 정론으로 받아들여졌다.

장정랑(張政烺)은 「주나라 초기 청동기 명문 중의 역괘에 대한 시론적 해석(試釋周初青銅器銘文中的易卦)」을 통해 청동기 명문에 나타난 오랜 미해결 수수께끼를 풀어냈다. 또 「이궤석문(利簋釋文)」, 「측왕궤개발(矢王簋蓋跋)」 등에서도 어려운 글자를 해독하고 창의적인 해설을 하여 의문을 해소하고 어려운 문제를 해결했다.

양수달(楊樹達)은 『적미거금문설(積微居金文說)』과 『적미거금문 여설(積微居金文餘說)』을 저술했다. 이 작품들에서는 314점의 기물에 대한 설명을 하고, 발어(跋語) 형식으로 해석하기 어려운 어휘를 해독했다. 그의 성과 역시 상당히 크다.

진몽가(陳夢家)는 『서주동기단대(西周銅器斷代)』를 저술했다. 상권의 상편은 「서주기명고석(西周器銘考釋)」으로, 무왕(武王)부터 선왕(宣王)에 이르기까지 총 218점의 기물을 검토했다. 상권의 하편은 「서주동기종론(西周銅器總論)」으로, 그중 「주례부분(周禮部分)」에서는 '석불(釋市)', '석황(釋黃)', '석비여(釋非余)', '석비대(釋韠鞁)' 등 어려운 글자와 구절을 해석하는 공격적인 작업을 수행했다.

이학근(李學勤)은 『신출청동기연구(新出青銅器研究)』(증정판)를 저술했으며, 이 책에는 67편의 고석 논문이 수록되었다. 또한 『이학근집(李學勤集)』, 『문물 속의 고대문명(文物中的古文明)』, 『중국고대문명연구(中國古代文明研究)』, 『하상주문명연구(夏商周文明研究)』, 『하상주년대학차기(夏商周年代學劄記)』 등의 저작이 있으며, 이들에도 금문의 해석에 관한 글들이 포함되어 있다. 이학근의 해석 특징은 언어 맥락과 언어 사용에 중점을 두었다. 그의 '가(賈)'에 대한 해석(「魯方彝與西周商賈」)과 '졸(卒)'에 대한 해석(「多友鼎的'卒'字及其它」)은 학계가 장기간 잘못 해석해 온 것을 바로잡았다.

구석규(裘錫圭)는 금문에 관한 많은 고석 논문을 저술하였으며, 이들은 현재 『구석규학술문집(裘錫圭學術文集)』의 제3권에 집중적으로 수록되어 있다. 구석규의 해석은 글자 형태 연구와 문헌 증거에 중점을 두는 것이 특징이며, 그의 결론은 신뢰할 수 있다. 그가 선택하여 해석한 단어와 구절 중 상당수는 역사적 사실이나 예제(禮制)와 관련된 의문의 단어와 구절이다. 예를 들어, 「소신준정(小臣䧹鼎)」 명문의 '䧹'을 '건(建)'으로 해석하여 '소공건연(召公建燕: 소공이 연나라를 세웠다)'이라는 역사적 사실을 밝혔다. 또한, 「산반(散盤)」에 나타나고 장기간 '미(眉)'로 잘못 해석되었던 '𤕦'를 '리(履)'자로 해독하여 이것이 토지 면적을 확인하고 경계를 정하는 용어임을 밝혔다. 이 글자의 해석은 서주 때의 토지 사용권 이전과 관련된 '리전입봉제(履田立封制度: 토지를 측량하고 경계를 명확히 하는 제도)'를 밝혔다. 또 '䚒㝬'을 '신취(申就)'로 해석하고, 이를 반복해서 완성되는 의미로 풀이함으로써 고대의 책명(冊命) 예식의 중요한 의례 절차를 밝혔다. 그의 「복공중궤개명보석(復公仲簋蓋銘補釋)」은 '婦'과 '寢'으로 옮긴 '침(寢)'자를 '부(婦)'로 해석하던 잘못을 바로잡았다. 또 「금문 '인(引)'자의 허사 용법의 해설(說金文'引'字的虛詞用法)」에서는 「모공정(毛公鼎)」의 일부 문구에 대해 올바른 해석을 제시했다. 그의 해석은 대부분 학계에서 정론으로 받아들여진다.

임운(林沄)은 '례(豊)'와 '풍(豐)'의 형태 차이를 상세히 분별하여, 오랫동안 '례(豊)'와 '풍(豐)'을 동일한 글자로 여기는 오류를 바로잡고,

금문 중 일부 '예(豊)'자를 '풍(豐)'자로 잘못 해석한 오류를 수정했다.

우호량(于豪亮)은 오랫동안 '홍(弘)'자로 잘못 해석되던 '인(引)'자를 올바르게 해석했으며, 또 '조(俎)'자도 해석하여 '조(俎)'와 '의(宜)'가 동일한 글자라는 오류도 바로잡았다.

최근 몇 년간 새로운 연구 성과들도 나타났다. 예를 들어, 「모공정 (毛公鼎)」에서 옛날 '렵(鬣)'으로 해석되던 '嘆'을 '구응(鉤膺)'이라고 할 때의 '구(鉤)'로 새롭게 해석하고, 옛날 '戩'으로 해석되던 글자를 '전 벌(翦伐)'의 '전(翦)'자로 해석했다. 또 「사순궤(師詢簋)」에서 '수(受)'로 해석되던 글자를 '고(股)'의 본래 글자로, 「부종(默鍾)」 등의 명문에서 '자(子)'로 읽던 글자를 '란(孿)'으로, 또 '만(蠻)'으로 새롭게 해석했다. 또 「소신단지명(小臣單觶銘)」의 '판(反)'을 '반(瓜)'과 '휴(陸)'에서 유래 된 것으로 보고, '훼출(毀黜)'이나 '산제(鏟除)'의 의미로 해석했다. 또 한, '𢆶', '𢆉', '𢆷'과 같은 어려운 글자를 '실(失)'(=佚)로 해독했으며, 옛날 '추(豯)'(=墜)로 읽던 '豖'을 '단(彖)'(惰로 읽힘)으로 해석하였으며, '멸력(蔑曆)'의 '력(曆)'으로 해석되던 '력(曆)'을 '무(楙)'가 독음인 '무 (懋)'자로 해석하였다. 또 「동궤(戜簋)」에서 '卽'을 비롯해 관련 글자 들을 '분습(奔襲)'이라고 할 때의 '습(襲)'의 본래 글자로 해석하였으며, 「장반(墻盤)」에서 '려(戾)'로 잘못 읽던 '주(盩)'를 '주(盩)'와 같이 읽는 '조(調)'로 해석하였으며, 「사십이년구정(四十二年逑鼎)」 등의 명문에서 '戜'을 '준(蠢)'의 고문으로 해석하는 등 다양한 예가 있다. 다만 여기 에 모두 열거하기 어려워 줄인다.

앞서 언급한 내용은 상(商)과 서주(西周) 시기의 연구 성과에 관한 것이며, 춘추전국(春秋戰國) 시기에도 풍부한 연구 성과가 있다. 예를 들어, 장정랑(張政烺)의 「경호(庚壺)」 명문에 관한 연구, 장정랑과 이학 근(李學勤) 등의 중산국(中山國) 청동기 명문에 관한 연구, 대만의 임홍명(林宏明)의 전국시기 중산국 문자에 대한 연구, 구석규(裘錫圭)와 이가호(李家浩)의 증후을묘(曾侯乙墓) 종경(鍾磬) 명문에 관한 연구, 주덕희(朱德熙)와 이가호의 「악군계절(鄂君啓節)」에 대한 연구 등이 있다.

이외에도 다양한 주석, 통석(通釋), 통고(通考), 휘고(彙考), 전문 주제애 관한 연구들이 있다. 예를 들어, 마승원(馬承源)이 주편한『상주청동기명문선(商周青銅器銘文選)』, 당란(唐蘭)의 『청동기명문분대사징(青銅器銘文分代史徵)』, 일본 시라카와 시즈카(白川靜)의『금문통석(金文通釋)』, 조금염(曹錦炎)의 『조충서통고(鳥蟲書通考)』(증정판), 임청원(林淸源)의 『양주청동 구병명문 회고(兩周青銅句兵銘文匯考)』, 진영걸(陳英傑)의 『서주금문 작기용도 명사연구(西周金文作器用途名詞研究)』등이 모두 금문 연구의 중요한 성과들이다.

10. 청동기의 연대구분(斷代)

현재까지 발견된 청동기 중 1928년 이전의 것은 모두 전해지거나 사적 발굴로 시장에 유통된 것들인데, 이들의 출토지, 무덤, 지층, 함께 출토된 기물 등과 같은 중요한 정보가 대부분 없어 연대 구분(斷代)의 난이도가 매우 높다. 송(宋)나라 때 이미 연대 구분을 시도했지만 성과는 미미했다. 중대한 업적을 이룬 것은 근현대의 곽말약(郭沫若)으로, 그는 1930년대에 이렇게 말했다. "기물의 연대는 언제나 명문에서 드러나며", "이러한 기물을 중심으로 다른 기물을 추정하여, 그 인명 사적은 일정한 맥락을 찾을 수 있다. 이를 바탕으로 문자의 체제, 문장의 격조, 기물의 무늬 형식 등을 참고하여, 한 시대의 기물을 대체로 추적할 수 있다. 가까운 것이 정확하다면 그 선후의 것은 서로 그리 멀지 않을 것이며, 역법의 시간 기록이 있는 경우에는 연월일시 간의 상호 관계를 통해 합치 여부를 탐구할 수 있다."(『兩周金文辭大系考釋·序』). 그는 이러한 방법으로 서주의 162점(기물의 수는 「서」의 「열국표준기연대표」에 근거했다)의 기물의 연대를 구분했는데, 이를 '표준기물 연대 구분법(標准器斷代法)'이라 불렀다(명문과 역사적 사실을 대조하여 제작 연대나 절대 연대를 확정하고, 이를 바탕으로 역사적 정보가 명확하지 않은 청동기의 대략적 제작 연대를 판단하는 방법이다). 이 방법은 큰 영향을 미쳤다.

중화인민공화국이 성립된 후, 진몽가(陳夢家)는 1950년대 말에 발표한 『서주동기단대(西周銅器斷代)』를 통해 '표준기물 연대 구분법'을 더욱 발전시키고 완성했는데, 이는 곽말약에 이은 중대한 성과였다.

1960년대 초, 당란(唐蘭)은 「서주 청동기 연대 구분에서의 '강궁' 문제(西周銅器斷代中的'康宮'問題)」를 발표하여 청동기 명문에 자주 보이는 '강궁(康宮)'은 강왕(康王)의 사당으로, 명문에 '강궁'이 보이는 기물은 강왕 이후의 것이라 주장했다. 그는 '소궁(卲[昭]宮)', '목궁(穆宮)', '이궁(㣜[夷]宮)', '려궁(刺[厲]宮)' 등이 보이는 기물은 모두 해당 왕들(昭王, 穆王, 夷王, 厲王) 이후의 것이라고 주장했으며, 당란의 이러한 주장은 '강궁설(康宮說)'이라 불렀고, 이 역시 '표준기물 연대 구분법'으로 평가받으며 많은 학자의 동의를 얻었다.

그 뒤 이학근(李學勤)도 중요한 성과를 발표했다. 그는 「서주 중기 청동기의 중요 표준—주원의 장백과 강가촌 두 곳의 청동기 교장의 종합 연구(西周中期青銅的重要標尺--周原莊白, 强家村兩處青銅器窖藏的綜合研究)」(『中國歷史博物館館刊』 1979년 제1기)에서 가문 단위의 교장 기물을 제공하는 '군(群)'과 '조(組)'를 활용할 것을 주장했다. 그는 정확한 서주 중기 청동기의 연대 추정을 위해 더 많은 표준기물이 필요하다고 보았으며, "한 가문의 여러 세대에 걸친 기물이 수직적 연관성

(기물 주인 가족의 몇 대에 걸친 기물), 수평적 연관성(기물 주인의 동시대 기물)을 갖는 청동기 군을 찾아 그것을 표준으로 삼아 우리가 정한 청동기 연대적 순서가 올바른지 검증하고, 각 왕 시기의 기물 특징을 알려주는 것이 가장 좋다."라고 주장했다. 그는 이러한 접근 방식을 사용하여 장백촌과 강가촌의 교장 기물을 연구하고 표준기를 확정하여, 소왕(昭王) 시기의 기물과 공왕(恭王), 의왕(懿王), 효왕(孝王), 이왕(夷王) 시기의 기물에 대해 연대 구분하고, 소왕과 목왕(穆王) 시기의 청동기 차이가 크다고 주장했다. 소왕 시기의 기물은 성왕(成王)과 강왕(康王) 시기의 특징을 많이 보유하고 있었으며, 목왕 시기에는 변화가 많고 새로운 요소가 등장했다. 초기와 중기의 경계는 소왕과 목왕 사이에, 중기의 하한은 효왕과 이왕 사이에 있어야 하며, 중기 범위는 목왕, 공왕, 의왕, 효왕 등 4명의 왕으로, 소왕 시기의 기물은 여전히 초기에 속한다고 주장했다.

이 외에도 많은 학자가 이러한 연구에 참여했으며, 왕세민(王世民) 등의 『서주청동기 분기단대연구(西周靑銅器分期斷代硏究)』, 팽유상(彭裕商)의 『서주청동기 년대 종합연구(西周靑銅器年代綜合硏究)』, 장진림(張振林)의 「청동기 명문 형식상의 시대 표기에 대한 시론(試論銅器銘文形式上的時代標記)」 등의 성과도 높지만, 여기에서 편폭의 제한으로 자세히 소개하지는 않는다.

오늘날 출판된 현대의 저작들, 예를 들어 『은주금문집성(殷周金文集成)』, 『신수 청동기명문 및 그 영회편(新收靑銅器銘文暨器影匯編)』, 『근출 은주금문집록(近出殷周金文集錄)』, 『근출 은주금문집록 이편(近出殷周金文集錄二編)』, 『상주청동기명문 및 도상집성(商周靑銅器銘文暨像集成)』(『續』, 『三編』 포함) 등에 수록된 청동기들은 모두 단대 정보를 포함하고 있다. 이들 서적에서의 시대 구분은 다음과 같다. 은(殷) 혹은 상(商), 서주(西周) 초기, 서주 중기, 서주 말기, 서주, 춘추(春秋) 초기, 춘추 중기, 춘추 말기, 춘추, 전국(戰國) 초기, 전국 중기, 전국 말기, 전국 등이다.

서주(西周) 시기 각 왕의 시대 구분에 관해서는 일반적으로 진몽가(陳夢家)의 분류를 따른다. 진몽가는 기원전 1027년을 서주의 시작점으로, 기원전 771년을 종점으로 삼았다. 그는 무왕(武王, B.C.1027-1025년), 성왕(成王, B.C.1024-1005년), 강왕(康王, B.C.1004-967년), 소왕(昭王, 966-948년)을 서주 초기 단계(총 80년, 진몽가는 '早'를 '初'로 불렀음)에 배정했다. 목왕(穆王, B.C.947-928년), 왕(恭王, B.C.927-908년), 의왕(懿王, B.C.907-898년), 효왕(孝王, B.C.897-888년), 이왕(夷王, B.C.887-858년)은 서주 중기 단계(총 90년)에 속한다고 했다. 그리고 려왕(厲王, B.C.857-842년), 공왕(共王, 공화, B.C.841-828년), 선왕(宣王, B.C.827-782년), 유왕(幽王, B.C.781-771년)은 서주 말기(총 87년)에 속한다고 분류했다. 하지만 최근 많은 학자가 이왕(夷王)을 서주 말기에 포함시키는 경향이 있다.

11. 도구서(工具書)의 편찬

(1) 글자 해석류의 도구서

이의 편찬은 송대 여대림(呂大臨)의 『고고도석문(考古圖釋文)』에서 시작되었다. 이 책은 글자를 음운에 따라 배열하였으며, 이 분야의 초기 시도에 속한다. 청나라 때, 오대징(吳大澄)은 『설문(說文)』의 부수 순서에 따라 『설문고주보(說文古籀補)』를 집성했는데, 금문의 자형을 수록한 자전으로, 그 영향은 매우 깊었다. 1925년, 용경(容庚)은 근대 이래 첫 번째로 전문적으로 금문을 수록한 자전인『금문편(金文編)』을 편찬하였고, 각각 1939년, 1959년, 1985년에 개정 보완(張振林과馬國權이 보완)되었다. 이는 금문 연구 및 기타 고문자 연구에 크게 이바지하였다.

1985년 이후,『금문편』은 더 이상 개정되지 않았으나, 2011년에는 동련지(董蓮池)가『신금문편(新金文編)』을 편찬하여 출판했다(作家出版社 발행).『신금문편』은 수록 원칙, 자형의 입력, 글자 배열 등 여러 방면에서 중대한 혁신을 이루었는데, 자료 수록의 하한선은 2010년까지이다. 이 책은 학계의 새로운 성과를 충분히 흡수하였으며, 2015년에는 중국교육부 제7회 고등기관 우수연구 성과상(2등상)을 수상했다.『신금문편』은 현재 널리 사용되는 금문(金文) 공구서로 자리 잡았다.

(2) 형의(形義)류 도구서

대가상(戴家祥)이 주편한『금문대자전(金文大字典)』은 1995년에 학림출판사(學林出版社)에서 출판되었다. 이 책은 해서체(楷書體)로 표제자를 삼았으며, 표제자 아래에는 자형의 탁본을 수록하였으며, 해당 문자가 사용된 기물(器物)과 해당 문장을 표기한 후, 해당 표제자의 구조, 사용, 의미를 설명했다.

장세초(張世超) 등이 저술한『금문형의통해(金文形義通解)』는 1996년 일본의 중문출판사(中文出版社)에서 출판되었다. 이 책은『설문(說文)』의 부수를 따라 배열되어 있으며, 표제자 아래에는 자형, 해석, 의미 해석 세 부분이 들어 있다. 자형 부분에서는 해당 글자의 이체(異體)를 수록하고, 해석 부분에서는 글자의 구성 원리와 형태의 진화를 설명했으며, 의미 해석 부분에서는 금문에서의 사용 의미를 여러 항목으로 나누어 설명했다.

이외에도 왕문요(王文耀)의 『간명금문사전(簡明金文詞典)』, 진초생(陳初生)의 『금문상용자전(金文常用字典)』 등도 형의(形義)를 찾아보는 데 중요한 도구서이다.

(3) 글자와 문구 검색용 도구서

이에는 화동사범대학 중국문자연구와 응용센터(中國文字硏究與應用中心)의 『금문인득(金文引得)』, 장아초(張亞初)의 『은주금문집성인득(殷周金文集成引得)』, 장계광(張桂光)의 『상주금문사류찬(商周金文辭類纂)』, 동련지(董蓮池)·류지기(劉志基)·장재흥(張再興)·소영(蘇影)의 『상주금문원형류찬(商周金文原形類纂)』(77권) 등이 있다. 이들은 모두 개별 글자별로 된 색인(引得) 형식을 취하고 있으며, 특히 마지막 서적은 원형 자구 '색인'이라 할 수 있으며, 수록 범위는 현재까지 출판된 모든 금문(金文) 데이터를 기본적으로 포함하고 있다, 그래서 자형 전체를 모아 놓은 도구서로 필요한 글자 형태를 검색하는 데도 사용할 수 있다.

(4) 저록(著錄) 목록 검색용 도구서

이에는 왕국유(王國維)의 『삼대진한금문저록표(三代秦漢金文著錄表)』(『國朝金文著錄表』, 羅福頤의 교정 증정본)와 『송대금문저록표(宋代金文著錄表)』, 손치추(孫稚雛)의 『금문저록간목(金文著錄簡目)』, 유우(劉雨)의 『상주금문총저록표(商周金文總著錄表)』, 손치추(孫稚雛)의 『청동기명문색인(靑銅器銘文索引)』(?-1982년), 왕문요(王文耀)의 『금문주요론저목록

(金文主要論著目錄)』(『簡明金文字典』附錄, 1915-1990년), 장무용(張懋鎔)
의 『청동기논문색인(靑銅器論文索引)』(1983-2001년)과 『청동기논문색
인(靑銅器論文索引)』(2002-2006년), 왕효려(王曉麗)와 양원신(楊遠新)의
『중국청동기논저색인(中國靑銅器論著索引)』(2015) 등이 있다.

(5) 연구 성과 검색용 도구서

　『금문고림(金文詁林)』은 주법고(周法高) 주편으로, 주법고와 장일승
(張日升)과 서지의(徐芷儀)와 임결명(林潔明)이 편찬하였다. 1975년 홍
콩 중문대학(香港中文大學)에서 출판했다.『금문고림』은『설문해자고
림(說文解字詁林)』의 체제를 본떠 총 14권으로 구성되어 있으며, 표제
자는 1959년판『금문편(金文編)』을 따랐다. 총 1,894개의 표제자와
그 아래에는 1959년판『금문편』에 수록된 글자 형태를 옮겨 놓고,
문장을 추가한 후, 해당 글자에 대한 여러 학자의 해석을 발췌하여
항목별로 배열하였다. 발췌된 해석의 상한은 완원(阮元)의『적고재종
정예기관지(積古齋鐘鼎彝器款識)』로부터 시작하여(金文學은 완원에 이르
러 본 궤도에 오른 것으로 본다). 하한은 1974년까지이다.『갑골문자집설
(甲骨文字集釋)』에 이미 수록된 금문 해석은 중복하여 수록하지 않았
으며, 일본 학자 중에서는 다카다 다다치카(高田忠周)의『고주편(古籀
篇)』만을 수록했다. 주해 부분은 장일승(張日升), 임결명(林潔明), 주법
고(周法高) 등이 나누어 집필했다. 이 책에 수록된 연구 성과는 "한 글
자를 검색하면 관련된 모든 의견이 나타난다"는 기능을 갖추고 있어
연구에 매우 편리하며, 주해(按語)도 참고 가치가 매우 높다. 이 책은
금문 연구는 물론 다른 고문자 연구에도 큰 영향을 미쳤다.

- 『금문고림부록(金文詁林附錄)』은 이서정(李孝定), 주법고, 장일승이 저술하였으며, 1977년 홍콩 중문대학에서 출판하였다. 이 책은 1959년판 『금문편』의 부록 상하에 수록된 글자에 대한 고림(詁林)이다.

- 『금문고림보(金文詁林補)』는 주법고가 편찬하였으며, 대만중앙연구원의 『역사언어연구소 집간』 제77호에 실렸으며, 1982년에 출판되었다. 체제는 『금문고림』과 동일하며, 표제자는 1959년판 『금문편』을 기초로 하고 다시 379개를 추가하여 총 2,273자이다. 보충된 내용은 『금문고림』 당시 누락된 연구 성과, 『금문고림』 출판 후 발표된 연구 성과, 일본 가토 조켄(加藤常賢)의 『한자의 기원(漢字的起源)』, 아카쓰카 기요시(赤塚忠)의 『은금문고석(殷金文考釋)』, 시라카와 시즈카(白川靜)의 『금문통석(金文通釋)』과 『설문신의(說文新義)』 등의 관련 연구 성과를 임결명이 중국어로 번역하여 수록하였다. 주해는 주법고가 집필하였으나, 모든 표제자에 주해가 있는 것은 아니다.

- 『고문자고림(古文字詁林)』은 이포(李圃)가 주편하였으며, 화동사범대학 중국문자연구와 응용센터(華東師範大學中國文字研究與應用中心)가 편찬, 1999년 상해교육출판사(上海敎育出版社)에서 출판하였다. 이 책은 갑골문(甲骨文), 금문, 새인문(璽印文), 화폐문(貨幣文), 도문(陶文), 간백문(簡帛文), 석각문(石刻文), 맹서(盟書) 등 고문자에 대한 '고림'으로, 학자들의 연구 성과를 1997년까지 수록하였다. 『금문고림보』 출판 이후 15년 동안의 금문 연구 성과는 이 책을 통해서 조회할 수 있다.

- 『금문문헌집성(金文文獻集成)』은 유경주(劉慶柱)와 단지홍(段志洪)이 주편을, 풍시(馮時)가 부주편을 맡았으며, 선장서국(線裝書局)이 2005년에 출판하였다. 정편이 총 46권, 색인이 1권으로, 전체 47권이다. 이는 중국 문화사에서 최초의 대형 분류별 편집된 송대(宋代) 이래 현대까지의 금문(金文) 저술 및 연구 문헌을 집대성한 것으로, 1-18권은 '고대 문헌'으로 구분되며, 여기에는 1-8권이 '도상(圖像)과 명문(銘文) 종록(綜錄)', 9-16권이 '명문 및 고석(考釋)', 17권이 '자서(字書)와 자설(字說)'(일부는 18권에 포함),

18권이 '기물목록(器目)과 서발(序跋)'로 구성되어 있다. 19-46권은 '현대 문헌'으로, 이 중 19-22권은 '도상과 명문 종록', 23-29권은 '명문 및 고석', 30-36권은 '문자학 연구(文字學研究)', 37권은 '기물 연구(器物研究)', 38-39권은 '역법(曆法)과 연대 구분(斷代)', 40권은 '상주(商周)사 연구', 41권은 '변위(辨僞)', 42권은 '기물 목록', 43-45권은 '일어 논저(論著)', 46권은 '서구어 논저'로 이루어져 있다. 47권은 '색인'이다. 수록된 문헌은 대부분 해당 문헌의 전부이며, 일부 발췌된 내용도 해당 문헌의 금문 관련 내용 전체를 담고 있다. 이는 금문 문헌의 원해(淵海: 깊은 바다)로서, 일반적인 금문 문헌은 이를 통해 참고할 수 있으며, 또한 금문 연구에 필수적인 도구서적이다.

제3절 간백(簡帛) 문자

『묵자・상현(尚賢)』(하)에 따르면, "글은 죽간과 비단에 기록되고, 청동기물에 조각되어, 후세에 전해진다.(書之竹帛, 琢之盤盂, 傳以遺後世子孫.)"라고 했다. 여기서 죽간(竹簡)은 문서를 적은 대나무 조각을 의미하는데, 재료는 대나무에만 한정되지 않고 목간(木簡)도 포함된다. 비단(帛)은 고대 중국에서 글을 쓰는 데 사용된 비단 직물을 말한다. 죽간은 중국의 역사에서 책의 매우 중요한 기록 매체였다. 전존훈(錢存訓)은 이 점에 대해 놀랄 만한 훌륭한 논의를 한 바 있다.

> 책의 기원은 죽간(竹簡)과 목독(木牘)에까지 거슬러 올라갈 수 있으며, 책을 매는 끈(書繩)으로 엮고 죽간을 모아 편장(篇章)을 만들었는데, 이는 오늘날의 책의 페이지와 같다. 종이가 발명되기 이전, 대나무와 나무는 중국 역사에서 가장 보편적으로 쓰였던 필사 재료였을 뿐만 아니라 다른 재료보다 더 오랜 기간 사용되었다. 종이가 발명 후 수백 년이 지나서도 죽간(竹簡)은 글쓰기에 여전히 계속 사용되었다.[1]

역사 문헌과 고고학적 발견에 따르면, 죽간(竹簡)은 은상(殷商) 왕조 때부터 존재했다는 것을 알 수 있다. 『상서・다사(多士)』에는 "오직 은

---

[1] 錢存訓, 『書於竹帛—中國古代的文字記錄(第四次增訂本)』, 上海書店出版社, 2002年, 71쪽.

(殷) 왕조의 조상들만이 책과 경전을 가졌다.(惟殷先人, 有冊有典.)"라고 기록되어 있다. '책(冊)'이라는 글자를 갑골문에서는 ₩으로 적었다. 백서(帛書)는 달리 증서(繒書)라고도 하는데, 고대 중국에서 비단에 쓰여진 문서다. 죽간(竹簡)은 쉽게 손상되고 부패하기 때문에, 초기의 죽간 문자가 보존되어 전하는 것은 쉽지 않다. 지금까지 발견된 가장 이른 죽간 문자는 춘추전국시대 때의 것이다.[2]

죽간(竹簡)과 백서(帛書)는 자료가 방대하고 시간의 폭도 길고 지역도 광범위하므로, 다음과 같이 초 간백(楚簡帛), 진 간독(秦簡牘), 한 간백(漢簡帛)의 세 부분으로 나누어 설명한다.

제1부 초나라 간백(楚簡帛) 문자

1. 초 간백(楚簡帛)의 정의

『한서·예문지(藝文志)』, 『설문해자·서(序)』, 『진서(晉書)·서적전(書籍傳)』 등 고대 문헌에 따르면, 중국 역사에서 중요한 두 가지 죽간 자료 의 발견이 있었는데, 그것은 '공자벽중서(孔子壁中書)'와 '급총죽서(汲塚竹書)'이다. 그러나 이들은 초 죽간이 아니다.

초 죽간은 고대 전국시대 초(楚) 지역에서 유행했던 책의 한 형태이다. 이들은 준비된 죽간에 먹물을 묻힌 붓으로 글을 쓴 글쓰기 매체였다. 1950년대 이후 중국에서는 여러 차례에 걸쳐 중요한 초 죽간

---

2) 裘錫圭, 『文字學概要(修訂本)』, 商務印書館, 2013年, 59쪽.

자료들이 발굴되었다. 초기에 발견된 초 죽간 대부분은 견책(遣冊: 관부에서 발송하는 공문서), 점복과 기도의 기록, 사법 문서 등이었다. 곽점 죽간(郭店竹簡), 상해박물관 죽간(上博簡), 청화대학 죽간(淸華簡), 안휘대학 죽간(安大簡) 등 많은 초 죽간이 공개됨에 따라, 전적류의 초 죽간 연구가 학계의 주요 연구 분야가 되었다. 현재까지 발견된, 가장 오래된 백서 실물은 장사(長沙) 자탄고(子彈庫)의 초나라 무덤에서 출토된 전국시대 초나라 비단 문서이다.

2. 초 간백의 공표 현황

초 간백과 관련된 주요 공표 현황을 보면 다음과 같다.

1. 1942년, 호남 장사 동쪽 교외 자탄고 출토 초(楚)나라 무덤에서 도굴에 의해 발견되었다. 여러 차례 거래 끝에 이들은 현재 미국 워싱턴의 사클러 박물관에 소장되어 있다. 여기에는 시간과 한 해에 관한 내용과 관련 문헌에 대해 기록하고 있다.[3]
2. 1951년 중국과학원 고고학연구소 호남 조사 발굴 팀이 장사(長沙)시 오리패(五里牌) 406호에서 전국시대의 초 무덤을 발굴하여 38매의 죽간을 발견했으며, 견책(遣冊)에 관한 내용이다.[4]
3. 1953년 호남성 문화재 관리소가 앙천호(仰天湖) 25호 전국시대 초나라 무덤을 발굴하여 42매의 죽간을 얻었으며, 견책(遣冊)에 관한 내용이다.[5]
4. 1954년, 호남성 문화재 관리소가 장사시 양가만(楊家灣) 6호 전국시대 초나라 무덤에서 72매 죽간을 발굴했다. 이 죽간의 글자는 불분명하며 내용은 아직 확인되지 않았다.[6]

---

3) 饒宗頤, 曾憲通, 『楚帛書』, (香港)中華書局, 1985年.
4) 中國科學院考古硏究所, 『長沙發掘報告』, 科學出版社, 1957年.
5) 湖南省博物館等(編), 『長沙楚墓』, 文物出版社, 2000年, 420쪽.

5. 1957년, 하남성 문화국 문화재 팀이 신양(信陽) 장대관(長臺關) 제1호 무덤을 발굴하면서 전국시대 죽간을 발견했다. 이 죽간은 두 그룹으로 나뉜다. 첫 번째 그룹에는 고전이 포함되어 있으며, 총 110매이다. 내용은 유가의 작품일 수도 있고 『묵자(墨子)』의 잃어버린 텍스트일 수도 있으나, 아직 확정되지 않았다. 두 번째 그룹은 견책(遣冊)으로, 총 29매이다.7)

6. 1965년부터 1966년까지, 호북성 문화재 고고학연구소에서 湖北省 강릉현(江陵縣) 망산(望山) 제1호 및 제2호 전국시대 초기 무덤 두 곳을 발굴하는 과정에서 두 묶음의 죽간을 얻었다. 제1호 무덤에서는 207매의 죽간을 얻었으며, 점복 및 기도에 관한 자료가 포함되어 있었다. 제2호 무덤에서는 66매의 죽간을 얻었으며, 견책(遣冊)에 관한 기록이다.8)

7. 1978년, 호북성 형주(荊州) 지역 박물관이 강릉현(江陵縣) 관음당(觀音墙) 공사(公社) 오산(五山) 대대의 전국시대 초나라 무덤에서 70매 이상의 죽간을 발굴했다. 내용은 점복 기록과 견책(遣冊)에 대한 기록이었다.9)

8. 1978년, 호북성 문화재 관리소가 수주(隨州)시 뇌고돈(擂鼓墩) 증후을묘(曾侯乙墓) 제1호 무덤에서 240매 이상의 죽간을 발굴했다. 증(曾)나라는 초나라의 속국이었고 초 문화의 영향을 깊이 받았다. 게다가 증나라의 무덤에서 나온 죽간에 쓰인 글자가 일반 전국시대 초 죽간과 동일했다. 그래서 학계에서는 이 묶음의 죽간을 초 죽간으로 간주한다. 내용은 견책(遣冊) 등으로 이루어져 있다.10)

9. 1980년, 호남성 문화재 고고학연구소에서 임례(臨澧) 구리(九里)의 제1호 무덤에서 100매 이상의 죽간을 발굴했다. 내용은 점복 기록과 견책(遣冊)에 관한 것이었다.11)

---

6) 湖南省博物館等(編), 『長沙楚墓』, 文物出版社, 2000年, 428쪽.
7) 河南省文化局文物工作隊第一隊, 『我國考古史上的空前發現─信陽長臺關發掘一座戰國大墓』, 『文物參考數據』, 1957年 第9期, 21-22쪽.
8) 湖北省文物考古研究所, 北京大學中文系, 『望山楚簡』, 中華書局, 1995年.
9) 湖北省荊州地區博物館, 『江陵天星觀1號楚墓』, 『考古學報』 1982年 第1期.
10) 隨縣擂鼓墩一號墓考古發掘隊, 『湖北隨縣曾侯乙墓發掘簡報』, 『文物』 1979年 第7期.
11) 湖南省文物考古研究所, 『湖南省考古工作五十年』, 中國考古五十年(1949-1999)』,

10. 1981年, 호북성박물관 강릉(江陵) 관리팀이 강릉(江陵) 구점(九店) 공사의 벽돌공장 제56호 전국시대 초나라 무덤에서 205매의 죽간을 발견했다. 일부는 농작물과 관련된 내용이고, 일부는 일서 (日書)와 점복에 관한 자료들이다.12)

11. 1982년, 호북성 형주(荊州) 지역 박물관이 강릉현(江陵縣) 마산 (馬山) 공사의 벽돌공장 제1호 전국시대 초나라 무덤에서 죽간 1매를 발굴하였는데, 첨패(簽牌)에 관한 내용이다.13)

12. 1983년, 호남성 상덕(常德)시 덕산(德山)의 석양파(夕陽坡) 제2호에 전국시대 초나라 무덤에서 2매의 죽간이 출토되었다. 이 죽간은 완전하게 보존되어 있었으며, 초나라 왕이 그의 신하와 관료에게 연봉으로 포상하는 칙령을 담고 있었다.14)

13. 1986년부터 1987년까지, 호북성 형사(荊沙) 철도 고고학 팀에서 강릉(江陵) 진가저(秦家咀)의 전국시대 초나라 무덤 49기에서 출토되었다. 제1호 무덤에서 발굴된 7매의 죽간은 점복 및 기도 관련 내용이고, 제13호 무덤에서 출토된 18매의 죽간도 점복 및 기도 기록 관련 기록이고, 제99호 무덤에서 발굴된 6매의 죽간은 점복 및 기도와 견책(遣冊)관련 내용이었다.15)

14. 1987년, 호북성 형사(荊沙) 철도 고고학 팀이 형문(荊門) 십리포진(十里鋪鎭)의 왕장촌(王場村) 포산강(包山崗) 포산(包山) 제2호무덤에서 278매의 죽간이 발굴했다. 내용은 문서, 점복 및 기도, 견책(遣冊) 등 세 가지 범주로 나뉜다. 문서 죽간은 여러 독립적인 사건이나 사례의 기록으로, 여러 지역의 관리들이 중앙 정부에 보고한 문서들이다.16)

15. 1987년 5월과 6월, 호남성 문화재 고고학연구소와 자리현(慈利

文物出版社, 1999年, 301-302쪽.

12) 湖北省文物考古研究所, 『江陵九店東周墓』, 科學出版社, 1995年, 339쪽.

13) 荊州地區博物館, 『湖北江陵馬山磚廠一號墓出土大批戰國時期絲織品』, 『文物』 1982年 第10期.

14) 楊啓乾, 『常德市德山夕陽坡二號楚墓竹簡初探』, 『楚史與楚文化研究』, 1987年12月, 長沙.

15) 荊沙鐵路考古隊, 『江陵秦家咀楚墓發掘簡報』, 『江漢考古』 1988年 第2期.

16) 湖北省荊沙鐵路考古隊, 『包山楚簡』, 文物出版社, 1991年.

縣) 문화재 보호관리소에서 자리현 성관(城關) 석반촌(石板村)의 제36호 전국시대 무덤에서 많은 수의 죽간을 발굴했다. 그러나 이 죽간 묶음은 심각하게 손상되어 총 4,371개의 조각으로 이루어졌다. 가장 긴 것은 36센티미터이며, 가장 짧은 것은 약 1센티미터이다. 완전한 죽간의 약 45센티미터로 추정되며, 개수는 약 1,000매, 글자 수는 약 21,000자로 추정된다.[17] 이 죽간 묶음의 내용은 두 범주로 나뉜다. 하나는 『국어·오어(吳語)』와 『일주서·대무(大武)』와 같은 전래 문헌이 포함되어 있으며, 다른 하나는 『관자』, 『녕월자(寧越子)』와 같은 분실된 텍스트나 서적이 포함되어 있다.[18]

16. 1989년, 강릉(江陵) 구점(九店)의 전국시대 초나라 제621호 무덤에서 총 127매의 죽간이 발견되었으나, 심하게 손상되어 내용을 파악하기 어려웠다.[19]

17. 1989년부터 1994년까지, 홍콩 중문대학교 미술관이 전국시대 초 죽간 10매를 획득했는데, 그 내용은 고전이었다. 많은 학자들의 연구에 따르면, 이 묶음의 초 죽간과 상해박물관에 소장된 전국시대 초 죽간이 대부분 병합, 연결할 수 있으며, 분명 같은 묶음의 죽간인 것으로 추정한다.[20]

18. 1992년, 양양(襄陽)시 박물관 고고학 팀과 노하구시(老河口市) 박물관이 합동으로 노하구 안강(安崗)의 전국시대 초나라 제1호 무덤을 발굴하여 21매의 죽간을 얻었다. 이 죽간들에는 견책(遣冊)으로, 무덤 주인의 매장품 기록이다.[21]

19. 1992년, 형주(荊州) 박물관 고고학 팀이 형주(荊州) 강릉(江陵)의 벽돌공장 제370호 전국시대 초나 무덤에서 6매의 죽간을 발굴하였는데, 내용은 사법 문서였다.[22]

---

17) 湖南省文物考古研究所, 慈利縣文物保護管理研究所, 『湖南慈利石板村36號戰國墓發掘簡報』, 『文物』 1990年 第10期.
18) 張春龍, 『慈利楚簡槪述』, 『新出簡帛研究』, 文物出版社, 2004年, 5쪽.
19) 湖北省文物考古研究所, 『江陵九店東周墓』, 科學出版社, 1995年, 340쪽.
20) 陳松長, 『香港中文大學文物館藏簡牘』, 香港中文大學文物館, 2001年.
21) 襄陽市博物館, 老河口市博物館, 『湖北老河口安崗一號楚墓發掘簡報』, 『文物』 2017年 第7期.

20. 1992년부터 1993년까지, 황강(黃岡)시 박물관과 황주구(黃州區) 박물관이 조가강(曹家崗) 전국시대 초나라 제5호 무덤을 발굴하여 7매의 죽간을 발견했다. 이들 죽간의 내용은 견책(遣冊)이다.[23)

21. 1993년 10월, 호북성 형문시 박물관에서 곽점(郭店) 제1호 초나라 무덤을 발굴하여 많은 매장품을 발굴했다. 그중 가장 눈에 띄는 것은 800매가 넘는 죽간이다. 집계에 따르면, 총 730매의 문자가 기록된 죽간이 있으며 글자 수는 총 13,000자 이상이다. 내용에는 다수의 고대 서적이 포함되어 있으며, 주로 도교와 유교에 기반을 둔다. 구체적으로, 이 묶음의 죽간은 13종 18편으로 나뉘며, 『노자(老子)』 갑(甲), 을(乙), 병(丙)편 및 「태일생수(太一生水)」, 「치의(緇衣)」, 「노목공문자사(魯穆公問子思)」, 「궁달이시(窮達以時)」, 「오행(五行)」, 「당우지도(唐虞之道)」, 「충신지도(忠信之道)」, 「지문지(成之聞之)」, 「존덕의(尊德義)」, 「성자명출(性自命出)」, 「육덕(六德)」, 「어총(語叢)」 4편 등이다.[24)

22. 1994년, 하남성 문화재 고고학 연구소에서는 주마점(駐馬店)시 신채현(新蔡縣) 갈릉촌(葛陵村) 평야군성(平夜君成)의 무덤에서 1,571매의 죽간을 발굴하였는데, 내용은 점복, 기도, 견책(遣冊) 기록이었다.[25)

23. 1994년 봄, 홍콩 골동품 시장에서 초 죽간 일부가 출현했는데. 장광유(張光裕)가 이 정보를 상해박물관 마승원(馬承源) 관장에게 알렸고, 일부 죽간 복사본을 팩스로 보냈다. 마승원과 동료들은 연구 후 이 죽간들을 사들이기로 했다. 1994년 5월, 이 죽간들은 상해박물관에 도착했다. 같은 해 가을과 겨울에, 첫 번째 묶음과 관련된 텍스트 내용을 가진 또 다른 묶음의 죽간이 홍콩 골동품 시장에 출현했다. 이 묶음의 죽간은 주창언(朱昌言) 등이 공동투

---

22) 滕壬生, 黃錫全, 『江陵磚瓦廠M370楚墓竹簡』, 『簡帛硏究二○○一』, 廣西師範大學出版社, 2001年.

23) 黃岡市博物館, 黃州區博物館, 『湖北黃岡兩座中型楚墓』, 『考古學報』 2000年 第2期.

24) 荊門市博物館, 『郭店楚墓竹簡』, 文物出版社, 1998年.

25) 河南省文物考古硏究所, 河南省駐馬店市文化局, 新蔡縣文物保護管理所, 『河南新蔡平夜君成墓的發掘』, 『文物』 2002年 第8期; 河南省文物考古硏究所, 『新蔡葛陵楚墓』, 大象出版社, 2003年.

자로 구매하여 상해박물관에 기증했다. 두 컬렉션에서 얻은 완전하고 불완전한 죽간은 1,200매 이상이다. 내용을 보면 철학, 문학, 역사, 정치 논평 등의 기록이 포함되어 있다. 이중 소수 장은 전해진 문서와 비교할 수 있지만, 대부분은 고대에 분실된 서적이다.26) 이 초 죽간들 "상해박물관 소장 전국시대 초 죽간"으로 명명되었다. 제1집은 2001년에 출판되었으며, 2012년까지 총 9집이 출판되었다.

24. 2002년, 하남성 문화재 고고학 연구소에서 신양(信陽)의 장대관(長臺關) 전국시대 초나라 제7호 무덤을 발굴하여 일련의 죽간을 얻었는데, 내용은 견책(遺冊)이었다.27)

25. 2008년 7월, 청화대학교에서는 동문이 기증한 죽간을 받았다. 곧바로 청화대학교 출토 문헌 연구 및 보존 센터가 이 죽간들의 보호, 식별, 사진 촬영 및 예비 정리 작업을 실시했다. 이 묶음의 죽간은 총 2,388매인데, 일부는 완전하고 일부는 불완전한 상태의 죽간으로 되었는데, 원래 완전한 죽간은 약 1,700-1,800매로 추정된다.28) 이 묶음의 죽간 내용에 대해, 「청화대학교 수집 죽간 감정 회의 의견」은 다음과 같이 적고 있다. "이 묶음의 죽간은 내용이 풍부하다. 초기 관찰에 따르면 주로 서적으로, 중국 역사와 전통문화 탐구에 매우 중요한 경전과 역사류 문헌을 포함하고 있다. 역사 서적의 대부분은 기존의 선진 시대 죽간에서 본 적이 없어, 학술 가치가 매우 높다." 소수의 편장들은 전해진 문서와 비교할 수 있지만, 대부분은 고대 분실된 서적이다.29) 이 묶음의 죽간은 "청화대학교 소장 전국시대 죽간"으로 명명되었다. 제1집은 2010년에 출판되었으며, 2021년까지 제11집이 출

---

26) 馬承源(主編), 『上海博物館藏戰國楚竹書(一)』之『序』及『前言』, 上海古籍出版社, 2001年; 『馬承源先生談上博簡』, 『上博館藏戰國楚竹書硏究』, 上海書店出版社, 2002年, 1-8쪽.

27) 河南省文物考古硏究所, 信陽市文物工作隊, 『河南信陽長臺關七號楚墓發掘簡報』, 『文物』 2004年 第3期.

28) 淸華大學出土文獻硏究與保護中心(編), 李學勤(主編), 『淸華大學藏戰國竹簡(一)』之 "前言", 中西書局, 2010年; 李學勤, 『我與淸華簡的初步整理硏究』, 『民族藝術』 2014年 第5期.

29) 劉國忠, 『走近淸華簡』, 高等敎育出版社, 2011年, 2쪽.

판되었다.

26. 2009년 5월, 무한시(武漢市) 강하구(江夏區) 정가저(丁家咀)에서 전국시대 초나라 무덤 4기가 발굴되었다. 그중 제1호 무덤에서는 1매의 죽간이, 제2호 무덤에서는 20매 이상의 죽간이 발굴되었는데, 내용은 점복 기록과 파견 문서였다.[30]

27. 2015년 초, 안휘대학교는 국외에서 전국시대 죽간을 구매했는데, 청소와 정리 후 총 1,167매의 완전하거나 불완전한 죽간을 얻었다. 완전한 죽간이 많고, 대부분 질이 좋고 글씨도 뚜렷하다. 북경대학교 문화재 감정 센터의 탄소14 동위원소 측정 결과 이 죽간들은 기원전 400년에서 350년 사이의 것으로 추정되며, 전국시대 초나라의 것이다. 이 죽간 묶음은 유교 고전, 역사, 철학, 문학 등의 분야에서 문서를 기록하고 있으며, 『시경』과 공자의 어록 및 유가 작품, 초나라 역사, 『초사』 등의 작품을 포함한다. 『안휘대학교 소장 전국시대 죽간』(1)은 이미 2019년에 출판되었으며 『시경』 문서를 수록했다.[31]

28. 2015년, 형주(荆州)장박물관 고고학자들은 형주 영성(郢城) 유적지 남쪽 근교의 하가대(夏家臺) 제106호 무덤에서 400매 이상의 죽간을 발굴 정리했다. 전문가들의 연구를 거친 후, 그 내용이 『시경·빈풍(邶風)』, 『상서·여형(呂刑)』 및 『일서(日書)』임이 확인되었다. 전체 자료는 아직 정리 중이다.[32]

3. 초백서(楚簡帛) 연구의 기초 자료

(1) 저록류(著錄類)

---

30) 『武漢江夏丁家咀發現戰國楚墓並出土竹簡』, 『江漢考古』 2009年 第3期.
31) 安徽大學漢字發展與應用研究中心(編), 黃德寬, 徐在國(主編), 『安徽大學藏戰國竹簡(一)』, 中西書局, 2019年.
32) 人民網2016年2月16日消息, 原標題爲『夏家臺戰國楚墓出土竹簡＜詩經＞』.

초 백서 연구의 기초 자료로 저록류(著錄類)에 해당하는 주요 성과로는 다음의 것들이 있다.

1. 1985년, 요종이(饒宗頤)와 증헌통(曾憲通)이 편찬한 『초백서(楚帛書)』에는 1940년대에 호남성 장사(長沙) 자탄고(子彈庫)에서 출토된 초나라 백서(帛書)가 실려 있다.[33]

2. 1991년, 호북성 형사(荊沙) 철도 고고팀에서는 1987년 형문(荊門) 십리포진(十里鋪鎭) 왕장촌(王場村) 포산강(包山崗) 포산(包山) 제2호 초나라 무덤에서 발굴된 초 죽간을 모아 『포산초간(包山楚簡)』으로 출간했으며, 상세한 해석문과 고석을 붙여 놓았다.[34]

3. 1995년, 상승조(商承祚)가 편찬한 『전국초죽간휘편(戰國楚竹簡彙編)』에는 1950~1960년대에 호남성 장사(長沙)와 하남성 신앙(信陽), 호북성 강릉(江陵) 등 세 지역에서 출토된 7묶음의 죽간을 수록했다. 즉 호남 장사(長沙) 오리패(五里牌) 제406호 초나라 무덤의 죽간, 장사 앙천호(仰天湖) 제25호 초나라 무덤의 죽간, 장사 양가만(楊家灣) 제6호 초나라 무덤의 죽간, 하남성 신앙(信陽) 장대관(長臺關) 제1호 초나라 무덤의 두 종류의 죽간, 호북성 강릉(江陵) 망산(望山) 제1호 초나라 무덤의 죽간, 강릉(江陵) 망산(望山) 제2호 초나라 무덤의 죽간 등으로, 모두 합치면 800여 매에 이른다. 이 책은 이들을 짜 맞추기 하여 총 500여 매로 만들었으며, 해석문과 고석을 첨부했다.[35]

4. 1998年, 형문시(荊門市)박물관에서는 1993년 호북성 형문시 곽점(郭店) 제1호 무덤에서 발굴된 죽간을 정리하여 『곽점초묘죽간(郭店楚墓竹簡)』이라는 책으로 출간했다. 편집자들은 죽간의 분리와 계련을 진행했고 상세한 해석문과 주석을 첨부했다. 또 구석규(裘錫圭)가 이 책의 원고에 대해 감수를 하여, 일부 잔편들을 짜 맞추기 했으며, 죽간의 순서와 분류, 글자의 해석 등에 많은 견해를 제공했다.[36]

---

33) 饒宗頤, 曾憲通, 『楚帛書』, (香港)中華書局, 1985年.
34) 湖北省荊沙鐵路考古隊, 『包山楚簡』, 文物出版社, 1991年.
35) 商承祚(編), 『戰國楚竹簡彙編』, 齊魯書社, 1995年.

5. 2001년부터, 마승원(馬承源)이 주편한『상해박물관장전국초죽서 (上海博物館藏戰國楚竹書)』가 계속해서 출판되었다. 2012년까지 이미 9책이 출간되었다. 매 책마다 원래 크기의 사진, 확대 도 판, 해석문, 고석문 등이 실렸다.37) 이미 출간된 상해북문과 초 죽서는 여전히 전체 모습이 아니며, 관련 내용이 여전히 공개 중에 있다. 예컨대 조금염(曹錦炎)의 「상박 죽서 '훼모지외' 주석 (上博竹書'卉茅之外'注釋)」과 같은 글은 상해박물관 초죽서 중 이 미 실전된 선진 시대 문헌이다.38)

6. 2010년부터, 청화대학교 출토 문헌 연구와 보호 센터와 이학근(李 學勤)이 함께 주편한『청화대학장전국죽간(淸華大學藏戰國竹簡)』은 매년 1책씩 계속해서 출판하고 있다. 2021년까지 이미 제11책까 지 출판되었다. 각각의 책에는 원래 크기의 사진, 확대 사진, 해 석문, 고석, 자형표, 죽간 정보표 등의 내용이 포함되었다.39) 청화 간은 아직도 여전히 출판이 진행되고 있다.

7. 2019년, 안휘(安徽)대학교 한자 발전과 응용 센터, 황덕관(黃德寬) 과 서재국(徐在國)이 함께 주편한『안휘대학장전국죽간(安徽大學 藏戰國竹簡)』제1책이 중서서국(西書局)에서 출판되었다. 이에는 안휘대학 소장 전국 죽간 중『시경(詩經)』부분의 내용이 포함되 었다. 책은 원래 크기의 사진, 확대 사진, 해석문, 고석, 자형표, 죽간 정보표 등의 내용이 포함되었다.40)

8. 무한(武漢)대학 간백(簡帛) 연구 센터가 주편한『초지출토전국간 책합집(楚地出土戰國簡冊合集)』에는 초나라 지역에서 출토된 역대 전국시대 죽간 14종류가 포함되었는데, 포산(包山)죽간, 곽점(郭 店)죽간, 망산(望山) 죽간(2종), 구점(九店) 죽간(2종), 조가강(曹家

36) 荊門市博物館, 『郭店楚墓竹簡』, 文物出版社, 1998年.
37) 馬承源(主編), 『上海博物館藏戰國楚竹書(一-九)』, 上海古籍出版社, 2001-2012年.
38) 曹錦炎, 『上博竹書<卉茅之外>注釋』, 『簡帛』, 18輯, 上海古籍出版社, 2019年.
39) 淸華大學出土文獻硏究與保護中心(編), 李學勤(主編), 『淸華大學藏戰國楚竹書(一-八)』, 中西書局, 2010-2018年; 淸華大學出土文獻硏究與保護中心(編), 黃德寬(主編), 『淸華大學藏戰國楚竹書(九-十一)』, 中西書局, 2019-2021.
40) 安徽大學漢字發展與應用硏究中心(編), 黃德寬, 徐在國(主編), 『安徽大學藏戰國竹簡(一)』, 中西書局, 2019年.

崗) 죽간, 증후을(曾侯乙) 죽간, 장대관(長臺關) 죽간, 갈릉(葛陵) 죽간, 오리패(五里牌) 죽간, 앙천호(仰天湖) 죽간, 양가만(楊家灣) 죽간, 석양파(夕陽坡) 죽간 등이다. 이 프로젝트에서는 적외선 촬영 기술을 활용하여 더욱 선명한 초 죽간 도편을 제공하였으며, 해석문과 고석도 매우 정확하여, 초나라 죽가 연구의 중요한 참고 문헌이 되고 있다. 이미 4책이 출간되었는데, 곽점(郭店) 초묘 죽서, 갈릉(葛陵) 초묘 죽간, 장대관(長臺關) 초묘 죽간, 증후을묘(曾侯乙墓) 죽간, 망산(望山) 초묘 죽간, 조가강(曹家崗) 초묘 죽간 등 수 종이 포함되었다.

(2) 연구류

초 백서 연구의 기초 자료로 연구류에 해당하는 주요 성과로는 다음의 것들이 있다.

1. 초백서(楚簡帛) 문자편(文字編)

① 증헌통(曾憲通)의 『장사초백서문자편(長沙楚帛書文字編)』(中華書局, 1993)은 장사(長沙) 초백서 중의 개별자(單字), 이체자(重文), 합문(合文)을 포함하고 있다.

② 등임생(滕壬生)의 『초계간백문자편(楚系簡帛文字編)』(湖北敎育出版社, 1995)는 초기에 공표된 초 간백 문자를 수록한 가장 훌륭한 문자편(文字編)이다. 이 책에는 초 죽간 18종이 실렸는데, 증후을묘(曾侯乙墓)의 죽간을 비롯해 장사(長沙) 자탄고(子彈庫)의 초백서 문자 등이 포함되었다. 2008년 호북교육출판사에서 이 책의 증보 수정본이 출간되었다.

③ 하림의(何琳儀)의 『전국고문자전(戰國古文字典). 전국문자성계(戰國文字聲系)』(中華書局, 1998년)은 장사 자탄고의 백서, 장사 앙천호(仰天湖) 초간, 신앙(信陽) 죽간, 증후을(曾侯乙) 죽간, 포산(包山)

죽간, 구점(九店) 죽간, 곽점(郭店) 죽간, 천성관(天星觀) 죽간 등 초간 문자가 수록되었다.

④ 탕여혜(湯余惠)가 주편한 『전국문자편(戰國文字編)』(福建人民出版社, 2001)에는 장사 앙천호(仰天湖) 초간, 신양(信陽) 죽간, 망산(望山) 죽간, 증후을(曾侯乙) 죽간, 포산(包山) 주간 등의 초간 문자가 수록되었다.

⑤ 장수중(張守中)은 1996년에 『포산초간문자편(包山楚簡文字編)』을, 2000년에 『곽점초간문자편(郭店楚簡文字編)』을 각기 문물(文物)출판사에서 출간했다.

⑥ 이수규(李守奎), 가연상(賈連翔), 마남(馬楠)이 주편한 『포산초묘문자전편(包山楚墓文字全編)』(上海古籍出版社, 2012)에는 포산(包山) 초나라 무덤에서 나온 모든 글자가 수록되었다.

⑦ 이수규(李守奎)가 편찬한 『초문자편(楚文字編)』(華東師範大學出版社, 2003)에는 2000년 이전에 공표된 모든 초 간백 문자가 수록되었다.

⑧ 장광유(張光裕)가 편찬한 『증후을묘죽간문자편(曾侯乙墓竹簡文字編)』(藝文印書館, 1999)에는 증후을묘(曾侯乙墓)에서 나온 모든 글자가 포함되었다.

⑨ 이수규(李守奎), 곡빙(曲冰), 손위룡(孫偉龍)이 편찬한 『상해박물관장전국초죽서(上海博物館藏戰國楚竹書)(1-5). 문자편(文字編)』(作家出版社, 2007)에는 상해박물관 초죽서 1-5책까지의 죽간 문자가 실렸고, 일부 자형에 대해서는 고석에 관한 주석도 실렸다.

⑩ 정연(程燕)의 『망산초간문자편(望山楚簡文字編)』(中華書局, 2007)은 망산(望山) 초 죽간에 보이는 문자의 자형을 수록했는데, 개별 표제자 500자를 수록하였으며, 『설문해자』 부수에 근거해 배열했다.

⑪ 장신준(張新俊), 장승파(張勝波)의 『신채갈릉초간문자편(新蔡葛陵楚簡文字編)』(巴蜀書社, 2008)는 신채(新蔡)와 갈릉(葛陵)의 초문자 중 죽간 문자를 가능한 모두 수록했으며, 학계의 다양한 고석 성과를 반영했다.

⑫ 요종이(饒宗頤)가 주편한 『상박장전국초죽서자휘(上博藏戰國楚竹

書字彙)』(安徽大學出版社, 2012)에는 상해박물관 소장 초 죽간 제1
책-제7책까지의 문자가 수록되었으며, 부수 순으로 배열했다.

⑬ 서재국(徐在國)의 『상박초간문자성계(上博楚簡文字聲系)』(1-8)』(安
徽大學出版社, 2013)은 상해박물관 소장 초 죽간 제1책-제8책까
지의 문자 자료를 가능한 모두 수록하였으며, 운부(韻部)에 따라
나누고 다시 성뉴(聲紐)에 따라 배열하여, 성수(聲首)를 벼리로
삼고 해성(諧聲)을 그에 맞추어, 상해박물관 소장 초 죽간의 문
자를 배열했다. 개별 글자 뒤에다 용례(辭例)을 비롯해 관련 어
휘와 해석 의견 등을 첨부했다.

⑭. 청화간(淸華簡)의 문자편(文字編)의 경우, 먼저, 청화간 정리자들
이 매 책이 나올 때마다 정리 보고 과정에서 해당 책의 자형표
를 달아 놓은 것이 있다. 이외에도, 이학근(李學勤)이 주편하고
심건화(沈建華)와 가련상(賈連翔)이 편찬한 『청화대학장전국죽간
(淸華大學藏戰國竹簡)(1-3). 문자편(文字編)』(中西書局, 2014), 『청화
대학장전국죽간(淸華大學藏戰國竹簡)(4-6). 문자편(文字編)』(中西書
局, 2017), 『청화대학장전국죽간(淸華大學藏戰國竹簡)(7-69. 문자편
(文字編)』(中西書局, 2021)도 계속해서 출간되고 있다.

⑮ 서재국(徐在國), 정연(程燕), 장진겸(張振謙)의 편찬한 『전국문자자
형표(戰國文字字形表)』(上海古籍出版社, 2017)에서도 전국문자 자
형을 수록하였는데, 이에는 초백서(楚帛書), 신양(信陽) 죽간, 포산
(包山) 죽간, 망산(望山) 죽간, 증후을(曾侯乙) 죽간, 구점(九店) 죽
간, 신채(新蔡) 죽간, 곽점(郭店) 죽간, 상해박물관 죽간(1-9), 청화
간(淸華簡)(1-5) 등의 문자 자형이 포함되었다.

2. 종합 연구류

종합적인 저작에 관해서는, 진위(陳偉)의 『초 죽간 소개(楚竹簡介紹)
』(湖北敎育出版社, 2012)가 있다. 이 책은 먼저 초 죽간의 발견과 연구
과정을 상세히 소개하였으며, 이어서 초(楚) 죽간을 정리하고 연구하
는 데 필요한 방법들을 소개하였으며, 마지막으로 종류별로 초 죽간
의 구체적인 내용이 자세히 소개했다.

또 우신방(牛新房)의 『전국시대 죽간 연구 방법론 분석(戰國時代竹簡研究方法論分析)』(花木蘭文化出版社, 2014)는 '죽간의 복원', '본문의 교감', '문헌과의 비교'라는 세 가지 측면에서 초 죽간에 관한 구체적인 연구 방법을 논의했다.

초(楚) 죽간과 비단 글자의 구성에 대한 연구와 관련하여서는 다음의 것들이 있다.

① 하림의(何琳儀)의 『·전국문자통론(戰國文字通論)』(개정판)(上海古籍出版社, 2017)은 초 죽간과 비단의 글자 구성 분석을 다루고 있다.
② 이운부(李運富)의 『초국간백문자구형계통연구(楚國簡帛文字構形系統研究)』(嶽麓書社, 1997)는 초 죽간과 비단 문서의 형태학적 분석 문제에 대해 자세히 논의했다.
③ 위의휘(魏宜輝)의 『초계간백문자형체와변분석(楚系簡帛文字形體訛變分析)』(南京大學博士學位論文, 2003)은 예시를 들어 초 죽간과 비단 문서를 상세히 분석하였으며, 초 죽간과 비단 글자 자형의 와변 현상을 다루었다.
④ 소의(蕭毅)의 "초간문자연구(楚簡文字研究)』(武漢大學出版社, 2010)는 초 죽간과 비단 글씨의 구성 규칙, 특별 요소, 지역 기호 등에 대해 논의했다.

초(楚) 죽간과 비단 글자에는 통가자(通假字) 현상이 특히 두드러진다는 점을 감안할 때, 이에 관한 연구는 학계의 주요 관심사 중 하나이다. 주요한 성과물로는 다음의 것들이 있다.

① 백우람(白于藍)의 『간독백서통가자자전(簡牘帛書通假字字典)(福建人民出版社, 2008)은 초백서, 신양(信陽) 죽간, 곽점(郭店) 죽간, 구점(九店) 죽간과 상해박물관 초죽서(1-5)에 포함된 통가(通假)자를 수록하고 있다. 이 책을 기초로 『간백고서통가자대계(簡帛古書通

374 　　　　　　　　　　　　　　　　　　　　중국문자학 핸드북

假字大系)』(福建人民出版社, 2017)가 출간되었으며, 여기에는 상해 박물관 죽간(6-9)과 청화대학 죽간(1-6)의 통가 글자가 포함되었다.

② 왕휘(王輝)의 『고문자통가자전(古文字通假字典)』(中華書局, 2008)은 고문자의 통가자를 수록 대상으로 삼았는데, 이에는 초백서, 앙천호 초간, 신양 죽간, 망산 죽간, 구점 죽간, 포산 죽간, 곽점 죽간, 상해박물관 죽간(1-4) 등 초나라 죽간과 백서의 통가자가 포함되었다.

③ 유신방(劉信芳)의 『초간백통가휘석(楚簡帛通假彙釋)』(高等教育出版社, 2011)에는 초백서, 증후을 죽간, 신채갈릉 죽간, 신양 죽간, 망산 죽간, 천성관 죽간, 앙천호 죽간, 구점 죽간, 포산 죽간, 곽점 죽간, 상해박물관 죽간(1-6) 등의 통가자가 포함되었다.

초 간백의 어휘에 대한 고석은 다음의 것을 참고할 수 있다.

① 진검(陳劍), 『전국죽서논집(戰國竹書論集)』(上海古籍出版社, 2013),
② 양택생(楊澤生), 『전국죽서연구(戰國竹書研究)』(中山大學出版社, 2009),
③ 이수규(李守奎), 『고문자여고사고(古文字與古史考)·청화간정리연구(淸華簡整理研究)』(中西書局, 2015)

3. 초 간백에 대한 개별 전문 연구

이 분야에는 다양한 연구 성과가 있다.

① 이령(李零)의 『장사자탄고전국초백서연구(長沙子彈庫戰國楚帛書研究)』(中華書局, 1985), 『초백서연구(楚帛書研究)』(11종)』(中西書局, 2013)에서는 초 백서에 대해 체계적인 연구를 수행했다.

② 서재국(徐在國)의 『초백서고림(楚帛書詁林)』(安徽大學出版社, 2010)은 주석과 함께 초 비단서 연구에 관한 많은 자료를 포함하고 있다.

③ 진위(陳偉) 등이 편찬한 『초지출토전국간책(楚地出土戰國簡冊) 14종』(經濟科學出版社, 2009년)은 포산 죽간, 곽점 죽간, 망산 죽

간, 구점 죽간, 조가강(曹家崗) 죽간, 증후을 죽간, 장대관 죽간, 갈릉 죽간, 오리패(五里牌) 죽간, 앙천호 죽간, 양가만(楊家灣) 죽간, 석양파(夕陽坡) 죽간을 포함한 14종의 초 죽간에 대한 재정리와 연구를 위한 참고 자료이다.

④ 송화강(宋華强)의 『신채갈릉간초탐(新蔡葛陵簡初探)』(武漢大學出版社, 2010)는 갈릉 죽간에 대한 종합적인 연구를 수행했다.

⑤ 주효설(朱曉雪)의 『포산초간종술(包山楚簡綜述)』(福建人民出版社, 2013)은 포산 죽간에 대한 자세한 수집 및 해석을 제공한다.

곽점(郭店) 죽간에 대한 성과로는 다음의 것들이 있다.

① 이령(李零)의 『곽점초간교독기(郭店楚簡校讀記)』(개정판)』(中國人民大學出版社, 2007),

② 유교(劉釗)의 『곽점초간교석(郭店楚簡校釋)』(福建人民出版社, 2005) 등이 있다.

③ 유전빈(劉傳賓)의 『곽점죽간문본연구종론(郭店竹簡文本研究綜論)』(上海古籍出版社, 2017)는 곽점 죽간의 연대, 무덤의 주인, 죽간의 형태, 병합, 텍스트 연구, 문서 비교 등에 관한 종합적으로 연구했다.

상해박물관 죽간에 관한 연구로는 다음의 것들이 있다.

① 이령(李零)의 『상박초간삼편 교독기(上博楚簡三篇校讀記)』(中國人民大學出版社, 2007),

② 선육진(單育辰)의 『신출초간<용성씨>연구(新出楚簡<容成氏>研究)』(中華書局, 2016),

③ 계욱승(季旭昇)이 주편한 『상해박물관장 전국초죽서(上海博物館藏戰國楚竹書)』의 독서 시리즈,

④ 유소굉(兪紹宏)과 장청송(張青松)이 편찬한 『상해박물관장 전국초간집석(上海博物館藏戰國楚簡集釋)』(10책)』(社會科學文獻出版社,

2019) 등을 참고할 수 있다.

청화대학 죽간에 관한 연구로는 다음의 것들이 있다.

① 유광승(劉光勝)의 『<청화대학장전국죽간(1)>정리연구(<淸華大學藏戰國竹簡(壹)>整理硏究)』(上海古籍出版社, 2016),
② 소건주(蘇建洲) 등의 『청화(2)<계년>집해(淸華二<系年>集解)』(萬卷樓, 2013),
③ 고우인(高佑仁)의 『청화오서류 문헌연구(淸華伍書類文獻硏究)』(萬卷樓, 2018) 등.

4. 초 간백 연구의 주요 쟁점

(1) 초 간백 문자의 고석 연구

고대 글쓰기 재료로서의 초 간백은 먼저 문자의 해독과 해석의 문제에 직면한다. 학자들은 초 간백의 문자 고석 방법에 대해서도 많이 논의했다. 예를 들어, 황덕관(黃德寬)의 『고문자학(古文字學)』(上海古籍出版社, 2019)에서 다룬 고문자 고석 방법은 초 간백 문자 고석에도 다양하게 사용될 수 있다. 선육진(單育辰)의 『초지전국간백여전세문헌대독지연구(楚地戰國簡帛與傳世文獻對讀之硏究)』(中華書局, 2014)는 초 간백의 문자 연구에 대한 구체적인 예시를 제공하여 참고할 만하다. 우신방(牛新房)의 『전국죽서연구방법탐석(戰國竹書硏究方法探析)』(花木蘭文化出版社, 2014)도 죽간 문자의 고석 방법에 대해 전문적으로 논의했다.

(2) 초 간백 어휘의 의미 해석 연구

초 간백 문자를 고석한 후에는 초 간백 문장에 대한 통독에 관한 문제를 해결해야 하는데, 이는 초 간백 어휘의 의미 해석 문제와 관련이 있다. 관련 연구로는 다음의 것들이 있다.

① 안세현(顔世鉉)의 『곽점죽서교감과 고석문제 거우(郭店竹書校勘與考釋問題擧隅)』(『中研歷史語言研究所集刊』 제74권 제4부, 2003),
② 맹봉생(孟蓬生)의 『간백문헌 어의 연구(簡帛文獻語義研究)』(社會科學文獻出版社, 2009),
③ 왕정빈(王挺斌)의 『전국진한 간백고서 훈석연구(戰國秦漢簡帛古書訓釋研究)』(淸華大學博士學位論文, 2018),
④ 오기(吳祺)의 『전국죽서 훈고방법 탐론(戰國竹書訓詁方法探論)』(華東師範大學博士學位論文, 2019) 등이 있다.

(3) 출토 초 간백과 전래 문헌의 대조 연구

지금까지 공개된 여러 묶음의 중요한 초 간백 자료를 보면, 전래 문헌과 대조하여 읽을 수 있는 장이나 구절이 상당수 있다. 예를 들어, 곽점 죽간의 『노자』, 상해박물관 죽간의 「무왕천조(武王踐阼)」, 청화대학 죽간의 「금등(金縢)」, 안휘대학 죽간의 『시경』 등이 그렇다. 대조 연구는 초 간백 뿐만 아니라 전해 문헌의 큰 도움이 된다.

(4) 초 간백 문자와 어휘의 관계 연구

문자와 어휘의 관계 연구는 출토 문헌 연구에서 새로이 주목받는 분
야이다. 학자들은 갑골문, 금문, 전국시대와 진(秦) 및 한(漢)나라 때의
간백에 나타난 글자와 어휘 간의 관계에 대해 유용한 논의를 해왔다.
초 간백의 문자와 어휘의 관계에 관한 연구로는 다음의 것들이 있다.

> ① 진사붕(陳斯鵬)의 『초계열 간백의 자형과 음의 관계 연구(楚系簡
> 帛中字形與音義關系研究)』(中國社會科學出版社, 2011),
> ② 훤건총(禤健聰)의 『전국 초계열 간백 용자습관 연구(戰國楚系簡
> 帛用字習慣研究)』(科學出版社, 2017) 등을 참고할 수 있다.

5. 초 간백 연구의 미래 전망

앞으로 초(楚) 간백 연구는 다음과 같은 측면에서 더욱 발전될 수
있을 것이다.

첫째, 초 간백의 문자 고석
초 간백 연구에서 먼저 고석은 가장 중요한 부분이다. 새로운 자료
가 지속해서 공개됨에 따라, 새로운 자형들이 계속 나타나고 있으며,
이는 초 간백의 어려운 글자들을 올바르게 해석할 수 있는 새로운 방
법을 제공하는 기회가 된다.
둘째, 초 간백의 분류 및 정리에 관한 종합 연구
현재까지 공개된 초 간백 자료는 종류가 풍부하고 여러 종류로 나
뉜다. 그러나 이전 연구는 대부분 한 부류의 자료에 집중되어, 다양

한 과정을 거친 자료들의 차이점과 데이터 비교를 통한 해석의 돌파구를 찾을 기회를 많이 놓쳤다. 따라서 초 간백의 분류 및 정리에 관한 종합 연구도 초 간백 연구를 심화시키는 데 도움이 될 것이다.

셋째, 디지털 연구

초 간백 연구가 계속 깊어짐에 따라, 모든 측면의 연구가 더욱 상세해지고 있다. 다양한 코퍼스, 데이터베이스, 네트워크 검색 시스템도 시대의 요구에 따라 등장해야 한다. 디지털 기술의 발전을 통해 초 간백 연구는 보다 효율적이고 정확한 방향으로 나아갈 수 있을 것이다.

중국문자학 핸드북

제2부 진(秦) 간독(簡牘)문자

1. 진(秦) 간독(簡牘)의 정의

진(秦) 간독은 전국시대 말기부터 진(秦) 왕조에 이르는 죽간을 말한다. 현재까지 총 13종의 진나라 죽간이 발굴되었다. 가장 이른 것은 1975년부터 1976년 사이에 호북성 운몽현(雲夢縣)에서 출토된 수호지(睡虎地) 제4호 및 제11호 진 무덤 죽간이다. 진 간독에 문자는 먹물을 사용한 필사자들에 의해 필사되었다. 그들의 재료와 모양은 주로 죽간(竹簡)과 목독(木牘)이 대부분이지만 목간(木簡), 죽독(竹牘), 목고(木觚) 등도 있다. 진 간독의 내용은 고전과 문서 두 범주로 나뉘는데, 대부분은 문서에 해당한다. 고전의 경우 『일서(日書)』, 병 처방전(病方), 음주 시가(飮酒詩歌) 등이 포함되고, 후자에는 사법 문서, 법률 명령, 호적과 장부, 서신 등이 포함된다. 초(楚)나라에 초 백서가 있고 한(漢)나라에 마왕퇴(馬王堆) 백서가 있었던 것과는 달리 전국시대 진(秦)나라에서 통일 진(秦)나라까지 비단에 쓰인 글씨 자료는 발견되지 않았다.

2. 진(秦) 간독(簡牘)의 공표 현황

① 호북성 운몽(雲夢)의 수호지(睡虎地) 제4호, 제11호 진(秦)나라 무덤 간독. 1975년부터 1976년까지, 호북성 운몽의 수호지 제4호 진나라 무덤에서 목독 2매가 발견되었는데, 내용은 병사나 일반인들이 집에 보낸 서신이었다. 제11호 진나라 무덤에서는 죽간 1,155매가 발견되었고, 또 부스러기 파편도 80매 발견되었다. 내용은 「편년기(編年記)」, 「어서(語書)」, 「진률18종(秦律十八種)」, 「효율(效律)」, 「진률잡초(秦律雜抄)」, 「법률답문(法律答問)」, 「봉진식(封診式)」, 「위리지도(爲吏之道)」, 『일서(日書)』갑종(甲種)과 을종(乙種) 등이다.[1]

② 사천성 청천(青川) 학가평(郝家坪) 제50호 진나라 무덤 목독(木牘). 1980년에, 중국 사천성 청천의 학가평에 위치한 진(秦)나라 무덤 제50호에서 2매의 목간이 발굴되었다. 이 중 하나에는 전면에 명확한 글씨가 새겨져 있었는데, '농지에 관한 규정(田律)'을 기록한 것으로 보인다, 반면 뒷면의 글씨는 불완전하여, 도로를 개설하거나 수리하지 않은 사람과의 수와 기간을 기록한 것으로 추정된다. 다른 한 목간은 글씨가 심각하게 훼손되어 인식하기 어려웠다.[2]

③ 감숙성 천수(天水)의 방마탄(放馬灘) 제1호 진나라 무덤 간독(簡牘). 1986년에, 감숙성 천수의 방마탄에 위치한 진(秦)나라 무덤 제1호에서 총 461매의 죽간이 발굴되었다. 이 죽간들의 내용은 『일서(日書)』갑(甲), 『일서(日書)』을(乙), 그리고 「묘주기(墓主記)」(달리 「志怪故事」나 「丹」으로도 불림)을 포함하고 있다. 이와 함

---

1) 睡虎地秦墓竹簡整理小組, 『睡虎地秦墓竹簡』, 文物出版社, 1978年, 出版說明第2-3쪽. 湖北孝感地區第二期亦工亦農文物考古訓練班, 『湖北雲夢睡虎地十一座秦墓發掘簡報』, 『文物』1976年 第9期, 51, 53쪽.
2) 四川省博物館, 青川縣文化館, 『青川縣出土秦更修田律木牘─四川青川縣戰國墓發掘簡報』, 『文物』1982年 第1期, 11-12쪽. 四川省文物考古研究院, 青川縣文物管理所, 『四川青川縣郝家坪戰國墓群M50發掘簡報』, 『四川文物』2014年 第3期, 13, 17-18쪽. 陳偉(主編), 『秦簡牘合集(貳)』, 武漢大學出版社, 2014年, 187-189쪽.

게 6매의 목독도 발굴되었는데, 이들은 짜 맞추기 한 결과 4매로 조립되었고, 그 위에는 7개의 지도가 그려져 있었다.3)

④ 호북성 강릉(江陵)의 악산(嶽山) 제36호 진나라 무덤 목독(木牘). 1986년, 호북성 강릉의 악산 제36호 진(秦)나라 무덤에서 목독 2매가 발굴되었는데, 내용은 모두 『일서(日書)』였다.4)

⑤ 호북성 운몽(雲夢)의 용강(龍崗) 제6호 진나라 무덤 간독(簡牘). 1989년에, 호북성 운몽 용강의 진(秦)나라 무덤 제6호에서 한 묶음의 죽간과 목독이 발굴되었다. 현장에서의 죽간 정리 과정에서 총 293매의 발굴 등록 번호가 작성되었다는데(부스러기 조각에 대한 10개의 번호 포함), 내용은 법률 조문이었다. 『운몽 용강 6호 진묘와 출토 간독(雲夢龍崗6號秦墓及出土簡牘)』과 『운몽용강진간(雲夢龍崗秦簡)』에서는 「금원(禁苑)」, 「치도(馳道)」, 「마우양(馬牛羊)」, 「전영(田贏)」, 「기타(『其它)」의 다섯 가지 범주로 나누었다. 『용강진간(龍崗秦簡)』에서는 이들 죽간이 다양한 법률에서 베껴 쓴 것과 '금지된 정원'의 사무와 관련된 조항들이 포함되어 있다고 했다. 목독 1매의 내용은 사법 문서인 것으로 알려졌다.5)

⑥ 호북성 강릉(江陵)의 양가산(揚家山) 제135호 진나라 무덤의 죽간(竹簡). 1990년, 호북성 강릉의 양가산 제135호 진(秦)나라 무덤에서 죽간 75매가 발견되었는데, 내용은 모두 견책(遣策)이었다.6)

⑦ 호북성 강릉(江陵)의 왕가대(王家臺) 제15호 진나라 무덤의 간독(簡牘). 1993년에, 호북성 강릉의 왕가대 제15호 진(秦)나라 무덤에서 죽간(竹簡)과 죽독(竹牘) 한 묶음이 발굴되었다. 이 죽간들

---

3) 何雙全, 『天水放馬灘秦簡綜述』, 『文物』 1989年 第2期, 23-31쪽. 甘肅省文物考古研究所, 『天水放馬灘秦簡』, 中華書局, 2009年, 槪述第1-4쪽. 孫占宇, 『天水放馬灘秦簡集釋』, 甘肅文化出版社, 2013年, 槪述第1-4쪽.

4) 湖北省江陵縣文物局, 荊州地區博物館, 『江陵嶽山秦漢墓』, 『考古學報』 2000年 第4期, 537, 549-550쪽.

5) 湖北省文物考古硏究所, 孝感地區博物館, 雲夢縣博物館, 『雲夢龍崗6號秦墓及出土簡牘』, 『考古學集刊』, 8集, 科學出版社, 1994年, 87, 105, 119쪽. 劉信芳, 梁柱, 『雲夢龍崗秦簡』, 科學出版社, 1997年, 1, 27, 45쪽. 中國文物研究所, 湖北省文物考古研究所, 『龍崗秦簡』, 中華書局, 2001年, 1-9쪽. 陳偉(主編), 『秦簡牘合集(貳)』, 武漢大學出版社, 2014年, 3-9, 129-131쪽.

6) 湖北省荊州地區博物館, 『江陵揚家山135號秦墓發掘簡報』, 『文物』 1993年 第8期, 1, 8쪽.

은 정리 과정에서 813번까지 번호가 매겨졌는데, 심하게 손상된 죽간들에 대해서는 번호를 매겨지지 않았고, 인접한 부서진 간독 중에서 짜 맞추기 가능한 것들은 하나의 번호로 번호를 매겼다. 내용은 「귀장(歸藏)」, 「효율(效律)」, 「정사지상(政事之常)」, 「일서(日書)」, 「재이점(災異占)」 등이다. 한 개의 죽간은 심각하게 손상되어 내용을 알 수 없다.[7]

⑧ 호북성 사시(沙市)의 주가대(周家臺) 제30호 진나라 무덤의 간독(簡牘). 1993년, 호북성 사시의 주가대 진(秦)나라 제30호 무덤에서 죽간과 목독이 발굴되었다. 죽간을 잇고 짜 맞추어 총 381매로 복원되었는데, 정리자들은 이를 세 그룹으로 나누어 각각 「역보(曆譜)」, 『일서(日書)』, 「병방 및 기타(病方及其他)」로 명명했다. 나머지 1점의 목간은 정리자에 의해 「역보(曆譜)」에 귀속되었다.[8]

⑨ 호남성 용산(龍山)의 이야(里耶) 진나라 간독(簡牘). 2002년, 호남성 용산 이야(里耶)의 전국시대 진(秦)나라 고대 도시 유적의 제1호 우물에서 38,000매가 넘는 죽간이 발굴되었다. 이들 죽간 중, 퇴적층의 다섯 번째 층에서 발굴된 죽간은 초(楚) 문자의 특성을 가지고 있었으며, 나머지는 진(秦)나라의 목간들이었다. 2005년에는 성의 북쪽 해자의 제11호 갱(坑)에서 51매의 진나라 죽간이 발굴되었다. 이 죽간들은 진 왕조 시대 때 동정현(洞庭縣)과 잠릉현(潛陵縣)의 공문서와 기록물들이다. 내용과 이름에 따라, 이들은 사전류(書傳類), 율령류(律令類), 록과류(錄課類), 부적류(簿籍類), 부권류(符券類), 검갈류(檢楬類), 역보(曆譜), 구구술(九九術), 양방(藥方), 이정서(里程書), 습자간(習字簡) 등으로 나눌 수 있다.[9]

---

7) 荊州地區博物館, 『江陵王家臺15號秦墓』, 『文物』 1995年 第1期, 37-43쪽. 王明欽, 『王家臺秦墓竹簡槪述』, 『新出簡帛研究』, 文物出版社, 2004年, 26-49쪽.

8) 湖北省荊州市周梁玉橋遺址博物館, 『關沮秦漢墓清理簡報』, 『文物』 1999年 第6期, 26, 31-32쪽. 湖北省荊州市周梁玉橋遺址博物館, 『關沮秦漢墓簡牘』, 中華書局, 2001年, 145, 154-156쪽.

9) 湖南省文物考古研究所, 湘西土家族苗族自治州文物處, 龍山縣文物管理所, 『湖南龍山里耶戰國—秦代古城一號井發掘簡報』, 『文物』 2003年 第1期, 4-35쪽. 湖南省文物考古研究所, 『里耶發掘報告』, 嶽麓書社, 2006年, 38, 41, 179-211쪽. 湖南省文物考古研究所, 『里耶秦簡(壹)』, 文物出版社, 2012年, 前言第1-6쪽.

중국문자학 핸드북

⑩ 호남대학(湖南大學) 악록서원(嶽麓書院) 소장 진나라 죽간(秦簡). 2007년, 호남대학 악록서원은 홍콩에서 진(秦) 왕조 시대의 죽간을 구매했는데, 총 2,100번까지의 일련 번호가 매겨졌다. 2008년에는 홍콩의 한 수집가가 구입한 진나라 죽간을 기증했는데, 총 76번까지 일련번호가 있었다. 비교 후 이 두 묶음이 같은 데서 출토된, 같은 진나라 죽간에 속하는 것으로 판단되었다. 이 진나라 죽간들 대부분은 대나무 죽간이며, 소수가 목간이다. 내용에는「질일(質日)」,「위리치관 및 금수(爲吏治官及黔首)」,『점몽서(占夢書)』,「수(數)」,「위옥등상 4종(爲獄等狀四種)」,「진율령(秦律令)」 등이 포함되어 있다.10)

⑪ 북경대학(北京大學) 소장 진나라 간독(簡牘). 2010년, 북경대학은 해외에서 반환된 진(秦) 왕조의 죽간 한 묶음을 수집했다. 이 중에는 762매의 죽간, 21매의 목간, 6매의 목독, 4매의 죽독, 1매의 목고(木觚)가 포함되어 있다. 내용에는「종정지경(從政之經)」,「선여자지방(善女子之方)」,「도리서(道里書)」,「제의(制衣)」,「공자종군(公子從軍)」,「은서(隱書)」,「태원유사자(泰原有死者)」, 수학 문헌, 음주 노래와 시, 수학 및 기술 문서(數術方技類文獻), 회계문서(記賬文書) 등이 포함되어 있다.11)

⑫ 호남성 익양(益陽)의 토자산(兔子山) 간독(簡牘). 2013년, 호남성 익양의 토자산 유적지에서 발굴된 16개의 고대 우물 중 11개에서 초(楚), 진(秦), 한(漢), 삼국 시대의 죽간이 발굴되었다. 이들 죽간은 초보적으로 16,000매 이상으로 추정되고 있으며, 그중 대부분은 제3호, 제6호, 제7호 우물에서 발견되었다. 발굴된 죽간에는 죽간(竹簡), 죽독(竹牘), 목간(木簡), 목독(木牘), 검(檢: 찌), 갈(楬: 푯말), 고(觚,) 봉검(封檢), 참재(槧材), 백간(白簡) 등이 포함되어 있으며, 내용은 주로 사법 문서거나 관원들에 대한 관리 등이다. 특히, 제9호 우물에서 발굴된 780매의 죽간에는 진(秦)

---

10) 陳松長, 『嶽麓書院所藏秦簡綜述』, 『文物』2009年 第3期, 75-88쪽. 朱漢民, 陳松長(主編), 『嶽麓書院藏秦簡(壹-三)』, 上海辭書出版社, 2010-2013年. 陳松長(主編), 『嶽麓書院藏秦簡(肆-陸)』, 上海辭書出版社, 2015-2020年.

11) 北京大學出土文獻研究所, 『北京大學藏秦簡牘概述』, 『文物』 2012年 第6期, 65-73쪽.

나라 두 번째 황제인 호해(胡亥)가 왕위에 오른 뒤 첫 달에 내린 칙령이 포함되어 있다.12)

⑬ 호북성 운몽(雲夢)의 정가호(鄭家湖) 제274호 진나라 무덤의 목고 (木觚). 2021년, 호북성 운몽의 정가호에 위치한 진(秦)나라 제274 호 무덤에서 목고(木觚)가 발굴되었다. 여기에는 앞뒤 양면에 각 각 7행으로, 약 700자가 쓰여져 있었다. 내용은 유세객인 도(茶) 가 진(秦)나라 왕에게 전쟁을 멈추고 정의로운 행위를 하기를 설 득하는 내용이다. 이것은 완전히 새로운 정책 질문(策問) 문서로 여겨진다.13)

3. 진(秦) 간독(簡牘) 연구의 기초 자료

(1) 저록류(著錄類)

현재까지 완전히 공개된 진(秦) 왕조의 목간은 7가지가 있는데, 이 들은 수호지(睡虎地) 진 간독, 학가평(郝家坪) 진 목독, 방마탄(防馬灘) 진 간독, 악산(嶽山) 진 목독, 용강(龍岡) 진 간독, 주가대(周家臺) 진 간 독, 정자호(鄭家湖) 진 목고(木觚) 등이다. 이들에 대한 자세한 서지 정 보는 다음과 같다.

① 호북성 효감(孝感) 지역의 제2기 역공역농(亦工亦農) 문화재 고고

---

12) 周西璧,『洞庭湖濱冤子山遺址考古 古井中發現的益陽』,『大衆考古』2014年 第6 期, 31-37쪽. 湖南省文物考古研究所, 益陽市文物管理處,『湖南益陽冤子山遺址九號 井發掘報告』,『湖南考古輯刊』, 12集, 科學出版社, 2016年, 129-163쪽.
13) 羅運兵, 趙軍, 張宏奎, 史德勇,『湖北雲夢鄭家湖墓地考古發掘獲重大收獲』, 國家 文物局網, http./www.ncha.gov.cn/art/2021/11/18/art_723_171977.html. 李天虹, 熊佳暉, 蔡丹, 羅運兵,『湖北雲夢鄭家湖墓地M274出土"賤臣茶西問秦王" 觚』,『文物』2022年 第3期.

훈련반의 『호북 운몽 수호지 진묘 11기 발굴 간보(湖北雲夢睡虎地十一座秦墓發掘簡報)』(『文物』 1976年 第9期)에서 수호지(睡虎地) 제4호 진나라 무덤에서 발굴된 2매의 목독 도판과 해석문을 공개했다.

② 수호지 진묘 죽간 정리팀의 『수호지진묘죽간(睡虎地秦墓竹簡)』 (文物出版社, 1977, 1978, 1990)은 각기 수호지 제11호 진묘의 죽간 3종의 정리본을 공개했다. 그중 1977년 선장본으로 7책이 출판되었는데, 「편년기(編年記)」 등 9종의 죽간(『日書』 甲種과 乙種은 제외)의 도판, 해석문, 주석이 포함되었다. 1978년 소프트커버로 발간된 책에서는 도판이 없으며, 이전 선장본의 기초 위에서 일부 편명을 바꾸고, 죽간의 순서를 조정하고, 주석을 보탰으며, 또 「어서(語書)」 등 6종의 간독문에 대한 풀이를 더했다. 1990년에 출판된 하드커버 본에는 전체 죽간의 모든 도판, 해석문, 주석 및 6종 간독문의 풀이 등을 갖추었다. 이외에도, 『운몽수호지진묘(雲夢睡虎地秦墓)』 편찬팀이 편찬한 『운몽수호지진묘(雲夢睡虎地秦墓)』(文物出版社, 1981)에는 수호지 진나라 간독의 모든 도판이 수록되었으며, 간독의 왼쪽 옆에다 주석을 달았다.

③ 사천성 박물관과 청천현(青川縣) 문화관의 「청천현 출토 진 갱수전율 목독(青川縣出土秦更修田律木牘). 사천 청천현 전국묘 발굴 간보(四川青川縣戰國墓發掘簡報)』(『文物』 1982年 第1期)에서 학가평(郝家坪) 진나라 목독 1매의 앞면 도판과 앞뒤면 모사본 및 해석문을 공개했다.

④ 감숙성 문화재 고고학 연구소의 『천수방마탄진간(天水放馬灘秦簡)』(中華書局, 2009)은 천수 방마탄의 진나라 죽간의 모든 도판과 해석문을 출판했다. 이 책은 죽간의 상세한 이미지와 그에 대한 설명을 포함하고 있어, 연구자들이 죽간의 내용과 문맥을 이해하는 데 중요한 자료를 제공한다.

⑤ 강릉현 문화재국과 형주(荊州) 지역 박물관이 발행한 「강릉 악산 진한묘(江陵嶽山秦漢墓)」(『考古學報』 2000年 第4期)는 악산(嶽山) 진나라 목독의 전면 도판과 설명을 발표했다.

⑥ 호북성 문화재 고고학 연구소, 효감(孝感) 지역 박물관, 운몽현

(雲夢縣) 박물관은 「운몽 용강6호 진묘 및 출토간독(雲夢龍崗6號秦墓及出土簡牘)」(『考古學集刊』第8集, 科學出版社, 1994)을 발행했으며, 모든 죽간의 도판, 해석문, 주석을 포함한다.

⑦ 유신방(劉信芳), 양주(梁柱)의 「운몽 용강진간(雲夢龍崗秦簡)」(科學出版社, 1997)은 원래 보고서를 기반으로 일부 오류를 수정하고, 죽간 복사본과 인용문을 추가했다. 중국 문화재 연구소와 호북성 문화재 고고학 연구소의 『용강진간(龍崗秦簡)』(中華書局, 2001)은 해석문의 재편집 및 주석의 추가되었으며, 현대어 번역, 교정 및 모사본이 포함되었다.

⑧ 호북성 형주시(荊州市)의 주량 옥교(周梁玉橋) 유적지 박물관은 『관저 진한묘 간독(關沮秦漢墓簡牘)』(中華書局, 2001)을 출판하여 주가대(周家臺) 진나라 간독의 모든 도판, 해석문 및 주석을 발표했다.

⑨ 진위(陳偉)가 주편한 『진간독합집(秦簡牘合集)』(武漢大學出版社, 2014)은 4책으로 되어있는데, 『수호지진묘간독(睡虎地秦墓簡牘)』, 『용강진묘간독(龍崗秦墓簡牘)·학가평진묘목독(郝家坪秦墓木牘)』, 『주가태진묘간독(周家臺秦墓簡牘)·악산진묘목독(嶽山秦墓木牘)』, 『방마탄진묘간독(放馬灘秦墓簡牘)』 등으로 구성되었다. 이 책은 앞서 말했던 것처럼 초기에 공표된 이러한 진나라 간독을 다시 정리한 것으로, 더 명확한 적외선 또는 1.1 및 2.1 규모의 정규 도판을 제공하며, 재편집된 해석을 제공하고 있다. 이 책은 글자의 해독, 끊어 읽기, 짜 맞추기, 연결 등의 측면에서 새로운 견해를 제시하였고 부록으로 집석(集釋)을 달아 놓았다.

⑩ 진위(陳偉)가 주편한 『진간독합집(秦簡牘合集). 석문주석수정본(釋文注釋修訂本)』(武漢大學出版社, 2016)는 또 약 200곳의 해석문과 주석에 대해 수정을 가했다. 이 책은 진 간독 연구의 단계적 결론이며, 진 간독 연구에 중요한 참고서가 되고 있다.

⑪ 이천홍(李天虹), 웅가휘(熊佳暉), 채단(蔡丹), 나연병(羅運兵)의 「호북 운몽 장가호 묘지 M274호 출토 '賤臣笭西問秦王' 고(觚)(湖北雲夢鄭家湖墓地M274出土"賤臣笭西問秦王"觚)」(『文物』 2022年 第3期)에서는 정가호(鄭家湖)의 진나라 목고(木觚)의 도판과 해석문을 제공했다.

현재까지 아직 완전히 공표되지 않은 진나라 간독으로는 다음의 6
가지가 있다. 즉 양가산(揚家山) 진간, 왕가대(王家臺) 진 간독, 이야(里
耶) 진 간독, 악록(嶽麓) 진간, 북경대학 진간독, 토자산(兔子山) 간독
이다. 이들의 상세한 정보는 다음과 같다.

첫째, 양가산(揚家山) 진간
· 호북성 형주(荊州) 지구 박물관의 「강릉 양가산 제135호 진묘 발
  굴 간보(江陵揚家山135號秦墓發掘簡報)」(『文物』 1993年 第8期)에는
  6매의 양가산(揚家山) 진 간독 도판이 수록되었다.

둘째, 왕가대(王家臺) 진 간독
· 형주(荊州) 지구 박물관의 「강릉 왕가대 제15호 진묘(江陵王家臺15
  號秦墓)」(『文物』 1995年 第1期)에는 7매의 왕가대(王家臺) 진간의
  도판과 부분적인 해석문이 수록되었다.
· 왕명흠(王明欽)의 『왕가대 진묘 죽간 개술(王家臺秦墓竹簡槪述)』(『新出
  簡帛硏究』, 文物出版社, 2004)에도 부분적인 해석문이 수록되었다.

셋째, 이야(里耶) 진 간독
· 호남성 문물 고고연구소의 『이야 진간(里耶秦簡)』(1), 『이야 진간』
  (2)』(文物出版社, 2012, 2017)은 각기 이야(里耶) 제1호 우물의 제5,
  6, 8층과 제1호 우물의 제9층에서 나온 간독의 도판과 해석문을
  수록했다. 나머지 제3집은 제1호 우물의 제7, 10, 11, 13층, 제12,
  14층, 제15, 16, 17층 및 성을 둘러싼 해자의 제11호 갱갱(坑)의 간
  독을 골대할 예정이다.
· 진위(陳偉) 주편의 『이야 진간독 교석(里耶秦簡牘校釋)』(제1권)』, 『
  이야 진간독 교석』(제2권)(武漢大學出版社, 2012, 2018)은 각기 앞
  의 『이야 진간(里耶秦簡)』(1)과 (2)에 대한 새로운 교정과 새로운
  해석문이며, 주석을 추가하고, '철합 편련 일람표(綴合編連一覽
  表)'를 다 더 보탰다.

· 이밖에도, 장춘룡(張春龍)이 주편한 『호남 이야 진간(湖南里耶秦簡)』(重慶出版社, 2010), 이야(里耶) 진간(秦簡)박물관과 출토문헌과 중국고대문명연구 협동 창신센터 중국인민대학 센터의 『이야 진간 박물관 소장 진간(里耶秦簡博物館藏秦簡)』(中西書局, 2016), 이야(里耶) 진간 박물관의 『이야 진간 박물관 소장 문물 선췌(里耶秦簡博物館館藏文物選萃)』(學苑出版社, 2020) 등에도 부분적인 도판과 해석문이 수록되었다.

넷째, 악록(嶽麓) 진간
· 주한민(朱漢民), 진송장(陳松長) 주편의 『악록서원 소장 진간(嶽麓書院藏秦簡)(1-3)』, 진송장(陳松長) 주편의 『악록서원 소장 진간』(4-6)』(上海辭書出版社, 2010-2020)에서는 악록(嶽麓) 진간「질일(質日)」,「위리치관 및 검수(爲吏治官及黔首)」,「점몽서(占夢書)」,「수(數)」,「위옥등장4종(爲獄等狀四種)」과 1002매의 율령에 관한 진간의 칼러 도판, 적외선 촬영 도판, 해석문, 간단한 주석 등을 제공했다. 『악록서원 소장 진간』(7)』은 진나라 율령 중 남은 400여 개 번호(殘簡과 漏簡 등을 포함)의 것을 공개할 예정이다.
· 진송강(陳松長) 주편의 『악록서원 소장 진간(嶽麓書院藏秦簡)』 1-3)』(上海辭書出版社, 2018)은 앞에 말한 3책의 악록(嶽麓) 진간에 대해 다시 교정하고 해석문을 붙이고 주석을 보완한 작품이다.
· 도안(陶安)의 『악록 진간「위옥등상 4종」의 해석문과 주석(嶽麓秦簡<爲獄等狀四種>釋文注釋)』(수정본)』(上海古籍出版社, 2021)에서는 연결시킨 모사본과 개별 간독의 모사본을 첨부했으며, 새로 교정한 해석문을 제공하고 있다.

다섯째, 북경대학 진간독
· 북경대학 출토문헌연구소, 『북경대학 소장 진대 간독 서적 정수선(北京大學藏秦代簡牘書跡選粹)』(人民美術出版社, 2014)
· 북경대학출토문헌연구소, 『북경대학 소장 진간독 개술(北京大學藏秦簡牘槪述)』,
· 주봉한(朱鳳瀚), 『북경대학 소장 진간 <종정지경> 술요(北大藏秦

簡<從政之經>述要)』,
・이령(李零), 『북경대학 진독 <태원유사자> 간개(北大秦牘<泰原有死者>簡介)』,
・한외(韓巍), 『북경대학 진간 속의 수학문헌(北大秦簡中的數學文獻)』
・진간리(陳侃理), 『북경대학 진간 속의 방술서(北大秦簡中的方術書)』 (이상 『文物』 2012年 第6期에 수록)
・주봉한(朱鳳瀚), 『북경대학 진간 <공자종군>의 편련과 초독(北大秦簡<公子從軍>的編連與初讀)』,
・이령(李零), 『은서(隱書)』,
・신덕용(辛德勇), 『북경대학 소장 진 수육리 정간책의 성질과 의명문제(北京大學藏秦水陸里程簡冊的性質和擬名問題)』,
・한외(韓巍), 『북경대학 진간 <산서> 토지면적류 산제 초식(北大秦簡<算書>土地面積類算題初識)』,
・전천(田天), 『북경대학 진간 <불제> 초식(北大秦簡<祓除>初識)』 (이상 簡帛』, 8輯, 上海古籍出版社, 2013에 수록)
・주봉한(朱鳳瀚), 『"위리지도" 3종의 제재의 진간부분 간문 대독(三種"爲吏之道"題材之秦簡部分簡文對讀)』,
・진간리(陳侃理), 『북경대학 소장 진대 용작문서 초석(北京大學藏秦代傭作文書初釋)』,
・전천(田天), 『북경대학 소장 진간 <잡축방> 간개(北大藏秦簡<雜祝方>簡介)』(이상 『出土文獻研究』, 14輯, 上海中西書局, 2015에 수록)
・전천(田天), 『북경대학 소장 진간 <사축지도> 초탐(北大藏秦簡<祠祝之道>初探)』(『北京大學學報 哲學社會科學版』 2015年 第2期)
이들은 북경대학 소장 진 간독의 부분 도판과 해석문을 싣고 있다.

여섯째, 토자산(兔子山) 간독
・호남성문물고고연구소, 「익양시문물관리처『호남 익양 토자산 유적지 제9호 우물 발굴보고』(益陽市文物管理處『湖南益陽兔子山遺址九號井發掘報告』)(『湖南考古輯刊』, 12集, 科學出版社, 2016)에서는 토자산(兔子山) 제9호 우물에서 출토된 간독의 도판과 해석문을 싣고 있다.

(2) 도구서

진(秦) 간독(簡牘) 문자편(文字編)으로는 다음의 것들이 있다.

· 진진유(陳振裕), 유신방(劉信芳), 『수호지진간 문자편(睡虎地秦簡文字編)』(湖北人民出版社, 1993),
· 장수중(張守中), 『수호지진간 문자편(睡虎地秦簡文字編)』(文物出版社, 1994),
· 서부창(徐富昌), 『수호지 진간문자 사례 신편(睡虎地秦簡文字辭例新編)』(萬卷樓, 2021),
· 진송장(陳松長), 이홍재(李洪財), 유흠흠(劉欣欣)(등), 『악록서원 소장 진간(1-3) 문자편(嶽麓書院藏秦簡(1-3)文字編)』(上海辭書出版社, 2017)
· 장위남(蔣偉男), 『이야진간 문자편(里耶秦簡文字編)』(學苑出版社, 2018)
· 장세초(張世超), 장옥춘(張玉春), 『진간문자편(秦簡文字編)』(中文出版社, 1990)
· 방용(方勇), 『진간독문자편(秦簡牘文字編)』(福建人民出版社, 2012) 등.

진(秦) 간독의 문자편(文字編)으로는 다음의 것들이 있다.

· 서무문(徐無聞)(주편), 『진한위진전례자형표(秦漢魏晉篆隸字形表)』(四川辭書出版社, 1985)
· 진건공(陳建貢), 서민(徐敏), 『간독백서자전(簡牘帛書字典)』(上海書畫出版社, 1991),
· 원중일(袁仲一), 유옥(劉鈺), 『진문자류편(秦文字類編)』(陝西人民教育出版社, 1993)
· 이정광(李正光)(등), 『초한간백서전(楚漢簡帛書典)』(湖南美術出版社, 1998)
· 왕휘(王輝)(주편), 『진문자편(秦文字編)』(中華書局, 2015)
· 선효위(單曉偉), 『진문자자형표(秦文字字形表)』(上海古籍出版社, 2017)

・장극화(藏克和), 곽서(郭瑞)(주편), 『진한육조자형보(秦漢六朝字形譜)』(華東師範大學出版社, 2019)
・장뢰(張雷), 『진한간백 의서 문자편(秦漢簡帛醫書文字編)』(中國科學技術大學出版社, 2020) 등.

진(秦) 간독(簡牘)과 관련된 다른 공구서로는 다음의 것들이 있다.

・장현성(張顯成), 『진간 축자색인(秦簡逐字索引)』(四川大學出版社, 2010)
・유옥(劉鈺), 원중일(袁仲一), 『진문자 통가집석(秦文字通假集釋)』(陝西人民教育出版社, 1999)
・백우람(白于藍), 『전국진한 간백고서 통가자 휘찬(戰國秦漢簡帛古書通假字彙纂)』(福建人民出版社, 2012)
・백우람(白于藍), 『간백 고서 통가자 대계(簡帛古書通假字大系)』(福建人民出版社, 2017)
・감숙성문물고고연구소(甘肅省文物考古研究所), 감숙간독보호연구중심(甘肅簡牘保護研究中心), 『감숙 간독 백년논저목록(甘肅簡牘百年論著目錄)』(甘肅文化出版社, 2008)
・심강(沈剛), 『진한위진 간백 논문목록1955-2014(집간, 논문집 부분)(秦漢魏晉簡帛論文目錄1955-2014(集刊, 論文集之部))』(中西書局, 2017)
・방성혜(方成慧), 주조량(周祖亮), 『간백 의약사전(簡帛醫藥詞典)』(上海科學技術出版社, 2018) 등.

(3) 연구류

1. 수호지(睡虎地) 진 간독

이에 관한 연구로는 다음의 것들이 있다.

· 고민(高敏), 『운몽진간　초탐(雲夢秦簡初探)(증정본)』(河南人民出版社, 1981)

· 요종이(饒宗頤), 증헌통(曾憲通), 『운몽진간　일서연구(雲夢秦簡日書研究)』(中文大學出版社, 1982)

· 여종발(余宗發), 『<운몽진간> 속의 사상과 제도 구척(<雲夢秦簡>中思想與制度鉤撝)』(文津出版社, 1992)

· 서부창(徐富昌), 『수호지진간 연구(睡虎地秦簡研究)』(文史哲出版社, 1993)

· 유락현(劉樂賢), 『수호지진간 일서연구(睡虎地秦簡日書研究)』(文津出版社, 1994)

· 오복조(吳福助), 『수호지진간논고(睡虎地秦簡論考)』(文津出版社, 1994)

· 위덕승(魏德勝), 『<수호지진묘죽간>어법연구(<睡虎地秦墓竹簡>語法研究)』(首都師範大學出版社, 2000)

· 고민(高敏), 『수호지진간초탐(睡虎地秦簡初探)』(萬卷樓, 2000)

· 위덕승(魏德勝), 『<수호지진묘죽간>어휘연구(<睡虎地秦墓竹簡>詞彙研究)』(華夏出版社, 2002)

· 왕자금(王子今), 『수호지진간<일서>갑종소증(睡虎地秦簡<日書>甲種疏證)』(湖北敎育出版社, 2002)

· 홍연매(洪燕梅), 『<설문>미수록 진문자연구: <수호지진간>을 예로　삼아(<說文>未收錄之秦文字研究: 以<睡虎地秦簡>爲例)』(文津出版社, 2006)

· 공등원남(工藤元男), 『수호지진간에 보이는 진대 국가와 사회(睡虎地秦簡所見秦代國家與社會)』(上海古籍出版社, 2010)

· 하리아(夏利亞), 『수호지진간문자집석(睡虎地秦簡文字集釋)』(上海交通大學出版社, 2019)

· 용사평(龍仕平), 『<수호지진묘죽간>문자연구: <설문해자>를 주요 참조자료로 삼아(<睡虎地秦墓竹簡>文字研究: 以<說文解字>爲主要參照系)』(嶽麓書社, 2019)

· 온영명(溫英明), 『수호지 진예 구형계통 연구(睡虎地秦隸構形系統研究)』(北京師範大學出版社, 2020) 등.

중국문자학 핸드북

논문집으로는 중화서국편집부(中華書局編輯部)의 『운몽진간연구(雲夢秦簡硏究)』(中華書局, 1981), 진곡동(陳谷棟) 주편의 『운몽수호지 진간 예술연구(雲夢睡虎地秦簡藝術硏究)』(長江文藝出版社, 2015) 등이 있다.

2. 학가평(郝家坪) 진 목독.

연구 논저로는 다음의 것들이 있다.

· 이용(李蓉), 황가상(黃家祥)(주편), 『청천 학가평 전국묘 목독 고고발견과 연구(靑川郝家坪戰國墓木牘考古發現與硏究)』(巴蜀書社, 2018).

3. 방마탄(放馬灘) 진 간독

이에 관한 연구로는 다음의 것들이 있다.

· 옹제춘(雍際春), 『천수 방마탄 목판지도 연구(天水放馬灘木板地圖硏究)』(甘肅人民出版社, 2002)
· 정소헌(程少軒), 『방마탄 간식점 고일서 연구(放馬灘簡式占古佚書硏究)』(中西書局, 2018) 등이 있다.

논문집으로는 다음의 것들이 있다.

· 옹제춘(雍際春), 패붕욱(孛鵬旭)(편), 『천수 방마탄 목판지도 연구논집(天水放馬灘木板地圖硏究論集)』(中國社會科學出版社, 2019).

4. 이야(里耶) 진 간독

이에 관한 연구로는 다음의 것들이 있다.

· 왕환림(王煥林), 『이야진간교고(里耶秦簡校詁)』(中國文聯出版社, 2007)
· 전충진(田忠進), 『이야진간 예교 전역과 어휘 휘석(里耶秦簡隸校詮
  譯與詞語彙釋)』(海南出版社, 2012)
· 우홍도(于洪濤), 『이야 진간 경제문서 분류정리와 연구(里耶秦簡經
  濟文書分類整理與研究)』(知識産權出版社, 2019)
· 곽조천(郭照川), 『이야 진간 문자연구(里耶秦簡文字研究)』(河北人民
  出版社, 2019) 등이 있다

또 논문집으로는 다음의 것들이 있다.

· 중국사회과학원고고연구소(中國社會科學院考古研究所)(등)(편), 『이
  야고성·진간과 진문화 연구: 중국이야고성·진간과 진문화 국제
  학술연구토론회 논문집(里耶古城·秦簡與秦文化研究: 中國里耶古城·
  秦簡與秦文化國際學術研討會論文集)』(科學出版社, 2009)
· 장충위(張忠煒)(주편), 『이야 진간 연구논문 선집(里耶秦簡研究論文
  選集)』(中西書局, 2021).

5. 악록(嶽麓) 진간

이에 관한 연구로는 다음의 것들이 있다.

· 진송장 등(陳松長等), 『악록서원 소장 진간의 정리와 연구(嶽麓書院
  藏秦簡的整理與研究)』(中西書局, 2014)
· 소찬(蕭燦), 『악록서원 소장 진간 <수> 연구(嶽麓書院藏秦簡<數>
  研究)』(中國社會科學出版社, 2015)

· 우홍도(于洪濤), 『악록 진간 <위리치관급검수> 연구(嶽麓秦簡<爲
  吏治官及黔首>研究)』(花木蘭文化出版社, 2015)
· 도안(陶安), 『악록 진간 복원연구(嶽麓秦簡復原研究)』(上海古籍出版
  社, 2016)
· 주효(朱瀟), 『악록서원 소장 진간 <위옥등상사종>과 진대 법제연
  구(嶽麓書院藏秦簡<爲獄等狀四種>與秦代法制研究)』(中國政法大學
  出版社, 2016)
· 진송장(陳松長)(등), 『악록 진간과 진대 법률제도연구(嶽麓秦簡與秦
  代法律制度研究)』(經濟科學出版社, 2019)
· 주홍림(朱紅林), 『<악록서원 소장 진간(4)> 소증(嶽麓書院藏秦簡
  (肆)>疏證)』(上海古籍出版社, 2021)

6. 종합적 연구

이 유형의 연구는 진(秦) 간독의 자체에 관한 연구뿐만 아니라 발
굴 문서의 관점에서 진 간독에 관한 연구를 모두 포함한다. 이러한
연구의 내용은 법률, 일서(日書), 제도, 의학, 지리, 언어 등 여러 측면
을 포함한다.

(1) 진나라 긴독 자체에 관한 연구로는 다음의 것들이 있다.

· 조여녕(曹旅寧), 『진률신탐(秦律新探)』(中國社會科學出版社, 2002)
· 손명(孫銘), 『간독진률분류집석(簡牘秦律分類輯析)』(西北大學出版社,
  2014)
· 서세홍(徐世虹), 『진률연구(秦律研究)』(武漢大學出版社, 2017)
· 진위 등(陳偉等), 『진간독 정리와 연구(秦簡牘整理與研究)』(經濟科學
  出版社, 2017)
· 오소강(吳小强), 『진간일서집석(秦簡日書集釋)』(嶽麓書社, 2000)
· 손점우(孫占宇), 노가량(魯家亮), 『방마탄 진간 및 악록진간 <몽

서>연구(放馬灘秦簡及嶽麓秦簡<夢書>硏究)』(武漢大學出版社,
2017)
· 진위(陳偉), 『진간독 교독 및 거기에 보이는 제도고찰(秦簡牘校讀及
所見制度考察)』(武漢大學出版社, 2017)
· 감곤(謝坤), 『진간독에 보이는 창저제도 연구(秦簡牘所見倉儲制度硏
究)』(上海古籍出版社, 2021)
· 심강(沈剛), 『진간에 보이는 지방행정제도연구(秦簡所見地方行政制
度硏究)』(中國社會科學出版社, 2021)
· 오방기(吳方基), 『새로 출토된 진간과 진대 현급 정무운행 기제연
구(新出秦簡與秦代縣級政務運行機制硏究)』(中華書局, 2021)
· 안창귀(晏昌貴), 『진간독 지리연구(秦簡牘地理硏究)』(武漢大學出版社,
2017)
· 학무(郝茂), 『진간 문자계통의 연구(秦簡文字系統之硏究)』(新疆大學出
版社, 2001)
· 황정음(黃靜吟), 『진간예변연구(秦簡隸變硏究)』(花木蘭文化出
版社, 2011)
· 주상영(朱湘蓉), 『진간 어휘초탐(秦簡詞彙初探)』(中國社會科學出版社,
2012)
· 이강(伊强), 『진간 허사 및 문장형식 고찰(秦簡虛詞及句式考察)』(武
漢大學出版社, 2017)
· 왕효광(王曉光), 『진간독서법연구(秦簡牘書法硏究)』(榮寶齋出版社, 2010)
· 홍연매(洪燕梅), 『출토 진간독 문화연구(出土秦簡牘文化硏究)』(文津
出版社, 2013).

(2) 진 간독의 기타 방면에 관한 연구로는 다음의 것들이 있다.

· 장공(張功), 『진한 도망범죄연구(秦漢逃亡犯罪硏究)』(湖北人民出版社,
2006),
· 고항(高恒), 『진한 간독 속의 법제문서 집고(秦漢簡牘中法制文書輯
考)』(社會科學文獻出版社, 2008),
· 여리(呂利), 『율간신분법고론(律簡身份法考論). 진한 초기 국가질서

중국문자학 핸드북

속의 신분(秦漢初期國家秩序中的身份)』(法律出版社, 2011),
· 장백원(張伯元), 『출토법률문헌총고(出土法律文獻叢考)』(上海人民出版社, 2013),
· 조여녕(曹旅寧), 『진한위진법제탐미(秦漢魏晉法制探微)』(人民出版社, 2013),
· 장파(蔣波), 『간독과 진한 민법연구(簡牘與秦漢民法研究)』(中國社會科學出版社, 2015),
· 조구상(趙久湘), 『진한간독법률용어연구(秦漢簡牘法律用語研究)』(人民出版社, 2017)
· 황유선(黃儒宣), 『<일서>도상연구(圖像研究)』(中西書局, 2013)
· 장국염(張國豔), 『간독일서문헌언어연구(簡牘日書文獻語言研究)』(中國社會科學出版社, 2018)
· 안창귀(晏昌貴), 『초지역 출토 일서 3종 분류집석(楚地出土日書三種分類集釋)』(武漢大學出版社, 2020)
· 유락현(劉樂賢), 『간백수술문헌탐론(增訂版)(簡帛數術文獻探論(增訂版))』(中國人民大學出版社, 2012)
· 동평균(董平均), 『출토 진률 한률에 보이는 봉군식읍 제도연구(出土秦律漢律所見封君食邑制度研究)』(黑龍江人民出版社, 2007)
· 도미야 이타루(富谷至), 『진한 형벌제도 연구(秦漢刑罰制度研究)』(廣西師範大學出版社, 2006)
· 장지비(臧知非), 『진한 토지부역제도 연구(秦漢土地賦役制度研究)』(中央編譯出版社, 2017)
· 진송장(陳松長), 『진대 관제고론(秦代官制考論)』(中西書局, 2018)
· 주덕귀(朱德貴), 『신출 간독과 진한 부역제도연구(新出簡牘與秦漢賦役制度研究)』(中國人民大學出版社, 2021)
· 진문(晉文), 『진한토지제도연구: 간독재료를 중심으로(秦漢土地制度研究: 以簡牘材料爲中心)』(社會科學文獻出版社, 2021)
· 유일비(遊逸飛), 『제조"지방정부": 전국지한초군제신고(制造"地方政府": 戰國至漢初郡制新考)』(臺大出版中心, 2022)
· 왕휘(王輝), 왕위(王偉), 『진 출토 문헌 편년정보(秦出土文獻編年訂補)』(三秦出版社, 2014)
· 정위(鄭威), 『출토 문헌과 초진한 역사지리연구(出土文獻與楚秦漢歷

史地理硏究)』(科學出版社, 2017)

· 주조량(周祖亮), 방의림(方懿林), 『간백 의약문헌 교석(簡帛醫藥文獻
校釋)』(學苑出版社, 2014)

· 장뢰(張雷), 『진한간독 의방 집주(秦漢簡牘醫方集注)』(中華書局, 2018)

· 웅익량(熊益亮), 『선진 양한 간백 의방 연구(先秦兩漢簡帛醫方硏究)』
(廣東科技出版社, 2021)

· 이옥(李玉), 『진한 간독 백서 음운연구(秦漢簡牘帛書音韻硏究)』(當代
中國出版社, 1994)

· 진소용(陳昭容), 『진계 문자연구: 한자사적 시각의 고찰(秦系文字硏究
從漢字史的角度考察)』(長達印刷有限公司, 2003)

· 황문걸(黃文傑), 『진에서 한초까지의 간백문자연구(秦至漢初簡帛文
字硏究)』(商務印書館, 2008)

· 이명효(李明曉), 호파(胡波), 장국염(張國豔), 『전국 진한 간독 허사
연구(戰國秦漢簡牘虛詞硏究)』(四川大學出版社, 2011)

· 유옥환(劉玉環), 『진한 간백 허자연구(秦漢簡帛訛字硏究)』(中國書籍
出版社, 2012)

· 황문걸(黃文傑), 『진한문자의 정리와 연구(秦漢文字的整理與硏究)』
(社會科學文獻出版社, 2015)

· 왕휘(王輝), 진소용(陳昭容), 왕위(王偉), 『진문자 통론(秦文字通論)』
(中華書局, 2016)

· 장현성(張顯成), 왕옥교(王玉蛟), 『진한 간백 이체자연구(秦漢簡帛異
體字硏究)』(人民出版社, 2016)

· 황소소(黃瀟瀟), 『진한간백문헌과 <설문해자>신증(秦漢簡帛文獻與
<說文解字>新證)』(中國農業大學出版社, 2017)

· 위효염(魏曉豔), 『간백 초기 예서 자체 연구(簡帛早期隸書字體硏究)』
(中國社會科學出版社, 2019)

· 주효륙(周曉陸), 『진문자연구(秦文字硏究)』(西北大學出版社, 2021)

· 이학근(李學勤), 『간백 일적과 학술사(簡帛佚籍與學術史)』(江西教育
出版社, 2001)

· 이균명(李均明), 『진한 간독 문서분류 집해(秦漢簡牘文書分類輯解)』
(文物出版社, 2009)

- 손예(孫瑞), 『금문 간독 백서의 문서 연구(金文簡牘帛書中文書研究)』 (吉林文史出版社, 2009)
- 왕효광(王曉光), 『진한간독 구명과 서수 연구(秦漢簡牘具名與書手研究)』(榮寶齋出版社, 2016)
- 원연성(袁延勝), 『진한 간독 호적자료 연구(秦漢簡牘戶籍資料研究)』 (人民出版社, 2018)
- 양진홍(楊振紅), 『출토 간독과 진한사회(出土簡牘與秦漢社會)』(廣西師範大學出版社, 2009)
- 우진파(於振波), 『간독과 진한사회(簡牘與秦漢社會)』(湖南大學出版社, 2012)
- 양진홍(楊振紅), 『출토 간독과 진한사회 속편(出土簡牘與秦漢社會續編)』(廣西師範大學出版社, 2015)
- 여아호(呂亞虎), 『전국 진한 간백문헌에 보이는 무술연구(戰國秦漢簡帛文獻所見巫術研究)』(科學出版社, 2010)
- 여아호(呂亞虎), 『진한 사회 민생신앙연구: 출토 간백문헌을 중심으로(秦漢社會民生信仰研究: 以出土簡帛文獻爲中心)』(中國社會科學出版社2016)
- 주천연(周嬋娟), 『진한 간백에 보이는 여성사자료 고교(秦漢簡帛所見婦女史資料考校)』(四川大學出版社, 2018)
- 탕약홍(湯淺邦弘), 『전국초간과 진간사상사 연구(戰國楚簡與秦簡之思想史研究)』(萬卷樓, 2006)
- 니진파(倪晉波), 『출토문헌과 진나라 문학(出土文獻與秦國文學)』(文物出版社, 2015)
- 진송장(陳松長), 『중국 간백 서법예술편년과 연구(中國簡帛書法藝術編年與研究)』(上海書畫出版社, 2015)
- 류조빈(劉兆彬), 임서금(任瑞金), 『진한간독필법과 결자연구(秦漢簡牘筆法與結字研究)』(中國社會科學出版社, 2021) 등.

7. 논문류

진 간독 연구에 관한 것으로 다음의 것들이 있다.

· 장백원(張伯元), 『출토 법률문헌 연구(出土法律文獻研究)』(商務印書館, 2005)

· 왕규매(汪桂梅), 『진한간독 탐연(秦漢簡牘探研)』(文津出版社, 2009)

· 호평생(胡平生), 『호평생 간독 문물논고(胡平生簡牘文物論稿)』(中西書局, 2012)

· 장준민(張俊民), 『간독학론고: 취사편(簡牘學論稿: 聚沙篇)』(甘肅教育出版社, 2013)

· 양검홍(楊劍虹), 『진한간독연구존고(秦漢簡牘研究存稿)』(廈門大學出版社, 2013)

· 이균명(李均明), 『경운록: 간독연구총고(耕耘錄: 簡牘研究叢稿)』(人民美術出版社, 2015)

· 소찬(蕭燦), 『간독 수학사 논고(簡牘數學史論稿)』(科學出版社, 2018)

· 형의전(邢義田), 『금진집: 진한시대의 간독, 화상과 문화유포(今塵集. 秦漢時代的簡대牘, 畫像與文化流播)』(中西書局, 2019)

· 하유조(何有祖), 『신출 진한간백 총고(新出秦漢簡帛叢考)』(科學出版社, 2021)

· 감숙문물고고연구소(甘肅文物考古研究所), 『진한간독논문집(秦漢簡牘論文集)』(甘肅人民出版社, 1989)

· 오영증(吳榮曾), 왕규해(汪桂海)(주편), 『간독과 고대사연구(簡牘與古代史研究)』(北京大學出版社, 2012)

· 장덕방(張德芳)(주편), 『감숙성 제2회 간독학국제학술대회논문집(甘肅省第二屆簡牘學國際學術研討會論文集)』(上海古籍出版社, 2012)

· 장덕방(張德芳)(주편), 『감숙성 제3회 간독학국제학술대회논문집(甘肅省第三屆簡牘學國際學術研討會論文集)』(上海古籍出版社, 2017)

· 마총(馬聰), 왕도(王濤), 조여녕(曹旅寧)(주편), 『출토문헌과 법률사 연구 현황 학술대회논문집(出土文獻與法律史研究現狀學術研討會論文集)』(暨南大學出版社, 2017) 등이다.

4. 진(秦) 죽간 연구의 관심 주제

(1) 글자의 뜻풀이와 죽간의 순서 바로잡기와 편집

연구가 심화하고 새로운 자료가 공개됨에 따라 기존 진나라 간독 연구에 존재했던 어휘 해석, 문장의 정리, 죽간의 순서 바로잡기와 편집에 대한 새로운 해결책을 찾을 수 있게 되었다. 일부 진 간독은 처음 출판될 때 단순히 도판, 해석문만 있었고 간혹 간략한 주석이 덧붙여진 정도였다. 그러나 연구 결과가 계속 축적됨에 따라 많은 재편집 및 수정 작업이 반영된 저술들이 등장했다.

(2) 법률 및 규정과 사법

진 간독에는 많은 법률 죽간이 포함되어 있는데, 수호지(睡虎地) 진간독, 용강(龍崗) 진간독, 야리(里耶) 진간독, 악록(嶽麓) 진간 등이 그렇다. 이러한 죽간들은 진 왕조의 법률 체계에 대한 이해를 크게 증진시켰으며, 사법 절차, 형벌 체계 등에 관한 연구를 촉진했다.

(3) 사회 체계

대부분의 진(秦) 간독은 문서적 성격의 죽간으로, 관공서의 문서, 법률, 서적, 편지 등을 포함한다. 진 죽간은 일차적인 정보로서, 특히 사회 체계에 관한 것을 포함해서 진 왕조의 사회적 모든 측면을 진실하게 반영할 수 있다. 따라서 학자들은 진 죽간을 활용하여 진 왕조의 토지 체계, 부역체계, 호적 체계, 관리(官吏) 체계, 지방 행정 체계, 창고 체계 등에 관한 연구를 수행했다.

(4)『일서(日書)』연구

수호지(睡虎地) 진간, 방마탄(放馬灘) 진간, 악산(嶽山) 진 목독, 주가대(周家臺) 진간 등 많은 곳에서 진나라 때의『일서(日書)』죽간이 발굴되었다. 이들은『일서(日書)』와 술수(術數) 연구를 더욱 발전시키는 데 이바지했다.

(5) 의학 연구

주가대(周家臺) 진간의「처방전과 기타(病方及其他)」는 의학적 처방과 축유술(祝由術)[14]은 진 왕조 시대의 의학과 의료 기준을 연구하는 데 중요한 참고 자료가 된다.

---

14) [역주] 축유술(祝由術)은 중국 전통 의학에서 유래한 고대이자 신비한 의료 방법이다. 이는 약물이나 침술을 사용하지 않는 치료 방법으로, 말이나 주문이나 생각 등에 의존하여 다양한 질병을 치료한다. 이 때문에 '주문 요법'이나 '마법 요법' 등으로도 불린다. 축유술(祝由術)은 그 내용이 다양하여 금법(禁法), 주법(咒法), 부법(符法), 암시법(暗示法), 심리법(心理法), 최면법(催眠法), 음악법(音樂法) 등의 방법을 포함한다. 그러나 그중에서도 가장 보편적인 방법은 금법(禁法), 주법(咒法), 부법(符法) 등 세 가지이다.

(6) 언어, 문자 및 서체 연구

대부분의 진 죽간은 발굴된 문서이기 때문에 진나라 문자의 실제 모습을 기록하고 있으며, 이는 진나라 문자의 음운, 어휘 및 문법 연구에 중요한 자료가 된다. 현재 볼 수 있는 진나라 죽간은 그 시기가 전국시대 말기에서 진 왕조까지의 기간에 해당하며, 이 시기는 한자가 예서(隷書)로 변화하는 중요한 시기였다. 따라서 진 죽간은 한자의 형체 변화를 연구하는 데 중요한 자료가 된다.

5. 미래 전망

진(秦) 죽간은 다음과 같은 측면에서 앞으로 더욱 심도 있게 연구될 수 있다.

(1) 문자 고석 및 어휘 연구

이는 세 가지 관점에서 수행될 수 있다. 첫째, 최근에 발행된 명확한 판본을 활용하여 진나라 죽간에서 명확하게 설명되지 않은 문자를 재검토한다. 둘째, 진 죽간에는 여전히 문자는 알려져는 있으나 문장이 명확하지 않은 현상이 있는데, 이는 더 깊이 연구할 수 있는 부분이다. 셋째, 『진간독합집(秦簡牘合集)』은 초기에 공표된 진나라 죽간의 연구 결과를 이미 잘 정리했지만, 초기에 공표된 진 죽간과 최근에 새로이 공표된 진 죽간에 는 여전히 전체적으로 정리될 필요가 있다.

(2) 자료의 연속성에 대한 종합적 연구

예를 들어, 『일서(日本)』를 예를 들어 보면, 발굴된 『일서』 자료로
는 수호지(睡虎地) 진간, 방마탄(放馬灘) 진간, 주가대(周家臺) 진간 등
이 있고, 초(楚) 죽간에는 구점(九店) 죽간, 하가대(夏家臺) 등의 죽간
이 있고, 한(漢)나라 죽간에는 공가파(孔家坡) 한간, 홍콩 중문대학 문
물관 소장 한간 등이 있다. 따라서 이러한 죽간들을 종합적으로 활용
하여 발굴된 『일서』를 연구한다면 많은 측면에서 더욱 종합적인 연
구가 가능하다.

(3) 사회 체계에 대한 연구

진(秦) 죽간은 내용이 풍부하며 사회생활의 모든 측면을 포괄한다.
그중에서도 특히 토지, 호적, 지방 행정과 같은 사회 체계도 매우 다양
하다. 게다가 이야(里耶), 악록(嶽麓), 토자산(兔子山) 등지의 죽간이 추
가로 발표됨에 따라, 진 왕조의 사회체계에 관한 연구 공간은 여전히
많이 남아 있다.

제3부 한(漢)나라 간백(簡帛) 문자

1. 한나라 간백(簡帛)에 대한 개략적 소개

한(漢)나라 간백(簡帛)은 한나라 때의 죽간과 비단 문서를 의미한다. 한나라 죽간은 일반적으로 한나라 때 간독에 필사된 글자를 가리킨다. 한나라 때의 죽간과 목독은 그 형태에 따라 죽간(簡), 양행(兩行. 두 줄 죽간), 독(牘), 고(觚), 검(檢), 갈(楬) 등을 포함한다. 죽간(簡)은 달리 '답(笘)'이나 '첩(牒)'이라고도 불리며, 폭이 좁아 주로 한 줄의 텍스트를 쓰는 데 사용된다. 양행(兩行)은 너비가 넓어 보통 두 줄의 텍스트를 쓰는 데 사용되며, 그래서 이러한 이름이 붙었다. 목독(牘)은 폭이 더 넓어 여러 줄의 텍스트를 수용할 수 있다. 고(觚)는 다각형 기둥 모양의 물체로, 일반적으로 세 면 이상으로 만들어져 있다. 검(檢)은 봉검(封檢)으로, 문서와 재물을 전달하는 데 사용된다. 갈(楬)은 첨패(簽牌)로, 주로 장부나 기물에 첨부하여 이름을 쓰는데 사용된다. 이외에도 간독에서 아래위를 잘라낸 글을 쓴 얇은 조각들이 있는데, 이를 '삭의(削衣)'라고 부른다.[1]

백(帛)은 달리 겸백(縑帛)이라고도 하는데, 실크 직물을 부르는 일반적인 명칭이다. 백서(帛書)는 달리 증서(繪書)라고도 불리는데, 이것

---

1) 李均明,『古代簡牘』, 文物出版社, 2003年, 135-137쪽; 黃文傑,『秦漢文字的整理與研究』, 社會科學文獻出版社, 2015年, 6쪽.

은 고대 중국에서 글쓰기에 사용된 실크 직물이다. 비단(帛)은 죽간으로 만든 책(簡冊)보다 더 편리하지만 대나 나무보다 더 비싸서 간단한 간책처럼 보편적으로 사용될 수 없었다.

한나라 때의 간백 문자는 내용에 따라 서적과 문서로 나눌 수 있다. 이학근(李學勤) 선생은 "'서적'은 좁은 의미에서 책을 가리킨다. 그러나 『한서·예문지(藝文志)』의 분류에 따르면 육예(六藝)(경전), 제자(諸子), 시(詩)와 부(賦), 병서(兵書), 술수(數術), 방기(方技) 등이 포함된다. '문서'는 당시 황실과 지방정부의 문서, 책, 기록물을 가리키며, 일부 사적인 책과 기록도 여기에 첨부될 수 있다."라고 했다.[2]

이균명(李均明) 등은 기능상의 차이로 인해 간독의 '서적'과 '문서'는 형식상에서 차이가 분명하다고 지적했다. '문서'는 각급 행정 기관의 운영과 경제 활동 및 개인의 사회 활동에서 생산된 문서 기록이다.[3] 또한 글꼴이라는 측면에서 볼 때 한나라의 간백 문자는 전서(篆書), 예서(隸書), 초서(草書), 그리고 해서(楷書)를 포함한다.[4]

2. 한나라 간백(簡帛) 자료

한(漢) 왕조의 간독은 일반적으로 '서적'과 '문서'로 나눌 수 있는데, 지금까지 발견된 한나라 죽간 자료로 볼 때 대부분은 문서이다.

아래에서는 대략적으로 '서적'과 '문서'로 분류하여 각 중요한 한나라 죽간 자료에 대해 소개한다. 같은 묶음의 자료 속에서도 서적과 문서가 모두 포함된 경우가 종종 있다는 점에도 유의해야 한다.

---

2) 李學勤, 『簡帛書籍的發現及其影響』, 『文物』 1999年 第10期.
3) 李均明, 劉國忠, 劉光勝, 鄔文玲, 『當代中國簡帛學硏究(1949-2019)』, 中國社會科學出版社, 2019年.
4) 李均明, 『古代簡牘』, 文物出版社, 2003年, 144-147쪽.

(1) 한나라 죽간 서적

1. 감숙성 무위(武威) 마취자(磨嘴子) 한간

1959년, 감숙성 무위의 마취자 제6호 한묘에서 죽간 480매가 발견
되었는데, 그중에는 『의례(儀禮)』에 관한 죽간이 469매로, 내용은 고
대 문헌인 『의례』의 일부분이었다. 제18호 한묘에서는 목간 10매가
발견되었는데 소위 "왕장십간(王杖十簡)"이 그것이며, 내용은 왕장(王
杖)5) 조서(詔書)를 베낀 내용이다.6)

2. 홍콩 중문대학 문물관 소장 간독

---

5) [역주] '왕이 하사한 지팡이'라는 뜻의 王杖은 고대 중국에서 황제가 나이 많은
   원로에게 내리는 영예로움의 상징이자 노인에 대한 존중과 존경의 상징물이다.
   이러한 지팡이에는 보통 비둘기(鳩)의 모양을 조각해 넣었기 때문에 이를 '구장
   (鳩杖)'이라 부르기도 한다. 특히 한나라 때에는 王杖이 황제가 노인에게 내린 특
   수한 우대 증명이 되기도 했다. 『후한서·의례지(儀禮志)』에 의하면, "중추의 달
   (음력 8월)에 현(縣)이나 도(道)에서는 모두 호구를 조사하여 백성들을 비교하고,
   나이가 70세가 되는 이에게는 왕장(王杖)을 하사하고 미죽(糜粥)을 먹인다. 80세
   와 90세 노인은 예우를 더하여 하사하는데, 왕장의 길이는 9척이며, 끝에는 비
   둘기 장식을 한다.(仲秋之月, 縣道皆案戶比民, 年始七十者授之以王杖, 餔之以糜粥.
   八十九十, 禮有加賜, 王杖長九尺, 端以鳩鳥爲飾.)"라고 했다.
   본문에서의 기술처럼 감숙성 무위시 마취자(磨嘴子), 한탄파(旱灘坡), 오패산(五壩
   山)의 한묘(漢墓)에서 발견된 왕장(王杖)과 '왕장십간(王杖十簡)', '왕장조서령책
   (王杖詔書令冊)' 같은 죽간 등은 고대 중국에서 국가적으로 노인을 공경하고 존
   중했던 실물 증거라 할 수 있다. '왕장십간(王杖十簡)'에는 왕장을 하사받은 자
   는 비록 별다른 관직은 없었어도 그 지위는 연봉 6백석 관리에 상당했으며, 그
   왕장을 지닌 자는 천자의 사자처럼 관부(官府)에도 드나들 수 있었고 치도(馳道)
   를 달릴 수도 있었다. 그리고 지팡이의 주인을 구타하거나 모욕을 주면 큰 죄로
   다스렸으며, 지팡이를 지닌 자는 세금도 면제되었으며, 범죄를 저질렀다고 해도
   초범이면 기소하지 않았다고 한다.
6) 甘肅省博物館, 中國科學院考古研究所, 『武威漢簡』, 中華書局, 2005年.

1989년부터 1994까지 홍콩 중문대학 문물관에서는 간독 259매를 구입했는데, 그중에는 서한 시대를 포함한 한나라 때의 간독 229매, 『일서(日書)』 간독 109매, 견책(遣册) 간독 11매, 노비와 창고의 식량 출입을 기록한 죽간 장부 69매, '하제(河堤)'에 관한 죽간 26매, 동한 때의 '서녕(序寧)'[7] 죽간 14매로 구성되었다.[8]

3. 산동성 임기(臨沂) 은작산(銀雀山) 한 간독

1972년에 산동성 임기의 은작산 제1호 한나라 무덤에서 죽간 4,942매와 목독 2매가 출토되었다. 이 죽간들의 내용에는『손자병법(孫子兵法)』과『손빈병법(孫臏兵法)』과 같은 고대 서적뿐만 아니라 오랫동안 잊힌 책들도 포함되어 있었다. 2매의 목독은『손자병법』과『수령 수법 등 13편(守令守法等十三篇)』의 제목이다. 제2호 무덤에서 발굴된 32매의 죽간은 「원광원력역보(元光元年曆譜)」로 불리는데, 중국에서 가장 이른 시기의 가장 완전한 고대 역법에 관한 기록이다.[9]

4. 하북성 정현(定縣) 팔각랑(八角廊) 한간

1973년, 하북성 정현의 팔각랑촌(八角廊村) 한나라조 제40호 무덤에서 대량의 죽간이 발굴되었다. 이 죽간들의 내용에는『논어』,『유

---

7) [역주] '序寧'은 香港中文大學文物館에서 구매한 한나라 漢晉 簡牘 240매 중의 일부분으로, 총 14매로 구성되었다. 출토 지점은 알려지지 않았고 일부는 잔편으로 되었다. 간독에 명확한 연대 기록은 없지만 東漢 章帝 建初 4年(79년)의 것으로 추정한다.(陳松長, 「一組定名特殊的木簡一"序宁"簡」)
　(https://max.book118.com/html/2023/1007/5143042341010340.shtm)
8) 陳松長, 『香港中文大學文物館藏簡牘』, 香港中文大學文物館, 2001年.
9) 銀雀山漢墓竹簡整理小組, 『銀雀山漢墓竹簡(壹)』, 文物出版社, 1985年; 銀雀山漢墓竹簡整理小組, 『銀雀山漢墓竹簡(貳)』, 文物出版社, 2010年; 山東博物館, 中國文化遺産研究院, 『銀雀山漢墓簡牘集成(貳)』, 文物出版社, 2021年; 山東博物館, 中國文化遺産研究院, 『銀雀山漢墓簡牘集成(三)』, 文物出版社, 2021年.

가자언(儒家者言)』, 『애공문오의(哀公問五義)』, 『보부전(保傅傳)』, 『태
공(太公)』, 『문자(文子)』, 『육도(六韜)』, 『육안왕조 오봉2년 정월 기거
기(六安王朝五鳳二年正月起居記)』, 『일서(日書)·점복(占卜)』 등이 포함되
어 있다. 『논어』는 620여 매의 죽간으로, 글자 총수는 7,576자에 이
른다. 『문자』는 277매의 죽간으로, 약 2,790자에 이른다. 『육도(六韜)
』는 144매의 죽간으로, 1,402자에 이른다.10)

5. 안휘성 부양(阜陽) 쌍고퇴(雙古堆) 간독

1977년, 안휘성 부양의 쌍고퇴에 위치한 한나라 제1호 무덤에서
1,000여 매의 목간과 목독 3매가 발굴되었다. 이들의 내용에는 『시경
(詩經)』, 『창힐편(倉頡篇)』, 『형덕(刑德)』, 『만물(萬物)』, 『일서(日書)』, 『년
표(年表)』, 『주역(周易)』, 『행기(行氣)』, 『사부(辭賦)』, 『상구경(相狗經)』, 『
대사기(大事記)』, 『작무원정(作務員程)』, 『잡방(雜方)』 등 10여 종의 고대
서적들이 포함되어 있다.11)

6. 호북성 강릉(江陵) 장가산(張家山) 한간

1983년부터 1984년 사이에 호북성 강릉의 장가산 제247호, 제249
호, 제258호 서한 왕조 무덤에서 1,600매 이상의 죽간이 발굴되었다.
이 중 가장 많은 수의 죽간이 제247호 무덤에서 발견되었으며, 총
1,236매에 달한다. 이 죽간들의 내용에는 『2년 율령(二年律令)』, 『주언
서(奏讞書)』, 『개려(蓋廬)』, 『맥서(脈書)』, 『인서(引書)』, 『산수서(算數書)

---

10) 河北省文物研究所『河北定縣40號漢墓發掘簡報』, 『文物』 1981年 第8期; 定縣漢墓
    竹簡整理組『定縣40號漢墓出土竹簡簡介』, 『文物』 1981年 第8期.
11) 安徽省文物工作隊, 阜陽地區博物館, 阜陽縣文化局『阜陽雙古堆西漢汝陰侯墓發掘
    簡報』, 『文物』 1978年 第8期; 阜陽漢簡整理組『阜陽漢簡簡介』, 『文物』 1983年
    第2期.

』,『일서(日書)』, 역보(曆譜), 견책(遣冊) 등이 포함되어 있다. 제249호 무덤에서는 400매의 간단한 죽간이 발견되었으며, 내용은『일서(日書)』이다. 또 제258호에서 발굴된 58매의 죽간은 역보(曆譜)이다.12)

7. 감숙성 무위(武威) 한탄파(旱灘坡) 의학 간독

1972년, 감숙성 무위의 한탄파에 위치한 동한 왕조 무덤에서 78매의 목간과 14매의 목독이 발굴되었다. 이들의 내용은 질병을 치료하기 위한 의학 처방들이었다.13)

8. 북경대학 소장 서한 죽서

2009년, 북경대학교는 해외에서 유실된 서한(西漢) 왕조의 죽간 한 묶음을 입수했는데, 역 1,600매에 이르는 완전한 죽간과 잘리고 떨어져 나간 잔편 죽간 1,700매를 포함하여 총 3,300매 이상에 이르는 죽간이었다. 이 죽간들의 내용은 고대 문서로, 거의 20여 종에 이르는 고대 문헌을 포함하고 있으며, 기본적으로『한서·예문지(藝文志)』에서 분류한 "육예(六藝)", "제자(諸子)", "시부(詩賦)", "병서(兵書)", "수술(數術)", "방기(方技)"의 6가지 대 부류를 다 포함하고 있다.14)

9. 성도(成都)시 천회(天回) 노관산(老官山) 의학 죽간

---

12) 張家山漢簡二四七號漢墓竹簡整理小組『張家山漢墓竹簡[二四七號墓]』, 文物出版社, 2001年; 張家山漢簡二四七號號漢墓竹簡整理小組『張家山漢墓竹簡[二四七號墓]. 釋文修訂本』, 文物出版社, 2006年.

13) 甘肅省博物館, 甘肅省武威縣文化館『武威旱灘坡漢墓發掘簡報－出土大批醫藥簡牘』,『文物』1973年 第12期; 甘肅省博物館, 武威縣文化館『武威漢代醫簡』, 文物出版社, 1975年.

14) 北京大學出土文獻研究所『北京大學藏西漢竹書槪說』,『文物』2011年 第6期; 北京大學出土文獻研究所『北京大學藏西漢竹書(壹)-(貳)』, 上海古籍出版社, 2012-2015年.

2012년부터 2013년 사이에 성도시 금우구(金牛區) 천회진(天回鎭) 서한 시대 묘지 제1호 무덤에서 50매의 목독이 발굴되었으며, 그 내용은 초보적으로 공식 문서와 주술 두 가지 범주로 초기 분류되었다. 제3호 무덤에서는 920매의 의학 죽간이 발굴되었으며, 이는 9가지 의학 서적으로 나눌 수 있다.[15]

10. 강서성 남창(南昌) 해혼후(海昏侯) 한간

2014년부터 2016년 사이에 남창시 서한 시대의 해혼후(海昏侯) 제1호 무덤에서 약 200매의 목독이 발견되었다. 이 중에는 견책(遣冊)과 관련된 첨패(簽牌)와 상소문이 포함되어 있었다. 5,200매 이상의 죽간은 고대 소적에 속하는 내용을 포함하고 있는데, 이를 전통적인 '육예'의 범주로 나누어 보면 『시경(詩經)』이 1,200여 매, 『예기(禮記)』가 약 300여 매, 『논어』가 약 500여 매, 『춘추(春秋)』가 약 200여 개, 『효경(孝經)』이 약 600여 개, 제자(諸子)류가 50여 먀, 시부(詩賦)류가 200여 매 포함되었으며, 육박(六博)에 관한 것이 1,000매, 수술(數術)류가 300여 매, 방기(方技)류가 약 200매 포함되었다.[16]

11. 호북성 수주(隨州) 주가채(周家寨) 한간

2014년, 하북성 수주시(隨州市) 증도구(曾都區)의 주가채촌(周家寨村)의 M8호 무덤에서 1권의 죽간(566매)이 발굴되었다. 이 중 360매는 완전한 산태였고, 내용은 '일서(日書)'이다. 1매의 목간도 동시에 출토

---

15) 王軍等『成都天回鎭老官山漢墓發掘簡報』, 『南方民族考古』, 12輯, 科學出版社, 2016年; 中國中醫科學院中國醫史文獻研究所等『四川成都天回漢墓醫簡整理簡報』, 『文物』 2017年 第12期.

16) 江西省文物考古研究院, 北京大學出土文獻研究所, 荊州文物保護中心『江西南昌西漢海昏侯劉賀墓出土簡牘』, 『文物』 2018年 第11期.

되었는데, 내용은 고지서(告地書)였다.[17] 또 대로 만든 첨패(簽牌) 3매
도 들었는데, 노예의 이름이 기록되어 있었다.[18]

12. 마왕퇴(馬王堆) 백서(帛書)

1972년에 호남성 장사(長沙)의 마왕퇴(馬王堆) 제3호 무덤의 동쪽
상자 내 사각형으로 된 57번 옷칠 박스에서 대량의 비단 서적이 발
굴되었다. 이 비단 서적의 내용은 매우 풍부하여, 『한서·예문지(藝文
志)』에서 말한 "육예(六藝), 제자(諸子), 시부(詩賦), 병서(兵書), 수술(數
術), 방지(方技)" 등 6가지 부류에서 '시부'를 제외한 모근 서적이 포함
되어 있다.[19]

(2) 간독(簡牘) 문서

1. 돈황(敦煌) 한간

20세기, 돈황과 그 주변 지역의 한나라 시대 봉수대 유적에서 발견
된 죽간들이다. 1907년, 스타인(斯坦因)의 중앙아시아 제2차 탐험에서
705매의 죽간이 수집되었다. 1914년, 스타인의 중앙아시아 제3차 탐
험에서 168매의 죽간이 수집되었다. 1920년, 주병남(周炳南)은 돈황

---

17) [역주] '고지서(告地書)'는 주로 장례 활동에서 사용되는 고대 중국의 특별한
    문서로, 죽은 사람이 이승에서 저승으로 가는데 사용되었다. 이는 사자가 염
    라대왕에게 갈 때의 '소개장'으로 이해하면 된다. 이 '소개장에는 종종 무덤
    주인의 기본 정보가 기록되어 있는데, 예를 들면 묘 주인이 매장된 연도, 날
    짜, 간략한 생애, 마차, 재산 등이 포함되었다.
18) 湖北省文物考古研究所, 隨州市曾都區考古隊『湖北隨州市周家寨墓地M8發掘簡報』,
    『考古』 2017年 第8期.
19) 陳松長『長沙馬王堆西漢墓』, 上海古籍出版社, 1998年; 裘錫圭主編『長沙馬王堆漢
    墓簡帛集成(壹)-(陸)』, 中華書局, 2014年.

소방반성(小方盤城) 옥문관(玉門關) 밖의 모래 더미에서 17매의 목간을 발견했다. 1944년. 하내(夏鼐)는 돈황 소방반성 등에서 48매의 목간을 발견했다.

1977년, 옥문(玉門) 화해(花海)의 한나라 봉수대 유적에서 91매의 목간이 수집되었다. 1979년, 돈황 마권만(馬圈灣)의 봉수대 유적에서 간독1,217매가 출토되었다. 1981년, 돈황 수유토(酥油土)의 봉수대 유적에서 간독 76매가 수습되었다. 1986년에서 1988년까지, 돈황시 박물관이 문물 조사 과정에서 한간 137매를 수습한 바 있다.[20]

2. 거연(居延) 한간

1930년, 지금의 액제납(額濟納) 유역에의 한나라 32곳의 감시 보루(鄣隧)에서 총 10,000매 이상의 죽간이 발견되었다. 많은 수의 죽간이 발굴된 장소는 대만(大灣), 지만(地灣), 파성자(破城子) 등이었는데, 대만(大灣)에서는 1,500매, 지만(地灣)에서는 2,000매가, 파성자(破城子)에서는 5,216매가 발굴되었다. 죽간의 내용은 주로 변방 주둔지의 문서들이었다.[21]

3. 거연(居延) 신간(新簡)

1972년에서 1973년, 내몽골 액제납기(額濟納旗) 갑거후관(甲渠候官) 유적과 갑거새(甲渠塞) 제4 봉수대 유적지에서 8,000여 매의 죽간이 출토되었는데, 내용은 변방 주둔지의 문서들이었다.[22]

---

20) 羅振玉, 王國維『流沙墜簡』, 中華書局, 1993年; 張鳳『漢晉西陲木簡彙編』, 上海有正書局, 1931年; 甘肅省文物考古研究所『敦煌漢簡』, 中華書局, 1991年; 張德芳『敦煌馬圈灣漢簡集釋』, 甘肅文化出版社, 2013年.
21) 簡牘整理小組『居延漢簡(壹)-(肆)』, 中研院歷史語言研究所專刊之一〇九, 2014-2017年.
22) 張德芳主編『居延新簡集釋』, 甘肅文化出版社, 2016年.

4. 견수(肩水) 금관(金關) 한간

1973년, 감숙성 금탑현(金塔縣) 견수(肩水)의 금관(金關) 유적지에서 간독 11,577매가 출토되었는데, 내용은 변방 주둔지의 문서들이었다.[23]

5. 액제납(額濟納) 한간

1999년부터 2002년까지, 액제납기(額濟納旗)의 갑거후관(甲渠候官) 근처 제7, 9, 14, 16, 17, 18번 봉수대 및 갑거후관(甲渠候官) 남동쪽 32킬로미터 지점의 찰한천길(察汗川吉) 봉수대 유적에서 500여 매의 한나라 죽간이 발견되었다.[24]

6. 지만(地灣) 한간

1986년, 감숙성 금탑현(金塔縣) 지만(地灣) 유적지에서 한나라 때의 죽간 778매가 출토되었는데, 내용은 견수(肩水) 휴관(候官)의 각종 원시 문서 파일이었다.[25]

7. 옥문관(玉門關) 한간

1998년, 돈황(敦煌) 옥문관(玉門關) 유적지에서 한나라 죽간 381매가 출토되었는데, 변방 수비에 관한 문서들이었다.[26]

---

23) 甘肅簡牘保護研究中心(甘肅簡牘博物館), 甘肅省文物考古研究所, 中國文化遺産研究院古文獻研究室, 中國社會科學院簡帛研究中心『肩水金關漢簡(壹)-(伍)』, 中西書局, 2011-2016年.

24) 魏堅主編『額濟納漢簡』, 廣西師範大學出版社, 2005年.

25) 甘肅簡牘博物館, 甘肅省文物考古研究所, 出土文獻與中國古代文明研究協同創新中心中國人民大學分中心編『地灣漢簡』, 中西書局, 2017年.

26) 張德芳, 石明秀主編『玉門關漢簡』, 中西書局, 2019年.

8. 현천(懸泉) 한간

1990년부터 1992년, 돈황의 첨수정(甛水井) 근처의 한나라 현천치
(懸泉置) 유적지에서 23,000매 이상의 죽간이 발굴되었다. 이 자료들
에는 대량의 황제 칙령과 다양한 정부 수준의 행정 문서, 율령, 사법
문서, 장부, 사적 서신 및 서적 등이 포함되어 있다.[27]

9. 신강 나포뇨이(羅布淖爾) 한간

1930년, 서북(西北)과학고찰단의 단원이었던 황문필(黃文弼)이 나포
뇨이에서 목간 71매를 발견했는데, 내용은 서역의 직관, 각종 통용 공
문서 미 초일기, 기물장부, 교사(校士)의 이름, 역보 등이다.[28]

10. 감숙 무위(武威) "왕장조서령(王杖詔書令)" 책(冊)

1981년에 무위현(武威縣) 문화재 관리위원회는 해당 현의 신화향
(新華鄕)의 한 농부로부터 26매의 목간으로 구성된 죽간 책을 받았는
데, 이에는 5개의 칙령이 포함되어 있었다.[29]

11. 감숙성 무위(武威) 한탄파(旱灘坡) 동한 율령(律令) 죽간

1989년, 감숙성 무위 한탄파의 동한시대 무덤에서 파손된 죽간 17매가
출토되었는데, 내용은 황제의 칙령(詔書)에 관한 몇 가지 내용이었다.[30]

27) 甘肅省文物考古研究所「甘肅敦煌漢代懸泉遺址發掘簡報」,『文物』 2000年 第5
期; 甘肅省文物考古研究所「敦煌漢簡內容槪述」,『文物』 2000年 第5期; 甘肅省
文物考古研究所『敦煌懸泉漢簡釋文選』,『文物』 2000年 第5期; 甘肅簡牘博物館,
甘肅省文物考古研究所, 陝西師範大學人文社會科學高等研究院, 清華大學出土文
獻與保護中心『懸泉漢簡(壹)-(貳)』, 中西書局, 2019-2020年.
28) 黃文弼『羅布淖爾考古記』, 中國西北科學考察團叢刊之一, 北平研究院史學研究所,
中國西北科學考察團印行, 1948年.
29) 武威縣博物館『武威新出王杖詔令冊』,『漢簡研究文集』, 甘肅人民出版社, 1984年.
30) 武威地區博物館『甘肅武威旱灘坡東漢墓』,『文物』 1993年 第10期; 李均明, 劉軍『

12. 호남 장사(長沙) 마왕퇴(馬王堆) 한간

1972년, 장사 마왕퇴(馬王堆)의 한나라 제1호 무덤에서 312매의 죽간이 발굴되었다. 내용은 매장 물품의 기록이었다. 검패(簽牌) 49매도 발굴되었으며, 문자는 죽판에 포함된 물품의 이름이었다. 또한 19매의 죽패가 있었는데, 그 중 16매에는 문자가 있었다. 1973년에서 1974년, 마왕퇴 한 나라 제2호 무덤에서 1매의 죽간이 발굴되었다. 또 마왕퇴 한나라 제3호 무덤에서는 600매 이상의 죽간이 발굴되었으며, 이 중 407매는 견책(遣冊)으로, 7매의 목간과 400매의 죽간이 포함되어 있다. 다른 199매는 의학 죽간으로, 189매의 죽간과 11매의 목간이 포함되어 있으며, 내용에 따라 「십문(十問)」, 「합음양(合陰陽)」, 「잡금방(雜禁方)」, 「천하지도담(天下至道談)」의 네 가지 부류로 나누어져 있다. 이 책들은 주로 건강 보존과 방중술(房中術)에 관한 것이다. 마왕퇴 한나라 제3호 무덤에서는 또 53매의 검패(簽牌)도 들어 있었다.[31]

13. 호북성 강릉(江陵) 봉황산(鳳凰山) 간독

1973년, 호북성 강릉의 봉황산(鳳凰山) 제8호 무덤에서 176매의 죽간이 발굴되었고, 제9호 무덤에서 80매의 죽간과 3개의 목독이 발굴되었다. 제8호 무덤과 제9호 무덤의 죽간 내용은 모두 장례용품 목록이었다. 제10호 무덤에서는 170매의 죽간과 6매의 목독이 발굴되었으며, 대부분은 농촌의 문서였다. 1975년에 호북성 강릉의 봉황산 제167호 무덤에서 174매의 목간이 발굴되었는데, 장례용품 목록이었다.

武威旱灘坡出土漢簡考述──兼論"挈令"」, 『文物』 1993年 第10期.
31) 裘錫圭主編『長沙馬王堆漢墓簡帛集成(陸)』, 中華書局, 2014年.

또 5매의 목간이 발굴되었는데, 그 위에 곡물의 이름과 수량이 기록되어 있었다. 제168호 무덤에서는 1매의 죽독, 66매의 죽간, 글이 새겨진 1개의 저울대, 글이 없는 6매의 목간이 발굴되었는데, 장례용품 목록이었다. 제169호 무덤에서도 한 묶음의 죽간이 발굴되었는데, 내용은 장례용품 목록이었다.[32]

14. 청해성 대통(大通) 상손가채(上孫家寨) 한간

1978년, 청해성 대통현 상손가채 제115호 한나라 무덤에서 목간 400여 매가 출토되었는데, 내용은 병법, 군법(軍法), 군령(軍令), 군작(軍爵)과 편제(篇題)와 목록(目錄)이었다.[33]

15. 호북성 사시(沙市) 소가초장(蕭家草場) 한간

1992년, 호북성 형주시(荊州市) 사시구(沙市區) 관저향(關沮鄕) 소가초장(蕭家草場) 제26호 한나라 무덤에서 죽간 35매가 출토되었는데, 내용은 견책(遣冊)이었다.[34]

16. 강소성 연운항(連雲港) 윤만(尹灣) 간독

1993년, 강소성 연운항시 동해현(東海縣) 온천진(溫泉鎭) 윤완촌(尹灣村)에서 6기의 한나라 무덤이 발굴되었다. 그중 제2호 무덤에서 1매의 목간이, 제6호 무덤에서 23매의 목간과 133개의 죽간이 발굴되었다. 내용은 장부 모음으로, 동한 왕조의 동해군 관리들의 명단, 동해군

---

32) 湖北省文物考古研究所『江陵鳳凰山西漢簡牘』, 中華書局, 2013年.
33) 靑海省文物考古工作隊『靑海大通縣上孫家寨一一五號漢墓』,『文物』1981年 第2期; 國家文物局古文獻研究室, 大通上孫家寨漢簡整理小組『大通上孫家寨漢簡釋文』,『文物』1981年 第2期; 李零『靑海大通縣上孫家寨漢簡性質小議』,『考古』1983年 第6期; 靑海省文物考古研究所編『上孫家寨漢晉墓』, 文物出版社, 1983年.
34) 湖北省荊州市周梁玉橋遺址博物館『關沮秦漢墓簡牘』, 中華書局, 2001年.

관할 관리들의 명단, 동해군 관할의 관리들 중 직위에 오르지 않았거나 보직을 받지 못한 자의 명단, 동해군 관할 관리들의 배치 장부, 용시(永始) 4년 무기고의 군용전차 수집 장부, 기부자 명단, 신귀점(神龜占), 육갑으로 비에 대해 진 점(六甲占雨), 박국점(博局占), 원연(元延) 원년의 달력, 원연 3년 5월의 달력, 군형의물소(君兄衣物疏), 명갈(名謁), 원연(元延) 2년의 일기, 형덕을 집행하는 시기(刑德行時), 도를 행할 때의 좋고 나쁜 운(行道吉凶), 「신조부(神烏傳(=賦)」 등이 포함되어 있다.35)

17. 감숙성 감곡(甘谷) 한간

1971년, 감숙성 천수시(天水市) 감곡형(甘谷縣) 유가정(劉家屲)의 한나라 무덤에서 목간 23매가 출토되었는데, 내용은 문서였다.36)

18. 광서성 귀현(貴縣) 나박만(羅泊灣) 간독

1976년, 광서성 귀현 나박만의 제1호 한나라 무덤에서 목독 5매, 목간 10여 매, 봉검(封檢) 2매가 출토되었다. 내용은 부장품 명단 등이었다.37)

19. 강소성 연운항(連雲港) 화과산(花果山) 운대(雲臺) 한간

1978년, 강소서 연운항시 화과산 운대의 한나라 무덤에서 죽목 간독 13매가 출토되었는데, 내용은 상해죄와 관련된 일련의 형사 사건이었으며, 이외에도 일력(曆日)과 간지에 관한 것도 포함되었다.38)

---

35) 連雲港市博物館, 東海縣博物館, 中國社會科學院簡帛研究中心, 中國文物研究所『尹灣漢墓簡牘』, 中華書局, 1997年.
36) 張學正『甘谷漢簡考釋』, 『漢簡研究文集』, 甘肅人民出版社, 1984年.
37) 廣西壯族自治區文物工作隊『廣西貴縣羅泊灣一號墓發掘簡報』, 『文物』 1978年 第9期; 廣西壯族自治區博物館『廣西貴縣羅泊灣漢墓』, 文物出版社, 1988年.
38) 李洪甫『江蘇連雲港市花果山出土的漢代簡牘』, 『考古』 1982年 第5期.

중국문자학 핸드북

20. 강소성 한강(邗江) 호장(胡場) 한 간독

1980년, 강소성 양주(揚州) 한강현(邗江縣) 호장(胡場) 제5호 한나라 무덤에서 목독 13매, 목갈(木楬) 6매, 봉검(封檢) 7매가 둘토되었다.[39]

21. 서안 한나라 미앙궁(未央宮) 유적지 목간

1980년부터 1989년, 서안에 위치한 한나라 미앙궁의 앞 전각 A구역 유적지에서 115매의 목간이 발굴되었다. 이들의 내용은 농지와 작물, 측백나무, 은행나무, 오얏나무, 느릅나무(柏杏李楡), 질병과 꿈, 편종(編鐘)과 석경(石磬)의 연주, 신에 대한 제사 포함하고 있다.[40]

22. 강소성 의정(儀徵) 서포(胥浦) 간독

1984년, 강소성 양주시(揚州市) 의정현(儀徵縣) 서포(胥浦)의 제101호 한나라 무덤에서 죽간 17매, 목독 2매, 봉검(封檢) 1매가 출토되었는데 내용은 무덤 주인이 임종 때 남긴 유촉(遺囑), 재산을 기록한 장부 등이었다.[41]

23. 호남성 장가계(張家界) 고인제(古人堤) 간독

호남성 장가계에 위치한 고인제 유적지의 제1호 시험 탐사공에서 90매의 죽간이 발굴되었다. 이들의 내용은 대략 6가지 범주로 나눌 수 있는데, 이에는 한나라 때의 법률, 의학 처방, 공청의 문서, 편지와 선물, 달력표, 그리고 구구단이 포함되었다.[42]

---

39) 揚州博物館, 邗江縣圖書館『江蘇邗江胡場5號漢墓』,『文物』 1981年 第11期.

40) 中國社會科學院考古研究所『漢長安城未央宮－1980-1989年古發掘報告』, 中國大百科全書出版社, 1996年.

41) 揚州市博物館『江蘇儀徵胥浦101號西漢墓』,『文物』 1987年 第1期.

24. 호북성 강릉(江陵) 고대(高臺) 목독

1990년, 호북성 강릉 고대의 제18호 한나라 무덤에서 목독 4매가 발굴되었는데, 내용은 문서와 부장품 기물 목록이었다.[43]

25. 호남성 원릉(沅陵) 호계산(虎溪山) 한간

1999년, 호남성 원릉현 호계산 제1호 한나라 무덤에서 죽간 1,336매(조각)가 발굴되었는데, 내용은 장부, 일서(日書), 미식방(美食方) 등이었다.[44]

26. 호북성 수주(隨州) 공가파(孔家坡) 한간

2000년 3월, 호북성 수주 공가파 제8호 한나라 무덤에서 약 800매에 이르는 목독이 발굴되었는데, 이들의 내용은 『일서(日書)』와 『역일(曆日)』이었다. 년도를 기록한 목독도 1매 있었는데, 고지책(告地策)에 관한 것이었다.[45]

27. 감숙성 무도(武都) 조평촌(趙坪村) 한간

2000년, 감숙성 무도현 비파향(琵琶鄉) 조평촌에서 일련의 목간이 발굴되었는데, 섬서성 박물관에서 12매를 수습하였다. 내용은 관리들의 명단, 창고 식량의 방출, 관문의 출입, 종군 가족 등에 관한 내용이었다.[46]

---

42) 湖南省文物考古研究所, 中國文物研究所『湖南張家界古人堤遺址與出土簡牘概述』, 『中國歷史文物』 2003年 第2期; 湖南省文物考古研究所, 中國文物研究所『湖南張家界古人堤簡牘釋文與簡注』, 『中國歷史文物』 2003年 第2期.
43) 荊州地區博物館『江陵高臺18號墓發掘簡報』, 『文物』 1993年 第8期.
44) 南省文物考古研究所『沅陵虎溪山一號漢墓』, 文物出版社, 2020.
45) 湖北省文物考古研究所, 隨州市考古隊『隨州孔家坡漢墓簡牘』, 文物出版社, 2006年.

28. 호북성 형주(荊州) 인대(印臺) 한간

2002년부터 2004년, 호북성 형주시의 사시구(沙市口) 관저항(關沮鄕)의 인대(印臺)에 있는 서한 시대 9기의 무덤에서 2,300여 매에 이르는 목간과 목간과 60여 매의 목독이 발굴되었다. 이들에는 문서, 사망 기록, 달력, 연대기, 일기, 법률, 그리고 견책(遺冊), 기물 목록, 고지서(告地書) 등이 포함되어 있었다.[47]

29. 산동성 일조(日照) 해곡(海曲) 한간

2002년, 산동성 일조시(日照市) 교외의 서십리보촌(西十里堡村) 서남쪽의 M106호 한나라 무덤에서 목독 4매, 죽간 39매가 발굴되었다. 목독은 견책(遺策)이었으며, 죽간은 한나라 무제(武帝) 후원(後元) 2년의 '시일(視日)'이라 이름 붙여진 죽간이었다.[48]

30. 호남성 장사(長沙) 주마루(走馬樓) 한 간독

2003년에 호남성 장사의 주마루 거리 동쪽에 자리한 호난성 공급 및 마케팅 협동조합(湖南省供銷社)의 기반 시설 건설 현장에 있는 J8 고대 우물에서 문자가 새겨진 서한 때의 죽간 2,100매가 발굴되었다. 이들은 당시의 행정 문서였으며, 절대 다수가 관공서의 문서였고, 개인 편지는 단 1매만 발견되었다.[49]

2010년, 장사 주마루에서 1만 매가 넘는 동한 때의 간독이 발견되었

---

46) 王子今, 申秦雁『陝西歷史博物館藏武都漢簡』,『文物』2003年 第4期.
47) 鄭忠華『印臺墓地出土大批西漢簡牘』, 荊州博物館『荊州重要考古發現』, 文物出版社, 2009年.
48) 山東省文物考古研究所『山東日照海曲西漢墓(M106)發掘簡報』,『文物』2010年 第1期.
49) 長沙簡牘博物館, 長沙市文物考古研究所聯合發掘組『2003年長沙走馬樓西漢簡牘重大考古發現』,『出土文獻研究』, 7輯, 上海古籍出版社, 2005年.

다.50)

31. 안휘성 천장(天長) 기장(紀莊) 목독

2004년 11월 11일에 안휘성 천장시 안락진(安樂鎭) 기장촌(紀莊村)
의 서한 시대 M19호 무덤에서 목독 34매가 발굴되었다. 내용에는 호
적부, 계산 장부, 편지, 목자(木刺), 처방전, 예물 단자, 장부 등이 포
함되어 있었다.51)

32. 호북성 형주(荊州) 기남(紀南) 송백(松柏) 간독

2004년, 호북성 형주시 기남진 송백촌 제1호 무덤에서 목독 63매
(그중 6매는 글이 없음)과 목간 10매가 발굴되었다. 목판의 내용에는
파견 편지, 각종 장부, 엽서, 명령, 달력, 성과 기록, 공식 문서 사본
등이 포함되어 있다. 목간의 내용은 목독과 관련이 있는데, 각종 목독
뒤에 놓인 제목일 것으로 보인다.52)

33. 광주시(廣州市) 남월국(南越國) 궁서(宮署) 유적지 목간

2004년부터 2005년까지, 광주시 남월국 궁서 유적지의 남월수정
(南越水井) J264에서 100여 매의 서한 시대 남월국(南越國)의 목간이
출토되었다. 목간의 내용은 주로 장부와 법률 문서이다.53)

---

50) 田芳等『長沙走馬樓出土萬枚東漢簡牘』, 『長沙晚報』 2010年6月24日第A08版.
51) 天長市文物管理所, 天長市博物館『安徽天長西漢墓發掘簡報』, 『文物』 2006年 第
   11期; 楊以平, 喬國榮『天長西漢木牘述略』, 『簡帛研究二○○六』, 廣西師範大學出
   版社, 2008年.
52) 荊州博物館『湖北荊州紀南松柏漢墓發掘簡報』, 『文物』 2008年 第4期; 袁延勝『荊
   州松柏木牘及相關問題』, 『江漢考古』 2009年 第3期.
53) 廣州市文物考古研究所, 中國社會科學院考古研究所, 南越王宮博物館籌建處聯合考
   古隊『廣州市南越國宮署遺址西漢木簡發掘簡報』, 『考古』 2006年 第3期.

34. 호북(湖北) 운몽(雲夢) 수호지(睡虎地) 한나라 간독

2006년, 호북(湖北) 운몽(雲夢) 수호지(睡虎地) 77호 서한(西漢) 묘에서 출토된 간독(簡牘) 2,137매에는 질일(質日), 관부 문서(官府文書), 사인부적(私人簿籍) 및 율전(律典), 산술(算術), 서적(書籍), 일서(日書) 등이 포함되어 있다.[54]

35. 호북(湖北) 형주(荊州) 사가교(謝家橋) 간독

2007年, 湖北荊州市沙市區關沮鄕謝家橋村1號漢墓出土竹簡208枚, 竹牘3枚, 竹簡內容爲遣冊, 竹牘爲告地策.

2007년, 호북(湖北) 형주(荊州)시 사시구(沙市區) 관거향(關沮鄕) 사가촌(謝家橋村) 제1호 한(漢)나라 무덤에서 출토된 죽간(竹簡) 208매와 죽독(竹牘) 3매—이 경우, 죽간은 그 내용이 견책(遣冊)이며, 죽독은 고지책(告地策)이다.[55]

36. 감숙(甘肅) 영창(永昌) 수천자(水泉子) 한나라 간독

2008년, 감숙성(甘肅省) 영창현(永昌縣) 수천자(水泉子) 한나라 무덤 M5에서 출토된 목간(木簡) 1400여 매 중에서 비교적 완전한 것이 700여 매이다. 내용은 대략 두 부분으로 나뉘는데, 하나는 일서(日書), 다른 하나는 자서(字書)이며, 또한 '본시(本始) 2년' 죽간 1매도 발견되었다.[56]

---

54) 湖北省文物考古研究所, 雲夢縣博物館『湖北雲夢睡虎地M77發掘簡報』, 『江漢考古』 2008年 第4期; 熊北生『雲夢睡虎地77號西漢墓出土簡牘的淸理與編聯』, 『出土文獻研究』, 9輯, 中華書局, 2010; 熊北生, 陳偉, 蔡丹『湖北雲夢睡虎地77號西漢墓出土簡牘槪述』, 『文物』 2018年 第3期.

55) 荊州博物館『湖北荊州謝家橋一號漢墓發掘簡報』, 『文物』 2009年 第4期; 曾劍華『謝家橋一號漢墓簡牘槪述』, 『長江大學學報』 2010年 第2期.

56) 甘肅省文物考古研究所『甘肅永昌水泉子漢墓發掘簡報』, 『文物』 2009年 第10期;

또 2012년, 수천자(水泉子) 한나라 무덤 M8에서 출토된 간독(簡牘) 35매 중 34매에 글자가 있었으며, 내용은 '오봉(五鳳) 2년'의 역일(曆日)에 관한 것이다.[57)]

37. 돈황(敦煌) 일과수(一棵樹) 한나라 죽간

2008년 12월, 돈황(敦煌) 일과수(一棵樹)의 한나라 봉수(烽隧) 유적에서 발견된 간독(簡牘) 16매이다. 내용은 격서(檄書), 일상적인 주둔지(屯戍)의 부책(簿冊), 사적인 서계(書啓) 및 기타가 포함되어 있었다.[58)]

38. 강소성 양주(揚州) 한나라 광릉왕(廣陵王) 환구(豢狗) 목독

2015년, 강소성 양주(揚州)의 서한(西漢) 중기 무덤에서 발굴된 목독(木牘) 13매 중, 3매에 시중(侍中) '수(遂)'가 왕에게 보고한, '미(麋)'라는 이름의 개를 두 차례에 걸쳐 잃어버린 사건에 대한 상소와 처리 상황에 관해 기록되어 있다.[59)]

39. 호남성 장사(長沙) 왕성파(望城坡) 서한 어양묘(漁陽墓) 목갈(木楬)

1993년, 호남성 장사 왕성파(望城坡)의 서한 시대 어양묘(漁陽墓)에서 목갈(木楬), 표지판, 봉니함(封泥匣) 등 100여 점이 출토되었으며, 글자 수는 2,000자가 넘는다.[60)]

張存良, 吳荘『水泉子漢簡初識』, 『文物』 2009年 第10期.

57) 甘肅省文物考古研究所『甘肅永昌縣水泉子漢墓群2012年發掘簡報』, 『考古』 2017年 第12期.

58) 楊俊『敦煌一棵樹漢代烽燧遺址出土的簡牘』, 『敦煌研究』 2010年 第4期.

59) 閆璘, 許紅梅『揚州新出漢廣陵王豢狗木牘詳考與再研究』, 『簡帛研究二〇一八(春夏卷)』, 廣西師範大學出版社, 2008年; 閆璘, 張朝陽『揚州新出漢廣陵王豢狗木牘釋考』, 『出土文物的世界-第六屆出土文獻青年學者論壇論文集』, 中西書局, 2018年.

60) 長沙市文物考古研究所, 長沙簡牘博物館『湖南長沙望城坡西漢漁陽墓發掘簡報』, 『文物』 2010年 第4期.

40. 연운항(連雲港) 도만(陶灣) 황석애(黃石崖) 서곽보(西郭寶) 무덤의 죽간

1985년, 강소성 연운항 황석애(黃石崖) 동해군(東海郡) 태수 서곽보(西郭寶)의 무덤에서 간독(簡牘) 6매가 발견되었는데, 그중 2매는 명알(名謁), 2매는 의물소(衣物疏), 2매는 죽간(竹簡)이다.61)

41. 산동성 청도(靑島) 황도구(黃島區) 토산둔(土山屯) 간독

2011년, 청도시 황도구 장가루진(張家樓鎭) 토산둔(土山屯)의 무덤 군 M6, M8호 묘에서 각각 목독(木牘) 1매가 발견되었는데, 양면에 모두 먹으로 쓴 예서체 문자가 있었고, 매장품을 기록한 것으로, 견책(遣冊)에 속하는 것으로 보인다. 2017년, M47, M157, M177호 묘에서는 목독 23매와 죽간(竹簡) 약 10매를 공동 발견했다. 목독 내용에는 견책, 아직 사용되지 않은 '명찰(名刺)', '상계(上計)' 문서 성격의 공문 등이 포함되어 있다.62)

42. 산서(山西) 태원(太原) 동산(東山) 한나라 죽간

2018년, 산서성 태원시 동산의 서한(西漢) 시대 M6호 묘에서 대량의 서한 목간이 출토되었는데, 추정되는 수량은 약 600매이다.63)

43. 사천(四川) 거현(渠縣) 성패(城壩) 한나라 죽간

---

61) 連雲港市博物館『連雲港市陶灣黃石崖西漢西郭寶墓』, 『東南文化』1986年 第2期.
62) 靑島市文物保護考古研究所, 黃島區博物館『山東靑島市土山屯墓地的兩座漢墓』, 『考古』 2017年 第10期; 彭峪等『靑島土山屯墓群考古發掘獲得重要新發現一發現祭臺, "人"字形槨頂等重要遺跡, 出土溫明, 玉席和遣冊, 公文木牘等珍貴文物』, 『中國文物報』2017年12月22日第4版.
63) 馮鋼, 冀瑞寶『山西首次發現漢代簡牘一太原悅龍臺M6室內考古的新發現』, 『中國文物報』2018年11月16日第7版.

2014년부터 2018년까지, 사천성 달주시(達州市) 거현(渠縣) 토계진(土溪鎭) 성파(城壩) 유적에서 한나라 때의 죽간과 목독 200여 점이 발견되었으며, 내용은 목패(楬), 서신(書信), 연서(爰書), 호적(戶籍), 부적(簿籍), 문자학습 교본(識字課本), 구구단(九九術表), 연습용 목간(習字簡) 등으로 나뉜다.[64]

44. 호남(湖南) 장사(長沙) 동패루(東牌樓) 동한 간독

2004년, 호남성 장사시(長沙市) 동패루(東牌樓) J7 옛날 우물에서 동한(東漢) 때의 간독(簡牘) 426매가 출토되었는데, 이 중 문자가 있는 간독은 206매, 문자가 없는 간독이 220매였다. 간독 내용은 대략 공문(公文), 사신(私信), 잡문서(雜文書), 연습용 글씨 및 잔간(殘簡) 등 다섯 가지 범주로 나눌 수 있다.[65]

45. 호남(湖南) 장사(長沙) 5·1 광장 동한 간독

2010년, 장사시 5·1광장 제1호 지하 저장고에서 동한 시대의 간독이 총 6,862매 출토되었다. 간독 대부분은 관공서의 문서(官文書)이며, 문서를 봉인하는 데 사용된 봉검(封檢)과 함봉(函封), 문서 내용을 표시하는 갈(楬) 등이 소량 포함되어 있으며, 일부 명적(名籍)과 사적인 편지도 포함되어 있다.[66]

---

64) 四川省文物考古研究院, 渠縣歷史博物館『四川渠縣城壩遺址』, 『考古』 2019年 第7期.
65) 長沙市文物考古研究所, 中國文物研究所『長沙東牌樓東漢簡牘』, 文物出版社, 2006年.
66) 長沙市文物考古研究所『湖南長沙五一廣場東漢簡牘發掘簡報』, 『文物』 2013年 第6期; 長沙文物考古研究所, 清華大學出土文獻研究與保護中心, 中國文化遺産研究院, 湖南大學嶽麓書院編『長沙五一廣場東漢簡牘選釋』, 中西書局, 2015年; 長沙文物考古研究所, 清華大學出土文獻研究與保護中心, 中國文化遺産研究院, 湖南大學嶽麓書院編『長沙五一廣場東漢簡牘(壹)-(陸)』, 中西書局, 2018-2020年.

46. 호남(湖南) 장사(長沙) 상덕가(尙德街) 동한 간독

2011년부터 2012년까지, 장사시 상덕가(尙德街) 구구고정(九口古井)에서 총 257매의 간독(簡牘)가 출토되었으며, 이 중 글자가 적힌 간독과 먹물 자국이 있는 간독이 171매, 글자가 없는 간독이 86매이다. 내용에는 조서율령(詔書律令), 관부공문(官府公文), 잡장(雜賬), 명부(名簿), 약방문(藥方), 사적인 서신, 글씨 연습 등이 포함되어 있다.67)

47. 호북(湖北) 형주(荊州) 호가초장(胡家草場) 한나라 죽간

2018년부터 2019년까지, 형주(荊州) 호가초장(胡家草場)의 무덤 M12에서 서한 시대 간독 4600여 매가 출토되었으며, 주요 내용은 대략 연대 기록(歲紀), 역(曆), 일지(日至), 법률문헌, 의학처방전(醫方) 및 잡방(雜方), 일서(日書), 부적(簿籍), 견책(遣冊) 등 몇 가지로 나눌 수 있다.68)

3. 한(漢) 간백(簡帛) 연구의 기초 자료

(1) 저록류

현재까지 완전하게 공표 출판된 한나라 간백 서적은 주로 무위(武威) 한간과 의간(醫簡), 마왕퇴(馬王堆) 한간과 백서(帛書), 은작산(銀雀山) 한간, 북경대학 한간 등이다.

---

67) 長沙市文物考古研究所編『長沙尙德街東漢簡牘』, 嶽麓書社, 2016年.
68) 李志芳, 蔣魯敬『湖北荊州市胡家草場西漢墓M12出土簡牘槪述』, 『考古』 2020년 第2期; 李志芳, 李天虹主編『荊州胡家草場西漢簡牘選粹』, 文物出版社, 2021年.

'무위 한간'의 경우 다음의 자료가 있다.

· 1957년, 감숙성박물관, 무위현문화관, 『무위한대의간(武威漢代醫
   簡)』(文物出版社, 1975),
· 2005년, 감숙성박물관, 중국과학원 고고연구소, 『무위한간(武威漢
   簡)』(中華書局, 2005).

'마왕퇴 한간과 백서'의 경우 다음의 자료가 있다.

· 1973년, 호남성박물관, 중국과학원고고연구소, 『장사 마왕퇴 제1
   호 한묘(長沙馬王堆一號漢墓)』(文物出版社, 1973)
· 1974년, 마왕퇴 한묘 백서 정리 소조, 『노자 갑본 및 권전 고일서(老
   子甲本及卷前古佚書)』(文物出版社, 1974), 『노자 을본 및 권전 고일
   서(老子乙本及卷前古佚書)』(文物出版社, 1974)
· 1976년, 마왕퇴 한묘 백서 정리 소조, 『마왕퇴 한묘 백서 '경법'(馬
   王堆漢墓帛書'經法')』(文物出版社, 1976), 『마왕퇴 한묘 백서 <노
   자>(馬王堆漢墓帛書<老子>)』(文物出版社, 1976), 『마왕퇴 한묘
   백서 <전국종횡가서>(馬王堆漢墓帛書<戰國縱橫家書>)』(文物出
   版社, 1976)
· 1985년, 국가문물국 고문헌연구실, 마왕퇴 한묘 백서 정리소조, 『
   마왕퇴 한묘 백서』(1)(3)(4)(馬王堆漢墓帛書(壹)(三)(肆))(문물출판사,
   1980—1985).
· 2014년, 구석규(裘錫圭) 주편, 『장사 마왕퇴 한묘 간백집성』(長沙馬
   王堆漢墓簡帛集成)(중화서국, 2014)

'은작산 한묘 죽간'은 다음의 것들이 있다.

· 은작산 한묘 죽간 정리소조, 『손빈 병법』(孫臏兵法)(문물출판사,
   1975), 『은작산 한묘 죽간. 손자병법』(銀雀山漢墓竹簡. 孫子兵法)

(문물출판사, 1976),
　　·우구룡(吳九龍), 『은작산 한간 석문』(銀雀山漢簡釋文)(문물출판사, 1985),
　　·은작산 한묘 죽간 정리소조, 『은작산 한묘 죽간(1)』(銀雀山漢墓竹簡
　　(壹))(문물출판사, 1985), 『은작산 한묘 죽간(2)』(銀雀山漢墓竹簡
　　(貳))(문물출판사, 2010)

　또 최근 산동박물관과 중국문화유산연구원은 『은작산 한묘 간독집
성(2)(3)』(銀雀山漢墓簡牘集成(貳)(三))(문물출판사, 2021)을 출판했다.
　'북경대학 소장 한간'은 2012년부터 2015년까지 『북경대학 소장 서
한　죽서(1)－(5)』(北京大學藏西漢竹書(壹)－(伍))(상해고적출판사, 2012
－2015)로 출판되었다.
　기타 출판물로는 1997년 하북성문물연구소 정주한묘 죽간 정리소
조의 『정주 한묘 죽간. 논어』(定州漢墓竹簡. 論語)(문물출판사, 1997),
진송장(陳松長)의 『홍콩중문대학 문물관 소장 간독』(香港中文大學文物
館藏簡牘)(홍콩중문대학 문물관, 2001), 2006년 호북성문물고고연구
소, 서주시 고고팀의 『사주 공가파 한묘 간독』(隨州孔家坡漢墓簡牘)(문
물출판사, 2006) 등이 있다.
　간독문 중에서 '서북 한간(西北漢簡)'의 저술 주요 목록은 다음과 같다.

　　·장봉(張鳳), 『한진서처목간회편』(漢晉西陲木簡彙編)(上海有正書局, 1931)
　　·노간(勞幹), 『거연한간·도판지부』(居延漢簡·圖版之部)(中央研究院歷史
　　　語言研究所專刊之二十一, 1957)
　　·중국과학원고고연구소, 『거연한간　갑편』(居延漢簡甲編)(과학출판
　　　사, 1959)
　　·중국과학원고고연구소, 『거연한간 갑을편』(居延漢簡甲乙編)(중화서
　　　국, 1980)
　　·임매촌(林梅村), 이균명(李均明), 『소륵하 유역 출토 한간』(疏勒河流
　　　域出土漢簡)(문물출판사, 1984), 『거연한간 신편』(『간독학보』 제9

기, 간독학회, 1986)

· 대정수(大庭修), 『대영도서관 소장 돈황 한간』(大英圖書館藏敦煌漢簡)(동방사, 1990)

· 감숙성문물고고연구소, 감숙성박물관, 문화부고문헌연구실, 『거연신간. 갑거후관과 제4수』(居延新簡. 甲渠候官與第四燧)(문물출판사, 1990)

· 감숙성문물고고연구소, 『돈황한간』(敦煌漢簡)(중화서국, 1991)

· 오영상(吳礽驤), 이영량(李永良), 마건화(馬建華), 『돈황 한간 석문』(敦煌漢簡釋文)(감숙인민출판사, 1991)

· 감숙성문물고고연구소, 감숙성박물관, 중국문물연구소, 중국사회과학원력사연구소, 『거연신간』(居延新簡)(중화서국, 1994)

· 위견(魏堅) 주편, 『액제납 한간』(額濟納漢簡)(광서사범대학출판사, 2005)

· 왕도(汪濤), 호평생(胡平生), 오방사(吳芳思), 『영국 국립도서관 소장 스타인 획득 미간행 한문 간독』(英國國家圖書館藏斯坦因所獲未刊漢文簡牘)(상해사전출판사, 2007)

· 감숙간독보호연구센터(감숙간독박물관), 감숙성문물고고연구소, 중국문화유산연구원고문헌연구실, 중국사회과학원간백연구센터, 『견수 금관 한간(肩水金關漢簡)』(1)—(5)』(中西書局, 2011-2016)

· 간독정리소조, 『거연한간』(1)—(4)』(중앙연구원 역사어언연구소 전간 109, 2014-2017)

· 감숙간독박물관, 감숙성문물고고연구소, 출토문헌과중국고대문명연구협동혁신센터중국인민대학분센터편, 『지완한간』(地灣漢簡)(중서서국, 2017)

· 감숙간독박물관, 감숙성문물고고연구소, 섬서사범대학인문사회과학고등연구원, 청화대학출토문헌여보호중심, 『현천한간(懸泉漢簡)』(1)—(2)』(中西書局, 2019—2020)

· 징덕방(張德芳), 석명수(石明秀) 주편, 『옥문관 한간(玉門關漢簡)』(中西書局, 2019).

· 호남장사간독유장사시문물고고연구소, 중국문물연구소, 『장사 동패루 동한 간독(長沙東牌樓東漢簡牘)』(文物出版社, 2006)

· 장사시문물고고연구소 편, 『장사 상덕가 동한 간독(長沙尙德街東漢

簡牘)』(嶽麓書社, 2016)
· 장사문물고고연구소, 청화대학출토문헌연구와 보호센터, 중국문
화유산연구원, 호남대학악록서원 편,『장사 5·1광장 동한 간독
선석(長沙五一廣場東漢簡牘選釋)』(中西書局, 2015)
· 장사문물고고연구소, 청화대학출토문헌연구와 보호센터, 중국문
화유산연구원, 호남대학악록서원 편,『장사 5·1광장 동한 간독(長
沙五一廣場東漢簡牘)』(1)—(6)』(中西書局, 2018—2020).

이외에도 다음의 것들이 있다.

· 광서장족(壯族)자치구박물관,『광서 귀현 나백만 한묘(廣西貴縣羅
泊灣漢墓)』(문물출판사, 1988)
· 연운항시박물관(連雲港市博物館), 동해현(東海縣)박물관, 중국사회
과학원간백(簡帛)연구센터, 중국문물연구소,『윤만 한묘 간독(尹
灣漢墓簡牘)』(중화서국, 1997)
· 장가산(張家山)한간247호한묘죽간정리소조,『장가산 한묘 죽간(張
家山漢墓竹簡)』[247호묘](문물출판사, 2001)
· 장가산(張家山)한간247호한묘죽간정리소조,『장가산한묘죽간[247호
묘]. 석문 수정본』(張家山漢墓竹簡[二四七號墓]. 釋文修訂本)(문물출
판사, 2006)
· 청해성문물고고연구소,『상손가채 한진 묘』(上孫家寨漢晉墓)(문물출
판사, 1993)
· 호북성형주시(荊州市)주량옥교(周梁玉橋)유적박물관,『관저 진한묘
간독(關沮秦漢墓簡牘)』(중화서국, 2001)
· 호북성문물고고연구소,『강릉 봉황산 서한 간독(江陵鳳凰山西漢簡
牘)』(중화서국, 2013)
· 호남성문물고고연구소,『원릉 호계산 1호 한묘(沅陵虎溪山一號漢
墓)』(문물출판사, 2020)
· 이지방(李志芳), 이천홍(李天虹) 주편,『형주 호가초장 서한 간독 선
취(荊州胡家草場西漢簡牘選粹)』(문물출판사, 2021).

(2) 도구서류

한대 간백(簡帛) 관련 문자 편집 등의 도구서에는 다음과 같은 것들이 있다.

· 왕몽구(王夢鷗), 『한간문자 유편(漢簡文字類編)』(藝文印書館, 1974)
· 이정광(李正光), 『마왕퇴 한묘 백서죽간(馬王堆漢墓帛書竹簡)』(호남미술출판사, 1988)
· 육석흥(陸錫興), 『한대 간독 초자편(漢代簡牘草字編)』(상해서화출판사, 1989)
· 오바 오사무(大庭脩), 『거연한간 색인(居延漢簡索引)』(關西大學出版部, 1995)
· 동만지(童曼之), 『마왕퇴 한묘 간백 선자(馬王堆漢墓簡帛選字)』(湖南美術出版社, 1999)
· 진송장(陳松長), 『마왕퇴간백문자편』(馬王堆簡帛文字編)(文物出版社, 2001)
· 병우건(騈宇騫), 『은작산 한간 문자편』(銀雀山漢簡文字編)(文物出版社, 2001)
· 서부창(徐富昌), 『무위 의례 한간 문자편』(武威儀禮漢簡文字編)(국가출판사, 2006)
· 간숙성문물고고연구소, 간숙간독보호연구센터(甘肅省文物考古研究所, 甘肅簡牘保護研究中心), 『간숙간독백년론저목록』(甘肅簡牘百年論著目錄)(간숙문화출판사(甘肅文化出版社), 2008)
· 당금악(唐金嶽), 『마왕퇴 백서 서법 대자전』(馬王堆帛書書法大字典)(호남미술출판사(湖南美術出版社), 2010)
· 장수중(張守中), 『장가산 한간 문자편』(張家山漢簡文字編)(文物出版社, 2012)
· 교토대학인문과학연구소간독연구반(京都大學人文科學研究所簡牘研究班), 『한간어휘 중국고대 목간 사전』(漢簡語彙 中國古代木簡辭

典)(이와나미서점(岩波書店), 2015)
· 황염핑(黃艷萍), 장재흥(張再興), 『견수 금관 한간 자형편』(肩水金關
漢簡字形編)(學苑出版社, 2018)
· 유교(劉釗) 주편, 『마왕퇴 한묘 간백문자 전편』(馬王堆漢墓簡帛文字
全編)(中華書局, 2019).

또한, 한간에 관한 다음과 같은 도구서들이 있다.

· 진건공(陳建貢), 서민(徐敏), 『간독 백서 사전』(簡牘帛書字典)(上海書畫
出版社, 1991)
· 이정광(李正光) 등, 『초한 간백 서전』(楚漢簡帛書典)(湖南美術出版社,
1998)
· 범중악(樊中嶽), 진대영(陳大英), 진석(陳石), 『간독 백서 서법사전』
(簡牘帛書書法字典)(湖北美術出版社, 2009)
· 백우람(白于藍), 『전국 진한 간백 고서 통가자 휘찬』(戰國秦漢簡帛
古書通假字彙纂)(福建人民出版社, 2012)
· 백우람(白于藍), 『간백 고서 통가자 대계』(簡帛古書通假字大系)(복건
인민출판사(福建人民出版社), 2017)
· 신강(沈剛), 『진한 위진 간백 논문목록. 1955-2014(집간, 논문집 부
분)(秦漢魏晉簡帛論文目錄" 1955-2014(集刊, 論文集之部))(中西書局,
2017)
· 방성혜(方成慧), 주조량(周祖亮), 『간백 의약 사전』(簡帛醫藥詞典)(上
海科學技術出版社, 2018).

(3) 연구류

한대 간백 연구 관련 저작은 방대하며, 여기서는 그 중에서도 중요
한 몇 가지를 분류하여 열거하면 다음과 같다.

1. 한간 고전

· 북경대학출토문헌연구소, 『고간신지. 서한 죽서<노자>와 도가사
  상연구』(古簡新知. 西漢竹書<老子>與道家思想研究), 上海古籍出版
  社, 2017년

· 진휘(陳徽), 『노자신교석역. 최근 새로 출토된 죽간과 백서를 기초로
  (老子新校釋譯. 以新近出土諸簡帛爲基礎)』, 上海古籍出版社, 2017년

· 진위무(陳偉武), 『간백 병학 문헌 탐론(簡帛兵學文獻探論)』, 中山大學
  出版社, 1999년

· 곽리(郭麗), 『간백문헌과 <관자>연구(簡帛文獻與<管子>硏究)』, 方
  志出版社, 2015년

· 한자강(韓自强), 『부양한간 <주역>연구(阜陽漢簡<周易>硏究)』, 上
  海古籍出版社, 2004년

· 유환(劉桓), 『새로 보이는 한나라 간독 <창힐편> <사편> 교석(新
  見漢牘<蒼頡篇><史篇>校釋)』, 中華書局, 2019년

· 유낙현(劉樂賢), 『간백 수술 문헌 탐론(증정판)(簡帛數術文獻探論(增
  訂版))』, 中國人民大學出版社, 2012년

· 유낙현(劉樂賢), 『간백 수술 문헌 탐론(簡帛數術文獻探論)』, 호북교
  육출판사(湖北敎育出版社), 2003년

· 팽호(彭浩), 『장가산한간<산수서>주석』(張家山漢簡<算數書>注釋),
  科學出版社, 2001년

· 변우건(駢宇騫), 『은작산 한묘 죽간. 안자춘추 교석』(銀雀山漢墓竹
  簡. 晏子春秋校釋), 書目文獻出版社, 1988년

· 전하(田河), 『무위한간집석』(武威漢簡集釋), 甘肅文化出版社, 2020년

· 왕총반(王聰潘), 『부양한간 <주역> 교석』(阜陽漢簡<周易>校釋),
  吉林人民出版社, 2019년

· 오문문(吳文文), 『북경대 한간 노자 역주』(北大漢簡老子譯注), 中華
  書局, 2022년

· 오신추(吳辛醜), 『간백 전적 이문 연구』(簡帛典籍異文研究), 中山大學
  出版社, 2002년

· 웅이량(熊益亮), 『선진 양한 간백 의방 연구』(先秦兩漢簡帛醫方研
  究), 廣東科學技術出版社, 2021년

· 장환군(張煥君), 조소룡(刁小龍), 『무위한간<의례>정리와 연구』(武威漢簡<儀禮>整理與研究), 武漢大學出版社, 2009년
· 장뢰(張雷), 『진한 간독 의방 집주』(秦漢簡牘醫方集注), 中華書局, 2018년
· 장현성(張顯成), 『간백 약명 연구』(簡帛藥名研究), 西南師範大學出版社, 1997년
· 장연창(張延昌), 주건평(朱建平), 『무위 한 대 의간 연구』(武威漢代醫簡研究), 原子能出版社, 1996년
· 장연창(張延昌), 『무위 한 대 의간 미강당 50강』(武威漢代醫簡微課堂五十講), 甘肅科學技術出版社, 2019년
· 장연창(張延昌), 『무위 한 대 의간 주해』(武威漢代醫簡注解), 中醫古籍出版社, 2006년
· 조아려(趙雅麗), 『<문자>사상 및 죽간<문자>복원연구』(<文子>思想及竹簡<文子>復原研究), 北京燕山出版社, 2005년
· 주조량(周祖亮), 방의림(方懿林), 『간백 의약문헌 교석』(簡帛醫藥文獻校釋), 學苑出版社, 2014년
· 주봉한(朱鳳瀚), 가중화(柯中華), 『해혼간독초론』(海昏簡牘初論), 북경대학출판사(北京大學出版社), 2020년
· 후평생(胡平生), 한자강(韓自强), 『부양한간시경연구』(阜陽漢簡詩經研究), 上海古籍出版社, 1988년
· 염성국(閆盛國), 『출토간독과 사회치리연구: <은작산한묘죽간(2)>을 중심으로』(出土簡牘與社會治理研究: 以<銀雀山漢墓竹簡(二)>爲中心), 河南人民出版社, 2018년
· 장진택(張震澤), 『손빈병법 교리』(孫臏兵法校理), 中華書局, 1984년.

2. 윤완 한간(尹灣漢簡).
· 채만진(蔡萬進), 『윤완 한묘 간독 논고(尹灣漢墓簡牘論考)』, 臺灣古籍出版有限公司, 2002년
· 연운항시박물관(連雲港市博物館), 중국문물연구소(中國文物研究所), 『윤완한묘간독종론(尹灣漢墓簡牘綜論)』, 科學出版社, 1999년
· 요백원(廖伯源), 『간독과 제도. 윤완 한묘 간독 관문서 고증(증정판)(簡牘與制度. 尹灣漢墓簡牘官文書考證(增訂版))』, 廣西師範大學出

版社, 2005년

· 장현성(張顯成), 주군려(周群麗), 『윤완한묘간독교리(尹灣漢墓簡牘校理)』, 천진고적출판사(天津古籍出版社), 2011년.

3. 서북한간(西北漢簡).

· 백군붕(白軍鵬), 『돈황한간 교석(敦煌漢簡校釋)』, 上海古籍出版社, 2018년 3월

· 채연적(蔡淵迪), 『<유사추간>고론(<流沙墜簡>考論)』, 中西書局, 2017년

· 진몽가(陳夢家), 『한간철술(漢簡綴述)』, 中華書局, 1980년 12월

· 진반(陳槃), 『한진유간식소칠종(漢晉遺簡識小七種)』, 上海古籍出版社, 2009년 11월

· 진직(陳直), 『거연한간연구(居延漢簡研究)』, 中華書局, 2009년

· 정염(程豔), 『거연신간문자연구(居延新簡文字研究)』, 河北人民出版社, 2019년

· 오오바 오사무(大庭修)(저), 서세홍(역), 『한간연구(漢簡研究)』, 廣西師範大學出版社, 2001년

· 정의권(丁義娟), 『견수 금관 한간 초탐(肩水金關漢簡初探)』, 中國農業科學技術出版社, 2019년

· 도미야 이타루(富谷至)(편), 장서염(張西艶)(역), 『한간어휘고증(漢簡語彙考證)』, 中西書局, 2018년

· 도미야 이타루(富谷至)(편), 장서염(張西艶)(역), 황유주(黃留珠)(교), 『목간죽간으로 말하는 고대중국(木簡竹簡述說的古代中國)』, 人民出版社, 2007년

· 도미야 이타루(富谷至)(저), 류항무(劉恒武)(역), 『목간죽간으로 말하는 고대중국: 서사재료의 문화사(증보신판)(木簡竹簡述說的古代中國: 書寫材料的文化史(增補新版))』, 中西書局, 2021년

· 감숙성문물작업대, 감숙성박물관 편, 『한간연구문집(漢簡研究文集)』, 甘肅人民出版社, 1984년

· 갈홍려(葛紅麗), 『거연신간 사어문자 연구(居延新簡詞語文字研究)』, 人民出版社, 2018년

· 곽위도(郭偉濤), 『견수 금관 한간연구(肩水金關漢簡研究)』, 上海古籍

出版社, 2019년

· 학수성(郝樹聲), 장덕방(張德芳), 『현천한간연구(懸泉漢簡研究)』, 甘
肅文化出版社, 2009년

· 하무활(何茂活), 『하서한간고론—견수금관한간을 중심으로(河西漢
簡考論—以肩水金關漢簡爲中心)』, 中西書局, 2021년

· 호평생(胡平生), 장덕방(張德芳), 『돈황 현천한간 석췌(敦煌懸泉漢簡
釋粹)』, 上海古籍出版社, 2001년

· 호영붕(胡永鵬), 『서북변새 한간 편년(西北邊塞漢簡編年)』, 福建人民
出版社, 2017년

· 기향군(紀向軍), 『거연한간 속의 장액향리와 인물(居延漢簡中的張掖
鄉里及人物)』, 甘肅文化出版社, 2014년

· 금탑현위 등 편, 『금탑 거연 유적지와 비단길 역사문화연구(金塔
居延遺址與絲綢之路歷史文化研究)』, 甘肅教育出版社, 2014년

· 노간(勞幹), 『거연한간고석지부(居延漢簡·考釋之部)』, 中央研究院歷
史語言研究所專刊之四十), 1960년

· 노간(勞幹), 『거연한간고석·석문지부(居延漢簡考釋·釋文之部)』, 商務
印書館, 1949년

· 노간(勞幹), 『거연한간고석·석문지부(居延漢簡考釋·釋文之部)』, 四川
南溪石印本, 1943년

· 노간 등, 『한간연구문헌사종(漢簡研究文獻四種)』, 北京圖書館出版社,
2007년

· 이균명(李均明), 류군(劉軍), 『한대둔수유간법률지(漢代屯戍遺簡法律
志)』, 科學出版社, 1994년

· 이균명(李均明), 『거연한간편년—거연편(居延漢簡編年—居延編)』, 新
文豐出版公司, 2004년

· 이천홍(李天虹), 『거연한간 부적 분류연구(居延漢簡簿籍分類研究)』,
科學出版社, 2003년

이진홍(李振宏), 손영민(孫英民), 『거연한간 인명 편년(居延漢簡人名
編年)』, 中國社會科學出版社, 1997년

· 이진홍(李振宏), 『거연한간과 한대사회(居延漢簡與漢代社會)』, 中華
書局, 2003년

· 유광화(劉光華), 『한대 서북둔전 연구(漢代西北屯田硏究)』, 蘭州大學
　出版社, 1988년
· 나진옥(羅振玉), 왕국유(王國維), 『유사추간(流沙墜簡)』, 中華書局, 1993년
· 요종의(饒宗頤), 이균명(李均明), 『돈황한간편년 고증(敦煌漢簡編年
　考證)』, 新文豐出版公司, 1995년
· 요종의(饒宗頤), 이균명(李均明), 『신망간 집증(新莽簡輯證)』, 新文豐
　出版公司, 1995년
· 심강(沈剛), 『거연한간 어사휘석(居延漢簡語詞彙釋)』, 科出版社, 2008년
· 손가주(孫家洲)(주편), 『액제납 한간석문 교본(額濟納漢簡釋文校本)』,
　文物出版社, 2007년
· 손점앙(孫占鼇), 윤위선(尹偉先), 『하서간독 종론(河西簡牘綜論)』, 甘
　肅人民出版社, 2016년
· 손점앙(孫占鼇), 장영(張瑛), 『하서한간에 보이는 한 대 서북민족
　관계연구(河西漢簡所見漢代西北民族關系硏究)』, 社會科學文獻出版
　社, 2019년
· 왕진아(王震亞), 『죽목춘추. 감숙진한간독(竹木春秋. 甘肅秦漢簡牘)』,
　甘肅教育出版社, 1999년
· 왕자금(王子今), 『한간 하서사회사료 연구(漢簡河西社會史料硏究)』,
　商務印書館, 2017년
· 무항우(武航宇), 『서북한간에 보이는 경제류문서 집해(西北漢簡所見
　經濟類文書輯解)』, 知識産權出版社, 2018년
· 사계화(謝桂華), 이균명(李均明), 주국조(朱國炤), 『거연한간 석문 합
　교(居延漢簡釋文合校)』, 文物出版社, 1987년
· 설영군(薛英群), 하쌍전(何雙全), 이영량(李永良), 『거연신간 석췌(居
　延新簡釋粹)』, 蘭州大學出版社, 1988년
· 설영군(薛英群), 『거연한간 통론(居延漢簡通論)』, 甘肅教育出版社, 1991년
· 요뢰(姚磊), 『견수 금관 한간 석문 합교(肩水金關漢簡釋文合校)』, 中
　國社會科學出版社, 2021년
· 나가타히데마사(永田英正), 『거연한간연구(居延漢簡硏究)』, 廣西師範
　大學出版社, 2007년
· 장덕방(張德芳), 손가주(孫家洲) 주편, 『거연돈황한간 출토유적지

실지고찰 논문집(居延敦煌漢簡出土遺址實地考察論文集)』, 上海古籍
出版社, 2012년

· 장덕방(張德芳), 『돈황 마권완 한간 집석(敦煌馬圈灣漢簡集釋)』, 甘
肅文書出版社, 2013년

· 장덕방 주편(張德芳主編), 『거연신간집석(居延新簡集釋)』, 甘肅文化
出版社, 2016년

· 장준민(張俊民), 『돈황 현천치 출토 문서연구(敦煌懸泉置出土文書研
究)』, 甘肅教育出版社, 2015년

· 장준민(張俊民), 『간독학론고—취사편(簡牘學論稿—聚沙篇)』, 甘肅教
育出版社, 2014년

· 장준민(張俊民), 『현천한간. 사회와 제도(懸泉漢簡. 社會與制度)』, 甘
肅文化出版社, 2021년

· 조총량(趙寵亮), 『행역수비—하서 한새 이졸의 둔수 생활(行役戍備
—河西漢塞吏卒的屯戍生活)』, 科學出版社, 2012년

· 조란향(趙蘭香), 주규택(朱奎澤), 『한대 하서 둔수 이졸의 의식주 유행
연구(漢代河西屯戍吏卒衣食住行研究)』, 中國社會科學出版社, 2015년

· 주염도(周艶濤), 『한대 거연과 견수 양 도위 관할 지역 출토 간독
의 난문자고와 관련 주제 연구(漢代居延及肩水兩都尉轄境出土簡牘
疑難文字考與相關專題研究)』, 西南師範大學出版社, 2021년

· 하창군(賀昌群), 『한간석문 초고(漢簡釋文初稿)』, 北京圖書館出版社, 2005년

· 마의(馬怡), 장영강(張榮强), 『거연신간 석교(居延新簡釋校)』, 天津古
籍出版社, 2013년

· 형의전(邢義田), 『지불애보. 한나라 의학간독(地不愛寶. 漢代的簡牘)
』, 中華書局, 2011년

· 우중신(兪忠鑫), 『한간고력(漢簡考曆)』, 文津出版社, 1994년

· 노유일(魯惟一)(저), 우정파(于振波), 차금화(車今花)(역), 『한대 행정
기록(漢代行政記錄)』, 廣西師範大學出版社, 2005년.

4. 장가산(張家山) 한간 및 법률

· 채만진(蔡萬進), 『장가산한간 <주언서>연구(張家山漢簡<奏讞書>
研究)』, 廣西師範大學出版社, 2006년

· 조여녕(曹旅寧), 『장가산 한률연구(張家山漢律研究)』, 中華書局, 2005년

· 증가(曾加), 『장가산한간 법률사상 연구(張家山漢簡法律思想研究)』, 商務印書館, 2008년

· 고대륜(高大倫), 『장가산한간 <맥서>교석(張家山漢簡<脈書>校釋)』, 成都出版社, 1992년

· 고대륜(高大倫), 『장가산한간 <인서>연구(張家山漢簡<引書>研究)』, 巴蜀書社, 1995년

· 소홍(邵鴻), 『장가산한간 <개려>연구(張家山漢簡<蓋廬>研究)』, 文物出版社, 2007년

· 왕연휘(王彦輝), 『장가산한간 <2년율령>과 한대사회연구(張家山漢簡<二年律令>與漢代社會研究)』, 中華書局, 2010년

· 오조양(吳朝陽), 『장가산한간 <산수서>교증 및 관련연구(張家山漢簡<算數書>校證及相關研究)』, 江蘇人民出版社, 2014년

· 중국사회과학원간파연구중심편(中國社會科學院簡帛研究中心編), 『장가산한간 <2년율령> 연구문집(張家山漢簡<二年律令>研究文集)』, 廣西師範大學出版社, 2007년

· 주홍림(朱紅林), 『장가산한간 <2년율령>집석(張家山漢簡<二年律令>集釋)』, 社會科學文獻出版社, 2005년

· 주홍림(朱紅林), 『장가산한간 <2년율령>연구(張家山漢簡<二年律令>研究)』, 黑龍江人民出版社, 2008년

· 오오바 오사무(大庭修)(저), 서세홍(徐世虹)(역), 『진한 법제사연구(秦漢法制史研究)』, 中西書局, 2017년 10월

· 도미야 이타루(富谷至), 『진한 형벌제도연구(秦漢刑罰制度研究)』, 廣西師範大學出版社, 2006년

· 고형(高恒), 『진한 간독 속의 법제문서집고(秦漢簡牘中法制文書輯考)』, 社會科學文獻出版社, 2008년

· 가려영(賈麗英), 『진한 가정법연구. 출토간독을 중심으로(秦漢家庭法研究. 以出土簡牘爲中心)』, 中國社會科學出版社, 2015년

· 강파(蔣波), 『간독과 진한민법 연구(簡牘與秦漢民法研究)』, 中國社會科學出版社, 2015년

· 여명조(黎明釗), 마증영(馬增榮), 당준봉(唐俊峰), 『동한의 법률, 행정

과 사회. 장사 5·1광장 동한간독 탐색(東漢的法律, 行政與社會. 長沙五一廣場東漢簡牘探索)』, (香港)三聯書店(香港)有限公司), 2019년
· 이균명(李均明), 『간독법제론고(簡牘法制論稿)』, 廣西師範大學出版社, 2011년
· 나홍영(羅鴻瑛), 『간독문서 법제연구(簡牘文書法制研究)』, 華夏文化藝術出版社, 2001년
· 여리(呂利), 『율간신분법 고론. 진한 초기 국가질서 속이 신분(律簡身份法考論. 秦漢初期國家秩序中的身份)』, 法律出版社, 2011년
· 팽호(彭浩), 진위(陳偉), 공도원남주편(工藤元男主編), 『2년율령과 주언서. 장가산 247호 한묘 출토 법률문헌 석독(二年律令與奏讞書. 張家山二四七號漢墓出土法律文獻釋讀)』, 上海古籍出版社, 2007년
· 조구향(趙久湘), 『진한 간독법률 용어연구(秦漢簡牘法律用語研究)』, 人民出版社, 2017년
· 최영동(崔永東), 『간백문헌과 고대법문화(簡帛文獻與古代法文化)』, 湖北敎育出版社, 2003년.

5. 한간 언어문자
· 何有祖(허유조), 『새로 출토된 진한 간백 총고(新出秦漢簡帛叢考)』, 科學出版社, 2021년
· 황문걸(黃文傑), 『진에서 한초까지의 간백문자 연구(秦至漢初簡帛文字研究)』, 商務印書館, 2008년
· 길시매(吉仕梅), 『진한 간백 언어연구(秦漢簡帛語言研究)』, 巴蜀書社, 2004년
· 이옥(李玉), 『진한 간백서 음운 연구(秦漢簡牘帛書音韻研究)』, 當代中國出版社, 1994년
· 유옥환(劉玉環), 『진한 간백 오류 문자 연구(秦漢簡帛訛字研究)』, 中國書籍出版社, 2013년
· 유조빈(劉兆彬), 임서금(任瑞金), 『진한 간백 필법 및 글자구조 연구(秦漢簡牘筆法與結字研究)』, 中國社會科學出版社, 2021년
· 왕귀원(王貴元), 『간백 문헌 문자 연구(簡帛文獻字詞研究)』, 中國社會科學出版社, 2021년

· 장국염(張國艷),『거연한간 허사 통석(居延漢簡虛詞通釋)』, 中華書局, 2012년

· 장현성(張顯成), 왕옥교(王玉蛟),『진한 간백 이체자 연구(秦漢簡帛 異體字研究)』, 人民出版社, 2016년

· 장국염(張國豔),『간백 일서 문헌 언어 연구(簡牘日書文獻語言研究)』, 中國社會科學出版社, 2018년.

6. 마왕퇴(馬王堆) 백서

· 방박(龐樸),『백서 오행편 연구(帛書五行篇研究)』, 齊魯書社, 1980年

· 허항생(許抗生),『백서 노자 역주와 연구(帛書老子注譯與研究)』, 浙江人民出版社, 1982年

· 등구백(鄧球柏),『백서 주역 교석(帛書周易校釋)』, 湖南人民出版社, 1987年

· 방박(龐樸),『백서 오행편 연구(帛書五行篇研究)』, 齊魯書社, 1988年

· 주일모(周一謀), 소좌도(蕭佐桃),『마왕퇴 의서 고주(馬王堆醫書考注)』, 天津科學技術出版社, 1988年

· 위계붕(魏啓鵬),『마왕퇴 한묘 백서 <덕행> 교석(馬王堆漢墓帛書 <德行>校釋)』, 巴蜀書社, 1991年

· 장문립(張立文),『백서 주역 역주(帛書周易注譯)』, 中州古籍出版社, 1992年

· 한중민(韓仲民),『백역설략(帛易說略)』, 北京師範大學出版社, 1992年

· 마계흥(馬繼興),『마왕퇴 고대의서 고석(馬王堆古醫書考釋)』, 湖南科學技術出版社, 1992年

· 위계붕(魏啓鵬), 호상화(胡翔驊),『마왕퇴 한묘 의서 교석(馬王堆漢墓醫書校釋)』(2), 成都出版社, 1992年

· 위계붕(魏啓鵬), 호상화(胡翔驊),『마왕퇴 한묘 의서 교석(馬王堆漢墓醫書校釋)』(1), 成都出版社, 1992年

· 여광명(余明光),『황제사경 금주 금역(黃帝四經今注今譯)』, 嶽麓書社, 1993年

· 주일모(周一謀),『마왕퇴 의학 문화(馬王堆醫學文化)』, 文彙出版社, 1994年

· 윤진환(尹振環),『백서 노자 석석. 백서 노자가 금본 노자를 대체

할 것임을 논함(帛書老子釋析. 論帛書老子將會取代今本老子)』, 貴州
人民出版社, 1995年
· 고명(高明), 『백서 노자 교주(帛書老子校注)』, 中華書局, 1996年
· 형문(邢文), 『백서 주역 연구(帛書周易硏究)』, 人民出版社, 1997年
· 요명춘(廖名春), 『백서 <역전> 초탐(帛書<易傳>初探)』, 文史哲出
版社, 1998年
· 왕귀원(王貴元), 『마왕퇴 백서 한자구형체계 연구(馬王堆帛書漢字構
形系統硏究)』, 廣西敎育出版社, 1999年
· 한건평(韓健平), 『마왕퇴 고대 맥서 연구(馬王堆古脈書硏究)』, 中國
科學出版社, 1999年
· 윤진환(尹振環), 『백서 노자와 노자술(帛書老子與老子術)』, 貴州人民
出版社, 2000年
· 조건위(趙建偉), 『출토 간백 <주역>소증(出土簡帛<周易>疏證)』,
萬卷樓圖書有限公司, 2000年
· 진송장(陳松長), 『마왕퇴 백서 <형덕> 연구논고(馬王堆帛書<刑
德>硏究論稿)』, 臺灣古籍出版有限公司, 2001年
· 등구백(鄧球柏), 『백서 주역 교석(帛書周易校釋)』(수정본), 湖南人民
出版社, 2002年
· 서지균(徐志鈞), 『노자 백서 교주(老子帛書校注)』, 學林出版社, 2002年
· 위계붕(魏啓鵬), 『마왕퇴 한묘 백서 <황제서> 전증(馬王堆漢墓帛書
<黃帝書>箋證)』, 中華書局, 2004年
· 유락현(劉樂賢), 『마왕퇴 천문서 고석(馬王堆天文書考釋)』, 中山大學
出版社, 2004年
· 주세영(周世榮), 『마왕퇴 도인술(馬王堆導引術)』, 嶽麓書社, 2005年
· 이케다 토모히사(池田知久)(저), 왕계방(王啓發)(역), 『마왕퇴 한묘
백서 오행 연구(馬王堆漢墓帛書五行硏究)』, 線裝書局, 中國社會科學
出版社, 2005年
· 윤진환(尹振環), 『금본<노자> 57개 장 속의 모호 지점. 백서 <노
자> 금역(今本<老子>五十七個章中的模糊點. 帛書<老子>今譯)』,
貴州人民出版社, 2006年
· 주이모(周貽謀), 『마왕퇴 간백과 고대방사 양생(馬王堆簡帛與古代房

事養生)』, 嶽麓書社, 2006年
· 왕화평(王化平), 『백서<역전>연구(帛書<易傳>研究)』, 巴蜀書社, 2007年
· 윤진환(尹振環), 『백서 노자 재소의(帛書老子再疏義)』, 商務印書館, 2007年
· 진고응(陳鼓應), 『황제사경 금주금역. 마왕퇴 한묘 출토 백서(黃帝 四經今注今譯. 馬王堆漢墓出土帛書)』, 商務印書館, 2007年
· 심조춘(沈祖春), 『<마왕퇴 한묘 백서[1]>가차자 연구(<馬王堆漢墓 帛書[壹]>假借字研究)』, 巴蜀書社, 2008年
· 장립문(張立文), 『백서주역 역주(帛書周易注譯)』, 中州古籍出版社, 2008年
· 장정낭(張政烺), 『마왕퇴 백서 <주역> 경전 교독(馬王堆帛書<周 易>經傳校讀)』, 中華書局, 2008年
· 유빈(劉彬), 『백서 <요>편 교석(帛書<要>篇校釋)』, 光明日報出版 社, 2009年
· 황무지(黃武智), 『'황노백서'연구('黃老帛書'研究)』, 花木蘭文化出版社, 2011年
· 연소명(連劭名), 『백서<주역>소증(帛書<周易>疏證)』, 中華書局, 2012年
· 장준룡(張駿龍), 『백서노자통해(帛書老子通解)』, 廣陵書社, 2013年
· 서지균(徐志鈞), 『노자백서교주(老子帛書校注)』(수정본), 鳳凰出版社, 2013年
· 우호량(于豪亮), 『마왕퇴 백서 <주역>석문 교주(馬王堆帛書<周 易>釋文校注)』, 上海古籍出版社, 2013年
· 서장(徐强), 『백서<역전>해<역>사상연구(帛書<易傳>解<易>思 想研究)』, 人民出版社, 2014年
· 이수해(李水海), 『백서 노자 교전 역평(帛書老子校箋譯評)』, 陝西人民 出版社, 2014年
· 장염(張艷), 『백서 <노자> 어휘연구(帛書<老子>詞彙研究)』, 上海 古籍出版社, 2015年
· 유빈(劉彬)(등), 『백서 <역전> 신석 및 공자 역학사상 연구(帛書 <易傳>新釋暨孔子易學思想研究)』, 中國社會科學出版社, 2016年
· 진고응(陳鼓應), 『황제사경 금주 금역(黃帝四經今注今譯)』, 中華書局,

2016年

· 여명광(余明光), 『황제사경 신주 신역(黃帝四經新注新譯)』, 嶽麓書社, 2016年

· 유진(劉震), 『주역도독. 백서 <역전>(周易導讀. 帛書<易傳>)』, 上海科學技術文獻出版社, 2016年

· 해아려(奚亞麗), 『백서<황제사경>연구(帛書<黃帝四經>研究)』, 黑龍江人民出版社, 2017年

· 장뢰(張雷), 『마왕퇴 한묘 백서 <52병방> 집주(馬王堆漢墓帛書<五十二病方>集注)』, 中醫古籍出版社, 2017年

· 유삼(劉彬), 『백서 <충>편 신교 신석(帛書<衷>篇新校新釋)』, 北京大學出版社, 2019年

· 진송장(陳松長), 『마왕퇴백서연구(馬王堆帛書研究)』, 商務印書館, 2021年.

7. 논문집.

· 감숙성문물고고연구소편, 『진한간독논문집(秦漢簡牘論文集)』, 甘肅人民出版社, 1989年

· 호평생(胡平生), 『간독문물논집(簡牘文物論集)』, 蘭臺出版社, 2000年

· 호평생(胡平生), 『호평생 간독문물 논고(胡平生簡牘文物論稿)』, 中西書局, 2012年

· 이균명(李均明), 『초학록(初學錄)』, 蘭臺出版社, 1999年

· 이균명(李均明), 『경운록―간독연구총고(耕耘錄―簡牘研究叢稿)』, 人名美術出版社, 2015年

· 왕규해(汪桂海), 『진한간독 탐연(秦漢簡牘探研)』, 文津出版社有限公司, 2009年

· 왕자금(王子今), 『장사간독연구(長沙簡牘研究)』, 中國社會科學出版社, 2017年

· 오영증(吳榮曾), 왕계해(汪桂海), 『간독과 고대사연구(簡牘與古代史研究)』, 北京大學出版社, 2011年

· 사계화(謝桂華), 『한진간독논총(漢晉簡牘論叢)』, 廣西師範大學出版社, 2014年

· 양검홍(楊劍虹), 『진한간독연구존고(秦漢簡牘研究存稿)』, 廈門大學出

版社, 2013年

· 양진홍(楊振紅), 『출토간독과 진한사회(出土簡牘與秦漢社會)』(속편),
廣西師範大學出版社, 2015年

· 양진홍(楊振紅), 『출토간독과 진한사회(出土簡牘與秦漢社會)』, 廣西
師範大學出版社, 2009年

· 우진파(于振波), 『간독과 진한사회(簡牘與秦漢社會)』, 湖南大學出版
社, 2012年

· 장덕방(張德芳)(주편), 『감숙성 제2회 간독학국제학술연토회 논문
집(甘肅省第二屆簡牘學國際學術硏討會論文集)』,　上海古籍出版社,
2012年

· 장덕방(張德芳)(주편), 『감숙성 제3회 간독학국제학술연토회 논문
집(甘肅省第三屆簡牘學國際學術硏討會論文集)』,　上海辭書出版社,
2017年

· 형의전(邢義田), 『금진집―진한시대의 간독과 화상 및 문화 전파(今
塵集―秦漢時代的簡牘, 畵像與文化流播)』, 中西書局, 2019年.

8. 기타.

· 곽병결(郭炳潔), 『진한서독연구(秦漢書牘硏究)』, 科學出版社, 2019年

· 요코타 교조(橫田恭三)(저), 장건평(張建平)(역), 『중국고대간독종람
(中國古代簡牘綜覽)』, 北京聯合出版公司, 2016年

· 진문(晉文), 『진한토지제도연구. 간독자료를 중심으로(秦漢土地制度
硏究. 以簡牘材料爲中心)』, 社會科學文獻出版社, 2021年

· 이균명(李均明), 유군(劉軍), 『간독문서학(簡牘文書學)』, 廣西敎育出版
社, 1999年

· 이학근(李學勤), 『간백일적과 학술사(簡帛佚籍與學術史)』, 江西敎育
出版社, 2001年

· 여아호(呂亞虎), 『진한 사회 민생 신앙 연구: 출토 간백 문헌을 중
심으로(秦漢社會民生信仰硏究 : 以出土簡帛文獻爲中心)』,　中國社會
科學出版社, 2016年

· 마금홍(馬今洪), 『간백: 발견과 연구(簡帛 : 發現與硏究)』, 上海書店出
版社, 2002年

· 청화대학 출토문헌연구와보호중심(淸華大學出土文獻研究與保護中心)·북경대학 출토문헌연구소(北京大學出土文獻研究所)·형주문물보호중심(荊州文物保護中心), 『고대 간독 보호와 정리 연구(古代簡牘保護與整理研究)』, 中西書局, 2012年

· 권인한(權仁翰)·김경호(金慶浩)·이승률(李承律), 『동아시아 자료학의 가능성 탐색(東亞資料學的可能性探索)』, 廣西師範大學出版社, 2010年

· 손서(孫瑞), 『금문·간독·백서 중 문서 연구(金文簡牘帛書中文書研究)』, 吉林文史出版社, 2009年

· 왕계해(汪桂海), 『한대 관문서 제도(漢代官文書制度)』, 廣西敎育出版社, 1999年

· 왕국유(王國維), 『간독검서고교주(簡牘檢署考校注)』, 上海古籍出版社, 2004年

· 왕효광(王曉光), 『한간독 구명과 서수 연구(漢簡牘具名與書手研究)』, 榮寶齋出版社, 2016年

· 왕효광(王曉光), 『새로 출토된 한진 간독 및 서각 연구(新出漢晉簡牘及書刻研究)』, 榮寶齋出版社, 2013年

· 왕택광(王澤强), 『간백문헌과 선진양한 문학연구(簡帛文獻與先秦兩漢文學研究)』, 中國社會科學出版社, 2010年

· 양건(楊建), 『서한초기 진관제도 연구. <진관령> 간석을 첨부함(西漢初期津關制度研究. 附<津關令>簡釋)』, 上海古籍出版社, 2010年

· 원연승(袁延勝), 『진한간독 호적자료연구(秦漢簡牘戶籍資料研究)』, 人民出版社, 2018年

· 조폐(趙沛), 『거연간독연구. 군사, 행정과 사법제도(居延簡牘研究. 軍事, 行政與司法制度)』, 知識産權出版社, 2020年

· 주선연(周嬋娟), 『진한 간백에 보이는 여성사 자료 고교(秦漢簡帛所見婦女史資料考校)』, 四川大學出版社, 2018年

· 주덕귀(朱德貴), 『새로 출토된 간독과 진한 부역제도 연구(新出簡牘與秦漢賦役制度研究)』, 中國人民大學出版社, 2021年.

4. 한(漢)나라 죽간과 비단에 관한 연구의 주요 주제

(1) 한나라 의학(醫學)

한나라 죽간에서 발견된 의학 관련 죽간에는 무위(武威) 의간, 부양
(阜陽) 쌍고퇴(雙古堆) 한간 「만물(萬物)」, 강릉(江陵) 장가산(張家山) 한
간 「맥서(脈書)」, 「인서(引書)」, 마왕퇴(馬王堆) 한간 「십문(十問)」, 「합
음양(合陰陽)」, 「잡금방(雜禁方)」, 「천하지도담(天下至道談)」 등이 포함
된다. 이 자료들은 100가지 이상의 약물을 포함하며 약리학, 임상 과
목, 건강 관리, 방중술, 기공법(導引) 등을 포함한다. 자료의 풍부함은
고대 의학과 관련된 연구의 장기적 번영을 일으켰다.

(2) 간독의 집성과 서책의 복원

발굴된 죽간과 목간은 종종 산재되어 있고 무질서한데, 이들을 편
집하고 복원하는 것은 죽간을 정리하는 가장 중요한 기본 작업 중 하
나이다. 이와 관련하여 일본 학자들은 '간독의 집성(簡牘集成)'과 '서책
의 복원(冊書復原)'이라는 개념을 명확하게 제시했다. 이 방법은 고대
죽간 연구 방법을 창출했다.[69] 그 이후 많은 학자가 이 방법에 따라
연구를 수행하고 많은 결과를 달성했다.

---

69) 永田英正(저), 張學鋒(역), 『居延漢簡研究』, 廣西師範大學出版社, 2007年.

(3) 조세 제도

한나라 때의 죽간에는 지방 관리 기록과 문서가 대량 포함되어 있어, 진(秦)과 한(漢) 왕조의 조세 제도 연구에 크게 이바지했다.

(4) 관리(官吏) 제도

죽간과 목간의 지속적인 발굴과 출판은 진과 한 왕조의 지방 행정사와 관리 제도 연구를 더욱 촉진했다. 이 측면에서는 특히 군(郡)과 현(縣)의 관리 제도, 읍(邑)의 관리, 관리 선발 시험, 학교 관리 제도, 관리 휴가 제도, 관리 복무 등의 문제들이 포함된다.

(5) 법률 및 사법

죽간에서 발굴된 법률 문서는 진(秦)과 한(漢) 왕조의 법령 및 사법 연구를 빠르게 주목받는 주제로 만들었다. 학계에서는 '隸臣妾'70)과

---

70) [역주] '예신첩(隸臣妾)'은 한나라에서 남녀 범죄자를 처벌하기 위해 사용된 두 가지 용어이다. 이 중 '예신(隸臣)'은 범죄를 저지른 남성이나 친척 때문에 붙잡혀 공식적인 노예가 된 남성을 의미하며, '첩(妾)'은 동일한 이유로 공식적인 노예가 된 여성을 가리킨다. 『한서·형법지(刑法志)』의 "죄인이 옥에서 이미 판결을 받아 완전히 성단용(城旦舂)이 되었다면, 3년이 차면 귀신(鬼薪)이나 백찬(白粲)이 된다. 귀신이나 백찬으로 1년을 보내면 예신(隸臣)이나 첩(妾)이 되고, 예신이나 첩으로 1년을 보내면 면하여 서인(庶人)이 된다.(罪人獄已決, 完爲城旦舂, 滿三歲爲鬼薪白粲. 鬼薪白粲一歲, 爲隸臣妾. 隸臣妾一歲, 免爲庶人.)"라고 했다. 이처럼, 판결을 받고 남자의 경우 성을 쌓고(城旦) 여자의 경우 쌀을 찧는(舂) 임무를 완수한 죄수들은 만 3년이 지나면 '귀신(鬼薪)'(종묘에서 불 때는 일을 도움)과 '백찬(白粲)'(종묘에서 음식 만드는 일을 도움)의 일을 하게 되고,

그들의 판결 문제, 장가산(張家山) 한간 「2년 율령(二年律令)」년의 연대 문제, 진과 한 왕조의 법령 시스템, 형벌 시스템, 사법 소송 시스템 등에 초점을 맞추고 있으며, 많은 연구 성과가 나왔다.

(6) 한나라의 변방 수비(屯戍) 시스템

서북 지역에서 발굴된 대부분의 죽간은 변방 수비에 관한 간독으로, 한나라의 변방 수비 시스템 연구에 대한 일차 정보를 제공하고 있다.

(7) 한나라의 관(關)과 진(津) 및 역참의 설치

장자산(張家山) 한나라 죽간 「주얼서(奏讞書)」 및 「2년 율령(二年律令)」에는 관(關)과 진(津)의 출입과 관련된 많은 조항이 포함되어 있다. 거연(居延)과 돈황(敦煌)의 한나라 죽간에도 이와 관련된 많은 구체적인 내용이 포함되어 있어, 관(關)과 진(津)의 연구에 풍부한 정보를 제공한다. 이균명(李均明)은 관련 시설과 기능, 통관 절차, 위반에 대한 처벌 등의 측면에서 한나라의 관(關)과 진(津)에 대한 일반적인 상황을 논의했다.71) 돈황의 현천치(懸泉置) 유적지에서 발굴된 죽간은 관(關)과 진(津) 자체에 관한 매우 중요한 연구 자료이다.

이를 1년 채우면 '예신(隸臣)'과 '첩(妾)'이 되며, 다시 1년이 지나면 이의 신분을 벗고 '서인(庶人)'이 된다는 말이다.

71) 李均明, 『漢簡所反映的關津制度』, 『歷史研究』 2002年 第3期.

5. 미래 전망

한나라의 죽간에 관한 미래 연구는 다음과 같은 측면에서 더 진행될 수 있을 것이다.

(1) 문자 해석 및 어휘 고증

한나라 죽간의 문자는 일반적으로 해석하기 쉽지만, 여전히 해독하기 어려운 문자도 많이 있다. 특히 죽간에 있는 초서체의 해석이 그렇다. 그래서 현재 한나라 죽간에는 해석되지 않은 많은 문자가 존재한다. 또한 중국 죽간의 많은 어휘의 명확한 의미를 아직 밝히지 못했으며, 전래 문헌과 중국 죽간 자체의 사용 사례를 활용하여 자세히 연구해야 할 것이다. 어휘의 해석은 가장 기본적인 작업이며, 계속해서 연구해야 할 영역이다.

(2) 수술(數術)과 의학 연구

'수술(術數)'은 음양의 숫자를 사용하여 길흉을 예측하는 신비한 방법이다. 발굴된 죽간에서 발견된 '수술' 관련 자료는 주로 '일서(日書)'이다. 현재까지 발견된 한나라 죽간에서 볼 수 있는 '일서'로는 공가파(孔家坡)의 「일서」, 홍콩 중문대학 문물관 소장 「일서」, 마취자(磨嘴子)의 「일서」 등이 있으며, 아직 발표되지 않은 것도 상당수 있다. 그래서 '일서'와 관련된 '수술(數術)' 연구 및 관련 사회사와 문화 관습의 연구에는 여전히 발전할 여지가 있다. 또한, 성도(成都)의 노관산(老官

山)에서 최근 발굴된 한나라 의학 죽간의 내용은 매우 중요하며, 한나라 의학에 관한 추가 연구를 위한 중요한 정보를 제공하고 있다.

(3) 간독 문서학 연구

한나라 간독의 많은 부분은 정부 운영 과정에서 생산된 문서이며, 이는 특히 북서부 한나라 죽간과 장사(長沙) 죽간에서 상대적으로 많이 나타난다. 이는 형식과 레이아웃, 원고의 형태, 문서의 품질 등 많은 문제를 포함하며, 따라서 죽간 문학에 대한 보다 심층적인 연구가 필요하다.

(4) 지방 행정 체계

문서의 내용과 관련하여, 정치, 경제, 군사, 법률, 관습 등 사회생활의 모든 측면을 포괄한다. 특히 죽간에서 드러나는 지방 정부의 운영 형태는 기초 사회 역사를 이해하는 데 중요한 역할을 한다. 이 분야의 연구는 의심할 여지없이 매우 넓은 공간을 가지고 있으며 미래 연구의 초점이 될 수 있다.

제4절 석각(石刻) 문자

1. 석각(石刻) 문자

(1) 석각문자의 내함(內涵)

넓은 의미에서, 모든 그림, 무늬, 글자, 심지어 석재에 새겨진 입체적 형상도 '석각(石刻)'이라고 할 수 있다.[1].

특히, '석각 문자'는 석재를 매체로 한 문자를 의미한다. 석재는 종이 발명 이전에 중요한 글쓰기 매체였다. 현재까지 본 가장 이른 시기의 석각은 하남성 안양의 은허(殷墟) 무덤에서 발굴된 돌로 만든 궤(簋)의 깨진 귀에 새겨진 문자인데, 총 12글자가 새겨졌다.[2] 이를 통해 석각이 갑골문 및 금문 시대에 제작되었다는 것을 알 수 있다. 초기에 사용된 석각의 형태는 고정된 패턴이 없었다. 이는 돌로 만든 궤(簋)와 같은 용기로 사용된 돌일 수도 있고, 「공승득수구각석(公乘得守丘刻石)」과 같이 자연석일 수도 있다.[3]

시대의 발전과 조각 도구의 진보로 인해 그들의 형태는 점차 고정되어 다양한 스타일을 형성하게 되었다. 문자가 새겨진 수직으로 된

---

1) 趙超, 『中國古代石刻槪論』(增訂本), 中華書局, 2019年, 4쪽.

2) 王麗燕, 『略論北京圖書館所藏石刻資料的書法藝術價値』, 『北京圖書館刊』, 1998年 第1期.

3) 李曉東, 『中山國守丘刻石及其價値』, 『河北學刊』, 1986年 第1期.

돌 '갈(碣)'이라 하고, 자연 절벽을 '마애(摩崖)'라고 한다. 즉, '특별히 조각된 세워진 돌을 '갈(碣)'이라고 하며, 자연적인 것은 '마애(摩崖)'라고 한다.

선진 시대의 '비(碑)'는 원래 글자가 없는 세로로 선 돌을 가리켰다. 이는 세 가지 용도로 주로 사용되었다. 첫째, 궁궐 문 앞에 세워져 태양의 그림자를 표시하는 용도, 둘째, 사당 문 앞에 세워져 제사용 제물을 묶는 용도, 셋째, 묘지 앞에 세워져 관을 무덤으로 끌어들이는 용도로 사용되었다. 서한 시대에 이르러 사람들은 비석에 기록할 내용을 새겼고, '비'는 문자가 새겨진 석재를 가리키기 시작했다. '비'와 '갈(碣)'은 종종 '비갈(碑碣)'이라는 말로 사용되었다. 동한 시대에 이르면 묘비명이 형성되기 시작하여 무덤 벽돌(墓磚), 묘비명(墓記), 비석형 묘지명(碑形墓志) 등 무덤을 표시하는 물체가 포함되었다. 위진남북조 시대에 이르면 기본적으로 고정된 형태의 묘비가 등장하게 된다.[4] 또 불교의 영향으로 이 시기에 동굴을 파고 조각상을 조각하는 관습이 널리 퍼졌는데, 조각상 옆에 새겨진 문자는 '조상제기(造像題記)'라고 불렀다.

비석이 널리 사용되면서 그 의미는 좁은 의미와 넓은 의미로 나눌 수 있다. 전자는 특히 묘의 기록과 관련된 묘비(墓碑)을 지칭하는 반면, 후자는 일반적으로 글자가 새겨진 돌을 가리킨다. 수당 시대에는 석각의 형태가 다양해졌다. 송대 이후로 원대에 이르기까지 사람들은 석각을 형태, 문자, 기능, 시대 등의 측면에서 분류하기 시작했다. 다양한 분류 방법으로 인해 석각의 이름은 매우 복잡해졌다. 예를 들어, 『어석(語石)』에서는 석을 42가지 범주로 나뉘기도 했으며[5], 『금석학(金石學)』

---

4) 趙超, 『古代墓志通論』, 紫禁城出版社, 2003年, 52쪽.
5) 葉昌熾(저), 姚文昌(點校), 『語石校注』, 浙江大學出版社, 2018年.

에서는 "각석(刻石), 비갈(碑碣), 묘지(墓志), 탑명(塔銘), 부도(浮圖), 경당(經幢), 조상(造像), 석궐(石闕), 마애(摩崖), 매지별(買地莂) 등 11종으로 나눈다."라고 했다.6) 이들을 비교해 볼 때, 후자가 더 합리적이다. 결론적으로, 석각은 다양한 형태의 돌에 새겨진 글자를 가리키며, 대부분은 비갈, 묘지, 조상제기, 마애 등이 많은 부분을 차지한다.

(2) 석각문자 재료의 범위

한나라와 위진남북조 시대는 중국어 발전에서 언어의 변화가 급격히 일어난 시기였으며, 동시에 한자가 예서로부터 해서로 변화하는 중요한 단계였다. 따라서 이 시기의 석각은 고고, 역사, 예술 등의 학문에 관한 중요한 연구 자료가 될 뿐만 아니라 한자 연구에도 중요하다. 이 시기의 석각은 언어학적 및 문헌학적 연구에 대한 기본 코퍼스로서 특히 문헌학에 있어 중요한 가치를 가진다.

이 시기의 석각 연구에 관한 저작의 제목은 종종 선택된 석각 재료의 시대와 관련되어 있다. 하지만, 동일한 제목이 반드시 동일한 시대를 지칭하는 것은 아니다. 예를 들어, '한, 위, 남북조의 묘비(漢魏南北朝墓志)'라는 제목의 작품이 있었고, 『한위남북조 묘지집석(漢魏南北朝墓志集釋)』과 『1990-1999년 신출 한위남북조 묘지 목록(1990-1999年新出漢魏南北朝墓志目錄)』 등의 이름으로 된 것이 있는데7), 이는 그 수록 범위가 한나라 때부터 수나라 때까지를 포함한다. 그러나 『한위남북조묘지휘편(漢魏南北朝墓志彙編)』에서는 동한 때부터 북주(北周) 때

---

6) 朱劍心, 『金石學』, 浙江人民美術出版社, 2019年, 173쪽.
7) 趙萬里(編). 『漢魏南北朝墓志集釋』, 科學出版社, 1956年. 汪小烜(編), 『1990-1999年新出漢魏南北朝墓志目錄』, 『魏晉南北朝隋唐史資料』, 18輯, 2001年.

까지를 포함하여8) 수나라는 제외된다. 또『한위육조비각교주(漢魏六朝碑刻校注)』의 "한위육조(漢魏六朝)"는 서한 때부터 북주(北周) 때까지만 포함하며, 수나라는 포함하지 않는다.9) 현재까지 공표된 문헌자료로 볼 때, 양한 위진남북조 석각 재료의 범위는 응당 서한(西漢), 신조(新朝)(莽), 동한(東漢), 삼국(三國)(魏蜀吳), 서한(西晉), 동진(東晉), 16국(十六國), 남조(南朝)의 송(宋), 남조의 제(齊), 남조의 양(梁), 남조의 진(陳), 북조(北魏), 동위(東魏), 서위(西魏), 북제(北齊), 북주(北周) 때의 각종 석각을 포함한다 하겠다.

지금까지 전해지는 석각의 총 수량은 아직 완전한 총계가 이루어진 것은 아니지만,『중화 석각 데이터베이스(中華石刻數據庫)·한위육조 비각 데이터베이스(漢魏六朝碑刻數據庫)』에 따르면 비갈(碑碣)이 2,466점에 이른다.10). 또『중국금석총록(中國金石總錄)』에서는 양한 위진남북조 때의 석각을 약 10,000점 수록하고 있다.11)

(3) 석각문자의 자형

한, 위, 진, 남북조 시대 동안, 한자의 형태는 전서에서 예서로, 또 예서에서 해서로 급격하게 변화하고 있었다. 석각 문자에는 전서, 예서, 해서, 행서, 초서 등 여러 가지 서체뿐만 아니라 다양한 필사 차이도 포함되어 있어 복잡하고 다양하다. 그래서 이체자(異體字), 오자, 음차 대용자 등이 종종 하나의 석각에 혼합되어 나타난다. 예를 들어, [그림 3-7]은 「사마룡묘지(司馬龍墓志)」이고 [그림 3-8]은 「도승략조

---

8) 梁春勝,『六朝石刻叢考』, 中華書局, 2021年, 1쪽.
9) 毛遠明,『漢魏六朝碑刻校注』, 線裝書局, 2008年.
10) 中華書局, "中華石刻數據庫"(http://inscription.ancientbooks.cn)
11) 甘肅省古籍文獻整理編譯中心, "中國金石總錄"(http://www.ch5000.com.cn)

중국문자학 핸드북

상제기(道僧略造像題記)」의 부분 탁본이다.

[그림 3-7] 「사마룡묘지(司馬龍墓志)」

[그림 3-8]
「도승략조상제기(道僧略造像題記)」

- 「사마룡묘지(司馬龍墓志)」에 나오는 별자(別字)는 다음의 것들이
  있다. ▦(年), ▦(縣), ▦(節)等.
- 「도승략조상제기(道僧略造像題記)」에 나오는 별자(別字)는 다음의
  것들이 있다. ▦(永), ▦(仙).

2. 연구 역사

석각 문자에 관한 국내외의 연구는 송(宋)나라 때부터 시작되었는
데, 그 역사는 대체로 다음과 같은 4시기로 나눌 수 있다.

(1) 송나라부터 청나라 말

이 기간은 연구의 선구적 단계로, 이 단계는 '금석학'의 시기라고 부를 수 있다. '금석'은 원래 글이 새겨진 청동기나 비갈(碑碣)을 가리키는데, 그 기원은 오래전 고대에서부터 시작되었다. 『묵자·겸애(兼愛)』(하)에는 이렇게 기록되어 있다. "글을 죽간과 비단에 쓰고, 쇠와 돌에 새기고, 쟁반이나 사발에 쪼아 넣어 후세에 전해 자손들이 알 수 있게 한다.(以其所書於竹帛, 鏤於金石, 琢於盤盂, 傳遺後世子孫者知之.)" 여기서 '금(金)'은 글자가 새겨진 여러 청동기를 말하며, 그 위의 글자를 '금문(金文)'이라고 한다. 그리고 '석(石)'은 문자가 새겨진 돌을 가리키며, 그 위의 문자를 '석각 문자'라고 한다. 진한(秦漢) 시대 이후, 석각 문자는 점차 금문을 대체하여 한위(漢魏) 시대의 주요 문자가 되었다. 금석문을 연구하는 학문을 '금석학'이라고 하는데, 이는 송나라 때부터 등장했다.

『집고록(集古錄)』은 현존하는 최초의 금석학 저작이며[12], 지금은 『집고록발미(集古錄跋尾)』 10권이 전한다. 금석록(『金石錄』)은 금석 문헌 약 2,000종을 수집하였으며[13], 말미(跋尾)가 502편 수록되었다. 『역대종정이기관지(歷代鍾鼎彝器款識)』는 하(夏), 상(商)에서부터 진(秦), 한(漢)나라에 이르는 청동기와 석기 약 500점을 수록하였는데[14], 송대 금석 저술 중 청동기 명문을 가장 풍부하게 수록한 저작의 하나이다. 『통지(通志)·금석략(金石略)』에 '금석(金石)' 1권이라는 분류가 보이

---

12) [宋] 歐陽修, 『集古錄』, 『石刻史料新編』, 新文豊出版公司, 1977-2006年.
13) [宋] 趙明誠, 『金石錄』, 『石刻史料新編』, 新文豊出版公司, 1977-2006年.
14) [南宋] 薛尚功, 『歷代鍾鼎彝器款識』, 『石刻史料新編』, 新文豊出版公司, 1977-2006年.

는데15), 이는 '금석학이 전문적인 학문으로 세워졌음을 말해준다. 『집고록(集古錄)』, 『금석록(金石錄)』의 이름, 내용, 체제 및 연구 방식은 후세에 매우 큰 영향을 끼쳤다. 예컨대, 금석 연구 논저는 대부분 '집고(集古)'나 '금석(金石)'이라는 이름을 사용했는데, 여기서 연원한 것이다. '금석학' 연구의 목적은 경전을 증명하고 역사를 보충하기 위한 것이었으며, 연구의 주요내용은 석각 문헌을 휘집하고 고증하는데 있었으며, 문자는 단지 본문 내용을 읽기 위한 도구에 지나지 않았다. 전문적으로 금석문자의 형체를 해독한 저술은 두 가지가 있었다. 『예석(隸釋)』은 현존하는 최초의 한위진(漢魏晉) 석각문자를 집록하고 고석한 전문 저서이다.16) 또 『예운(隸韻)』은 한나라 때의 예서 자형을 모아서 만든 자전이다.17) 이 두 저작은 대량의 한위(漢魏) 시대 석각 자료와 예서 자형을 집록한 저작이다.

원명(元明) 시기에 들면 '금석학'이 쇠퇴하여 저작도 상대적으로 적다. 주요한 저작으로는 『금석례(金石例)』와 『묘명거례(墓銘擧例)』18)가 있는데, 이후 『금석요례(金石要例)』와 합쳐서 『금석삼례(金石三例)』라 불렀는데19), 이들은 석각의 의례(義例)를 연구하는 중요한 저작이다.

청[淸] 나라에 이르면, '금석학' 연구는 매우 흥성하였는데, 청나라 말에는 금석학이 최고조에 달하여, 그 연구 범위도 금석에서 갑골(甲骨)과 간독(簡牘)으로까지 확장했다. 연구 성과는 주로 문헌의 고증, 자료의 휘편, 자전의 편찬, 목록의 편집과 제작 등에 집중되었다. 그

---

15) [宋] 鄭樵, 『通志』, 『石刻史料新編』, 新文豐出版公司, 1977-2006年.
16) [宋] 洪適, 『隸釋』, 中華書局, 1986年.
17) [宋] 劉球, 『隸韻』, 中華書局, 1989年.
18) [元] 潘昂霄, 『金石例』, 『金石三例』, 中州古籍出版社, 2015年. (明)王行, 『墓銘擧例』, 『金石三例』, 中州古籍出版社, 2015年.
19) [淸] 黃宗羲, 『金石要例』, 『金石三例』, 中州古籍出版社, 2015年. 淮建利點校, 『金石三例』, 中州古籍出版社, 2015年.

중에서도 가장 중요한 대표 저작으로는, 『잠연당금석문자발미(潛研堂金石文字跋尾)』, 『금석췌편(金石萃編)』, 『유사추간(流沙墜簡)』, 『증정비별자(增訂碑別字)』, 『금석문자변이(金石文字辨異)』, 『환우방비록(寰宇訪碑錄)』, 『교비수필(校碑隨筆)』 등이 있다.20) 『어석(語石)』은 고대 석각 문자에 관한 최초의 통론성 전문 저술이라 할 수 있다. 이상은 금석학을 연구하는데 필독해야 할 도서 목록이자 중요한 참고서이며, 이들은 근현대 석각문자 연구의 기틀을 세웠다.

(2) 중화민국 시기

중화민국 시기에는 '금석학'이 현대 고고학과 결합하기 시작하여 그 연구 방법과 결과가 크게 변화했다.

중화민국 시기에는 『금석학(金石學)』, 『중국금석학개론(中國金石學概論)』, 『중국금석학강의(中國金石學講義)』 등과 같은 일반적인 저작들이 있었지만21), '금석학'은 연대 구분과 유물 형태 연구 등의 내용이 부족하고, 학문 체계 구축이 완성되지는 않았다.

1928년에 시작된 은나라 유적 발굴은 중국 고고학에서 가장 크고 오래 지속된 발굴 작업이었으며, 이 발굴을 통해 얻은 문화재는 은상시대 연구에 관한 일련의 문제를 해결하는 데 실증적인 데이터를 제

---

20) [淸] 錢大昕, 『潛研堂金石文字跋尾』, 上海古籍出版社, 2020年. [淸] 王昶, 『金石萃編』, 陝西人民出版社, 1990年. [淸] 王國維, 羅振玉, 『流沙墜簡』, 浙江古籍出版社, 2013年. [淸] 羅振玉, 『增訂碑別字』, 文字改革出版社, 1957年. [淸] 邢澍著, 時建國校釋, 『金石文字辨異校釋』, 甘肅人民出版社, 1990年. [淸] 孫星衍, 邢澍, 『寰宇訪碑錄』, 淸嘉慶七年(1802)陽湖孫氏刻本. [淸] 方若, 『校碑隨筆』, 杭州古籍書店, 1982年.
21) 馬衡, 『中國金石學槪論』, 時代文藝出版社, 2019年. 陸和九, 『中國金石學講義』, 北京圖書館出版社, 2003年.

공했다. 이로부터 금석학은 고고학과의 통합을 향해 나아가기 시작했으며, 이에 따라 '금석학'은 더 이상 독립된 학문으로 존재하지 않게 되었다.22)

이 시기에는 「석고문(石鼓文)」의 연구, 석경(石經)의 문헌 연구, 은나라 유적 발굴, 석굴 조사 등이 연구의 중심 주제가 되었다. 외국인들도 중국내 석굴을 여러 차례 조사하고 보고함으로써 중국의 석각과 석굴이 세계적으로 널리 알려지게 되었다. 예를 들어, 『지나 미술사(支那美術史)·조소편(雕塑篇)』, 『지나 비갈 형식의 변천(支那碑碣形式之變遷)』 등에는 많은 자료가 보존되어 있다.23) 그러나 이와 동시에 여러 불법적인 약탈도 일어났다. 이러한 약탈은 중국의 귀중한 문화재의 대량 손실과 파괴로 직접 이어졌다.24) 이 시기에 금석학 연구를 위한 두 가지 서지 작품이 있다. 『금석서목록(金石書錄目)』은 이전 모든 시대의 금석학 저작 977종을 수집 목록화 하였는데25), 분류가 명확하고 체제가 분명하다.

『석각제발색인(石刻題跋索引)』은 청나라 시대에 기록된 석각을 시대와 카테고리 별로 정리했으며26), 그 내원에 대한 설명도 덧붙였다. 이 책들은 오늘날에도 여전히 매우 유용한 참고서이다.

(3) 1949~1980년 시기

---

22) 張之恒, 『中國考古通論』, 南京大學出版社, 2009年, 27쪽.
23) [日] 大村西野, 『支那美術史雕塑篇』, 佛書刊行會圖像部, 1915年. [日] 關野貞, 『支那碑碣形式之變遷』, 座右寶刊會, 1935年.
24) 張林堂, 孫迪, 『響堂山石窟-流失海外石刻造像研究』, 外文出版社, 2004年.
25) 容媛輯, 容庚校, 『金石書錄目』, 歷史語言研究所, 1920年.
26) 楊殿珣, 『石刻題跋索引』, 商務印書館, 1940年.

이시기는 연구가 지지부진했으며 중국내에서 출판된 주요 작품이 적고 일부 국제 협력이 부분적으로 이루어진 시기이다. 주요 작품의 수는 많지 않지만 질은 높다. 『한위남북조 묘지집석(漢魏南北朝墓志集釋)』은 한, 위에서부터 수나라에 이르는 신구 비문 609점을 수록하고 있다. 또『중국묘지 정화(中國墓志精華)』는 서진에서 북주까지의 비문 68점을 수록하였다.27) 또한 『용문 조상제기(龍門造像題記)』와 『용문 조상제기 부록(龍門造像題記附錄)』은 일본과 용문 석굴 박물관의 협력 결과물이다.28) 이 책은 탁본과 대조하는 방법을 사용하여 70점의 용문 석굴 조상물의 명문을 수집하고 해석했는데, 질이 용문 석상의 다른 도록보다 훌륭하다.

(4) 1980년 이후 연구

이 시기에는 번영의 단계에 접어들었다. 고고학, 역사학, 미술학, 문헌학, 문자학 등 다양한 분야의 연구자들이 다양한 각도에서 석각 자료를 연구하며 풍부한 성과를 거두었다.

역사, 고고, 문헌학 분야의 연구자들로는 주로 숙백(宿白), 양홍(楊泓), 위정(韋正), 이상(李翎), 이송(李淞), 이정걸(李靜傑), 나굉재(羅宏才), 이유군(李裕群), 왕경전(王景荃), 풍하군(馮賀軍), 뇌옥화(雷玉華), 안연영(顔娟英), [일] 나가타 히데마사(永田英正), 조초(趙超), 정장찬(程章燦), 시안창(施安昌) 등이 있으며, 주로 섬서성, 산서성, 하남성 등지에서 석각 자료를 조사 및 수집했다. 이들의 연구는 석각 문서의 양식을 해석하고 검증하는 것뿐만 아니라 다른 분야에 대한 많은 제1차 자

---

27) [日] 中田勇次郎(編), 『中國墓志精華』, 中央公論社, 1975年.
28) [日] 中田勇次郎編, 『龍門造像題記』, 『龍門造像題記附錄』, 中央公論社, 1980年.

료를 제공하여 유익한 연구가 되었다.

문자에 관한 연구는 주로 모원명(毛遠明), 장극화(臧克和), 왕녕(王寧), 양춘승(梁春勝) 및 그들이 지도하는 대학원생들이 포함된다. 이 연구는 '문자학 문자 연구의 전통과 방법을 계승하고 있으며, 주요 공헌은 자료 수집, 텍스트 해석, 문헌 연구, 사전 편찬 등이다. 동시에 문자학적 이론과 방법을 사용하여 석각의 형태, 구조, 진화를 연구하고, 한자의 진화 과정, 법칙 및 동기를 탐구하여 석각이 중국 문자 발전 역사에 미치는 중요성을 드러냈다.

3. 기본 자료

(1) 통론성 저작

통론성 저작은 석각의 기원, 분류, 체제, 연구 역사, 내용, 방법 및 진위감별 등에 대해 종합적으로 소개하는 것이다. 예를 들어 다음과 같은 것들이 있다.

- ·『중국의 석각과 석굴(中國的石刻與石窟)』, 『고대석각통론(古代石刻通論)』은 다양한 유형의 석각을 간결하게 소개했다.29).
- ·『중국 고대석각 개론(中國古代石刻槪論)』은 석각 연구의 내용을 상세히 소개하여30), 석각학연구의 기본적인 틀을 세웠다.
- ·『금석총화(金石叢話)』는 간단명료하게 석각의 유형과 형식을 소개

---

29) 徐自强, 吳夢麟, 『中國的石刻與石窟』, 商務印書館, 1991年. 徐自强, 吳夢麟, 『古代石刻通論』, 紫禁城出版社, 2003年.
30) 趙超, 『中國古代石刻槪論』(增訂本), 中華書局, 2019年.

했다.31)

· 『고대 묘지 통론(古代墓誌通論)』은 묘지명이라는 자료를 대사응로
전문적으로 논의한 저술이다.32)
· 『비각문헌학통론(碑刻文獻學通論)』은 비각 문헌학에 대한 최초의
전면적이고 체계적인 통론성 저작인데33), 비각 문헌의 정의, 유
형, 정리 등 여러 방면에서 전문적인 연구와 논의를 한 저작이다.
· 『석각고문자(石刻古文字)』는 예에 대한 해석의 방식으로 석각문헌
의 기본 해독 방법을 논의한 책이다.34)

(2) 전문 주제 자료

석각 자료는 내용이 풍부하고 종류가 다양하다. 내용과 형식의 차이
에 따라 다음과 같이 주제별로 간략하게 설명할 수 있다.

1. 석각자료 휘편

다양한 형식의 석각 자료 및 석각 연구 문헌을 종합하여 연구의
자료 기반을 마련했다. 현재 가장 자주 사용되는 대형 석각 자료 편
찬에는 여러 가지가 있다.

· 『북경도서관 소장 중국 역대 석각 탁본 휘편(北京圖書館藏中國歷代
石刻拓本彙編)』35)은 15,687점의 석각 탁본을 수록하고 있으며,
시대 순으로 100권으로 편집되었다.
· 『석각 사료 신편(石刻史料新編)』36)은 현재까지 발견된 역대 석각

---

31) 施蟄存, 『金石叢話』, 北京出版社, 2020年.
32) 趙超, 『古代墓誌通論』, 紫禁城出版社, 2003年.
33) 毛遠明, 『碑刻文獻學通論』, 中華書局, 2009年.
34) 趙超, 『石刻古文字』, 文物出版社, 2016年.
35) 北京圖書館金石組(編), 『北京圖書館藏中國歷代石刻拓本彙編』, 中州古籍出版社,
1989-1991年.

문헌 및 연구 논문 1,095종을 수록한 대형 총서이다.

· 『선진 진한 위진 남북조 석각 문헌 전편(先秦秦漢魏晉南北朝石刻文獻全編)』[37]은 모두 1,700종의 자료를 수록하였으며, 모든 자료는 민국 시기 이전에 편찬된 금석지(金石志)에서 발췌하였다.

· 『지방 금석지 휘편(地方金石志彙編)』[38]은 130여 종의 지방 금석지를 수록하였다. 또한, 최근 다양한 시대나 지역별로 편찬된 석각 자료가 대량으로 출판되었다.

· 『한대 석각 집성(漢代石刻集成)』[39]은 한대의 석각 163종을 수록하였다.

· 『한비 집석(漢碑集釋)』[40]은 한비 53종을 수록하였다.

· 『한비전집(漢碑全集)』[41]은 두 한 시기에 남아 있는 석각 탁본 285종, 360점을 수록하였다.

· 『서주한비각석통론(徐州漢碑刻石通論)』[42]은 서주 지역의 40여 곳 한대 각석을 소개했다.

· 『서남대학 신장 석각 탁본 휘석(西南大學新藏石刻拓本彙釋)』은 서남대학이 새롭게 소장한 한대부터 오대에 이르는 석각(벽돌문 포함) 탁본 277점을 기록하고 있으며[43], 벽돌문, 조상문, 비문, 묘지명을 포함하여, 해석권과 도판권의 대비 방식을 채택하였다. 해석권에서는 각 석각을 비관요약, 해석, 주석 세 부분으로 나누었고, 도판권은 고화질 탁본 도판을 제공한다. 또한 사설 소장품을 휘집한 저술도 있다.

· 『북산루금석유적(北山樓金石遺跡)』은 시칩존(施蟄存)의 금석 수집품을 소개하며, "북산루장비견지집목(北山樓藏碑見知輯目)", "장비경안백품(藏碑經眼百品)", "집고소품거요(集古小品擧要)"의 세 권으로 구성되어 있다.[44]

---

36) 新文豐出版社編輯部, 『石刻史料新編』, 新文豐出版公司, 1977-2006年.

37) 中國國家圖書館, 『先秦秦漢魏晉南北朝石刻文獻全編』, 北京圖書館出版社, 2003年.

38) 國家圖書館出版社輯, 『地方金石志彙編』(全70冊), 國家圖書館出版社, 2010年.

39) [日] 永田英正, 『漢代石刻集成·圖版釋文編』, 同朋舍, 1994年.

40) 高文, 『漢碑集釋』, 河南大學出版社, 1997年.

41) 徐玉立, 『漢碑全集』, 河南美術出版社, 2006年.

42) 武利華, 『徐州漢碑刻石通論』, 文化藝術出版社, 2019年.

43) 毛遠明, 李海峰, 『西南大學新藏石刻拓本彙釋』, 中華書局, 2019年.

44) 沈建中, 『北山樓金石遺跡』, 華東師範大學出版社, 2021年.

- 『척숙옥 기증 역대석각문자 탁본목록(戚叔玉捐贈歷代石刻文字拓本目錄)』[45]은 묘지, 조상, 잡각 등 9개 분류로 나뉘어 4,800여 종을 기록하고 있다. 해외에서도 다양한 휘집 자료가 출판되었다.
- 『일본교토대학 소장 중국역대문자 비각탁본 휘편(日本京都大學藏中國歷代文字碑刻拓本彙編)』10책은 '한대비각', '위진비각', '남북조비각', '수대비각' 등으로 시대별로 분류되어 있다.[46]
- 『버클리 캘리포니아 대학 동아도서관 소장 비첩(柏克萊加州大學東亞圖書館藏碑帖)』은 미국 버클리 캘리포니아 대학 동아도서관 소장 중국 고대 선본 비첩과 금석 탁본 2,696종을 수록하였으며[47], 선본비첩도록과 총목요약 두 권으로 구성되어 있다.
- 『북조묘지 소재 총화 목록(北朝墓志所在總和目錄)』[48]은 북조 묘지 779방을 수록하였다.
- 『신출 북조수대 묘지 소재총화 목록(2006-2010)(新出北朝隋代墓志所在總和目錄(2006-2010))』은 2006년부터 2010년 사이에 새롭게 발표되거나 발견된 북조 묘지 235종을 수록하였으며[49], 수대 묘지 121종을 포함한다.
- 『시카고필드박물관(Field Museum of Natural History) 소장 진한비탁취영(芝加哥菲爾德博物館藏秦漢碑拓擷英)』은 단방(端方)이 옛날 소장했던 작품을 중심으로 한 진한 시기의 금석 탁본을 소개했다.[50]

2. 묘지명(墓志)

묘지명은 무덤 안에 묻힌 사람의 생애와 업적이 새겨진 석각을 말한다. 북위시기의 묘지명은 이전의 다양한 무덤 내부의 명각 유형을

---

45) 上海博物館圖書館, 『戚叔玉捐贈歷代石刻文字拓本目錄』, 上海古籍出版社, 2006年.
46) 本書委會(編), 『日本京都大學藏中國歷代文字碑刻拓本彙編』, 新疆美術攝影出版社, 2016年.
47) 周欣平, 『柏克萊加州大學東亞圖書館藏碑帖』, 上海古籍出版社, 2008年.
48) [日] 梶山智史(編), 『北朝墓志所在總和目錄』, 『東アジア石刻研究』1號, 2005年.
49) [日] 梶山智史(編), 『新出北朝隋代墓志所在總和目錄(2006-2010)』, 『東アジア石刻研究』3號, 2011年.
50) 張忠煒, 『芝加哥菲爾德博物館藏秦漢碑拓擷英』, 文物出版社, 2015年.

대체하여 정형화되었다.51) 하나의 묘지명은 상하 두 층으로 나뉘는데, 상층을 덮개라 하고, 하층을 바닥이라 한다. 바닥에는 묘지명이 새겨지고, 덮개에는 제목이 새겨진다. 묘지명의 전문적인 정리는 나진옥(羅振玉)에 의해 시작되었다. 그는 지역별로 다양한 묘지명의 기록문을 수집했는데, 예를 들어『경기총묘 유문(京畿塚墓遺文)』,『망락총묘 유문(芒洛塚墓遺文)』등이 있다. 1950년대 이후, 묘지명 탁본 자료를 모은 전문 저서로는『한위남북조 묘지집석(漢魏南北朝墓志集釋)』,『북조묘지 영화(北朝墓志英華)』,『북조묘지 백품(北朝墓志百品)』,『북조묘지정수(北朝墓志精粹)』등이 있다.52) 그리고 탁본과 기록문 자료를 가장 많이 모은 것은『한위육조 비각 교주(漢魏六朝碑刻校注)』이다.

- 『낙양출토북조묘지 선편(洛陽出土北朝墓志選編)』은 북위 묘지명 273종을 수록하고 있다.53)
- 『신견북조묘지 집석(新見北朝墓志集釋)』은 2003년 이후 새롭게 발견된 북조 묘지명 50통을 집석하였다.54)
- 『한위남북조묘지 휘편(漢魏南北朝墓志彙編)』과『신출 위진남북조 묘지 소증(新出魏晉南北朝墓志疏證)』은 1949년부터 2003년 사이 전국 각지에서 출토된 한위남북조 묘지명을 주로 수집하였다.55)
- 『남북조묘지 집성(南北朝墓志集成)』은 약 1,500점의 묘지명 자료를 편찬하였으며56), 의심스러운 글자, 비별 글자, 속체 글자, 오류 글자 등을 중점적으로 검토하였다. 이 책의 서문은 묘지 연구에 대한 가장 포괄적인 개요를 제공한다.

---

51) 趙超,『古代墓志通論』, 紫禁城出版社, 2003年, 52쪽.
52) 張伯齡,『北朝墓志英華』, 三秦出版社, 1988年. 齊運通, 趙力光,『北朝墓志百品』, 中華書局, 2018年. 上海書畫出版社,『北朝墓志精粹』, 上海書畫出版社, 2021年.
53) 朱亮(主編), 洛陽市文物局(編),『洛陽出土北朝墓志選編』, 科學出版社, 2001年.
54) 王連龍,『新見北朝墓志集釋』, 中國書籍出版社, 2015年.
55) 羅新, 葉煒,『新出魏晉南北朝墓志疏證』, 中華書局, 2005年.
56) 王連龍,『南北朝墓志集成』, 上海人民出版社, 2021年.

•『서남대학이 새로 소장한 묘지 집석(西南大學新藏墓志集釋)』(모원명 (毛遠明), 봉황출판사, 2018년)은 서남대학 석각연구센터가 2010년 이후 새롭게 소장한 묘지명 259통을 수록하였으며57), 그중 북위에 서 수대에 이르는 47통에 대해 각 묘지명 아래 간략한 상황을 기 술하고, 문헌과 해설을 제공한다.

3. 조상제기(造像題記)

중국의 불교 조상은 한 환제(桓帝) 연희(延熹) 8년(AD 159)에 시작 되었다고 한다.58) 이러한 조상과 관련하여 비석이나 주변에 새겨진 문자 기록을 '조상제기(造像題記)'라고 한다. 제기 내용에는 조성된 불 상의 이름, 조성자의 이름, 직업, 지위, 조성 시기, 목적 및 기복 소망 등이 포함된다. 현재까지 발표된 조상제기는 1,602점이 있으며59), 『 용문석굴 비문제기 휘록(龍門石窟碑刻題記彙錄)』에는 조상제기가 2,852 점이 수록되어 있어60), 전국에 현존하는 조상제기의 수는 5,000개가 넘을 것으로 추정된다.

송, 원, 명, 청 시기에 금석학자들이 불교 조상에 대해 많은 기록을 남겼으나, 『금석췌편(金石萃編)』 등과 같이 제기의 문자에는 큰 관심 을 두지 않았다. 조상 연구는 주로 역사, 고고학, 미술 전문가들이 선 도하였다. 국민정부 시기에 자료 발표는 『지나 미술사 조소편(支那美 術史·雕塑篇)』, 『5-14세기 중국조각(五至十四世紀中國雕刻)』 등61)과 같 이 주로 해외에서 이루어졌다.

---

57) 毛遠明,『西南大學新藏墓志集釋』, 鳳凰出版社, 2018年.
58) 梁思成, 林洙,『佛像的歷史』, 中國青年出版社, 2013年.
59) 侯旭東,『五六世紀北方民衆佛教信仰—以造像記爲中心的考察』, 社會科學文獻出 版社, 2015年.
60) 劉景龍(等),『龍門石窟碑刻題記彙錄』(上下冊), 中國大百科全書出版社, 1998年.
61) [日] 大村西野,『支那美術史·雕塑篇』, 佛書刊行會圖像部, 1915年. (瑞典)喜龍仁, 『五至十四世紀中國雕刻』, 法國, 1925年.

20세기 이후, 출판된 저작들은 주로 산서, 섬서, 하남, 하북, 산동, 감숙, 사천 등지에 집중되어 있다. 주요 저작으로는 『북조 후기 석굴사연구(北朝晚期石窟寺硏究)』, 『섬서 불교예술(陝西佛敎藝術)』, 『서안 문물정화·불교조상(西安文物精華·佛敎造像)』, 『북조 관중지구 조상기 정리와 연구(北朝關中地區造像記整理與硏究)』, 『요현 석각문자 약지(耀縣石刻文字略志)』, 『요현 현존 북조비석 목록(耀縣現存北朝碑石目錄)』, 『장안불운―서안 비림 불교조상 예술(長安佛韻―西安碑林佛敎造像藝術)』, 『하남 불교석각조상(河南佛敎石刻造像)』, 『곡양 백석 조상연구(曲陽白石造像硏究)』, 『꼭 알아야 할 곡양 조상 200점(你應該知道的200件曲陽造像)』, 『감숙불교 석각조상(甘肅佛敎石刻造像)』, 『산동박물관 소장 북조조상제기(山東博物館藏北朝造像題記)』, 『향당산 석굴비각제기 총록(響堂山石窟碑刻題記總錄)』, 『산동청주 용흥사 출토 불교석각조상 정품(山東靑州龍興寺出土佛敎石刻造像精品)』, 『천북불교석굴과 마애조상연구(川北佛敎石窟和摩崖造像硏究)』, 『농동 북조 불교조상연구(隴東北朝佛敎造像硏究)』 등이 있다.[62].

---

62) 李裕群, 『北朝晚期石窟寺硏究』, 文物出版社, 2003年. 李淞, 『陝西佛敎藝術』, 文物出版社, 2008年. 孫福喜, 『西安文物精華·佛敎造像』, 世界圖書出版西安公司, 2010年. 魏宏利, 『北朝關中地區造像整理與硏究』, 中國社會科學出版社, 2007年. 耀生, 『耀縣石刻文字略志』, 『考古』, 1956年 第1期. 顧怡, 『耀縣現存北朝碑石目錄』, 『漢語佛學評論』, 2013年00期. 西安碑林博物館, 『長安佛韻――西安碑林佛敎造像藝術』, 陝西師範大學出版社, 2010年. 王景荃, 『河南佛敎石刻造像』, 大象出版社, 2009年. 馮賀軍, 『曲陽白石造像硏究』, 紫禁城出版社, 2005年. 胡國强, 『你應該知道的200件曲陽造像』, 紫禁城出版社, 2009年. 張寶璽, 『甘肅佛敎石刻造像』, 甘肅人民美術出版社, 2001年. 肖貴田, 『山東博物館藏北朝造像題記』, 藝術設計研究, 2013年 第3期. 張林堂, 『響堂山石窟碑刻題記總錄』, 北京外文出版社, 2007年. 中國歷史博物館, 山東靑州市博物館, 北京華觀藝術品有限公司, 『山東靑州龍興寺出土佛敎石刻造像精品』, 文物出版社, 1999年. 雷玉華, 羅春曉, 王劍平, 『川北佛敎石窟和摩崖造像硏究』, 甘肅敎育出版社, 2015年董華鋒, 『隴東北朝佛敎造像硏究』, 甘肅敎育出版社, 2020年.

이외에도 다음과 같은 다양한 전문 탁본 저작도 있다.

- 『공현 석굴 북조조상 전탁(鞏縣石窟北朝造像全拓)』은 공현 석굴 조상의 탁본을 수록하였다.63)
- 『중국금석집췌 제6함: 석각조상(中國金石集萃第六函. 石刻造像)』은 백여 종의 조상 탁본을 수록하였다.64)
- 『중국 북조 석각탁본 정품집(中國北朝石刻拓片精品集)』은 북조 석각 조상의 전형 탁본 공백을 채웠다.65)
- 『북조 불교석각 탁본 백품(北朝佛教石刻拓片百品)』은 북위에서 북제까지의 백여 장 탁본 제기 도판을 수록하고66), 백여 장 탁본의 수록문과 해제를 제공하고 있다.
- 『북경도서관 소장 용문석굴조상제기 탁본 전편(北京圖書館藏龍門石窟造像題記拓本全編)』은 용문석굴 석각 탁본 2천여 종, 6천여 점을 수록하며, 용문석굴에서 보존된 가장 상세한 석각 문자 기록 등을 포함했다.67)

4. 편목(編目)

1950년대 이후, 중국내 비각류 편목 저작에는 다양한 종류가 있다.

- 『북경대학 도서관 소장 금석탁본 초목(北京大學圖書館藏金石拓本草目)』은 편찬 체계가 가장 완비되었다.68)
- 『한위 석각문자 계년(漢魏石刻文字系年)』은 한위 석각 771개를 수록하였다.69)

---

63) 周國卿, 『鞏縣石窟北朝造像全拓』, 國家圖書館, 2008年.
64) 文物出版社, 『中國金石集萃第六函. 石刻造像』, 文物出版社, 1992年.
65) 李仁清(編), 『中國北朝石刻拓片精品集』, 大象出版社, 2008年.
66) 顔娟英, 『北朝佛教石刻拓片百品』, 歷史語言研究所, 2008年.
67) 吳元眞, 『北京圖書館藏龍門石窟造像題記拓本全編』廣西師範大學出版社, 2000年.
68) 孫貫文, 『北京大學圖書館藏金石拓本草目』, 三晉出版社, 2020年.
69) 劉瑞昭, 『漢魏石刻文字系年』, 『香港敦煌吐魯番研究中心研究叢刊』, 新文豐出版公司, 2001年.

· 『한위육조 비각총목 요락(漢魏六朝碑刻總目提要)』은 한위육조 비각
  을 약 2600통 기록하였다.70)
· 『한위육조수 비지 색인(漢魏六朝隋碑志索引)』은 각 비지의 상세한
  기록과 학술 전선 상황을 제공했다.71)
· 『비각문헌 논저 서록(碑刻文獻論著敍錄)』은 중국 역대 비각 논저를
  전면적으로 수집, 정리, 요약 소개하였다.72) 형식별 편목은 묘지
  류가 많다.
· 『북경도서관 소장 묘지탁본목록(北京圖書館藏墓志拓片目錄)』은 도
  서관 소장 묘지 탁본 4,638점을 수록하였다.73)
· 『북경대학 도서관 소장 역대 묘지탁본목록(北京大學圖書館藏歷代
  墓志拓片目錄)』은 탁본 10,194종을 수록하였으며74), 본문에는 묘
  지를, 부록에는 한형도장전(漢刑徒葬磚), 위각묘지(僞刻墓志)를 수
  록하였다.
· 『육조묘지검요(六朝墓志檢要)』은 육조 묘지를 거의 1천 종 수록하
  였다.75)
· 『남북조묘지 집성(南北朝墓志集成)』은 하권에 색인이 있어 사용하
  기 가장 편리하다. 지역별 편목 저작은 지역별 출판 자료 저작
  보다 훨씬 적다.76)
· 『삼진석각 총목(三晉石刻總目)』(오균(吳均) 편, 산서고적출판, 1998
  년)은 산서 각 지역의 석각을 군과 시별로 편목하였는데, 운성
  (運城)지역권이 그 중 하나이다.77)
· 『북경도서관 소장 북경석각탁본 목록(北京圖書館藏北京石刻拓片目
  錄)』은 북경 지역 석각 탁본 목록을 수록하였다.78)

---

70) 毛遠明, 『漢魏六朝碑刻總目提要』, 線裝書局, 2008年.
71) 劉琴麗, 『漢魏六朝隋碑志索引』, 中國社會科學出版社, 2020年.
72) 曾曉梅, 『碑刻文獻論著敍錄』, 線裝書局, 2010年.
73) 徐自强, 冀亞平, 『北京圖書館藏墓志拓片目錄』, 中華書局, 1990年.
74) 胡海帆等(編), 『北京大學圖書館藏歷代墓志拓片目錄』, 上海古籍出版社, 2013年.
75) 王壯弘, 馬成名, 『六朝墓志檢要』, 上海書畫出版社, 1985年.
76) 王連龍, 『南北朝墓志集成』, 上海人民出版社, 2021年.
77) 吳均(編), 『三晉石刻總目·運城地區卷』, 山西古籍出版, 1998年.
78) 徐自强, 『北京圖書館藏北京石刻拓片目錄出版社』, 北京圖書館出版社, 1994年.

(3) 언어문자 분야 저작

한위육조 석각 문자를 연구 자료로 하여, 언어문자 연구는 계승과 발전을 통해 풍부한 성과를 이루었다.

1. 문헌 교주와 단어 고증의 대표 저작에는 두 가지가 있다.

『한위육조비각교주(漢魏六朝碑刻校注)』는 중요한 비각 문헌 정리 연구 저작으로, 비석 1,400점을 수집하고 탁본 도록을 제작한 후, 도록에 따라 정확히 해석하고 심사숙고하여 교정하며, 비명 중의 의심스러운 단어를 간략히 주석하고 고증하였다.

『육조석각총고(六朝石刻叢考)』는 언어문자와 문헌 연구의 집대성으로[79], 이 책은 주로 육조 석각의 연구 역사, 가치를 총결하고, 해석, 교정, 단어 고증, 석각 판별 등 측면에서 이전의 해석 문제를 2,000여 건 바로잡고, 의심스러운 단어 700여 개를 고증하며, 위조품 70여 건 감정하였다.

2. 자전 도구서는 주로 『한위육조수당오대 자형표(漢魏六朝隋唐五代字形表)』와 『한위육조비각 이체자전(漢魏六朝碑刻異體字典)』 두 가지이다. 전자는 한위육조수당오대 석각 간독류 자료에 사용된 문자를 원형으로 삼아[80], 서체와 시대별 편찬 형식에 따라, 한자 발전과정 중 전서, 예서, 해서 등 주요 서체 유형을 제시했다. 후자는 한위육조 비각 이체자를 체계적으로 정리한 첫 대형 자전으로[81], 총 1,416종의

---

79) 梁春勝, 『六朝石刻叢考』, 中華書局, 2021年.
80) 臧克和, 『漢魏六朝隋唐五代字形表』, 南方日報出版社, 2010年

한위육조 비각 탁본을 수집했는데, 현재 중국 비각 이체자 정리 연구의 최신 대표적 성과이다.

3. 이체자 연구 저작과 논문은 다양하다.

『한위육조비각 이체자연구(漢魏六朝碑刻異體字研究)』는 한위육조의 비각 이체자에 대해 전면적이고 상세한 연구를 진행해[82], 비각 이체자의 생성 원인, 유형 및 기본 특성을 분석하고, 비각 이체자의 복잡한 원인을 해석하며, 비각 이체자 중의 유화 문자(類化), 동형 문자, 신생 회의 문자, 간체자, 와혼(訛混) 문자, 기호 문자 등을 정리했다.

『위진남북조 비별자연구(魏晉南北朝碑別字研究)』는 육조 비별자의 형성 원인과 각종 생성 경로를 탐구했다.[83]

『동한 비각 이체자연구(東漢碑刻異體字研究)』는 주로 동한 비각 중의 이체자의 글자 구성 근거, 문자 간의 관계, 이체자 발생 경로 등의 문제를 탐구했다.[84]

4. 연구자들은 대부분 한위육조(漢魏六朝) 석각의 글자 형태에 주목하며, 그 형태, 구조, 한자 발전 연구에 중점을 두고 많은 연구 성과를 이루었다. 예컨대,

· 『동한 석각문자 종술(東漢石刻文字綜述)』은 동한 석각 문자의 글자 형태가 문자학 연구에 가지는 가치를 논의했다.[85]
· 『1949년 이후 파촉 지역 한대 석각 문자의 발견과 연구(1949年以來

---

81) 毛遠明, 『漢魏六朝碑刻異體字典』, 中華書局, 2014年.
82) 毛遠明, 『漢魏六朝碑刻異體字研究』, 商務印書館, 2012年.
83) 陸明君, 『魏晉南北朝碑別字研究』, 文化藝術出版社, 2009年.
84) 董憲臣, 『東漢碑刻異體字研究』, 九州島出版社, 2018年.
85) 汪慶正, 『東漢石刻文字綜述』, 『上海博物館館刊』, 1981年 第1輯.

巴蜀地區漢代石刻文字的發現與研究)』는 해방 후 파촉 지역의 한대 석각 문자를 종합적으로 요약했다.86)

·『위진남북조 석각 문자(魏晉南北朝石刻文字)』는 석각 문자의 형태를 붓질, 구성 요소, 전체 글자의 관점에서 분석했다.87)

·『위진남북조 석각 문자 정리와 연구(魏晉南北朝石刻文字整理與研究)』는 위진남북조 석각 문자의 글자 형태, 글꼴, 글자 사용 등을 탐구했다.88)

·『북위 석각 해서 구성 체계 연구(北魏石刻楷書構形系統研究)』는 구성학 이론과 한자 자형학 이론의 지도 아래 이루어진 실천적 연구로89), 북위 석각 해서의 구성과 쓰기 특성을 묘사했다.

·『위진남북조 비각 문자 구성 요소 연구(魏晉南北朝碑刻文字構件研究)』는 구성 요소의 정의를 규정하고90), 구성 요소가 한자 구조 형성, 한자 기능 발휘, 한자 성질 유지, 글자와 단어 관계 안정, 고대와 현대 한자 소통, 한자 읽기와 이해 등에서의 역할을 분석했다.

·『중국 문자 발전사(中國文字發展史)』는 단대별 전문적인 통계 분석을 진행한 실질적인 한자 분기 조사 보고서로, 수당 석각의 정형 해서체, 과도기 글자 형태, 신규 글자 형태에 대해 자세히 논의했다.91)

5. 각종 석각 자료의 형식, 명칭, 시대, 분기, 수량, 체제, 문자 등 연구는 문자 해석에 중요한 의미를 가진다. 『한대 매지권 고(漢代買地券考)』는 한대 매지권의 형식과 내용을 소개했다.92)

---

86) 黃靜, 趙宏亮, 『1949年以來巴蜀地區漢代石刻文字的發現與研究』, 『四川文物』, 2014年 第6期
87) 郭瑞, 『魏晉南北朝石刻文字』, 南方日報出版社, 2010年.
88) 張穎慧, 『魏晉南北朝石刻文字整理與研究』, 知識産權出版社, 2015年.
89) 楊宏, 『北魏石刻楷書構形系統研究』, 對外經濟貿易出版社, 2015年.
90) 何山, 『魏晉南北朝碑刻文字構件研究』, 『西南大學』, 2010年 博士論文.
91) 臧克和, 『中國文字發展史』(隋唐五代文字卷), 華東師範大學出版社, 2015年.
92) 吳天穎, 『漢代買地券考』, 『考古學報』, 1982年 第1期.

『불교 조상비 분기와 분구(佛教造像碑分期與分區)』,『시론 북조 불
교 조상비(試論北朝佛教造像碑)』,『북위에서 수대 관중 지역 조상비의
양식(北魏至隋代關中地區造像碑的樣式)』,『읍의 5백여 인 조상비 연구
(邑義五百餘人造像碑研究)』,『북조 조상기의 문체 특성 및 그 역사적
유래(北朝造像記的文體特徵及其歷史源流)』,『예성 북주 수당 불도 조상
(芮城北周隋唐佛道造像)』,『북제 노양 평등사 조상비(北齊洛陽平等寺造
像碑)』,『임동 육통 북조 조상비 고석(臨潼六通北朝造像碑考釋)』 등은
조상비의 형식, 분기 및 제목 배열 규칙을 연구했다.93).

『북조 조상기로 살펴본 한어속자(以北朝造像記考漢語俗字)』,『산동박
물관 소장 북조조상제기(山東博物館藏北朝造像題記)』,『북제 향당산 불
교석각 문자연구(北齊響堂山佛教石刻文字研究)』,『위진남북조 조상기
문자연구(魏晉南北朝造像記文字研究)』 등은 조상제기의 문자를 전문적
으로 연구했다.94)

93) 李靜傑,『佛教造像碑分期與分區』,『佛學研究』. 1997年年刊王景荃,『試論北朝佛
教造像碑』,『中原文物』, 2000年 第6期. 宋莉,『北魏至隋代關中地區造像碑的樣
式』, 西安美術學院, 2011年 博士學位論文. 姚美玲,『邑義五百餘人造像碑研究』,
『中國文字研究』, 二十五輯, 2017. 魏宏利,『北朝造像記的文體特徵及其歷史源
流』,『寶雞文理學院學報』, 2019年 第5期. 張俊良,『芮城北周隋唐佛道造像』,『文
物世界』, 2005年 第6期. 李獻奇,『北齊洛陽平等寺造像碑』,『中原文物』, 1985年
第4期. 李淞,『臨潼六通北朝造像碑考釋』,『中國道教』, 1996年 第2期.
94) 趙修, 金小棟,『以北朝造像記考漢語俗字』,『語文學刊』, 2008年 第16期. 肖貴田,
『山東博物館藏北朝造像題記』,『藝術設計研究』, 2013年 第3期. 劉徵, 安蘭朋, 鄭
振峰,『北齊響堂山佛教石刻文字研究』,『寧夏大學學報』, 2020年 第2期. 金延河,
『魏晉南北朝造像記文字研究』, 華東師範大學, 2019年 碩士論文.

4. 연구와 관련된 문제들

(1) 예서와 예변(隸變)

문자학에서, 사람들은 전서(篆書) 이전의 문자를 고문자라 부르고, 예서(隸書) 이후의 문자를 근대 문자라고 부른다.[95] 예서는 전서를 간략화하여 변화시킨 것으로, 전서의 원활한 필획을 방절로 변화시키고, 상형을 필획화하여 쓰기 쉽게 만든 글꼴이며, 쓰기의 필요에 의해 생겨난 글꼴이다. 예서는 고예(古隸)와 진예(今隸)로 나뉜다.[96] 고예는 좌서(左書) 또는 진예라고도 하며, 진예는 한예라고도 한다. 전서에서 예서로의 변화는 한자 변화사에서 중요한 전환점이며, 고문자와 근대 문자의 분기점이다.[97] 한자 형태 변화 과정에서 전문에서 예서로의 변화는 가장 중요한 변혁으로[98], 문자학자들은 이를 '예변(隸變)'이라고 부른다. 또한 일부 전문가는 예서가 여섯 나라의 고문에서 변화되어 왔다고 본다.[99] 역대 예서 연구는 송나라 때 시작되었다. 송, 원, 명, 청 시기에는 주로 예서체 석각에 대한 기록과 문자 검토, 한예 사전 편찬이 이루어졌다. 연구 목적은 문자를 읽기 위해, 금석비판을 정리하여 경서를 활용하기 위함이었다. 청대에 이르러 이에 대한 연구는 정점에 이르렀는데, 『예변(隸辨)』은 예서 이체자 사전이다.[100]

---

95) 何九盈, 胡雙寶, 張猛, 『中國漢字文化大觀』, 北京大學出版社, 1995年, 23쪽.
96) 羅竹風, 『漢語大詞典』, 上海辭書出版社, 2020年.
97) 郭錫良, 『漢字知識』, 北京出版社, 2000年, 62쪽.
98) 裘錫圭, 『文字學概要』, 商務印書館, 1999年, 82쪽.
99) 郭錫良, 『漢字知識』, 北京出版社, 2000年, 60쪽.

- 『관묘재 소장 금석문자고략(觀妙齋藏金石文字考略)』은 문자 해석에
  중점을 두었다.101)
- 『금석문자변이(金石文字辨異)』는 당송 이전 금석명문 중의 이체자를
  광범위하게 수집했으며102), 이체자 간의 여러 관계를 지적했다.
- 『예편(隷篇)』은 주로 비문 기록에 초점을 맞추었으며, 일부 예서 글
  자 형태를 모사하였는데103), 일종의 형의 사전으로 작성되었다.
- 『육조별자기(六朝別字記)』는 각 글자를 정자체로 그려 형태를 나
  타내고, 주석을 달아 비명과 원문을 기록하며, 글자의 의미를 설
  명하고 검증했다.104)

이들은 위진남북조 석각 문자 연구에 참고 자료를 제공할 뿐만 아
니라 '예변'에 대한 중요한 연구 자료를 제공한다.

현재 학계에서 예서와 예변에 대한 연구는 전통적인 연구 방식을
따르며, 주로 예서의 글자 형태 수집과 구조 분석에 집중하고 있다.
예를 들어 다음의 것들이 있다.

- 『양한비각예서체연구(兩漢碑刻隷書字體研究)』는 양한 시기 비각 예
  서 형태의 변화를 조사했다.105)
- 『진한위진전예 자형표(秦漢魏晉篆隷字形表)』는 진나라부터 서진까
  지의 전서와 예서 글자 형태를 수록했는데106), 표 형식을 사용
  하여 5,453개의 한자 간략 역사를 명확하게 보여주며, 총 21,780

---

100) [淸] 顧藹吉, 『隷辨』, 中華書局, 1986年. [역주] 이에 대한 연구로는 河永三, 『
　　顧藹吉＜隷辨＞之研究』(대만국립정치대학 석사논문, 1986)가 있다.
101) [淸] 李光暎, 『觀妙齋藏金石文考略』, 淸雍正七年觀妙齋刻, 淸道光十七年(1837)刊本.
102) [淸] 邢澍, 『金石文字辨異』, 上海古籍出版社, 1996年.
103) [淸] 翟雲升, 『隷篇』, 中華書局, 1985年.
104) [淸] 趙之謙, 『六朝別字記』, 文字改革出版社, 1958年.
105) 何林英, 『兩漢碑刻隷書字體研究』, 中國社會科學出版社, 2015年.
106) 徐無聞, 『秦漢魏晉篆隷字形表』(全二冊), 中華書局, 2019年.

개 이상의 글자 형태를 수록했다.

· 『한비 예서구조 거요(漢碑隸書結構擧要)』는 서예관점에서 한자의 예서 구조를 분석했다.107)

· 『설예(說隸)』는 예서의 형성과 변화에 대해 논했는데108), 예서의 형태와 구조를 분석했다. 또한 예변이 한자사 연구에 미치는 의미를 분석하는 데 문자학 이론을 사용했다.

· 『한자학개요(漢字學槪要)』는 예서 필획의 형성과 규정, 형위의 변이, 합병 및 접착 등 여러 층면에서 예변을 분석했다.109)

· 『고한자발전론(古漢字發展論)』은 예변 방식이 주로 두 가지 측면에서 발생했다고 본다.110) 즉 형태 측면의 변화와 선의 필세 측면의 변화이다.

· 『예변연구(隸變研究)』는 예변의 성격과 특징에 대해 상세한 분석을 제공했으며111), 예변의 현상과 규칙을 개괄적으로 설명했다.

· 『'전예지변'을 통해 본 한자구성체계 발전의 방향성 조정과 범시성 특성(從"篆隸之變"看漢字構形系統發展的方向性調整和泛時性特徵)』은 고문자 단계의 한자 구성이 체계화를 주요 목표로 삼았으며, 근대 문자 단계의 한자 구성은 다양한 방식을 사용하여 쓰기의 편리함을 충족시키려 했다고 본다.112) '전예지변'의 과정은 바로 이러한 방향성 조정의 집중적인 표현이다.

· 『한비문자 통석(漢碑文字通釋)』은 한대 비각 및 527개 한 석경 탁본을 정리했으며113), 사용된 2,729개 단어를 통석하여 한비 글자 형태를 포괄적으로 수록했으며, 이체자와 이구자를 포함하여 한비 글자 형태의 특성을 분석하고 '전예지변' 과정에서 한자 형태의 진화 규칙을 밝혔다.

---

107) 張同印, 『漢碑隸書結構擧要』, 文物出版社, 2021年.
108) 任平, 『說隸』, 北京時代華文書局, 2016年.
109) 王寧, 『漢字學槪要』, 北京師範大學出版社, 2001年.
110) 黃德寬, 『古漢字發展論』, 中華書局, 2014年.
111) 趙平安, 『隸變研究』, 上海古籍出版社, 2020年.
112) 王立軍, 『從"篆隸之變"看漢字構形系統發展的方向性調整和泛時性特徵』, 『語文研究』, 2020年 第3期.
113) 王立軍, 『漢碑文字通釋』, 中華書局, 2020年.

(2) 비별자(碑別字)와『비별자(碑別字)』

비별자의 '비(碑)'는 넓은 의미의 '비'로, 모든 글자가 새겨진 돌을 가리키며, 그 형식이 묘비, 묘지명, 조상, 마애 등이든 상관없다. 비의 형식이 비교적 흔하기 때문에, 사람들은 흔히 '비'를 다른 형식의 새겨진 글자 돌을 일컫는 말로 널리 사용한다. 비별자의 '별(別)'도 넓은 의미의 '별'로, '별자'는 어떤 글자의 정자(正字) 글자 형태와 대비되는 모든 다른 글자 형태를 의미하며, 때로는 이체자라고도 한다. 현재의 연구 성과를 보면, 한위육조(漢魏六朝) 석각 비별자는 넓은 의미로 지칭됩니다. 연구 논의에서, 학자들이 자주 사용하는 개념에는 이체자(異體字), 착자(錯字), 속자(俗字), 고자(古字), 정자(正字), 속자(俗字) (등)이 있지만, 그 본질은 여전히 이체자이다.

- 『신중국 출토 묘지 하남[1] 비별자 선집(新中國出土墓志河南[壹]別字選編)』은 선택된 비별자를 "흔하게 보이는 속자, 비별자, 이체자, 간화자 및 고자를 구분하지 않고, 관습적으로 비별자라고 통칭한다"고 정의했다.114)
- 『위진남북조 비별자 연구(魏晉南北朝碑別字硏究)』는 '비별자'를 한당(漢唐) 비문에 나타난 일반적인 이체자와 비규범적인 오형, 속서, 변경 등으로 생성된 이체자를 포함한다고 정의했다. 역대 학자들이 여러 비별자 사전을 편찬했는데, 편찬 체제에 따라 세 가지 유형으로 나눌 수 있다. 첫째, 송대 사람들의 편찬 체제를 따라 운모별로 편찬한 것이다. 예를 들어, 『비별자』와『증정 비별자』115)는 수집된 비문 이체자를 『평수운』에 따라 분류하고,

---

114) 任昉, 王昕,『新中國出土墓志河南[壹]別字選編』,『出土文獻硏究』, 六輯, 上海古籍出版社, 2004年.
115) 羅振鋆,『碑別字』, 上海古籍出版社, 2002年.

각 항목은 이체자 다음에 통용체를 제시하며, 소수의 비문 출처를 첨부하지만 예문은 나열하지 않았다. 둘째, 필획별로 배열하고, 정자를 표제자로 하고, 비별자를 그 뒤에 배열한 것이다. 예를 들어, 『비별자 신편』은 『증정 비별자』의 기초 위에 널리 수집된 비문 이체자를 편찬한 것으로116), 총 12,844자를 수록했다. 이후 『비별자 신편』을 기반으로 『광비별자』117)가 편찬되었으며, 이 책은 총 3,450여 개의 표제자와 21,300여 개의 중복 비별자를 수록한 가장 많은 비별자를 수록한 도구서이다. 또 『비별자자전』은 동한부터 민국 시기의 예서 비별자 15,530개를 수록하였는데118), 이들을 3,399개의 한자에 귀속시켜 놓았다. 이는 현대 학자들이 현재 통용되는 사전 체제에 따라 편찬한 것이다. 예를 들어, 『한위육조 비각이체자 사전』은 주로 단일 항목을 중심으로 약 4,000개 항목을 수록하고, 이체자 형태는 40,000개 이상이며, 비각 이체자의 정리와 고찰에 큰 기여를 하였다.

(3) 한자학 이론 탐구

석각 문자 연구는 주로 글자 형태를 중심으로, 연구 내용은 세 가지 측면을 포함한다. 첫째, 문자의 글자 형태를 수집, 편집하고, 사전 및 자형표를 작성한 것이다. 둘째, 글자 형태를 검토하고, 글자의 형태, 독음, 의미를 분석하여 속자와 의심스러운 글자를 해석한 것이다. 현재 이 두 측면의 연구 성과는 매우 풍부하며, 연구가 번성하고 상대적으로 성숙한 단계에 접어들었다. 셋째, 글자 형태 구조를 분석하고, 글자 형태를 기반으로 한자의 변화 과정을 탐구하여 한자의 변화 규칙과 동인을 밝히고, 한자학 이론을 구축한 것이다. 전통 '육서(六

---

116) 秦公, 『碑別字新編』, 文物出版社, 1985年.
117) 秦公, 劉大新, 『廣碑別字』, 國際文化出版公司, 1995年.
118) 楊作龍, 『碑別字字典』, 國家圖書館出版社, 2018年.

書' 이론에 이어, 1930년대에 당란(唐蘭)은 '삼서설(三書說)'을 제안했는데119), 한자를 상형, 상의, 형성으로 나누었다. 1980년대에 구석규(裘錫圭)는 '신삼서설(新三書說)'을 제시했는데120), 한자를 표의자, 가차자, 형성자 세 가지로 분류하였다. 특히 표의자와 형성자의 구조 분석이 가장 영향력 있으며, 근대 문자 연구에 널리 적용되었다.

1990년대, 이포(李圃)는 '자소이론(字素理論)'을 제시했는데121), 자소는 한자의 형태와 음의미가 통합된 가장 작은 구조적 요소로, 문자 생성의 동적 시스템과 문자 분석의 정적 시스템에서 각기 다른 특성을 가진다고 보았다. 이 이론은 주로 고문자 연구에 적용된다. 20세기 이후, 왕녕(王寧)은 "한자의 본체는 형태이며, 한자는 형태를 중심으로, 전체 시스템을 중시하는 전제 하에 자신의 기초 이론을 구축해야 한다."라고 주장했다.122) 이를 이어서 한자 구성 이론을 구축했으며123), 한자의 표의적 특성과 한자 구성 시스템의 두 가지 기본 원칙을 바탕으로 고대부터 현대까지 다양한 체계에 적용될 수 있는 한자 구조 분석, 시스템 묘사의 일반 원칙과 운용 가능한 방법을 제시했다. 제원도(齊元濤)는 한자 발전의 목표가 고문자 단계에서는 구성 시스템을 완성하는 것이고, 근대 문자 단계에서는 글쓰기 시스템을 실현하는 것이라고 보았다.124)

당나라 때의 해서체에 이르러 구성 시스템과 글쓰기 시스템이 모두 성숙해졌으며, 이후 천년 이상 동안 한자 구성과 한자 글쓰기는 상대적으로 안정된 구조를 유지했다.

---

119) 唐蘭, 『中國文字學』, 上海古籍出版社, 2001年, 66쪽.
120) 裘錫圭, 『文字學槪要』, 商務印書館, 1999年, 107쪽.
121) 李圃, 『字素理論及其在漢字分析中的應用學術硏究』, 『學術硏究』, 2000年 第4期.
122) 王寧, 『論漢字構形系統的共時描寫與曆時比較』, 『燕趙學術』, 2008年 第1期.
123) 王寧, 『漢字構形學導論』, 商務印書館, 2015年.
124) 齊元濤, 『漢字構形與漢字書寫的異步發展』, 『勵耘語言學刊』 2017年 第2期.

5. 문자 연구의 뜨거운 주제

문자 연구의 뜨거운 주제는 문자 형태를 분석하고, 문자 구조를 분석하며, 사전을 편찬하는 등의 방면에 있다. 서남대학(西南大學), 화동사범대학(華東師範大學), 북경사범대학(北京師範大學), 길림대학(吉林大學), 하북대학(河北大學) 등의 고등교육 기관을 연구 중심지로 하여 전문적인 연구 팀이 형성되었다.

새로 발굴된 '전지(磚志)' 자료의 수집과 발표가 연구의 뜨거운 주제이다. '전지'는 '전명(磚銘)'이라고도 불리는데, 현재 발굴된 전지의 수량은 상당히 많으며, 글씨체는 주로 새겨진 예서(隸書)로, 따라서 한자 서체 변화 연구에 중요한 자료가 된다.

『한대 전문(磚文) 기록과 연구 술요(漢代磚文著錄與研究述要)』는 전명의 연구 역사와 현황을 종합적으로 서술했는데[125], 전지 자료의 수집은 청말에 시작되었다.

- 『도재장전기(陶齋藏磚記)』는 한대 형도(刑徒) 전지(磚志) 124점을 수록하였다.[126]
- 『천벽정 고전도록(千甓亭古磚圖錄)』은 800여 점에 달하는 고전을 수집하였다.[127] 1990년 이후, 편찬된 탁본과 녹문의 전문 저작으로는 『중국고대 전문(中國古代磚文)』, 『중국전명(中國磚銘)』, 『진시황릉 형도와 공장 묘장 와문(秦始皇陵刑徒工匠墳場瓦文)』, 『중국고대 전각명문집(中國古代磚刻銘文集)』, 『동한 형도전 군존(東漢刑徒磚捃存)』 등이 있다.[128] 『중국전명 전집(中國磚銘全集)』

---

125) 潘玉坤, 郭紅, 『漢代磚文著錄與研究述要』, 『中國文字研究』, 2018年 第2期.
126) [淸] 端方, 『陶齋藏磚記』, 朝華出版社, 2019年.
127) [淸] 陸心源, 『千甓亭古磚圖錄』, 浙江古籍出版社, 2011年.

하나만 하더라도 역대 전명을 7천여 점이나 수록하였다.129)
·『낙양에서 새로 수집된 한진 각문전명 집록(洛陽新見漢晉刻文磚銘 輯錄)』은 한진 각문 전을 편찬하였으며130), 주로 동한 형도 묘지, 조위 묘지 및 서진 묘지이다
·『낙양에서 새로 수집된 북위 와삭 도지(洛陽新見北魏瓦削圖志)』는 북위 와삭 도와 각문 탁본을 편찬하였으며, 북위 민간 서예의 귀중한 실물 자료이다.131) 그러나 안타깝게도 보존된 글자 수는 제한적이다. 또한, 전국 여러 지역에서 벽돌에 새겨진 글(벽돌지)이 발굴되었는데, 예를 들어『투루판전지(吐魯番磚志)』는 지난 백 년간 투루판 지역에서 순차적으로 발굴된 북조부터 당대까지의 묘갈문 자료를 집성하였다.132)
·『투루판 출토 묘지 휘고(吐魯番出土墓志彙考)』는 자료집으로133), 발굴된 묘전이 371점에 달하며, 고창 묘전(高昌墓磚)의 명문 편찬, 논저 색인 및 저자의 관련 고증을 수록하였다.
·『사천 한대 전문 연구(四川漢代磚文研究)』는 사천 한대 전문의 가치를 소개했다.134).

빅데이터 시대에 들어서면서 석각 문헌의 디지털화 구축이 일상화되었으며, 현재 국내외에서 여러 대형 데이터베이스가 구축되었다.

·중국 국가도서관에서 구축한 '석각과 갑골 데이터베이스(石刻和甲 骨數據庫)'는 국가도서관 소장의 역대 갑골, 청동기, 석각 등류

---

128) 王鏞, 『中國古代磚文』, 知識出版社, 1990年. 殷蓀, 『中國磚銘』, 江蘇美術出版社, 1998年. 陝西省古籍整理辦公室(編), 『新中國出土墓志·陝西(壹)』(上下), 文物出版社, 2000年. 胡海帆, 湯燕, 『中國古代磚刻銘文集』, 文物出版社, 2008年. 王木鐸, 王沛, 『東漢刑徒磚拐存』, 國家圖書館出版社, 2011年.
129) 黎旭, 『中國磚銘全集』(全十五冊), 上海書畫出版社, 2020年.
130) 李運富, 『洛陽新見漢晉刻文磚銘輯錄』, 河南美術出版社, 2020年.
131) 李運富, 『洛陽新見北魏瓦削圖志』, 河南美術出版社, 2020年.
132) 侯燦, 吳美琳, 『吐魯番出土磚志集注』, 巴蜀書社, 2004年.
133) 張銘心, 『吐魯番出土墓志彙考』, 廣西師範大學出版社, 2020年.
134) 冷柏靑, 『四川漢代磚文研究』, 四川美術出版社, 2017年.

탁본 23만여 점을 기반으로 구축된 데이터베이스이다.
- 전문 석각 자원 데이터베이스 주로 '중화 석각 데이터베이스(中華石刻數據庫)'가 있으며, 이 데이터베이스는 이미 '송대 묘지명 데이터베이스(宋代墓志銘數據庫)', '삼진 석각 대전 데이터베이스(三晉石刻大全數據庫)', '한위육조 비각 데이터베이스(漢魏六朝碑刻數據庫)', '당대 묘지명 데이터베이스(唐代墓志銘數據庫)' 등을 온라인으로 제공된다.
- 서동문(書同文)에서 개발한 '중국 역대 석각 사료 편찬 데이터베이스(中國歷代石刻史料彙編數據庫)'가 있다.
- 대만 역사언어연구소에서 개발한 '간백 금석자료 데이터베이스(簡帛金石資料庫)'가 있다.
- 화동사범대학 중국 문자 연구 및 응용 센터에서는 '고문자 전문 데이터베이스 시리즈(系列古文字專題數據庫)'를 구축하고 있다.
- 해외 여러 대학 및 도서관에서 구축한 데이터베이스로는 '교토대학 인문과학연구소 소장 석각 탁본 데이터베이스(京都大學人文科學研究所所藏石刻拓本數據庫)', '하버드 옌징 소장 중문 탁본 데이터베이스(哈佛燕京藏中文拓片數據庫)', '일본 교토대학 소장 석각 탁본 데이터베이스(日本京都大學藏石刻拓本數據庫)' 등이 있다.

6. 미래 전망

청말 민초 이전, 한위육조(漢魏六朝) 석각 연구는 금석학에 속했으며, 이후 고고학으로 분류되었지만, 실제 연구에서는 역사학, 미술학, 문헌학 및 한어언어문자학 등 여러 학문에 걸쳐 있다. 앞으로 문자학 연구와 밀접하게 관련된 주제는 다음과 같다.

첫째, 수집된 석각 자료가 더욱 풍부해질 것이다. 역대로 축적된 바에 따르면, 현재 석각 자료의 양은 이미 매우 방대하다. 전국 범위에서 통일된 계획으로 각 지역의 석각 자료를 수집하고 보호한다면, 그 양은 더욱 놀라울 것이다. 예를 들어, 『삼진석각대전(三晉石刻大全)

』은 산서성의 석각을 전면적으로 정리한 것으로135), 구조와 역사를 보존하는 원칙에 따라 현(縣)(市, 區)별로 분권하여, 2017년까지 이미 63권이 차례로 출판되었다. 그러나 실제 조사에서 많은 어려움이 있으며, 단지 각 지역의 석각 자료 수를 통계로 파악하는 것만으로도 거대한 프로젝트이다. 연구자는 한편으로는 지방지와 역대 경전 등 문헌에 기록된 석각 정보를 검색 수집해야 하며, 다른 한편으로는 그 단서에 따라 현장 조사를 통해 석각의 존재와 파손 상태를 확인해야 한다.

한편으로는 기초 단위에서부터 새로 발견된 자료를 조사하고 등록해야 한다. 이 두 가지 조사 작업은 모두 문화재 관리부서의 도움 없이는 이루어질 수 없지만, 문화재 보호 등의 이유로 문화재 관리부서의 지원이 종종 미미하다. 보호와 연구 사이의 모순을 해결하고, 구조, 보호, 연구 작업을 동시에 완수하기 위해, 문화재 관리부서는 복사본 공개 방식을 채택하여 연구자와 관리자 사이의 다리를 '복사본'으로 마련하고, 관리부서의 전문가 부족과 연구 전문가의 자료 부족이라는 양면의 장벽을 돌파할 것을 제안한다.

둘째, 석각 자료의 본체 연구는 더욱 세밀해질 것이다. 석각 자료의 본체 연구는 석각 형식의 발전 변화, 석각 자료의 분류, 각종 문체와 새김 형식 해석, 석각 연구의 전문 용어 정의, 복사본 제작, 석각의 진위 판별 등 여러 측면을 포함하며, 아직 깊이 연구해야 할 문제가 많다. 예를 들어 현재 공개된 복사본 자료는 수량이 부족할 뿐만 아니라 대부분이 불분명하여 후속 연구 작업을 방해하고 있다.

석각 자료에 부가된 역사적, 문화적 정보도 연구되어야 한다. 예를 들어 석각 문자는 저자와 조각공의 결합된 작품으로, 현재 조각공에

---

135) 李玉明(主編), 『三晉石刻大全』, 三晉出版社, 2011-2018年.

대한 전문 연구 저작은『석각 조각공 연구』가 유일하며, 이 책은 당대부터 민국에 이르기까지 천년 이상 각 대 조각공의 대략적인 상황을 정리하고 있다.136) 그러나 한위육조의 조각공 연구는 거의 공백 상태이다.

셋째, 석각 자료의 문자 연구 내용은 더욱 전면적이고 심도 있을 것이다. 현재 한위육조 묘지 자료를 전문으로 하는 문자 연구는 가장 큰 성과를 거두었으나, 자전(字磚: 글자 있는 벽돌), 조상 제기(造像題記) 등의 자료 연구는 거의 시작되지 않았다.

『동한 형도 묘전 집석 및 연구(東漢刑徒墓磚集釋與研究)』는 현재 존재하는 1400여 개의 동한 형도 묘전 자료를 수집 정리한 것으로137), 동한 형도 묘전 집석 및 연구의 집대성작이다.

현재 자전에 대한 연구 성과는 많지 않은데,『동한 '선효' 형도 전의 진위 고변(東漢"宣曉"刑徒磚眞僞考辨)』 같은 저술은 문자 형태의 특징을 바탕으로 '선효(宣曉)' 형도전(刑徒磚)이 진품임을 판단한다.138)

『동한 석각 전토 등 민속성 문자 자료 어휘 연구(東漢石刻磚陶等民俗性文字資料詞彙研究)』는 동한 민속성 실물 문자 자료의 용어 현상을 조사했다.139) 자료의 확장이 필요할 뿐만 아니라, 문자 연구 내용도 충분히 깊이 있지 않다. 예를 들어, 한위육조 석각 문자와 동시대 필사 문자, 역대 석각 문자와의 비교, 한자 발전사에 대한 가치, 의미 및 추진 역할 등의 문제도 추가적인 연구가 필요하다.

넷째, 석각 자료 데이터베이스 구축이 더욱 완성될 것이다. 기존 데이터베이스를 통합하여 하나의 연합 네트워크 플랫폼을 구축하는

---

136) 程章燦,『石刻刻工研究』, 上海古籍出版社, 2008年.
137) 劉濤,『東漢刑徒墓磚集釋與研究』, 南京師範大學出版社, 2020年.
138) 毛遠明,『東漢"宣曉"刑徒磚眞僞考辨』,『古籍整理研究學刊』, 2015年 第6期.
139) 呂志峰,『東漢石刻磚陶等民俗性文字資料詞彙研究』, 上海人民出版社, 2009年.

것은 필수적인 일이 되었다. 이를 통해 필요한 자료를 검색하고 다운 로드하기가 더욱 용이해질 것이다. 현재 국내외에는 여러 석각 문헌 데이터베이스가 이미 구축되어 있지만, 각각 독립적으로 구축되어 정보 표기의 통일성이 부족하고, 개방 정도가 제한적이며, 활용도가 높아질 필요가 있는 등의 문제가 존재한다. 또한 빅데이터 시대의 석각 목록 색인 정보는 점점 더 정확해질 것이며, 목록집도 종이 출판물에서 네트워크 버전으로 전환되어 연구자들이 더욱 편리하게 사용할 수 있게 될 것이다.

다섯째, 석각 문자 연구의 이론 탐구는 더욱 엄밀하고 실천적 의미를 가질 것이다. 자료의 축적, 학제 간 교차 및 기술 수단의 향상에 따라 다른 자료의 문자 연구와 동시에 발전하면서, 석각 문자 연구의 이론도 탐구 중에 있다. 석각 문자의 해석 방법, 문자 형태의 구조 분석, 글꼴의 진화 과정 묘사 및 진화 규칙 탐색 등 여러 방면의 연구 작업은 아직 깊이 있고 확장될 필요가 있다. 『한자학 연구 현황 및 전망』에서 언급한 바와 같이, 한자학 연구는 '중화 문명의 발전과 인류 사회의 진보에 새롭고 더 큰 기여를 할 것'이다.140)

---

140) 李運富(等), 『漢字學硏究現狀與展望』, 『語言科學』, 2021年 第5期.

제5절 소전(小篆)

1. 소전의 정의와 형체 특징

허신(許愼)은『설문해자서(說文解字敘)』에서 이렇게 말했다. "진시황(秦始皇)이 처음으로 천하를 통일했을 때, 승상(丞相) 이사(李斯)가 제안하여 통일되지 않은 글자를 폐기하고 진나라의 문자와 합치지 않는 것들을 없앴다. 이사는『창힐편(倉頡篇)』을 지었고, 중거부령(中車府令) 조고(趙高)는『원력편(爰歷篇)』을, 태사령(太史令) 호무경(胡毋敬)은『박학편(博學篇)』을 각각 지었다. 모두『사주(史籀)』편의 대전(大篆)을 취해 부분적으로 간략화하고 수정하였는데, 이것이 바로 소전(小篆)이다."[1]

허신의 이 말에 기초하여, 오랫동안 사람들은 다음과 같이 믿어왔다. (1)소전(小篆)은 진나라가 통일된 이후에 생겨났다. (2) 소전(小篆)은 이사(李斯) 등이 대전(大篆)을 간략화 하여 정리한 것이다.

그러나 지하에서 출토된 문헌이 늘어나고 관련 연구가 깊어짐에 따라, 이러한 '공통된 인식'은 점차 사실이 아닌 것으로 증명되었다. 근원을 찾아가보면, 먼 과거 춘추 초기의 「진공박(秦公鎛)」(『集成』

---

1) "秦始皇帝初兼天下, 丞相李斯乃奏同之, 罷其不與秦文合者. 斯作『倉頡篇』, 中車府令趙高作『爰歷篇』, 太史令胡毋敬作『博學篇』, 皆取『史籀』大篆, 或頗省改, 所謂小篆者也." (漢)許愼(撰), [宋] 徐鉉(校定), 『說文解字』, 北京. 中華書局, 2013年, 316쪽.

00267—00269, [그림 3-9])의 "문자체에는 이미 어느 정도의 진나라 소전(秦篆)의 맛이 나타나고 있다."[2] 발전과 변화를 거쳐 전국 중기의 「석고문(石鼓文)」([그림 3-10])으로 이어지며, 전체의 특성이 더욱 명확해졌다. 전국 말기의 「두호부(杜虎符)」(『집성』 12109, [그림 3-11])는 이미 매우 표준화된 소전이 등장했다.

마치 구석규(裘錫圭)의 『문자학 개요』의 말처럼, "소전은 춘추 전국 시대의 진나라 문자가 점차 발전하여 형성된 것으로, 주문(籀文)의 '간략화'로 직접 만들어진 것이 아니다."[3] 즉, 소전은 사실 전국 시대 말기에 이미 형성되었다.

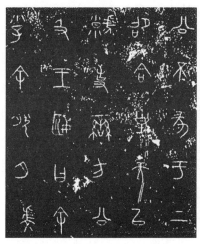

[그림 3-9] 「진공박(秦公鎛)」

[그림 3-10] 「석고문(石鼓文)」 선봉본(先鋒本)

---

2) 李學勤, 『秦國文物的新認識』, 『文物』 1980年 第9期, 25-31쪽.
3) 裘錫圭, 『文字學槪要』(修訂本), 商務印書館, 2021年, 96쪽.

[그림 3-11] 「두호부(杜虎符)」

진나라가 천하를 통일한 후, 이사(李斯) 등은 문자의 형태를 정리하고 이체자(異體字)를 규범화하며, 『창힐편(倉頡篇)』, 『원력편(爰歷篇)』, 『박학편(博學篇)』을 편찬하여 '서동문(書同文)' 정책을 더욱 잘 시행하기 위해 전국 범위 내에서 정체자(正體字)로서의 소전(小篆)을 홍보했다. 물론, 이사 등에 의해 정리된 소전은 전국 시대의 진나라 문자와 완전히 동일하지 않았다. 따라서 일부 학자들은 통일 전의 전자(篆字)를 '진전(秦篆)' 또는 '대전(大篆)'이라고 하고, 통일 이후의 문자는 한(漢) 사람들의 말을 따라 '소전(小篆)'이라고 한다.[4]

소전(小篆)은 한(漢)나라 때에도 여전히 통용되던 문자 중 하나였다. 허신(許慎)의 『설문해자 · 서(敍)』, 반고(班固)의 『한서·예문지(藝文志)』, 강식(江式)의 「상고금문자표(上古今文字表)」, 위항(衛恒)의 『사체서세(四體書勢)』에서는 모두 한나라 때의 '육체(六體)'(또는 '六書')에 대해 언급했는데, '육체'는 각각 고문(古文), 기자(奇字), 전서(篆書), 예서(隷書), 무전(繆篆), 조충서(鳥蟲書) 등이다.

---

4) 喩遂生, 『文字學教程』, 北京大學出版社, 2014年, 141쪽. 陳昭容, 『秦系文字研究. 從漢字史的角度考察』, "中央"研究院歷史語言研究所專刊之一〇三, 2003年, 10쪽.

출토 문헌으로는 동기명문(銅器銘文)([그림 3-12]. 「長楊鼎」), 석각문자(石刻文字)([그림 3-13]. 「袁安碑」), 한인(漢印), 와당(瓦當) 등 소전으로 쓰여진 예가 보인다. 그러나 한나라 때의 소전이 예서의 충격을 받았다는 사실을 부인할 수는 없다. 한편으로는 소전의 구조가 이미 예서의 의미를 내포하고 있었고, 다른 한편으로는 예서가 점차 소전을 대체하여 주요 글꼴이 되었다. "현재 있는 고고학 자료를 보면, 서한 초기(한 무제 초기까지를 지칭)의 예서는 아직도 진예(秦隷)의 범주에 속해 있으며, 여전히 많은 전서의 문자 형태 구조를 남기고 있으나, 무제 중후기의 간독(簡牘)에서는 전서의 흔적이 점점 더 줄어들고 있다."라고 할 수 있다.5)

'소전(小篆)'이라는 용어는 한(漢)나라 때에 나타난 것으로, 구석규(裘錫圭)의 연구에 따르면, '전(篆)'이라는 글자는 '전(瑑)'으로 읽히며, 원래 금석에 새길 수 있는 것을 의미한다고 한다.6) 실제 사용 상황에서 소전의 서사나 주조 매체는 금석에만 국한되지 않으며, 새인(璽印), 도기(陶器), 벽돌과 기와(磚瓦), 화폐(貨幣), 칠기(漆器), 간두(簡帛) 등도 포함된다.

주보화(朱葆華)는 또 '전(篆)' 자체의 의미와 같은 해(諧聲) 부수를 가진 '전(瑑)' '연(緣)' '연(橼)' '연(掾)'등 몇 개의 글자를 근거로, 소전은 "①장식적이다, 고상하다, ②둥글다, ③정식 적이다(正曰掾)"는 특징을 가진다고 했다.7)

---

5) 黃惇, 『秦漢魏晉南北朝書法史』, 江蘇美術出版社, 2008年, 42쪽.
6) 裘錫圭, 『文字學概要』(修訂本), 商務印書館, 2021年, 98쪽.
7) 朱葆華, 『中國文字發展史·秦漢文字卷』, 華東師範大學出版社, 2014年, 9쪽.

[그림 3-12] 「장양정(長楊鼎)」[8]　　　[그림 3-13] 「원안비(袁安碑)」[9]

　이상의 다양한 학자들의 의견을 종합해 보면, 소전의 특징은 다음
과 같이 요약할 수 있다.

　　첫째, 필획이 완전히 선형화되었다. 필획의 선이 굵기가 일정하고,
　　유려하며 균형 잡혔으며, 필획의 꺾임이 원활하다.
　　둘째, 구조가 세로로 길고, 대칭을 중시한다. 예서(隷書)에 비해 소
　　전의 구조는 더욱 길다. 예를 들어 帝(『설문(說文)』)과 帝 (「북

---

8) 徐正考, 『漢代銅器銘文選釋』, 作家出版社, 2007年, 38쪽.
9) 毛遠明(校注), 『漢魏六朝碑刻校注』(第一冊), 北京. 線裝書局, 2007年, 59쪽.

해경상군명문(北海景相君銘文)」)에서와 같이 구조의 형태가 대칭을 이루며, '천(页, 天)', '구(簫, 籌)', '건(愼, 愆)', '등(荳, 登)', '락(樂, 樂)'자 등에서 이를 확인할 수 있다.

셋째, 구조가 전체적으로 규격화(規整)되고, 형태가 규범화되었다. 부건의 배치가 적절하고 엄격하며 단정하다. 구성 요소의 수량과 위치가 고정되어 있어, 이체자(異體字)가 줄어들었다. 예를 들어, 갑골문 '중(衆)'은 여러 가지 쓰기 방식 예컨대 𠂤(『합집』[10] 00002), 𠂤(『합집』 00005), 𠂤(『합집』 00031) 등이 있지만, 소전에서는 𠂤(『설문』)처럼 통일되었다.

넷째, 형태가 단순화되고, 상형성이 감소하였다. 소전의 글자 형태는 간소화되어 복잡한 부분이 삭제되었고, 따라서 글쓰기가 훨씬 간편해졌으며, 동시에 상형성도 약화되었다. 갑골문, 금문, 주문, 소전에서 '거(車)', '중(中)', '즉(則)'(표 1) 등을 비교해 보면 이를 알 수 있다.

	甲骨文	金 文	籀 文	小 篆
车	(《合集》00584)	(大盂鼎)	(《说文》)	(《说文》)
中	(《合集》30198)	(师酉簋)	(《说文》)	(《说文》)
则	(《合集》00011)	(段簋)	(《说文》)	(《说文》)

[표 3-1]

이상에서 언급한 내용은 소전(小篆)의 특징에 대한 전반적인 개요이다. 필사 매체, 방식, 내용 및 상황의 차이로 인해 소전의 스타일에는 다양성이 존재할 수 있다. 예를 들어, 『이야 진간(里耶秦簡)』의 소

---

10) 『갑골문합집』이며, 『합집』으로 줄여 부른다. 郭沫若, 胡厚宣(主編), 「甲骨文合集」, 中華書局, 1978-1983年.

량의 연습 간(習字簡), 한(漢)나라 때의 와당(瓦當) 등에서 볼 수 있는 소전은 비교적 허술할 수 있다. 반면, 새인(璽印)에 보이는 소전은 도자으이 형태에 맞게 일정한 조정이 이루어져 있다. 그러나 전반적으로 이러한 변화는 제한적이라 하겠다.

소전의 이러한 특성은 당시 중국 문자 발달의 중요한 단계를 반영하며, 특히 권위 있는 문서나 중요한 예술 작품에서 그 가치와 영향력을 발휘했다. 비록 예서(隸書)에 의해 주요 사용이 점차 대체되었지만, 소전은 여전히 중국 문자학과 서예의 중요한 부분으로 남아 있으며, 특히 새인 예술에서는 그 우아함과 격식을 간직한 채로 중요한 역할을 계속하고 있다.

이상을 종합하자면, 다음과 같은 인식을 형성할 수 있다. 즉 소전(小篆)은 전국(戰國) 후기의 진(秦) 계열 문자에서 발생했으며, 진이 중국을 통일한 후 이사(李斯) 등에 의해 정리되고 규범화되어 전국적으로 통용되는 정체자(正體字)가 되었고, 한나라 때에 이르러서는 점차 예서(隸書)에 의해 대체되었다. 소전은 필획의 선형화, 구조의 규정화, 형태의 단순화된 한자 형태로, 서술 매체로는 청동기, 석비(石碑), 새인(璽印) 등이 있다. 소전은 한자 발전 과정 중의 중요한 이정표로서, 고문자 단계의 마지막 형태이다.

2. 기본재료

소전(小篆)은 전국(戰國) 후기에 생겨났고, 진(秦)이 중국을 통일한 후 정체자(正體字)로 확립되었으며, 서한(西漢) 말기까지 예서(隸書)에 의해 점차 대체될 때까지 사용되었다. 그럼에도 소전은 완전히 사라진 것이 아니라, 비문(碑文), 인장(印章) 및 역대 서예 작품 등 다양한 상황에서 특정 용도의 글꼴로 존재하게 되었으며, 주로 작성자의 예술적이고 고전적인 추구를 만족시키는 역할을 했다. 전해지는 소전의 자료는 전세 자료와 출토 자료의 두 가지 큰 범주로 나눌 수 있으며, 전세 자료의 대표적인 예로는 『설문해자(說文解字)』가 있고, 출토 자료로는 동기명문(銅器銘文), 석각문자(石刻文字), 인장문자(璽印文字), 봉니문자(封泥文字), 도문(陶文), 와당문자(瓦當文字) 등이 있다.

『설문해자』는 "소전(小篆) 연구의 개척기" 부분에서 자세히 설명할 예정이다. 여기서는 먼저 몇 가지 소전의 서술된 출토 문자 자료를 소개한다. 첨은흠(詹鄞鑫)은 『소전을 이야기하다(談談小篆)』에서 소전 학습 및 연구 자료를 소개하면서 "출토 문자 자료의 장점은 진실하고 신뢰할 수 있다는 것이고, 단점은 산발적이고 체계가 없다는 것이다."라고 했다.[11] 하지만, 이미 있던 연구 성과들, 예를 들어 저록(著錄), 문자 편(編) 등을 잘 활용한다면 이러한 부족함을 어느 정도 보완할 수 있다. 아래에서는 서술 매체별로 관련 자료를 소개하겠다.

(1) 청동기 명문

청동기 명문에서 가장 중요한 소전(小篆) 자료는 주로 진대(秦代)를 중심으로 하며, 이는 전국(戰國) 후기와 서한(西漢)까지 이어진다. 이 기간 동안 많은 예기(禮器), 병부(兵符), 조판(詔版), 도량형(度量衡) 등의 청동기 문물이 소전으로 제작되었다. 예를 들어, 전국 말기의 「진신처호부(秦新郪虎符)」, 진시황 26년의 조판, 조서가 새겨진 두 가지 동권(兩詔銅權), 「한안성가정(漢安成家鼎)」 등이 있다.

소전 명문 동기의 저록(著錄)은 송대(宋代)부터 시작되었으며, 예를

---

11) 詹鄞鑫, 『談談小篆』, 語文出版社, 2007年, 19쪽.

들어 여대림(呂大臨)의 『고고도(考古圖)』, 설상공(薛尙功)의 『역대종정
이기관지법첩(歷代鍾鼎彝器款識法帖)』, 조명성(趙明誠)의 『금석록(金石
錄)』, 오양수(歐陽修)의 『집고록(集古錄)』 등이 진한(秦漢)의 전문 동기
를 수록하고 있다. 청나라 때에는 대량의 청동기명문(秦漢 소전을 포
함)을 저록한 저작이 등장했다. 예를 들어, 전점(錢坫)의 『십육장락당
고기관지 고(十六長樂堂古器款識考)』, 조재규(曹載奎)의 『회미산방 길금
도(懷米山房吉金圖)』, 유희해(劉喜海)의 『장안 획고편(長安獲古編)』, 오대
징(吳大澂)의 『항헌 소견소장 길금록(恒軒所見所藏吉金錄)』, 오운(吳雲)
의 『양려헌 이기도설(兩罍軒彝器圖釋)』, 단방(端方)의 『도재 길금록(陶
齋吉金錄)』 등이 있다.

민국 시기에는 나진옥(羅振玉)의 『몽의초당 길금도(夢郼草堂吉金圖)
』, 오대정의 『객재집고록(愙齋集古錄)』, 용경(容庚)의 『진한금문록(秦漢
金文錄)』 등이 소전명문 동기를 수록했다.

신중국 성립 후, 문물 고고학 작업의 진행으로 대량의 청동기 문물
이 출토되었으며, 자료 저록과 자료집이 빠르게 증가했다. 예를 들어,
중국사회과학원고고연구소 편의 『은주금문집성(殷周金文集成)』[12], 유
우(劉雨)와 노암(盧岩) 편의 『근출은주금문집록(近出殷周金文集錄)』[13],
종백생(鍾柏生)과 진소용(陳昭容) 등이 편집한 『새로 수집한 은주청동
기 명문과 기영 휘편(新收殷周靑銅器銘文暨器影彙編)』[14], 유우(劉雨)와
엄지빈(嚴志斌)이 편찬한 『최근 출토 은주금문집록 2편(近出殷周金文集
錄二編)』[15], 오진봉(吳鎭烽)의 『상주 청동기 명문과 도상 집성(商周靑銅

---

12) 中國社會科學院考古硏究所(編), 『殷周金文集成』(第1-18冊), 中華書局, 1984年
-1994年.
13) 劉雨, 盧岩(編), 『近出殷周金文集錄』, 中華書局, 2002年.
14) 鍾柏生, 陳昭容, 黃銘崇, 袁國華(編), 『新收殷周靑銅器銘文暨器影彙編』, 藝文印書
館, 2006年.
15) 劉雨, 嚴志斌(編), 『近出殷周金文集錄二編』, 中華書局, 2010年.

器銘文暨圖像集成)』16) 및 이의 『속편(續編)』17)과 『삼편(三編)』18) 등이 있다. 또 서정고(徐正考)의 『한대동기명문선석(漢代銅器銘文選釋)』19)은 다량의 한대 소전명문 동기를 수록하고 있다.

(2) 석각문자

송대에는 오양비(歐陽棐)의 『집고록목(集古錄目)』, 홍적(洪適)의 『예석(隷釋)』, 정초(鄭樵)의 『통지(通志)·금석략(金石略)』 등이 있다. 명대에는 조항(趙崡)의 『석묵전화(石墨鐫華)』, 도목(都穆)의 『금해임랑(金薤琳琅)』, 양신(楊愼)의 『금석고문(金石古文)』 등이 있다. 청대에는 석각문헌의 저록이 급증했는데, 소전 자료를 포함한 것으로는 옹방강(翁方綱)의 『양한금석기(兩漢金石記)』, 손성연(孫星衍)의 『환우방비록(寰宇訪碑錄)』, 무전손(繆荃孫)의 『예풍당금석문자목(藝風堂金石文字目)』, 오식분(吳式芬)의 『금석회목분편(金石彙目分編)』, 무억(武億)의 『수당금석발(授堂金石跋)』, 육증상(陸增祥)의 『팔경실금석보정(八瓊室金石補正)』 등이 있다. 또 민국 시기에는 감붕운(甘鵬雲)의 『숭아당비록(崇雅堂碑錄)』, 유청려(劉靑藜)의 『금석속록(金石續錄)』, 양전훈(楊殿珣)의 『석각제발색인(石刻題跋索引)』, 나진옥(羅振玉)의 『설당금석문자발미(雪堂金石文字跋尾)』 등이 있다.

신중국 성립 이후, 석각이 대량으로 출토되었으며, 새로운 저록은 한편으로는 과거에 이미 있던 것을 정리하고, 다른 한편으로는 새로운 것을 수록하였다. 소전과 관련된 저록으로는 북경도서관 금석편찬

16) 吳鎭烽(編), 『商周靑銅器銘文暨圖像集成』, 上海古籍出版社, 2012年.
17) 吳鎭烽(編), 『商周靑銅器銘文暨圖像集成續編』, 上海古籍出版社, 2016年.
18) 吳鎭烽(編), 『商周靑銅器銘文暨圖像集成三編』, 上海古籍出版社, 2020年.
19) 徐正考, 『漢代銅器銘文選釋』, 作家出版社, 2007年.

팀(北京圖書館編金石組)의『북경도서관 소장 중국 역대 석각 탁본 집편
(北京圖書館藏中國歷代石刻拓本彙編)』[20), 중국문물연구소(中國文物研究
所) 주편의『신중국 출토 묘지(新中國出土墓志)』[21), 서옥립(徐玉立) 주편
의『한비전집(漢碑全集)』[22), 조초(趙超)의『한위남북조묘지 휘편(漢魏南
北朝墓志彙編)』[23), 모원명(毛遠明) 주편의『한위육조비각 교주(漢魏六朝
碑刻校注)』[24), 나신(羅新)과 섭위(葉煒) 편찬의『신출 위진남북조묘지 소
증(新出魏晉南北朝墓志疏證)』[25) 등이 있다.

(3) 새인(璽印)문자

전국 진한(戰國秦漢) 시기에는 인장(璽印)이 유행했으며, 소전(小篆)
또한 이 시기에 생겨나고 통용되었다. 소전이 인장에 사용되는 것은
자연스러운 일이었으며, 진한 시기에는 영향력 있는 관인(官印) 제도
가 형성되었다.『설문해자・서(敍)』에서는 "다섯째가 무전(繆篆)인
데 인장을 모사하는 데 사용된다."라고 언급하였으며,『한서・예문지
(藝文志)』에서도 '무전'을 기록하고 있다. 일부 학자들은 '무전'을 소전
으로 인장을 모사하는 것을 의미한다고 보고 있으며, "문자를 주된
표의 방식으로 사용하는 인장의 문자 체계는 상대적으로 독립적이며
변화가 느려, 사회의 지속적 인식을 유지하는 것이 중국 인장의 또
다른 뚜렷한 특징이다."[26) 진한 시기에 형성된 소전 인장 제도는 이

---

20) 北京圖書館編金石組,『北京圖書館藏中國歷代石刻拓本彙編』, 中州古籍出版社, 1989年.
21) 中國文物研究所(主編),『新中國出土墓志』, 文物出版社, 1994年起.
22) 徐玉立(主編),『漢碑全集』, 河南美術出版社, 2006年.
23) 趙超,『漢魏南北朝墓志彙編』, 天津古籍出版社, 2008年.
24) 毛遠明(校注),『漢魏六朝碑刻校注』, 線裝書局, 2008年.
25) 羅新, 葉煒,『新出魏晉南北朝墓志疏證』, 中華書局, 2016年.
26) 孫慰祖,『中國璽印篆刻通史』, 東方出版中心, 2016年, 22쪽.

후 2000여 년 간의 인장 사용에서 기본적으로 변하지 않았으며, 단지 시대의 미적 감각과 인장의 용도 등에 따라 서술 스타일에 다소 차이가 있었을 뿐이었다.

소전 인장 문자의 저록도 송대에 시작되었으며, 황백사(黃伯思)의 『박고도설(博古圖說)』, 왕구(王俅)의 『소당집고록(嘯堂集古錄)』 등이 있다. 명대에는 고종덕(顧從德)의 『집고인보(集古印譜)』, 감양(甘暘)의 『집고인정(集古印正)』 등이 있다. 청대에는 진개기(陳介祺)의 『십종산방인거(十鍾山房印擧)』, 구중용(瞿中溶)의 『집고관 인고(集古官印考)』, 주선의(周銑詒)의 『공묵재 한인보(共墨齋漢印譜)』, 유가모(劉家謨)의 『한인 임존(漢印臨存)』 등이 있다. 민국 시기에는 나진옥(羅振玉)의 『경실소장인장(罄室所藏璽印)』과 『혁련천관 고인존(赫連泉館古印存)』, 진한제(陳漢第)의 『복려장인(伏廬藏印)』과 이의 『속집(續集)』, 유체지(劉體智)의 『선재새인록(善齋璽印錄)』 등이 있다.

신중국 성립 이후에는 왕인총(王人聰)의 『신출 역대 새인 집록(新出歷代璽印集錄)』27), 나복의(羅福頤)의 『진한남북조 관인 징존(秦漢南北朝官印徵存)』28), 대산청(戴山靑)의 『중국 역대 새인 집췌(中國歷代璽印集萃)』29)와 『고새한인 집췌(古璽漢印集萃)』30), 중국인장전각전집 편집위원회(中國璽印篆刻全集編輯委員會)의 『중국인장전각 전집(中國璽印篆刻全集)』31), 주효륙(周曉陸)의 『20세기 출토 인장 집성(二十世紀出土璽印集成)』32) 등이 있다.

27) 王人聰, 『新出歷代璽印集錄』, 香港中文大學文物館專刊之三, 1982年.
28) 羅福頤(主編), 故宮博物院硏究室璽印組(編), 『秦漢南北朝官印徵存』, 文物出版社, 1987年.
29) 戴山靑, 『中國歷代璽印集萃』, 線裝書局, 1997年.
30) 戴山靑, 『古璽漢印集萃』, 廣西美術出版社, 2001年.
31) 『中國璽印篆刻全集』編輯委員會, 『中國璽印篆刻全集』, 上海書畫出版社, 1999年.
32) 周曉陸(主編), 『二十世紀出土璽印集成』, 中華書局, 2010年.

(4) 봉니(封泥)문자

봉니(封泥)는 "인장을 흙에 찍는 것"을 의미하기에, 사용된 문자 형태는 당연히 인장 문자와 동일합니다. 따라서 봉니가 유행할 때도 대량의 소전(小篆) 문자 자료가 남겨졌다.

봉니를 최초로 저록한 것은 청대의 금석학자 오영광(吳榮光)의 『균청관금석(筠淸館金石)』으로, 진한(秦漢) 시기 봉니 6점을 수록하였다. 청대에는 또한 유악(劉鶚)의 『철운장 봉니(鐵雲藏封泥)』, 진개기(陳介祺)의 『진부재장 봉니고략(陳簠齋藏封泥考略)』, 오식분(吳式芬)과 진개기가 함께 편찬한 『봉니고략(封泥考略)』 등이 있다. 민국 시기에는 나진옥(羅振玉)의 『제로 봉니집존(齊魯封泥集存)』, 진보침(陳寶琛)의 『칭추관 소장 고봉니(澄秋館藏古封泥)』, 주명태(周明泰)의 『속 봉니고략(續封泥考略)』과 『재속 봉니고략(再續封泥考略)』, 오유잠(吳幼潛)의 『봉니휘편(封泥彙編)』 등이 있다.

신중국 성립 후에는 손위조(孫慰祖) 주편의 『고봉니 집성(古封泥集成)』33), 부가의(傅嘉儀)의 『역대 인도봉니 인풍(歷代印匋封泥印風)』34)과 『진봉니 휘고(秦封泥彙考)』35), 주효륙(周曉陸)과 노동지(路東之)의 『진봉니집(秦封泥集)』36), 허웅지(許雄志)의 『감인산방 소장 고봉니 정화(鑒印山房藏古封泥菁華)』37), 유서(劉瑞)의 『진봉니 집존(秦封泥集存)』38) 등이 있다.

---

33) 孫慰祖(主編), 『古封泥集成』, 上海書店出版社, 1994年.
34) 傅嘉儀(主編), 『歷代印匋封泥印風』, 重慶出版社, 1999年.
35) 傅嘉儀(編), 『秦封泥彙考』, 上海書店出版社, 2007年.
36) 周曉陸, 路東之(編), 『秦封泥集』, 三秦出版社, 2000年.
37) 許雄志(編), 『鑒印山房藏古封泥菁華』, 河南美術出版社, 2011年.
38) 劉瑞(編), 『秦封泥集存』, 中國社會科學出版社, 2020年.

(5) 와당(瓦當)문자

진한(秦漢) 문자 와당(瓦當)의 문자 형태는 주로 소전(小篆)과 그 변형을 기반으로 한다.[39] 특히 진(秦) 문자 와당은 모두 소전을 기반으로 하면서 일부 장식적 변화를 가했다.[40]

청나라 때의 주풍(朱楓)의 『진한와당도기(秦漢瓦當圖記)』는 문자 와당 연구의 가장 초기 전문서적으로, 많은 소전 와당에 대해 다루고 있다. 이후 정돈(程敦), 주극민(朱克敏)의 『진한와당문자(秦漢瓦當文字)』, 천광녕(陳廣寧)의 『한궁와당(漢宮瓦當)』, 왕복전(王福田)의 『죽리진한와당문존(竹里秦漢瓦當文存)』 등은 모두 자료적 가치가 높다. 민국 시기에는 나진옥(羅振玉)의 『진한와당문자(秦漢瓦當文字)』 등이 있다.

신중국 성립 후의 주요 저작으로는 섬서성고고연구소(陝西省考古研究所)의 『신편진한와당도록(新編秦漢瓦當圖錄)』[41], 서석대(徐錫臺)와 루우동(樓宇棟) 등의 『주진한와당(周秦漢瓦當)』[42], 조립광(趙立光)의 『중국고대와당도전(中國古代瓦當圖典)』[43], 부가의(傅嘉儀)의 『진한와당(秦漢瓦當)』[44] 등이 있다.

(6) 도기문자(陶文)

---

39) 陳直, 『秦漢瓦當槪述』, 『文物』, 1963年 第11期, 19-43쪽.
40) 焦南峰, 王保平, 周曉陸, 路東之, 『秦文字瓦當的確認和硏究』, 『考古與文物』, 2000年 第3期, 64-71쪽.
41) 陝西省考古硏究所秦漢硏究室(編), 『新編秦漢瓦當圖錄』, 三秦出版社, 1986年.
42) 徐錫臺, 樓宇棟(等), 『周秦漢瓦當』, 文物出版社, 1988年.
43) 趙力光, 『中國古代瓦當圖典』, 文物出版社, 1998年.
44) 傅嘉儀, 『秦漢瓦當』, 陝西旅遊出版社, 1999年.

소전(小篆)으로 된 도기(陶器)의 수량은 제한적이며, 관련 저록도 많지 않다. 청대에 오대징(吳大澂)이 『고도문자석(古陶文字釋)』과 『삼대진한고도문자고(三代秦漢古陶文字考)』를 저술했으나, 두 작품 모두 전해지지 않는다. 민국 시기에 소전 도문(陶文)과 관련된 저록으로는 황빈홍(黃賓虹)의 『도인문자합징(陶璽文字合徵)』, 손심(孫濤)과 손정(孫鼎)의 『계목장도(季木藏陶)』 등이 있다.

신중국 성립 후에는 원중일(袁仲一)의 『진대도문(秦代陶文)』[45], 진직(陳直)의 『관중진한도록(關中秦漢陶錄)』[46], 주소량(周紹良)이 정리하고, 이령(李零)이 분류 고석한 『신편전본계목장도(新編全本季木藏陶)』[47], 가영귀(賈榮貴)와 장애방(張愛芳)의 『역대도문연구자료선간(歷代陶文研究資料選刊)』[48], 왕은전(王恩田)의 『도문도록(陶文圖錄)』[49] 등이 있다.

3. 연구 역사

소전(小篆)은 생성된 이래로 2000년 이상의 긴 역사를 지니며 지속적으로 사용되어 왔다. 역사, 예술, 실용 등 다양한 분야에서 독특한 가치를 지니기 때문에 소전에 대한 연구는 사실상 중단된 적이 없다. 이는 갑골문(甲骨文), 금문(金文), 간독(簡牘) 및 백서(帛書) 문자와는 뚜렷이 다른 점으로, 그 영향의 깊이와 지위가 돋보인다. 소전 연구 역사를 살펴보면 크게 일곱 시기로 나눌 수 있으며, 각 시기별로 간략히 설명해보자.

---

45) 袁仲一(編), 『秦代陶文』, 三秦出版社, 1987年.
46) 陳直, 『關中秦漢陶錄』, 中華書局, 2006年.
47) 周進集藏, 周紹良整理, 李零分類考釋, 『新編全本季木藏陶』, 中華書局, 1998年.
48) 賈貴榮, 張愛芳選(編), 『歷代陶文研究資料選刊』, 北京圖書館出版社, 2005年.
49) 王恩田, 『陶文圖錄』, 齊魯書社, 2006年.

(1) 소전 연구의 발원기(秦나라)

소전 연구의 발원기는 진(秦)나라 때로, 기원전 221년 진나라가 중국을 통일하면서 동방 여러 나라의 '문자 이형(異形)'이 정령의 전달과 경제 발전에 불리하다고 보고, 진시황이 천하에 '서동문자(書同文字)'를 명령했다(『사기·진시황본기』 참조). 앞서 언급한 바와 같이, 『설문해자·서(敍)』에는 이사(李斯) 등 세 사람이 소전을 사용하여 『창힐편(倉頡篇)』, 『원력편(爰歷篇)』, 『박학편(博學篇)』을 저술하여 규범화된 글꼴의 샘플로 전국에 보급했다고 기록되어 있다.[50]

이 세 사람이 만든 글자 샘플은 오늘날에는 볼 수 없으나, 진나라가 중국을 통일한 후 진시황이 여러 차례 천하를 순방하며, 역산(嶧山, 현재 산동 鄒城), 태산(泰山), 낭아대(琅琊臺, 현재 산동 膠南), 지부(之罘, 현재 산동 연대 북쪽), 동관(東觀, 현재 산동 威海), 갈석(碣石, 현재 하북성 진황도), 회계(會稽, 현재 절강성 소흥) 등지에 기념비를 세워 성과를 기록했으며, 이때 새긴 것이 소전이며, 전해진 바에 따르면 모두 이사가 쓴 것으로, '서동문' 소전 연구에 귀중한 자료이다.[51] 당시의 규범

---

50) 당시의 문자 통일에서 사용된 문자가 소전인지 진예(秦隸)인지에 대해 현재 세 가지 견해가 있다. 하나는 소전이라고 보는 견해(唐蘭, 陳直, 劉又辛 등), 다른 하나는 진예가 주를 이루고 소전이 보조를 이룬다고 보는 견해(裘錫圭, 吳白匋, 田煒 등), 그리고 마지막은 소전도 진예도 아니라 단지 기존 글꼴을 규범화한 것이라고 보는 견해(周祖謨, 兪偉超, 高明 등)가 그것이다. 필자는 첫 번째 견해를 지지한다.

51) 원석은 모두 손상되었으며, 오직 낭아대 기념비에만 진2세(秦二世)의 조서 80여 글자가 남아 국가박물관에 소장되어 있고, 태산 기념비는 진2세의 조서 10글자가 태안(岱廟)에 남아 있다. 각 기념비의 전사본에 대한 자세한 내용은 容庚, 『秦始皇刻石考』(『燕京學報』 1935年 第17期, 이후 曾憲通(編), 『容庚文集』, 中山大學出版社, 2004年에 수록)을 참조하면 된다.

화는 중국 역사상 문자의 첫 번째 통일이자 소전 연구의 첫 걸음이며,
소전을 규범화하여 그 정체자(正體字)의 지위를 확립하고 후속 계승
발전의 기초를 마련했다.

(2) 소전 연구의 개척기(漢)

소전 연구 개척기인 한대(漢代)에서는 서한(西漢) 초기에 소전이 여
전히 통행하는 문자 중 하나였지만, 사회 발전과 사용 수요의 변화에
따라 소전의 쓰기가 불편하여 그 정체자(正體字)의 지위가 도전받았
으며, 심지어 소전을 알지 못하는 이들도 있었다. 동한(東漢)의 허신
(許愼)은 당시 문자사용과 설명의 혼란 상황을 우려했었다. 그는 이렇
게 말했다.

> 학생들이 경의(經義)를 설명하며 문자를 논하는 데 경쟁하고, 진(秦)
> 의 예서(隸書)를 창힐(倉頡) 시대의 글이라고 주장하면서 '부자(父子)
> 가 서로 전승하는데, 어찌 변경될 수 있겠는가!'라고 말하며, 그 중
> 에는 '말 머리에 사람이 더해진 글자가 장(長)', '사람이 십(十)자를 든
> 것이 두(斗)', '충(蟲)자는 중(中)자를 구부러진 것'이라는 등의 해석을
> 내놓았다. 또한 법정에서 문자를 사용해 법을 결정하기도 했는데,
> '가혹한 사람이 돈을 뜯어낸다고 할 때의 '가(苛)'가 지(止)와 구(句)로
> 구성되었다.'는 식의 해석이 많았는데, 모두 공자(孔子)의 고문(古文)
> 과 사주(史籀)의 글에 어긋나는 것이었다. 속박된 유생들은 자신들이
> 익힌 것에 빠져 새로운 지식을 듣지 못하고, 통학(通學)을 보지 못하
> 며, 글자의 예를 본 적이 없어 오래된 기예(技藝)를 이상하게 여기고
> 세속의 말만 좋아했다. 자신들이 아는 것을 비밀스럽고 신비로운 것
> 으로 여기며, 성인의 미묘한 진리를 완전히 꿰뚫어보려고 했다. 또
> 한 『창힐편』에서 '어린아이가 조서(詔)를 받듯'이라는 구절을 보고

'고대 황제가 만든 것이며, 그 말에는 신선의 기술이 담겨 있다라고 말했다. 그 오해와 이해하지 못함이 이 얼마나 어긋난 것인가!
(諸生競說字解經誼, 稱秦之隷書爲倉頡時書, 雲. "父子相傳, 何得改易！" 乃猥曰. "馬頭人爲長", "人持十爲鬥", "蟲者, 屈中也. "廷尉說律, 至以字斷法. "苛人受錢, 苛之字止句也. "若此者甚衆, 皆不合孔氏古文, 謬於史籒. 俗儒 啚夫, 翫其所習, 蔽所希聞, 不見通學, 未嘗睹字例之條, 怪舊藝而善野言, 以其所知爲祕妙, 究洞聖人之微恉. 又見『倉頡篇』中"幼子承詔", 因曰. "古帝之所作也, 其辭有神仙之術焉. "其迷誤不諭, 豈不悖哉!)52)

그리하여 허신(許愼)은 전문(篆文, 진대 소전), 고문(古文, 전국시대 노나라의 문자), 주문(籀文, 전국 진 계열의 문자) 자료를 수집하고, 학자(通人)들의 견해를 폭넓게 채용하며, 서증(書證)을 광범위하게 수용하여 『설문해자(說文解字)』를 집필했다. 『설문해자』는 9,353개의 소전을 정체자로 삼고, 또한 중문(重文) 1,163개를 추가로 수록했는데, 이에는 고문(古文), 주문(籀文), 기자(奇字), 어체(或體) 및 속자(俗字) 등이 포함되었다. 이를 통해 소전의 글자 구조를 분석하고 그 본의(本義)를 탐구했다.

『설문해자』는 한대(漢代) 가장 중요한 학술 저작 중 하나로, 그 학술적 가치는 여러 면에서 큰 의미를 지니며, 특히 문자학에 있어 매우 중대하고 깊은 영향을 미쳤다. 소전 연구에 있어서 그 가치는 세 가지로 요약된다. 첫째, 대량의 소전 문자 형태를 보존하여, 근현대 학자들이 출토 문헌의 고문자 형태를 연구하고 식별하는 데 다리 역할을 했다. 둘째, 소전에 대한 또 한 번의 규범화된 정리와 연구 분석은 이후 문자 형태의 발전과 변화에 지침과 제약을 제공했다. 셋째, 소전 연구의 선구자로서, 전세 및 출토 자료를 결합하여 문자의 형체, 독음, 의미 및 그 관계를 설명해주는 연구 모델을 후세의 소전 및 고

---

52) [漢] 許愼(撰), [宋] 徐鉉(校定), 『說文解字』, 中華書局, 2013年, 317쪽.

문자 연구에 제공했다.

(3) 소전 연구의 침체기(魏晉~隋)

소전(小篆)은 한대(漢代)에 예서(隸書)에 의해 대체된 후 점차 사용 범위가 제한되고, 명확한 장식적 의미를 지닌 글꼴로 변모했다. 이 시기의 비액(碑額)에서 여전히 소전을 사용한 예로는 위(魏) 「수선표비(受禪表碑)」, 「상존호비(上尊號碑)」, 서진(西晉)의 「부휴비(郛休碑)」 등이 있으며, 인장(璽印) 또한 주로 소전을 사용했다. 하지만 일상생활에서는 거의 소전을 사용하지 않았다.

위진남북조(魏晉南北朝) 시기의 '설문계열(說文系)' 자서(字書)는 여전히 소전을 사용했으나, 『설문해자(說文解字)』의 방식과는 큰 차이가 있었다. 서진 때의 여침(呂忱)이 저술한 『자림(字林)』은 예서를 정체자로 하면서도 소전을 기록했고, 북위(北魏)의 강식(江式)은 그의 작업이 허신의 『설문해자』에 '부탁(附托)'되었다고 언급하며, "글자가 정예(正隸)를 얻었어도, 전의(篆意)에는 차이가 없다(文得正隸, 不差篆意.)"라고 평가했다.53) 또한 당(唐)의 장회의(張懷瓘)는 『서단(書斷)』에서 그의 소전 실력을 칭찬하며, "소전의 장인, 숙중(叔重)의 아래(小篆之工, 叔重之亞也)"라고 평가했다. 강식의 『고금문자(古今文字)』는 '상전하예(上篆下隸)'의 편집 방식을 사용하여, 한자의 형태 발전 변화 과정을 반영하는 데 유리했다. 남조(南朝)량(梁)의 고야왕(顧野王)의 『옥편(玉篇)』은 이미 해서(楷書) 사전이었다.

결론적으로, 위진남북조에서 수(隋)에 이르기까지 심지어 당 초기에도 소전 연구는 일부 진전이 있었지만, 성과는 제한적이었다.

---

53) [北齊] 魏收(撰), 『魏書·江式傳』, 吉林人民出版社, 1995年, 1206쪽.

(4) 소전 연구의 중흥기(唐五代)

소전 연구 중흥기인 당(唐)과 오대(五代) 시기에는 중당(中唐) 때의 서예가 이양빙(李陽冰)이 다수의 해서(楷書)와 초서(草書)의 대가들 사이에서 독특한 위치를 차지하며, 전서(篆書)에 능통하고 소전 연구에 거의 30년을 바쳤다. 그는 자신이 "이사 이후 직접 자신에게 이르렀다(斯翁以後, 直至小生.)"라고 스스로를 말했다.54) 이양빙은 소전을 「역산비(嶧山碑)」에서 배웠으며, 전해진 『설문해자』의 소전이 진실과 다름을 깨닫고, 그래서 『간정설문(刊定＜說文＞)』 30권을 저술했다.55) 하지만 이 저작은 이미 유실되었으며, 현재는 서현의 교정본 『설문해자』에서 인용하고 서개(徐楷)의 『설문해자계전(說文解字系傳)·거망(祛妄)』에서 나열한 것만 남아 있다. 그의 주된 작업은 자신의 이해에 따라 소전의 필법과 허신의 설명을 수정하는 것이었다. 비록 이양빙의 저작은 전해지지 않지만, 그의 전서 작품인 「삼분기(三墳記)」, 「겸괘비(謙卦碑)」 등은 여전히 존재하여 그의 소전 문자 형태를 연구하는 데 참고할 수 있다.

이후 남당(南唐)의 서개(徐鍇)는 『설문해자계전(說文解字系傳)』 40권(세상에서 '小徐本'이라고 함)과 『설문해자전운보(說文解字篆韻譜)』 10권을 저술했다.

『설문해자계전』은 『설문해자』에 대한 최초의 주석으로, 이양빙의 오류를 검정하고, 『설문해자』를 직접 수정하지 않고 허신의 원문을

---

54) [宋] 徐鉉, 『進＜說文解字＞表』, 『說文解字』, 中華書局, 2013年, 322쪽.
55) 이미 망실되었으며, 현재는 오직 서현(徐鉉) 교정본 『설문해자』에서 인용된 부분과 서개(徐鍇)의 『설문해자계전·거망(祛妄)』에 나열된 것만이 남아 있다.

유지하면서 '통석(通釋)'의 기초 위에 관련 문제에 대한 종합적인 연구를 시작했다. "이는 『설문해자』 연구사에서 개척적 의미를 가진다."[56] 이양빙과 서개의 소전 연구는 모두 『설문해자』에 기반을 두고 있으며, 『설문해자』 주석의 선례를 개척하여 소전 연구를 중흥시켰다.

(5) 소전 연구의 발전기(宋元明)

송(宋), 원(元), 명(明) 시기에 소전(小篆) 연구는 발전기에 접어들었으며, 주로 세 가지 측면에서 그 발전이 나타났다. 첫째, 공식적으로 『설문해자(說文解字)』의 수정 작업을 주도했다. 서현(徐鉉)은 송 태종(太宗) 옹희(雍熙) 연간에 명을 받아 구중정(句中正) 등과 함께 『설문해자』를 교정했으며, 원래의 모습을 회복하고자 노력했다. 또한 『설문해자』 본문에 19자를 보충하고 본문 뒤에 402자를 새로 추가했다―이것이 바로 '대서본(大徐本)'이다. 둘째, 설문학(說文學)이 공식적으로 탄생했다. 『설문』의 소전, 해석 및 육서(六書) 연구 분야에서 많은 성과를 낳았으며, 대표적 인물로는 남송(南宋)의 정초(鄭樵), 대동(戴侗), 원대(元代)의 양환(楊桓), 주백기(周伯琦), 명대(明代)의 조휘겸(趙撝謙), 위교(魏校), 오원만(吳元滿), 양신(楊愼), 조환광(趙宧光) 등이 있다.[57] 셋째, 금석학(金石學)이 부상하며 다수의 금석 목록 요약을 편찬했으며, 이 중에는 소전으로 된 자료가 포함되어 있다. 예를 들어, 송대(宋代)의 오양수(歐陽修)의 『집고록발미(集古錄跋尾)』, 명대(明代)의 도목(都穆)의 『금해임랑(金薤琳琅)』 등은 비석의 전액(篆額)을 수록하고 있다.

---

56) 何九盈, 『中國古代語言學史』(第四版), 商務印書館, 2013年, 87쪽.
57) 黎千駒, 『說文學源流及其發展趨勢』, 『說文解字研究』, 4輯, 2010年, 29-37쪽.

중국문자학 핸드북

(6) 소전 연구의 흥성기(淸)

청대는 문자학이 번성한 시기로, 특히 소전(小篆) 연구가 크게 발전했다. 이 시기의 발전은 주로 다음 세 가지 측면에서 나타났다.

첫째, 『설문해자(說文解字)』 연구의 성취가 두드러졌는데, 가장 유명한 것은 '설문사대가(說文四大家)'의 저작으로, 단옥재(段玉裁)의 『설문해자주(說文解字注)』, 계복(桂馥)의 『설문해자의증(說文解字義證)』, 왕균(王筠)의 『설문구독(說文句讀)』과 『설문석례(說文釋例)』, 주준성(朱駿聲)의 『설문통훈정성(說文通訓定聲)』 등이 있다.

둘재, 소전 자료의 저록 작품이 증가했다. 수집 열풍과 함께 소전 자료를 포함한 저록 작품이 크게 증가했다. 대량의 전문 동기명문(銅器銘文)을 포함한 '서청사감(西淸四鑒)'과 전문 비각(碑刻)을 수록한 『금석췌편(金石萃編)』 등이 대표적이다.

셋째, 금석학의 발달과 소전 서예의 부흥이다. 금석학의 발전은 청대 전서 서예의 부흥을 촉진했으며, 등석여(鄧石如), 홍량길(洪亮吉), 전점(錢坫), 조지겸(趙之謙) 등 유명한 소전 서예가들이 등장했다. 또한 오대징(吳大澂)과 같은 학자들은 전자를 교정하고 문자의 기원을 정리하면서 전자를 모사하는 작업도 했다.

결론적으로, 청대 문자학의 번성과 함께 소전 연구도 번영기를 맞이했다.

(7) 소전 연구의 전면적 발전기(근현대)

근현대 소전 연구는 전면적인 발전을 이루었으며, 구체적으로 다음과 같은 측면에서 그 발전이 나타났다.

첫째, 청대 이후 설문학과 소전 연구의 계승이다. 청대부터 이어진 설문학과 소전 연구의 전통이 계속되었으며, 대표적인 작품으로는 정복보(丁福保)의 『설문해자고림(說文解字詁林)』, 마서륜(馬敘倫)의 『설문해자육서소증(說文解字六書疏證)』, 왕국유(王國維)의 『설문'금서전문합이고주설'(說文'今敍篆文合以古籀說')』, 황간(黃侃)의 『설문약설(說文略說)』 등이 있다.

둘째, 저록 자료의 풍부화이다. 저록 자료가 더욱 풍부해졌는데, 예를 들어 나진옥(羅振玉)의 『몽의초당길금도(夢郼草堂吉金圖)』, 용경(容庚)의 『진한금문록(秦漢金文錄)』, 산서성박물관의 『진한와당(秦漢瓦當)』, 고명(高明)의 『고도문회편(古陶文彙編)』 등이 있다.

셋째, 소전이 관련된 연구 분야의 번성이다. 소전을 통한 고문자 연구와 소전으로 작성된 실물을 대상으로 한 연구가 활발해졌다. 예를 들어 곽말약(郭沫若)의 『석고문연구(石鼓文研究)』, 『저초문고석(詛楚文考釋)』[58] 등이 좋은 예이다. 소전 사용 및 감별에 관한 연구로는 상승조(商承祚)의 『진권 사용 및 변위(秦權使用及辨僞)』[59]가 있다.

종합적으로, 근현대의 소전 연구는 청대 이후의 우수한 학술 전통을 계승하며 많은 새로운 연구 방향을 개척하고 풍부한 성과를 달성했다. 다만, 앞으로 최근 30년간의 소전 연구 상황은 중복을 피하기 위해 아래의 "연구의 진전" 부분에서 자세히 다루어질 예정이다.

4. 연구의 진전

"1990년대 이후, 새로운 천년의 전환점에서 문자학 연구는 전면적

---

58) 郭沫若, 『郭沫若全集』(第九卷), 科學出版社, 1982年.
59) 商承祚, 『秦權使用及辨僞』, 『學術研究』, 1965年 第3期, 77-86, 95-98쪽.

인 발전과 진보를 이루었다. 문자학의 각 분야에서 연구 문제의 깊이
와 폭, 발표된 성과의 수량과 질 모두 주목할 만하다."[60] 소전(小篆)
연구 역시 예외는 아니며, 풍부한 성과를 거두었다.

여기서는『설문(說文)』소전 연구, 출토 문헌 소전 연구, 출토 문헌
소전과『설문』소전의 비교 연구라는 세 가지 측면에서 최근 30년간
이루어진 새로운 진전을 간략히 소개하겠다.

(1)『설문』소전 연구

『설문해자(說文解字)』소전 연구는『설문해자』가 보존한 대량의 소
전 문자 형태 때문에 항상 소전 연구의 중심이 되어왔다. 최근 30년
간 학자들은『설문해자』소전에 대한 연구를 다양한 측면에서 이어
가며 새로운 성과를 거두었다.

예를 들어, 장기빙(蔣冀騁)의『설문단주개전평의(說文段注改篆評議)
』[61]에서는 갑골문, 금문 등 출토 문자와『한간(汗簡)』,『고문사성운
(古文四聲韻)』등 전세 문헌을 종합 참조하여 문자의 형태, 발음, 의미
를 분석하고, '성취', '결손' 및 '의심'을 기준으로 단옥재가 개정한 전
문을 하나하나 평가했다. 이를 통해 그의 개전 방법과 오류 원인을
요약하고, 학술 연구에 새로운 방법과 신소재를 적용해야 한다는 교
훈을 얻었다. 또한, 연구 문제의 체계성에 주의를 기울여야 한다고
강조했다.

이국영(李國英)의『소전형성자연구(小篆形聲字研究)』[62]는『설문해자

---

60) 黃德寬, 陳秉新,『漢語文字學史』(增訂本), 安徽教育出版社, 2006年, 276쪽.
61) 蔣冀騁,『說文段注改篆評議』, 湖南教育出版社, 1993年.
62) 李國英,『小篆形聲字研究』(修訂本), 中華書局, 2020年. 北京師範大學出版社,
   1996年 初版.

』의 형성자에 대해 철저한 미시적 분석을 진행하며, 소전 형성자의 구성 기능에 초점을 맞추고, 의미 부호 체계와 음성 부호 체계를 기술했다. 이와 별도로 이국영은 『<설문해자>연구사제(說文解字研究四題)』63)에서 세 번째 주제인 "소전 형성자의 역사적 성인과 공시적 체계 기술"에 대해 주로 논하며, 『설문해자』 소전 문자 체계의 이론과 실천에 대한 논의를 진행했다. 또 네 번째 주제인 "한자 형성자의 의미 부호 체계"에서는 소전 형성자의 의미 부호 체계에 대한 기술과 분석을 진행했다.

이러한 연구들은 『설문해자』 소전에 대한 심도 깊은 이해를 제공하며, 소전 연구에 중요한 기여를 하고 있다.

조평안(趙平安)의 『<설문>소전연구(<說文>小篆研究)』64)는 출토 문헌 고문자 자료를 대량으로 인용하며, 『설문해자』 소전을 가로와 세로축 두 가지 차원에서 전면적으로 연구했다. 책은 총 7장으로 구성되어 있으며, 한자 발전 순서에 부합하는지 여부에 따라 『설문해자』 소전을 네 가지 유형으로 분류하고, 각각 진전(秦篆)과 한전(漢篆)을 소개하며, 『설문해자』에 수록된 소전 이체(異體), 『설문해자』에 수록되지 않은 이체, 『설문해자』 소전의 구조, 전사(傳寫)와 각각(刊刻)이 『설문해자』 소전에 미친 영향, 그리고 『설문해자』 소전의 자원(字源)을 탐구했다.

제충천(齊沖天)과 첨은흠(詹鄞鑫)은 『설문해자』 소전에 대한 대중적 저작을 집필했다. 제충천의 『<설문해자>와 전문자체(<說文解字>與篆文字體)』65)는 다섯 부분으로 나뉘어 있으며, 소전과 『설문해자』, 소

---

63) 李國英, 『<說文解字>研究四題』, 中國大百科全書出版社, 2019年.
64) 趙平安, 『<說文>小篆研究』, 廣西教育出版社, 1999年.
65) 齊沖天, 『<說文解字>與篆文字體』, 河南人民出版社, 1994年.

전 문자 형태의 형성과 전파, 소전의 문자적 특성, 소전의 예술적 특징, 그리고 소전 예술의 역사와 발전 전망을 다루었다. 첨은흠의『소전을 이야기하다(談談小篆)』66)는 소전 학습 연구 자료를 소개하는 소책자로, 진한(秦漢) 출토 실물 문자 자료를 바탕으로『설문해자』소전을 교정할 것을 제안했다. 특히 부록에서는 다수의 진한 실물 문자 이미지를 나열했다.

또한 논문과 학위논문으로는 다음의 것들이 있다.

· 제원도(齊元濤)의 『<설문>소전구성계통상관데이터의컴퓨터측사 (<說文>小篆構形系統相關數據的計算機測査)』67)
· 왕평(王平)과 장극화(臧克和)의 『일장당사본<설문·목부>잔권원본 과대서본소전형허자고정(日藏唐寫本<說文·木部>殘卷原件與大徐 本小篆形訛字考訂)』68)
· 담보운(譚步雲)의『<설문해자>소수이체전문의문자학계시(<說文 解字>所收異體篆文的文字學啓示)』69)
· 유소굉(俞紹宏)의『<설문>에서 오독허기 쉬운 소전자형 간설(<說 文>中易誤讀小篆字形簡說)』70)
· 악준봉(嶽俊峰)의『<설문해자> 소전의 기호와 기호자 연구(<說文 解字>小篆的記號和記號字研究)』71)
· 이가호(李家浩)의『<설문> 전문에는 한대 소학가의 찬개와 위조한 자형이 존재함(<說文>篆文有漢代小學家篡改和虛造的字形)』72)

---

66) 詹鄞鑫, 『談談小篆』, 語文出版社, 2007年.
67) 齊元濤, 『<說文>小篆構形系統相關數據的計算機測査』, 『古漢語研究』 1996年 第1期, 26-34쪽.
68) 王平, 臧克和, 『日藏唐寫本<說文·木部>殘卷原件與大徐本小篆形訛字考訂』, 『文史』, 2003年 第2期, 199-211쪽.
69) 譚步雲, 『<說文解字>所收異體篆文的文字學啓示』, 『中山大學學報』 2008年 第3 期, 59-65, 206쪽.
70) 俞紹宏, 『<說文>中易誤讀小篆字形簡說』, 『大連大學學報』, 2010年 第4期, 63-64쪽.
71) 嶽俊峰, 『<說文解字>小篆的記號和記號字研究』, 華僑大學碩士學位論文, 2012年.
72) 李家浩, 『<說文>篆文有漢代小學家篡改和虛造的字形』, 黃德寬主編『安徽大學漢

·왕작신(王作新)의 『<설문> 소전의 한자구형적 위서와 그 인지심리
분석(<說文>小篆漢字構形的位序及其認知心理分析)』73)

이러한 연구들은 『설문해자』 소전의 특성, 구성, 이체 및 문자 형
태 비교 등 다양한 측면에서 깊이 있는 연구를 진행했으며, 출토 문
헌 자료를 도입하고 데이터베이스 등의 방법을 사용하여 소전 연구
에서 여러 중요한 돌파구를 마련했다.

(2) 출토문헌 소전연구

출토문헌 소전연구는 주로 그 적용 매체를 기반으로 이루어진다.
이전에는 소전 문자의 고증과 자료 저록 외에, 출토 문헌 소전의 연구
성과가 풍부하다고 할 수 없었다. 하지만 최근 30년 동안 새로 발견
된 인장(璽印), 봉니(封泥) 등이 늘어나면서, 이 분야의 자료가 새로운
지지를 제공하게 되었고, 학자들은 출토 문헌 중 소전에 대한 관심을
날로 증가시켜 가고 있다.

자형 정리와 도구서 편찬 측면에서, 최근 30년간의 주요 저작으로
는 서곡보(徐谷甫), 왕연림(王延林)의 『고도자회(古陶字彙)』74), 한천형
(韓天衡)의 『고와당문편(古瓦當文編)』75), 손위조(孫慰祖)와 서곡보(徐谷
甫)의 『진한금문휘편(秦漢金文彙編)』76), 동염택(佟豔澤)의 『한대 도문
연구 개황 및 문자편(漢代陶文硏究槪況及文字編)』77), 어지웅(許雄志)의

語言文字硏究叢書·李家浩卷』, 合肥. 安徽大學出版社, 2013年, 364-376쪽.
73) 王作新, 『<說文>小篆漢字構形的位序及其認知心理分析』, 『中國文字硏究』, 18輯,
2013年, 187-192쪽.
74) 徐谷甫, 王延林合著., 『古陶字彙』, 上海書店出版社, 1994年.
75) 韓天衡主編., 『古瓦當文編』, 世界圖書出版公司上海分公司, 1996年.
76) 孫慰祖, 徐谷甫(編), 『秦漢金文彙編』, 上海書店出版社, 1997年.

『진인문자휘편(秦印文字彙編)』78), 조평안(趙平安), 이전(李婧), 속소력(石小力)의 『진한인장봉니문자편(秦漢印章封泥文字編)』79) 등이 있다. 이들 저작은 관련 자료의 문자 형태를 집대성하고 정리하며, 많은 소전 문자 형태를 포함하여, 소전이 금문, 도문, 인장, 봉니에서 나타나는 다양한 형태를 직관적으로 보여준다.

문자고석 방면의 성과로는, 고문(高文)의 『한비집석(漢碑集釋)』80), 왕휘(王輝)의 『진문자집증(秦文字集證)』81), 조평안9趙平安)의 『두 가지 한 대문자 와당의 석독문제(兩種漢代文字瓦當的釋讀問題)』82), 원중일(袁仲一)의 『진한문자와당석담 7가지(秦漢文字瓦當釋談七則)』83) 등이 있다.

이러한 연구는 주로 봉니, 인장, 와당 등 변형이 쉬운 매체에 집중되며, 특히 새로 발굴된 다른 유형의 문자 자료(특히 신출)와 결합하는 경우가 많다. 해석의 새로운 성과는 소전 자체와 관련된 역사 문화에 대한 이해를 갱신해 준다.

종합적 연구 방면에서는 두 가지 접근 방식이 있다. 하나는 특정 자료 내의 소전을 시스템적으로 분석하는 것으로, 맹우(孟宇)의 『이야진간소전초탐(里耶秦簡小篆初探)』84), 서해빈(徐海斌)의 『진한새인봉니자체연구(秦漢璽印封泥字體研究)』85), 여몽(呂蒙)의 『한위육조비각고문자연구(漢魏六朝碑刻古文字研究)』86), 진세경(陳世慶)의 『한대석각전서

---

77) 佟黯澤, 『漢代陶文研究槪況及文字編』, 吉林大學碩士學位論文, 2012年.

78) 許雄志(主編), 『秦印文字彙編』, 河南美術出版社, 2001年.

79) 趙平安, 李婧, 石小力, 『秦漢印章封泥文字編』, 中西書局, 2019年.

80) 高文, 『漢碑集釋』, 河南大學出版社, 1997年.

81) 王輝, 『秦文字集證』, 藝文印書館, 1999年.

82) 趙平安, 『兩種漢代瓦當文字的釋讀問題』, 『考古』 1999年 第12期, 80-83쪽.

83) 袁仲一, 『秦漢文字瓦當釋談七則』, 『秦漢研究』 2009年, 1-10쪽.

84) 孟宇, 『里耶秦簡小篆初探』, 『中國書法』, 2017年 第14期, 80-86쪽.

85) 徐海斌, 『秦漢璽印封泥字體研究』, 南昌大學碩士學位論文, 2006年.

연구(漢代石刻篆書研究)』87), 김미령(金美鈴)의 『중고석각전문연구(中古石刻篆文研究)』88), 왕관일(王冠一)의 『송대석각전문연구(宋代石刻篆文研究)』89), 제원도(齊元濤)의 『수당석각전문과 한자의 당대화(隋唐石刻篆文與漢字的當代化)』90) 등이 이에 속한다.

또 다른 방식은 여러 종류의 자료에 나타난 소전을 종합적으로 연구하는 것으로, 서선비(徐善飛)의 『최근 40년 출토 진한전문 정리와 연구(近四十年出土秦漢篆文整理與研究)』91), 대위(代威)의 『한대전문연구(漢代篆文研究)』92), 왕정이(汪靜怡)의 『위진남북조전문연구(魏晉南北朝篆文研究)』93), 연위근(連蔚勤)의 『진한전문형체비교연구(秦漢篆文形體比較研究)』94) 등이 있다.

이런 연구들은 소전의 성질, 구성, 이체, 문자 형태 비교 등 다양한 측면에서 접근하며, 출토 문헌을 자료로 도입하고 데이터베이스 등의 수단을 활용해 소전 연구에 많은 돌파구를 마련했다.

(3) 출토 문헌 소전과 『설문해자』 소전의 비교 연구

출토 문헌 소전과 『설문해자』 소전의 비교 연구는 현재 소전 연구의 한 방면을 이루고 있으며, 여기서도 일정한 성과를 거두었다. 이

---

86) 呂蒙, 『漢魏六朝碑刻古文字研究』, 西南大學博士學位論文, 2011年.
87) 陳世慶, 『漢代石刻篆書研究』, 安徽大學博士學位論文, 2014年.
88) 金美鈴, 『中古石刻篆文研究』, 華東師範大學碩士學位論文, 2014年.
89) 王冠一, 『宋代石刻篆文研究』, 吉林大學碩士學位論文, 2013年.
90) 齊元濤, 『隋唐石刻篆文與漢字的當代化』, 陝西師範大學學報, 2016年 第2期, 162-167쪽.
91) 徐善飛, 『近四十年出土秦漢篆文整理與研究』, 華東師範大學碩士學位論文, 2010年.
92) 代威, 『漢代篆文研究』, 吉林大學碩士學位論文, 2013年.
93) 汪靜怡, 『魏晉南北朝篆文研究』, 吉林大學碩士學位論文, 2013年.
94) 連蔚勤, 『秦漢篆文形體比較研究』(上下), 『中國語言文字研究輯刊』(第7, 8冊), [臺灣] 新北. 花木蘭文化出版社, 2012年.

러한 비교 연구는 출토된 특정 자료의 소전과 『설문해자』에 수록된 소전 사이의 관계를 규명함으로써, 문자의 형태 변화와 발전 과정을 이해하는 데 도움을 준다. 대표적인 연구 사례로는 다음과 같은 저작들이 있다.

> 왕평(王平)의 『위진남북조 석각전자와 <설문>소전 구성비교(魏晉南北朝石刻篆字與<說文>小篆構形比較)』[95]
>
> 왕휘(王卉)의 『한대 금문전문과 <설문해자>전문 비교연구(漢代金文篆文與<說文解字>篆文比較研究)』[96]
>
> 조평안(趙平安)의 『<설문> 미수록 소전 이체(<說文>未收小篆異體)』[97]
>
> 맹탁(孟琢)의 『<설문>소전과 진각석전문자형의 차이(<說文>小篆與秦刻石篆文字形之差異)』[98]
>
> 주천(朱晨)의 『진봉니문자와 <설문해자>에서 수집한 자형의 대비연구(秦封泥文字與<說文解字>所輯字形的對比研究)』[99]

5. 관련 문제

소전(小篆)은 전국(戰國) 후기에 등장하여 진(秦)이 중국을 통일한 후 주요 통용 문자로 자리 잡았고, 서한(西漢)까지 이어지며 약 200년 이상의 기간 동안 많은 문헌 자료를 남겼다. 한대(漢代)에 들어서 정체자(正體字)의 지위가 예서(隸書)에 의해 대체되어 일상에서 더 이상

---

95) 王平, 『魏晉南北朝石刻篆字與<說文>小篆構形比較』, 『中國文字研究』 2008年 第1輯(總第10輯), 189-200쪽.

96) 王卉, 『漢代金文篆文與<說文解字>篆文比較研究』, 『寧夏社會科學』, 2008年 第3期, 163-166쪽.

97) 趙平安, 『<說文>未收小篆異體』, 『出土文獻』 2013年, 2013年, 304-310쪽.

98) 孟琢, 『<說文>小篆與秦刻石篆文字形之差異』, 『陝西師範大學學報』, 2017年 第2期.

99) 朱晨, 『秦封泥文字與<說文解字>所輯字形的對比研究』, 『合肥學院學報』 2016年 第3期, 62-69쪽.

통용되지 않게 되었지만, 인장(印章), 비액(碑額) 등 특정 상황에서는 여전히 소전으로 기록되었다. 소전은 중국 역사상 처음으로 조정에서 전국적으로 통용되는 정체자로 채택된 만큼, 그 지위가 높았을 뿐만 아니라 그 영향력도 매우 깊고 넓다.

소전은 문자학, 서예 예술, 역사 및 고고학, 사상 및 문화 등 다양한 분야에서 중요한 연구 가치를 지니고 있다. 이는 다음과 같은 면에서 특히 두드러진다.

(1)『설문』소전과 '개전(改篆)'

『설문해자』소전과 '개전(改篆)' 문제는 소전 연구의 중요한 측면 중 하나이다. 이 문제는『설문해자』소전의 본질, 구성, 이체, 문자 형태의 오류에 대한 연구뿐만 아니라 다른 출처의 전문과의 비교 연구를 포함한다. 또한 '개전' 문제에 대한 연구도 주목받고 있다.

당대 이양빙(李陽冰)이 진대(秦代) 소전을 모사한 후『설문해자』소전이 실제와 다르다고 판단하여 개전한 후, 크고 작은 서(徐)가『설문해자』에 대한 교정과 주석 작업을 통해 이양빙의 오류를 교정하고 허신(許愼)의『설문해자』원형을 유지하려고 노력했다. 또한 송대(宋代)의 장유(張有)가『복고편(復古編)』, 청대(淸代)의 단옥재(段玉裁)가『설문해자주(說文解字注)』, 엄가균(嚴可均), 요문전(姚文田)이『설문교의(說文校議)』, 서호(徐灝)가『설문해자주감(說文解字注箋)』등을 통해『설문해자』의 전형에 대한 개정을 시도했다. 첨은흠(詹鄞鑫)은 출토 문헌을 바탕으로『설문해자』전문의 교정을 주장했다.[100]

이양빙, 단옥재 등이『설문해자』전형을 변경한 것은 주로 전서(傳

---

100) 詹鄞鑫,『＜說文＞篆文校正芻議』,『古漢語研究』, 1996年 第3期, 10-14쪽.

抄)된 고문과 당시 접근 가능했던 제한된 출토 문자 자료에 기반했기 때문에, 현재와 같이 풍부한 자료가 없던 상황에서 그들의 작업이 일부 편향될 수밖에 없었다. 그러나 그들의 연구 방향과 방법은 현대 연구에 여전히 유익한 영감을 주었다. 장기빙(蔣冀騁)을 비롯한 학자들은 이전의 개전에 대해 전문적으로 연구했다.101)

(2) 소전과 한자발전

이 방면에서의 연구는 주로 두 가지 주제에 집중되는데, 바로 소전의 생성 시기와 한자 발전사에서 소전의 역사적 지위이다.

먼저, 소전의 생성 시기에 대해서는 크게 두 가지 견해가 있다. 하나는 소전이 진(秦)이 중국을 통일한 후에 생성되었다는 전통적인 관점이고, 다른 하나는 소전이 전국 시기, 즉 진이 중국을 통일하기 전에 이미 존재했다는 견해이다. 전자는 오래된 견해로, 장선국(蔣善國)이 비교적 이르게 진 통일 전에 이미 소전이 존재했다고 주장하며, 「신처호후(新郪虎符)」를 예로 들었다.102) 이후 서무문(徐無聞)이 더 명확하게 '소전은 전국문자'라고 주장했다.103) 오늘날에는, 유수생(喩遂生)의 말처럼 '소전이 전국시대에 형성되었다'는 것이 학계의 공통된 견해가 되었다.104)

소전이 한자 발전사에서 차지하는 지위와 관련하여 중요한 문제는

---

101) 蔣冀騁, 『<說文段注>改篆簡論』, 『古漢語研究』, 1992年 第2期, 74-84, 86쪽. 蔣冀騁, 『說文段注改篆評議』, 長沙. 湖南教育出版社, 1993年. 許軼, 『<說文解字注>改篆初探』, 蘇州大學碩士學位論文, 2008年. 朱文娟, 『<說文校議>改篆初探』, 蘇州大學碩士學位論文, 2009年. 李晨奮, 『<說文解字注箋>改篆初探』, 蘇州大學碩士學位論文, 2009年.
102) 蔣善國, 『漢字形體學』, 文字改革出版社, 1959年, 154쪽.
103) 徐無聞, 『小篆爲戰國文字說』, 『西南師範大學學報』, 1984年 第2期, 26-41쪽.
104) 喩遂生, 『文字學教程』, 北京大學出版社, 2014年, 141쪽.

소전의 성격을 어떻게 정의하고, 이를 바탕으로 한자 발전 단계에서 소전의 위치를 어떻게 확정할 것인지에 관한 것이다. 이는 소전이 고문(古文字)에 해당하는지 여부와 관련된 논란의 핵심이다. 소전을 고문에 포함시키는 입장을 취한 학자로는 당란(唐蘭), 구석규(裘錫圭) 등이 있으며105), 당란은 특히 소전을 '근고문자(近古文字)'로 분류했다.106) 반면, 소전을 고문에 포함시키지 않는 입장을 취한 학자로는 용경(容庚107)), 후소석(胡小石) 등이 있다.108)

이러한 논의는 소전이 한자의 역사와 발전 과정에서 어떤 위치를 차지하는지, 그리고 소전 연구가 문자학 및 관련 분야에서 어떤 방향으로 나아가야 할지에 대한 중요한 시사점을 제공한다.

(3) 소전과 서예예술

소전과 서예 예술의 관계는 소전 연구의 또 다른 중요한 측면이다. 소전은 그 아름다움과 예술적 특성으로 역대 서예가들에게 사랑받았으며, 장식적이고 미화적인 기능을 가진 예술품으로 자주 사용되었다. 이 분야의 연구는 주로 다음과 같은 몇 가지 측면에 집중되었다.

1. 다양한 쓰기 매체에 대한 전서(篆書) 연구

　・고결(高潔)의 『한대각석전서연구(漢代刻石篆書硏究)』109)
　・모우멍(毛雨檬)의 『당대관인용전연구(唐代官印用篆硏究)』110)

---

105) 裘錫圭, 『文字學槪要』(修訂本), 商務印書館, 2021年, 61쪽.
106) 唐蘭. 『唐蘭著作精選 古文字學導論』, 上海古籍出版社, 2016年, 316쪽.
107) 容庚, 『容庚學術著作全集·中國文字學』, 中華書局, 2012年, 35쪽.
108) 胡小石, 『書藝略論』, 收『胡小石論文集』, 上海古籍出版社, 1982年, 210쪽.
109) 高潔, 『漢代刻石篆書硏究』, 中央美術學院碩士學位論文, 2014年.

·유창(劉暢)의 『고동인장서체로 본 전서의 발전과 변화(從古銅璽印書體篆書的發展演變)』[111])

2. 단대별 전서 예술 연구.
·여설비(呂雪菲)의 『송대 전서변이현상 탐미(宋代篆書變異現象探微)』[112])
·왕문초(王文超)의 『명대전서연구(明代篆書硏究)』[113])
·왕지(王志)의 『민국전서연구(民國篆書硏究)』[114])

3. 서가(書家)의 전서 예술 연구.
·유예(劉睿)의 『이양빙전서연구(李陽冰篆書硏究)』[115])
·송립(宋立)의 『건가학자들의 전서관념 및 등석여 전서 수용문제
   연구(乾嘉學者篆書觀念及鄧石如篆書接受問題硏究)』[116])
·장적(張迪)의 『등석여 전서의 '변법'(鄧石如篆書的"變法")』[117])

4. 서예 이론 연구.
·손지추(孫稚雛)의 『<설문해자>와 전서예술(<說文解字>與篆書藝術)』[118])
·장홍군(張紅軍)의 『전예위원개념 속의 '고'의 역사서술과 구성—이
   왕'에서 '전예'의 패러다임 전환까지(篆隷爲源觀念中"古"的歷史敍
   述與構成—從"二王"到"篆隷"的範式轉型)』[119])
·매약휘(梅躍輝)의 『'전주기'론(論"篆擺氣")』[120])

---

110) 毛雨檬, 『唐代官印用篆硏究』, 陝西師範大學2017年 碩士學位論文, 2017年.
111) 劉暢, 『從古銅璽印書體看篆書的發展演變』, 『文物鑒定與鑒賞』 2013年 第11期 73-77쪽.
112) 呂雪菲, 『宋代篆書變異現象探微』, 『中國國家博物館館刊』 2015年 第10期, 94-104쪽.
113) 王文超, 『明代篆書硏究』, 吉林大學碩士學位論文, 2016年.
114) 王志, 『民國篆書硏究』, 南京師範大學碩士學位論文, 2011年.
115) 劉睿, 『李陽冰篆書硏究』, 中國藝術硏究院碩士學位論文, 2017年.
116) 宋立, 『乾嘉學者篆書觀念及鄧石如篆書接受問題硏究』, 『中國書法』 2017年 第4期,
    193, 195-196, 198-202, 204-205.
117) 張迪, 『鄧石如篆書的"變法"』, 『中國書法』 2014年 第21期, 168-170쪽.
118) 孫稚雛, 『<說文解字>與篆書藝術』, 『中山大學學報』 1996年 第3期 82-85쪽.
119) 張紅軍, 『篆隷爲源觀念中"古"的歷史敍述與構成—從"二王"到"篆隷"的範式轉型』,
    『中國書法』 2018年 第6期, 109-112쪽.
120) 梅躍輝, 『論"篆擺氣"』, 『中國書法』 2016年 第8期, 174-175쪽.

(4) 관련 역사와 고고연구

소전을 통해 기록된 내용, 특히 청동기, 석각, 인장 등의 매체에 새겨진 것은 당시의 역사적 현실을 반영하는 중요한 자료이다. 이러한 맥락에서 소전에 관련된 역사와 고고학 연구는 주로 다음과 같은 분야에서 진행되고 있다.

1. 역사적 문헌의 단대 연구

· 왕휘(王輝)의 『진 출토 문헌 편년(秦出土文獻編年)』[121]과 그것의 『정보(訂補)』[122]는 청동기, 석각, 인장, 도기 등과 관련된 소전 자료의 연대를 거의 정확하게 연도별로 결정하였다. 이 작업은 진나라 출토 문헌의 단대 연구에 매우 높은 참고 가치가 있다.

2. 인장 단대 연구.
· 손위주(孫慰祖)의 『역대 인장 단대 표준품 도감(歷代璽印斷代標准品圖鑒)』[123]은 다양한 시대를 대표하고 단대 기준 의미가 있는 200점의 인장을 수록하고 해석 및 평가하였다. 이는 각 시대 인장의 단대에 대한 참고 자료로서 가치가 있다.

3. 출토 문헌의 단대 연구.
· 주효륙(周曉陸)과 노동지(路東之), 서정고(徐正考), 왕위(王偉) 등의 학자들은 출토 문헌의 단대에 대한 연구와 기여를 해왔다. 이들의 작업은 고대 문서, 인장, 기타 고고학적 자료를 통해 고대 중국의 역사적 사건과 사회 문화적 배경을 이해하는 데 중요한 역

---

121) 王輝, 『秦出土文獻編年』, 新文豊出版公司, 2000年.
122) 王輝, 王偉, 『秦出土文獻編年訂補』, 三秦出版社, 2014年.
123) 孫慰祖, 『歷代璽印斷代標准品圖鑒』, 吉林美術出版社, 2010年.

할을 하고 있다.

또 일부 학자들은 소전(小篆)으로 쓰인 인장과 봉니 문자를 통해 대량의 직관(職官)과 기관 명칭을 기록하고, 이와 관련된 연구를 수행했다. 예를 들어, 천송장 등은 진간(秦簡), 봉니, 인장, 청동기명문 자료를 종합적으로 활용하여 진대의 직관 명칭을 검증하고, 진대의 수관(守官) 및 가관(假官) 제도, 도관(都官) 제도, 향리 직관(鄕里職官) 제도 및 관리법에 대해 논의하며『진대 관제 고론』을 저술했다.124) 또 이초(李超)의『진 봉니와 관제 연구』125)와 이여삼(李如森)의『한묘 인장 및 그 제도에 대한 시론』126)은 모두 소전으로 기록된 자료를 사용하여 직관 제도를 연구했다.

진한(秦漢) 시기의 봉니(封泥)와 인장(璽印), 특히 관인(官印)을 통해 기록된 다양한 지명은 당시의 지리적 상황과 행정 구역을 반영하는 귀중한 자료이다. 이러한 자료를 활용한 역사 지리 연구는 고대 중국의 지리적 환경과 행정 체계에 대한 이해를 심화시키는 데 중요한 역할을 한다.

- 한인 지명 연구.
· 한언교(韓彦佶)의『한인 지명연구(漢印地名硏究)』127)는 한 시대 인장에 기록된 지명을 행정 등급별로 분류하고, 그 사용된 문자를 분석하여 한 시대 지명 명명의 특징을 종합하고, 지명 사전을 편찬하였다.
- 지명 변화 연구.
· 장위연(張偉然)과 채윤현(蔡允賢)은 한 시대 봉니와 관인을 통해 '영

---

124) 陳松長(等),『秦代官制考論』, 中西書局, 2018年.
125) 李超,『秦封泥與官制研究』, 陝西師範大學出版總社, 2021年.
126) 李如森,『漢墓璽印及其制度試探』,『社會科學戰線』, 1996年 第5期, 126-132쪽.
127) 韓彦佶,『漢印地名研究』, 華東師範大學碩士學位論文, 2007年.

평5년 실인 갱각(永平五年失印更刻)' 사건이 실제로는 없었음을
밝혔으며, '신양(愼陽)'에서 '진양(眞陽)'으로의 명칭 변경이 서진
(西晉)에서 일어났다고 주장했다.128)

- 진 시기 지명 연구.
· 왕위(王偉)와 동지군(童志軍)은 신규 발견된 진나라 봉니에서 언급
   된 지명 10가지를 검토하여 일부 진나라 현(縣)의 설치시기를 명
   확히 하고, 진에 의해 설치된 현의 수를 확장시켰다.129)
- 진 시기 새인과 봉니에 관한 연구.
· 왕위의 『진 새인 봉니 직관 지리연구(秦璽印封泥職官地理研究)』130)
   는 소전으로 기록된 새인과 봉니에 담긴 직관(職官) 정보와 지리
   적 정보에 대한 연구를 진행했다.131)

(5) 사상문화연구

   소전으로 쓰인 문헌 자료는 당시의 사회사상과 문화를 반영하고
있어, 연구자들의 관심을 끌기에 충분하다. 이러한 자료를 통해 고대
중국 사회의 사상적 배경과 문화적 특성을 연구하는 것은 중요한 학
문적 가치가 있다.

- 소전 문자체와 진(秦) 문화의 관계.
· 허만(許曼)의 『소전자체와 진문화의 관계(小篆字體與秦文化的關系)
   』132)에서는 소전의 형태가 진 사람들의 실용적이고 공리적인
   사고방식, 창조성 부족이 문자 개혁에 반영된 진 사람들의 정신
   적 결핍, 소전의 방원(方圓) 형태가 진 사람들의 방원 사고를 대

128) 張偉然, 蔡允賢, 『官印與地名—"愼陽"及相關地名變遷的傳說與史實』, 『復旦學報』
    2019年 第3期, 91-100쪽.
129) 王偉, 童志軍, 『新見秦地名封泥考(十則)』, 『江漢考古』 2019年 第4期, 127-132쪽.
130) 王偉, 『秦璽印封泥職官地理研究』, 中國社會科學出版社, 2014年.
131) 王偉, 童志軍, 『新見秦地名封泥考(十則)』, 『江漢考古』 2019年 第4期, 127-132쪽.
132) 許曼, 『小篆字體與秦文化的關系』, 『漢字文化』 2006年 第5期, 66-69쪽.

표하며, 소전 문자체가 진 사람들의 두터운 내성적 성격 특성과
강한 전제적 문화 심리와 관련이 있다고 주장했다.

- 진 계열 출토 문헌의 인명 문화 연구.
· 진홍(陳鴻)의 『진계열출토문헌인명문화연구(秦系出土文獻人名文化
  硏究)』133)에서는 청동기, 옥석, 도기(새인과 봉니 포함) 등의 자
  료를 통해 진 사람들의 명명 방식과 구조를 연구하고, 그 특징
  을 종합하여 인명이 반영하는 진 문화가 서주(西周)의 소박하고
  솔직한 전통 문화 특성에 뿌리를 두고 있으며, 동시에 자연을
  숭상하는 민족적 특성을 가지고 있음을 지적했다.
- 진 계열 사인(私印) 정리 및 연구.
· 이학가(李學嘉)의 『진 계열 사인 정리와 연구(秦系私印整理與研究)
  』134)는 이름 새인과 성어 새인을 연구 대상으로 하여 그 속에
  담긴 역사 문화적 내포와 사회 정신적 모습을 밝혔다.

이러한 연구들은 고대 중국의 사상과 문화를 이해하는 데 중요한 창
구 역할을 하며, 특히 진과 한(漢) 시기의 사회적 배경과 문화적 동향
을 탐구하는 데 중요한 기여를 한다. 소전을 통해 고대 중국의 다양한
사상적 흐름과 문화적 특성을 파악할 수 있으며, 이는 역사학, 고고학,
문화 연구의 다양한 분야에서 중요한 연구 주제가 된다.

6. 미래전망

(1) 글자와 어휘 고석

새인, 봉니 등 출토 문헌 자료는 그 자체의 형태와 작성 재료의 특

---

133) 陳鴻, 『秦系出土文獻人名文化硏究』, 『福建師範大學學報』 2014年 第4期, 114-121쪽.
134) 李學嘉, 『秦系私印整理與研究』, 西南大學碩士學位論文, 2019年.

성으로 인해 사용된 소전 형태에 변화가 있을 수 있으므로, 문자 어휘 해석은 앞으로의 연구 중심이며 관련 연구의 기초가 된다. 한편으로는 이전에 편찬된 해석에 대해 계속 논의할 필요가 있고, 다른 한편으로는 새로운 자료가 계속 발견되고 출판되고 있다.

예를 들어,『서릉인사 신입 소장 새인봉니 선간(西泠印社新入藏璽印封泥選刊)』135)과『태전몽암 구장 고대새인 선(太田夢庵舊藏古代璽印選)』136) 같은 자료가 있다. 따라서 문자 어휘 해석 작업은 지속적으로 진행되어야 한다.

(2) 공구서 편찬

현재 재료나 시대별로 분류된 문자(편)은 있지만, 특별히 소전 문자(편)은 아직 보이지 않고 있다. 앞으로 소전 문자 편이나 사전 작업에 주력할 수 있다.

예를 들어, 진대(秦代) 소전 문자(편), 한대(漢代) 소전 문자(편), 진대 봉니(封泥) 소전 문자(편), 한대 인장(印章) 소전 문자 편 등이 있을 수 있다. 어떤 재료의 소전을 전문으로 하는 문자(편)을 편찬함으로써, 작성 매체와 소전 문자 형태의 관계, 다른 매체 간의 소전 차이를 연구하는 데 도움이 된다. 단대별 소전 문자(편)을 편찬하여 특정 시대 소전의 작성 특성을 정리하면, 실물 단대의 하나로 활용할 수 있으며, 동시에 소전의 역사적 발전과 변화를 연구하는 데 용이하다.

---

135) 曹錦炎, 谷松章,『西泠印社新入藏璽印封泥選刊』,『西泠藝叢』2021年 第2期, 31-41쪽.
136)『太田夢庵舊藏古代璽印選』,『書法』2022年 第2期, 1-31, 216쪽.

(3) 문자 형태의 공시적, 역사적 변화 연구

현재 소전 연구에서는 공시적 및 역사적 변화 연구가 부족한 상황이다. 공시적 변화 연구는 다양한 작성 매체에서의 소전 문자 형태 변화를 의미하며, 역사적 연구는 다른 역사 시기에서의 소전 문자 형태 변화를 말한다. 앞으로 이 방면의 연구를 강화하여 더 체계적이고 완전한 소전 문자 형태 연구 체계를 구축할 수 있다.

(4) 언어 연구

현재 출토된 진한(秦漢) 소전 석각, 청동기명문 등의 언어 연구 성과는 많지 않으며, 일부 원인은 자료의 성격 때문일 수 있다. 소전 문헌이 당시의 실제 언어 상황을 객관적으로 반영하지 못할 수 있기 때문이다. 그러나 세심하게 분별한다면, 일부 어휘와 문법 현상이 공시적 자료로 활용될 수 있다. 앞으로 이 분야의 연구를 강화할 필요가 있다. 특히, 한대 청동기명문, 봉니 새인에는 당시의 길조어가 대량으로 기록되어 있으며, 일부 출처가 불명확하다. 앞으로 그 출처를 탐색하고, 그 구성법이나 문법 구조, 화용 의미 및 이를 통해 반영되는 언어문화 현상을 분석할 수 있다.

(5) 소전 자료 데이터베이스

현재 이러한 전문 자료 데이터베이스는 아직 보이지 않고 있다. 앞으로 이 분야의 구축에 착수할 수 있을 것이다. 소전은 주로 진한(秦漢) 시기에 통용되었고, 후세에도 새인, 서화, 비각 등의 매체에서 장식 문자로 장기간 사용되었다. 현재까지 볼 때, 소전 문자 자료는 내용이 풍부하고 규모가 상당히 크다. 따라서 데이터베이스를 구축하여 사회 각계에 편리를 제공하는 것이 필요하다. 이를 통해 학계는 물론 일반 대중까지 소전 문자에 대한 연구와 접근성을 높일 수 있으며, 소전 문자의 역사적 가치와 예술적 아름다움을 더 널리 알릴 수 있을 것이다.

제6절 도기문자(陶文)

1. 도기문자의 정의

(1) 개념

도기문자의 정의는 항상 논란의 대상이었다. 특정 기호가 문자인지 아닌지를 판단하는 열쇠는 문자의 정의에 있다. 일부 학자들은 기호가 인간의 사상이나 언어를 반영할 수 있기만 한다면 그것을 문자로 간주할 수 있다고 믿고 있다. 그렇게 되면 인류 역사에는 수도 없이 많은 유사한 기호들이 존재하며, 문자는 셀 수도 없이 많다 할 것이다. 이러한 넓은 문자의 정의는 사실과 완전히 일치하지 않을 수 있음을 알 수 있다. 사실, 기호가 문자인지 아닌지를 판단하려면 그것이 언어를 기록하는지를 보아야 한다. 이전의 기호들을 고대 한자와 비교해 상대적으로 단순한 모습이거나 일부 간략화 된 자형이라고 해서 그들 사이에 전승 관계가 존재한다고 결론지을 수 없다. 고대 한자는 고대 중국인들이 당시의 언어를 기록하기 위해 사용한 기호들로, 선형을 통해 배열되고 언어의 주체인 사상을 정확하게 표현하는 기호 시스템이다.

요약하자면, 소위 '문자'라는 것은 언어와 의식의 정확한 표현과 이해를 위해 추상적인 기호의 형식으로 나타난 것이며, 선형의 배열 방식으로 체계적이고 논리적으로 표현되는 기호를 의미한다. 도기문자는 도기에 새겨진 성숙하고 체계적인 한자를 가리킨다.

(2) 외연

과거 학계에서는 이른바 '도기문자'에는 도기 기호는 물론 문자도 포함된다고 믿었다. 도기 기호는 그 이름에서 알 수 있듯이 도기에 그려진 기호로, 다양한 무늬, 긁은 흔적, 기호 등을 포함한다.[1] 이 도기에 그려진 기호에 관해서는 학계에서 논쟁이 끊어지지 않고 있다. 지금까지 일부 학자들은 이러한 도기 기호가 인간의 의식적인 표현이며 고대 중국 문자의 원형 중 하나일 수 있다고 믿고 있다. 그러나 일부 학자들은 이러한 도기 기호나 문양이 단순한 상징적 그림으로, 자연 현상이나 사물의 간단한 묘사나 표현일 뿐이라고 생각한다. 또한 일부 학자들은 이러한 도기 기호가 특정 사건이나 시대를 나타낼 수 있으며, 특정 천체 현상이나 천문학의 반영일 수 있다고 믿고 있다.[2] 이외에도 학계에서는 도기 기호가 단순히 소유권 표시일 뿐이며 중국 문자에 속하지는 않지만, 중국 문자의 발아로 볼 수는 있다는 이론도 있다.[3]

이 글에서 언급된 '도기문자'는 도기에 새겨진 성숙하고 체계적인

---

1) 周寶宏, 『古陶文形體研究』, 社會科學文獻出版社, 2002年, 1-9쪽.
2) 王震中, 『試論陶文" ", " "與"大火"星及火正』, 『考古與文物』 1997年 第6期.
3) 郭沫若, 『古代文字之辯證發展』, 『考古學報』 1972年 第1期
   于省吾, 『關於古文字研究的若幹問題』, 『文物』 1973年 第2期
   汪寧生, 『原始紀事和文字發明』, 『考古學報』 1981年 第1期
   高明, 『論陶符兼談漢字的起源』, 『北京大學學報』 1984年 第6期
   李學勤, 『考古發現與中國文字起源』, 『中國文化研究集刊』, 1985年 第2期.

한자를 가리킨다(아래 그림 참조). 도기 기호이나 도기 무늬는 인간 의식이나 언어, 심지어 문자의 기원을 탐구하는 데 중요할 수는 있지만, 인간 문화, 역사, 체계와 같은 심층적인 문제를 탐구하는 데는 큰 도움이 되지 않을 수도 있다. 그러나 도기 기호나 도기 무늬를 도기 문자의 연장선으로 간주하는 것도 적절한 해결책의 하나일 것이다.

[그림 3-14] '진득(陳得)',
『도문도록(陶文圖錄)』 2.15.4

[그림 3-15]
'격씨우사공(格氏右司空)',
『도문도록(陶文圖錄)』 5.41.2

2. 도기문자와 한자와의 관계

도기 기호를 문자로 간주하고 이를 한자와 연관 지어 생각한 최초의 인물은 단연 이효정(李孝定)이라 해야 할 것이다. 그는 이렇게 주장했다 "선사 시대 및 초기 역사 시대의 도기에는 자주 보이는 보통의 무늬 외에도 종종 많은 기호가 새겨져 있으며, 이러한 기호를 신중한 연구자들은 '문자 기호'라고 부른다. 그러나 필자의 생각에, 이 것들은 문자일 가능성이 매우 높다. 따라서 이 글에서는 직설적으로 '도기문자'라고 부르겠다." 나아가 "반파의 도기문자는 현재까지 알려 진 가장 이른 중국 문자로, 갑골문과 같은 체계에 속한다."[4]

그러나 구석규(裘錫圭)는 이렇게 주장했다. 선사 시대와 역사 시대의 도기 기호들이 "고대 중국의 한자와 체계적인 관련이 없다. 그러나 여 전히 이들은 한자에 영향을 미쳤다." 그리고 "앞에서 들었던 원시사회 후기의 이러한 기호는 분명히 완전한 문자 체계를 구성할 수는 없었겠 지만, 그렇다고 원시 문자도 아니다."[5] 또 "여항(餘杭) 남호(南湖)의 흑 도 항아리에서 발견된 8~9개의 기호가 한 줄로 배열된 예는 실제로 이 기호를 사용하여 문장을 기록하려고 했던 진지한 시도를 반영했다 할 수 있다. 즉, 그들은 원시적인 문자일 가능성이 매우 높다."[6]

이론적으로 볼 때, 위의 진술 중에서 구석규의 의견이 가장 주목할 가치가 있다. 그러나 고고학적 발견 과정에서 얻은 몇몇 도기 기호들 은 이들이 원시적인 문자라는 주장에 반박할 수 있는 예가 된다. 춘 추 시대와 전국 시기, 선사 시대와 역사 시기의 이러한 유사한 도기 부호들이 발굴되었다. 예컨대 1978년 산서성 후마(侯馬)의 무덤에서 일련의 맹서(盟書)가 발견되었는데, 다음과 같은 도기 기호들이 함께 발견되었다.

이 도기 기호들은 형태, 구성 요소 및 배열 등의 측면에서 선사 시 대 도기 기호들과 기본적으로 같다. 그러나 이 도기 기호들과 함께

---

4) 李孝定, 『從幾種史前和有史早期陶文的觀察蠡測中國文字的起源』, 『南洋大學學報』 1969年 第3期.
5) 裘錫圭, 『漢字形成的初步探索』, 『中國語文』 1978年 第3期.
6) 裘錫圭, 『究竟是不是文字―談談我國新石器時代使用的符號』, 『文物天地』 1993年 第2期.

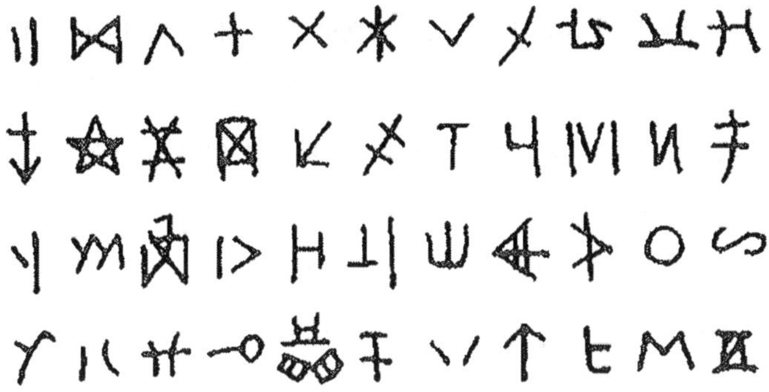

[그림 3-16] 후마묘지(侯馬墓地) 출토 도기부호(陶符)

발굴된 후마 맹서는 상당히 성숙한 한자로 쓰여졌다. 따라서 맹서의 한자와 이러한 도기 기호는 각자 자신의 기능을 수행하며 두 가지가 나란히 존재한 것으로 추정된다. 그러므로 도기 기호가 일종의 문자인지, 또는 이를 성숙한 문자로 볼 수 있는의 여부는 아직 재검토가 필요해 보인다.

3. 도기문자의 분포와 수량

도기 기호는 동아시아 대륙 전역에 분포되어 있으며, 중국이 가장 많다. 장강과 황하 중하류 지역의 광대한 지역 모두에서 도기 기호의 흔적을 찾을 수 있다고 할 수 있으며, 특히 하남, 하북, 산동, 섬서, 산서, 호북성 등의 고대 중원 내륙에서 가장 많이 보인다. 현재의 도기문자 연구도 주로 위에 언급된 지역에 집중되어 있다.

일찍이 상나라 시대부터 이미 도기문자가 등장했다. 상나라의 갑골문은 성숙한 글쓰기 체계였으므로 당시 도기에 문자를 사용한 것은 자연스러운 일이다. 지금까지 본 상나라의 도기문자는 대부분 홑 글자이며, 게다가 대부분이 간단한 획으로 이루어진 한자이다. 예를 들어 '천(天)'이나 '양(羊)' 및 일부 숫자와 같은 것들이다. 더욱 많은 수를 차지하는 것은 각획 기호인데, 그 구체적인 의미는 아직 확정되지 않고 있다. 서주 시대에 이르러 도기문자의 수가 점차 증가했지만, 그 수량과 묘사의 명확성은 후대 도기문자와 비교할 수 없다. 은, 상 및 서주 시대의 도기문자는 갑골문자와 금문과의 비교 연구에서 독특한 역할을 한다. 그러나 현재 학계는 은, 상 및 서주 시대의 도기문자에 대해 덜 주목하고 있다. 그 이유는 두 가지가 있을 것이다. 첫째, 도기문자가 너무 고립되어 있어서 유용한 역사적 정보를 발견하기 어렵다는 점이고, 둘째, 그 구조가 허술하고 모호하기 때문이다.

춘추시대 이후 도기문자는 풍부하고 다양해졌으며, 전국 시대 및 진한 시대 이후 도기문자의 수는 더욱 많아졌다. 도기문자의 수가 적은 것에서 많은 것으로 증가한 이유는 다음의 몇 가지가 있다. 첫째는 연대로, 오래되면 될수록 도기문자가 보존되어 전해질 가능성이 더 낮다. 둘째는 문자의 사용과 확대이다. 셋째는 사회 경제적 발전과 관련되기 때문이다.

도기는 사람들의 일상생활에 필수적인 도구이므로 도기문자의 수는 과학적이고 정확하게 계산하지 못할 수도 있다. 위에서 볼 수 있듯이, 실제 도기문자의 수는 상당히 놀라울 정도로 많으며, 전국 시대의 도기문자 수는 이전 모든 시대보다 많을 것이다. 여기에는 몇 가지 주목할 만한 도기문자 수록 저서를 간략하게 소개한다. 예를 들어, 『제로도기문자(齊魯陶文)』에 실린 도기문자는 6600개가 넘으며[7], 『진도기문자 신편(秦陶文新編)』에 의하면, 2005년까지 섬서 지역에서

---

7) 徐在國, 『古陶文著錄與研究綜述』, 『貴州師範大學學報·社會科學版』 2016年 第2期.

만 해도 4,000개 이상의 진나라 도기문자가 발굴되었다고 한다.[8] 또
『고도기문자 휘편(古陶文彙編)』에 수록된 도기문자는 2,622점의 탁본
에 이르며, 『진대 도기문자(秦代陶文)』에 수록된 도기문자는 3,370점
이며, 『도기문자 도록(陶文圖錄)』에 수록된 도기문자는 12,000여 점에
이르며, 『신출 제 도기문자 도록(新出齊陶文圖錄)』에 수록된 도기문자
는 1,450점에 이르며, 『신출 고도기문자 도록(新出古陶文圖錄)』에 수
록한 총 숫자는 1,139점에 이른다.

저자의 이해에 따르면, 중국 전역의 고고학 팀과 박물관들이 아직
공개되지 않은 많은 도기문자를 소장하고 있다. 동시에, 사립 박물관
과 개인 컬렉션에도 많은 도기문자가 소장되어 있다. 예를 들어, 청
나라의 진개기(陳介祺)가 "보재(簠齋)"라는 이름으로 4,800점이 넘는
도기문자들을 수집했다.

여기서 설명할 필요가 있는 부분은, 학계에서 선진 및 진한 시대의
도기문자에 가장 많은 관심을 기울였지만, 후대의 도기문자에 대해서
는 거의 관심을 기울이지 않았다는 점이다. 따라서 이 글에서는 학계
의 줌심 주제를 소개하는 데 초점을 맞추고 있다.

4. 도기문자 연구의 기본 자료

고대 도기문자 연구는 고대 문자 연구의 중요한 내용 중 하나이다.
하지만, 갑골문, 금문, 간독 및 백서 문자 연구에 비해 고대 도기문자
연구는 상대적으로 뒤처져 있다. 이러한 원인은 아마도 도기문자 데
이터가 흩어져 있고 도기문자가 상대적으로 임의적이고 고립되어 있
기 때문일 것이다. 그래서 해석이 어렵고 유용한 역사적, 문화적 정

---

8) 袁仲一, 劉鈺, 『秦陶文新編』, 文物出版社, 2009年, 255쪽.

보 등을 밝히기 어렵다. 하지만, 다른 고대 문자 매체와 마찬가지로 도기문자도 고대 사회, 정치, 경제, 문화 등의 문제와 관련이 있다는 점은 부인할 수 없다. 따라서, 도기문자 연구의 기본 자료, 에컨대 자료의 휘편(컴파일), 저록 서적 및 연구 서적과 같은 것들은 필수적이다. 도기문자를 연구한 최초의 학자들은 청나라의 학자들이었다.

(1) 저록류

1. 저작

청나라 도광(道光) 연간9)에, 진개기(陳介祺), 반조음(潘祖蔭), 왕이영(王懿榮), 단방(端方), 포강(鮑康), 왕렴생(王廉生), 오운(吳雲), 오대징(吳大澂) 등은 모두 도기문자의 수집과 정리작업에 매진했으며, 도기문자 연구가 인기를 얻으면서, 도기문자에 관한 책들이 지속해서 출판되고 있다. 주요하거나 더 중요한 책들로는 다음의 것이 있다.

단방(端方)의 『도재장도(陶齋藏陶)』, 주림(周霖)의 『삼대고도기문자자(三代古陶文字)』, 장배주(張培澍)의 『고도쇄췌(古陶瑣萃)』, 徐同柏的『齊魯古陶文字』, 방약(方若)의『장도탁본(藏匋拓本)』, 유악(劉鶚)의『철운장귀(鐵雲藏陶)』, 오은(吳隱)의 『둔암고도존(遁庵古匋存)』, 양소준(楊昭儁)의『삼대진한문자집탁(三代秦漢文字集拓)』, 손장(孫壯)의『삼대진한육조고탁(三代秦漢六朝古拓)』, 서세양(徐世襄)의 『갑골고도와두탁본(甲骨古陶瓦頭拓本)』, 나진옥(羅振玉)의 『금니석설(金泥石屑)』, 오타 고타로(太田孝太郎)의 『몽암장도(夢庵藏陶)』, 방덕구(方德九)의 『덕구존도(德九存陶)』와『운산운수 도기문자췌(雲山雲水陶文萃)』, 왕헌당(王獻唐)의『제로 도기문자(齊魯陶文)』, 『추등 고도기 문자(鄒滕古陶文字)』, 주

---

9) 王恩田, 『陶文圖錄·自序』, 齊魯書社, 2006年.

진장(周進藏), 손심(孫潯), 손정(孫鼎)의 『계목장도(季木藏陶)』 등이다.

하지만 지적해야 할 것은, 과거에 편집된 대부분의 도기문자는 과학적인 고고 발굴이 아니기 때문에, 시대 구분, 국가 식별, 지역 분석, 도기문자의 시기 구분, 글자의 진화 및 그 법칙 등에 있어 일정한 어려움이 있으며, 심지어 일부 가짜들도 포함되어 있다. 과학적 고고학의 등장은 위의 문제들을 해결하기 위한 보장과 지원을 제공하였다. 따라서 고고학적 발견을 바탕으로 도기문자를 재기록 하는 것이 유행했다. 먼저 언급해야 할 것은 1987년 출판된 『진대도기문자(秦代陶文)』이라는 책이다. 이 책은 상, 중, 하편의 세 부분으로 구성되어 있는데, 상편은 의미에 대한 개요와 도기문자 등록 목록을 포함하고, 중편은 탁본이며, 하편은 진나라 도기문자의 수록이다. 이 책에는 전해져 내려오거나 발굴된 1,610점의 진나라 도기 탁본이 포함되어 있다. 이 책은 진나라 도기문자에 관한 전문 연구서지만, 전국 시대의 진나라 도기문자들도 포함되어 있기 때문에 진나라와 전국 시대의 진을 구분하기 어려운 점도 있다.

이후로도 다양한 도기문자에 관한 책들이 출판되었다. 여기서 가장 주목할 만한 것은 고명(高明)의 『고도기문자휘편(古陶文彙編)』이다. 이 책에 포함된 도기문자의 시대는 상, 주 시대부터 진나라까지 이어지며, 도기문자들은 다양한 지역에 따라 분류되어 있다. 지리적 배치, 출처 및 설명이 모두 포함되어 있어 사용하기 편리하다. 이 책은 수집된 도기문자의 종류와 배열 방식 측면에서 학계에 모델을 제공하며, 도기문자 연구의 큰 진보를 촉진했다.

21세기에 들어, 왕은전(王恩田)의 『도기문자도록(陶文圖錄)』이 나와 다시 한번 도기문자 연구를 절정으로 이끌었다. 이 책에는 12,000점 이상의 도기문자가 포함되어 있다. 이 책에 수집된 도기문자는 주로 전국 시대와 진나라에서 유래했으며, 전국 시대 이전과 한나라 이후의 것들도 간혹 포함되어 있다. 도기문자의 스타일은 고대 도기문자 모음집을 기반으로 하여, 10권으로 나뉜다. 또한 시대와 발굴 지역에 따라 배열되어 있으며, 자세한 출처와 설명도 나열되어 있다. 도기문자는 주로 찍거나(打印) 새긴 것(刻印)을 위주로 하지만 묵서(墨書)나 주서(朱書)도 포함한다. 이는 현재까지 전국 시대 이전의 도기 자료 중 가장 광범위한 모음집이다.

이 책 이후, 여러 저록이 연이어 나왔는데, 대략 다음의 것들이 있다. 원중일(袁仲一), 유옥(劉鈺)의 『진도기문자신편(秦陶文新編)』10), 오자키아 오이시(尾崎蒼石) 등의 『창석장도(蒼石藏陶)』11), 주효육(周曉陸)의 『취여정도니합간(醉餘亭陶泥合刊)』12), 당존재(唐存才)의 『보이당장 전국도기문자유진(步黟堂藏戰國陶文遺珍)』13), 여금성(呂金成)의 『석척장도(夕惕藏陶)』14), 산동대학 역사문화학원 고고학과 등의 『신태 출토 전제 도기문자(新泰出土田齊陶文)』15), 서재국(徐在國)의 『신출제도기문자도록(新出齊陶文圖錄)』16)과 『신출 고도기문자 도록(新出古陶文圖錄)』17), 미기창석(尾崎蒼石)의 『신출 새인 도기문자 백선(新出鉥印陶文百選)』18), 장소동(張小東)의 『융일헌장 진계 도기문자 전제전(戎壹軒藏秦系陶文專題展)』19), 『중국 전와도기문자 대자전(中國磚瓦陶文大字

10) 袁仲一, 劉鈺, 『秦陶文新編』, 文物出版社, 2009年.
11) 尾崎蒼石, 水野悟遊, 角谷天樓, 『蒼石藏陶』, 蒼文篆會, 2009年.
12) 周曉陸, 『醉餘亭陶泥合刊』, (京都)藝文書院, 2012年.
13) 唐存才, 『步黟堂藏戰國陶文遺珍』, 上海書畫出版社, 2013年.
14) 呂金成, 『夕惕藏陶』, 山東畫報出版社, 2014年.
15) 山東大學歷史文化學院考古學系, 山東博物館, 新泰市博物館, 『新泰出土田齊陶文』, 文物出版社, 2014年.
16) 徐在國, 『新出齊陶文圖錄』, 學苑出版社, 2015年.
17) 徐在國, 『新出古陶文圖錄』, 安徽大學出版社, 2018年.
18) 尾崎蒼石, 『蒼石藏陶』, 蒼文篆會, 2015年.
19) 張小東, 『戎壹軒藏秦系陶文專題展』, 西泠印社出版社, 2019年.

典)』20) 등이 있다.

어떤 도기문자는 새인의 형식으로 도기에다 찍은 것도 있기 때문에 일부 도기문자는 새인(璽印)의 서적에 산재하기도 한다. 예를 들면, 『고새휘편(古璽彙編)』21), 『20세기 출토 새인 집성(二十世紀出土璽印集成)』22), 『중국 고인(中國古印): 정훈의 고새인 집존(程訓義古璽印集存)』23) 등이 그렇다. 이외에도 『이개산방 소장 진 도기문자 50품(二介山房藏秦陶文五十品)』24) 등과 같이 몇몇 개인이 간행한 도기문자 자료들도 도기문자 연구에 광채를 더했다.

위에서 언급한 도기문자를 저록한 책 중에서 『진 도기문자 신편(秦陶文新編)』은 주목할 만하다. 이 책은 『진대 도기문자(秦代陶文)』을 기반으로 많은 새로운 정보를 추가하고, 재정리하며, 학술 연구의 결과를 흡수했다. 전체 책은 상, 하 두 부분으로 나뉘는데, 상편은 문자 연구이고, 하편은 탁본으로, 총 3,370점의 도기문자가 포함되어 있다.

『진 도기문자 신편(秦陶文新編)』에 수집된 도기문자는 춘추시대 후기부터 진나라에 이르는 시기의 것인데, 절대 대부분은 전국 시대 중후기부터 진나라에 이르는 시기의 것이다. 이 책은 내용이 상당히 풍부하며, 분류 연구는 더욱 독특하다. 이 책은 작품을 지역별로 나누어 진나라 도기문자에 대한 연구를 진행하였고, 동시에 공식적인 도기문자와 사적인 도기문자를 구분하였으며, 관련된 관료, 기관, 지명 등을 나열했다. 동시에, 도량형과 같은 역사적 문화적 문제에 대해서도 분류 연구를 했다. 이것은 진나라의 문자, 제도, 문화, 지리 및 기

---

20) 陳建貢, 『中國磚瓦陶文大字典』, 世界圖書出版西安公司, 2001年.
21) 羅福頤(主編), 『古璽彙編』, 文物出版社, 1981年.
22) 周曉陸(主編), 『二十世紀出土璽印集成』, 中華書局, 2010年.
23) 程訓義, 『中國古印: 程訓義古璽印集存』, 河北美術出版社, 2007年.
24) 孔祥宇, 『二介山房藏秦陶文五十品』, 原拓本, 2020年.

타 관련 문제들에 대해 깊은 영향을 미치며 훌륭한 사례를 제공했다. 결국 이 책은 그림과 연구를 통합한 것으로, 현재까지 가장 포괄적인 진나라 도기 자료 모음집이며, 진나라 도기 연구에 필수적인 책이다.

서재국(徐在國)의 두 새로운 저작, 즉『신출 제도기문자 도록(新出齊陶文圖錄)』과『신출 고도기문자 도록(新出古陶文圖錄)』도 주목해야 할 도기문자 관련 책이다. 전자는 새롭게 발표된 제(齊)나라 문자를 집중적으로 반영했으며, 후자는 2016년까지 수집된 도기문자를 담고 있는데,『도기문자 도록(陶文圖錄)』발표 이후 본 도기문자들이다. 시간 배열은 상나라 이전, 상, 서주, 춘추, 전국 시대 및 진(전국 시대 진과 통일 진나라 포함) 부분으로 나뉜다. 전국 시대는 제(齊), 연(燕), 삼진(三晉), 초(楚)로 세분했다.25) 이 책은 학계에 최신 도기문자 자료를 제공할 뿐만 아니라 해석 의견 판단에 대한 많은 신뢰할 수 있는 증거를 제공한다. 특히 지적해야 할 것은,『신출 고도기문자 도록(新出古陶文圖錄)』이 이전 도기문자 책의 장점을 계승했을 뿐만 아니라, 유명한 도기의 그림, 도기문자의 위치, 발굴 장소, 책의 설명 및 수집 위치 등을 포함했다. 설명 방법은 독특하고 혁신적이며, 독자들이 확인하고 검토하기 쉽게 만든다. 특히 중요한 것은 학계가 이 책을 통해 관련 역사적 문제와 제도적 문제에 대해 더 깊이 논의할 수 있다는 점이다.

2. 단편 논문

단편 논문에도 도기문자를 수록한 경우가 있다. 예컨대, 허숙진(許淑珍)의「임치 제나라 고성 신출토 도기문자(臨淄齊國故城新出土陶文)」는 일련의 제나라 도기문자를 공표했고26), 채전법(蔡全法)의「근년 신

---

25) 徐在國,『新出古陶文圖錄·前言』, 安徽大學出版社, 2018年.
26) 許淑珍,『臨淄齊國故城新出土陶文』,『考古與文物』2003年 第4期.

정의 "정한고성"에서 출토된 도기문자 간석(近年來新鄭"鄭韓故城"出土
陶文簡釋)」27), 이선등(李先登)의 「형양과 형구 출토 도기문자 고석(榮
陽, 邢丘出土陶文考釋)」과 「천진 사범학원 도서관 소장 도기 문자선석
(天津師院圖書館藏陶文選釋)」28), 위계인(魏繼印)의 「휘현 손촌 유적지
발견 도기문자(輝縣孫村遺址發現的陶器文字)」29), 왕반(王攀)의 「신향 출
토 전국진한 도기문자 정리연구(新鄉出土戰國秦漢陶文整理研究)」30), 「
업성 출토 역대도기문자 간술(鄴城所出歷代陶文簡述)」31), 「섬서역사박
물관 소장 도기문자 휘집(陝西歷史博物館藏陶文彙集)」32), 「업성 도기
문자 수상(鄴城陶文隨想)」33) 등이 있다.

지금까지 본 도기문자에 대해 언급된 위의 책과 단편 논문들은 기
본적으로 도기문자를 포괄하고 있으며, 학계에서 도기문자를 연구할
때 사용하는 주요 참고 자료들이다.

(2) 연구류

위에서는 도기문자의 문서화 및 논문을 간략히 설명했는데, 여기
에서는 연구 논문에 집중한다.

1. 문자의 고석

---

27) 蔡全法, 『近年來新鄭"整韓故城"出土陶文簡釋』, 『中原文物』 1986年 第1期.
28) 李先登, 『榮陽, 邢丘出土陶文考釋』, 『中國歷史博物館館刊』 總第11期, 1989年; 『
天津師院圖書館藏陶文選釋』, 『天津師院學報』 1978年 第2期.
29) 魏繼印, 『輝縣孫村遺址發現的陶器文字』, 『中原文物』 2008年 第1期.
30) 王攀, 『新鄉出土戰國秦漢陶文整理研究』, 『河南科技學院學報』 2018年 第3期.
31) 傅春喜, 『鄴城所出歷代陶文簡述』, 『東方藝術』 2009年 第12期.
32) 韓建武, 『陝西歷史博物館藏陶文彙集』, 『西部考古』 2019年 第2期.
33) 曹祐福, 『鄴城陶文隨想』, 『西泠藝叢』 2020年 第9期.

도기문자의 문자 고석은 도기문자의 수집 및 정리와 거의 동시에 이루어졌다. 초기에는 진개기(陳介祺)의 『도기문자 조상화포잡기 고석(陶文造象化布雜器考釋)』과 『도기문자석존(陶文釋存)』, 오대징(吳大澄)의 『독 고도기문자기(讀古陶文記)』와 『고도기문자 석(古陶文字釋)』 등이 있었지만 출판되지 않았다. 진개기는 도기문자의 연대 구분, 진위 감별, 해석 및 내용의 탐구에 주목했었다. 그는 도기문자의 진(陳)씨를 제(齊)나라의 전씨(田氏) 가문과 연결했으며, "재공지두(宰公之豆)", "성양(城陽)", "평릉진득(平陵陳得)" 등에 대한 해석은 모두 정확하다.[34]

오늘날의 연구 성과 중 특별히 거론할 만한 것은 다음의 것이 있다.

· 유위초(兪偉超), 『한대의 '정', '시' 도문(漢代的'亭', '市'陶文)』[35]
· 당란(唐蘭), 『진상도부고(陳常匋釜考)』[36]
· 장정맛(張政烺), 『평릉진·입사세도 고증(平陵陳·立事歲陶考證)』[37]
· 이학근(李學勤), 『전국제명개요(상, 중, 하)』[38]
· 주덕희(朱德熙), 『전국요문과 새인문자 중의 '자'자(戰國匋文和璽印文字中的'者'字)』[39]
· 원중일(袁仲一), 『진 민영제도요작방의 도문(秦民營制陶作坊的陶文)』[40]
· 증헌통(曾憲通), 『설요(說繇)』[41]

---

34) 徐在國, 『古陶文著錄與研究綜述』, 『貴州師範大學學報·社會科學版』 2016年 第2期.
35) 兪偉超, 『.漢代的"亭", "市"陶文』, 『文物』 1963年 第2期.
36) 唐蘭, 『陳常匋釜考』, 『國學季刊』, 5卷第1期.
37) 張政烺, 『平陵陳·立事歲陶考證』, 『潛社史學論叢』, 3期, 1935年.
38) 李學勤, 『戰國題銘槪述(上, 中, 下)』, 『文物參考資料』, 1957年 第7, 8, 9期.
39) 朱德熙, 『戰國匋文和璽印文字中的"者"字』, 『古文字硏究』, 1輯, 中華書局, 1979年; 『戰國文字中所見有關庶的資料』, 『出土文獻研究』, 文物出版社, 1985年. 이 두 논문은 朱德熙의 『朱德熙文集(五)』, 商務印書館, 1999年, 109-112, 157-165 쪽에도 수록되었다.
40) 袁仲一, 『秦民營制陶作坊的陶文』, 『考古與文物』 1981年 第1期.
41) 曾憲通, 『說繇』, 『古文字硏究』, 10輯, 中華書局, 1983年.

· 구석규(裘錫圭), 『전국문자 속의 '시'(戰國文字中的'市')』42)

· 오진무(吳振武), 『제나라 도문 속의 '종'과 '일'에 대한 시론(試說齊
國陶文中的'鍾'和'溢')』43)

· 이령(李零), 『제, 연, 주, 등나라 도문의 분류와 제명의 격식—신편
전본 <계목장도> 소개(齊, 燕, 邾, 滕陶文的分類與題銘格式—新編
全本<季木藏陶>介紹)』44)

· 탕여혜(湯余惠), 『전국문자 형체연구의 몇 가지 문제를 간략히 논
함(略論戰國文字形體研究中的幾個問題)』45)

· 하림의(何琳儀), 『고도잡식(古陶雜識)』46)

· 왕은전(王恩田), 『제나라 도문 지명고(齊國陶文地名考)』47)

· 갈영회(葛英會), 『고도문석총(古陶文釋叢)』48)

· 유교(劉釗), 『제 어릉시와 절도문 고(齊於陵市和節陶文考)』49)

· 진위무(陳偉武), 『<고도문자징> 정보(<古陶文字徵>訂補)』50)

· 시사첩(施謝捷), 『하북 출토 고대도기문자 영석(河北出土古陶文字零
釋)』, 『섬서 출토 진 도기문자 총석(陝西出土秦陶文字叢釋)』, 『고
도문 고석 3편(古陶文考釋三篇)』51)

· 구융(丘隆), 구광명(丘光明), 『한나라 도량 몇 점에 대한 소개(介紹
幾件韓國陶量)』52)

· 우제보(牛濟普), 『'박구'인도고('亳丘'印陶考)』53), 『형양인도고(滎陽印

---

42) 裘錫圭, 『戰國文字中的"市"』, 『考古學報』 1980年 第3期.

43) 吳振武, 『試說齊國陶文中的"鍾"和"溢"』, 『考古與文物』 1991年 第1期.

44) 李零, 『齊, 燕, 邾, 滕陶文的分類與題銘格式—新編全本<季木藏陶>介紹』, 『管子
學刊』 1990年 第1期.

45) 湯余惠, 『略論戰國文字形體研究中的幾個問題』, 『古文字研究』, 15輯, 中華書局,
1986年, 9-100쪽.

46) 何琳儀, 『古陶雜識』, 『考古與文物』 1992年 第4期.

47) 王恩田, 『齊國陶文地名考』, 『考古與文物』 1996年 第4期.

48) 葛英會, 『古陶文釋叢』, 『文物季刊』 1992年 第3期.

49) 劉釗, 『齊於陵市和節陶文考』, 『管子學刊』 1994年 第4期.

50) 陳偉武, 『<古陶文字徵>訂補』, 『中山大學學報』 1995年 第1期.

51) 施謝捷, 『河北出土古陶文字零釋』, 『文物春秋』 1996年 第2期; 『陝西出土秦陶文
字叢釋』, 『考古與文物』 1998年 第2期; 『古陶文考釋三篇』, 『古漢語研究』 1997
年 第3期.

52) 丘隆, 丘光明, 『介紹幾件韓國陶量』, 『中原文物』 1983年 第3期.

陶考)』[54)

· 소건주(蘇建洲), 『전국 도기문자 잡식(戰國陶文雜識)』[55)

· 장립동(張立東), 『정주 전국 도기문자 '박', '11년 이래' 재고(鄭州戰國陶文'亳', '十一年以來'再考)』[56)

· 하영(何穎), 『한진시기 진묘 도기문자의 역사가치 해독(漢晉時期鎭墓陶文的歷史價値解讀)』[57), 『한진시기 주서 도기문자의 진묘 기능에 대한 시범적 분석(試析漢晉時期朱書陶文的鎭墓功能)』[58) 등 일일이 거론할 수 없을 정도로 많다.

그러나 진한(秦漢) 이후의 도문(陶文)에 대해서는 별로 관심을 가지지 않았는데, 다음과 같은 학위논문에서는 도기문자에 대해 언급했다.

· 동염택(佟豔澤), 『한대 도기문자연구 개황 및 문자편(漢代陶文研究概況及文字編)』[59)

· 묘풍(苗豐), 『산견 한 대 도기문자 집록(散見漢代陶文集錄)』[60)

· 장의박(張毅博), 『집안지구 고구려 도기문자 연구(集安地區高句麗陶文研究)』[61)

· 왕반(王攀), 『예북지구 전국 진한 도기문자 연구(豫北地區戰國秦漢陶文研究)』[62)

· 조민(趙敏), 『한대 도기문자의 정리와 연구(漢代陶文的整理與研究)』[63)

53) 牛濟普, 『"亳丘"印陶考』, 『中原文物』 1983年 第3期.
54) 牛濟普, 『滎陽印陶考』, 『中原文物』 1984年 第2期.
55) 蘇建洲, 『戰國陶文雜識』, 『中國文字』新廿六期, 藝文印書館股份有限公司, 2000年.
56) 張立東, 『鄭州戰國陶文"亳", "十一年以來"再考』, 北京大學考古文博學院(編), 『考古學研究(六). 慶祝高明先生八十壽辰曁從事考古研究五十年論文集』, 科學出版社, 2006年, 431쪽.
57) 何穎, 『漢晉時期鎭墓陶文的歷史價値解讀』, 『學理論』 2013年 第20期.
58) 何穎, 『試析漢晉時期朱書陶文的鎭墓功能』, 『文博』 2013年 第3期.
59) 佟豔澤, 『漢代陶文研究概況及文字編』, 吉林大學(導師. 徐正考), 2012年.
60) 苗豐, 『散見漢代陶文集錄』, 復旦大學(導師. 施謝捷), 2012年.
61) 張毅博, 『集安地區高句麗陶文研究』, 東北師範大學(導師. 傅佳欣), 2018年.
62) 王攀, 『豫北地區戰國秦漢陶文研究』, 河南師範大學(導師. 賀惠陸), 2019年.
63) 趙敏, 『漢代陶文的整理與研究』, 安徽大學(導師. 徐在國), 2019年.

·등시만(鄧詩漫),『동한에서 위진남북조에 이르는 진묘 도기문자 집
    석 및 문자표(東漢至魏晉南北朝鎭墓陶文集釋及字表)』[64],
·유양(劉楊),『신출 춘추전국진한위진남북조 문자자료의 정리 연구
    (新出春秋戰國秦漢魏晉南北朝文字資料的整理研究)』[65]

2. 종합 연구

종합 연구 서적 중, 주보굉(周寶宏)의 『고도문형체연구(古陶文形體研
究)』와 하림의(何琳儀)의 『전국문자통론(戰國文字通論)』 및 그 증보판
과 『전국고문자전(戰國古文字典) — 전국문자성계(戰國文字聲系)』와 같
은 몇 가지 저작에 주목해야 할 것이다.

『고도문형체연구(古陶文形體研究)』는 두 부분으로 나뉜다. 첫 번째
부분은 "고대 도기문자 개론(古陶文槪論)"인데, 연구 범위는 신석기
시대의 도자기 기호에서부터 춘추시대 및 전국시대의 도기문자까지
포함하였으며, 관련 문제들을 보면 도자기 기호의 성격, 상나라 도기
문자의 성격 및 춘추 전국시대의 도기문자 연구 성과 및 가치 등이
포함되었다. 두 번째 부분은 주로 『고도문자징(古陶文字徵)』에 대한
교정과 검토로, 이 책의 주요 부분이다.[66]

그리고 『전국문자통론(戰國文字通論)』 및 그 개정본, 그리고 『전국고
문자전 — 전국문자성계』[67]에도 도기문자에 대한 전문적 논의가 실려
있어, 당시에 볼 수 있는 대표적인 전국시대 도자기 문자를 거의 모두

---

64) 鄧詩漫, 『東漢至魏晉南北朝鎭墓陶文集釋及字表』, 吉林大學碩士論文(導師. 馮勝
    君), 2019年.
65) 劉楊, 『新出春秋戰國秦漢魏晉南北朝文字資料的整理研究』, 天津師範大學(導師.
    周寶宏), 2015年.
66) 周寶宏, 『古陶文形體研究』, 社會科學文獻出版社, 2002年.
67) 何琳儀, 『戰國文字通論』, 中華書局, 1989年; 『戰國文字通論(訂補)』, 上海古籍出
    版社, 2017年; 『戰國古文字典—戰國文字聲系』, 中華書局, 1998年.

포함하고 있다. 이 책은 전국시대 문자 연구자들에게 필독서이다.

위에서 언급한 도기문자에 관한 연구 작품들은 다양한 각도에서 도기문자의 새로운 자료를 충분히 논증하거나 출판하고 있는데, 혹은 문자 고석과 관련되었거나 혹은 역사 지리학과 관련되어 있거나 혹은 역사적 제도와 같은 문제를 다루고 있다.

3. 도구서의 편찬

고대 문자 연구가 계속 활발해짐에 따라 도기문자에 관한 연구도 점차 증가하고 많은 결론도 확실해졌다. 그렇다면, 이러한 결과를 정리하여 학계가 사용할 수 있도록 하는 것도 또 다른 중요한 과제이다. 도기문자 참고서는 이러한 존재이다. 이와 관련하여 과거 학자들의 성과는 매우 주목할 만하다. 고명(高明)의 통계에 의하면 다음과 같은 것들이 있다.

- 오대징(吳大澄)의, 『삼대고도문자석(三代古陶文釋)』에서는 도문 (陶文) 481자를, 정불언(丁佛言)의 『고도초석(古陶初釋)』에서 300여 개의 글자를 해석,
- 고정룡(顧廷龍)의 『고도문유록(古陶文香錄)』 정편에서 405개의 글자를 해석하고, 부편에서 451개의 미식별 글자를 기록,
- 김상항(金祥恒)의 『도문편(陶文編)』에서 405개의 글자를 해석하고, 부록에서 582개의 글자를 수록,
- 고명(高明)의 『고도문자징(古陶文字徵)』에서 정편에 1,196개의 글자와 합문 64개를 기록하고, 부록에서 563개의 글자를 수록,
- 2007년 왕은전(王恩田)의 『도문자전(陶文字典)』 정편에서 해석한 글자와 합문이 총 1,279개에 달함.[68]

---

68) 高明, 『古陶字錄·前言』, 上海古籍出版社, 2014年.

현대에 들어서 도자기 문자에 대한 참고서가 지속적으로 출현하고
있다. 그중 주요한 것들 중 하나가『고도문자징(古陶文字徵)』69)인데,
이 책은『고도문휘편(古陶文彙編)』과 자매편을 이루어 함께 상호 보완
하는 역할을 한다. 이후 왕은전(王恩田)의『도문자전(陶文字典)』70)이
출판되었는데, 이는 더더욱 최신 연구 결과를 반영하고 과거에 발생
한 오류들을 피하며, 단어 처리와 같은 측면에서 상당히 정확하다.
동시에, 일부 대규모 전국시대 문자 참고서들도 도자기 문자를 포함
하고 있다. 예컨대,『전국문자편(戰國文字編)』이나『진문자편(秦文字
編)』71) 등이 그렇다 할 것이다.

　이밖에도『중국고고학연감(中國考古學年鑒)・도기문자(陶器文字)』72),
이수규(李守奎)의『초문자편(楚文字編)』, 이강(孫剛)의『제문자편(齊文字
編)』, 탕지표(湯志彪)의『삼진문자편(三晉文字編)』, 장진겸(張振謙)의『
제로문자편(齊魯文字編)』 등73)도 상당한 양의 도문을 수록하였는데,
모두 도기문자에 대한 학계의 의견을 객관적으로 반영하여 활용할 만
한 가치가 있다.

---

69) 高明, 葛英會,『古陶文字徵』, 中華書局, 1991年.
70) 王恩田,『陶文字典』, 齊魯書社, 2006年.
71) 湯余惠(主編),『戰國文字編』, 福建人民出版社, 2001年; 王輝,『秦文字編』, 中華書
　　局, 2015年.
72) 中國考古學會(編),『中國考古學年鑒 陶器文字1996』, 文物出版社, 1998年.
73) 李守奎,『楚文字編』, 華東師範大學出版社, 2002年, 孫剛,『齊文字編』, 福建人民
　　出版社, 2010年; 湯志彪,『三晉文字編』, 作家出版社, 2013年; 張振謙,『齊魯文字
　　編』, 學苑出版社, 2014年.

5. 도기문자 연구에서 주목해야 할 중요 주제

청동기나 간독 등에 비해 고대 시대에는 도기 사용이 가장 일반적이었다. 이는 도기문자가 자연스럽게 일상생활과 밀접하게 관련되었다는 것을 의미한다. 따라서 도기문자 연구의 가치는 다른 매체의 문자 연구에 절대로 뒤지지 않는다. 따라서 도기문자 연구는 다음과 같은 주요 관심사를 가지고 있다.

(1) 한자의 기원

오랫동안 학계에서는 도기문자를 기반으로 한 중국 문자의 기원에 대해 논의해왔으며, 특히 갑골문과의 직접적인 연관성을 제시했다. 예를 들어, 일부 학자들은 반파(半坡)의 도기문자가 갑골문과 밀접한 관련이 있으며 갑골문의 중요한 원천이라고 믿고 있다.74)

또 어떤 학자는 선사 시대 도기문자와 갑골문 사이에 중요한 연관성이 있다고 주장한다.75) 또 일부 학자들은 이리두(二里頭)에서 출토된 도기문자가 하(夏) 왕조의 문자이며, 일부 문자는 갑골문자와 같은 형태이거나 유사하여, 이것이 문자임에 분명하다고 주장한다. 그러나 이리두의 도기문자는 최초의 중국 문자가 아니며, 더더욱 중국 문자의 원천도 아니다. 중국 문자의 기원은 이리두 문화보다 이른 시기의 고고학 문화에서 찾아야 한다.76)

---

74) 劉正英,『從半坡陶文看甲骨文起源』,『淮陰師專學報』 1997年 第3期.
75) 張敏,『從史前陶文談中國文字的起源與發展』,『東南文化』 1998年 第1期; 包和平, 黃士吉,『原始陶文─漢字的起源』,『大連民族學院學報』 2006年 第4期.
76) 曹定雲,『夏代文字求證─二里頭文化陶文考』,『考古』 2004年 第12期.

이후 비슷한 관점들이 많이 제시되었으나, 위에서 언급한 학자들의 범위를 넘어서지는 않고 있다.

(2) 정치제도

고대 시대에는 모든 계층의 사람들이 일상적으로 도기를 사용했다. 따라서 당시의 정치 체제가 도기문자에 나타나는 것은 자연스러운 일이다. 예를 들어, 저 유명한 진시황이 천하를 통일하고 문자를 통일하는(書同文) 등과 같은 조치를 시행한 것을 기록한 도기문자가 좋은 예이다. 그에는 이렇게 기록되어 있다. "26년에 황제께서는 온 나라를 다 정복하였고 제후와 백성들은 크게 안정되었다. 이에 황제라 칭했다. 그는 승상이었던 외상(隗狀)과 왕관(王綰)에게 전국의 법률과 도량형을 통일하여 그간 의심이 있었던 부분을 하나로 통일하라고 했다. (廿六年, 皇帝盡並兼天下, 諸侯黔首大安, 立號爲皇帝, 乃詔丞相狀, 綰, 法度量則不壹歉疑者, 皆明壹之.)" 이러한 도기 명문은 진시황이 중국을 통일한 연대를 분명하게 알려주고 있으며, "이에 황제라 칭하게 되었다"는 것은 황제 제도의 확립을 말해 주며, "전국의 법률과 도량형을 통일하여 그간 의심이 있었던 부분을 하나로 통일하라"고 한 것은 도량형을 통일한 것을 말해 준다.

또, 전국시대 도기문자에 등장하는 "곡(穀)", "두(斗)", "승(升)", "석(石)", "반(半)", "두(豆)", "구(區)", "부(釜)", "종(鍾)" 등은 중국 고대도량형제도를 연구하는데 필수적인 자료들이다. 그리고 전국 시대 도기문자에 등장하는 "격씨좌사공(格氏左司空)"이나 "부사공(邿司空)" 같은 명문들은 해당 기물을 설치해 두었던 장소를 의미할 수도 있지만, "물륵공명(物勒工名)" 제도를 반영했을 가능성이 더 크다.

더 예를 들어 보면, 제(齊)나라 도기문자에 등장하는 "향(鄉)", "리 (里)", "궤(軌)", "현(縣)", "읍(邑)" 등과 같은 기록으로부터 제(齊)나라 의 행정제도 및 그 분류를 알 수 있다.[77] 이와 유사한 정황이 진(晉) 나라 께통 도기문자에도 보인다. 정한고성(鄭韓故城)에서는 일찍이 "정(井)", "우읍(芋邑)", "려(呂)", "리(里)", "전(田)", "도(徒)" 등과 같은 도기문자들이 발견되었는데 데, 이는 전국 시기 정(鄭)나라에 향수(鄕 遂) 제도[78]를 시행했음을 증명해 준다.[79]

(3) 역사 지리

위의 글에서 볼 수 있듯, 도기문자에는 대량의 지명이 기록되어 있 는데, 이는 관련 연구의 가장 좋은 자료가 된다. 예컨대, 어떤 학자들 은 제(齊)나라의 도기문자에 등장하는 '도향(陶鄉)', '좌남곽향(左南郭 鄉)', '내곽(內郭)', '화문(華門)' 등을 고석했고[80], 또 어떤 학자들은 도

---

77) 汪太舟, 『從齊國陶文看齊國"鄉", "里"等行政單位』, 『安徽文學』 2011年 第10期.
78) [역주] '향수제도(鄕遂制度)'는 중국 고대의 지방 행정 시스템으로 주(周)나라에
서 시작되어 전국(戰國)시대에 더욱 발전했다. 이 제도의 핵심은 새로운 지배
자와 원래 주민들 사이에 명확한 정치적 경계와 복잡하게 얽힌 지리적 관계의
공간적 패턴의 존재에 있다.
주나라 때에는 도성 주위 100리를 교(郊)라 했고, 교(郊) 내에 향(鄉)을 설치했
으며, 교(郊) 밖에는 수(遂)를 설치했는데, 모두 육향(六鄉) 육수(六遂)였다. 향
(鄉)은 향(鄉)의 대부(大夫)가 "그 향(鄉)의 정교와 금령을 맡았고", 수(遂)는 수
(遂)의 대부가 "수(遂)의 정령을 맡았다". 향수(鄕遂) 아래에 읍(邑)을 설치했는
데, "10실(室)이 1읍(邑)"이라는 말처럼 그 규모는 일반적으로 크지 않았다. 읍
(邑)에는 이서(里胥)와 인장(鄰長)이 설치되었다. 이후 점차 중앙 정부가 제후
에게 봉토(封土)를 하사하고, 제후가 그 지역을 관리함으로써, 기초 단위가 자
치를 행사하는 수직적 관계가 형성되었으며, 상하위 계층은 서로를 제한했다.
이것은 기본적으로 고대 중국의 지방 행정 구조의 원형을 확립했다.
79) 王琳, 『從鄭韓故城出土陶文看先秦鄕遂制度』, 『考古與文物』 2003年 第4期.
80) 王恩田, 『齊國地名陶文考』, 『考古與文物』 1996年 第4期.

기문자를 이용해 역사지리 문제를 연구하기도 했다.[81]

(4) 사회경제

전국시대 도기문자에 새겨진 '공(公)'이라는 글자는 사적으로 사용하던 도기와 구별하기 위해 도기에 찍은 글자일 수 있다. 이는 공적 수공업과 사적 공예품의 한 예증이다. 이것은 첫째, 선진시대 각 나라의 수공업 주조 체계가 상당히 완비되었으며, 둘째, 공예 제조 시스템의 분업이 세밀하고 분명했음을 보여준다. 따라서 도기문자는 고대 주조 시스템의 제도적 시스템과 관료 구조 및 운영을 탐구하는 데 유용한 정보를 제공할 수 있으며, 이를 통해 고대 중국의 경제 문제를 더 깊이 탐구할 수 있다.

(5) 직관(職官) 연구

전국 시대 도기문자에는 대량의 직관(職官)과 칭위(稱謂)가 존재한다. 예를 들어 앞서 들었던 "사공(司空)" 등과 같은 도기문자가 그 증명이다.

(6) 사상문화연구

도기문자는 새인(璽印)과 마찬가지로, 당시 사람들의 사상의식과 문화관념 등을 반영하고 있다. 예컨대, 도기문자에 자주 보이는 "신(愼)"자는 등이 그런데, 이는 중국 문화에서 줄곧 강조해 온, "신언(愼

---

81) 陳平, 「釋"😈"—從陶文"😈"論定燕上都薊城的位置」, 『中國歷史文物』 2007年 第4期.

言)"이나 "신행(愼行)" 등에서와 같은 "신중함(愼)"에 대한 관념의 실질적 표현이다. 다음과 같은 고대 문헌의 기록도 이를 반영해 준다. 예컨대, 『공자가어(孔子家語)·관주(觀周)』에서 이렇게 말했다. "옛 사람들이 말한 말에 신중해야 한다는 말은 경계로 삼아야 할 말이다. 말을 많이 하지 말아라. 말이 많으면 실패하게 된다. 일을 많이 벌이지 마라. 일이 많으면 걱정거리가 많아진다.(古之愼言人也, 戒之哉！無多言, 多言多敗; 無多事, 多事多患.)"[82] 또 『장자·어보(漁父)』에서도 이렇게 말했다. "삼가 수양하여 몸가짐을 가져야 하며, 삼가 그 진실함을 지켜야 한다. 사물과 인간의 본 모습으로 되돌아간다면 얽혀 힘든 일이 없을 것이다.(謹修而身, 愼守其眞, 還以物與人, 則無所累矣.)"[83]

도기문자에는 숫자로 된 괘(卦)도 보인다.[84] 이러한 괘(卦)의 그림을 기물의 용도가 무엇인지, 그것을 사용했던 자의 신분이 무엇이었는지, 이것이 어떤 문화현상과 사상 감정을 반영했는가 하는 것들이다. 이는 깊이 연구해 볼 만한 가치가 있다. 동시에 이러한 도기문자가 고대의 점복이나 음양가(陰陽家) 등의 연구에도 새로운 자료를 제공해 줄 것이다.

(7) 사회생활

성씨는 고대 인류의 생활과 사회 상태를 반영할 수 있으며, 심지어 고대 중국의 씨족과 정착지 연구에도 사용될 수 있다. 성씨는 일반적으로 가족 또는 씨족의 명칭에서 유래하며, 이는 고대 사회의 조직 구

---

82) 王國軒, 王秀梅譯注, 『孔子家語』, 中華書局2009年版, 91쪽.
83) 郭慶藩, 『莊子集釋』, 中華書局1961年版, 1031쪽.
84) 徐在國, 『新出古陶文圖錄』, 安徽大學出版社, 2018年, 479쪽.

조와 관계, 그리고 그들이 살던 지역과의 관계를 이해하는 데 중요한 역할을 한다.

(8) 지역 분류 연구

도기문자(陶文)의 지역 분류에 관한 연구는 항상 학자들의 주목을 받아왔다. 도기문자의 지역 분류의 과학적 구분은 당연히 이학근(李學勤)의 『전국제명개술(戰國題銘槪述)』에서 시작되었다 해야 할 것이다. 이 글에서는 전국시대 문자를 제(齊), 연(燕), 삼진(三晉), 주(周), 초(楚), 진(秦)의 여섯 체계로 나누었는데, 전국 시대 문자의 지역 구분 연구의 시작이 된다. 또한, 이 글은 고문자를 역사학, 고고학, 유형학과 유기적으로 결합하고, 한(韓), 조(趙), 위(魏)의 명문을 하나의 권역으로 합쳐서 연구한 것 등 많은 창의적인 아이디어를 제공한다. 이 외에도, 이 글은 몇몇 유물의 국가 구분 연구에도 좋은 분류를 제공한다.[85]

이후 학자들은 대부분 이를 기반으로 각 문자 체계의 구조, 구성, 쓰기 스타일, 문자의 배치 등을 분석하고, 이를 통해 문자 체계상의 지역적 특성을 구분하여 문자 분류 연구의 견고한 기반을 마련했다.

(9) 도기문자의 형체 연구

도기에 찍힌 문자의 형태 연구는, 제(齊)나라 도기문자의 경우, 그 형체가 금문이나 새인과 일치하여 상당히 두터운 풍성한 미를 보여주고 있어 전형적인 동방의 제나라 계열 문자 스타일을 갖추고 있

---

85) 李學勤, 『戰國題銘槪述』(中), 『文物』 1959年 第8期.

다.86) 이러한 점은 제나라 도기문자를 판별하는 기준이자, 문자 진화 연구의 한 방향에 해당한다.

또 다른 예로, 진(晉)나라 도기문자는 새인 문자와 같은 스타일로, 스타일이 일관되며 크기가 상당히 작다. 대부분이 정사각형 새인 모양이며, 직사각형으로 된 것은 적고, 원형은 거의 없다. 새인 모양의 글자 배치는 섬세하며, 문자의 획은 가늘고 활력이 넘치며, 글꼴은 규칙적이고 우아하여, 다른 나라의 도기문자와 확연히 다르다.

초(楚)나라 도기문자의 글꼴은 초나라의 죽간과 백서에 쓰인 글씨와 유사하다. 구성부터 필치까지 기본적으로 일치한다. 손으로 쓴 도기문자는 비교적 평평하고 두꺼우며 강인한 특징을 가지고 있고, 또 굵고 강한 선과 유연한 곡선을 보여준다. 필세가 유려하고 우아하며, 획의 두께 변화는 대조적이고 역동적인 리듬을 가지고 있어 예술적 매력이 넘친다.

연(燕)나라 도기문자의 대부분은 독특한 스타일을 가지고 있으며, 주로 새인 모양의 형태가 주를 이룬다. 새인의 모양은 직사각형, 정사각형, 거대한 직사각형(連鈐長方形) 등의 세 종류로 나뉘며, 문구는 대부분 휘갈겨 쓰여 있고, 장식 획이 많으며, 청동기 명문과 근접해 있다.

(10) 다른 고대 문자 매체와의 관계

도기문자는 다른 고대 문자 매체와 연구에도 일정한 영향을 미치며 상호 보완적인 관계를 가지고 있다.

---

86) 莊浩田, 『齊陶文初論』, 『書法賞評』 2017年 第6期.

(11) 예술연구

또한, 전국시대 도기문자는 서예 및 기타 분야에서 연구 및 활용할 수 있는 자료를 제공할 수 있으며, 많은 학자가 이미 이 분야의 작업에 집중하고 있다.[87]

6. 도기문자 연구의 미래 전망

향후 도기문자는 다음과 같은 측면에서 더 깊이 있는 연구를 진행할 수 있을 것이다.

첫째, 문자의 해독이다. 문자의 해독은 모든 연구의 기초이다. 상대적으로, 금문과 전국시대 간독과 백서 문자에 비해, 도기문자의 해독은 더 어렵다. 문자가 상대적으로 고립되어 있으며, 기본적으로 맥락 비교가 어렵기 때문이다. 그리고 글씨체가 더 자유롭고, 획과 구성이 표준화되지 않았기 때문이다. 동시에, 도기문자의 명확도가 보통 상태여서 많은 도기문자가 흐릿하거나 대부분 새긴 자국이 뒤덮여 있는데, 이는 글씨 작성과 관련이 있을 수도 있고 일상적인 사용으로 인해 발생할 수도 있다. 앞으로는 상나라와 주나라 시대의 도기문자에 대해 학계에서 더 많은 에너지를 투입하여 탐구하고 확장하는 것이 필요하다고 생각한다.

둘째, 도기문자의 형태 연구이다. 전국시대에는 각 지역의 글씨체가 서로 연결되면서도 다양한 특징을 가지고 있었는데, 이는 문자의

---

87) 唐存才, 『戰國陶文藝術綜述』, 『書法』 2015年 第12期.

지역적 특성과 글씨 습관 연구에도 큰 도움이 되었다. 현재 학자들은 대부분 간독과 백서 문자의 글씨체에 중점을 두고 있으며, 도기문자의 이러한 특별한 특징들은 대체로 무시되었다. 따라서 앞으로 도기문자의 필사 습관과 지역적 특성은 전국시대 도기문자 연구의 새로운 방향이 될 것이다.

셋째, 디지털화이다. 컴퓨터 기술의 급속한 발전과 고대 문자 자료의 풍부한 발견으로 인해 고대 문자의 정보처리에 관한 관심이 높아지고 있다. 2001년, 중국 화동사범대학의 중국문자 연구와 응용센터에서는 "고대 문자의 정보 처리에 관한 국제 학술 심포지엄"을 주최하여 고대 중국 문자를 연구하고 처리하기 위한 컴퓨터 사용의 새로운 장을 열었다.[88] 이 센터에서는 고대 한자의 글자 규격화, 문자 인코딩, 데이터베이스 구축 등에서 일련의 중요한 성과를 이루었다. 갑골문, 금문, 소전, 초나라 문자, 도기문자, 새인 문자, 맹서 문자, 화폐문자 등 다양한 고대 문자의 글자체 라이브러리를 구축했다. 그러나 앞으로는 이러한 도기 자료를 어떻게 사용할지에 대한 보다 심도 있는 논의가 필요하다.

넷째, 역사 제도 및 역사 지리에 관한 연구이다. 도기문자에는 많은 지명이 포함되어 있으며, 특히 새로운 지명이 많기 때문에, 학자들은 이를 정리하는 데 집중해야 할 것이다.

다섯째, 종합적인 저록서의 편찬이다. 다양한 저록서가 있지만, 저록과 연구와 도구서를 통합한 저술은 아직 없다.

---

88) 張再興, 『古文字信息化處理國際學術研討會』, 『中文信息學報』 2002年 第3期.

중국문자학 핸드북

제7절 화폐(貨幣) 문자

1. 정의

화폐문자란, 화폐에 주조된 문자를 말한다. 중국 고대 화폐의 역사는 은상(殷商) 시기에 청동으로 만든 조개를 모방한 화폐(仿貝)가 등장한 시점부터 중화민국 3년(1914) 방공원전(方孔圜錢)의 사용이 끝나는 시점까지, 3천여 년에 걸쳐 대략 다음 네 단계를 거쳤다. (1) 은상서주(殷商西周)의 원시 화폐기, (2) 춘추전국(春秋戰國)의 금속 화폐기, (3) 진한(秦漢)부터 수(隋)대의 '양(兩)'과 '주(銖)' 화폐기, (4) 당송원명청(唐宋元明淸)의 '보(寶)' 화폐기가 그것이다.[1]

서양의 고대 화폐와 비교해 볼 때, 재질과 제작 기술의 차이 외에, 서양의 화폐는 생생한 이미지와 사실적인 그림을 주요 장식 및 위조 방지 수단으로 사용한 데 반해, 중국은 문자를 무늬로 사용하여 장식 및 위조 방지 수단으로 삼았다. 중국 고대화폐의 이러한 특성은 동서양 화폐 문화의 주요 차이점이다. 따라서 중국 화폐 연구에서의 화폐 문자의 중요성은 말할 필요도 없다.

진(秦)나라가 문자와 도량형을 통일한 후, 화폐는 형식이나 문자(내용 및 서체) 면에서 기본적으로 통일된 양상을 보였다. 예를 들어, 진한 시대의 화폐문자에는 무게를 기록했고, 당송 이후의 화폐문자는

---

[1] 戴志强, 戴越, 『古錢文字』, 文物出版社, 2014年, 6쪽.

대부분 연호(年號)나 국호(國號)를 기록하고 귀한 글귀를 함께 새겼다. 이는 일정한 규칙이 존재했다. 비록 다양한 시기와 지역의 화폐문자에 변화가 있었지만, 이러한 변화는 주로 서예 측면, 즉 서체의 변화에 기인한 것이며, 읽는 데 어려움을 주지 않았다. 전국시대와 달리, 지역성과 서술 재료의 차이로 인해 발생한 문자의 이형(異形)—진 통일 이전의 선진 화폐문자는 '혼란한 시대'에서 탄생하여 '고오기교(古奧奇巧: 오래되고 심오하며 기묘함)'하고 '번간거변(繁簡巨變: 복잡함과 단순함의 큰 변화를 보임)'하며 '초솔급취(草率急就: 거칠고 급하게 만들어짐)'한 특징을 보여, 더 많은 연구 가치를 지니고 있다.

선진(先秦) 화폐는 주로 진(秦)이 육국(六國)을 통일하기 이전의 '금속 화폐'를 지칭한다. 중국 고대에는 금속 주화(鑄貨)가 있었는데, 이에는 포전(布錢), 도전(刀錢), 원전(圓錢) 등이 포함되며, 금속 측량 화폐로는 금판(金版), 은포전(銀布錢) 등이 있었다. 선진 화폐는 등장부터 진나라의 '반량(半兩) 원전'으로 통일되기까지 약 400년의 발전을 거쳤으며, 그 시간의 길이, 범위의 넓이, 종류의 다양성, 형식의 복잡성, 문자의 독특함에서 '전무후무'하다고 할 수 있다. 현재까지의 고고 자료와 연구 결과에 따르면, 춘추 말기 중원 지역에서는 주(周), 정(鄭), 위(衛), 진(晉) 등 제후국들이 주로 포전을 주조했으며, 오늘날의 하북(河北) 상간하(桑幹河) 유역과 태항산(太行山) 일대에서는 적족(狄族)이 도전을 주조했다. 제(齊)나라가 춘추 말기에 도전을 주조했는지는 아직 정론이 없다.[2)]

전국 초기에는 제나라가 도전, 즉 '지자도(之字刀)'를 주조하기 시작

---

2) 춘추 말기에 제나라가 이미 도폐(刀幣)를 주조했는지에 대해서는 현재 아직 결론이 나지 않았다. 吳良寶, 『中國東周時期金屬貨幣硏究』, 社會科學文獻出版社, 2005年, 2-3쪽 참조.

했고, 연(燕)나라 영역에서는 '명자도(明字刀)'가 나타났으며, 동시에 중산(中山)국에서도 '직도(直刀)'를 주조하기 시작했고 조(趙)나라에서는 이를 모방했다. '포전'은 주조 및 사용 과정에서 형식이 많은 변화를 겪었는데, 공수(空首)에서 평수(平首)로, 평견(平肩)에서 용견(聳肩: 솟은 어깨)으로 변했다. 전국 중 후기에는 오늘날의 하북과 요서(遼西) 지역에서 '침수도(針首刀)'가 나타났고, 제나라에서는 정권 교체로 '제대도(齊大刀)'(田齊 정권)가 등장했다. 뾰족한 발의 포전은 주조 과정에서 솟은 어깨(聳肩)에서 평평한 어깨(平肩)로, 뾰족한 발(尖足)에서 뭉뚝한 발(鈍足)로 변화하여 방족(方足)과 원견원족(圓肩圓足)으로 발전했으며, 주(周), 한(韓), 조(趙), 위(魏)에서 유행했고 연(燕)에도 영향을 미쳤다. 원전과 동패(銅貝)는 전국 중기에 등장했으며, 진나라의 세력이 동쪽으로 확장되면서 위, 조, 주 그리고 동쪽의 연, 제 등 국가에서 원통(圓穿) 또는 방통(方穿) 모양의 원전이 나타났고, 동패는 남방의 초(楚)나라에서만 볼 수 있었다. 또한 초나라 지역에서는 판상(板狀)이나 빵 모양(餠狀)의 황금 화폐가 있었으며, 여기에 간인(鑑印) 문자가 있어 금판 또는 금병(金餠)이라 불렸다. 진나라가 육국을 멸망시키는 과정에서 포전, 도전, 동패, 연제 원전은 차례대로 역사의 무대에서 사라졌고, 진의 '반량전'이 법정 화폐가 되어 전국에서 통용되었다.

요약하자면, 이 시기에 중국 고대 화폐의 네 가지 주요 체계가 형성되었다. 즉, 중원의 포전(布錢) 지역, 동방과 북방의 도전(刀錢) 지역, 서양의 원전(圜錢) 지역, 그리고 남방의 패전(貝錢) 지역이 그것이다. 이 네 가지 큰 체계에 속한 화폐들은 종류가 다양하고 형식이 여러 가지로, 크기와 무게가 각각 달라 화폐의 형태나 문자 모두 뚜렷한 지역적 특성을 가졌다.

선진(先秦) 화폐문자는 "선진 시기의 화폐 실물에 주조되거나 새겨진 문자(이 실물들의 재질에는 동(銅), 주석(錫), 납(鉛), 금(金), 은(銀), 옥(玉), 포(布), 백(帛) 등이 포함됨)를 가리키며, 중국 고대 문자 중 하나의 분기로, 시대적으로는 양주(兩周) 시대를 관통한다."[3] 현재까지 발견된 고고학 자료에 따르면, 최초의 화폐[4]에는 문자가 없다. 춘추(春秋) 이후의 공수포(空首布)에는 간단한 문자 기호가 나타나기 시작했고, 전국(戰國)시대 화폐에는 문자가 많이 등장했다. 서체 측면에서 보면, 이 문자들은 대전(大篆)에 속하며, 매체 측면에서는 청동기 명문(銅器銘文)에 해당한다. 고문자 학계에서는 이에 따라 화폐문자를 전국시대 문자 연구의 범주에 포함시켰다. 전국시대의 문자는 이형(異形)이 잡다하고, 기괴하며 난해하기로 유명한데, 화폐문자는 특히 두드러지게 나타난다. 문자의 필획이 고도로 간략화 되고 구조가 다양하고 변화무쌍한 것이 선진 화폐문자의 주된 형태적 특징이다. 이러한 특징들의 형성은 특정한 시대적 요인과 한자 자체 발전의 객관적 이유에 기인한다.

---

3) 黃錫全, 『先秦貨幣硏究』, 中華書局, 2001年, 338쪽.
4) 중국 고대 금속 화폐의 출현 시기에 관해서는 전해지는 문헌들에 따라 여러 가지 설이 있다. 현재 고고학적 자료에 따르면, 중국 고대 금속 주조 화폐의 출현은 춘추 말기보다 일렀다는 것이 증명되고 있다. 吳良寶, 『中國東周時期金屬貨幣硏究』, 2쪽 참조.

[그림 3-17] 포폐(布幣)　　　　　　[그림 3-18] 환전(圜錢)

[그림 3-19] 패폐(貝幣)(위)
[그림 3-20] 도폐(刀幣)(오른쪽)

　선진(先秦) 시대의 문자는 통상 은상(殷商), 서주(西周)와 춘추(春秋), 전국(戰國)의 세 시기로 나뉜다. 선진 화폐문(貨幣文)이 해당하는 시간 대는 사회경제, 정치, 사상 문화가 격변하는 시대였다. "예악이 붕괴되고(禮崩樂敗), 왕의 기강이 해체됨(王綱解紐)"으로 인해 문자가 신단(神壇)에서 내려왔다는 것은, 문자의 사용 범위가 점점 넓어지고, 서사(書寫) 재료가 더욱 풍부해지며, 서술 계층이 점차 확대되었다는 것을 의미한다. 선진 화폐문은 "주조자의 인표(印表)"[5]로 정의되며, 이러한 화

5) "금속을 특정한 형태로 주조하고 주조자의 인표를 찍어, 사용자가 이를 보고 그 것이 대표하는 금속 량을 알 수 있으며, 거래 시에 그 질량을 다시 측정할 필요

폐문자들은 대부분 당시의 민간 장인들이 새겼기 때문에, 더욱 실용적인 민간 서체(書體)의 특징을 많이 나타낸다. 함께 청동기 명문에 속하는 종정(鐘鼎) 위의 문자는 정교하고 엄밀하며, 공명(功名)을 새길 때에는 규범을 모범으로 삼아 후세에 전한다. 반면, 화폐 위에 새겨진 문자는 시간과 공간의 압박 아래에서 임의적이고 대충 처리하는 경향이 있다. 문자 효용의 한계와 서술자 계층의 제한으로 인해 선진 화폐문은 '난해하다'는 특징을 갖게 되었다.

2. 연구 종합

화폐는 실물 재료로서 다양한 역사적 정보를 집대성했다. 한 조각의 고대 화폐는 당시 사회경제의 축소판이라 할 수 있는데, 화폐의 재질, 문자, 형식은 당시의 생산 기술(제련 공예), 사회 문화, 정치 체제 등을 연구하는 데 있어 전승 문헌으로는 비교할 수 없는 신뢰할 수 있는 자료를 제공한다. 중국 고대에는 화폐 저록이라는 우수한 전통이 있었으며, 고대 화폐의 수집 및 정리는 화폐사와 화폐학 연구를 추진하는 기초가 되었다. 화폐를 연구 대상으로 하는 화폐학은 약 1500년의 역사가 있으며, 남조 소량(蕭梁) 시대에는 화폐 실물을 연구하고 저록하는 전문 서적이 있었다. 북송(北宋)시대 금석학(金石學)의 부흥과 함께, 화폐학은 화폐사 연구에서 점차 분리되어, 화폐 실물을 수집, 정리, 고증하는 연구 방법을 형성했으며, 종합적인 저작으로 남송(南宋) 홍준(洪遵)의 『천지(泉志)』가 등장했다. 이는 중국에 현존하는 가장 초기의 화폐학 전문 서적 중 하나이며, 전인(前人)의 집

가 없도록 했다." 汪慶正(主編), 『中國歷代貨幣大系·(1)先秦貨幣』 "總論", 上海人民出版社, 1988年, 12쪽 참조.

대성을 요약한 종합적인 저작이다. 이 책은 삼대(三代)부터 오대(五代)에 이르는 역대 화폐 300여 품을 수록하였으며, 그 규모가 이전에는 없었다. 또한, 이 책은 선진 화폐의 모본을 수록했지만, 문자의 해석은 대부분 추측에 불과했으며, 청(清)대에 이르러 학자들이 이를 바로잡았다.

『천지(泉志)』를 시작으로, 청대 말년에 이르기까지, 소수의 고전(古錢) 학자들이 선진(先秦) 화폐의 정리와 연구를 시작했다. 청나라 가경 도광 시기에는 상당수의 금석학자가 고전 감정 및 연구에 능통했으며, 금석과 청동기에 대한 깊은 기초 덕분에 해당 시기의 화폐학 연구의 절정을 이루면서 동시에 역사학, 역사 지리학, 고문자학, 고고학을 결합한 연구 방법을 개발했다. 이는 고전 연구를 단순히 고물 수집의 부속물로 전락시키지 않고, 금석 문물 중 독립적인 연구 방향으로 자리매김하는 데 기여했다. 당시에는 다수의 고품질 화폐 저록 서적이 출현했으며, 40여 종이 넘는 것으로 집계되었다. 예를 들어 마앙(馬昂)의 『화폐문자고(貨幣文字考)』, 유심원(劉心源)의 『기곡실길금문존(奇觚室吉金文存)』 등이 있다. 이러한 저작들은 문자 해석에 중점을 두며, 전국(戰國) 시대 화폐문자에 대한 해석에 영감을 제공했다.

정복보(丁福保)는 1930년대의 화폐학 연구의 선두 주자로, 『고천총서(古泉叢書)』, 『고천학강요(古錢學綱要)』, 『고천잡요(古錢雜要)』, 『고천유신실용담(古錢有神實用談)』, 『고천잡기(古錢雜記)』, 『고천도설(古錢圖說)』, 『고천대사전(古錢大辭典)』 등을 저술했다. 이 중에서도 『고천대사전』의 영향이 가장 컸다. 이 책은 다양한 고대 화폐 종류를 수록하고 해설을 첨부했으며, 내용이 풍부하여 다양한 서적을 집대성한 중요한 화폐 문 연구 참고서이다. 또한 일본의 오쿠다이라 마사히로(奧平昌洪)가 저술한 『동아천지(東亞錢志)』는 일본인이 수집한 선진 화폐

중 가장 많은 저록을 포함하고 있으며, 최근의 학술적 해석을 채택하여 일정한 참고 가치를 지닌다.

중화인민공화국 성립 후, 고고학 발견이 날로 새로워지고 새로운 자료가 대량으로 출토됨에 따라 고대 화폐 연구에 대한 학자들의 관심도 증가했다. 현재까지 본 연구 자료에 따르면, 선진 화폐 및 그 문자에 관한 연구는 다음 네 가지 유형으로 나눌 수 있다. (1) 자료의 발표와 정리 및 편집, (2) 통론성 연구, (3) 화폐문자(錢文)의 고석 및 연구, (4) 화폐 문화의 연구 등이 그것이다.

아래에서는 이들을 각각 차례로 소개한다.

(1) 자료의 공개, 정리 및 편집

화폐는 실물 자료로서, 그 고고학적 의미에서의 발굴 및 정리는 문자 연구를 전개하는 기초를 마련한다. 건국 이래, 전국(戰國) 시대 문자 연구가 전면적으로 번창하고 발전한 이유 중 하나는 바로 대량의 고고학 자료가 출토된 덕분이다. 이 시기에 출토된 전국 시대 문자 자료는 첫째, 그 양이 엄청나게 많아 이전을 크게 웃돈다는 점, 둘째, 종류가 다양하여 동기(銅器), 죽간(竹簡), 새인(璽印), 도기(陶器), 석기(石器), 화폐, 맹서(盟書) 등 다양한 출토를 포함한다는 점, 셋째, 과학적 고고학의 진행으로 문자 연구에 신뢰할 수 있는 기초가 마련되었다는 점 등이다. 따라서 불완전한 통계에 따르면 현재 수집된 화폐 연구 관련 자료 중 새로운 자료 발표에 관한 논문이 전체의 약 1/3 이상을 차지한다고 한다.

새로 발굴되고 공개된 자료들에 따라, 체계적이고 과학적이며 권위 있는 자료를 집대성한 도구 서적들이 연이어 출판되었다. 1980년대에는 왕경정(汪慶正)이 주편한『중국 역대 화폐 대계·선진 화폐(中國歷代貨幣大系·先秦貨幣)』[6)는 '도판(圖版)'을 주체로 하여 시대 순으로 배열하고, 화폐의 형제(形制)에 따라 선진(先秦) 화폐 4,343점을 수집하였는데, 선진 화폐의 정수가 집중적으로 수록되었다. 도판 아래에는 번호, 화폐의 이름(幣名), 출토 시간과 장소, 크기, 자료 출처 등 고고학적 속성이 기록되어 있어, 현재 가장 완비된 화폐학 도구서이다.

또한 주활(朱活)과 최운장(蔡運章)이 주편한『중국 화폐 대군전·선진 편(中國錢幣大群典·先秦編)』[7)은 중화서국에서 1996년에 출판되었다. 이 책은 선진 화폐 형태의 발전을 따라, 키워드 형식으로, 화폐와 역사를 결합하고 문과 그림을 조화롭게 배치하여 화폐 자료의 광범위함, 종합 키워드의 체계성, 편집의 규범성 및 연구 성과의 과학성을 보여준다. 각 키워드 아래에서는 해당 화폐의 국적, 주조 지역, 형제, 면문 해석, 출토 상황(시간, 장소, 수량 포함), 크기 등을 자세히 소개하고 대표적인 박편을 키워드 아래에 첨부했다. 또한 자형표를 부록으로 제공하여 선진 화폐문자 연구에 더욱 풍부한 자료를 제공하였다.

위의 두 대작 외에도, 1990년대부터는 지역 화폐를 전문적으로 수록한 자료집이 출판되었다. 예를 들어 주화(朱華)의『삼진화폐(三晉貨幣)』[8), 석영사(石永士) 등이 편집한『연하도 동주 화폐 보물 모음(燕下都東周貨萬聚珍)』[9), 그리고 산동성 화폐학회 편집의『제폐도석(齊幣圖釋)』[10) 등이 있다.

---

6) 汪慶正(主編),『中國歷代貨幣大系·先秦貨幣』, 上海人民出版社, 1988年.
7) 朱活, 蔡運章(主編),『中國錢幣大群典·先秦編』, 中華書局, 1996年.
8) 朱華,『三晉貨幣』, 山西人民出版社, 1994年.
9) 石永士等(編),『燕下都東周貨萬聚珍』, 文物出版社, 1996年.
10) 山東省錢幣學會編輯,『齊幣圖釋』, 齊魯書社, 1996年.

이외에도 특정 종류, 특정 지역 또는 박물관 소장 화폐에 대한 자료집들이 잇달아 출현하였다. 예를 들어, 왕귀침(王貴忱)의『삼공포휘편(三孔布彙編)』[11]은 삼공포만을 전문적으로 수집한 자료집으로 자료가 매우 완비되어 있다. 또한,『중국 산서성 역대 화폐(中國山西歷代貨幣)』[12],『천진시 역사박물관 소장 중국 역대 화폐(天津市歷史博物館所藏中國歷代貨幣)』[13],『상해박물관 소장 전폐·선진 화폐(上海博物館藏錢幣·先秦貨幣)』[14],『낙양 전폐의 발견과 연구(洛陽錢幣發現與研究)』[15] 등이 있다.

(2) 통론성 연구

중화인민공화국 건국 이래, 다수의 선진(先秦) 화폐에 관한 통론성 저작들이 잇달아 출판되었다. 예를 들면, 왕육천(王毓銓)의『중국 고대 화폐의 기원과 발전(我國古代貨幣的起源和發展)』, 그리고 수정판인『중국 고대 화폐의 기원과 발전(中國古代貨幣的起源與發展)』[16], 정가상(鄭家相)의『중국 고대 화폐 발전사(中國古代貨幣發展史)』[17], 왕헌당(王獻唐)의『중국 고대 화폐 통론(中國古代貨幣通論)』[18], 황석전(黃錫全)의『선진 화폐 연구(先秦貨幣研究)』와『선진 화폐 통론(先秦貨幣通

---

11) 王貴忱(編),『三孔布彙編』, 自印本, 1984年.
12) 山西省錢幣學會(編),『中國山西歷代貨幣』, 山西人民出版社, 1989年.
13) 天津市歷史博物館(編),『天津市歷史博物館所藏中國歷代貨幣』, 天津楊柳靑畫社, 1990年.
14) 上海博物館靑銅器部(編),『上海博物館藏錢幣·先秦貨幣』, 上海書畫出版社, 1994年.
15) 蔡運章等(編著),『洛陽錢幣發現與研究』, 中華書局, 1998年.
16) 王毓銓,『我國古代貨幣的起源和發展』, 科學出版社, 1957年. 修訂版은『中國古代貨幣的起源與發展』(中國社會科學出版社, 1990年)으로 이름을 바꾸었다.
17) 鄭家相;『中國古代貨幣發展史』, 三聯書店, 1958年.
18) 王獻唐,『中國古代貨幣通論』, 齊魯書社, 1979年.

論)』19), 하림의(何琳儀)의 『고폐총고(古幣叢考)』20), 오량보(吳良寶)의 『중국 동주 시기 금속화폐 연구(中國東周時期金屬貨幣研究)』21) 등 30여 권 이상의 저작이 있다.

1950년대부터 1970년대 초에 걸쳐, 왕육전(王毓銓)의 『중국 고대화폐의 기원과 발전(我國古代貨幣的起源和發展)』, 정가상(鄭家相)의 『중국 고대화폐 발전사(中國古代貨幣發展史)』와 왕헌군(王獻唐)의 『중국고대화폐통론(中國古代貨幣通論)』은 고대 화폐에 관한 통론성 저작으로 손꼽힌다. 이 세 권의 책은 전국(戰國) 시대 화폐의 사용 범위와 역사적 변천에 대해 상세히 소개하고, 때때로 전국 시대 화폐문자에 대한 해석을 제공하여 당시 고대 화폐 연구의 중요한 성과로 평가받았다. 또한, 이학근(李學勤)의 『동주와 진대 문명(東周與秦代文明)』22)에서는 '화폐'장을 별도로 설정하여 고고학적으로 발굴된 화폐를 주된 대상으로 삼아, 형태와 국적에 따라 전국 시대 각국의 화폐에 대해 상세히 논의하였다. 이는 당시 화폐 연구의 최신 연구 성과를 개괄한 것이다.

21세기에 들어서면서, 황석전(黃錫全)의 『선진 화폐 통론(先秦貨幣通論)』이 출판되었는데, 이 책은 선진 시기 다양한 형태의 화폐에 대해 형제(形制), 천문(錢文, 화폐에 새겨진 글자), 국적, 연대 등 여러 면에서 탐구하며 새로운 견해를 제시하였다. 2005년에는 오량보(吳良寶)의 『중국 동주 시기 금속 화폐 연구(中國東周時期金屬貨幣研究)』가 출간되었는데, 이 책은 동주 시기 금속 주조 화폐에 대한 관련 연구 성과를 종합적으로 정리하고, 화폐 출토 자료를 의식적으로 활용하여 천문 해석, 국적 판정, 지망(地望, 발행 지역)에 대한 새로운 견해를

---

19) 黃錫全, 『先秦貨幣研究』, 中華書局, 2001年; 『先秦貨幣通論』, 紫荊城出版社, 2001年.
20) 何琳儀, 『古幣叢考』, 安徽大學出版社, 2002年.
21) 吳良寶, 『中國東周時期金屬貨幣研究』, 社會科學文獻出版社, 2005年.
22) 李學勤, 『東周與秦代文明』, 文物出版社, 1984年.

제시하였으며, 현재 동주 화폐 연구 수준과 동향을 반영한 중요한 저작이 되고 있다.

이외에도 화폐 연구와 관련된 논문집들도 출판되었다. 예를 들어, 주활(朱活)의 『고천신탐(古錢新探)』[23], 하림의(何琳儀)의 『고폐총고(古幣叢考)』, 황석전의 『선진 화폐 연구(先秦貨幣硏究)』와 『고문자와 고화폐 문집(古文字與古貨幣文集)』[24], 대지강(戴志强)과 대월(戴越)의 『고천문자(古錢文字)』 등이 있다.

(3) 화폐문자의 고석과 연구

화폐문자는 주로 지명(국명, 봉호 등 포함), 화폐 이름과 단위, 숫자, 시간, 방위, 그리고 일부 길어(吉語) 등을 기록하고 있다. 이 중에서 지명과 단위는 전국(戰國) 시대 지리를 탐구하고 고대 화폐 제도 및 경제 발전 상황을 연구하는 데 매우 중요한 자료를 제공한다. 화폐학 연구에서 가장 중요한 것은 화폐의 기록이며, 기록 대상은 주로 형제(形制)와 문자이다. 따라서 화폐문자의 해석은 화폐 관련 연구를 전개하는 기초가 된다─화폐문자는 화폐가 제공할 수 있는 가장 명확한 정보로, 화폐의 국적, 지역, 연대를 연구하는 데 필수적인 조건이다.

구석규(裘錫圭)의 「전국화폐고(戰國貨幣考)」[25]는 선진시대 화폐 중에서 해석되지 않았거나 잘못 해석된 문자들에 대해 예리한 고증을 진행하여 많은 어려운 문자들을 해결했으며, 이로 인해 화폐가 위치한 지리적 위치 및 국적 등 관련 문제에 대해서도 촉발시켰다. 이 논

---

23) 朱活, 『古錢新探』, 齊魯書社, 1984年.
24) 黃錫全, 『古文字與古貨幣文集』, 文物出版社, 2009年.
25) 裘錫圭, 『戰國貨幣考』(十二篇), 『北京大學學報』(哲學社會科學版) 1978年 第2期.

문은 전국 화폐문자 고증의 모범 작으로 여겨지며, 전국 화폐문자 고증 역사상의 한 이정표이자, 단계적인 종합으로서 당대 전국 화폐문자 고증의 최고 수준을 대표한다. 구석규의 다른 논문들, 예를 들어「전국문자 중의 '시(市)'(戰國文字中的'市')」26),「전국 평양 도폐 고(戰國平陽刀幣考)」27),「성백(成白) 도를 논의함(談談'成白'刀」28) 등에서도 일부 전국 화폐문자에 대해 정확한 해석을 제공하였다.

1950년대 말, 이학근(李學勤)이 쓴「전국제명개술(戰國題銘槪述)」29)은 연(燕)과 양주(兩周)의 화폐에 대해 연구했다. 또한, 이학근의「박산도에 관하여(論博山刀)」30),「박산도를 다시 논함(重論博山刀)」31), 이가호(李家浩)의「전국 화폐문자 중의 '尙'와 '비(比)'(戰國貨幣文字中的'尙'和'比')」32),「전국 '익포'에 대한 고찰(戰國㘽布考)」33),「아능군 동기 명문에 관한 몇 가지 의견(關於郪陵君銅器銘文的幾點意見)」34),「전국 우필포(于疋布) 고(戰國於疋布考)」35),「전국화폐 '鄗'에 대한 고찰(戰國貨幣鄗考)」(7篇)36),「전국 '저도'에 대한 새로운 고찰(戰國鄗刀新考)」37), 오진무(吳振武)의「전국 화폐 명문 중의 '도(刀)'(戰國貨幣銘文中的'刀')」38),「양중신포에 대하여(說梁重新布)」39),「악군계절의 '과(舿)'자

---

26) 裘錫圭,『戰國文字中的"市"』,『考古學報』 1980年3期.
27) 裘錫圭, 李家浩,『戰國平陽刀幣考』,『中國錢幣』 1988年2期.
28) 裘錫圭,『談談"成白"刀』,『中國錢幣論文集(第三輯)』, 1998年.
29) 李學勤,『戰國題銘槪述』,『文物』 1959年 第7-9期.
30) 李學勤,『論博山刀』,『中國錢幣』 1986年 第8期.
31) 李學勤,『重論博山刀』,『中國錢幣論文集(第三輯)』, 1998年.
32) 李家浩,『戰國貨幣文字中的"尙"和"比"』,『中國語文』 1980年5期.
33) 李家浩,『戰國㘽布考』,『古文字研究』 第三輯, 中華書局, 1980年.
34) 李家浩,『關於郪陵君銅器銘文的幾點意見』,『江漢考古』 1986年 第4期.
35) 李家浩,『戰國於疋布考』,『中國錢幣』 1986年 第4期.
36) 李家浩;『戰國貨幣考』『中國錢幣學會成立十周年紀念文集』, 1992年.
37) 李家浩,『戰國鄗刀新考』,『中國錢幣論文集』 第三輯, 1998年.
38) 吳振武,『戰國貨幣銘文中的"刀"』,『古文字研究』 第十輯, 中華書局, 1983年.

해석(鄂君啓節'觞'字解)」40), 탕여혜(湯餘惠)의 「전국화폐신탐(戰國貨幣新探)」(5篇)41), 「전국시대 위범양의 화폐주조(戰國時代魏繁陽的鑄幣)」42), 오영증(吳榮曾)의 「전국 포폐 3가지 지명 고석(戰國布幣地名考釋三則)」43), 장함(張頷)의 「위폐 ◉포 고석(魏幣◉布考釋)」44), 「고폐문 삼석(古幣文三釋)」45), 왕경정(汪慶正)의 「일본 은행 및 상해박물관 소장 박산도 고략(日本銀行及上海博物館所藏博山刀考略)」46), 변우세(駢宇騫)의 「초국 화폐문자 '손(巽)'에 관한 시석(試釋楚國貨幣文字'巽')」47) 등은 선진 화폐 및 화폐문자 연구 분야에서 주목할 만한 중요한 성과들이다.

하림의(何琳儀)은 전국(戰國) 시대 화폐 연구에 오랫동안 전념하며 많은 업적을 남겼다. 그의 저작으로는 「반방도폐고(返邦刀幣考)」48), 「백읍포폐고(百邑布幣考)」49), 「첨족포폐고(尖足布幣考)」50), 「교형포폐고(橋形布幣考)」51), 「여망포폐고(余亡布幣考)─삼공포(三孔布)의 지명(地名)을 함께 논함」52), 「연국포폐고(燕國布幣考)」53), 「예각포폐고(鋭角布幣考)」54) 등이 있다.

---

39) 吳振武, 『說梁重新布』, 『中國錢幣』 1991年 第2期.
40) 吳振武, 『鄂君啓"觞"字解』, 『第二屆國際中國古文字學研討會論文集』, 1993年.
41) 湯餘惠, 『戰國貨幣新探(五篇)』, 『吉林省貨幣學會首屆會議論文』, 1984年.
42) 湯餘惠, 『戰國時代魏繁陽的鑄幣』, 『史學集刊』, 1986年 第4期.
43) 吳榮曾, 『戰國布幣地名考釋三則』, 『中國錢幣』 1992年 第2期.
44) 張頷, 『魏幣◉布考釋』, 『中國錢幣』 1985年 第4期.
45) 張晗, 『古幣文三釋』, 油印本, 西省考古研究所, 1990年.
46) 汪慶正, 『日本銀行及上海博物館所藏博山刀考略』, 『中國錢幣』 1985年 第3期.
47) 駢宇騫, 『試釋楚國貨幣文字"巽"』, 上海古籍出版社編輯, 『中華文史論叢·語言文字研究專輯』, 1986年.
48) 何琳儀, 『返邦刀幣考』, 『中國錢幣』 1986年 第8期.
49) 何琳儀, 『百邑布幣考』, 『史學集刊』 1992年 第1期.
50) 何琳儀, 『尖足布幣考』, 『陝西金融·錢幣專輯』 1991年 第16期.
51) 何琳儀, 『橋形布幣考』『吉林大學學報』 1992年2期.
52) 何琳儀, 『余亡布幣考』, 『中國錢幣』 1990年 第3期.
53) 何琳儀, 『燕國布幣考』, 『中國錢幣』 1992年 第2期.
54) 何琳儀, 『鋭角布幣考』, 『中國錢幣』 1996年 第2期.

황석전(黃錫全) 역시 선진 화폐 연구의 대가로, 그의 저작으로는 「간관방족포고(干關方足布考)」55), 「조국 방족포 칠고(趙國方足布七考)」56), 「길폐 삼고(吉幣三考)」57), 「고폐 삼변(古幣三辨)」58), 「첨수도면의 문자 '비(郋)' '고(鼓)'자 등으로부터 첨수도의 국별과 년대 및 유관 문제를 논의함(從尖首刀面文'郋''鼓'等談到尖首刀的國別年代及有關問題)」59), 「초 동패 '견금(見金)'을 '시금(視金)'으로 읽어야 함(楚銅牌"見金"應讀"視金")」60), 「삼공포의 신비함에 대한 시탐(三孔布奧秘試探)」61) 등이 있다.

이밖에도 오량보(吳良寶)의 「전국 포폐 3가지 석독(戰國布幣釋讀三則)」62), 「평견 공수포 4가지 고찰(平肩空首布四考)」63), 하림의(何琳儀), 서재국(徐在國)의 「'새(塞)'에 대한 해석(釋'塞')」64)도 최근 화폐문자 연구 분야의 중요한 작품으로 평가된다.

1949년 이후 학계에서 선진(先秦) 화폐문자에 대한 연구는 주로 문자의 해독에 집중되었으며, 선배 학자들은 이 분야에서 상당한 성과를 이루었다. 그러나 여전히 몇몇 어려운 문자는 아직 해독되지 않았으며, 특히 연명도(燕明刀)의 뒷면 문자는 대부분 대충 써진 문자로, 문맥이 부족해 해독이 어렵다. 하림의(何儀琳)의 「석사(釋四)」65)에서는 연(燕)나라 명도(明刀)의 뒷면 문자에 대해 약간의 탐구를 제외하

---

55) 黃錫全, 『幹關方足布考』, 『內蒙古金融研究·錢幣專刊』 1996年 第2期.
56) 黃錫全, 『趙國方足布七考』, 『華夏考古』 1995年 第2期.
57) 黃錫全, 『古幣三考』, 『內蒙古金融研究·錢幣專刊』 1997年 第4期.
58) 黃錫全, 『古幣三辨』, 『胡厚宣先生紀念文集』, 科學出版社, 1998年.
59) 黃錫全, 『從尖首刀面文"郋""鼓"等談到尖首刀的國別年代及有關問題』, 『中國錢幣』 1998年 第2期.
60) 黃錫全, 『楚銅牌"見金"應讀"視金"』, 『中國錢幣』 1999年 第2期.
61) 黃錫全, 『三孔布奧秘試探』, 『安徽錢幣』 2000年 第2期.
62) 吳良寶, 『戰國布幣釋讀三則』, 『古文字研究』 第二十二輯, 中華書局, 2000年.
63) 吳良寶, 『平肩空首布四考』, 『中國文字研究』, 2004年.
64) 何琳儀, 徐在國, 『釋"塞"』, 『中國錢幣』 2002年 第2期.
65) 何儀琳, 『釋四』, 『文物春秋』 1993年 第4期.

고는 이 분야에 대한 연구가 거의 없다. 논문 수량을 보면, 화폐문자와 직접 관련된 논문은 주로 문자의 해독에 치중되어 있으며, 문자학적 측면에서 화폐문자의 형태적 특징과 규칙에 대한 연구는 상대적으로 적다.

현재 확인된 관련 연구로는 탕여혜(湯余惠)의 「전국문자 형태 연구 중 몇 가지 문제에 대한 간론(略論戰國文字形體研究中的幾個問題)」66), 주활(朱活)의 「중국 고화폐문자 특성에 대한 초보적 분석(中國古幣文字特徵初析)67), 황석전(黃錫全)의 「선진 화폐문자 형태의 특징 예시(先秦貨幣文字形體特徵擧例)」68), 양용(楊勇)의 「삼진 화폐문자의 간화와 변이현상 연구(三晉貨幣文字簡化異化現象研究)」69), 도하파(陶霞波)의 「선진 화폐 문구 형태의 비합리적 경향 연구(先秦貨幣文構形無理性趨向研究)」70) 등이 있으며, 이들은 한자 구성의 관점에서 화폐문자의 형태적 특징과 규칙을 다루는 시도와 탐구를 진행했다.

과거 화폐문자를 전문적으로 기록하고 해석한 책은 비교적 드물었으며, 있더라도 주로 금문(金文), 새인(璽印), 도문(陶文) 등과 함께 수록되었고, 수록된 화폐문자의 양도 제한적이었다. 이러한 상황은 20세기 80년대에 변화를 맞이했으며, 학계에서는 선진 화폐문자 사전 두 권을 출판했다. 첫 번째는 상승조(商承祚), 왕귀침(王貴忱), 담체화(譚棣華)가 공동 편집한 『선진 화폐문편(先秦貨幣文編)』71)으로, 중국에

---

66) 湯余惠, 『略論戰國文字形體研究中的幾個問題』, 『古文字研究』 第十五輯, 中華書局, 1986年.
67) 朱活, 『中國古幣文字特徵初析』, 『成都文物』 1989年 第1期.
68) 黃錫全先生, 『先秦貨幣文字形體特徵擧例』, 『于省吾教授百年誕辰紀念文集』, 吉林大學出版社, 1996年.
69) 楊勇, 『三晉貨幣文字簡化異化現象研究』, 首都師範大學中國書法文化研究院研究生會(編), 『第四屆全國書法研究生書學學術周論文集』, 2008年.
70) 陶霞波, 『先秦貨幣文構形無理性趨向研究』, 復旦大學出版社, 2006年.
71) 商承祚, 王貴忱, 譚棣華(合編), 『先秦貨幣文編』, 書目文獻出版社, 1983年.

서 정식 출판된 첫 화폐 자형표이다. 이 책은 총 8,215개의 자형(정편 313개 표제자, 부록 534개 표제자, 합문 63개 표제자, 이체자 7,073 개)를 수록했으며, 각 문자 형태 아래에 출처를 명시했다.

두 번째 사전은 장함(張頷)이 편집한 『고폐문편(古幣文編)』72)로, 수 록된 자형은 총 5,722개이다. 정편은 322개의 표제자를, 합문은 6개 표제자를, 부록은 509개 항목을 수록했다. 각 항목 아래에는 실물 탁 본이 앞에 오고, 모각 문자 형태가 뒤따르며, 각 문자 형태 아래에는 화폐 유형, 단어 예시, 출토지를 기재했다. 이 책은 선별된 자료로 인 해 화폐문자 연구에 참고 가치가 있다.

1980년대에 출간된 이 두 가지 자형표는 과거 선진(先秦) 화폐 연 구에서 부족했던 문자 참고 자료를 제공함으로써 큰 기여를 했다. 그 러나 이들 자형표에는 일부 미흡한 점도 있었다. 예를 들어, 이전의 목록과 새로 발굴된 화폐에서 나온 많은 문자 형태들이 누락되었고, 학계의 최신 연구 성과를 충분히 수용하지 못한 점 등이 지적되었다. 이와 관련하여 참고할 만한 문헌으로는 조금염(曹錦炎)의 「<선진화 폐문편> 읽기(讀<先秦貨幣文編>箚記)」73)와 하림의(何琳儀)의 「고폐 문편교석(校釋)」74) 등이 있다.

선진 화폐 연구가 지속적으로 발전함에 따라, 문자 고증, 국적 판정 등의 문제에 대한 새로운 연구 성과가 나타났으며, 『선진 화폐문편』 과 『고폐문편』 두 사전에 수록된 화폐문자는 현재의 연구 요구를 충 족시키기 어려워졌다. 21세기 초, 오량보(吳良寶)의 『선진 화폐문자편 (先秦貨幣文字編)』75)의 출판은 이러한 두 자형표의 부족함을 보완했다.

---

72) 張頷(編), 『古幣文編』, 中華書局, 1986年.
73) 曹錦炎, 『讀<先秦貨幣文編>箚記』, 『中國錢幣』 1984年 第2期.
74) 何琳儀, 『<古幣文編>校釋』, 『文物研究』 1990年 第6輯.
75) 吳良寶, 『先秦貨幣文字編』, 福建人民出版社, 2006年.

이 책은 2005년 이전의 화폐문자 자료를 수집하고, 최근 20~30년간의 화폐문자 해독성과를 전면적으로 검토하여, 기존 사전에서 잘못 해석된 화폐문자를 수정하고 많은 인식 가능한 문자를 추가했다. 정편은 428개 표제자(『古幣文編』322개)를 수록했으며, 같은 표제자 아래 다양한 문자 형태에 대해 많은 추가를 했다. 합문은 100개(『古幣文編』 66개), 부록은 556개 문자 형태(『古幣文編』509개)를 포함하여, 최근 20년간 선진 화폐문자 연구의 발자취와 진보를 충분히 반영했다.

(4) 기타 관련 연구

화폐는 정보를 종합적으로 담고 있는 매체로서, 연구할 수 있는 차원이 다양하다. 따라서 화폐의 주조 기술, 특히 화폐주조거푸집(錢范) 제작, 성분 연구, 화폐 문화와 관련된 문제에 대한 논의도 학계의 관심을 받고 있다. 또한, 화폐 명문에는 많은 지명이 기록되어 있으며, 학자들의 통계에 따르면 화폐에 기록된 각종 지명은 약 400종에 달한다. 이에 따라, 최근 몇 년간 화폐문자를 활용한 역사 지리학 연구도 활발히 진행되고 있다. 이 분야에서는 진륭문(陳隆文)의 「선진 화폐 지명과 역사 지리 연구(先秦貨幣地名與歷史地理硏究)」76), 「역사 화폐 지리 연구 초론(歷史貨幣地理硏究芻議)」77), 『춘추 전국 화폐 지리 연구(春秋戰國貨幣地理硏究)』78), 『선진 화폐 지리 연구(先秦貨幣地理硏究)』79) 등이 개척적인 의미를 지닌다.

장문방(張文芳), 오량보(吳良寶)의 「전국 화폐 지명용자 고찰 및 관

---

76) 陳隆文, 『先秦貨幣地名與歷史地理硏究』, 『中原文物』 2005年 第2期.
77) 陳隆文, 『歷史貨幣地理硏究芻議』, 『史學月刊』 2006年 第6期.
78) 陳隆文, 『春秋戰國貨幣地理硏究』, 人民出版社, 2006年.
79) 陳隆文, 『先秦貨幣地理硏究』, 科學出版社, 2008年.

중국문자학 핸드북

런 문제 논의(戰國貨幣地名用字考察及相關問題討論)」80)는 화폐 명문의 지명용자 상황을 자세히 정리하면서, 지명용자의 생략된 형체(省體), 와변(訛變), 통가(通假) 등 현상에 대해서도 탐구했다. 이러한 연구들은 화폐를 통해 역사와 문화의 다양한 측면을 탐색하는 데 중요한 기여를 하고 있다.

종합적으로 살펴보면, 현재 화폐문자 연구는 학술성과의 형태에 따라 두 가지로 나눌 수 있다. 첫 번째는 수집과 정리에 중점을 두는 것으로, 박편의 수집, 정리 및 기록 과정에서 화폐문자의 해석과 정리가 포함된다. 두 번째는 화폐문자의 고증과 연구에 초점을 맞춘 것이다. 연구 방향에서는 화폐사나 화폐학의 관점에서 연구의 한 분야로 다루거나, 화폐문자 해독을 통해 정치 경제 체제, 역사 지리학 등 다른 학문 분야의 연구를 지원하는 형태를 취하고 있다.

그러나 문자학, 고문자학, 한자 발달사 측면에서 화폐문자에 대한 연구는 아직 분산되고 단편적인 경향이 있다. 이는 문자학적 의미에서 문자 본체 연구가 주로 개별 문자의 고증과 자형표 편찬에 집중되어 있기 때문이다. 문자 형태의 조사는 다른 유형의 문자 자료와의 비교 연구에서 간헐적으로 발견될 뿐이다. 예를 들어, 하림의(何琳儀)의 『전국문자통론(戰國文字通論)』81)의 일부 장에서나 황석전(黃錫全)의 「선진 화폐문자 형태적 특징 예시(先秦貨幣文字形體特徵擧例)」82)와 같은 논문에서는 주로 현상을 서술하고 예시를 들어 증명하는 형태를 취한다.

그러나 한자 발달사 관점에서 문자 구성 체계, 형태적 특성, 변화

---

80)『內蒙古金融硏究錢幣文集』第八輯, 2006年.
81) 何琳儀,『戰國文字通論』, 中華書局, 1989年.
82) 黃錫全,「先秦貨幣文字形體特徵擧例」,『于省吾教授拜年誕辰紀念文集』, 吉林大學
出版社, 1996年.

규칙에 대한 연구는 아직 주도적인 위치를 차지하지 못하고 있다. 개별 사례 분석으로 이루어진 연구는 개별 문자 해독에 있어서의 돌파구를 제공하지만, 분산되고 고립된 형태로는 체계적인 탐구가 부족하여 문자 형태의 변화 규칙을 포착하는 데 한계가 있다. 화폐문자가 존재하는 물질적 환경에 대한 연구 시야를 넓히지 않고서는 선진 화폐문자의 개성적 특징을 파악할 수 없으며, 한자 발달사에서의 합리적인 위치를 찾는 것도 어렵다.

3. 화폐문자 연구의 미래 전망

"문자조차 해독되지 않으면, 그 밖의 것을 논할 여지가 없다."는 말처럼, 선진(先秦) 화폐 명문의 해독은 모든 연구의 가장 중요한 작업이다. 역대 학자들도 선진 화폐 명문의 해독을 기반으로 연구를 전개해왔지만, 여러 가지 이유로 인해 완벽한 결과를 얻지 못한 경우가 많았다. 자료의 특성을 감안할 때, 최근까지 선진 화폐문자 연구는 항상 일종의 주변적 상태에 머물러 있었다.

따라서 후속 연구에서는 화폐 자체의 특성에 기반을 두고, 문자 본체에 대한 연구를 강화하고 심화시켜야 한다. 새로운 자료와 결합하고 한자 발달사 이론을 적용하여, 생존 환경, 효용 기능, 사용자, 서술 재료, 서술 방식 등 다양한 관점에서 문자를 종합적으로 고려하고 해독해야 한다. 기존의 고증 연구 성과와 구조 연구 이론을 충분히 활용하여, 문자 형태 본체에 대한 연구를 통해 화폐문자의 전반적 특성을 파악하고, 문자 외부의 생존 환경을 통해 문자 형태의 기원을 탐구함으로써, 문자 고증이라는 기초적인 작업에 다양한 연구 경로를 제공해야 한다. 이러한 접근은 화폐문자 연구를 더욱 심도 있고 포괄적으로 발전시키는 데 기여할 것이다.

다음으로, 고대 문자학 연구에 현대화된 정보 기술을 접목시키는 것이 필요하다. 현대 정보기술을 이용하여 고문자를 연구하는 것은 이미 흔한 일이 되었다. 화폐문자 연구자들은 종종 '고오(古奧: 오래되고 심오함)', '궤휼(詭譎: 교묘하고 복잡함)', '번간거변(繁簡巨變: 복잡하고 간단함의 큰 변화)', '초솔급취(草率急就: 성급하고 대강 만듦)' 등의 표현을 사용한다. 그러나 이러한 형용이 어떻게 적용되는지, 변화의 정도는 어느 정도인지, 왜 그렇게 성급하게 만들어졌는지에 대한 명확하고 구체적인 정성적 연구와 과학적인 정량적 분석은 아직 부족하다.

'문자 이형(異形)'을 표방했던 전국 시대에서 화폐 문자의 '이형'은 어떤 특징을 가지고 있으며, 그 '이형'의 근원은 무엇인지 등의 질문에 대해 학계는 여전히 명확한 답을 제시하지 못하고 있다. 이러한 문제의 객관적인 이유는 자료의 단편성과 점검의 어려움, 수작업의 한계 때문일 수 있다. 전통적인 연구는 대체로 데이터 수집과 정리 수준에 머물러 있으며, 단순한 자료의 쌓아 놓기는 자료 간 및 자료 내부의 연관성을 발견하는 데 장애가 되어, 자료의 가치를 깊이 있고 전반적으로 파악하는 데 어려움을 겪고 있다. 인식의 부족으로 자료 활용에 한계가 생기는 것이며, 근본적인 원인은 연구의 시각이 자료 자체의 특성에서 벗어나 있다는 데 있다.

이러한 문제에 대응하기 위해, 현대 정보기술을 활용하여 더욱 체계적이고 포괄적인 데이터 분석 방법을 도입하는 것이 필요하다. 이를 통해 화폐문자의 특성, 변화 패턴, 그리고 문자가 나타내는 역사적, 문화적 맥락을 보다 정확하게 이해하고 분석할 수 있을 것이다.

전통적인 수작업 방식의 한계를 고려하고, 현재 고문자 연구에서 데이터 수집, 문자 형태 정리, 데이터 통계 등을 위해 컴퓨터 기술을 사용하는 것이 주요 모델이 되었음을 감안할 때, 선진(先秦) 화폐문자를 전국(戰國) 시대 문자의 큰 배경 아래 놓고, 보다 진보적이고 성숙한 데이터 처리 기술을 적용하는 것은 구식 연구 자료에 새로운 연구 방법을 제공할 것이며, 이러한 접근은 새로운 연구 아이디어를 촉발시킬 수 있다.

선진 화폐 연구의 지속적인 발전과 함께, 문자 고증, 국적 판정 등의 문제에 대해 더 많은 새로운 성과가 나타날 것이다. 이러한 새로운 연구 성과들과 역사 지리, 제도문화와의 결합은 선진 화폐 및 화폐문자 연구에 이중의 승리를 가져다줄 것이다. 지명을 주요 내용으로 하는 선진 화폐 문은 전국시대 도시 발전, 각 제후국의 영토 및 그 변화를 연구하는 데 있어서 중요한 1차 자료이다. 화폐 상의 지명을 통해 화폐 역사, 도시 상업 발전사 등 역사 지리학 분야 내에서의 과학적 탐구를 진행할 수 있다.

"조각난 언어로 이루어진 문장이라도 오래된 사료와 대조하는 데에 이바지할 수 있다."라는 말처럼, 선진 화폐 문자는 글자 수가 많지 않지만, 신뢰할 수 있는 원시 자료이다. 따라서 선진 화폐 문과 관련 학문 분야의 통합 및 융합은 새로운 연구 분야를 창출할 수 있을 것이다. 이러한 다학제적 접근은 화폐문자와 관련된 연구를 더욱 깊이 있고 포괄적으로 발전시킬 기회를 제공할 것이다.

제8절 새인 문자(璽文)

1. 정의

새인(璽印)은 고대인들의 신용 증명 수단이었고, 각국 각급 행정 기관 및 그 관직의 권한을 행사하는 데 사용된 도구 중 하나였다. 선진(先秦) 시기에는 고대의 새인을 일반적으로 '새(璽)'라고 불렀다. 『주례·지관·사도(司徒)·사시(司市)』에는 "시장에서 교역되는 모든 물건은 새(璽)와 부절(節)을 사용하여 출입하도록 한다.(凡通貨賄, 以璽節出入之.)"라고 기록되어 있으며, 『사기·초세가(楚世家)』에는 "회왕(懷王)이 매우 기뻐하여 장의(張儀)에게 제상(相)의 도장(璽)를 주고, 매일 술자리를 베풀며 이렇게 선포하였다. '나는 우리 상우(商于)의 땅을 다시 얻었다.'(懷王大悅, 乃置相璽於張儀, 日與置酒, 宣言, '吾復得吾商于之地.)"라고 하여 새인의 명칭과 용도를 명확하게 기록하고 있다.

진시황(秦始皇)이 중국을 통일한 후, '새(璽)'는 천자와 태후 및 황후의 인장을 지칭하는 데만 사용되었고, 대부(大夫)나 평민의 인장은 '인(印)'으로 불렸다. 『사기·고조본기(高祖本紀)』에는 "진왕(秦王) 자영(子嬰)은 백마에 흰색 수레를 타고, 목에 비단 줄을 매고, 황제의 새(璽)와 부절(符節)을 봉하여, 지도정(軹道亭)[1] 옆에서 내려 (유방에게)

---

1) [역주] 지도정(軹道亭)은 중국 섬서성 서안시 동북부에 있는 정자의 이름인데, 위의 인용처럼 진나라 마지막 황제 자영(子嬰)이 유방(劉邦)에게 항복한 역사적

항복했다.(秦王子嬰素車白馬, 系頸以組, 封皇帝璽符節, 降軹道旁.)"라고 기록되어 있는데, 사마정(司馬貞)의 『색인(索引)』에서 "위소(韋昭)는 '천자의 인장을 새(璽)라고 하며, 오로지 옥으로 만든다.'라고 말했다" 라고 주석했다. 같은 책 『사기·여불위열전(呂不韋列傳)』에는 "상제께서 옹교(雍郊)에 올랐을 때, 애(毒)는 재난이 일어날까 두려워하여 파당과 음모를 꾸며, 태후의 새(璽)를 위조하여 병사를 발하여 기연궁(蘄年宮)에 반란을 일으켰다."라고 기록되어 있다. 한(漢)나라 때에는 '인(印)'을 '장(章)' 또는 '인장(印章)'이라고도 불렀다. 『한서·흉노열전(匈奴列傳)』에는 "옛 인장문자에 '흉노선우새(匈奴單于璽)'라고 적혀 있으며, 망(莽)은 '신흉노선우장(新匈奴單于章)'으로 고쳤다."라고 기록되어 있다. 『장가산한간(張家山漢簡)』의 「2년률령(二年律令)·진관령(津關令)」 제501죽간에서는 "금지 물품은 없으며, 승상의 인장 같은 명령으로 함이나 궤짝을 봉인하여, 인장으로 관문(세관)에 알리고, 관문에서 검사를 완료하고 봉인한 후 나가도록 하고, 더 이상 수색하지 않는다.(毋禁物, 以令若丞印封檻槴, 以印章告關, 關完封出, 勿索.)"라고 기록되어 있다.

[그림 3-21] 『새휘(璽彙)』 0056

[그림 3-22] 『새휘(璽彙)』 5707

인 장소이다. 그래서 '지도정'은 나라가 망해 항복하다는 의미로도 사용된다.

고서에 나타난 '새(璽)', '인(印)', '장(章)'은 모두 글자가 새겨진 것으로, 새문(璽文)은 금, 은, 동, 철, 옥, 석 등의 재료에 새겨진 문자를 의미한다.

2. 새인 문자의 재료와 분류

(1) 재료(載體)

새인 문자의 재료는 실물 외에도 검인(鈐印)[2]된 도문(陶文)과 봉니(封泥)가 있다. 소위 '검인된 도문'이란, 도기(陶器)에 찍힌 인장의 문자(印文)를 말하는데, 이는 가장 흔한 새인 문자 중 하나이다.

봉니(封泥)는 고대에는 물건을 묶은 끈의 매듭 부분에 점착성이 있는 점토를 바르고, 그 위에 새인(璽印)을 찍어 봉인하거나 비밀을 유지하고, 쉽게 확인할 수 있는 목적으로 사용했다. 이러한 검인된 점착성 점토를 '봉니'라고 한다. 『좌전·양공(襄公)』 29년에는 "계무자(季武子)가 변(卞)땅을 취하고, 공야(公冶)를 보냈는데, 이어서 사자를 보내 새서(璽書)를 그에게 갖다 주게 했다.(季武子取卞, 使公冶問, 璽書追而與之.)"라고 기록했는데, 여기서 말한 '새서'는 봉니로 봉인된 간독(簡牘) 문서를 의미한다. 봉니는 고대 새문 연구의 중요한 매체이지만, 보존이 어렵다. 현재까지 발견된 봉니는 주로 진(秦) 봉니로, 전승품

---

2) [역주] '검인(鈐印)'은 '관청에서 쓰는 도장을 찍다'는 뜻이다. 즉 고대 중국의 공문서, 서예, 그림, 서적 등에 찍힌 인장 기호, 즉 도장을 찍는 행위를 말한다. '도장이 찍혔다는 것은 도장이 찍힌 물건에 대한 소유자의 소유권, 사용 권한을 보여준다. 또 이후에는 서예나 회화 등의 작품이 완성되기 직전에 도장을 찍는 마지막 중요한 단계를 지칭하기도 하였다.

과 출토품을 포함한다.3)

한편, 나무, 벽돌, 기와 등이 사인의 재료로 사용될 수 있다.

(2) 분류

1. 내용 분류

새인 문자의 내용이 보여주는 사용 대상과 방식에 따라 고대의 새(璽)는 대체로 사새(私璽), 관새(官璽), 성어새(成語璽), 도형새(圖形璽)의 네 가지로 분류할 수 있다.

사세(私璽)는 "손귀(孫貴)"(『璽彙』 1523)4)와 같이 보통 개인이 사용하는 성명이 기록된 새인을 의미한다.

관새(官璽)는 정부 관리와 행정 기관이 직권을 행사할 때 사용하는 증명서 및 도구를 의미한다. 예컨대, "좌우(左吳)(虞)"(『璽彙』 1650), "외사성단(外司聖(聲)鍴)"(『璽彙』 0365), "우형정목(右桁(衡)正木)"(『璽彙』 0299), "우기장(右騎將)"(『璽彙』 0048), "양평우위(襄平右广(尉))"(『璽彙』 0125), "물정관새(勿正(征)關璽)"(『璽彙』0295) 등5)이 그렇다.

---

3) 王輝, 陳昭容, 王偉, 『秦文字通論』, 中華書局, 2016年, 288쪽.

4) 吳振武, 『燕璽印中的"身"字』, 張永山(主編), 中國社會科學院甲骨學殷商史研究中心 編輯組(編), 『胡厚宣先生紀念文集』, 科學出版社, 1998年, 196-199쪽. 朱德熙, 『古文字考釋四篇』, 『古文字研究』(第八輯), 中華書局, 1983年, 15-22쪽. 이후 또 『朱德熙古文字論集』, 中華書局, 1995年, 151-156쪽에 수록됨. 徐寶貴, 『戰國璽印文字考釋』, 『古文字研究』(第二十輯), 中華書局, 2000年, 234-241쪽. 劉釗, 『楚璽考釋(六篇)』, 劉釗, 『古文字考釋叢稿』, 嶽麓書社, 2005年, 197쪽. 吳振武, 『<古璽彙編>釋文訂補及分類修訂』, 吳振武, 『<古璽文編>校訂』, 人民美術出版社, 2001年, 341-391쪽.

5) 吳振武, 『戰國璽印中的"虞"和"衡鹿"』, 『江漢考古』, 1991年 第3期, 85-87쪽. 吳振武, 『釋雙劍誃舊藏燕"外司聖鍴"璽』, 吉林大學古文字研究室(編), 『于省吾教授百年誕辰紀念文集』, 吉林大學出版社, 1996年, 162-165쪽. 朱德熙, 『釋"桁"』, 『古文字研究』(第十二輯), 中華書局, 1985年, 327-328쪽; 後又收入『朱德熙古文字論集』, 中

성어새(成語璽)는 고대에 유행했던 성어나 길조를 의미한다. 예를 들어, "충신(忠信)"(『璽彙』 3463, 5427), "신지(愼之)"(『璽彙』 4711), "경로사소(敬老思少)"(『港續二』 77), "상하화(上下和)"(『璽彙』 4730), "의유천만(宜有千萬)"(『璽彙』4799), "출입대길(出入大吉)"(『璽彙』 4912) 등이 그렇다.

새인 문자의 수에 따라 다자(多字) 새인과 단자(單字) 새인으로 나눌 수 있다.

또 고대에는 또한 도형새(圖形璽)라는 것이 있었는데, 그 내용은 다양한 그림으로 이루어져 있었다. 그러나 이는 문자학(文字學)의 범주에 속하지 않으므로 여기서는 논하지 않는다.

2. 국별(國別) 분류

춘추전국 시대에는 문자에 이형(異形)이 많았고, 지역성이 뚜렷했다. 어떤 학자들은 전국시대의 문자를 양주(兩周), 연국(燕國), 제국(齊國), 삼진(三晉), 진국(秦國), 초국(楚國) 등 6개 지역으로 분류하기도 했고[6], 또 다른 학자들은 전국시대의 문자를 '계통(系)'에 따라 제(齊), 연(燕), 진(晉), 초(楚), 진(秦)의 다섯 계통으로 분류했다.[7]

華書局, 1995年, 166-167쪽. 石志廉, 『館藏戰國七璽考』, 『中國歷史博物館館刊』, 1979年 第0期, 89쪽. 石志廉, 『戰國古璽考釋十種』, 『中國歷史博物館館刊』, 1980年 第0期, 109-112쪽. 吳振武, 『戰國璽印中的"虞"和"衡鹿"』, 『江漢考古』, 1991年 第3期, 85-87쪽. 裘錫圭, 『古璽印考釋四篇』, 『文博研究論集』, 上海古籍出版社, 1992年. 後收入『裘錫圭學術文集』(第三卷, 金文及其他古文字卷), 復旦大學出版社, 2012年, 297-304쪽. 劉釗, 『釋戰國"右騎將"璽』, 『史學集刊』, 1994年 第3期, 74-76쪽. 裘錫圭, 『古璽印考釋四篇』, 『文博研究論集』, 上海古籍出版社, 1992年. 이후 또 『裘錫圭學術文集』(第三卷·金文及其他古文字卷), 復旦大學出版社, 2012年, 297-300쪽에 수록됨.

6) 李學勤, 『戰國題銘槪述(上)』, 『文物』, 1959年 第7期, 50-54쪽; 『戰國題銘槪述(中)』, 『文物』, 1959年 第8期, 60-63쪽; 『戰國題銘槪述(下)』, 『文物』, 1959年 第9期, 58-61쪽.

7) 何琳儀, 『戰國文字通論』, 中華書局, 1989年. 何琳儀, 『戰國文字通論(訂補)』, 上海

진한(秦漢)의 대통일 이후로는 각 조대의 새인 문자는 국별 분류가 존재하지 않았다. 그래서 이러한 다른 조대와 다른 국별의 새인은 전국시대의 국별 분류와 본질적인 차이가 있다.

(3) 새인 문자(璽文)의 분포와 수량

고대 새인(璽印)은 주로 중국 내에 분포하였으며, 그 분포 지역은 어떠한 재료로 만들어진 고문자보다도 많았다. 또한, 세계 각지에서도 대량의 중국 새인이 존재한다.

중국 고대 새인의 정확한 수량을 통계내기는 어렵다. 예를 들어, 『십종산방인거(十鍾山房印擧)』는 10,284점, 『고봉휘편(古璽彙編)』은 5,708점의 봉인을 수록했으며, 시사첩(施謝捷)의의 『고봉휘고(古璽彙考)』에서는 10,000점 이상의 봉인을 수집했으며[8], 『진계(晉系) 봉인휘편(璽印彙編)』에서는 6,549점의 봉인을 수록했다. 진(秦) 봉니는 6,000점 이상에 이른다.[9] 이러한 새인에 중복된 것들이 있음에도 중국 고대 봉인의 수량이 방대하다는 것을 알 수 있다. 진한(秦漢) 이후의 봉인 수량은 더욱 헤아릴 수 없이 많다.

시기가 가장 이른 새인은 상나라로 거슬러 올라가는데, 예를 들어 '아필시(亞畢示)' 새인(『쌍검치(雙劍誃)』 130쪽), '𢀜' 새인(『쌍검치』 128쪽) 등이 있으나, 그 수량은 극히 적다. 서주(西周)의 새인도 드물게 볼 수 있다. 춘추전국 시대에는 새인이 증가하기 시작하여, 특히 전국 시기는 더욱 그러하다. 학계에서는 일반적으로 전국 시대의 동방 육국과

古籍出版社, 2017年.
8) 施謝捷, 『古璽彙考』 "內容提要", 安徽大學博士學位論文(導師, 黃德寬), 2006年.
9) 王輝, 陳昭容, 王偉, 『秦文字通論』, 中華書局, 2016年, 288쪽.

그 이전의 새인을 '선진고새(先秦古璽)' 또는 간단히 '고새(古璽)'라고 부르며, 진나라(秦國)와 진 왕조(秦朝) 때의 새인을 '진인(秦印)'이라 하고, 한 왕조(漢朝)의 새인을 '한인(漢印)'이라 부르거나, 이 둘을 합쳐 '진한인(秦漢印)'이라 부른다. 후세에는 주로 한나라의 관습을 따라 '인(印)'이라 칭했다.

3. 새인 문자(璽文) 연구의 기본 자료

(1) 저록(著錄)

1. 전문서적

새인(璽印)을 체계적으로 정리하고 편집한 신뢰할 만한 서적 중에서는 명나라 고종덕(顧從德)의 『집고인보(集古印譜)』가 가장 먼저 꼽힌다. 아쉽게도 이 책은 대량으로 출판되지 않았다. 청나라 천개기(陳介祺)에 이르러서야 인보(印譜)가 대대적으로 발전하게 되었다.

청 함풍(咸豐) 3년, 천개기는 자신이 소장한 고새를 『보재인집(簠齋印集)』 12권으로 편집했다.[10] 또 청 동치(同治) 11년, 천개기는 『십종산방인거(十鍾山房印擧)』를 편집하여, 여러 사람들이 소장한 새인을 하나의 인보에 수록한 선례를 남겼다.[11]

이후 인보와 인집은 계속 출판되었는데, 특히 선진(先秦), 진한(秦

---

10) [淸] 陳介祺, 『簠齋古印集』, 中國書店, 1990年. [淸] 陳介祺, 『簠齋古印集』, 人民美術出版社, 2012年. [淸] 陳介祺, 『簠齋印集』, 西泠印社出版社, 2019年.
11) [淸] 陳介祺(編), 『十鍾山房印擧』, 人民美術出版社, 2011年.

漢) 때의 인보에 가장 많은 관심을 기울였다. 더욱 유명한 것으로는『고새휘편(古璽彙編)』,『홍콩 중문대학 문물관 소장 인집(香港中文大學文物館藏印集)』,『고궁박물원 소장 고새인선(故宮博物院藏古璽印選)』,『호남성박물관 소장 고새인집(湖南省博物館藏古璽印集)』,『홍콩중문대학문물관 소장 인속집(香港中文大學文物館藏印續集)(1)』,『산동 신출토 고새인(山東新出土古璽印)』,『천진시예술박물관 소장 고새인선(天津市藝術博物館藏古璽印選)』,『홍콩중문대학문물관 소장 인속집(香港中文大學文物館藏印續集)(2)』,『고인집췌·전국권(古印集萃·戰國卷)』,『진진재장인·전국편(珍秦齋藏印·戰國篇)』,『전국봉인분역편(戰國璽印分域編)』,『중국 고인·정훈의고새인집존(中國古印·程訓義古璽印集存)』,『20세기 출토 새인집성(二十世紀出土璽印集成)』,『성세새인록(盛世璽印錄)』 총서,『의석산방 소장 전국 고새(倚石山房藏戰國古璽)』[12] 등이 있다. 그중에서도 『고새휘편』은 선진시대 고새의 집대성 작인데, 이 책은 인보의 형식을 빌려 고새 5,708점을 수록하였고, 각각의 고새에다 일련 번호, 해석문, 출처 등을 기록했는데, 현재 새인 연구의 필독서가 되고 있다.

---

12) 羅福頤(主編),『古璽彙編』, 文物出版社, 1981年. 羅福頤(主編),『古璽文編』, 北京, 文物出版社, 1981年. 王人聰,『香港中文大學文物館藏印集』, 香港中文大學, 1980年. 羅福頤(主編),『故宮博物院藏古璽印選』, 文物出版社, 1982年. 湖南省博物館(編),『湖南省博物館藏古璽印集』, 上海書店, 1991年. 王人聰(編),『香港中文大學文物館藏印續集一』, 香港中文大學, 1996年. 賴非(主編),『山東新出土古璽印』, 齊魯書社, 1998年. 李東琬(主編),『天津市藝術博物館藏古璽印選』, 文物出版社, 1998年. 王人聰(編著),『香港中文大學文物館藏印續集二』, 香港中文大學文物館, 1999年. 來一石(編),『古印集萃·戰國卷』, 榮寶齋出版社, 2000年. 蕭春源總監,『珍秦齋藏印·戰國篇』, 澳門基金會, 2001年. 莊新興(編著),『戰國璽印分域編』, 上海書店出版社, 2001年. 程訓義,『中國古印 程訓義古璽印集存』, 河北美術出版社, 2007年. 周曉陸(主編),『二十世紀出土璽印集成』(上, 下冊), 中華書局, 2010年. 吳硯君,『盛世璽印錄』, 藝文書院, 2013. 吳硯君,『盛世璽印錄·續壹』, 文化藝術出版社, 2017. 吳硯君,『盛世璽印錄·續貳』, 文化藝術出版社, 2017. 吳硯君,『倚石山房藏戰國古璽』, 西泠印社, 2019.

그리고 『고도문휘편(古陶文彙編)』, 『도문도록(陶文圖錄)』, 『신출 고도문도록(新出古陶文圖錄)』 등과 같은 도문(陶文) 저록서와 『고도자휘(古陶字彙)』, 『고도자록(古陶字錄)』 등과 같은 도문(陶文)에 관한 도구서에도 많은 고새(古璽)이 수록되어 있다.13)

한(秦漢) 및 그 이후의 새인(璽印) 저록서는 더욱 방대하며, 여기서는 그 요약만을 소개한다.

· 『한동인총(漢銅印叢)』14)
· 『진한남북조관인징존(秦漢南北朝官印徵存)』15)
· 『한진남북조인풍(漢晉南北朝印風)』16)
· 『2016-위진남북조인-양소봉선편-절강인민미술출판사(2016-魏晉南北朝印-楊少峰選編-浙江人民美術出版社)』17)
· 『수당송인풍-부록: 요하금(隋唐宋印風-附遼夏金)』18)
· 『원대인풍(元代印風)』19)
· 『명대인풍(明代印風)』20)

또 저록 목록으로는 『고동인보 거우(古銅印譜擧隅)』21), 『중국역대인장목록(中國歷代印章目錄)』22) 등을 참고할 수 있다.

---

13) 高明(編著), 『古陶文彙編』, 中華書局, 1990年. 徐穀甫, 王延林合著, 『古陶字彙』, 上海書店, 1994年. 高明, 塗白奎(編著), 『古陶字錄』, 上海古籍出版社, 2014年. 徐穀甫, 王延林合著, 『古陶字彙』, 上海書店, 1994年. 王恩田, 『陶文圖錄』, 齊魯書社, 2006年. 徐在國(編著), 『新出古陶文圖錄』, 安徽大學出版社, 2018年.
14) [淸] 王啓淑印集, 徐敦德釋文, 『漢銅印叢』, 西泠印社出版社, 1998年.
15) 羅福頤, 『秦漢南北朝官印徵存』, 文物出版社, 1987年.
16) 莊新興, 『漢晉南北朝印風』, 重慶出版社, 2011年.
17) 楊少峰, 『魏晉南北朝印』, 浙江人民美術出版社, 2016年.
18) 蕭高洪, 『隋唐宋印風 附遼夏金』, 重慶出版社, 2011年.
19) 黃惇, 『元代印風』, 重慶出版社, 1999年.
20) 黃惇, 『明代印風』, 重慶出版社, 1999年.
21) [日] 太田孝太郎(編), 陳進整理, 『古銅印譜擧隅』, 天津人民美術出版社, 2017年.
22) 華光譜(主編), 『中國歷代印章目錄』, 中國閩南組攝影藝術出版社, 1998年.

더불어, 진한 이후의 새인 저록서는 주로 예술성에 초점을 맞추고 있으며, 문자학과는 다른 측면이 강조되어 있다.

2. 논문

개별 논문들 역시 새인(璽印)을 기록하고 있으며, 주로 고고학 발굴 보고서, 박물관 소장품, 그리고 개인 수집품 등 몇 가지 분야에 걸쳐 있다.

고고학 발굴 과정에서 자주 고대 새인이 발견된다. 예를 들면 다음과 같다.

「하북 백향현 동소경 전국묘(河北柏鄉縣東小京戰國墓)」[23]
「중산국 영수성 제4, 제5호 유적지 발굴 간보(中山國靈壽城第四, 五號遺址發掘簡報)」[24]
「등봉 전국 양성 저수송수시설 발굴(登封戰國陽城貯水輸水設施的發掘)」[25] 등이 있다.

또 박물관의 소장품을 소개한 글들도 있다. 예를 들면 다음과 같다.

· 「호남성박물관 신징집 새인 고술(湖南省博物館新徵集璽印考述)」[26]
· 「안휘부양박물관장인의 몇 가지 문제(關於安徽阜陽博物館藏印的若干問題)」[27]

---

23) 柏鄉縣文物保管所, 『河北柏鄉縣東小京戰國墓』, 『文物』 1990年 第6期.
24) 陳應祺, 『中山國靈壽城第四, 五號遺址發掘簡報』, 『文物春秋』 1989年 第1, 2期 (創刊號).
25) 河南省文物研究所登封工作站, 中國歷史博物館考古部, 『登封戰國陽城貯水輸水設施的發掘』, 『中原文物』, 1982年 第2期, 封二, 封三.
26) 陳松長, 『湖南省博物館新徵集璽印考述』, 湖南省博物館, 『湖南博物館文集』, 嶽麓書社, 1991年, 109-113쪽.
27) 黃盛璋, 『關於安徽阜陽博物館藏印的若干問題』, 『文物』 1993年 第6期.

· 「제남시박물관 소장 고대동인 선석(濟南市博物館藏古代銅印選釋)」28)
· 「길림성 출토 수장 고새인 예술개술(吉林省出土收藏古璽印藝術概述)」29)
· 「안휘 부양박물관 소장 인 선개(安徽阜陽博物館藏印選介)」30) 등이 있다.

개인 소장품을 소개한 글로는 다음의 것들이 있다.

· 「일본 소장 중국고대 관인 3점에 대한 고석(釋三方收藏在日本的中國古代官印)」31)
· 「새로 발견된 전국 고새인 117점(新見戰國古璽印一百一十七方)」32)
· 「우석재 새인 고(寅石齋璽印考)」33) 등이 있다.

또 기타 연구 관련 글도 많이 기록되어 있다. 예를 들면 다음과 같다.

· 「정주, 형양 두 곳에서 새로 출토된 전국도문 소개(鄭州, 榮陽兩地新出土戰國陶文介紹)」34)
· 「"박구" 인도 고("亳丘"印陶考)」35)
· 「형양 인도 고(榮陽印陶考)」36)
· 「근년 신정 "정한고성" 출토 도문 간석(近年來新鄭"鄭韓故城"出土陶文簡釋)」37)

---

28) 李曉峰, 楊冬梅, 『濟南市博物館藏古代銅印選釋』, 『文物春秋』 2001年 第2期.
29) 馬洪, 『吉林省出土收藏古璽印藝術概述』, 『博物館研究』 1996年 第1期, 封二, 封三.
30) 韓自强, 『安徽阜陽博物館藏印選介』, 『文物』 1988年 第6期.
31) 吳振武, 『釋三方收藏在日本的中國古代官印』, 『中國文字』(新廿四), 藝文印書館, 1998年, 83-94쪽.
32) 董珊, 『新見戰國古璽印一百一十七方』, 吉林大學古文字研究室, 『中國古文字研究(一)』, 吉林大學出版社, 1999年, 137-146쪽.
33) 徐 暢, 『寅石齋璽印考』, 『書法導報』 2005年6月10日第12版.
34) 牛濟普, 『鄭州, 榮陽兩地新出土戰國陶文介紹』, 『中原文物』 1981年 第1期.
35) 牛濟普, 『"亳丘"印陶考』, 『中原文物』 1983年 第3期.
36) 牛濟普, 『榮陽印陶考』, 『中原文物』 1984第2期.

· 「산동 신출토 고새인 고석(9칙)(山東新出土古璽印考釋(九則))」38)
· 「새로 발견된 선진 고새문자 잡지(新見先秦古璽文字雜識)」39) 등이
  있다.

(2) 연구논저

1. 전문서적

고새(古璽) 연구의 선구자는 오대징(吳大澂)에게 돌아가야 할 것이
다. 청나라 광서(光緒) 9년, 오대징이 편집한 『설문고주보(說文古籀補)
』는 570여 점의 고새 문자를 수록하며 고새 연구의 선구를 열었다.40)
이후 정불언(丁佛言)이 저술한 『설문고주보보(說文古籀補補)』, 강운개
(强運開)의 『설문고주삼보(說文古籀三補)』는 모두 오대징의 저작에 이
은 후속 작품이다.41)

고봉문자 연구의 전문서적으로는 나복이(羅福頤)의 『고새문자징(古
璽文字徵)』을 추천한다.42)

이 사이 왕헌당(王獻唐), 황빈홍(黃賓虹), 오박당(吳樸堂) 등도 고대
새인에 대해 깊이 있게 연구했다.43) 황빈홍(黃賓虹)은 더더욱 도문(陶

---

37) 蔡全法, 『近年來新鄭"鄭韓故城"出土陶文簡釋』, 『中原文物』 1986年 第1期.
38) 徐在國, 『山東新出土古璽印考釋(九則)』, 華東師範大學中國文字研究與應用中心, 『
    中國文字研究(二)』, 廣西教育出版社, 2001年, 272-277쪽.
39) 韓祖倫, 『新見先秦古璽文字雜識』, 復旦大學出土文獻與古文字研究中心網站
    [2008-12-2] .http://www.gwz.fudan.edu.cn/SrcShow.asp?Src_ID=559
40) [淸] 吳大澂(編), 『說文古籀補』, 中華書局, 1988年.
41) 丁佛言輯, 『說文古籀補補』, 中華書局, 1988年. 强運開輯, 『說文古籀三補』, 武漢
    古籍書店, 1985年.
42) 羅福頤, 『古璽文字徵』, 民國19年石印本.
43) 王獻唐, 『五鐙精舍印話』, 齊魯書社, 1985年. 王獻唐, 『那羅延室稽古文字』, 齊魯書
    社, 1985年. 黃賓虹著, 吳樸堂輯, 『賓虹草堂璽印釋文』, 西泠印社, 1958年影印本.

文)과 새인(璽印)은 연결시켜 진개기(陳介祺)의 "도문은 새인으로부터 형성된다(陶文由璽印抑成)"라는 관점을 증명했다.44)

나복이(羅福頤)가 주편한 『고새문편(古璽文編)』은 고대 새인 연구의 중요한 저작이다.45) 이 책은 『고새휘편』과 함께 사용되며, 『설문』 부수 순서대로 배열되어 있고, 단어 단위로 『고새휘편』의 고새문자를 소전체와 예서체 표제자 아래로 분류하고, 일부 표제자 아래에는 저자의 의견도 첨부되어 있다. 이 두 책은 서로 보완적으로, 새인 연구에 큰 편의를 제공한다.

1984년, 오진무(吳振武)의 『<고새문편>교정(<古璽文編>校訂)』은 『고새문편』의 해석에서 존재하는 문제 새인 문자를 전면적으로 교정하고 새로운 해석을 제안했으며, 대부분의 논의가 학계의 정론으로 받아들여졌다.46)

이밖에, 시사첩(施謝捷)의 『고새위고(古璽彙考)』, 진광전(陳光田)의 『전국 새인 분역 연구(戰國璽印分域研究)』, 전위(田煒)의 『고새탐연(古璽探研)』, 초의(肖毅)의 『고새문 분역 연구(古璽文分域研究)』 등은 모두 전국시대 새인을 체계적으로 연구한 탁월한 작품들이다.47) 특히 주

---

44) 黃賓虹著, 趙志鈞(編), 『黃賓虹金石篆印叢編』, 人民美術出版社, 1999年, 147-196쪽.
45) 羅福頤(主編), 『古璽彙編』, 文物出版社, 1981年. 羅福頤(主編), 『古璽文編』, 北京, 文物出版社, 1981年.
46) 吳振武, 『<古璽文編>校訂』, 吉林大學博士學位論文(導師, 于省吾), 1984年. 吳振武, 『<古璽文編>校訂』, 人民美術出版社, 2011年.
47) 施謝捷, 『古璽彙考』, 安徽大學博士學位論文(導師, 黃德寬), 2006年. 陳光田, 『戰國璽印分域研究』, 嶽麓書社, 2008年. 田煒, 『古璽探研』, 華東師範大學出版社, 2010年. 肖毅, 『古璽文分域研究』, 崇文書局, 2018年. 按, 『戰國璽印分域研究』은 저자 陳光田의 博士學位論文 『戰國古璽分域集釋』[廈門大學博士學位論文(導師, 劉釗), 2005年] 을 수정 보완하고 이름을 바꾸어 출판한 것이다. 『古璽探研』는 저자 田煒가 동명의 博士學位論文 『古璽探研』[中山大學博士學位論文(導師, 陳偉武), 2008年] 의 기초 위에서 수정 보완하여 출판한 것이다. 『古璽文分域研究』는 저자 肖毅의 博士學位論文 『古璽文字研究』[中山大學博士學位論文(導師,

목할 만한 것은 시사첩(施謝捷)의 『고새휘고(古璽彙考)』는 분역 연구와 저록을 하나로 합쳤다는 점이다.

이 기간 동안, 지역적 특성을 가진 편집과 연구를 통합한 선진, 진한 시대의 인장 저작들이 잇달아 출판되었으며, 주로 진(秦), 초(楚), 진(晉) 계열에 집중되었다.

진(秦)나라 계통 중 주요한 것으로는 허웅지(許雄志)의 『중국역대인풍계열·진대인풍(中國歷代印風系列·秦代印風)』, 주효육(周曉陸), 노동지(路東之)의 『진봉니집(秦封泥集)』, 소춘원(蕭春源)의 『진진재장인·진인편(珍秦齋藏印·秦印篇)』, 부가의(傅嘉儀)의 『신출진대봉니인집(新出秦代封泥印集)』와 『진봉니휘고(秦封泥彙考)』, 서령인사(西泠印社) 주편의 『서령인사, 전국진한봉니문자연구전집(西泠印社, 戰國秦漢封泥文字研究專輯)』과 조평안(趙平安)의 『진서한인장연구(秦西漢印章研究)』 등이 있다.[48] 초(楚)나라 계통에 관한 것으로는 구전량(邱傳亮)의 『초관새집석(楚官璽集釋)』, 진(晉)나라 계통에 관한 것으로는 탕지표(湯志彪)의 『진계새인휘편(晉系璽印彙編)』 등이 있다.[49]

2. 논문

이는 주로 단편 논문과 학위 논문 두 가지 유형을 포함한다.

曾憲通), 2002年] 의 일부분을 수정 보완하여 출판한 것이다.

48) 許雄志(主編), 『中國歷代印風系列·秦代印風』, 重慶出版社, 1999年. 周曉陸, 路東之(編著), 『秦封泥集』, 三秦出版社, 2000年. 蕭春源(主編), 『珍秦齋藏印·秦印篇』, 臨時澳門市政局, 2000年. 傅嘉儀(編著), 『新出土秦代封泥印集』, 西泠印社出版社, 2002年. 傅嘉儀(編著), 『秦封泥彙考』, 上海書店出版社, 2007年. 陳振濂(主編), 『西泠印社, 戰國秦漢封泥文字研究專輯』, 西泠印社出版社, 2011年. 趙平安, 『秦西漢印章研究』, 上海古籍出版社, 2012年.

49) 邱傳亮, 『楚官璽集釋』, 北京, 學苑出版社, 2017年. 湯志彪(編著), 『晉系璽印彙編』, 學苑出版社, 2020年.

① 단편 논문.

이 유형의 논문은 매우 많으며, 여기서 한두 가지를 예로 들어 설명하고자 한다. 1926년, 왕국유(王國維)는 「<동향서씨인보>서(<桐鄉徐氏印譜>序)」라는 글을 통해 새인 문자에 대해 그 재료 및 문자를 함께 검증함으로써, 처음으로 여러 개의 제(齊)나라 새인 문자를 식별해 내고, 이러한 고대 새인 문자가 전국시대 동방 육국의 문자에 속한다는 것을 밝혀냈다.[50]

이 이후로 더 많은 새인 문자 연구 논문이 세상이 모습을 드러냈다. 나복이(羅福頤), 주덕희(朱德熙), 구석규(裘錫圭), 이가호(李家浩), 오진무(吳振武), 조금염(曹錦炎), 황성장(黃盛璋), 하림의(何琳儀), 왕인총(王人聰), 유교(劉釗), 시사첩(施謝捷), 전위(田煒), 소의(蕭毅), 진광전(陳光田) 등의 학자들이 새인 문자에 대해 더욱 힘을 쏟아 깊이 있게 연구했다. 예를 들러, 구석규(裘錫圭)의 『전국새인 문자고석 삼편(戰國璽印文字考釋三篇)』은 "함(脂)", "염(焰)", "담(窨)", "염(癮)", "지(旨)", "지(脂)"자 등을 고석했다.[51] 오진무(吳振武)의 「<고새휘편> 석문 소정 보완 및 분류 수정(<古璽彙編>釋文訂補及分類修訂)」은 『고새휘편』의 석문을 바로잡고 보충 해석했으며, 이 책에서 수록한 새인의 분류에 대해 일부 수정했다.[52]

새인 문자 연구는 문자 해석에만 국한되지 않았으며, 일부 학자들은 보다 심층적인 논의를 진행했다.

예를 들어, 오진무(吳振武)의 「전국 새인의 "우(虞)"와 "형록(衡鹿)"

---

50) 王國維, 『觀堂集林』(第一冊), 中華書局, 1961年, 298-304쪽.
51) 裘錫圭, 『戰國璽印文字考釋三篇』, 『古文字研究』(第十輯), 中華書局, 1983年, 78-100쪽.
52) 吳振武, 『<古璽彙編>釋文訂補及分類修訂』, 『古文字學論集(初編)』, 香港中文大學出版社, 1983年, 485-535쪽.

(戰國璽印中的"虞"和"衡鹿")」은 옛날 산택(山澤)을 관리하던 "우(虞)"라
는 관직에 대해 논의했으며53), 「쌍검치 옛날 소장 연나라 "외사성단
(外司聖鍴)"새의 해석(釋雙劍誃舊藏燕"外司聖鍴"璽)」에서는 연(燕)나라에
서 "이란지음(理亂之音)"을 청취하던 관리인 "사성(司聲)"에 대해 해석
했다.54) 또 이가호(李家浩)의 「전국관인고석 3편(戰國官印考釋三篇)」,
유교(劉釗)의 「초새고석(楚璽考釋)(6편)」은 모두 유관 기구나 관직에
대해 상세히 논의했다.55) 이는 문자에 근거하여 관제를 연구한 것들
이다. 이외에도 자형에 근거해 분역을 연구한 것도 있다. 현재 근거
가능한 새인이나 도기문자로는 '자(者)'자56), '시(市)'자57), '현(縣)'자58),
'신(身)'자59), '단(鍴)'자60), '𡊄'자61) 등이 있는데 이들의 자형과 필사
법에 근거해 국별 판단의 표준으로 삼는다.

---

53) 吳振武, 『戰國璽印中的"虞"和"衡鹿"』, 『江漢考古』, 1991年 第3期, 85-87쪽.
54) 吳振武, 『釋雙劍誃舊藏燕"外司聖鍴"璽』, 載吉林大學古文字研究室(編), 『于省吾教
    授百年誕辰紀念文集』, 吉林大學出版社, 1996年, 162-165쪽.
55) 劉釗, 『楚璽考釋(六篇)』, 氏著『古文字考釋叢稿』, 嶽麓書社, 2005年,第199-200쪽.
56) 朱德熙, 『戰國陶文和璽印文字中的"者"字』, 『古文字研究』(第一輯), 中華書局,
    1979年, 116-120쪽.
57) 裘錫圭, 『戰國文字中的"市"』, 『考古學報』, 1980年 第3期, 285-296쪽.
58) 李家浩, 『先秦文字中的"縣"』, 『文史』(第二十八輯), 中華書局, 1987年, 49-58쪽.
59) 吳振武, 『燕璽印中的"身"字』, 張永山(主編), 中國社會科學院甲骨學殷商史研究中
    心編輯組(編), 『胡厚宣先生紀念文集』, 科學出版社, 1998年, 196-199쪽.
60) 羅福頤(主編), 故宮博物院古璽印編選組(編), 『故宮博物院藏古璽印選·目錄』, 文物
    出版社, 1982年, 3쪽 參照. 李家浩의 주장은 朱德熙, 『戰國文字資料裏所見的廏
    』, 『出土文獻研究』, 文物出版社, 1985年, 244-249쪽; 참조. 이 글은 또 此李家
    浩, 『朱德熙古文字論集』, 中華書局, 1995年, 157-165쪽에 수록되었다. 또 李家
    浩, 『燕國"洀穀山金鼎瑞"補釋』, 『中國文字』(新二十四期), 台北藝文印書館, 1994
    年에도 보인다. 이후 또 李家浩, 『著名中年語言學家自選集·李家浩卷』, 安徽教育
    出版社, 2002年, 148-159쪽에도 수록되었다. 吳振武, 『燕國璽印中的"身"字』, 張
    永山(主編), 中國社會科學院甲骨學殷商史研究中心編輯組(編), 『胡厚宣先生紀念文
    集』, 科學出版社, 1998年, 196-199쪽 參照. 田煒, 『戰國璽印自名解』, 『中山大學
    學報(社會科學版)』, 2013年 第6期, 73-76쪽 參照.
61) 高明, 『說"𡊄"卽其相關問題』, 『考古』, 1996年 第3期, 68-73쪽.

② 학위논문

이 방면의 논문으로는 다음의 것들이 있다.

· 문병순(文炳淳),『선진 초새문자 연구(先秦楚璽文字研究)』[62]
· 주상(周翔),『초문자 전자 연구(楚文字專字研究)』[63]
· 주신(朱晨),『진봉니집석(秦封泥集釋)』과 『진봉니문자연구(秦封泥文字研究)』
· 한려(韓麗),『신출진인연구(新出秦印研究)』
· 서동매(徐冬梅),『진봉니문자 자형연구(秦封泥文字字形研究)』
· 이학가(李學嘉),『진계사인 정리와 연구(秦系私印整理與研究)』
· 호사기(胡司琪),『진한 새인 문자 형체변화 연구(秦漢璽印文字形變研究)』[64],
· 주봉(朱棒),『동진 남북조 육면인 연구(東晉南北朝六面印研究)』[65],
· 왕배(王培),『명청 모방 한인풍 연구(明淸仿漢印風研究)』[66] 등이 있다.

선진(前秦) 시대의 인장에 관해 학계에서는 지역적 연구에 중점을 두고 있다. 예를 들어, 진(秦)나라 계통 문자 자료에 진나라 계통 인장 문자를 통합하는 것이다. 이러한 연구로는 선요위(單曉偉)의『진문자 소증(秦文字疏證)』및 유효하(劉孝霞)의『진문자 정리와 연구(秦文

62) 文炳淳,『先秦楚璽文字研究』, 國立臺灣大學中國文學研究所博士學位論文(葉國良, 林素淸), 1991年.
63) 周翔,『楚文字專字研究』, 安徽大學博士學位論文(導師, 黃德寬), 2017年.
64) 朱晨,『秦封泥集釋』, 安徽大學碩士學位論文(導師, 徐在國), 2005年. 朱晨,『秦封泥文字研究』, 安徽大學博士學位論文(導師, 徐在國), 2011年. 韓麗,『新出秦印研究』, 安徽大學碩士學位論文(導師, 徐在國), 2009年. 徐冬梅,『秦封泥文字字形研究』, 河北大學碩士學位論文(導師, 陳雙新), 2010年. 李學嘉,『秦系私印整理與研究』, 西南大學碩士學位論文(導師, 鄒芙都), 2019年. 胡司琪,『秦漢璽印文字形變研究』, 南京大學碩士學位論文(導師, 魏宜輝), 2019年.
65) 朱棒,『東晉南北朝六面印研究』, 南京大學碩士學位論文(導師, 賀雲翔), 2016年.
66) 王培,『元明淸仿漢印風研究』, 南京藝術學院碩士學位論文(導師, 胡新群), 2019年.

字整理與研究)』67) 등이 있다.

전국 시대의 경우, 연(燕)과 제(齊) 두 계통의 새인 문자 자료가 상
대적으로 적다. 그래서 초기에는 두 계통에 편입된 문자 전체가 연구
대상으로 자주 포함되었다. 예를 들면 다음과 같다.

· 풍승군(馮勝君), 『전국 연 계통 고문자자료 종술(戰國燕系古文字資
  料綜述)』
· 소건주(蘇建洲), 『전국 연 계통 문자연구(戰國燕系文字硏究)』
· 팽길사(彭吉思), 『전국 연 계통 문자의 지역 특징 연구(戰國燕系文
  字地域特徵硏究)』
· 장진겸(張振謙), 『제 계통 문자 연구(齊系文字硏究)』
· 왕애민(王愛民), 『연문자편(燕文字編)』
· 이요(李瑤), 『전국 연, 제, 중산 통가자 고찰(戰國燕, 齊, 中山通假字
  考察)』
· 손강(孫剛), 『동주 제 계통 제명 연구(東周齊系題銘硏究)』
· 주소환(周素煥), 『동주 연 계통 문자 소증(東周燕系文字疏證)』 등이
  있다.68)

근년에 들어, 연(燕), 제(齊) 새인 문자를 전문 대상으로 한 학위논문
이 나오기 시작했다. 예를 들면, 유적(劉笛)의 『연 관새 집석(燕官璽集

---

67) 單曉偉, 『秦文字疏證』, 安徽大學博士學位論文(導師, 劉信芳), 2010年. 劉孝霞, 『
   秦文字整理與研究』, 華東師範大學博士學位論文(導師, 董蓮池), 2013年.
68) 馮勝君, 『戰國燕系古文字資料綜述』, 吉林大學碩士學位論文(導師, 何琳儀, 劉釗),
   1997年. 蘇建洲, 『戰國燕系文字硏究』, 臺灣師範大學碩士學位論文(導師, 季旭升),
   2001年. 彭吉思, 『戰國燕系文字地域特徵硏究』, 華南師範大學碩士學位論文(導師,
   張桂光), 2007年. 張振謙, 『齊系文字硏究』, 安徽大學博士學位論文(導師, 黃德寬),
   2008年. 王愛民, 『燕文字編』, 吉林大學碩士學位論文(導師, 馮勝君), 2010年. 李瑤,
   『戰國燕, 齊, 中山通假字考察』, 吉林大學碩士學位論文(導師, 吳良寶), 2011年. 孫
   剛, 『東周齊系題銘硏究』, 吉林大學博士學位論文(導師, 馮勝君), 2012年. 周素煥, 『
   東周燕系文字疏證』, 福建師範大學碩士學位論文(導師, 陳鴻, 林志强), 2015年.

釋)』, 주효한(朱曉寒)의 『제 관새 집석(齊官璽集釋)』, 마옥하(馬玉霞)의 『전국 연 계통 새인 정리와 연구(戰國燕系璽印整理與研究)』, 주가(朱可)의 『전국 제 새인 정리와 연구(戰國齊璽整理與研究)』 등이 있다.69)

진(晉) 계통 새인 문자 자료는 수량 상으로는 진(秦) 계열보다 적지만 다른 계열보다는 많으며, 초기에는 단지 진(晉) 계통 문자의 한 분기로만 여겨졌다.

- 이예(李蕊),『전국 진계문자자료 지역특성 연구(戰國晉系文字資料地域特徵研究)』
- 진효화(秦曉華),『동주 진계문자 자료연구(東周晉系文字資料研究)』
- 심지걸(沈之傑),『전국 삼진 문자편(戰國三晉文字編)』
- 탕지표(湯志彪),『삼진 문자편(三晉文字編)』
- 유강(劉剛),『진계문자의 범위 및 내부차이 연구(晉系文字的範圍及內部差異研究)』
- 장성호(張程昊),『진계열 문자 지명연구(晉系文字地名研究)』 등이 모두 이 범주에 속한다.70)

이후 어떤 학자들은 진(晉) 계통 새인을 독립된 연구대상으로 삼기도 했다. 예를 들면 다음과 같다.

---

69) 劉笛, 『燕官璽集釋』, 安徽大學碩士學位論文(導師, 程燕), 2015年. 朱曉寒, 『齊官璽集釋』, 安徽大學碩士學位論文(導師, 程燕), 2015年. 馬玉霞, 『戰國燕系璽印整理與研究』, 西南大學碩士學位論文(導師, 鄒芙都), 2019年. 朱可, 『戰國齊璽整理與研究』, 西南大學碩士學位論文(導師, 鄒芙都), 2019年.

70) 李蕊, 『戰國晉系文字資料地域特徵研究』, 中山大學碩士學位論文(導師, 陳偉武), 2002年. 王穎, 『戰國中山國文字研究』, 華東師範大學博士學位論文(導師, 臧克和), 2005年. 秦曉華, 『東周晉系文字資料研究』, 中山大學博士學位論文(導師, 陳偉武), 2008年. 沈之傑, 『戰國三晉文字編』, 北京師範大學博士學位論文(導師, 趙平安), 2009年. 湯志彪, 『三晉文字編』, 吉林大學博士學位論文(導師, 馮勝君), 2009年. 劉剛, 『晉系文字的範圍及內部差異研究』, 復旦大學博士學位論文(導師, 裘錫圭), 2013年. 張程昊, 『晉系文字地名研究』, 鄭州大學碩士學位論文(導師, 張國碩), 2016年.

· 맹려연(孟麗娟), 『삼진 관새 집석(三晉官璽集釋)』
· 진총(陳聰), 『진계열 새인 문자 구형연구(晉系璽印文字構型研究)』
· 진단례(陳丹蕾), 『새로 출토된 삼진고새 정리연구(新出三晉古璽整理 研究)』
· 구군휘(邱軍輝), 『삼진 고새 연구(三晉古璽研究)』[71]

진한(秦漢) 새문(璽文) 연구는 선진(先秦) 관련 연구의 후속 작업이 라 할 수 있으며, 이후 새인 문자 연구는 점차 쇠퇴하였다. 이 기간의 연구는 앞서 언급된 관련 학위 논문을 참고할 수 있다.

(3) 통론성 저작

중화민국 시기, 천방복(陳邦福)의 『고새발미(古璽發微)』는 고새(古璽) 에 관한 첫 번째 종합적인 저술로, 그것은 유별(類別), 새인의 형식(璽 式), 손잡이의 형식(鈕式), 재질의 변별(辨質), 여설(餘說) 등 여러 부분 에서 고새에 대해 비교적 전면적으로 논의를 했다.[72]

1963년, 나복이(羅福頤), 왕인총(王人聰) 공저의 『인장개술(印章槪述) 』은 새인의 기원, 기능, 명칭의 연사, 사용방식, 문자서체, 손잡이 형 태, 전세 현황 등과 같은 몇 가지 반면에서 장을 나누어 설명했다.[73] 1981년, 나복이(羅福頤)의 『고새인개론(古璽印槪論)』은 각기 역대 새

---

71) 孟麗娟, 『三晉官璽集釋』, 安徽大學碩士學位論文(導師, 程燕), 2014年. 陳聰, 『晉 系璽印文字構型研究』, 河北大學碩士學位論文(導師, 張振謙), 2015年. 陳丹蕾, 新 出三晉古璽整理研究』, 安徽大學碩士學位論文(導師, 程燕), 2019年. 邱軍輝, 『三 晉古璽研究』, 江西師範大學碩士學位論文(導師, 毛國典, 于有東), 2019年.
72) 陳邦福, 『古璽發微』, 安徽人民出版社, 2015年.
73) 羅福頤, 王人聰, 『印章槪述』, 三聯書店, 1963年.

인의 서체 명칭 및 변천, 손잡이의 형태, 재질, 유래, 유별, 시대 고증 등을 논의했다.[74] 1996년, 조금염(曹錦炎)의 『고새통론(古璽通論)』이 출판되었다. 이 책은 상하 2편으로 나뉘었는데, 상편은 고새의 시대, 형식, 분류, 사용 및 새인 문자의 구조적 특색, 지역적 특색 등을 논의 했고, 하편은 관새(官璽)를 초(楚), 제(齊), 연(燕), 삼진(三晉), 진(秦) 등 5 계통으로 나누어 분석했다.[75] 이 이후 새인에 관한 더욱 다양한 통론 성의 저작이 출간되었다.[76] 통론성 저작의 출판은 새인(璽印)에 관심 있는 이들의 읽기와 학습에 편리함을 제공했을 뿐만 아니라, 새인의 보급과 전파에도 도움을 주었다.

(4) 도구서

새인 문자(璽文) 도구서의 창시자는 나복이(羅福頤)가 주편한 『고새 문편(古璽文編)』라고 해야 할 것이다. 이후 오랜 시간 동안, 새문은 대 형 도구서 속에 포함되어, 독립적으로 분류되지 않았다. 현재로서는, 선진(先秦), 진한(秦漢)의 지역성을 가진 새인 문자의 도구서로는 허웅 지(許雄志)가 주편한 『진인 문자 휘편(秦印文字彙編)』만이 있다.[77]

---

74) 羅福頤(主編), 『古璽印槪論』, 文物出版社, 1981年.
75) 曹錦炎, 『古璽通論』, 上海書畫出版社, 1996年. 曹錦炎, 『古璽通論』(修訂本), 浙江 大學出版社, 2017年.
76) 小鹿(編著), 『古代璽印』, 中國書店, 1998年. 葉其峰, 『古璽印通論』, 紫禁城出版 社, 2003年. 周曉陸, 『考古印史』, 中華書局, 2020年.
77) 許雄志(主編), 『秦印文字彙編』, 河南美術出版社, 2001年. 湯志彪(編著), 『晉系璽 印彙編』, 學苑出版社, 2020年.

4. 새인 연구에서 주목하는 뜨거운 주제

(1) 저록(著錄)

명청(明淸) 이래로, 새인(璽印) 저록은 학계가 주목하는 뜨거운 주제이다. 위에서 언급된 조금염(曹錦炎), 시사첩(施謝捷), 소의(蕭毅), 전위(田煒), 진광전(陳光田) 등과 같은 새인 연구에 집중한 학자들은 그들의 전문서적이나 학위논문에서 이를 종합적으로 검토하였다.

(2) 문자 고석(考釋)

이에 관한 논문은 수량도 많고, 그 성과가 풍성하다.

앞서 들었던 왕국유(王國維)는 「<동향서씨인보>서(<桐鄕徐氏印譜>序)」에서 처음으로 여러 점의 제(齊)나라 새인 문자를 고석해 냈다.78) 이 이후로 새인 문자의 고석에 관한 글은 벌 떼처럼 불어났다. 이러한 글들은 혹은 새인 문자 자체에 주목하기도 했고 또 어떤 것들은 고문자고석에 대한 차기(箚記)의 형식을 띠기도 했고, 또 어떤 것들은 논저의 문장 속에서 일부 제기하기도 했는데, 일일이 다 열거할 수는 없다. 고대문자 연구 영역의 많은 글들이 정도의 차이는 있지만 새인 문자의 해독에 관여하고 있다고 해야 할 것이다.

---

78) 王國維, 『觀堂集林』(第一冊), 中華書局, 1961年, 298-304쪽.

(3) 관제 연구

예를 들어, 오진무(吳振武)의 「전국 새인 속의 "우(虞)"와 "형록(衡鹿)"」[79)]은 산천을 관할하는 관직에 대해 해석해냈으며, 「쌍검치 구장 연나라 "외사성단(外司聖鍴)"새의 해석(釋雙劍誃舊藏燕"外司聖鍴"璽)」은 "이란지음(理亂之音: 음악을 통해 사회의 질서를 바로잡음)"을 청취하는 관직에 대해 해석해 냈다.[80)] 이외에도 이가호(李家浩), 유교(劉釗)의 유관 논문들도 모두 관련 기구나 직관에 대해 상세히 논증했다.[81)]

학자들의 노력 덕분에 "위(尸)(尉)"[82)], "소사(少師)"[83)] 등과 같은 관직에 대해 알게 되었다. 유강(劉剛)의 「진 계통 문자의 범위 및 내부 차이 연구(晉系文字的範圍及內部差異研究)」[84)], 허민혜(許愍慧)의 「고문자 자료 속의 전국 직관 연구(古文字資料中的戰國職官研究)」[85)], 장정호(張程昊)의 「진계 문자 지명연구(晉系文字地名研究)」[86)] 등과 같은 학위 논문들도 새인에 나오는 직관에 대해서 논의했다.

---

79) 吳振武, 『戰國璽印中的"虞"和"衡鹿"』, 『江漢考古』, 1991年 第3期, 85-87쪽.

80) 吳振武, 『釋雙劍誃舊藏燕"外司聖鍴"璽』, 載吉林大學古文字研究室(編), 『于省吾教授百年誕辰紀念文集』, 吉林大學出版社, 1996年, 162-165쪽.

81) 劉釗, 『楚璽考釋(六篇)』, 氏著『古文字考釋叢稿』, 嶽麓書社, 2005年,第199-200쪽.

82) 羅福頤(主編), 『古璽文編』, 文物出版社, 1981年, 59쪽. 丁佛言, 『說文古籀補補』, 中華書局, 1988年, 附錄13쪽. 陳漢平, 『屠龍絶緒』, 黑龍江教育出版社, 1989年, 324-327쪽. 李家浩, 『戰國官印考釋(六篇)』, 中國文字學年會論文, 1992年. 何琳儀, 『戰國古文字典, 戰國文字聲系』, 中華書局, 1998年, 1048쪽. 吳振武, 『戰國璽印中所見的監官』, 『中國古文字研究』(第一輯), 吉林大學出版社, 1999年, 117-121쪽.

83) 劉釗, 『古文字構形研究』, 吉林大學博士學位論文(導師, 姚孝邃), 1991年, 524, 293쪽. 施謝捷, 『古璽彙考』, 安徽大學博士學位論文(導師, 黃德寬), 2006年, 298쪽.

84) 劉剛, 『晉系文字的範圍及內部差異研究』, 復旦大學博士學位論文(導師, 裘錫圭), 2013年.

85) 許愍慧, 『古文字資料中的戰國職官研究』, 復旦大學博士學位論文(導師, 劉釗), 2014年.

86) 張程昊, 『晉系文字地名研究』, 鄭州大學博士學位論文(導師, 張國碩), 2016年.

단독 저서의 경우, 오효의(吳曉懿)의 『전국관명신탐(戰國官名新探)
』87), 소의(蕭毅)의 『고새문 분역 연구(古璽文分域研究)』88), 정연(程燕)의
『전국 전장제도 연구-직관편(戰國典章研究-職官篇)』89), 육덕부(陸德
富)의 『전국시대 수공업의 경영형태(戰國時代手工業的經營形態)』90) 등
은 새인에 기록된 직관에 대해 정리했다.

이외에도 조금염(曹錦炎)의 『고새통론(古璽通論)』91), 『고대새인(古代
璽印)』92)도 직관 문제에 대해 논의했다. 장신흥(莊新興)의 『전국새인
분역편(戰國鉥印分域編)』93), 섭기봉(葉其峰)의 『고새인통론(古璽印通論)
』94), 일본학자 시모다 마코토(下田誠)의 『중국고대국가의 형성과 청
동병기(中國古代國家の形成と靑銅兵器)』95), 진광전(陳光田)의 『전국 고
새 분역연구(戰國古璽分域研究)』96), 전위(田煒)의 『고새탐연(古璽探研)』
등과 같은 저작들도 자형의 분석 과정에서 직관 특히 진(晉) 계통 직
관 문제를 논의했으며, 시모다 마코토(下田誠)는 심지어 초기국가의
형성과 행정기구의 운용에 대해서까지 깊이 있게 연구했다.

(4) 분역 연구

새인 문자의 형태, 새인의 구조 및 그 스타일, 사용된 단어와 용어

---

87) 吳曉懿, 『戰國官名新探』, 安徽師範大學出版社, 2013年.
88) 蕭毅, 『古璽文分域研究』, 崇文書局, 2018年.
89) 程燕, 『戰國典章研究-職官篇』, 安徽大學出版社, 2018年.
90) 陸德富, 『戰國時代官私手工業的經營形態』, 上海古籍出版社, 2018年.
91) 曹錦炎, 『古璽通論』, 上海書畫出版社, 1995年.
92) 曹錦炎, 『古代璽印』, 文物出版社, 2002年.
93) 莊新興, 『戰國鉥印分域編』, 上海書店出版社, 2001年.
94) 葉其峰, 『古璽印通論』, 紫禁城出版社, 2003年.
95) [日] 下田誠, 『中國古代國家の形成と靑銅兵器』, 汲古書屋, 2008年.
96) 陳光田, 『戰國古璽分域研究』, 嶽麓書社, 2009年.

의 습관을 기반으로 새인의 국가와 지역을 판단하는 것은 현재 한 시대의 풍조가 되었다.

예컨대, 주덕희(朱德熙)[97], 구석규(裘錫圭)[98], 이가호(李家浩)[99], 오진무(吳振武)[100], 고명(高明)[101] 등이 좋은 연구 성과를 도출했다.

전국 분역(分域) 연구도 학위논문을 비롯해 출판도니 저서에서 특별히 분명하게 반영되어 있는데, 앞서 거론했던 소의(蕭毅), 전위(田煒), 진광전(陳光田) 등의 저작 외에도, 다음의 것들이 있다.

· 문병순(文炳淳), 『선진 초새문자 연구(先秦楚璽文字研究)』[102]
· 주상(周翔), 『초문자 전자 연구(楚文字專字研究)』[103]
· 주신(朱晨), 『진봉니 집석(秦封泥集釋)』, 『진봉니 문자연구(秦封泥集釋)』, 『진봉니문자 연구(秦封泥文字研究)』
· 한려(韓麗), 『신출진인 연구(新出秦印研究)』
· 서동매(徐冬梅), 『진봉니문자 자형연구(秦封泥文字字形研究)』
· 이학가(李學嘉), 『진계사인 정리와 연구(秦系私印整理與研究)』
· 호사기(胡司琪), 『진한새인 문자 형체변천 연구(秦漢璽印文字形變研究)』[104],

---

97) 朱德熙, 「戰國陶文和璽印文字中的"者"字」, 『古文字研究』(第一輯), 中華書局, 1979年, 116-120쪽.
98) 裘錫圭, 「戰國文字中的"市"」, 『考古學報』, 1980年 第3期, 285-296쪽.
99) 李家浩, 「先秦文字中的"縣"」, 『文史』(第二十八輯), 中華書局, 1987年, 49-58쪽.
100) 吳振武, 「燕璽印中的"身"字」, 張永山(主編), 中國社會科學院甲骨學殷商史研究中心編輯組(編), 『胡厚宣先生紀念文集』, 科學出版社, 1998年, 196-199쪽.
101) 高明, 「說"璽"卽其相關問題」, 『考古』, 1996年 第3期, 68-73쪽.
102) 文炳淳, 『先秦楚璽文字研究』, 國立臺灣大學中國文學研究所博士學位論文(導師, 葉國良, 林素淸), 1991年.
103) 周翔, 『楚文字專字研究』, 安徽大學博士學位論文(導師, 黃德寬), 2017.
104) 朱晨, 『秦封泥集釋』, 安徽大學碩士學位論文(導師, 徐在國), 2005年. 朱晨, 『秦封泥文字研究』, 安徽大學博士學位論文(導師, 徐在國), 2011年. 韓麗, 『新出秦印研究』, 安徽大學碩士學位論文(導師, 徐在國), 2009年. 徐冬梅, 『秦封泥文字字形研究』, 河北大學碩士學位論文(導師, 陳雙新), 2010年. 李學嘉, 『秦系私印整理與研究』, 西南大學碩士學位論文(導師, 鄒芙都), 2019年. 胡司琪, 『秦漢璽印文字形變

· 선효위(單曉偉), 『진문자소증(秦文字疏證)』
· 유효하(劉孝霞), 『진 문자 정리와 연구(秦文字整理與研究)』[105]

이상은 모두 이러한 중요한 예에 속한다. 이외에도 한인(漢印)에 대한 연구도 적지 않다.[106]

6. 새인 문자 연구의 미래 전망

첫째, 문자 해석. 문자 해석은 새인 연구의 기본 단계이며, 학계가 지속적으로 노력해온 방향이다.

둘째, 지역 연구. 각 계열 새인 문자는 각각의 특성을 가지고 있으며, 자체적인 체계를 이룬다. 따라서 지역 문자 구조에 대한 연구는 앞으로의 연구에서 중요한 분야로 남아 있다.

셋째, 제도 연구. "전래 새인과 출토 고새는 중국 고대문자 발전, 직관 제도, 지리 변천, 성씨 상황 등의 문제를 연구하는 데 중요한 자료이다.[107] 새인 자료를 활용하여 고대 사회의 정치, 경제, 역사, 직관 등의 제도를 탐구하는 것은 여전히 학자들의 주력 연구 분야이다.

넷째, 새인과 다른 매체의 문자와의 대조 연구 강화. 이도 새인 연구의 중요한 부분이다.

다섯째, 예술성 연구. 새인 문자는 화하 문명의 보배로서, 그 예술성은 항상 학자들에 의해 찬양받아왔다.

研究』, 南京大學碩士學位論文(導師, 魏宜輝), 2019年.

105) 單曉偉, 『秦文字疏證』, 安徽大學博士學位論文(導師, 劉信芳), 2010年. 劉孝霞, 『秦文字整理與研究』, 華東師範大學博士學位論文(導師, 董蓮池), 2013年.

106) 代威, 『漢代篆文研究』, 吉林大學碩士學位論文(導師, 李守奎), 2013年; 李鵬輝, 『漢印文字數據整理與相關問題研究』, 安徽大學博士學位論文(導師, 徐在國), 2017年.

107) 吳振武, 『<古璽文編>校訂』"前言"第3쪽, 人民美術出版社, 2011年.

여섯째, 디지털화 및 문자 인식. 클라우드 컴퓨팅과 인공지능 같은 기술을 활용하여 새인 문자에 대한 빅데이터 처리를 하고, 문자 인식 및 인식 시도를 통해 새인 문자를 세계에 더욱 널리 알리는 것은 미래의 중요한 연구 방향이 될 것이다.

일곱째, 새인 도구서의 편찬. 새인 문자 연구에는 자료와 연구 관점이 다양하고 검색이 불편한 문제가 있다. 따라서 새인 문자 자료와 그 연구 관점의 검색 측면에서 데이터화 및 정보화를 강화해야 한다.

제9절 필사문자(紙寫文字)

1. 필사문자의 정의

(1) 내포

필사문자(紙寫文字)는 종이 위에 필사된 글자를 의미하며, 인쇄본과 대비되는 개념이다. 필사로 만들어진 도서 자료를 '초본(抄本)'이나 '사본(寫本)'이라고 하는데, 대부분은 후대에 변경이 일어나지 않은 원본 자료이다. 관례적으로, 당나라 이전의 것을 '사본(寫本)', 당나라 이후의 것을 '초본(抄本)'이라고 부른다. 일반적으로 '서본 문헌'이라 통칭하는데, '필사본(筆寫本) 문헌'이라고도 할 수 있다.

(2) 외연

필사문자는 불가피하게 종이를 떠나서 생각할 수 없다. 서한 시대에 이미 종이가 생산되었다.[1] 예를 들어 '방마탄지(放馬灘紙)', '현천치지(懸泉置紙)', '중안지(中顔紙)', '파교지(灞橋紙)' 등이 그렇다.[2] 동한

---

1) 潘吉星, 『中國科學技術史·造紙與印刷卷』, 科學出版社, 1998年.
2) 李曉岑, 『甘肅天水放馬灘西漢墓出土紙的再研究』, 『考古』, 2016年 第10期. 龔德才

원흥(元興) 연간에, 채륜(蔡倫)이 제지 방법을 개혁하여, 제지술이 대규모로 보급되게 만들었으며, 당시 '비단은 비싸고 죽간은 무겁다(縑貴而簡重)'는 쓰기 재료의 문제를 저렴하고 가벼운 종이가 해결했다.3) 현재 알려진 가장 이른 필사문자는 현천치(懸泉置) 유적지에서 출토된 서한 시대의 마(麻)로 된 종이 위의 먹으로 쓴 한자이다.4) 위진 시기에 들어, 종이는 기본적으로 비단과 간독(縑帛簡牘)을 대체하여 글자의 주요 매체가 되었다. 서진 원강(元康) 6년(296년)의 불경 잔권은 가장 오래된 권자본(두루마리 본)이다.5)

돈황(燉煌), 투루판(吐魯番), 흑수성(黑水城)에서 출토된 한문 필사본 문헌은 3~14세기의 한문 종이 필사본 문헌 표본을 대표한다(기술의 편의를 위해 아래에서는 돈황 문헌, 투루판 문헌, 흑수성 문헌으로 약칭함). 알려진 투루판 문헌은 약 3만 편이며, 그 중 한문 필사본의 수량은 현재까지 아직 확정되지 않았으며, 그 필사 시기는 남북조와 당나라 초기에 집중되어 있다.6) 돈황 문헌은 6만여 점에 이르는데7), 그 중 대부분은 한문 필사본이며, 그 필사 시기는 당, 오대, 송 초기에 집중되어 있다. 흑수성 문헌은 약 2만여 점이며, 그 중 한문 필사본이 약 5,400여 점에 이른다.8) 그 필사 시대는 당, 오대, 송, 서하, 위치, 금, 원(北元 포함)을 포함하는데, 원대 필사의 수량이 가장 많고, 그 다음은 서하와 송나라의 것이다.9)

等, 『甘肅敦煌懸泉置紙制作工藝及填料成分研究』, 『文物』, 2014年 第9期. 孫周勇等, 『陝西扶風紙白西漢墓發掘簡報』, 『文物』, 2010年 第10期. 王菊華, 李玉華, 『從幾種漢紙的分析鑑定試論我國造紙術的發明』, 『文物』, 1980年 第1期.

3) [南朝] 范曄 , 『後漢書·蔡倫傳』, 中華書局, 1973年, 2513쪽.

4) 馬嘯, 『漢懸泉置遺址發掘書學意義重大』, 『中國書法』, 1992年 第2期.

5) 毛春翔, 『古書版本常談』, 上海古籍出版社, 2002年, 98쪽.

6) 孟憲實, 榮新江, 『吐魯番學研究, 回顧與展望』, 『西域研究』, 2007年 第4期.

7) 張湧泉, 『寫在<敦煌文獻語言大詞典>邊上』, 『中文學術前沿』第十四輯, 2017년, 127쪽.

8) 宋坤, 『四十年來黑水城漢文佛敎文獻硏究的回顧與展望載』, 『西夏硏究』, 2019年 第1期.

12세기 이후, 송원 이래의 필사본 문헌의 양은 '해량(海量)'이라는 말로만 표현할 수 있으며, 주로 정부의 공식 문서와 민간 각 계층 백성의 필사본 문헌 두 가지 큰 범주로 나뉜다(기술의 편의를 위해 아래에서는 송원 이래 필사본 문헌으로 약칭). 정부의 공식 문서 중에서는 명청때의 기록이 주를 이루며, 그것은 은허 갑골, 서역 목간, 돈황 문서와 함께 20세기 초 중국 고대 문화의 네 가지 위대한 발견으로 불렸으며, 중국 제1사적기록보관소의 보유량만 해도 1067만 건에 달할 정도로 방대하다.[10] 송원 이래 필사본은 사람들의 일상생활에서 사용되는 물건으로, 사용 범위가 넓으며 계약(契約), 분서(分書), 장책(賬冊: 장부), 잡자(雜字), 신차(信箚: 편지), 의약서(醫藥書), 일용유서(日用類書), 잡초(雜抄), 경권(經卷), 과거서(科擧書), 희곡(戲曲), 보권(寶卷), 소설(小說) 등 다양한 종류가 많으며, 대량으로 민간에 흩어져 있다. '명청 계약 문서의 총합은 보수적으로 추정해도 1천만 건 이상일 것'이다.[11] 역대 필사본 문헌은 해외 많은 국가에서 수집되어 있으며, 그중 일본, 한국, 베트남의 수집 역사가 비교적 오래되었으며, 수집 량과 품질로는 일본이 가장 많고 가장 좋다. 미국, 프랑스, 영국, 러시아등 유럽 및 미국 국가의 대규모 수집은 명청 이후 시작되었다.

요약하자면, 필사본의 연구 자료는 주로 위진 남북조부터 중화민국 시기까지의 다양한 필사본을 포함하며, 현재 필사본 문헌의 총량은 아직 정확히 계산할 수 없다. 한자에 관해서는, 종이와 붓의 본질, 필사자의 필사 원리가 처음부터 끝까지 크게 변하지 않았기 때문에, 역대 필사본 문헌도 일관성을 유지하며, 전반적으로 각 시기 필사본의

---

9) 杜建錄, 『黑水城漢文文獻綜述』, 『西夏學』, 2019年 第4期.
10) 李國榮, 『明淸檔案整理刊布的百年回望與學術貢獻－中國第一歷史檔案館藏明淸檔案編纂出版略論』, 『淸史研究』, 2021年 第2期.
11) 楊國楨, 『明淸土地契約文書硏究(修訂本)』, 中國人民大學出版社, 2009年版, 序言, 3쪽.

특성을 반영하고, 근대 한자의 발전 궤적을 그려냈다.

(3) 자형

위진 이후의 필사본 문헌은 내용이 풍부하고 종류가 다양하고 복잡하다. 문자라는 측면에서는 한자가 주를 이루며, 서하문자, 티베트문자, 회골(回鶻)문자, 튀르크문자, 시리아문자, 고대 아랍문자, 여진문자, 몽골문자, 파스파문자, 만주문자 등 다양한 민족 문자를 포함한다. 한자의 글씨체는 주로 해서, 초서, 행서를 중심으로 하며, 전서, 예서 등 여러 가지 서체가 있다. 시대, 내용, 용도, 종이, 필사자, 보존상태 등 다양한 요인에 따라, 역사상의 각 필사본 실물은 모두 '유일한' 원시적 문헌이라 할 수 있다. 규칙적이고 통일된 인쇄본 문헌에 비해, 필사본 문헌의 생동감 넘치는 개성이 종이 위에 생생히 나타난다. 예를 들어, [그림 23]은 돈황 필사본 「고오화상 찬문(故吳和尙贊文)」이며, [그림 24]는 청대의 계약서인 「옹정 8년 동등립 매지기계(雍正八年董登㤿賣地基契)」이다.

특히 명청 시기의 필사본 문헌의 경우, 필자가 매우 많고 그들의 문화 수준에 차이를 보여, 그들은 글을 쓸 때 종종 임의로 발휘하며, 세대를 거듭하여 쌓인 역대 자형과 자체적으로 창조하거나 차용한 자형을 사용함으로써, 필사본 체계가 매우 복잡해졌다. 예를 들어, 산서성 만천 범촌(萬泉範村)의 계약에서 '장(將)'과 '양(兩)' 두 글자의 형태는 다음과 같이 여러 가지로 나타난다.

將, 特

·兩,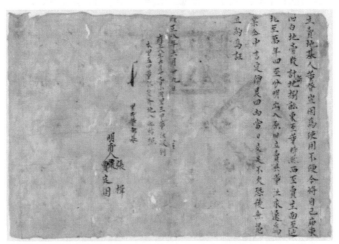

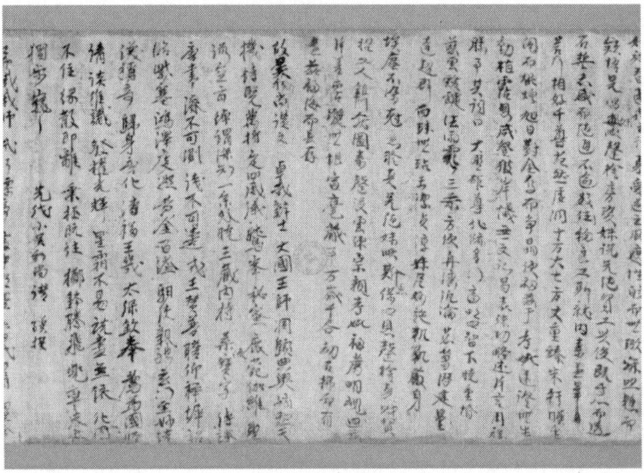

[그림 3-23] 「고오화상찬문(故吳和尙贊文)」(Pelliot_chinois_4640)

[그림 3-24] 옹정(雍正) 8년 「동등립 매지기계(董登立賣地基契)」

중국문자학 핸드북

2. 필사본 연구의 역사

20세기 이후, 학계는 출토 및 발견된 필사본 문헌을 연구 자료로 사용하여 눈부신 성과를 거두었다. 필사본 문헌을 종합하여 각 단계별로 간략히 설명하면 다음과 같다.

(1) 개척 단계(20세기 초~1940년대)

돈황 문헌의 발견, 출판 및 정리가 연구의 핵심과 중점이었다. 흑수성과 명청 때의 기록 문헌도 학계의 관심을 끌기 시작했다.

1900년 돈황 문헌이 돈황 막고굴(莫高窟) 장경동(藏經洞)에서 발견되었다. 청나라 섭창치(葉昌熾)는 『어석(語石)』에서 막고굴의 비석을 기록하고 돈황 유서의 가치를 지적했다.

『돈황석실진적록(敦煌石室眞跡錄)』은 최초의 돈황문헌 자료집이다.[12] 『돈황겁여록(敦煌劫餘錄)』은 최초의 대형 분류목록이다.[13] 1930년 진인각(陳寅恪)은 『돈황겁여록(敦煌劫餘錄)』의 서문에서 "돈황학(敦煌學)"이라는 개념을 제시했다.[14]

1934년 향달(向達)과 왕중민(王重民)이 영국과 프랑스에서 대량의 필사본 사진을 촬영했다. 이 단계에서 돈황 문헌 연구의 개척자들은 주로 나진옥(羅振玉), 장부(蔣斧), 왕인준(王仁俊), 유복(劉復), 호적(胡適), 왕국유(王國維), 진인각(陳寅恪), 진원(陳垣), 향달(向達), 왕중민(王

---

12) [淸] 王仁俊, 『敦煌石室眞跡錄』, 國粹堂石印本, 1908年.
13) 陳垣, 『敦煌劫餘錄』, 『中央研究院歷史語言研究所專刊』, 1931年 第4期.
14) 陳寅恪, 『敦煌劫餘錄』序, 『敦煌劫餘錄』, 1931年.

重民) 등의 학자들이었다. 그들의 주요 기여는 세 가지로 요약된다. 첫째, 돈황 권자본에 발문과 서문 및 제목을 추가하고 역사적 고증을 수행했다. 둘째, 돈황 자료를 필사하고 공표했다. 셋째, 돈황 문헌 연구 모델을 창립했다. 일본의 연구자들로는 나이토 고난(內藤湖南), 가노 나오키(狩野直喜), 하타 토오루(羽田亨), 후지타 토요하치(藤田豐八), 칸다 기이치로(神田喜一郎) 등이 있다.15)

1908년 러시아인 코즐로프(科玆洛夫)가 흑수성 유적에서 대량의 흑수성 문헌을 발굴했다. 이 문헌들은 중대한 연구 가치를 지니며, 직접적으로 '서하학(西夏學)' 또는 '흑성학(黑城學)'이라 불리는 학문 분야를 생성했다.16)

이 중 한문 필사본 문헌은 중국의 송원 시기 필사본 문헌 실물을 부족한 아쉬움을 메웠다는 중요한 학술적 가치를 가진다. 1911-1936년 사이, 전 소련의 B. М. 알렉세예프(B. M. Алексеев, 伊鳳閣, 1881-1951), K. K. 프루그(К.К. Флуг, 弗魯格), 프랑스의 에드워드 샤반(édouard Chavannes, 伯希)와 같은 학자들이 이를 바탕으로 토론을 전개하고 관련 연구 논문을 발표했다.17)

1921년 나진옥이 '8천 마대(麻袋)'에 이르는 대내 기록물(大內檔案)을 구하는 사건이 일어나면서, 명청 때의 기록 문헌도 학자들의 관심을 끌기 시작했다.18)19) 해당 시기에 나진옥은 돈황 문헌과 명청 기록

---

15) 周一良, [日] 神田喜一郎, 『跋敦煌秘籍留眞』, 『淸華大學學報』, 1948年 第1期.
16) 孫繼民, 『黑城學, 一個更爲貼切的學科命名』, 『河北學刊』, 2007年 第4期.
17) 杜建錄, 『黑水城漢文文獻綜述』, 『西夏學』, 2009年 第4輯.
18) 王若, 『羅振玉與"八千麻袋"事件』, 『中華讀書報』, 2011年7月20日.
19) [역주] '8000 마대 사건'은 1921년 베이징 정부 교육부가 재정 부족으로 인해 서문동(端門洞)에 보관되어 있던 총 8000 마대의 기록물을 베이징 서단(西單) 동모증(同懋增) 종이가게에 4000대양(大洋)에 판매한 사건을 말한다. 이 기록물들은 본래 청대 내각대고(內閣大庫)에 모아진 중요한 기록물로, 조령(詔令), 주장(奏章), 주유(朱諭), 실록(實錄) 등을 포함하며, 청 왕조의 정치 체제와 중대한

문헌 보호에 있어서 가장 뛰어난 공적을 세웠다.

(2) 발전단계(1940년대~1970년대)

1940년대부터 1970년대까지는 연구의 발전 단계로, 문헌이 집중적으로 출판되었다.

이 단계의 연구는 여전히 돈황 문헌을 중심으로 하며, 대표 인물로는 강량부(姜亮夫), 주소량(周紹良), 왕중민(王重民), 임이북(任二北), 반중규(潘重規) 등의 학자들이 있으며, 연구 성과는 주로 다섯 가지 방면에 집중된다.

첫째, 목록 작성, 예를 들어『돈황 유서 총목색인(敦煌遺書總目索引)』,『돈황 고적서록(敦煌古籍敍錄)』등이 있다.[20] 둘째, 분류와 정리인

역사적 사건을 연구하는 데 매우 높은 역사적 가치, 문화적 가치 및 학술적 가치를 지니고 있었다.

1909년, 내각대고의 보수를 위해 청나라 정부는 수년간 쌓인 대량의 기록물을 창고 밖으로 이동시키고 전부 소각하려는 결정을 내렸다. 당시 학부(學部) 참사였던 나진옥(羅振玉)이 이 사실을 알고 장지동(張之洞)에게 건의를 올려 소각 중단을 청하고 학부가 임시 관리하도록 제안함으로써, 이 기록물들은 보존될 수 있었다. 신해혁명 후, 대청 제국이 멸망하고 내각대고의 기록물은 북양 정부 교육부의 관리 하에 들어갔다. 1916년, 교육부는 역사박물관을 설립하기로 결정하고 그중 비교적 완전한 기록물을 선별하여 고궁의 오문류(午門樓)에 배치했으며, 나머지 기록물은 마대에 담아 서문동에 쌓아 두었다.

1921년, 교육부와 역사박물관은 재정적 어려움을 이유로 대부분의 기록물을 8000마대에 담아 4000대양에 판매했다. 이듬해, 나진옥(羅振玉)이 이 사실을 알고 매우 충격을 받고 가슴 아파했다. 그는 이 기록물들을 종이가게에서 원래 가격의 3배를 주고 다시 사들였으며, 10명이 넘는 사람을 고용해 이를 정리하도록 했다. 나진옥은 나중에 이의 일부를 청나라의 유신(遺臣)인 이성탁(李盛鐸)에게 되팔았고, 일부는 일본인 마츠키(松琦)에게 판매했다. 결국, 그는 1936년에 남아 있는 가장 귀중한 64,872건의 기록물을 위만 황제 부의(溥儀)에게 기증했다.

20) 王重民, 劉銘恕,『敦煌遺書總目索引』, 商務印書館, 1962年. 王重民,『敦煌古籍敍

데, 예를 들어 『돈황 변문 휘록(敦煌變文彙錄)』, 『돈황 곡자사집(敦煌曲子詞集)』 등이 있다.21) 셋째, 연구서의 저술로, 예를 들어 『돈황곡초탐(敦煌曲初探)』, 『돈황곡교록(敦煌曲校錄)』, 『돈황변문 자의 통석(敦煌變文字義通釋)』 등이 있다.22) 넷째, 전문 저널의 창간이다. 예를 들어, 홍콩 신아연구소(新亞研究所)의 돈황학회(敦煌學會)는 1974년 『돈황학(敦煌學)』이라는 저널을 창간했다. 다섯째, 연구 자료의 편찬인데, 『돈황자료(敦煌資料)』 등이 있다.23)

또 일본의 연구자로는 기쿠치 히데오(菊池英夫), 이케다 온(池田溫), 도이 요시카즈(土肥義和), 카나오카 테루미츠(金岡照光), 후지에다 아키라(藤枝晃) 등이 있으며, 대표작으로는 『돈황문서개관』 등이 있다.24).

1959년부터 1975년까지, 중국 고고학자들이 신강 투루판 아스타나(阿斯塔那), 하라호조(哈拉和卓古, Astana-Karakhoja)의 무덤 지역에서 대량의 투루판 문헌을 발굴했는데, 이는 '투루판학'의 정립을 위한 기초를 마련했다.

이 기간 동안, 송원 이후의 필사본 문헌도 학자들의 관심을 끌기 시작했다. 예를 들어, 맥망관(脈望館) 필사본 『고금잡극(古今雜劇)』은 총 242종의 잡극을 보관하고 있었는데25), 대부분이 유일본으로, 원명 잡극 및 그 작가를 연구하는 중요한 자료이다. 『천주원대지계(泉州元

錄』, 中華書局, 1979年.

21) 周紹良(編), 『敦煌變文彙錄』, 上海出版公司, 1954年. 王重民, 『敦煌曲子詞集』, 商務印書館, 1950年.

22) 任二北, 『敦煌曲初探』, 上海文藝出版社, 1954年. 任二北校, 『敦煌曲校錄』, 上海文藝聯合出版社, 1955年. 蔣禮鴻, 『敦煌變文字義通釋』, 中華書局, 1959年.

23) 中國科學院歷史研究所資料室編集, 『敦煌資料』(第一輯), 中華書局, 1961年.

24) 藤枝晃, 『敦煌文書槪觀』(The Tunhuang Manuscripts. A general description), 『人文』(京都大學人文科學研究所紀要)(Memoires of the Research Institute for Humanistic Studies, Kyoto University)第10號, 1969年.

25) 古本戲曲叢刊編輯委員會, 『古本戲曲叢刊四集』, 國家圖書館出版社, 2016年.

代地契)』와 『명대 휘주 장부 문약 집존(明代徽州莊仆文約輯存)』의 발표26)는 민간 문헌이 연구자들의 시야로 들어오기 시작했음을 나타내 준다. 『장고총편(掌故叢編)』(나중에 『문헌총편』으로 이름이 바뀜)은 총서 형식으로 명청 때의 기록물 약 3300여 건을 출판했다.27)

(3) 번영 흥성 단계(1980년대 이후)

1980년대에 연구는 번영과 흥성의 단계에 접어들었으며, 이는 연구 기관의 설립, 전문 학술지의 창간, 학술 팀의 확대, 그리고 점점 더 풍부해지는 연구 성과로 주로 나타났다. 연구 성과는 주로 다양한 문헌의 기록 해석과 교정 주석에 중점을 두었으며, 언어 문자 연구는 속어와 어휘 측면에 집중되었고, 이 시기의 연구 뜨거운 주제가 되었다.

1. 돈황 문헌 연구

1984년 돈황연구원이 설립되었고, 돈황문헌연구소가 설립되었다. 1983년 『돈황연구』가 창간되어 지금까지 돈황학 관련 다양한 논문이 4000여 편 게재되었다. 난주(蘭州)대학 돈황학 연구소는 난주대학과 돈황연구원이 공동으로 설립한 교육부 인문사회과학 중점 연구기지로, 1980년 『돈황학집간』이 창간되었고, 1985년 중국돈황투루판학회 난주대학 자료센터가 설립되었다. 북경대학, 절강대학, 남경사범대학 등도 돈황학 연구센터를 설립하였다. 『돈황학국제연락위원회통신(敦煌學國際聯絡委員會通訊)』은 돈황 투루판학 연구의 중요한 도구서로,

---

26) 施一揆, 『元代地契』, 『歷史研究』, 1957年 第9期. 傅衣淩, 『明代徽州莊仆文約輯存』, 『文物』, 1960年 第2期.
27) 故宮博物院掌故部(編), 『文獻叢編』, 北京圖書館出版社, 2008年. (『掌故叢編』 1928年創刊, 後改爲 『文獻叢編』).

돈황학국제연락위원회가 주관하고 있다. 2002년부터 발간되기 시작하여 매년 한 차례 발행되며, 주로 전년도의 연구 성과를 요약 제공한다.[28]

문헌, 역사, 사회 연구 분야의 선두주자로는 주소량(周紹良), 황영무(黃永武), 당경우(唐耕耦), 육굉기(陸宏基), 임이북(任二北), 정병림(鄭炳林), 영신강(榮新江), 혁춘문(郝春文) 등의 학자들이 있다. 언어문자 분야의 대표 인물로는 장례홍(蔣禮鴻), 곽재의(郭在貽), 항초(項楚), 판중규(潘重規), 장용천(張湧泉), 황정(黃徵) 등의 학자들이 있다. 일본의 연구자로는 타카다 토키오(高田時雄), 타케우치 쓰구토(武內紹人), 이리야 요시타카(入矢義高) 등이 있다.

2. 흑수성 문헌 연구

1997년 중국사회과학원 서하(西夏)문화연구센터가 설립되었으며, 2009년 영하(寧夏)대학 서하학연구원과 하북사범대학 흑성학(黑城學)연구센터가 설립되었다. 2010년 중국-러시아 서하학공동연구소가 설립되었다. 문헌, 역사, 사회 분야의 연구자로는 진빙응(陳炳應), 이일우(李逸友), 탑라(塔拉) 등이 있으며, 언어문자 분야의 연구자로는 두건록(杜建錄), 손계민(孫繼民), 채영귀(蔡永貴) 등이 있다.

3. 투루판 문헌

1988년 중국돈황투루판학회와 북경도서관이 공동으로 주최한 돈황투루판 자료센터가 공식적으로 개방되었다. 2005년 신강 투루판 연구학 연구원이 설립되었다. 신강 투루판 학회, 신강 투루판 지역 문화재국은 2000년 『투루판학연구』를 창간했다. 초보적 통계에 따르

---

28) 郝春文, 『2021年敦煌學國際聯絡委員會通訊』, 上海古籍出版社, 2021年.

면, 2017년까지 학술 전문서적 및 문집 80여 부를 출판하였고, 약 500편의 연구논문을 공개 발표했다.[29] 역사, 사회, 문헌 연구 분야의 선두주자로는 요종의(饒宗頤), 당장유(唐長孺), 진국찬(陳國燦), 영신강(榮新江) 등이 있으며, 언어문자 연구 분야는 상대적으로 뒤쳐져 있지만, 주요 학자로는 료명춘(廖名春), 왕계도(王啓濤) 등이 있다.

4. 송원 이후 필사본 문헌

주로 명청 시기를 중심으로 한다. 1980년대, 양국정(楊國楨)은 처음으로 '중국 계약학(中國契約學)'이라는 개념을 제시했다.[30] 장전새(張傳璽)는 '중국계약학의 내포와 임무를 더욱 발전시켰다.[31] 송원 이후 필사본 문헌은 전국 각지에 퍼져 있다. 계약 문서를 예로 들면, 그 수량이 엄청나며, 이미 출판된 문헌은 주로 휘주, 귀주, 절강, 복건 등 지역을 중심으로 하고 있다. 명청 기록 문헌의 소장량도 풍부하며, 성과도 많다. 예를 들어, 1981년에 창간된 『역사당안(歷史檔案)』은 현재까지 관련 기록 분야의 학술 논문 2000여 편을 게재하였다.

3. 연구의 진전

21세기 들어 전반적인 번영과 창성의 상황 하에서, 연구는 종합과 성찰의 단계에 접어들었다.

이 단계에서는 주로 다양한 종이에 쓴 문헌의 연구 역사를 돌아보고, 많은 종합적, 이론적, 방법론적인 논민 및 저작을 발표했다. 이러

---

29) 范英傑, 陳焱,「2017年吐魯番學研究綜述」,『敦煌學國際聯絡委員會通訊』, 2018年 第1期.
30) 楊國楨,『明淸土地契約文書研究』(修訂本), 中國人民大學出版社, 2009年, 前言.
31) 張傳璽,「論中國契約資料的蘊藏及其史料價値」,『北京大學學報』, 1991年 第3期.

한 연구 성과는 각종 문헌의 성격, 특성 및 연구 현황을 종합하고, 연구 중 존재하는 미비점과 문제점을 지적하며, 미래 발전 방향을 전망하는 등, 중요한 이론적 및 실천적 지침의 의미를 가지고 있다.

(1) 돈황 문헌 연구

이의 연구는 가장 오래 지속되었고, 성과도 가장 많다.『당대 중국 돈황학 연구(1949-2019)』는 중국 돈황학 학술사의 중요한 종합적 의미를 가진 저술이다.[32)]『돈황학개론(敦煌學槪論)』은 돈황학 입문서로서의 역할을 하고 있다.[33)] 1985년 이전의 돈황학 연구 문헌은『돈황 연구의 회고와 전망－발간사를 대신하여』,『돈황투루판학 공구서 목록(敦煌吐魯番學工具書目)』에서 찾아볼 수 있다.[34)].

1985년 이후의 연구 성과는「돈황 문헌과 역사 연구의 회고와 전망」,『돈황학 대사전』,『돈황 문헌 개요』,「백년 돈황학 학술사 연구, 역사, 현황 및 미래(필담)」,「돈황학의 세기 회고와 전망」,「백년 돈황학, 역사, 현황, 추세」,「돈황학 연구의 회고와 전망」,「돈황 유서 정리의 회고와 전망」등에 나타나 있다.[35)] 최근 돈황 문헌 분류 연구

---

32) 郝春文, 宋雪春, 武紹衛,『當代中國敦煌學研究(1949－2019)』, 中國社會科學出版社, 2020年.
33) 姜亮夫,『敦煌學槪論』, 北京出版社, 2016年.
34) 段文傑,『敦煌研究的回顧與展望－代發刊詞』,『敦煌研究』, 1981年 第1期. 李並成,『敦煌吐魯番學工具書目』,『敦煌學輯刊』, 1985年 第1期.
35) 郝春文,『敦煌文獻與歷史研究的回顧與展望』,『歷史研究』, 1998年 第1期. 季羨林(主編),『敦煌學大辭典』, 上海辭書出版社, 1998年. 杜澤遜,『敦煌文獻槪述』,『文獻學槪要』, 中華書局, 2008年. 柴劍虹,『百年敦煌學術史研究, 歷史, 現狀與未來(筆談)』,『學習與探索』, 2008年. 趙和平,『敦煌學的世紀回顧與展望』,『北京理工大學學報』, 2000年 第2期. 劉進寶,『百年敦煌學, 歷史, 現狀, 趨勢』, 甘肅人民出版社, 2009年. 楊際平,『敦煌學研究的回顧與展望』,『社會科學戰線』, 2009年 第9期. 方廣錩,『敦煌遺書整理的回顧與展望』,『歷史教學月刊』, 2012年 第7期.

의 종합적인 논문으로는 「돈황 법제 문서 연구 회고와 전망」, 「돈황 출토 의약 문헌 연구 회고와 전망」, 「돈황 종교 연구의 회고와 전망」, 「돈황 투루판 법률 계약 문서 연구 회고와 전망」, 「돈황 사읍 연구 80년의 회고와 전망」, 「70년간 변문 정리 연구의 회고와 전망」, 「20세기 90년대 이후 돈황 속자 연구 종합」, 「돈황 불교 묘진찬 연구의 회고와 전망」, 「한국 돈황 문학 연구의 회고와 전망」, 「돈황 문서의 세계」(「최근 몇 년간 일본의 돈황 투루판 연구」 포함) 등이 있다.36) 『중국 돈황학 백년 문고』는 중국학자들의 돈황학 연구 논문의 집대성작으로37), 전체 책은 종합, 문학, 언어 문자, 민족, 종교, 석굴 보호, 과학 기술, 예술, 고고학, 문헌, 역사, 지리, 돈황학 연구 논문 목록 색인 등 13권으로 구성되어 돈황학 연구의 성과를 비교적 전반적으로 요약했다.

(2) 흑수성 문헌 연구

이의 역사는 비록 50여 년밖에 되지 않았지만, 종합적인 성과도 매우 풍부하다. 주요 성과로는 『흑수성 한문 문헌 종설(黑水城漢文文獻綜述)』, 『최근 십년간 흑수성 한문 문서 연구 종설(近十年以來黑水城漢文

---

36) 陳永勝, 『敦煌法制文書研究回顧與展望』, 『敦煌研究』, 2000年 第2期. 田永衍等, 『敦煌出土醫藥文獻研究回顧與展望』, 『甘肅中醫學院學報』, 2004年 第2期. 方廣錩, 『敦煌宗教研究的回顧和展望』, 『中國文化』, 1990第1期. 韓樹偉, 『敦煌吐魯番法律契約文書研究回顧與展望』, 『吐魯番學研究』, 2017年 第2期. 趙大旺, 『敦煌社邑研究80年的回顧與展望』, 『中國史研究動態』, 2019年 第2期. 張湧泉, 『七十年來變文整理研究的回顧與展望』, 『文學遺産』, 2020年 第3期. 郭洪丹, 『20世紀90年代以來敦煌俗字研究綜述』, 『西南交通大學學報』, 2010年 第2期. 李小榮, 『敦煌佛教邈眞贊研究的回顧與展望』, 『石河子大學學報』, 2020年 第5期. 金賢珠, 『韓國敦煌文學研究的回顧與展望』, 『敦煌學』 第30輯, 2013年. 池田溫著, 張銘心, 郝軼君譯, 『敦煌文書的世界』, 中華書局, 2008年.
37) 敦煌研究院編輯, 『中國敦煌學百年文庫』, 甘肅文化出版社, 2019年.

文書研究綜述)』,『40년간 흑수성 한문 불교 문헌 연구 회고 및 전망』,
『국내 흑수성 한문 문헌의 정리, 번역 및 연구』,『흑수성 출토 한문
문학 문헌 및 그 가치』,『최근 30년간 흑수성 출토 부점 비술 문서 연
구 회고 및 전망』,『40년간 흑수성 한문 경제 문헌 연구의 회고 및 전
망』,『러시아 소장 흑수성 한문 비 불교문헌 정리 및 연구』,『중국 소
장 흑수성 한문 문헌 정리 연구』 등이 있다. 이들은 학자들이 흑수성
한문 문헌의 역사적, 판본적, 문자적 가치를 전반적으로 인식하고 이
해하는 데 중요한 의미를 가진다.

(3) 투루판 문헌 연구

이에 관한 성과 중 가장 중요한 저작은『여순(旅順)박물관 소장 신
강 출토 한문 문헌』으로, 이는 26,000건의 신강 한문 문헌을 처음으
로 출판했다.[38) 편집자는 투루판 문서 조각의 시대별 특징에 따른 서
체를 통해 문서 조각을 결합하고 연대를 판단함으로써, 투루판 문헌
의 정리와 연구에 새로운 기준을 세웠다.

「투루판학 연구와 발전 추의(吐魯番學研究和發展芻議)」,「투루판학 연
구, 회고와 전망」은 투루판학의 기본연구 개황을 소개했다.[39) 「최근
60년 투루판 한문 계약문서 연구 종술」에서는 1949년 이후 투루판 한
문계약문서 연구 성과를 종합적으로 소개 평가했으며[40), 그 속에 존재
하는 문제점들도 지적했다.

---

38) 吳華峰, 『敦煌吐魯番文獻"最後的寶藏"』──『旅順博物館所藏新疆出土漢文文獻』
評介,『西域研究』, 2021年 第4期.
39) 陳國燦, 『吐魯番學研究和發展芻議』,『西域研究』, 2003年 第3期. 孟憲實, 榮新江,
『吐魯番學研究:, 回顧與展望』,『西域研究』, 2007年 第4期.
40) 侯文昌, 『近六十年吐魯番漢文契約文書研究綜述』,『西域研究』, 2012年 第1期.

(4) 송원 이후 필사본 문헌 연구 성과

이는 주로 명청 시기 문헌의 정리 및 출판에 집중되어 있다. 시대별, 지역별 종합 논문에는 「원대 계약 문서의 출판 및 연구 종설」, 「절강 명청 계약 문서 연구 종설」 등이 있다.[41]. 「중국 고대 계약 발전 간사」는 수십 년 간의 관련 연구를 총결했다.[42] 「최근 30년 청대 계약문서의 간포와 연구 종술」은 1980년~2010년까지의 청대 계약문서 연구에 대한 현황을 소개했다.[43]. 또 「명청 토지계약문서 연구」는 2010년부터 2019년까지의 중국 계약문서의 정리와 연구 성과를 총결했다.[44] 「중국 역사상의 "계약"」은 중국 고대 계약의 형식과 언어의 변화를 분석하는 한편, 계약의 발견과 계약 연구의 역사를 논의하며, '고문서학'의 방법을 활용하여 계약에 대한 장기간, 지역간 비교 연구를 전개하는 것이 앞으로 중국 고대 계약 연구의 방향이 될 것이라고 전망했다.[45]. 「명청 당안 정리 간포의 100년 회고와 학술 공헌—중국 역사 제1당안관 소장 명청 당안 편찬 출판 약론」은 명청 당안의 출판 상황을 총결했다.[46] 또 『명청당안학』은 현존하는 명청 당안 약 2천여만 점을 소개했다.[47]

돈황 문헌 연구의 경험과 방법을 종합한 기초 위에서, 돈황 문헌의

---

41) 楊淑紅, 『元代契約文書的刊布與研究綜述』, 『中國史研究動態』, 2011年 第1期. 倪毅, 『浙江明淸契約文書研究綜述』, 『歷史檔案』, 2014年 第1期.

42) 乜小紅, 『中國古代契約發展簡史』, 中華書局, 2017年.

43) 劉洋, 『近三十年淸代契約文書的刊布與研究綜述』, 『中國史研究動態』, 2012年 第4期.

44) 楊國楨, 『明淸土地契約文書研究』 第三版序, 『中國史研究動態』, 2020年 第1期.

45) 阿風, 『中國歷史上的"契約"』, 『安徽史學』, 2015年 第4期.

46) 李國榮, 『明淸檔案整理刊布的百年回望與學術貢獻—中國歷史第一檔案館藏明淸檔案編纂出版略論』, 『淸史研究』, 2021年 第2期.

47) 秦國經, 『明淸檔案學』, 學苑出版社, 2016年.

한계를 어떻게 돌파하여 새로운 단계로 진입할 수 있을지 탐구한다. 돈황 문헌의 수량은 결국 한정되어 있으며, 현재 대부분의 자료가 이미 공개되어 학술적 공백이 점점 줄어들고 있다. 학계에서는 '돈황학이 어디로 가야 하는가'라는 중대한 문제를 고민하기 시작했으며, "돈황 투루판 자료를 연구하기 위해 다양한 학문 분야의 방법을 활용하고, 돈황의 문제를 개방적인 시각으로 바라보아야 한다."고 제안했다.[48]

혁춘문(郝春文)은 돈황학 연구 현황에 대한 반성을 하면서, 현재의 연구가 평범화, 파편화 하는 경향이 있어, 무게감 있고 이론적인 성과가 부족함을 지적했다. 그는 돈황학 연구의 거시적 및 이론적 접근을 주장했다.[49]

이후 「새로운 패러다임과 새로운 시각으로 돈황학의 새 영역을 개척하자」라는 글에서는, 과거에 자주 사용된 문헌학 패러다임과 역사학 패러다임 외에도, 필사본학 패러다임, 사회학 패러다임, 언어학 패러다임 등을 사용할 것을 제안했다.[50] 학계에서는 과거의 '보물찾기식' 연구가 기본적으로 마무리되었음을, 또 추가 연구는 방법의 혁신과 시야의 확장을 통해 새로운 문제를 발견하고 해결해야 한다는 것을 인식하고 있다.[51] 이러한 방향으로 '더 완전하고, 더 정밀하고, 더 명확하게—새 시대로 나아가는 돈황 언어 문학 연구'를 기대하고 있다.[52] 이 단계에서는 학술 진용이 더욱 강화되었는데, 허춘문(郝春文), 장용천(張湧泉) 등의 논문은 이론적, 방법론적, 강령적인 지침의 의미를 가진다. 언어문자 연구에서 두드러진 성과를 낸 학자로는 허유강

---

48) 榮新江, 『敦煌學, 21世紀還是"學術新潮流"嗎』, 『中國民族』, 2015年 第1期.
49) 郝春文, 『中國敦煌魯番學會會長郝春文致辭』, 『敦煌研究』, 2016年 第6期.
50) 郝春文, 『用新範式和新視角開辟敦煌學的新領域』, 『敦煌研究』, 2020年 第6期.
51) 伏俊璉, 『5～11世紀中國文學寫本整理研究槪論』, 『雲南師範大學學報』, 2017年 第5期.
52) 張湧泉, 『更全·更精·更淸晰—邁入新時代的敦煌語言文學研究』, 『敦煌研究』, 2020年 第6期.

(黑維强), 왕계도(王啓濤), 방광창(方廣錩), 손계민(孫繼民), 복준련(伏俊璉), 장소염(張小豔) 등이 있다.

4. 필사본 연구의 기본 자료

최근 백년 간, 필사본 문헌 연구는 매우 주목할 만한 성과를 이루었는데, 주로 문헌의 정리 출판과 학자의 학술성과 두 가지 측면에서 그렇다.

(1) 필사본 문헌의 정리 출판

1. 필사본 문헌의 출판

다양한 종류의 필사본 문헌이 출판되었으며, 출판 형태로는 그림판(圖版本), 기록본(錄文本), 그림과 글의 대조본(圖文對照本), 교정 주석본(校注本) 등이 있다. 이들이 연구를 진행하는 데 있어 기본적인 자료이다.

① 돈황문헌

주로 『돈황보장(敦煌寶藏)』, 『영장돈황문헌(英藏敦煌文獻)』(한문 불경 이외의 부분)』, 『러시아 소장 돈황문헌(俄藏敦煌文獻)』, 『프랑스 소장 돈황 서역문헌(法藏敦煌西域文獻)』, 『상해도서관 소장 돈황문헌(上海圖書館藏敦煌文獻)』, 『상해박물관 소장 돈황문헌(上海博物館藏敦煌文獻)』, 『천진시예술박물관 소장 돈황문헌(天津市藝術博物館藏敦煌文獻)』, 『감숙성 소장 돈황문헌(甘藏敦煌文獻)』, 『국가도서관 소장 돈황유서(國家圖書館藏敦煌遺書)』, 『영국국가도서관 소장 돈황유서(英國國家圖

書館藏敦煌遺書)』등이 있다.53)

초기 출판 자료들은 대부분 흑백 그림판이었고, 해상도가 충분하지 않았다. 최근에는 고해상도 컬러 인쇄 방식으로 출판되는 경우가 많으며, 해상도가 훨씬 더 높다. 예를 들어, 『영국 소장 돈황 의학문헌의 그림과 주석』, 『돈황 투루판 의약 문헌의 새로운 수집과 교열』의 부록 그림 등이 있다.54) 특히 『프랑스 소장 돈황문헌 정선』은 고해상도의 디지털 기술을 활용하여 프랑스 소장 돈황문헌을 원 크기의 원래 모습 그대로 재현했다.55) 이밖에, 『돈황 비급 및 사진 책(敦煌秘笈及影片冊)』, 『중국민간서법전집(中國民間書法全集)』 등은 일본 소장 돈황 권자를 촬영 출판했다.56)

② 흑수성 문헌
주요한 것으로는 다음의 것들이 있다.57)

---

53) 黃永武, 『敦煌寶藏』, 新文豐出版公司, 1981－1986年. 中國社會科學院歷史研究所(編), 『英藏敦煌文獻(漢文佛經以外部份)』, 四川人民出版社, 1990－2010年. 俄羅斯科學院東方研究所, 『俄藏敦煌文獻』(全17冊), 上海古籍出版社, 1992－2001年. 上海古籍出版社與法國國立圖書館合(編), 『法藏敦煌西域文獻』, 上海古籍出版社, 1995－2005年. 上海圖書館, 『上海圖書館藏敦煌文獻』, 上海古籍出版社, 1992－2005年. 上海博物館, 『上海博物館藏敦煌文獻』, 上海古籍出版社, 1993年. 天津市藝術博物館, 『天津市藝術博物館藏敦煌文獻』, 上海古籍出版社, 1992－2005年. 段文傑, 『甘肅藏敦煌文獻』, 甘肅人民出版社, 2000年. 任繼愈, 『國家圖書館藏敦煌遺書』, 北京圖書館出版社, 2005－2012年. 方廣錩, [英] 吳芳思, 『英國國家圖書館藏敦煌遺書』, 英國國家圖書館出版社, 廣西師範大學出版社, 2011－2017年.
54) 王淑民, 『英藏敦煌醫學文獻圖影與注疏』, 人民衛生出版社, 2012年. 沈澍農, 『敦煌吐魯番醫藥文獻新輯校』, 高等教育出版社, 2017年.
55) 楊東勝, 『法藏敦煌文獻精選』, 敦煌文藝出版社, 2020年.
56) [日] 武田科學振興財團杏雨書屋, 『敦煌秘笈及影片冊』, 武田科學振興財團, 2009－2013年. 孫曉, 『中國民間書法全集』(日藏敦煌書法卷), 天津人民美術出版社, 2018年.
57) 李逸友, 『黑城出土文書(漢文文書卷)』, 科學出版社, 1991年. 郭鋒, 『斯坦因第三次中亞探險所獲甘肅新疆出土漢文文書──未經馬斯伯樂刊布的部分』, 甘肅人民出版社, 1993年. 俄羅斯聖彼得堡東方所, 中國社科院民族所, 『俄藏黑水城文獻』, 上海古籍

- 『흑성 출토 문서』(한문 문서편),
- 『스타인 제3차 중앙아시아 탐험에서 얻은 간숙 신강 출토 한문 문서—마스퍼거가 발행하지 않은 부분』
- 『러시아 소장 흑수성 문헌』(그중 1-6권은 한문 문헌),
- 『스타인 제3차 중앙아시아 고고학 탐험에서 얻은 한문 문헌』(비 불경 부분),
- 『영국 소장 흑수성 문헌』
- 『중국 소장 흑수성 한문 문헌』

그중, 『중국 소장 흑수성 한문 문헌』에서 공개된 문헌 수는 가장 많아 4,200건에 달한다. 『러시아 소장 흑수성 한문 불교 문헌 해설』, 『중국 소장 흑수성 한문 문헌 해설』, 『영국 및 러시아 소장 흑수성 한문 문헌 정리』, 『고고학 발견 서하 한문 비불교 문헌 정리 및 연구』, 『중국 소장 흑수성 한문 문헌의 정리 및 연구』, 『러시아 소장 흑수성에서 출토된 '송대 서북변경 군정 문서' 정리 및 연구』, 『흑수성 출토 원대 율령 및 시소 문서 정리 연구』, 『흑수성 출토 한문 의학 문헌 연구』 등의 책이 정리 출판되어58), 흑수성 출토 한문문헌의 연

出版社, 1996－2015年. 沙知, [英] 吳芳思, 『斯坦因第三次中亞考古所獲漢文文獻 (非佛經部分)』, 上海辭書出版社, 2005年. 英國國家圖書館, 西北第二民族學院, 『英 藏黑水城文獻』, 上海古籍出版社, 2005－2010年. 塔拉, 杜建錄, 高國祥(主編), 『中 國藏黑水城漢文文獻』, 國家圖書館出版社, 2008年.

58) 吳超, 『俄藏黑水城漢文佛敎文獻釋錄』, 學苑出版社, 2017年. 杜建錄, 『中國藏黑水 城漢文文獻釋錄』(14冊), 天津古籍出版社, 2016年. 孫繼民, 宋坤著, 『英藏及俄藏 黑水城漢文文獻整理(上下)』, 天津古籍出版社, 2015年. 孫繼民, 宋坤, 陳瑞靑, 杜 立暉等, 『考古發現西夏漢文非佛教文獻整理與研究』, 社會科學文獻出版社, 2014 年. 孫繼民, 宋坤, 陳瑞靑, 杜立暉等, 『中國藏黑水城漢文文獻的整理與研究』, 中 國社會科學出版社, 2016年. 孫繼民, 『俄藏黑水城所出＜宋西北邊境軍政文書＞整 理與研究』, 中華書局, 2009年. 張笑峰, 『黑水城出土元代律令與詞訟文書整理研究 』, 中國社會科學出版社, 2021年. 於業禮, 張如靑, 『黑水城出土漢文醫學文獻硏究 』, 上海交通大學出版社, 2021年.

구 가치를 한층 더 깊이 있게 발굴했다.

③ 투루판 문서

이에 관한 주요 자료는 다음과 같다.

- 『대곡(大谷)문서집성』
- 『상해 박물관 소장 돈황 투루판 문서』
- 『신출 투루판 문서 및 그 연구』
- 『일본 네이로쿠 미술관 소장 투루판 출토 문서』
- 『투루판 베제클릭 석굴 출토 한문 불교 경전』
- 『스타인이 획득한 투루판 문서 연구』
- 『새로 획득한 투루판 출토 문서』
- 『여순 박물관 소장 신장 출토 한문 문헌』
- 『투루판 출토 문헌 산록(散錄)』
- 『투루판 문서 합집 계약 권』 등이 있다.59)

　이들은 각 지역에 소장된 투루판 문서를 분류 정리하고 연구하였다. 투루판 문서의 집대성작으로 『투루판 출토 문서』가 있는데, 해설본 10권, 그림과 문서 대조본 4권으로 구성되어 있다.60)

---

59) [日] 小田義久, 『大穀文書集成』(1-4卷), 日本法藏館出版, 一卷1984年, 第二卷 1990年, 第三卷 2003年, 第四卷 2010年. 上海博物館, 『上海博物館藏敦煌吐魯番文獻』, 上海古籍出版社, 1993年. 柳洪亮, 『新出吐魯番文書及其硏究』, 新疆人民出版社, 1997年. 陳國燦, 劉永增, 『日本寧樂美術館藏吐魯番出土文書』, 文物出版社, 1997年. 新疆維吾爾自治區吐魯番學硏究院和武漢大學中國三至九世紀硏究所(編), 『吐魯番柏孜克裏克石窟出土漢文佛教典籍』(上下), 文物出版社, 2007年. 陳國燦, 『斯坦因所獲吐魯番文書硏究』, 武漢大學出版社, 1994年. 榮新江, 李肖, 孟憲實(主編), 『新獲吐魯番出土文獻』(上下), 中華書局, 2008年. 榮新江, 史睿(編), 『吐魯番出土文獻散錄』, 中華書局, 2021年. 王啓濤, 『吐魯番文獻合集契約卷』, 巴蜀書社, 2021年.
60) 唐長孺(主編), 國家文物局古文獻硏究室, 新疆維吾爾自治區博物館, 武漢大學歷史系(編), 『吐魯番出土文書』釋文本全10冊, 文物出版社, 1981-1991年. 圖文對照本

송원 이후로부터의 필사본 문서의 양이 방대하며, 특히 명청 시기의 민간 필사본 문서, 그중에서도 대량의 계약집이 많다. 『휘주 천년 계약 문서』, 『휘주 문서』, 『안휘사범대학 소장 천년 휘주 계약 문서 집성』, 『청수강 문서』, 『민동 가족 문서』, 『상해 도계』, 『복건 민간 문서』, 『호북 민간 문서』, 『석창 계약』, 『청대부터 민국까지 우원현 마을 계약 문서 집록』, 『학가 진귀 문서 총서』(제1집), 『청대 산시 민간 계약 문서 선집』, 『토묵특(土默特) 문서』 등이 있다.[61]

잡자류에는 『잡자유함』, 『잡자유함속』, 『산서 잡자집요』, 『청대부터 민국까지 영남 잡자 문헌집간』, 『청대부터 민국까지 산서 잡자 문헌집간』, 『청대부터 민국까지 휘주 잡자 문헌집간』 등이 있다.[62]

극본류에는 『그림자극 극목 청대 초본집교』, 『명청 진강(秦腔) 전통곡목 초본 휘편』, 『속문학총간』, 『서북 희귀 극곡 초본총간』 등이 있다.[63]

全4卷, 文物出版社, 1992－1996年.

61) 王鈺欣, 周紹泉, 『徽州千年契約文書』, 花山文藝出版社, 1991－1994年. 劉伯山, 『徽州文書』(第1輯－第6輯), 廣西師範大學出版社, 2005－2017年. 李琳琦, 『安徽師範大學館藏千年徽州契約文書集萃』(10冊), 安徽師範大學版社, 2014年. 張應强, 王宗勳, 『淸水江文書』, 廣西師範大學出版社, 2007－2011年. 周正慶, 鄭勇, 『閩東家族文書』, 廣西師範大學出版社, 2018年. 蔡育天等, 『上海道契』, 上海古籍出版社, 1997年. 張建民, 『湖北民間文書』(全十冊), 武漢大學出版社, 2018年. 曹樹基等, 『石倉契約』(第1－5輯), 浙江大學出版社, 2011, 2012, 2014, 2015, 2018年. 黃志繁等, 『淸至民國婺源縣村落契約文書輯錄』(18冊), 商務印書館, 2014年. 曹樹基, 陳支平, 『客家珍稀文書叢刊(第一輯)』(100)卷, 廣東人民出版社, 2018年. 郝平, 『淸代山西民間契約文書選編』(13冊), 商務印書館, 2019年. 儲建中, 儲昱, 『土默特文書』, 廣西師範大學出版社, 2019年.

62) 李國慶, 『雜字類函(全11冊)』, 學苑出版社, 2009年. 李國慶, 韓寶林, 『雜字類函續(全15冊)』, 學苑出版社, 2018年. 潘傑, 劉濤(編著), 『山西雜字輯要』(上下), 三晉出版社, 2015年. 王建軍, 『淸至民國嶺南雜字文獻集刊』(全15冊), 廣西師範大學出版社, 2019年. 王建軍等, 『淸至民國山西雜字文獻集刊(全20冊)』, 廣西師範大學出版社, 2021年. 戴元枝, 『淸至民國徽州雜字文獻集刊』(全8冊), 廣西師範大學出版社, 2020年.

기타로는『홍루몽 고초본 총간』,『중의(中醫) 고서 진귀초본 선집』,
『원씨(袁氏) 소장 명청 명인 척독』 등이 있다.[64]

당안(檔案) 자료는 당안 휘편류, 주피(朱批: 황제의 빨간 글씨로 된 비
준) 주절(奏折)류, 기거주책(起居注冊: 황제의 일상을 기록한 문서)류, 이력
당안류 등으로 나눌 수 있다. 예를 들어『중국 명대 당안 총편』,『명
초본 주의(奏議) 십종』,『강희 시대 한문 주피 주절(朱批奏折) 휘편』,『
옹정 시대 한문 주피 주절 휘편』,『광서 시대 주피 주절』,『청대 기
거주절·강희 시대』,『청대 기거주첩·옹정 시대』,『건륭제 기거주(起居
注)』,『청대 기거주책·도광 시대』,『청대 기거주책·함풍 동치 시대』,『
청대 관원 이력 파일 전집판』(30책) 등이 있다.[65],

그들의 영인 출판은 당안(檔案) 자료의 진실된 면모를 드러냈다. 해
외에서 소장한 명청 시대 희곡류 필사본 문서로는 주로『일본 소장
희귀 중국 희곡 문서 총간』,『일본 도쿄대학 동양문화연구소 소코도

63) 趙建新,『影戲劇目淸代抄本輯校』, 甘肅人民出版社, 2019年. 顧善忠,『明淸秦腔傳
統曲目抄本彙編』, 敦煌文藝出版社, 2016年. 黃重寬, 李孝悌, 吳政上(主編),『俗文
學叢刊·戲劇類』 第2輯, 新文豐出版公司, 2001年. 郭向東,『西北稀見戲曲抄本叢
刊』, 浙江古籍出版社, 2017年.

64) 曹雪芹著, 胡文駿, 李俊(編),『紅樓夢古抄本叢刊·俄羅斯聖彼得堡藏, 石頭記(1－6
套裝6冊)』, 人民文學出版社, 2014年. 段逸山, 吉文輝『中醫古籍珍稀抄本精選(全
20冊)』, 上海科學技術出版社, 2019年. 李志綱『袁氏藏明淸名人尺牘』, 文物出版
社, 2016年.

65) 中國第一歷史檔案館, 遼寧省檔案館,『中國明朝檔案總彙』, 廣西師範大學出版社,
2001年. 中華書局(編),『明抄本奏議十種』, 中華書局, 2013年. 中國檔案彙(編),『
中國第一歷史檔案館編』, 檔案出版社, 1984－1985年. 中國第一歷史檔案館,『雍
正朝漢文朱批奏折彙編』, 江蘇古籍出版社, 1989年. 中國第一歷史檔案館,『光緒朝
朱批奏折』, 中華書局, 1996年. 中國第一歷史檔案館,『淸代起居注冊·康熙朝』(全
54冊), 中華書局, 2009年. 中國第一歷史檔案館,『乾隆帝起居注』, 廣西師範大學
出版社, 2002年. 故宮博物院,『淸代起居注冊·道光朝』(全100冊), 台北聯經出版社,
1984年. 故宮博物院,『淸代起居注冊·鹹豐同治朝』(全43冊), 台北聯經出版社,
1984年. 秦國經, 唐益年, 葉秀雲(編著),『淸代官員履歷檔案全編版(共30冊)』, 廣東
師範大學出版社, 1997年.

분코 소장 희귀 중국 초본 극본 휘간』 등이 있다.66).

『도쿄대학 동양문화연구소 계약문서 연구회의 30년』,『동양문화연구소 소장 중국 토지 문서 목록 해설』,『허서(許舒) 박사 소장 상업및 토지 계약 문서, 간태륭(干泰隆) 문서－조산(潮汕) 지역 토지 계약문서』,『중국 토지 계약 문서집』(금~청),『귀주 먀오족(苗族) 임업 계약 문서 편찬(1736-1950)』67) 등은 일본에 소장된 청대 계약 문서를수록하고 소개했다. 또한, 프랑스 학술원 한학 연구소에서는 대량의청대 책권(策卷)을 영인 출판했다.68).

2. 목록 색인 편찬

전통적으로 학문을 하는 데 있어서, 책, 판본, 목록 이 세 가지는필수적이었다. 책의 목록 색인이 있으면 학문 연구가 따라갈 길이 생긴다. 현대인도 전통의 교훈을 이어받아 문헌의 목록 작업에 큰 중요성을 두고 있다. 돈황 문헌의 목록 색인으로는 주로『돈황 약탈 여록(敦煌劫餘錄)』,『돈황 약탈 여록 속편(續編)』,『돈황유서총목색인』,『돈황유서최신목록』,『위진남북조 돈황문헌편년』,『돈황유서총목색인신편』,『중국국가도서관 소장 돈황유서 총목록』(신구 번호 대조표권),『

---

66) 黃仕忠, [日] 金文京, 喬秀岩,『日本所藏稀見中國戲曲文獻叢刊』, 廣西師範大學出版社, 2006年. 黃仕忠, [日] 大木康,『日本東京大學東洋文化研究所附雙紅堂文庫藏稀見中國鈔本曲本彙刊』, 廣西師範大學出版社, 1900年.

67) [日] 岸本美緒,『東京大學東洋文化研究所契約文書研究會的30年』,『史學月刊』, 2005年 第12期. [日] 浜下武志等(編),『東洋文化研究所所藏中國土地文書目錄解說』, 東京大學東洋文化研究所附屬東洋學文獻中心, 1983-1986年. 蔡志祥,『許舒博士所藏商業及土地契約文書, 幹泰隆文書—潮汕地區土地契約文書』, 東京大學文化研究所, 1995年. 日本東洋文庫明史研究室(編),『中國土地契約文書集(金－淸)』, 東京東洋文庫, 1975年. 唐立, 楊有賡, [日] 武內房司,『貴州苗族林業契約文書彙編(1736－1950)』, 東京外國語大學國立亞非語言文化研究所, 2001－2003年.

68) 法蘭西學院漢學研究所(編),『法蘭西學院漢學研究所藏淸代殿試策卷』, 中華書局, 2014年.

중국국가도서관 소장 돈황유서총목록』(도서관 소장 목록권) 등이 있다.69).『아국 돈황 한문문서 목록 공작의 회고와 전망(我國敦煌漢文文書目錄工作的回顧與前瞻)』(3)』은 중국의 돈황 한문문서 목록화 작업에 대해 상세히 기술했다.70) 또『돈황백년-한 민족의 정신적 역정』에서는 국내외의 돈황문헌과 유물 소장 주요 기관의 일람표를 제공했다.71). 투루판 문헌에 관한 것 중 중요한 것으로는『투루판 출토 당대문헌편년』이 있다.72)

해외에 소장된 종이에 쓴 한문 문헌은 세계 곳곳에 분산되어 있으며, 각 소장 기관은 독립적으로 운영된다. 따라서 연구에 있어서 목록 및 색인의 중요성은 더욱 커진다.

돈황 문헌에는 주로『영국박물관 소장 돈황 한문 사본 주기목록』,『해외 돈황 투루판 문헌 지견록(知見錄)』,『러시아 소장 돈황 한문 사권 서록』등이 있다.73).

『근대 중국의 학술과 장서』에는『하네다 토요(羽田亨)와 돈황 사본』,『근대 일본의 한적 수집 및 편목』,『이탈리아의 한적 수집』,『기

---

69) 陳寅恪,『敦煌劫餘錄』序,『敦煌劫餘錄』, 1931年. 北京圖書館(國家圖書館)(編),『敦煌劫餘錄續編』, 北京圖書館, 1981年. 王重民, 劉銘恕,『敦煌遺書總目索引』, 商務印書館, 1962年. 黃永武,『敦煌遺書最新目錄』, 臺灣新文豐出版公司, 1986年. 王素, 李方合著,『魏晉南北朝敦煌文獻編年』, 臺灣新文豐出版公司, 1997年. 敦煌研究院(編), 施萍婷主撰,『敦煌遺書總目索引新編』, 中華書局, 2000年. 方廣錩,『中國國家圖書館藏敦煌遺書總目錄·新舊編號對照表卷』,   中國人民大學出版社, 2013年. 方廣錩,『中國國家圖書館藏敦煌遺書總目錄·館藏目錄卷』, 中國人民大學出版社, 2016年.

70) 白化文,『我國敦煌漢文文書目錄工作的回顧與前瞻三』,『大學圖書館學報』, 1989年第2期.

71) 劉詩平, 孟憲實,『敦煌百年──個民族的心靈歷程』, 廣東敎育出版社, 2000年.

72) 饒宗頤,『吐魯番出土唐代文獻編年』, 新文豐出版社, 1992年.

73) [英] 翟林奈所(編),『英國博物館藏敦煌漢文寫本注記目錄』, 1957年. 榮新江,『海外敦煌吐魯番文獻知見錄』, 江西人民出版社, 1996年. (蘇)孟列夫,『俄藏敦煌漢文寫卷敍錄』, 上海古籍出版社, 1999年.

요노 겐지(清野謙次)가 수집한 돈황 사경의 행방』 등의 논문이 수록되어 있다.74)

돈황 문헌 외에도, 세계 각 대학 및 도서관에서 편찬한 목록을 통해 한문 종이 필사본 및 인쇄본 자료를 검색할 수 있다. 『바티칸 도서관 소장 한적 목록』은 『바티칸 도서관 소장 한문 필사본 및 인쇄본 서적 간명 목록』과 『바티칸 도서관 소장 한적 목록 보충』을 포함하고 있다.75)

『한국 소장 중국 고적 총목』은 한국의 한적 서목을 수록하고 있다.76)

『미국 소장 중국 고서 선본 서유』는 미국에 소장된 필사본에 대해 자세히 소개했다.77) 또한, 『하버드 옌칭 도서관 소장의 청대 계약 문서』, 『미국 국회 도서관 소장 중국 선본 서록』, 『미국 국회 도서관 소장 중문 선본 서 속록』, 『미국 하버드 대학 하버드 옌칭 도서관 소장 중문 선본 서지』, 『미국 스탠퍼드 대학 도서관 소장 중문 고서 선본 서지』 등이 있다.78).

일본에서 편찬된 한적 목록이 가장 포괄적이고 상세한 정보를 제공한다. 주요 목록으로는 『교토대학 인문과학연구소 한적 분류목록』, 『도쿄대학 동양문화연구소 한적 분류목록』, 『와세다대학 도서관 소장 한적 분류목록』, 『동양문화연구소 소장 중국 토지 문서 목록·해설

---

74) [日] 高田時雄著, 陳捷, 鍾翀, 瞿艷丹等譯, 『近代中國的學術與藏書』, 中華書局, 2018年.
75) [法] 伯希和, [日] 高田時雄(編), 郭可譯, 『梵蒂岡圖書館所藏漢籍目錄』, 中華書局, 2006年.
76) [韓] 全寅初編纂, 『韓國所藏中國古籍總目』, 韓國學古房, 2005年.
77) 沈津, 『美國所藏中國古籍善本述略』, 『中國文化』, 1993年 第8期.
78) [日] 山本英史, 『關於哈佛燕京圖書館所藏的淸代契約文書』, 『東洋學報』 第79卷第1號, 1997年. 王重民輯錄, 袁同禮重校, 『美國國會圖書館藏中國善本書錄』, 廣西師範大學出版社, 2014年. 范邦瑾(編), 『美國國會圖書館藏中文善本書續錄』, 上海古籍出版社, 2011年. 沈津, 『美國哈佛大學哈佛燕京圖書館藏中文善本書志』, 廣西師範大學出版社, 2011年. 馬月華, 『美國斯坦福大學圖書館藏中文古籍善本書志』, 廣西師範大學出版社, 2013年.

』,『일본 현존 한적 고필사본류 소재지 간략 목록』 등이 있다.79)

　『일본 소장 한적 선본 서지 서목 집성 영인본』은 중국 선본 고적이 일본으로 전해진 1천여 년 간의 전반적인 상황을 기본적으로 반영하고 있다.80)

(2) 언어 문자 연구 성과

　자료가 극도로 많고 다양하기 때문에, 각종 필사본 문헌은 연구의 뜨거운 주제로 발전할 수 있다. 언어 문자 연구와 관련하여, 학자들은 자신의 연구 관심에 따라 특정 분야에 깊이 몰두하거나, 학제 간 연구를 진행하여 풍부한 연구 성과를 달성했다.

1. 돈황 문헌 연구 성과

　이는 세 가지 주요 측면으로 요약할 수 있다. 첫째, 문헌의 분류, 편찬 및 교주이다. 가장 중요한 저술로는 다음과 같은 작품들이 있다.

- 『돈황 변문 선주』
- 『왕범지(王梵志) 시 교주』
- 『돈황 계약 문서 집교』
- 『돈황 사회 경제 문헌 진적 해록』
- 『영국 소장 돈황 사회 역사 문헌 해록』

---

79) 京都大學人文科學硏究所, 『京都大學人文科學硏究所漢籍分類目錄』, 同朋舍, 1981年. 東京大學東洋文化硏究所, 『東京大學東洋文化硏究所漢籍分類目錄』, 1973年. 早稻田大學圖書館, 『早稻田大學圖書館所藏漢籍分類目錄』, 1991年. [日] 濱下武志 等(編), 『東洋文化硏究所所藏中國土地文書目錄·解說』(上下), 東京大學東洋文化硏究所附屬東洋文獻中心, 1983年, 1986年. [日] 阿部隆一著, 王曉平譯, 『日本現存漢籍古寫本類所在略目錄』, 『國際中國文學硏究叢刊』 第四集, 上海古籍出版社, 2006年.
80) 賈貴榮輯, 『日本藏漢籍善本書志書目集成(全10冊)影印本』, 北京圖書館, 2003年.

·『절장 돈황 문헌 교록 정리』
·『돈황 경부 문헌 합집』
·『돈황 사본 몽서 십종 교설』
·『돈황 사본 고승 인연기 및 관련 문헌 교주와 연구』
·『돈황 사본 공덕기 집설』
·『돈황 사본류 <응기초(應機抄)> 연구』
·『도교 사본 경장』
·『돈황 사본 의학서적 언어 연구』
·『중국 고대 적장(籍帳) 연구』[81] 등이 있다.

둘째, 문헌의 언어 연구이다. 주요 성과로는 다음과 같은 작품들이 있다.

·『돈황 변문 자의 통석』
·『돈황 계약 문서 언어 연구』
·『돈황 가사 문헌 언어 연구』
·『돈황 사본 <속무요명림(俗務要名林)> 언어 문자 연구』
·『돈황 서역 법제 문서 언어 연구』
·『돈황 언어 문헌 연구』
·『돈황 비경 문헌 의문 자어 고석』
·『돈황 불경 자어 및 교감 연구』

---

81) 項楚, 『敦煌變文選注』, 中華書局, 2019年. 項楚, 『王梵志詩校注』, 上海古籍出版
社, 1991年. 沙知, 『敦煌契約文書輯校』, 江蘇古籍出版社, 1998年. 唐耕耦, 陸宏
基(編), 『敦煌社會經濟文獻眞跡釋錄』, 書目文獻出版社, 1986年. 郝春文(主編), 『
英藏敦煌社會歷史文獻釋錄』, 1卷, 科學出版社, 2001年. 第2至15卷, 社會科學文
獻出版社, 2003－2018年. 黃徵, 張崇依, 『浙藏敦煌文獻校錄整理』, 上海古籍出版
社, 2012年. 張湧泉(主編), 『敦煌經部文獻合集』, 中華書局, 2008年. 王金娥, 『敦
煌寫本蒙書十種校釋』, 中國社會科學出版社, 2020年. 鄭阿財, 『敦煌寫本高僧因緣
記及相關文獻校注與研究』, 四川大學出版社, 2020年. 劉瑤瑤, 『敦煌寫本功德記輯
釋』, 西南交通大學出版社, 2021年. 耿彬, 『敦煌寫本類書<應機抄>研究』, 中國
社會科學出版社, 2021年. 劉志, 『道教寫本經藏』, 社會科學文獻出版社, 2021年.
王亞麗, 『敦煌寫本醫籍語言研究』, 中央民族大學出版社, 2017年. [日] 池田溫著,
龔澤銑譯, 『中國古代籍帳研究』, 中華書局, 2007年.

·『돈황 문헌 명물 연구』
·『돈황 문헌 어휘 고찰』
·『돈황 서의 언어 연구』 등이다.82)

특히 『돈황문헌 언어대사전(敦煌文獻語言大詞典)』은 돈황 문헌 언어 연구의 집대성 작이다.83)

세 번째는 문헌의 문자 연구로, 특히 속자(俗字, 일상에서 사용되는 비표준 한자) 연구 성과가 가장 두드러지며 연구의 뜨거운 주제가 되었다.

셋째, 문헌의 문자에 대한 연구인데, 속자 연구 성과가 가장 두드러지면, 이 방면 연구의 뜨거운 주제가 되었다.

2. 흑수성 문헌의 연구

이와 관련한 성과로는 주로 다음과 같은 것들이 있다.

·『흑수성 출토 한문 의학 문헌 연구』
·『러시아 소장 흑수성 한문 문헌 어휘 연구』
·『흑수성 출토 송대 한문 사회 문헌 어휘 연구』 등이다.84)

---

82) 蔣禮鴻, 『敦煌變文字義通釋』, 上海古籍出版社, 1981年(2016年出最新修訂本). 陳曉强, 『敦煌契約文書語言研究』, 人民出版社, 2012年. 劉傳啓, 『敦煌歌辭文獻語言研究』, 中國社會科學出版社, 2016年. 高天霞, 『敦煌寫本<俗務要名林>語言文字研究』, 中西書局, 2018年. 王啓濤, 『敦煌西域法制文書語言研究』, 人民出版社, 2016年. 黃徵, 『敦煌語言文獻研究』, 浙江大學出版社, 2016年. 趙靜蓮, 『敦煌非經文獻疑難字詞考釋』, 中國社會科學出版社, 2020年. 曾良, 『敦煌佛經字詞與校勘研究』, 廈門大學出版社, 2010年. 杜朝暉, 『敦煌文獻名物研究』, 中華書局, 2011年. 楊小平, 『敦煌文獻詞語考察』, 中國社會科學出版社, 2013年. 張小艶, 『敦煌書儀語言研究』, 商務印書館, 2007年.
83) 張湧泉, 『寫在<敦煌文獻語言大詞典>出版的邊上』, 『中文學術前沿』 第十四輯, 2017年.
84) 於業禮, 張如青, 『黑水城出土漢文醫學文獻研究』, 上海交通大學出版社, 2021年. 蔡永貴, 『俄藏黑水城漢文文獻詞彙研究』, 寧夏人民出版社, 2014年. 邵天松, 『黑水城出土宋代漢文社會文獻詞彙研究』, 中華書局, 2020年.

『러시아 소장 흑수성 한문 문헌 속자 연구』는 책은 부수 분석, 귀납 유추, 사전 증거, 문의(文義) 심사, 이문(異文) 비교 검토 등의 방법을 통해 러시아와 소장된 흑수성 한문 문헌 중의 속자에 대해 전면적이고 체계적인 연구를 진행하였다.[85]

3. 투루판 문헌의 연구 성과
이에는 주로 다음과 같은 작품들이 있다.

- 『투루판 출토 문서 언어 연구』
- 『투루판 출토 문헌 언어 도론』
- 『투루판 출토 문서 신탐』
- 『투루판 출토 문서 어휘 고석』
- 『돈황 투루판 사회 경제 문헌 어휘 연구』
- 『투루판 출토 관부 장부 문서 연구』
- 『돈황 투루판 계약 문서 연구』
- 『투루판 속자 자전』
- 『투루판 출토 문서 자형 전보』 등이다.[86]

4. 명청 시대 민간 문헌 연구 성과
이는 주로 계약 문서에 집중되어 있으며, 주요 연구자로는 흑유강(黑維强), 저소참(儲小㫛), 당지연(唐智燕), 방소곤(方孝坤) 등이 있다. 연

---

85) 蔡永貴,『俄藏黑水城漢文文獻俗字研究』, 寧夏人民出版社, 2016年
86) 陸娟娟,『吐魯番出土文書語言研究』, 浙江工商大學出版社, 2015年. 王啓濤,『吐魯番出土文獻語言導論』, 科學出版社, 2013年. 王啓濤,『吐魯番出土文書詞語考釋』, 巴蜀書社, 2005年. 黑維强,『敦煌吐魯番社會經濟文獻詞彙研究』, 民族出版社, 2010年. 黃樓,『吐魯番出土官府賬簿文書研究』, 社會科學文獻出版社, 2020年. 侯文昌,『敦煌吐魯番契約文書研究』, 法律出版社, 2015年. 趙紅,『吐魯番俗字典』, 上海古籍出版社, 2019年. 張顯成,『吐魯番出土文書字形全譜』, 四川辭書出版社, 2020年.

구 성과로는 다음과 같은 작품들이 있다.

- ·『휘주 문서 속자 연구』
- ·『근대 민간 계약 문서 어휘 연구』
- ·『휘주 문서 희소 속자어 예시 해석』
- ·『송원 이후 계약 문서 속자 연구』
- ·『귀주 계약 문서 어휘 연구』
- ·『송대부터 민국까지 계약 문서 어휘 연구』 등이 있다.[87]

당안(檔案) 자료의 연구는 아직 초기 단계에 있으며, 주요 논문으로
는 다음과 같은 것들이 있다.

「강희조 한문 주피 조절(朱批奏折) 문헌 글자와 어휘 고략」
「명청 시대 문서 속자 연구의 가치」
「청대 수기 문헌의 속자 연구」 등이 있다.[88]

극본에 관한 것으로는 『그림자극 속자 연구(影戲俗字硏究)』 등이 있다.

5. 해외 문헌 연구

이는 국내외 학자들이 해외에 소장된 한문 문헌에 대한 연구를 가리
킨다. 주요 연구 작품으로는 다음과 같은 것들이 있다.

---

87) 黑維强, 『中國古代契約文書詞彙演變的歷時研究』, 待刊. 唐智燕, 『近代民間契約
文書詞彙研究』, 中國社會科學出版社, 2019年. 方孝坤, 『徽州文書俗字研究』, 人
民出版社, 2012年. 劉道勝, 『徽州文書稀俗字詞例釋』, 中國社會科學出版社, 2019
年. 楊小平, 『淸代手寫文獻之俗字硏究』, 北京師範大學出版社, 2020年. 溫振興, 『
影戲俗字硏究』, 三晉出版社, 2012年. 儲小旵, 張麗, 『宋元以來契約文書俗字硏究
』, 人民出版社, 2021年. 盧慶全, 『貴州契約文書詞彙研究』, 中國社會科學出版社,
2020年. 張麗, 儲小旵, 『宋至民國契約文書詞彙研究』, 安徽敎育出版社, 2021年.
88) 許巧雲, 『康熙朝漢文朱批奏折文獻字詞考略』, 『綿陽師範學院學報』, 2013年 第12
期. 李義敏, 『明淸檔案俗字研究價值』, 『勵耘語言學刊』, 2018年 第1期.

· 『일본 소장 홍인본문관(弘仁本文館) 사림 교증』
· 『소흥(紹興) 본초 교주』
· 『일본 고사본 단경 음의 및 한자 연구』
· 『일본 귀환 의적 <제세쇄금방(濟世碎金方)> 속자 고석』
· 『속자의 해외 전파 연구』
· 『일본 나라쿠(寧樂) 미술관 소장 투루판 출토 문서 어휘 해석』
· 『명대 휘주 방씨(方氏) 친우 수차(手箚) 700통 고석』 등이 있다.[89]

　『일본 소장 당대 한자 초본 자형표』(제1권~제9권)는 당대 한자가 전파 과정 중에 자형이 어떻게 변화해 왔는지 그 궤적을 보여준다.[90] 이는 한자 발전사와 전파사 연구에 매우 귀중한 자료를 제공하며, 과학적이고 완전한 한자 발전사 구축에 특히 소중하다.
　『일본 고사본 단경(單經) 의미와 한자 연구』는 일본 승려가 저술한 십 부의 불경 음의(音義) 필사본을 자료로 하여 한자에 대해 보다 포괄적인 연구를 진행하였으며, 이러한 자료는 "당시 사람들의 초본, 당대 사용된 문자의 역사적 모습을 반영할 뿐만 아니라, 당나라에서 일본으로 전해진 후의 변화와 발전을 전달한다."[91]

---

89) 羅國威, 『日藏弘仁本文館詞林校證』, 中華書局, 1999. (南宋)王繼先著, 尙志鈞校, 『紹興本草校注』, 中醫古籍出版社, 2007年. 梁曉虹, 『日本古寫本單經音義與漢字研究』, 中華書局, 2015年. 劉敬林, 『日本回歸醫籍<濟世碎金方>俗字考釋』, 『勵耘語言學刊』, 2017年 第2期. 張穎慧, 『日藏漢籍<香字抄>說解』, 『銅仁學院學報』, 2018年 第1期. 何華珍, 『俗字在域外的傳播研究』, 中國社會科學出版社, 2019年. 陸娟娟, 『<日本寧樂美術館藏吐魯番出土文書>釋詞』, 『西南交通大學學報』, 2010年 第2期. 陳智超, 『明代徽州方氏親友手箚七百通考釋』, 安徽大學出版社, 2011年.
90) 臧克和, 『日藏唐代漢字抄本字形表』(第一至九卷), 華東師範大學出版社, 2017年.
91) 梁曉虹, 『日本古寫本單經意義與漢字研究』, 中華書局, 2015年, 39쪽.

5. 연구의 관련 문제

역대 학자들이 백여 년간의 노력을 통해, 필사본 문헌의 여러 방면에서 연구가 지속적으로 깊어지고 발전하며, 주목할 만한 성과를 이루었지만, 여전히 고려해야 할 몇 가지 문제가 존재한다.

첫째, 각종 문헌의 수량, 종류 및 내용을 기본적으로 정리하고, 그 연구 가치를 발굴했다. 돈황 문헌에서 얻은 성과가 가장 크며, 그 연구 경험과 방법은 다른 문헌에도 적용될 수 있다.

둘째, 돈황 문헌의 연구 성과가 가장 풍부하며, 다른 문헌의 정리 연구는 아직 전반적으로 진행되어야 한다. 이미 대량으로 출판된 계약 문서와 비교할 때, 계약 문서의 교석과 속자 연구 성과는 많지 않으며, 비교적 중요한 전문서적으로는 『중국 역대 계약 취편』, 『토지 계약 문서 교석』, 『송원 이후 계약 문서 속자 연구』 등이 있다.92). 당안 문헌의 속자 연구는 단편적인 논문 발표에 그쳤다.

셋째, 근대 한자 및 한자 발전사 연구를 대폭 강화하고, '근대 한자학'의 정립과 구축을 촉진해야 한다.

당란(唐蘭)은 『중국 고문자학』에서 '근대 문자'라는 개념을 최초로 제시했었다.93).

「근대 한자학에 대한 초보적 제안(近代漢字學芻議)」에서는 한자를 고대, 근대, 현대 세 단계로 구분하는 것이 한자 연구에 유리하다고 제안했다.94) 「근대 한자 연구의 몇 가지 문제」에서는 경험과 성과를

---

92) 張傳璽(主編), 『中國歷代契約粹編』, 北京大學出版, 2014年. 安尊華, 潘志成, 『土地契約文書校釋』(2卷), 貴州民族出版社, 2016年.
93) 唐蘭, 『中國文字學』, 上海古籍出版社, 2001年, 9쪽.
94) 許長安, 『近代漢字學芻議』, 『語文建設』, 1990年 第5 期.

총정리하고 근대 문자학의 이론과 방법 체계를 구축할 필요성을 지적했다.95) 그리고 「근대 한자 연구를 강화하자」에서는 근대 한자 연구의 중요성과 연구 내용을 요약하고 근대 한자 연구를 강화할 것을 촉구했다. 「'근대 한자'에 대한 초보적 제안」과 「'근대 한자학'에 대한 초보적 제안」은 근대 한자의 개념, 분기, 상하한 등의 문제에 대해 구체적인 토론과 분석을 이어갔다.96) 「최근 20년간 근대 한자 연구 종합」은 '간백문자와 비석문자 속의 근대 한자 연구'와 '사권 각본 속의 근대 한자 연구' 두 부류로 나누어 근대 한자 연구의 현황을 매크로적으로 정리했다.97) 하지만 근대 한자학을 학문 체계와 이론 측면에서 구축하는 방안에 대해서는 학계가 더 넓은 시야를 개척하고 발걸음을 빨리해야 할 필요가 있다.

구체적으로, 문자와 단어 관계를 분석하는 논문으로, 「근대 한자의 문자 단어 관계 탐구―'연(嬿)', '곡(鵠)', '원(蚖)' 세 글자를 예로 들어」는 근대 한자의 문자와 단어의 대응 관계를 예시로 들며 주목하고 연구할 가치가 있음을 설명했다.98) 「근대 한자의 특수한 변이에 대해」는 근대 한자에 존재하는 사자 구성의 속성 회의 문자, 이형 부품 대체, 형태가 소리를 따르는 변화, 두 가지 형태의 문자, 이형 중첩 등 다섯 가지 특별한 변이를 예시로 들어 설명했다.99)

넷째, 최근 몇 년 동안, 학자들은 필사본 문헌 연구 경험을 바탕으로, 문헌의 본체 특성에 주목하기 시작했으며, 국제 학계의 '고문서

---

95) 張鴻魁, 『近代漢字硏究的幾個問題』, 『東嶽論叢』, 1994年 第4期.
96) 劉金榮, 『"近代漢字"芻議』, 『浙江社會科學』, 2005年 第4 期. 梁春勝, 『"近代漢字學" 芻議』, 『近代漢字硏究』 第1輯, 2018年
97) 景盛軒, 『二十年來近代漢字硏究綜述』, 『漢語史學報』 第13輯, 2013年.
98) 曾良, 『近代漢字的字詞關系探討－以"嬿""鵠""蚖"三字爲例』, 『安徽大學學報』, 2015年 第4期.
99) 楊寶忠, 『談談近代漢字的特殊變易』, 『中國語文』, 2019年 第5期.

학 연구 방법을 참조하여 '필사본학'이라는 개념을 제안했다.

혁춘문(郝春文)은 돈황 필사본학과 중국 고대 필사본학의 정의, 연구 대상, 분기 및 연구 내용에 대해 심층적으로 논의했다.[100] 복준련(伏俊璉)이 편집한 『필사본학 연구』(제1집)은 '필사본학'을 이름으로 연구한 중국내 최초의 학술 논문집이다.[101] '필사본과 필사본학'은 필사본의 개념, 발전 역사 및 연구 내용을 소개했다.[102] 「중국 고문서학의 역사와 현황」은 '중국 고문서학'이 제안되기 전, 각 시대의 문서(광의의 '문서') 연구가 이미 매우 빛나는 성과를 달성했으며, 간백학, 돈황학, 휘학(徽學) 등 전문 학문을 형성하고, 대량의 문서 조합, 연결, 인식, 명명, 해석, 가품 판별 경험 및 다양한 문서 스타일, 형태, 내용에 대한 연구를 축적했음을 확인했다. 이러한 성과는 모두 '중국 고문서학'의 중요한 구성 부분이며, 중국 고문서학의 정립과 발전의 기반이다.[103] 「투루판 출토 문서 식별 기호 연구」, 「중복문자 기호와 근대 한자의 간소화 변화」, 「러시아 소장 흑수성 문헌 한문 불교 문헌 가제(擬題) 고변」, 「계약 문서의 위조, 위조방지 및 위조변별」, 「명청 계약 문서 위조판별 8가지 방법」 등의 논문은 종이에 쓴 문서의 필사 특성과 가품 판별 측면에서 필사본을 세심하게 조사했다.[104] 도서 역사학자의 연구는 필사본학 연구에도 도움이 된다. 『중국 제지 기술사고』는 돈황 사경의 종이 특성을 연구했다.[105] 『초본의 감정』은

---

100) 郝春文, 『敦煌寫本學與中國古代寫本學』, 『中國高校社會科學』, 2015年 第2期.

101) 伏俊璉, 『寫本學研究(第一輯)』, 商務印書館, 2021年.

102) 伏俊璉, 『寫本和寫本學』, 『古典文學知識』, 2020年 第5期.

103) 黃正建, 『中國古文書學的歷史與現狀』, 『史學理論研究』, 2015年 第3期.

104) 王啓濤, 『吐魯番出土文書標識符號研究』, 『漢語史研究集刊』, 2019年 第2期. 『重文符號與近代漢字的簡省演變載』, 『古漢語研究』, 2021年 第1期. 宗舜, 『俄藏黑水城文獻漢文佛教文獻擬題考辨』, 『敦煌研究』, 2001年 第1期. 馮學偉, 『契約文書的僞造, 防僞與辨僞』, 『法制與社會發展』, 2013年 第2期. 李義敏, 『明淸契約文書辨僞八法』, 『文獻』, 2018年 第2期.

종이, 글씨체, 먹색, 도장 등을 통한 가품 판별 방법을 소개했다.106)

일본과 서방 학자들은 필사본학 연구에 상당한 영향을 미쳤다. 『아시아 역사 사전』은 '고문서학을 고문서의 외형(서식, 서체, 지질 등), 내용, 관련 인물, 완성 과정, 작용 및 효력 등 모든 측면을 연구하는 학문으로 정의하며107), 이는 역사학의 중요한 보조 학문이다. 『위구르문 대차계약서의 서식』은 계약의 형식을 연구했다.108) 『문자의 문화사』는 한자의 다양한 매체를 전문적으로 탐구했는데, 이후 중국어로 번역되어 『문자의 문화사』라는 이름으로 다시 출판했다.109).

『돈황학 도론』은 '필사본 서지학'이라는 명칭을 제시했다.110) 『투루판 출토 한문 불경 필사본의 최초 유형』은 필사본학의 관점에서 한문 불경 필사본 조각의 분류를 진행했다.111) 『중국 고대 필사본 식어(識語) 집록』은 일본에 전해진 고필사본 제목을 수집했다.112) 『돈황 필사본의 물질성 분석』 등의 논문은 필사본의 종이, 먹색, 스타일, 가품 판별 등 물질성을 분석했다.113)

결론적으로, 필사본 문헌 연구는 돈황 필사본에서 다른 필사본으로 확장되었으며, 문자의 형태에서 문자의 매체로 연구가 새로운 영역으로 진입했다.

---

105) 潘吉星, 『中國造紙技術史稿』, 文物出版社, 1979年.
106) 沈津, 『抄本的鑒定』, 『天一閣文叢十五輯』, 2017年.
107) [日] 藤枝晃, 『亞洲歷史事典』, 平凡社, 1959年.
108) [日] 山田信夫, 『ウイグル文貸借契約書の書式』, 1965年.
109) [日] 藤枝晃, 『文字の文化史』, 岩波書店, 1971年. [日] 藤枝晃著, 李運博譯, 『文字的文化史』, 新星出版社, 2005年.
110) [日] 藤枝晃, 『敦煌學導論』, 南開大學歷史系(油印本), 1981年.
111) [日] 藤枝晃撰, 劉禪譯, 『吐魯番出土漢文佛經寫本的最早類型』, 『吐魯番學研究』, 2018年 第1期.
112) [日] 池田溫, 『中國古代寫本識語集錄』, 日本大藏出版社, 1990年.
113) [法] 戴仁, 『敦煌寫本的物質性分析』, 『漢學研究』, 1986年 第2期.

6. 연구의 뜨거운 주제

문헌의 특성으로 볼 때, 필사본은 갑골문, 청동명문, 간백문자, 도문, 화폐문자, 인장 문자, 석각 문자 등과 비교했을 때, 가장 두드러진 특징은 역사가 오래되고, 종류가 다양하며, 양이 풍부하다는 것이다. 특히 송원 이후의 필사본은 더욱 방대하다. 현재 필사본의 연구 뜨거운 주제는 주로 다음 세 가지 측면에서 나타난다.

첫째, 다양한 종류의 종이에 쓴 문헌을 계속해서 정리하고 출판하여, 전례 없는 번영의 광경을 나타낸다. 출판 형식은 다양하며, 그림판, 수록 본본, 그림-문자 대조본, 주석본 등이 있다. 게다가 사진, 컬러 인쇄, 이미지 인식 등 기술의 향상으로 그림판의 해상도가 점점 더 높아져 문헌의 원래 모습을 더욱 실제적으로 보여준다. 미래의 문헌 연구 뜨거운 주제는 주로 명청 시대의 관청 기록 문헌과 민간 문헌에 집중될 것이다.

둘째, 각종 문헌 연구는 주로 문자 형태에 집중되며, 특히 돈황 문헌을 둘러싼 연구는 백 년 동안 지속되어 왔으며, 그 중에서도 속자 연구가 가장 뜨거운 주제이자 중점이다. 「중국 속문자학 연구 도론」114)은 속문자학의 연구 방향을 명확히 했다. 『돈황 속자보』는 문자 형태의 차이 관점에서 필사본 특성을 보여주는 최초의 도구서이다.115) 『속자 속의 학문』은 입문서로서 속자 연구에 대한 소개이다.116) 『돈황 속자사전』은 뒤이어 더 정교해졌으며117), 이미지의 문

---

114) 蔣禮鴻, 『中國俗文字學硏究導言』, 『杭州大學學報』, 1959年 第3期.
115) 潘重規(主編), 『敦煌俗字譜』, 石門圖書公司, 1978年.
116) 張湧泉, 『俗字裏的學問』, 語文出版社, 2002年.
117) 黃徵, 『敦煌俗字典』(修訂版), 上海敎育出版社, 2019年.

자 형태와 논증이 더욱 정확해졌다.『돈황 한문 필권 속자 및 그 현
상』은 돈황 한문 필권에서 나타나는 속자의 발전과 구성 유형 등 관
련 문제를 탐구했다.118)『한어 속자 연구』,『한어 속자 총고』,『돈황
속자 연구』,『돈황 필사본 속자의 방법 시론』,『새로운 시각에서 본
한자, 속자학』,『속자 및 고서 문자 통례 연구』,『돈황 경부 문헌 필
사본 교감 및 문자 변화』등119)은 정의, 이론, 방법, 고증, 가치 등 다
양한 측면에서 돈황 문헌의 속자 현상을 전반적으로 체계적으로 연
구했다.

결론적으로, 돈황 문헌 속자의 정리와 연구 성과는 매우 풍부하며,
연구 방법과 이론이 점차 성숙해지고 있다 하겠다.

셋째, 돈황 필사본학의 정의, 연구 내용, 연구 방법에 대한 토론.

모든 종이로 쓰인 문자 자료는 동시에 '물질'성과 '문헌'성을 가지고
있으며, 학자들은 문헌학적 관점에서 그 문자 내용에 중점을 두고 '물
질'성을 종종 간과한다. 사실, 돈황 문헌 연구 초기에 연구자들은 이
미 그 '물질'성에 주목했다. 예를 들어 진인각(陳寅恪)은『돈황 약탈 여
록』의 서문에서 문화재로서의 두루마리에 대해 표시했었다.120)『중국
서적 제도 변천 연구』는 문서의 재질과 형태 변화를 탐구했고121), 왕
국유의『간독 검서고』는 간두 실물의 형태에 대해 연구했다.122)

---

118) 蔡忠霖,『敦煌漢文寫卷俗字及其現象』, 臺灣文津出版社, 2002年.
119) 張湧泉,『試論審辨敦煌寫本俗字的方法』, 載『敦煌研究』, 1994年 第4期. 張湧泉,『
漢語俗字研究』(增訂本), 商務印書館, 2010年. 張湧泉,『敦煌俗字研究』, 上海敎育出
版社, 1996年. 張湧泉,『漢語俗字叢考』(修訂本), 中華書局, 2020年. 陳五雲,『從新
視覺看漢字, 俗文字學』, 河南人民出版社, 2000年. 曾良,『俗字及古籍文字通例研究
』, 百花洲文藝出版社, 2006年. 許建平,『敦煌經部文獻寫本校勘與文字演變』,『文史
』, 2019年 第4輯.
120) 陳垣,『敦煌劫餘錄』,『中央研究院歷史語言研究所專刊』, 1931年 第4期.
121) 馬衡,『中國金石學槪論』, 時代文藝出版社, 2019年, 249쪽.
122) 王國維著, 胡平生, 馬月華譯,『簡牘檢署考校注』, 上海古籍出版社, 2004年.

19세기 말부터 문서학, 필사본학 등의 개념이 제시된 후, 연구는 종이로 쓰인 문자 문헌의 '물질' 형태에 초점을 맞추기 시작했다. 『돈황 문서학』은 돈황 문서의 사권 형태, 외관, 종류, 필사자 신분, 종이 등 문서의 특성에 대해 논의했고[123], 『돈황 투루판 문서 해석 지침』은 돈황 문서의 형태, 필사, 혼란, 장식, 필사 기호, 제목, 문서의 분할 등 외부 특성에 대한 기능 분석과 사례 토론을 진행했다.[124] 『돈황학 18강』은 돈황 종이와 형식, 글씨체와 연대, 사본의 앞뒷면 관계 등을 논의하며 '돈황 필사본학'의 개념을 제시했다.[125]

『돈황 속자와 필사본학의 관계에 대하여』는 '필사본학'의 정립이 깊은 의미를 가진다고 지적했다.[126] 이 글에서는 '필사본학'의 연구 대상을 "3세기부터 10세기에 이르는 주로 종이 두루마리로 된 사본"으로 명확히 하고, 돈황 사본에 나타난 속자와 사본 시대 사이의 관계를 논증하며, 필사본학의 정립이 깊은 의미를 가진다고 주장했다.

『돈황 사본 문헌학』은 돈황 사본의 언어 특성과 서술 양식을 종합적으로 요약 정리했으며[127], 중세 시대 사본 문헌 인식과 연구의 기본 경로를 제시했다. 이는 사본 문헌학 이론 체계 구축의 중요한 기초이다.[128]

이외에도 사본 문헌의 텍스트 특성에 대해 논의한 많은 전문 저술이 있다. 예컨대, 『돈황 문헌 정리 입문』은 돈황 문헌 정리에 관한 논문 스무 편을 모았다.[129] 이는 정명론(定名論), 철합론(綴合論), 단대론

---

123) 林聰明, 『敦煌文書學』, 新文豐出版公司, 1991年.
124) 林聰明, 『敦煌吐魯番文書解詁指例』, 新文豐出版公司, 1991年.
125) 榮新江, 『敦煌學十八講』, 北京大學出版社, 2001年.
126) 鄭阿財, 「論敦煌俗字與寫本學之關系」, 『敦煌研究』, 2006年 第6期.
127) 張湧泉, 『敦煌寫本文獻學』, 甘肅教育出版社, 2013年.
128) 伏俊璉, 鄭驍, 「構建寫本文獻學理論體系的重要基石—讀張湧泉教授＜敦煌寫本文獻學＞」, 『浙江社會科學』, 2014年 第11期.

(斷代論), 초례론(抄例論), 교독론(校讀論) 등 다섯 가지 측면에서 돈황 수기 문헌의 정리와 연구에 대해 체계적인 이론 지침과 구체적인 교독 예시를 제공했다.130)

또『돈황 문학 사본 연구』는 사본의 전체적인 관찰을 강조하며, 사본의 앞면과 뒷면에 필사된 모든 내용뿐만 아니라 잡기, 도화 등과 사본의 크기, 장정 형식, 보존 상태, 행간 형식 등을 포함했다. 또한 『돈황 시집 잔권집고』, 『고대 사본 고을호 연구』, 『돈황 한문 문헌(불경 외 부분) 잔권 및 연결 연구』, 『<진부음(秦婦吟)> 돈황 사본 신탐 —문본 개관 및 분석』, 『돈황 유서 중 사본의 특이성—필사본학 잡기』, 『돈황 유서 중의 경란—필사본학 잡기』, 『주봉옥 돈황 속문학 및 속문화 연구』, 『돈황 유서 중의 장정 형식과 서사 연구 중의 장정 형식』, 『돈황 변문 사본의 연구』 등131), 이러한 논문들은 필사본학의 내용 연구를 더욱 심화시키고 세분화했다. 이는 돈황 필사본학 연구를 다른 필사본학 연구로 확장하는 데 기여했다.

7. 필사본 연구의 미래전망

21세기에 들어서면서, 학계는 필사본 문헌이라는 보물창고의 활용

129) 張湧泉, 『敦煌文獻整理導論』, 浙江大學出版社, 2016年.

130) 伏俊璉, 『敦煌文學寫本研究』, 上海古籍出版社, 2021年.

131) 徐俊, 『敦煌詩集殘卷輯考』, 中華書局, 2000年. 張湧泉, 『古代寫本鉤乙號研究』, 『浙江社會科學』, 2011年 第5期. 劉郝霞, 『敦煌漢文文獻(佛經以外部分)殘斷與綴合研究』, 四川大學出版社, 2020年. 田衛衛, 『<秦婦吟>敦煌寫本新探—文本概觀與分析』, 『敦煌研究』, 2015年 第5期. 方廣錩, 『敦煌遺書中寫本的特異性—寫本學箚記』, 『敦煌吐魯番研究』, 2015年 第1期. 方廣錩, 『敦煌遺書中的界欄—寫本學箚記』, 『圖書館雜志』, 2021年 第8期. 朱鳳玉, 『朱鳳玉敦煌俗文學與俗文化研究』, 上海古籍出版社, 2011年. 李致忠, 『敦煌遺書中的裝幀形式與書史研究中的裝幀形制』, 『文獻』, 2004年 第2期. [日] 荒見泰史, 『敦煌變文寫本的研究』, 中華書局, 2010年.

이 막 시작되었다. 미래의 연구는 번영의 시대로 진입할 것이며, 새로운 학문적 성장 지점이 될 것이며, 매우 광활한 미래를 갖고 있다.

첫째, 필사본 문헌의 정리 및 출판은 여전히 중요한 기초 작업이다. 이미 출판된 문헌 연구는 더욱 전면적이고, 심도 깊고, 세밀해질 것이다. 새로 발견된 문헌은 계속해서 대중에게 출판되며, 새로운 연구 자료가 될 것이다.

둘째, 필사본 문헌을 중심으로 한 문자 연구는 막 시작되었으며 계속해서 번성할 것이다. 대량의 필사본 문헌은 한자 연구의 기반을 더욱 공고히 할 것이다. 특정 문헌의 한자 연구, 근대 한자의 단계 연구, 한자 통사 연구, 한자학 연구 등 주제는 필사본 문헌과 다른 문헌의 비교 연구에서 발전할 것이다.

셋째, 필사본 문헌의 문헌 가치와 실물 가치는 모두 귀중하다. 연구의 전면적인 심화는 새로운 연구 분야를 개척하고, 새 학문 '필사본 텍스트학'의 탄생과 발전을 촉진할 것이다. 필사본학 연구 대상은 문헌의 내용과 문자뿐만 아니라, 필사본 자체의 종이 색상, 종이 질, 종이 길이, 먹색, 글씨체, 칸과 틀(欄框), 제목, 서문과 결문, 비평, 인장, 소장 인장, 장정, 진위 판별 등을 포함한다. 필사본학 연구가 '깊이 있게 진행'되어, 판본학에서 분리되어 독립된 학문이 되기를 기대한다.132)

넷째, '종이에 쓴 문헌 디지털화'라는 교차 학문을 정립한다. 이미지 인식, 빅데이터 기술 등 과학 기술 수단의 지원 아래, 필사본의 빠른 인식, 입력, 출력의 어려움을 해결하고, 연대별, 지역별, 분류별로 문헌 목록을 작성하며, 가능한 한 자세히 필사본 문헌 정보를 표기하

---

132) 張春海, 强慧婷, 『推動寫本學硏究走向縱深』, 『中國社會科學報』, 2018年7月23日.
　　張湧泉, 『敦煌寫本文獻學』, 甘肅敎育出版社, 2013年.

여 데이터베이스를 구축하고 완성하는 등의 작업을 통해, 필사본 문헌과 디지털화가 교차하는 새로운 학문을 창출한다.

결론적으로, 돈황학, 투루판학, 흑수성학, 휘학 등 다양한 필사본 문헌을 둘러싼 연구 뜨거운 주제가 이미 형성되었다. 이를 확장하면, 새로운 종이에 쓴 문헌도 새로운 연구 분야를 개척할 것이며, '절학(浙學)', '진학(晉學)' 등 '지명+학'의 새로운 연구 시리즈를 통해 새 시대 전국 각지의 문화 사업이 번성하고 발전할 것이다.

대표 저자
장극화(臧克和)
중국 화동사범대학교 중문과 종신교수, 박사지도 교수, 화동사범대학교 중국문자연구와응용센터(중국교육부 인문사회과학 중점연구기지) 주임, 중국국가어문위원회 한자위원회 부주임과 중국교육부 학풍건설위원회 위원, 미국 아이오와 대학교 명예교수, 독일 본 대학교 객원교수를 맡고 있다. 중국국가중점과제, 교육부 중점과제 다수를 수행했으며, 『실용설문해자』, 『중국문자학발전사』, 『중고한자유변(中古漢字流變)』, 『간백(簡帛)과 학술』, 『독자록(讀字錄)』 등 다양한 저술이 있다.

역자
하영삼(河永三)
경성대학교 중국학과 교수, 한국한자연구소 소장, 인문한국플러스(HK+)사업단 단장, 세계한자학회(WACCS) 상임이사. 부산대 중문과 학사, 대만 정치대 중국과 석사, 박사. 한자어원과 한자에 반영된 문화성을 연구하고 있으며, 〈한자와 에크리튀르〉, 〈한자어원사전〉, 〈키워드 한자〉, 〈100개 한자로 읽는 중국문화〉, 〈한자의 세계〉 등의 저서와 〈완역설문해자〉(5책), 〈허신과 설문해자〉, 〈갑골학 일백 년〉(5책), 〈한어문자학사〉 등의 역서가 있다.

김화영(金和英)
경성대학교 중국학과 조교수, 부산대학교 중문과 박사.
한자어원 연구와 교육에 종사하고 있으며, 〈그림책 한자〉의 저서와 〈유래를 품은 한자〉, 〈갑골문고급사전〉, 〈삼차원한자학〉, 〈한국한문자전의 세계〉 등 여러 역서가 있다.

중국문자학 핸드북 (상)

초판 1쇄 인쇄 2024년 11월 30일
초판 1쇄 발행 2024년 11월 30일

저자 장극화(臧克和) 외
옮긴이 하영삼(河永三)·김화영(金和英)
펴낸이 정혜정
펴낸곳 도서출판 3
표지디자인 배소연
편집 및 교열 김형준

출판등록 2013년 7월 4일 (제2020-000015호)
주소 부산광역시 금정구 중앙대로 1929번길 48
전화 070-7737-6738
팩스 051-751-6738
전자우편 3publication@gmail.com

ISBN: 979-11-87746-77-5 (94720)
        979-11-87746-76-8 (세트)

중국문자학 핸드북

(하)

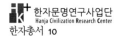

한자문명연구사업단
Hanja Civilization Research Center
한자총서 10

원저: 『中國文字學手冊』
저자: 장극화(臧克和) 등
출판사: 중국 화동사범대학출판사, 2023.

This work was supported by the Ministry of Education of the Republic of Korea and the
National Research Foundation of Korea (NRF-2018S1A6A3A02043693)
中國教育部人文社會科學重點研究基地重大項目"全能型出土實物文字智能圖像識別研究"(項目批准
號：22JJD740034)
中國教育部人文社會科學重點研究基地重大項目"全息型出土實物文字釋讀網絡查詢平台建設"(項目批
准號：22JJD740023)

한자문명연구사업단
Hanja Civilization Research Center

한국한자연구소 한자총서 10

중국문자학
핸드북

Handbook of Chinese Character Studies

장극화(臧克和) 외 지음
하영삼(河永三), 김화영(金和英) 옮김

도서출판 3
3 publication

한국어 번역에 붙여

1.

　『중국문자학 핸드북』은 한국 독자들에게 처음 소개되는 획기적인 중국문자학 분야의 종합 안내서입니다. 중국문자학의 권위자 화동사범대학의 장극화(臧克和) 교수를 필두로 한 한국, 중국, 일본의 23명의 최고 전문가들이 집필에 참여하여, 중국문자의 역사와 현재를 총망라한 이 책은 기존의 어떤 저작과도 비교할 수 없는 독보적인 위치를 차지합니다.

　'핸드북(handbook)'은 특정 학문의 핵심 지식을 압축적으로 담은 참고서를 의미합니다. 그래서 이 책은 '중국문자학'을 이해하고 연구하기 위해 반드시 '손에 지니고 다녀야 하는 책'임을 선언합니다. 이 때문에 더없이 광범위한 '중국문자'의 영역을 체계적으로 정리하고 최신 연구 성과를 반영하여 학문적 깊이와 실용성을 동시에 추구하고 있습니다. 체계적 구성과 압축적 정보 제공을 통해 독자들은 필요한 지식을 효율적으로 습득할 수 있으며, 이는 연구자들의 심도 있는 탐구와 학생들의 체계적 학습을 동시에 지원할 것입니다. 물론 여기서 말하는 '중국문자'는 '중국에 존재하는 문자'를 지칭하는 광범위한 개념으로, 현재는 물론 역사적으로 존재했던 주요 문자들, 그리고 '한자'를 기반으로 만들어진 소수 민족의 문자들까지 포함합니다.

2.

이 책이 갖는 가장 큰 차별성은 학술적 깊이와 광범위한 포괄성의 완벽한 균형에 있습니다. 상고시대 갑골문자부터 현대 한자, 다양한 소수민족 문자, 그리고 한자문화권 국가들의 한자 사용까지 아우르며, 동시에 최신 연구 성과를 집대성했습니다. 이는 기존의 어떤 중국 문자학 서적도 이루지 못한 성과입니다.

특히 눈여겨보아야 할 부분은 지금까지 이루어진 관련 연구 성과의 개괄은 물론 상세한 참고자료를 구체적으로 제공한다는 점입니다. 중국문자학의 역사적 발전과정을 추적하면서 동시에 최신 연구 동향을 포괄적으로 다루고 있으며, 각 장에는 풍부한 연구 문헌 목록을 제공하여 독자들이 특정 주제에 대해 더 깊이 탐구할 수 있도록 했습니다. 이러한 구성은 초보자부터 전문 연구자까지 모든 수준의 독자들에게 유용한 자료로 활용될 수 있게 할 것입니다. 따라서 『중국문자학 핸드북』은 단순한 참고서를 넘어 이 분야의 표준을 제시하고 학문적 발전을 선도하는 핵심 자료로서의 역할을 수행할 것이리 확신합니다.

3.

이 책은 총 6장으로 구성되어 있으며, 각 장의 내용은 다음과 같습니다.

1. 서론: 중국 문자의 기원과 유형을 심도 있게 다루고 있습니다.
2. 한자의 이론: 한자의 본질, 구조, 간화 과정, 현대 한자의 특징을 상세히 설명하며, 이와 관련된 깊은 학술적인 이론이 포함되어 있습니다.
3. 역사 속의 한자: 갑골문, 금문, 간백(簡帛), 석각문자, 소전, 예서, 해서, 간화자 등 역사적 한자의 변천을 추적합니다.

4. 한자의 응용: 컴퓨터 기술, 서예, 교육, 문화와의 관계, 인공지능
   (AI) 등 현대적 응용을 탐구합니다.
5. 중국의 민족 문자: 서하 문자, 거란 문자, 여진 문자, 납서(納西)
   족 문자, 수(水)족 문자, 이(彝)족 문자 등 다양한 소수민족 문자
   를 소개합니다.
6. 한자문화권: 일본과 한국의 한자 사용 현황과 미래를 분석합니다.

이러한 구성을 통해 독자들은 중국 문자학의 전모를 파악할 수 있으
며, 이는 다른 어떤 책에서도 찾아볼 수 없는 이 책만의 강점이라 하겠
습니다.

더불어 이 책은 학술서임에도 불구하고 일반 독자들도 쉽게 접근
할 수 있도록 구성되어 있어, 전문가부터 중국 문화에 관심 있는 일
반인까지 폭넓은 독자층을 만족시킬 수 있을 것입니다.

4.
『중국문자학 핸드북』의 한국어 번역은 의미 깊은 배경을 가지고
있습니다. 이 번역 프로젝트는 한국한자연구소와 중국 화동사범대학
중국문자연구와응용센터 간의 오랜 협력 관계의 결실이자, 세계한자
학회(WACCS) 제10회 연례회의를 기념하기 위해 기획되었습니다.

세계한자학회는 2012년 한국 제주도에서 출발하여, 2013년 중국 상
해에서 제1회 학술대회가 개최되었으며, 이후 매년 일본, 베트남, 한국,
중국, 독일 등 다른 국가를 순회하며 개최되어 왔습니다. 2024년 10월
17일부터 화동사범대학에서 열리는 제10회 학술대회는 학회의 발전과
지속성을 보여주는 중요한 이정표입니다. 특히 코로나19 팬데믹 상황
에서도 학회가 꾸준히 유지되어 온 것은 큰 의미가 있다 하겠습니다.

특히, 이 책의 저자들 중 유지기, 동련지, 연등강, 당균, 주보화, 하

쟁, 장덕소, 주건군, 요미령, 장춘봉, 도하파 교수는 물론 일본의 사사하라, 한국의 이규갑 교수 등 거의 대다수가 세계한자학회 회원이며, 한국한자연구소와 긴밀한 협력 관계를 유지해 온 학자들입니다. 이는 이 번역서의 학술적 가치와 신뢰성을 더욱 높여줄 것이라 확신하며, 그간의 역사를 회상하고 기억할 수 있는 정겨운 이름들이기에 더욱 의미가 있다 생각합니다.

5.

번역은 제가 상권을, 중국학과의 김화영 교수가 하권을 맡아 진행했습니다. 이 자리를 빌려 장극화 회장님의 한국어 번역 허락과 김화영 교수의 노고에 깊은 감사를 표합니다.

영국의 저명 출판사 SAGE사가 기획하고 중국국가출판기금의 지원을 받아 출간된 이 책이 중국 문자학의 세계적 표준으로 자리 잡기를 희망합니다. 또한 다양한 언어로 번역되어, 중국 문자의 깊이 있는 세계를 탐구하고자 하는 모든 이에게 지적 즐거움을 선사하길 기대합니다.

2024년 10월 9일
도고재(度古齋)에서 하영삼 씁니다

특별한 인연의 큰 씨앗, 지혜의 재탄생

― 한국한자연구소의 번역 출간에 부쳐 ―

생성형 대규모 언어 모델의 언어 상호작용이 지속적으로 발전하면서, 각계 사용자들에게 편리함과 놀라움을 안겨주고 있습니다. 이와 동시에 전문가들 사이에서 여러 논의가 이어지고 있습니다. 이러한 논의 중 일부는 인간 번역과 비교했을 때, 기계의 언어 상호작용이 언어의 문화적 층위에 도달하지 못하여 '재창작'이라는 번역 가공 과정을 완성하기 어렵다는 점에 집중되어 있습니다. 심지어 일부 논문에서는 언어가 사고와 완전히 동일한 관계를 가지는지에 대한 고찰까지 이어지고 있습니다.

유성 언어와 비교하여, 역사적 한자는 '이차원 코드'로서 '문화적 거울'이라는 심층적 인지 구조를 지니고 있으며, 정보의 '수용―전달'의 주요 경로인 '시각적 사고'와 밀접한 관련성을 가집니다. 다른 문자 체계와 비교해볼 때, 이러한 연관성이 수천 년간 단절 없이 지속되어 왔다는 점은, 아마도 유전자 차원에서 문자 사용자 사회 집단의 인지 방식에 깊은 영향을 미치고 영구적인 흔적을 남겼을 가능성을 배제할 수 없습니다.

이러한 피상적이고 모호한 인식에 집착하면서, 지난 1980~1990년대부터 지금까지 간헐적으로 저술해 온 『설문해자(說文解字)의 문화해설』 등 몇 권의 소책자들은 대부분 역사 한자의 문화개념에 대한 '지식 수집'에 해당한다 하겠습니다. 최근 필자는 그간 산발적으로 발표한 논문과 출판된 문집들을 모아 『독자록(讀字錄)』을 출판하기도 했습니다. 순간의 흥취에 따라, 또 감흥을 따라 글을 쓰는 과정이었지만 뿌리 깊은 생각이 하나 있었습니다. 그것은 바로 이 정미한 분야가 급변하는 사회 속에서는 언제나 이른바 '냉대 받는 업(業)'에 속한다는 것이었습니다. 그래서 한가하고 관심을 가진 독자가 몇 없을 것이라 생각하여, 독자를 위한 배려를 진정으로 고민한 적도 거의 없었습니다. 이러한 이유로 이 책을 지금 제가 다시 읽어보아도 매우 생경하고 읽기 어렵게 느껴집니다.

최근, 한국한자연구소의 하영삼 소장께서 무더위를 무릅쓰고 화동사범대학까지 직접 방문하여 올 가을 상해에서 개최될 세계한자학회 제10회 연례회의의 준비 상황을 점검하고 지도해 주셨습니다. 이 기회를 빌려 저와 직접 만나 이 책의 번역 관련 문제도 논의하고 검증하는 시간을 가졌는데, 이를 통해서 많은 깨달음을 얻었습니다. 이 과정에서 저는 하 교수님께서 연구소의 관련 교수님들과 함께 이해하기 어려운 저의 옛 저작들의 난해한 중국어 텍스트를 우아한 한국어 텍스트로 '생성' 변환하는 작업을 거의 완료하였다는 소식을 듣게 되었습니다. 앞서 언급한 이유들까지 생각하니, 경외감과 동시에 불교에서 말하는 '죄책감' 같은 감정이 갑자기 일어났습니다.

하영삼 선생님은 수십 년을 한결 같이 헌신하시며 현대 학계에 뚜렷한 공헌을 하신 저명한 언어학자이자 문자학 연구자이며 번역가입니다. 동서양 고전 언어학 이론의 전파와 번역에서부터 중국 역사 한자에 관한 수많은 저작의 전문적 연구에 이르기까지, 각 분야에서 뛰어난 성과를 이루었습니다. 여기서 한 가지 예를 들자면, 중국 최초의 자전인『설문해자』는 과학적인 편찬 체계와 복잡한 구조를 지녀 문사 전공 학자들의 필수 참고서가 되었습니다. 하지만 중국 대륙에서조차 아직 현대 중국어로 완전히 번역된 '금역본'이 없을 정도로, 이 번역 작업이 얼마나 방대하고 어려운지를 짐작할 수 있습니다.『설문해자』의 세계 최초 완역본인 한국어 '번역본'이 바로 하 선생님의 10년간의 노고를 담아 출판되었습니다. 웅장하고 아름다운 대작이며, 10년의 고된 노력이 비범했음을 보여줍니다.

또 작년 말에 저희들이 협업하여 출간한『중국문자학 핸드북』도 하 선생님의 한국한자연구소에서 이미 번역을 완성했다고 했습니다. 이는 제가 아는 한 세계 중국학계의 주요 언어 중 가장 빠른 최초의 번역본입니다.

현재 예측 가능한 지금의 시대에서도, 대규모 언어 모델은 금석학 도상과 같은 역사적 한자의 상호작용 요구에 아직 대응하지 못하고 있습니다. 하 선생님과 그가 이끄는 팀의 동료들은 오랜 시간의 정진과 창작을 통해 마침내 돌을 금으로 바꾸는 기적을 이루어내었습니다. 쌓여있던 것을 연기처럼 사라지게 하고, 굳어있던 것을 흐르게 만들었으며, 낡은 것을 신비로운 것으로 바꾸어, 진정한 연금술의 도가니를 만들어냈습니다.

학술적 전통에서 역사적 한자는 줄곧 동아시아 지역에서 '사료'로서 인식되고 활용되어 왔습니다. 동아시아 지역의 역사적 한자 기록 메모리 데이터베이스는 문자 발전사, 언어사 및 새로운 사료학의 기초 플랫폼일 뿐만 아니라, 인류 세계의 인지 발전을 발굴하고 지혜 전승의 법칙을 밝히며 '디지털 에너지'를 부여하는 데 기여합니다.

바로 이런 의미에서 하 교수님이 오랫동안 천착해 오신 한자학 사업은 진정으로 저와 특별한 인연과 의미가 있다 하겠습니다.

장극화(臧克和)
갑진년 초여름에
상해 화동사범대학 중국문자연구와응용센터에서

하 권

상 권

제4장

한자의 활용

제4장 한자의 활용

제1절 한자와 컴퓨터 기술

1. 한자와 컴퓨터 기술의 정의

'한자와 컴퓨터 기술'이란, 컴퓨터 기술을 활용하여 한자를 처리하고 이를 통해 한자 연구를 촉진하는 연구를 말한다. 그 구체적인 내용은 코드집의 개발, 문자 검색 시스템(즉 입력 방식)의 개발, 문헌 데이터베이스 개발, 인공지능을 이용한 한자 처리 및 디지털 기술 기반의 한자 연구 등을 포함한다.

상술한 범주의 내포와 외연에 대한 서술과 관련하여, 다음 두 가지 측면에 대한 설명이 필요하다.

첫째, 컴퓨터 기술은 본질적으로 문자 처리의 과학기술 혁명이다. 따라서 그 기술을 연구하고 개발하는 모든 과정은 문자 처리와 관련될 수 있다. 잘 알려진 바와 같이, 컴퓨터 기술 자체는 매우 복잡한 시스템이다. 이를 구분 없이, 선별과정 없이 모든 측면을 세세하게 서술하는 것은 지면의 제약으로 인해 어려울 뿐만 아니라, 하드웨어

개발이나 소프트웨어 개발 등과 같은 지나치게 전문적인 기술은 한자 연구와는 거리가 매우 멀다. 본서의 관점에서 볼 때 이러한 측면들에 주목할 필요성이 부족하므로, 이를 생략하는 것이 합리적인 선택이다.

둘째, 한자는 3,000년 이상의 역사를 지니고 있으며, 각 역사적 단계의 한자들은 특정한 문화 전승의 가치를 지니고 있어 모두 컴퓨터 처리의 대상이 된다. 그러나 컴퓨터 문자 처리에 있어서, 서로 다른 시대의 다양한 유형의 한자들은 매우 상이한 요구 사항이 필요하다. 구체적으로 말하자면, 시대가 앞설수록 한자의 디지털 처리 난이도는 증가한다. 또한, 전승 문헌에 사용된 글자에 비해 출토 문헌에 사용된 글자의 컴퓨터 처리는 더 높은 사항이 요구된다. 따라서, 상술한 범주를 바탕으로 한, 이후의 구체적인 논의내용은 처리 난이도가 더 높은 초기 시대의 출토 문자의 컴퓨터 처리에 더 많이 편중될 것이다. 이는 '한자와 컴퓨터 기술' 분야의 객관적 상황에 의해 결정된 것으로, 우리가 고대만을 중시하고 현대를 경시한다는 것을 의미하지는 않는다.

2. 연구의 역사

(1) 코드집의 연구개발

한자의 코드집 연구는 구체적인 연구개발 작업과 이론적 탐구 두 가지 측면으로 구분할 수 있다. 전자는 다시 국제 표준 한자 코드집의 연구 개발과 비국제 표준 차원의 코드집 연구개발 두 가지 측면으로 나눌 수 있다. 이에 대해 다음과 같이 상세히 서술하고자 한다.

1. 국제 표준 한자 코드집의 연구개발

코드집은 본질적으로 국제통일표준에 따라 연구 개발되어야 하며, 한자도 예외는 아니다. 1970년대 ANSI(미국 국립 표준 협회)가 ASCII를 제정하고 ISO2022『문자 부호화 구조와 확장 기술』을 발표한 이래, 사실상 전 세계 다양한 문자의 부호화 코드집의 통일 표준이 실현되었다.

1980년 중국이 발표한 GB2312는 바로 이 표준 체계에서 한자의 부호화를 실시한 것이다. 이후 몇 년간 범용 코드집(UCS) 부호화 표준의 제정은 컴퓨터 코드집의 국제 부호화 표준으로, 다양한 기술적 문제들을 더욱 명확히 해결하였다. 이는 다국어 응용 환경을 지향하며, 하나의 부호화 코드집으로 세계의 주요 문자들을 포괄하고 있다.

UCS는 유니코드(Unicode, 다국어 소프트웨어 제조업체들이 구성한 유니코드 컨소시엄)와 ISO(국제 표준화 기구)/IEC(국제 전기 기술 위원회)/SC2(공동 기술 위원회 제2분과 위원회)/WG2(작업 그룹) 두 국제기구가 협력하여 표준화를 추진함으로써, 이 컴퓨터 코드집의 국제 표준이 절대적인 권위를 획득하게 되었다.

이 체계 내에서 중국은 표의문자 작업 그룹(IRG)의 주요 구성원으로서 CJK『중일한 통일 표의문자』의 제정을 주도했다. 또한, 이 국제 표준을 기반으로 강제성 국가 표준 GB18030『정보기술 한어 부호화 코드집』을 제정하여 한자와 중국의 다양한 소수 민족 문자에 대한 부호화를 실시했다.

2006년까지 ISO/IEC10646-2003에 부호화된 한자는 총 70,195자이다. 이는 CJK 핵심 부분 20,902자, CJK 확장 A집 6,582자, CJK 확장

B집 42,711자를 포함한다. 이후 확장 C와 확장 D의 한자들이 코드집에 추가되었고, 한어 코드집 국가 표준 GB18030은 2018년 두 번째 개정 이후 총 87,875개의 한자를 수록하였다. 이는 현대 통용 언어 소통 차원에서의 한자 디지털 처리 실현을 보장할 뿐만 아니라, 일정 수준에서 전승된 역사 문헌의 디지털화 처리 요구도 충족시켰다.

2. 비국제 표준차원의 한자 코드집 연구개발

위에서 언급한 국제 표준 차원의 한자 코드집의 연구개발은 역사적 차원, 특히 고문자의 한자 디지털화 처리를 완전히 지원하지는 못한다. 따라서 비국제 표준 차원에서 특정 응용 목적에 부합하는 코드집(일반적으로 '폰트'라고 부른다)의 연구개발이 줄곧 한자 코드집 연구개발의 중요한 측면이 되어왔다.

1980년대 말, 『중화대전(中華大典)』의 편찬에 맞춰 "한자 폰트(全漢字庫)"의 연구개발이 이루어졌으며, 여기에는 고문자 글자체의 개발도 포함되었다. 구체적인 상황은 이후에 소개할 황현(黃賢)의 「한자 폰트와 그 부호화(全漢字庫及其編碼)」에서 상세히 다루고 있으므로, 여기서는 언급하지 않겠다. 당시에는 코드집 국제 표준의 발전 수준에 한계가 있었기 때문에, 전체 구축 계획의 모든 측면이 오늘날의 관점에서 보면 시대에 맞춘 개선이 필요하다.

1991년, 상해시 고대 서적 정리 대형 프로젝트인 『고문자고림(古文字詁林)』이 승인되었다. 『고문자고림』은 최초로 컴퓨터로 조판한 고문자의 주석에 대한 대형 공구서로, 전문 컴퓨터 회사가 고문자 폰트 문제 해결을 담당했다. 구체적인 연구개발 상황은 이후에 소개할 심강년(沈康年)의 논문을 참고할 수 있으므로, 여기서는 상술하지 않겠다.

중국문자학 핸드북

전체적으로 볼 때,『고문자고림』의 폰트 개발은 이 책의 편집위원회의 적극적인 인력 투입과 노력을 통해『고문자고림』의 조판 작업이 완수되었지만, 코드집 표준을 위한 문자 정리가 충분히 이루어지지 않아, 이 방대한 글자체 시스템은 이후 대형 고문자 공구서의 조판에 활용될 수 없었다.

20세기 초부터, 교육부, 정보기술표준화위원회 등 국가 관련 부처가 주도하여 고대 한자를 국제 표준 코드집에 부호화하는 작업을 추진하기 시작했다. 2003년 11월에 개최된 국제표준화기구 표의문자 작업 그룹(IRG)의 제21차 회의에서 중국 대표단은 "중국 고대 한자의 국제 표준 코드집 편입에 관한 제안"을 제출하여, 중국 고대 한자를 국제 표준 코드집에 포함시켜 부호화할 것을 제안했다. 회의는 중국 대표단의 제안을 수용하였고, 이에 따라 고대 한자 부호화 관심 그룹이 결성되었다.

2004년 IRG의 제22차 회의에서, 고대 한자 부호화 전문가 그룹 설립에 관한 제안(N1055)을 제출했다. 2004년 11월에 개최된 IRG의 제23차 회의에서 IRG는 고대 한자 관심 그룹의 보고서(N1022)를 수용하고, 고대 한자 부호화 전문가 그룹 설립에 동의하였으며, 해당 전문가 그룹의 작업 계획을 승인했다.

이러한 노력은 한때 한자 고문자의 통일 부호화가 국제 표준화 기구 표의문자 작업 그룹의 틀 안에서 전개되는 양상을 보였다. 그러나 이 작업은 이후 더 진전되지 못했는데, 주요 원인은 두 가지 측면에서 찾을 수 있다. 첫째, IRG 상위 조직(WG2)의 반대가 있었다. 실제 상황은 고대 한자 부호화 전문가 그룹이 제출한 고문자 부호화 글자가 WG2에 제출된 후, WG2 관리층에 의해 거부되었고, 부호화 방안도 유보되었다. 둘째, 당시 부호화 연구개발 작업을 담당한 전문가 그룹이 충분한 준비 없이 국제 표준에 부합하는 설득력 있는 고문자 부호화 방안을 제시하기 어려웠다.

2004년, 교육부 철학사회과학 연구 프로젝트의 중대 공략 과제인 '중화 대규모 코드집 구축 사업'(04JZD00032)이 승인되었다. 이 프로젝트의 연구개발 과제는 "중화 대규모 코드집"으로, 여기에는 고문자 코드집이 포함되어 있다. 구체적인 연구개발 내용은 이후에 소개할 이 프로젝트의 수석 전문가인 왕녕(王寧)의 논문을 참고할 수 있으므로, 여기서는 더 자세히 언급하지 않겠다.

2011년, 국가신문출판국1)이 추진한 '중국 문자 데이터베이스' 프로젝트가 시작되었다. 시작 계획에 따르면, 이 프로젝트는 5년에 걸쳐 역대 문헌 자료에 나타난 한자와 소수 민족 문자를 수집하고 종합하여, 그 기원과 변천 과정을 분석하고 각 문자 형태의 역사적 지위를 확정하며, 한자 및 소수 민족 문자의 부호화와 주요 글자체 코드집을 구축하는 것을 목표로 하였다. 이 프로젝트의 과제는 광범위한 영역을 포괄하며, 28개의 과제 패키지(여기에는 고문자 자료도 포함됨)로 나뉘어, 각기 다른 기관이 문자 정리 작업을 담당하고, 이후 기술 부서가 폰트 통합을 수행하도록 계획되었다.

현재까지 이 프로젝트의 성과가 전면적이고 체계적으로 소개된 적이 없다. 이후에 소개될 맹흔(孟忻)의 「'중국 폰트 데이터베이스' 사업 제7패키지 '양한(兩漢)·오(吳)·위(魏)·진(晉) 간독문자' 데이터베이스 구축 연구("中華字庫"工程第七包"兩漢吳魏晉簡牘文字"數據庫建設研究)」를 보면, 이 프로젝트의 성과가 역사적 측면의 한자 코드집에 대해 일정

---

1) (역주) 신문출판서(新聞出版署)는 일반적으로 중화인민공화국 국가신문출판서를 지칭하며, 줄여서 국가신문출판서라고 부르기도 한다. 영문명은 National Press and Publication Administration (NPPA)이다. 이는 중국 국무원 직속 기관으로, 전국의 신문 출판 사업과 저작권 관리 업무를 주로 담당한다.

부분 보완적 역할을 한 것으로 보인다. 그러나 이 프로젝트는 문자 유형의 범위가 너무 넓고 주로 신문출판업의 요구에 초점을 맞추고 있어, 개발된 고문자 코드집이 고문자 디지털화 처리의 다양한 요구를 전면적으로 지원할 수 있는지는 아직 검증이 필요하다.

2021년, 국가사회과학 대형 프로젝트 "공공 데이터베이스 기반의 고문자 코드집 표준 연구개발(基於公共數据庫的古文字字符集標准研制)"(21&ZD309)이 승인되었다. 이 주제의 목표는 고문자 공공 데이터베이스의 지원 하에, 현재의 컴퓨터 코드집 국제 표준 기술 규정에 따라, 고문자의 코드집 표준을 연구개발하는 것이다. 이 표준은 고문자 중 구조적으로 디지털화 처리에 의미가 있는(즉, 실제 문헌에 있는 모든 동류의 문자 형태를 정확히 포괄하고 있다) 각 문자를 현재 국제 표준 코드집 부호화 체계의 특정 유일 코드 위치와 상응시킬 수 있도록 하는 것이다.

상술한 관련 기관들이 수행한 고문자 코드집 연구개발 작업 외에도, 고문자 데이터베이스의 개발은 일반적으로 그 코드집 문제를 해결해야 한다. 관련 상황은 이후에 설명할 내용에서 확인할 수 있다. 민간 영역에서 유사한 작업이 적지 않게 이루어지고 있으며, 고문자와 관련된 일부 웹사이트들도 고문자 코드집 문제를 해결하기 위해 노력하고 있다. 예컨대, 2017년에 만들어진 '인득시(引得市)' 고문자 학습 웹사이트2)는 고문자 관련 사전 색인 데이터베이스를 제작하여,

---

2) (역주) '인득시(引得市)'는 고문자 관련 사전 색인 자료 데이터베이스 웹사이트로, 2012년 7월 천신량(陳信良, 인터넷 아이디: 아량인)에 의해 창립되었다. 이 웹사이트의 이름 '인득(引得)'은 영어 'index'에서 유래했으며 색인을 의미한다. '시(市)'는 공유와 교환의 의미를 담고 있어, '인득시'는 문자 그대로 색인을 교환하고 효율적으로 활용할 수 있는 플랫폼을 제공한다는 뜻이다.
웹사이트의 내용은 주로 제작자가 최근 몇 년간 만든 고문자 관련 사전 색인 자료로 구성되어 있다. 이 자료들은 종이 서적을 디지털화하여 제작되었으며, 데

전자판 종이 서적과 연계하여 사용할 수 있게 하였다. 이 웹사이트에서 다루는 고문자 해서체 글자 목록에는 기존의 코드집에 없는 글자들(集外字)도 많이 포함되어 있어, 웹사이트는 부수나 필획 등의 방법을 통해 이러한 집외자(集外字)들을 검색할 수 있도록 구현하였다.

3. 한자 코드집 문제에 관련된 연구 논저

이 분야의 연구는 주로 역사적 측면의 한자 코드집 연구개발 문제를 다루고 있으며, 그중에서 고문자 코드집(폰트) 구축에 관한 연구 논문이 주를 이루고 있다.

1989년, 황현(黃賢)은 「한자 폰트와 그 부호화(全漢字庫及其編碼)」[3]라는 논문을 발표했다. 이 논문은 실제로 『중화대전(中華大典)』의 디지털 인쇄 편찬을 위한 설계 작업으로, 전체 한자 운영 체제에서의 전체 한자 코드집 및 그 부호화 설계에 중점을 두고, 고대부터 현대까지의 글자체와 문자 유형을 아우를 수 있는 지능형 한자 코드집 구축과 '유형층 구위(類層區位)'[4]의 내부 코드 설계 방안 등을 제안했다. 고문자 코드집에 대해서는, "갑골문집, 금문집, 전자집(篆字集) 등을 포함하여 총 10만 자 이상을 모두 수록"할 계획이라고 언급했는데, 그 외에 더 구체적인 논의는 없었다.

이터베이스 형태로 변환되어 온라인 검색에 활용된다.

인득시의 색인 종류는 매우 다양하며, 주로 검자표(檢字表) 성격의 색인이 중심을 이루고 있다. 『신갑골문편(新甲骨文編)』, 『갑골문자편(甲骨文字編)』 등 고문자 분야의 주요 서적들을 포함하고 있으며, 고문자와 일부 금문자(今文字) 영역의 대부분 중요한 공구서들을 거의 다 망라하고 있다.

3) 黃賢, 「全漢字庫及其編碼」, 『深圳大學學報(人文社會科學版)』 第2期(1989).

4) (역주) '유형층 구위(類層區位)'는 시스템이 한자를 범주화하고, 계층화하며, 특정 영역에 배치하는 방식으로 코딩한다는 개념이라 할 수 있다. 예컨대, 데이터베이스 설계에서 데이터는 데이터 검색 효율성과 시스템 성능을 향상시키기 위해 다양한 범주와 계층 구조에 따라 분할될 수 있다.

2001년, 왕녕(王寧)과 주효문(周曉文)은 「컴퓨터를 수단으로 한, 한자 구성 형태사 연구」5)에서 고문자 코드집 문제를 다음과 같이 다루었다.

갑골문 코드집 구축에는 반드시 글자 형태에 대한 정리가 필요하며, 정리 내용은 이미 해독된 글자와 아직 해독되지 않은 글자로 구분된다. 해독된 글자에 대해서는 기능 인식에 따른 유사 글자 그룹을 분류하고, 대표 글자를 선별해서 앞에 배치하여 해당 그룹의 정보를 대표하게 한다. 다른 글자 유형은 이구자(異構字: 같은 글자이지만 구조가 다른 형태)로 처리하여, 배열할 때 대표 글자와 가깝게 위치시킨다. 글자 유형의 형태 인식에 따른 유사 글자 그룹을 분류하고, 주요 형태를 선별하여 해당 글자 유형의 정보를 대표하게 하며, 동일한 글자 모양은 하나의 글자로 간주한다.

위의 목표를 실현하기 위해, "현재의 컴퓨터 시스템으로 문자를 처리하는 방식으로는 실현하기 어려우며, 고문자 연구에 적합하고 전문적이며 3차원 개방형 글자 형태 체계를 구현할 수 있는 소프트웨어 시스템을 설계하고 구축할 필요가 있다. 이 시스템에서 글자의 부호화는 시공간적으로 동일한 글자에 대해 동일한 주 코드를 사용하고, 이체자의 순서를 보조 코드로 표시한다. 주 코드와 보조 코드가 함께 하나의 글자 형태의 내부 코드를 나타낸다. 동시에 시스템에 내부 코드와 글자 형태 데이터 주소를 저장하는 색인표를 구축하여, 이를 통해 폰트의 글자 형태 데이터를 읽어 들인다."

이 논문은 갑골문 폰트 구축의 글자 형태 정리에 대해, 문자학의 '정체(正體)'와 '이체(異體)' 관계라는 관점에서 몇 가지 거시적인 의견을 제시했다.

2002년, 유지기(劉志基)는 「고문자 정보화 처리 기반 플랫폼 구축

---

5) 王寧, 周曉文, 「以計算機爲手段的漢字構形史研究」, 『中國文字硏究』第2輯(廣西教育出版社, 2001), 5-12쪽.

에 대한 몇 가지 고찰(古文字信息化處理基礎平台建設的幾點思考)」6)에
서, 현행 국가 표준의 틀 안에서 고문자 정보화 처리 기반 플랫폼을
구축한다는 목표를 가지고, 고문자 폰트 구축, 고문자 글자 형태 정
리, 고문자 부호화 등의 문제에 대한 관련 대책 및 실행 가능한 방안
을 중점적으로 제시하였다.

2003년, 이우명(李宇明)은 「중국코드집 대형 플랫폼 구축(搭建中華字
符集大平台)」7)에서, "중국 문화를 담고 있는 문자와 부호의 총체를 '중
국코드집'이라고 칭한다. 중국코드집은 대략 다음의 아홉 가지 측면의
내용을 포함한다."라고 제안했다. 그중 세 번째 측면이 바로 "고대 한
자로, 갑골문, 금문, 전국시대 문자, 간백(簡帛) 및 도장 문자, 소진 및
한자 예변 이전의 기타 문자들을 포함한다."이다.

이 논문에서는 고문자 컴퓨터 코드집의 자료 범위를 비교적 일찍 제
시했으며, 이러한 코드집의 중요한 의의에 대해 중점적으로 논술했다.

장재흥(張再興)은 「고문자 폰트 구축의 몇 가지 문제(古文字字庫建設
的幾個問題)」8)에서, 고문자의 표준 폰트를 구축할 때 주의해야 하는
네 가지 측면의 문제를 다음과 같이 서술했다.

· 고문자 자료 데이터베이스를 구축하여 고문자 글자 형태를 철저히
  수집하고 정리함으로써 글자 형태 수집의 포괄성을 보장한다.
· 탁본 스캔을 통해 만든 글자 형태의 정확성을 보장한다.
· 글자 형태와 글자 사이의 대응 관계를 설정할 때, 이들 사이의 용
  법의 차이[異用], 해석의 차이[歧釋], 이체자(異體字) 등 복잡한 관계
  를 고려해야 한다.
· 글자 형태의 귀납 과정에서는 형태의 통합 원칙과 구별 원칙을 따

6) 劉志基,「古文字信息化處理基礎平台建設的幾點思考」,『語言研究』第3期(2002).
7) 李宇明,「搭建中華字符集大平台」,『中文信息學報』第2期(2003).
8) 張再興,「古文字字庫建設的幾個問題」,『中文信息學報』第6期(2003).

라야 한다.

· 문자가 표준 코드집에 들어갈 때의 분류는 글자 빈도 원칙과 형태
빈도 원칙에 따라야 한다.

이승명(李勝明)과 담지붕(譚支鵬)은「갑골문 폰트 구축에서의 글자 처
리 기술(建立甲骨文字庫中的字處理技術)」9)에서 주로 갑골문 글자체 제작
의 시각적 미관 관점에서의 기술적 문제를 논의하였다. 이 논문에서는
3차 스플라인(spline)10) B-스플라인 곡선을 사용하여 문자의 윤곽을 기
술적으로 가깝게 표현하고 복원하는 기술로 갑골문자를 처리할 것을
제시했다. 이를 통해, 복원도가 높고 고대 갑골문의 고유한 특징을 유
지할 수 있는 갑골문자를 얻을 수 있다고 했다. 또한, 그래픽의 컴퓨터
처리 규칙에 따라 갑골문자의 생성 알고리즘을 제시하였다.

2004년, 왕연(王燕), 조문정(趙文靜), 이신(李新)은「금문 폰트 및 금
문 입력법(金文字庫及金文輸入法)」11)에서, 개발된 '금문 폰트'의 구체
적 방법에 대해 다음과 같이 논의하였다.

금문 폰트는 GBK 폰트를 기반으로 확장된 것으로, 원래의 GBK 폰

---

9) 李勝明, 譚支鵬,「建立甲骨文字庫中的字處理技術」,『微機發展』第6期(2003).

10) (역주) 스플라인(spline)은 수학 및 컴퓨터 그래픽에서 곡선을 표현하기 위해
사용되는 함수 또는 다항식의 조합을 말한다. 이는 주어진 데이터 포인트들
사이를 매끄럽게 연결하는 데 사용되며, 특히 곡선이나 곡면을 정의할 때 유
용하다. 일반적으로 선형 스플라인(Linear Spline), 2차 스플라인(Quadratic Spline), 3
차 스플라인(Cubic Spline), B-스플라인 (B-Spline), NURBS (Non-Uniform Rational
B-Splines)가 있다. 여기에서 3차 스플라인은 각 구간이 3차 다항식으로 이루어
져 있어 가장 많이 사용되는데, 위치, 기울기, 곡률이 모두 연속되어 있다. 그
리고 B-스플라인은 베지어 곡선의 일반화된 형태로, 여러 개의 제어점에 의해
곡선이 정의되는데, 특정 구간에서만 다항식이 영향을 미치므로, 제어점의 이
동이 전체 곡선에 미치는 영향을 최소화한다.

11) 王燕, 趙文靜, 李新,「金文字庫及金文輸入法」,『西安建築科技大學學報(自然科學
版)』第1期(2004).

트를 유지하면서 금문의 예서화된 글자가 한국의 인코딩 공간을 사용한다. 이렇게 하면 기존의 한국 문자를 덮어쓰게 되므로 덮어쓴 한글을 입력하거나 표시할 수 없게 된다. GBK 폰트를 확장했기 때문에, 폰트의 인코딩은 유니코드(Unicode) 표준 인코딩 방식을 채택했으며, 사용자는 필요에 따라 자국의 폰트를 확장하여, 0000—FFFF 구간에서 자신의 문자나 기호를 추가할 수 있다. 폰트에서 예서화12) 된 금문을 추가하는 또 다른 방법은 GBK 폰트를 확장할 필요 없이 CJK 통합 한자 인코딩 구역에 예서화된 글자를 추가하여, GBK 폰트를 덮어쓰는 것이다. 이 경우, 예서화된 글자의 형식은 유니코드가 아닌 ANSI 형식이 된다.

다른 국가의 인코딩 공간을 사용하면서 GBK 폰트를 유지하는 이유는 고대와 현대 한자를 혼합 입력할 때 폰트를 반복해서 선택하는 것을 피하기 위함이다. '금문 송체'만 선택하면 서로 다른 입력 방식을 혼합하여 고대와 현대 한자를 입력할 수 있으며, 폰트를 다시 전환할 필요가 없다."

이 논문은 금문 폰트를 구축하면서 생기는 국제 표준 코드 위치 사용 문제를 다루고 있다. 구체적인 문제 해결을 목표로 하고 있어 초기 의도는 좋았지만 "한국의 인코딩 공간을 사용한다."는 접근 방식은 구체적으로 실현하기에 문제가 있었다. 한국의 인코딩 문자와 GBK 문자를 동시에 사용하는 것은 효과적인 디지털 처리를 실현할

---

12) (역주) '예정자(隷定字)'는 고문자를 그 원래의 구조에 따라 현대적인 서체로 옮겨 쓰는 과정을 말한다. 이 과정은 여러 가지 실현방법들이 존재한다. 고문자를 예서체로 옮겨 쓰는 것은 고문자의 고증과 해석 과정의 행위이자 결과라고 할 수 있다. 예정(隷定)의 방법에는 주로 두 가지가 있다. 첫째, 구성성분에 따라 대응하여 전사하는 방법이 있고, 둘째, 고문자의 선을 현대 한자의 필획으로 전사하는 방법이 있다. 예정의 대상은 주로 여러 서사 매체에 나타난 그림 형식도 포함된 선진(先秦) 시대의 다양한 문자들이다. 고문자 고증과 해석의 중간 단계로서, 예정에는 여러 층위가 존재한다. 또한, 고문자의 형태와 용법의 복잡성으로 인해 예정 과정에서 흔히 두 가지 혹은 그 이상의 결과가 나오기도 한다.

수 없기 때문이다.

　마소호(馬小虎), 양역명(楊亦鳴), 황문범(黃文帆), 풍격비(酆格斐)는 「
갑골문 윤곽 자형 생성 기술 연구와 통용 갑골문 폰트 구축(甲骨文輪
廓字形生成技術研究與通用甲骨文字庫的建設)」[13]에서, 통용 갑골문 폰트
구축에 대한 구상을 제시하고, 폰트 구축의 필요에 따라 갑골문 자형
처리를 위한 시스템을 설계했다. '개발된 갑골문 조자(造字) 시스템의
핵심 기술'은 다음과 같다.

　　· 윤곽 추출 및 윤곽선 추적
　　· 특징점 확정
　　· 특징점 기반의 곡선 윤곽 라이브러리 자동 생성
　　· TrueType 자형 데이터의 저장 및 접근 등

　이 논문은 갑골문 조자 기술 측면에서 상당히 세밀하게 논의하였지
만, 주로 폰트 표시 효과에 중점을 두었다. 그러나 저자들은 "통용 갑
골문 폰트는 출현 빈도가 높고 대표성을 지닌 갑골문 자형으로 구성된
글자체"라고 제시했다. 이러한 특정 자형을 선택하여 만든 고문자 폰
트는 고문자의 디지털화 처리 작업을 전면적으로 지원하기 어렵다.

　2004년 강명호(江銘虎) 등은 「갑골문 폰트와 지능형 지식 데이터베
이스의 구축(甲骨文字庫與智能知識庫的建立)」[14]에서 갑골문 폰트의 구
축 상황에 대해 다음과 같이 언급하였다.

　　약 1,400자 정도의 인식 가능한 갑골문에 대해 상세한 컴퓨터 주석

---

13) 馬小虎, 楊亦鳴, 黃文帆, 酆格斐, 「甲骨文輪廓字形生成技術研究與通用甲骨文字庫
　　的建設」, 『語言文字應用』 第3期(2004).
14) 江銘虎, 鄧北星, 廖盼盼, 張博, 嚴峻, 丁曄, 「甲骨文字庫與智能知識庫的建立」, 『
　　計算機工程與應用』 第4期(2004).

을 달았는데, 여기에는 120여 개의 고유 명사가 포함되어 있다. 이 갑골문자들은 모두 병음으로 입력할 수 있으며, 해당하는 현대한어 해석도 볼 수 있다. 이 숫자들이 현대의 통용 한자 총수에 비해 아직 일정한 차이가 있지만, 전문가들의 갑골문 연구가 지속적으로 심화됨에 따라 계속 증가할 것이다.

이 논문에서는 갑골문 코드집에서 이미 해독된 부분의 정보 주석에 대한 문제를 다루었다. 제시된 구상은 갑골문의 전면적인 디지털화와 체계적인 정보 처리라는 목표에 비추어 볼 때, 아직 더 깊이 있고 종합적인 연구가 필요하다.

심강년(沈康年)은 「『고문자고림(古文字詁林)』데이터베이스의 연구 제작과 개발(『古文字詁林』數據庫的研制與開發)」15)에서 『고문자고림』의 조판 데이터베이스를 지원하는 폰트 제작에 대해 다음과 같이 언급했다. 폰트 라이브러리는 다섯 부분으로 이루어져 있다.

· 전서(篆書)체 폰트 라이브러리는 전서체와 『설문해자(說文解字)』에 있는 주문(籀文)체로 구성되었다.
· 고문자를 예정(古隸定)한 폰트 라이브러리는 『고문자고림』의 주 편집자인 이령박(李玲璞) 교수가 새로 예서체로 정리하고, 걸신(傑申) 컴퓨터 조판 유한공사가 제작했다. 전서체, 고예정자(古隸定字), 해정자(楷定字)16)는 일대일 대응 관계이다.
· 고문자 폰트 라이브러리는 갑골문, 금문, 도문(陶文) 등 8가지 유

---

15) 沈康年, 「『古文字詁林』數據庫的研制與開發」, 『印刷雜志』 第10期(2004).
16) (역주) '해정자(楷定字)'는 일반적으로 일부 한자를 표준화된 서체 형식을 통해 규범화 처리하는 것을 의미한다. 이는 쓰기, 인쇄 및 교육을 용이하게 하는 데 그 목적이 있다. 이 과정은 원래의 자형을 정리하여 특정 서체 규칙에 부합하도록 만들어 통일된 글자체 스타일을 형성하는 것도 포함되어 있다. 예컨대, 한자의 고체자(古體字)가 예정(隸定) 또는 해정(楷定) 과정을 거치면, 보다 정제되고 식별하기 쉬운 현대 해서체 형태로 변환된다.

형의 고문자 자형으로 구성되어 있으며, 『갑골문편(甲骨文編)』, 『
금문편(金文編)』, 『고도문자징(古陶文字徵)』 등 15종의 연구 저서에
서 자형을 가져와 스캔, 수정, 분류 정리를 거쳐 만들어졌다.

이 논문에서 언급한 고문자 폰트 라이브러리는 디지털화의 '유니코
드' 요구에 따라 어떻게 정리되었는지에 대한 구체적인 설명이 없다.
이에 따라, 이 폰트 라이브러리는 『고문자고림』의 조판을 독립적으로
지원할 수 없을 정도이다.

2005년, 왕녕(王寧)은 「한자 연구와 정보과학기술의 결합(漢字研究
與信息科學技術的結合)」17)에서 제3장 '정보기술을 이용한 고문자와 상
고 한자사 연구'에서 다음과 같이 지적했다.

고문자 폰트에는 두 가지 유형이 있을 수 있다.

① 지칭형 고문자 폰트: 이 폰트의 기능은 특정 텍스트를 만들 때,
서술이나 인용의 필요에 의해 본문에서 하나 또는 몇 개의 고문
자를 언급할 때 이들 고문자를 텍스트에 삽입할 수 있게 하는 것
이다. 이런 폰트에도 '원형 우선 선택'18)과 '서사 자고(書寫字稿)'19)
라는 2가지 제작 방법이 있다.
② 원래 형태 그대로의 고문자 폰트: 이 폰트의 최고 요구 사항은
컴퓨터에서 현존하는 모든 고문자 실용 텍스트의 글자 모양을 재
현하는 것이다.
후자는 전자가 기반이 되어야 한다. 역대 지칭형 글자체의 폰트를

---

17) 王寧, 「漢字研究與信息科學技術的結合」, 『勵耘學刊(語言卷)』第1輯(學苑出版社, 2005),
1-22쪽.
18) (역주) 기존 고문자 자료에서 직접 글자 모양을 선택하는 것을 말한다.
19) (역주) 서사 자고(書寫字稿)는 폰트 제작 과정에서 전문가가 고문자의 형태를
참고하여 직접 손으로 글자를 쓴 후, 이를 디지털화하는 방법이다. 이는 원래
의 고문자 형태를 바탕으로 하되, 현대적 사용에 적합하도록 약간의 조정을
가한 글자 모양을 만드는 과정을 말한다.

만들 때는 자형의 정확성과 완전성이 요구된다. 일반적으로 고문자 실용 텍스트에서 자형을 선택하는데, 새롭게 자형을 쓰더라도 좋은 자형을 기준으로 삼아야 하며, 자형을 선택할 때는 반드시 텍스트에서 사용된 글자를 정리해야 한다.

이 논문에서 말한 '원래 형태 그대로의 고문자 폰트'와 '지칭형 고문자 폰트'의 조합은 고문자 폰트 구축의 한 가지 접근 방식을 제시하고 있다.

2006년, 주효문(周曉文)과 이국영(李國英)은 「'정보 교환용 고대 한자 부호화 코드집' 구축의 필요성 및 타당성(建立'信息交換用古漢字編碼字符集'的必要性及可行性)」[20])에서 고문자 부호화 방식에 대해 주로 다음과 같이 논의했다.

고대 한자를 어떤 방식으로 처리해야 할까? 글자체의 형식으로 처리하되 별도로 부호화하지 않는 것이 좋을까? 아니면 부분적으로 부호화하는 것이 좋을까? 혹은 문자 종류의 방식으로 완전히 별도로 부호화하는 것이 좋을까? …… ISO10646을 이용해서 고대 한자를 별도로 부호화하는 것은 완전히 실행 가능하다.

이 논문은 또한 부호화를 위한 고문자 분류 문제에 대해 논의하였다.

고대 한자를 별도로 인코딩하기 위해서는 먼저 고대 한자의 분류 문제를 해결해야 한다.
① 시대별 구분
② 문자가 있는 기물의 종류, 서사 재질에 따른 분류

---

20) 周曉文, 李國英, 「建立"信息交換用古漢字編碼字符集"的必要性及可行性」, 『北京師範大學學報(社會科學版)』第1期(2006).

③ 종합 분류법

종합 분류법은 시대, 기물의 종류, 심지어 지역 정보 등을 종합하여
분류하는 것을 말한다. 고대 한자에 대해, 고대 한자 부호화로 분류
하는 주요 목적은 부호화 작업의 편의를 위한 것이다. 이는 분류에
과학적 근거가 있어야 하고, 또 간결하고 조작하기 쉬워야 하며, 너
무 세분화되거나 지나치게 번잡해서는 안 된다. 따라서 우리는 종합
분류법이 우선적으로 선택되어야 할 분류 방법이라고 생각한다.

이 논문은 고대 한자 부호화 코드집의 몇 가지 거시적 전략 문제
를 논의했지만, 구체적으로 조작하는 세부적인 방법에 대해서는 자세
히 다루지 않았다.

2016년, 류근휘(劉根輝)와 장효하(張曉霞)는 「고문자 자형 정리와
통용 고문자 폰트 개발 연구(古文字字形整理與通用古文字字庫開發研究)
」[21]에서 갑골문과 금문의 해독된 글자를 예로 들어 고문자 자형 정
리의 필요성을 논의했다. 또한, 폰트의 수록 범위, 문자의 부호화 방
식, 저장 방식 및 자형을 선택하는 기준 등 4가지 측면에서 컴퓨터
기반의 고문자 자형 정리에 관한 견해를 설명했다.

'자소[字位]'의 개념으로, 갑골문과 금문의 시대를 나눠, 분류별, 계
층별 통용 고문자 폰트를 개발했으며, 하나의 고문자에 대한 서로 다
른 자형들을 동일한 유니코드(Unicode) 코드 요소에 공유하면서 같은
플랫폼에 표시할 수 있도록 구현했다.

이 논문에서 설명한 고문자 폰트 연구개발에 대한 거시적 이론 방
법은 이미 많은 학계에서 공통적으로 인식하고 있는 부분이다. 그러
나 문자학의 '자소' 개념에 따라 "하나의 고문자의 각기 다른 자형들

---

21) 劉根輝, 張曉霞, 「古文字字形整理與通用古文字字庫開發研究」, 『古漢語研究』第3
期(2016).

을 동일한 유니코드(Unicode) 코드 요소22)에 공유"하게 하는 것은, 현재 통용되는 한자 글자체(명조체[宋體], 고딕체[黑體] 등)의 처리 방법으로 회귀하는 것 같아 보인다. 이는 한 글자에 여러 형태가 대량으로 존재하는 고문자 코드집에 실제적으로 활용하기가 어렵다.

2018년, 맹흔(孟忻)은 「'중국 폰트 데이터베이스' 사업 제7패키지 '양한(兩漢)·오(吳)·위(魏)·진(晉) 간독문자' 데이터베이스 구축 연구("中華字庫"工程第七包"兩漢吳魏晉簡牘文字"數據庫建設硏究)」23)에서 이 과제팀이 수행한 '중국 폰트' 제7패키지 '양한(兩漢)·오(吳)·위(魏)·진(晉) 간독문자'의 수집 및 정리 상황을 다음과 같이 소개하였다.

> 네트워크의 디지털화와 출판사의 요구에 따라, 양한(兩漢)·오(吳)·위(魏)·진(晉) 시기에 사용한 간독과 묵서(墨書) 재료에 써진 문자에 대해, 전반적이고 체계적으로 집성하여, 고대 한자와 고대 소수민족 문자의 부호화와 주요 글자체의 폰트를 구축했다.

이 논문에서는 해당 데이터베이스를 지원하는 글자체를 개발하는 상황에 대해 다음과 같이 말했다.

---

22) (역주) '코드 요소'는 일반적으로 디지털 통신이나 데이터 저장에서 단일 이진 숫자를 표현하는 단위를 지칭한다. 컴퓨터 네트워크나 디지털 통신 시스템에서 코드 포인트는 코드워드를 구성하는 기본 요소이며, 코드워드는 일련의 코드 요소로 이루어진 시퀀스로, 특정 데이터 단위나 문자를 표현하는 데 사용된다. 예를 들어, 이진수 1000001에서 각각의 0이나 1은 하나의 코드 요소이며, 총 7개의 코드 요소가 이 코드워드를 구성한다. 문자 인코딩에서, ASCII 코드와 같은 경우 각 문자는 7비트 또는 8비트의 이진수로 표현되며, 이 이진수의 각 비트가 하나의 코드 요소이다. 유니코드와 같은 더 고급 인코딩 시스템에서는 코드 요소가 더 광범위한 코드집을 표현할 수 있으며, 전 세계의 다양한 문자와 기호를 수용하기 위해 코드 요소의 수도 상응하여 증가했다.

23) 孟忻, 「"中華字庫"工程第七包"兩漢吳魏晉簡牘文字"數據庫建設硏究」, 『圖書館學硏究』 第12期(2018).

부호화가 필요한 자형을 다양한 자형표로 제작하고, 프로젝트의 기준에 따라 정형화한 후, '중국 폰트' 제조업체가 정품 폰트로 제작한다. 그런 다음, 국제표준화기구의 요구에 따라 여러 종류의 문자 부호화 방안을 연구하여 국가 관련 기구에 제출하고, ISO/IEC 10646 국제 표준에 포함시킬 것을 신청한다.

상술한 설명은 프로젝트팀이 고문자의 글자체를 연구하고 개발하는 방식에 대해 말한 것이다. 즉, 고문자 팀이 먼저 '다양한 자형표를 제작'한 후, '제조업체'가 폰트를 만들며, 이를 바탕으로 '부호화 방안을 연구개발'하여 'ISO/IEC 10646 국제 표준에 포함시켜 줄 것을 신청'한다는 내용이다.

이는 분야가 각기 다른 전문가 팀이 그들의 프로젝트를 위해 연구하고 개발하는 절차를 나타낸 것은 분명하다. 그러나 고문자 코드집 연구개발이라는 고도로 복잡한 학제 간 과제를 완성하는 데 있어 핵심 부분이라고 할 수 있는, 학제 간 협력의 효과가 어떻게 적시에 실현될 수 있는지에 대해서는 말하지 않았다.

(2) 입력 방식에 관한 연구와 개발

코드집은 문자를 저장하는 플랫폼이다. 이 플랫폼을 실제로 사용하려면, 문자를 호출할 수 있는 문자 검색 시스템이 있어야 한다. 이러한 호출 시스템이 바로 입력 방식이다.

1. 현대 규범 한자의 입력 방식에 관한 연구와 개발
한자 코드집 문제가 기본적으로 해결되자, 한자를 입력하는 문제가 의제로 올라오게 되었다. 불과 몇 년 사이에 한자를 입력하는 다양한 방법들이 시대에 부응하여 생겨났고 각기 자신들만의 장점을 드러냈다. 입력 장치의 방법에 따라, '음성 입력 방식', '필기 입력 방식', '스캔 입력 방식', '키보드 입력 방식'과 같이 크게 4가지로 나눌 수 있다.

주요 입력 방식인 키보드 입력 방식을 예로 들면, 1978년부터 1995년까지 컴퓨터 정보 입력을 위한 수천 개의 한자 부호화 방안이 잇따라 출시되었다. 400여 개의 부호화 방안이 특허를 신청했으며, 수많은 '코드'가 경쟁하는 양상을 형성했다. 이 시기에 만들어진 한자 부호화 방안은 '음성 코드', '형태 코드', '음성과 형태 코드', '형태와 음성 코드' 등 4가지로 나눌 수 있으며, 구나 절의 자동 완성24)과 연관 단어 추천25) 등의 기능이 추가되었다.

한자 입력 방안이 수백, 수천 개나 되었지만, 사용자들이 사용하고 널리 보급된 것은 다음의 소수에 불과하다.

- 오필자형(五筆字型) 입력법: 한자를 5가지 기본 획으로 나누어 입력
- 쌍병쌍음(雙拼雙音) 입력법: 병음의 성모와 운모를 각각 한 키에 할당하여 입력
- 전병(全拼) 입력법: 한어병음을 그대로 입력하는 기본 방식
- 신전병(新全拼) 입력법: 개선된 전병 방식
- 간병(簡拼) 입력법: 병음의 첫 글자만 입력하는 간단한 방식

1995년부터 입력 기술이 더욱 발전하면서, 입력하고자 하는 한자

---

24) (역주) 이는 단일 문자가 아닌 자주 사용되는 단어나 구절을 미리 저장해두고, 사용자 입력할 때 자동으로 제안하는 기능을 말한다. 예컨대, '你好'와 같이 자주 쓰이는 표현을 더 빠르게 입력할 수 있다.
25) (역주) 이는 사용자가 입력한 문자나 단어를 바탕으로 다음에 올 수 있는 단어나 구절을 예측하여 제안하는 기능을 말한다. 예컨대, '吃(먹다)'를 입력하면 '飯(밥)', '菜(요리)' 등 관련된 단어를 자동으로 제시하는 것이다.

를 한어병음으로 변환한 후 병음으로 구성된 순서를 연속적으로 입력하면 된다. 시스템은 입력된 병음의 동음자들 중 문맥에 맞지 않는 것들을 제거하고, 사용자가 의도한 것으로 추정되는 가장 적절한 한자 조합을 문장 형태로 제시한다. 이를 통해 사용자는 전체 문장을 빠르고 정확하게 입력할 수 있다. 입력 방식 시스템에는 메모리 기능도 있어, 사용자의 모든 수정 사항을 저장하고 기억한다. 이로써 입력 방식에 학습과 판단 기능을 부여한다. 아울러, 휴대폰을 보편적으로 사용하게 되면서, 필기 입력과 음성 입력 방식도 크게 발전하였다.

2. 고문자 입력 방식

고문자가 코드집의 국제 표준에 아직 부호화되지 않았기 때문에, 고문자 입력의 대상은 대부분 표준화된 코드집에 포함되지 않은 글자들이다. 따라서 범용 입력 방식 외에도 고문자의 특징에 적합한 입력 방식을 개발하는 것이 필수적이다.

고문자 입력 방식 중 상당수는 고문자의 자형 특징을 기반으로 설계되었으며, 이를 '형태 코드' 입력 방식이라고 부를 수 있다.

1995년, 서송(徐松)은 갑골문 상형코드 입력 방식을 개발했으며, 이는 26개의 영문 알파벳과 9개의 아라비아 숫자를 갑골문의 500여 개의 자근(字根)26)과 코드 요소에 대응시켜, 키보드로 갑골문을 입력하

---

26) (역주) 자근(字根)은 한자 구조의 기본 단위로, 여러 획이 교차 연결되어 형성된 상대적으로 불변하는 구조이다. 자근은 독립적으로 사용되는 한자일 수도 있고, 더 복잡한 한자의 구성 요소인 편방(偏旁)이나 부수(部首)일 수도 있다. 한자 학습과 입력 방식 설계에서 자근은 중요한 역할을 하는데, 이는 자근이 한자를 구성하는 기초이기 때문이다.
자근은 일반적으로 그 형태와 기능에 따라 다양한 범주로 분류된다. 예컨대, 단일 획으로 구성된 자근, '一'나 'ㅣ' 등과 같은 특정 부호 자근, 및 '人'이나 '刀' 등와 같이 독립적으로 글자를 이룰 수 있는 복합 자근 등이 있다. 오필자

게 하였다.[27]

2010년, 섭염소(聶豔召)와 유영혁(劉永革)은 갑골문 자유 필획 입력 방식을 개발했다.[28] 갑골문의 자형을 9가지 키 요소(점, 가로, 세로, 삐침, 파임, 당김, 틀, 굽음, 원)로 분석하여, 필획에 해당하는 부호화 된 키 요소를 기반으로 갑골문자의 입력을 완성하고자 하였다.

2012년, 율청생(栗靑生) 등은 갑골문 자형의 변화 과정을 설명하는 데이터베이스를 기반으로 한 갑골문 입력 방식을 개발했다.[29] 이 방법 은 현대 한자의 부호화 체계와 필순 규칙을 기본 틀로 사용한다. 갑골 문의 각 획을 그 방향성(시작점, 끝점, 굽어짐, 전체적 방향 등)과 기본 구성 요소로 나누어 분석하고, 기존 부호화 체계를 확장하여 갑골문의 특징을 반영하였다. 또한, 외부에 별도의 자형의 변화 과정을 설명하는 데이터베이스를 결합하는 방식으로 갑골문자, 특히 이체자와 아직 해 독되지 않은 갑골문자도 입력할 수 있도록 하는 것이 목표이다.

이러한 유형의 고문자 입력 방식은 다음의 두 가지 명확한 한계를 가지고 있다.

- 설계된 형태 코드가 실제로 고문자의 구성 요소에 체계적으로 대 응할 수 없다.
- 새로운 부호 대응 체계를 만들었기 때문에, 그 자체로도 메모리가 필요하다.

형(五筆字型) 등의 한자 입력 시스템에서 자근은 한자 입력의 기본 단위이다. 사용자는 다양한 자근을 기억하고 조합함으로써 빠르고 정확하게 한자를 입 력할 수 있다.

27) 徐松, 胡金柱, 「甲骨文象形碼輸入法的實現」, 『華中師範大學學報(自然科學版)』 第 3期(1995).
28) 聶豔召, 劉永革, 「甲骨文自由筆畫輸入法」, 『中文信息學報』 第6期(2010).
29) 栗靑生, 吳琴霞, 王蕾, 「基於甲骨文字形動態描述庫的甲骨文輸入方法」, 『中文信息 學報』 第4期(2012).

따라서 이러한 방식은 고문자 입력 작업을 효과적으로 수행할 수 없다.

또한 '대체법[替換法]'이라 불리는 고문자 입력 방식도 있다. 이는 글자체를 변경함으로써 고문자를 입력하는 방식으로, 비교적 기초적인 고문자 입력 방법에 속한다. 1990년, 주덕민(周德民) 등이 개발한 컴퓨터 갑골문 정보 처리 시스템(CJPS)[30]은 갑골문자와 컴퓨터 코드 간의 대응 관계를 정리한 표를 사용하여, 갑골문자를 색인화함으로써 갑골문의 입력, 표시 및 인쇄를 가능하게 했다. 그러나 고대 문자와 현대 문자가 대응될 수 있는 것은 일부에 불과하여, 이러한 입력 방식에는 광범위한 사각지대가 존재할 수 있다.

또 다른 고문자 입력 방식으로 '시각화 입력 방식[可視化輸入法]'이 있는데, 이는 실제로 형태 코드 입력 방식에서 파생하였다. 2004년에 류영혁(劉永革) 등이 개발한[31] 이 입력 방식은 사용자에게 갑골문 부수 표를 제공하고, 사용자는 입력하고자 하는 갑골문자의 형태에 따라 해당하는 부수를 선택한다. 그러면 프로그램이 이 부수들을 포함하는 결과를 사용자에게 보여주고, 사용자는 필요한 자형을 클릭하여 입력하면 된다.

그러나 이 입력 방식도 매우 명확한 다음과 같은 한계가 존재한다.

- 같은 부수 아래에 속하는 갑골문자의 수가 매우 많아, 입력법에 필요한 정확성이 떨어진다.
- 대부분의 사용자가 갑골문의 부수에 대해 잘 알지 못하기 때문에,

---

30) 周德民, 汪國安, 鄭通斌, 蘇越, 李峰, 「計算機甲骨文信息處理系統(CJPS)的設計與實現」, 『河南科技』S1期(1990).
31) 劉永革, 栗青生, 「可視化甲骨文輸入法的設計與實現」, 『計算機工程與應用』第17期(2004).

이 방법이 널리 보급되기 어렵다.

물론, 병음 방식을 사용하여 고문자를 입력하는 '음성 코드' 입력법
도 있다. 그러나 고문자 중에는 아직 해독되지 않은, 독음이 없는 글
자들이 많기 때문에, 이는 일반적인 '음성 코드' 고문자 입력 방식의
결점이라고 할 수 있다.

이 문제를 해결하기 위해, 유지기(劉志基)는 '고문자 3단계 문자 전체
병음[全拼] 부호화 검색 시스템'32)을 개발했다. 이 입력법은 기본 문자,
사물 형상 문자, 기하 도형 문자라는 세 단계의 부호화 단위를 설정하
고, 문자 부호의 순차적 조합이나 위치 제한을 통해 글자의 전체 병음
검색 코드를 형성하여, 다각도, 다층적인 검색 경로를 제공하였다.

이 시스템의 초기 설계 의도는 고문자 입력의 다양한 문제를 해결
하는 것이었다.

- 해독되지 않았거나 해석이 모호한 고문자(즉, 고문자의 원래 형태
  인 글자)도 부호화하여 검색 가능한 범위에 포함시킨다.
- 고문자 검색의 정확성을 높인다.
- 고문자 검색 시스템의 사용 대상을 확장한다.

이 입력 방식은 처음에 『고문자고림(古文字詁林)』을 편찬할 때 사용
하였다. 즉, 이 부호화 방식으로 『고문자고림』 편찬 전용 폰트의 16만
개 고문자 부호를 일일이 부호화함으로써, 컴퓨터에서 『고문자고림』
을 조판하는 과정에서 고문자 폰트를 원활하게 사용할 수 있게 했다.

이후에 이 방식은 『상주금문 디지털화 처리 시스템(商周金文數字化
處理系統)』과 『전국시대 초나라 문자 디지털화 처리 시스템(戰國楚文

---

32) 劉志基, 「簡說"古文字三級字符全拼編碼檢字系統"」, 『辭書研究』 第1期(2002).

字數字化處理系統)』의 고문자 입력 방식 및 『금문인덕(金文引得)』의 색인에도 활용되었다.

『20세기 금문 연구 개요(二十世紀金文研究述要)』에서 후자를 소개하고 나서, 다음과 같이 평가했다.

> 위의 간략한 소개를 통해, 편집자들이 금문을 더 잘 검색할 수 있도록 정말 깊은 고민을 했다는 것을 알 수 있다. 언급된 여러 내용은 상당히 참고할 가치가 있으며, 이 자체만으로도 학계에 중요한 기여를 했다고 볼 수 있다.[33]

위에서 언급한 방식들 외에도, '변환'을 통한 고문자 입력 방식이 있다. 이는 고문자와 현대 규범 한자 간의 대응표를 만들고, 이를 기반으로 한 프로그램을 통해 현대 규범 한자를 입력하여 해당 고문자로 변환하는 방법이다. 『상주금문 디지털화 처리 시스템(商周金文數字化處理系統)』과 『전국시대 초나라 문자 디지털화 처리 시스템(戰國楚文字數字化處理系統)』에는 모두 이러한 고문자 변환 입력 프로그램이 포함되어 있다.

최근 몇 년간, 스마트 기술이 활용되면서 고문자의 이미지 인식 기술이 객관적으로 고문자 입력 작업을 완수하게 되었다. 이 부분에 대해서는 이후의 논의에서 다룰 것이다.

(3) 한자 문헌 데이터베이스의 개발

일반적으로, 현대 통용 한자로만 기록된 문헌의 데이터베이스는

---

33) 趙誠, 『二十世紀金文研究述要』(書海出版社, 2003), 412쪽.

한자 연구에 큰 의미가 없어, 우리의 논의 범위에 포함되지 않는다.

또한, 전자판『사고전서(四庫全書)』나『국학보전(國學寶典)』같은 것들도 고문헌을 자료로 한 데이터베이스이지만, 오늘날 통용되는 부호화된 한자를 사용하고 있어 문자의 역사적 실제 모습을 반영하지 않기 때문에, 마찬가지로 한자 연구의 의미가 부족하여 논의에서 제외할 수 있다.

따라서 우리가 논의해야 할 것은 진정으로 한자 연구에 기여하는 문헌 데이터베이스로, 주로 출토된 실물 문자, 특히 고문자 문헌 데이터베이스와 전해지는 자서(字書)류 데이터베이스를 포함한다.

지금까지 개발된 고문자 데이터베이스는 지역적 분포가 중국 대륙, 홍콩·대만 및 일본에 국한되어 있다. 이에 대해 다음과 같이 세부적으로 설명해보겠다.

1. 중국 대륙(中國內地)

①『고문자고림(古文字詁林)』 데이터베이스

1991년, 상해시 고대 문헌 정리 대형 프로젝트인『고문자고림』이 승인되었다. 프로젝트팀은『고문자고림』을 최초로 컴퓨터로 조판한 대형 고문자 주해서(注解書) 공구서로 만들고자 하였고, 걸신(傑申) 컴퓨터 조판 유한회사가 컴퓨터 기술 문제를 해결하기로 했다. 이로 인해 고문자 데이터베이스의 연구개발이 의제로 올라오게 되었다.

해당 회사의 책임자는 글34)에서 다음과 같이 밝혔다.

처음『고문자고림』의 컴퓨터 조판 작업을 맡았을 때, 상해 걸신 컴퓨터 조판 유한회사의 관리자들과 기술 엔지니어들은 은밀히 원대

---

34) 沈康年,「＜古文字詁林＞數據庫的硏制與開發」,『印刷雜志』第10期(2004).

한 목표를 세웠습니다. 반드시 『고문자고림』을 데이터베이스로 만들어, 가장 현대화된 디지털 기술로 중화민족의 가장 오래된 문자를 전하자고 했습니다.

이는 '표제어를 대상으로 한 기본 속성 데이터베이스', '자형 라이브러리', '텍스트 자료 데이터베이스'라는 세 개의 데이터베이스로 구성되었다. '표제어를 대상으로 한 기본 속성 데이터베이스'는 총 9,832개의 『고문자고림』 표제어 데이터를 기록했다. 이는 사용자에게 검색 요소를 제공하는 동시에 『고문자고림』의 자형 라이브러리와 자료 데이터베이스를 연결하는 역할을 한다.

그러나 디지털화 표준에 따라 고문자 코드집 문제를 제대로 처리하지 못해, 이 고문자 데이터베이스의 디지털화 기능에 큰 결함이 존재했고, 심지어는 『고문자고림』의 컴퓨터 조판 작업을 전혀 수행할 수 없었다. 이후에 화동사범대학 '중국문자연구와 응용센터'의 고문자 데이터베이스의 지원을 받고서야 『고문자고림』의 컴퓨터 조판을 완성할 수 있었다. 이 데이터베이스의 활용 한계는 당시 『고문자고림』 편찬을 담당했던 화동사범대학 '중국문자연구와 응용센터'가 고문자 데이터베이스를 개발하게 된 중요한 이유가 되었다.

② 『상주 금문 디지털화 처리 시스템(商周金文數字化處理系統)』과 『전국시대 초나라 문자 디지털화 처리 시스템(戰國楚文字數字化處理系統)』

2003년, 화동사범대학 '중국문자연구와 응용센터'는 두 개의 중요한 고문자 데이터베이스 소프트웨어(CD-ROM 버전)를 출시했다.

첫 번째, 『상주(商周) 금문 디지털화 처리 시스템』으로, 2003년 '광서(廣西) 교육출판사'와 '광서 금해만(金海灣) 전자음향출판사'가 공동으로 출판했다. 이 시스템은 '금문 폰트', '금문 입력 방식', '금문-해서체 대응 변환 프로그램', '금문 자료 데이터베이스' 네 부분으로 구성되어 있다.

'금문 폰트'는 당시 발표된 청동기 명문을 완전히 수록하고 있으며, 디지털화 처리 요구에 따라 엄격하게 정리되었다. 이는 해서체 글자(폰트에 포함되지 않은 예서체로 정리된 글자) 6,194자, 원래 형태 그대로의 금문 14,249자, 금문의 구성 요소[偏旁] 539개를 포함하고 있다.

'금문 입력 방식'은 새로 개발된 '3단계 문자 전체 병음[全拼] 입력 검색 시스템'의 부호화 원칙을 적용하여 부호화했다. 이는 금문 입력에 적합할 뿐만 아니라 사용자가 쉽게 익힐 수 있으며, 금문 해서체 글자, 원래 형태 그대로의 금문, 해독되지 않은 금문, 금문의 구성 요소를 분류하여 불러올 수 있다.

'금문-해서체 대응 변환 프로그램'은 텍스트 처리 소프트웨어(Word)에서 현대 통용 번체자와 원래 형태 그대로인 금문 간의 양방향 대응 변환을 실현할 수 있어, 원래 형태 그대로인 금문 사용에 큰 편의를 제공하였다.

'금문 자료 데이터베이스'는 당시 발표된 청동기 명문 13,000건, 총 120,000자 이상이 수록되어 있다. 기물명, 시대, 나라별, 글자 수, 출토지, 전승 경로, 현재 소장처 등 다양한 경로로 검색할 수 있으며, 명문의 전체 문장에 대한 검색도 가능하다.

두 번째, 『전국시대 초(楚)나라 문자 디지털화 처리 시스템』(상해교육출판사, 2003)으로, 이 시스템은 '전국시대 초나라 문헌 검색 시스템', '전국시대 초나라 문자 폰트', '초나라 문자 입력 방식', '초나라 문자-해서체 대응 변환 프로그램' 네 부분으로 구성되어 있다.

'전국시대 초나라 문헌 검색 시스템'은 당시 발표된 전국시대 초나라 계열의 죽간과 백서 문자, 청동기 명문, 도장 문자, 화폐 문자 등의 문헌과 관련 실물 자료 2,267건을 수록했다. 이 중 죽간과 백서 문자가 주를 이루며, 글자 수는 총 6,689자에 이른다.

이 시스템은 『상주 금문 디지털화 처리 시스템』과 동일한 모든 기능을 갖추고 있고, 각 글자에 대응하는 원래 실물 문자의 이미지를 개별적으로 표시하는 기능도 갖추고 있다.

③ 『상주금문자료통감(商周金文資料通鑑)』

'섬서성(陝西省) 고고연구소'와 '서안 광재(廣才) 과학기술 유한회사'가 공동으로 개발한 『상주금문자료통감』이 2008년부터 판매되기 시작했다. 이 시스템은 2007년 12월까지 공개된 상주 시대의 청동기 18,000여 점과 기물 이미지 9,000여 점을 수록하고 있으며, 각 기물에는 그와 관련된 내용(기물 명칭, 출토 시기, 출토 지점, 소장 기관, 크기와 무게, 문양 설명 등)이 간략하게 소개되어 있다.

이 시스템은 기물명, 표제어 등으로 검색할 수 있지만, 명문 전체 문장에 대한 검색은 불가능하다. 그러나 다수의 청동기 명문 자료를 수록하고 기물의 이미지를 집대성한 것이 이 시스템의 특징이다.

④ 중국 고대 죽간과 백서 자형·용례 데이터베이스

이 데이터베이스는 '죽간백서 네트워크'[35]에서 구축하였는데, 초(楚)나라 죽간과 백서[36], 진(秦)나라 죽간과 목독, 한(漢)나라 죽간과 백서 등을 수록하고 있다.

---

35) 무한(武漢)대학 죽간백서연구센터에서 설립하였다.
36) 곽점(郭店) 1호 묘 죽간, 상해박물관 소장 죽간, 포산(包山) 2호 묘 죽간, 망산(望山) 죽간, 구점(九店) 죽간, 장태관(長台關) 1호 묘 죽간, 증후을(曾侯乙) 묘 죽간, 신채(新蔡) 갈릉(葛陵) 묘 죽간, 청화대학 소장 죽간.

단음절어나 한자의 편방을 이용한 자형 검색이나 단음절어를 이용한 용례 검색이 가능하지만, 이는 데이터베이스에 포함된 글자로 한정된다.

⑤ 한당전장(瀚堂典藏) 데이터베이스

이 데이터베이스는 '북경 시대한당(時代瀚堂) 과학기술 유한회사'에서 개발하여 구축하였다. 이 중 '출토 문헌' 데이터베이스에는 갑골문, 금문, 죽간과 백서, 화폐, 석각 문헌 등의 하위 데이터베이스가 포함되어 있다.

데이터베이스에 포함된 글자를 사용하여 제목, 출처, 도서 목록 또는 전문(全文)으로 검색할 수 있으며, 인쇄 및 복사 기능을 지원하고 온라인 자전이 제공된다.

⑥ 갑골세계 데이터베이스

이 데이터베이스는 '중국 국가도서관'에서 개발한 것으로, 갑골 실물 사진의 메타데이터 2,964건, 이미지 5,932장과 갑골 탁본의 메타데이터 2,975건, 이미지 3,177장과 같은 내용이 포함되어 있다.

데이터베이스에는 점을 친 사람의 이름, 출토 지점, 시대, 출처 방식, 크기, 수량, 재질, 서체, 접합 정보, 내용 주제, 해석문, 참고 정보, 해당 탁본 등이 기록되어 있으며, 독자들은 이러한 경로를 통해 데이터베이스에 포함된 글자로 검색할 수 있다.

또한, 이 데이터베이스는 공구집 링크 기능을 제공하여 독자들이 관련 문헌을 쉽게 참고할 수 있도록 하고 있다.

⑦ 은계문연(殷契文淵)

‘안양(安陽)사범대학 갑골문 정보 처리 교육부 중점실험실’과 ‘중국 사회과학원 갑골문 은상사(殷商史) 연구센터’가 협력하여 구축하였다. 이 데이터베이스에는 ‘3개의 데이터베이스와 1개의 플랫폼’, 즉 ‘갑골 자형 데이터베이스’, ‘갑골 기록 데이터베이스’, ‘갑골 문헌 데이터베이스’, ‘갑골문 지식 서비스 플랫폼’이 포함되어 있다.

2023년 8월까지, 이 데이터베이스는 갑골 기록 53종, 갑골 이미지 239,733장, 갑골 관련 논저 33,839종이 수록되었다. 개별 글자 검색을 제공하고, 부수표, 전체 단음절어 목록, 전체 자형 목록을 통해 보조적으로 개별 글자를 검색할 수 있고, ‘필기 입력기’를 통해서 검색할 수 있다.

⑧ 한자 통합 정보 자원 응용 시스템(漢字全息資源應用系統)

2019년, ‘북경사범대학 문과 대학에서 발표한 ‘한자 통합 정보[37] 자원 응용 시스템’은 주로 통용 한자의 사회적 응용과 과학 연구 수요를 위해 구축되었다. 이는 심층 구조와 표층 구조 두 단계 모델로 나누어지며, 이 두 구조는 서로 유기적으로 연결되어 있다.

심층 구조에서는 『설문해자』, 고문자, 번체자, 간화자, 전승자(傳承字) 간의 복잡한 연관 관계를 충분히 고려했으며, 표층 구조에서는 ‘상용 문자 집합’, ‘통용 규범 문자 집합’, ‘고대 문헌 인쇄 통용 문자

---

37) (역주) ‘통합 정보[全息]’란 형태, 독음, 의미, 사용, 코드 등을 포함하여 한자의 속성 정보를 포괄적이고 다차원적으로 표시할 수 있는 시스템을 의미한다. 이 용어는 시스템이 한자 자체를 수집할 뿐만 아니라 한자의 역사적 진화, 구조적 특성 및 의미론적 변화와 같은 다양한 정보를 효과적으로 보여줄 수 있는 한자의 다차원적 상관 관계를 포함하는 과학적 시스템을 구축했다는 것을 강조한다. 이러한 설계를 통해 사용자는 한자의 복잡성과 풍부성을 깊이 이해할 수 있으며, 서로 다른 분야의 한자 응용의 다원화 요구를 만족시킬 수 있다.

집합 등 다양한 수준의 문자 집합을 표현 모듈로 삼아, 서로 다른 발전 단계에 있는 한자들 간의 연결 문제를 해결했다.

⑨ 중국 고문자 스마트 검색 네트워크 데이터베이스

2021년 5월, '화동사범대학 중국문자연구와 응용센터'는 최신 성과인 '중국 문자 스마트 검색 네트워크 데이터베이스'를 발표했다. 이 중 '중국 고문자 스마트 검색 네트워크 데이터베이스'는 이 데이터베이스에서 가장 먼저 개발된 부분이며, 해당 연구 기관이 20년 동안 심혈을 기울여 이룬 성과이다.

이전의 유사한 성과들과 비교했을 때, 이 데이터베이스의 새로운 특징은 다음 네 가지 측면으로 요약할 수 있다.

첫째, 각 시대의 모든 고문자 유형을 전면적으로 포괄했다.

지금까지 이 데이터베이스에 포함된 문자 자료는 은상(殷商) 시대의 갑골문부터 명청(明淸) 시대의 문자에 이르기까지 한자 발전사의 모든 시기와 다양한 유형을 망라하고 있다. 선진(先秦) 시대 부분은 현재까지 공개된 자료를 기본적으로 모두 포함하고 있으며, 선진 이후 시대에 대해서는 각 시대의 주요 대표적 자료를 수집했다. 구체적인 내용은 다음과 같다.

· 은상 갑골문 데이터베이스 (7만여 편, 110만 자)
· 상주 금문 데이터베이스 (1.7만 종, 18만 자)
· 전국시대 초나라 죽간 데이터베이스 (9종, 10만 자)
· 선진시대 고대 도장, 도기, 화폐, 석옥(石玉) 문자 데이터베이스 (3.7만 점, 16만 자)
· 진한(秦漢) 시대 죽간·목독 데이터베이스 (50종, 90만 자)
· 한대(漢代) 금석(金石)문자 10종 데이터베이스 (3만 점, 20만 자)

둘째, 엄격한 디지털화 기준을 적용하여 방대한 실물 문자 자료를 디지털 매체로 전환하였다.

역대 출토된 실물에 사용된 문자는 국제 표준 코드집에 대부분 포함되어 있지 않다. 동시에, GBK 20,902자 이외에 이미 국제 표준 코드집에 포함된 약 9만 자의 문자도 네트워크와 데이터베이스의 사용에 문제가 있었다. 그런데다 GBK 20,902자 내에서 한 글자에 여러 코드가 있는 혼란한 상황이 많이 있고, 표준 코드집에서 지원하는 문자도 부족하여, 출토 문자의 데이터베이스 구축 과정에서 문자 자료를 입력하는 것이 보편적 난제가 되었다.

'중국 고문자 스마트 검색 네트워크 데이터베이스'는 상술한 문제점에 대처하기 위해, 온전한 출토 실물 문자의 코드집 표준 체계를 개발했으며, 구체적인 내용은 다음과 같다.

A. 각종 문자 자료의 해정자(楷定字), 원래 형태의 글자, 구별할 수 있는 의미를 지닌 한자의 구성성분, 실제 사용 문자를 정확히 포함할 수 있는 문자를 확정함.
B. 이러한 문자들을 유일값 형식으로 표준 코드집 코드 위치와 대응시킴.
C. 코드집의 기준에 따라 폰트 제작을 통해 표준 코드집에 포함되지 않은 글자의 글자체를 만듦.
D. 데이터베이스에서 사용하는 코드집의 모든 문자를 포괄하는 효과적인 입력 방식과 다양한 속성의 검색 수단.

이를 통해, 데이터베이스에서 사용하는 모든 문자와 표준 코드 위치를 정확하게 일대일 대응시키며, 데이터베이스의 각종 자료를 효과적으로 디지털화하여 처리할 수 있도록 했다.

셋째, 자료를 심층적으로 정리하고 분석하여 주석을 달았다.

한자를 각 시기별로 연구하고, 그 응용의 필요성에 따라 디지털화 정리와 심층 분석을 하였다. 원시 자료의 고증과 해석에 대한 정보를 연계시켰으며, 특히 고문자의 고증과 해석에 주력하여 최신 연구 동향을 추적하고 글자를 중심으로 이들 정보를 연계했다. 또한, 출토 문헌 자료의 언어, 문자, 문화적 속성 등에 대한 체계적인 주석 작업을 완료하였거나 일부 완성하였다. 그 내용은 다음과 같다.

· 글자 의미에 관한 주석
· 음성 표기
· 의미 범주 분석
· 편방(偏旁) 주석
· 고금자 의미 해석

이러한 주석 작업을 통해, 데이터베이스의 내부 자원들을 전반적으로 디지털로 연계하고 통합시켰다.

이를 바탕으로 '종합 주석 데이터베이스', '편방(偏旁) 데이터베이스', '통가자(通假字) 데이터베이스', '글자체 데이터베이스', '의미 범주 데이터베이스' 등 일련의 전문적인 고문자 데이터베이스가 형성되었고, 다양한 측면의 고문자를 디지털로 충분히 검색할 수 있게 되었다.

넷째, 스마트 인식 및 검색 기술을 획기적으로 발전시켰다.

'중국 고문자 스마트 검색 네트워크 데이터베이스'는 처음으로 이미지 스마트 인식 기술을 도입하여, 중국의 역대 한자 자원에 대한 디지털화의 핵심적인 결점을 해결했다. 즉, 입력할 수 없는 문자는 검색이 불가능하다는 문제를 극복하고, 입력이 불가능하거나 판독하기 어려운 고문자 자형, 난해한 자형, 희귀 자형을 인식할 수 있게 되었다. 현재 시스템에서 개발된 스마트 인식 수단은 인식 대상의 유형에 따라 두 가지로 나눌 수 있다.

- 단음절어 인식: 갑골문 단음절어 스마트 인식기, 상주(商周) 금문 단음절어 스마트 인식기, 석각(石刻) 난해 자형 스마트 인식기, 초나라 죽간 단음절어 인식기
- 전체 문장 인식: 상주(商周) 금문 명문(銘文) 스마트 해독, 갑골문 탁본 전체 스마트 읽기 기능, 석각 탁본 전체 스마트 읽기 기능

2. 홍콩과 대만 지역

① '한달문고(漢達文庫)'

'홍콩중문(中文)대학 중국문화연구소 산하의 류전작(劉殿爵)[38] 중국 고대 문헌 연구 센터[中國古籍硏究中心]'에서 구축한, 이 데이터베이스는 갑골문 데이터베이스와 죽간·백서 데이터베이스가 포함되었다.

갑골문 데이터베이스는 9종의 대형 갑골문 서적을 수록하고 있으며, 총 67,683편의 복사(卜辭)를 포함하고 있다. 갑골문자의 자형 총괄표를 제공하며, 그와 동시에 갑골문자의 원래 자형과 예서체로 정리한 해석을 나타낼 수도 있고, 다양한 방식으로 검색할 수도 있다.

---

38) (역주) 류전작(劉殿爵: LAU Din Cheuk, 1921.3.8~2010.4.26)은 홍콩의 저명한 번역가이자 언어학자, 한학자이다. 그는 홍콩대학교 중문과에서 수학했으며, 스코틀랜드 글래스고 대학교에서 서양 철학을 공부했다. 류전작 교수는 정확하고 엄밀한 태도로 고대 고전을 번역하는 것으로 유명하다. 그가 영어로 번역한『논어』, 『맹자』, 『노자』는 해외에서 중국 철학 연구를 위한 필독서가 되었다.
또한, 그는 '선진(先秦)·양한(兩漢)시대 전체 고대 문헌 전산화 데이터베이스[先秦兩漢全部傳世文獻計算機化資料庫]'의 구축에 참여했으며, '홍콩중문대학교 중국문화연구소 선진양한 시대의 고대 문헌 개별 글자 색인 총간'을 편찬했다. 류전작 교수의 작업은 동서양 철학의 비교 연구와 중국 고전 문헌의 현대화 연구에 깊고 광범위한 영향을 미쳤다.

죽간·백서 데이터베이스는『마왕퇴한묘백서(馬王堆漢墓帛書)』등 12종의 죽간·백서 출토 문헌을 수록하고 있는데, 총 약 40만 자를 포함하고 있다. 해석과 이미지를 죽간별로 대조하여 나타내고 있어, 간편한 검색 방식을 제공하고 있다. 또한, 검색 결과를 직접 인쇄하거나 저장할 수 있어 열람하기 편리하다.

② '갑골문 전문(全文) 데이터베이스[甲骨文全文資料庫]'

'홍콩중문대학교 중국문화연구소'와 '중국사회과학원 역사연구소'가 협력하여 구축한, 이 데이터베이스는 호후선(胡厚宣)이 책임 편집한『갑골문합집(甲骨文合集)』13책 해석집을 기본 텍스트로 하여, 총 4만여 편의 갑골과 약 6만 자의 복사(卜辭)를 수록하였다.

③ '곽점 초나라 죽간 데이터베이스[郭店楚簡資料庫]'

홍콩중문대학교의 도서관과 중어중문학과[中國語言及文學系]의 장광유(張光裕) 교수가 공동으로 개발한, 이 데이터베이스는『당우지도(唐虞之道)』,『충신지도(忠信之道)』,『성지문지(成之聞之)』,『성자명출(性自命出)』,『육덕(六德)』및『어총(語叢)』,『노자(老子)』,『궁달이시(窮達以時)』,『치의(緇衣)』등 16편의 도가와 유가 문헌의 해석 수정본을 수록하고 있다.

사용자는 죽간의 일련번호, 도서 목록, 편명(篇名), 저자 및 출처, 또는 내용 항목 아래에 검색하고자 하는 자료의 키워드를 입력하여, 필요한 정보를 검색할 수 있다.

④ '죽간·백서·금석 데이터베이스[簡帛金石資料庫]'

대북(臺北) '중앙연구원(中央研究院)'의 '역사언어연구소 문물이미지 자료실'에서 구축한, 이 데이터베이스는 60여 종의 죽간·백서·금석 자료 및 연구 도서 목록, 색인 등을 포함하여 총 3,401,684자의 순수 텍스트 데이터를 수록하고 있으며, 『수호지진묘죽간(睡虎地秦墓竹簡)』 등 자료 저술이 집중된 대형 보고서를 포함하고 있다.

이 데이터베이스는 불린 연산(Boolean operation)[39], 다중 조건 검색, 구문 검색, 특정 문자 제외 기능[40] 및 자연어 검색을 지원한다.

⑤ '선진시대 갑골·금문·간독 어휘 데이터베이스[先秦甲骨金文簡牘詞彙庫]'

대북(臺北) '중앙연구원'의 '역사언어연구소'에서 개발한, 이 데이터 베이스는 간독, 금문, 갑골문 세 가지 문자 자료를 수록하고 있으며, 대략 총 13만 개의 어휘를 포함하고 있다.

갑골문은 주로 『은허갑골각사모석총집(殷墟甲骨刻辭摹釋總集)』을 채택하였고, 금문은 『은주금문집성(殷周金文集成)』과 『새로 수집된 은 주시대 청동기 명문과 기물 이미지 자료집[新收殷周青銅器銘文暨器影彙編)]』을 수록하여, 주로 2005년 이전에 출토된 청동기 명문을 대상 으로 하였다.

---

39) (역주) 불린 연산(Boolean operation)은 컴퓨터 과학과 수학에서 사용되는 논리 연산의 한 형태로, 참(true)과 거짓(false) 두 가지 값만을 사용하여 논리적 관 계를 표현하고 처리하는 방식을 말한다. 데이터베이스 검색에서 불린 연산은 주로 다음과 같은 논리 연산자를 사용한다.
  · AND: 두 조건을 모두 만족하는 결과를 찾는다.
  · OR: 두 조건 중 하나라도 만족하는 결과를 찾는다.
  · NOT: 특정 조건을 만족하지 않는 결과를 찾는다.
  예컨대, '죽간·백서·금석 데이터베이스'에서 '진(秦) AND 죽간'이라는 검색을 하면, '진'과 '죽간' 두 단어가 모두 포함된 자료만을 찾게 된다.
  이러한 불린 연산을 통해, 사용자는 더 정확하고 세밀하게 검색할 수 있어, 대 량의 데이터에서 원하는 정보를 효과적으로 찾을 수 있다.
40) (역주) 특정 문자나 단어를 검색 결과에서 제외하는 기능을 말한다. 원하지 않 는 결과를 필터링하여 더 정확한 검색 결과를 얻을 수 있다.

간독은 다음과 같은 7종의 텍스트 어휘 자료가 포함되었다.

- 초백서갑을병본(楚帛書甲乙丙本)
- 증후을묘죽간(曾侯乙墓竹簡)
- 포산초묘죽간(包山楚墓竹簡)
- 망산초묘죽간(望山楚墓竹簡)
- 강릉구점동주묘죽간(江陵九店東周墓竹簡)
- 곽점초묘죽간(郭店楚墓竹簡)
- 신채갈릉초묘죽간(新蔡葛陵楚墓竹簡)

상술한 자료들은 어휘 검색과 전체 문장 검색으로 나뉜다.

또한 『수호지진묘죽간(睡虎地秦墓竹簡)』, 『운몽용강진간(雲夢龍崗秦簡)』, 『상해박물관장전국초죽서(上海博物館藏戰國楚竹書)』(1-7책)을 수록하여 전체 문장을 검색할 수 있다.

⑥ '갑골문 전문(全文) 이미지 데이터베이스[甲骨文全文影像數據庫]'

대만 성공(成功)대학교 중문과 갑골학(甲骨學)연구실, 도서관, 정보공학연구소가 공동으로 개발 및 구축한, 이 데이터베이스는 『갑골문합집(甲骨文合集)』, 『은허갑골각사모석총집(殷墟甲骨刻辭摹釋總集)』, 『은허갑골각사류찬(殷墟甲骨刻辭類纂)』 등 관련 인용 자료의 전문을 통합하여 입력하였고, 총 41,956편의 갑골문 이미지와 그에 해당하는 해석과 요약을 포함하였다. 주요 기능은 다음과 같다.

- 해석 검색
- 분류 검색
- 출처 검색
- 키워드 검색

· 요약 검색

· 필드 간 교차 검색

· 구문 색인 탐색

· 빠른 데이터 표시

· 탁본 부분 확대/축소

· 인쇄 또는 저장 기능

이를 통해 전문 검색과 전체 이미지를 열람할 수 있다.

3. 일본

① 갑골문 데이터베이스

교토(京都)대학교 인문과학연구소에서 개발한, 이 데이터베이스는 문자 검색과 전문 읽기 서비스를 제공할 수 있다고 소개되어 있다.

이는 『교토대학 인문과학연구소 소장 갑골문자[京都大學人文科學硏究所藏甲骨文字]』[41]를 기본 텍스트로 하여 데이터를 입력하였다.

② 초나라 죽간 데이터베이스

와세다(早稻田)대학교 문학부 쿠도(工藤) 연구실에서 개발한, 이 데이터베이스는 초나라 계열 문자 자료 데이터베이스와 간독 자료데이터베이스 두 부분으로 구성되어 있으며, 검색 기능이 있다.

이는 사용자가 단어와 문장 등을 선택하여 검색할 수 있다고 소개

---

41) (역주) 카이즈카 시게키(貝塚茂樹, 1904-1987)는 일본의 저명한 중국학자이자 역사학자이다. 도쿄제국대학(현 도쿄대학) 중국철학문학과에서 중국 고대사와 문헌학을 전공했다. 그는 일본의 중국학 연구를 현대화하는 데 큰 역할을 했으며, 갑골문 연구를 통해 중국 고대사 연구에 새로운 시각을 제시하고, 중국 고대 사회와 사상에 대해 체계적으로 연구하였다. 주요저서로는 『중국고대사회연구』, 『중국고대사론』, 『중국고대사상론』, 『교토대학 인문과학연구소 소장 갑골문자』 등이 있다.

되어 있다. 데이터베이스에 포함된 내용은 다음과 같다.

- 장사자탄고초백서(長沙子彈庫楚帛書)
- 하남신양장태관초간(河南信陽長台關楚簡)
- 악군계절(鄂君啓節)
- 호북강릉망산초간(湖北江陵望山楚簡)
- 호북수주증후을묘죽간(湖北隨州曾侯乙墓竹簡)
- 호북강릉천성관초간(湖北江陵天星觀楚簡)
- 호북형문포산초간(湖北荊門包山楚簡)
- 호북형문곽점초묘죽간(湖北荊門郭店楚墓竹簡)

이상의 지점에서 출토된 죽간, 백서 및 청동기 명문을 포함하고 있다.

(4) 한자의 지능화 연구

한자의 사회적 응용 측면에서 볼 때, 지능화는 주로 다양한 전자 기기의 한자 입력, 예컨대 필기 인식, 음성 인식, 번체자와 간체자 변환 등에 집중되어 있다. 그러나 이러한 응용 기술은 한자 연구와의 관련성이 적기 때문에, 여기서는 자세히 다루지 않겠다.

무엇보다 한자 연구 분야에서 고문자 이미지 인식은 한자 지능화의 주요 관심사이다.

고문자 이미지 인식은 실제로 오랜 연구 기간을 거쳤다. 예컨대, 갑골문 인식에 관한 연구 논문이 1996년에 이미 발표되었으며, 이후로도 관련 연구 성과가 지속적으로 발표되었다. 그러나 장기간 동안 진정으로 성공적인 연구개발 성과는 드물었다. 관련 문제를 종합해보면, 두 가지 주요 포인트가 있다.

첫째, 지금까지의 관련 연구개발은 인식 대상을 매우 제한된 범위의 자료42)로 한정했고, 이는 샘플링을 통한 제한된 범위의 자료로 '알고리즘' 개발의 '성공'을 증명하려는 의도였다.

예컨대, 이봉(李鋒) 등은 「갑골문 자동 인식의 그래프 이론 방법(甲骨文自動識別的圖論方法)」43)에서 "1,035개의 갑골문 문자를 추출하여 자동으로 인식하는 실험을 하였다." 그러나 이들이 완수하고자 한 과제는 "3,000개 이상의 서로 다른 서법의 갑골문 단어를 자동으로 인식하는 것이었다."

주신륜(周新倫) 등은 「갑골문 컴퓨터 인식 방법 연구(甲骨文計算機識別方法研究)」44)에서 현재까지 검증된 2,860개의 갑골문을 바탕으로, 386 마이크로컴퓨터에 1,430KB의 갑골문 샘플 자형 라이브러리(64x64 도트 매트릭스45)) 및 이에 대응하는 270KB의 한자 폰트 데이터베이스(32x32 도트 매트릭스)를 구축했다.

진단(陳丹) 등의 「고문자의 온라인 필기 인식 연구」46)의 인식 시스템 '샘플 라이브러리'에는 좌민안(左民安)의 『한자에 대한 상세한 설명: 1,000개 한자의 기원과 변천(細說漢字 - 1000個漢字的起源與演變)』에 있는 735개의 갑골문자를 포함하고 있다.

---

42) 대개 몇 백 자에서 몇 천 자 정도나, 실제 공개된 갑골문 각사의 문자 수는 백만 자 이상이다.
43) 李鋒, 周新倫, 「甲骨文自動識別的圖論方法」, 『電子科學學刊』 第S1期(1996).
44) 周新倫, 李鋒, 華星城, 韋劍, 「甲骨文計算機識別方法研究」, 『複旦學報(自然科學版)』 第5期(1996).
45) (역주) 도트 매트릭스(Dot Matrix)는 점들의 격자 또는 배열을 말하며, 작은 점들을 규칙적인 패턴으로 배열하여 이미지나 문자를 형성하는 방식이다. 컴퓨터 그래픽, 프린팅, 디스플레이에 주로 사용된다. 갑골문이나 한자를 디지털화할 때, 각 문자를 일정한 크기의 격자(64x64, 32x32)로 나누어 표현하는데, 각 격자 칸이 하나의 도트에 해당하며, 이 도트들의 조합으로 문자의 형태를 디지털로 재현하게 된다.
46) 陳丹, 李寧, 李亮, 「古文字的聯機手寫識別研究」, 『北京機械工業學院學報』 第4期(2008).

여초경(呂肖慶) 등은 「그래픽 인식을 기반으로 한 갑골문 분류 방법(一種基於圖形識別的甲骨文分類方法)」[47]에서 일부 갑골문 문자의 이미지를 선택하여 분류 실험을 하였다. 전형적인 예에서는 '보(保), 화(禾), 우(牛), 여(女), 인(人), 천(天), 양(羊), 축(祝)'이라는 8개의 고문자와 관련된 이미지를 포함하며, 각 고문자마다 30장의 이미지를 하나의 카테고리로 선택하고, 각 카테고리에서 20장의 이미지를 훈련용으로, 나머지 10장을 테스트용으로 사용했다.

고소통(顧紹通)은 「위상[48] 매칭을 기반으로 한 갑골문 자형 인식 방법(基於拓扑配准的甲骨文字形識別方法)」[49]에서 3,673개의 갑골문 자형이 포함된 'TIF 형식 폰트'를 사용했다.

류영혁(劉永革) 등은 「SVM을 기반으로 한 갑골문자 인식(基於SVM 的甲骨文字識別)」[50]에서 '갑골문 이미지 및 텍스트 자료 데이터베이스'를 구축하고, 데이터베이스에서 '대(大), 이(耳), 구(口), 목(目), 조(鳥), 여(女), 인(人), 상(上), 수(首), 위(爲), 서(西), 우(又), 중(中), 자(子), 자(自)'와 같은 15개의 문자를 선택하여 인식 실험을 했으며, 총 1,290개의 갑골문자를 선택해서 인식했다.

일부 연구는 지능화 수단을 고문자 입력 방식에 적용했다. 류영혁과 이강(李强) 등은 갑골문 필기 입력 방식[51]을 개발했는데, 이는 현재 최신의 인공지능 심층 학습 연구 성과를 활용하여, 합성곱 신경망을 기반으로 갑골문 인식 네트워크를 인식 모듈로 개발했다.

---

47) 呂肖慶, 李沐楠, 蔡凱偉, 王曉, 唐英敏, 「一種基於圖形識別的甲骨文分類方法」, 『北京信息科技大學學報(自然科學版)』 第S2期(2010).

48) (역주) 토폴로지(topology)를 일반적으로 위상(位相)이라고 번역하는데, 이는 물체의 형상을 왜곡, 변형시키더라도 변하지 않는 성질을 연구하는 학문을 말한다.

49) 顧紹通, 「基於拓扑配准的甲骨文字形識別方法」, 『計算機與數字工程』 第10期(2016).

50) 劉永革, 劉國英, 「基於SVM的甲骨文字識別」, 『安陽師範學院學報』 第2期(2017).

51) 劉永革, 李强, 「甲骨文輸入法綜述」, 『殷都學刊』 第3期(2020).

이 입력 방식은 사용자에게 갑골문 부수 표를 제공하고, 사용자가 입력하고자 하는 갑골문자의 형태에 따라 해당 부수를 선택하면, 프로그램이 이러한 부수를 포함한 갑골문 형태를 사용자에게 제시함으로써, 사용자가 필요한 문자를 클릭하여 입력할 수 있다.

위에서 언급한 갑골문 인식 관련 연구는 사용된 갑골문자의 수가 다양하긴 하지만, 실제 인식 환경에서 나타날 수 있는 갑골문자의 양에 비하면 훨씬 적다.

학계에서는 현재까지 발견된 갑골이 15만에서 16만 편에 이르며, 각 편에는 문자가 있는 갑골의 경우 일반적으로 수량이 일정하지 않지만, 적게는 한 자릿수에서 많게는 수백 개의 자형이 있다고 인정했다. 우리가 개발한 갑골문 데이터베이스의 통계만 보더라도, 갑골문자의 형태의 수가 이미 10만을 초과했다.

일반적으로 이러한 소규모 샘플링에는 다음과 같은 두 가지 문제점이 존재한다.

- 소규모 자료에 대한 인식은 그 의의가 매우 제한적이거나 사실상 무의미하다.
- 소규모 자료 인식을 지원하는 '알고리즘'은 더 큰 범위의 자료 인식에 적용할 수 없으며, 자료의 범위가 달라지면 '알고리즘'도 실패하게 된다.

둘째, 지금까지 개발된 고문자 인식 프로그램의 인식 효과가 매우 제한적이라는 점이다. 이는 자형이 어떤 추상적인 '글자'에 속하는 것만을 인식할 수 있을 뿐, 구체적인 고문자 문헌에서 사용된 특정 글자인지는 인식하지 못한다.

예컨대, "인식 결과가 모니터에 갑골문과 그에 대응하는 한자로 입력 문자의 우측 상단에 표시됩니다."[52]라든가, "모바일 통신 단말기에 미리 저장된 고문자와 간체자의 연결 관계에 따라, 매칭 정도가 가장 높은 고문자에 해당하는 각 간체자를 찾아냅니다."[53]가 있다.

이러한 인식 효과의 한계는 실제로 '알고리즘'과 일차 자료인 복사(卜辭) 문자 간의 직접적인 연결을 끊어내어, 결과적으로 이미지 스마트 인식을 통해 고문자 연구를 지능화 궤도에 진입시킬 수 있는 큰 기회를 놓쳐버렸다. 이러한 상황을 초래한 원인은 다양하지만, 가장 주요한 점은 지금까지의 갑골문 이미지 스마트 인식 연구가 지능형 디지털 플랫폼의 지원을 받지 못했다는 것이다.

그런데, 주목할 만한 점은 위에서 언급한 고문자 이미지 인식 연구들이 대부분 컴퓨터 분야 전문가들이 주도해 왔으나, 최근에는 대학의 고문자 전문 기관이 고문자 이미지 인식에 관한 연구를 주도하고, 학제 간 연구개발의 새로운 국면을 열기 시작했다는 것이다. 예컨대, 길림(吉林)대학의 고문자 팀이 '한자 감별 시스템-한자의 형태 인식'팀과 협력하여 교육부와 국가언어위원회가 지원하는 '인공지능을 이용한 고문자 형태 인식 소프트웨어 시스템 연구개발 및 구축'이라는 대형 프로젝트를 담당하였다.

이 과제는 선진(先秦) 시대의 고문자 자료의 정리와 해석을 기반으로, 대량의 명확한 문자 샘플을 추출하고, 컴퓨터 기술을 충분히 활용하여 이를 디지털화 및 정보화하며, 인공지능 기술과 결합하여 고문자 형태를 자동으로 인식하는 소프트웨어를 개발하는 것을 목표로 한다. 이러한 연구의 목적은 다음과 같다.

---

52) 周新倫, 李鋒, 華星城, 韋劍, 「甲骨文計算機識別方法研究」, 『複旦學報(自然科學版)』 第5期(1996).
53) 陳珺, 羅林波, 官文俊, 『一種古文字識別系統及方法』(2017). 申請(專利)號: CN201710614296.X.

· 고문자 전공 분야의 발전을 촉진시킨다.
· 고문자 전공의 보급화와 대중화를 가속시킨다.
· 다른 전통문화 학문 분야의 유사 연구에 참고 사례를 제공한다.

2019년 5월과 2021년 5월, 화동사범대학의 '중국문자연구와 응용 센터'에서는 고문자 이미지 인식의 새로운 성과를 두 차례 발표했으며, '상주시대 금문 스마트 인식 시스템[商周金文智能鏡]', '갑골문 스마트 인식 시스템[甲骨文智能鏡]', '초나라 죽간 문자 스마트 인식기[楚簡文字智能識別器]', '석각의 난해한 자형 스마트 인식기(石刻疑難字形智能識別器)' 등 네 가지 스마트 인식 프로그램을 연이어 발표했다. 처음 두 성과는 모바일 APP 미니프로그램까지 개발되었다.

인식 효과의 측면에서, 이 프로그램들은 다음과 같은 성과를 거두었다.

· 관련 자료에 대한 전면적인 인식 달성
· 상대적으로 높은 인식 정확도 획득
· 단일 문자와 전체 문장이라는 두 가지 대상에 대한 인식 실현

그러나 이러한 성과에도 불구하고, 모호한 문자에 대한 인식 능력, 인식 대상의 다양성(단일 문자, 전체 명문, 문자 매체 등) 및 인식의 정밀도 면에서는 여전히 개선해야 할 부분이 남아 있다.

고문자 지능화 연구의 최신 발전 동향은 점차 전문화되는 양상이다.

최근 오진무(吳振武)는 「고문자 고증 및 인공지능(古文字考釋與人工智能)」[54]에서 자신이 과거 고문자를 고증한 예를 들어, 인간이 고문자를 해독하는 데 있어 많은 핵심적인 부분들이 향후 인공지능 기술

---

54) 吳振武, 「古文字考釋與人工智能」, 『光明日報』2020年11月7日, 第12版.

을 통해 완전히 해결될 가능성이 충분하다는 것을 설명했다.

장중생(張重生)은 「AI 주도의 갑골 파편 복원: 10가지 새로운 복원 사례를 중심으로(AI驅動的甲骨綴合－附新綴十則)」[55]를 발표했고, 모백봉(莫伯峰)은 「AI를 이용한 갑골 파편 복원에서의 인간과 기계의 협력(AI綴合中的人机耦合)」[56]을 발표했다. 이 두 논문은 갑골문 파편 복원 과정에 인공지능을 도입함으로써 얻은 초기 성과를 소개하였다.

(5) 한자 기초 연구의 디지털화

정보기술이 발전하면서, 천 년의 전통을 지닌 고대 학문인 중국 문자학도 점차 디지털 시대에 융합되었다. 적어도 일부 문자학 연구자들의 책상 위에서는 '카드 상자'가 이미 데이터베이스로 대체되었으며, 데이터베이스 자원을 활용한 문자학 연구가 갈수록 많아졌다.

그러나 어떤 연구 성과를 '한자 기초 연구의 디지털화' 범위에 포함시키고자 한다면, 명확한 경계를 설정할 필요가 있다. 우선, 코드집, 입력 방식, 데이터베이스, 지능화에 관한 연구 논문과 저서들은 한자 기초 연구와 아예 관련이 없는 것은 아니지만, 직접적인 관련성이 없다. 또한, 이들 중 상당 부분은 이미 앞서 언급하였기에, 아래에서는 논하지 않겠다. 나머지는 두 가지 유형으로 분류할 수 있다.

1. 디지털화 방식과 수단을 활용한 한자 기초 연구 방법의 이론적 탐구
이 유형의 성과는 최상위 설계 범주에 속하며, 현재 그 수가 적은

---

55) 張重生, 「AI驅動的甲骨綴合──附新綴十則」, 先秦史研究室網站,
   https://www.xianqin.org/blog/archives/14062.html, 檢索日期 2020年9月20日.
56) 莫伯峰, 張重生, 門藝, 「AI綴合中的人機耦合」, 『出土文獻』 第1期(2021).

편이다.

2001년, 왕녕(王寧)과 주효문(周曉文)은 「컴퓨터를 활용한 한자 형태사 연구(以計算機爲手段的漢字構形史研究)」[57]에서 컴퓨터를 활용한 한자사 연구의 의미, 역대 한자 형태 체계에 관한 기술과 비교, 소전(小篆)의 디자인 및 구현 등의 문제를 상세히 설명하였다.

2005년, 왕녕(王寧)은 「한자 연구와 정보과학기술의 결합(漢字研究與信息科學技術的結合)」[58]에서 한자 연구와 정보과학기술의 결합이 현대의 한자 교육, 한자 정보 처리 및 한자 규범화를 과학적 궤도로 이끄는 필수적이고 유일한 방법이라고 제시했다.

정보과학기술은 이미 다음과 같은 다양한 한자 연구 영역에 광범위하게 적용되어 큰 성과를 거두었다.

- 『설문해자(說文解字)』 연구
- 고문자와 상고 한자사 연구
- 금문자(今文字)와 중고·근대 한자사 연구
- 한자 폰트 연구
- 현대 한자 연구

정보기술을 활용한 한자 연구에 필요한 세 가지 조건은 다음과 같다.

- 한자의 이론적 연구
- 인문학적 기호 연구의 요구에 부합하는 정보기술
- 이론적 사고와 기술의 결합

---

57) 王寧, 周曉文, 「以計算機爲手段的漢字構形史研究」, 『中國文字研究』 第2輯(廣西教育出版社, 2001), 5-12쪽.
58) 王寧, 「漢字研究與信息科學技術的結合」, 『勵耘學刊(語言卷)』 第1卷(學苑出版社, 2005), 1-22쪽.

2013년, 상위(尚偉)는 「인지심리학적 관점에 기반한 고문자 정보 처리 연구(基於認知心理視角的古文字信息處理研究)」[59]에서 고문자의 글자체를 분류하는 문제를 실질적으로 논의했다. 저자는 "대다수의 학자들이 고문자의 정보화 연구에서 여러 오류에 빠져있다."라고 지적하였는데, 그 내용은 다음과 같다.

첫째, 지식은 중시하되 정보는 경시한다. 즉, 고문자의 음과 의미의 고증 및 글자 형태의 예서화에 중점을 두어, 고문자의 정보 처리를 지식의 처리로 간주하고, 고문자 자체를 하나의 정보로 보지 않는다.

둘째, 차이점은 중시하되 통일성은 경시한다. 즉, 각 고문자 간의 형체 구조와 그 구성성분의 차이는 중시하면서, 고문자의 형체 구조와 그 구성성분의 통일성은 경시한다.

셋째, 개체는 중시하되 전체는 경시한다. 즉, 각 고문자를 독립된 개체로 보고, 각 유형의 고문자를 독립된 부류로 보면서, 고문자가 지닌 전체성을 간과하여 고문자를 동일한 구성성분으로 이루어진 부류로 간주하지 못한다.

넷째, 경험은 중시하되 체계성은 경시한다. 즉, 고문자 연구의 경험을 정보 처리에 적용하는 것을 중시하면서 정보 처리의 체계성을 간과한다.

따라서 우리는 사고방식을 전환하여, 인지심리학적 관점에서 고문자의 정보 처리를 독립적이고 단계적인 정보 전환 및 흐름의 과정으로 보아야 할 필요가 있다. 이 과정의 각 단계에서 정보 자체에 기반한 적절한 제약 원칙을 적용하여 전체 정보 흐름과 전환 과정의 정확성과 효율성을 보장해야 한다.

이에 따라 우리는 고문자 정보의 처리를 부호화, 추출, 사용이라는 세 단계로 이루어진 정보 처리 과정으로 보고, 각 단계에 제한적 원칙을

---

59) 尚偉, 「基於認知心理視角的古文字信息處理研究」, 『情報科學』 第7期(2013).

적용함으로써 고문자의 정보 처리 문제를 더 효과적으로 해결했다.

이 논문은 고문자 문자 정리 분류에 대한 새로운 접근법을 제안했다. 그러나 이 접근법을 고문자 자형의 분류와 정리의 구체적인 작업에 적용하기 위해서는 고문자 해독, 처리 등과 관련된 일련의 특수한 어려움을 해결해야 한다. 그렇지 않으면 이론에 그치는 피상적인 논의에만 머무를 위험이 있다.

최근 몇 년간, 유지기(劉志基)는 이 분야에서 다수의 논문을 발표했다. 그중 2017년에 발표한 논문 두 편이 특히 중요하다. 「데이터베이스 문자학 시론(數據庫文字學芻議)」60)에서는 다음과 같은 문제들을 연구했다.

- '데이터베이스 문자학'의 정의
- '데이터베이스 문자학'과 '코퍼스 언어학' 간의 관계
- '데이터베이스 문자학'의 실현 가능성
- '데이터베이스 문자학'과 전통 문자학
- '데이터베이스 문자학'의 데이터베이스 구축
- '데이터베이스 문자학' 연구의 학문적 가치 제고

「디지털화와 고문자 연구의 새로운 자료(數字化與古文字研究新材料)」61)에서는 다음과 같은 중요한 견해를 제시했다.

시대가 발전하면서 문자 처리 방식 방식에도 변화가 발생하게 되었

---

60) *Journal of Chinese Writing Systems*, 2017 (1), 영문판 창간호. ISSN:2513-8502, 영국 SAGE 출판사에서 발행.
61) *Journal of Chinese Writing Systems*(『中國文字』), 2017 (2), 한어판 창간호, ISSN: 2513-8502, 영국 SAGE 출판사에서 발행.

다. 그리하여 디지털화를 통한 자료 정리를 통해 자료 연구 가치를 향상시키는 작업이 고문자 연구의 주요 의제로 대두되었다. 이는 결국 진인각(陳寅恪)이 말한 "한 시대의 학술"에 반드시 있어야 할 새로운 자료를 만들어낼 것이다.

전통 고문자 자료의 정리와 기존 고문자 자료의 디지털화에 대한 장단점을 바탕으로, 향후 디지털화를 통한 고문자 연구의 새로운 자료 창출에 있어 다음과 같은 핵심방향을 제시할 수 있다.

   -전통 고문자 연구 자료 및 분석 도구의 개선과 확장
   -잠재적인 학술사 발전 지점에 주목
   -핵심적인 학술적 난제 해결

2. 디지털화 모델을 활용한 문자학 기초 연구 성과

연구에 적용되는 디지털화 기술이 다양하기 때문에, 이러한 성과의 인정 기준을 명확히 정의하기 어려운 면이 있다. 그러므로 우리는 그 기준에 대해 다음과 같이 정의하였다.

첫째, 연구 자료 전체가 디지털 매체여야 한다. 이를 통해서만 연구에 필요한 빅데이터를 생성할 수 있다.

둘째, 논증의 근거는 전반적으로 빅데이터에 기반해야 한다. 따라서 연구 결론은 빅데이터를 통해 얻어진 것이어야 하며, 단순히 예시를 들어 논증하는 방식으로 얻을 수 있는 결과가 아니어야 한다.

객관적으로 말하자면, 이와 같은 제한 속에서 이러한 성과는 드물게 나타날 수밖에 없다.

2004년, 장재흥(張再興)의 『서주 금문 문자 체계론(西周金文文字系統論)』[62]이 출간되었는데, 그 「서론」에서 그는 자신의 연구 방식에 대해 다음과 같이 설명하였다.

---

62) 張再興, 『西周金文文字系統論』(華東師範大學出版社, 2004).

앞서 언급한 방법63)을 서주 금문의 체계 연구에 성공적으로 적용하여 예상한 연구 목표를 달성하기 위해서는 전통적인 수작업 방식으로는 분명히 한계가 있다.

따라서 이러한 한계를 극복하기 위해, 컴퓨터 정보기술을 전면적으로 도입하는 것이 핵심적인 기술적 해결책이 되었다.

서주 금문 문자 체계의 각 부분을 정량적으로 통계하고, 그 통계 결과를 역사의 발전 속에서 체계적으로 비교하려면, 컴퓨터 정보기술을 활용하지 않고는 처리하기 어렵다고 말할 수 있다.

이 연구를 원활하게 수행하기 위해, 필자는 여러 고문자 폰트, 고문자 자료 데이터베이스, 언어문자 응용 컴퓨터 프로그램에 순차적으로 참여하거나 독자적으로 개발했다.

이 책의 1차 연구 자료인 상주 금문 자료는 모두 위에서 언급한 '고문자 자료 데이터베이스'에 저장되어 있으며, '기명(器銘), 단음절어, 글자 구성 요소의 세 가지 층위'에서 '금문'을 검색할 수 있다. "각 층위의 모든 속성은 검색 통계의 단위로 사용될 수 있으며, 조합하여 사용할 수 있다. 또한, 각 층위는 서로 연결되어 유기적인 전체를 형성한다."

인용문에서 언급한 '고문자 폰트'는 범용 문자 집합의 공백을 보완하기 위해 개발된 것으로, '금문 자료 데이터베이스'의 원활한 운용을 지원하는 금문 서체를 말한다. 또한, '언어문자 응용 컴퓨터 프로그램'은 '금문 자료 데이터베이스'에 수록된 문자의 구조 분석 표기를 기반으로 개발된 두 가지 프로그램을 말한다.

하나는 '한자 구조 통계 분석 시스템'으로, "이는 데이터베이스를

---

63) '철저한 정량적 통계, 전방위의 체계적 논증, 전 과정의 역사적 비교' 방법을 말한다.

기반으로 한 응용 소프트웨어 시스템으로, 문자 구조의 다양한 속성을 완성된 한자와 한자의 구성성분 요소 두 가지 측면에서 각각 통계낼 수 있다." 다른 하나는 '글자 빈도에 대한 단대별 통계 분석 시스템'으로, "이는 금문의 다양한 이체자가 각 시대에 어떤 빈도로 분포되어 있는지 자동으로 통계를 내는 데 사용된다."

『서주 금문 문자 체계론』의 자료 대상은 주로 '금문 자료 데이터베이스'에서 나왔고, '금문 자료 데이터베이스'는 다시 『서주 금문 문자 체계론』의 기재 요건에 근거하여 자료 표기와 응용 프로그램을 개발했다.

따라서 이 연구 성과는 앞서 언급한 정의에 부합하며, '데이터베이스 문자학'의 실제적인 적용 사례라고 말할 수 있다.

2017년, 장재흥(張再興)의 논문집 『상주 금문의 디지털화 연구(商周金文數字化硏究)』[64]가 출판되었는데, 상주(商周)시대 금문의 형태 체계, 단어의 의미, 고증과 해석 등 다양한 측면에 대한 디지털화 연구 성과를 집대성한 것이다.

최근 10여 년간 유지기는 이와 관련된 연구 성과들을 발표했다. 그중, 2009년에 발표한 「글자의 빈도라는 관점에서 본 고문자 '사서(四書)'의 분포에 대한 발전 연구(字頻視角的古文字'四書'分布發展硏究)」[65]에서, 정량 데이터 분석을 기반으로 다음과 같은 내용을 주장했다.

> 전체 문자 체계의 통시적 변화를 살펴보면, 사서(四書: 상형, 지사, 회의, 형성)에서 직선적 변화를 보이며 그 변화 정도가 비교적 뚜렷한 것은 상형(象形)과 형성(形聲)이다. 상형자는 시간이 지남에 따라 감소하고 형성자는 증가하여, 결과적으로 전체 자형의 수와 글자 빈도에서의 주된 위치가 서로 바뀌게 되었다. 그리고 글자의 빈도에

---

64) 張再興, 『商周金文數字化研究』(上海書店出版社, 2017).
65) 劉志基, 「字頻視角的古文字"四書"分布發展研究」, 『古漢語研究』 第4期(2009).

대한 통계는 자형에 대한 통계의 증감 폭보다 훨씬 낮아, 문자 구조의 발전 속도를 더욱 실제적으로 보여준다.

회의(會意)는 서주(西周)시대 금문에서 갑골문에 비해 크게 증가한 후 자형 체계에서 상대적으로 안정적인 비중을 차지하게 되었으며, 이 역시 정상적인 발전과정을 보여준다.

그런데, 지사(指事)의 비중은 그 발전양상이 일정한 패턴을 보이지 않아, 한자 구조가 발전하는 과정에서 복잡한 성격을 나타내고 있다.

2012년, 유지기(劉志基)의 「편방 관점에서의 선진(先秦)시대 형성자(形聲字) 발전에 대한 정량 연구(偏旁視角的先秦形聲字發展定量研究)」[66]는 디지털 플랫폼을 기반으로 하여, 은상(殷商) 갑골문, 서주(西周) 금문, 전국시대 초(楚)나라의 간백문(簡帛文), 진(秦)나라의 간문(簡文)의 형성자 및 그 편방(소리부와 의미부)에 대한 정량 조사에 대한 통계를 완성하고 나서 표제어와 편방 수량의 비율을 통해, 선진(先秦)시기 형성자의 편방이 통시적으로 발전하는 과정에서 간소화되는 경향을 증명했다.

소리부와 의미부의 수량 비율을 통해, '표류(標類)'[67]와 '표성(標聲)'[68]이라는 형성자의 두 발전 경로 중에서 전자가 계속해서 주도적인 지위를 차지했음을 밝혔다. 또한, 각 유형의 문자에서 편방의 구성 빈도의 비율을 통해, 서로 다른 유형의 문자가 편방에 대해 각기 다른 선택을 한다는 것을 증명했다. 이러한 선택의 차이는 문자 체계의

---

66) 劉志基, 「偏旁視角的先秦形聲字發展定量研究」, 『語言科學』 第1期(2012).
67) (역주) 이는 의미부(義符)를 강조하는 발전 방향을 의미한다. 즉, 글자의 의미를 나타내는 부분을 더 중요하게 여기는 경향을 말한다. 이 경우, 형성자는 주로 의미를 분류하거나 표시하는 데 중점을 둔다.
68) (역주) 이는 소리부(聲符)를 강조하는 발전 방향을 의미한다. 즉, 글자의 발음을 나타내는 부분을 더 중요하게 여기는 경향을 말한다. 이 경우, 형성자는 주로 발음을 표시하는 데 중점을 둔다.

통시적 발전으로 촉발되기도 하며, 문헌의 유형이 다른 것에서 비롯되기도 한다.

2015년, 유지기(劉志基)는 「선진(先秦)시기 출토 문헌 언어 자료 유형 분석 시론: 「포산초간(包山楚簡)」과 「곽점초간(郭店楚簡)」을 예로(先秦出土文獻語料類型分析芻議—以「包山楚簡」與「郭店楚簡」爲例)」[69]에서 「곽점초간」과 「포산초간」을 예로 들어, 출토 문헌의 언어 자료 유형을 규정하는 연구 방법을 제시하고자 했다.

즉, 관련 문헌의 각 글자에 대해 맥락적 의미를 정의한 뒤에, 이를 언어 소통 내용의 각 측면을 전면적으로 반영할 수 있는 의미 분류 체계에 포함시켰다. 또한, 각 의미 유형의 맥락적 의미의 빈도와 단위 수량 상황을 바탕으로 관련 문헌 언어에서 나타나는 주요 논점, 부차적 논점, 그리고 간과된 영역을 분석했다. 주요 논점에 해당하는 의미 유형만이 해당 시기의 실제 언어 상황을 반영할 수 있으며, 이는 충분한 한어사 연구 가치를 지닌다고 판단된다.

2015년, 유지기는 「언어 자료의 특성 판단에 기반한 상고(上古) 시기 출토 문헌의 특정 문자의 존재 여부 연구: '신(信)'자를 예로(基於語料特點判斷的上古出土文獻某字存否研究－以"信"字爲例)」[70]에서 상고 시기에 일부 문자의 존재 여부가 해결되지 않는 문제에 대해 언어 자료의 특성 판단 이론에 기반하여 갑골문과 서주 금문의 '신(信)'자를 예로 들어 새로운 연구 방법을 제시했다.

즉, 시대별 사용 문자의 존재를 전반적으로 반영할 수 있고, 관련 문자가 반드시 나타나야 하는 언어 환경 내에서 철저한 검색을 통해

---

69) 劉志基, 「先秦出土文獻語料類型分析芻議—以「包山楚簡」與「郭店楚簡」爲例」, 『語文研究』 第4期(2015).

70) 劉志基, 「基於語料特點判斷的上古出土文獻某字存否研究以"信"字爲例」, 『華東師範大學學報(哲學社會科學版)』(2015).

답을 제시했다.

갑골문과 서주 금문에서 '신(信)'자가 나타나야 할 언어 환경을 확정할 수 있고, 이러한 언어 환경에 또 '신(信)'자가 있으면 반드시 나타나는 문헌의 주된 논점에 속한다. 그렇다면, 현존하는 갑골문과 서주 금문에서 '신(信)'자가 보이지 않는다는 것은 이 문자가 은상(殷商)과 서주(西周)의 문자 체계에서 존재하지 않았을 가능성을 의미한다고 이 논문에서는 말하고 있다.

이러한 성과 중 하나는 공구서(工具書)이다. 디지털화 모델을 체계적으로 활용했기 때문에, 이러한 공구서의 기본적인 특징은 사용 기능 면에서 획기적인 발전을 이루었다는 것이다. 두 가지 예를 들어 설명해보겠다.

2015년, 유지기(劉志基)가 출판한 『중국 출토 간백(簡帛) 문헌 색인 총람(中國出土簡帛文獻引得綜彔)』71)은 고문자의 원형자(原形字)를 색인의 대상으로 한 최초의 인덱스 공구서이다.

고문자 문헌에서, 문헌에 사용된 문자의 원시 형태(이하 '원형자'라고 함)와 예변(隷變) 이후의 문자는 고금의 차이가 있다. 지극히 당연하게도, 원형자의 인식 가치는 석문(釋文)에 사용된 문자(즉, 후대에 통용되는 해서체로 전사한 문자)로 대체할 수 없다. 특히 고문자 연구자들에게 고문자 문헌 인덱스에서 원형자가 빠진다면 가장 중요한 기본 정보를 잃게 되는 셈이다.

그리고 기존의 고문자 인덱스류 공구서들은 원형자를 완전히 누락시키거나, 고문자의 원래 모습을 실제로 반영하지 못하는 필사자가 쓴 '원형'만을 제공할 수 있었다. 이러한 한계는 전통적인 문자 처리

---

71) 劉志基, 『中國出土簡帛文獻引得綜彔·郭店楚簡卷』(上海人民出版社, 2012); 『中國出土簡帛文獻引得綜彔·包山楚簡卷』(上海人民出版社, 2015).

방식으로 인해 생겨난 것이다.

따라서 『중국 출토 간백 문헌 색인 총람』이 이러한 혁신을 이룰수 있었던 것은 포괄적인 데이터베이스 구축 시스템과 글자체 기술의 활용 때문이다.

2022년, 장재홍(張再興)은 『진한(秦漢)시대 간백(簡帛) 문헌 단대(斷代) 용자보(用字譜)』[72]를 출간했다. 이 책은 진한 시대의 간백 자료 데이터베이스를 바탕으로 편찬되었으며, 진한 시대의 간백 문헌 약 60종을 수록하여 문헌에 사용된 문자의 포괄적인 데이터를 제공하였다. 주요 내용은 다음과 같다.

- 문자의 다양한 기록 형식
- 단어의 다양한 문자 사용 형식
- 문자 사용의 서로 다른 문헌 분포
- 문자 사용의 단대별 변화
- 단어 형태의 문자 사용 빈도
- 각종 문자 사용 형식의 사용 빈도 및 출처 등

부록은 전자 문서 형태로 별도의 디지털 네트워크 플랫폼에서 제공하고 있어, 본문과 전자 부록이 상호 보완적으로 작용하여 연구자들이 함께 활용할 수 있게 했다.

이 책은 진한시대 간백 문헌에서 사용한 문자에 대한 정량 통계를 연구하는 요구를 충족시킬 뿐만 아니라, 한자가 한어를 기록하는 특징과 그 규칙을 고찰하는 데 충분한 자료를 제공해 줄 수 있다. 또한, 한어의 문자와 단어의 관계 변화를 통시적으로 고찰하는 데 참고자료로 활용될 수 있으며, 한어 발전과정을 심층적으로 이해하고 고적

---

72) 張再興, 『秦漢簡帛文獻斷代用字譜』(上海辭書出版社, 2022).

문헌의 이문(異文) 연구에 새로운 관점을 제시함으로써, 문자학, 문헌학, 한어사 등의 연구에 중요한 참고 가치를 지니고 있다.

3. 한자와 컴퓨터의 현황에 대한 평가

이상을 종합하면, 다수의 연구 성과들은 디지털화 이전 시대와 비교해 한자 연구의 방법과 수단이 크게 변화하고 발전했으며, 시대와 함께 진보하는 긍정적인 추세를 보이고 있다.

그러나 한자의 디지털화 연구는 결국 새로운 영역으로, 그 이상적인 경지와 비교해봤을 때 현재 상황은 더욱 발전할 수 있는 공간이다. 이는 분석의 주된 목적이 문제점을 밝히는 것에 있고, 이를 다음과 같은 몇 가지 측면으로 요약할 수 있다.

① 기초를 더욱 충실히 해야 한다.

이는 주로 한자 디지털화 개발 시스템의 기초적인 면이 취약하다는 것을 나타낸다.

코드집은 한자 디지털화의 가장 기본적인 플랫폼이지만, 앞서 언급했듯이 우리가 이 분야에서 다양한 노력을 기울였음에도 불구하고 여전히 해결해야 할 문제가 많이 남아 있다.

첫째, 고문자가 아직 국제 표준 코드집에 인코딩되지 않았다는 점이다. 이로 인해, 고문자 디지털 처리를 위한 표준 코드집의 플랫폼에 큰 공백이 있음을 의미한다. 『신갑골문편(개정증보판)』을 예로 들면, 이 책의 표제어에서는 기본 수록문자에 2,268자, 표준 코드집에 포함되지 않은 문자에 796자가 있다. 부록의 1,224자는 모두 표준 코드집에 포함되지 않은 문자에 속한다. 즉, 3,492자 중 2,020자가 이에 속하는 것이다. 이에 따르면, 갑골문의 표준 코드집의 공백은 약

60%에 달한다.

둘째, 이미 국제 표준에 인코딩된 한자의 사용도 제한적이다. 현재 인코딩된 한자는 9만 자가 넘지만, 네트워크 플랫폼과 각종 데이터베이스에서 실제로 전반적인 디지털 처리를 지원하는 한자는 GBK 범위의 20,902자에 불과하다. 이 범위를 벗어난 대부분의 인코딩된 문자들은 데이터베이스와 네트워크에서 검색, 조회, 통계 등의 처리를 할 수 없기 때문에, 실제로 '제한적인 인코딩 한자'라는 독특한 현상이 생겼다. 주지하다시피, 네트워크와 데이터베이스 플랫폼은 디지털 환경의 핵심 영역이다. 여기에서 이미 인코딩된 문자가 제한을 받는다는 것은, 사실상 해당 문자들이 국제 표준에 형식적으로만 포함되었음을 의미한다.

셋째, 제한 없이 인코딩된 한자도 실제 사용에 문제가 있다. 앞서 언급했듯이, 현재 네트워크와 데이터베이스에서 효과적으로 디지털 처리가 가능한 인코딩 한자는 GBK 집합 내의 문자로 국한되어 있다. 그러나 이 범위 내에서 하나의 문자에 여러 코드가 부여된 경우가 상당수 존재한다.

하나의 문자에 세 개 이상의 코드가 부여된 경우는 다음과 같다.73)

· 彝(5F5D) 彞(5F5B) 彝(5F5C) 彝(5F5E)
· 搯(63FA) 搖(6416) 搯(6447)
· 吳(5433) 吴(5434) 吳(5449)
· 奬(5968) 奖(596C) 獎(734E)
· 戶(6236) 户(6237) 戸(6238) 등

그리고 하나의 문자에 두 개의 코드가 부여된 경우는 수백 개에

---

73) 글자 뒤의 괄호 안은 내부 코드를 말한다.

달한다.

하나의 문자에 여러 코드가 있다면 디지털 처리 과정에서 오류가 발생할 수밖에 없다. 이는 마치 한 사람이 두 개의 신분증 번호를 가진 것과 같다. 이러한 오류는 역대 한자의 디지털 처리에만 국한되지 않고, 현대 한자의 디지털화에도 부정적인 영향을 미친다.

이러한 기본 플랫폼의 구조적 한계는 한자 디지털화 과정 전반에 영향을 미치게 된다. 그중 가장 직접적인 영향은 기초 인프라에 해당하는 데이터베이스 구축 단계에서 현저히 나타난다.

모든 문자에 대해 다양한 디지털 처리 요구를 충족시킬 수 있는 능력이 데이터베이스의 디지털화 역량을 평가하는 핵심 지표가 된다.

상술한 바와 같이, 고문자 데이터베이스의 여러 문제점들은 근본적으로 코드집의 문제가 제대로 해결되지 않았기 때문이다.

이와 관련하여, 고문자 디지털화의 효과를 즉각적으로 검증할 수 있는 표준 개발 환경이 미비한 상황에서, 고문자를 국제 표준 코드집에 공식적으로 인코딩하는 작업은 충분한 지원을 받기 어렵다는 것이 실제 상황에서 입증된 바 있다.

한자의 디지털화 기초 연구에 있어서, 코드집과 데이터베이스는 기초 플랫폼의 두 핵심 요소이다. 이러한 기초 플랫폼의 취약성은 한자 디지털화 기초 연구의 근본적인 한계를 야기하는 직접적인 요인으로 작용한다.

실제로, 코드집과 데이터베이스의 개발 및 구축에 상당한 진전이 이루어진 후에야 진정한 의미의 한자 디지털화 기초 연구가 가능하다. 그러나 이러한 선행 조건을 충족시키는 연구자의 수가 극히 제한적이며, 이는 이 분야의 연구가 미진한 근본적인 원인으로 작용하고 있다.

② 내재적 연관성이 강화되어야 한다.

한자 디지털화 연구는 다양한 학제간 영역을 포괄하며, 각 단계별로 복잡한 연구개발 과제를 내포하고 있다. 이러한 특성으로 인해, 각 연구 분야가 자체적인 세부 과제 수행에만 주력하여 독립적으로 운영되는 경향이 있으며, 이는 전체 시스템의 내재적 연관성을 간과하게 되는 결과를 초래하였다.

그러나 이러한 다양한 연구개발 영역들은 실제로 유기적으로 연결된 긴밀한 관계를 형성하고 있으며, 상호 인과성과 보완성을 지니고 있다. 따라서 전체 시스템의 통합적 연관성을 간과할 경우, 한자 디지털화 발전에 부정적인 영향을 미치게 될 것이다.

예컨대, 고문자 코드집의 연구개발이라는 학제간 신규 과제의 경우, 관련 연구는 학술적 측면과 기술적 측면 모두에서 아직 초기 탐색 단계에 머물러 있다. 이는 마치 "돌을 더듬어 강을 건너는" 것과 같은 상황이다. 다양한 차원과 단계에서 예측 불가능한 도전과 난제에 직면할 가능성이 매우 높기 때문에, 체계적이고 종합적인 실시간 검증 및 오류 수정 메커니즘이 없다면, 연구 과정에서 상당한 난관에 봉착하게 될 것이다.

이러한 실시간 검증 및 오류 수정을 구현할 수 있는 최적의 방안은 고문자 데이터베이스를 통합적으로 구축하는 것이다. 디지털 처리 표준에 부합하는 코드집이 일단 확립되면, 관련 문자 자료의 다양한 디지털 처리 작업을 효과적으로 지원할 수 있다. 따라서 고문자 코드집 표준의 개발이 적절히 이루어진다면, 고문자 데이터베이스의 전면적인 운영을 지원할 수 있을 것이다.

데이터베이스는 현재 문자 자료의 디지털 처리 기능이 가장 다양한 프로그램이기 때문에, 고문자 데이터베이스를 사용하여 고문자 코드집이 디지털화 표준에 부합하는지 검증하는 것이 가장 적절한 검증 평가 방법이다. 평가 검증 외에도, 고문자 데이터베이스는 고문자 코드집 표준 개발 과정에서 가장 실효성 있는 품질 관리 플랫폼의 역할을 수행한다.

개발된 코드집 표준을 사용하여 고문자 서체를 제작하고 이를 고문자 데이터베이스의 다양한 디지털 처리과정에 적용할 때, 이 표준이 실제 디지털 처리 요구에 적합한지 여부는 즉시 드러날 것이다. 이 과정에서 발생하는 문제점들과 그에 따른 맞춤형 개선 사항들이 명확히 식별되기 때문이다. 따라서 고문자 데이터베이스를 통한 고문자 코드집의 실시간 검증 메커니즘은 고문자 코드집 표준 개발의 신뢰성과 효율성을 크게 향상시킬 수 있다.

그러나 기존의 고문자 디지털화 연구에서는 문자 집합의 개발이 단순히 특정 '글자체' 또는 '문자 집합구축 프로젝트로 한정되는 경향이 있었다. 개발 과정에서 데이터베이스를 통한 실증적 검증 단계가 부재했으며, 주로 글자체 표시의 품질 등 일반적인 타이포그래피 기술의 세부사항에만 치중했다. 이러한 접근 방식은 현재 고문자 집합 개발 현황이 기대에 미치지 못하는 주요 원인이다.

또한, 고문자 이미지 인식 기술의 개발의 경우, 진정으로 의미 있는 성과는 사용자가 이 도구를 통해 모든 고문자에 대한 지능형 이미지 인식을 수행할 수 있게 하는 것이다. 따라서 인식 대상이 되는 이미지 샘플의 양적, 질적 개선, 즉 1차 고문자 이미지 자료의 디지털 매체로의 전환 작업은 이와 밀접하게 연관된 과제이다.

그러나 기존의 고문자 인식 기술 개발에서는 많은 경우 '알고리즘'의 성공 여부를 입증하는 데에만 중점을 두었다. 이러한 '성공'을 보장하기 위해 제한된 범위의 소량 샘플만을 사용하였으며, 이와 연관된 고문자 자료의 디지털 매체 전환 작업의 완성도는 고려하지 않았다. 결과적으로 이러한 인식 알고리즘의 성공은 실질적인 의미를 상실하게 되었다.

③ 학제 간 협력을 강화해야 한다.

한자의 디지털화 연구는 학제 간 연구로, 다양한 학문 분야의 효과적인 협력이 이 연구의 성공을 좌우하는 핵심 요소 중 하나이다. 분명히, 기존 연구에서는 이 측면에서 상당한 개선의 여지가 존재한다.

예컨대, 고문자 디지털화 개발은 그 어떤 측면이나 단계에서 고문자 전문가와 컴퓨터 전문가 간의 긴밀한 소통과 전 과정에 걸친 협업을 통해서만 완성될 수 있다.

이러한 연구 프로젝트를 진행하면서, 컴퓨터 전문가는 고문자 디지털화를 통해 해결하고자 하는 학술적 과제가 무엇인지 이해해야 하며, 고문자 전문가는 디지털화가 고문자 연구에 가져올 수 있는 혁신적 방법론을 체계적이고 정확하게 인식하고 있어야 한다. 이를 통해, 학제 간 다른 학문 분야의 연구자들이 공동의 목표를 향해 통합된 노력을 기울일 수 있게 된다.

그러나 실제로 이렇게 소통하기가 매우 어렵기 때문에, 현실에서의 학제 간 협력은 종종 정확한 최상위 설계가 부족한 상태에서 단순히 업무 과정의 연계에 그치는 경우가 많았다. 그 결과, 표면적 협력에 그치는 현상이 광범위하게 나타났다.

전형적인 예로, 『고문자고림(古文字詁林)』의 편찬 과정을 들 수 있다. 『고문자고림』의 편집위원회는 걸신(傑申) 컴퓨터 회사와 협력하여 고문자 시리즈 글자체를 개발했지만, 당시의 협력은 형식적인 수준에 그쳤다. 편집위원회가 15종의 고문자 자형 서적을 제공하고, 컴퓨터 회사가 이를 바탕으로 글자를 제작하는 방식이었는데, 실제로는 각자 독립적으로 작업을 하는 것이었다.

그 결과, 개발된 글자체를 조판에 적용했을 때, 18만 개의 고문자가 제작되었음에도 불구하고 이를 검색하거나 입력할 수 있는 방법이 없는 등의 문제점들이 발생했다. 이는 컴퓨터 회사 측에서 의도하지 않았던 결과였다.

이 방대한 자형 데이터베이스를 관리하기 위해, 컴퓨터 회사는 초대용량 다중 평면 한자 플랫폼을 설계했다. "다수의 도형문자, 난해한 자형, 기이한 문자의 출현은 스캔과 글자 제작의 부담을 크게 증가시켰을 뿐만 아니라, 글자체 관리도 점점 복잡해졌다. 제작된 글자를 어떻게 편리하게 불러올 것인지, 이미 제작된 글자의 중복 생성을 어떻게 방지할 것인지, 오류가 있는 글자를 어떻게 수정할 것인지 등의 문제가 제기되었다. 그래서 초대용량 다중 평면 한자 플랫폼(SMPCSet: Super Multi-Plane Chinese Character Set)의 설계 필요성이 대두되었다."[74]

그러나 실제로 이 플랫폼은 기대한 역할을 하지 못했다. '제작된 글자를 어떻게 편리하게 불러올 수 있는가'라는 문제가 실제로 해결되었다면, 컴퓨터 회사가 방대한 글자체의 검색 문제를 편집위원회에 떠넘기지 않았을 것이다. 이 문제가 해결되지 않았다는 사실은 '이미 제작된 글자의 중복 생성을 어떻게 방지할 것인가'라는 문제 역시 해결될 수 없음을 의미했다.

20년이 지난 현재의 관점에서 볼 때, 당시 문제의 핵심은 학제 간 협력이 표면적 수준에 그쳤다는 점에 있었다는 것을 알 수 있다. 이는 학제 간 협력을 단순히 한 분야가 선행 연구를 수행하고, 그 결과

---

74) 沈康年, 「＜古文字詁林＞數據庫的研制與開發」, 『印刷雜志』 第10期(2004).

를 다른 분야에 전달하여 후속 연구를 진행하는 일종의 선형적 프로세스로 축소시킨 결과였다.

이러한 문제는 이후의 한자 디지털화 연구개발 과정, 특히 글자체 구축 프로젝트에서 빈번하게 발생하였다. 예컨대, 고문자 연구 기관이 먼저 문자 정리 작업을 완성한 후, 기술 부서가 글자체의 통합을 진행하는 방식의 연구개발 절차는 학제 간 협력이 단절되기 쉬운 구조였다.

한자의 지능화 연구 개발과 같이 디지털 기술 집약도가 높은 분야에서는 문제점이 더욱 두드러진다. 즉, 정보기술 전문가들만 참여하고 한자 연구 전문가들은 부재하다는 점이다. 이러한 상황에 대해서는 상술한 부분에서 이미 명확히 제시한 바 있으므로, 여기서는 다시 언급하지 않겠다.

④ 한자와 컴퓨터 기술의 미래 전망

앞서 논의한 내용을 바탕으로, 한자 정보화 연구의 향후 발전 방향은 다음과 같은 몇 가지 측면에서 중점적으로 발전해야 할 것이다.

A. 실제로 실행 가능한 '기초 강화'를 위한 계획을 세워야 한다.

"가죽이 없으면 털이 붙을 곳이 없다"는 격언과 같이, 과거의 경험이 입증하듯이, 한자 정보화 연구는 새로운 디지털 처리 기술로 인해 대두된 연구 분야로서, 기초 연구 개발이 연구 발전의 근간을 이룬다. 코드집의 효과적인 지원이 없다면 데이터베이스 구축은 크게 제한될 것이며, 데이터베이스의 지원이 없다면 모든 정보화 속성에 관한 연구는 그 근거를 잃게 될 것이다.

한편, 기초 연구 개발이 미흡한 현 상황에 대해서는 그 발생의 근본적인 원인을 탐구할 필요가 있다. 우선, 코드집과 같은 기초 연구

개발이 일반적으로 말하는 '연구'에 대한 지원이 잠재적이기 때문에, 그 역할은 이를 기반으로 한 특정 응용 디지털화 프로그램을 통해 간접적으로만 나타나게 된다.

다른 한편으로, 현행 과학 연구 평가 체계에서는 기초 단계의 연구 개발 성과를 적절히 평가하고 인정할 수 있는 체계가 미비한 실정이다. 이 두 가지 요인으로 인해, 이러한 중요 연구 과제에 대한 인식이 부족하고, 그 결과 난제를 해결하고자 하는 동기 부여도 약화될 수밖에 없었다. 예컨대, 기존의 고문자 코드집 개발의 경우, 일반적으로 그 앞단에서 직접적인 사용 가치를 발휘하는 응용 프로그램이 더 주목받아 주요 개발 과제가 되는 경향이 있었다. 이렇게 되면, 개발된 응용 프로그램이 표면적으로 일부 과제를 수행할 수 있는 수준에 이르면, 개발자들은 더 이상 코드집 개발의 질적 향상을 추구하지 않는 상황이 자주 발생하였다. 예컨대, 『고문자고림』 프로젝트의 고문자 글자체 데이터베이스의 경우, 그 기본적인 목표는 『고문자고림』의 조판을 완성하는 것이었다. 편집위원회가 막대한 투자를 들여 컴퓨터 회사의 조판 과정에서 글자 검색 문제를 해결한 이후에는, 해당 컴퓨터 회사가 글자체 데이터베이스를 더욱 완벽하게 개선하기 위한 추가 투자에 나설 동기를 찾기 어려워졌다.

B. 표준화와 규격화를 향상시켜야 한다.

정보화와 관련된 모든 연구는 기술적으로 통일된 표준 규범 플랫폼의 지원 하에 수행되어야 하며, 이러한 표준화된 기술 환경은 우선적으로 코드집을 통해 구현된다.

그러나 앞서 언급했듯이, 코드집의 측면에서 역대 한자에 관한 부분은 국제 표준의 사각지대에 놓여 있다. 그럼에도 불구하고 역대 한자의 디지털화 연구는 지속적으로 진행될 수밖에 없는 실정이다. 이로 인해 각기 다른 연구자나 연구 기관들이 독자적으로 특정 고문자 글자체를 개발하여 이 연구를 지원하는 양상이 나타나고 있다.

그런데 코드집의 표준이 다르기 때문에, 서로 다른 연구 성과들을 단일한 규범 체계 내에서 상호 검증하거나 내적 논리를 갖춘 하나의 체계로 통합하는 것이 불가능한 상황이다.

이와 같은 문제는 데이터베이스 구축 단계에서 더욱 분명하게 나타난다. 예컨대, 고문자 연구에서는 현재 일부 고문자 데이터베이스가 연구 지원 플랫폼으로 활용되고 있다.

그러나 디지털화 연구의 표준과 규범에 따르면, 우리에게 필요한 것은 통합된 공용 고문자 데이터베이스로, 데이터 간 상호 연관성이 없어 각각 독립적으로 구축되어 자체적인 한계를 지닌 다수의 데이터베이스들은 바람직하지 않다.

따라서 고문자 데이터베이스 구축은 공공 데이터베이스 구축의 방향으로 전환되어야 한다. 이를 통해, 전 세계 사용자들에게 개방된 고문자 디지털 처리 플랫폼을 구축할 수 있으며, 더 나아가 인센티브 메커니즘과 기술적 수단을 활용하여 공공 데이터베이스 사용자들도 데이터베이스 구축에 참여하도록 유도할 수 있다. 이는 사회 구성원들의 집단 지성을 활용하여 누락된 부분을 보완하고 오류를 수정함으로써 최적의 결과를 도출하는 효과를 얻을 수 있을 것이다.

C. 인공지능을 활용하여 한자 연구를 더욱 발전시켜야 한다.

한자 연구 분야에서 인공지능을 활용하는 것은 최근 한자 디지털화 연구 영역에서 가장 주목할 만한 추세이다.

고문자 지능형 이미지 인식 분야에서는 이미 전통적 연구의 한계를 근본적으로 개선할 수 있는 기술적 해법을 제시하고 있다. 따라서 이 연구 분야에서 괄목할 만한 발전을 기대할 수 있을 것이다.

이론적으로 볼 때, 현재 고문자 지능형 이미지 인식 기술의 새로운 발전은 이미지 매체 자료에 대한 컴퓨터 자동 인식의 한계를 극복할 가능성이 있다. 즉, 디지털 플랫폼에서 이미지 매체와 코드집 매체 간의 자동 디지털 연관성을 초기 단계에서 실현할 수 있게 되었다. 이는 고문자 자료의 빅데이터 생성과 기계학습을 위한 환경을 조성하여, 다양한 연구 주제에 대한 지능화된 접근 방식의 도입 조건을 마련하는 동시에, 고문자 연구의 새로운 연구 시각을 열어가고 있다. 이러한 양상은 다른 연구 방향에서 비슷할 것이다.

제2절 한자와 서예

세계적으로 한자를 제외하고는 어떤 민족의 문자 서사도 예술의 경지로 승화된 사례를 찾아보기 어렵다. 한자의 서사, 즉 서예가 예술이 될 수 있다는 점에서 전 세계적으로 유일무이한 존재라고 말할 수 있다.

서예가 어떻게 예술이 될 수 있는지를 이해하기 위해서는 먼저 예술이 무엇인지를 이해해야 한다. 예술은 현재까지도 정의하기 어려운 개념이지만, 우리는 그에 대해 몇 가지 서술을 할 수 있다. 예술은 인류 고유의 창조적인 심미 활동으로, 그 결과물이 바로 예술품이다.

예술은 극히 풍부한 예술적 이미지나 형식을 가지고 있어, 인류의 풍부한 감정과 심오한 사상을 표현할 수 있으며, 인류가 창조한 문화를 심층적으로 나타낼 수 있다. 서예는 이러한 예술의 조건에 기본적으로 부합하기 때문에 예술이 될 수 있는 것이다.

한자의 서사가 예술이 될 수 있는 주된 이유는 한자의 형성 과정, 서사 방식, 그리고 사용 도구의 특수성 때문이다. 이에 대해 우리는 아래와 같이 설명과 분석을 해 보고자 한다.

1. 한자 형체의 특징과 서예의 예술성과의 상관관계

전 세계 각국과 민족이 사용하는 문자는 음과 뜻을 표현하는 특징에 따라 표의문자와 표음문자로 분류할 수 있다. 표의문자는 일정한 체계의 부호를 사용하여 단어나 형태소를 표시하는 문자로, 직접적이거나 단순하게 말소리를 나타내지 않는다. 이러한 문자는 불완전한 표음 부호를 갖고 있어 의음문자(意音文字)[1]라고도 부를 수 있다.

현재 전 세계적으로 사용되고 있는 표의문자는 소수에 불과한데, 그중 가장 중요한 표의문자가 한자이다. 더욱이 한자는 세계에서 사용 인구가 가장 많은 문자이기도 하다. 한자와 극소수의 종교에서 사용되는 문자를 제외하면, 현재 전 세계 대다수의 국가와 민족은 표음문자를 사용하고 있다. 표음문자는 일반적으로 제한된 수의 자모(字母)로 음성을 표현하는데, 예컨대 영어와 프랑스어 등에서 사용되는 라틴 자모는 26자만 있고, 아랍어 자모는 28자, 산스크리트어 자모는 46자가 있다.

모든 문자 체계에는 각자의 서예가 존재한다고 볼 수 있다. 예컨대, 영어에서 서예를 뜻하는 단어는 'calligraphy'이고, 러시아어로는 'каллиграфия'이다. 그러나 이 단어들은 단순히 자모를 더 아름답게 쓰는 방법을 지칭할 뿐, 자모를 예술의 경지로 승화시키는 개념이 아니다. 영어의 'Calligrapher'나 러시아어의 'каллиграф'(서예가)는 모두 필사를 하는 사람을 지칭하는 말로, 글쓰기를 예술로 승화시키는 예술가를 의미한 적이 없다.

이는 영어나 러시아어와 같은 표음문자에서 자모의 수가 매우 제한적이고, 표현 형식이 다양하지 않기 때문에, 인류의 풍부한 감정과

---

1) (역주) 의음문자는 형태소와 음절을 동시에 표현하는 문자 체계를 말한다. 이러한 문자 체계는 인류의 문자사에서 중요한 위치를 차지하며, 음절문자, 알파벳문자, 자음문자 등과는 구별되는 별도의 문자 체계이다. 의음문자는 각 문자가 특정한 의미를 담고 있을 뿐만 아니라 동시에 하나 또는 여러 음절의 발음을 나타내는 특징을 가지고 있다. 한어의 한자는 의음문자의 한 예시로, 비록 현대 한자에는 다수의 형성문자가 포함되어 있지만, 여전히 의음문자의 기본적 특성을 유지하고 있다.

문화적 함의를 표현하기 어렵고 예술과는 상당한 거리가 있어, 결과적으로 예술로 승화하기 어렵다.

반면에 한자는 표의문자로서 복잡한 부호 체계를 가지고 있다. 한자의 역사적 변천 과정은 차치하더라도, 현대 한자만을 놓고 보아도 그 부호 체계는 매우 복잡하다. 복잡한 부호 체계는 한자의 학습과 사용에 불리할 수 있지만, 역설적으로 바로 이러한 복잡성이 한자의 예술성 형성에 촉매 역할을 한다.

현대 한자의 기본 부호 체계는 부수이다. 『현대한어사전(現代漢語詞典)』에 수록된 부수는 201개로[2], 이 수치만으로도 표음문자의 자모 수를 크게 초과하지만, 이것만으로 한자가 예술이 되기에는 충분치 않다. 한자가 예술이 될 수 있는 중요한 요인 중 하나는 한자의 복잡한 구조에 있다. 양동한(梁東漢)은 한자의 구조를 '1. 상하 조합식 22종, 2. 좌우 병렬식 21종, 3. 내외 조합식 6종'과 같이 세 가지로 분류했다.[3]

현대 한자를 기준으로 볼 때, 201개의 부수가 약 50여 종의 구조 방식을 통해 다양한 자형을 만들어낼 수 있다. 이렇게 다양한 자형이 한자의 예술적 표현력을 크게 증진시키는 것이다.

게다가 한자를 쓸 때 상하 구조의 글자를 좌우 병렬의 형식으로 쓸 수 있다. 예컨대, 군(群)=군(羣), 아(鵝)=아(鵞), 봉(峰)=봉(峯), 개(槪)=개(槩), 흉(胸)=흉(胷)이 있다. 또, 좌우 구조의 글자는 좌우 부분을 서로 바꿀 수 있다. 예컨대, 전(甎)=전(甋), 구(够)=구(夠), 표(飆)=표(飇), 결(鳩)=결(鴂) 등이 있다.

---

2) 中國社會科學院語言研究所詞典編輯室, 『現代漢語詞典』 第7版(商務印書館, 2016), 13쪽.

3) 梁東漢, 『漢字的結構及其流變』(上海教育出版社, 1959), 86-87쪽.

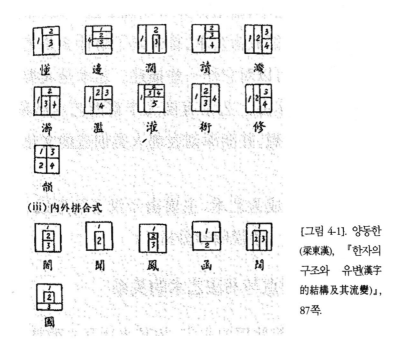

(iii) 內外拼合式

[그림 4-1]. 양동한
(梁東漢), 『한자의
구조와 유변(漢字
的結構及其流變)』,
87쪽.

　이러한 구성 방식은 실제로 서예의 창작에서 사용되는 관례이다.
구양순(歐陽詢)의 『삼십육법(三十六法)』에는 '차환(借換)'이라는 기법이
있는데, 이는 주로 앞서 언급한 편방의 위치를 교환하는 방법을 말한
다. 이 책에는 '증감(增減)'이라는 기법도 있는데, 글자가 구조상 어려
운 경우, 획수가 적어서 더하거나, 획수가 많아 생략하기도 한다. 다
만, 글자의 형세가 풍부하고 아름답기를 바랄 뿐, 고자(古字)를 어떻
게 써야 하는지는 논하지 않는다.

　예컨대, '신(新)'자의 왼쪽 편방 가운데에 가로획을 추가하는 경우
(그림 4-2-1), '건(建)'자에서 '율(聿)'의 아래에 점을 추가하는 경우(그
림 4-2-2), '조(曹)'자에서 가운데 세로획을 빼는 경우(그림 4-2-3) 등
이 있다.4)

[그림 4-2-1]　　　　　[그림 4-2-2]　　　　　[그림 4-2-3]

[그림 4-2] 구양순(歐陽詢), 『36법(三十六法)』

　일본어는 표음문자이지만, 일본에서는 여전히 한자가 예술의 일종으로 성행하고 있다. 이는 일본어에서 다량의 한자를 사용하기 때문이다. 일본어는 과거에 한자 사용에 제한이 없었으므로 한자로 창작품을 만들기가 유리했다.

　이후 일본 정부는 문자 개혁을 실시하여 한자 사용을 약 2,000자로 제한했다. 한자의 수가 크게 줄었지만, 이 약 2,000자의 한자로도 여전히 한자의 예술성을 표현할 수 있었다. 이를 통해 한자의 예술적 표현력이 얼마나 강력한지 알 수 있다.

　이와 대조적으로, 원래 한자를 사용하던 조선, 한국과 베트남은 순수한 표음문자로 전환한 후 한자의 예술성을 드러낼 수 없게 되었다. 표음문자의 편리함을 얻은 대신, 한자를 통한 예술은 없어지게 된 것이다. 이러한 변화의 가치는 해당 국가의 역사적, 문화적 맥락에서 다각도로 평가되어야 할 것이다.

---

4) 歐陽詢, 『三十六法』, 『歷代書法論文選』(上海書畫出版社, 1979), 102쪽.

2. 한자의 발전사와 글자체와의 관계

중국에서 가장 이른 체계화된 문자인 갑골문에서 시작해, 한자는 지금까지 이미 삼천 년이 넘는 역사를 가지고 있다. 이 삼천여 년 동안 한자는 계승되며 끊임없이 발전해왔고, 다양한 역사적 단계를 거치면서 수많은 형태를 형성하면서, 한자를 통한 창작에 매우 풍부한 형식과 형태를 제공하였다.

한자의 발전은 크게 고문자와 금문자, 두 단계로 나눌 수 있다. 대체로 예서 이전의 여러 문자는 고문자라고 부르고, 예서 및 그 이후의 문자는 금문자라고 부른다. 금문자는 주로 예서와 해서를 말한다.

고문자에는 주로 갑골문(상주시대 갑골문 포함), 금문(은상, 서주, 춘추시대의 금문 포함), 전국 문자(간백서, 석각문, 전국시대 금문, 도장문자, 도문 포함), 소전 등이 있다.

중국 최초의 문자인 갑골문은 약 5,000여 개의 형태를 가지고 있으며, 그중 이미 약 2,000자가 해석되었다. 갑골문은 주로 칼로 거북이 등껍질과 짐승의 뼈에 새긴 문자이지만, 일부는 부드러운 붓으로 쓴 묵서(墨書)나 주서(朱書) 문자도 존재한다.

일부에서는 갑골문을 상형자로 여기지만, 이는 완전히 정확한 견해가 아니다. 갑골문 중 일부만이 상형 독체자로, 주로 다음과 같다.

- 인체와 그 기관: 인(人: 사람), 구(口: 입), 지(止: 발), 우(又: 손), 목(目: 눈), 이(耳: 귀), 자(自: 코) 등.
- 동물: 마(馬: 말), 우(牛: 소), 양(羊), 견(犬: 개), 록(鹿: 사슴), 호(虎: 호랑이), 조(鳥: 새), 어(魚: 물고기) 등.
- 식물: 화(禾: 벼), 서(黍: 기장), 목(木: 나무), 초(屮: 풀) 등.

· 자연 현상과 사물: 일(日: 태양), 월(月: 달), 성(星: 별), 운(雲: 구름),
우(雨: 비), 산(山), 수(水: 물), 토(土: 흙) 등
· 도구와 무기: 도(刀: 칼), 근(斤: 도끼), 시(矢: 화살), 궁(弓: 활), 망
(網: 그물), 정(鼎: 솥), 력(鬲: 솥), 과(戈: 창) 등

이러한 상형자에 여전히 그림의 의미가 있다 해도 이미 고도로 부
호화되어, 사물의 세부사항을 생략하고 가장 특징적인 윤곽이나 선으
로 해당 사물을 나타내었다.

갑골문의 대부분은 이러한 독체 상형자로 구성된 합체자이다. 이
합체자들은 두 개 혹은 두 개 이상의 독체 상형자로 결합되었으므로
더욱 많은 변화를 겪게 되었다. 이로 인해, 보다 큰 예술적 표현 잠재
력을 가지게 되었다.

[그림 4-3] 갑골문

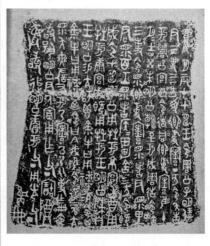

[그림 4-4] 금문

갑골문보다 약간 늦게 나타난 금문은, 갑골문과 별개의 문자 체계
가 아니라 일맥상통하는 문자로, 청동기에 주조되거나 새겨졌기 때문

중국문자학 핸드북

에 금문이라고 부른다.

금문은 주로 주조하는 방법을 사용하여 청동기에 새겼기 때문에, 그 획이 비교적 굵고 강하다. 서주 초기의 금문은 굵고 풍부한 필획을 가지고 있으며, 그림을 그린 듯한 스타일이 많이 남아 있다.

금문의 자형의 특징은 붓을 사용하여 표현하기에 매우 적합하며, 이는 한자의 예술적 표현력을 크게 향상시켰다.

전국 시대에 이르러, 문자의 활용 범위가 더욱 넓어졌다. 이 시기에 간백문(죽간과 비단에 쓰인 문자), 돌에 글을 새긴 석문, 도문(도기에 쓰인 문자), 청동기나 철기에 주조하거나 새긴 금문, 도장 문자 등이 대량으로 나타났다. 이러한 문자들은 같은 체계에 속하고 그 맥을 같이 하지만, 사용된 상황과 문자를 새긴 재질의 차이로 인해 문자가 다채로운 스타일을 나타냈다. 예컨대, 간백 문자는 직접 붓으로 대나무 조각이나 나무 조각, 비단 위에 써서, 그 자형은 유동적이고 자유로우며, 필획의 굵기와 형태에도 변화가 있다.

또한 석문(石文)의 경우, 진(秦)나라의 석고문(石鼓文)과 같이 돌에 새긴 문자도 있고, 후마맹서(侯馬盟書)와 같이 돌 조각에 붉은색이나 먹으로 써진 것도 있다.

석고문은 돌에 새겨졌지만, 그 장중함과 정제됨이 서주와 춘추시대의 금문에 뒤지지 않는다. 더욱이 새기는 방식이 주조보다 자유로워, 그 자형은 더욱 생동감 있고 활기차 보인다.

후마맹서는 부드러운 붓에 붉은색이나 먹색 안료를 사용하여 쓴 것이므로, 그 스타일이 간백 문자와 비슷하여 필획이 유려하고 변화가 풍부하다.

전국 시기에 도장이 대량으로 나타났다. 도장에는 주로 관명, 인명이나 길상을 나타내는 문자가 새겨져 있고, 자형은 중후하고 고풍스

럽거나, 곧고 우아하며, 그 배치에는 기교와 변화가 많다.

전국 시기의 도문에도 관명, 지명이나 길상을 나타내는 문자가 새겨져 있으며 대부분 압인으로 만들어져 있어, 도장 문자와 그 스타일이 비슷하다.

춘추전국 시기에는 명문의 수가 점점 줄어들었지만, 조충서(鳥蟲書: 새와 벌레 모양의 서체), 문각서(蚊脚書: 모기 다리 모양의 서체)와 같은 장식적이고 우아한 서체가 등장하여 한자의 예술적 표현력이 더욱 두드러졌다.

[그림 4-5] 간백(簡帛) 문자

[그림 4-6] 석고문

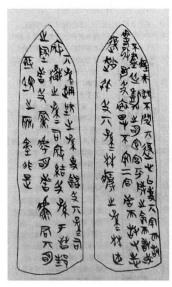

[그림 4-7] 후마맹서

[그림 4-8] 도장 문자

[그림 4-9] 도문

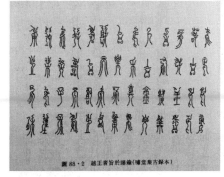

[그림 4-10] 조충서(鳥蟲書)

[그림 4-11] 문각서(蚊脚書)

진시황이 중국을 통일한 후, '서동문(書同文: 문자 통일)' 정책을 실시했다. 원래 진(秦)나라에서 사용하던 주문(籀文)을 기반으로 정리와 간소화 작업을 거쳐 표준화된 자형인 소전(小篆)을 반포했다. 소전체는 전국 시기 이후로 혼란스러웠던 자형을 규범화했지만, 주로 비문이나 예기(禮器)와 같은 엄숙한 상황에서 사용되었다. 사용되는 상황으로 인해, 소전체는 주로 단정하고 장중한 특징을 지니게 되었다.

그러나 소전은 곡선이 많고 구조가 복잡해 글을 쓰기가 쉽지 않았기 때문에, 일상적으로 사용하는 데는 어려움이 있었다.

전국 시기 후기에 사람들은 일상생활에서 문자를 사용하면서, 글을 쓰는 속도를 높이기 위해 둥근 곡선을 각진 직선으로 바꾸고, 동시에 문자 구조를 간소화했다. 이러한 과정을 문자학자들은 '예변(隷變)'이라고 부른다.

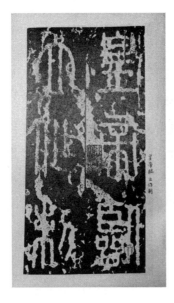

[그림 4-12] 소전

[그림 4-13] 예서

예변 후의 문자가 정리와 규범화를 거쳐 예서(隸書)가 형성되었다. 예서는 현재 우리가 사용하는 한자 형체의 직접적인 근원이 된다. 그래서 고문자와 비교했을 때, 예서는 금문자의 시작이 되었고, 예서 및 이후에 발전한 해서(楷書), 행서(行書), 초서(草書)는 모두 금문자의 범주에 속한다.

초기 예서의 필획은 주로 직선(일반적으로 '평획(平劃)'이라고 함)으로, 단일한 필획이 다소 단조로워 보일 수 있지만, 구조가 소박하면서 다양하여 매우 높은 심미적 가치를 지니고 있다. 동한 말기에 이르러 예서에는 파획(波劃, '파책(波磔)'이라고도 함)[5]와 약필(掠筆)[6]이라는 두 가지 새로운 필획이 나타났다. 이 두 필획은 예서의 예술적 표현력을 크게 향상시켰다.

사회가 끊임없이 발전하면서 글쓰기의 효율에 대한 요구가 점점 높아졌다. 예서의 직선을 쓸 때 붓끝이 빠르게 움직이면서 종종 필획을 벗어나는 경우가 잦아지면서 이전에 없던 굽음[勾], 휨[挑], 삐침[撤], 파임[捺] 등의 필획이 생겼다. 이러한 필획들이 점차 예서의 평획(平劃), 약필(掠筆), 파획(波劃)을 대체하면서 해서(楷書, 정서(正書)라고도 함)가 형성되었다.

고대인들의 관점에서 예서와 해서는 구조가 대체로 비슷했기 때문에 근본적인 차이가 없었다. 그 결과 해서가 형성된 후에도 상당 기간 동안 여전히 예서라고 불렀다.

---

5) (역주) 파획(波劃)은 예서에서 나타나는 특별한 필획 형태로, 필획의 시작, 전환, 그리고 끝 부분에서 파도와 유사한 굴곡 형태를 보이는 것이 특징이며, 일반적으로 '일파삼절(一波三折)'이라고 부른다. 이러한 필획 형태는 예서에서 필획의 동적 감각과 리듬감을 증가시키는 데 사용되어, 글자를 더욱 생동감 있고 힘 있게 만든다.

6) (역주) 약필(掠筆)은 중국 서예의 전문 용어로, 붓을 가볍게 종이 위로 스치듯 쓰는 동작을 뜻하며, 주로 긴 삐침을 쓸 때 사용된다.

예컨대, 당대(唐代) 장회관(張懷瓘)의 『서단(書斷)』에서는 왕희지(王羲之)에 대해 "특히 서예에 뛰어났으며, 초서(草書), 예서(隸書), 팔분(八分), 비백(飛白), 장초(章草), 행서(行書) 등 모든 서체에 정통했다."라고 말했는데, 여기서 '예(隸)'는 해서를 포함하고 있다.

해서는 단아하고 청아한 형태에다 쓰기 편리하고 식별하기 쉽다는 특징 등으로 인해 결국 독립적인 서체가 되었으며, 그 예술적 표현력도 매우 뛰어나다.

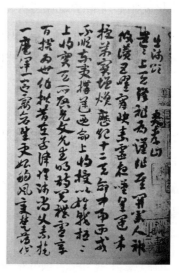

[그림 4-14] 해서   [그림 4-15] 장초

예서는 또 다른 방향으로 발전했는데, 그것은 바로 예서의 파책(波磔)을 기본적으로 유지하면서 구조를 더욱 간소화하고, 필획 간에 연속성을 부여하되 글자와 글자 사이는 독립성을 유지하는 것이었다. 이로 인해 장초(章草)가 형성되었다.

장초는 그 구조적 특징 때문에 서사 속도가 예서보다 훨씬 더 빠르므로, 장회관(張懷瓘)은 장초를 '예서의 빠른 서체(隸書之捷)'라고 불렀다.

장초는 예서의 파책을 가지고 있으면서 서사 속도까지 빠르므로, 고전적이고 중후한 스타일과 함께 생동감 있고 활발한 매력을 동시에 지니고 있다.

해서는 두 가지 방향으로 발전했다. 하나는 그 구조를 기본적으로 유지하면서 필획 간의 연속성을 부여하여 서사 속도를 높이는 것으로, 이를 통해 행서(行書)가 형성되었다. 행서는 자형이 유연하고 상당한 생동감이 있어 예술적 표현력이 매우 뛰어남과 동시에 쉽게 식별하고 쓸 수 있어서 그 응용 범위가 매우 넓다.

다른 하나는 구조를 더욱 간략화하고, 필획은 대체로 해서의 특징을 유지하면서 연속적으로 쓰되, 글자와 글자 사이도 연속해서 쓸 수 있게 한 것이다. 이로 인해 초서(草書)가 형성되었는데, 장초(章草)와 구분하여 금초(今草)라고도 부른다.

초서를 세분하면 소초(小草)와 광초(狂草)로 나눌 수 있다. 소초는 기본적으로 초서의 규범을 따라 쓰며, 글자를 쓰는 사람이 개인적인 기교를 발휘할 여지가 비교적 적다. 반면 광초는 글자를 쓰는 사람이 개인의 기교와 개성이 많이 발휘되어 필획과 구조가 때로 매우 과장되어 식별하기 어려울 정도이다.

예술적 표현의 관점에서 볼 때, 초서, 특히 광초는 글자를 쓰는 사람이 개인의 감정과 심미적 특징을 가장 잘 표현할 수 있다. 그러나 초서, 특히 광초는 식별하기가 매우 어려워 일상적으로 사용하는 일이 거의 없기 때문에, 기본적으로 순수한 예술 형식이 되었다.

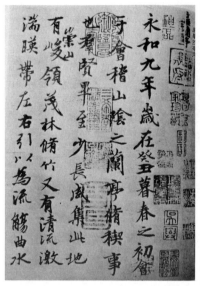
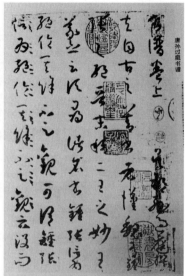

[그림 4-16] 행서　　　　　　　[그림 4-17] 초서

　　종합해보면, 고문자(古文字)에서 금문자(今文字)로의 변천 과정이 바로
한자의 예술적 표현력이 지속적으로 풍부해지는 과정임을 알 수 있다.
　　고문자(古文字) 단계에서는 다양한 서사 재료에 따라 한자의 다양
한 예술적 스타일을 감상할 수 있다. 예컨대, 갑골(甲骨)에 새겨진 갑
골문과 청동기에 주조되거나 새겨진 금문의 스타일에는 큰 차이가
있으며, 간백서(簡帛書)나 석문(石文) 등도 마찬가지이다. 우리는 서예
를 할 때, 이러한 다양한 스타일을 참고할 수 있다.
　　반면, 금문자(今文字) 단계에서는 주로 서체를 통해 한자의 예술적
스타일을 감상하게 된다. 이 단계에서 다양한 서사 재료가 한자의 스
타일 표현에 결정적인 역할을 하지 않게 되었고, 대신 서체가 결정적
인 요소로 작용하게 되었다.
　　금문자 단계에서는 예서(隸書), 장초(章草), 해서(楷書), 행서(行書),

　　　　　　　　　　　　　　　　중국문자학 핸드북

초서(草書) 등의 서체가 있어, 특정 서체를 언급하기만 하면 그 서체의 기본적인 스타일을 알 수 있다.

고문자(古文字) 단계에서는 서사 재료가 한자의 예술적 스타일을 결정할 수 있었지만, 금문자(今文字) 단계에서는 서체가 결정하였다. 현재의 금문자 시기에서, 서사 재료의 변화는 한자의 예술적 스타일에 큰 영향을 미치지 않으며, 오히려 다양한 서체가 그 스타일을 결정짓는 주요 요인이 되었다. 그러나 이로 인해 몇 가지 문제가 제기되었다. 즉, 한자에 새로운 서체가 나타날 수 있을까? 만약 새로운 서체가 나타나지 않는다면, 서예의 발전이 정체되지 않을까? 어떤 예술이 창조성을 잃게 되면 그 예술은 쇠퇴하거나 소멸하게 되는데, 서예도 이러한 운명에 직면하게 될까?

우선, 우리는 한자에 새로운 서체가 더 이상 나타나지 않을 것이라는 점을 인식해야 한다. 이는 한자의 발전사에서 금문자(今文字) 단계에 이르러 서체의 형성이 서사 효율을 높이려는 추구에서 비롯되었기 때문이다. 빠른 속도로 글씨를 쓸 때, 필획에 무의식중에 새로운 형태를 띠게 되었고, 사람들은 점차 이러한 새로운 형태를 고정시켜 새로운 서체가 형성되었다.

현재 우리는 글을 쓸 때 서사 속도를 고려할 필요가 없다. 심지어 직접 쓸 필요 없이 키보드를 치는 것만으로도 충분하기 때문에, 필획의 형태가 변할 일이 없다. 한자의 형체와 필획의 쓰기 방식에 모두 통일된 규범이 있다는 점이 더 중요하다고 할 수 있다. 이러한 규범이 있는 상황에서 새로운 서체가 형성될 가능성은 거의 없다고 볼 수 있다.

한자의 예술적인 표현에서 서체는 중요한 부분을 차지한다. 한자에 새로운 서체가 더 이상 형성되지 않는다는 것이 서예를 통해 예술을 표현할 수 있는 가능성이 없어지는 것을 의미할까? 사실 이렇게 걱정할 필요가 없다. 왜냐하면, 서예에는 그 예술적 표현을 풍부하게 할 수 있는 다양한 요소들이 존재하기 때문이다. 이에 대해서는 다음 절에서 자세히 다루도록 하겠다.

3. 한자 필획의 예술적 표현력

한자 구조의 다채로움과 서체의 다양성으로 인해, 서예에는 예술적 표현력이 풍부하다. 그러나 구조와 서체는 결국 한정되어 있어, 이것이 서예의 예술적 표현력을 제한할 수 있는 것으로 보일 수 있다. 하지만 실제로는 그렇지 않다. 서예를 하는 과정에서 한자의 필획은 무한하게 변화한다. 이러한 변화가 한자의 구조 및 서체와 결합하여 무궁무진하게 예술적으로 표현할 수 있는 것이다.

필획의 서사 방식과 기법이 한자의 형태와 스타일을 변화시킬 수 있고, 심지어는 비백서(飛白書)와 같은 새로운 서체를 만들 수 있다는 것을 알 수 있다. 당(唐)나라의 이작(李綽)은 『상서고실(尙書故實)』에서 "비백서는 채옹(蔡邕)에 의해 시작되었다. 그가 홍문(鴻門)에서 장인이 회칠용 비를 사용하는 것을 보고 창안한 것이다."라고 말했다.

이는 동한(東漢) 말기에 채옹이 한 번은 장인이 비로 흰 석회를 찍어 벽에 칠하는 것을 보았는데, 그렇게 칠해진 선이 메마르면서 힘이 있고 그 형태가 날아갈 듯 움직이는 것을 보고 영감을 받아, 이러한 선의 특징을 활용하여 새로운 서체를 창조했으며, 이를 비백서(飛白書)라고 불렀다는 이야기이다.

이 서체가 등장한 후에, 사람들은 이러한 메마르면서 힘 있는 선을 '비백(飛白)'이라 부르며, 이를 서예에 활용하면서 새로운 필법이 탄생했다. 이전에는 글자를 쓸 때 모든 필획의 먹색이 반드시 가득 차야

했지만, 이후에는 건필(乾筆), 즉 비백 필법이 생기고 나서 서예는 더욱 고아하고 힘찬 모습을 드러 내게 되었다. 이는 마치 '마른 나 뭇가지가 험한 곳에 걸쳐있고, 거 대한 바위가 길을 막고 있는 듯 한 모습으로, 보는 이로 하여금 더욱 깊은 감상과 사색에 빠지게 하였다.

비백 필법은 필획을 변화시킨 것에 불과하다. 실제로 필획을 변 화시키는 방법은 무궁무진하다. 각각의 서예가들은 각자 독특한 필법을 가지고 있어, 자신의 스타

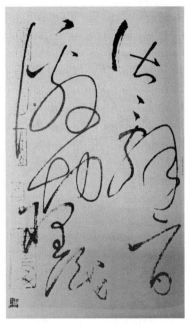

[그림 4-18] 비백서(飛白書)

일이 드러나는 필획을 써내어, 이를 통해 개인의 독특한 풍격을 지닌 예술을 만들어내는 것이다.

예컨대, 돈좌(頓挫)[7]는 서예가들이 자주 사용하는 필법인데, 청대 (淸代)의 정판교(鄭板橋)는 일부 필획에서 이 돈좌를 특히 강조했다. 이러한 필획은 마치 오래된 등나무나 천 길 높이에서 떨어지는 폭포 와 같아서, 강렬한 예술적 감동을 줄 수 있다. 또 다른 예로, 청대의

---

7) (역주) 서예에서 '돈좌(頓挫)'는 글씨를 쓰는 과정에서 붓끝의 제압(提按) 변화를 의미하며, 이 기법은 필획에 동적인 감각과 리듬감을 준다. '돈(頓)'은 주로 붓끝이 움직이는 중에 잠시 멈추는 것을 뜻하며, '좌(挫)'는 이 정지 후에 붓을 다시 들어 계속 쓰는 동작을 말한다. 이러한 필법은 필획의 굵기와 리듬을 조절할 뿐만 아니 라, 글씨의 힘과 표현력을 향상시킨다. 서예가들은 돈좌를 활용함으로써 필획에 힘을 실으면서 유연함을 잃지 않게 하여, 작품의 예술적 효과를 높인다.

유용(劉墉)은 진한 먹을 즐겨 농후하고 화려한 필획을 썼고, 청대의 왕문치(王文治)는 연한 먹을 즐겨 경쾌하고 자연스러운 필획을 썼다.

서예는 한자 자체를 사용하는 과정에서 변화를 겪으며 그 예술적 표현력을 계속해서 증가시키는 데에만 그치는 것이 아니라, 일련의 서사 도구와 재료를 창안해 냄으로써 한자의 형태와 필획의 변화를 더욱 잘 조화시켜 한자의 예술성을 더 두드러지게 하였다. 이 도구가 바로 붓과 벼루이며, 재료는 종이와 먹으로, 이들을 통틀어 '문방사보(文房四寶)'라고 불렀다.

서예에서 사용하는 붓은 연모필(軟毫筆)로, 이는 주로 특정 동물의 털로 만들어지며, 일정한 탄성을 가지고 있다.

이러한 털로 만든 붓으로 한자를 쓸 때 미적 경이로움을 창조할 수 있다. 글씨를 쓸 때, 우리는 붓을 사용하여 제압(提按)[8], 돈좌(頓挫), 지삽(遲澀)[9] 등의 방법으로 필획에 굵고 가는 변화, 메마르고 윤택한 느낌, 경쾌하고 중후한 효과 등을 표현할 수 있다. 이는 모두 일정한 탄성을 가진 연모로 인한 효과이다.

동한의 채옹(蔡邕)은 『구세(九勢)』에서 "오직 붓이 부드러워야, 기이하고 특이한 것이 생긴다."라고 말했는데, 바로 이러한 연모가 만

---

8) (역주) 제압(提按)은 중국 서예에서 중요한 필법 중 하나로, 글씨를 쓸 때 붓끝이 종이 위에서 오르내리는 동작과 관련이 있다. '제(提)'는 붓끝을 위로 들어 올리는 것을 의미하며, 이를 통해 선이 더욱 정교하고 경쾌해진다. 반면 '압(按)'은 붓끝을 아래로 누르는 것을 뜻하며, 이로 인해 선이 더 두껍고 안정감 있게 표현된다. 서예 작품에서는 이러한 필법을 활용하여 리듬감과 동적인 아름다움을 만들어낸다.

9) (역주) 서예에서 '지삽(遲澀)'은 글씨를 쓸 때 나타나는 특정 붓 터치 효과를 의미하며, 이는 붓끝과 종이 표면 사이의 상호작용 및 서사 속도의 조절과 연관이 있다. 지삽의 필획은 일반적으로 붓끝이 종이 위에서 부드럽고 순조롭게 움직이는 것이 아니라, 일정한 정체와 마찰감을 동반하여 필획이 힘 있고 중후하며 튼튼한 시각적 효과를 나타낸다. 이러한 효과는 필획에 동적인 느낌을 줄 뿐만 아니라, 서체의 안정성과 시각적으로 강렬한 인상을 줄 수 있다.

　　　　　　　　　　　　　　　　　중국문자학 핸드북

들어내는 예술적 효과를 지칭하는 것이다. 먹은 글을 쓸 때 사용되는 안료이며, 벼루는 먹을 가는 도구이다. 먹의 진하기는 먹을 갈 때 조절할 수 있다.

한자를 쓸 때, 먹의 진하기에 변화를 주면 필획에 다양한 예술적 효과를 줄 수 있다. 앞서 언급한 유용(劉墉)과 왕문치(王文治)의 서예가 그 예이다. 한편 종이는 서예의 매체로서, 한자 쓰기의 예술성 형성에 있어 대체할 수 없는 작용을 한다.

서예를 위한 종이는 특수한 재료와 제조 기법으로 만들어지는데, 그중 선지(宣紙)가 가장 대표적인 종이지만, 다른 종류의 종이도 있다. 이러한 종이는 먹을 잘 흡수하여, 먹색이 매우 풍부하고 고전적으로 보이게 한다. 이를 통해, 서예가가 의도한 효과를 이룰 수 있으며, 개인의 고유한 스타일을 나타낼 수 있다. 이런 종이를 사용하지 않으면 서예를 하기가 어려운데, 이는 이러한 종이들이 서예가의 개성 있는 필획을 표현하는 데 매우 적합하기 때문이다.

이상에서 살펴본 바와 같이, 한자의 필획은 다양한 요소들의 조화를 통해, 실질적으로 표현할 수 있는 예술성이 무한하다고 할 수 있다. 이는 서예가 한 예술 분야로 성립될 충분한 근거가 있음을 의미한다.

제3절 한자와 교육

1. 서론

현존하는 문헌 연구에 따르면, 한자 교육은 한자 체계가 형성된 지 얼마 되지 않아 시작되었다. 『주례』의 기록에 의하면, 육예(六藝) 중의 육서(六書)는 문자 교육과 관련이 있어야 한다. 『설문해자서(叙)』에서는 "여덟 살이 되면 소학(小學)에 입학하는데, 보씨(保氏)라는 교육 담당자가 공경(公卿)과 대부(大夫)의 자제들을 가르쳤는데, '육서(六書)'로써 교육을 이끌었다."[1]라고 언급한 것으로 보아, 늦어도 서주 시기에 이미 비교적 체계적인 한자 교육이 시작되었음을 알 수 있다.

진한(秦漢) 시기에는 『창힐편(倉頡篇)』, 『원력편(爰歷篇)』, 『박학편(博學篇)』, 『범장편(凡將篇)』, 『급취편(急就篇)』 등 전문적인 문자 학습 교재가 등장했다. 이 자서(字書)들은 대부분 이미 유실되었다. 위진(魏晉) 시대 이후에는 깊은 영향을 미친 '삼백천(三百千)이라고 불리는 『삼자경(三字經)』, 『백가성(百家姓)』, 『천자문(千字文)』이 출현했으며, 이 책들은 근대에 이르기까지 초학자들의 기초 교육을 위한 중요한 교재로 사용되었다. 고대의 자서들은 문자 학습과 교육을 결합하여 주로 운율을 많이 사용하여 쉽게 암송할 수 있게 만들었다.[2]

---

1) (역주) 하영삼, 『완역설문해자』제15권(도서출판3, 2023), 4275쪽.

현대 기초 교육 분야에서, 1949년 이후, 특히 1980년대 이후 한자 교육에 대한 여러 가지 실험이 이루어졌다. 형태와 의미의 관계 및 형태, 독음, 의미의 관계에서 접근한 방법으로는 '글자가족[字族]군 교육법, 한자원리 교육법, 한자의 구성요소 교육법, 한자 어근 교육법, 집중 한자 교육법' 등이 있습니다. 문자와 언어의 관계 측면에서 접근한 방법으로는 '분산 한자 교육법, 주음(注音)을 통한 교육법' 등이 있다.

인지적 관점에서 접근한 방법으로는 '취미 한자 교육법, 연상 한자 교육법' 등이 있다. 이러한 한자 교육 방법들은 대부분 널리 보급되거나 확산되지 못했다. 현재 주류를 이루는 초등학교 한어 교과서에서는 여전히 문장을 통한 한자 학습법을 사용하고 있으며, 한어병음, 필획, 필순 외에 한자의 다른 지식에 대해서는 거의 다루지 않고 있다.

한자 학습과 암기는 한자의 전체 구조에 중점을 두고 있으며, 한자의 구조 유형과 구조 분석 등에 관한 내용은 없다. 현행 한어 교과 과정의 기준에 따르면, 초등학교 단계에서는 약 3,000자의 한자를, 중학교 졸업 시에는 약 3,500자의 상용한자를 인식할 수 있어야 한다.

현행 교육 정책에서 학습자들은 기본적으로 9년 동안 이러한 한자를 습득할 수 있기 때문에, 한자 교육의 이론과 방법을 변경하고 개선할 절실한 필요성이나 동기가 부족하다. "한자에 대한 기초 연구와 응용 연구의 진전이 매우 더딘 상황으로, 많은 지역에서 한자 교육이 체계적인 지침 없이 임의로 이루어지는 상황에 처해 있다."[3]

현행 한어 교육 과정의 기준은 학생들의 한자 활용 능력과 언어 능력에 더욱 중점을 두고 있고, 독서량을 강조하고 있다. 각 학습 단

---

2) 戴汝潛, 『漢字敎與學』(山東敎育出版社, 1999), 111쪽.
3) 王寧, 『漢字敎與學·序言』(山東敎育出版社, 1999), 1쪽.

계에서 쓸 수 있는 한자의 수는 알고 있는 한자의 수보다 낮게 설정되어 있다.

학습자들은 일반적으로 한자를 분석하는 능력이 부족하며, 한자의 편방 부수 등 지식을 종합적으로 이해하지 못하여, 한자에 대한 체계적인 인식이 부족하다.

이러한 상황이 형성된 원인 중 하나는 현대 한자에서 약 3,500개의 상용자 중 3분의 1 이상이 글자를 구성하는 이론적 근거를 상실했다는 점이다. 이로 인해 한자의 구조와 원리를 분석하는 것이 매우 복잡하고 어려워졌다.

외국인을 대상으로 하는 한어 교육, 즉 대외 한어 교육은 이미 한(漢)나라 시대에 불교가 중국에 전해지고 불경이 번역되면서 시작되었다. 당대(唐代)에 이르러 많은 유학생들이 중국에 도착하면서 이는 절정에 달했으며[4], 외국 유학생들은 국자감(國子監)에서 한어를 학습하게 했다.

송대(宋代), 원대(元代), 명대(明代)에는 유학생의 수가 다소 감소했다. 청대(淸代)에 이르러 국자감에서 러시아 학관(學館)을 설립하기 시작했다. 중화민국 시기에는 소수의 정부에서 교환 유학생이 한어를 배우기 위해 중국에 왔다.

중화인민공화국 수립 이후, 1950년부터 대외 한어 교육이 시작되었다.

시정우(施正字)는 대외 한어 교육의 역사를 세 단계로 나누었는데, 1950년대부터 80년대까지를 초창기, 90년대를 핵심시기, 2000년 이후를 다원화 시기로 보았다.[5]

---

4) 張亞軍,「歷史上的對外漢語敎學」,『語言敎學與硏究』第3期(1989); 魯健驥,「談對外漢語敎學歷史的硏究—對外漢語敎學學科建設的一個重要課題」,『語言文字應用』第4期(1998).
5) 施正字, 呂文傑, 範佳燕, 房磊,「60年對外漢字敎學硏究之硏究(上)」,『雲南師範大學學報(對外漢語敎學與硏究版)』第1期(2015).

대외 한어 교육이 하나의 학문 분야로 제안된 것은 1978년이며, 1983년에 설립된 중국교육학회 대외한어교학연구회(中國敎育學會對外漢語敎學硏究會)로 인해 이 분야가 독립된 학문으로 인정받기 시작했다. 그리고 1984년에 정부가 이 학문을 공식적으로 인정했다.

1987년, 주관 기관인 '국가 대외한어 교육 지도자 그룹(國家對外漢語敎學領導小組)'이 설립되었고, 이 그룹의 사무기구가 유명한 '국가한판(國家漢辦)'이다. 2004년부터 전 세계에 공자학원을 설립하기 시작하여 언어와 문화 교류를 촉진시켰지만, 대외 한어 교육 및 교육 연구는 1990년대부터 빠르게 발전하기 시작했다.

2. 어휘[詞] 중심과 문자[字] 중심

현대의 대외 한어 교육은 교육 이념, 교수법부터 교과 과정 편성과 교재 개발에 이르기까지 외국어 교육의 영향을 깊이 받았다. 어휘와 문법 학습을 강조하고, 듣기, 말하기, 읽기, 쓰기 능력의 향상에 주목하였다. 또한, 개설된 과목들은 중국의 외국어 전공과 거의 동일하여, 정독(종합 한어), 광범위독해[泛讀], 회화, 듣기, 작문 등의 과목 등이 있다. "지금까지의 대외 한어 교육은 기본적으로 서양 언어학과 언어 교육 이론을 지침으로 삼아왔다. …… 문자와 문자 교육은 한 번도 문제로 여겨지지 않았다."[6]

외국어로서의 대외 한어는 당연히 다른 외국어 교육과 마찬가지로 공통적인 특징이 많다. 그러나 서양의 언어 교육 이론을 전면적으로 답습하는 것은 한자가 표음 문자와는 완전히 다른 특성을 가지고 있다는 점, 그리고 한자 문제가 한어 교육과 학습에 미치는 막대한 영

---

6) 李大遂, 『簡明實用漢字學』(北京大學出版社, 2003).

향을 간과한 것이다.

이른바 '어휘 중심[詞本位] 교수법'이란 교육 과정에서 어휘를 기본 단위로 삼는 방법을 말한다. 먼저 새로운 단어를 학습하고, 그 다음 어구와 문장을 배우며, 마지막으로 본문을 공부하는 방식이다.

이는 교재의 체제에서 본문, 새 단어, 문법 규칙으로 나타난다. 대외 한어 교육은 교재 편찬의 관점에서 볼 때, 중화인민공화국이 수립된 이래로 이 단어 중심 교수법을 줄곧 사용해 왔다.

"대외 한어 교육에서 사용되는 어휘 중심 교수법은 기본적으로 영어나 프랑스어 등과 같은 표음 문자 언어를 가르치는 방법을 그대로 적용한 것으로, 그 핵심은 언어 교육이 곧 어휘를 사용하여 문장을 구성하는 것을 가르치는 것이다."[7] "어휘 선택은 주로 문법 교육 내용과 본문 내용에 따라 이루어진다. 어휘에 대한 설명은 일대일 또는 일대다수의 영어-한어 혹은 영어-일본어 상호 번역과 사전을 통한 두 가지 방식을 주로 채택하고 있다."[8]

'문자 중심[字本位] 교수법'은 일반적으로 프랑스의 조엘 벨라센 (Joël Bellassen)[9]이 편찬한 한어 교재 『한어 언어문자 입문(漢語語言文

---

7) 張朋朋, 「詞本位教學法和字本位教學法的比較」, 『世界漢語教學』 第3期(1992).

8) 李彤, 「近十年對外漢語詞彙教學研究中的三大流派」, 『語言文字應用』 第S1期(2005).

9) (역주) Joël Bellassen(白樂桑)은 프랑스의 저명한 중국학 학자이자 한어 교육 전문가로, 한어 교육에 혁신적인 방법론을 도입한 인물이다. 1950년 알제리에서 태어난 그는 1978년 파리 7대학에서 중국학 박사 학위를 받았고, 이후 프랑스 교육부의 첫 번째 한어 총감독관을 맡았다. 그는 특히 한어 교재 *Méthode d'Initiation à la Langue et à l'Écriture Chinoises* (『漢字啓蒙』)를 공동 편찬해, 프랑스 내 한어 교육의 대중화를 이끌었다.
이 교재는 한어 문자를 처음부터 하나씩 배우게 하고, 이후에 다문자어를 익히는 방식으로 구성되어 있어, 한어 학습자들이 문자 자체를 문화와 함께 배우도록 고안되었다. 이 교재는 400개의 기본 한자를 익히는 것을 목표로 하며, 이는 현대 한어 텍스트에서 약 2/3의 어휘를 차지하는 중요한 문자들이다. 또한, 벨라센은 한어 교육의 표준화와 시험 방식을 설계하는 데에도 기여하였고, 여러 학술 논문과 저

字啓蒙)』을 기점으로 한다고 여긴다. "이 교재는 전체적으로 한어의 문자와 어휘 간의 관계라는 특징을 반영하고자 했으며, 한어의 본래 모습에 따라 교육하였으므로, 이를 '문자 중심 교수법'이라고 부를 수 있다."

교재 내용을 살펴보면, 한자의 필획과 편방 등의 내용이 추가되었고, 어휘 목록 외에도 새로 학습할 한자 목록과 어휘 확장 학습이 추가되었다. 저자의 말을 인용하면, "한자를 한어 교육의 기본 단위로서 전면적으로 다루는 것(글자 빈도, 새로 학습할 한자와 이미 학습한 한자로 구성된 합성어, 새로 학습할 한자의 어원과 구조, 글자의 필기체 등)이 이 교재의 특징이다."[10]

한편, '문자 중심 교수법'을 '형태소 교수법'과 동일시하는 것은 적절하지 않다. '문자 중심'은 단순히 교육 단위의 문제뿐만 아니라, 언어와 문자 사이의 관계까지도 포괄하기 때문이다.

서통장(徐通鏘)은 1991년 학술회의에서 처음으로 '문자 중심'에 대해 제기했으며, 이후 1994년 연구 논문에서 '한어 중심'에 관한 이론을 논의했는데, 이는 우연히도 '문자 중심 교수법'과 같은 명칭이다.

언어 연구 분야에서, '문자 중심' 이론에 대한 광범위한 논의와 논쟁이 이어짐에 따라, 교육 분야에서 '문자 중심 교수법'이 연구의 주된 대상이 되었다. '문자 중심 교수법'에 대한 이해가 서로 다르기 때문에, 논의의 초점도 완전히 일치하지는 않았다.

20여 년간의 논의를 거치며, "해외에서 한어를 대상으로 제시된 '문자 중심' 교수법은 한어 교육계에서 크게 받아들여지지 못했으며,

---

서를 출간했다. 그의 주요 업적으로는 『漢字的表意王國』, 『說字解詞詞典』 등이 있으며, 전 세계 중국학 연구와 한어 교육에 지대한 영향을 끼쳤다.

10) [法] Joël Bellassen(白樂桑), 「漢語教材中的文, 語領土之爭: 是合並, 還是自主, 抑或分離?」, 『第五屆國際漢語教學討論會論文選』(北京大學出版社, 1997), 573-576쪽.

오히려 장기간의 비판과 논쟁을 불러일으켰다."11)

임호련(任瑚璉)은 "한어에서 문장을 구성하는 최소 단위는 '문자[字]'가 아닌 '어휘[詞]'이며, 대외 한어 교육도 '어휘'를 기본 단위로 하여 교육해야 한다."고 여겼다.12)

"그들이 말하는 '문자[字]'는 어휘[詞]의 서사 부호로, 문자학적 의미의 한자를 지칭한다. 즉, 서사 부호로서의 한자가 『입문(啓蒙)』편집자들이 인정한 기본 교육 단위이다. …… 이는 개별적으로 분산된 한자의 분포만을 보고, 부호 체계로서의 내재적 구조 규칙을 간과한 것이다. 바로 이렇게 한자의 체계성을 무시한 점이 '단어 중심' 교수법을 비판하는 핵심이다."13)

가영(賈穎)은 '문자 중심 교수법'과 '어휘 중심 교수법'을 결합해야 한다고 여겼으며14), 관춘림(管春林)은 '어휘 중심 교수법'의 일부 합리적인 요소를 수용할 수 있다고 여겼다.15)

'문자 중심'에 대한 논의가 대외 한어 교육의 현재 상황을 직접적으로 변화시키지는 못했지만, 그동안 간과해 왔던 한자 교육의 문제점에 대해 주목하게 만들었으며, '대외 한자 교육'이라는 용어를 학술 용어로 정착하게 만들었다.

---

11) 王若江, 「對法國"字本位"教學法的再思考」, 『國際漢語教學研究』 第3期(2017).

12) 任瑚璉, 「字, 詞與對外漢語教學的基本單位及教學策略」, 『世界漢語教學』 第4期(2002).

13) 施正宇, 「詞·語素·漢字教學初探」, 『世界漢語教學』 第2期(2008).

14) 賈穎, 「字本位與對外漢語詞彙教學」, 『漢語學習』 第4期(2001).

15) 管春林, 「"字本位"與"詞本位"教學方法結合質疑—兼與劉頌浩先生商榷」, 『暨南大學華文學院學報』 第4期(2008).

3. 언어와 문자의 관계

어문(語文) 관계란 언어 교육과 문자 교육의 관계를 말한다. 표음문자의 경우, 언어와 문자 사이에 거의 장애가 없다. 그러나 표의문자 체계인 한자의 경우, 단어 표기 방식의 차이, 더욱이 상징 구조의 형태적 차이로 인해 한어와 한자에는 큰 간극이 존재한다.

한자의 형체, 독음, 의미는 모두 한어와 명확하게 인지할 수 있는 연관성이 부족하다. 벨라셴은 「한어 교재에서의 문자와 언어 영역의 갈등: 통합, 자율, 아니면 분리?」에서 "교재의 편찬 원칙과 교과 과정의 구성에서, 중국 문자의 특수성을 인정하지 않고 중국 문자와 언어의 관계를 정확하게 다루지 않은 점이 바로 한어 교육이 위기를 맞은 근원이다."라고 언급했다.16)

이와 관련된 논의에는 '언어와 문자의 병행 학습', '언어와 문자의 통합 학습' 또는 '언어와 문자의 분리 학습', '언어 선행, 문자 후행 학습' 등의 견해가 있다. 이들의 특징은 각각 아래와 같다.

- 언어와 문자 병행 학습: 언어 학습과 문자 학습을 동시에 진행하는 방식
- 언어와 문자 분리 학습: 언어 학습과 문자 학습을 위한 교재를 각각 편찬하여 진행하는 방식
- 언어 선행, 문자 후행 학습: 먼저 언어(회화)를 학습한 후 문자를 학습하는 것을 말하며, 듣기와 말하기를 우선적으로 하고 읽기와 쓰기는 나중에 진행하는 방식

---

16) [法] Joël Bellassen(自樂桑), 「漢語教材中的文, 語領土之爭: 是合並, 還是自主, 抑或 分離?」, 『第五屆國際漢語教學討論會論文選』(北京大學出版社, 1997), 573-576쪽.

1950년 이후의 교육 현장을 살펴보면, 초기의 '언어 선행, 문자 후행' 방식을 거쳐, 이후 반세기 이상 '언어와 문자의 병행 학습' 방식이 지배적인 위치를 차지했다. 그리고 최근 들어 '언어와 문자의 분리 학습' 및 '언어 선행, 문자 후행' 등 다양한 주장이 제기되고 있다.

장붕붕(張朋朋)은 '언어[語]와 문자[文]', '언어 능력과 문자 능력', '언어 단위와 문자 단위'도 모두 상대적으로 독립적이라고 여겼다. 따라서 그는 한어 회화와 문자 교육에 '언어와 문자의 통합 교육 원칙'을 적용하는 것은 적절하지 않다고 보았다. 그는 '언어 교육과 문자 교육'을 별도의 과목으로 설정하고, 문자 교육 과정을 '한자 쓰기 수업'과 '한자 인식 수업'으로 나눌 수 있다고 건의하였다.[17]

만업형(萬業馨)은 "많은 학자들은 '언어와 문자의 병행 학습' 방식이 한자 교육을 완전히 수동적이고 종속적인 위치에 놓이게 하여, 학생들이 학습에 많은 노력을 기울이지만, 한자 교육이 그 고유의 특성에 따라 체계적으로 이루어지지 못해 노력에 비해 성과가 미미한 실정이라고 여긴다."라고 했다.[18]

현재 점점 더 많은 연구자들이 '언어와 문자의 분리 학습'이나 '언어와 문자의 분리 교육'에 동의하고 있으며, 한자 전문 교재도 다양하게 출판되고 있다. 그러나 실제 교육 현장에서는 독립적인 한자 수업이 이루어지지 않고 있다.

---

17) 張朋朋, 「語文分開, 語文分進的敎學模式」, 『漢字文化』 第1期(2007).
18) 萬業馨, 「略論漢字敎學的總體設計」, 『語言敎學與硏究』 第5期(2009).

4. 한자의 이론적 근거

한어가 어렵다고 느끼는 주된 요인 중 하나는 한자 학습이 어렵기 때문이다. 따라서 한자의 구조적 특징과 규칙, 한자가 단어를 표현하는 방식, 한자의 형태와 의미 표현의 체계를 정확하게 인식하는 것이 한자 교육의 중요한 토대가 된다. 수많은 연구 논문들이 한자의 이론적 근거와 관련된 구체적인 한자 교육 방법에 대해 지속적으로 논의하고 있다.

한자의 이론적 근거는 형태, 음운, 의미로 나눌 수 있다. 교육 과정에서 한자의 이론적 근거를 적용하는 것을 근거 기반 교육 또는 한자 원리[字理] 교육이라고 부를 수 있다. 전통적인 육서(六書) 이론도 여기에 포함될 수 있다.

"육서(六書)에서 선택한 핵심 지식과 설정한 범주는 기초 교육에서 매우 필요한 부분이다. 따라서 '육서' 자체의 이론적 의미를 부정하는 것과 '육서'의 교육적 가치를 부정하는 것은 동일시될 수 없다. 현대의 한자 교육에는 오류가 많이 존재하므로, 전통적인 '육서'로 회귀하거나 이를 참고하는 것이 좋은 해결책일 수 있다."[19)

이운부(李運富)는 또 상형 구성 요소와 지사 구성 요소가 한자 구성 요소의 형태적 기원으로 작용한다면, 이는 모든 한자의 구성 요소를 포괄할 수 있으므로, 한자 교육에 중대한 의미를 지닌다고 지적했다.

이로부터 '한자의 구성 요소 교육법, 편방 교육법, 자원(字源) 교육법' 등의 한자 교육 방법이 생겼다. 자원 교육법은 한자나 구성 요소의 형태적 기원을 분석하고, 형태와 의미의 연관성을 탐구한다. 팽만

---

19) 李運富, 「"六書"性質及價値的重新認識」, 『世界漢語教學』 第1期(2012).

용(彭萬勇)은 다수의 논문에서 대외 한자 자원 교육법 이론의 구축에 대해 분석하였다.20)

이대수(李大遂)는 "편방은 한자 체계에서 가장 중요한 구조 단위이며, 한자의 형태, 음운, 의미라는 체계를 형성하는 주요 요인이자, 전체 한자 체계의 근간이다. 편방을 중심으로 한자를 가르친다면, 전체를 아우르는 효과를 거둘 수 있다."고 여겼다.21)

현대 한자 구성 요소에 대한 논의와 함께, 한자의 구성 요소를 분석하고, 이를 바탕으로 한자 교육을 체계화하는 방법이 한때 주목받는 주제가 되었다. 형홍병(邢紅兵)은 「HSK어휘와 한자등급체계(漢語水平詞彙與漢字等級大綱)」에 수록된 2,905개의 한자의 구조를 체계적으로 분석하여, 총 515개의 기본 구성 요소를 도출했는데, 이 중 285개가 독립적으로 글자를 이루는 구성 요소였다.22) 유연매(柳燕梅)는 한자 구성 요소를 활용한 교수법으로 실험적 연구를 수행했다.23)

한자 쓰기에 관한 연구는 주로 필획과 필순 등으로 나눌 수 있다. 안연(安然)과 단운명(單韻鳴)은 필순 문제가 학생들의 한어 수준을 반영하지 않는다는 것을 발견하고, 학생들이 쓴 글자가 정확하다면 필순 문제는 무시해도 된다고 제안했다.24) 한편, 하홍봉(何洪峰)은 대외 한어 교육에서 필획의 조합 방식이 글자 식별에 미치는 영향에 대해 분석했다.25)

한자 구조의 다양한 유형을 바탕으로, 형성자에서 소리부의 음운

20) 彭萬勇, 「對外漢語漢字字源敎學法理論建構論略」, 『綿陽師範學院學報』 第6期(2009).
21) 李大遂, 「簡論偏旁和偏旁敎學」, 『華文敎學與硏究』 第1期(2002).
22) 邢紅兵, 「<(漢語水平)漢字等級大綱>漢字部件統計分析」, 『世界漢語敎學』 第2期(2005).
23) 柳燕梅, 「漢字敎學中部件策略訓練效果的硏究」, 『語言敎學與硏究』 第2期(2009).
24) 安然, 單韻鳴, 「非漢字圈學生的筆順問題─從書寫漢字的個案分析談起」, 『語言文字應用』 第3期(2007).
25) 何洪峰, 「對外漢語敎學中的"筆劃組合方式辨字"問題」, 『漢語學習』 第3期(2005).

표시 정도와 의미부에 대해서 비교적 심도 있게 분석이 이루어졌다. 만업형(萬業馨)은 교육 과정에서 의미부를 중시하고 소리부를 경시하는 경향에 대해 토론했다. 또한, 2,905개의 한자 중 2,001개의 형성자에서 819개의 성방(聲旁: 소리 부분)을 분석하여, 형성자를 가르치는 부분에 대해 의견을 제시했다.[26]

시정우(施正字)는 약 3,500자의 현대 한어 상용자 중에서 2,522개의 형성자의 의미부를 조사하여, 현대 형성자의 의미부에서 실제 글자의 의미를 정확히 나타내는 비율이 83%에 달한다는 것을 발견했다.[27]

사종원(沙宗元)은 외국인을 대상으로 한 한자 교육의 전반적인 체계에 관해 토론했다. 그는 한자의 기초 지식부터 실제 학습 방법, 다양한 수업 모델에서의 한자 교육 및 한자 교재 편찬 등의 문제를 다루었다.[28]

5. 한자 학습에 대한 실험적 접근

한자 학습에 대한 실험적 접근은 교육 방법론 실험과 인지심리학적 실험 두 가지로 나눌 수 있다. 교육 현장에서는 다양한 한자 교육 방법에 대한 실험이 꾸준히 이루어져 왔다. 반면, 인지심리학적 실험은 특수 장비가 필요한 탓에 교육 분야 연구자들의 참여가 상대적으로 적었다.

예컨대, 유학생들이 발음 부분을 활용해 형성자의 소리부를 추측하는 능력에 관한 실험에서 다음과 같은 흥미로운 결과가 나왔다.

---

26) 萬業馨, 「略論形聲字聲旁與對外漢字敎學」, 『世界漢語敎學』 第1期(2000).
27) 施正字, 「現代形聲字形符意義的分析」, 『語言敎學與硏究』 第4期(1994).
28) 沙宗元, 「對外漢字敎學的若幹基礎性問題」, 『海外華文敎育』 第3期(2012).

- 유학생들은 형성자를 읽을 때, 실제로 발음 부분을 활용해 소리를 추측한다.
- 저빈도 한자일수록 학습자들은 발음 부분에 더 많이 의존하는 경향이 있다.
- 한어 실력이 낮은 학습자일수록 발음 부분을 통한 소리를 추측하는 것에 더 많이 의존한다.
- 발음 부분을 활용하여 소리를 추측하는 능력은 유학생의 모국어에 따라 차이가 있다.29)

한편, 한어를 처음 배우는 미국 학생들의 한자 정자법 인식에 관한 실험에서, 연구자들은 학생들이 상하 구조의 한자에 대해서는 기본적인 정자법 인식을 가지고 있는 반면에, 좌우 구조의 한자에 대해서는 뚜렷한 인식이 없음을 발견했다. 이 실험 결과는 학생들에게 한자 정자법 인식을 체계적으로 길러줄 필요가 있으며, 한자의 정자법 규칙에 대한 연구와 정리의 중요성을 시사하고 있다.30)

강신(江新)은 한자 사용 빈도와 조어력이 비한자권 학생들의 한자 학습에 미치는 영향에 관해 실험했다. 그 결과, 한자의 사용 빈도가 한자의 학습 효과에 영향을 미치며, 이러한 빈도 효과의 크기는 한자의 필획수에 따라 달라진다는 점을 밝혀냈다.31)

강신(江新)은 '인식과 쓰기의 분리 학습', '많이 인식하고 적게 쓰기'라는 한자에 대한 교육 방법을 실험하였다. 그 결과, '인식과 쓰기를 분리하여 많이 인식하고 적게 쓰는' 그룹이 '인식과 쓰기를 동시에 요구하는' 그룹보다 한자 인식과 쓰기 모두에서 더 좋은 효과를 보였

---

29) 孫德金, 『對外漢字教學研究』(商務出版社, 2006), 469쪽.
30) 孫德金, 『對外漢字教學研究』(商務出版社, 2006), 470-481쪽.
31) 江新, 「漢字頻率和構詞數對非漢字圈學生漢字學習的影響」, 『心理學報』 第4期(2006).

다.32) 이예(李蕊)와 섭빈빈(葉彬彬)은 '언어와 문자의 분리 학습'이라는 교수법을 실험을 통해 '인식과 쓰기의 분리'라는 방법이 언어와 문자의 병행 학습에 효과적임을 입증했다.33)

6. 한자 교재

초기에 외국인을 대상으로 한 한어 교육에서, 한자가 부차적인 위치에 있었다는 것은 독립된 한자 교재가 없었다는 점에서 잘 드러난다. 심지어 종합 한어 교재에서 필획이나 필순 등 한자와 관련된 내용이 단편적으로만 다뤄졌을 뿐이다.

초해강(肖奚强)은 외국인을 대상으로 한 한어 교육에서 한자 교육이 제 위치를 차지하려면, 독립적인 한자 교재가 있어야 하며, 한자 자체의 특성과 원리에 따라 교육 내용을 구성해야 하고, 이를 다른 과목의 교재와 잘 연계해야 한다고 여겼다.34)

왕서봉(王瑞烽)은 한자 내용을 포함한 13종의 한어 교재를 선별하여 분석한 결과, 다음과 같은 문제점들을 발견했다.

- 한자 교육에 대한 체계적인 지침이 없다.
- 계획성 있는 한자 교육이 이루어지지 않고 있다.
- 한자 교육 연구의 최신 성과가 적시에 반영되지 않고 있다.
- 일부 교재는 여전히 '문장을 통한 한자 학습' 방식을 채택하고 있다.35)

---

32) 江新, 「"認寫分流, 多認少寫"漢字敎學方法的實驗硏究」, 『世界漢語敎學』 第2期(2007).
33) 李蕊, 葉彬彬, 「語文分進的對外漢字敎學模式初探」, 『學術探索』 第4期(2012).
34) 肖奚强, 「漢字敎學及其敎材編寫問題」, 『世界漢語敎學』 第4期(1994).
35) 王瑞烽, 『對外漢字敎學硏究─基礎漢語敎材的漢字敎學內容分析』(北京語言文化大學 碩士學位論文, 2002).

장정현(張靜賢)은 한자 교재 편찬 시 다음 두 가지 원칙을 고려해야 한다고 여겼다. 첫째, 한자의 구조와 원리를 활용하여 한자를 가르쳐야 하며, 둘째, 외국인의 한어 학습 패턴을 연구하여 반영해야 한다는 것이다.36) 이 외에도 한자 교재와 관련된 수십 편의 학위 논문들이 있는데, 이들은 교재 선정 및 편찬 원칙, 교재 비교 분석, 연습 문제 연구 등 다양한 주제를 다루고 있다.

왕홍빈(王鴻濱)은 최근 출판된 10종의 독립 한자 교재를 분석하고는, 외국인을 위한 한자 교재의 증가가 외국어로서의 한어 교육에 한자 교육의 가능성을 제공하고, 독립적인 한자 과목 개설을 위한 필수적인 기반을 마련했다고 여겼다.

또한, 왕홍빈은 한자 교재 내용의 편찬에 대해 다음과 같은 제안을 했다.

- 학습의 특징과 어려운 점을 부각시켜, 실용성과 목표 지향성을 강화해야 한다.
- 학습자의 학습 전략을 고려하여 한자 교재를 설계해야 한다.
- 한자 수업, 종합 한어 수업, 읽기 수업을 유기적으로 연계해야 한다.
- 멀티미디어 학습 자료를 적극적으로 활용해야 한다.37)

7. 한자 습득과 인지

한자 인지 연구는 대외 한자 교육에 전체적인 방향을 제시한다. 최근 몇 년간 연구자들은 한자 습득, 한자 인지 및 오류 분석 분야에서 상당한 진전을 이루었다.

왕건근(王建勤)은 한자의 구성성분 인식의 자기조직화 모델38)을 기

---

36) 張靜賢, 「關於編寫對外漢字教材的思考」, 『語言敎學與硏究』 第2期(1998).
37) 王鴻濱, 『對外漢字敎學硏究』(北京師範大學出版社, 2018), 516-517쪽.

반으로 한자 구조 규칙의 인지 효과에 대한 시뮬레이션 연구를 수행
했다. 이 모델을 통해 실제 한자, 가짜 한자, 비(非)한자에 대한 인지
효과를 시뮬레이션한 결과, 한자 특징의 습득은 빈도에 크게 영향을
받는다는 것을 발견했다. 이에 따라, 대외 한자 교육에서는 한자의
일부 특징에 관한 정보의 빈도 효과에 주목해야 한다고 말했다.[39]

녹사의(鹿士義)[40]와 풍려평(馮麗萍)[41]은 각각 학습자가 한자의 올바
른 구조와 쓰기 방법을 체계적으로 이해하는 데 약 2년의 학습 기간
이 필요하며, 중고급 단계에 이르러서야 이러한 이해가 완성된다고
말했다.

학미령(郝美玲)은 유학생들이 한자의 구성성분의 위치를 인식하는
것이 구성성분에 대한 인식보다 먼저 발달한다는 점을 발견하고는,
중급 단계에 이르면 구성성분의 위치에 대해서는 거의 인지를 하고
있는 상태이지만, 구성성분에 대한 인식은 그때서야 발달하기 시작한
다고 말했다.[42]

또한 학미령은 소리부의 음성 정보[43]와 형태소에 대한 인식[44]이
유학생들의 한자 학습에 미치는 영향을 연구했다.

연구자들이 한자 인지에 영향을 미치는 요인에 대해 연구를 하면

---

38) (역주) 자기조직화 모델은 복잡한 시스템이 외부의 개입 없이 스스로 구조화되
   는 과정을 설명하는 모델 말한다. 여기서는 한자 인식 과정이 어떻게 자연스
   럽게 구조화되는지를 설명하는 모델을 의미한다.
39) 王建勤,「外國學生漢字構形意識發展模擬研究」,『世界漢語教學』第4期(2005).
40) 鹿士義,「母語爲拼音文字的學習者漢字正字法意識發展的研究」,『語言教學與研究
   』第3期(2002).
41) 馮麗萍,「外國留學生漢字正字法意識及其發展研究」,『雲南師大學學報』第1期(2006).
42) 郝美玲,「留學生漢字正字法意識的萌芽與發展」,『世界漢語教學』第1期(2007).
43) 郝美玲, 舒華,「聲旁語音信息在留學生漢字學習中的作用」,『語言教學與研究』第4
   期(2005).
44) 郝美玲, 張偉,「語素意識在留學生漢字學習中的作用」,『漢語學習』第1期(2006).

서 다음과 같은 결과들이 나왔다.

팽담령(彭聃齡)과 왕춘무(王春茂)는 심리 실험을 통해 한자의 처리 과정이 필획, 구성성분, 전체 글자의 세 단계를 거친다는 것을 입증하고, 이 중 단위 구성성분의 필획 수와 구성성분의 수가 한자 처리 시간에 영향을 미친다고 밝혔다.[45]

장적가(張積家) 등은 한자 인지 과정에서 필획의 반복성이 한자를 구분하는 데에 뚜렷한 영향을 미치는 반면, 필획의 복잡성은 큰 영향을 미치지 않는다는 것을 발견했다.[46]

류려평(劉麗萍)은 실험을 통해, 유학생들이 한자를 쓰는 과정에서 필획 수와 한자 구조의 영향이 존재하지만, 한자를 읽는 과정에서는 이러한 영향이 나타나지 않는다는 것을 발견했다.[47]

장적가(張積家) 등은 형성자의 명칭에서 '규칙 효과'와 '성조 효과'가 존재한다는 것을 발견했으며, 소리부와 전체 글자의 음절이 같을 때는 반응이 빠르고, 다를 때는 반응이 느리다는 것을 밝혔다.[48]

한자 습득 방법에 관한 연구에서, 강신(江新)과 조과(趙果)는 유학생들이 초기 단계에서 가장 자주 사용하는 방법이 복습과 전체 자형을 파악하는 거라고 말했다. 또한, 초급 학습자들은 '소리부나 의미부에 대한 귀납적 분석'을 자주 하지 않는다고 지적했다.[49]

강신은 소리부에서 발음의 규칙성이 초급 유학생들의 한자 독음

---

45) 彭聃齡, 王春茂, 「漢字加工的基本單元：來自筆畫數效應和部件數效應的證據」, 『心理學報』 第1期(1997).

46) 張積家, 王惠萍, 張萌, 張厚粲, 「筆畫複雜性和重複性對筆畫和漢字認知的影響」, 『心理學報』 第5期(2002).

47) 劉麗萍, 「筆畫數與結構方式對留學生漢字學習的影響」, 『語言教學與研究』 第1期(2008).

48) 張積家, 王惠萍, 「聲旁與整字的音段, 聲調關系對形聲字命名的影響」, 『心理學報』 第3期(2001).

49) 江新, 趙果, 「初級階段外國留學生漢字學習策略的調查研究」, 『語言教學與研究』 第4期(2001).

습득에 유의미한 영향은 미치지 않지만, 형성자의 발음 규칙 효과는 한어 능력이 향상되면서 강해진다고 보았다.[50]

한자의 오류에 대한 연구에서, 두동혜(杜同惠)는 8가지 오류 유형을 정리했는데, 그 내용은 다음과 같다.

- 자소(字素) 혼동
- 자소 위치 이동
- 자소 누락
- 필획의 추가 또는 누락
- 필획의 변형
- 구조 오배치
- 동음 한자 오류
- 유사 발음 한자 오류[51]

강신(江新)과 유연매(柳燕梅)는 한자 쓰기 오류를 연구하면서 다음과 같은 사실을 발견했다.

첫째, 쓰기 오류 중에서 글자를 잘 못 알고 있는 경우가 글자를 틀리게 쓰거나 잘 못 읽는 경우보다 많았다. 그러나 학습자의 한자 인지 어휘량이 늘어나면서 전자의 오류는 감소하는 반면, 후자의 오류는 증가했다.

둘째, 자형의 유사성으로 인한 오류가 독음의 유사성으로 인한 오류보다 많았다. 그러나 이 역시 학습자의 한자 인지 어휘량이 늘어나면서 전자의 오류는 감소하는 반면, 후자의 오류는 증가했다.[52] 이러

---

50) 江新, 「外國學生形聲字表音線索意識的實驗研究」, 『世界漢語敎學』 第2期(2001).
51) 杜同惠, 「留學生漢字書寫差錯規律試析」, 『世界漢語敎學』 第1期(1993).
52) 江新, 柳燕梅, 「拼音文字背景的外國學生漢字書寫錯誤研究」, 『世界漢語敎學』 第1期(2004).

한 현상은 학생들이 한자의 형태에 대해 점점 더 정확하게 인식해가고 있음을 반영한다.

8. 대외 한자 교육 연구의 전망

21세기에 들어서면서 대외 한자 연구는 여러 측면에서 큰 진전을 이루었다. 예컨대, 언어와 문자의 관계, 한자 사용 빈도가 학생들의 한자 학습에 미치는 영향, 글자와 단어의 관계, 한자 체계의 규칙성이 학생들의 한자 학습에 미치는 영향 등 일부 문제에 대해서 학계의 의견이 비교적 일치하게 되었다.

그러나 대외 한자 교육 연구에는 체계적인 연구의 부족, 이론 연구와 실제 교육 사이의 괴리 등 여전히 해결해야 할 과제들이 남아 있다.

1. 문자학 연구와 한자 교육 연구 사이에 간극이 존재한다. 한자 자체에 대한 연구 성과가 실제 한자 교육 현장에서 적시에 효과적으로 활용되지 못하고 있는 실정이다.

2. 한자 교육을 위한 단계별 한자 목록이 부족한 상태이다. 현재 사용되고 있는 HSK(한어수평고시)의 급수별 한자 목록이나 통용 규범 한자표 혹은 상용 한자표 등은 주로 한자의 사용 빈도를 기반으로 작성되었다. 그러나 한자의 구조적 특성에 관한 규칙을 반영하여 교육 순서를 고려한 한자 목록은 아직 마련되지 않았다.

3. 한자 교육을 위한 체계적인 수업 설계가 부족한 실정이다. 교육 현장에서 교사들이 가장 필요로 하는 것은 다음과 같은 구체적인 교육 방안이다.

· 각 학습 단계에서 어떤 한자를 가르쳐야 하며, 이러한 한자들을

어떻게 효과적으로 가르칠 것인가?
· 한자 교육의 핵심 포인트와 난제는 무엇이며, 이들을 어떻게 해결
할 것인가?

현장에서 한자 교육을 하는 교사들 사이에서 이러한 교육 방안에
대한 요구가 높아지고 있다.

4. 한자, 형태소, 어휘를 교육함에 있어, 그 관계에 대한 체계적인
연구가 아직 부족한 상황이다. 한어 어휘와 한자를 연구하면서 발견
된 점들을 참고하여, 한자와 한어의 관계를 더욱 체계적이고 깊이 있
게 연구해야 하며, 또한 글자, 형태소, 단어 사이의 복잡한 상호 관계
에 대해서 연구가 필요하다.

5. 적절한 한자 교재가 부족하므로, 모두에게 인정받을 수 있는 한
자 교재의 개발이 필요하다. 이는 독립적인 한자 과목 개설을 위한
중요한 기반이 될 것이다.

6. 한자에 대한 포괄적이고 체계적인 인지 연구가 부족한 실정이
다. 이러한 인지 연구는 한자 교육과 한자 습득 연구에 기본적인 이
론적 토대가 될 수 있을 것이다. 한자 교육에 대한 심도 있는 연구를
위해서는 한자 인지와 관련된 심리학적 연구 및 뇌신경과학적 연구
를 더 광범위하게 진행할 필요가 있다.

제4절 한자와 문화

1. 정의

'한자 문화'는 한자 연구의 한 방향으로 제시되어 왔지만, 아직까지 이에 대해 보편적으로 합의된 정의가 없다. 따라서 이 개념에 대한 객관적인 이해를 위해서는, 대표적인 견해들을 개괄하고, 이를 바탕으로 현재의 구체적인 연구 현황을 함께 고려하여 객관적으로 평가해야 한다. 이를 통해, 실제 상황에 부합하는 인식을 얻을 수 있다.

'한자 문화'의 정의에 관해서는 대체로 다음과 같은 대표적인 인식이 존재한다.

하구영(何九盈), 호쌍보(胡雙寶), 장맹(張猛)은 「한자 문화학에 대한 간략한 논의(簡論漢字文化學)」[1]에서 다음과 같이 말했다.

> 현재로서는 한자 문화학에 대해 완전하고 보편적으로 인정받을 수 있
> 는 정의를 내리기 어렵다. 이는 '문화'라는 개념에 대한 의견이 상당히
> 분분하기 때문이다. …… 그렇다면 우리는 '문화'를 어떻게 이해하고
> 있을까? 우리는 문화에 물질문화, 정신문화, 사회 문화, 언어문화가
> 있다고 여긴다. 한자 문화학을 논할 때, 우리는 이 네 가지 측면에서

---

1) 何九盈, 胡雙寶, 張猛, 「簡論漢字文化學」, 『北京大學學報(哲學社會科學版)』 第6期 (1990).

문화를 총체적이고 체계적으로 파악하고자 한다. 이는 한자 문화학이 한자를 핵심으로 하는 다학제적 교차 학문임을 보여준다.

더 깊이 있게 연구해야 하겠지만, 이 학문의 목표는 매우 명확하다. 첫째, 부호 체계이자 정보 체계로서의 한자가 지닌 고유한 문화적 의미를 밝히는 것이다. 둘째, 한자와 중국 문화의 관계를 탐구하는 것이다. 즉, 한자를 통해 중국 문화를 연구하고, 문화학적 관점에서 한자를 연구하는 것이다.

왕녕(王寧)은 1991년 「한자와 문화(漢字與文化)」2)에서 다음과 같이 말했다.

한자와 문화'라는 주제는 특별히 한자의 형태 및 그 체계와 문화 간의 관계를 지칭해야 한다. 물론 이 문제에 대해 논의하기 위해서는 말의 독음과 의미를 논하지 않을 수 없다. 그러나 이는 한자와 문화의 관계 연구가 한자의 형태와 그 체계를 중심으로 이루어져야 한다는 것이다.

왕녕은 또 자신의 견해를 더욱 확장하여 다음과 같이 말했다.

한자와 문화'라는 명제는 실제로 문화 요소 간의 상호 관계 범주에 속한다. 구체적으로 말하면, 이는 한자라는 이러한 문화 요소와 다른 문화 요소들 간의 관계를 가리킨다. 문화 요소들은 서로 연관되어 있어, 이들의 상호 관계를 연구할 때 일반적으로 하나의 핵심 요소를 정하고, 이와 관련된 다른 문화 요소들을 핵심 요소의 환경으로 보아야 한다. 즉, 핵심 요소를 다른 문화 요소들로 구성된 거대 체계의 중심에 두고, 이 거대한 체계 내에서의 존재 관계를 분석해야 한다. 이런 관점에서 '한자와 문화'라는 명제는 한자를 핵심 요소로 삼아

---

2) 王寧,「漢字與文化」,『北京師範大學學報(哲學社會科學版)』第6期(1991).

다른 문화 요소들과의 관계를 분석하는 것이라고 말할 수 있다.

위의 두 견해의 주요 차이점은 다음과 같다.

전자는 한자 문화 연구 과제를 더 넓게 파악하여, 한자의 문화적 의미를 연구하는 것뿐만 아니라, 한자와 중국 문화(물론 한자를 제외한 '문화'를 의미함.)의 관계도 연구해야 한다는 것이다. 반면 후자는 한자의 구조 체계와 다른 문화 분야와의 관계를 연구하는 것으로 한정하고 있다.

상기 논문이 발표된 직후, 한자 문화에 관해 첫 번째 전문 저서인 『한자 문화학 개론(漢字文化學簡論)』[3]이 출판되었다. 이 책의 저자인 유지기(劉志基)는 해당 문제에 대해 더욱 상세한 분석을 했다. 그는 '한자 문화학'을 '한자를 통해 중국 문화를 연구하고, 문화학적 관점에서 한자를 연구하는' 두 가지 연구 과제로 개괄하는 것에 동의하지 않았다. 전자에 대해서는 다음과 같이 말했다.

> 만약 이러한 연구의 최종 목적이 단순히 문화사적 문제를 해결하는 것이고, 문자를 단지 논증의 자료로, 심지어 일부 논증의 자료로만 사용한다면, 그렇다면 이는 한자 문화학 연구로 볼 수 없으며, 전통적인 문화사 영역의 연구에 불과하다.

또 후자에 대해서는 다음과 같이 말했다.

> 이러한 연구는 결국 의사소통을 위한 문자의 기능에 관한 문제를 해결하기 위한 것이므로, 여전히 전통적인 문자학 범주 내의 작업에 속한다.

---

3) 劉志基, 『漢字文化學簡論』(貴州敎育出版社, 1994).

그리고서는 '한자 문화학'에 대해 다음과 같은 정의를 내렸다.

> 한자 문화학은 한자의 의사소통 기능을 제외한 문화적 메커니즘, 즉 한자와 언어적 의사소통의 기능 이외의 중국 문화와 관련된 여러 측면을 연구 대상으로 하는 학문이다. 구체적으로 말하자면, 이 학문에는 두 가지 과제가 존재한다. 첫째, 한자 자체의 구성과 다양한 문화 현상 간의 연관성에 대한 규칙을 분석하는 것이다. 둘째, 이러한 연관성의 내용을 연구하는 것이다.

분명히 알 수 있듯이, 유지기의 관점은 '한자 문화학'을 하나의 독립적인 학문으로 강조하고 있다. 따라서 그는 '한자 문화학'의 개념을 지나치게 확대할 수 있는 하구영 등의 의견과 전통적인 '문자학'처럼 '한자 문화학'의 주요 연구 대상을 '한자의 자형과 그 체계'로 제한하는 것에도 동의하지 않았다.

객관적으로 볼 때, '한자 문화'라는 개념의 이론적 정의에 직접 참여한 학자들은 많지 않고, 정의된 개념들도 완전히 일치하지는 않는다. 일부 학자들이 정의를 내린 것은 '한자와 문화'이고, 또 다른 학자들이 정의를 내린 것은 '한자 문화학'이다. 이는 전자의 개념이 더 포괄적이며, 후자는 전자에 포함되어야 한다고 볼 수 있다.

지금까지의 연구 현황에 따르면, 본서에서 정의하는 개념은 전자에 해당한다. 따라서 그 범위가 더 넓기 때문에, 한자와 한자 이외의 다른 문화 현상과의 관계에 대한 모든 측면을 연구한다. 이들 연구를 다음과 같이 요약할 수 있다.

첫째, 한자의 문화적 함의, 즉 한자를 통해 중국 문화를 연구한다.

둘째, 한자의 문화적 형성, 즉 한자가 다른 문화 현상에 미치는 영향을 연구한다.

셋째, 한자 문화 연구의 이론과 방법을 연구한다.

이 세 가지 측면이 포함하는 구체적인 내용은 이후에 상세히 다루므로, 여기서는 언급하지 않겠다.

2. 한자 문화의 변천과 발전

한자 문화를 연구한 역사는 세 단계로 나누어 설명할 수 있다.

1. 한자의 탄생부터 1920년대 '5·4 운동' 이전까지
2. '5·4 운동'부터 '문화 대혁명'까지
3. 개혁 개방 이후부터 현재까지

(1) 첫 번째 단계

이 단계에 해당되는 시간이 가장 길다. 한자는 3천 년 이상의 역사를 가지고 있으며, '한자 문화' 범주에 속하는 사회 현상 및 관련 연구는 한자의 출현과 함께 시작되었다고 볼 수 있다. '5.4 운동' 이전까지, 사람들의 한자 문화에 대한 연구는 시대에 따라 관심사가 달랐지만, 전반적으로 자발적 단계에 속한다고 말할 수 있다.

이 시기를 '자발적 단계'라고 부르는 이유는, 이 시기의 한자 문화가 주로 사람들이 한자를 사용하는 과정에서 한자의 특성으로 인해 자연스럽게 다양한 문화 현상을 만들어냈기 때문이다. 그러나 이 시기에는 학술적 이론 연구의 주관성이 부족했다. 그 구체적인 내용은 대략 다음과 같이 요약할 수 있다.

첫째, 한자에 대한 숭배이다. 이는 다양한 측면에서 나타나는데, 고대인들의 마음속에서 한자의 탄생은 천지와 귀신을 감응시키는 위대한 업적으로 여겨졌다. 한자의 창조자는 네 개의 눈을 가진 창힐(倉頡)로 묘사되었다. 『회남자·본경(本經)』에서는 "옛날 창힐이 문자를 만들자, 하늘에서는 곡식이 비 오듯 쏟아졌고 귀신이 밤새 울었다."[4]라고 말했다.

한자의 탄생은 천지를 감동시키고 귀신을 울게 할 정도로 중대한 사건이었으며, 문자를 만든 창힐의 신분도 범상치 않았다. 일설에는 그를 황제(黃帝)의 사관(史官)이라 하고, 또 다른 일설에는 먼 옛날의 제왕이라고 했지만, 네 개의 눈을 가진 그는 최소한 반인반신(半人半神)의 존재였다.

선진(先秦) 시대의 전해오는 문헌 기록에서, 한자의 구조는 종종 옳고 그름을 판단하는 기준이나 이론 창설의 근거로 여겨졌다. 사람들은 특정 사상이나 개념을 설명하기 위해 문자의 구조적 원리를 증거로 삼아 단어를 형성했다. 예컨대, 『좌전·선공(宣公)』12년의 "전쟁을 그치게 하는 것이 무(武)이다.(止戈爲武)"라는 구절은 고대인들이 '무(武)'자의 형태를 분석하여 '무(武)'라는 개념에 대한 그들의 인식이 합리적임을 증명하려 한 것이다.

여기에는 당연히 문자 숭배 의식이 작용한다. 문자를 성인(聖人)이 만들었다는 이러한 사상이나 개념이 문자의 형태적 원리에 부합한다면 그것은 의심할 여지없이 권위성을 가지게 된다.

문자가 사람들에게 신과 소통할 수 있는 매개체로 여겨진 것은 출토문자에서 그 증거를 찾을 수 있다. 학자들은 최근에 갑골문이 지금까지 발견된 가장 오래된 체계화된 한자를 기록하는 재료가 된 이유

---

4) (역주) 하영삼, 『완역설문해자』제1권(도서출판3, 2022), 32쪽 재인용.

에 대해 다음과 같이 설명했다.

> 상(商)나라 때는 발달된 붓과 먹을 이용하여, 새기는 것보다 더 편리하게 기록할 수 있었다. 그럼에도 상나라 사람들이 갑골에 복사(卜辭)를 새긴 주된 이유는 점복(占卜)이 점술과 의사결정이라는 두 가지 기능을 동시에 가지고 있기 때문이다. 점술은 또 궁금증 해소와 신에게 기도하는 부분이 포함된다. 궁금증을 해소하는 것은 단순히 길흉을 묻는 것이지만, 신에게 기도하는 것은 신령과의 반복적인 소통과 교섭을 통해 원하는 결과를 얻고자 하는 것이다. 이를 위해서는 점을 쳐서 얻은 징조와 해석을 신령에게 보고하고 보여줄 필요가 있었다. 점복의 과정 자체가 의사를 결정하는 과정이기도 하므로, 점복의 원래 상태를 보여줌으로써 그 결정이 신령의 지지를 받아 정확성과 신성성을 가진다는 것을 증명할 필요가 있었다. 따라서 상나라 사람들은 갑골에 복사를 새겼던 것이다.[5]

시대가 흐르면서 도가(道家)의 문자 부호와 글자가 쓰인 종이를 소중히 여기는 관습 등도 문자 숭배의 특정한 표현 형태로 볼 수 있다.

둘째, 한자 창제 의도에 대한 문화적 해석이다. 한자의 탄생은 모두 특정한 문화적 배경을 기반으로 한 인류의 사유를 보여준다. 따라서 글을 설명하고 글자를 해석하는 일을 완성하기 위해서, 그 배후에 있는 문화를 설명하는 것은 매우 자연스러운 것이다. 『설문해자』에는 이러한 자료들이 다량으로 보존되어 있다.

셋째, 한자의 미학적 구현이다. 한자는 직접적으로 '중대사'를 기록해야 하는 필요성 때문에 만들어졌다. 문자의 특별한 성질로 인해 한자 구조의 창조는 처음부터 시각적 아름다움을 추구했고, 이로 인해 한자는 전체 문화 체계에서 보편적 의미를 지닌 미학적 요소가 되었

---

5) 徐義華, 「商代契刻蔔辭於甲骨的動因」, 『河南社會科學』 第1期(2022).

다. 상(商)과 주(周)의 족휘문자의 대칭적이고 복잡한 형태, 동주(東周) 시대의 조충서(鳥蟲書), 고문자에서 지속적으로 나타나는 중복 글자 회피와 다른 방식의 표기, 그리고 시대와 함께 발전해 온 서예 등을 그 예로 들 수 있다.

넷째, 문자 유희, 즉 문자에서 유머 요소를 찾아내는 것이다. 이에 대한 예는 매우 많다. 예컨대, 명대(明代)의 당백호(唐伯虎)가 기녀 상영(湘英)을 위해 '풍월무변(風月無邊: 풍류와 아름다움이 끝이 없다)'이라는 문패를 써 주었는데, 이는 실제로 '충이(蟲二: 천한 여자)[6]'라고 비하한 것이다. 이는 한자의 구조적 특징을 이용해 표면적 칭찬 속에 조롱을 숨긴 교묘한 언어 유희의 사례이다.

북대하(北戴河)[7]에 있는 맹강녀사(孟姜女祠)[8] 현판에는 "海水朝朝朝朝朝朝朝落, 浮雲長長長長長長長消."와 같은 대련이 있다. 이것은 "해수 조(潮), 조(zhāo)조(zhāo)조(潮), 조(zhāo)조(潮)조(zhāo)락; 부운장(cháng), 장(常)장(常)장(zhǎng), 장(常)장(zhǎng)장(常)소: 바닷물은 아침마다 밀려왔다가 아침마다 밀려가고, 아침마다 밀려왔다가 저녁에 빠져나간다. 떠다니는 구름은 길게 늘어났다가, 항상 길게 자라고, 항상 길게 늘어났다가 사라진다."와 같이 읽는데, 이는 한 글자에 여러 독음과 의미를 가진

---

6) (역주) '풍월무변(風月無邊)'은 표면적으로 '풍류와 아름다움이 끝이 없다'는 뜻이다. 그러나 '풍(風)'자를 분해하면 '충(虫)'과 '기(几)'가 된다. '월(月)'자의 윗부분은 '이(二)'자와 비슷하다. 따라서 '풍월(風月)'을 분해하면 '충이(虫二)'가 되어, 이는 '충이(蟲姨)'를 의미한다. '충이(蟲姨)'는 '벌레 같은 여자' 또는 '천한 여자'를 비하하는 표현이다.

7) (역주) 중국 하북(河北)성 친황도(秦皇島)시에 위치한 해변 휴양지이다. 이 지역은 역사적, 문화적으로 중요한 곳으로, 여러 유적지와 명소가 있다. 맹강녀사(孟姜女祠)는 이 북대하 지역에 위치한 사당인데, 맹강녀는 중국 고대 전설의 주인공으로, 그녀의 이야기는 만리장성 건설과 관련이 있다.

8) (역주) 맹강녀사(孟姜女祠)는 중국의 한 건축물로, 현존하는 맹강녀 관련 사당 중 전국에서 가장 오래된 것 중 하나이다.

한자의 특성을 이용하여 특별한 형식으로 창작한 대련이다.

　이와 유사한 예로 시가에서 말하는 '신지체(神智體)'가 있다. 『회문류취(回文類聚)』에 "한번은 요(遼)나라 사신이 소식(蘇軾) 앞에서 자신이 시문에 정통하다고 자랑했다. 이에 소식이 다음과 같은 기이한 시를 지어 '가르침을 청했고', 사신은 즉시 말문이 막혔다고 한다."라는 일화가 기록되어 있다.

　이 '시'는 문자의 서사적 특징에 따라 다음과 같이 읽어야 한다.

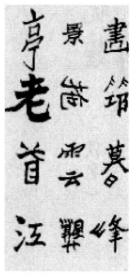

[그림 4-19] '신지체'시

긴 정자 짧은 풍경 그릴 이 없네.
늙어 야윈 대나무 지팡이 비스듬히 끌리네.
고개 돌려 보니 구름 끊기고 해 기울어 저무는데,
굽이진 강물에 비스듬한 산봉우리 거꾸로 잠기네.
(長亭短景无人畵, 老大橫拖瘦竹筇. 回首斷雲斜日暮, 曲江倒蘸側山峰.)

(2) 두 번째 단계

　이 시기는 한자 문화의 침체기이다. 이러한 침체에는 역사적 사건이 그 원인으로 깊게 자리잡고 있다. 아편 전쟁 이후, 서구 열강의 군사력과 외교적 압박이 청 왕조의 폐쇄적인 정책을 무너뜨렸고, 이는 당시 세계의 이목을 집중시킨 중대한 사건이었다.

　한편으로, 서구의 과학기술 문명이 점차 중국인들의 시야에 들어오면서, 갑자기 드러난 중국과 서구 간의 엄청난 격차는 중국인들에게 충격과 수치심을 느끼게 했는데, 이로 인해 그들은 중국이 낙후된 원인을 시급히 찾고자 했다.

다른 한편으로, 거대한 제국이 이토록 쉽게 무너지는 것을 본 일부 외국 학자들도 그 내재적 쇠퇴 요인을 찾는 데 관심을 가졌다.

그 결과, 한자는 여성의 전족, 남성의 변발과 함께 사람들의 연구 대상이 되었다. 헤겔은 그의 저서『역사철학(歷史哲學)』에서 "(중국의) 문자는 매우 불완전하다.", "그들의 문자는 과학 발전에 매우 큰 장애물이 된다."라고 말했다.9) 중국 지식계의 대다수 학자들도 집단적으로 같은 목소리를 내기 시작했다.

전현동(錢玄同)은『한자혁명(漢字革命)』에서 다음과 같이 말했다.

> 나는 감히 대담하게 선언합니다. 한자가 혁명하지 않으면, 교육은 결코 보편화될 수 없고, 한어는 결코 통일될 수 없으며, 한어로 된 문학은 결코 충분히 발전할 수 없습니다. 또한, 전 세계 사람들이 공유하는 새로운 이치, 새로운 학문, 새로운 지식을 한어로 매우 편리하고 자유롭게 표현할 수 없을 것입니다. 왜 그럴까요? 한자가 인식하기 어렵고, 기억하기 어려우며, 쓰기 어렵기 때문입니다. 경직된 한자로는 활기 넘치는 한어를 충분히 표현할 수 없기 때문입니다. 한자가 말의 소리를 표현하는 데 효과적인 도구가 아니기 때문입니다. 한자가 걸림돌이 되어 새로운 학문과 이론의 원래 단어들이 국어에 도입하기 어렵기 때문입니다.10)

노신(魯迅)은『새로운 문자에 대해(關於新文字)』에서 다음과 같이 말했다.

---

9) 黑格爾, 王造時譯,『歷史哲學』(上海書店出版社, 2001), 134쪽.
10) 錢玄同,『錢玄同音學論著選輯』(山西人民出版社, 1998), 106쪽.

네모난 모양의 한자는 실로 백성을 어리석게 만드는 정책의 유용한 도구입니다. 노동하는 대중들은 배울 기회와 습득할 가능성이 없을 뿐만 아니라, 돈과 권력을 가진 특권 계층조차도 10년에서 20년을 들여 배워도 끝내 익히지 못하는 경우가 매우 많습니다. 따라서 한자는 중국에서 노동하는 대중들 몸에 있는 결핵과 같습니다. 병균이 모두 그 안에 잠복해 있어, 만약 이를 먼저 제거하지 않으면 결국 스스로 죽음에 이르게 될 것입니다.[11]

이러한 사상의 흐름에 힘입어 '5.4 운동' 이후 한자를 개혁하려는 분위기가 형성되었다. 관련된 주요 사건들은 다음과 같다.

1922년, 전현동(錢玄同), 육기(陸基), 여금희(黎錦熙), 양수달(楊樹達) 등이 한어 통일 준비위원회에서 '현행 한자의 필획 감소안(減省現行漢字的筆劃案)'을 제안했다.

1935년, 남경 정부 교육부가 '제1차 간체자표(第一批簡體字表)'를 공표했다(1936년 2월 잠정적 시행 연기 지시).

1956년 1월, 국무원이 '한자간화방안(漢字簡化方案)'을 발표했다.

1977년 12월, '제2차 한자간화방안(초안)(第二次漢字簡化方案(草案))'이 발표되었다(1986년 국무원이 제2차 간화 폐지 승인).

한자 개혁 문제에 있어 국민당과 공산당 두 정부의 태도가 한때 같았다는 것을 쉽게 알 수 있다. 신중국 수립 이후, 양안에서 이 문제에 대한 태도에 차이가 생겼다. 대만 지역과 달리, 대륙은 문자 개혁을 더욱 강력히 추진했는데, 모택동(毛澤東)은 명확히 "문자는 반드시 개혁해야 하며, 세계 문자의 공통된 병음 방향으로 나아가야 한다."라고 주장했다.

이처럼 특별한 시대적 배경에서, 대다수 사람들은 한자에 대해 어

---

11) 魯迅, 『國學雜談』(北京理工大學出版社, 2020), 90쪽.

떻게 개혁하거나 폐지할 것인가를 고민했다. 이로 인해 한자 문화의 발전과 유지는 불가피하게 침체기에 접어들었다.

(3) 세 번째 단계

이 시기는 한자 문화 연구의 번영기이다. 이는 '문화대혁명' 종결 후의 역사적 반성과 한어 정보화의 실현과 연관되어 있다.

10년간의 혼란을 겪은 후, 사람들은 사상 문화 영역에서 극좌 사조의 다양한 오류를 바로잡고 전통 문화의 가치를 재인식하게 되었다. 마침 이 시기에 컴퓨터가 중국인의 생활에 진입하기 시작했다. 컴퓨터는 서양의 발명품이어서 개발 시 한자 처리에 대한 고려가 없었기 때문에, 한때 컴퓨터 시대에 한자의 생존 위기에 대한 우려가 제기되었다. 그러나 80년대 중반에 이르러 한어 정보 처리가 기본적으로 실현되면서 컴퓨터가 각 분야에 보급되었다.

이 두 가지 요소의 결합으로 인해, 한자에 대한 사람들의 인식이 변하기 시작했고, 한자에 대한 관심과 연구의 열정이 다시 불붙게 되었다. 동시에 국가도 기존의 '문자 개혁'이라는 태도를 바꾸어, 1985년 12월 '중국 문자 개혁위원회(中國文字改革委員會)'의 명칭을 '국가 언어문자 작업위원회(國家語言文字工作委員會)'로 바꾸었다. 이 기관의 간행물인 『문자개혁(文字改革)』도 『어문건설(語文建設)』로 이름을 바꾸었다.

이러한 사회 환경 속에서 한자 문화 연구는 점차 열기를 띠게 되어 전례 없는 번영의 모습을 보였다. 관련 저술의 수가 크게 증가했고, 그 내용의 깊이와 논의 범위의 폭은 이전과 비교할 수 없을 정도로 확장되었다.

3. 한자문화의 연구 현황

최근 30년은 한자 문화의 번영 단계로, 이 시기의 연구 현황에 대해 전문적인 종합 검토가 필요하다. 이 시기에 사람들은 더 이상 몇 개의 글자를 통해 고대 역사와 사회의 모습을 추측하거나 입증하는 데 만족하지 않고, 한자와 문화의 관계를 전방위적이고 다각도로 연구하기 시작했다.

논의의 내용은 한자 체계와 한자 속성의 모든 측면을 다루었는데, 그 속에는 전통문화의 다양한 측면도 포함되어 있었다. 동시에 사람들은 이론적 방법론에 주목하기 시작하여, 한자의 문화학적 가치와 한자와 문화의 관계를 이론적으로 설명하고, 한자 문화 연구의 다양한 측면, 수준, 실현 경로 등을 밝히려고 노력했다.

(1) 연구내용

이는 크게 세 가지 범주로 요약할 수 있다.

첫째, 이론적 방법론의 연구이다. 즉, 한자 문화의 이론 체계를 구축하는 것이다. 이 분야의 대표적 저술은 주로 앞서 언급한 것들이 있다. 그중 가장 선구적인 노력은 '한자 문화학을 독립적인 학문 영역으로 확립하려는 시도였다. 또한 '한자 문화'를 하나의 학문으로 정의하는 것이 핵심 문제였는데, 이에 대해서는 앞서 이미 소개했으므로 여기서 반복해서 설명하지 않겠다.

이 외에도, '한자 문화' 연구내용의 체계적 귀납에 관한 것으로, 유지기는 『한자문화종론(漢字文化綜論)』12)에서 이를 종합적으로 분석했다. 이 책은 한자와 문화의 관련성을 '한자의 문화적 함의'와 '한자의 문화 형성'이라는 두 가지 측면으로 개괄했다. '한자의 문화적 함의'는 다시 한자의 자형, 독음, 의미의 문화적 함의와 한자 체계의 문화적 기반으로 나누어 각각 상세한 예증을 통해 설명했다. '한자의 문화 형성'은 '한자와 심리 사고', '한자와 한어', '한자와 문학예술', '한자와 민속 오락' 등 다양한 측면으로 나누어 상세히 분석했다.

또한, 한자 문화 방법론에 대한 논의도 이론 연구의 중요한 부분을 차지하고 있다. 제원도(齊元濤)의 「한자와 문화의 상호 검증 능력(漢字 與文化的互証能量)」[13]에서는 한자와 문화가 어떻게 상호 검증하는지에 대해 분석하였다. 저자는 양자 간의 상호 검증 능력이 서로 다르다고 주장하며, 이 능력의 크기와 상호 검증 시 주의해야 할 사항들을 구체적으로 분석하였다.

이수규(李守奎)는 '복(福)'자를 예로 들어, 한자 문화를 어떻게 보급할 것인가에 대해 분석했다. 그는 일부 사람들이 "고문자학과 한자학의 학문적 기초가 부족하고, 최신 연구 성과를 받아들이지 않으며, 심지어 기본적인 문제들도 정리하지 못한 상태에서 문화 해석을 시작하는" 현상을 비판했다. 그는 "이러한 해석이 광범위하게 퍼지면 잘못된 정보가 확산되어, 한자 문화의 보급에 긍정적인 영향을 미치지 못할 뿐만 아니라 혼란을 야기하고 한자 해석의 학술성을 저하시킬 것"이라고 지적했다.

동시에 그는 "기존의 연구 성과를 면밀히 검토하여 합리적으로 선택해서", "정확한 지식을 전파해야 한다."라고 강조했다. 또한 "한자를 해석하려면 상고시대의 문화를 언급해야 하는데, 그 시대가 매우

---

12) 劉志基, 『漢字文化綜論』(廣西教育出版社, 1996).
13) 齊元濤, 「漢字與文化的互證能量」, 『甘肅社會科學』 第3期(2001).

오래되었기 때문에, 고고학적 발굴처럼 모든 곳에서 실물을 볼 수 없다. 그렇기에 일부 증거의 연결고리가 끊어진 경우에는 어느 정도의 추측으로 보완할 수 있다."라고 여겼다.14)

한자의 문화적 기능과 문화적 해석에 관한 논문들도 있는데, 이 역시 한자 문화 이론 연구의 범주에 속한다고 볼 수 있다. 한자의 문화적 기능에 관한 연구는 주로 한자의 문화적 속성을 논의하고, 어떻게 한자를 통해 문화를 연구할 수 있는지, 한자에 어떤 문화 현상이 내포되어 있는지 등의 문제를 분석한다. 이 분야의 논문으로는 장공근(張公瑾)의 「문자의 문화적 속성(文字的文化屬性)」15), 첨서좌(詹緒佐)와 주량지(朱良志)의 「한자의 문화적 기능(漢字的文化功能)」16), 신소룡(申小龍)의 「중국민족 고문자의 문화사적 해독(漢民族古文字的文化歷史解讀)」17) 등이 있다.

한자의 문화적 해석을 전문적으로 다룬 논문은 상대적으로 적은 편인데, 주로 장옥금(張玉金)의 「한자 연구의 문화학적 방법(漢字研究的文化學方法)」18), 황덕관(黃德寬)과 상삼(常森)의 「한자 해석과 문화 전통(漢字闡釋與文化傳統)」19) 등이 있다. 이 논문들은 주로 왜 문화학적 관점에서 한자를 연구해야 하는지, 그리고 어떻게 문화학적 관점에서 한자를 연구할 수 있는지를 논의했다.

둘째, 한자의 문화적 함의에 대한 연구이다. 한자의 문화적 함의 연구는 한자 문화의 전통으로, 오랜 역사를 가지고 있다. 그러나 최근 번영기를 맞은 한자 문화 함의에 관한 연구는 새로운 특징을 보이

---

14) 李守奎, 「漢字闡釋與漢字文化普及—以福字爲例」, 『漢語漢字硏究』 第2期(2021).
15) 張公瑾, 「文字的文化屬性」, 『民族語文』 第1期(1991).
16) 詹緒佐, 朱良志, 「漢字的文化功能」, 『天津師範大學學報』 第1期(1994).
17) 申小龍, 「漢民族古文字的文化歷史解讀」, 『雲南民族學院學報』 第2期(1993).
18) 張玉金, 「漢字硏究的文化學方法」, 『遼寧師範大學學報』 第5期(1992).
19) 黃德寬, 常森, 「漢字闡釋與文化傳統」, 『學術界』 第1期(1995).

고 있다. 연구의 범위와 수준이 모두 확장되어 전문화되고 체계적인 특성을 나타내고 있다.

문자를 고증하려면, 문자(字) 속에 담긴 문화적 함의를 연구해야 하는데, 이는 고문자를 고증하는 분야에서 흔한 현상이다. 이러한 연구 성과는 매우 많아 일일이 열거하기 어려운데, 최근에 장앙(張昻)이 발표한「갑골문의 '령(鈴)'자 해석(釋甲骨文中的"鈴"字)」[20]을 예로 들 수 있다. 이 논문은 고고학적 발견과 역대 문헌 및 출토 문헌에서 '령(鈴)'에 관한 기록을 바탕으로, 갑골문에서 원래 '도(梌)' 또는 '유(楡)'로 해석되는 ㄨㄧ, ㄨㄱ류의 자형을 '령(鈴)'이라고 해석했다.

더 나아가, 많은 연구들이 단순히 고증의 필요성에서 비롯된 것이 아니라, 기존의 문자 해독을 바탕으로 한자에 내포된 문화적 함의를 더욱 깊이 고찰하고 있다. 예컨대, 조선탁(曹先擢)의『한자 문화 만필(漢字文化漫筆)』[21]은 60편의 단문으로 구성되어 있는데, 이들은 서로 간에 직접적인 연관성은 없지만, 모두 한자를 중심으로 문제를 논의하고 있다. 이 책은 한자의 형태, 음운, 의미 분석과 한자의 활용을 통해 중국 문화를 연구했다.

이 시기의 특징은 한자 문화의 주제별 연구가 많이 이루어졌다는 점이다. 문화 분류에 기반을 둔 연구 중에는 한자에 내재된 사상을 고찰한 것들이 있는데, 예컨대, 장극화(臧克和)의『한자와 유학 사상(中國文字與儒學思想)』[22]은 문자를 통해 역사를 증명하고 경전을 고증하는 방식으로, 한어 고문자 체계의 해석을 통해 유학 사상의 일부 기본 개념이 발생한 역사적 배경을 연구하고, 이를 통해 유학 정신의

---

20) 張昂,「釋甲骨文中的"鈴"字」,『出土文獻』第4期(2021).
21) 曹先擢,『漢字文化漫筆』(語文出版社, 1992).
22) 臧克和,『中國文字與儒學思想』(廣西教育出版社, 1996).

통합적 기반과 재구성 과정을 보여주고자 했다.

오장경(吳長庚)은 「갑골문을 통해 본 인류 초기의 창조적 사고(從甲骨文看人類早期的創造思維)」23)에서 당란(唐蘭)의 상형(象形), 상의(象意), 형성(形聲) '삼서설(三書說)'이 요약한 세 가지 유형이 인류의 사유가 발전한 세 단계를 보여준다고 주장했다. 즉, 사물을 관찰하여 형상을 취하는 구상적 사유, 종합하여 형상을 취하는 추상적 사유, 소리와 형상을 동등하게 중시하는 개념적 사유가 그것이다. 이 세 단계의 사유는 모두 형상성, 묘사성, 자기중심적 원칙성, 사유 구상의 상징성 등의 특징을 가지고 있다고 보았다.

한자의 부수는 일반적으로 한자의 의미부로, 보통 부수와 관련된 문화적 현상이 해당 부수를 가진 글자군에 집중적으로 반영되어 있다. 이는 특정 부수를 가진 글자들을 자료로 삼아 관련 문화 현상을 연구할 수 있는 토대가 되었다.

만업형은 「사유의 발전과 한자 부호 체계의 형성(思維的發展與漢字符号体系的形成)」24)에서 원시적 기록 방법에서 형성된 연상 방식과 그것이 문자 생성에 미친 영향에 대해 분석했다. 그는 최초의 상형 부호가 실제 사물을 단순히 간략화한 그림이 아니라 사람들의 마음 속에서 형성된 사물의 이미지를 외부로 표현한 것이라고 제안했다.

한자에 내재된 예법과 풍속을 연구한 논문도 있다. 예컨대, 유지기는 「일부 여(女)자를 부수로 한 한자를 통해 본 중국민족의 고대 혼인 풍습(從部分女旁字看漢民族古代婚俗)」25)에서 여(女)자를 부수로 한 일부 글자들을 분석하여 중국민족의 고대 혼인 풍습을 고찰했다. 이 연

---

23) 吳長庚, 「從甲骨文看人類早期的創造思維」, 『上饒師專學報』 第2期(1987).
24) 萬業馨, 「思維的發展與漢字符號體系的形成」, 『南京大學學報』 第6期(1989).
25) 劉志基, 「從部分女旁字看漢民族古代婚俗」, 『民間文藝季刊』 第1期(1989).

구는 원시시대 집단혼, 약탈혼, 매매혼, 그리고 혼인 관계에서의 존비 차이 등 네 가지 측면을 다루었다.

일부 연구자들은 한자 문화에 내재된 특정 형식에 주목했다. 예컨대, 황금귀(黃金貴)는 한자의 '문화적 의미'에 대해 집중적으로 연구했다. 그의 접근 방식은 단어의 관점에서 출발했지만, 실제로는 문헌에서의 한자의 화용적 의미를 분석했다. 그의 『고대 문화 어휘의 의미 체계 연구(古代文化詞義集類辨考)』26)는 고대의 문화와 관련된 글자와 단어들의 동의어 체계를 해석한 전문 저서이다. 이 책은 262편의 동의어 해석문을 포함하고 있으며, 이를 정치, 경제, 복식, 음식 등 8개의 대분류로 체계적으로 구성했다. 문화사, 고고학적 유물, 언어학을 결합하여, 1,300여 개의 고대 문화와 관련된 글자와 단어들을 처음으로 체계적으로 고증하고 분석했다.

『설문해자(說文解字)』는 한자의 최초 자서(字書)로, 이 책에 수록된 글자들은 전부 한자 문화 연구의 대상이 되었다. 장극화(臧克和)의 『<설문해자>에 대한 문화적 해석(<說文解字>的文化說解)』27)은 인류학적 방법을 활용하여 『설문해자』의 문자 체계에 내재된 문화적 의미를 설명한 저서로, 이 분야를 대표하고 있다.

송영배(宋永培)의 「<설문>의 의미 체계에 기록된 '요임금 시기의 홍수' 사건(<說文>意義体系記載了"堯遭洪水"事件)」28)과 「<설문>의 의미 체계와 체계화된 중국 상고사(<說文>意義体系與成体系的中國上古史)」29) 등도 이 분야에서 영향력 있는 연구 성과로 꼽힌다.

특정 시대의 한자가 가진 특수한 형태를 통해 그 매체의 생성 원

---

26) 黃金貴, 『古代文化詞義集類辨考』(上海敎育出版社, 1995).
27) 臧克和, 『<說文解字>的文化說解』(湖北人民出版社, 1994).
28) 宋永培, 「<說文>意義體系記載了"堯遭洪水"事件」, 『古漢語硏究』第2期(1991).
29) 宋永培, 「<說文>意義體系與成體系的中國上古史」, 『四川大學學報』第1期(1994).

인을 연구하는 것도 한자 문화 함의 연구의 새로운 측면이다. 이은강 (李恩江)은 「필기 재료가 한자의 자형과 구조에 미친 영향(書寫材料對 漢字字形·結构的影響)」30)에서 다음과 같이 말했다.

> 붓, 칼, 죽간, 갑골, 비단, 종이 등이 한자의 형체와 구조 변화의 전 반적인 법칙과 경향을 결정하거나 변경할 수는 없지만, 변화 과정에 서 다양한 구체적 영향을 미쳐 한자가 현재의 모습을 갖추게 되었 다고 본다. 예컨대, 한자 구성 요소의 감소, 합체자의 증가, 그로 인 한 한자의 상형성 약화와 부호성 강화 등의 변화는 주로 붓에 의해 이루어졌으며, 예서와 해서 필획의 형성은 "붓의 운용에서 직접 비 롯되었다."

유지기는 이 분야에 대해 더 구체적으로 연구했다. 「갑골 계각과 한자 형태의 규정화(甲骨契刻與漢字体態的規整化)」31)에서 다음과 같이 말했다.

> 갑골문의 규정된 형태석 특징은 문자가 새겨진 재료의 제한된 공간 에서 비롯되었다. …… 객관적 사물의 다양한 형태에서 시작된 문자 형태의 각기 다른 모습과 크기는 제한된 공간에 경제적으로 담기기 어려웠고, 이에 공간을 최대한 활용할 수 있는 대략 균등한 크기의 사각형 형태로 변형되었다. 이러한 필기 조건은 한자의 후속 발전에 깊은 영향을 미쳤다. 원시 그림에서 비롯되어 여전히 많은 회화적 요소를 지닌 초기 문자에게 갑골문의 필기 조건은 극복해야 할 큰 도전이었다. 그 회화적 본성이 크게 억제되었지만, 이러한 제약의 결과로 갑골문은 성숙한 문자의 여러 특성을 무의식적으로 축적하 게 되었고, 이로 인해 한자는 이후의 장기적인 발전과정에서 표의와 형태 변화의 특수성을 유지하면서 한어를 효과적으로 기록할 수 있

---

30) 李恩江, 「書寫材料對漢字字形, 結構的影響」, 『古漢語研究』第1期(1991).
31) 劉志基, 「甲骨契刻與漢字体態的規整化」, 『徐中舒先生百年誕辰紀念文集』(巴蜀書社, 1998), 77-80쪽.

게 되었다.

11년 후, 유지기는 「갑골문자 형태의 규정화에 대한 재연구(甲骨文字形規整化再研究)」32)에서, 갑골문 구조 체계의 내부 분석을 통해 이 견해를 더욱 뒷받침했다. 그는 한자의 유년기(갑골문 시기)의 어려운 생존 환경이 한자의 환경 적응력을 형성했고, 이것이 한자의 지속적인 발전과 영원한 생명력을 보장했다는 결론을 내렸다.

『한자 형태론(漢字体態論)』33)에서 유지기는 다음과 같이 말했다.

예서의 납작한 형태는 죽간이라는 매체와 관련이 있으며, 해서의 형태는 종이라는 매체와 관련이 있다. 적은 양의 죽간에 더 많은 글자를 담기 위해 전국시대와 진한 시기의 죽간은 대체로 폭이 1cm 미만이었다. 중국인들은 예로부터 붓으로 글을 썼는데, 1cm 미만의 폭은 붓글씨를 쓰기에 상당히 제한적이었다.

일단 죽간이 만들어져 사용되면, 서사자들은 자연스럽게 죽간의 제한된 폭을 최대한 활용하려 했고, 글자 형태를 가로로 늘이려 노력했다. 예서의 필획에서 왼쪽으로 향하는 삐침, 오른쪽으로 향하는 파임, 그리고 가로획의 물결 모양이 점점 더 강조된 것은 이것과 분명히 관계가 있다. 동시에, 하나의 죽간에 가능한 한 많은 글자를 담기 위해 글자의 세로 길이는 최대한 압축되었다. 가로는 늘어나고 세로는 압축되는 이 두 가지 작용이 결합하여 결국 예서에서 가로로 늘어난 형태가 확립된 것이다.

출토된 고대 죽간에서 붓의 운용 흔적을 자세히 살펴보면, 당시 서사자들이 글자를 가로로 늘이고 세로로 압축하려 노력한 흔적을 쉽게 볼 수 있다. 종이가 출현하자 즉시 불편한 죽간을 대체하게 되었는데, 종이가 등장하면서 이전의 필기 재료들이 지녔던 여러 한계점

---

32) 劉志基, 「甲骨文字形規整化再研究」, 『華東師範大學學報(哲學社會科學版)』 第5期(2009).
33) 劉志基, 『漢字體態論』(廣西教育出版社, 1999).

들이 극복되었고, 이로 인해 한자의 구조가 서사의 편의성과 효율성을 최대한 추구하는 방향으로 발전할 수 있게 되었다.

원래 죽간에 쓰기 위해 납작해진 예서는 더 이상 납작할 필요가 없어졌고, 또 일상적인 초서화 과정을 한 차례 거치면서, 한자는 좌우의 물결 모양을 더 이상 강조하지 않는 해서 형태를 형성하게 되었다.

유지기는 「초나라 죽간 문자의 결변 현상에 대한 소고(楚簡文字缺邊現象芻議)」[34]에서 "죽간이라는 매체의 특성으로 인해 초나라 죽간의 일부 문자 구조에서 '결변(缺邊)'[35]현상이 생겼다. 이로 인해 이체자가 형성되었고, 일부 좌우 구조의 글자가 상하 구조로 변화하는 등의 현상이 나타났다."라고 했다.

서건위(徐建委)는 「목독과 문장: 초기 단장(短章) 텍스트 형성의 물질적 배경(牘與章―早期短章文本形成的物質背景)」[36]에서 "서한 이전의 고서에서 짧은 문장은 상당히 높은 비율을 차지하는 문헌 유형이었으며, 고서의 '편(篇)'은 대부분 이러한 짧은 문장들의 조합으로 이루어졌다. 짧은 문장의 글자 수가 목독(木牘)의 수용 가능한 글자 수와 대체로 일치한다는 점에서, 짧은 문장 형식의 형성은 목독이라는 물질적 매체의 잠재적 영향을 받았을 거라고 판단할 수 있다."라고 했다.

최근 몇 년간 한자의 문화적 함의에 대한 연구와 해석은 주로 중국의 전통문화를 보급하고 알리는 데 많이 기여했다. 이러한 흐름과 맞물려, 한자의 문화적 함의를 활용하여 한어와 중국 문화 교육의 효과를 높이는 방법에 대한 다수의 연구 논문도 발표되었다. 예컨대,

---

34) 劉志基, 「楚簡文字缺邊現象芻議」, 『古文字研究』 第31輯(中華書局, 2016), 404-410쪽.
35) (역주) 결변(缺邊)은 글자의 가장자리나 모서리 부분이 생략되거나 변형된 현상을 가리킨다. 주로 죽간의 좁은 폭과 같이 필기 재료의 제약으로 인해 글자를 온전히 쓸 공간이 부족해서 발생하는 현상이다.
36) 徐建委, 「牘與章―早期短章文本形成的物質背景」, 『文獻』 第1期(2022).

심문아(沈文雅)는 「국학 교육에서 한자 문화의 의의에 관한 연구(漢字文化在國學敎育中的意義硏究)」[37]에서 "국학 문화가 계속해서 발전하는 오늘날, 학생들의 한자 문화 교육 강화와 한자 문화의 대외 전파는 필수적이다."라고 했다.

더불어 관련 학술지, 신문, 심지어 텔레비전 매체에서 칼럼이나 특집 프로그램 형식으로 대중에게 한자 문화의 함의를 보급하였다. 예컨대, 『문자 요모조모(咬文嚼字)』의 '글자 속 우주(字里乾坤)', '한자 신통방통(漢字神聊)', '설문해자(說文解字)' 코너, 광명일보(光明日報)의 '언어문자(語言文字)' 칼럼, 언어문자주보(語言文字周報)의 '한자 문화(漢字文化)' 칼럼 등이 있다.

셋째, 한자 문화가 형성한 영향에 대한 연구이다. 이는 한자로 인해 파생된 기타 문화 현상들에 대한 연구를 의미한다. 오기행(吳琦幸)은 「한자의 상징체계로서의 기능(漢字的符號功能)」[38]에서 한자와 서양의 표음문자를 비교하여, 한자의 "하나의 형체로 음과 의미의 결합체를 표현한다,"는 '가장 큰 특징'을 도출해내었다. 그는 이러한 특징으로 인해 중국 서예라는 독특한 예술이 형성되었으며, 중국 문학 형식의 여러 특징들이 형성되었다고 했다.

상당한 주목을 받은 연구 분야는 다음과 같다. 첫째, 한자의 미학적 효과에 대한 역사적 고찰이다. 유찬애(劉贊愛)는 「한자 구성의 시각적 미에 대한 논의(論漢字构成的視覺美)」[39]에서 한자 구성의 '장(場)', '심리적 힘(心理力)', '시각적 중심(視覺中心)', '시각적 착각(錯視知覺)' 등의 이론을 제시했다. 그는 각각의 한자가 하나의 시각적 양식

---

37) 沈文雅, 「漢字文化在國學敎育中的意義硏究」, 『漢字文化』 第6期(2021).
38) 吳琦幸, 「漢字的符號功能」, 『文藝硏究』 第1期(1989).
39) 劉贊愛, 「論漢字構成的視覺美」, 『江西師範大學學報』 第3期(1993).

이며, 균형, 대비, 리듬, 조화가 그 미학적 법칙이라고 여겼다. 이 논문은 현대 심리학과 미학 이론을 적용하여 한자를 연구함으로써 한자의 구조적 패턴과 심리적 감응을 더 깊이 이해할 수 있으며, 한자의 예술적 본질을 밝힐 수 있다고 보았다.

고대 문자의 쓰기 속성에 관한 문제에서 몇 가지 새로운 발전이 있었다. 문자는 언어의 서면 기록으로, 그 기본적 역할은 언어의 시공간을 초월한 전파이다. 일반적인 인간의 이성으로 볼 때, 글쓰기는 본래 언어 소통의 목적을 달성하기 위한 것일 뿐, 글씨가 아름다운지 여부는 중요하지 않아 보인다. 이에 일부 학자들은 한자 발생 초기의 상황이 "오늘날 예술적 걸작으로 여겨지는 주나라의 청동기 금문과 진한 시대의 석각 문자도, 당시 쓰거나 새긴 이들의 의도는 현대인이 공문서나 보고서를 쓰는 것과 다름없었을 것이다. 단지 소통을 위해 글자를 쓴다는 일반적인 의도만 있었을 뿐, 예술 창작의 심미적 동기는 없었을 것이다."[40]라고 보았다.

이러한 관점에서 보면, 한자 발생 초기에는 진정한 의미의 '서예'가 존재하지 않았다고 여겨질 수 있다. 실제로 한나라 이전에는 '의도적인 서예 행위'나 서예에 대한 '자각'이 없었다는 것이 전통적인 견해였다. 그러나 최근 고대 문자 서사에서 나타나는 중복 회피 현상에 대한 연구가 이러한 전통적 견해에 강력한 반론을 제기했다.

서보귀(徐宝貴)는 상주시대 청동기 명문의 중복 회피 현상을 연구했는데, 204개의 청동기 명문 중복 회피 방식을 정리하여 '형체상의 중복 회피', '편방상의 중복 회피', '필획상의 중복 회피', '여러 방법을 종합적으로 활용한 중복 회피', '동음자로 대체한 중복 회피'라는 다

---

40) 董澄淸, 「論書法藝術美感的起源與發展」, 『20世紀書法研究叢書·審美語境篇』(上海書法出版社, 2000), 75쪽.

섯 가지로 분류했다. 그는 이 현상이 '반복을 피하기 위한 것'이며, '심미적 요구를 추구하기 위한 예술적 가공'이라고 규정했다. 또한, 이 현상에 대한 연구가 시대 구분, 진위 판별, 서예 등의 측면에서 그 의미를 찾을 수 있다고 했다.[41]

유지기는 초나라 죽간 문자(「초나라 죽간 문자의 중복 회피 현상에 대한 소고(楚簡"用字避復" 芻議)」), 갑골문(「갑골문에서 동일 문구의 글자 배치 변화에 관한 연구(甲骨文同辭同字鏡像式異构研究)」), 서주 금문(「서주 금문의 중복 회피 현상에 대한 재고찰(西周金文用字避復再研究)」)에 나타난 중복 회피 현상에 대해 체계적으로 분석했다. 이러한 연구들은 최근 수십 년간 출토된 새로운 자료들을 광범위하게 활용하였으며, 서로 다른 시대와 매체에 따른 고대 문자들을 구분하여 그 중복 회피 서사의 특징과 상호간의 내재적 연관성을 세밀하게 연구했다. 이를 통해 한자에서 '의도적인 서예 행위'가 시작된 시기가 기존에 알려진 것보다 더 이른 것으로 밝혀졌다.[42]

역사적으로 오랫동안 존재해 온, 민간에서 한자의 구조적 특징을 활용하여 미적 요소를 가미한 합체자를 창작하는 현상에 대해 일부 학자들이 전문적으로 조사하고 분석했다. 예컨대, 이원강(李元强)의 「민간 풍속에 나타난 합체자에 대한 조사 소고(民俗中的合体字調査小記)」[43]가 있다.

---

41) 徐寶貴, 「商周靑銅器銘文避復硏究」, 『考古學報』 第3期(2002).

42) 劉志基, 「楚簡"用字避復" 芻議」, 『古文字硏究』 第29輯(中華書局, 2012), 672-681쪽. 「甲骨文同辭同字鏡像式異構硏究」, 『中國文字硏究』 第17輯(上海人民出版社, 2013), 1-10쪽. 「西周金文用字避復再硏究」, 『漢字硏究』 第7輯(韓國慶星大學韓國漢字硏究所, 2012), 21-45쪽.

43) 李元强, 「民俗中的合體字調査小記」, 『國風』 第1卷第5期(上海民俗文化學社, 1989), 79-80쪽.

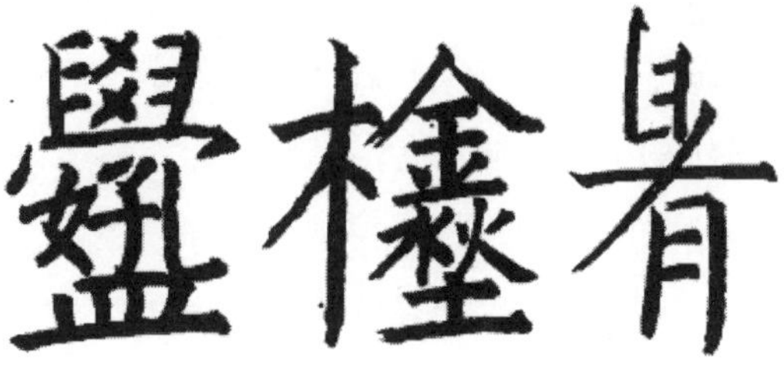

[그림 4-20] 민간 풍속에 나타난 합체자

(2) 최근 현황

번영의 시기 30년 동안, 한자 문화 연구도 단계별로 나눌 수 있다. 학술 연구의 일반적 법칙에 따라 후대의 연구일수록 더 정교해지므로, 이 시기 한자 문화 연구의 최신 발전 양상에 주목할 필요가 있다. 이는 주로 새로운 자료와 빅데이터 연구 모델의 활용에 중점을 둔 것으로 나타난다.

전자의 예로, 서재국(徐在國)의 「'요조숙녀(窈窕淑女)'에 대한 새로운 해석(窈窕淑女新解)」[44]을 들 수 있다. 이 논문에서는 최근 공개된 '안대간(安大簡)'의 시경 자료를 바탕으로 '요조숙녀(窈窕淑女)'를 '요조숙녀(要[허리: 腰]翟[날씬하다. 嬥]淑女)'로 해석했다. 저자는 한나라 학자들이 '요조(窈窕)'를 '그윽하고 한가로움(幽閑)' 또는 '깊숙한 궁전(深宮)'으로 해석한 것은 핵심을 파악하지 못한 것이라고 주장했다. 시경 시대의 '요조(窈窕)'라는 단어는 실제로 가늘고 긴 허리의 아름다움을 묘사한 것이다.

후자의 예로, 유지기의 「언어 자료의 특징을 기반으로 한 상고시대

---

44) 徐在國, 「"窈窕淑女"新解」, 『漢字漢語研究』 第1期(2019).

출토 문헌에서의 특정 글자 존재 여부 연구: '신(信)'자를 중심으로(基於語料特点判斷的上古出土文獻某字存否研究—以"信"字爲例)」를 들 수 있다. 이 논문에서는 은상(殷商)과 서주(西周) 시대의 출토 문헌에서 관련 글자와 단어를 전수 조사하는 디지털 발굴 방식을 통해, '신(信)'자가 은상과 서주 시대에는 존재하지 않았고 전국시대에 생겨났다는 것을 빅데이터 증거로 설명했다. 이를 통해 '성(誠)과 신(信)'이라는 개념의 발전사를 밝혀냈다.[45)]

또한, 그는 「은상 문자의 방향 불확정성과 동일 문구에서 나타나는 글자의 좌우 대칭 이체자(殷商文字方向不定與同辭重見字鏡像式異寫)」[46)]에서 은상 시대 금문(金文)의 전수 조사와 화원장동지(花園庄東地) 갑골문의 표본 정량 조사를 통해, 빅데이터 분석으로 은상 문자의 좌우 대칭 이체자 발생 확률이 역방향 글자 출현 확률과 대체로 일치한다는 것을 증명했다. 이를 근거로 좌우 대칭 이체자가 은상 문자의 방향 불확정성의 주요 원인이라고 볼 수 있다.

(3) 한자 문화의 미래 발전

지금까지의 한자 문화 연구를 종합적으로 살펴보면, 이 학문 분야의 몇 가지 특징을 쉽게 발견할 수 있다. 첫째, 내용은 풍부하지만 발전이 균형적이지 않다. 둘째, 포용성은 크지만 그 경계가 상대적으로 모호하다. 셋째, 대중과 전문가 모두에게 호응을 받지만 학제간 연구의 어려움이 존재한다. 따라서 기존 현상에 대한 평가와 미래 발전에

---

45) 劉志基, 「基於語料特點判斷的上古出土文獻某字存否研究—以"信"字爲例」, 『華東師範大學學報(哲社版)』第5期(2015).
46) 劉志基, 「殷商文字方向不定與同辭重見字鏡像式異寫」, 『中國文字研究』第23輯(上海書店出版社, 2016), 1-15쪽.

대한 기대는 모두 이러한 특징들을 기반으로 이루어져야 한다.

첫째, 문화적 함의 연구의 학술성 제고

한자의 문화적 함의에 대한 연구와 해석은 한자 문화 연구 중 가장 주목받는 분야이다. 이 분야의 높은 비중은 한자의 역대 코드집이라는 방대한 자료에 기반하고 있으며, 문화적 측면에서 다학제적 관심을 받고 있고 대중과 전문가 모두에게 흥미로운 주제이기 때문이다. 따라서 앞으로도 계속해서 주목받는 분야로 남을 것이다.

그러나 이는 본질적으로 학제간 역대 한자 연구로, 연구자들에게 역대 한자에 대한 소양과 관련 문화에 대한 학식이 요구되므로 실제로 높은 학문적 진입 장벽이 존재한다. 이 관점에서 현 상황을 평가해보면, 상당수 학술성이 떨어지는 '흥미 위주로 해석한' 저서들이 존재하며, 그중에는 사회적으로 상당한 영향력을 가진 '베스트셀러'도 있다. 이렇게 수준 낮은 저서들을 줄이는 것이 향후 노력해야 할 중요한 과제 중 하나일 것이다. 학계는 이러한 현상을 간과해서는 안 되며, 적절한 학술적 비평도 반드시 수반되어야 할 것이다.

둘째, 이론 체계 구축 강화

한자 문화의 이론 체계 구축은 한자 문화 함의 연구에 비해 현저히 취약한 상태이다. 보편적으로 존재하는 '성과 문제를 해결하기 위해서는 방법론 체계의 완성이 시급한 과제이다. 방법론은 보편성을 지니기 때문에, 이 부분에서는 성숙한 학문 분야의 기존에 축적된 지식을 충분히 참고할 필요가 있다.

'한자 문화'가 독립적인 연구 학문이 될 수 있는지, 또는 그럴 필요가 있는지에 대해 지금까지 이의를 제기한 사람은 없는 것 같다. 그러나 이 목표를 달성하기 위해서는 여러 방면의 구체적인 연구 진전이 뒷받침되어야 할 것이다.

셋째, 학제간 연구의 질적 향상

한자 문화 연구는 본질적으로 학제간 연구의 범주에 속한다. 학제간 연구의 성공은 관련 학문 분야에 대한 정통한 이해와 해당 분야의 최신 연구 동향을 파악하고 있음을 전제로 한다. 이러한 기준으로 평가해 볼 때, 지금까지의 연구 현황에 대한 객관적 평가를 바탕으로 판단하면, 앞으로 갈 길이 아직 멀다고 할 수 있다.

제5장

중국의 민족문자

제5장 중국의 민족 문자

제1절 서하(西夏) 문자

서하 문자는 본 민족이 스스로 '번문(蕃文)[1]'이라 칭했으며, 송나라와 요나라 사람들은 이를 '번서(蕃書)'라고 불렀다. 원나라가 서하를 멸망시킨 후에는 '하서자(河西字)'라고도 불렀다. 이는 송대에 현재 중국 서북 지역에 국가를 건립한 융강(戎羌) 계열의 당항(黨項) 민족이 창제하여 원명 시대까지 사용한 민족 문자를 말한다.

서하 인종(仁宗) 외명인효(嵬名仁孝[2], 1124-1193) 시대에 추증된 광혜왕(廣惠王) 야리인영(野利仁榮[3], ?-1042)이 서하 경종(景宗) 외명원호(嵬名元昊[4], 1003-1048) 재위 시 칙령을 받아 3년 안에 창제해내어, 대경(大慶) 원년(1036)에 국가 공식 문자로 공포되었다.

서하 문자는 한자를 모방하여 만들어졌으며, 기존 한자의 필획을 활용하여 한자의 육서(六書) 원칙에 따라 문자를 만들었다. 그러나 기

---

1) 級務 *mji²-·jwɨr²
2) 縱㣗羿㺵 * ŋwe²-mji¹-dzjwu¹-·wə¹
3) 㣗㠯羿禮 * ·ji²-rjir²-dzjwu¹-mjijr¹
4) 縱㣗薇龥 *ŋwe²-mji¹-no²-tshjwu¹

본적으로 기존 한자 필획의 복잡한 조합을 거의 사용하지 않아, 한자 와는 독립된 한자식 문자 체계를 이루게 되었다.

현대에 알려진 서하 정자(正字)는 5,863자이며, 이체자를 포함하면 그 수가 6,000자가 넘는다. 상용자의 수는 약 3,000자 정도이다[5]. 서 하 문자의 전반적인 필획 분포는 한자보다 더 균일하며, 삐침(撇)과 파임(捺) 등의 비스듬한 필획이 더 많이 나타나지만, 한자에서 흔히 볼 수 있는 직구(直鉤, 竪鉤)는 없다. 가장 적은 필획의 글자는 4획이 며, 가장 많은 필획의 글자도 20획 정도이다. 서하 문자에서는 단순 글자가 적고 합성 글자가 대다수를 차지하고 있다[6].

한자의 육서 관점에서 볼 때, 서하 문자는 형태를 간략화하여 구성 한 회의자가 가장 많이 보이며, 형성자도 적지 않지만 대부분 소리를 간략화하여 구성되었다. 이 두 유형이 전체의 약 80%를 차지하고 있 다. 상형자와 지사자는 매우 드물게 나타나며, 상대적으로 구성 성분이 서로 호환되는 글자들과 반절자(反切字)가 초기 체계를 이루고 있다.

서하 문자의 서체에는 해서(楷書), 행서(行書), 초서(草書), 전서(篆書) 등이 존재한다. 해서는 주로 각인에 사용되었고, 행서와 초서는 필사 에 자주 사용되었으며, 전서는 금석문에서 산발적으로 발견되고 있다.

서하 문자로 기록된 주요 언어는 서하국의 주체 민족인 당항(黨項) 인들이 사용하던 당항어(黨項語)이다. 현재의 학술계에서는 이를 한장 어계(漢藏語系) 장면어족(藏緬語族) 강어지(羌語支, Qiangic)[7]에 속하는 것으로 분류하고 있다.

현재 서하어에서 성공적으로 해독된 방위사 체계, 명사의 격 표지

---

5) 肖敏,「西夏文字共有5863個正字」,『蘭州日報』(2004年12月9日).
6) 韓小忙,『西夏文的造字模式』(中國社會科學出版社, 2016).
7) 孫宏開,『西夏語言研究』(甘肅文化出版社, 2018).

중국문자학 핸드북

체계, 술어 방향 접두사 체계8), 시제 및 상 표지 등은 모두 현대 강어지(羌語支) 언어들의 대다수에서 상응하는 문법 요소와 구조를 찾아볼 수 있다. 이를 통해, 서하어와 현대 강어지 언어들 사이에 매우 좋은 대응 관계가 형성되었는데, 일반적으로 현대에 남아있는 목아어(木雅語)가 서하 문자로 기록한 당항어의 직계 후손 언어로 여겨지고 있다.

이 외에도, 서하 문자는 당시 서하국 영토 내에 존재했던 또 다른 장면어(藏緬語)를 기록하고 있다. 초기에는 이 언어가 횡산강어(橫山羌語) 또는 늑니어(勒尼語)일 것으로 추측되었으나9), 후에 점차 용책어(龍責語) 또는 낙책어(洛責語)로 비정되었다. 이 언어는 현대 강어지의 이소족계(爾蘇族系) 여소어(呂蘇語)와 가장 유사할 것으로 추정된다.10)

서하 문자는 일단 반포되자마자 국가 공식 문자로서 서하 왕조가 통치하던 현재의 영하(寧夏), 감숙(甘肅), 청해(靑海) 동북부, 섬서(陝西) 북부, 내몽골(內蒙古) 서남부 등 광활한 지역에서 약 2세기 동안 널리 사용되었다. 서하 왕조가 멸망한 후에도 원(元)과 명(明) 두 왕조 동안 서하 문자는 하서회랑 일대에서 약 3세기 동안 계속 사용되었다. 이후 명나라 중기에 이르러서야 서서히 쇠퇴하여 더 이상 사용하지 않게 되었다. 현존하는 서하 문헌은 한문과 티베트어에서 번역된 불경이 대부분을 차지하고 있다. 그 외에도 법률 조령, 역사 서적, 문학 작품, 운서(韻書)와 사전, 관청 문서, 재판 기록, 매매 계약서, 비문, 도장, 부패(符牌), 화폐 등이 있다. 이들 중 상당수는 당나라와 송나라

---

8) (역주) '술어 방향 접두사(謂詞方向前綴)'는 언어학에서 중요한 개념으로, 특히 중국의 소수 민족 언어와 티베트-버마어족 언어에서 자주 나타난다. 예컨대, 일부 티베트-버마어족 언어에서는 '위로', '아래로', '안으로', '밖으로' 등의 의미를 가진 접두사들이 동사나 형용사 앞에 붙어 동작의 방향이나 상태 변화의 성질을 나타내는 것을 말한다.

9) 聶鴻音,「勒尼——种未知的古代藏緬語」,『寧夏大學學報(社會科學版)』 第4期(1996).

10) 黃振華,「西夏龍(洛)族試考——兼談西夏遺民南遷及其他」,『中國藏學』 第4期(1998).

시기의 한자 문헌들과 대조하여 해독할 수 있다.

서하 문자는 사용이 단절된 후, 중국 서북 지역에 몇 개의 비석이 세워져 있었지만, 오랫동안 그것이 어떤 문자인지 아는 사람이 없었다.

청나라 인종(仁宗) 가경(嘉慶) 9년(1804)에 이르러서야, 당시 양주 (涼州) 무위(武威)현 출신의 저명한 문헌학자 장주(張澍, 1781-1847)가 서하 숭종(崇宗) 외명건순(嵬名乾順, 1083-1139) 천우민안(天祐民安) 5 년(1094)에 세워진 「중수호국사감통탑비(重修護國寺感通塔碑)」가 한자 와 서하 문자를 병기하여 새긴 것임을 고증하였다. 그의 결론은 「서 서하천우민안비후(書西夏天祐民安碑後)」라는 글에 실렸고, 1837년『양 소당문집(養素堂文集)』에 수록되어 간행되었다. 이로써 서하 문자는 비로소 그 정확한 모습으로 근현대에 인식되기 시작했다.

프랑스 학자 가브리엘 드베리아(Gabriel Devéria, 1844-1899)는 1898년 「중수호국사감통탑비」를 고증한 후 독자적으로 이 문자가 서 하 문자임을 확인했다. 그의 「서하국자연구(西夏國字硏究)」라는 논문 을 통해 이 결론이 국제 학계에 널리 알려지게 되었다.

1908년과 1909년, 러시아 탐험가 표트르 쿠즈미치 코즐로프(Пётр Кузьмич Козлов, 1863-1935)는 내몽골 어지나기(額濟納旗)의 흑 수성(黑水城)에서 두 차례 고고학 발굴을 조직하여 서하 시기의 관련 문물과 문헌을 대량으로 발견했다. 이 중 흑수성에서 서하 문헌은 500여 종에 달하며, 러시아에 소장된 부분은 수량과 완전본 비율이 매우 높아 8,000개 이상의 번호가 매겨진 수천 권의 책자가 있다. 이 들은 현재 러시아 과학원 동방연구소 상트페테르부르크 분소에 소장 되어 있다. 이후 흑수성에서 고고학 발굴을 수행한 영국 국적의 헝가 리 탐험가 마크 아우렐 스타인(Marc Aurel Stein, 1862-1943), 프랑스 탐험가이자 동양학자 폴 펠리오(Paul Pelliot, 1878-1945), 그리고 스웨덴 탐험가 스벤 헤딘(Sven Hedin, 1865-1952)도 상당수의 서하 문물과 문헌을 수집했다. 이들은 각각 대영박물관, 프랑스 파리 도서관, 스웨덴 스톡홀름 민족학 박물관에 소장되어 있다.

1917년 영하(寧夏)의 영무(靈武)에서 다수의 서하 문자로 된 불경이 발견되었는데, 대부분은 당시 국립 북평(北平) 도서관(현 중국 국가도서관)에 소장되었고, 일부는 영하(寧夏)와 감숙(甘肅)성에 보관되었으며, 일부는 일본으로 유출되었다.

1949년 이후, 감숙(甘肅)성의 천제산(天梯山), 돈황(敦煌), 무위(武威), 영하의 은천(銀川), 하란산(賀蘭山), 내몽골의 흑수성(黑水城), 녹성(綠城) 등지에서도 간헐적으로 상당수의 서하 문헌이 발견되었다. 이렇게 하여 러시아에 소장된 흑수성 문헌을 주축으로, 중국과 해외의 여러 곳에 수집된 서하 문자 진본(珍本)과 선본(善本: 학술적 가치가 뛰어난 판본이나 필사본)이 모여 전 세계적인 보고(寶庫)를 형성하게 되었다. 20세기 말과 21세기 초에 걸쳐 위에서 언급한 대부분의 서하 문헌의 영인본이 연이어 출판되었다.

1912년, 러시아 상트페테르부르크 대학의 한학자 알렉세이 이바노비치 이바노프(Алексей Иванович Иванов, 1877-1937)는 코즐로프가 흑수성에서 발굴한 문헌들 중에서 37페이지의 나비 장정으로 거의 완전하게 보존된 목판본 문헌을 발견했다. 이 문헌의 서문에는 당항인 구러모재(骨勒茂才[11])가 서하 인종(仁宗) 외명인효(嵬名仁孝) 건우(乾祐) 21년(1190)에 편찬했다고 명확히 기록되어 있다. 이 서하 문자와 한자의 이중 언어 대조 사전인 『번한합시장중주(番漢合時掌中珠)』[12]는 많은 학자들이 서하 문자를 해독하는 열쇠가 되었다.[13]

---

11) 𗊱𗈪𗊟𘄒 *kwə¹-le²-rjijr²-phu².
12) 𘃞𗏁𗼇𗵘𘂤𗧘�217𗏾 *mji²-zar¹-ŋwụ¹-dzjɨj¹-bju¹-pjạ¹-gu²-nji⁰

소련의 서하학 선구자 니콜라이 알렉산드로비치 네프스키(Никол
ай Александрович Невский , 1892-1937)는 대숙청 기간 중 억
울하게 처형되었다. 그의 사후 명예가 회복되고, 그가 완성했으나 생
전에 출간하지 못했던 서하 문자 사전 원고 전체가『서하어문학(Тан
гутская филология)』이라는 제목의 전체 2권 대작으로 출판되어
1960년 레닌상을 수상했다.[14]

일본의 서하학자 니시다 타츠오(西田龍雄, Nishida Tatsuo,
1928-2012)는 일본 학계의 서하어문 연구에 기초를 마련한 2권본 대
작『서하어연구—서하어의 재구와 서하 문자의 해독(西夏語の研究—
西夏語の再構成と西夏文字の解讀)』[15]에 저자가 직접 편찬한 약 3,000
자의『서하문소사전(西夏文小字典)』[16]을 수록했다.

영국 학자 제라드 레슬리 메이킨스 클라우슨 경(Sir Gerard Leslie
Makins Clauson, 1891-1974)은 1937-1938년 사이에 이미 서하 문자
에 관한 사전을 편찬하고자 결심하여, 기본구조와 주요 항목을 포함

---

13) 骨勒茂才 著, 黃振華, 聶鴻音, 史金波整理,『番漢合時掌中珠』(寧夏人民出版社,
   1989). 景永時, [俄] I. F.波波娃,『<番漢合時掌中珠>整理與研究』(寧夏人民出版社,
   2018).

14) Невский , Н. А., Тангутская филология, Исследования и словарь.
   В 2 кн. М., ИВЛ. 1960. Кн.1. Исследования. Тангутский словарь.
   Тетради I-III. 602 стр. Кн.2. Тангутский словарь, Тетради IV-VIII.
   684 стр. 중국어 번역본의 제목은 H.A.聶歷山의『西夏語文學』(中國社會科學出
   版社, 2007)으로, 이범문(李范文)이 주편한『西夏研究』(第五輯)에 수록되어 있
   다. 그러나 자전의 일부가 번역되어 있지 않아, 여전히 필사한 원본 영인본으
   로 남아있다.

15) [日] 西田龍雄,『西夏語の研究—西夏語の再構成と西夏文字の解讀』(座右寶刊行
   會, 1964-1966). 중국어 번역본의 제목은『西夏語研究: 西夏語的构擬與西夏文
   字的解讀』으로, 魯忠慧, 聶鴻音이 번역하였으며, 이범문이 주편한『西夏研究』
   (第七輯)(中國社會科學出版社, 2008)에 수록되어 있다.

16) Grinstead, Eric, "Hsi-Hsia, News of the Field". Sung Studies Newsletter, 10
   (1974), pp.38-42.

한 7권의 미완성 원고를 작성했었는데, 생을 마감할 때까지 사전을 완성하지 못했다.

뉴질랜드의 서하학자 에릭 그린스테드(Eric Greenstead, 1921-2008)는 대영박물관에서 일부 서하 문헌(『장원(將苑)』[17], 『해룡왕경(海龍王經)』[18])을 감정하고, 서하 문자 대장경[19]을 편찬하며 서하 문자 구조[20]를 분석할 때 이 사전의 원고를 사용했었다. 현재는 헝가리 출신의 영국 서하학자 임레 갈람보스(Imre Galambos)가 주도하여 이 원고의 영인본 출판을 준비하고 있다.[21]

서하 문자 사전으로, 1997년 영하 사회과학원의 이범문(李範文)이 세계에서 처음으로 현대식으로 조판한 『서하어-한어 자전(夏漢字典)』의 초판이 정식으로 출간되었다.[22] 이로 인해 이범문은 2002년 오옥장상(吳玉章獎)과 2013년 프랑스 쥘리앙상(Prix Stanislas Julien)을 수상했다. 이후 이 사전은 수정을 거쳐 간략판인 『간명하한자전(簡明夏漢字典)』[23]으로도 출간되었다.

2006년, 러시아의 서하학자 예브게니 이바노비치 키차노프(Евгений Иванович Кычанов, 1932-2013)와 일본의 서하학자 아라카와 신타로(荒川愼太郎)가 공동으로 『서하어·러시아어·영어·한어 자전(夏俄英漢字典, Словарь тангутского (Си Ся) языка, Тангутск

17) Grinstead Eric, "The General's Garden". *British Museum Quarterly*, 1963 (26), pp.35-37.
18) Grinstead Eric, "The Dragon King of the Sea". *British Museum Quarterly*, 1966 (31), pp.96-100.
19) Grinstead Eric, *The Tangut Tripitaka*. New Delhi, Sharada Rani, 1971.
20) Grinstead Eric, *Analysis of Tangut script*. Lund, Studentlitteratur, 1972.
21) Michael Everson, *Gerard Clauson's Skeleton Tangut (Hsi Hsia) Dictionary, A facsimile edition*. Portlaoise, Evertype, 2016.
22) 李范文, 『夏漢字典』(中國社會科學出版社, 1997).
23) 李范文, 『簡明夏漢字典』(中國社會科學出版社, 2012).

о-русско-англо-китай ский словарь)』24)을 편찬했다.

2021년 섬서(陝西) 사범대학의 한소망(韓小忙)이 출간한 9권 약 800만 자에 달하는 『서하문사전(西夏文詞典)』(실용문헌부분)은 그가 직접 구축한 서하문 일상생활 문헌 코퍼스를 기반으로 하며, 동시에 『한어대자전(漢語大字典)』, 『한어대사전(漢語大辭典)』 등의 사전 체제를 참조하여 편찬되었다. 또한, 여러 종류의 색인이 첨부되어 있어 검색이 용이하다.25)

서하 문자 연구는 서하학이 수립되고 발전하는 데 기초가 되었다. 초기 서하학의 성과는 주로 문헌 해독과 문자 연구에 집중되었으며, 대부분 중국에 탐험과 조사를 위해 온 서양 학자들에 의해 저술되었다. 이러한 연구 성과들은 현재 거의 모두 수집되어 중국어로 번역되고 출판되었다.26)

20세기 초 서하학이 세계 학계에서 주목받는 학문으로 부상할 때, 중국 근현대 학술사에서 큰 업적과 뛰어난 공헌을 남긴 나진옥(羅振玉, 1866-1940)과 그의 아들들인 나복성(羅福成, 1884-1960), 나복장(羅福萇, 1896-1921), 나복이(羅福頤, 1905-1981) 4부자가 함께 중국 서하학의 창립을 위한 기초를 다졌다.

아버지 나진옥은 흑수성에서 출토된 서하어와 한어 대조 사전인 『번한합시장중주(番漢合時掌中珠)』를 최초로 중국 학계에 소개함으로써, 서하 문자에 관한 연구를 중국에 처음으로 전파한 사람 중 한 명이 되었으며, 이후에 『서하 관인집존(西夏官印集存)』을 출판하여 중국

---

24) Кычанов, Е. И. (Сост.), Словарь тангутского (Си Ся) языка, Тангутско-русско-англо-китай ский словарь = Tangut Dictionary. Tangut-Russian-English-Chinese Dictionary. Со-составитель С. Аракава. Киото, Филологические науки, Университет Киото. 2006.

25) 韓小忙, 『西夏文詞典(世俗文獻部分)』(中國社會科學出版社, 2021).

26) 孫伯君, 『國外早期西夏學論集』(民族出版社, 2005).

서하 관인(官印: 관청이나 조정에서 사용하는 도장) 연구의 개척자가 되었다.

장남 나복성은 1919년 산동학사에서 서하 문자 불경을 고증한『서하역연화경고석(西夏譯蓮花經考釋)』과 일부 서하 문자 단어를 분류 편집하여 검색이 쉬운『서하국서류편(西夏國書類編)』을 간행했다. 1924년에는『번한합시장중주』전문을 모사하여 천진의 이안당(貽安堂) 서점에서 석판 인쇄로 간행했다. 1932년에는『운통거례(韻統擧例)』,『문해잡류(文海雜類)』,『잡자(雜字)』,『거용관석각(居庸關石刻)』,「중수호국사감응탑비(重修護國寺感應塔碑)」등 서하 문헌을 연구하고 17편의 논문을 발표했으며, 여순고적정리처(旅順庫籍整理處)에서 그가 정리하고 필사한『서하국서자전음동(西夏國書字典音同)』을 석판 인쇄로 출판했다.

셋째 아들인 나복장은 어려서부터 몸이 약해 26세에 병으로 사망했지만, 한문과 독일어로 된『서하국서략설(西夏國書略說)』1권을 완성했다. 그는 형태[形]·소리[聲]·의미[義]라는 세 가지 측면에서 서하자가 한자의 필획을 축적하여 이루어졌다고 고증하여 서하자 부수 분류의 선구자가 되었다. 또한『러시아인의 흑수성 고적 탐방 기록(俄人黑水訪古所得記)』,『서하속경기(西夏贖經記)』,『대방광불화엄경권일석문(大方廣佛華嚴經卷一釋文)』,『묘법연화경홍전서 석문(妙法蓮華經弘傳序釋文)』등의 서하 연구 논문을 저술했다.

다섯째 아들인 나복이는 나복장과 함께『송사하국전집주(宋史夏國傳集注)』14권을 완성하고 계표27)를 첨부했으며,『서하문존(西夏文存)』,『루옹일득속록—명간서하문고왕관세음경시역(僂翁一得續錄—明刊西夏文高王觀世音經試譯)』등의 서하 연구 저술을 남겼다.28)

---

27) (역주) '계표(系表)'는 중국 역사서에서 자주 볼 수 있는 특별한 형태의 부록으로, 서하 왕조의 계보나 주요 인물들의 관계를 표 형식으로 정리한 것을 말한다.

이범원(李範文)이 주편한 『서하연구(西夏研究)』(제4집)는 나진옥과 그의 아들들을 위한 특집으로, 4인의 서하학 연구 대표작을 거의 완전하게 수록하였다.[29]

영하(寧夏)에서 출토된 100여 권의 서하문 불경을 1929년 국립북평도서관이 구매하여 소장한 것을 기념하기 위해, 1932년 『국립북평도서관관보』(國立北平圖書館館刊) 제4권 제3호를 '서하문 특집호'로 발간하였다. 이 특집호에는 중국과 해외의 서하학계의 당대 최고 석학들의 논저 35편이 수록되었다. 여기에는 나진옥과 그의 아들들을 비롯해 주숙가(周叔迦, 1899-1970), 향달(向達, 1900-1966), 왕정여(王靜如, 1903-1990) 등 초기 중국 서하학자들의 연구 성과가 포함되어 있다. 또한, 러시아의 니콜라이 네프스키와 알렉세이 이바노프, 일본의 이시하마 준타로(石濱純太郎, 1888-1968) 등 해외의 초기 서하학자들의 관련 논문 한역본도 수록되어 있어, 서하학사에서 중요한 이정표가 되었다.

70년 후인 2002년, 『국가도서관 관보(國家圖書館館刊)』 편집부와 중국사회과학원 서하문화연구센터가 공동으로 『국가도서관 관보·서하연구 특집호(國家圖書館館刊·西夏研究專號)』를 출판했다. 이 특집호에는 대만을 포함한 중국, 러시아, 일본의 30여 명의 전문가들의 연구 논저 30여 편이 수록되어, 당시까지의 세계 서하학계의 인재 구조 분포와 성과 발전 추세를 기본적으로 반영하고 있다.

이 두 특집호의 출판은 서하학 연구의 발전 과정과 국제적 협력의 중요성을 잘 보여준다. 1932년의 특집호는 서하학의 초기 발전 단계

---

28) 白濱, 「羅振玉父子對西夏學的貢獻」, 『遼金西夏研究年鑑2009』(學苑出版社, 2010), 144-150쪽.
29) 李范文, 『西夏研究』 第4輯(中國社會科學出版社, 2007).

에서 중국과 해외 학자들의 공동 연구 성과를 집대성했으며, 2002년의 특집호는 70년간의 연구 발전을 종합적으로 반영하였다. 이는 서하학이 지속적으로 발전하고 있으며, 국제적인 학문 분야로 자리 잡았음을 보여주는 중요한 지표라고 할 수 있을 것이다.

중국 서하학의 원로급 인물인 왕정여(王靜如)의 초기 서하 연구 대표작인 3권의 『서하연구(西夏研究)』[30]는 중국 언어학의 아버지로 불리는 조원임(趙元任, 1892-1982)의 찬사를 받았으며, 중국 문사학의 거장 진인각(陳寅恪, 1890-1969)은 이 책의 서문을 작성하며 왕정여를 '서하 연구를 과학적 궤도에 올려놓은 선구자'라고 평가했다. 이 저서로 왕정여는 1936년 프랑스 쥘리앙상을 수상하기도 했다. 말년에 왕정여는 중국사회과학원 민족학 및 인류학 연구소에서 오랫동안 연구원과 학술위원으로 재직하며, 중국 최초의 서하학 전공 대학원생들을 양성했다. 문화대혁명 이전에는 석사과정의 사금파(史金波)를, 문화대혁명 이후에는 박사과정의 마충건(馬忠建)[31]을 지도했다. 그의 논저들은 『왕정여 민족연구문집(王靜如民族研究文集)』[32]과 그의 탄생 120주년을 기념하여 출간된 논문집[33]에 수록되어, 서하학을 중심으로 한 여러 학문 분야에서 그가 이룬 성과들을 충분히 보여주고 있다.

소련 및 러시아의 서하학자 키차노프(Кычанов)는 오랫동안 소련/러시아 과학원 동방연구소 소장을 역임하면서, 다른 학자들과 함께 서하 문헌인 『문해(文海)』[34], 『신집금합사(新集錦合辭)』[35], 『천성율령(天盛

---

30) 王靜如, 『西夏研究』 第1·2·3輯(中央研究院歷史語言研究所, 1932-1933). 또 이범문이 주편한 『西夏研究』(第五輯)(中國社會科學出版社, 2007)에 수록되어 있다.
31) 馬忠建, 『西夏語語法若干問題之研究』(中國社會科學院 博士學位論文, 1987). 이후에 대부분의 내용이 이범문이 주편한 『西夏語比較研究』(寧夏人民出版社, 1999)에 수록되어 있다.
32) 王靜如, 『王靜如民族研究文集』(民族出版社, 1998).
33) 王靜如, 『王靜如文集』(社會科學文獻出版社, 2015).

律令)』36), 『성립의해(聖立義海)』37), 『공자화단기(孔子和壇記)』38), 『정관옥경통(貞觀玉鏡統)』39)의 번역을 완성했으며, 단독으로『서하국(西夏國)』40), 『서하사강(西夏史綱)』41), 『서하국사(西夏國史)』42)를 저술했다.

34) Кепинг, К. Б., В. С. Колоколов, Е. И. Кычанов и А. П. Терентьев -Катанский (Пер. с тангутского, вступительные статьи и приложения), *Море письмен*, Факсимиле тангутских ксилографов. (Памятники письменности Востока, XXV, [1]-[2]). Ч. 1-2. Москва, «Наука» (ГРВЛ), 1969.

35) Кычанов, Е. И. (пер. с тангутского, вступительная статья и комментарий), *Вновь собранные драгоценные парные изречения*, Факсимиле ксилографа. (Памятники письменности Востока, XL). Москва, «Наука» (ГРВЛ). 1974.

36) Кычанов, Е. И. (пер. с тангутского, исследование и примечания), *Изменённый и заново утверждённый кодекс девиза царствования Небесное процветание (1149-1169)*, Кн. 1-4. (Памятники письменности Востока, LXXXI, 1-4). Москва, «Наука» (ГРВЛ), 1987-1989. (Кн 1, Исследование. 1988. Кн 2, Факсимиле, перевод и примечания (главы 1-7). 1987. Кн 3, Факсимиле, перевод и примечания (главы 8-12). 1989. Кн 4, Факсимиле, перевод и примечания (главы 13-20). 1989.

37) Кычанов, Е. И. (пер. с тангутского, комментарий и приложения), *Море значений, установленных святыми*, Факсимиле ксилографа. (Памятники культуры Востока, Санкт-Петербургская научная серия, IV). Санкт-Петербург, Петербургское Востоковедение, 1997.

38) Кычанов, Е. И. (пер. с тангутского, вступительная статья, комментарий и словарь), *Запись у алтаря о примирении Конфуция*, Факсимиле рукописи. (Памятники письменности Востока, CXVII). Москва, Восточная литература РАН, 2000.

39) Franke, Herbert & E. I. Kyčanov, *Tangutische und chinesische Quellen zur Militärgesetzgebung des 11. bis 13. Jahrhunderts.* München, Verlag der bayerischen Akademie der Wissenschaften, 1990.

40) Кычанов, Е. И., *Государство Си Ся (982-1227)*, Автореф. дисс. ··· к.и.н. Ленинград, ЛГУ, 1960.

41) Кычанов, Е. И., *Очерк истории тангутского государства.* Москва, «Наука» (ГРВЛ), 1968.

42) Кычанов, Е. И., *История тангутского государства.* (Исторические исследования). Санкт-Петербург, Факультет филологии и искусс

2012년 상트페테르부르크에서 열린 그의 80세 생일 축하회는 그가 직접 참석할 수 있었던 마지막 서하학 학술대회였다. 이 회의 후 출판된 축하 논문집43)은 21세기 첫 10년 동안 서하학 연구의 새로운 세대의 성장과 그들이 이룬 괄목할 만한 성과를 충분히 반영하고 있다.

소련 및 러시아의 서하학자 크세니아 보리소브나 케핑(Ксения Борисовна Кепинг, 1937-2002)은 중국 천진에서 태어났다. 케핑은 다른 학자들과 함께 서하 문헌인 『문해(文海)』를 번역했으며, 독자적으로 서하 문헌인 『손자병법(孫子兵法)』44)과 『유림(類林)』45)을 번역했다. 케핑은 서하어 문법 분야에서 이전 학자들이 발견하지 못한 많은 새로운 사실들을 밝혀냈는데, 서하어의 능격성, 동사의 인칭 접미사, 동사의 방향 접두사 등 여러 특수한 문법적 특징들을 규명해내었다. 그녀의 대표적인 저서로는 『서하어: 형태론(西夏語: 形態學)』46)이 있다. 그녀가 갑작스럽게 세상을 떠난 후, 학계의 동료들이 그녀를 기리는 기념 문집47)을 편찬했다. 이 문집에는 그녀의 주요 발표 논문들과 동료들이 정리한 일부 미발표 논저들이 수록되었다. 특히 책 말미에 첨부된 케핑의 저술 목록은 이 소련/러시아 학자가 서하문의 해독과 서하어 문법 체계 구축에 기여한 탁월한 역사적 공적을 잘 보여주고 있다.

тв СпбГУ, 2008.

43) Popova, Irina (ed.), *Tanguts in Central Asia, a collection of articles marking the 80th anniversary of Prof. E. I. Kychanov* [Тангуты в Центральной Азии, сборник статей в честь 80-летия проф. Е. И. Кычанова], Moscow, Oriental Literature, 2012.

44) Кепинг, К. Б., *Сунь Цзы в тангутском переводе*, Факсимиле ксилографа. Москва, «Наука» (ГРВЛ), 1979.

45) Кепинг, К. Б., *Лес категорий*. Москва, «Наука» (ГРВЛ), 1983.

46) Кепинг, К. Б., *Тангутский язык*, Морфология. Москва, «Наука», 1985.

47) Кепинг, К. Б., *Последние статьи и документы = Ксения Борисовна*. Санкт-Петербург, Омега, 2003.

소련 및 러시아의 서하학자 미하일 빅토로비치 소프로노프(Михаи л Викторович Софронов)는 소련 과학원 상트페테르부르크 동방 필사본 연구소에서 재직했다. 그는 서구 학계에서 최초로 서하어 문법 체계를 체계적으로 탐구하고 확립하려 했다.48) 물론 그의 주요 공헌은 서하 문자의 분석과 그에 따른 음가 추정 분야에 있다49).

일본의 서하학자 니시다 타츠오(西田龍雄)는 오랫동안 교토대학에서 재직했다. 그는 본래 장면어(藏緬語) 연구 전문가였으나, 서하 문자 해독에 관한 전문 논문50)을 통해 서하 연구로 전향하게 되었다. 그의 주요 저서인『월월락시(月月樂詩)』51),『서하문 화엄경(西夏文華嚴經)』(3권본)52),『법화경(法華經)』53) 등은 그가 활동하던 시대 일본 서하어문학 연구의 최고 수준을 보여주고 있다.

대만의 서하학자 공황성(龔煌城, 1934-2010)은 주로 서하문 해독과 음가 추정을 중심으로, 더 광범위한 한장어(漢藏語) 연구 영역으로 접근했다54). 그의 서하 문자 음가 추정 체계는 이범문(李範文)의『서하

48) Софронов, М. В., *Грамматика тангутского языка*, В 2-х книгах / От ветственный редактор Н. И. Конрад. Москва, «Наука», ГРВЛ, 1968.

49) Кычанов, Е. И. & М. В. Софронов, *Исследования по фонетике тан гутского языка*, предварительные результаты. / Ответственны й редактор Н. И. Конрад. Москва, ИВЛ, 1963.

50) [日] 西田龍雄,『西夏文字, その解讀のプロセス』(紀伊國屋書店, 1967)·(玉川大學出版部, 1980). 이 책의 중국어 번역본의 정보는 다음과 같다. 西田龍雄 著, 那楚格, 陳健鈴譯,『西夏文字解讀』(寧夏人民出版社, 1998).『西夏文字の話, シルクロードの謎』(大修館書店, 1989). 西田先生古希記念會編, 西田龍雄,『西夏語研究新論』(西田先生古希記念會, 1998).

51) [日] 西田龍雄,「西夏語<月々樂時>の研究」,『京都大學文學部研究紀要』第25期(1986).

52) [日] 西田龍雄,『西夏文華嚴經』(京都大學文學部, 1975-1977).

53) [日] 西田龍雄,『ロシア科學アカデミー東洋學研究所サンクトペテルブルク支部所藏西夏文<妙法蓮華經>寫眞版(鳩摩羅什譯對照)』(創価學會, 2005).

54) 龔煌城,『西夏語文研究論文集』("中研院"語言學研究所, 2002).『漢藏語研究論文集』(北京大學出版社, 2004).『西夏語言文字研究論集』(民族出版社, 2005).

중국문자학 핸드북

어-한어자전(夏漢字典)』에 채택되어 현재 가장 널리 사용되는 서하 문자 주음 체계가 되었다. 그의 회갑 기념 논문집[55]은 공황성이 서하학계와 한장어, 나아가 남도어(南島語) 연구 분야에 미친 깊고 광범위한 영향을 잘 보여주고 있다.

중국국가도서관의 연구원이었던 황진화(黃振華, 1930-2003)는 중국인민대학, 중국사회과학원 민족학 및 인류학 연구소 등 여러 기관에서 근무했다. 그는 1970년대까지 30년간의 소련 서하학 연구에 대한 종합적인 평론[56]을 통해 학계에 데뷔했다. 그의 서하학 연구는 상당한 양의 관련 주제 연구 논문[57]을 통해 서하학의 많은 난해한 문제들을 탐구하는 데 힘을 쏟았고, 그 과정에서 매우 통찰력 있는 견해들을 종종 제시하여[58], 그의 뛰어난 재능과 예리한 통찰력을 충분히 보여주었다.

특별히 언급할 부분은 사금파(史金波), 백빈(白濱), 황진화(黃振華)가 공동으로 완성한『문해연구(文海研究)』이다. 이는 중국 대륙에서 문화대혁명 이후 첫 번째 서하학 전문 저서로, 러시아와 소련 학자들의 연구에 이어 상성(上聲)은 소실되고 평성(平聲)과 잡류(雜類)만 남아있는 이 서하문 운서(韻書)를 전면적으로 해독한 것이다.[59] 이 중, 사금파(史金波)의 서하 문자 구조 귀납, 백빈의 서하 사회문화 탐구, 황진화의 서하어 음운 체계 재구는 당시 중국 대륙 서하 연구의 최고 수준을 대표하였다.

---

55) 楊秀芳, 徐芳敏, 李存智, 何大安, 孫天心, 林英津, 『漢藏語研究, 龔煌城先生七秩壽慶論文集』("中研院"語言學研究所, 2004).
56) 黃振華, 「評蘇聯近三十年的西夏學研究」, 『社會科學戰線』 第2期(1978).
57) 林世田, 李際寧, 「黃振華先生略傳及著述目彔」, 『文津流觴』 第3期(2003).
58) 唐均, 「黃振華先生西夏學研究述評」, 『西夏學』 第7輯(上海古籍出版社, 2011), 281-286쪽.
59) 史金波, 白濱, 黃振華, 『文海研究』(中國社會科學出版社, 1983).

중국사회과학원 학부 위원이자 민족학 및 인류학 연구소의 사금파
는 문화대혁명 이전에 왕정여가 지도한 연구생이었다. 문화대혁명 이
후부터 현재까지 그는 중국 대륙 서하학계의 선도적 인물로 활약해
왔다. 그가 주도하여 저술한 다수의 저서에는 서하문 유서(類書)[60]인
『유림(類林)』[61] 연구, 서하문 법전인 『천성개구신정율령(天盛改舊新定
律令)』[62]의 번역 및 주석, 서하문 운서인 『문해보운(文海寶韻)』[63] 연
구, 그리고 단독으로 저술한 『서하문화(西夏文化)』, 『서하불교사략(西
夏佛教史略)』, 『서하사회(西夏社會)』, 『서하문교정(西夏文教程)』, 『서하
경제문서연구(西夏經濟文書研究)』[64]가 있으며, 개인 논문집도 출간했
다[65]. 또한, 다른 학자들과 함께 서하문 활자 인쇄술 연구[66] 및 서하
사회 문서[67]에 관해 저술했다. 사금파를 위해 출간된 두 권의 회갑
기념 논문집[68]은 그가 서하학뿐만 아니라 중국 민족 고문자 연구, 중

---

60) (역주) '유서(類書)'는 중국의 전통적인 백과사전식 서적을 가리키는 용어로, 일
　　반적으로 특정 주제나 키워드에 관련된 인용문, 시구, 역사적 사실, 격언 등을
　　모아 분류하고 정리하였다.

61) 史金波, 黃振華, 聶鴻音, 『類林研究』(寧夏人民出版社, 1993).

62) 劉海年, 洋一凡著, 史金波, 白濱, 聶鴻音譯注, 『中國珍稀法律典籍集成甲編第五冊,
　　西夏天盛律令』(科學出版社, 1994). 이 책은 중국어 번역본으로 다음과 같은 서
　　명으로 단독으로 출판되었다. 『天盛改旧新定律令』(法律出版社, 2000).

63) 史金波, [日] 中嶋干起, [日] 大塚秀明, [日] 今井健二, [日] 高橋まり代, 『電腦處
　　理<文海寶韻>研究』(東京外國語大學アジア·アフリカ語言文化研究所, 2000).

64) 史金波, 『西夏文化』(吉林教育出版社, 1986). 『西夏佛教史略』(寧夏人民出版社, 1988),
　　(臺灣商務印書館, 1993). 『西夏社會』(上海人民出版社, 2007). 『西夏文教程』(社會科
　　學文獻出版社, 2013). 『西夏經濟文書研究』(社會科學文獻出版社, 2017). Shi Jinbo,
　　Li Hansong(tr.), *Tangut Language and Manuscripts, An Introduction*. Leiden,
　　BRILL, 2020.

65) 史金波, 『史金波文集』(上海辭書出版社, 2005). 『西夏文化研究』(中國社會科學出版
　　社, 2015).

66) 史金波, 雅森·吾守爾, 『中國活字印刷術的發明和早期傳播: 西夏文化研究』(中國社
　　會科學出版社, 2000).

67) 杜建泉, 史金波, 『西夏社會文書研究』(增訂本)(上海古籍出版社, 2012).

68) 中國社會科學院民族學與人類學研究所, 『薪火相傳—史金波先生70壽辰西夏學國際

국 민족학계 등 여러 학문 분야에 미친 광범위한 영향력을 보여주고 있다. 그가 지도한 제자들 중에도 이미 저술로 서하학계에 공헌하는 신진 학자들이 나오고 있다.[69]

중국사회과학원 민족학 및 인류학 연구소의 백빈은 왕정여의 학술 조수로 지냈다. 그의 독자적인 저서로는 『원호전(元昊傳)』, 『당항사 연구(黨項史研究)』, 『잊혀진 왕조를 찾아서(尋找被遺忘的王朝)』[70]가 있으며, 『서하사 논문집(西夏史論文集)』과 『서하문물(西夏文物)』[71] 등을 편찬했다. 이러한 저서들은 그가 당항 및 서하 역사 분야에서 뛰어난 연구 전문성을 가지고 있음을 보여준다. 또한, 그는 서하문 서예에도 뛰어나, 그의 작품들이 여러 전시회에 출품되었고 국제적 우호인사들에게 선물로 증정되기도 했다.

영하 사회과학원 역사연구소의 이범문은 서하문 사서인 『동음(同音)』과 『동의(同義)』[72] 연구에 뛰어났으며, 서하어-한어 대조 번역본인 『번한합시장중주(番漢合時掌中珠)』를 바탕으로 역사 음운 연구를 전개했다[73]. 그는 다른 학자들과 함께 『서하 능묘 출토 잔비수편(西夏陵墓出土殘碑粹編)』[74]을 편찬 및 주석했고, 『서하어 비교 연구(西夏

學術硏討會論文集』(中國社會科學出版社, 2012). 『史金波先生八十壽辰紀念論文集』編委會, 『桑楡啓晨—史金波先生八十壽辰紀念論文集』(甘肅文化出版社, 2022).

69) 周峰, 『西夏文<亥年新法·第三>譯釋與研究』(臺灣花木蘭文化出版社, 2016). 任怀晟, 『西夏服飾研究』(甘肅文化出版社, 2018).

70) 白濱, 『元昊傳』(吉林敎育出版社, 1988). 『黨項史研究』(吉林敎育出版社, 1989). 『尋找被遺忘的王朝』(山東畫報出版社, 2010).

71) 白濱, 『西夏史論文集』(寧夏人民出版社, 1984). 史金波, 白濱, 吳峰云, 『西夏文物』(文物出版社, 1988).

72) 李范文, 『同音研究』(寧夏人民出版社, 1986). 李范文, 韓小忙, 「同義研究」, 『西夏研究』第1輯(中國社會科學出版社, 2005). 李范文, 「<五音切韻>和<文海寶韻>比較研究」, 『西夏研究』第2輯(中國社會科學出版社, 2006).

73) 李范文, 『宋代西北方音—<番漢合時掌中珠>對音研究』(中國社會科學出版社, 1994).

74) 寧夏博物館, 李范文, 『西夏陵墓出土殘碑粹編』(文物出版社, 1984).

語比較硏究)』⁷⁵⁾를 주편했으며, 서하문 사서인『잡자(雜字)』⁷⁶⁾와 유서인『성립의해(聖立義海)』⁷⁷⁾를 연구했다. 또한, 두 권의 개인 논문집을 출간했다⁷⁸⁾. 학계에서 그의 가장 큰 영향력은 혼자의 힘으로 현재 가장 상세하고 실용적인『서하어-한어 자전(夏漢字典)』을 편찬한 것인데, 이에 대해서는 앞서 언급했으므로 여기서 반복하지 않겠다.

중국사회과학원 민족학 및 인류학 연구소의 섭홍음(聶鴻音)은 한문 문헌과의 대조를 통해 다양한 유형의 서하 문헌을 해독함으로써 학계에서 명성을 얻었다. 그는 서하 문자에 대한 전문 저술을 출간했으며⁷⁹⁾, 다른 학자들과 함께 서하 문헌인『유림(類林)』,『천성율령(天盛律令)』,『공자화단기(孔子和壇記)』를 연구했다⁸⁰⁾. 또한, 독자적으로 서하 문헌인『덕행집(德行集)』과『신집자효전(新集慈孝傳)』에 대한 연구를 저술했다⁸¹⁾. 방대한 분량의 서하문 불경 부분에 대해서는 일부 불경의 서문과 발문을 모아 번역 및 주석을 달았고⁸²⁾, 다른 학자들과 함께 서하문 선종 어록류 문헌⁸³⁾을 집중적으로 연구했다. 그의 개인 논문집은 이미 세 권이 출판되었다⁸⁴⁾. 또한, 그가 지도한 학생들은

---

75) 李范文, 『西夏語比較硏究』(寧夏人民出版社, 1999).
76) 李范文, [日] 中嶋干起, 『電腦處理西夏文雜字硏究』(東京外國語大學アジア·アフリカ語言文化硏究所, 1997).
77) [俄] 克恰諾夫, 李范文, 羅矛昆, 『聖立義海硏究』(寧夏人民出版社, 1995).
78) 李范文, 『西夏硏究論集』(寧夏人民出版社, 1983). 『李范文西夏學論文集』(中國社會科學出版社, 2012).
79) 聶鴻音, 『打開西夏文字之門』(國家圖書館出版社, 2014). 『西夏文字和語言硏究導論』(上海古籍出版社, 2021).
80) [俄] E·H·克恰諾夫, 聶鴻音, 『西夏文＜孔子和壇記＞硏究』(民族出版社, 2009).
81) 聶鴻音, 『西夏文德行集硏究』(甘肅文化出版社, 2002). 『西夏文＜新集慈孝傳＞硏究』(寧夏人民出版社, 2009).
82) 聶鴻音, 『西夏佛經序跋譯注』(上海古籍出版社, 2016).
83) 聶鴻音, 孫伯君, 『西夏譯華嚴宗著作硏究』(寧夏人民出版社·中華書局, 2018).
84) 聶鴻音, 『西夏文獻論稿』(上海古籍出版社, 2012). 『古代語文論稿』(中國社會科學出版社, 2014). 『西夏文獻論稿二編』(甘肅文化出版社, 2018).

서하 문헌 해독 분야에서 이미 탁월한 성과를 거두었다[85]. 그의 학생 중에는 현존하는 티베트어 주음이 달린 서하문 잔편을 전문적으로 연구한 이도 있어[86], 비표음 문자인 서하문의 음가 추정에 동시대 표음 문자의 일차 자료를 제공했다.

중국사회과학원 민족학 및 인류학 연구소의 손백군(孫伯君)은 섭홍음의 가장 뛰어난 제자로서, 초기에 한자로 기록된 여진어 연구로 학계에 입문했으며, 이후 중국 북방의 여러 소수민족 문자와 문헌 연구를 광범위하게 다루었다. 최근 몇 년간은 서하 문헌 연구에 집중하고 있으며[87], 이와 관련된 개인 논문집도 출간되어[88] 저자의 음운학적 소양과 문헌학적 실력을 입증하였다. 그녀가 주도하는 '중국 문자 데이터베이스[中華字庫] 프로젝트'는 이미 중국학자 경용시(景永時), 가상업(賈常業) 등이 제작한 서하 문자 데이터베이스를 수록하고 이를 국제 표준으로 적극 추진하고 있다.

손백군 외에도, 하북(河北) 대학의 양송도(梁松濤)는 필체를 흘려 쓴 서하 문헌을 해독하는 것으로 유명하며[89], 하북사범대학의 최홍분(崔紅芬)은 서하 불교 등 문화적 요소를 연구하는 데 탁월한 성과를 드러내고 있다[90].

---

85) 鐘焰, 『<黃石公三略>西夏譯本之研究』(中國社會科學院博士學位論文, 2005). 黃延軍, 『西夏文<經史雜抄>研究』(中國社會科學院博士學位論文, 2008). 黃延軍, 『中國國家圖書館藏西夏文<大般若波羅密多經>研究』(民族出版社, 2012). 王培培, 『西夏文<維摩詰經>整理研究』(社會科學文獻出版社, 2015). 孫穎新, 『西夏文<無量壽經>研究』(中國社會科學出版社, 2018). 孫穎新, 『西夏文<大寶積經·無量壽如來會>對勘研究』(社會科學文獻出版社, 2019).
86) 戴忠沛, 『西夏文佛經殘片的藏文對音研究』(中國社會科學院博士學位論文, 2008).
87) 孫伯君, 『西夏新譯佛經陀羅尼的對音研究』(中國社會科學出版社, 2010). 孫伯君, 聶鴻音, 『西夏文藏傳佛教史料—"大手印"法經典研究』(中國藏學出版社, 2018).
88) 孫伯君, 『西夏文獻叢考』(上海古籍出版社出, 2015).
89) 梁松濤, 『黑水城出土西夏文醫藥文獻整理與研究』(社會科學文獻出版社, 2015). 『西夏文<宮廷詩集>整理與研究』(上海古籍出版社, 2018).

대만의 서하학자 임영진(林英津)은 서하자『손자병법(孫子兵法)』과『진실명경(眞實名經)』을 연구했으며[91], 미국 학자 루스 더넬(Ruth W. Dunnell)도 한때 서하학을 연구했다[92]. 이들은 함께 서하학계에서 뛰어난 업적을 이룬 여성 학자들의 중추적인 학술세력을 형성하고 있다.

러시아의 서하학자 키릴 유리예비치 솔로닌(Кирилл Юрьевич Солонин)은 서하 문헌『십이국(十二國)』의 연구로 학문적 기반을 다졌으며[93], 현재는 중국인민대학 국학원에 초빙되어 주로 서하문 선종 불교 문헌을 연구하고 있다[94].

일본의 서하학자 아라카와 신타로(荒川愼太郞)는 오랫동안 도쿄외국어대학 아시아아프리카 언어문화연구소에서 재직해왔다. 그는 박사학위 과정부터 서하문 불교에 대한 체계적인 언어학적 해독을 시작했으며, 현재 서하문『금강경(金剛經)』과『법화경(法華經)』에 관한 연구 저술들을 출간했다[95].

프랑스의 티베트-버마어 학자 기욤 자크(Guillaume Jacques)는 오

---

90) 崔紅芬,『西夏河西佛教研究』(民族出版社, 2010). [俄] А.Л.捷連吉耶夫-卡坦斯基 著, 崔紅芬, 文志勇譯,『西夏物質文化』(民族出版社, 2006).

91) 林英津,『夏譯＜孫子兵法＞研究』(“中研院”歷史語言研究所, 1994).『西夏語譯＜眞實名經＞釋文研究』(“中研院”語言學研究所, 2013).

92) Dunnell Ruth W, *The Great State of White and High, Buddhism and State Formation in Eleventh-Century Xia*. Honolulu: University of Hawaii Press, 1996.

93) Солонин, К. Ю. (пер. с тангут., исслед., коммент., табл. и указ.), *Основные работы*, Двенадцать царств. Санкт-Петербург, ПВ, 1995. [俄] 索羅寧 著, 粟瑞雪譯,『十二國』(寧夏人民出版社, 2012).

94) Солонин, К. Ю., *Обретение учения*, Традиция Хуаянь-Чан в Буддхисме Тангутского Государства. Санкт-Петербург, Издательство Университета Санкт-Петербурга, 2007.

95) Arakawa Shintarō, *Seika-bun Kongō-kyō no kenkyū* [Studies in the Tangut Version of the Vajracchedikā Prajñāpāramitā]. D. Litt dissertation, Kyoto University. 荒川愼太郞,『普林斯頓大學圖書館藏西夏文＜妙法蓮華経＞』(創價學會, 2018).『西夏文金剛經研究』(松香堂書店, 2014).

랫동안 프랑스 국립과학원 동아시아언어연구센터에서 재직해왔다. 그는 서하 문헌『신집자효전(新集慈孝傳)』을 해독했으며96), 더욱 집중적으로 서하어의 역사 음운론과 형태론을 연구했다. 특히, 원시 당항어, 나아가 이와 밀접한 관계에 있는 원시 가융어(嘉絨語)97)의 재구에 주력했다98).

영하 사회과학원의 고고학자 우달생(牛達生)은 서하 목활자 연구에서 중요한 성과를 거두었다99). 역사학자 진병응(陳炳應, 1939-2008)은 서하 문헌『신집금합사(新集錦合辭)』와『정관옥경통(貞觀玉鏡統)』을 해독했다100). 문자학자 가상업(賈常業)은 서하 문자 연구에 전념하여, 현재 통용되는 서하 문자 입력법과 폰트 소프트웨어 제작에 참여했을 뿐만 아니라 자전과 관련있는 연구 저서들도 출간했다101).

영하(寧夏) 대학 서하학연구원의 원장 두건록(杜建錄)이 주편하는『서하학(西夏學)』집간, 영하사회과학원이 주관하는『서하연구(西夏研究)』학술지, 북방민족(北方民族) 대학 서하학연구소가 주편하는『서하학집간(西夏學輯刊)』은 현재 중국학계에서 서하학 전문 연구 성과

---

96) Jacques Guillaume, *Textes tangoutes I, Nouveau recueil sur l'amour parental et la piété filiale*. München: Lincom Europa, 2007.

97) (역주) 가융어(嘉絨語, rGyalrong)는 영어로 'rGyalrong languages' 또는 'Gyalrong languages'로 알려져 있는데, 중국 사천성 서부에서 사용되는 티베트-버마어족에 속하는 언어군을 말한다. 이는 중국-티베트어족의 초기 형태를 연구하는데 중요한 자료로 활용되며, 서하어와의 비교 연구도 이루어지고 있어, 두 언어 간의 관계와 역사적 발전 과정을 이해하는 데 도움을 주고 있다.

98) Jacques Guillaume, *Esquisse de phonologie et de morphologie historique du tangoute*. Leiden: Global Oriental, 2014.

99) 牛達生,『西夏活字印刷研究』(寧夏人民出版社, 2004).

100) 陳炳應,『西夏諺語──新集錦成對諺語』(山西人民出版社, 1993).『貞觀玉鏡將研究』(寧夏人民出版社, 1995).

101) 賈常業,『新編西夏文字典』(甘肅文化出版社, 2013).『西夏文字揭要』(甘肅文化出版社, 2017).『西夏文字典』(甘肅文化出版社, 2019).

를 발표하는 세 개의 주요 플랫폼으로, 서하 언어문학 연구 성과를 발표하는 중요한 무대가 되고 있다.

영하대학 서하학연구원의 부원장 팽향전(彭向前)은 서하의 명물(名物) 고증에 뛰어나며[102], 서하 문헌『맹자(孟子)』와 역일(歷日) 자료도 해독했다[103]. 같은 기관의 단옥천(段玉泉)은 서하 불경의 한장(漢藏) 대조 연구에 주력하고 있으며[104], 다른 연구자들과 서하학 관련 참고서를 편찬하기도 했다[105].

북방민족대학 서하학연구소의 소장 경영시(景永時)는 '북경대학의 방정전(方正典) 한자 코드 시스템을 기반으로 한 서하 문자 입력 및 출력 시스템 개발'이라는 대형 과학연구 프로젝트를 주도했다[106]. 2016년에는 서하 문자의 국제 인코딩 제안이 공식적으로 통과되었고, 경영시가 주도하여 개발한 서하 문자 코드가 ISO/IEC JTC1/SC2/WG2에 의해 UCS 표준 인코딩 문자로 선정되었다. 이는 해당 연구 성과가 이미 국제 최고 수준에 도달했음을 보여주는 것이다. 이전에도 그는 서하 연구와 관련한 저술과 번역서를 출간한 바 있다[107]. 같은 기관의 손창성(孫昌盛)은 현존하는 가장 오래된 활자본인 서하문『길상편지구합본속(吉祥遍至口合本續)』에 집중하고 있다[108].

중국사회과학원 철학연구소의 고산삼(高山杉)은 서하학계 외부에서 주목받는 서하학 연구자이다. 그는 서하문 불경의 해독과 서하학계의

---

102) 彭向前, 『黨項西夏名物匯考』(甘肅文化出版社, 2017).
103) 彭向前, 『西夏文<孟子>整理研究』(上海古籍出版社, 2012).『俄藏西夏歷日文獻整理研究』(社會科學文獻出版社, 2018).
104) 段玉泉, 『西夏<功德寶集偈>跨語言對勘研究』(上海古籍出版社, 2014).
105) 惠宏, 段玉泉, 『西夏文獻解題目錄』(陽光出版社, 2015).
106) 景永時, 賈常業, 『西夏文字處理系統』(軟件)(寧夏人民出版社, 2007).
107) 景永時, 『西夏語言與繪畫研究論集』(寧夏人民出版社, 2008). [俄] 捷連提耶夫－卡坦斯基 著, 王克孝, 景永時譯, 『西夏書籍業』(寧夏人民出版社, 2000).
108) 孫昌盛, 『西夏文<吉祥遍至口合本續>整理研究』(社會科學文獻出版社, 2015).

역사적 사건을 고증하는 연구에 몰두하고 있으며, 특히 중국 서하학의 원로인 왕정여의 여러 행적과 일화에 관심을 기울이고 있다.[109] 또한, 서하문『통현기(通玄記)』를 집중적으로 연구했다.[110]

서하 문자로 기록된 서하어의 계통 분류 연구에 대해 최초로 접근한 이는 독일계 미국 동양학자 베르톨트 라우퍼(Berthold Laufer, 1874-1934)였다. 그는 알렉세이 이바노프가 제공한 한자 대음 자료를 바탕으로 현대 한어 발음을 간단히 처리하여 1916년에 처음으로 서하어가 한장어계(漢藏語系) 장면어족(藏緬語族)의 이면어지(彝緬語支, Lolo-Burman)에 속한다는 견해를 제시했다.[111]

1980년대 이후, 중국 학자 손홍개(孫宏開)는 횡단산맥 지역의 여러

109) 高山杉,「王靜如的西夏文賀年片」,『東方早報·上海書評』2014年3月2日.「季羨林與王靜如在柏林的幾次談話--讀季羨林留德日記之一」,『南方都市報』2014年11月16日.「<王靜如文集>未收的一篇文章」,『南方都市報』2015年6月28日.「王靜如的征稿表」,『南方都市報』2016年5月8日.「西夏學師徒互撕事件的最后一塊拼圖」,『南方都市報』2016年11月20日.「王靜如佚文<伯希和敎授略傳>」,『南方都市報』2017年3月5日.「石濱純太郎論文旧譯二种--兼說<華北日報·邊疆周刊>上的王靜如佚文」,『澎湃新聞·上海書評』2019年3月30日.「王靜如·傅芸子·儲皖峰」,『南方都市報』2020年5月10日.

110) 高山杉,「<通玄記>西夏文注疏之發現」,『南方都市報』2016年5月22日.「談新獲明版<華嚴法界觀通玄記>殘頁」,『東方早報·上海書評』2016年6月12日.「新發現的<華嚴法界觀通玄記>明版殘頁」,『南方都市報』2016年8月7日.「首次刊布的<通玄記>卷下明版殘頁」,『東方早報·上海書評』2016年12月4日.「發現<華嚴法界觀通玄記>: 我的奇迹之年還在繼續」,『澎湃新聞·上海書評』2017年4月6日.「再續'奇迹之年': 三折明版<通玄記>卷下殘頁」,『澎湃新聞·上海書評』2017年7月15日.「有關<華嚴法界觀通玄記>的幾個新發現」,『中山大學學報(社會科學版)』第2期(2018). 이는 또 中國人民大學이 편찬한『夏印報刊資料·宗敎類』第3期(2018)에도 게재되었다.「與<通玄記>殘頁的偶遇與重逢」,『澎湃新聞·上海書評』2018年8月1日.

111) Laufer Berthold, "The Si-hia language, a study in Indo-Chinese philology". T'oung Pao, 1916 (1), pp.1-126. [美] 勞費爾,『西夏語言印度支那語文學研究』, 聶鴻音, 彭玉蘭譯,『西夏語比較研究』(寧夏人民出版社, 1999), 352-416쪽. [美] 勞費爾,『西夏語言: 印度支那語文學研究』, 聶鴻音, 彭玉蘭譯,『國外早期西夏學論集(一)』(民族出版社, 2005), 180-288쪽.

장면어(藏緬語, 티베트-버마어) 조사 연구를 바탕으로 강어지(羌語支)
의 개념을 제안했다112). 이를 토대로 미국 학자 제임스 앨런 매티소
프(James Alan Matisoff)는 국제 장면어학계가 서하어를 강어지에 속
하는 것으로 보는 학설로 기울기 시작했다고 보았다113).

최근 프랑스 학자 기욤 자크(Guillaume Jacques)와 그의 제자들은
서하어가 서부 가융어지(嘉絨語支, Gyalrongic)에 속한다는 의견을 제
시했다114).

원시 서하어의 재구에 관해서는 일본계 미국 역사언어학자 미야케
히데오(三宅英雄)가 시도한 연구가 있으나115), 서하 문자와의 관련성
이 비교적 멀기 때문에 여기서는 상술하지 않겠다.

---

112) 孫宏開, 『西夏語言研究』(甘肅文化出版社, 2018).

113) Matisoff James A., "'Brightening' and the place of Xixia (Tangut) in the
Qiangic subgroup of Tibeto-Burman". *Studies on Sino-Tibetan languages,
Papers in honor of Professor Hwang-cherng Gong on his seventieth birthday* /
Y.c. Lin, F.m. Hsu, C.c Lee, J. T. S. Sun, H.f. Yang, D.a. Ho (eds.), Taipei:
Institute of Linguistics, "Academia Sinica", 2004, pp.327-352.

114) Lai Yunfan, Gong Xun, Gates Jesse P., Jacques Guillaume, "Tangut as a
West Gyalrongic language". *Folia Linguistica*, Berlin: Walter de Gruyter
GmbH 54 (s41-s1), pp.171-203.

115) Miyake Marc Hideo, "Complexity from Compression, a Sketch of Pre-Tangut"
. In: Irina Fedorovna Popova (ed.), *Tanguts in Central Asia, a collection of
articles marking the 80th anniversary of Prof. E. I. Kychanov* [Тангуты в
Центральной Азии, сборник статей в честь 80-летия проф. Е.
И. Кычанова], Moscow: Oriental Literature, 2012, pp.244-261.

제2절 거란(契丹) 문자, 여진(女眞) 문자

거란 문자와 여진 문자는 10-13세기에 중국 북부와 인접한 내륙 아시아 지역에서 광범위하게 사용된 한자 형식의 공식 민족 문자 체계의 하나이다. 몽골어족의 거란어를 기록한 거란 문자는 금나라 장종(章宗) 명창(明昌) 2년(1191)에 공식적으로 폐지되었다. 그러나 중앙아시아로 물러난 서요(西遼) 왕조(1124-1211)에서는 계속 사용되었으며, 마지막으로 이 문자를 습득했다고 전해지는 인물은 몽골 한정(汗廷)에 들어가 관직에 오른 거란족 야율초재(耶律楚材, 1190-1244)였다.[1]

한편, 통구스어족 여진어를 기록한 여진 문자는 금나라가 멸망한 후에도 동북 지역에서 계속 사용되다가 15세기에 이르러서야 점차 전승이 끊겼다.

---

1) 야율초재(耶律楚材)의 『담연거사문집(湛然居士文集)』(8권), 「취의가(醉義歌)」서문에 다음과 같은 기록이 있다.
"요나라의 사공대사(寺公大師)는 당대의 뛰어난 인물이었습니다. 현명하고 문장력이 뛰어났으며, 특히 시가(歌詩)에 탁월했습니다. 그의 작품의 취지는 고원하여 세속의 언어와는 달랐으며, 소식(蘇軾)과 황정견(黃庭堅)과 겨룰 만했습니다. 그의 「취의가(醉義歌)」는 사공의 절창입니다.
예전에 선친이신 문헌공(文獻公)께서 이를 번역하신 적이 있습니다. 선친께서 일찍 돌아가셔서 제가 그 번역을 볼 수 없음을 한탄합니다. 대조(大朝)의 서정(西征) 때, 서역에서 서요(西遼)의 전 군왕(郡王) 이세창(李世昌)을 만났습니다. 저는 이공(李公)에게 요자(遼字)를 배웠고, 1년 정도 꽤 익숙해졌습니다. 제 미숙한 재주를 돌아보지 않고 이 노래를 번역했으니, 원작의 만분의 일이라도 형용할 수 있기를 바랍니다."

거란 문자는 거란대자(大字: 天旡夽伏*mo doro ən usgi, 小字: 又及岑村丸几*m-o doro-ən us-gi)와 거란소자라는 사용 체계가 매우 다른 두 종류의 문자를 포함하고 있다. 이 두 문자 체계는 사용하는 문자가 거의 중복되지 않으며, 대자와 소자를 서로 혼용할 수 없다. 이 점에서 중국 고문헌의 기록은 현존하는 실제 문자 자료와 정확히 일치한다.

마찬가지로, 역사서에는 여진 문자(贯峑伕 *jušur^sen bithe)도 여진 대자와 여진소자 두 종류로 나뉜다고 기록되어 있다. 그러나 현존하는 실제 문자 자료를 보면 여진대자 문자 체계만 존재하므로, 여진소자는 여진대자를 사용하여 거란소자와 유사한 방식으로 세로로 입체적으로 구성하여 단어를 만든 것에 불과하다.

[그림 5-1] 거란소자의 원자(原字)의 배열 형식과 거란여진소자 예시

거란대자는 요(遼)나라 태조(太祖) 야율아보기(耶律阿保机)의 지시 아래, 대신 야율돌려불(耶律突呂不, ?-942)과 아보기의 조카 야율로불고(耶律魯不古, 생몰년 미상)가 건국 초기인 신책(神冊) 5년(920)에 한자를 참조하여 창제한 것이다. 거란대자는 한자를 직접 차용한 표의 방괴자(方塊字)로, 음을 표기하는 기능이 미숙하여 거란어 단어를 정확히 표기하기 어려웠다.

중국문자학 핸드북

사료에 따르면 대자 체계는 원래 3,000여 개의 문자를 가지고 있었다. 현재까지 발견된 1,500자 분량의 문헌에서 약 1,000여 개의 문자가 확인되었으나[2], 그중 해독이 확실히 이루어진 것은 극히 일부에 불과하다.

거란소자는 아보기의 동생 야율철랄(耶律迭剌, ?-926)이 924년 또는 925년에 위구르 문자(回鶻文)에서 영감을 받아 창제한 것이다. 주로 한자의 편방부수와 유사한 표음 부호[3]를 사용하여 거란어 어휘를 표기했다. 전체적으로 보면 음절 문자에 가까우며, 거란어를 정확히 표기할 수 있었다.

소자 체계에서 각 거란어 단어는 1개에서 7개의 원자로 구성되며, 단어 사이에는 간격이 있다. 문장은 위에서 아래로 쓰고, 오른쪽에서 왼쪽으로 행을 바꾸며, 존경어는 들여쓰기를 하거나 띄어 쓴다[4]. 현재까지 발견된 450여 개의 거란소자 원자 중 약 50%-60%가 식별 가능하다.

요(遼)나라 시기에는 두 종류의 거란 문자 체계가 병행되었지만, 조

---

2) 愛新覺羅·烏拉熙春, 吉本道雅, 『關於從朝鮮半島的視角研究契丹·女眞文字的專著』(京都大學學術出版會, 2011).
3) 현대에는 이를 '원자(原字)'라고 부른다.
4) Róna-Tas András, "Khitan studies I. The graphs of the Khitan Small Script. 2. The vowels". *Acta Orientalia Academiae Scientiarum Hungaricae*, 2017 (2), pp.135-188. WU Yingzhe, András Róna-Tas, "Khitan Studies I. The Glyphs of the Khitan Small Script, 3. The Consonants, 3.1 Labial Stops". *Acta Orientalia Academiae Scientiarum Hungaricae*, 2019 (1), pp.47-79. WU Yingzhe, András Róna-Tas, "Khitan Studies I. The Glyphs of the Khitan Small Script, 3. The Consonants, 3.2. Dental Stops". *Acta Orientalia Academiae Scientiarum Hungaricae*, 2020 (1), pp.67-83. Wu Yingzhe, András Róna-Tas, "Khitan Studies. 1.The graphs of the khitan small script 3. The consonants. 3.3 The oral velar and uvular consonants". *Acta Orientalia Academiae Scientiarum Hungaricae*, 2020 (4), pp.669-683.

서와 같은 공식적이고 실용적인 문서에는 소자와 한자가 사용되었다. 대자는 역사적 가치를 지닌 전적(典籍)이나 묘지명(墓誌銘) 같은 문헌에서만 한자와 함께 사용되었다.

역대 거란 문자 서적들은 거의 모두 소실되었다. 단지 송나라 왕이(王易, 1101-1167)의 『연북록(燕北錄)』과 원말명초의 도종의(陶宗儀, 1329-약1412)의 『서사회요(書史會要)』에 몇 개의 거란 문자 그림이 수록되어 있을 뿐이다. 한편, 서안(西安) 건릉(乾陵)의 「무자비(無字碑)」에 새겨진 거란소자 『대금황제도통경략낭군행기(大金皇弟都統經略郎君行記)』(통상 『낭군행기(郎君行記)』로 약칭)는 오랫동안 여진 문자로 오인되었으며, 심지어 오늘날까지도 이 비석이 거란소자로 기록된 여진어일 가능성이 있다는 의견이 존재한다.5)

20세기에 이르러서야 화북(華北)에서 동북(東北) 지역에 이르는 고고학적 성과가 계속 나타나면서, 두 종류의 거란 문자로 된 묘지명들이 연이어 발굴되어 정확히 판독되고 해독되었다. 이로써 역사서에 기록된 거란대자와 소자가 그 본래의 모습으로 세상에 알려지게 되었다.

현존하는 거란 문자 자료는 수십 건의 석각이 주를 이루며, 이 외에 옥치(玉卮)6), 부패(符牌), 화폐, 제기(題記) 등 비교적 짧은 내용의 자료들이 있다. 총 글자 수는 이미 10만 자를 넘어섰다. 이 중 거란소자로 된 『낭군행기(郎君行記)』는 유일하게 거란어-한어 대역 비문으로, 거란문 해독의 열쇠 역할을 하고 있다.

현존하는 유일한 거란 문자 지필(紙筆) 사본에는 약 1만 5천 개의 대자 문자가 있다. 이 사본은 소련 시대의 중앙아시아 서요(西遼) 고

---

5) 孫伯君, 「契丹小字解讀新探」, 『民族語文』 第5期(2010).

6) Róna-Tas András, A Birthday Present for the Khitan Empress. In: István Zimonyi (ed.), *Ottomans—Crimea—Jochids: Studies in Honour of Mária Ivanics.* Szeged, 2020.

지(故地)에서 발견되었다고 하며, 현재 러시아 과학원 동방문헌(東方文獻) 연구소에 소장되어 있다. 필체가 상당히 흘려 쓰여있어, 현재까지 해독된 내용이 매우 적다. 이미 해독된 단편들로 미루어 볼 때, 이 사본은 황실의 일상을 기록한 사적(史籍) 성격의 문헌으로 추정된다.[7]

여진 문자는 처음에 금(金)나라 태조 완안아골타(完顏阿骨打)가 거란 문자와 한자를 익힌 신하인 완안희윤(完顏希尹, ?-1140)과 섭로(葉魯, 생몰년 미상)에게 명령하여 거란대자와 한자를 기초로 하여 시험적으로 제작하게 한 것으로, 천보(天輔) 3년(1119)에 반포되었다. 이것이 후세에 말하는 여진대자이다.

20년 후, 금나라 희종(熙宗) 완안단(完顏亶)의 천권(天眷) 원년(1138)에는 거란 문자를 참조하여 또 다른 여진 문자를 창제하여 반포했는데, 이것이 후세에 여진소자라 불리는 것이다. 이는 금나라 희종 황통(皇統) 5년(1145)에 이르러서야 처음 사용되기 시작했다.

금나라 세종(世宗) 완안옹(完顏雍)의 대정(大定) 13년(1173)에는 여진 진사책(女眞進士策), 시회시(詩會試) 제도를 수립하고, 아울러 여진 국자학(國子學)과 여러 지방의 부학(府學)을 설립했다. 금나라 애종(哀宗) 시기에는 여진소자가 고려에 전해졌다. 남송의 주밀(周密, 1232-1298/1308)이 저술한 『계신잡식(癸辛雜識)』에도 여진 문자에 대한 기록이 있다.

중원에서 금나라가 멸망한 후, 동북지역에 남아있던 여진 부족들의 상층부만이 여진 문자에 능통했다. 그들은 후에 명나라 정부와 교류할 때 여진 문자로 표문(表文: 황제에게 올리는 공식 문서)을 작성

---

7) Зайцев, В. П., «Рукописная книга большого киданьского письма из коллекции Института восточных рукописей РАН». *Письмены е памятники Востока*, 2011 (2).

하여 답했고, 명나라 조정은 사이관(四夷館)과 후에 이를 계승한 회동관(會同館)을 설치하여 번역가들을 초빙해 여진 문자를 전문적으로 익히게 하여 통역의 수요에 대비했다. 현재 명나라 성조(成祖) 영락(永樂) 연간에 사이관에서 편찬한 여러 종류의 『화이역어(華夷譯語)』가 남아있는데, 그 중 여진관의 『여진역어(女眞譯語)』에는 잡자(雜字: 분류별 단어 목록)와 내문(來文: 여진인들로부터 받은 문서)이 포함되어 있어 당시 번역 업무에 필요한 자료이자, 후세 여진 문자 연구의 가장 중요한 참고 자료가 되었다.[8] 이후 명대의 중·후기에 회동관에서 편찬한 『여직역어(女直譯語)』는 여진 문자가 수록되지 않았으나, 오늘날에도 여진 어문 연구에 보조 자료로 활용될 수 있다.[9]

현존하는 여진문 석각은 총 12건으로, 이 중 11건은 금(金)나라 시대의 것이다. 1185년 금나라 세종이 현재의 부여시(扶余市)에 있는, 태조가 당년에 군대를 일으켜 요나라에 반기를 든 곳에 세운 「대금득승타송비(大金得勝陀頌碑)」는 여진 민족 국가의 이미지를 선포하는 증거이다. 나머지 1건은 명나라 시대의 것으로, 1413년 흑룡강 하류의 현재 러시아 트이르(Тыр) 부근에 세워진 「영녕사비(永寧寺碑)」이다. 이 비석은 금나라 멸망 이후 현존하는 유일한 한자, 몽골 문자, 여진 문자로 써진 비문이다.[10]

---

8) Grube Wilhelm, *Die Sprache und Schrift der Jučen*. Leipzig, Otto Harrassowitz, 1896. Kiyose, Gisaburō Norikura, *A study of the Jurchen language and script*, Reconstruction and decipherment. Kyoto, Hōritsubunka-sha, 1977. 道爾吉, 和希格, 『女眞譯語研究』(內蒙古大學學報編輯委員會, 1983).

9) Kane Daniel, *The Sino-Jurchen vocabulary of the Bureau of Interpreters*. Bloomington: Indiana University Press, 1989. Jacques Guillaume, "Review of Kane 2009, the Khitan Language and Script". *Diachronica*, 2010 (1). 賈敬顔, 朱風, 『女眞譯語·蒙古譯語匯編』(天津古籍出版社, 1990).

10) Ligeti Louis, "Les Inscriptions Djurtchen de Tyr, La Formule oṃ Maṇi Dapme hūṃ". *Acta Orientalia Academiae Scientiarum Hungaricae*, 1961 (1). 鐘民岩, 「

여진 문자의 창제에 관한 연구는 주로 한자 문화권의 중국과 일본 학자들 사이에서 학술적 논쟁이 전개되었다.[11] 여진 문자 철자법의 분석은 헝가리 학자들이 선구적으로 시작했다.[12]

현존하는 여진 문자의 총 글자 수에 관해서는, 19세기 말 독일의 한학자 빌헬름 그루베(Wilhelm Grube, 1855-1908)가 『여진역어(女眞譯語)』를 연구하면서 698자로 집계했다.[13] 김계종(金啓琮, 1918-2004)은 『여진문자전(女眞文字典)』을 편찬하면서 859자로 계산했으며[14], 이체자를 포함하면 1,376자에 이른다고 했다.[15] 일본 국적의 만주족 학자 아이신교로 우라시춘(愛新覺羅·烏拉熙春)은 『여진 문자서(女眞文字書)』에서 남은 몇 페이지의 내용을 연구하면서, 이 문헌에 반영된 식별 가능한 자형은 중복과 오자를 제외하고 총 1,196자이며, 이 중 다른 문헌에서 볼 수 없는 여진 문자가 584자이므로, 현존하는 여진 문자의 총수는 1,443자에 달한다고 했다.[16]

현재 확실하게 여진소자로 확인된 자료는 단 두 개의 부패(符牌)뿐이다.[17] 하나는 1972년 하북(河北)성 승덕(承德)에서 발견된 금은주마

　　　歷史的見証—明代奴儿干永寧寺碑文考釋」, 『歷史硏究』 第1期(1974). 鐘民岩, 那森柏, 金啓琮, 「明代奴儿干永寧寺碑記校釋—以歷史的鐵証揭穿蘇修的謊言」, 『考古學報』 第2期(1975). 鐘民岩, 那森柏, 金啓琮, 「明代奴爾干永寧寺碑記校釋—以歷史的鐵証揭穿蘇修的謊言」, 『中央民族學院學報』 第1期(1976).

11) [日] 山路廣明, 『女眞字制字硏究』(東京外國語大學亞非語言文化硏究所, 1958). 金光平, 金啓琮, 「女眞字制字方法論—兼與日本山路廣明氏商榷」, 『內蒙古大學學報(哲學社會科學漢文版)』 第4期(1980). 蔡美彪, 「女眞字构制初探」, 『內蒙古大學學報(哲學社會科學版)』 第4期(1984).

12) Ligeti Louis, "Note préliminaire sur le déchiffrementdes»petits caractères« jourtchen". Acta Orientalia Academiae Scientiarum Hungaricae, 1953 (3).

13) Grube Wilhelm, Die Sprache und Schrift der Jučen. Leipzig: Otto Harrassowitz, 1896.

14) 金光平, 金啓琮, 『女眞語言文字硏究』(文物出版社, 1980).

15) 金啓琮, 『女眞文辭典』(文物出版社, 1984).

16) 烏拉熙春, 「西安碑林女眞文字書新考」, 『碑林集刊』 第5輯(陝西人民美術出版社, 1997), 230-241쪽.

패(金銀走馬牌)이고, 다른 하나는 1976년 소련 연해주 지역에서 발견된 '국신(國信)' 은패(銀牌)이다.

대자 문자를 거란소자의 원자(原字) 조합 규칙에 따라 본다면, 명나라 왕세정(王世貞, 1526-1590)의 『엄주산인사부고(弇州山人四部稿)』와 방우로(方于魯, 생몰년 미상)의 『방씨묵보(方氏墨譜)』에 기록된 8개의 중첩된 형태의 여진자가 있다[18].

거란 문자의 해독은 사실 거란 문자와 여진 문자의 구별에서 시작되었다. 청(淸)나라 선종(宣宗)인 아이신교로 민닝(愛新覺羅·旻寧)의 도광(道光) 9년(1829)에 청나라 학자 유사륙(劉師陸)이 『여직자비고(女直字碑考)』와 『여직자비속고(女直字碑續考)』를 저술하며 연구를 시작했다. 그러나 그는 섬서성 서안 비림(碑林)의 「무자비(無字碑)」에 있는 『낭군행기(郎君行記)』의 거란 문자와 하남성 개봉에 있는 『연대여진국서비(宴臺女眞國書碑)』(즉 『여진진사제명비(女眞進士題名碑)』)의 여진 문자를 각각 여진 대·소자로 잘못 인식했다. 이로 인한 잘못된 정보가 오늘날까지도 완전히 사라지지 않고 있다.

1950-1960년대에 여러 거란 대·소자 비석들이 출토되고 발표되면서, 아이신교로 항후(愛新覺羅·恆煦, 1899-1966)[19] 등이 현존하는 여진 문자의 대부분이 대자라는 것을 비교적 확실하게 밝혀냈다.[20]

내몽골대학과 중국사회과학원 민족학 및 인류학 연구소가 구성한

---

17) 愛新覺羅·烏拉熙春, 「女眞小字金牌, 銀牌, 木牌考」, 『愛新覺羅·烏拉熙春女眞契丹學硏究』(松香堂書店, 2009).

18) [日] 石田干之助, 「女眞語雜俎」, 『女眞譯語, 蒙古譯語匯編』(天津古籍出版社, 1990), 422-433쪽.

19) 한문명은 김광평(金光平)이다.

20) 金光平, 「從契丹大小字到女眞大小字」, 『內蒙古大學學報(哲學社會科學)』第2期 (1962). 道爾吉, 「關於女眞大小字問題」, 『內蒙古大學學報(哲學社會科學)』第4期 (1980). 和希格, 「契丹大小字與傳世的女眞文字」, 『內蒙古大學學報(哲學社會科學)』第3期(1984).

연구팀은 공동 연구를 통해, 유일하게 거란 문자-한자 대조 자료인『낭군행기(郎君行記)』의 음역 부분을 돌파구로 삼아, 이미 발견된 다른 소자 비명의 관련 내용과 연계하여 100여 개의 거란소자의 음가를 성공적으로 해독했다.21) 이 협력 이후, 연구팀 구성원들은 각자 독립적으로 연구를 진행하며 거란문 해독과 후학을 양성하는 부분에서 각자의 성과를 이루었다.

내몽골대학에서 오랫동안 교편을 잡고 부총장을 역임한 거란소자 연구자는 칭거르타이(淸格爾泰, 1924-2013)22)이다. 그의 거란문 연구에 가장 주요한 제자는 오영철(吳英喆)23)이다. 칭거르타이가 죽고 나서, 오영철은 내몽골대학 몽골학 단과대학에서 거란문을 계속해서 연구하는 임무를 맡게 되었다.24) 또한, 그의 제자인 길여하(吉如何)는 소자 연구에서 대자 연구로 범위를 확장하기 시작했다25).

중국사회과학원 민족학 및 인류학 연구소에 오랫동안 재직한 거란 어문 연구자로는 유봉저(劉鳳翥)와 우보림(于寶林26), 1942-2013)27)이 있으며, 특히 전자의 공헌이 두드러진다. 유봉저는 거란 대·소자 비문

---

21) 中國社會科學院民族研究所, 內蒙古大學蒙古語文研究室契丹文字研究小組, 「關於契丹小字研究」, 『內蒙古大學學報(哲學社會科學)』第四期(1977). 淸格爾泰, 劉鳳翥, 陳乃雄, 于寶林, 邢夏礼, 『契丹小字研究』(中國社會科學出版社, 1985).
22) 한문명은 조국화(趙國華)이다.
23) 淸格爾泰, 『契丹小字釋讀問題』, 吳英喆協助(東京外國語大學亞非文化研究所, 2002). 淸格爾泰, 吳英喆, 吉如何, 『契丹小字再研究』(三卷本)(內蒙古大學出版社, 2017).
24) 吳英喆, 『契丹語靜詞語法范疇研究』(內蒙古大學出版社, 2007). Wu Yingzhe, Juha Janhunen, *New Materials on the Khitan Small Script, A Critical Edition of Xiao Dilu & Yelü Xiangwen*. Folkestone, Global Oriental, 2010. 吳英喆, 『契丹小字新發見資料釋讀』(日本東京外國語大學アジア·アフリカ言語文化研究所, 2012).
25) 吉如何, 「契丹大小字同形字比較研究」, 『北方文化研究』第2期(2013). 「契丹大字字形整理與規范」, 『契丹學論集』(第一輯)(內蒙古人民出版社, 2015), 170-182쪽.
26) 우보린(于寶麟)으로도 표기하기도 한다.
27) 于寶林, 『契丹古代史論稿』(黃山書社, 1998).

의 해독 연구에 시종일관 전념했을 뿐만 아니라[28], 북경대학 중국고대사연구센터의 요나라와 금나라 역사를 전공한 유포강(劉浦江, 1961-2015)[29]과 함께 현재 중국사회과학원 역사연구소에 재직 중인 강붕(康鵬)[30], 진효위(陳曉偉)[31], 장소산(張少珊)[32] 등 젊은 학자들을 양성했다. 또한, 그의 연구 결론을 주로 참고하여 영어로 저술한 호주 주중 북경대사관 문화참사이자 호주 시드니 맥쿼리대학 한학 교수인 다니엘 케인[33](Daniel Kane, 1948-2021)[34]도 그들이 지도했다.

2017년 요녕(遼寧)성 박물관이 편찬한 역사고고문집(歷史考古文集)은 유봉저의 80세 생신을 기념한 것으로, 현대 중국학계의 주요 거란문자 연구자들의 정선된 작품들을 수록하고 있다.[35]

거란 문자 연구팀 외에 특별히 언급할 만한 인물로는 요녕 사회과학원 역사연구소에 오랫동안 재직한 즉실(即實)[36]이 있다. 그 또한 거

---

28) 劉鳳翥, 『契丹文字研究類編』(中華書局, 2014).

29) 劉浦江, 康鵬, 「契丹名, 字初釋―文化人類學視野下的父子連名制」, 『文史』 第3輯 (2005). 『契丹小字詞匯索引』(中華書局, 2014).

30) 康鵬, 「<遼史·國語解> "嗢娘改"條辨正」, 『中國史研究』 第3期(2013). 「<馬衛集書>中的契丹語詞"Sh.rghūr(漢人)"」, 『西域研究』 第3期(2016). 「契丹小字"地皇后"考」, 『西北師大學報(社會科學版)』 第5期(2016). 「馬衛集書中的契丹"都城"―兼談遼代東西交通路線」, 『民族研究』 第2期(2017).

31) 陳曉偉, 「釋<遼史>中的"大漢"一名―兼論契丹小字原字的音值問題」, 『民族研究』 第2期(2012). 「釋'答蘭不剌'」, 『歷史研究』 第1期(2015). 「遼朝橫帳新論」, 『史學月刊』 第2期(2022).

32) 張少珊, 「近80年來契丹大字研究綜述」, 『赤峰學院學報(漢文哲學社會科學版)』 第12期(2014). 「遼代耶律李胡與和魯斡的封號」, 『民族研究』 第2期(2016). 「潛龍師對解讀契丹文字遼代國號的學術貢獻」, 『遼金歷史與考古』第7輯(遼寧教育出版社, 2017), 39-44쪽. 「關於幾個契丹大字的擬音」, 『北方文物』 第3期(2018).

33) 초기 한문명은 강덕량(康德良)이었다.

34) Kane D., *The Kitan Language and Script*. Brill, 2008.

35) 遼寧省博物館, 遼寧省遼金契丹女眞史研究會, 「遼金歷史與考古」, 『劉鳳翥先生八秩華誕頌壽論文集』 第7輯(遼寧教育出版社, 2017).

36) 본명은 바투(巴圖)이다.

란소자 해독과 연구에 적극적으로 참여하고 있다.[37]

　해독 난이도가 더 높은 거란대자를 전문적으로 연구하는 학자는 극소수이다. 연구 성과를 비교적 집중적으로 발표한 학자로는 염만장(閻萬章, 1922-1996)[38]과 일본 은행에서 퇴직한 후 이 분야에 전념한 아마추어 학자 토요다 고로(豊田五郎, 1918-2011)[39]가 있다.

　적봉(赤峰) 전문대학의 ‘거란과 요나라 문화연구원(契丹遼文化研究院)’이 주편하는 『거란학연구(契丹學硏究)』학술지[40]는 내몽골 적봉 지역이 요나라의 황릉(皇陵)이 집중된 지역이자 거란 문자의 현대적 발견지로서 거란과 요나라 문화 연구를 중시하고 있음을 반영하고 있다.

　일본 학계에서 최근 두각을 나타내는 젊은 세대 학자들 중에서 고베(神戸) 외국어대학에 재직 중인 다케우치 야스노리(武內康則)[41]와 교토(京都) 대학에 재직 중인 오오타케 마사미(大竹昌巳)[42]가 모두 거

37) 卽實, 『謎林問徑─契丹小字解讀新程』(遼寧民族出版社, 1996). 『謎田耕耘─契丹小字解讀續』(遼寧民族出版社, 2012).

38) 遼寧省博物館, 『閻萬章文集』(遼海出版社, 2009).

39) [日] 荒川愼太郎, 「日本的契丹文字, 契丹語硏究─從豊田五郎先生和西田龍雄先生的業績談起」, 『華西語文學刊』第八輯(四川文藝出版社, 2013), 44-48쪽.

40) 任愛君, 『契丹學論集』第1輯(內蒙古人民出版社, 2015). 『契丹學硏究』第1輯(商務印書館, 2019).

41) Takeuchi Yasunori, "Kitan transcriptions of Chinese velar initials". *Acta Orientalia*, 2011 (1). [日] 武內康則, 「契丹語和中古蒙古語文獻中的漢語喉牙音聲母」, 聶鴻音譯, 『滿語硏究』第2期(2013). [日] 武內康則, 「拓跋語與契丹語詞匯拾零」, 申英姬譯, 『華西語文學刊』第8輯(四川文藝出版社, 2013), 73-76쪽.
Takeuchi Yasunori, "Direction Terms in Khitan". *Acta Linguistica Petropolitana*, 2015 (3). 武內康則, 「<遼史>中的音寫漢字所反映的契丹語的語音與音韻」, 『內陸亞洲語言硏究』2015 (30). 武內康則, 「契丹語的複數後綴」, 『言語硏究』2016 (149). 武內康則, 「契丹語數詞」, 『亞非語言文化硏究』2017(93).

42) [日] 大竹昌巳, 「契丹語的元音長度─兼論契丹小字的拼寫規則」, 『華西語文學刊』第8輯(四川文藝出版社, 2013), 86-96쪽. 「文字體系與文字解讀原理」, *KOTONOHA*, 2013 (131). 「契丹小字文獻中的漢語音·漢語喉音韻尾」, *KOTONOHA*, 2014 (137). 「關於契丹語的兄弟姊妹稱謂系統」, *KOTONOHA*, 2014 (142). 「契丹語的奉仕表現」, *KOTONOHA*, 2015 (149). 「契丹小字文獻所引的漢文古典籍

란어문을 전공하며 이미 상당한 성과를 거두었다.

또한, 일본에서 박사학위를 받고 현재 상해교통대학에 재직 중인 이사제(李思齊)[43]와 중국과학기술대학을 졸업하고 컴퓨터 회사에 재직 중인 아마추어 학자 도금(陶金)[44]은 거란 문자의 아마추어 연구자 중 뛰어난 인재라고 할 수 있다.

한편, 한자 문화권 내에서 아직 거란 문자 연구에 관해 전문적인 학자가 나타나지 않은 한국에서 최근 거란소자 사전이 출간되었다.[45] 이것이 한국 학계의 거란 문자 연구를 위한 초석이 되기를 희망한다.

거란과 여진의 언어자료를 이용하여 요나라와 금나라 시대의 관련 언어와 방언의 음운 연구를 수행하고, 이를 바탕으로 심도 있게 고증한 연구자들은 다음과 같다.

먼저, 중국사회과학원 민족연구소에 재직했던 섭홍음(聶鴻音)과 손백군(孫伯君)이 순수하게 한적(漢籍)에 기록된 거란어 어휘를 바탕으로 철저한 연구를 진행했다.[46]

」, *KOTONOHA*, 2015 (152). 「契丹小字文獻元音長度區分」, 『語言研究』2015 (148). 「契丹語形容詞的性, 數標示體系」, 『京都大學語言學研究』2016 (35). 「契丹小字文獻中的<世選之家>」, *KOTONOHA*, 2016 (159). 「契丹小字文獻中的「元音中的g」」, 『日本蒙古學會紀要』2016 (46). 「契丹小字文獻所引的漢人典故」, *KOTONOHA*, 2016 (160). 「契丹小字<耶律斡特剌墓誌銘>所見皇帝號非天祚皇帝」, *KOTONOHA*, 2016 (161). Ōtake Masami, "Reconstructing the Khitan vowel system and vowel spelling rule through the Khitan Small Script". *Acta Orientalia Academiae Scientiarum Hungaricae*, 2017 (2).

43) 李思齊, 「遼慶陵東陵人物壁畫契丹小字墨書的夏原與考釋─兼論東陵聖宗陵說」, 『北方文物』第3期(2021).

44) 陶金, 「遼聖宗時代契丹大字官印考証」, 『華西語文學刊』第10輯(四川文藝出版社, 2014), 142-159쪽. 『遼金歷史與考古』第5輯(遼寧教育出版社, 2014), 348-361쪽. 「契丹大字與漢字, 女眞文比較研究─契丹大小字關係略談」, 『比較文字學研究』第1輯(人民出版社, 2015), 150-176쪽. 「契丹文字創制的新思考」, 『華西語文學刊』第13輯(四川文藝出版社, 2016), 231-249쪽.

45) 金渭顯, 金泰京主編, 『거란소자사전(契丹小字辭典)』(조선뉴스프레스, 2019).

이후 거란 문자 자료를 추가로 분석에 활용한 연구자로는 미국 매사추세츠대학에 재직 중인 심중위(沈鍾偉)[47]와 북경대학을 졸업하고 현재 하북(河北) 대학에 재직 중인 부림(傅林)[48]이 있다.

금나라에서 공식적인 지위가 두드러졌고, 비교적 긴 분량의 여진 문자와 한자를 대조하여 기록한 「대금득승타송비(大金得勝陀頌碑)」는 학계에서 오랫동안 큰 주목을 받아왔다. 공개된 연구 성과만을 보면, 먼저 일본 학자 다무라 지쓰조(田村實造)가 세 차례에 걸쳐 고증과 해석을 했고[49] 이어서 교감본(校勘本)을 출간했다.[50] 중국 학자 김계종(金啓孮)의 제자 중에서 여진문을 연구하는 치무더다오얼지(齊木德道爾吉)와 화희격(和希格)이 함께 비문 전체의 내용에 대해 해석했고[51], 다시 김계종의 딸인 우라시춘(烏拉熙春)이 최신 연구 성과를 바탕으로 전면적인 해독을 해내었다.[52] 이러한 연구들은 모두 원문을 정리한

46) 聶鴻音, 「＜金史＞女眞譯名的音韻學研究」, 『滿語研究』 第2期(1998). 孫伯君, 『金代女眞語』(遼寧民族出版社, 2004)(中國社會科學出版社, 2016). 聶鴻音·孫伯君, 『契丹語研究』(中國社會科學出版社, 2008).

47) 沈鐘偉, 「遼代北方漢語方言的語音特征」, 『中國語文』 第6期(2006). 「契丹韻文初探」, 『民族語文』 第3期(2009). 「契丹小字漢語音譯中的一个聲調現象」, 『民族語文』 第1期(2012).

48) 傅林, 「論契丹小字與回鶻文的關系及其文字改革」, 『華西語文學刊』第8輯(四川文藝出版社, 2013), 56-67쪽. 「從契丹文墓志看遼代漢語 "儿"字的音值」, 『保定學院學報』 第1期(2016). 『契丹語和遼代漢語及其接觸研究』(商務印書館, 2019). 「遼太宗契丹名"堯骨"的語義解讀」, 『文史』(第2期)(中華書局, 2021), 281-288쪽.

49) [日] 田村實造, 「大金得勝陀頌碑の研究」(上·下), 『東洋史研究』 第5·6期(1937). 「大金得勝陀頌碑中女眞文的解釋」, 『東洋史研究』 第3期(1976). 「大金得勝陀頌碑之研究」, 『民族史譯文集』(八)(內部版, 1978). 王仁富, 「大金得勝陀頌碑文整理三得─兼對田村實造等有關文著的訂正」, 『黑龍江文物叢刊』 第1期(1984).

50) 劉鳳翥, 于寶林, 「女眞文字＜大金得勝陀頌＞校勘記」, 『民族語文論集』(中國社會科學出版社, 1981), 292-344쪽.

51) 道爾吉, 和希格, 「女眞文＜大金得勝陀頌＞碑校勘釋讀」, 『內蒙古大學學報(哲學社會科學版)』 第4期(1984).

52) 愛新覺羅·烏拉熙春, 「＜大金得勝陀頌碑＞新釋─紀念金光平先生誕辰100周年」, 『女眞語言文字新研究』(明善堂, 2002).

측면에서 추가 연구의 기반을 마련했다.

이에 비해 최근 수십 년간 새로 발견된 여진문 비명(碑銘)은 손에 꼽을 정도이다.

1960년대 전후 산동(山東)성 봉래성(蓬萊城)의 우덕관(佑德觀)에서 발견되어 후에 봉래각(蓬萊閣) 천후궁(天后宮)으로 옮겨졌고, 현재 중국국가박물관에 소장된 「오둔량필시비(奧屯良弼詩碑)」는 높이 60cm, 너비 70cm이다. 정면에는 여진 문자가 새겨져 있으며, 상하 양 끝에 각각 1행씩 총 27자의 해서체로 시의 작자와 비석을 세운 사람을 명시하고 있다. 본문은 행서체로 11행에 걸쳐 100여 자가 새겨져 있는데, 이는 오둔량필(奧屯良弼)이 지은 증정시이다.[53]

외몽골의 「구봉석벽기공비(九峰石壁紀功碑)」[54]도 있다.

섬서(陝西)성 신목(神木)현 화석애(花石崖) 여진문 제각(題刻)의 좌측 부분은 너비 137cm, 높이 55cm로, 원래 약 30행이었으나 현재 25행이 남아있으며, 각 행에는 약 19자가 있다. 현재 좌측 하단부는 모두 훼손되어, 상단부와 앞쪽 4행만이 비교적 온전하게 남아있어 약 210자가 존재한다.[55]

최근 섬서(陝西)성 비림(碑林)의 효경대(孝經臺)에서 발견된 「여진자문서(女眞字文書)」 금나라 사람의 필사 잔편은 감정 결과, 여진 문자 창제 시기와 가까운 시기의 초학자 문자 연습 초고로 판명되었다.[56]

53) 羅福頤, 金啓孮, 賈敬顔, 黃振華, 「女眞字奧屯良弼詩刻石初釋」, 『民族語文』 第2期(1982). 景愛, 「奧屯舜卿女眞字詩刻新解」, 『中國民族古文字與文獻硏究論文集』(中央民族大學出版社, 2010).
54) 穆鴻利, 孫伯君, 「蒙古國女眞文·漢文＜九峰石壁紀功碑＞初釋」, 『世界民族』 第4期(2004).
55) 愛新覺羅·烏拉熙春, [日] 吉本道雅, 『俄羅斯阿爾哈拉河畔的女眞大字墨書』(朋友書店, 2017). 孫伯君, 「神木縣花石崖女眞文題刻考釋」, 『中央民族大學學報(哲學社會科學版)』 第6期(2018).
56) 金啓孮, 「陝西碑林發現的女眞字文書」, 『內蒙古大學學報(哲學社會科學版)』 第Z1

중국문자학 핸드북

이는 사적(史籍)에는 기록되어 있으나 이미 유실된 「여진문자서(女眞文字書)」의 내용과 대응시킬 수 있다.57)

한편, 러시아 상트페테르부르크에 소장된 여진 문자 단편은 1960-1990년대에 러시아의 서하학자 키차노프(1932-2013)가 러시아에서 소장하고 있는 흑수성 문헌을 정리하는 과정에서 발견한 필사본이다.58) 그 내용은 대조할 수 있는 다른 자료가 없어 확실하게 판단하기 어려운 상태이다.

이러한 자료들을 바탕으로 여진어의 형태와 구성방식에 대한 전면적이고 체계적인 연구가 이루어졌다. 이 분야의 집대성자로는 일본 학자 야스마 요이치로(安馬彌一郎)59)와 중국 학자 김광평(金光平) 및 그의 아들 김계종(金啓孮)의 공동 연구를 들 수 있다.60)

김광평의 손녀이자 김계종의 딸인 아이신교로 우라시춘(愛新覺羅烏拉熙春)은 일본 리쓰메이칸(立命館) 아시아태평양대학에 재직 중이며, 교토대학 유라시아문화연구센터 연구원을 겸임하고 있다. 그녀는 거란문 연구61), 여진문 연구62) 및 거란-여진 종합 연구63) 분야에서 뛰

期(1979).

57) 烏拉熙春, 「西安碑林女眞文字書新考」, 『碑林集刊』 第5輯(陜西人民美術出版社, 1998), 230-241쪽. 「<女眞文字書>的夏原」, 『碑林集刊』 第7輯(陜西人民美術出版社, 2001), 186-206쪽. 『女眞文字書硏究』(風雅社, 2001). 「<女眞文字書>的體例及其與<女眞譯語>之關系」, 『碑林集刊』 第8輯(陜西人民美術出版社, 2002), 145-167쪽.

58) 孫伯君, 「聖彼得堡藏女眞文草書殘叶匯考」, 『北方文物』 第3期(2008).

59) 安馬彌一郎, 『女眞文金石志稿』(碧文堂, 1943).

60) 金光平, 金啓孮, 『女眞語言文字硏究』(文物出版社, 1980).

61) 愛新覺羅·烏拉熙春, 『契丹語言文字硏究』(日本東亞歷史文化硏究會, 2004). 『契丹大字硏究』(日本東亞歷史文化硏究會, 2005). 『契丹文墓誌見た遼史』(松香堂, 2006). 『契丹語諸形態硏究』(日本東亞歷史文化硏究會, 2011).

62) 愛新覺羅·烏拉熙春, 『女眞文字書硏究』(風雅社, 2001). 『女眞語言文字新硏究』(明善堂, 2002). 『明代女眞人: 從「女眞譯語」到「永寧寺記碑」』(京都大學學術出版會, 2009). 愛新覺羅·烏拉熙春, 吉本道雅, 『俄羅斯阿爾哈拉河畔的女眞大字墨書』(朋友書店, 2017).

63) 愛新覺羅·烏拉熙春, 『遼金史與契丹, 女眞文』(日本東亞歷史文化硏究會, 2004). 『

어난 성과를 거두었다. 어릴 때부터 가문에 전해 내려오는 만주어와 몽골어에 정통했던 그녀는 거란어와 여진어를 기록한 문자와 밀접한 언어 감각을 타고났다. 이러한 배경으로 인해 그녀의 거란문과 여진 문 자료 해독 성과는 이미 선배 학자들을 뛰어넘고 동시대의 다른 학 자들보다 훨씬 앞서 있다. 그녀는 지금까지 알려진 거란문과 여진문 자료를 거의 모두 연구했으며, 많은 독창적인 견해를 도출해냈다. 특 히 모계 혈통인 여진문 분야에서는 모든 자료를 재연구하여, 여진어 문 연구의 최고 수준을 대표하고 있다.

서남교통대학과 상해외국어대학에 차례로 재직한 당균(唐均)도 오 랫동안 거란 및 여진 문자 연구를 병행해왔다. 그의 연구는 실크로드 와 광의의 알타이학(the Greater Altaic studies) 관점에서 거란 및 여 진 문자로 기록된 언어자료를 조명하는 것이 특징이다. 특히 거란문 의 십이지(十二支) 연구에 가장 집중적이고 상세한 성과를 냈다.[64]

최근에 발굴된 무주(武周) 시대 토곡혼(吐谷渾) 희왕(喜王) 모용지(慕 容智)의 묘에서 유일한 한자식 토곡혼 문자가 발견되었다.[65] 이는 몇 년 전 몽골국 불간 도(布爾干, Bulgan) 흐이스 톨고이(Hüis Tolgoi)에서 발견된 7세기 유연(柔然) 반야바라밀 석비의 문자와는 또 다른 종류의 선비 문자(鮮卑文)이다. 이 문자가 거란-여진계 한자형 북방 민족 문자 의 시초인 거란대자의 직접적인 기원일 가능성이 상당히 높다.

愛新覺羅·烏拉熙春女眞契丹學硏究』(松香堂書店, 2009). 愛新覺羅·烏拉熙春, 吉本 道雅, 『關於從韓半島的視角硏究契丹·女眞文字的專著』(京都大學學術出版會, 2011).

64) 唐均, 『胡天漢月方諸―阿爾泰學論稿初編』(甘肅文化出版社, 2022).

65) 劉兵兵, 陳國科, 沙琛喬, 「唐<慕容智墓志>考釋」, 『考古與文物』 第2期(2021).

제3절 소그드 문자(粟特文), 위구르 문자(回鶻文), 몽골 문자(蒙古文), 만주 문자(滿文)

1. 정의 및 발전사

소그드 문자, 위구르 문자, 몽골 문자와 만주 문자는 모두 중국의 소그드-위구르계 민족 문자에 속한다.[1]

소그드 문자는 중앙아시아의 고대 상인 민족인 소그드인들이 그들의 모국어인 소그드어를 기록하기 위해 사용한 문자이다. 한문으로 쓴 서적에서는 소그드인들을 '소무구성(昭武九姓)' 또는 '구성호(九姓胡)'라고도 불렀다. 그들의 원래 거주지인 소그디아나(Sogdiana)는 중앙아시아의 아무다리야강[2]과 시르다리야강[3] 사이의 트란속시아나(Transoxiana) 지역[4]에 위치했다. 소그드어는 중세 이란어의 일종으로, 인도유럽어족 인도이란어파 이란어지 동이란어 하위지파에 속한다.

3세기부터 9세기까지 소그드인들은 육상 실크로드 무역을 장악했고, 상업적 이익과 기타 요인의 영향으로 실크로드를 따라 동쪽으로

---

* 본고의 작성에는 광주(廣州)중의(中醫) 대학 외국어 단과대학의 요특예(廖特睿), 정가기(程嘉琪), 임단뢰(林丹蕾), 이민(李敏), 살기일나(薩琪日娜) 등 학생들의 도움이 있었습니다. 이 자리를 빌려 감사의 마음을 전합니다.

1) 李琴, 『粟特回鶻系文字發展史略』(中央民族大學碩士論文, 2016).
2) 한문으로 쓴 서적에서는 규수(嬀水) 또는 오호수(烏滸水)라고 불렀다.
3) 한문으로 쓴 서적에서는 약살수(藥殺水)라고 불렀다.
4) 현재 우즈베키스탄, 타지키스탄, 카자흐스탄, 키르기스스탄에 속한다.

이주하여 많은 이들이 중국에 정착했다. 그들의 언어와 문자도 함께 전파되어 중국 북방의 여러 민족에게 영향을 미쳤다. 예컨대, 돌궐(突厥, 튀르크)과 위구르 칸국(回鶻汗國)에서도 공식적으로 소그드어와 소그드 문자를 사용했다.

소그드어가 여러 문자로 기록되었기 때문에, 소그드 문자는 협의와 광의로 구분된다. 협의의 소그드 문자(Sogdian script)는 소그드어로 된 실용문서와 종교 경전5)을 기록하는 데 사용된 특정 문자만을 지칭한다. 이는 소그드어 마니교 경전에만 사용된 마니 문자(Manichean script), 경교 문헌에 사용된 시리아 문자(Syriac script), 그리고 소수의 의학 또는 불교 문헌에 사용된 브라흐미 문자(Brāhmī script) 6)등과는 구별된다.

반면, 광의의 소그드 문자(Sogdian writing systems)는 소그드어를 기록하는 데 사용된 모든 문자를 포괄적으로 지칭한다. 이들은 일반적으로 광의의 소그드 문자의 '체(體)'로 불리며, 불경체, 마니체, 시리아체 등이 있다.7)

본고는 국제 학계의 관례를 따라 '소그드 문자'라는 용어를 협의로만 사용하며, 소그드어를 기록하는 데 사용된 마니 문자, 시리아 문자, 브라흐미 문자는 논의 범위에 포함시키지 않는다. 또한, 협의의 소그드 문자는 주로 소그드어를 기록하는 데 사용되었지만, 중세 페르시아어8)와 파르티아어9)를 기록하는 데도 사용되었다는 점을 언급

---

5) 주로 불경이지만 마니교와 경교 경전도 포함된다.
6) 黃振華, 「粟特文」, 『中國民族古文字』(中國民族古文字研究會, 1982), 178-191쪽.
   Yoshida Yutaka, "Sogdian". *The Iranian Languages*. Routledge, 2009, pp.279-335.
7) 張公瑾, 「絢麗多姿的中國民族古文字」, 『文史知識』 第9期(2008).
8) 팔라비어(鉢羅婆語), 팔레비어(巴列維語)로도 알려져 있다.
9) (역주) '파르티아어'는 고대 파르티아 제국(Parthian Empire)에서 사용한 언어이다. 중국에서는 안식어(安息語)라고 부르는데, 이는 인도유럽족 이란어파 서부

해둔다.[10] 그러나 이러한 용례도 본고의 논의 대상에서 제외된다.

소그드 문자는 아람 문자(Aramaic script)[11]의 특정 지역적 변형에서 기원했으며, 자음 음소 문자 체계(abjad)에 속한다. 즉, 자음 문자만 있고 별도의 모음 문자는 없어, 단어의 모음은 보통 표시되지 않는다. 그러나 필요한 경우 알레프(aleph), 요드(yodh), 바브(waw)와 같은 일부 자음 문자를 '준모음 문자'(matres lectionis)로 사용하여 선택적으로 표시할 수 있다(보통 장모음만 표시).

소그드 문자는 아람 문자의 22개 문자를 모두 계승했지만, 일반적으로 그중 19개만 사용한다.[12] 글자체는 고대/초기 소그드 문자(Old/Early Sogdian script), 정자체(formal script, 또는 sutra script 불경체), 초서체(cursive script) 세 가지가 있다. 고대 소그드 문자는 글자 간 연결 쓰기를 하지 않지만, 정자체와 초서체는 연결 쓰기를 한다. 따라서 이들 문자에는 단어의 첫 부분, 중간, 끝 등 위치에 따라 다른 형태를 가진다. 예컨대, swɣδyk(소그드인)을 고대 소그드 문자로는 ysჂ앙아 , 정자체로는 셨셨ᅵ 로 쓴다.

고대 소그드 문자의 행관(行款: 글씨를 쓰는 방향)[13]은 아람 문자

계통에 속한다. 파르티아 제국의 흥망성쇠와 역사적 발전 과정에서 이 언어는 점차 변화하였으며, 주변 지역의 언어와 문화에 일정한 영향을 미쳤다. 현대에는 파르티아어를 모어로 사용하는 집단이 거의 존재하지 않지만, 고대 중동 지역의 역사, 문화, 민족 간 교류 등을 연구하는 데 있어 중요한 의의를 지닌다.

10) 張文玲,「粟特佛典寫本學與粟特佛教槪述」,『國學』第1期(2019).

11) (역주) '아람 문자'는 기원전 10세기경 페니키아 문자에서 파생되었다. 고대 아람 왕국에서 시작되어 페르시아 제국 시기에 광범위하게 퍼졌다. 22개의 자음 문자로 구성되어 있고, 오른쪽에서 왼쪽으로 쓰며, 모음은 주로 표기하지 않는다. 히브리 문자, 아랍 문자, 시리아 문자 등 많은 중동 문자 체계의 기원이 되었으며, 동쪽으로는 소그드 문자, 위구르 문자, 몽골 문자 등에 영향을 주었다.

12) Yoshida Yutaka, "Sogdian". *The Iranian Languages*. London: Routledge, 2009, pp.281-284. Skjærvø, P. "Aramaic scripts for Iranian languages". In: P. Daniels & W. Bright (eds.), *The World's Writing Systems*, OUP, 1996, pp.515-535.

처럼 오른쪽에서 왼쪽으로 가로쓰기였지만, 늦어도 5세기 말에는 왼쪽에서 오른쪽으로 세로쓰기하는 변화가 나타났다(즉, 텍스트 전체를 반시계 방향으로 90도 회전). 이후 세로쓰기가 점차 주류가 되었는데, 이는 한문의 영향을 받은 것으로 추정된다.14) 7세기에 현장(玄奘)이 소리(窣利, 즉 소그드) 지역을 지날 때 본 소그드 문자도 '세로로 읽는' 것이었다.15) 그러나 세로쓰기가 주를 이루던 시기에도, 가로쓰기 행관은 소그드 문자의 마니교, 경교, 또는 조로아스터교 경전에서 여전히 존재했다.16)

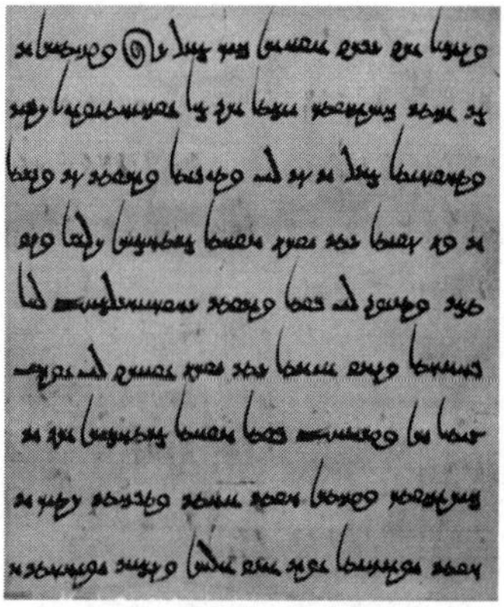

[그림 5-2] 정차제 소그드 문자 『승가타경(僧伽咜經)』(베를린 투르판 소장품, So 20165 r)

[그림 5-3] 베제클리크(Bezeklik) 초서체 소그드 문자 마니교도 서신A(투르판박물관, 81 TB 65:01)

---

13) (역주) '행관(行款)'은 문자를 쓰거나 인쇄할 때의 배열 방식을 의미한다. 즉, 글자를 어떤 방향으로 쓰고 읽는지를 나타낸다.

14) Yoshida Yutaka, "When did Sogdians begin to write vertically?" *Tokyo University Linguistic Papers*, 2013 (33), pp.375-394.

15) 玄奘, 辯机著, 季羨林等校注, 『大唐西域記校注』(中華書局, 1985), 72쪽.

16) Yoshida Yutaka. "When did Sogdians begin to write vertically?" *Tokyo University Linguistic Papers*, 2013 (33), p.383.

중국문자학 핸드북

현재까지 확인된 가장 오래된 소그드 문자는 카자흐스탄 쿨토베(Kultobe)의 강거(康居) 유적지에서 발견된 도기 벽돌의 각문(刻文)으로, 연대는 대략 1세기경이다.[17] 소그드 문자는 13세기경에 완전히 자취를 감춘 것으로 추정된다.[18]

위구르 문자(回鶻文, Old Uyghur script, Uighur/Uiguric script)는 초서체 소그드 문자에서 유래한 알파벳 문자로, 주로 위구르어(回鶻語, Old Uyghur language)를 기록하는 데 사용되었다. 여기서 위구르어란 9-14세기 위구르인들(주로 고창 위구르인들)이 사용한 고대 튀르크어의 한 방언을 가리키며, 이는 알타이어족 튀르크어파 시베리아어지에 속한다.[19]

역사적으로 위구르 문자는 위구르어 외에도 다른 튀르크어들을 기록하는 데 널리 사용되었으며, 심지어 아랍어와 페르시아어를 기록하는 데도 사용되었다.[20] 그러나 본고에서는 위구르어를 포함한 튀르크어족에 속하는 여러 언어들에 사용된 위구르 문자만을 논의 대상으로 한정한다.

위구르 문자가 기록한 튀르크어족에 속하는 여러 언어들의 역사는 거의 천 년에 걸쳐 있다. 이는 고대 튀르크어 단계에 속하는 위구르어(回鶻語)와 카라한 튀르크어(Qarakhanid Turkic, 11-13세기)를 포함

---

17) Sims-Williams, N. & F. Grenet. "The Sogdian inscriptions of Kultobe". *Shygys*, 2006 (1), pp.95-111.

18) Gharib, B. *Sogdian Dictionary (Sogdian-Persian-English)*. Tehran: Farhangan Publications, 2004, p.xiii.

19) 張鐵山, 『回鶻文古籍概覽』(民族出版社, 2018), 10쪽. Róna-Tas, A. "Turkic writing systems". *The Turkic Languages* (2nd edition). London: Routledge, 2022, pp.121-131.

20) Sertkaya, O. "Some new documents written in the Uigur script in Anatolia". *Central Asiatic Journal*, 1974 (3).

하며, 중세 튀르크어 단계에 속하는 킵차크 한국(Golden Horde, 金帳汗國)의 호라즘 튀르크어(Khwarazm Turkic, 13-14세기)와 티무르(Timur) 제국의 초기 차가타이어(Chagata Turkic, 15-16세기)도 포함한다.[21]

1975년 투르판(吐魯番) 카라호자(Karakhoja, 哈喇和卓)에서 출토된 482년 '대인(代人)' 목패의 뒷면에 이미 소그드 글자로 고대 튀르크어를 표기한 흔적이 발견되었다. 이는 위구르 문자의 원형이 5세기 말에 이미 출현했을 가능성을 시사한다.[22] 그러나 위구르 문자의 체계적인 창제는 일반적으로 8세기 무렵으로 여겨진다.[23]

6세기 이후 튀르크(突厥), 위구르(回鶻) 등 튀르크어족 집단이 북방 초원 지역에서 잇달아 부상하면서, 그 지역에 남아있던 소그드인들은 튀르크의 속부가 되었다. 그들은 튀르크인들과 통혼하고 그들의 신임을 받으며 점차 유목 사회에 융합되어 갔다.[24] 이 과정에서 튀르크어와 소그드어를 모두 모국어로 사용하는 대규모의 튀르크화된 소그드인(Turco-Sogdian) 집단이 형성되었다. 이들은 자신들에게 익숙한 소그드 문자를 이용해 또 다른 모국어인 튀르크어를 표기하기 시작했고, 이것이 위구르 문자(回鶻文)의 탄생을 촉진시켰다.[25]

위구르 문자는 주로 9-15세기 중국 서북부와 중앙아시아, 서아시

21) Róna-Tas. "Turkic writing systems", Johanson, L. "The history of Turkic". *The Turkic Languages* (2nd edition). London: Routledge, 2022, pp.83-120. Ölmez, M. & Vovin, A. "Istanbul fragment in 'Phags-pa and Old Uyghur script revisited". *Journal Asiatique*, 2018 (1). 史金波, 雅森·吾守爾, 『中國活字印刷術的發明和早期傳播──西夏和回鶻活字印刷術研究』(社會科學文獻出版社, 2000).
22) 李樹輝, 「回鶻文始用時間考」, 『青海民族研究』 第3期(2011).
23) 楊富學, 「回鶻文源流考辨」, 『西域研究』 第3期(2003).
24) 彭建英, 「東突厥汗國屬部的突厥化──以粟特人爲中心的考察」, 『歷史研究』 第2期(2011).
25) Yoshida Yutaka. "When did Sogdians begin to write vertically?" *Tokyo University Linguistic Papers*, 2013 (33), p.376.

아 일대에서 통용되었다. 위구르 문자는 대략 18세기 초에 더 이상 사용하지 않게 된 것으로 추정된다. 현재 알려진 가장 늦은 시기의 위구르문 자료는 강희(康熙) 52년(1713년) 4월 6일에 남겨진 감숙(甘肅)성 문수산(文殊山) 만불동(萬佛洞)의 제기(題記)이다.[26]

위구르 문자의 글자 수는 15-24자 사이로, 시대에 따라 변동이 있었다.[27] 그 원류인 초체 소그드 문자와 마찬가지로, 대부분의 문자들은 단어의 첫 부분, 중간, 끝 등의 위치에 따라 다른 형태를 가진다.

위구르 문자는 단어 내의 장모음과 단모음을 모두 표기하는 경향이 있어, 소그드 문자처럼 단모음을 생략하는 경우가 거의 없다.[28] 이로 인해 준모음 글자들이 모음 글자로 전환되었고, 문자 유형도 자음 음소 문자에서 고정된 모음 글자를 가진 완전 음소 문자(alphabet) 유형으로 초기 전환이 이루어졌다.

위구르 문자의 서체는 다양한 기준에 따라 분류될 수 있지만, 일반적으로 인쇄체와 필기체 크게 두 분류로 나뉜다. 인쇄체는 다시 목각체와 목활자체로 나뉘고, 필기체는 해서(楷書), 행서(行書), 초서(草書) 세 가지로 구분된다.[30]

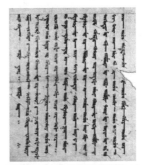

[그림 5-4] 난란범씨(蘭山范氏) 소장 돈황본. 위구르 문자 『팔십화엄(八十華嚴)·십무진장품(十無盡藏品)』IA[29]

---

26) 伊斯拉非爾·玉素甫, 張寶璽, 「文殊山萬佛洞回鶻文題記」, 『語言背后的歷史―西域古典語言學高峰論壇論文集』(上海古籍出版社, 2012), 94쪽.

27) 張鐵山, 『回鶻文古籍槪覽』(民族出版社, 2018), 11-16쪽. 迪拉娜·伊斯拉非爾, 『吐魯番發現回鶻文佛敎新文獻研究』(民族出版社, 2014), 3-4쪽.

28) Clauson, G. *Studies in Turkic and Mongolic Linguistics.* Routledge Curzon, 2002, p.67.

29) 楊富學, 『回鶻文佛敎文獻研究』(上海古籍出版社, 2018), 9쪽.

위구르 문자가 창제될 당시, 소그드 문자의 주류 행관(行款)은 이미 가로쓰기에서 세로쓰기로 바뀌어 있었다. 따라서 위구르문 문헌의 대부분은 왼쪽에서 오른쪽으로 세로쓰기를 하였다(그림 5-4).

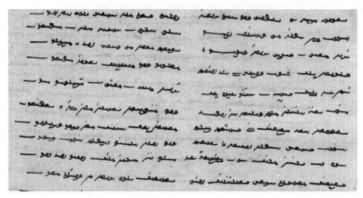

[그림 5-5] 헤라트(Herat) 위구르문 필사본 『복락지혜(福樂智慧)』(오스트리아 국립도서관, Cod.A.F.13 Samml. Han)

그러나 14세기 이후의 중앙아시아 위구르문 문헌, 예컨대 『복락지혜(福樂智慧)』 헤라트 사본(또는 '비엔나 사본'이라고도 불림, 15세기)이나 오스만 제국의 위구르 문자 문서들(15-16세기)의 행관은 오른쪽에서 왼쪽으로 가로쓰기를 한다(그림 5-5).31) 이는 당시 중앙아시아 튀르크어 지역에서 유행하던 아랍 문자의 서사 방식이 영향을 미친 것으로 생각된다.

몽골 문자는 넓은 의미로 몽골족이 몽골어(알타이어족 몽골어파에 속함)를 기록하기 위해 사용한 다양한 문자 체계(Mongolian writing systems)를 지칭한다. 이는 위구르 문자에서 유래한 전통 몽골 문자뿐

---

30) 張鐵山, 『回鶻文古籍槪覽』(民族出版社, 2018), 13쪽.

31) 吐送江·依明, 『<福樂智慧>回鶻文抄本研究』(中央民族大學博士學位論文, 2011). Sertkaya, O. "Some new documents written in the Uigur script in Anatolia". *Central Asiatic Journal*, 1974 (3).

만 아니라 몽골어를 쓰기 위해 사용된 파스파 문자, 키릴 몽골 문자, 라틴 몽골 문자 등을 모두 포함한다.

그러나 협의의 몽골 문자(Mongolian script)는 위구르 문자에서 파생되어 몽골어를 기록하는 데 사용되는 문자만을 지칭한다. 이를 광의의 몽골 문자와 구분하기 위해 '위구르식 몽골 문자' 또는 '전통 몽골 문자'라고도 부른다.32) 이 글에서는 협의의 몽골 문자만을 다룬다.

몽골 문자는 여러 차례의 개혁을 거쳐 이제는 전형적인 완전 음소 문자가 되었다. 이는 완전 음소 문자로 막 전환된 위구르 문자가 여전히 자음 음소 문자의 제약을 많이 받는 것과는 다르다.33)

『원사(元史)』에 따르면 1204년 칭기스 칸이 위구르인 타타통아(Tatatunga, 塔塔統阿)에게 "위구르 글자(위구르문 자모)로 국어(몽골어)를 표기하라."고 명령했다고 하는데, 학계에서는 이를 대체로 몽골 문자 창제의 시작으로 보고 있다.34) 현존하는 가장 오래된 실물 문헌은 1224-1225년경의 「야송격비명(也松格碑銘)」이다.

탄생 이후 현재까지 몽골 문자는 여러 차례의 변혁과 개선을 거쳤으며, 대체로 고대 몽골 문자(13-16세기), 근대 몽골 문자(17-20세기), 현대 몽골 문자(20세기 초부터 현재까지)로 구분할 수 있다.35)

고대 몽골 문자는 학계에서 흔히 '위구르식 몽골 문자'36)라고도 부른다. 고대 몽골 문자의 자모 수에 대해서는 19-24개 사이의 다양한

---

32) 包力高, 道爾基, 「蒙古文字發展槪述」, 『內蒙古社會科學』 第3期(1984).
33) 包力高, 「蒙古文」, 『民族語文』 第2期(1980). 李琴, 『粟特回鶻系文字發展史略』(中央民族大學碩士學位論文, 2016).
34) 包力高, 「蒙古文」, 『民族語文』 第2期(1980). 道布, 「回鶻式蒙古文研究槪況」, 『中國民族古文字研究』(中國社會科學出版社, 1984), 362-373쪽.
35) 包力高, 「蒙古文」, 『民族語文』 第2期(1980).
36) 이 용어는 중의적인데, 광의로는 '소그드-위구르계'에 속하는 협의의 몽골 문자를 가리키며, 협의로는 협의의 몽골 문자 중에서 고대의 몽골 문자만을 지칭한다.

추정이 있지만, 위구르 자모 체계를 계승했기 때문에 음과 형태가 일
대일로 대응하지 않는 단점이 있다.[37] 고대 몽골 문자는 대부분의 자
모가 어말 형태에서 아래로 곧게 내려쓰기 때문에 '수미 몽골 문자(竪
尾蒙古文)'라고도 부른다.(그림 5-6)

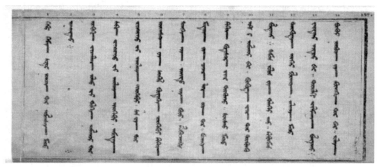

그림 5-6. 투르판 출토 14세기 고대 몽골 문자 인쇄본
『입보살행론(入菩薩行論)』[38]

고대 몽골 문자는 중세 몽골어(Middle Mongol, 13-16세기)의 서면
어를 기록했으며, 초방언적 성격을 가지고 있었다. 17세기에 이르러,
리그단 한(Ligden Khaan)이 주도하여 『대장경·간주르(Kanjur)』를 번
역한 것을 기점으로, 중세 서면 몽골어는 마찬가지로 초방언적 성격
을 지닌 고전 서면 몽골어(Classical Written Mongol)로 대체되었고,
문자도 이에 맞춰 개혁되고 최적화되었다.

이 시기에는 규범화된 고전 몽골어를 위한 근대 문자 외에도, 방언
전용 문자(토드 몽골 문자)가 출현했다. 이 두 종류의 문자는 모두 위
구르 문자에서 유래한 전통 몽골 문자 체계에 속하며, 모두 고대 몽골
문자를 개혁하여 만들어졌다. 따라서 '근대 몽골 문자' 또는 '근대 전통

---

37) 李琴, 『粟特回鶻系文字發展史略』(中央民族大學碩士學位論文, 2016), 50쪽.
38) 巴音德力開, 『13-14世紀回鶻式蒙古文文字符號的比較研究』(西北民族大學碩士學
位論文, 2021), 80쪽.

몽골 문자'라는 용어에도 중의적인 성격이 있다. 협의로는 고전 서면어에 사용된 몽골 문자를 지칭하지만, 광의로는 17-20세기의 모든 위구르식 자모를 사용하는 '전통' 몽골 문자(토드 문자 포함)를 가리킬 수 있다. 구별을 위해 서면 몽골어에 사용된 협의의 전통 몽골 문자를 '고전 몽골 문자'(classical Mongolian script)라고 부르거나, 오이라트 방언에 따라 '후둠 몽골 문자'(Hudum script, '후둠'은 '원래의'라는 의미임)라고 부를 수 있다.

근대 후둠 몽골 문자의 형성은 일반적으로 17세기 초『간주르』번역을 기점으로 삼는다. 토드 문자(Todo script)는 1648년 오이라트부의 승려 자야 판디타(Zaya Pandita)가 몽골어 오이라트 방언을 위해 문자를 개선한 것에서 비롯되었다.[39] 이 두 문자는 모두 1587년 아유시(阿优希: 몽골의 문자학자)가 차용어 전사를 위해 새로 만든 일부 알리갈리(Ali Gali) 문자[40]를 흡수했다. '토드'는 '명확한'이라는 의미로, 토드 문자가 한 글자가 한 소리만을 명확하게 나타내기 때문에 붙여진 이름이다. 반면 후둠 문자는 규범화를 거쳤음에도 여전히 한 글자가 여러 소리를 나타내는 문제가 있었는데, 이는 그것의 초방언적 성격과도 관련이 있다. 근대 몽골 문자의 어말 형태는 고대 몽골 문자의 직선 형태에서 왼쪽으로 비스듬히 쓰거나 오른쪽으로 굽는 형태로 변하여 '횡미 몽골 문자(橫尾蒙古文)'라고 부른다.

현대 후둠 몽골 문자는 근대 후둠 문자를 기반으로 더욱 규범화되고 정형화된 것이다. 총 31개의 자모를 가지고 있으며, 이 중 모음 자모가 7개, 자음 자모가 24개이다. 자모는 어두, 어중, 어말 등의 형태

---

39) 李琴, 『粟特回鶻系文字發展史略』(中央民族大學碩士學位論文, 2016), 51-52쪽.
40) (역주) '알리갈리(Ali Gali) 문자'는 산스크리트어와 티베트어 등의 외래어를 정확하게 표기하기 위해 만들어진 보조 문자 체계를 말한다.

가 있으며, 해서, 행서, 초서, 전서 등의 서체가 있다. 현대 토드 문자
는 여러 차례 개혁을 거쳐 현대 후둠 문자와 유사해지는 경향을 보이
고 있지만, 여전히 상당한 차이가 있다.

몽골 문자는 전통적으로 왼쪽에서 오른쪽으로 세로쓰기를 한다(그림
5-6, 5-7, 5-8). 그러나 현대에 들어 두 가지 새로운 행관이 등장했다.

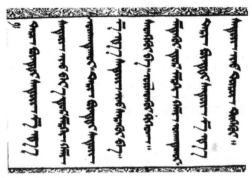

[그림 5-7] 『대장경·간주르(Kanjur)』 18세기 초 후둠 몽골문 각본(刻本)
제49권2A[41]

[그림 5-8] 러시아 소장 19세기 토드 몽골문 각본(刻本)[42]

---

41) Kara, G. "Aramaic scripts for Altaic languages". In: P. Daniels & W. Bright
(eds.), *The World's Writing Systems*. OUP, 1996, p.547.
42) Kara, G. "Aramaic scripts for Altaic languages". In: P. Daniels & W. Bright
(eds.), *The World's Writing Systems*. OUP, 1996, p.549.

그중 하나는 '세로쓰기 가로배열'이다. 이는 몽골 문자를 단어 단위로 나누어, 각 단어는 여전히 위에서 아래로 세로쓰기를 하지만, 단어와 단어 사이는 왼쪽에서 오른쪽으로 가로로 배열하는 방식이다(그림 5-9).

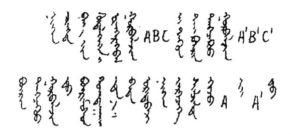

[그림 5-9] '세로쓰기 가로배열'의 몽골 문자 『공간해석기하(空間解析幾何)』
교재의 일부분[43]

두 번째 새로운 행관은 '가로쓰기 가로배열'이다. 이는 왼쪽 첫 행부터 시작하여 각 행마다 전통적인 세로쓰기를 반시계 방향으로 90도 회전시킨 형태이다(그림 5-10).

[그림 5-10] 왼쪽에서 오른쪽으로 쓰는 '가로쓰기 가로배열' 몽골 문자
대학 수학 교재 일부분[44]

---

43) 莫德, 「蒙古文排版形式的再硏究」, 『內蒙古師大學報(哲學社科版)』 第1期(2000).
44) 莫德, 「蒙古文排版形式的再硏究」, 『內蒙古師大學報(哲學社科版)』 第1期(2000).

이러한 왼쪽에서 오른쪽으로의 가로쓰기는 과거 소그드 문자나 위구르 문자의 오른쪽에서 왼쪽으로의 가로쓰기 방향과는 정반대이다.

'세로쓰기 가로배열'과 '가로쓰기 가로배열' 방식은 모두 가로 배열 문자나 수학 공식 등과 혼합 배열될 때 볼 수 있다. 전자는 현판, 제목, 현수막, 기관명 등에서 더 많이 볼 수 있고, 후자는 책이나 논문에서 더 자주 볼 수 있다.

후둠 몽골 문자는 현재 중국의 여러 지역 몽골족 사이에서 여전히 광범위하게 사용되고 있으며, 토드 몽골 문자는 주로 신강(新疆)의 오이라트 몽골족 사이에서 사용되고 있다. 해외 몽골족들은 대부분 다른 문자로 전환했다. 러시아의 부랴트 공화국과 칼미크 공화국은 20세기 전반기에 이미 전통 몽골 문자를 폐지하고 키릴 문자를 사용하였다. 몽골국도 1946년부터 전통 몽골 문자('구 몽골 문자')를 폐지하고 키릴 몽골 문자('신 몽골 문자)로 대체했다. 그러나 2020년 3월 몽골국 정부는 2025년부터 전통 몽골 문자의 사용을 전면 복원할 것이라고 공식 선언했다.

만주 문자(Manchu script)는 만주족이 만주어(알타이어족 만주퉁구스어파 만주어지)를 쓰기 위해 사용하는 완전 음소 문자이다. 1599년, 누르하치는 에르더니(Erdeni, 額爾德尼), 가가이(Gagai, 噶盖), 카라(Kara, 喀喇) 등에게 몽골 문자를 기반으로 만주 문자를 창제하도록 명령했다.[45] 이 '무권점 만주 문자(無圈點滿文)' 또는 '구 만주 문자(老滿文)'(그림 5-11)는 총 25개의 자모로 구성되었으며, 6개의 모음 자모와 19개의 자음 자모를 포함하고 있다.

---

45) [意] 喬·斯達理著, 趙軍秀譯, 「關於滿族歷史和語言的若干問題」, 『滿學研究』(民族出版社, 1992), 218-226쪽. 馬金柱, 「滿文創制問題再探」, 『滿語研究』 第2期 (2021).

'구 만주 문자'에 존재하던 자형의 불규칙성, 한 글자가 여러 소리를 나타내는 등의 문제로 인해, 1632년 홍타이지(Hung taiji, 皇太極)는 번역가 다하이(Dahai, 達海)에게 권점을 추가하는 방식으로 '구 만주 문자'를 최적화하도록 명령했다. 이를 통해 모든 만주어 음소를 정확히 표기할 수 있게 되었고, 차용어 표기를 위한 새로운 자모도 추가되어 '유권점 만주 문자(有圈點滿文)' 또는 '신 만주 문자(新滿文)'가 탄생했다(그림 5-12).

'신 만주 문자'의 자모 수에 대해서는 학계에서 34-40개 등 다양한 의견이 있지만, 일반적으로 38개 자모로 알려져 있다. 여기에는 6개의 모음 자모, 22개의 자음 자모, 그리고 다하이가 창제한 10개의 새로운 자모가 포함되어 있다.[46] 대부분의 자모는 어두, 어중, 어말 등의 형태를 가지며(모음 자모는 독립형도 있음), 해서, 행서, 초서, 전서 등의 서체가 있다. 이 중 행서와 해서가 가장 널리 사용된다.

전통적인 행관은 왼쪽에서 오른쪽으로 세로쓰기를 하지만, 현대에는 몽골 문자와 마찬가지로 '세로쓰기 가로배열', 왼쪽에서 오른쪽으로 쓰는 '가로쓰기 가로배열' 등의 새로운 판형도 등장했다.

만주 문자는 대략 건륭(乾隆), 가경(嘉慶) 연간 이후 급격히 쇠퇴하기 시작하여, 만주족 대부분이 한어(漢語)와 한자 사용으로 전환했고, 신해혁명으로 청 정부가 붕괴된 이후에는 만주 문자를 거의 사용하지 않게 되었다.[47]

그러나 신강(新疆)의 석백족(錫伯族)은 오늘날까지도 1947년에 신 만주 문자를 개혁하여 만든 석백족 문자(錫伯文)를 사용하여 만주어

---

46) 劉景憲, 趙阿平, 趙金純, 『滿語研究通論』(黑龍江朝鮮民族出版社, 1997), 1-67쪽. 胡增益, 『新滿漢大詞典』(商務印書館, 2020), 2쪽. Gorelova, L. *Manchu Grammar*. Leiden: Brill, 2002, pp.49-74.

47) 吳敏, 「從滿文發展的歷史與現狀談保護與發展滿文的意義」, 『滿族研究』 第2期(2010).

와 매우 가까운 친연관계에 있는 석백어(錫伯語)를 기록하고 있다. 석백족 문자(錫伯文)와 만주 문자의 관계에 대해서는 학계에서 어느 정도 논란이 있기 때문에, 이 글에서는 석백족 문자(錫伯文)를 논의 범위에 포함시키지 않았다.

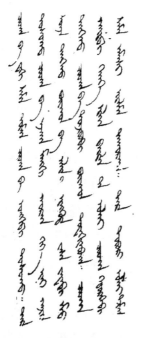

[그림 5-11] 청(淸)나라 태조(太祖) 때의 '구 만주 문자' 원본 문서 일부분48)

[그림 5-12] 건륭(乾隆)시기 '신 만주 문자' 『백이노인어록(百二老人語彔)』 시카고 본 일부분49)

48) 廣祿, 李學智, 『淸太祖朝老滿文原檔(第一冊荒字老滿文檔冊)』(臺灣中華書局, 1970), 9쪽.
49) Rudolph, R. "*Emu Tanggô Orin Sakda-i Gisun Sarkiyan*, an unedited Manchu manuscript". *Journal of the American Oriental Society*, 1940 (4).

2. 연구의 역사

소그드 문자를 연구한 역사는 20세기 초로 거슬러 올라간다. 가장 초기에는 독일의 그륀베델(A. Grünwedel)과 르콕(A. von Le Coq)이 이끄는 조사대가 1902-1905년 사이에 투루판에서 소그드 문자 문헌을 포함한 다양한 문물을 발굴했다. 이를 통해 소그드어가 실전된 언어로서 식별될 수 있었다.

1903년 그륀베델이 처음으로 베를린으로 가져온 사본 중에는 마니 문자로 쓰인 단편이 있었다. 독일의 동방학자 뮐러(F.W.K. Müller)는 즉시 마니 문자가 학계에 이미 알려진 시리아 문자의 에스트랑겔로체(Estrangelo)와 매우 유사하다는 것을 알아냈다. 1904년 발표한 두 편의 논문에서 뮐러는 처음으로 일부 마니 문자 단편을 공개하고, 이 문자로 쓰인 언어에 튀르크어, 팔라비어(중세 페르시아어), 그리고 팔라비어의 알려지지 않은 방언이 있다고 제안했다.

뮐러의 협력자이자 이란학자인 안드레아스(F. C. Andreas)는 중세 이슬람 학자 비루니(al-Bīrūnī, 973-1048)가 기록한 소그드어 어휘와의 비교를 통해, 뮐러가 언급한 마니 문자로 쓰인 팔라비어 방언이 바로 역사상의 소그드어라는 것을 최초로 확인했다. 하지만 당시 소그드 문자 자체는 아직 학계에 알려지지 않은 상태였다.[50]

---

50) Sims-Williams, U. "Behind the scenes, some notes on the decipherment of the Sogdian manuscripts in the Stein collection". In: W. Sundermann et al. (eds.), *Exegisti Monumenta, Festschrift in Honour of Nicholas Sims-Williams.* Harrassowitz Verlag, 2009, pp.469-478. [美] 尼古拉斯·辛姆斯-威廉姆斯,「20世紀早期粟特語的發現和解讀」,『粟特人在中國: 考古發現與出土文獻的新印証』(科學出版社, 2016), 425-431쪽. Yoshida Y, Gharib B. "Sogdian language". *Encyclopaedia Iranica Online*, Columbia University in the New York. doi:

이어서 영국의 스타인(A. Stein), 프랑스의 펠리오(P. Pelliot), 러시아의 올덴부르크(S. Oldenburg)가 1907-1910년 사이에 돈황에서 다수의 소그드 문자 문헌을 확보했다.51) 그중 가장 유명한 것은 1907년 스타인이 돈황 서쪽의 한(漢)나라 장성(長城) 봉수(烽燧) 유적지에서 발견한 4세기 초로 추정되는 소그드 문자로 쓴 8통의 고대 서신이다.

스타인은 처음에 이 서신의 문자를 아람 문자로 생각하고 어떤 이란어를 기록한 것으로 추측했다. 1910년 그는 이 고대 서신을 영국 학자 카울리(A. Cowley)에게 연구를 의뢰했고, 카울리는 1911년 초에 연구 결과를 발표했다. 여기에는 자모표와 일부 어휘가 포함되었으며, 그는 이것이 알려지지 않은 이란어를 기록한 것으로 판단했다.

같은 해 안드레아스는 이 아람 문자의 서체가 부하라(Bukhara) 지역 영주가 발행한 화폐의 서체와 동일하다는 것을 알아냈고, '영주'를 뜻하는 소그드어 xwt'w를 식별했다. 이를 통해 고대 서신의 언어가 소그드어이며, 그 문자가 아람 문자에서 유래한 소그드 문자임을 공식적으로 확인했다. 당시 올덴부르크와 함께 안드레아스를 방문 중이던 프랑스 동방학자이자 언어학자인 고티오(R. Gauthiot)도 안드레아스의 견해에 동의했다.

안드레아스는 즉시 스타인에게 편지를 보내 이 발견을 알렸고, 이것이 소그드 문자가 학계에 처음으로 알려진 계기가 되었다. 이후 고티오 등 학자들이 차례로 소그드어와 소그드 문자 해독에 참여하면서 소그드학이 형성되기 시작했다.52) 이로 볼 때, 안드레아스는 소그

---

http//dx.doi.org/10.1163/2330-4804_EIRO_COM_12032.

51) 榮新江, 「敦煌吐魯番出土中古伊朗語文獻研究槪述」, 『伊朗學在中國論文集』(北京大學出版社, 1993), 57-71쪽.

52) Sims-Williams, U. "Behind the scenes, some notes on the decipherment of the Sogdian manuscripts in the Stein collection". In: W. Sundermann et al. (eds.), Exegisti Monumenta, Festschrift in Honour of Nicholas Sims-Williams.

드어와 소그드 문자의 재조명에 있어, 핵심적인 인물이었다고 할 수 있다. 앞서 언급한 중국 신강, 감숙 등지에서 발견되어 유럽 여러 나라로 반출된 소그드 문자 문헌들이 이후 소그드 문자 연구의 주요 대상이 되었다.

1932년에는 소그드 본토에서도 대량의 소그드 문헌이 발견되었는데, 이는 소련 학자 프레이만(A. A. Freiman)이 중앙아시아 판자켄트(Panjakent)53) 인근의 무그(Mugh)산 성채 유적지에서 발견하였다. 그 중 가장 중요한 것은 8세기 초의 97건의 문서로, '무그산 문서(Mugh Documents)'로 통칭되며, 소그드학에서 스타인이 확보한 고대 서신들과 더불어 가장 중요한 자료로 평가된다.54)

'무그산 문서'는 주로 프레이만과 그의 제자 리프시츠(V. A. Livshits), 그리고 보골류보프(M. N. Bogolyubov), 스미르노바(O. I. Smirnova) 등이 연구했다. 이 문서들의 내용은 주로 아랍 제국이 소무구성(昭武九姓) 지역의 기존 국가들을 병합한 역사와 관련이 있다.

위에서 언급한 소그드인들이 남긴 문자 자료 외에도, 6세기 말부터 튀르크계 민족들이 그들의 군주를 기리기 위해 소그드어로 새긴 비문들이 발견되었다. 대표적인 예로 1889년 외몽골 카라코룸 부근에서 발견된 「구성 위구르 가한 비문(Nine-clan Uyghur Khagan inscription, 九姓回鶻可汗碑)」, 1953년 중국 신강의 소소(昭蘇)에서 발견된 「소홍나카이 석인 명문(Little Khonakhai inscription, 小洪那海石人題銘)」, 1956년 몽골에서 발견된 「부구트 비문(Bugut inscription, 布

Harrassowitz Verlag, 2009, pp.469-478. [美] 尼古拉斯·辛姆斯-威廉姆斯, 「20世紀早期粟特語的發現和解讀」, 『粟特人在中國: 考古發現與出土文獻的新印証』(科學出版社, 2016), 425-431쪽.

53) 판자켄트(Panjakent, Panjikant, Penjikent 또는 Penjikent, 또한 피엔치켄트, 펜지켄트)로도 번역되며, 현재 타지키스탄에 속한다.

54) 韓樹偉, 「絲路沿線出土粟特文文書研究述要」, 『中國農史』 第6期(2019).

제5장 중국의 민족문자

제5장 중국의 민족문자

古特碑)」이 있다.

「구성 위구르 가한 비문」은 한자, 돌궐 문자, 소그드 문자 세 가지로 새겨져 있다. 19세기 말에 이미 발견되었고, 한자와 돌궐 문자 부분은 1893-1896년에 러시아의 라들로프(V. V. Radlov)와 네덜란드의 슐레겔(G. Schlegel)에 의해 해독되었지만, 라들로프는 비석의 소그드 문자를 위구르 문자(回鶻文)로 잘못 인식했었다. 1909년에 이르러서야 뮐러(F.W.K. Müller)가 이것이 실제로 소그드 문자임을 발견했다. 1930년 독일 학자 한센(O. Hansen)이 소그드 문자 부분을 해독했고, 일본 학자 요시다 유타카(吉田豊)가 1988년에 해독을 더욱 정교하게 수정했다.55)

「부구트 비문」은 1971년에 러시아 학자 클랴시토르니(Кляшторный)와 리프시츠(V. A. Livshits)56)가 해독했고, 요시다 유타카가 1999년에 탁본을 바탕으로 교정한 필사본을 발표하여 리프시츠 해독의 여러 오류를 바로잡았다.57) 「소홍나카이 석인 명문」은 중국에 소그드 문자 전문가가 부족해 1990년대에 이르러서야 일본의 요시다 유타카, 오오사와 타카시(大澤孝), 영국의 니콜라스 심즈-윌리엄스(Nicholas Sims-Williams) 등 학자들에 의해 해독되었다.58)

앞서 언급한 안드레아스(F. C. Andreas), 고티오(R. Gauthiot), 뮐러(F.W.K. Müller), 프레이만(A. A. Freiman), 리프시츠(V. A. Livshits),

---

55) 林梅村, 陳凌, 王海城, 「九姓回鶻可汗碑研究」, 『歐亞學刊』 第1輯(中華書局, 1999), 151-171쪽.
56) Klijaštornyj, S. & Livšic, V. A. "The Sogdian inscription of Bugut revised". *Acta Orientalia Academiae Scientiarum Hungaricae*, 1972 (1), pp.69-102.
57) [日] 吉田豊, 王丁譯, 「布古特碑粟特語部分再考」, 『中山大學學報(社會科學版)』 第2期(2020).
58) 林梅村, 「小洪那海突厥可汗陵園調查記」, 『松漠之間──考古新發現所見中外文化交流』(生活·讀書·新知三聯書店, 2007), 208-223쪽.

한센(O. Hansen), 심즈-윌리엄스(Nicholas Sims-Williams), 오오사와 타카시(大澤孝), 요시다 유타카(吉田豊) 외에도 소그드 문자 연구의 대표적 학자로는 헤닝(W. B. Henning), 벤베니스트(É. Benveniste), 그르네(F. Grenet), 준더만(W. Sundermann), 라이헬트(H. Reichelt), 하르마타(J. Harmatta), 드 라 베시에르(Étienne de la Vaissière), 셰르보(P. O. Skjaervo) 등이 있다.

중국의 소그드 문자 연구는 해외에 비해 비교적 늦게 시작되었다. 가장 이른 연구는 풍승균(馮承鈞)이 프랑스 학자 고티오의 『소그드어 자모 연구(窣利語字母之硏究)』(1930)[59]를 번역 소개한 것이다. 건국 이후에는 황진화(黃振華)의 『소그드 문자와 그 문헌(粟特文及其文獻)』(1981), 『소그드 문자(粟特文)』(1982)[60]가 소그드 문자와 문헌을 소개한 선구적 연구로 꼽힌다. 공방진(龔方震)의 『소그드 문자(粟特文)』(1990)[61]는 문자 소개 외에도 자모표와 도판을 수록하였다.

그러나 현재 중국 학자들의 소그드 문자와 그 문헌에 대한 연구는 주로 리프시츠, 심즈-윌리엄스, 요시다 유타카 등 외국 학자들의 해독을 기반으로 이루어지고 있으며, 완전히 독립적으로 소그드 문자를 해독할 수 있는 인재가 아직 부족한 실정이다. 이러한 이유로, 중국에서는 소그드 문자 자체보다는 그 응용 연구, 예컨대 소그드 문헌을 통한 관련 역사 연구가 주를 이루고 있다. 대표적인 학자로는 임매촌(林梅村), 마소학(馬小鶴), 영신강(榮新江), 필파(畢波) 등이 있으며, 대표적인 저작으로는 왕숙개(王叔凱)의 「소그드 자모의 전파와 위구르 문

---

59) [法] Robert Gauthiot, 「窣利語字母之硏究」, 馮承鈞譯, 『女師大學術季刊』 第4期 (1930). 이후에 馮承鈞, 『西域南海史地考証譯叢八編』(中華書局, 1958), 105-119쪽에 수록됨.
60) 黃振華, 「粟特文及其文獻」, 『中國史研究動態』 第9期(1981). 「粟特文」, 『中國民族古文字』(中國民族古文字研究會, 1982), 178-191쪽.
61) 龔方震, 「粟特文」, 『中國民族古文字圖彔』(中國社會科學出版社, 1990), 54-62쪽.

자(回鶻文) 창제에 대한 소고(淺論粟特字母的傳播與回鶻文的創制)」[62],
마소학의 「8세기 초의 소그드: 무그산 문서 연구(公元8世紀初年的粟特
—若干穆格山文書的研究)」[63], 「마니교 '오종대경전'에 관한 새로운 고
찰(摩尼敎'五种大'新考)」[64], 「소그드 문자 t'inp'i(육신) 고찰(粟特文
't'inp'i'(肉身)考)」[65], 임매촌(林梅村)의 「부구트에서 출토된 소그드 문
자 돌궐 가한 기공비 고찰(布古特所出粟特文突厥可汗紀功碑考)」[66], 필
파의 「소그드 문자 고대 서신에 대한 한어 번역과 주석(粟特文古信札
漢譯與注釋)」[67] 등이 있다.

이에 비해 소그드 문자 자체를 연구한 학자는 상대적으로 적다. 이
금(李琴)의 『소그드-위구르계 문자 발전사 개요(粟特回鶻系文字發展史
略)』(2016)[68]는 출판된 도판을 바탕으로 소그드 문자의 고대 소그드
문자, 정자체, 초서체의 세부적인 차이를 상세히 비교 분석했으며, 이
는 소그드 문자의 글자체를 연구한 대표적인 예라고 할 수 있다.

위구르 문자(回鶻文) 연구의 역사는 일반적으로 11세기 카라한 왕
조의 마흐무드 카슈가리(Mahmud Kashgari)의 『돌궐어 대사전(突厥語
大詞典)』에서 시작된 것으로 여겨진다.[69] 이 책은 처음으로 아랍어로
위구르 문자의 18자모를 소개했지만(그림 5-13), 이를 '튀르크 문자
(Turkic script)'라고 칭했다.

---

62) 王叔凱, 「試論粟特字母的傳播與回鶻文的創制」, 『敦煌學輯刊』 第3期(1982).
63) 馬小鶴, 「公元8世紀初年的粟特—若干穆格山文書的研究」, 『中亞學刊』 第3輯(中
華書局, 1990), 115-118쪽.
64) 馬小鶴, 「摩尼敎"五种大"新考」, 『史林』 第3期(2009).
65) 馬小鶴, 「粟特文"t'inp'i"(肉身)考」, 『粟特人在中國—歷史·考古·語言的新探索』(中
華書局, 2005), 478-496쪽.
66) 林梅村, 「布古特所出粟特文突厥可汗紀功碑考」, 『民族研究』 第2期(1994).
67) 畢波, 「粟特文古信札漢譯與注釋」, 『文史』 第2期(2004).
68) 李琴, 『粟特回鶻系文字發展史略』(中央民族大學碩士學位論文, 2016), 11-20쪽.
69) 鄧浩, 楊富學, 「回鶻文文獻語言研究百年回顧」, 『語言與翻譯(漢文版)』 第2期(2001).

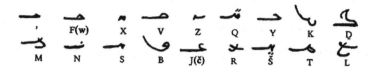

[그림 5-13]『돌궐어 대사전』에서의 돌궐 문자(回鶻文) 18개의 자모표[70]

한문으로 된 역사 문헌에서는 돌궐 문자라는 명칭을 사용하지 않았다. 남송 시대 팽다아(彭大雅)의『흑달사략(黑韃事略)』에서는 '회회자(回回字)'라고 불렀고, 남송 시대 조공(趙珙)의『몽달비록(蒙韃備錄)』에서는 '회골자(回鶻字)'라고 불렀다.『원사(元史)』에는 '외올자(畏兀字)', '외오자(畏吾字)' 등의 명칭이 있는데, 이 명칭은 몽골어 고적(古籍)에서 자주 볼 수 있으며, 15세기 이전 중앙아시아와 서아시아 일대의 튀르크화된 몽골인들이 저술한 튀르크어 문헌에서도 사용된 증거가 있다.[71] 현존하는 자료로 볼 때, 이 문자를 '회골(回鶻)'이라고 명명한 것은 몽골인들에 의한 것으로 보인다.[72] 명대에는 위구르 문자(回鶻文)를 '고창서(高昌書)'라고 불렀으며[73], 고창관(高昌館)을 설치했다. 현존하는『고창관과(高昌館課)』(또는『고창관래문(高昌館來文)』)과『고창관잡자(高昌館雜字)』(한자-위구르문자 대조 어휘집)는 명대의 위구르 문자에 관한 연구 성과로 볼 수 있다.

70) Maḥmūd al-Kāšᵧarī. *Compendium of the Turkic Dialects (Dīwān Luᵧāt at-Turk)*. Dankoff, R. & Kelly, J. (ed. & trans.). Part I. Cambridge: Harvard University Printing Office, 1982, p.73.
71) Ölmez, M. & Vovin, A. "Istanbul fragment in 'Phags-pa and Old Uyghur script revisited". *Journal Asiatique*, 2018 (1).
72) 許多會, 熱合木吐拉·艾山,「有關回鶻文的幾个問題」,『西域研究』第2期(2012).
73) 예컨대, 고염무(顧炎武)의『일지록지여(日知錄之餘)』4권을 들 수 있다.

현대적 의미의 위구르 문자 연구는 19세기 초 유럽 학계에서 시작되었으며, 소그드 문자 연구보다 앞선다. 그러나 19세기 말 20세기 초 내륙 아시아 고고학의 발전(특히 중국 신강성 투루판, 감숙성 돈황 등지에서 위구르 문자 문헌이 지속적으로 발견되고 간행됨)과 함께 점차 번성하게 되었다. 위구르 문자 연구의 선구자는 여러 언어에 정통했던 독일의 동양학자 클라프로트(H. J. Klaproth)로, 그의 『위구르어 문자 고찰(回鶻語言文字考, Abhandlung über die Sprache und Schrift der Uiguren)』(1811, 1812)[74]은 위구르 문자 연구의 기초를 마련한 저서로 인정받고 있다. 이 저서는 최초로 위구르 문자 자모(Uigurische Alphabet)를 소개했고, 위구르어가 튀르크어의 일종이며 당시 신강 회부(回部)의 언어와 비교 연구가 가능하다는 점을 밝혔다.

이 학설은 발표되자마자 곧 주류로 자리 잡았는데, 프랑스의 저명한 동양학자 레뮈자(Jean-Pierre Abel-Rémusat)의 대표작 『알타이어족 연구(Recherches sur les langues tartares)』(1820)[75]에서도 이 설을 채택하여 청대 신강의 카슈가르(Kashgar)와 하미(Hami) 일대의 튀르크계 민족이 위구르인의 후예라고 논증하였다. 그러나 이견도 있었다. 몽골학의 창시자인 러시아 학자 슈미트(I. J. Schmidt)는 『클라프로트의 위구르어 문자에 관한 가설 반박(Forschungen im Gebiete der älteren religiösen, politischen und literärischen Bildungsgeschichte der Völker Mittel-Asiens, vorzüglich der Mongolen und Tibeter)』(1818)[76]

---

74) Klaproth, J. "Über die Sprache und Schrift der Uiguren," *Fundgruben des Orients*, 1811 (2). 이 논문은 증보를 한 후에 그 다음해에 단행본으로 출판되었는데, 그 서지정보는 다음과 같다. Klaproth, J. *Abhandlung über die Sprache und Schrift der Uiguren.* Berlin, 1812.

75) Abel-Rémusat, J.-P. *Recherches sur les langues tartares, ou Mémoires sur diff érents points de la grammaire et de la littérature des Mandchous, des Mongols, des Ouigours et des Tibétains.* Paris: Imprimerie Royale, 1820.

을 저술하여 위구르어가 튀르크어가 아닌 탕구트어[77]라고 주장했다.

1820년 클라프로트는 『위구르어 문자 고찰(回鶻語言文字考)』[78]을 재판하면서 명대의 『고창역어(高昌譯語)』에서 얻은 증거를 추가하여 슈미트에 대응했고, 이후 슈미트도 다시 반박문을 썼다[79]. 이렇게 수년간 논쟁이 이어졌고, 이는 19세기 학계의 유명한 '위구르 논쟁(Uiguren-Streit)'이 되었다. 이 논쟁은 객관적으로 위구르 문자의 해독과 연구에 방해요소가 되었다. 1870년 헝가리 동양학자 밤베리(Á. Vámbéry)가 헤라트본 위구르문 『복락지혜(福樂智慧)』[80]의 독일어 번역을 출판하면서 위구르어가 튀르크어에 속한다는 것이 확정되었고, 위구르 문자 연구가 점차 번성하기 시작했다.

해외의 대표적 학자로는 다음과 같다.

러시아
· 라들로프(V. V. Radlov)
· 말로프(S. E. Malov)
· 테니셰프(E. R. Tenishev)
· 셰르박(A. M. Sherbak)

---

76) Schmidt, I. J. "Einwürfe gegen die Hypothesen des Herrn Hofr. Klaproth: Über Sprache und Schrift der Uiguren." *Fundgruben des Orients*, 1818 (6).
77) 즉 티베트어를 말한다. 당시 동양학자들은 만주-몽골의 관습에 따라 티베트 지역을 탕구트라고 불렀다.
78) Klaproth, J. *Abhandlung über die Sprache und Schrift der Uiguren. Nebst einem Wörterverzeichnisse und anderen uigurischen Sprachproben, aus dem Kaiserlichen Übersetzungshofe zu Peking*. Paris: In der Königlichen Druckerey, 1820.
79) Schmidt, I. J. *Forschungen im Gebiete der älteren religiösen, politischen und literärischen Bildungsgeschichte der Völker Mittel-Asiens, vorzüglich der Mongolen und Tibeter*. Saint Petersburg: Karl Kray, 1824.
80) Vámbéry, Á. *Uigurische Sprachmonumente und das Kudatku Bilik*. Innsbruck: Druck der Wagner'schen Universitäts-Buchdruckerei, 1870.

- 나실로프(V. M. Nasilov)
- 투구셰바(L. Yu. Tugusheva)

독일
- 클라프로트
- 르콕(A. von Le Coq)
- 뮐러(F.W.K. Müller)
- 가반(Annemarie von Gabain)
- 뢰르보른(K. Röhrborn)
- 지메(P. Zieme)
- 라우트(J. P. Laut)
- 마우에(D. Maue)
- 라슈만(S.-Ch. Raschmann)

일본
- 오다 주텐(小田壽典)
- 야마다 노부오(山田信夫)
- 쇼가이토 마사히로(庄垣内正弘)
- 모모리기 야스유키(百濟康義)
- 모리야스 타카오(森安孝夫)
- 우메무라 히로시(梅村坦)
- 마츠이 다이(松井太)

미국
- 클라크(Larry V. Clark)

프랑스
- 해밀턴(J. Hamilton)

헝가리

· 리게티(L. Ligeti)
· 카라 죄르지(G. Kara)

터키
· 에르달(M. Erdal)
· 세르트카야(O. F. Sertkaya)
· 올메즈(M. Ölmez) 등.

이 중 라들로프는 러시아의 위구르 문자 연구의 개척자이자 창시자이며, 국제 학계에서 처음으로 위구르 문자 문헌의 언어와 튀르크 비문의 언어를 과학적으로 구분해야 한다고 명확히 주장한 학자이다.

중국의 위구르 문자 연구는 해외보다 늦게 1950년대에 시작되었다. 대표적인 인물로는 풍가승(馮家昇), 경세민(耿世民), 황성장(黃盛璋), 이경위(李經緯), 이브라힘 무티이(伊布拉普·穆提義), 진종진(陳宗振), 호진화(胡振華), 황윤화(黃潤華), 위췌일(魏萃一), 이삼(李森), 우여겁(牛汝极), 장철산(張鐵山), 양부학(楊富學), 유과(劉戈), 아이다르 미르카말리(阿依達爾·米爾卡馬力), 이스로필 위수푸(伊斯拉菲爾·玉素甫), 쿠얼반 와이리(庫爾班·外力), 아브두레시트 야쿱(Abdureshit Yakup) 등이 있다. 이 중 풍가승 교수는 개척자와 같은 공로가 있으며, 1970년대부터 경세민이 중국 위구르 문자 연구 분야의 리더 역할을 하게 되었다.

몽골 문자 연구의 역사는 광의적으로 보면 명대에 설립된 몽골어 문자 교습 및 번역 기관인 '달단관(韃靼館)'으로 거슬러 올라갈 수 있다. 이 기관은 한자-몽골 문자 대조 어휘집인 『달단역어(韃靼譯語)』와 학습 및 번역 교재인 『달단관래문(韃靼館來文)』(모두 『화이역어(華夷譯語)』81)에 수록됨)을 편찬했다. 『달단역어』는 원대의 유사한 사전인 『

---

81) 烏云高娃, 劉迎勝, 「明四夷館"韃靼館"硏究」, 『中央民族大學學報(哲學社會科學版)

지원역어(至元譯語)』와 달리 한어 해석과 한자음 표기 외에도 몽골 문자 원문을 추가했다. 청대의 고대 몽골 문자 연구 성과는 대부분 대조 사전으로 다음과 같다.

- 『어제만몽문감(御制滿蒙文鑒)』(1717)
- 『사체청문감(四體清文鑒)』(18-19세기, 만주 문자·티베트 문자·몽골 문자·한자 대조)
- 『삼합편람(三合便覽)』(1780, 만주 문자·몽골 문자·한자 대조)
- 『몽골토드어휘집(蒙古托忒匯集)』(1797, 고전 몽골 문자·토드 문자·만 주 문자·한자 대조)
- 『몽문회서(蒙文匯書)』(1851, 몽골 문자·한자·만주 문자 대조) 등.[82]

그러나 현대적 의미의 몽골 문자 연구는 일반적으로 러시아에서 시작되었다고 본다. 18세기 초 피터 대제가 중국에 동방정교회 선교 사단을 파견하면서부터 몽골 문자는 한자와 함께 러시아인들의 학습 및 연구 대상이 되었다. 초기 유럽인들은 종종 몽골 문자와 만주 문자를 혼동했는데, 이 둘을 명확히 구분하고 시리아 문자에서 유래했다고 추정한 이는 18세기 러시아 상트페테르부르크 과학 아카데미 교수이자 프로이센인 바이어(T. S. Bayer 또는 G. S. Bayer)[83]였다.

후세에 몽골학자의 제1인자로 추앙받는 학자는 러시아 과학 아카데미 원사이자 네덜란드인 슈미트(I. J. Schmidt)이다. 슈미트는 1804-1806년 러시아의 칼미크인(오이라트 몽골 토르구트부) 지역에

』第4期(2002).
82) 栗林均, 長山, 「近代蒙古文辭書的形成歷程－－"淸文鑒"至＜蒙漢字典＞」, 『滿語研究』第1期(2019).
83) Saarela, M. S. *The Early Modern Travels of Manchu: A Script and Its Study in East Asia and Europe*. Philadelphia: University of Pennsylvania Press, 2020, p.180.

서 고전 몽골 문자와 토드 몽골 문자를 배우고 관련 문헌을 수집했으며, 1815년부터 기독교『신약성서』내용을 고대 몽골 문자(서면 몽골어)와 토드 몽골 문자(칼미크어)로 번역하기 시작했다.

몽골 문자 연구의 획기적인 순간은 1824년이었다. 이 해에 슈미트는 장편 학술 대작『몽골·티베트 등 중앙아시아 각 민족의 고대 종교·정치·문학사 연구』84)를 발표했고, 프랑스의 동양학자 레뮈자(Jean-Pierre Abel-Rémusat)는 프랑스『과학원통보(科學院通報)』에 일칸국(Ilkhanate) 아르군 칸(Arghun Khan, 阿魯渾汗)과 울제이투 칸(Öljeitü Khan, 完者都汗)이 각각 프랑스 왕 필리프(Philippe) 4세에게 보낸 두 통의 고전 몽골 문자 서신을 처음으로 게재했다. 같은 해 슈미트는 레뮈자가 게재한 몽골 문자 서신을 독일어로 번역하고 해석하는 논문을 썼는데85), 이는 유럽 학계가 몽골문 문헌에 대해 언어학적 연구를 시작한 출발점이 되었다.

1831년, 슈미트는 유럽 최초의 서면 몽골어 문법서를 편찬했다.86) 1834년에는 「예송게(Yisüngge) 비명(也松格碑銘)」연구를 발표했고87), 1835년에는 유럽 최초의 몽골 문자 사전인『몽골어-독일어-러시아어 사전(Mongolisch-Deutsch-Russisches Wörterbuch)』88)을 출간했다. 비록

---

84) Schmidt, I. J. *Forschungen im Gebiete der älteren religiösen, politischen und literärischen Bildungsgeschichte der Völker Mittel-Asiens, vorzüglich der Mongolen und Tibeter.* St. Petersburg, 1824.

85) Schmidt, I. J. *Philologisch-kritische Zugabe zu den von Herrn Abel-Rémusat bekannt gemachten, in den Königlich-Französischen Archiven befindlichen zwei mongolischen Original-Briefen der Könige von Persien Argun und Öldshaitu an Philipp den Schönen.* St. Petersburg, 1824.

86) Schmidt, I. J. *Grammatik der Mongolischen Sprache.* St. Petersburg, 1831.

87) Schmidt, I. J. "Bericht über eine Inschrift der ältesten Zeit der Mongolen-Herrschaft". *Mémoires de l'Académie Impériale des Sciences de St. Pétersbourg,* 1834 (2).

88) Schmidt, I. J. *Mongolisch-Deutsch-Russisches Wörterbuch: nebst einem deuts-*

슈미트의 고찰과 해석이 너무 대략적이고 독단적이라는 비판을 받기도 했지만, 그가 몽골 문자 연구에 끼친 개척자적 공헌은 의심의 여지가 없다. 해외에서 몽골 문자를 연구한 대표적인 학자들은 다음과 같다.

러시아
· 코발레프스키(J. Kowalewski, 카잔 대학 몽골학과 창립자, 러시아 몽골학파의 창시자)
· 포포프(A. V. Popov)
· 보브로브니코프(A. A. Bobrovnikov)
· 블라디미르초프(B. Y. Vladimirtsov)
· 클류킨(I. A. Klyukin)
· 포페(N. N. Poppe, 후에 미국으로 이주)
· 산제예프(G. D. Sanzheev)
· 사지킨(A. G. Sazykin) 등.

폴란드
· 코트비치(W. Kotwicz)
· 레비츠키(M. Lewicki)

독일
· 하이니시(E. Haenish)
· 프랑케(Herbert Franke)
· 하이시히(W. Heissig)
· 벨러(F. Weller) 등.

핀란드
· 카스트렌(M. Castrén)

---

chen und einem russischen Wortregister = Монгольско-немецко-россий с кий словарь: с присовокуплением немецкаго и русскаго алфави тных списков. СПб, 1835.

· 람스테트(G. J. Ramstedt)
· 알토(P. Aalto)
· 얀후넨(J. A. Janhunen)

프랑스
· 펠리오(Paul Pelliot)
· 보나파르트(R. Bonaparte)
· 함비스(L. Hambis)
· 바젱(L. Bazin)
· 아메용(R. Hamayon)
· 르그랑(J. Legrand) 등.

미국
· 레싱(F. D. Lessing)
· 시노어(D. Sinor, 헝가리 출신)
· 모스타르트(A. Mostaert, 벨기에 출신)
· 클리브스(F. Cleaves)
· 래티모어(O. Lattimore)
· 항긴(J. G. Hangin)
· 플레처(J. Fletcher)
· 크루거(J. Krueger) 등.

일본
· 시라토리 쿠라키치(白鳥庫吉)
· 오자와 시게오(小澤重男)
· 오사 산시고(大佐三四五)
· 나이토 코난(內藤湖南)
· 핫토리 시로(服部四郎)
· 무라야마 시치로(村山七郎)
· 오사다 나츠키(長田夏樹)

· 모리카와 테츠오(森川哲雄) 등.

헝가리
· 리게티(L. Ligeti)
· 카라 죄르지(G. Kara)
· 베세(L. Bese)
· 로나-타스(A. Róna-Tas)

몽골
· 린첸(B. Rinchen)
· 담딘수렌(Ts. Damdinsüren)
· 나드미드(Zh. Nadmid) 등.

　　중국의 현대 학술적 의미의 몽골 문자 연구는 전반적으로 건국 후
에 시작되었다. 초기에는 러시아 몽골학의 영향을 많이 받았지만, 후
기에는 점차 각국의 성과를 흡수하며 자체적으로 연구의 특색을 형
성하게 되었다. 대표 학자로는 다음과 같다.

· 칭거르타이(淸格爾泰)
· 다오부(道布)
· 린첸도르지(仁欽道爾吉)
· 나삼백(那森柏)
· 일린진(Ilinjin, 亦鄰眞)
· 포상(包祥)
· 포력고(包力高)
· 세첸초그트(Sechinchogtu, 斯欽朝克圖)
· 초이자브(Choijav, 确精扎布)
· 쌍복(雙福)
· 우만두푸(烏·滿都夫)

· 가르디(Gardi, 嘎日迪)

· 하스바겐(Khasbagen, 哈斯巴根)

· 포오윈(包烏云)

· 도영소(道榮尕)

· 허시거타오커타오(賀希格陶克陶)

· 아오터겐(敖特根)

· 부린바투(布仁巴圖)

· 정월(正月)

· 울란(Ulan, 烏蘭)

· 도르지(Dorj, 雙合爾)

· 왕계영(王桂榮)

· 우얀빌리그(Uyanbilig, 烏雲畢力格)

· 채위걸(蔡偉杰) 등.

만주 문자의 연구 역사는 청대로 거슬러 올라갈 수 있으며, 주요 성과는 다음과 같다.

(1) 만주어 교재
· 심계량(沈啓亮)의 『12자모 주석집(十二字頭集注)』(1686), 『만주문 지 침서(清書指南)』(1682), 『12자모 주해(箋注十二字頭)』(1701)
· 능소문(凌紹雯)과 진가신(陳可臣)의 『만주문전집(清書全集)』(1699)
· 웅사백(熊士伯)의 『등절원성(等切元聲)』(1703)
· 무격(舞格)의 『청문계몽(清文啓蒙)』(1730) 등.

(2) 사전류
· 『대청전서(大清全書)』(1683)
· 『청문감(清文鑒)』(1708)
· 『양체청문감(兩體清文鑒)』(만주-한문 대역사전, 1771)
· 『삼체청문감(三體清文鑒)』(만주-몽골-한문 대역사전, 1779)
· 『사체청문감(四體清文鑒)』(만주-티베트-몽골-한문 대역사전, 1771-1795)

· 『오체청문감(五體淸文鑒)』(만주-티베트-몽골자-위구르-한문 대역사
  전, 1795) 등.

(3) 전통 문법 관련 저서
· 상옥장(尙玉章)의 『만주어 허사 개설(淸文虛字講約)』(1724)
· 만복(萬福)과 봉산(鳳山)의 『만주어 허사 지침서(淸文虛字指南編)』(1885) 등.

이 중 문자 연구와 가장 밀접한 관계가 있는 것은 첫 번째 유형으
로, 특히 12자모와 관련된 각종 만주 문자에 대한 분석이다.

현대 학과적 의미에서의 만주 문자 연구는 해외에서 시작되었으며,
그 시초는 일반적으로 1686년 파리에서 출판된 중국 방문 예수회 선
교사 페르디난드 베르비스트(F. Verbiest)의 라틴어 저서 『달단어 기
초(韃靼語基礎)』[89]를 기점으로 삼는다. 이 책에서 말하는 달단어는 곧
만주어를 가리키지만, 만주 문자에 대한 언급은 극히 적고 만주 문자
도판도 첨부되어 있지 않다.

서양에서 만주 문자를 해독한 최초의 인물은 18세기 러시아 상트
페테르부르크 왕립 과학 아카데미 교수를 지낸 프로이센인 바이어(G.
S. Bayer)[90]이다. 수년간 각고의 탐구 끝에 바이어는 만주 문자와 몽
골 문자가 두 가지 다른 문자임을 지적했고, 자신이 시리아어와 아랍
어에 익숙하다는 장점을 살려 『만주문 지침서(淸書指南)』, 『만주문전
집(淸書全集)』 등의 자료를 활용하여 만주 문자의 어두, 어중, 어말 등
자모 형태를 성공적으로 분석했다. 1732-1733년에 서양 최초의 만주
문자 자모표(그림 5-14)를 발표했는데, 이것이 유럽의 본격적인 만주
문자 연구의 시작이라고 할 수 있다.

---

89) Verbiest, F. *Elementa Linguæ Tartaricæ*. Paris, 1686; 2nd ed., Thomas Moette, 1696.
90) Saarela, M. S. *The Early Modern Travels of Manchu, A Script and Its Study in East Asia and Europe*. University of Pennsylvania Press, 2020.

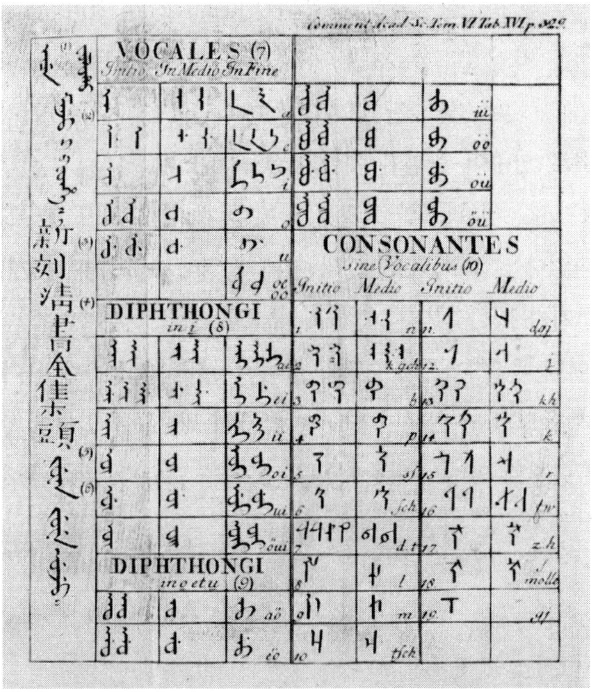

[그림 5-14] 바이어가 1732-1733년에 분석한 만주 문자
자모표[91]

이후 만주 문자 연구는 점차 발전하여, 1739년 모스크바에서 러시아 최초의 만주어 학교가 설립하였다. 1787년, 프랑스 동양학자 랑글레(L. M. Langlès)가 프랑스 선교사 아미오(J. J. M. Amiot)의 원고에서 영감을 받아 저술한 『만주 문자 자모(滿文字母)』[92]가 파리에서 출판되었다. 1789-1790년, 아미오의 『만주어-프랑스어 사전(滿-法詞典)』[93]이 출판되었다. 1814년, 콜레주 드 프랑스(Collège de France)[94]에

---

91) Saarela, M. S. *The Early Modern Travels of Manchu, A Script and Its Study in East Asia and Europe*, p.188.
92) Langlès, L. M. *Alphabet Tartare-Mantchou*. Paris, 1787.

만주학 석좌직이 설치되었고, 레뮈자(Rémusat)와 쥘리앙(S. Julien)이 이 직책을 역임했다. 1828년, 독일 학자 클라프로트(Klaproth)가 『만 주문집(滿洲文集)』을 출판했으며,95) 1844년에는 러시아 카잔 대학에 서 최초로 만주어 학과가 개설되었다.

20세기 초, 청 왕조의 멸망과 함께 국제 만주 문자 연구도 열기가 식게 되었다. 그러나 1980년대 청대의 역사자료 문서가 개방되면서 만주 문자가 청나라 역사 연구의 중요한 도구로 다시 주목받게 되었 는데, 이때 주요 연구의 중심이 동아시아, 북미 등지로 옮겨갔다. 이 에 비해 유럽의 만주 문자 연구는 20세기 말, 21세기 초에 걸쳐 후속 세대의 단절로 인해 상당히 침체된 모습을 보였다. 만주 문자 연구의 대표적 학자들은 다음과 같다.

러시아
· 로소힌(I. K. Rossohin)
· 레온티예프(A. L. Leont'ev)
· 아가포노프(A. S. Agafonov)
· 블라드킨(A. G. Vladykin)
· 리포프초프(S. V. Lipovtsov)
· 카멘스키(P. I. Kamenskiy)
· 레온티예프스키(Z. F. Leont'evskiy)
· 보이체호프스키(O. P. Voytsekhovskiy)
· 체스트노이(D. S. Chestnoy)
· 로조프(G. M. Rozov)
· 고르스키(V. V. Gorskiy)

---

93) Amiot, J. J. M. *Dictionnaire Tartare-Mantchou Français*. Paris, 1789.
94) (역주) '콜레주 드 프랑스(Collège de France)'는 1530년 설립된 프랑스의 최고 고등교육·연구기관으로, 프랑스의 대표적인 연구중심 교육기관이다.
95) Klaproth, J. *Chrestomathie Mandchou*. Impr. Roy., 1828.

- 흐라포비츠키(M. D. Khrapovitskiy)
- 바실리예프(V. P. Vasil'ev)
- 자하로프(I. I. Zakharov)
- 오를로프(A. M. Orlov)
- 이바노프스키(A. O. Ivanovskiy)
- 포즈드네예프(A. M. Pozdneev)
- 루다코프(A. V. Rudakov)
- 슈미트(P. P. Shmidt)
- 그레벤시코프(A. V. Grebenshchikov)
- 팡 샤오메이(T. A. Pang)
- 야혼토프(K. S. Yakhontov) 등.

프랑스
- 부베(J. Bouvet)
- 제르비용(J.-F. Gerbillon)
- 파르닌(D. Parrenin)
- 마이악 드 마이야(J.-A.-M. de Moyriac de Mailla)
- 아미오(J. J. M. Amiot)
- 자미(C. Jami) 등.

독일
- 클라프로트(H. J. Klaproth)
- 폰 데어 가벨렌츠(H. C. von der Gabelentz)
- 방-카우프(Willi Bang-Kaup)
- 묄렌도르프(P. G. von Möllendorff)
- 라우퍼(B. Laufer)
- 하우어(E. Hauer)
- 하이니시(E. Haenisch)
- 푹스(W. Fuchs)
- 김(M. Gimm)

· 폰 멘데(E. von Mende)

· 발라벤스(H. Walravens)

· 바이어스(M. Weiers) 등.

영국

· 메도우스(T. T. Meadows)

· 라만(L. Laamann)

· 사이먼 월터(Simon Walter) 등.

일본

· 나이토 코난(內藤湖南)

· 하네다 토루(羽田亨)

· 후지오카 카츠지(藤岡勝二)

· 칸다 노부오(神田信夫)

· 오카모토 케이지(岡本敬二)

· 혼다 미노부(本田實信)

· 마츠무라 준(松村潤)

· 오카다 히데히로(岡田英弘)

· 이시바시 히데오(石橋秀雄)

· 핫토리 시로(服部四郎)

· 이마니시 슌슈(今西春秋)

· 미타무라 타이(三田村泰)

· 카와치 요시히로(河內良弘) 등.

미국

· 노먼(J. Norman)

· 듀란트(S. Durrant)

· 플레처(J. Fletcher)

· 쿤(P. Kuhn)

· 시노어(D. Sinor)

· 클라크(L. V. Clark) 등.

이탈리아
· 스타리(G. Stary)

뉴질랜드
· 고렐로바(L. Gorelova) 등

중국의 만주 문자 연구는 앞서 언급했듯이 청대에 시작되었지만, 청말부터 신중국 설립 전까지 만주 문자 연구는 침체기를 겪었다. 이로 인해 건국 후 만주 문자에 관한 전문적인 인재가 심각하게 부족했다. 1955-1957년, 중국과학원 언어학연구소와 근대사연구소가 공동으로 만주 문자 연수반을 개설하여 신중국에서 처음으로 만주 문자를 연구하는 전문적인 인재를 양성하기 시작했다. 1960-1970년대에 중국은 두 차례 연이어 만주 문자 인재를 양성하여 만주 문자 고적의 정리 연구와 후속 인재 양성을 위한 필요한 조건을 마련했다.

1980년대 이후, 중국의 여러 대학교, 예컨대 중앙민족대학, 흑룡강대학, 길림사범대학, 중국인민대학, 내몽골대학 등에서 차례로 만주 문자 인재 양성을 계획하고 만주 문자 관련 학사, 석사, 박사 과정을 개설했다. 현재 중국에서 만주 문자 연구를 수행하는 주요 기관은 다음과 같다.

· 북경시 사회과학원 만학(滿學)연구소
· 흑룡강대학 만어(滿語)연구소
· 길림사범대학 만족문화연구소
· 중국인민대학 청사(淸史)연구소
· 중국사회과학원

· 중국제일역사당안관(中國第一歷史檔案館) 등.

중국의 만주 문자 연구는 국제 동료들의 연구를 참고하면서 점차 자체적인 특색을 형성하기 시작했다. 그중 가장 주요한 것은 만주문 고적 문헌의 정리와 연구, 그리고 만주 문자 자료를 기반으로 한 관련 학과 연구이다. 대표적인 학자로는 다음과 같다.

· 왕융성(王戎笙)
· 관효렴(關孝廉)
· 염숭년(閻崇年)
· 동영공(佟永功)
· 유후생(劉厚生)
· 계영해(季永海)
· 유자양(劉子揚)
· 장리(張莉)
· 호증익(胡增益)
· 안쌍성(安雙成)
· 오원풍(吳元豐)
· 조아평(趙阿平)
· 우윈빌리그(Uyunbilig, 烏雲畢力格) 등.

3. 연구의 진전

소그드-위구르 계열의 네 가지 민족 문자 중 소그드 문자와 위구르 문자는 이미 사용되지 않는 문자로, 이들이 기록했던 언어도 문헌 자료를 통해 해독하고 재구해야 하는 사어(死語)이다. 새로운 자료는 대부분 발굴을 통해 얻거나 현존하는 문헌에서 정리·간행된 것이기 때문에, 이들 문자의 연구 진전은 주로 새로 출토되거나 새로 간행된 자료의 소개와 고찰에서 이루어진다. 동시에 새로운 자료를 바탕으로 초기 연구의 해당 언어 체계나 역사 문화에 대한 제한적 관점을 수정하거나, 다른 학문 분야의 새로운 발견과 방법론을 활용하여 기존 문헌의 해독이나 판단을 바로잡는 것도 새로운 연구 진전의 중요한 내용을 이룬다.

이에 비해 만주 문자는 현재 활발하게 사용되지는 않지만 여전히 사용자가 있으며, 새로운 자료도 주로 고고학적 발굴이 아닌 현존하는 자료의 정리와 발굴, 간행을 통해 얻어진다. 따라서 만주 문자의 연구 진전은 주로 만주어에 대한 기존의 성숙한 지식을 활용하여 아직 해독되지 않은 문서나 전적 등의 역사 문헌을 차례로 간행·해독하고, 이를 바탕으로 관련 역사 문화 사실에 대한 과거의 제한적 관점을 수정하는 방향으로 이루어지고 있다.

몽골 문자는 현재 사용하고 있는 문자로, 이것이 기록하는 언어도 여전히 강한 생명력을 가지고 있으며, 풍부한 역사 문헌(현존하는 것과 출토된 문서 모두 포함)을 보유하고 있다. 따라서 그 연구 진전은 역사 문헌의 간행과 해독을 통한 관련 학문 내용의 갱신뿐만 아니라, 문자가 현대의 새로운 사용 수요에 어떻게 적응할 것인가 하는 측면의 탐구도 포함하고 있다.

소그드 문자 분야에서 최근 몇 년간 가장 중요한 새로운 발견은 2010년 중국인민대학 박물관에 소장된 13점의 소그드 문서이다. 이는 금세기 초 신강 화전(和田) 지역에서 발견되었으며, 작성 연대는 8세기 말경으로 추정된다. 문서는 4점의 경제 문서, 6점의 서신, 그리고 3점의 성격 미상 단편으로 구성되어 있으며, 필파(畢波)와 심즈-윌리엄스(Nicholas Sims-Williams)가 2018년에 도판을 간행하고 해독했다.[96]

필파의『호탄의 소그드인들: 중국인민대학 소장 소그드어 문서를 중심으로(粟特人在于闐—以中國人民大學藏粟特語文書爲中心)』[97)는 이들 경제 문서와 내용이 가장 긴 상업 서신을 분석하여, 호탄(Khotan) 왕국과 그 주변 지역에서의 소그드인들의 상업 활동과 상업 네트워크, 소그드인들과 호탄 사회의 한인, 호탄인, 유대인 집단 간의 상호작용, 그리고 호탄 소그드인들의 종교적 신앙 등의 문제를 고찰했다. 이를 통해 중세 시기 육상 실크로드에서 가장 활발하게 활동했던 소그드인들이 서로 다른 지역 간의 상업 무역과 문화 교류를 연결하는 데 수행했던 중요한 역할과 중세 호탄 사회의 다원적 문화 융합의 실상을 밝혀냈다. 그 밖에 새로 출토된 자료를 연구한 성과로는 다음과 같다.

· 필파와 심즈-윌리엄스의 실크로드 남도의 니야(尼雅) 유적에서 처음 발견된 소그드어 문서 잔편, 심천(深圳) 망야(望野)박물관 소장 북제 시기의 상인 유니니반타(遊泥泥槃陀) 묘지와 섬서성 유림(楡林)시 고대비각예술박물관 소장 안우파이(安優婆姨) 이중언어 탑명의 소그드 문자 부분 해독[98)
· 요시다 유타카(吉田豊)의 신강 아스타나(Astana)에서 출토된 국씨고창(麴氏高昌)[99) 시대 소그드문 여자 노예 매매 문서, 베제클릭(Bezeklik)

---

96) 畢波, [英] 辛維廉,『中國人民大學博物館和田出土粟特語文書』(中國社會科學出版社, 2018).
97) 畢波,「粟特人在於闐――以中國人民大學藏粟特語文書爲中心」,『中國人民大學學報』第1期(2022).
98) 畢波, [英] 辛維廉,「尼雅新出粟特文殘片研究」,『新疆文物』第3, 4期(2009). 畢波,「尼雅粟特語文書所見龜茲及塔里木盆地早期南北交通」,『龜茲學研究』第5輯(新疆大學出版社, 2012). Bi B, Sims-Williams N., Yan Y. "Another Sogdian-Chinese bilingual epitaph". *Bulletin of the School of Oriental and African Studies*, 2017 (2), pp.305-318쪽. 畢波, [英] 辛維廉,「新發現安优婆姨雙語塔銘之粟特文銘文初釋」,『文獻』第3期(2020).
99) (역주) '국씨(麴氏)'는 고창국을 통치했던 왕조의 성씨로, 막씨(莫氏) 왕조 이후 고창을 다스린 왕조이다. '고창(高昌)'은 현재 중국 신강 위구르자치구 투루판

에서 출토된 마니교 소그드문 서찰, 불교 소그드문 단편, 서안에서 발견된 북주(北周) 시대 사군묘(史君墓) 소그드 명문, 투루판 바다무 (Badam)에서 출토된 한자 관인이 찍힌 소그드문 서찰 단편, 바추에서 발견된 소그드문 잔편, 베제클릭에서 발굴된 한문 비문 행간에 써진 소그드문 명문 등 해독.[100]

이 중 2003년 발견된 사군묘 소그드 문자-한자 이중언어 명문은 특히 주목할 만하다. 요시다 유타카는 이 명문의 소그드 문자 부분을 고찰하고, 수그드 명문에서 한문 명문의 '사보(薩保)'에 해당하는 s'rtp'w 와 srtp'w를 찾아내어 둘의 대응 관계를 확인함으로써, 19세기 이래 연구자들 사이에서 논란이 되어온 '사보'의 어원 문제를 해결했다.[101]
소그드 문자로 쓰인 경교 문헌에 관한 새로운 연구 성과는 심즈-윌리엄스(Nicholas Sims-Williams)와 필파(畢波)의 「소그드어 기독교 문헌 연구이 최근 동향(粟特語基督敎文獻硏究近況)」[102]을 참고할 수 있다. 이 논문은 최근 중국 신강, 특히 투루판 오아시스에서 발견된 소그드 문자와 시리아 문자로 쓰인 소그드어 경교(景敎) 문헌의 연구 성

지역의 고대 도시국가로, 5-7세기에 번영했던 오아시스 왕국이다.

100) [日] 森安孝夫, 吉田豊, 新疆維吾爾自治區博物館, 「魏氏高昌國時代粟特女奴買賣文書」, 『大陸言語研究』 第4期(1989). 柳洪亮, 『吐魯番新出摩尼敎文獻硏究』(文物出版社, 2000). [日] Yutaka Yoshida, 「Sogdian fragments discovered from the graveyard of Badamu」, 『西域歷史語言硏究集刊』 第1輯(社會科學文獻出版社, 2007), 45-54쪽. 「硏究筆記: 關於粟特人和土耳其人的日語資料2件」, 『西南研究』 第67卷(2007). 吉田豊, 山本孝子, 「有關新出的粟特文資料─新手書記寫給父親的一封信: 兼介紹日本西岩寺橘資料」, 『敦煌學輯刊』 第3期(2010).

101) 榮新江, 「薩保與薩薄: 北朝隋唐胡人聚落首領問題的爭論與辨析」, 『伊朗學在中國論文集』 第3集(北京大學出版社, 2003), 128-143쪽. [日] 吉田豊, 「西安新出史君墓志的粟特文部分考釋」, 『粟特人在中國─歷史·考古語言的新探索』(中華書局, 2005), 26-45쪽. 楊軍凱, 「北周史君墓雙語銘文及相關問題」, 『文物』 第8期(2013).

102) [英] 尼古拉斯·辛姆斯-威廉姆斯, 畢波, 「粟特語基督敎文獻硏究近況」, 『新疆師范大學學報(哲學社會科學版)』 第4期(2014).

과를 정리했다. 또한, 일부 사본들이 난해한 단어들의 의미를 입증하는 용례를 제공하여 소그드어와 소그드 문자로 쓰인 비경교(非景敎) 문헌을 더 잘 이해하는 데 도움이 되며, 중요한 언어학적 가치를 지닌다는 점을 지적했다.

초기에 발견된 소그드 문자 문헌에 대해서도 더욱 심도 있고 포괄적인 연구가 이루어졌다. 무그산 문서의 경우, 소그드인의 아랍 침입 저항에 관련된 사료 외에도, 다른 사회경제 문서들이 새로운 세기에 들어 더 많은 주목을 받았다. 예컨대, 지금까지 발견된 가장 긴 분량의 소그드어 법률 문서인 711년에 체결된 소그드문 혼약과 보증서가 있다. 이 문서는 1960년대부터 국제 학계에서 해독에 관한 연구가 많이 있었지만, 종합적인 연구는 없었다. 중국에서 무그산 문서를 연구한 학자들, 예컨대 마소학(馬小鶴)의 판자켄트(Panjakent) 역사 연구에서도 이 혼약에 대해서는 다루지 않았다.

장소귀(張小貴)와 방효림(龐曉林)의 「무그산 소그드문 혼약 역주(穆格山粟特文婚約譯注)」[103]는 리프시츠의 2015년 최신 전사본을 저본으로 하고, 야쿠보비치의 2006년 정리본을 참고하여, 종합적으로 취사선택하고 그들의 고찰을 바탕으로 한어 번역과 주석을 신중히 작성함으로써, 중국 학자들에게 현재로서는 가장 포괄적이고 추가 연구에 활용할 수 있는 버전을 제공했다.

비문 방면에서는, 요시다 유타카(吉田豐)가 2018년 터키의 올메즈(Mehmet Ölmez) 교수 연구팀이 제작한 부구트 비문의 3D 사진을 입수하여, 이를 바탕으로 1999년에 자신이 지적했던 리프시츠의 1971년 해독 오류를 최종적으로 확인하고, 현재까지 가장 신뢰할 만한 부

---

103) 張小貴, 龐曉林, 「穆格山粟特文婚約譯注」, 『唐宋歷史評論』 第3輯(社會科學文獻出版社, 2017), 107-125쪽.

구트 비문 소그드문의 전사와 해독 결과를 발표했다.104)

인더스강 상류 계곡의 암벽 명문 연구에서는, 요시다 유타카가 5세기 후반으로 연대가 추정되는 여러 명문들에서 세로쓰기와 가로쓰기 두 가지 행관이 동시에 존재하는 현상에 주목하여, 2013년에 논문을 통해 소그드 문자의 주류 행관이 5세기부터 가로에서 세로로 변했다는 점을 설득력 있게 논증하였다. 이는 소그드 문자가 주로 가로쓰기였다는 기존의 일반적 견해를 바로잡은 것이다.105) 중국과 해외의 소그드 문자 및 문헌 연구의 진전에 관한 기타 세부 사항은 다음의 총술들을 참고할 수 있다.

· 정월(程越)의 「중국 소그드 연구 총술(國內粟特研究綜述)」106)
· 차연연(車娟娟)의 「2000년 이후 중국 소그드 연구 총술(2000年以來國內粟特研究綜述)」107)
· 감대명(甘大明)의 「소그드문 고적의 정리 연구(粟特文古籍的整理研究)」108)
· 한수위(韓樹偉)의 「실크로드 연선에서 출토된 소그드 문자로 쓰여진 문서 연구 개요(絲路沿線出土粟特文文書研究述要)」109)
· 이금(李琴)의 『소그드-위구르계 문자 발전 사략(粟特回鶻系文字發展史略)』 중 소그드문 문헌 부분 등.

위구르 문자 연구의 진전도 주로 새로 발견되거나 새로 간행된 문헌 자료의 해독과 선행 연구에 대한 재평가에서 나타났다. 이 분야의 대

---

104) [日] 吉田豊, 「布古特碑粟特語部分再考」, 王丁譯, 『中山大學學報(社會科學版)』第2期(2020).
105) Yoshida Yutaka. "When did Sogdians begin to write vertically?" *Tokyo University Linguistic Papers*, 2013 (33), pp.357-394.
106) 程越, 「國內粟特研究綜述」, 『中國史研究動態』 第9期(1995).
107) 車娟娟, 「2000年以來國內粟特研究綜述」, 『中國史研究動態』 第1期(2012).
108) 甘大明, 「粟特文古籍的整理研究」, 『四川圖書館學報』 第2期(2014).
109) 韓樹偉, 「絲路沿線出土粟特文文書研究述要」, 『中國農史』 第6期(2019).

표적 성과로는 아브두레시트 야쿱(Abduréshit Yakup)이 주편한 『고대 위구르어 시가집성(古代維吾爾語詩歌集成)』 시리즈를 들 수 있다. 이 시리즈는 고대 위구르어 운문을 전면적으로 수집·정리하고, 이미 간행된 문헌과 관련 성과를 새로운 각도에서 재평가하고, 미간행 운문을 언어학적 연구의 새로운 방법을 적용하여 연구·간행하는 데 주력했다.

현재까지 『고대 위구르어 찬미시와 묘사적 운문의 언어학적 연구(古代維吾爾語贊美詩和描寫性韻文的語文學研究)』110), 『고대 위구르어 시체 이야기, 참회문 및 비명 연구(古代維吾爾語詩體故事·忏悔文及碑銘研究)』111), 『파리 소장 위구르문 시체 반야 문헌 연구(巴黎藏回鶻文詩體般若文獻研究)』112), 『위구르문 시체 주석과 새로 발견된 돈황본 운문 연구(回鶻文詩體注疏和新發現敦煌本韻文研究)』113) 등 4권이 출간되었다. 여기에는 『마니대찬(摩尼大贊)』, 『법명찬(法明贊)』, 『옥녀찬(玉女贊)』, 『서녕왕속래만찬(西寧王速來蛮贊)』, 『삼보의 묘사(三寶的描寫)』, 『상제보살의 이야기(常啼菩薩的故事)』, 『사서잔권(史書殘卷)』, 『시인가보(詩人家譜)』 등 시가류 위구르문 문헌이 포함되어 있다.

또한, 딜노자 이스로필(Dilnoza Isrofil)의 『투루판에서 발견된 위구르문 불교 신문헌 연구(吐魯番發現回鶻文佛教新文獻研究)』114)는 국가도서관 소장 『위구르 사경 잔권(畏吾儿寫經殘卷)』, 신강(新疆)박물관 소장 승금구본(勝金口本) 『미륵회견기(彌勒會見記)』 잔엽, 투루판박물관 소장 『자비도량참법(慈悲道場忏法)』 잔엽 등 새로운 자료를 고찰했

---

110) 阿不都熱西提·亞庫甫, 『古代維吾爾語贊美詩和描寫性韻文的語文學研究』(上海古籍出版社, 2015).

111) 張鐵山, 『古代維吾爾語詩體故事·忏悔文及碑銘研究』(上海古籍出版社, 2015).

112) 熱孜婭·努日, 『巴黎藏回鶻文詩體般若文獻研究』(上海古籍出版社, 2015).

113) 米爾卡馬力·阿依達爾, 『回鶻文詩體注疏和新發現敦煌本韻文研究』(上海古籍出版社, 2016).

114) 迪拉娜·伊斯拉非爾, 『吐魯番發現回鶻文佛教新文獻研究』(民族出版社, 2014).

다. 백옥동(白玉冬)과 투르순잔 이민(Tursunjan Imin, 吐送江·依明)의 「고
창 위구르 역사에 관련된 한 위구르문 묘비 - 몽골국에서 출토된 울란
호음(Ulaan Khom) 비석의 해독과 연구(有關高昌回鶻歷史的一方回鶻文墓
碑─蒙古國出土烏蘭浩木碑釋讀與硏究)」[115]는 실물 조사를 통해 얻은 자
료를 바탕으로 울란호음 비석의 명문을 새로 해독하고, 이를 통해 그
연대에 대한 새로운 견해를 제시했다.

이와 유사한 성과로는 투르순잔 이민의 「토유크(Toyuq) 석굴 불교
유적에서 새로 발견된 위구르문 제기 해독(吐峪溝石窟佛教遺址新發現
回鶻文題記釋讀)」[116], 「토유크(Toyuq)에서 출토된 위구르문 <투두무
사리수사비(土都木薩里修寺碑)> 연구(吐峪溝出土回鶻文<土都木薩里修
寺碑>硏究)」[117] 등이 있다.

또 하나의 중요한 진전은 돈황 위구르문 목활자 연구 분야의 획기
적인 발견이다. 현존하는 위구르문 목활자는 총 1,152점으로, 모두
돈황 막고굴 북구에서 출토되었으며, 연대는 1300년경으로 추정된다.
이는 현존하는 가장 오래된 활자 실물이자, 음소 단위의 활자를 포함
하는 최초의 실물 자료로서, 활자 인쇄술의 변천과 전파를 연구하는
데 귀중한 사료가 되고 있다.[118]

위구르문 활자의 단위에는 단어, 음절, 음소 등의 단위로 구성되어
있어, 음소 단위 활자와 한자 활자의 중간 형태를 보여주는데, 이는
중요한 학술적 가치를 지닌다. 야신 우슈르(Yasin Ushur)는 여러 학문

---

115) 白玉冬, 吐送江·依明, 「有關高昌回鶻歷史的一方回鶻文墓碑─蒙古國出土烏蘭浩
木碑釋讀與硏究」, 『敦煌硏究』 第20卷(上海古籍出版社, 2021), 207-226쪽.

116) 吐送江·依明, 「吐峪溝石窟佛教遺址新發現回鶻文題記釋讀」, 『敦煌硏究』 第5期
(2020).

117) 吐送江·依明, 「吐峪溝出土回鶻文<土都木薩里修寺碑>硏究」, 『河西學院學報』
第1期(2020).

118) 王紅梅, 「蒙元時期回鶻文的使用槪況」, 『黑龍江民族叢刊』 第6期(2012).

분야의 새로운 시각을 통합하여, 위구르문 목활자가 활자 인쇄술이 중원에서 서방으로 전파되는 과정에서 매개적 역할을 했음을 입증했다. 이로써 활자 인쇄술의 역사적 발전 과정이 재조명되었고, 중국이 활자 인쇄술을 최초로 창안했다는 문명사적 위상이 확립되었다.[119]

또한, 중앙아시아 지역의 위구르문 연구에 대해서도 최근 새로운 진전이 있었다. 예컨대, 투르순잔 이민의 『<복락지혜(福樂智慧)> 위구르문 사본 연구(<福樂智慧>回鶻文抄本研究)』[120]와 「폴란드 중앙문서관 소장 킵차크한국 군주의 위구르문 성지(波蘭中央檔案館館藏金帳汗國君主的一篇回鶻文聖旨)」[121], 미르굴 혜릴(Mirgul Heril, 米熱古麗·黑力力)의 『<국왕 레즈완과 루하-아프자전> 언어 연구(<國王熱孜萬和茹賀-阿福扎傳>語言研究)』[122], 올메즈(Mehmet Ölmez)와 우알(Wu'al,武阿勒)의 「이스탄불 소장 파스파 문자 및 위구르 문자 합벽 잔엽 재해석(伊斯坦布爾藏八思巴文及回鶻文合璧殘叶重釋)」[123] 등이 있다.

중국의 위구르 문자 연구의 대표적 논저는 다음과 같다.

· 풍가승(馮家昇)의 「위구르문 사본 '보살 대당 삼장법사전' 연구보고 (回鶻文寫本菩薩大唐三藏法師傳研究報告)」[124]
· 경세민(耿世民)의 『고대 위구르 시가선(古代維吾爾詩歌選)』[125], 『오

---

119) 史金波, 雅森·吾守爾, 『中國活字印刷術的發明和早期傳播: 西夏和回鶻活字印刷術研究』(社會科學文獻出版社, 2000).
120) 吐送江·依明, 『<福樂智慧>回鶻文抄本研究』(中央民族大學博士學位論文, 2011).
121) 吐送江·依明, 「波蘭中央檔案館館藏金帳汗國君主的一篇回鶻文聖旨」, 『中國民族博覽』 第2期(2016).
122) 米熱古麗·黑力力, 『<國王熱孜萬和茹賀-阿福扎傳>語言研究』(中央民族大學碩士學位論文, 2012).
123) Ölmez, M. & Vovin, A. "Istanbul fragment in 'Phags-pa and Old Uyghur script revisited". *Journal Asiatique*, 2018 (1).
124) 馮家昇, 「回鶻文寫本菩薩大唐三藏法師傳研究報告」, 『考古學專刊』 第2期(1953).
125) 耿世民, 『古代維吾爾詩歌選』(新疆人民出版社, 1982).

구스 카간(Oghuz Khagan)의 전설(烏古斯可汗的傳說)』126), 『위구르
족(維吾爾族) 고대문화와 문헌 개론(維吾爾族古代文化和文獻槪論)
』127), 『위구르(維吾爾) 고대 문헌 연구(維吾爾古代文獻研究)』128)
- 호진화(胡振華)와 황윤화(黃潤華)의 『고창관잡자: 명대 한문-위구르
  문(回鶻文) 분류 어휘(高昌館雜字─明代漢文回鶻文分類詞匯)』129)
- 이경위(李經緯)의 『위구르문 사회경제 문서 연구(回鶻文社會經濟文
  書研究)』130)
- 우여겁(牛汝极)의 『위구르 고문자와 고문헌 도론(維吾爾古文字與古
  文獻導論)』131)
- 장철산(張鐵山)의 『위구르문 고적 개람(回鶻文古籍槪覽)』, 「돈황 막
  고굴 북구 출토 위구르문 문헌 번역 및 해석 연구(敦煌莫高窟北區
  出土回鶻文文獻譯釋研究)」132)

중국과 해외의 위구르문 연구 진전에 관한 기타 세부 사항은 다음
과 같은 총술을 참고할 수 있다.

- 마츠이 다이(松井太)의 「위구르문 문헌 연구의 현황과 발전 동향(回
  鶻文文獻研究的現狀及發展趨勢)」133)
- 등호(鄧浩)와 양부학(楊富學)의 「위구르문 문헌 언어 연구 백년 회
  고(回鶻文文獻語言研究百年回顧)」134)

126) 耿世民, 『烏古斯可汗的傳說(維吾爾族古代史詩)』(新疆人民出版社, 1980).
127) 耿世民, 『維吾爾族古代文化和文獻槪論』(新疆人民出版社, 1983).
128) 耿世民, 『維吾爾古代文獻研究』(中央民族大學出版社, 2003).
129) 胡振華, 黃潤華, 『高昌館雜字─明代漢文回鶻文分類詞匯』(民族出版社, 1984).
130) 李經緯, 『吐魯番回鶻文社會經濟文書研究』(新疆人民出版社, 1996).
131) 牛汝极, 『維吾爾古文字與古文獻導論』(新疆人民出版社, 1997).
132) 張鐵山, 「敦煌莫高窟北區出土回鶻文文獻譯釋研究(一)」, 彭金章等, 『敦煌莫高窟
    北區石窟』 第2卷(文物出版社, 2004), 361-369쪽. 張鐵山, 「敦煌莫高窟北區出土
    回鶻文文獻譯釋研究(二)」, 彭金章等, 『敦煌莫高窟北區石窟』 第3卷(文物出版社,
    2004), 383-396쪽.
133) [日] 松井太, 「回鶻文文獻研究的現狀及發展趨勢」, 楊富學, 臧存艷譯, 『民族史研
    究』 第15輯(中央民族大學出版社, 2018), 407-426쪽.

· 이금(李琴)의 『소그드-위구르계 문자 발전사략(粟特回鶻系文字發展史略)』에서 위구르문 문헌 부분
· 유과(劉戈)의 「위구르문 사회경제 문서 연구 총술(回鶻文社會經濟文書研究綜述)」[135]
· 장존염(臧存艶)의 「중국 대륙의 위구르문 사회경제 문서 및 위구르 경제사 연구 총술(中國大陸回鶻文社會經濟文書及回鶻經濟史研究綜述)」[136]

몽골 문자 연구의 진전은 주로 현존하는 몽골문 문헌의 정리, 연구와 활용에 집중되어 있다. 정리 분야의 대표적 성과는 다음과 같다.

· 『중국 몽골문 고적 총목(中國蒙古文古籍總目)』[137] 전3권
· 『몽골문 간주르(Kanjur)·단주르(Tanjur) 목록(蒙古文甘珠爾·丹珠爾目录)』[138] 전2권
· 『중국 소수민족 고적 총목 제요: 몽골족 권(中國少數民族古籍總目提要·蒙古族卷)』[139]

이 중에서 우린시라(烏林西拉)가 주편한 『중국 몽골문 고적 총복』은 본문, 색인, 부록으로 구성되어 있으며, 내몽골 자치구의 1947년 5월 이전과 중국의 여타 지역의 1949년 10월 이전에 중국에서 출판되거나 소장된 몽골문 고적과 일부 비석 실물을 수록했다. 총 13,115종을 수록하여 중국의 몽골문 고적 문헌의 소장 현황을 전면적으로 반

---

134) 鄧浩, 楊富學, 「回鶻文文獻語言研究百年回顧」, 『語言與翻譯(漢文)』 第2期(2001).
135) 劉戈, 「回鶻文社會經濟文書研究綜述」, 『西域研究』 第3期(1992).
136) 臧存艶, 「中國大陸回鶻文社會經濟文書及回鶻經濟史研究綜述」, 『2016敦煌學國際聯絡委員會通訊2016』(上海古籍出版社, 2016), 106-124쪽.
137) 『中國蒙古文古籍總目』編委會, 『中國蒙古文古籍總目』(北京圖書出版社, 1999).
138) 蒙古文甘珠爾·丹珠爾目录編委會, 『蒙古文甘珠爾·丹珠爾目录』(遠方出版社, 2002).
139) 內蒙古自治區少數民族古籍與 "格斯爾" 征集研究室, 『中國少數民族古籍總目提要·蒙古族卷』(內蒙古教育出版社, 2013).

영하고 있으며, 현재 중국에서 가장 완전한 몽골문 문헌 목록 성과이다. 그 부록인 『몽골문 고적 신판 간략목록(蒙古文古籍新版簡目, 1949.10-1998)』에는 건국 이래 정리·출판된 몽골문 고적과 구비문헌 365종을 수록하였다.

『총목』에는 불교 전적 5,600여 항목이 수록되어 있으나, 몽골문 『간주르』(1720년 북경 목각 주인본140))와 『단주르』(1749년 북경 목각 주인본)는 그중 단 두 항목에 불과하며, 세부 목록은 수록하지 않았다.

『몽골문 간주르·단주르 목록』은 북경 목각 주인본 몽골문 『간주르』 108함과 『단주르』 225함을 바탕으로 편찬되었으며, 총 5,000여 항목을 수록하고 있고, 본문, 색인, 부록 세 부분으로 구성되어 있다.

『중국 소수민족 고적 총목 제요: 몽골족 권』은 총 10,155종의 고적을 수록하여, 1949년 이전의 몽골문 고적을 비교적 완전하게 수록했다. 이 목록은 몽골족 고적의 몽골 문자, 한자, 라틴 문자 제목을 표기하고, 저자, 번역자, 판본 등의 정보도 완전하고 상세하게 기재하였으며, 몽골문 고적의 내용 요약을 추가한 것이 이 목록의 가장 두드러진 특징이다.

현존하는 몽골문 고적 문헌의 연구 진전에 대한 중국 내 사례는 다음과 같다.

고대 몽골문 분야의 대표적 논문들
· 다오부(道布)의 「위구르식 몽골문 <운남왕장경비> 고증과 해석(回鶻式蒙古文「雲南王藏經碑」考釋)」141)
· 진내웅(陳乃雄)의 「몽골 사대 한국(汗國) 화폐상의 몽골문 명문 해석(蒙古四大汗國錢幣上的蒙古文銘文解)」142), 「실크로드 몽골 제국

---

140) (역주) '주인본(朱印本)'은 붉은 도장이 찍힌 관판본을 의미한다.
141) 道布, 「回鶻式蒙古文<雲南王藏經碑>考釋」, 『中國社會科學』 第3期(1981).

화폐상의 위구르체 몽골문(絲綢之路蒙古諸國錢幣上的畏吾體蒙古文)
」143)

· 하세르덴(Khaserdene, 哈斯額爾敦)의「<명 태조 보도 장권도> 제4
단 위구르 몽골문 고찰(<普度明太祖長卷圖144)>第四段回鶻蒙古文考
釋)」145)

· 하스바겐(Khasbagen, 哈斯巴根)의「위구르식 몽골문 문헌 중의 한어
차용어 연구(回鶻式蒙古文文獻中的漢語借詞硏究)」146)

· 하스바타르(Khasbaatar, 哈斯巴特爾)의「몽골문과 위구르문 <금광명
경> 관계 초탐(蒙古文與回鶻文<金光明經>關系初探)」147)

· 바얀델게르(Bayandelger, 巴音德力開)의『13-14세기 위구르식 몽골문 문
자 부호의 비교 연구(13-14世紀回鶻式蒙古文文字符號的比較硏究)』148)

근대 전통 몽골문 분야의 대표적 성과
· 게렐(Gerel, 格日樂)과 나순달라이(Nasundalai, 納順達來)의「17-19세기
위구르식 몽골 문자 의학 개술(17-19世紀回鶻式蒙古文醫學槪述)」149)

· 흑룡(黑龍)의「청 내각 만주 문자-몽골 문자 병기 문서의 형성 과
정, 서사 형식 및 어문 특징(淸內閣滿蒙文合璧文書的形成流程·書寫格
式及語文特徵)」150)

---

142) 陳乃雄,「蒙古四大汗國錢幣上的蒙古文銘文解」,『內蒙古金融硏究』제S3期(2003).
143) 陳乃雄,「絲綢之路蒙古諸國錢幣上的畏吾體蒙古文」,『內蒙古金融硏究』第S3期
(2003).
144) (역주) '장권도(長卷圖)'는 가로로 긴 두루마리 형태의 그림을 말한다.
145) 哈斯額爾敦,「<普度明太祖長卷圖>第四段回鶻蒙古文考釋」,『民族語文』第1期
(2007).
146) 哈斯巴根,「回鶻式蒙古文文獻中的漢語借詞硏究」,『中央民族大學學報(哲學社會
科學版)』第3期(2012).
147) 哈斯巴特爾,「蒙古文與回鶻文<金光明經>關系初探—以"舍身飼虎"故事爲中心」,
『中央民族大學學報(哲學社會科學版)』第3期(2018).
148) 巴音德力開,『13-14世紀回鶻式蒙古文文字符號的比較硏究』(西北民族大學碩士學
位論文, 2021).
149) 格日樂, 納順達來,「17-19世紀回鶻式蒙古文醫學槪述」,『中國民族醫藥雜志』第1
期(2006).
150) 黑龍,「淸內閣滿蒙文合璧文書的形成流程·書寫格式及語文特徵」,『民族硏究』第4

- 구리바야시 히토시(Kuribayashi Hitoshi, 栗林均)의 『근대 몽골 문자 사서의 형성 과정—'청문감(淸文鑒)'에서 <몽한자전>까지(近代蒙古文辭書的形成歷程—"淸文鑒"至<蒙漢字典>)』[151], 「'청문감(淸文鑒)에서의 몽골어 특징("淸文鑒"中的蒙古語文特徵)」[152]
- 아부르후(Aburhu, 阿布日胡)의 「청대 몽골 문자 관인론(論淸代蒙古文官印)」[153]
- 홍매(紅梅)와 흑룡의 「<몽골풍속감> 원고본·주석본 및 번역본 차이점 고찰(<蒙古風俗鑒>原稿本·批注本及譯本考異)」[154]
- 라수렌(Lhasuren, 李薩出拉娜)와 취보(聚寶)의 「중국과 해외에서 발견된 몽골 문자 <방오호(訪五虎)> 3종 술략(國內外所見蒙古文<訪五虎>三种述略)」[155]
- 우얀빌리그(Uyanbilig, 烏雲畢力格)의 「청대 티베트에서의 몽골어: 티베트자치구 문서관에 소장된 청대 몽골문 공문서를 중심으로(蒙古語文在淸代西藏—以西藏自治區檔案館所藏淸代蒙古文公牘爲例)」[156], 「티베트 소장 몽골어 서신 문서 연구(西藏所藏蒙古文書信檔案研究)」[157] 등.

근대시기 토드(托式) 몽골 문자 연구
- 외너수브드(Önösüböd, 烏尼蘇布道)의 「갈단 관련 토드문 문서의 문헌학적 연구(1679-1695): 청대 내각 몽골사 문서를 중심으로(噶爾丹有關的托式文文書文獻學研究(1679-1695)—以<淸內閣蒙古堂檔>爲

期(2016).
151) 栗林均, 長山, 「近代蒙古文辭書的形成歷程—"淸文鑒"至<蒙漢字典>」, 『滿語研究』 第1期(2019).
152) 栗林均, 「"淸文鑒"中的蒙古語文特徵」, 阿茹汗譯, 『滿語研究』 第1期(2021).
153) 阿布日胡, 「論淸代蒙古文官印」, 『西部蒙古論壇』 第4期(2019).
154) 紅梅, 黑龍, 「<蒙古風俗鑒>原稿本·批注本及譯本考異」, 『民族翻譯』 第2期(2021).
155) 李薩出拉娜, 聚寶, 「國內外所見蒙古文<訪五虎>三种述略」, 『赤峰學院學報(哲學社會科學版)』 第9期(2021).
156) 烏云畢力格, 「蒙古語文在淸代西藏—以西藏自治區檔案館所藏淸代蒙古文公牘爲例」, 『中央民族大學學報(哲學社會科學版)』 第6期(2021).
157) 烏云畢力格, 「西藏所藏蒙古文書信檔案研究」, 『中國藏學』 第1期(2021).

例」158)
· 알탄호치르(Altanochir, 阿拉騰奧其爾)의 「핀란드 소장 바야르 왕이
람스테트에게 보낸 토드문 서신 연구(芬蘭所藏巴雅爾王致蘭司鐵的
一封托忒文信件硏究)」159)
· 웬더르나(Öndörnaa, 溫都日娜)의 『토트문 의학 문헌 <결규론보(訣竅
論補)·참제비명사승리검(斬除非命死繩利劍)>연구(托忒文醫學文獻
<訣竅論補·斬除非命死繩利劍>硏究)』160) 등.

현대의 몽골 문자(蒙古文) 분야가 고대 및 근대의 몽골 문자와 다른
것은 언어 규범화와 정보화, 디지털화 관련 연구가 점점 주목을 받고
있다는 점이다. 예컨대 다음과 같은 것들이 있다.

· 가희유(賈晞儒)의 「몽골문 이체자 규범화에 관한 견해(關於規范蒙古
文異體字之管見)」161)
· 바리야(Baryaa, 巴理嘉)의 「통일 문자의 이점이 단점보다 크다: 신강
의 후둠 몽골 문자 추진 조치에 대한 종합적 논의(統一文字利大於
弊—縱論在新疆推行胡都木蒙文擧措)」162), 「신강의 후둠 몽골 문자
보급 사업 회고(新疆推廣胡都木蒙文工作回顧)」163)
· 초이자브(Choijav, 确精扎布)와 나산외르터(Nasanörtöö, 那順烏日圖)의
「몽골 문자의 인코딩에 관하여(關於蒙古文編碼)」164)

---

158) 烏尼蘇布道, 『噶爾丹有關的托忒文文書文獻學硏究(1679-1695)—以<淸內閣蒙古
堂檔>爲例』(中央民族大學碩士學位論文, 2017).
159) 阿拉騰奧其爾, 「芬蘭所藏巴雅爾王致蘭司鐵的一封托忒文信件硏究」, 『西部蒙古
論壇』 第3期(2017).
160) 溫都日娜, 『托忒文醫學文獻<訣竅論補·斬除非命死繩利劍>硏究』(西北民族大學
碩士學位論文, 2017).
161) 賈晞儒, 「關於規范蒙古文異體字之管見」, 『靑海民族硏究(社會科學版)』 第1期
(1994).
162) 巴理嘉, 「統一文字利大於弊—縱論在新疆推行胡都木蒙文擧措」, 『語言與翻譯』
第1期(1995).
163) 巴理嘉, 「新疆推廣胡都木蒙文工作回顧」, 『語言與翻譯』 第4期(2008).

- 이·다와(I.Dawa, 伊·達瓦) 등의 「몽골어 언어-문자의 자동화 처리(蒙古語語言-文字的自動化處理)」[165]
- 공정(鞏政)의 『몽골문 인코딩 변환 연구(蒙古文編碼轉換研究)』[166]
- 초이자브(Choijav, 确精扎布)의 「몽골 문자 인코딩의 국제 및 국가 표준 형성 과정(蒙古文編碼國際和國家標准形成始末)」[167]
- 트.잠츠(T.Jamts, 特·賈木查)의 「토드 문자 창제의 역사적 배경 및 그 규범화에 대한 탐구(關於托忒文創制的歷史背景及其規範探討)」[168]
- 양영(楊影) 등의 「몽골문 아동 도서의 몽골 문자 서체 사용 현황 및 발전 연구(蒙文兒童讀物中蒙文字體的使用情況及發展研究)」[169]
- 멍흐(Mönh, 莫德)의 「몽골문 조판 형식의 재연구(蒙古文排版形式的再研究)」[170] 등.

대표적인 저서들은 다음과 같다.

고대 몽골 문자 연구
- 하스바겐(Khasbagen, 哈斯巴根)의 『중세 몽골어 연구(中世紀蒙古語研究)』[171]
- 가르디(Gardi, 嘎日迪)의 『아얼재 석굴 위구르-몽골 문자로 쓰여진

---

164) 确精扎布, 那順烏日圖, 「關於蒙古文編碼」(上, 下), 『內蒙古大學學報(哲學社會科學版)』 第4期(1994), 第1期(1995).
165) 伊·達瓦, 張玉潔, 上園一知, 大川茂樹, 章森, 井佐原均, 白井克彦, 「蒙古語語言 ──文字的自動化處理」, 『中文信息學報』 第4期(2006).
166) 鞏政, 『蒙古文編碼轉換研究』(內蒙古大學碩士學位論文, 2008).
167) 确精扎布, 「蒙古文編碼國際和國家標准形成始──第一階段: 國內醞釀(大致1991年底至1995年12月)」, 「蒙古文編碼國際和國家標准形成始──第二階段: 國際合作(1995年12月至1999年12月)」, 「蒙古文編碼國際和國家標准形成始──第三階段: 研制國際(2000年1月至2011年1月)」, 『信息技術與標准化』 第1期(2015).
168) 特·賈木查, 汪仲英, 「關於托忒文創制的歷史背景及其規範探討」, 『新疆大學學報(社會科學版)』 第3期(2002).
169) 楊影, 吳日哲, 畢力格巴圖, 塔拉, 「蒙文儿童讀物中蒙文字體的使用情況及發展研」, 『內蒙古藝術學院學報』 第4期(2020).
170) 莫德, 「蒙古文排版形式的再研究」, 『內蒙古師大學報(哲學社會科學版)』 第1期(2000).
171) 哈斯巴根, 『中世紀蒙古語研究』(內蒙古教育出版社, 1996).

벽면 제명(題名) 연구(阿爾寨石窟回鶻蒙古文榜題研究)』172), 『중고시기 몽골어 연구(中古蒙古語研究)』173) 등

이 중에서 가르디(嘎日迪)의 『중고시기 몽골어 연구』는 고대 몽골문 문헌 연구를 바탕으로 만들어진 중고시기 몽골어에 관한 개론서이다.

근대 고전 몽골 문자 연구
· 보력고(寶力高)의 『몽골문 불교 문헌 연구(蒙古文佛教文獻研究)』174)
· 울란(Ulan, 烏蘭)의 『<몽골원류> 연구(<蒙古源流>研究)』175) 등.

몽골 문자에도 일부 새로 출토된 문헌들이 있는데, 주로 고대 몽골문 자료들이다. 관련 연구 성과는 다음과 같다.

· 다오부(道布)와 자오나스투(照那斯圖)의 「하남성 등봉 소림사에서 출토된 위구르식 몽골 문자와 파스파 문자 성지비 고찰(河南登封少林寺出土的回鶻式蒙古文和八思巴字聖旨碑考釋)」176)
· 하계룡(何啓龍)의 「할부흐-발가스(Kharbukh-Balgas) 고성 출토 몽골문 불경 속의 몽골·원대의 특징(哈勒不渾-巴勒哈孫古城出土蒙文佛經之中的蒙元因素)」177)
· 옥트곤(Otgon, 敖特根)의 『돈황 막고굴 북구에서 출토된 몽골문 문헌 연구(敦煌莫高窟北區出土蒙古文文獻研究)』178)

---

172) 嘎日迪, 『阿爾寨石窟回鶻蒙古文榜題研究』(遼寧民族出版社, 2010).
173) 嘎日迪, 『中古蒙古語研究』(遼寧民族出版社, 2006).
174) 寶力高, 『蒙古文佛教文獻研究』(人民出版社, 2012).
175) 烏蘭, 『<蒙古源流>研究』(遼寧民族出版社, 2000).
176) 道布, 照那斯圖, 「河南登封少林寺出土的回鶻式蒙古文和八思巴字聖旨碑考釋」와 그 속편(1), 속편(2), 『民族語文』 第5期(1993)·第6期(1993)·第1期(1994).
177) 何啓龍, 「哈勒不渾-巴勒哈孫古城出土蒙文佛經之中的蒙元因素」, 『西北民族研究』 第2期(2005).
178) 敖特根, 『敦煌莫高窟北區出土蒙古文文獻研究』(蘭州大學博士學位論文, 2006).

· 정월(正月)와 고와(高娃)의 「연우 4년의 위구르식 몽골문 문서 해독
(延祐四年一份回鶻式蒙古文文書釋讀)」[179]
· 밍·에르덴바타르(Ming.Erdenbaatar, 明·額爾敦巴特爾)의 「몽골문 '성
칭기스 칸 제사경'에 관한 몇 가지 문제(關於蒙古文"聖成吉思汗祭祀
經"的若干問題)」[180]
· 칭겔(Chinggel, 青格力)의 「새로 발견된 아얼산 마애 위구르-몽골문
제기 해독(新發現阿爾山摩崖回鶻蒙古文題記釋讀)」[181]과 「새로 발견
된 조화하(灶火河) 원대 마애 제기의 연대 고증 및 위구르-몽골문
계년   제기해독(新發現灶火河元代摩崖題記年代考及回鶻蒙古文鷄年題
記釋讀)」[182]
· 당보해(黨寶海)의 「흑성 원대 몽골문·한문 문서 수습(黑城元代蒙古
文·漢文文書拾零)」[183] 등.

이 중에서 옥트곤(Otgon, 敖特根)의 박사 논문은 막고굴 북구에서
출토된 51점의 고대 몽골문 문서 잔권에 대해 비교적 심도 있는 연
구를 수행했는데, 여기에는 41점의 실용문서와 10점의 불교 문헌이
포함되어 있다.

중국과 해외의 몽골 문자 연구의 진전에 관한 기타 세부 사항은
다음과 같은 논문들을 참고할 수 있다.
· 다오부(道布)의 「위구르식 몽골문 연구 개황(回鶻式蒙古文研究槪況)」[184]
· 쌍복(雙福)의 「중국 위구르식 몽골문 연구 평술(我國回鶻式蒙古文研

179) 正月, 高娃, 「延祐四年一份回鶻式蒙古文文書釋讀」, 『民族語文』 第5期(2009).
180) 明·額爾敦巴特爾, 「關於蒙古文"聖成吉思汗祭祀經"的若干問題」, 『內蒙古大學學
報(哲學社會科學版)』 第3期(2014).
181) 青格力, 「新發現阿爾山摩崖回鶻蒙古文題記釋讀」, 『中央民族大學學報(哲學社會
科學版)』 第5期(2017).
182) 青格力, 「新發現灶火河元代摩崖題記年代考及回鶻蒙古文鷄年題記釋讀」, 『西北
民族研究』 第3期(2020).
183) 黨寶海, 「黑城元代蒙古文·漢文文書拾零」, 『西部蒙古論壇』 第4期(2018).
184) 道布, 「回鶻式蒙古文研究槪況」, 『中國民族古文字研究』(中國社會科學出版社, 1984)

究評述)」185)

· 바얀(Bayan, 寶音)의 「몽골문 고적 정리와 연구 총술(蒙古文古籍整理
與研究綜述)」186)

· 이금(李琴)의 『소그드-위구르계 문자 발전사략(粟特回鶻系文字發展史
略)』 중 몽골문 문헌 부분

· 촐론바타르(Chuluunbaatar, 曹道巴特爾)의 『몽골어족 언어 연구사론
(蒙古語族語言研究史論)』187)

· 세첸초그트(Sechinchogtu, 斯欽朝克圖)의 「몽골 언어문자 및 몽골어
족 언어 연구의 역사와 현황(蒙古語言文字及蒙古語族語言研究的歷史
和現狀)」188)

· 세첸트(Sechent, 斯欽圖)의 『위구르식 몽골문 문헌 디지털화 정리
연구(回鶻式蒙古文文獻數字化整理研究)』189)

· 채위걸(蔡偉杰)의 「현대 미국 몽골학 연구 발전 추세(当代美國蒙古
學研究發展趨勢)」190)

· 양리윤(楊利潤) 등의 「몽골문 형태 대응 코드 오류 해결에 관한 연
구 종설(關於解決蒙古文形對碼錯錯誤的研究綜述)」191)

· 부게데렐(Buugederel, 包烏格德勒)와 이연(李娟)의 『몽골문 텍스트 자
동 교정 연구 총술(蒙古文文本自動校對研究綜述)』192) 등.

만주 문자 연구의 진전은 주로 현존하는 만주문 고대 문헌의 정리
와 연구에서 나타난다. 정리 방면의 대표적인 성과는 다음과 같다.

---

185) 雙福, 「我國回鶻式蒙古文研究評述」, 『蒙古學資料與情報』 第2期(1991).
186) 寶音, 「蒙古文古籍整理與研究綜述」, 『內蒙古民族大學學報(社會科學版)』 第5期
(2012).
187) 曹道巴特爾, 『蒙古語族語言研究史論』(內蒙古教育出版社, 2010).
188) 斯欽朝克圖, 「蒙古語言文字及蒙古語族語言研究的歷史和現狀」, 『蒙藏季刊』 第1
期(2013).
189) 斯欽圖, 『回鶻式蒙古文文獻數字化整理研究』(內蒙古大學博士學位論文, 2019).
190) 蔡偉杰, 「当代美國蒙古學研究發展趨勢」, 『蒙藏季刊』 第3期(2012).
191) 楊利潤等, 「關於解決蒙古文形對碼錯錯誤的研究綜述」, 『現代計算機』 第4期(2020).
192) 包烏格德勒, 李娟, 「蒙古文文本自動校對研究綜述」, 『電腦知識與技術』 第35期(2016).

· 오원풍(吳元豐), 성숭덕(成崇德), 우평한(牛平漢) 주편의 『청대 변경 지역 만주 문자 문서 목록(淸代邊疆滿文檔案目錄)』[193]: 약 12만 건의 문서 항목 수록, 문서 주제·책임자·형성 시기·관련 지역·문종 등 다양한 관점에서 군기처 만주 문자 월절포 내의 변경 지역 문제 관련 문서의 내용과 주요 형식적 특징을 보여줌
· 부려(富麗)의 『세계 만문 문헌 목록(世界滿文文獻目錄)』[194]: 1,122종의 문헌과 646종의 탁본 수록
· 왕적비(王敵非)의 『유럽 만문 문헌 총목 제요(歐洲滿文文獻總目提要)』[195]: 유럽 국가들이 소장한 만문 문헌 및 그 역사적 현황과 현대 연구에 대해 체계적으로 논술, 15개국 23개 도시 50개 소장 기관을 다룸
· 곽맹수(郭孟秀)의 『만주 문자 문헌 개론(滿文文獻槪論)』[196]: 중국 북경, 요녕, 길림, 흑룡강, 내몽골, 신강과 기타 성시 지역 및 해외(일본, 러시아, 미국)의 현존 만주문 문헌을 정리 수록

만주문 문헌 정리에 관한 기타 정보는 다음 논문들을 참고할 수 있다.

· 오원풍(吳元豐)의 「만주 문자와 만주문 고적 문헌 총술(滿文與滿文古籍文獻綜述)」[197], 「근 백년간 만주문 문서 편역 출판 총술 - 중국 대륙을 중심으로(近百年來滿文檔案編譯出版綜述—以中國大陸爲中心)」[198]
· 관가록(關嘉祿)의 「20세기 중국 만주문 문헌 정리 연구(20世紀中國滿文文獻的整理研究)」[199]

---

193) 吳元豐, 成崇德, 牛平漢主編, 『淸代邊疆滿文檔案目录』(廣西師范學院出版社,1999).
194) 富麗, 『世界滿文文獻目録』(中國民族古文字硏究會, 1983).
195) 王敵非, 『歐洲滿文文獻總目提要』(中華書局, 2021).
196) 郭孟秀, 『滿文文獻槪論』(民族出版社, 2004).
197) 吳元豐, 「滿文與滿文古籍文獻綜述」, 『滿族硏究』 第1期(2008).
198) 吳元豐, 「近百年來滿文檔案編譯出版綜述—以中國大陸爲中心」, 『滿語硏究』 第2期(2011).
199) 關嘉祿, 「20世紀中國滿文文獻的整理研究」, 『中國史硏究動態』 第12期(2002).

· 이민(李敏) 등의 「만주족 문헌 목록 편제 작업 술평(滿族文獻目录編制工作述評)」200) 등.

만주문 고대 문헌 연구 분야에서의 중국의 대표적인 성과는 다음 논문들을 참고할 수 있다.

· 통융공(佟永功)의 「청말부터 민국 연간까지 후룬베이얼 지방 공문에서 만주 문자 사용 상황에 대한 고찰(對淸末至民國年間呼倫貝爾地方公文中使用滿文情況的考察)」201)
· 조옥매(趙玉梅)의 「청대 만주문 문서로 본 '우스 사건'의 시말(從淸代滿文檔案看"烏什事件"始末)」202)
· 유소명(劉小萌)의 「강녕장군 에추(ecu, 額楚) 만주문 고봉비에 관하여(關於江寧將軍額楚滿文誥封碑)」203), 「청나라 전기 북경 팔기(八旗) 소속인의 만주문 부동산 계약 문서 연구(淸前期北京旗人滿文房契研究)」204)
· 유숙진(劉淑珍)의 「청대 흑룡강 만주문 문서와 몽골족 연구(淸代黑龍江滿文檔案與蒙古族研究)」205)
· 금의(金毅)의 「청대 만주문 전서체에 관한 새로운 자료 - 장춘, 구케호투(kūkehotu), 북경 세 지역 방문 조사 기록(淸代滿文篆字的新資料─長春·呼和浩特·北京三地走訪調查記)」206)
· 나문화(羅文華)의 「만주문 <대장경> 편찬 고략(滿文<大藏經>編纂考略)」207)

---

200) 李敏等, 「滿族文獻目录編制工作述評」, 『圖書館學研究』 第12期(2020).
201) 佟永功, 「對淸末至民國年間呼倫貝爾地方公文中使用滿文情況的考察」, 『滿語研究』 第2期(2000).
202) 趙玉梅, 「從淸代滿文檔案看"烏什事件"始末」, 『歷史檔案』 第4期(2001).
203) 劉小萌, 「關於江寧將軍額楚滿文誥封碑」, 『滿語研究』 第1期(2001).
204) 劉小萌, 「淸前期北京旗人滿文房契研究」, 『民族研究』 第4期(2001).
205) 劉淑珍, 「淸代黑龍江滿文檔案與蒙古族研究」, 『滿語研究』 第1期(2003).
206) 金毅, 「淸代滿文篆字的新資料─長春·呼和浩特·北京三地走訪調查記」, 『滿語研究』 第2期(2003).
207) 羅文華, 「滿文<大藏經>編纂考略」, 『中國歷史文物』 第3期(2005).

- 장홍위(章宏偉)의 「<청문전장경> 번각 시기 연구(<淸文全藏經>譯刻起止時間硏究)」[208]
- 설련(薛蓮)의 「대련도서관 소장의 만주문 <신약전서> 고략(大連圖書館館藏滿文<新約全書>考略)」[209]
- 서리(徐莉)의 「만주문 <사서> 수정고본 및 그 가치(滿文<四書>修訂稿本及其价值)」[210], 「청대 만주문 <시경> 번역본 및 그 전승(淸代滿文<詩經>譯本及其流傳)」[211]
- 수운(秀雲)의 「<삼국연의> 만주문 번역 고찰(<三國演義>滿文翻譯考述)」[212]
- 상건화(常建華)의 「'신청사' 연구로 본 <건륭연간 만주문 서신 문서 번역과 편집>의 사료 가치(從'新淸史'硏究看<乾隆朝滿文寄信檔譯編>的史料价值)」[213]
- 한효매(韓曉梅)의 「마가씨 만주문 가보 연구(馬佳氏滿文家譜硏究)」[214], 「건륭조 만주문 문서에 나타난 알바진(Albazin)과 네르친스크(Nerchinsk)(乾隆朝滿文檔案中的雅克薩與尼布楚)」[215]
- 이전용(李典蓉)의 「만주문과 청대 사법제도 연구-'형과사서'를 예로(滿文與淸代司法制度硏究—以"刑科史書"爲例)」[216]
- 이웅비(李雄飛)의 「만주문 고대 문헌의 판본 감정(滿文古籍的版本鑒定)」[217]
- 이웅비(李雄飛), 고천악(顧千岳)의 「만주문 고대 문헌 편목 개술(滿文古籍編目槪述)」[218]

---

208) 章宏偉,「<淸文全藏經>譯刻起止時間硏究」,『社會科學戰線』 第5期(2006).
209) 薛蓮,「大連圖書館館藏滿文<新約全書>考略」,『滿語硏究』 第1期(2008).
210) 徐莉,「滿文<四書>修訂稿本及其价值」,『滿語硏究』 第1期(2008).
211) 徐莉,「淸代滿文<詩經>譯本及其流傳」,『民族翻譯』 第3期(2009).
212) 秀雲,「<三國演義>滿文翻譯考述」,『中央民族大學學報(哲學社會科學版)』 第6期(2014).
213) 常建華,「從"新淸史"硏究看<乾隆朝滿文寄信檔譯編>的史料价值」,『歷史檔案』 第1期(2011).
214) 韓曉梅,「馬佳氏滿文家譜硏究」,『滿語硏究』 第2期(2011).
215) 韓曉梅,「乾隆朝滿文檔案中的雅克薩與尼布楚」,『滿語硏究』 第1期(2014).
216) 李典蓉,「滿文與淸代司法制度硏究—以"刑科史書"爲例」,『政法論壇』 第3期(2011).
217) 李雄飛,「滿文古籍的版本鑒定」,『滿語硏究』 第1期(2015).

· 왕적비(王敵非)의 『러시아 만주문 문헌 소장 연구(俄羅斯滿文文獻典
   藏研究)』219), 「러시아 소장 만주문 희귀 문헌과 중국·러시아 학술
   교류(俄藏滿文珍稀文獻與中俄學術交流)」220)
· 이근박(李勤璞)의 『창양 갸초(Tshangs dbyangs rgya mtsho) 강희 39
   년 3월 만주문 제본(倉央嘉措康熙三十九年三月滿文題本)」221)
· 울루르미잡(Ulurmijap, 烏日魯木加甫)의 「<준가르를 평정한 이후에
   이리에 세운 비석>의 한자·만주 문자·토드 문자 비교 연구(<平定
   准噶爾后勒銘伊犁之碑>漢滿托忒文比較研究)」222)
· 위교연(魏巧燕)의 「<만문노당>에서의 누르하치 언어 스타일 연구
   (<滿文老檔>中的努爾哈赤言語風格研究)」223)
· 장걸(張杰)의 「청대 만주문 비각 기능(清代滿文碑刻功能)」224)
· 아올라(Aola, 敖拉)의 『<구만주당>에서 <만문노당>까지-1626년
   이전 만주·몽골 관계 사료 비교 연구(從<旧滿洲檔>到<滿文老檔>
   —1626年之前滿蒙關系史料比較研究)』225) 등.

만주 문자의 정보화에 대한 연구 성과는 다음 논문들을 참고할 수 있다.

· 가르디(Gardi, 嘎日迪) 등의 「중국 만주문 정보처리 현대화 기술 방
   면의 진전에 관하여(關於我國滿文信息處理現代化技術方面的進展)」226)

---

218) 李雄飛, 顧千岳, 「滿文古籍編目概述」(上·中·下), 『滿語研究』 第1·2期(2018)·第1
   期(2019).
219) 王敵非, 『俄羅斯滿文文獻典藏研究』(黑龍江大學博士學位論文, 2016).
220) 王敵非, 「俄藏滿文珍稀文獻與中俄學術交流」, 『滿語研究』 第2期(2019).
221) 李勤璞, 「倉央嘉措康熙三十九年三月滿文題本」, 『中國藏學』 第4期(2017).
222) 烏日魯木加甫, 「<平定准噶爾后勒銘伊犁之碑>漢滿托忒文比較研究」, 『滿語研究
   』 第2期(2020).
223) 魏巧燕, 「<滿文老檔>中的努爾哈赤言語風格研究」, 『滿語研究』 第1期(2020).
224) 張杰, 「清代滿文碑刻功能」, 『歷史檔案』 第3期(2021).
225) 敖拉, 『從<旧滿洲檔>到<滿文老檔>—1626年之前滿蒙關系史料比較研究』(內
   蒙古大學博士學位論文, 2005).
226) 嘎日迪等, 「關於我國滿文信息處理現代化技術方面的進展」, 『滿語研究』 第2期
   (2002).

- 장리(張俐) 등의 「만주문 컴퓨터 보조 번역 시스템의 만주 문자 인
  코딩(滿文計算机輔助翻譯系統的滿文字符編碼)」227)
- 이정교(李晶皎), 조기(趙驥)의 「베이즈 준칙과 미정 단어집 퍼지 행
  렬에 기반한 만주문 인식 후처리(基於貝斯准則和待定詞集模糊矩陣
  的滿文識別后處理)」228)
- 조기(趙驥) 등의 「오프라인 필기 만주문 텍스트 인식 시스템의 설
  계와 구현(脫机手寫滿文文本識別系統的設計與實現)」229)
- 통자·칭푸(Tongja·Qingfu, 佟加·慶夫)의 「석백 문자와 만주 문자 정보
  기술 응용 연구(錫伯文與滿文信息技術應用研究)」230)
- 위외(魏巍) 등의 「모바일 단말기 만주 문자 입력의 구현(移動終端滿
  文輸入的實現)」231)
- 왕홍연(王紅娟)의 『만주문 문서 디지털화 및 개발 이용 연구(滿文檔
  案數字化及其開發利用研究)』232) 등.

중국과 해외의 만주 문자 연구의 기타 세부사항은 다음 논문들을
참고할 수 있다.

- 유소맹(劉小萌)의 「중국 만주학 연구 70년(中國滿學研究70年)」233)
- 유사아(劉斯雅)의 『문헌 통계에 기반한 중국 만주문 문서 연구 성
  과 분석(基於文獻統計的我國滿文檔案研究進展分析)』234)

---

227) 張俐等, 「滿文計算机輔助翻譯系統的滿文字符編碼」, 『東北大學學報(自然科學版)
   』第2期(2002).
228) 李晶皎, 趙驥, 「基於貝斯准則和待定詞集模糊矩陣的滿文識別后處理」, 『東北大學
   學報(自然科學版)』第11期(2004).
229) 趙驥等, 「脫机手寫滿文文本識別系統的設計與實現」, 『模式識別與人工智能』第6
   期(2006).
230) 佟加·慶夫, 「錫伯文與滿文信息技術應用研究」, 『滿語研究』第1期(2009).
231) 魏巍等, 「移動終端滿文輸入的實現」, 『大連海事大學學報』第1期(2011).
232) 王紅娟, 『滿文檔案數字化及其開發利用研究』(山東大學碩士學位論文, 2012).
233) 劉小萌, 「中國滿學研究70年」, 『滿語研究』第2期(2019).
234) 劉斯雅, 『基於文獻統計的我國滿文檔案研究進展分析』(遼寧大學碩士專業學位論文,
   2017).

· 이금(李琴)의 『소그드-위구르계 문자 발전사략(粟特回鶻系文字發展史略)』에서 만주문 문헌 부분
· 황정천(黃定天)의 「러시아의 만주학 연구 논술(論俄國的滿學研究)」[235]
· 염국동(閆國棟)의 「제정 러시아 만주학의 역사와 성취(帝俄滿學的歷史與成就)」[236]
· 통커리(佟克力)의 「러시아 만주학 학자와 만주학 연구(俄羅斯滿學學者與滿學研究)」[237]
· 왕우랑(王禹浪) 등의 「해외 만주학 연구 총술(海外滿學研究綜述)」[238]
· 왕영자(汪穎子)의 「유럽의 만주학 연구-유럽의 청나라 역사에 관한 연구 현황(簡述歐洲滿學研究—兼論淸史研究在歐洲現狀)」[239]
· 증소오(曾小吾)의 「세계 현학 30년-개혁개방 이래 만주학 연구 분석 개요(世界顯學30年—改革開放以來滿學研究析略)」[240]
· 무인천(穆鋆臣)과 왕수봉(王秀峰)의 「타산지석: 일본 학계 만주학 연구 서요(他山之石: 日本學界滿學研究述要)」[241]
· 유후생(劉厚生)과 진사령(陳思玲)의 「21세기 중국과 일본학자들의 <구만주당>과 <만문노당> 연구 술평(本世紀中日學者<旧滿洲檔>和<滿文老檔>研究述評)」[242]
· 홍엽(洪曄)의 「만주문 <대장경> 연구 총술(滿文<大藏經>研究綜述)」[243] 등.

---

235) 黃定天, 「論俄國的滿學研究」, 『滿語研究』 第2期(1996).
236) 閆國棟, 「帝俄滿學的歷史與成就」, 『多元視野中的中外關系史研究—中國中外關系史學會第六屆會員代表大會論文集』(延邊大學出版社, 2005), 437-449쪽.
237) 佟克力, 「俄羅斯滿學學者與滿學研究」, 『滿語研究』 第1期(2006).
238) 王禹浪等, 「海外滿學研究綜述」, 『滿族研究』 第3期(2012).
239) 汪穎子, 「簡述歐洲滿學研究—兼論淸史研究在歐洲現狀」, 『吉林師范大學學報(人文社會科學版)』 第6期(2017).
240) 曾小吾, 「世界顯學30年改革開放以來滿族研究析略」, 『滿語研究』 第1期(2009).
241) 穆鋆臣, 王秀峰, 「他山之石: 日本學界滿學研究述要」, 『滿學研究』 第4輯(2021).
242) 劉厚生, 陳思玲, 「本世紀中日學者<旧滿洲檔>和<滿文老檔>研究述評」, 『民族研究』 第1期(1999).
243) 洪曄, 「滿文<大藏經>研究綜述」, 『滿族研究』 第3期(2020).

4. 기본 자료

소그드-위구르계 문자로 써진 문헌 자료들은 매우 많다. 연구자들에게 기본 자료에 대한 목록 작성, 정리, 편집은 필수라고 할 수 있다.

(1) 소그드 문자

현존하는 소그드문 자료의 작성 연대는 주로 6-11세기에 집중되어 있으며, 주요 발견 지역은 타지키스탄의 무그산, 중국의 투루판과 돈황이다. 대부분 종이 사본이지만, 목독, 양피 두루마리, 비명, 암각문 등도 있다. 내용상으로는 종교 텍스트가 많으며, 불교 경전이 주를 이루고, 마니교와 경교 문헌이 그 다음이다. 또한, 사회경제 문서, 서신, 문첩 등의 실용문서도 있다.

현존하는 소그드문 불경은 총 50여 부로, 『금강경(金剛經)』, 『심경(心經)』, 『화엄경(華嚴經)』, 『유마힐경(維摩詰經)』 등 대승 현교 경전이 있으며, 『불설대륜금강총지다라니경(佛說大輪金剛總持陀羅尼經)』, 『불공견삭신주경(不空羂索神咒經)』 등 밀교 경전도 있다.[244]

마니교 문헌으로는 『찬원경(讚願經)』, 『비유고사(譬喩故事)』, 『대력사경(大力士經)』 등이 있고, 경교 문헌으로는 『시편(詩篇)』, 『삼위몽도찬(三威蒙度讚)』, 『신경(信經)』, 『신약(新約)』 잔권 등이 있다.

현존하는 소그드문 문헌은 현재 다음과 같이 분산 소장되어 있다.

---

244) 張文玲, 『粟特佛典寫本學與粟特佛教槪述』.

· 프랑스 파리 국립도서관
· 러시아 상트페테르부르크 러시아 과학원 동방문헌연구소
· 독일 베를린 투루판 소장부
· 영국 대영도서관 동방 및 인도 소장부
· 일본 교토 류코쿠 대학
· 중국 북경 국가도서관 및 기타 중국 내 박물관과 도서관

중국에 소장된 것은 주로 건국 후에 투루판(吐魯番), 파초(巴楚), 소소(昭蘇), 니아(尼雅) 등지에서 새로 발견된 문헌들이다.245) 발견 시기가 가장 빠르고 수량이 가장 많은 것은 1902-1914년 사이 독일 프로이센 투루판 조사단이 베를린으로 가져간 소그드문 사본 잔편으로, 소그드 문자로 쓴 불교, 마니교, 경교 사본 잔편 약 1,500건이 포함되어 있다.246) 이는 현재 모두 전자화되어 투루판 연구 디지털 소장 네트워크에서 열람할 수 있다247). 영국, 프랑스, 러시아가 소장한 문서의 수량은 독일에 미치지 못하지만, 질과 내용 면에서는 더 우수하다고 할 수 있다. 런던 소장품은 주로 스타인이 획득한 사본으로, 유명한 장성 봉수 소그드문 고대 서신과 불교 문서가 있다. 불경 사본 중가장 긴 잔권은 404행의 『불설관불삼매해경(佛說觀佛三昧海經)』이다. 파리 소장품은 펠리오가 돈황에서 획득한 약 30건의 소그드문 사본으로, 대부분 한문에서 번역된 불경이며, 가장 긴 문서는 1,805행의 『수대나태자본생경(須大拏太子本生經)』248)이다. 상트페테르부르크 소장품에는 소그드 본토에서 발견된 8세기 무그산 문서와 투루판 및 돈

245) 劉文鎖,「新疆古代語言文字資料的發現與整理」,『西部蒙古論壇』 第1期(2018).
246) 張文玲, 前揭文.
247) http//turfan.bbaw.de/dta/so/dta_so_index.htm.
248) Henning, W. B. "The Sogdian texts of Paris". *Bulletin of the School of Oriental and African Studies*, 1946 (4). 西蒙斯, 威廉斯, 田衛疆, 「粟特文書收藏情況簡介」,『民族譯叢』 第4期(1984).

황에서 수집된 잔권이 포함되어 있다.

소그드 문자 관련 자료에 대한 대표적인 간행 및 편집 성과는 다음
자료들을 참고할 수 있다.

- 보골류보프, 리프시츠, 스미르노바의『무그산 문서(穆格山文書)』[249]
- 심즈-윌리엄스와 해밀턴의『돈황 출토 9-10세기 튀르크화된 소그
  드 문서(敦煌所出九至十世紀突厥化粟特文書)』[250]
- 심즈-윌리엄스의『인더스 강 상류 계속의 소그드문과 기타 이란어
  암벽 명문(印度河上游河谷的粟特文及其他伊朗語岩壁銘文)』[251]
- 리프시츠의『중앙아시아와 세미레치예(七河)의 소그드문 비명과 제
  각(中亞和謝米列契耶的粟特文碑銘題刻)』[252]
- 요시다 유타카(吉田豊), 모리야스 타카오(森安孝夫)와 신강(新疆) 박
  물관의 공저「국씨고창(麴氏高昌) 시대 소그드문 여자 노예 매매 문
  서(麴氏高昌時代粟特文女奴買賣文書)」[253]
- 신강 투루판 지구 문물국 편,『투루판에서 새로 출토된 마니교 문
  헌 연구(吐魯番新出摩尼教文獻研究)』[254](1981년 투루판 베제클릭
  천불동 제65호 굴에서 출토된 마니교 서신 문헌을 처음 공개했는
  데, 그중 소그드문 부분은 요시다 유타카의 서신 A, B, C 및 10점
  의 불경 잔권에 대한 고찰과 베제클릭 마니교 소그드문 서신 형

---

249) Bogolyubov, M., Livshits,V. & Smirnova, O. *Dokumentï s Gorï Mug.* SOAS,
     1963.
250) Sims-Williams, N. & Hamilton, J. *Documents Turco-Sogdiens du IXe-Xe
     Siècle de Touen-houang.* SOAS, 1990. 이 책은 심즈-윌리엄스의 영어번역수
     정본으로 출판되었는데, 그 서지사항은 다음과 같다. Sims-Williams, N. &
     Hamilton, J. *Turco-Sogdian Documents from 9th-10th Century Dunhuang.*
     SOAS, 2015.
251) Sims-Williams, N. *Sogdian and Other Iranian Inscriptions of the Upper Indus.*
     SOAS, 1989 (I), 1992 (II).
252) Livshits, V. *Sogdian Epigraphy of Central Asia and Semirech'e.* SOAS0, 2015.
253) 吉田豊等,「麴氏高昌國時代ソグド文女奴隷賣買文書」,『內陸アジア言語の研究
     』第4期(1988).
254) 柳洪亮主編,『吐魯番新出摩尼教文獻研究』(文物出版社, 2000).

식에 대한 연구가 포함되어 있다.)

· 필파(畢波)와 심즈-윌리엄스의 『중국인민대학 박물관 소장 호탄 출
토 소그드어 문서(中國人民大學博物館藏和田出土粟特語文書)』[255] 등.

소그드 문자 관련 자료의 정리, 편목, 소개와 연구 및 대표적 학자
들에 관한 더 많은 세부 사항으로는 다음 자료들을 참고할 수 있다.

· 심즈-윌리엄스의 『소그드 문서 소장 상황 간략 소개(粟特文書收藏情
況簡介)』 및 『소그드어 기독교 문헌 연구 근황(粟特語基督教文獻研
究近況)』
· 헤닝의 『파리 소장 소그드 문서(巴黎藏粟特文書)』[256]
· 장문령(張文玲)의 『소그드 불전 사본학과 소그드 불교 개술(粟特佛
典寫本學與粟特佛教概述)』
· 이금(李琴)의 『소그드-위구르계 문자 발전사략(粟特回鶻系文字發展史
略)』의 제1.1.2절 '소그드문 문헌'
· 본문의 '연구의 역사'와 '연구 진전'에서의 소그드문 부분

(2) 위구르 문자(回鶻文)

현존하는 위구르 문자 관련 자료는 매체에 따라 주로 종이와 비명
두 종류로 나뉜다. 내용상으로는 정치, 경제, 문학, 종교, 과학기술 등
으로 분류할 수 있다. 이 중 경제 문헌은 주로 200여 점의 계약 문서
이다. 문학 작품으로는 민요, 시집, 전설, 이야기, 극본 등이 있으며,
『미륵회견기(彌勒會見記)』, 『오구스 카간(Oghuz Khagan)의 전설(烏古

---

255) 畢波, 辛維廉, 『中國人民大學博物館藏和田出土粟特語文書』(中國社會科學出版社,
2018).

256) Henning, W. B. "The Sogdian texts of Paris". *Bulletin of the School of
Oriental and African Studies*, 1946 (4).

斯可汗的傳說)』, 『복락지혜(福樂智慧)』, 『진리의 입문(眞理的入門)』 등이 유명하다.

불교 경적은 위구르문 종교류 문헌 중 가장 많은 수를 차지하며, 『대장경』의 주요 경전과 논서 대부분이 위구르문 번역본을 가지고 있다. 중요한 위구르문 불교 문헌으로는 『금광명최승왕경(金光明最勝王經)』, 『대당 대자은사 삼장 법사전(大唐大慈恩寺三藏法師傳)』, 『불설천지팔양신주경(佛說天地八陽神呪經)』, 『아비달마구사론(阿毗達摩俱舍論)』, 『법화경(法華經)』, 『화엄경(華嚴經)』, 『아함경(阿含經)』 등이 있으며, 이와 관련된 연구 논저가 매우 풍부하다.[257]

마니교 경적으로는 『이종경(二宗經)』, 『마니교 참회사(摩尼敎忏悔詞)』 및 각종 찬미시 등이 있다. 경교 문헌으로는 『복음서(福音書)』, 『성 게오르기우스(Mar Gewargis) 순교기(聖喬治殉難記)』 등이 있다.

이슬람교 문헌으로는 『승천기(升天記)』, 『성인전(聖徒傳)』, 『행복서(幸福書)』 등이 있다. 현존하는 위구르문 자료의 주체는 중국의 신강(新疆), 감숙(甘肅) 등지에서 출토되었으며, 발견 시기에 따라 신장(新藏)과 구장(旧藏)으로 나눌 수 있다.

구장(旧藏)

· 19세기 말 20세기 초 독일, 러시아, 프랑스, 영국, 일본, 스웨덴, 핀란드, 덴마크 등 국가의 탐험대, 조사단, 선교사, 여행자 등이 돈황, 투루판, 하미(Hami, 哈密) 등지에서 발굴한 것이다.
· 현재 러시아, 영국, 독일, 프랑스, 일본, 중국 등의 도서관, 박물관 또는 관련 연구기관에 분산 소장되어 있다.
· 수량이 비교적 많으며, 주로 불교 문헌이다(옌치 토화라어에서 번역된 불교 극본 『미륵회견기(彌勒會見記)』 포함).

---

257) 張鐵山, 前揭書.

· 이외에 일부 실용문서도 있다.

신장(新藏)

· 주로 건국 후 중국에서 투루판(吐魯番), 하미(Hami, 哈密), 파초(巴楚), 돈황(敦煌) 등지에서 새로 발견된 여러 건의 위구르문 문헌이다.
· 현재 투루판 문물국, 신강(新疆) 박물관, 국가도서관, 북경대학 도서관, 돈황 연구원, 감숙(甘肅) 박물관 등 부서나 기관에 소장되어 있다.[258]

위구르 문자 관련 자료를 편집하고 정리한 대표적인 성과로는 다음 자료들을 참고할 수 있다.

· 카라(Kara)와 지메(Zieme)의 『위구르문 밀교 역경 잔권(回鶻文密敎譯經殘卷)』(1976)[259]
· 테킨(Tekin)의 『원대 위구르문 불교 문헌(元代回鶻文佛敎文獻)』(1980)[260]
· 해밀턴(Hamilton)의 『9-10세기 논황 위구르문 사본(九至十世紀敦煌回鶻文寫本)』(1986)[261]
· 야마다 노부오(山田信夫)의 『위구르문 계약 문서 집성(回鶻文契約文書集成)』[262]
· 양부학(楊富學)와 우여겁(牛汝极)의 『사주 위구르와 그 문헌(沙洲回鶻及其文獻)』[263]
· 유홍량(柳洪亮)의 『투루판에서 새로 출토된 마니교 문헌 연구(吐魯

258) 劉文鎖, 前揭文 ; 李琴, 前揭文.
259) Kara, G. & Zieme, P. *Fragmente tantrischer Werke in Uigurischer Übersetzung.* Akademie-Verlag, 1976.
260) Tekin, Ş. *Buddhistische Uigurica aus der Yüan-Zeit.* O.Harrassowitz, 1980.
261) Hamilton, J. *Manuscrits Ouïgours du IXe-Xe Siècle de Touen-Houang.* Peeters, 1986.
262) 山田信夫, 『ウイグル文契約文書集成』(大阪大學出版會, 1993).
263) 楊富學·牛汝极, 『沙洲回鶻及其文獻』(甘肅文化出版社, 1995).

番新出摩尼教文獻研究)』(서신 D, E, F, G, H는 위구르문)264)

· 우여겁(牛汝极)의 『위구르 불교 문헌 - 불전 총론 및 파리 소장 돈
  황 위구르문 불교 문헌(回鶻佛教文獻—佛典總論及巴黎所藏敦煌回鶻
  文佛教文獻)』265)

· 메티레힘 사이트(Metirehim Sayit, 買提熱依木·沙依提)와 이스라필 유
  숩(Israpil Yüsüp, 依斯拉菲爾·玉素甫)의 『위구르문 계약 문서(回鶻文
  契約文書)』266)

· 쇼가이토 마사히로(庄垣内正弘)의 『러시아 소장 위구르문 문헌 연
  구(俄藏回鶻文文獻研究)』267)

· 이경위(李經緯)의 『위구르문 사회경제 문서 연구(回鶻文社會經濟文
  書研究)』268)

· 경세민(耿世民)의 『위구르문 사회경제 문서 연구(回鶻文社會經濟文
  書研究)』269)

· 유과(劉戈)의 『위구르문 매매계약서 역주(回鶻文買賣契約譯注)』
  (2006)270) 등.

특히 언급할 만한 것은 장철산(張鐵山)의 『위구르문 고적 개람(回鶻
文古籍概覽)』(2018)271)으로, 위구르문의 불교, 마니교, 경교, 이슬람교
등 각 종교 문헌, 문학 작품, 경제 문서, 과학 기술 등 관련 문헌과
그 소장 정보를 전체적으로 정리하여 소개했다. 또한, 원대 위구르문
『중수문수사비(重修文殊寺碑)』, 하미본 『미륵회견기(彌勒會見記)』 제2

---

264) 柳洪亮, 『吐魯番新出摩尼教文獻研究』

265) 牛汝极, 『回鶻佛教文獻—佛典總論及巴黎所藏敦煌回鶻文佛教文獻』(新疆大學出
    版社, 2000).

266) 買提熱依木·沙依提, 依斯拉菲爾·玉素甫, 『回鶻文契約文書』(新疆人民出版社,2002).

267) 庄垣内正弘, 『ロシア所藏ウイグル語文獻の研究』(京都大學大學院文學研究科,
    2003).

268) 李經緯, 『回鶻文社會經濟文書研究』(新疆大學出版社, 1996).

269) 耿世民, 『回鶻文社會經濟文書研究』(中央民族大學出版社, 2006).

270) 劉戈, 『回鶻文買賣契約譯注』(中華書局, 2006).

271) 張鐵山, 『回鶻文古籍概覽』(民族出版社, 2018).

품 '미륵보살 출가성도', 『마니교 사원 문서(摩尼敎寺院文書)』 잔권, 『결혼혼수소(結婚嫁妝疏)』 등 일부 진품 문헌에 대해서도 전사와 해독을 했다. 이외에도, 베를린 투루판 소장부에 소장된 위구르문 사본 단편들은 모두 전자화되어 투루판 연구 디지털 아카이브 웹사이트에서 열람할 수 있다[272].

위구르 문자 관련 자료의 정리, 편목, 소개와 연구 및 대표 학자들에 관한 더 많은 세부 사항으로는 다음 자료들을 참고할 수 있다.

- 장철산(張鐵山)의 『위구르문 고적 개람(回鶻文古籍槪覽)』
- 이금(李琴)의 『소그드-위구르계 문자 발전사략(粟特回鶻系文字發展史略)』의 제2.2절 '위구르문 문헌' 부분
- 마츠이 다이(松井太)의 『위구르문 문헌 연구의 현황 및 발전 추세(回鶻文文獻硏究的現狀及發展趨勢)』
- 해밀턴의 「돈황 위구르문 사본 총술(敦煌回鶻文寫本綜述)」 및 「<9-10세기 돈황 위구르문 사본> 서언(<九至十世紀敦煌回鶻文寫本>導言)」[273]
- 아이다르·미르카말리(阿依達爾·米爾卡馬力)의 「돈황 막고굴 북구에서 새로 출토된 위구르문 문헌 총술(敦煌莫高窟北區新出回鶻文文獻綜述)」[274]
- 투르순잔 이민(Tursunjan Imin, 吐送江·依明)의 「독일 서역 탐험대와 독일 소장 위구르어 문헌(德國西域探險團與德藏回鶻語文獻)」[275]
- 장존염(藏存艶)의 『중국 대륙 위구르문 사회경제 문서 및 위구르 경

---

272) http, //turfan.bbaw.de/dta/u/dta_u0001.html.
273) J·漢密爾頓著, 耿昇譯, 「敦煌回鶻文寫本綜述」, 『民族譯叢』 第3期(1986). 哈密敦著, 林惠譯, 「<九至十世紀敦煌回鶻文寫本>導言」, 『喀什師范學院學報』 第4期(1998).
274) 阿依達爾·米爾卡馬力, 「敦煌莫高窟北區新出回鶻文文獻綜述」, 『敦煌學輯刊』 第2期(2009).
275) 吐送江·依明, 「德國西域探險團與德藏回鶻語文獻」, 『敦煌學輯刊』 第2期(2021).

제사 연구 총술(中國大陸回鶻文社會經濟文書及回鶻經濟史研究綜述)』
· 본문의 '연구의 역사'와 '연구 진전' 중 위구르문 부분에서 다룬 문헌들

(3) 몽골 문자(蒙古文)

앞서 언급했듯이, 몽골 문자 관련 자료는 고대, 근대, 현대 세 시기
로 나눌 수 있으며, 연구에 필요한 문헌은 주로 고대와 근대에 집중
되어 있다. 순수하게 수량만 놓고 볼 때, 중국이 소장한 몽골문 문헌
자료가 세계 최대이며, 몽골국과 러시아가 그 다음이다. 이외에 유럽,
미국, 일본, 인도 등에도 소장품이 존재한다.

중국의 몽골 문자 관련 문헌은 주로 내몽골 사회과학원 도서관, 내
몽골 도서관, 내몽골 대학 도서관, 내몽골 사범대학 도서관, 국가도서
관, 고궁박물원 도서관, 민족도서관, 중앙민족대학 도서관, 중국 제일
역사당안관 등에 소장되어 있다.

고대 몽골문 문헌에는 사본, 각본, 비명, 인문, 부패 등이 포함되며,
많이 소실되어 현존하는 것이 많지 않다. 연대가 가장 이른 것은 『예
송게(Yisüngge) 비명(也松格碑銘)』(일명 『성길사한석(成吉思汗石)』)이
다. 이외에도 『석가원비기(釋迦院碑記)』, 『죽온대신도비(竹溫臺神道碑)
』, 『운남왕장경비(雲南王藏經碑)』, 『아르군 한(Arghun Khan, 阿魯渾汗
이 교황에게 보낸 서신(阿魯渾汗致敎皇書)』, 한자-몽골 문자 대조 각본
『효경(孝經)』 등이 있다.

편집의 대표적 성과로는 다오부(道布)의 『위구르식 몽골문 문헌 휘
편(回鶻式蒙古文文獻匯編)』[276]이 있는데, 중국과 해외에서 차례로 간
행된 고대 몽골문 문헌 22점(도판 사진 포함)과 관련 정리 연구 현황

---

276) 道布, 『回鶻式蒙古文文獻匯編』(蒙古文版)(民族出版社, 1983).

을 집대성했다.

근대 전통 몽골 문자(후둠 몽골 문자)와 관련된 문헌 중 가장 중요한 것은 청대에 목판 인쇄된 북경 목각 주인본 몽골문『간주르(甘珠爾)』108함(1720)과『단주르(丹珠爾)』225함(1749)이다. 이는 불어부(간주르)의 현교, 밀교 경률 1,162부와 논부(단주르)의 각종 경률 해석과 주소, 밀교 의궤 및 오명(五明) 잡저(雜著) 3,861부가 포함되어 있다. 중국에서는 2002년에『몽골문 간주르·단주르 목록』상, 하 두 권이 출판되었는데, 자세한 내용은 '연구 진전' 부분을 참조하길 바란다.

근대 토드문 문헌에는 인물전, 법전, 외교 문서, 제례 문서, 기록문학, 지도, 세습보 등이 포함되어 있다. 자료 편집으로는 예르다(Yerda, 叶爾達)의『일리하 유역 오이라트인 민간 소장 토드문 문헌 휘집(伊犁河流域厄魯特人民間所藏托忒文文獻匯集)』[277]이 있는데, 총 600여 종, 약 400개 유형의 귀중한 문헌을 수록하여 국제적으로 가장 규모가 큰 토드문 문헌 수집·정리의 성과를 보여주었다.

대표적인 연구 논저로는 울란(烏蘭)의『오이라트 몽골 문헌 및 사학: 토드문 역사 문헌 연구를 중심으로(衛拉特蒙古文獻及史學－－以托忒文歷史文獻研究爲中心)』[278]가 있는데, 주로 토드문의 역사 문헌을 체계적으로 소개하고 있다. 이 책은 기존 연구가 주로 해외 소장 토드문 각본에만 주목하고 중국 소장 토드문 각본과 그 유형을 간과했다고 지적하면서, 연구 결과 중국 소장 토드문 문헌의 종류가 가장 풍부하지만, 연구 면에서 해외에 뒤처져 있다고 밝혔다.

몽골문 자료의 정리, 편목, 소개와 연구 및 대표 학자들에 관한 더

---

277) 叶爾達,『伊犁河流域厄魯特人民間所藏托忒文文獻匯集』(內蒙古文化出版社, 2015-2019).

278) 烏蘭,『衛拉特蒙古文獻及史學－－以托忒文歷史文獻研究爲中心』(社會科學文獻出版社, 2012).

많은 세부 사항은 다오부(道布)의『위구르식 몽골문 연구 개황(回鶻式蒙古文硏究槪況)』, 이금(李琴)의『소그드-위구르계 문자 발전사략(粟特回鶻系文字發展史略)』의 제3.2절 '몽골문 문헌', 바얀(Bayan, 寶音)의『몽골문 고적 정리와 연구 총술(蒙古文古籍整理與硏究綜述)』 등과 함께 본문의 '연구의 역사'와 '연구 진전' 부분에서 다른 문헌들을 참고할 수 있다.

만주문 문헌의 주요 형식에는 각본(刻本), 초본(抄本), 쇄인본(晒印本), 석인본(石印本), 목활자본(木活字本), 영인본(影印本), 연인본(鉛印本) 등 7종이 있으며, 이 중 각본과 초본이 주를 이룬다. 현존하는 만주문 문헌은 대략 저술·번역 문헌, 문서 기록 문헌, 비각과 관인 문헌, 계보 문헌의 네 가지 큰 유형으로 나눌 수 있으며, 다른 문자와의 합벽 문헌이 상당한 비중을 차지한다.

중국은 만주문 문헌의 주요 소장국이지만, 역사적 이유로 일부 만주문 문헌이 해외로 유출되어 현재 러시아, 일본, 독일, 미국, 영국 등의 도서관과 박물관에 소장되어 있다. 중국 주요 만주문 소장 기관으로는 중국 제일역사당안관, 요녕성 당안관, 길림성 당안관, 흑룡강성 당안관, 내몽골자치구 당안관, 티베트자치구 당안관, 대만 고궁박물원, 중앙연구원 역사언어연구소 등이 있으며, 이 중 제일역사당안관에는 만주문 당안만 200만 점 이상 소장되어 있다.

만주문 문헌(저술, 번역서, 이중언어대조문 포함) 중에는 다음과 같은 것들이 있다.

- 철학:『사서(四書)』,『역경(易經)』 등
- 윤리:『백이노인어록(百二老人語彔)』,『채근담(菜根譚)』,『각세요어(覺世要語)』 등

- 문학:『서유기(西游記)』,『금병매(金瓶梅)』,『삼국연의(三國演義)』등
- 음악:『이성원아(理性元雅)』,『율려절요(律呂節要)』등
- 역사: 각 왕조의『실록(實彔)』,『성훈(聖訓)』, 각종『방략(方略: 군사 원정에 관한 기록)』및 당책(檔冊) 등
- 어문류:『오체청문감(五體淸文鑒)』등

이상을 모두 합하면 820여 종에 이른다.[279] 이 외에도 760여 점의 대량의 비각이 있다[280].

현존하는 만주문 자료는 주로 '신 만주문'이며, '구 만주문' 문헌의 수량은 비교적 적다. '구 만주문' 문헌은 주로 공식 문서로,『만문노당(滿文老檔)』원본,『후금이 명나라 만력황제에게 보낸 격문(後金檄明萬歷皇帝文)』,『성경 만주문 도망자 문서(盛京滿文逃人檔)』등이 있다.

『만문노당(滿文老檔)』은 현존하는 가장 오래된 만주문 문헌으로, 특히 1607-1636년 사이의 편년체 역사 문서를 가리킨다. 하지만 '만문노당'이라는 용어는 광의와 협의로 나뉜다.

- 광의: 원고본과 건륭 연간의 7종 초본을 포함
- 협의: 건륭 연간의 초본만을 지칭

그러나 광의든 협의든 모두가 구 만주 문자로 된 것은 아니다.

『만문노당』의 원고본은 37책이었으나, 1935년에 발견된 3책을 더해 총 40책이 되었다. 이 부분은 원래 내각대고(內閣大庫)에 소장되어 있었으며, 보통『구만주당(旧滿洲檔)』또는『구만문원당(老滿文原檔)』이라 불린다. 이는 모두 구만주문 자료이다.

---

279) 富麗, 前揭文.
280) 吳元豐,『北京地區滿文碑刻拓片總目』(遼寧民族出版社, 2015).

건륭 14년(1775년)에 내각대고에 소장된 원래의 37책을 정서하여 180책의 '무권점당책(無圈点檔冊)'으로 만들었는데, 이 역시 구만주문 자료이다. 동시에 음을 따라 180책의 '유권점당책(有圈点檔冊)'을 만들었는데, 이는 신만주문 자료로 간주된다. 이 두 종류의 당책은 각각 정본과 부본 한 세트씩 만들어져 내각대고에 소장되었다[281].

이 외에도 성경(盛京: 지금의 沈陽을 말함) 숭모각(崇謨閣) 초본(두 종류의 당책)과 상서방(上書房) 초본(유권점당만 있음)이 있다[282].

『만문노당』은 실제로 일본 학자 나이토 코난(內藤湖南, 본명 토라지로: 虎次郎)이 1906년에 처음으로 공개했지만, 그가 발견한 것은 실제로 성경의 유권점당책으로, 신만주문 자료에 속한다.

내각대고의 구만주문 원당은 여러 우여곡절 끝에 1960년대에 타이베이에서 재발견되어 영인 간행되었으며, 『구만주당(舊滿洲檔)』이라는 이름이 붙여졌다.

1978년 중국 제일역사당안관의 만문부(滿文部)와 중국사회과학원의 역사연구소 등 기관이 협력하여 『만문노당』 역주 작업팀을 구성했고, 12년에 걸쳐 노당 내각장본을 역주하여 1990년에 『만문노당(滿文老檔)』이라는 이름으로 상하 두 권을 출판했다.

2009년에는 중국 제일역사당안관의 내각장본이 요녕민족출판사에서 『내각장본만문노당(內閣藏本滿文老檔)』[283]이라는 이름으로 영인 출판되었다. 전체 20책으로, 앞의 16책은 만문 원문 영인본으로 컬러 인쇄되었고, 17-18책은 만주문의 로마자 전사이며, 마지막 2책은 한문 번역본으로, 만주문 원문을 만주어 문법 구조에 따라 번역하고 기

281) 富麗, 「滿文文獻及其研究槪況」, 『中國民族古文字硏究』(中國社會科學出版社, 1980), 450-458쪽.
282) 李琴, 前揭文, 65쪽.
283) 中國第一歷時檔案館, 『內閣藏本滿文老檔』(遼寧民族出版社, 2009).

존 번역본의 오류를 바로잡았다.

만주문 문헌의 목록 작성을 정리한 대표적인 성과는 다음과 같다.

- 1979년 북경도서관 선본특장부(善本特藏部)와 고궁박물원 명청당안부가 편집하여 유인본으로 간행한 만주문도서연합서목(滿文圖書聯合書目): 총 814종의 만주문 도서 자료와 642점의 석각 탁본을 수록하여, 역사 연구자와 만주문 문헌 연구자들에게 편의를 제공했다.284)
- 오원풍(吳元豊) 주편의 『북경지역 만주문 비각 탁본 총목(北京地區滿文碑刻拓片總目)』285): 북경지역 석각 탁본 자료를 764종으로 증가시켜 수록했다.
- 곽맹수(郭孟秀)의 『만주문 문헌 개론(滿文文獻槪論)』286): 2004년까지의 중국과 해외의 현존 만주문 문헌의 분포를 소개하고, 만주문 저술/번역 도서 문헌, 만주문 당안, 관인과 비각, 옥보와 옥책, 보첩 등에 대해 개괄했다.

문헌을 간행한 대표적인 성과는 다음과 같다.

- 『구만주당(旧滿洲檔)』
- 『내각장본 만문노당(內閣藏本滿文老檔)』
- 중국 제일역사당안관이 편집한 『청대 신강 만주문 당안 휘편(淸代新疆滿文檔案匯編)』287)(283책)

1980년대 이후 점차 정리되고 간행된 만주문 고적들은 다음 자료

---

284) 富麗, 前揭文.
285) 吳元豊, 『北京地區滿文碑刻拓片總目』.
286) 郭孟秀, 『滿文文獻槪論』(民族出版社, 2004).
287) 中國邊疆史地硏究中心, 中國第一歷史檔案館合編, 『淸代新疆滿文檔案匯編』(廣西師范大學出版社, 2012).

들을 참고할 수 있다.

- 『만주원류고(滿洲源流考)』
- 『팔기 만주 씨족 통보(八旗滿洲氏族通譜)』
- 『팔기 통지(八旗通志)』
- 『팔기문경(八旗文經)』
- 『청대 내각대고 산일당안선편(淸代內閣大庫散佚檔案選編)』
- 『희조아송집(熙朝雅頌集)』 등.

만주문 자료의 정리, 편목, 간행, 소개와 연구 및 대표 학자들에 관한 더 자세한 내용은 다음을 참고할 수 있다.

- 곽맹수(郭孟秀)의 『만문문헌개론(滿文文獻槪論)』
- 이금(李琴)의 『소그드-위구르계 문자 발전사략(粟特回鶻系文字發展史略)』에서 제4.2절 '만주문 문헌'
- 유후생(劉厚生)과 진사령(陳思玲)의 『본 세기 중일 학자들의 <구만주당>과 <만문노당> 연구 술평(本世紀中日學者<旧滿洲檔>和 <滿文老檔>研究述評)』
- 오원풍의 『최근 백년간 만주문 당안 편역 출판 총술: 중국 대륙을 중심으로(近百年來滿文檔案編譯出版綜述—以中國大陸爲中心)』
- 본문의 '연구의 역사'와 '연구 진전'의 내용 중에서 만주 문자에 관한 문헌들

위에서 언급한 소그드-위구르계 문자 기초 자료의 정리와 간행은 관련된 각 문자 연구의 큰 진전을 이루게 했다.

5. 연구와 관련된 문제

현재 학계가 주목하고 있는 상황을 보면, 소그드-위구르계 각 문자의 연구는 해당 문자들이 사용된 시기의 역사, 정치, 사회, 문화 등을 탐구하는 데 중요한 의미가 있으며, 동시에 세계 문자학 연구에서도 없어서는 안 될 중요한 부분을 차지하고 있다.

간단히 말해, 문자학도 다른 학문과 마찬가지로 본체 연구와 응용 연구로 나눌 수 있다. 현재 중국과 해외의 소그드-위구르계 문자 연구는 주로 응용 연구에 치우쳐 있는데, 이는 해당 문자로 쓰여진 문헌에 대한 연구를 의미하며, 관심의 초점이 문자학 자체보다는 문자가 담고 있는 언어, 역사, 정치, 사회, 문화 등의 측면에 있다.

세부적으로 살펴보면, 이 분야의 연구 주제는 매우 다양한데, 아래에서는 본체와 응용 두 가지 연구 범주에서 자주 다루어지는 연구 주제들을 간략히 나열하고자 한다.

(1) 본체 연구

통시적 변화 연구:
다음과 같은 구체적인 주제들에 주목하고 있다.

- 문자 창제 시기에 대한 탐구
- 문자들 간의 기원 및 발전 관계
- 기본 자모 수의 증감
- 문자 형체와 행관(行款)의 변천 등.

이와 관련된 대표적인 논저들은 다음과 같다.

· 요시다 유타카(吉田豊)의 「소그드인은 언제부터 세로쓰기를 시작했
  는가?(粟特人何時開始縱書?)」[288]
· 허다회(許多會)와 라힘툴라 아이사(Rahimtulla Eysa, 熱合木吐拉·艾山)
  의 「위구르 문자에 관한 몇 가지 문제(有關回鶻文的幾個問題)」[289]
· 포력고(包力高)의 「몽골 문자 발전 개술(蒙古文字發展槪述)」[290]
· 이덕계(李德啓)의 「만주 문자의 기원 및 그 변천(滿洲文字之來源及其
  演變)」[291]
· 양범(楊帆)의 「만주어의 '점' 부호의 유래: 소그드 문자에서 만주 문
  자까지(滿語中符號'點'的由來—從粟特文到滿文)」[292] 등.

공시적 기술 연구:

다음과 같은 구체적인 주제들에 주목하고 있다.

· 특정 공시적 평면에서 어떤 한 문자 종류의 문자 부호 분석 및 기술
· 자형, 자체, 서체, 구조 등에 대한 연구

이와 관련된 대표적인 연구들은 다음과 같다.

· 이금(李琴)의 『소그드-위구르계 문자 발전사략(粟特回鶻系文字發展史

---

288) Yoshida Yutaka., "When did Sogdians begin to write veltically?". *Tokyo University Linguistic Papers*, 2013 (33), pp.357-394.

289) 許多會, 熱合木吐拉·艾山, 「有關回鶻文的幾個問題」, 『西域研究』 第2期(2012).

290) 包力高, 道爾基, 「蒙古文字發展槪述」, 『內蒙古社會科學(漢文版)』 第3期(1984).

291) 李德啓, 「滿洲文字之來源及其演變」, 『國立北平圖書館館刊』 第5卷第6號(1931).

292) 楊帆, 「滿語中符號"點"的由來—從粟特文到滿文」, 『北方語言論叢』 第4輯(陽光出版社, 2016), 102-111쪽.

略)』293)에서 소그드 문자, 위구르 문자, 몽골 문자, 만주 문자의
특정 시기 글자체에 대한 구체적인 서술 부분
- 장철산(張鐵山)의 『위구르문 고적 개람(回鶻文古籍槪覽)』, 위구르문
자모의 서사 규칙 및 두 종류의 인쇄체, 다섯 종류의 필사체에 대
한 서술
- 게렐로바(Gereljav, 葛蕾洛娃)의 『만주어 문법(滿語語法)』294)에서 만
주 문자의 자모에 대한 상세한 서술 부분
- 왕계영(王桂榮)의 『몽골 문자 구조 연구(蒙古文字結构研究)』295)
- 바얀델게르(Bayandelger, 巴音德力開)의 『13-14세기 위구르식 몽골문
문자 부호의 비교 연구(13-14世紀回鶻式蒙古文文字符號的比較研究)
』296) 등.

문자 계획 연구:
다음과 같은 구체적인 주제들에 주목하고 있다.

- 특정 시기의 어떤 문자에 대한 정책, 계획 등
- 이체자 규범화
- 문자 개혁
- 문자의 정보화 인코딩 등

이러한 연구는 일반적으로 몽골 문자와 만주 문자 등 아직 사용되
고 있는 문자들만을 다루는데, 대표적인 연구들은 다음과 같다.

- 가희유(賈晞儒)의 「몽골문 이체자 규범화에 관한 관견(關於規范蒙古

---

293) 李琴, 『粟特回鶻系文字發展史略』(中央民族大學碩士學位論文, 2016).
294) Gorelova L., *Manchu Grammar*. Leiden: Brill, 2002.
295) 王桂榮, 『蒙古文字結构研究』(蒙古文版)(遼寧民族出版社, 2020).
296) 巴音德力開, 『13-14世紀回鶻式蒙古文文字符號的比較研究』(西北民族大學碩士學
位論文, 2021).

文異體字之管見)」[297]
- 바리야(Baryaa, 巴理嘉)의 「통일 문자의 이점이 단점보다 크다: 신강
  의 후둠 몽골 문자 추진 조치에 대한 종합적 논의(統一文字利大於
  弊─縱論在新疆推行胡都木蒙文擧措)」[298]
- 초이자브(Choijav, 确精扎布)의 「몽골문 인코딩의 국제 및 국가 표준
  형성 과정(蒙古文編碼國際和國家標准形成始末)」[299]
- 통자·칭푸(Tongja·Qingfu, 佟加·慶夫)의 「석백 문자와 만주 문자 정보
  기술 응용 연구(錫伯文與滿文信息技術應用研究)」[300] 등.

(2) 응용 연구

언어 연구:

문자와 언어는 밀접한 관계가 있으며, 특히 역사 속에서 사라진 언
어나 현대 언어의 고대 단계는 문헌 자료에 의존해서만 복원 연구가
가능하다. 따라서 문자 자료를 통한 언어학 연구는 문자 응용 연구에
서 매우 중요한 부분을 차지한다. 대표적인 연구들은 다음과 같다.

- 요시다 유타카(吉田豊)의 「소그드어(粟特語)」[301]
- 등호(鄧浩)와 양부학(楊富學)의 『서역 돈황 위구르 문헌 언어 연구
  (西域敦煌回鶻文獻語言研究)』[302]
- 장철산(張鐵山)의 『위구르 문헌 언어의 구조와 특징(回鶻文獻語言的
  結构與特点)』[303]

---

297) 賈晞儒, 「關於規范蒙古文異體字之管見」, 『青海民族研究』 第1期(1994).
298) 巴理嘉, 「統一文字利大於弊─縱論在新疆推行胡都木蒙文擧措」, 『語言與翻譯』
     第1期(1995).
299) 确精扎布, 「蒙古文編碼國際和國家標准形成始末」, 『信息技術與標准化』Z1期(2015).
300) 佟加·慶夫, 「錫伯文與滿文信息技術應用研究」, 『滿語研究』 第1期(2009).
301) Yoshida Y. "Sogdian". *The Iranian Languages*. London: Routledge, 2009,
     pp.279-335.
302) 鄧浩, 楊富學, 『西域敦煌回鶻文獻語言研究』(甘肅文化出版社, 1999).

· 가르디(Gardi, 嘎日迪)의 『중고시기 몽골어 연구(中古蒙古語研究)』
· 계영해(季永海), 유경헌(劉景憲), 굴육생(屈六生)의 『만주어 문법(滿語語法)』[304]
· 게렐로바(Gorelova, 葛蕾洛娃)의 『만주어 문법(滿語語法)』[305] 등.

텍스트의 번역 및 해석:

이는 특정 문자로 쓰인 텍스트를 고찰하고 해석하거나 번역하는 것으로, 응용 연구에서 가장 흔하고 기초적인 형태이다. 간행된 모든 원문 텍스트는 번역과 해석을 통해서만 다른 분야에서 활용될 수 있다. 소그드-위구르계 문자 연구에서 이러한 성과는 매우 방대하다. 예컨대, 몽골학 시작의 표지 중 하나는 레뮈자(Rémusat)가 간행한 아르군 한(Arghun Khan)과 울제이투 한(Öljeitü Khan)이 각각 필리프(Philippe) 4세에게 보낸 몽골문 서신을 슈미트(Schmidt)가 독일어로 번역하고 해석한 것이다.

텍스트의 번역 및 해석에 관한 구체적인 성과는 앞서 언급한 '연구의 역사'와 '연구 진전' 부분에 있는 내용을 참조할 수 있다.

어휘에 관한 고증:

텍스트의 번역 및 해석과 달리, 문헌에서의 개별 단어나 어구를 대상으로 한다. 예컨대 다음과 같다.

영신강(榮新江)의 『'살보(薩保)'와 '살박(薩薄)': 북조(北朝)·수(隋)·당(唐) 호인 취락 수장 문제에 대한 논쟁과 변석(薩保與薩薄—北朝隋唐胡人聚落首領問題的爭論與辨析)』에서는 '살보(薩保)'와 '살박(薩薄)'의 서로 다

---

303) 張鐵山, 『回鶻文獻語言的結構與特點』(中央民族大學出版社, 2005).
304) 季永海, 劉景憲, 屈六生, 『滿語語法』(民族出版社, 1986).
305) Gorelova L. *Manchu Grammar*. Leiden: Brill, 2002.

중국문자학 핸드북

른 어원을 고증했다. 전자는 소그드어에서, 후자는 산스크리트어에서 유래했다고 밝혔는데, '살보(薩保)' 또는 '살보(薩寶)'의 어원 확인은 요시다 유타카가 소그드문 자료에서 찾은 대응 어휘에 근거한 것이다. 자오나스투(照那斯圖)의 「'불란해(不蘭奚)'의 몽골 문자 대응 형식 buralqi 및 관련 문제에 대하여(關於'不蘭奚'的蒙古文對應形式buralqi及其相關問題)」306)에서는 이전 사료에서 한자 음역으로만 존재하던 원대 몽골어 단어 '불란해(不蘭奚)', '패란해(孛蘭奚)'를 흑수성에서 출토된 고대 몽골문 문헌의 증거를 바탕으로 중세 몽골어 buralqi에 대응한다는 것을 확인함으로써, 학계를 오랫동안 곤혹스럽게 했던 문제를 해결했다. 핵심적인 어휘의 고증은 교차 연구에서 중요한 의미를 가진다. 예컨대 다음과 같다. 마소학(馬小鶴, 2005)은 소그드 문자 t'inp'i(육신)에 대한 고증을 통해 마니교의 신체관을 탐구했다307). 마츠우라 시게루(松浦茂)는 만주 문자 olji('오르지')의 구체적인 의미와 본질을 고증함으로써 만주 초기의 사회 조직 형태의 한 측면을 고찰했다308).

역사적 자료의 고증을 통한 보충:

왕국유(王國維)가 제시한 '이중증거법(二重証據法)' 이후, '지하의 새로운 자료'로 '문헌상의 자료'를 보충하고 수정하여 고대사에 대한 새로운 해석을 얻는 것이 역사학계의 통념이 되었다.

소그드 문자와 위구르 문자는 이미 소멸된 문자로서, 발견되는 모든 자료가 새로운 사료적 가치를 지닌다. 또한, 몽골 문자의 고대, 근대 자료와 청대 만주문 문서들은 모두 현존하는 사적(史籍)의 부족한

306) 照那斯圖, 「關於"不蘭奚"的蒙古文對應形式buralqi及其相關問題」, 『中國史研究』 第4期(2010).
307) 馬小鶴, 「粟特文"t'inp'i"(肉身)考」.
308) 松浦茂著, 古清堯譯, 「何謂"鄂爾吉"(olji)?」, 『民族譯叢』 第5期(1993).

점을 보충하고 수정할 수 있다. 이러한 연구는 매우 많은데, 대표적인 예로 마소학(馬小鶴)의 「8세기 초의 소그드: 무그산 문서 연구(公元8世紀初年的粟特—若干穆格山文書的研究)」[309]가 있다. 이 연구는 무그산 소그드문 자료를 통해, 사적에 기록된 소무구성(昭武九姓), 특히 미국(米國)에 관한 기록을 보충하고 수정한 것이 있다.

고대 지명의 위치 고증:

소그드-위구르계 문자 자료에는 많은 지명이 포함되어 있어 역사지리 분야의 훌륭한 연구 자료가 된다. 대표적인 예로, 마소학(馬小鶴)은 「미국 발식덕성 고찰(米國鉢息德城考)」[310]에서 무그산 문서에 나타나는 현재 우즈베키스탄에 속한 판자켄트(Panjakent)를 『신당서(新唐書)』에 기록된 소무구성(昭武九姓) 중 미국(米國)의 수도인 발식덕성(鉢息德城)으로 고증하여, 무그산 문서와 중국 사료를 결합한 연구를 가능하게 했다.

정치 문화 연구:

관련 문헌 자료를 통해 정사(正史)에 기록되지 않은 정치 문화의 세부 사항을 파악하거나 규명할 수 있는데, 여기에는 일부 제도와 관직 관련 정보를 포함한다. 이러한 유형의 대표적인 연구로는 다음과 같은 것들이 있다.

　· 영신강(榮新江)의 「'살보(薩保)'와 '살박(薩薄)': 북조(北朝)·수(隋)·당(唐)
　　호인 취락 수장 문제에 대한 논쟁과 변석(薩保與薩薄—北朝隋唐胡

---

309) 馬小鶴, 「公元八世紀初年的粟特若於穆格山文書的研究」, 『中亞學刊』 第3輯(中華書局, 1990).
310) 馬小鶴, 「米國鉢息德城考」, 『中亞學刊』 第2輯(1987).

人聚落首領問題的爭論與辨析)』

· 이창춘(衣長春)과 정석(鄭碩)의 「옹정 연간 만주문 주비주절311)의 정치적 기능에 대하여(論雍正朝滿文朱批奏折的政治功能)」312)
· 하스바겐(Khasbagen, 哈斯巴根)의 「청초 몽골 되르버드(Dörvöd) 부족의 정치적 변천(清初蒙古多羅特部的政治變遷)」313)
· 아부르후(Aburhu, 阿布日胡)의 「청대 몽골문 관인에 대하여(論清代蒙古文官印)」

사회경제:

소그드-위구르계 문자로 작성된 실용문서를 활용한 사회경제사 연구도 이 분야의 주요 관심사 중 하나이다. 소그드인들은 상업 능력으로 유명했기에, 요시다 유타카(吉田豊), 임매촌(林梅村), 영신강(榮新江), 필파(畢波) 등 소그드학 연구자들은 주로 소그드문 실용문서를 통해 여자 노예, 향약, 비단 등의 교역품과 운명 및 관리 등을 포함한 그들의 무역 활동을 연구해 왔다.314)

실용문서는 위구르 문자 연구에서도 중요한 영역으로, 중국에서는 경세민(耿世民), 이경위(李經緯), 유과(劉戈) 등의 학자들이 관련 전문 저서를 출간했는데, 구체적인 내용은 유과의 『위구르문 사회경제 문서 연구 총술(回鶻文社會經濟文書研究綜述)』과 장존염(臧存艷)의 『중국 대륙 위구르문 사회경제 문서 및 위구르 경제사 연구 총술(中國大陸回鶻文社會經濟文書及回鶻經濟史研究綜述)』 등을 참고할 수 있다.

사상 문화:

---

311) (역주) '주비주절(滿文朱批奏折)'은 황제가 검토하고 비준한 상주문을 말한다.
312) 衣長春, 鄭碩, 「論雍正朝滿文朱批奏折的政治功能」, 『滿學論叢』 第3輯(2013).
313) N. 哈斯巴根, 「清初蒙古多羅特部的政治變遷」, 『社會科學戰線』 第6期(2016).
314) 杜海, 郭楊, 「吐魯番地區粟特人研究綜述」, 『吐魯番學研究』 第1期(2021).

문자로 작성된 문헌들은 모두 정도의 차이는 있지만, 당시 사람들의 사상 의식, 문화 관념, 종교 신앙 등을 반영하고 있다. 따라서 이를 통해 관련 정보를 해독하여, 사상 문화사 연구의 증거로 활용할수 있다. 대표적인 연구로는 여러 학자들이 소그드인들의 종교 신앙(조로아스터교, 불교, 마니교, 경교, 도교)에 상당한 관심을 보인 것을 들 수 있다[315]. 위구르 문자 연구에서는 모리야스 타카오(森安孝夫)의 위구르인들의 신앙이 마니교에서 불교로 전환된 것에 관한 연구가 국제 학계에 큰 영향을 미쳤으며[316], 우여겁(牛汝极), 양부학(楊富學) 등의 학자들은 위구르인들의 불교 신앙에 더 많은 관심을 기울였다[317]. 몽골 문자와 만주 문자 관련 연구에서는 불교와 샤머니즘에 대한 관심이 상대적으로 많았다[318].

사회생활:

어느 시대의 문헌이든 당시 사람들의 생활과 사회 상황을 반영하며, 이를 통해 특정 시대의 송족과 취락 상황 등을 연구할 수 있다. 소그드 문자 분야에서는 요시다 유타카(吉田豊), 심즈-윌리엄스(辛維廉), 영신강(榮新江), 진해도(陳海濤), 우마이얼(吾邁爾), 필파(畢波), 강백근(姜伯勤) 등의 연구자들이 소그드문 문서에 반영된 소그드 종족

---

315) 杜海, 郭楊, 「吐魯番地區粟特人研究綜述」, 『吐魯番學研究』 第1期(2021).

316) 松井太著, 楊富學, 藏存艶譯, 前揭文.

317) 牛汝极, 『回鶻佛教文獻─佛典總論及巴黎所藏敦煌回鶻文佛教文獻』. 楊富學, 『回鶻文佛教文獻研究』.

318) 包烏雲, 「敦煌石窟蒙古文題記的佛教文化特色」, 『北方語言論叢』 第1輯(2011). 紅梅, 『蒙古文<丹珠爾>目录中的佛教名詞術語的研究』(內蒙古大學 碩士學位論文, 2016). 麗·達吉雅娜·阿列克山德洛夫娜著, 黃定天譯, 「阿·瓦·格列別西科夫關於薩滿教的滿文檔案資料」, 『滿語研究』 第2期(1992). 趙志忠, 姜麗萍, 「<尼山薩滿>與薩滿教」, 『滿族研究』 第3期(1993). 章宏偉, 「<淸文翻譯全藏經>叢考」, 『滿語研究』 第2期(2008).

의 취락, 사회적 역할, 사회관계 등에 많은 관심을 기울였다.[319] 위구르 문자(回鶻文) 분야에서는 대표적으로 우메무라 히로시(梅村坦)의 위구르문 공문서 자료에 반영된 13세기 위구르 지역의 공권력에 대한 연구, 마츠이 다이(松井太)의 위구르문 행정 명령 문서에 대한 연구, 한수위(韓樹偉)의 서북 출토 각종 문자(위구르문 포함) 계약 문서에 나타난 관습법 비교 연구[320] 등이 이 유형에 속한다[321].

기타 민족 고문자:

소그드-위구르계 문자 연구는 다른 민족의 고문자 연구에도 일정한 추진력과 보조적 역할을 하는데, 이는 상호 보완적인 관계이다. 역사적으로 소그드인들은 협의의 소그드 문자 외에도 마니 문자, 시리아 문자, 브라흐미 문자를 사용했으며, 위구르인(回鶻人)들은 위구르 문자 알파벳 외에도 돌궐 룬문자, 아랍-페르시아 문자 등을 사용했다. 몽골족은 전통 몽골 문자와 토드 몽골 문자 외에도 파스파 문자, 아랍-페르시아 문자, 만주 문자, 소욤보 문자, 바긴다라 문자, 키릴 몽골 문자, 라틴 몽골 문자 등을 사용했으며, 만주족은 만주 문자 외에도 여진 문자, 몽골 문자 등을 사용했다[322]. 서로 다른 문자의 이면에 있는 언어의 동일성 때문에, 소그드-위구르계 문자 연구는 이들이 기록한 관련 언어가 사용했던 다른 문자 연구에도 도움이 된다.

문학예술:

---

319) 杜海, 郭楊, 「吐魯番地區粟特人研究綜述」, 『吐魯番學研究』 第1期(2021). 程越, 「國內粟特研究綜述」, 『中國史研究動態』 第9期(1995).
320) 韓樹偉, 『西北出土契約文書所見習慣法比較研究』(蘭州大學博士學位論文, 2020).
321) 松井太著, 楊富學·臧存艷譯, 前揭文.
322) 王平魯, 「滿文創制前明代東北女眞人的文字使用情況初探」, 『瀋陽故宮博物院院刊』 第2期(2007).

소그드-위구르계 문자로 작성된 많은 문헌 중에는 본래 대량의 문학 작품이 있어, 이러한 문헌을 바탕으로 문학예술과 관련된 고찰이 가능하다. 대표적인 예로, 진명(陳明)의 「세 마리 물고기 이야기: 인도 불교 설화의 실크로드 전파 사례(三條魚的故事—印度佛教故事在絲綢之路的傳播例証)」[323], 레이잔 카디르(Reyjan Qadir, 熱依江·卡德爾)의 「위구르 문학으로 본 위구르와 실크로드(從回鶻文學看回鶻與絲綢之路)」[324], 마야 외너럴란(Maya Önörölan, 瑪·烏尼烏蘭)의 「중세 오이라트 몽골 서면 문학의 지위와 공헌(中世紀衛拉特蒙古書面文學的地位與貢獻)」[325], 포채하(包彩霞)의 『17세기 몽골문 역사 문학 서술 특징 연구(17世紀蒙古文歷史文學叙述特征研究)』[326], 주건강(周健强)의 「중국 고전 소설의 만주어, 몽골어, 조선어 번역본 연구 개술(中國古典小說滿·蒙·朝譯本研究述略)」[327] 등이 있다. 또한, 서예 등의 영역에서도 연구와 활용이 가능한 자료를 제공할 수 있으며, 가술함(賈述涵)의 『전통 몽골 문자의 도형화된 서체 디자인 연구(傳統蒙文圖形化的字體設計研究)』[328] 등과 같이 이미 이 방면의 연구에 힘쓰는 학자들이 있다.

과학 기술:

이 분야는 주로 의학과 관련되어 있다. 대표적인 연구로는 양부학(楊富學)의 「고창 위구르 의학 고증(高昌回鶻醫學稽考)」[329], 게렐(Gerel,

---

323) 陳明, 「三條魚的故事—印度佛教故事在絲綢之路的傳播例証」, 『西域研究』 第2期 (2015).

324) 熱依江, 卡德爾, 「從回鶻文學看回鶻與絲綢之路」, 『絲路百科』 第2期2021年.

325) 瑪·烏尼烏蘭, 「中世紀衛拉特蒙古書面文學的地位與貢獻」, 『內蒙古社會科學』 第2 期(1998).

326) 包彩霞, 『17世紀蒙古文歷史文學叙述特征研究』(內蒙古師范大學碩士論文, 2016).

327) 周健强, 「中國古典小說滿·蒙·朝譯本研究述略」, 『民族文學研究』 第5期(2018).

328) 賈述涵, 『傳統蒙文圖形化的字體設計研究』(四川美術學院碩士專業學位論文, 2017).

329) 楊富學, 「高昌回鶻醫學稽考」, 『敦煌學輯刊』 第2期(2004).

格日樂)과 나순달라이(Nasundalai, 納順達來)의 「17-19세기 위구르식 몽골 문자 의학 개술(17-19世紀回鶻式蒙古文醫學概述)」, 양부학과 장전방(張田芳)의 「위구르문 <침구도(針灸圖)> 및 돈황 침구 문헌과의 관련성(回鶻文<針灸圖>及其與敦煌針灸文獻之關聯)」[330], 웬더르나(溫都日娜)의 『토트문 의학 문헌 <결규론보(訣竅論補)·참제비명사승리검(斬除非命死繩利劍)>연구(托式文醫學文獻<訣竅論補·斬除非命死繩利劍>研究)』, 우영민(于永敏)의 「중국 만주문 의학 번역서 고찰(中國滿文醫學譯著考述)」[331] 등이 있다.

6. 최근 연구 쟁점

소그드-위구르계 문자 연구의 주요 관심사는 크게 문헌 목록 작성과 연구의 두 가지로 나눌 수 있다. 문헌 목록 작성 관련 성과는 이 분야에 중요한 의미를 지니며, 이미 '기본 자료' 부분에서 언급했으므로 여기서는 후자인 연구 분야를 중점적으로 소개하겠다. 일부 연구 주제는 이미 '연구 문제'에서 언급했으므로 상황에 따라 중복 서술을 피하겠다.

문자 본체 연구는 앞서 언급했듯이 응용 연구에 비해 양적으로 적지만, 그 성격상 매우 중요하다. 국제적으로 소그드학, 위구르학, 몽골학, 만주학의 시작이 모두 문자 자체 연구와 밀접한 관계가 있기 때문에 문자 본체는 여전히 연구의 주요 동향으로 보아야 한다.

소그드문 분야의 본체 연구는 다른 세 문자에 비해 가장 부족한데,

---

330) 楊富學, 張田芳, 「回鶻文<針灸圖>及其與敦煌針灸文獻之關聯」, 『中醫藥文化』第2期(2018).
331) 于永敏, 「中國滿文醫學譯著考述」, 『滿族研究』第2期(1993).

이에 전념한 대표적 학자로 요시다 유타카(吉田豊) 정도이다. 그의 소그드문 행관 변천에 관한 연구가 이에 속하지만, 체계적인 전문 저서는 보이지 않는다.

위구르문 연구에서 우여겁(牛汝极)은 문자 본체 연구에 치중한 몇 안 되는 연구자로, 『위구르 고문자와 고문헌 개론(維吾爾古文字與古文獻導論)』[332]을 저술했다. 이 책은 위구르 문자학 수립을 제안하고, 위구르 문자학이 위구르 문자(위구르문 포함)의 기원, 생성, 발전, 성질, 특징, 범위, 그리고 위구르 문자와 언어의 상호 연관성, 위구르 문자의 형태, 독음, 수량, 순서 등 여러 방면의 특징 등을 연구해야 한다고 지적했다.

몽골문 분야의 문자 본체 연구에서 대표작은 나드미드(Nademid)의 『몽골어 및 그 문자의 역사적 발전 개술(蒙古語及其文字的歷史發展簡述)』(1967)[333]인데, 이 책은 12-19세기의 몽골 문자사를 전면적으로 연구하고, 고대와 근대 몽골 문자와 그 문헌을 체계적이고 상세하게 소개했다. 기타 몽골문자학 관련 저서로는 포력고(包力高)의 『몽골문자 개요(蒙古文字簡史)』(1983), 포상(包祥)의 『몽골문자학(蒙古文字學)』(1984), 투리구르(圖力古爾)의 『몽골문자 역사 개황(蒙古文字歷史概況)』(1998), 샤그다르수렝(Ts. Shagdarsuren)의 『몽골족 문자사(蒙古族文字史)』(1981) 등이 있다.

만주문 분야의 문자 본체 연구에서 대표적인 것은 마르텐 쇠데르블룸 사렐라(Mårten Söderblom Saarela)의 『만주 문자의 근대 세계 순례사: 동아시아와 유럽의 만주문 및 그 연구(滿文近代周游列國史: 東亞

---

332) 牛汝极, 『維吾爾古文字與古文獻導論』(新疆人民出版社, 1997).

333) Надмид Ж. *Монгол хэл, түүний бичгийн түүхэн хөгжлийн товч той м.* УБ ШУАХ, 1967.

和歐洲的滿文及其硏究)』334)로, 만주 문자에 관해 이전 연구자들이 모호하게 다루거나 오류가 있는 많은 문제들을 정리하고 규명했다.

문자 본체 연구에서 문자의 창제 문제는 늘 주요 연구 주제였다. 위구르 문자 창제와 관련해서는 다음과 같은 연구들이 있다.

- 왕숙개(王叔凱)의 『소그드 문자의 전파와 위구르 문자의 창제에 대한 시론(試論粟特字母的傳播與回鶻文的創制)』
- 양부학(楊富學)의 『위구르 문자 기원 고증(回鶻文源流考辨)』
- 이수휘(李樹輝)의 『위구르 문자 사용 시작 시기 고찰(回鶻文始用時間考)』

몽골 문자 창제에 대해서는 두 가지 다른 견해가 존재한다.

하나는 '800년설'로, 사적(史籍)에 기록에 따라 칭기스 칸이 나이만부를 정복한 후에야 타타통아에게 몽골문 창제를 명령했다고 주장하는데, 일린진(Ilinjin, 亦鄰眞), 다오부(道布), 포력고(包力高) 등이 이 설을 지지하고 있다.

다른 하나는 칭기스 칸이 몽골 제국을 건립하기 수 세기 전(약 8-9세기경)에 이미 위구르식 몽골 문자가 출현했다고 보는데, 나삼백(那森柏), 포상(包祥), 앙여포(昂如布), 쌍복(雙福) 등이 이 주장을 하고 있다.335)

만주 문자 창제에 관해서는 이덕계(李德啓)336), 우붕상(于鵬翔)337), 염숭년(閆崇年)338), 조지강(趙志强)339), 장홍(張虹)340), 하스바타르

---

334) Saarela, M. S. *The Early Modern Travels of Manchu, A Script and Its Study in East Asia and Europe.* University of Pennsylvania Press, 2020.

335) 雙福,「我國回鶻式蒙古文硏究評述」第2期(1992).

336) 李德啓,「滿洲文字之來源及其演變」,『國立北平圖書館刊』第5卷第6號(1931).

337) 于鵬翔,「論從老滿文到新滿文的演變」,『松遼學刊(社會學版)』第3期(1988).

338) 閆崇年,「滿文的創制與价值」,『故宮博物院院刊』(2002).

339) 趙志强,「老滿文硏究」,『滿語硏究』第2期(2003).「達海改革滿文事迹考」,『"滿洲民族共同體及其文化"學術硏討會論文集』(遼寧民族出版社, 2015), 30쪽.

340) 張虹,「老滿文改革的初始時間」,『滿語硏究』第2期(2006).

(Khasbaatar, 哈斯巴特爾)와 전리(田鷗)[341], 마금주(馬金柱)[342] 등의 학자들이 논의에 참여했다.

문헌의 번역과 해석에 관한 연구는 계속해서 소그드-위구르계 문자 연구의 주요 주제였다. 특히 새로 출토되거나 새로 간행된 자료를 포함한 새로운 문헌에 대해서는 고증 연구와 수집 정리가 거의 동시에 이루어졌다. 구체적인 상황은 '연구 문제' 부분에서 볼 수 있으므로 여기서는 중복하여 서술하지 않겠다. 이미 번역되고 해석된 많은 자료 중에서 일부 유명한 문헌들은 연구의 주된 동향이라 할 수 있으며, 여러 세대의 학자들이 계속해서 연구에 매진했다. 대표적으로 소그드문 고대 서신의 연구 현황은 한수위(韓樹偉)의 『실크로드 연선 출토 소그드문 문서 연구 술요(絲路沿線出土粟特文文書研究述要)』를 참고할 수 있다. 또한, 위구르 문자 분야에서는 『현장전(玄奘傳)』 등 불교 문헌의 고증과 연구가 계속해서 가장 중요한 과제였다.[343]

언어 연구도 주요 연구 주제 중 하나로, 특히 국제 학계에서 더욱 두드러진다. 이는 언어 연구의 정밀도가 문헌 해독의 정확도와 직결되며, 나아가 문헌 해석을 바탕으로 하는 다른 응용적, 학제 간 연구에도 영향을 미치기 때문이다. 소그드어, 위구르어, 몽골어, 만주어 등 언어 연구에 관한 구체적인 상황은 '연구 문제' 관련 단락을 참고할 수 있다.

연대 측정과 문헌 번역 및 해석은 밀접한 관련이 있어 늘 중시되어 왔다. 대표적으로 왕기청(王冀青)의 「스타인이 획득한 소그드문 <2호 서신> 역주(斯坦因所獲粟特文<二號信札>譯注)」, 진국찬(陳國燦)

---

341) 哈斯巴特爾, 田鷗, 「滿文字母改進述要」, 『中央民族大學學報(哲學社會科學版)』 第4期(2018).

342) 馬金柱, 「滿文創制問題再探」, 『滿語硏究』 第2期(2021).

343) 張鐵山, 『回鶻文古籍槪覽』, 松井太著, 楊富學·臧存艷譯, 前揭文.

의 「돈황 출토 소그드문 고대 서신의 연대 문제(敦煌所出粟特文古書信的斷代問題)」, 임매촌(林梅村)의 「돈황 출토 소그드문 고대 서신의 연대 문제(敦煌出土粟特文古書信的斷代問題)」 등이 모두 소그드문 고대 서신의 연대 문제를 논의했다.

또한 갈마려(葛瑪麗), 풍가승(馮家昇), 경세민(耿世民), 황성장(黃盛璋) 등은 위구르문 『현장전(玄奘傳)』의 번역 연대에 대해 각자의 견해를 제시했다[344].

일부 이미 결론이 난 것처럼 보이는 문헌도 있다. 예컨대, 「울란호음(Ulaan Khom) 비석(烏蘭浩木碑)」에 대해 대부분의 학자들은 셰르박(Щербак), 구밀료프(Гумилев), 클랴시토르니(Кляшторный) 등의 해독을 따라 이 비석이 840년 이전에 세워졌다고 보며, 일반적으로 현존하는 가장 오래된 위구르문 비문으로 여겨졌다. 그러나 백옥동(白玉冬)과 투르순잔 이민(吐送江·依明)은 새로운 해독을 바탕으로 문자학, 역사학, 종교학 등의 증거를 종합하여 이 비석의 연대가 고창 위구르 왕국 초기(약 9세기 후기에서 11세기 초기)에 속한다고 보고[345], 이 비석이 위구르문 최초의 비석이라는 지위에 의문을 제기했다.

또한, 1980년대 이후 유럽 학자들이 필사본의 물질성에 대한 자연과학적 분석을 제안한 이후, 연대 측정 연구는 종종 종이, 먹물 등의 분석에도 의존하게 되었다[346]. 위구르문 연구에서 이 분야의 대표적인 예로 모리야스 타카오(森安孝夫)를 들 수 있는데, 그는 돈황 위구르문 문서의 연대 측정과 위구르문 문서 연대 측정 기준에 모두 중요

---

344) 張鐵山, 『回鶻文古籍槪覽』(民族出版社, 2018), 25-26쪽.

345) 白玉冬, 吐送江·依明, 「有關高昌回鶻歷史的一方回鶻文墓碑—蒙古國出土烏蘭浩木碑釋讀與硏究」, 『敦煌硏究』 第20卷(上海古籍出版社, 2021), 207-226쪽.

346) 張文玲, 「粟特佛典寫本學與粟特佛敎槪述」, 『國學』 第7集(巴蜀書社, 2019), 142-160쪽.

한 공헌을 했다[347].

실전 사료의 발굴과 보정은 앞서 '연구 문제'에서 다룬 사료 고증, 지명 위치 고증, 정치 문화, 사회 경제, 사상 문화, 사회생활 등의 주제와 관련되며, 오랫동안 연구의 주요 대상이었다. 이 분야의 대표적인 사례로 무그산 소그드문 문서를 들 수 있는데, 학계에서는 이 문서가 매우 높은 사료적 가치를 가진다고 인정하고 있다. 이 문서를 통해 한족, 아랍인, 돌궐인의 외부 시각이 아닌 소그드인 내부의 시각에서 소그드 본토가 아랍 제국에 함락되는 역사를 고찰할 수 있게 해주기 때문이다.

학자들은 이 문서가 주로 판자켄트(Panjakent) 영주 디바슈티치(Dewashtich)의 문서임을 확인했지만, 문서의 연대 측정, 문서에 기록된 인명과 지명의 고증, 디바슈티치의 신분과 통치 기간, 디바슈티치와 강국(康國) 국왕 투르훈(Turkhun, 突昏)과 우라크(Urak, 烏勒伽)의 관계, 디바슈티치가 언제 소그드왕을 칭했는지, 8세기 초 소그드 본토의 정치 상황 등의 문제를 놓고 소련 학자 프레이만(Фрейман), 리프시츠(Лившиц), 스미르노바(Смирнова), 미국 학자 프라이(Richard N. Frye), 일본 학자 이와사 세이이치로(岩佐精一郎) 등이 오랫동안 논의를 전개했다[348].

중국 학자 마소학(馬小鶴)은 『8세기 초의 소그드: 무그산 문서 연구(公元8世紀初年的粟特—若干穆格山文書的研究)』[349]에서 선행 연구를 바탕으로 무그산 문서와 한문으로 적힌 문헌 등 이전의 문헌을 결합하여 소그드왕 디바슈티치의 신분 경력과 8세기 초 아랍인의 중앙아시

---

347) [日] 松井太,「回鶻文文獻硏究的現狀及發展趨勢」, 楊富學, 臧存艷譯,『民族史硏究』第15輯(中央民族大學出版社, 1999), 407-426쪽.

348) 許序雅,『唐代絲綢之路與中亞史地叢考』(商務印書館, 2015). 韓樹偉,『絲路沿線出土粟特文文書硏究逑要』.

349) 馬小鶴,「公元8世紀初年的粟特—若干穆格山文書的研究」,『中亞學刊』第3輯 (1984).

아 확장 사실을 논증했다. 그의 연구에 따르면, 판자켄트(Panjakent)는 소무구성(昭武九姓)의 미국(米國) 수도인 발식덕성(鉢息德城)으로 고증되었고, 디바슈티치는 개원 6년에 사신을 보낸 미국왕으로 밝혀졌다.

프랑스 학자 그레네(Frantz Grenet)와 드 라 베시에르(Étienne de la Vaissière)도 무그산 문서를 활용하여 아랍 제국이 판자켄트(Panjakent)를 정복하기 이전의 역사를 연구했다[350].

또한, 학자들은 「부구트 비문(布古特碑)」, 「소홍나해 석인 제명(小洪那海石人題銘)」, 「구성 위구르 가한 비문(九姓回鶻可汗碑)」 등의 내용을 바탕으로 현존하는 위구르 역사의 소실된 부분을 보완했다[351].

청대의 방대하고 상세한 만주문 문서에 대한 연구는 심지어 국제적으로 소위 '새로운 청대의 역사(新淸史)' 연구를 직접 촉발했을 정도로, 실전 사료 발굴이라는 연구 동향의 대표적 사례로 볼 수 있다.

중국과 해외의 관계를 연구하는 것 또한 소그드-위구르계 문자 응용 연구의 주요 주제 중 하나이다. 초국적 민족으로서의 소그드인 연구에서 중국과 해외 관계는 늘 소그드학의 인기 있는 주제였으며, 위구르문 연구에서도 몽골 제국 및 그 분봉한국(分封汗國)들과 아시아, 유럽의 다른 국가들 간의 교류를 다룬다. 특히 몽골 문자와 만주 문자는 근대 이후 중국과 여러 외국 간의 접촉이라는 중요한 역사적 사실과 직접적인 관련이 있다. 이와 관련된 대표적인 연구들은 다음과 같다.

· 고명철(高明哲)의 『소그드와 위구르 관계 연구(粟特與回鶻關系研究)』[352]

---

350) Grenet, F. & de la Vaissière, É. "The last days of Panjikent". *Silk Road Art and Archaeology*, 2002 (8).

351) 林梅村, 「布古特所出粟特文突厥可汗紀功碑考」, 『民族研究』 第2期(1994). 吉田豐, 「布古特碑粟特語部分再考」, 『中山大學學報(社會科學版)』 第2期(2020).

352) 高明哲, 『粟特與回鶻關系研究』(西北民族大學碩士學位論文, 2013).

· 진내웅(陳乃雄)의 『몽골 사대 칸국 화폐에 새겨진 몽골 문자 명문
   (銘文) 해석(蒙古四大汗國錢幣上的蒙古文銘文解)』
· 투르순잔 이민(吐遜江·依明)의 「폴란드 중앙문서관 소장 킵차크한국
   (金帳汗國) 군주의 위구르문 성지(波蘭中央檔案館館藏金帳汗國君主
   的一篇回鶻文聖旨)」
· 마츠우라 아키라(松浦章)의 「만주문 문서와 청대의 일본과 중국 무
   역(滿文檔案和淸代日中貿易)」[353] 등.

   공구서의 편찬은 소그드-위구르계 문자의 본체 연구나 응용 연구
모두에 있어 필수불가결한 것으로, 계속해서 각국 관련 연구의 주요
주제 중 하나였다. 지면의 제약으로 인해 본고에서는 각 문자 종류별
로 특히 가치 있는 공구서만을 간략히 소개하고자 한다.

(1) 소그드 문자

   현새 유일한 공구서는 가리브(B. Gharib) 박사가 편찬한『소그드어
사전(Sogdian Dictionary, 粟特語詞典)』으로, 1995년 초판이 발행되었
고 2004년에 재판이 출간되었다.[354] 이 사전은 총 11,617개의 소그
드어 어휘를 수록하고 있으며, 모든 항목에 영어와 페르시아어 해석
이 있다. 그러나 표제어는 모두 고디오(Gödio) 체계로 전사되어 있고
문자 도판은 첨부되어 있지 않으며, 단지 '문자 표시'만 추가되어 있
다. 예컨대 B는 소그드어 불경체 자료를, S는 불경체 이외의 다른 소
그드어 자료를, M은 마니 문자를 사용한 마니교 문서를, C는 시리아
문자를 사용한 경교 문서를 표시하며, 소그드 문자로 쓰인 마니교나

---

353) 松浦章著, 孫世春譯, 「滿文檔案和淸代日中貿易」, 『日本硏究』第1期(1985).
354) Gharib. *Sogdian Dictionary*.

경교 사본의 경우 S(M)과 S(C)로 표기된다. 본고에서 논의하는 '협의의 소그드문'은 이 사전의 B, S 및 S(M), S(C) 부분에 해당한다.

(2) 위구르 문자

현재 가장 추천할 만한 공구서는 빌켄스(J. Wilkens) 박사가 편저한『위구르어 간명사전(Handwörterbuch des Altuigurischen, 回鶻語簡明詞典)』355)이다. 이 사전은 독일 괴팅겐 과학원의 장기 프로젝트인『위구르어 사전(Wörterbuch des Altuigurischen)』의 단계적 성과물이다. 이 사전은 현재까지 알려진 거의 모든 문헌의 위구르어 어휘(차용어와 인명, 지명 등 포함)를 망라하고 있으며, 각 항목마다 독일어와 터키어로 뜻풀이가 되어 있고, 차용어의 경우 원어의 형태와 차용 경로가 모두 표시되어 있다. 이 사전의 큰 특징 중 하나는 현재까지 정정된 잘못된 해독(† 표시)을 수록하여, 연구자들에게 큰 편의를 제공한다는 점이다. 이 외에도 중요한 사전으로는 구소련에서 출판된『고대 튀르크어 사전(古代突厥語詞典)』(1969), 영국의 클로슨(G. Clauson)이 편찬한『13세기 이전 튀르크어 어원사전(An Etymological Dictionary of Pre-Thirteenth-Century Turkish, 十三世紀前突厥語詞源詞典)』(1972), 독일의 뢰르보른(K. Röhrborn)의 대작『위구르어 사전(Uigurisches Wörterbuch, 回鶻語詞典)』(1977년부터 현재까지 3권 5책 출판, 아직 미완) 등이 있다356).

---

355) Wilkens, J. *Handwörterbuch des Altuigurischen (Altuigurisch-Deutsch-Türkisch)*. Universitätsverlag Göttingen, 2021.
356) 哈斯巴特爾,「彦斯·威肯思博士編著<古代回鶻語簡明詞典>推介」,『蒙古學集刊』第2期(2021).

(3) 몽골 문자

공구서의 수가 많은 편이다.

1. 중세 몽골어 사전
- 하이니시(Haenisch)의 『<몽골비사(蒙古秘史)> 사전(<蒙古秘史>詞典)』[357]
- 오자와 시게오(小澤重男)의 『<원조비사(元朝秘史)> 몽골어사전(<元朝秘史>蒙古語辭典)』[358]
- 황종감(黃宗鑒)의 『<화이역어(華夷譯語)> 어휘집(<華夷譯語>詞匯)』[359]
- 장쌍복(張雙福)의 『몽골역어(蒙古譯語)』[360] 등.

이 중에서 황종감의 저서는 라틴 전사 외에도 각 단어마다 위구르식 몽골 문자, 현대 전통 몽골 문자, 키릴 몽골 문자 표기를 덧붙였다.

2. 근대 몽골어 사전
- 청대의 『어제만몽문감(御制滿蒙文鑒)』, 『삼합편람(三合便覽)』, 『사체청문감(四體淸文鑒)』, 『몽골토트휘집(蒙古托忒匯集)』, 『몽문휘서(蒙文匯書)』 등 '청문감 계열의 사전들
- 20세기 초 북경 주몽학사(籌蒙學社)의 『몽골대사전(蒙古大辭典)』, 몽문서사(蒙文書社)의 『몽고문자 분류사전(蒙文分類辭典)』, 『몽한자전(蒙漢字典)』 등
- 슈미트(Schmidt)의 『몽골어-독일어-러시아어 사전』

---

357) Haenisch, E. *Wörterbuch zu Mangḥol un Niuca Tobca'an.* Otto Harrassowitz, 1939.
358) 小澤重男, 『元朝秘史蒙古語文法講義』(風間書房, 1993), 281-570쪽.
359) 黃宗鑒, 『<華夷譯語>硏究』(昆侖出版社, 2014), 197-342쪽.
360) 張雙福, 『蒙古譯語』(內蒙古教育出版社, 2017).

· 코발레프스키(Kovalevsky)의 『몽골어-러시아어-프랑스어 사전』 등.

여기에는 초기 해외 몽골학자들이 편찬한 사전들이 포함되어 있다.

3. 현대 몽골어 사전
　· 해외의 『몽골어-영어 대사전(蒙英大詞典)』[361]
　· 중국의 『신몽한사전(新蒙漢辭典)』[362]

이 두 사전 모두 표제어에 현대 전통 몽골 문자와 키릴 몽골 문자
를 병기하고 있다.

(4) 만주 문자

중국에서 대표적인 사전으로 『만한대사전(滿漢大辭典)』[363](5만 단
어 수록)과 『신만한대사전(新滿漢大詞典)』[364](3.6만 단어 수록)이 있으
며, 이들 사전의 표제어에 만주 문자와 라틴 전사가 모두 있다. 해외
에서 명성이 높은 사전으로는 하우어(E. Hauer)가 1955년에 출판한 『
만주어-독일어 자전(滿德字典)』[365]이 있으며, 코르프(O. Corff)의 수정
재판[366] 이후 지금까지 서양에서 가장 우수한 만주어 사전 중 하나

---

361) Lessing, F. (ed). *Mongolian-English Dictionary*. Berkeley, Los Angeles: University of California Press, 1960.
362) 新蒙漢詞典編委會, 『新蒙漢詞典』(商務印書館, 1999).
363) 安雙成, 『滿漢大辭典』(修訂版)(遼寧民族出版社, 2018).
364) 胡增益, 『新滿漢大詞典』(商務印書館, 2020).
365) Hauer, E. *Handwörterbuch der Mandschusprache*. Deutsche Gesellschaft für Natur-und Völkerkunde Ostasiens, 1952-1955.
366) Hauer, E. & Corff, O. *Handwörterbuch der Mandschusprache*. 2nd ed. Otto Harrassowitz Verlag, 2007.

로 평가받고 있다. 이상은 일부에 불과하며, 앞서 언급한 청대에 편찬된 수많은 『청문감』류의 사전들과 초기 유럽 만주학자들이 편찬한 만주어 사전들은 여기서 생략한다.

7. 미래전망

미래를 전망해 볼 때, 본고에서 논한 소그드-위구르계 문자는 다음과 같은 측면에서 더욱 심도 있는 연구가 가능하다.

(1) 문자 본체에 관한 연구 강화

전반적으로, 현재 이론적 문자학 틀 안에서 소그드-위구르계 문자에 대한 심층적인 연구가 매우 부족한 실정이다. 여기에는 문자의 자모(letter), 자위(grapheme) 및 관련 특징(문자 수용량, 복잡성, 빈도, 장식성, 구별성, 변이도, 음소 부담량, 자위(字位) 규모, 자모의 자위 부담량, 자모의 자위 사용 가능성 등)에 대한 체계적 분석이 포함된다. 이러한 본체 이론 연구를 강화하기 위해서는 우선 관련 기본 개념을 명확히 하고 공통된 인식을 새롭게 개선해야 한다. 예컨대 '문(文)'과 '어(語)'의 구분이 그것이다. 일부 학자들은 『튀르크어 대사전(突厥語大詞典)』을 위구르문 문헌으로 잘못 인식하고 있는데, 이 사전에 기록된 언어는 광의의 위구르어(카라한 왕조의 천산 서부 위구르어)에 속하지만, 그 문자는 아랍 문자를 사용하고 있어 어떤 경우에도 '위구르문'의 범주에 포함시킬 수 없다. '어(語)'와 '문(文)'의 차이점과 공통점을 명확히 구분해야만 관련 문자의 본체 연구를 더욱 심화시킬 수 있다. 둘째, 앞서 설명한 광의/협의의 소그드 문자, 몽골 문자 등과 같이 문자에서의 광의와 협의 개념도 명확히 할 필요가 있다. 또한, 연대 측정 연구에서 중요한 서체의 연대 연구는 현재 관련 전문가들의 개인적 감정 경험에 머물러 있을 뿐, 체계적인 연구 성과로 발전하지 못한 것 같다. 예컨대 양군개(楊軍凱)의 『북주 사군묘 이중언어 명문 및 관련 문제(北周史君墓雙語銘文及相關問題)』에서 요시다 유타카(吉田豊)가 명문의 소그드 문자 서체 연대가 6세기 말 소그드 문자의 표지적 특징을 지니며 같은 시기의 부구트 비문과 유사하다고 판단한 것을 언급하고 있지만, 다른 시기의 소그드 문자 서체의 특징과 차이점을 체계적으로 소개한 연구는 보이지 않는다. 실제로 소그드-위구르계 문자는 서로 다른 시공간에 따라 많은 변체가 있으며, 서로 다른 형체들 간에는 연관성과 차이점이 모두 존재한다. 문자의 서로 다른 시기와 지역에서의 형체 특징 및 서사 습관에 대한 연구는 현재 상당히 부족한 실정이므로, 미래의 새로운 연구 방향으로서 가치가 있다.

(2) 문헌 번역 및 해석의 최적화와 심화

문헌 고증과 해석은 모든 다른 응용 연구의 기초이다. 현재 이 분야의 성과가 가장 풍부하기는 하지만, 한편으로는 언어학, 문자학 등 관련 학문의 발전에 따라 과거의 해독과 번역·주석이 수정되거나 뒤집힐 가능성이 있다(빌켄스의 『위구르어 간명사전』이 이미 정정된 선행 연구의 잘못된 해독을 수록한 의미가 바로 여기에 있다). 다른 한편으로는 새로 출토되거나 새로 간행된 미해독 문헌이 날로 증가하고 있어, 새로운 자료의 해독과 번역·주석 작업은 여전히 중요하고 어려운 과제로 남아 있다.

(3) 문헌의 디지털화 구축 및 연구 추진

컴퓨터 기술의 급속한 발전과 소그드-위구르계 문자의 출토 및 간행 자료가 날로 풍부해짐에 따라, 관련 문자의 정보화 처리가 주목을 받고 있다. 각 문자 종류의 자형 정형화, 문자 인코딩, 문헌 전적 데이터베이스 및 말뭉치 구축 등의 측면에서 이미 일련의 중요한 성과를 거두었으며, 이에 대해서는 앞서 이미 언급한 바 있다. 그러나 앞으로 문헌 디지털화의 범위를 어떻게 더욱 확대할 것인지, 그리고 이미 디지털화된 문자 자료를 어떻게 활용하여 더 깊이 있는 탐구를 할 것인지는 모두 논의되어야 할 과제이다.

(4) 종합적인 공구서의 편찬

여기에는 저록, 연구, 도구 검색을 하나로 통합한 종합 저록 성과(특히 새로운 발견을 성과에 업데이트하고, 새로운 인식과 기존 인식의 차이를 보여줄 수 있는 것)와 언어와 문자를 모두 고려한 사전류도 포함된다. 즉, 라틴 음역과 전사뿐만 아니라 관련 문자와 그 이체자의 도판, 해독의 새로운 성과와 기존 성과, 공통 인식의 변화 과정을 정리한 것이 필요하다. 이러한 작업은 전자 데이터베이스를 기반으로 다중 모드 방식으로 실현할 수 있다.

(5) '언어-문자' 교차 연구의 개척

특히 문자와 밀접한 관련이 있는 언어 현상에 대한 탐구가 필요하다. 예컨대, 몽골 문자와 위구르 문자 연구에서 '문헌 언어'(문자로 쓰인 서면어)와 문헌이 쓰인 당시의 실제 구어 변이형 사이의 차이로 인한 이중 언어 현상에 대해서는 아직 체계적이고 충분한 연구가 부족한 것으로 보인다. 이러한 이중 언어 체계의 상위 변이형과 하위 변이형 사이의 긴장 관계는 두 언어 또는 변이형 사이의 접촉과 상호 작용을 야기할 뿐만 아니라, 문자 진화를 추진하는 주요 동력이 되기도 한다. 이는 문자 연구와 언어 연구 모두에 매우 중요한 가치를 지닌다. 예컨대, 위구르 문자는 중세 튀르크어 시기에도 여전히 중앙아시아에서 사용되었지만, 그것이 기록한 언어와 고창 위구르 시기 사본에 사용된 문헌어, 그리고 문헌이 작성된 당시 티무르 제국, 킵차크한국, 오스만 제국의 튀르크어 구어 사이의 공통점과 차이점에 대한 비교 연구는 아직 전면적인 연구가 부족하며, 이를 바탕으로 사회 역사언어학-문자학 상호작용 이론 틀을 정립하는 것도 더욱 부족한 실정이다.

(6) 이중 문자 또는 다중 문자 자료에 기반한 문자 접촉 연구 전개

예컨대, 중앙아시아의 튀르크어 국가들은 한때 위구르 문자와 아랍 문자를 병용했는데, 이러한 이중 문자 현상이 두 문자에 각각 어떤 영향을 미쳤는가? 소그드 문자가 가로쓰기에서 세로쓰기로 변한 것, 현대 몽골 문자와 만주 문자에 새로 나타난 세로쓰기 가로배열과 가로쓰기 가로배열 현상을 문자 접촉의 관점에서 설명할 수 있는가? 현대 몽골 문자와 만주 문자가 세로쓰기에서 가로쓰기로 바뀔 때 왜 그 조상 문자인 아랍-소그드 계열의 오른쪽에서 왼쪽으로 쓰는 가로쓰기를 복원하지 않고 왼쪽에서 오른쪽으로 쓰는 방향을 선택했는가? 이와 같은 문제들은 모두 앞으로 학계에서 더욱 심도 있게 탐구할 가치가 있다.

제4절 토카라 문자(吐火羅文), 호탄 문자(于闐文), 티베트 문자(藏文), 파스파 문자(八思巴字)

1. 네 가지 문자의 기원

토카라 문자, 호탄 문자, 티베트 문자, 파스파 문자는 문자 발생학적 관계에서 모두 인도의 브라흐미(Brāhmī) 계열 문자에 속한다.

브라흐미 문자는 고대 인도의 두 주요 문자 중 하나이다. 다른 하나는 카로슈티(Kharoṣṭhī) 문자이다. 이 두 문자는 모두 아람 문자 체계에서 직접 파생되었을 것으로 추정되며, 자음-음절 문자(모음 부호형)에 속한다. 자음 문자에 어떤 부호도 붙지 않을 경우, 기본적으로 모음 'a'가 포함된 것으로 간주하여, 이때의 자음 문자는 자음과 (영형태) 'a'로 구성된 음절을 나타낸다. 자음 뒤에 다른 모음이 오는 경우, 서로 다른 부호를 추가하여 표시하는데, 이때의 자음 문자는 순수한 자음을 나타내며, 부가 기호와 결합해야만 자음과 모음으로 이루어진 하나의 음절이 된다. 인도-아리안어의 특성에 적응하기 위해, 두 문자 체계는 자음 문자에서 파생되었음에도 음절 문자의 특성도 겸비하게 되어, 두 가지 문자 체계의 장점을 모두 갖추었다고 할 수 있다.[1] 브라흐미 문자는 왼쪽에서 오른쪽으로 쓰고, 카로슈티 문자는

---

1) [法] 喬治－讓·皮諾, 『印度大陸的文字』, 安娜－瑪麗·克里斯坦, 『文字的歷史: 從表意文字到多媒體』(商務印書館, 2019), 128-169쪽.

오른쪽에서 왼쪽으로 쓴다.

　두 문자가 병행하던 시대에, 카로슈티 문자는 고대 인도의 북서부, 즉 오늘날의 아프가니스탄, 파키스탄 지역에서만 통용되었으나, 후에 불교의 전파와 함께 중앙아시아와 중국 신강(新疆) 지역까지 전해졌다. 기원후 400년경에 이르러 고대 인도에서는 카로슈티 문자를 사용하지 않게 되었으며, 중앙아시아 등지에서는 7세기경까지 계속 사용되었다. 반면 브라흐미 문자는 인도 전역에서 통용되었고, 이후 다양한 변체가 생겨나 광범위하게 전파되어 오늘날까지도 사용되고 있다.

　브라흐미 문자는 최초 출현부터 기원 전후까지 비교적 서서히 변화했으나, 기원후 처음 300년 동안 분화가 가속화되어 4-6세기경에는 남북 두 계통으로 나뉜다. 이 시기에 가장 큰 영향을 미친 서체는 '성취, 완벽'을 의미하는 '싯담체(Siddham, 悉曇體)'인데, 당시의 비문이나 필사본을 작성할 때 서두에 원형 부호를 그리는 것이 관례였고, 이 부호를 '싯담'이라고 읽었기에 이러한 명칭이 붙게 되었다. 기원후 1000년경에 이르러 브라흐미 문자의 다양한 현대적 형태가 차례로 형성되어 싯담체를 대체하게 되었다. 그중 가장 큰 영향을 미친 것은 기원후 8세기 중반부터 12세기에 걸쳐 점진적으로 정형화된 북부 브라흐미 계통의 '나가리체(nāgarī, 城體, '도시'에서 유래)'로, 최종적으로 17세기에 '신의 도시체'를 의미하는 데바나가리체(Devanāgarī)로 명명되어, 현재 산스크리트어, 힌디어, 마라티어를 표기하는 표준 서체가 되었다.

　데바나가리체에서 분화된 현대의 후예 문자로는 주로 방글라데시(Bangladesh)에서 통용되는 벵갈(Bengal) 문자, 네팔(Nepal)에서 통용되는 란자나(Rañjanā) 문자, 구자라트어를 쓰는 구자라트(Gujarati) 문자, 오디샤 주에서 사용되는 오디아(Odia) 문자 등이 있다. 또한, 북부 브라흐미 계통의 후예 문자로는 현재 주로 펀자브어를 쓰는 데 사용되는 샤라다(Śāradā) 문자가 있다.

남부 브라흐미 문자의 역사적으로 중요한 문자 유형은 '책'을 의미하는 그란타(grantha) 문자가 있는데, 현대의 그 후예 문자로는 주로 타밀어를 쓰는 타밀(Tamil) 문자와 신할라어를 쓰는 신할라(Siṃhala) 문자가 있다. 또한, 남부 브라흐미 계통의 다른 후예 문자로는 텔루구(Telugu) 문자와 칸나다(Kannaḍa) 문자가 있다.[2]

이러한 다양한 형태의 문자들은 중국에 전해진 시기와 경로가 달랐기 때문에 네 가지 중요한 파생 문자를 남겼는데, 이것이 바로 본 절에서 다루는 토카라 문자, 호탄 문자, 티베트 문자, 파스파 문자이다.

이 중 '토카라 문자'는 '싯담체'가 출현하기 전에 이미 형성되었기 때문에 그 형태와 철자법이 초기 브라흐미 문자에 더 가깝다. 호탄 문자는 '싯담체'와 비슷한 시기에 생겨났으며, 심지어 일부 자형과 모음 부호가 고대 티베트 문자와 동일하여 일부 학자들은 고대 티베트 문자가 호탄 문자에서 발전했을 가능성을 제기한다.[3] 그러나 '토카라 문자'와 호탄 문자는 주로 인도-유럽어족 언어를 기록하는 데 사용되었으며, 그 문자적 특성도 브라흐미 문자와 일치하여 여전히 모음 부가형 자음-음절 문자에 속한다.

반면, 티베트 문자와 파스파 문자는 '싯담체'가 출현한 이후에 만들어졌는데, 티베트족 학자들은 티베트 문자(해서체)가 란자나체를 기반으로 창제되어 자음-음소 문자로 개조되었으며, 이를 통해 시노-티베트어족의 티베트어를 기록하게 되었다고 본다. 이후 티베트 문자에서 파스파 문자가 파생되어 완전한 의미의 음소 문자가 되었으며, 이

---

2) [法] 喬治－讓·皮諾, 『印度大陸的文字』, 安娜－瑪麗·克里斯坦, 『文字的歷史: 從表意文字到多媒體』(商務印書館, 2019), 128-169쪽.
3) 黃振華, 「于闐文」, 『中國民族古文字』(中國民族古文字研究會編, 1982), 166-172쪽.

는 주로 알타이어족의 몽골어와 시노-티베트어족의 한어를 기록하는
데 사용되었다.

2. 토카라 문자

'토카라 문자'라는 명칭의 함의는 매우 복잡한데, 이 문자는 발견된
이래로 여러 가지 명칭으로 불려 왔다.

19세기 말에서 20세기 초까지, 서양의 탐험가들은 중앙아시아에서
활발한 탐험 활동을 펼쳤다. 30여 년에 걸친 탐험과 고고학적 발굴
과정에서 그들은 이 지역에서 대량의 예술품과 다양한 문자로 된 문
헌들을 발견했다. 이 예술품들과 문헌들은 모두 탐험가들에 의해 각
자의 조국으로 반출되어, 현재 유럽의 여러 국가에 분산 소장되어 있
다. 그중에는 브라흐미 문자로 쓰인 문헌이 있었는데, 당시에는 이
문자가 3-9세기경 중국 신강(新疆) 지역에 거주했던 인도-유럽어를 사
용하는 민족의 문자라는 것만 알려져 있었으나[4], 어떤 언어를 기록
한 것인지는 확인할 수 없었다.

처음에 독일 학자 로이만(Leumann)은 이를 '북방 아리안어
(Northern Aryan)'라고 불렀고, 나중에는 '카슈가르어(Kashgarian)'라
고 불렀다.[5] 1907년이 되어서야 독일 학자 뮐러(F. W. K. Müller)가
「중앙아시아의 한 미지의 언어의 명명에 관하여」라는 논문을 발표하
면서 이 언어를 '토카라어'라고 명명했고, 이에 따라 이 브라흐미 문

---

4) 李鐵, 「焉耆-龜玆文」, 『中國民族古文字』(內部印行, 1982), 170-174쪽.
5) 李鐵, 「焉耆-龜玆文的硏究」, 『中國民族古文字硏究』(中國社會科學出版社, 1984),
   56-63쪽.

자도 '토카라 문자'라고 불리게 되었다.

밀러의 명명 근거는 같은 장소에서 발견된 위구르 문자 사본인 『미륵회견기(彌勒會見記)』의 제기(題記) 부분에 있는 한 구절이었다. 이 구절은 "우구르(Uɣur, 烏古)에서 약선어(若先語)를 '토그리(Toɣri)어'로 번역하고, 토그리어에서 다시 돌궐어로 번역했다."는 내용이었다. 그는 고증을 거쳐, 이 '토그리(Toɣri)'가 바로 이 미확인 언어이며, 유럽의 역사 문헌에 기록된 토카라어라고 판단했다.6)

그러나 밀러의 명명 이후에도 이 언어의 명칭에 대한 논란은 계속되었다. 독일 학자들이 제시한 언어 명칭만 해도 거의 10여 종에 달했다. '토카라어' 외에도 '안서어(安西語)', '인도-스키타어(印度斯基泰語)', '월지어(月氏語)' 등의 명칭이 제안되었다.

초기에 '토카라어'라는 명칭은 지크(E. Sieg)와 그의 제자 지글링(W. Siegling) 두 사람의 지지를 받았다.7) 지크와 지글링이 공저한 『토카라-인도스키타[월지]어 고찰(Tocharisch-Indoskythisch, 吐火羅-印度斯基泰[月氏]語考)』(1908)에서는 처음으로 이 언어가 두 개의 '방언'으로 나뉜다는 것을 확인했다.

그중 옌치-투루판(焉耆-吐魯番) 지역에서 발견된 사본은 '토카라어 A방언' 또는 '갑종 토카라어/문자'로, 쿠차(Kucha, 庫車)에서 발견된 사본은 '토카라어 B방언' 또는 '을종 토카라어/문자'로 번역될 수 있다.8)

그로부터 얼마 지나지 않아 다른 국가의 학자들이 이견을 제시했다. 먼저 러시아의 스탈-홀슈타인(Srahl Holstein)과 노르웨이의 코노우(Konow)가 이것이 호탄-사카인(Khotanese Saka)의 언어라고 주장했

---

6) 史金波, 黃潤華著, 『中國歷代民族古文字文獻探幽』, 제1장제4절「焉耆-龜玆文文獻」 (中華書局, 2008), 18-23쪽.

7) 聶鴻音, 『中國文字槪略』(語文出版社, 1998), 144쪽.

8) 李鐵, 「焉耆-龜玆文」, 『中國民族古文字』(內部印行, 1982), 170-174쪽.

다.9)

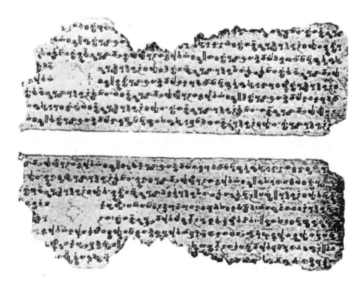

[그림 5-15] 옌치-쿠차 문자로 쓰인 『미륵회견기(彌勒會見記)』(독일
소장본)10)

　이후 프랑스 학자 레비(S. Lévi)가 1913년에 「을종 토카라어, 즉 구
자어 고찰(所謂乙种吐火羅語卽龜玆語考)」을 발표하여, '토카라어 B방언'
이 실제로는 구자국(龜玆國)의 언어라고 지적했다. 그러나 뮐러와 지
크는 이후 몇 년간 논문을 발표하여 반박하면서 여전히 토카라어라
는 입장을 고수했다.11)
　레비는 20년 후 「토카라어에 대하여(說吐火羅)」라는 논문을 발표하
여, 갑, 을 두 종류의 '토카라어'를 총칭하여 '안서어(安西語)'라 하고,

---

9) 李鐵, 「焉耆-龜玆文的硏究」, 『中國民族古文字硏究』中國社會科學出版社, 1984),
　　56-63쪽.
10) 中國民族古文字硏究會, 『中國民族古文字圖彔』(中國社會科學出版社, 1990).
11) 李鐵, 「焉耆-龜玆文的硏究」, 『中國民族古文字硏究』(中國社會科學出版社, 1984),
　　56-63쪽.

그중 구자의 언어를 '서안서어(西安西語)', 옌치-투루판의 언어를 '동안서어(東安西語)'라고 부를 것을 제안했다.

펠리오(P. Pelliot)는 1934년 「토카라와 쿠차어에 대하여(論吐火羅與庫車語)」를 발표하여 『대당서역기(大唐西域記)』에서 언급된 토카라국의 언어가 진정한 토카라어이며, 그 안에서 언급된 '쿠선(苦先)'어가 바로 구자어라고 주장했다. 영국 학자 베일리(Bailey)도 같은 해에 논문을 발표하여 두 언어 모두 토카라어와는 전혀 관계가 없으며, 그중 'A방언'은 카라샤르어, 즉 옌치어여야 한다고 주장했다. 펠리오는 1936년에 다시 「토카라어에 대하여(說吐火羅語)」라는 논문을 발표하여 베일리의 주장을 반박했다.12)

지크는 1937년에도 여전히 「어쨌든 토카라어이다(反正是吐火羅)」라는 논문을 발표하여, 'B방언'이 '쿠차어'(즉 구자어)라는 점은 인정하였으나, 여전히 'A방언'이 '토카라어'라고 주장했다.13) 1938년부터 영국 학자 헤닝(W. B. Henning)이 「소그드어 잡고(粟特語雜考)」, 「옌치어와 토카라어(焉耆語和吐火羅語)」 등의 논문을 잇달아 발표하여 다시 한번 두 언어가 토카라와 무관함을 논증하고, 'A방언'이 구자국의 언어여야 한다고 주장했다.14)

이후 여러 국가의 학자들이 이 문제에 대한 논쟁에 가세하였고, 이는 1970년대가 되어서야 점차 일단락되었다. 이 기간 동안 프랑스 고고학 팀이 1950년대에 중앙아시아에서 진정한 토카라어로 여겨지는 문헌을 발견하면서, 레비와 헤닝의 견해가 학계의 일반적인 입장이

---

12) 李鐵, 「焉耆-龜玆文的研究」, 『中國民族古文字研究』(中國社會科學出版社, 1984), 56-63쪽.
13) 耿世民, 「古代焉耆語(甲种吐火羅語)槪要」, 『語言與翻譯』 第2期(2012).
14) 聶鴻音, 『中國文字槪略』(語文出版社, 1998), 144쪽. 李鐵, 「焉耆-龜玆文」, 『中國民族古文字』(內部印行, 1982), 170-174쪽.

되었다. 중국 민족 고문자연구회도 1980년대 초 계선림(季羨林)의 의견에 따라 이 문자를 '옌치-구자 문자(焉耆-龜茲文)'로 명명했다.

옌치-구자 문자의 연구 자료는 대부분 유럽에 보존되어 있으며, 주로 베를린, 파리, 런던, 상트페테르부르크에 소장되어 있다. 일부는 일본과 인도에도 보존되어 있으며, 신중국 수립 이후 고고학적 발굴을 통해 얻은 일부 문헌만이 중국에 보존되어 있다.

현존하는 문헌의 내용을 살펴보면, 그 종류가 매우 다양한데 불경이 가장 많고, 그 다음으로는 공문서, 사원 장부, 벽화의 제명, 의학 문헌 등을 포함한 실용 문헌이 많다. 문학 작품은 주로 희곡으로, 가장 유명한 것은 27막으로 구성된『미륵회견기(彌勒會見記)』인데, 이는 중국 역사상 가장 오래된 희곡이기도 하다. 그 외에도 불교 이야기, 민간 전설, 시가 등이 있으며, 마지막으로 이중 언어 어휘 대조 사전도 소수 포함되어 있다. 기록 매체로는 주로 종이와 목독이 사용되었으며, 석굴 제기도 있다. 현재까지 간행된 주요 옌치-구자문 문헌은 다음과 같다.

· 독일 소장: 지크와 지글링이 1921년에 발표한『토카라어 잔권 A』 2권. 두 사람의 유고를 제자 토마스(F. Werner Thomas)가 정리하여 1949년과 1953년에 출판한『토카라어 잔권 B』2권.
· 프랑스 소장: 레비가 출판한『구자 문헌 잔권』1책. 레비 사후 필리오자(J. Filliozat)가 이어받아 완성한『구자어 의학 및 주술 문헌 잔권』.
· 일본 소장: 서역문화연구회가 편찬한『서역문화연구』제4권 별책에 수록된 일부 문헌.[15]

---

15) 史金波, 黃潤華著,『中國歷代民族古文字文獻探幽』, 제1장제4절「焉耆-龜茲文文獻」(中華書局, 2008), 18-23쪽.

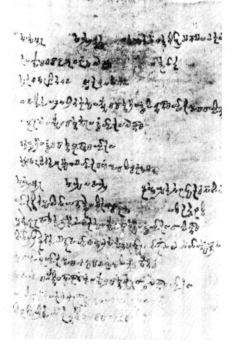

[그림 5-16] 옌치-구자 문자『십송률(十誦律)』

　　문자학적 관점에서 볼 때, 이 문자의 연구 가치는 그리 크지 않다. 주된 이유는 이 문자 자체가 기존의 브라흐미 문자를 그대로 사용하여 다른 언어를 기록한 것이기 때문이다. 또한, 언어 차원의 연구가 아니라면, 단순히 형태만으로는 호탄 문자와 구분하기가 매우 어렵다. 따라서 오랫동안 관련 연구는 주로 언어학과 문헌학 두 영역에 집중되어 왔으며, 이 외에도 이 문자로 된 문헌들을 활용하여 역사학과 인종학 관련 연구가 이루어졌다. 1970년대 이전의 관련 연구는 슈벤트너(W. Schwentner)의 『토카라어 저작 목록(吐火羅語著作目彔, 1890-1958)』과 짐머(S. Zimmer)의 『토카라어 저작 목록(吐火羅語著作

目彔, 1959-1974)』을 통해 확인할 수 있다.16)

'토카라 문자'의 언어학적 연구와 이 문자의 속성에 대한 논의는 거의 같은 시기에 시작되었다. 먼저 지크(Sieg)와 지글링(Siegling)이 당대 독일의 인도-유럽 언어학자 슐체(Wilhelm Schulze)와 함께 완성한『토카라어 문법(吐火羅語語法)』이 있다. 그 후에는 그들의 제자 세대가 이어받았는데, 지크와 지글링의 제자인 크라우제(Wolfgang Krause)가 편찬한『서토카라어 문법 I 동사(西吐火羅語語法 I 動詞)』와 토마스(Thomas)의 도움을 받아 완성한『토카라어 기초 독본 I 문법(吐火羅語基础讀本 I 語法)』이 있다. 크라우제와 독일의 인도학자이자 불교학자인 발트슈미트(Ernst Waldschidt)의 공동 제자인 슈미트(Klaus Schmidt)의 박사 논문『토카라어 명사 복합어(吐火羅語名詞夏合)』는 이 시기 조어법 분야의 중요한 저작이다. 벨기에의 인도-유럽 언어학자 반 빈데켄스(Albert van Windekens)는 음운론, 조어법, 어원학 분야에서 큰 진전을 이루었으며,『토카라어 방언 어원학 어휘(吐火羅語方言詞源學詞匯)』와『토카라어와 기타 인도-유럽어 비교(吐火羅語和其他印歐語對比)』(3권)를 저술했다. 체코의 동양학자이자 토카라학자인 포우하(Pavel Poucha)의 1955년 저작『토카라어 방언 A사전(吐火羅語方言A詞典)』은 현재까지 모든 문자를 망라한 유일한 옌치어 사전이다. 같은 시기의 중요한 논저로는 빈터(Werner Winter)의 다수 논문과 베일리(Bailey)의 관련 연구가 있다. 중국의 저명한 언어학자 계선림(季羡林)도 이 세대에 속한다. 그는 발트슈미트의 제자로, 독일 유학 시절 독일 학자들이 많은 토카라어 텍스트의 중국어 대응본을 찾는 데 도움을 주어 독일 학자들이 토카라어 텍스트를 더 잘 이해할 수 있게 했다. 많은 토카라어 문헌, 특히 불경은 대응되는 산스크리트본이 현존

16) 聶鴻音,『中國文字概略』(語文出版社, 1998), 145-146쪽.

하지 않기 때문에 한역 불경이 가장 중요한 근거가 되었다.[17]

1980년대에 출현한 일군의 학자들이 제3세대이다. 대표적 인물과 성과는 다음과 같다.

- 아이슬란드 학자 힐마르손(Jörundur Hilmarsson)의 토카라어 어원학 연구
- 미국 학자 린지(Don Ringe)의 토카라어 역사 음운학 연구
- 프랑스 학자 피노(Georges-jean Pinault)가 편찬한 『토카라어 문선(吐火羅語文選)』(2008)
- 독일 학자 학스타인(Olav Hackstein, 슈미트와 빈터의 제자)의 토카라어 동사 연구
- 미국 학자 아담스(Douglas Adams)가 편찬한 『토카라어 B사전(吐火羅語B字典)』
- 벨기에 학자 이세바에르트(Lambert Isebaert)의 토카라어 외래어 연구 등.[18]

2000년 이후 박사 학위를 받은 이들이 제4세대 학자로 분류된다. 대표적 인물들은 다음과 같다.

- 오스트리아의 말잔(Melanie Malzahn)과 펠너(Hannes Fellner)
- 네덜란드의 페이로트(Michaël Peyrot)
- 스웨덴의 칼링(Gerd Carling)
- 미국의 바이스(Michael Weiss)
- 일본의 사이토 하루유키(齋藤治之), 타마이 타츠시(玉井達士), 오기하라 히로토시(荻原裕敏)
- 중국의 경소용(慶昭蓉), 반도(潘濤) 등.[19]

---

17) 潘濤, 「吐火羅學的創立和學術史」, 『絲路文化研究』 第5輯(商務印書館, 2020), 137-162쪽.
18) 潘濤, 「吐火羅學的創立和學術史」, 『絲路文化研究』 第5輯(商務印書館, 2020), 137-162쪽.

3. 호탄 문자

'토카라 문자'와 마찬가지로, 호탄 문자의 발견도 19세기 말에서 20세기 초 서양 탐험가들의 중앙아시아와 중국 신강(新疆) 지역에서의 고고학적 탐험 활동의 결과물이다. 그중 가장 먼저 호탄 문자 자료를 획득한 사람은 카슈가르 주재 러시아 영사 페트로프스키(Petrovsky)였다. 이어서 카슈가르 주재 영국 영사 매카트니(Macartney)와 프랑스, 독일, 스웨덴, 일본 등 국가의 탐험가들도 잇따라 이 지역에 와서 다양한 민족의 문자 문헌을 대량으로 수집했다.

'토카라 문자' 연구와의 또 다른 유사점은 호탄 문자도 발견에서부터 언어 계통의 확인과 명명에 이르는 과정을 거쳤다는 점이다. 다만 이 과정은 '토카라 문자'만큼 복잡하지 않았고 논쟁도 그리 크지 않았다. 1901년, 독일 학자 회른레(Hoernle)가 매카트니 등이 수집한 호탄 문자 문헌을 정리하여 발표하면서 이를 '미지의 언어'라고 불렀다. 후에 그중 일부 명사와 수사를 식별하고 이들이 인도-유럽어 단어와 유사함을 발견했다. 1912년, 로이만(Leumann)은 이를 '북방 아리안어'로 보았다. 동시에 노르웨이 학자 코노우(Konow)는 이것이 '동이란어'라고 주장했다. 이후의 연구를 통해 코노우의 견해가 옳다는 것이 증명되었다. 따라서 이 언어는 '호탄-사카어(于闐塞語)'라고 부르게 되었고, 이 문자도 이에 따라 호탄 문자로 명명되었다.[20]

---

19) 潘濤, 「吐火羅學的創立和學術史」, 『絲路文化硏究』 第5輯(商務印書館, 2020), 137-162쪽.

20) 黃振華, 「于闐文」, 『中國民族古文字』(內部印行, 1982), 163-169쪽.

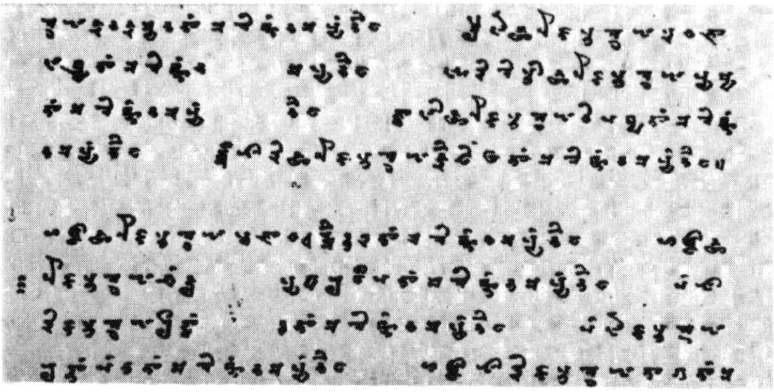

[그림 5-17] 호탄 문자로 써진 『금광명경(金光明經)』

　현재 호탄문 문헌은 주로 프랑스 파리, 영국 런던, 스웨덴 스톡홀름, 러시아 상트페테르부르크, 독일 뮌헨·베를린·브레멘, 미국 워싱턴·보스턴·필라델피아, 그리고 일본 교토(京都), 인도 뉴델리·콜카타(소재 불명으로 추정) 등지에 소장되어 있다. 신중국 수립 이후, 신강(新疆)에서 또 일부 호탄문 문헌이 출토되었으며, 현재는 북경(北京), 우루무치(烏魯木齊), 호탄(和田)에 분산 소장되어 있다.[21]

　호탄문 문헌의 내용은 불교 경전이 주를 이루며, 현재까지 알려진 바로는 30여 종의 불경이 있는데, 대부분 산스크리트 원전에서 직접 번역되었다. 또한, 신도들의 발원문 등도 있다. 실용 문헌으로는 문서 기록과 행정 문서 등이 대부분을 차지한다. 문학 작품으로는 불교 주제의 시가인 『불본생찬(佛本生贊)』과 일부 서정시가 알려져 있다. 이 외에도, 장부 문서, 의서, 언어 문자 관련 자료로는 호탄-사카어와 산스크리트어, 튀르크어 또는 한어를 대조한 사전 및 일부 습자 연습

---

21) 黃振華, 「于闐文」, 『中國民族古文字』(內部印行, 1982), 163-169쪽. 段晴, 「中國人民大學藏于闐語文書的學術价值」, 『中國人民大學學報』 第1期(2022).

등이 있다. 또한, 일부 명문도 존재한다. 문헌 매체에 따라 호탄문 문
헌은 종이, 목독, 비석에 새긴 제기(題記)로 구분된다. 이 중 종이 문
헌의 장정은 범협장(梵夾裝)과 권축장(卷軸裝) 두 가지 형식이 있다.[22)
서체는 해서, 초서, 행서 세 가지가 있다.

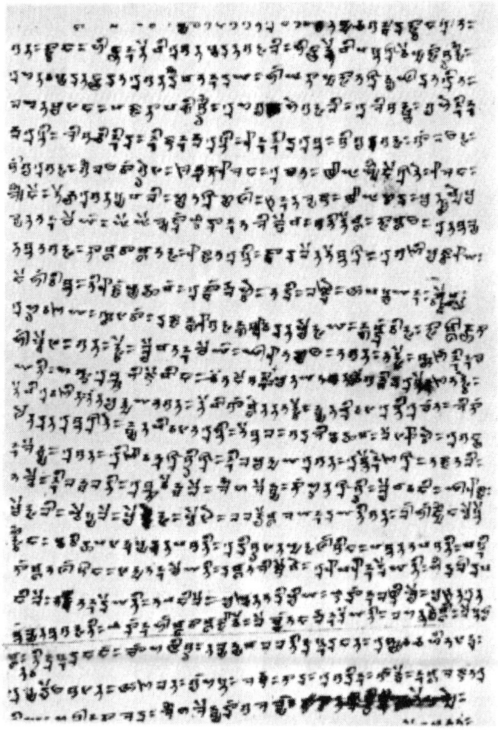

[그림 5-18] 『호탄왕이 조원충에게 보낸 서신(于闐王致曹元忠書)』

문헌 시대를 살펴보면, 호탄문 문헌은 모두 6-10세기에 속하며, 당
시 호탄 지역에서는 한자와 함께 사용되었다. 그 이전의 같은 지역에

---

22) 史金波, 黃潤華著, 『中國歷代民族古文字文獻探幽』, 二章第一節『于闐文文獻』(中
華書局, 2008), 25-31쪽.

서는 카로슈티 문자와 한자가 함께 사용되었다. 이렇게 문자 사용의 변화가 일어난 주된 이유는 사카어를 사용하는 동이란인들이 이전의 아리안인들을 대체하여 그 지역의 주요 민족이 되었기 때문이다.

(1) 문헌 간행 성과

1913년에 이미 펠리오(Pelliot)가 『금광명경(金光明經)』의 단편을 간행했으며, 1919년에는 독일 학자 로이만(Leumann)이 『미륵회견기(彌勒會見記)』를 간행했다. 1930년대에는 일본의 이시하마 준타로(石濱純太郎)와 와타나베 테루히로(渡邊照宏), 노르웨이의 코노우 등이 여러 잔권을 간행했는데, 그중 독일의 로이만 부자가 1933-1936년에 간행한 『잠바스타서(Book of Zambasta)』가 가장 분량이 많았다. 영국 학자 베일리(Bailey)가 이 분야에서 노력을 가장 많이 기울였는데, 그의 노력으로 1938년부터 해외에 있는 대부분의 호탄문 문헌이 영인 출간되었다. 주요 간행물로는 『호탄문 초본(于闐文抄本)』 1책(1938), 『호탄문 문헌(于闐文文獻)』 6책(1945-1967), 『호탄문 불교문헌(于闐文佛敎文獻)』 1책(1951), 『사카 문헌(塞克文獻)』 6책(1960-1967)이 있으며, 단독으로 간행된 것으로는 『본생고사(本生故事)』(1955), 『잠바스타서』(1968), 『수능엄삼매경(首楞嚴三昧經)』(1970), 『묘법연화경(妙法蓮華經)』(1982)이 있다. 같은 시기에 일본과 구소련에서도 몇몇 문헌을 간행했는데, 그중 1965년 소련에서 간행한 『바드라전(Biography of Bhadra)』은 로이만 부자가 간행한 『잠바스타서』의 누락된 부분을 보완할 수 있었다.[23]

---

23) 黃振華,「于闐文」,『中國民族古文字』(內部印行, 1982), 163-169쪽.

(2) 언어 연구 성과

베일리의 성과가 가장 중요하다. 그는 1968년에 『사카 문헌 역석
(塞克文獻譯釋)』을 출간했으며, 이후 『사카어 사전(塞語字典)』(1979)을
편찬했다. 그의 제자 에메릭(Emmerick)은 『호탄문 문헌 지침(于闐文文
獻指南)』(1979)을 저술하여 호탄 문자 문헌 간행에 관한 정보를 상세
히 정리했다.[24]

4. 티베트 문자

여러 티베트 고문헌의 기록에 따르면, 토번(吐蕃)의 찬푸 송짼감포
(Srong-btsan sgam-po, 松贊干布)가 대신 톤미 삼보타(Thon-mi
Sam-bho-ta, 圖彌桑布扎, '톤미 씨족의 뛰어난 티베트인'이라는 의미)를
인도에 파견하여 7년간 수학하게 했는데, 그는 『파니니 문법(波尼尼語
法)』을 포함한 일련의 고대 인도 언어학 명저들을 학습했고, 토번으로
돌아온 후 티베트어의 음운과 문법 구조를 세밀하게 분석하여 티베트
문자를 창제하고 최초의 티베트어 문법서들을 저술했다.[25] 7세기 창제
이후 지금까지 티베트 문자는 1400년 동안 사용되어 왔으며, 중국 소
수민족 문자 중 가장 오랜 사용 역사를 가지고 있다.

티베트 문자의 형태와 자모 배열은 산스크리트 문자와의 연원 관

---

24) 黃振華, 「于闐文」, 『中國民族古文字』(內部印行, 1982), 163-169쪽.
25) 華侃, 桑吉蘇奴, 貢保杰, 貢去乎尖措, 『藏語語言學史稿』(民族出版社, 2017),
19-28쪽.

계를 명확히 보여준다. 티베트의 역사적 전승에 따르면, 티베트 문자는 란자나체(Rañjanā, 蘭扎體)를 기반으로 창제되었으며, 상단에 가로줄이 있는 해서체('머리 있는 글자, 有頭字')와 가로줄이 없는 행서체('머리 없는 글자, 無頭字') 두 가지 서체가 있다. 문자적 특성 면에서 티베트 문자는 인도 문자의 자음-음절 문자의 성질을 바꾸어 자음-음소 문자로 발전시켰다. 모음 'a'는 여전히 자음 문자 뒤의 영형태로 표시되지만, 다른 네 개의 모음을 위한 전용 문자가 설계되었다. 그러나 이 네 개의 모음 문자는 독립적으로 쓸 수 없어 완전한 의미의 음소 문자는 아니다. 티베트 문자의 철자법은 상하, 전후 두 차원에서 전개되는데, '기본 글자(基字)'를 중심으로 전후 차원에서는 앞첨자, 뒷첨자, 제2뒷첨자가 있을 수 있어, 최대 네 개까지 가능하다. 상하 차원에서는 윗첨자, 아랫첨자가 있을 수 있으며, 'a' 이외의 모음 문자까지 포함하면 이 또한 최대 네 개까지 가능하다. 따라서 티베트 문자의 한 철자(하나의 '티베트 글자')는 최대 일곱 개의 자모로 구성될 수 있지만, 상하 차원이나 전후 차원 모두 최대 네 개를 넘을 수 없다. 티베트 문자는 왼쪽에서 오른쪽으로 가로쓰기를 하며, 위에서 아래로 행을 바꾼다.

티베트 문자 창제 이후 세 차례의 '정리'를 거쳤다. 첫 번째 정리는 티베트 문자 창제 직후에 이루어졌는데, 구체적인 참여자와 실행자에 대한 명확한 기록은 없지만, 일반적으로 톤미 삼보타 본인과 당시의 일부 번역가들이 공동으로 완성한 것으로 여겨지며, 주로 불경 번역 용어를 통일하는 것이 목적이었다. 두 번째 정리는 티쏭테짼(Khri srong lde btsan, 赤松德贊)이 찬푸였던 시기(798-815)에 이루어졌으며, 인도 고승들과 티베트 번역가들이 함께 참여했다. 이 정리의 주요 목적은 번역문을 통일하고 위장 방언(Ü-Tsang skad)의 실제 변화에 따라 철자를 수정하는 것이었다. 여기에는 더 이상 발음되지 않는 일부 문자의 폐지, 이체자의 철자 규범화, 그리고 어휘 면에서 일부 '고어'를 '현대어'로 대체하는 작업이 포함되었다. 세 번째 정리는 11세기 초 구게(Gu-ge) 왕조에서 시작되었으며, 당시 가리(mNga'-ris) 지역의 유명한 번역가 린첸상포(Rin-chen bzang-po, 仁欽桑波)가 주도했다. 이 정리는 300여 년 동안 지속되었으며, 기록상 167명의 번역가가 참여했다. 이 정리 이후 티베트 문자는 더 이상 변화가 없었다.[26] 이 세 번째 정리 이전의 티베트 문자는 오늘날 일반적으로 '고티베트 문자'라고 불리며, 현대에도 사용되고 있는 티베트 문자와 구별된다.

티베트 문자는 오랜 역사를 가지고 있고 계속해서 사용되어 왔기 때문에, 티베트문 문헌의 종류와 수량이 매우 풍부하다. 이는 중국에서 한문 문헌을 제외하면 가장 종류가 다양하고 수량이 많은 소수민족 문자 문헌이다. 여기서는 고대 티베트문 문헌만을 소개하겠다. 현존하는 고대 티베트문 문헌은 발견 장소, 매체, 내용을 종합적으로 고려하면 세 가지로 나눌 수 있다. 첫째는 사본으로, 주로 돈황(敦煌) 막고굴(莫高窟) 장경동(藏經洞)과 신강(新疆) 차클릭(Charkliq, 若羌) 미란(Miran, 米蘭)고성의 옛 보루에서 발견되었다. 총 5000건에 달하며, 파리, 런던, 상트페테르부르크, 중국 신강(新疆)에 분산 소장되어 있다. 이 사본들은 주로 불경이 중심이며, 그 외에 실용 문헌으로 의서, 본 민족의 역사 계보, 한문 사서의 번역본, 점복서, 법률 문서 등이 있다. 문학 작품으로는 산스크리트어에서 번역된 『라마야나(Rāmāyaṇa, 羅摩衍那)』 등이 있다. 돈황 고대 티베트문 문헌 연구는 비교적 일찍 시작되었다. 가장 이른 것은 프랑스 학자 바코(J. Bacot)가 편찬한 『돈황본 토번 역사 문서(敦煌本吐蕃歷史文書)』(1940)이며,

---

26) 華侃, 桑吉蘇奴, 貢保杰, 貢去乎尖措, 『藏語語言學史稿』(民族出版社, 2017), 38-43쪽.

왕요(王堯)와 진천(陳踐)이 이를 중국어로 번역하여 출간했다.27) 최근 몇 년간 각국에 산재해 있는 돈황 문헌들이 계획적으로 차례로 영인되고 있는데, 그중 프랑스에 소장된 돈황 고대 티베트문 문헌 전 18책이 완간되었으며, 영국에 소장된 돈황 고대 티베트문 문헌도 계속해서 출간되고 있다. 또 다른 부분은 차클릭(若羌)의 옛 보루(旧堡)에서 발견된 400여 점의 간독(簡牘)으로, 주로 행정, 군사, 경제, 지리 문서가 중심이며, 일부 종교와 점복 문헌도 포함되어 있다. 이 문헌들은 주로 런던과 상트페테르부르크에 보존되어 있으며, 1973년 이후 발견된 것들은 중국 신강(新疆) 등지에 보존되어 있는데, 현재 대부분 정리가 완료되었다. 왕요(王堯)와 진천(陳踐)이 편찬한 『토번 간독 총록(吐蕃簡牘綜彔)』에는 총 464점의 간독이 수록되어 있다.28)

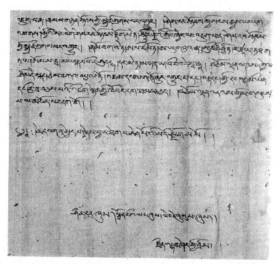

[그림 5-19] 고대 티베트 문자 『대승무량수경(大乘無量壽經)』

---

27) J. Bacot, F. W. Thomas, ch. Toussaint, *Docwnents de Touen-houangrelatifs a l'historie du Tibet*, Paris, 1940. 王堯, 陳踐, 『敦煌本吐蕃歷史文書』(藏文)(民族出版社, 1980).
28) 王堯, 陳踐, 『吐蕃簡牘綜彔』(文物出版社, 1986).

[그림 5-20] 차클릭(若羌)에서 출토된 필사본 두루마리(寫卷)

세 번째 주요 부분은 현존하는 금석류(金石類) 문헌이다. 현재까지 알려진 것으로는 10여 개의 비각(碑刻)이나 마애석각(摩崖石刻)이 있으며, 이외에 소량의 종명(鐘銘)이 티베트 지역과 부탄 등지에 산재해 있다. 내용은 주로 제사, 공적 기록과 포상, 외교 회맹(會盟)에 관한 것이다. 금석문 문헌 연구도 비교적 완성도가 높다.

왕요(王堯)가 편저한 「토번금석록(吐蕃金石彔)」29)에는 13종이 수록되어 있으며, 이방계(李方桂)와 리처드슨(H.E.Richardson, 柯蔚南)이 공저한 『고대 티베트 비문 연구(Ancient Tibetan Inscriptions, 古代西藏碑文研究)』에는 14종이 수록되어 있다. 「토번금석록」에 수록된 졸(Zhol) 비석 갑(甲), 을(乙)과 각석을 하나로 통합하고, 추가로 퐁게(Phyongs-rgyas, 琼結) 다리 비문과 낙찰 마애각석(洛扎摩崖刻石) 두 종의 비각 문헌, 돈황 석굴 먹서 문헌을 수록했다.30)

---

29) 王堯, 『吐蕃金石彔』(文物出版社, 1982).
30) 王堯, 「古藏文」, 『中國民族古文字圖彔』(中國社會科學出版社, 1990), 137-148쪽. 華侃, 桑吉蘇奴, 貢保杰, 貢去乎尖措, 『藏語言學史稿』(民族出版社, 2017), 418-432쪽. 李方桂, 柯蔚南著, 王啓龍譯, 『古代西藏碑文研究』(『李方桂全集』第九卷)(淸華大學出版社, 2007).

[그림 5-21] 「당-토번 회맹비(唐蕃會盟碑)」 탁본

　고대 티베트문 문헌은 티베트 문자의 자모 체계와 철자법의 변화, 티베트어의 음운, 어휘, 문법의 발전 역사를 연구하는 데 직접적인 도움이 된다. 또한, 이러한 문헌들을 통해 토번(吐蕃) 시기의 경제, 정치, 문화 및 관련 제도를 연구할 수 있다. 현재 이러한 분야의 관련 연구가 계속해서 진행되고 있다.

5. 파스파 문자[31]

'파스파 문자'는 티베트 불교 사꺄파(Sa-skya-pa)의 라마 롭첸 갸첸 (Blo-chen rgyal-mtshan, 羅追堅贊)이 원나라 세조 쿠빌라이의 명령을 받들어 창제한 음소 문자이다. '파스파'는 그의 존호로, 티베트어로 '성자(聖者)'라는 의미이다. 이 문자는 주로 티베트 문자의 해서체를 변형하여 만들어졌다. 파스파 문자는 티베트 문자를 기반으로 더욱 발전시켜, 티베트 문자의 방식을 계승하여 영형태로 'a'를 표시하는 것 외에, 나머지 모음 문자들은 독립적인 형태를 가질 뿐만 아니라 독립적으로 쓸 수 있게 되어 완전한 의미의 음소 문자가 되었다.

파스파 문자의 한 철자는 기본적으로 언어의 한 음절에 대응된다. 하나의 철자가 포함하는 자모 수는 최소 1개에서 최대 4개를 넘지 않는데, 이러한 특징 역시 '티베트 문자'의 철자 규칙을 계승한 것이다. 파스파 문자는 실제 서사와 사용에 있어 해서체, 전서체, 초서체 세 가지 서체가 있으며, 해서체와 전서체가 가장 흔히 볼 수 있다. 서사 방향은 위에서 아래로 세로쓰기를 하며, 왼쪽에서 오른쪽으로 행을 바꾸는데, 이는 위구르식 몽골 문자의 행 규칙을 유지한 것이다.

파스파 문자는 주로 몽골어와 한어를 표기하는 데 사용되었으며, 동시에 다른 음소 문자도 전사할 수 있었다. 예컨대, 티베트 문자를 전사하거나, 티베트 문자를 통해 산스크리트 문자를 전사할 수도 있었으며, 발음을 표시하는 데도 사용될 수 있었다.

---

31) 陳鑫海, 『<蒙古字韻>韻母系統研究』(北京大學碩士學位論文, 2008). 陳鑫海, 『八思巴字漢語語音研究』(北京師范大學博士學位論文, 2015).

파스파 문자의 창제는 원나라 세조 쿠빌라이가 공식적으로 대원(大元)을 건립하고 국가 제도를 전면적으로 새롭게 구축하는 과정의 일환이었다. 파스파는 명을 받은 후 1264년부터 1269년까지 문자 창제 과정을 완성했다.

파스파 문자는 창제된 후, 관방의 적극적인 추진을 통해 원대에 광범위하게 사용되었으며, 실용 문자로서의 사용 기간은 약 110년에 걸쳐 있다. 현존하는 것 중 연대가 명확하고 가장 이른 시기에 실용 문자로 사용된 것은 원나라 세조 지원(至元) 9년(1272년)의 관인인 '화중현인(和衆縣印)'이며, 가장 늦은 것은 북원(北元) 시기 '천원(天元) 5년(1383년, 명 홍무(洪武) 16년에 해당) 6월' '중서예부(中書礼部)'가 만든 '감숙성좌우사의 인장(甘肅省左右司之印)'이다.

파스파 문자는 주로 원대 공문서 작성에 사용되었으며, 특히 황제가 내린 성지(聖旨), 옥책(玉冊)이나 조서(詔書), 황실 구성원이 반포한 의지(懿旨)와 영지(令旨), 국사(國師)가 내린 법지(法旨), 관청에서 발행한 첩문(牒文), 방문(榜文), 표창 문서 등에 사용되었다. 때로는 공문서의 연호나 제목, 서명에만 나타나기도 했다.

그 다음으로는 관인(官印)과 공직자의 신분을 나타내는 패부(牌符)에 사용되었고, 화폐 주조 연대 표시(주로 동전에 사용)나 인장(주로 지폐에 사용되며 위조 방지 기능이 있음), 국가가 공포한 도량형 표준, 예컨대 동권(銅權) 등에도 사용되었다.

동시에 중요한 전적, 특히 종교, 역사, 유학 관련 서적의 번역과 간행에도 사용되었는데, 「사꺄 격언(薩迦格言)」, 「자치통감(資治通鑑)」(「통감절요(通鑑節要)」), 「정관정요(貞觀政要)」, 「효경(孝經)」 등이 있다. 파스파 문자의 보급을 위해 특별히 편찬된 파스파 문자-한자 대조 서적으로는 「몽고자운(蒙古字韻)」, 「파스파 문자 백가성(八思巴字百家姓)」 등이 있다. 또한, 묘비, 신도비 또는 묘지 경계석, 그리고 제기(題記), 낙관(落款), 기물 명문(器物銘文) 등에서도 볼 수 있다.

[그림 5-22] 이스마르간(Ismargan) 군민만호부(軍民萬戶府) 관인

[그림 5-23] 광주(廣州) 남화사(南華寺)에 소장된 파스파 문자(몽골어) 성지(聖旨) 일부

원나라 정부가 파스파 문자(八思巴字)를 보급하는데 온갖 노력을 기울었음에도 불구하고, 기존의 위구르식 몽골 문자, 한자 및 다른 민족 문자를 완전히 대체하지는 못했다. 원나라 조정이 북쪽으로 퇴각한 후, 파스파 문자는 점차 실용 영역에서 사라져 결국 '사어(死語)'가 되었다.

한편 티베트 불교 내부에서는 파스파 문자의 전서체를 기반으로 하나의 미술 문자 변체가 발전하였는데, 이는 주로 티베트 불교 라마의 도장을 새기거나, 현판[匾額], 주련, 심지어 경전 표지를 쓰는 데 사용되었다. 이 서체는 현대에도 몽골 지역의 티베트 불교 사원에 존재하며, 학계에서는 '파스파 문자 변체(八思巴字變體)', '파스파 문자 티베트체(八思巴字藏體)' 또는 '파스파 문자(전서체) 티베트 문자(八思巴字(篆體)藏文)'라고 부른다. 일부 학자들은 이를 단순히 '전서체 티베트 문자(篆體藏文)'라고 부르기도 한다.

파스파 문자(八思巴字)의 창제, 응용, 실용 영역에서의 퇴출로부터 19세기 이전까지는 파스파 문자 연구의 '준비 단계'에 속한다. 19세기 유럽의 '동양학' 흥기와 함께 이 문자가 비로소 학자들의 연구 시야에 들어왔으며, 그 연구 과정은 다섯 시기로 나눌 수 있다.

(1) 맹아기: 1830년대부터 1920년대까지

주로 문헌과 문물 수집에 중점을 두었으며, 대표적 인물은 지기녜프(Зичиньев, 茲季涅耶夫)이다. 이 시기에 독일 학자 가벨렌츠(H.C. von der Gabelentz)가 최초로 라틴 문자로 파스파 문자를 전사했으며, 그는 유럽에 파스파문 문헌을 소개한 첫 번째 학자이기도 하다. 한편 한어 역사 문헌을 활용해 파스파 문자를 연구한 최초의 학자는 프랑스의 한학자 포티에(M.G.Pauthier)이다.

(2) 성장기: 1930년대부터 1950년대까지

이 시기는 파스파 문자의 몽골어, 한어 연구가 독립적으로 성장한 시기로, 두 언어 연구의 기초가 되는 저작들은 모두 구소련 학자들이 저술하였다. 그중, 몽골어 연구의 기초가 된 저서는 알타이학자 포페

(H.H.Поппе)가 러시아어로 발표한 『몽골 문자사 제1권: 방체자(蒙古文字史第一卷: 方體字)』(1941)이다. 1957년, 포페는 미국에서 인디애나 대학교 교수 존 크루거(John Richard Krueger)의 증보 작업을 지도하고, 이를 영어로 번역 출판하여 더 큰 영향력을 가진 판본이 되었다. 파스파 문자 한어 문헌을 체계적으로 활용하여 근대 한어 음운을 연구한 최초의 학자는 한학자 드라구노프(Драгунов, 龍果夫)이다.

1950년대에 이르러 영국에 소장된 청대 필사본 『몽고자운(蒙古字韻)』이 발견되어 일본과 중국에서 차례로 공개되었다.

(3) 발전기: 1960년대부터 1970년대까지

1960년대부터 1970년대는 파스파 문자 연구의 발전기였다. 몽골어 문헌 연구의 대표적 인물은 헝가리의 동양학자 리게티(Louis Ligeti)이다. 한어 연구의 대표적 인물로는 대만 학자 정재발(鄭再發), 일본 학자 나카노 미요코(中野美代子), 하시모토 만타로(橋本萬太郎)가 있다.

(4) 성숙기: 1980년대부터 1990년대까지

1980년대부터 1990년대는 파스파 문자 연구가 성숙기에 접어든 시기이다. 중국 본토의 학자 자오나스투(照那斯圖)와 양내사(楊耐思)는 분업하여 협력함으로써, 중국의 파스파 문자 몽골어와 한어 연구를 각각 세계 최고의 수준으로 이끌었다. 두 학자는 파스파문 문헌학 연구 영역뿐만 아니라 파스파 문자의 언어학, 문자학 연구 영역에서도 획기적인 진전을 이루었다.

또한, 이 시기 한어 문헌 연구에서 또 다른 중요한 성과는 영기부

(寧忌浮)가 한어 운서사(韻書史)의 관점에서 『몽고자운(蒙古字韻)』 한자 부분의 텍스트 출처를 명확히 한 것이다.

몽골어 문헌 방면에서는 전해 내려오는 파스파 문자 몽골어 문헌들이 계속해서 보고되고 연구되었다.

(5) 새로운 혁신기: 2000년부터 2020년까지

2000년부터 2020년까지 파스파 문자 연구는 이전 두 세기의 연구 성과를 토대로 한층 더 발전하였다. 몽골어 문헌의 수집 작업은 날로 완벽해져, 내몽골 학자 획질트(Khögjilt, 呼格吉勒圖)와 사룰라(Sarula), 몽골국 학자 용집(Yongjib, 姚·江其布), 테무르토고(Temürtogoo, 特木耳陶高) 등이 차례로 우수한 문헌 수집 전문 저서를 저술했다.

한어 문헌의 정리 측면에서는 일본 학자 요시이케 코이치(吉池孝一), 미국 국적의 중국계 학자 심종위(沈鐘偉), 중국 학자 송홍민(宋洪民) 등이 『몽고자운』의 문헌학, 언어학 연구에서 중요한 성과를 이루었다.

파스파문 문헌은 중세 몽골어의 음운, 어휘, 문법과 근대 한어의 음운 체계 연구에 매우 중요하다. 이는 이 문자가 위구르식 몽골 문자에 비해 더 정밀한 음운 표기 기능을 가지고 있으며, (완전한) 음운 표기가 불가능한 한자에 비해 그 음운 표기 기능이 더욱 독특한 가치를 지니기 때문이다.

파스파 문자의 몽골어·한어 연구는 현재도 두 가지 핵심적인 개념 문제를 해결해야 한다. 몽골어 연구의 관점에서 볼 때, 파스파 문자의 문자적 속성이 '음절 문자'인지 '음소 문자'인지에 대해 계속 논란이 있었다. 파스파 문자가 음절 문자라는 견해는 포페(Poppe)가 처음 제기했다. 당시에는 인도계 문자 전체의 속성에 대해 이러한 견해를 가지고 있었기 때문에, 20세기 초 학계에서는 티베트 문자나 파스파 문자 모두 이렇게 정의했다. 그러나 연구가 심화됨에 따라 학계는 티베트 문자의 정의뿐만 아니라, 파스파 문자의 속성에 대해서도 새로운 견해를 가지게 되었다. 자오나스투(照那斯圖)는 이미 1980년에 파스파 문자를 '음소 문자'라고 정확히 판단했으며[32], 우리는 이를 더 나아가 '음위 문자'라고 부른다. 하지만 자오나스투의 이 정의는 아직 파스파 문자 몽골어학계에서 완전히 받아들여지지 않았으며, 포페의 견해가 여전히 파스파 문자 몽골어 연구에 영향을 미치고 있다. 이러한 개념은 시급히 갱신될 필요가 있다.

한어 연구에 있어서는, 파스파 문자가 하나의 음성 문자 체계인지, 아니면 일종의 '대음 문헌(對音文獻)'[33]인지를 구분할 필요가 있다. 양내사(楊耐思)는 이미 1960년대에 파스파 문자가 역사상 최초의 한어 음운 표기 방안이라고 명확히 지적했지만, 학계의 충분한 주목을 받지 못했다.[34] 음운 표기의 관점에서 연구하는 것과 일종의 '대음' 자료로 보는 것은 연구 시각과 연구 방법에서 자연히 차이가 있다. 우리는 양내사의 이러한 정의가 향후 파스파 문자 한어 연구에 매우 중요한 지도적 의미를 가진다고 본다.

---

32) 照那斯圖, 「論八思巴字」, 「八思巴文元音字母字形問題上的兩种體系」, 「八思巴字中的零聲母符號」, 『八思巴字和蒙古語文獻I研究文集』(東京外國語大學アシア·アフリカ言語文化研究所, 1990), 1-7쪽, 9-14쪽, 15-22쪽.
33) (역주) 한 언어의 발음을 다른 언어의 문자 체계를 사용하여 기록한 문헌을 말한다.
34) 楊耐思, 「元代八思巴文的漢語拼音」, 『文字改革』 第3期(1963).

제5절 방괴 장족 문자(方塊壯文), 묘족 문자(苗文), 백족 문자(白文), 동족 문자(侗文)

중국 북방 민족의 문자들은 대부분 이미 소멸되어 역사적 고문자가 되었다. 남방 민족의 문자는 북방 민족의 문자와 달리, 대다수가 '활문자(活文字)', 즉 현재도 여전히 사용되고 있는 문자이다. 남방 문자 중에서 일부 민족은 한자의 영향을 깊이 받아 한자를 기반으로 자신들의 민족 문자를 창제했다. 이러한 문자들의 기호 형태는 한자와 매우 유사하여 '방괴 문자(方塊文字)'라고도 부른다. 아래에는 한자의 영향을 받아 창제된 네 가지 문자 즉, 방괴 장족 문자(이후 '방괴장자'라고 칭함), 묘족 문자, 백족 문자, 동족 문자를 소개하고자 한다.

제1부 방괴(方塊) 장족 문자(壯字)

1. 방괴장자(方塊壯字)의 정의

장족(壯族)은 중국에서 가장 인구가 많은 소수민족이다. '방괴장자'는 장족 사람들이 한자의 구성원리를 모방하고, 한자의 완성자나 구성 성분을 활용하여, 자신들의 민족 언어인 장어(壯語)를 기록하기 위해 만든 방괴자(方塊字)이다. '방괴장자'는 장어에서 'sawndip'이라고 부르는데, 이는 '생자(生字)' 또는 '미성숙한 글자'라는 의미를 가진다. (그림 5-24)[1]

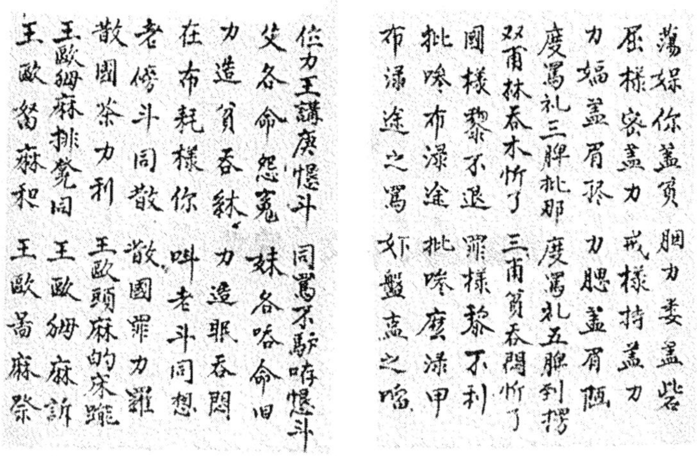

[그림 5-24] 『마경포락타(摩經布洛陀)』

2. '방괴장자(方塊壯字)'와 한자(漢字)의 관계

방괴장자(方塊壯字)는 한자에서 차용되어 한자와 밀접한 연관성을 가진다. 주유광(周有光)은 이를 '자생적으로 모방하여 만든 한자형 문자'라고 칭했다[2]. 왕원록(王元鹿) 등은 『고장자자전(古壯字字典)』에 수록된 방괴장자를 통계 분석한 결과, 이들 문자 중 한자와 관련된 것(직접 차

---

1) 張聲震, 『壯族磨經布洛陀影印譯注』 第3卷(廣西民族出版社, 2004), 726-727쪽.
2) 周有光, 『比較文字學初探』(語文出版社, 2012), 214쪽.

용, 변형 모방 포함)이 90%이상을 차지한다는 것을 발견했다.3)

3. 방괴장자(方塊壯字)의 탄생

　일반적으로 방괴장자는 당대(唐代)에 생겨났다고 여겨진다. 지금까지 발견된 가장 이른 방괴장자 문헌은 당나라 초 영순(永淳) 원년(元年, 682년)에 징주(澄州)의 위경판(韋敬辦)이 새긴「육합견고대택송비(六合堅固大宅頌碑)」로, 이 비문의 글자는 주로 한자이지만 상당수의 방괴장자가 섞여 있다. 송대(宋代)에 이르러 방괴장자는 이미 장족 집단 내에서 널리 유행하여, 송나라 사람들은 이를 '속자(俗字)', '토속자(土俗字)' 또는 '토속서(土俗書)'라고 불렀다.

　장작(庄綽)의「계륵편(鷄肋篇)」에서는 "광남(廣南)의 민간에서는 글자를 많이 만들어냈는데, 苳를 '은(恩)'으로, 夵를 '온(穩)'으로, 夵를 '왜(矮)'로 쓰는 등, 이와 같은 것이 매우 많다."라고 언급했다.4)

　범성대(范成大)의『계해후형지·잡지(桂海虞衡志·雜志)』에서도 "변방의 풍속이 조악하여, 공문서나 계약서에 전적으로 토속서(土俗書)를 사용하며, 계림의 모든 고을이 다 그러하다."라고 언급했다.5)

　주거비(周去非)의『영외대답·속자(岭外代答·俗字)』에서도 당시 지역에서 유행하던 10여 개의 방괴장자가 기록되어 있다. "광서(廣西)의 속자가 매우 많다.……'氼'는 '슈(泅)'로 읽으며, 사람이 물 위에 있다는 뜻이다. '氼'는 '매(魅)'로 읽으며, 물속에 잠겼다는 뜻이다. '乿'는

---

3) 王元鹿等編著,『中國文字發展史 民族文字卷』(華東師范大學出版社, 2015).

4) (宋) 莊綽, 張端義,『歷代筆記小說大觀 鷄肋篇 貴耳集』(上海古籍出版社, 2012), 69쪽.

5) (宋) 范成大,『桂海虞衡志校注』(廣西人民出版社, 1986), 112쪽.

'호(胡)'로 읽으며, 수염이 많다는 뜻이다. '담(硑)'은 '동감절(東敢切)'로 읽으며, 돌로 물을 치는 소리를 나타낸다."6)

명말청초(明末淸初)에 이르러서는 방괴장자를 전문적으로 수록한 문헌인 『태평부이어통역(太平府夷語通譯)』이 출현했다. 이 책은 주로 태평부7)에서 통용되던 방괴장자를 수록하고 번역했다. 1936년, 문유(聞宥)는 「광서태평부속토주현사역어고(廣西太平府屬土州縣司譯語考)」라는 논문을 발표하여, 이 책에 수록된 방괴장자의 형태, 발음, 의미를 전면적으로 분석했다.

4. 방괴장자(方塊壯字)의 연구 자료

방괴장자로 기록된 모든 문헌은, 장족의 시사(詩史), 종교 경전, 민간 가본(歌本), 서신, 계약서, 심지어 논밭 가의 경계비에 이르기까지 모두 방괴장자의 연구 자료로 볼 수 있다. 현재 학계에서 자주 사용하는 방괴장자 자료는 주로 다음과 같다.

(1) 비각(碑刻)

비각은 오래 보존되어 온 신뢰할 수 있는 연구 자료이다. 현존하는 방괴장자 비각은 많지 않지만 매우 귀중하다. 앞서 언급한 징주(澄州) 위경판(韋敬辦)의 「육합견고대택송비(六合堅固大宅頌碑)」가 가장 유명

---

6) 周去非, 『岭外代答校注』(中華書局, 1999), 161쪽.
7) 오늘날의 광서장족 자치구 숭좌시(崇左市) 강주구(江州區), 영명현(寧明縣), 용주현(龍州縣), 빙상시(凭祥市) 등 지역을 포함하고 있다.

하며, 이 외에도 주만세(周萬歲) 통천(通天) 2년(697) 료주(廖州) 위경일(韋敬一)의 「지성비(智城碑)」, 청나라 도광(道光) 연간 11년(1831)의 주(宜州)의 「료사관묘 방괴장자 장가문비(廖士寬墓方塊壯字壯歌門碑)」가 있다. 앞의 두 당대(唐代) 비석은 그중 일부 문자만이 방괴장자로 여겨지며, 세 번째 비석은 료사관(廖士寬)이 생전에 직접 지은 「자탄백문(自嘆白文)」이라는 제목의 장족 늑각가(勒脚歌) 15수로, 총 120행, 600자이다.8)

(2) 전해 내려오는 간행 문헌

송대 이래로 소수의 한문 문헌 및 공식 통역 문헌에 일부 방괴장자가 남아있다. 앞서 언급한 범성대(范成大)의 『계해우형지(桂海虞衡志)』, 주거비(周去非)의 『영외대답(岭外代答)』, 장작(庄綽)의 「계륵편(鷄肋篇)」, 명말청초의 『태평부이어통역(太平府夷語通譯)』, 『광서경원토사역어(廣西慶遠土司譯語)』 등이 있다.

(3) 민간 필사 문헌

방괴장자는 한때 광범위하게 유행했으며, 현재까지도 민간에 다수의 필사 문헌이 보존되어 있다. 그중에서도 민간 종교 문헌, 가본(歌本), 사공(師公)9) 창본이 특히 많다. 종교 문헌으로는 『마경포락타(麽經布洛陀)』가 있고, 가본으로는 「달온지가(達穩之歌)」, 「달비지가(達備

---

8) 莫瑞揚, 蔡培康, 「勒脚歌的標本 無子嗣的哀歌—宜州古育廖士寬墓門碑<自嘆白文>古壯字壯歌評析」, 『河池學院學報』 第4期(2005).
9) (역주) 이는 장족 사회에서 중요한 역할을 하는 종교적, 문화적 전문가를 말하며, 주로 제사, 치유, 점술, 전통 공연 등을 담당한다.

之歌)」,「요가(嘹歌)」 등이 있으며, 사공 창본으로는「달칠(達七)」,「창홍모(唱紅毛)」,「창순아(唱順兒)」,「창동영(唱董永)」,「장자고분가(壯子鼓盆歌)」 등이 있다.

광서소수민족 고적사무소, 광서도서관 등에 상당수의 방괴장자 필사 문헌이 소장되어 있으며, 이 중 일부는 국가 진귀 고적 목록에 등재되어 있다. 광서소수민족 고적사무소는 수년간 중요한 장족 고적 문헌을 정리하여 출판해 왔다. 주요 출판물로는『장족마경포락타영인역주(壯族麽經布洛陀影印譯注)』,『장족계복경영인역주(壯族鷄卜經影印譯注)』,『장족마경포락타유본영인역주(壯族麽經布洛陀遺本影印譯注)』, 그리고 이들 문헌을 기초로 편찬한『고장자자전(古壯字字典)』 등이 있다. 이들 문헌의 출처는 주로 우강(右江), 홍수하(紅水河) 유역 및 운남성 문산주(文山州)이다. 좌강(左江) 유역의 필사 문헌 정리 및 출판은 상대적으로 적은 편이며, 현재 주요 출판물은 다음과 같다.

· 양정망(梁庭望), 나빈(羅賓)이 정리한「장족윤리도덕장시전양가역주
  (壯族倫理道德長詩傳揚歌譯注)」
· 황남진(黃南津), 사유곤(史維坤) 등의「<자학찬요><지남해음> 영
  인 및 정리 연구(<字學纂要><指南解音>影印及整理研究)」 등.

위의 방괴장자 문헌의 정리와 연구 중에서『마경포락타(麽經布洛陀)』가 가장 많은 주목을 받았다. 연구자들은 주로『장족마경포락타영인역주(壯族麽經布洛陀影印譯注)』,『장족마경포락타유본영인역주(壯族麽經布洛陀遺本影印譯注)』를 언어 자료로 삼아 판본, 방괴장자, 장어 어휘, 문법, 문화적 특색 등 다양한 관점에서 연구했다. 주요 성과는 다음과 같다.

· 하사원(何思源)의 『장족마경포락타 언어문화 연구(壯族麼經布洛陀語言文化研究)』10)
· 고위(高魏)와 장현성(張顯成)의 「<장족마경포락타영인역주> 글자 빈도 연구(<壯族麼經布洛陀影印譯注>字頻研究)」11)
· 이원항(李遠航)의 『<장족마경포락타영인역주> 일부 초본 통사 연구(<壯族麼經布洛陀影印譯注>部分抄本句法研究)』12)
· 정미화(丁美華)의 『우강 유역 <장족마경포락타영인역주> 전승 판본 종교어 연구(右江流域<壯族麼經布洛陀影印譯注>流傳版本宗敎詞研究)』13) 등.

황남진 등이 저술한 『<장족마경포락타영인역주> 문자 어휘 연구(<壯族麼經布洛陀影印譯注>文字詞匯研究)』14)는 『장족마경포락타영인역주』 문헌의 문자와 어휘를 전면적으로 수집하고 분석했으며, 그 문자 분석 방법과 정보화 방법에 대해서도 논의했는데, 이 책은 또한 최초의 방괴장자 연구 전문서이기도 하다.

5. 방괴장자(方塊壯字)의 주요 연구 동향

(1) 방괴장자의 글자 형성 방식과 특징

---

10) 何思源, 『壯族麼經布洛陀語言文化研究』(中央民族大學博士學位論文, 2007).
11) 高魏, 張顯成, 「<壯族麼經布洛陀影印譯注>字頻研究」, 『廣西民族研究』 第2期 (2014).
12) 李遠航, 『<壯族麼經布洛陀影印譯注>部分抄本句法研究』(廣西大學碩士學位論文, 2015).
13) 丁美華, 『右江流域<壯族麼經布洛陀影印譯注>流傳版本宗敎詞研究』(廣西大學碩士學位論文, 2017).
14) 黃南津等, 『<壯族麼經布洛陀影印譯注>文字詞匯研究』(廣西敎育出版社, 2021).

방괴장자의 글자 형성 방식과 특징은 처음부터 학자들의 주목을 받았다. 이미 1953년, 위경온(韋慶穩)의 「광서 장족의 방괴문자(廣西壯族的方塊文字)」라는 논문에서 방괴장자의 조자법에 대해 논의했다. 그는 방괴장자의 주요 조자법이 총 7가지라고 보았다. 즉, 차음(借音), 음의겸차(音義兼借), 차의(借義), 자체 제작(自造)의 형성자(形聲字), 자체 제작의 회의자(會意字), 차자(借字), 자체 제작의 방괴자이다. 이 7가지 분류는 방괴장자 글자 형성의 기본적인 분류 틀을 구축했다.

1980년 이후, 관련 논문들이 잇달아 발표되었다. 장원생(張元生)의 「장족 인민의 문화유산 - 방괴장자(壯族人民的文化遺産—方塊壯字)」[15]는 무명(武鳴)지역에서 사용된 천여 개의 방괴장자를 선별하여 그들의 독음과 의미 및 글자 형성 특징을 상세히 소개했다. 황혁(黃革)의 「상림 지역 장족 방괴자의 구조(上林地區壯族方塊字的构造)」[16]와 「방괴장자의 생성 및 그 작용(方塊壯字的産生及其作用)」[17]은 모두 방괴장자의 구조에 대해 논의하였다. 담국생(覃國生)의 「방괴장자에 관하여(關於方塊壯字)」[18]는 방괴장자 조자법과 한자 '육서(六書)'의 관계에 주목하여, 방괴장자를 '가차자(假借字)', '형성자(形聲字)', '회의자(會意字)', '차한자(借漢字)', '자체 제작자(自造字)'로 분류하고, 방괴장자와 쯔놈(喃字)을 비교했다. 정이청(鄭貽靑)의 「정서 방괴장자 분석(靖西方塊壯字試析)」[19]은 먼저 방괴장자를 '차원자(借源字)'와 '자체 제작자(自造字)' 두 가지로 나누고, 다시 '자체 제작자'를 '합체자(合體字)', '형성

---

15) 張元生, 「壯族人民的文化遺産—方塊壯字」, 『中國民族古文字硏究』(中國社會科學出版社, 1980), 459-525쪽.
16) 黃革, 「上林地區壯族方塊字的构造」, 『民族語文』 第2期(1982).
17) 黃革, 韋瑞峰, 「方塊壯字的産生及其作用」, 『廣西民族學院學報(哲學社會科學版)』 第2期(1983).
18) 覃國生, 「關於方塊壯字」, 『廣西民族學院學報(哲學社會科學版)』 第4期(1986).
19) 鄭貽靑, 「靖西方塊壯字試析」, 『民族語文』 第4期(1988).

자(形聲字)', '유사 형성자(類形聲字)', '기타' 네 가지 하위분류로 나누었다. 남리국(藍利國)의 「방괴장자 어원 탐구(方塊壯字探源)」[20]는 방괴장자의 한자 차용 방식과 개조 경로를 논의하였다.

이 외에도 호혜(胡惠)의 『방괴장자 자체 유형 연구(方塊壯字字體類型研究)』[21], 이명(李明)의 『<고장자자전> 방괴 고대 장족 문자 연구(<古壯字字典>方塊古壯字研究)』[22], 양홍연(梁紅燕)의 『<장족마경포락타영인역주>(1-2권) 형성 방괴장자의 정리와 연구(<壯族麽經布洛陀影印譯注>(1-2卷)形聲方塊壯字的整理與研究)』[23] 등이 있다.

최근 몇 년간, 방괴장자의 본체 연구가 심화되면서 관련 논의가 더이상 조자법과 글자 구조 특징의 분류 설명에 국한되지 않고, 특정 유형의 문자에 대한 심층 분석으로 경향이 바뀌었다. 고위(高魏)와 왕단(王丹)의 「방괴장자 속차자의 생성 방식(方塊壯字俗借字的産生方式)」[24]은 방괴장자가 속체 한자를 차용하는 현상을 고찰하여 방괴장자 속차자의 생성 방식을 정리하였다. 호혜(胡惠)의 「<고장자자전>에 수록된 상형자 및 그 글자 형성 특징 분석(<古壯字字典>所收象形字及其构形特征分析)」[25]은 『고장자자전』에 수록된 '상형자'가 상형 기능을 갖추고 상형자 형성 기준에 부합한다는 것을 인정하는 기초 위에서, 이들 '상형자'의 글자 형성 모델을 정리하고 그 특징을 밝혔다. 남성(藍盛)의 「방괴장자 반절 조자법 재탐(方塊壯字反切造字法再探)」[26]은

---

20) 藍利國, 「方塊壯字探源」, 『廣西民族學院學報(哲學社會科學版)』(1995).

21) 胡惠, 『方塊壯字字體類型研究』(廣西大學碩士學位論文, 2006).

22) 李明, 『<古壯字字典>方塊古壯字研究』(華東師范大學博士學位論文, 2008).

23) 梁紅燕, 『<壯族麽經布洛陀影印譯注>(1-2卷)形聲方塊壯字的整理與研究』(廣西大學碩士學位論文, 2013).

24) 高魏, 王丹, 「方塊壯字俗借字的産生方式」, 『民族語文』 第4期(2020).

25) 胡惠, 「<古壯字字典>所收象形字及其构形特征分析」, 『廣西民族研究』 第4期(2021).

26) 藍盛, 「方塊壯字反切造字法再探」, 『黔南民族師范學院學報』 第4期(2021).

방괴장자 '반절자(反切字)'의 식별 기준을 재검토하고 방괴장자 '반절자' 연구에 존재하는 주요 문제를 지적했다.

(2) 글자 사용 연구

최근 몇 년간, 학자들은 장자(壯字)와 장어(壯語) 사이의 복잡한 대응 관계에 주목하기 시작했으며, 일부 특수한 문자 사용 현상이 점차 주목의 대상이 되었다. 고위(高魏)와 장현성(張顯成)의 「방괴장자 동형자의 생성 경로에 대한 논의 - <마경(麼經)>을 새로운 자료로(<論方塊壯字同形字的産生途徑—以<麼經>爲新材料>)」는 방괴장자 중에서 '동형자'를 "형태는 같지만 서로 다른 장어(壯語) 어휘를 기록하는 방괴장자"로 정의하고[27], 그 생성 경로를 대략 '개별적 온전한 글자 차용', '개별적 글자 형태 재구성', '개별적 글자 형태 개조'라는 세 가지로 귀납하였다.

몽원요(蒙元耀)와 위량절(韋亮節)의 「방괴장자 중에서 우연히 한자와 일치하는 형태에 대한 논의(論方塊壯字中的偶合字)」는 방괴장자 중에서 한자와 우연히 같은 형태를 가진 자체적으로 창작한 장자(壯字)에 주목하고 이를 분류했다. 저자들은 "우연히 한자와 일치하는 장자의 존재를 인정함으로써 글자 형태의 '눈속임'에서 벗어나, 민간 문헌의 글자 사용을 분석하는 데 도움이 될 수 있다."고 지적했다.[28]

(3) 방괴장자(方塊壯字) 음운 연구

---

27) 高魏, 張顯成, 「論方塊壯字同形字的産生途徑—以<麼經>爲新材料」, 『中央民族大學學報(哲學社會科學版)』 第3期(2018).

28) 蒙元耀, 韋亮節, 「論方塊壯字中的偶合字」, 『廣西民族研究』 第1期(2020).

이방계(李方桂)의 「무명지역의 장어(武鳴壯語)」는 무명지역의 장어 방언을 연구 대상으로 삼았다. 그의 조사에 사용된 가본(歌本)이 방괴 장자로 쓰여 있어, 방괴장자 음운 연구의 성과로도 볼 수 있다.

담국생(覃國生)의 「방괴장자에 관하여(關於方塊壯字)」, 남리국(藍利 國)의 「방괴장자 어원 탐구(方塊壯字探源)」 등의 논문도 방괴장자의 독음 문제를 다루었다. 이 외에 주요 연구 성과는 다음과 같다.

- 정작광(鄭作廣)의 「고대 장자 중의 '고무경순음(古無輕唇音)' 흔적 및 그 형성 원인(古壯字中的'古無輕唇音'遺迹及其成因)」[29]
- 황소산(黃笑山)의 「방괴장자의 성방(聲旁)과 한어 중고 운모(方塊壯 字的聲旁和漢語中古韻母)」[30]
- 임역(林亦)의 「고대 장자를 이용한 광서 월어 방음 연구에 대하여 (談利用古壯字研究廣西粤語方音)」[31], 「방괴장자와 월방언사 연구(方 塊壯字與粤方言史研究)」[32]
- 정위(鄭偉)의 「고대 장자의 한자 차음 성방과 중고 후기의 운모 변 천(古壯字的漢字借音聲旁與中古后期的韻母演變)」[33], 「방괴장자의 한 자 차음 성방과 중고시기 운도의 내부 및 외부 음운 변화(方塊壯 字的漢字借音聲旁與中古韻圖的內外轉)」[34] 등.

(4) 방괴장자(方塊壯字) 사용 조사

위경온(韋慶穩)의 「광서 장족의 방괴문자(廣西壯族的方塊文字)」, 장

29) 鄭作廣, 「古壯字中的"古無輕唇音"遺迹及其成因」, 『廣西大學學報(哲學社會科學版)』 第1期(1996).
30) 黃笑山, 「方塊壯字的聲旁和漢語中古韻母」, 『中國近代漢語研究』 第1輯(2000).
31) 林亦, 「談利用古壯字研究廣西粤語方音」, 『民族語文』 第3期(2004).
32) 林亦, 「方塊壯字與粤方言史研究」, 『北斗語言學刊』 第2輯(2017).
33) 鄭偉, 「古壯字的漢字借音聲旁與中古后期的韻母演變」, 『國文字研究』 第26輯(2017).
34) 鄭偉, 「方塊壯字的漢字借音聲旁與中古韻圖的內外轉」, 『古漢語研究』 第1期(2018).

원생(張元生)의 「장족 인민의 문화유산 - 방괴장자(壯族人民的文化遺産—方塊壯字)」 등의 논문에서는 방괴장자가 민간에서 사용되는 상황에 대해 간략히 설명했다.

황남진(黃南津)과 당미평(唐未平)의 「현대 장족 집단의 한자, 고대 장자 사용 상황 조사와 분석(当代壯族群體使用漢字·古壯字情況調查與分析)」[35)과 「장족 민간 집단의 고대 장자 사용 상황 조사와 분석(壯族民間群體古壯字使用狀況的調查與分析)」[36), 황남진, 고위(高魏) 등의 「방괴장자 문헌 생존 및 전승 상황 조사 분석 - 용주, 상주, 흔성 세 현을 예로(方塊壯字文獻生存及傳承狀況調查分析—以龍州·象州·忻城三縣爲例)」[37)등의 논문은 모두 방괴장자의 민간 사용 상황에 대한 실제 조사 기록이다.

담효항(覃曉航)은 「방괴장자가 오래도록 끊이지 않았으나 통용 문자가 되기 어려운 원인(方塊壯字經久不絶却難成通行文字的原因)」[38)에서 방괴장자가 통용 문자가 되기 어려운 이유를 '자체적인 결점이 있다.', '사회적 지위가 한자에 비해 크게 못 미친다.', '역대 통치 계급의 인정을 받지 못했다.'라는 세 가지로 지적했다.

위성랑(韋星朗)은 「병음 장문 개혁과 새로운 방괴장자에 대한 시론(拼音壯文改革與新方塊壯字芻議)」[39)에서 병음 장문이 보급되기 어려운 현실을 분석하고, 새로운 방괴장문의 창제를 촉구했다.

---

35) 黃南津, 唐未平, 「当代壯族群體使用漢字·古壯字情況調查與分析」, 『廣西大學學報(哲學社會科學版)』 第5期(2007).

36) 黃南津, 唐未平, 「壯族民間群體古壯字使用狀況的調查與分析」, 『暨南學報(哲學社會科學版)』 第1期(2008).

37) 黃南津, 高魏, 陳華萍, 「方塊壯字文獻生存及傳承狀況調查分析—以龍州·象州·忻城三縣爲例」, 『廣西民族研究』 第2期(2010).

38) 覃曉航, 「方塊壯字經久不絶却難成通行文字的原因」, 『廣西民族研究』 第3期(2008).

39) 韋星朗, 「拼音壯文改革與新方塊壯字芻議」, 『中央民族大學學報(哲學社會科學版)』 第6期(2012).

2018년, 『광서장족자치구 국가 통용 언어문자 사용 상황 조사 연구(廣西壯族自治區國家通用語言文字使用情況調査研究)』[40]라는 책이 출판되어, 광서 지역에서 다양한 언어 문자의 사용 현황을 전반적으로 이해하는 데 참고가 되었다.

(5) 방괴장자(方塊壯字)와 다른 문자와의 비교 연구

1. 방괴장자와 쯔놈(喃字)의 비교

1936년, 문유(聞宥)는 「광서태평부속토주현사역어고(廣西太平府屬土州縣司譯語考)」[41]에서 이미 방괴장자와 쯔놈이 '마치 한 가족과 같은' 밀접한 관계에 있음을 주목하고, 둘 사이의 차이점을 밝혔다.

담국생(覃國生)도 「방괴장자에 관하여(關於方塊壯字)」에서 방괴장자와 쯔놈을 비교했다.

이약의(李樂毅)는 「방괴장자와 쯔놈의 비교 연구(方塊壯字與喃字的比較研究)」[42]에서 방괴장자와 쯔놈의 생성 배경과 글자 구성 방법의 차이점과 공통점을 구체적으로 비교했다.

나장산(羅長山)의 「고대 장자와 쯔놈의 비교 연구(古壯字與字喃的比較研究)」[43], 위수관(韋樹關)의 「쯔놈이 고대 장자에 미친 영향(喃字對古壯字的影響)」[44], 이흔지(李忻之)의 「방괴장자와 쯔놈 발전의 비교(方塊壯字與喃字發展的比較)」[45] 등도 이 방면의 대표적인 성과이다.

---

40) 黃南津等, 『廣西壯族自治區國家通用語言文字使用情況調査研究』(社會科學文獻出版社, 2018).
41) 聞宥, 「廣西太平府屬土州縣司譯語考」, 『國立中央研究院歷史語言研究所叢刊』 第4期(1936).
42) 李樂毅, 「方塊壯字與喃字的比較研究」, 『民族語文』 第4期(1987).
43) 羅長山, 「古壯字與字喃的比較研究」, 『東南亞縱橫』 第3期(1992).
44) 韋樹關, 「喃字對古壯字的影響」, 『民族語文』 第1期(2011).

중국문자학 핸드북

2. 서로 다른 지역 간 방괴장자의 비교

문유(聞宥)가 가장 먼저 지역별 방괴장자 간 차이에 주목했다. 그가 선택한 자료에는 남부 장어 방언 지역에 속하는 태평부(太平府), 진안부(鎭安府)의 장족 문자와 장어 북부 방언 지역에 속하는 경원부(慶遠府)의 장족 문자가 모두 포함되어 있으며, 의도적으로 이 세 가지를 함께 비교했다.

정이청(鄭貽靑)의 「정서 방괴장자 분석(靖西方塊壯字試析)」은 정서(靖西)현의 방괴장자를 연구 자료로 사용하여 명확히 제시했다.

> 정서현의 장족말(壯話)은 장어 남부 방언에 속하며, 어휘나 음운 면에서 북부 방언과 일정한 차이가 있다. 따라서 사용되는 장자도 북부 방언과 매우 다르며, 일부 상용어의 문자 사용 방식에서도 종종 북부 방언과 차이가 있다.[46]

황려등(黃麗登)은 『능운 방괴장자와 마산 방괴장자의 자형 비교 연구 - <목련경(目蓮經)>과 <부자청객(夫子請客)>을 연구 대상으로(凌雲方塊壯字與馬山方塊壯字字形對比研究—以<目蓮經>和<夫子請客>爲研究對象)』[47]에서 두 방괴장자 문헌에 나타난 자형의 특징과 동의어의 자형에서 차이점과 공통점이 나타나는 현상을 분석했다.

3. 방괴장자와 한자의 비교

예컨대, 범려군(范麗君)의 『고대 장족 문자, 쯔놈과 한자의 비교 연

---

45) 李忻之, 「方塊壯字與喃字發展的比較」, 『中國文字研究』 第16輯(2012).
46) 鄭貽靑, 「靖西方塊壯字試析」, 『民族語文』 第4期(1988).
47) 黃麗登, 『凌云方塊壯字與馬山方塊壯字字形對比研究』(中央民族大學碩士學位論文, 2011).

구(古壯字·喃字與漢字比較研究)』48)가 있다.

4. 방괴장자와 기타 소수민족 문자의 비교

예컨대, 원향금(袁香琴)의 『방괴 고대 장족 문자와 수문(水文)의 비교 연구(方塊古壯字與水文的比較研究)』49)가 있다.

(6) 방괴장자(方塊壯字)의 디지털화 처리

방괴장자의 디지털 정보 처리와 개발의 주요 성과는 다음과 같다.

1. 'DOS 환경의 고대 장문(壯文) 운영 체계와 편집 조판 시스템'(1990)은 광서 지역 민족 고적 사무실과 광서과학원 전산센터가 공동으로 개발한 것으로, 이 시스템의 자형 데이터베이스는 8,636개의 고대 장족 문자 코드집을 포함하며, 도트 매트릭스 방식이다. 광서 고적 사무실은 이 시스템을 이용하여 장족 민간 장가인 「요가(嘹歌)」, 「장족 민가 고적 집성 정가(2) 환(목안)(壯族民歌古籍集成情歌(二)歡(木岸))」, 「창문룡(唱文隆)·창영대(唱英臺)·창당황(唱唐皇)」의 입력과 조판을 완성했다.

2. 광서대학의 황남진(黃南津) 연구팀이 '방괴장자 자형 데이터베이스' 구축과 입력 방식 개발을 완성했다.

3. 광서민족대학 등의 '장문(壯文) 지능형 입력 방식'에 방괴장자 입력이 포함되어 있다.

그러나 전체적으로 볼 때, 자형 데이터베이스와 입력 방식은 아직 충분히 풍부하고 완벽하지 않은 상태이다.

---

48) 范麗君, 『古壯字·喃字與漢字比較研究』(中央民族大學碩士學位論文, 2007).
49) 袁香琴, 『方塊古壯字與水文的比較研究』(華東師范大學博士學位論文, 2017).

관련 연구 문헌은 주로 다음과 같다.

· 유연방(劉連芳) 등의 「고대 장문 운영 체계와 편집 조판 시스템(古壯文操作系統和編輯排版系統)」50), 「장문과 장문 정보 처리(壯文與壯文信息處理)」51)
· 담지강(覃志强)과 오효용(吳曉蓉)의 「고대 장족 문자 정보화 전승의 전략, 영향 요소 및 개발에 관하여(論古壯字信息化傳承的策略·影響因素及開發)」52)
· 황용(黃勇) 등의 「Windows IME에 기반한 고대 장문 입력 방식 편집기의 설계와 구현(基於Windows IME古壯文輸入法編輯器的設計與實現)」53)
· 고위(高魏) 등의 「방괴장자 필획 통계 분석과 입력 방식 코드 설계(方塊壯字筆畫計量分析與輸入法編碼設計)」54) 등.

6. 미래 전망

방괴장자(方塊壯字) 연구는 이미 일정한 성과를 거두었고 학계의 많은 관심을 받고 있지만, 전체적으로 볼 때 연구 기반은 여전히 상대적으로 약하고 연구 관점에도 한계가 있다. 우리는 연구 기반 강화, 연구 시야 확대, 인재 양성 가속화와 같은 점들을 고려해야 할 것이다.

---

50) 劉連芳, 顧林, 廖宏, 「古壯文操作系統和編輯排版系統」, 『計算机應用研究』 第6期(1993).
51) 劉連芳, 顧林, 黃家裕, 溫家凱, 「壯文與壯文信息處理」, 『中文信息學報』 第6期(2011).
52) 覃志强, 吳曉蓉, 「論古壯字信息化傳承的策略·影響因素及開發」, 『民族教育研究』 第3期(2012).
53) 黃勇, 池俊輝, 「基於Windows IME古壯文輸入法編輯器的設計與實現」, 『現代計算機』 第17期(2013).
54) 高魏, 黃南津, 「方塊壯字筆畫計量分析與輸入法編碼設計」, 『中國文字學報』 第7輯(2016).

(1) 연구 기반 강화

1. 문헌적 기초

앞서 언급했듯이, 방괴장자(方塊壯字) 문헌은 방괴장자의 매체이며 관련 연구를 수행하는 기초이다. 현재 민간과 도서 기관, 연구 기관에는 아직 수집하고 정리해야 할 대량의 방괴장자 문헌이 있다. 이 중 이미 공공 소장품이 된 일부 문헌은 정리하여 출판하거나, 공개 열람과 디지털화 활용 경로를 제공하여 학계와 사회가 이용할 수 있게 해야한다. 귀중한 문헌이 "깊은 바다와 같은 고관대작의 저택에 들어가서" "규방에 갇혀 아무도 알지 못하게 되는" 상황은 반드시 피해야 할 것이다. 아직 민간에 있는 일부 문헌은 적극적으로 수집하려고 노력해야한다. 종이 문헌은 매우 취약하여 한 번 손실되면 회복이 불가능하다. 특히 종교 문헌의 경우, 이들은 보통 입문 시에 필사되어 사후에 함께 매장되므로, 적시에 수집하지 않으면 전승이 단절되기 쉽다.

2. 이론적 기초

민족 언어를 기록하는 비자생적 파생 문자로서, 방괴장자의 분석은 물론 한자 분석 이론을 활용할 수 있으며, 기존 연구들도 대부분 '육서(六書)'의 이론적 틀 안에서 이루어졌다. 그러나 연구가 심화됨에 따라, 필연적으로 장어(壯語) 기록의 필요성과 결합하여 그 특징을 귀납하고 종합하여, 방괴장자 분석 이론을 심화하고 풍부하게 할 필요가 있다. 이와 유사한 것으로 문헌 판본 분석, 장어 방언 조사와 분석, 문자 어휘 의미 분석, 음운 분석, 텍스트 번역 등이 있으며, 이러한 연구의 이론적 기반도 더욱 강화하고 개척할 필요가 있다.

(2) 연구 시야 확대

1. 비교와 종합

백월(百越) 민족은 광범위하게 분포하고 있으며, 그 분파가 매우 복잡하다. 장족(壯族)과 같은 기원을 가진 포의족(布依族)은 포의방괴자(布依方塊字)를 가지고 있고, 장족과 인접하여 거주하는 베트남의 경족(京族)은 쯔놈(喃字)을 가지고 있는데, 이들 문자도 모두 한자에서 파생된 문자 유형에 속하며, 그 생성 시기도 비슷하다.

따라서 문자를 비교 연구하여 이들 문자의 공통점과 특징을 종합적으로 이해하고 분석함으로써, 각 민족의 언어문자 연구는 물론 한자 문화권의 언어문자 연구에도 기여할 수 있을 것이다.

2. 확대와 심화

우리는 현재의 기반 위에서 문헌 연구의 시야를 더욱 넓혀, 더 많은 특징적이고 가치 있는 문헌을 발견하고 연구해야 하며, 연구 양식도 다양화할 필요가 있다. 예컨대 다음과 같다.

- 문헌 목록과 제요(提要) 작성
- 판본의 고증과 해석
- 전문 사전 편찬
- 장어(壯語) 방언과 문헌의 종합적 연구
- 방괴장자(方塊壯字)와 라틴 장문(壯文)의 문자 체계의 종합적 비교 연구
- 방괴장자의 지역적 특징 연구 등.

이를 통해 가능한 한 빨리 체계적인 연구 시스템을 형성해야 할 것이다.

(3) 연구 인재 양성 및 인재 체계 형성

현재 중국과 해외에서 많은 학자들이 방괴장자(方塊壯字)에 관심을 가지고 있으며, 일부 대학에서도 이 분야의 고급 인재 양성에 힘을 쏟고 있다. 북경사범대학(北京師范大學), 화동사범대학(華東師范大學), 중앙민족대학(中央民族大學), 서남대학(西南大學) 등 중국의 유명 대학들에서 방괴장자를 연구하는 석사, 박사 과정 학생들을 모집하고 양성하고 있다.

장족(壯族)의 집거지인 광서장족자치구(廣西壯族自治區)에서의 광서대학(廣西大學), 광서민족대학(廣西民族大學) 등의 대학들도 방괴장자 연구를 위한 젊은 인력 양성에 힘쓰고 있다.

현재 상황을 보면, 관련 연구팀들의 연구 수준이 불균형적이고 인력도 상대적으로 분산되어 있어, 이 또한 시급히 해결해야 할 문제 중 하나이다.

제2부 묘족 문자(苗文)

1. 묘족 문자(苗文)의 정의

묘족(苗族)은 중국에서 인구가 많은 고대 민족으로, 최초에는 장강(長江)과 황하의 중하류 지역에서 기원하여 후에 다섯 번의 대규모 이주를 거쳐 서남부 각지에 퍼져 분포하게 되었다. 묘족 문자는 묘족이 사용하는 문자로, 광의의 묘족 문자는 묘족이 창제한 원시 문자와 근현대에 창제된 문자를 포함하며, 협의의 묘족 문자는 현재 통용되는 병음 묘족 문자를 말한다.

역사적으로 묘족은 통일된 문자를 형성하지 못했지만, 문자를 창제한 적이 있었다. 묘족 전설과 고대 노래에는 모두 묘족에게 문자가 있었다고 전해지는데, 청나라 사람 육차운(陸次雲)의 『동계섬지(洞溪纖志)』에는 "묘인에게 문자가 있었는데, 정종(鼎種)도 아니고 과두(蝌蚪) 문자도 아니며, 누가 만들었는지 고증할 수 없다."라고 기록되어 있다.

현재 민간에서는 일부 원시 문자의 맹아적 흔적을 볼 수 있다. 예컨대, 가봉 문자(歌棒文字)와 자수 문자(刺繡文字) 등이 있다. 가봉(歌棒)은 '각도(刻道)' 또는 '각목(刻木)'이라고도 하는데, 묘족 고가(古歌)인 「개친가(開親歌)」 공연에 필수적인 물건이다. 이는 1척 길이의 나무 막대기나 대나무 막대기에 27개의 원시 문자 부호가 새겨져 있어 노래를 부를 때 안내 역할을 하는데, 2006년에 첫 번째 국가급 무형

문화유산 목록에 등재되었다.

『건륭·진원부지(乾隆·鎭遠府志)』에는 "풍속에 문자가 없어, 증거를 삼을 때 대나무나 나무에 수치를 새긴 것을 사용하며, 이를 각목(刻木)이라 한다."라고 기록되어 있다. 묘족 자수에 특유한 40여 개의 표의 도안도 묘족 원시 문자가 남긴 유산이라고 볼 수 있다.

안타깝게도 한때 사용되었던 이러한 원시 문자나 원시 문자의 연원이 되는 것들이 점차 소멸되어 성숙한 문자로 발전하지 못했다. 이는 묘족이 역대 이주로 인해 거주지가 분산되고, 그로 인해 사회생활과 언어문화 등의 측면에서 차이가 발생한 것과 관련이 있을 것이다

근대에 창제된 묘족 문자에는 '전서체 묘족 문자(篆字苗文)', '방괴 묘족 문자(方塊苗文)', '구 묘족 문자(老苗文)' 등이 있다.

전서체 묘족 문자는 주로 호남(湘), 귀주(黔), 광서(桂) 접경의 묘족 거주지에서 유행했다. 글자 모양이 전서(篆書)와 비슷하며, 호남성 성보(城步) 지역 묘족이 창조했다고 하여 '성보 묘족 문자(城步苗文)'라고도 부른다. 청나라 건륭 4년(1739)에 묘족이 반청 투쟁을 일으켰을 때, 봉기군의 인장, 문고, 서신, 편지 등이 모두 '성보 묘족 문자'로 쓰여 청나라 관병들이 알아볼 수 없었다. 봉기가 진압된 후, 청나라 조정은 모든 '성보 묘족 문자 문헌'을 폐기하라는 명령을 내리고 이 문자의 사용을 영구히 금지하였다.

청말 이후, 묘족 문인들은 묘가(苗歌)를 기록, 정리, 창작하기 위해 '판탕 묘족 문자(板塘苗文)', '노채 묘족 문자(老寨苗文)', '고장 묘족 문자(古丈苗文)' 3종의 한자식 '방괴 묘족 문자'를 창제했는데, 이는 주로 호남성 서쪽 지역에서 사용되었다. '방괴 묘족 문자'는 한자 문화권 내의 차용 문자로, 주로 형성(形聲)과 회의(會意) 방식으로 글자를 만들었으며, 한자를 기본 구성 성분으로 사용했다. '방괴 묘족 문자'는

주로 묘가의 기록과 창작에 사용되어 십여만 자의 묘가 문고를 남겼으며, 이는 그 민족의 역사, 풍속, 문학을 연구하는 데 귀중한 문자 자료이다.

민국 시기에 석계귀(石啓貴)가 '상서묘어성운속사부호(湘西苗語聲韻速寫符號)'(약칭 속사 묘족 문자)를 창제했다. '속사 묘족 문자'는 한자식 자모 문자로, 한어 병음 주음부호를 모방하여 만든 부호 체계이다.

또한, 민국 초년에 선교사 호탁(胡托)이 북양정부가 공포한 국어 주음자모를 차용하여 묘어 귀주 동쪽(黔東) 방언 구역 묘족을 위해 주음자모 묘족 문자를 만들었는데, 이를 '호탁 묘족 문자'라고 부른다. 당시 현지 교회에서는 이 문자를 사용하여 대량의 종교 서적을 번역 출판했다.

표 5-1. 방괴 묘족 문자 예시

방괴 묘족 문자 구조	판당(板塘) 묘족 문자	노채(老寨) 묘족 문자	고장(古丈) 묘족 문자
좌우 구조	㺪(猪)	孔(猪)	跊(返回)
상하 구조	雱(雪)	梨(大米)	屺嵩(山)
반을 싸고 있는 구조	厝(在)	旭(好)	结迖(頭)
안팎 구조	間(出去)		間閭(門)

1905년, 영국 선교사 사무엘 폴라드(Samuel Pollard)가 귀주(貴州)성 위녕(威寧)에서 선교 활동을 하던 중, 선교의 필요성에 의해 운남(滇) 동북부의 한족 목사 이스테판(李斯提反)과 묘족 신도 양야각(楊雅各) 등의 도움을 받아 새로운 문자를 창제했다. 이 문자는 라틴 자모와 묘족의 복식 문양을 바탕으로 하여, 석문감(石門坎) 묘어를 표준음으로 삼아 만들어졌으며, 이 문자 체계는 21개의 성모(聲母)와 14개의

운모(韻母)로 구성되었다. 이 병음 문자를 '폴라드 묘족 문자(柏格理苗文)' 또는 '석문감 묘족 문자(石門坎苗文)'라고 부르며, '운남 동북부 구 묘족 문자(滇東北老苗文)'라고도 부른다. 창제 후 주로 사천(川), 귀주(黔), 운남(滇) 접경 지역과 운남 동북부 차방언을 사용하는 기타 묘족 지역에서 사용되었다.

[그림 5-25] 폴라드 묘족 문자[55]

묘어 방언의 복잡성을 고려하여, 문법에서는 기본적으로 일치하지만 각 방언 간에 음운, 어휘 등의 측면에서 큰 차이가 있기 때문에, 1950년대에 정부는 묘족의 3대 방언별로 각각 라틴 자모를 사용하는 묘족 문자를 창제하도록 도왔다. 동시에 운남 동북부 구 묘족 문자(滇東北老苗文)를 개선하여, 결과적으로 4종의 병음 묘족 문자가 형성되

---

55) 李錦平, 「求解苗文古文字之謎」, 『中國民族敎育』 第1期(2017).

었고, 이를 관련 서적 출판에 사용하게 되었다. 1980년대 이후, 서로 다른 국가에 거주하는 묘족들이 라틴 자모로 병음하는 한 종류의 묘족 문자를 점점 더 많이 학습하고 사용하게 되었는데, 이 묘족 문자를 '국제 묘족 문자(國際苗文)'라고 부른다.

2. 연구의 역사

중화인민공화국 수립 이전, 민국 시기의 학자들이 선구적으로 묘족의 언어와 문자를 조사하고 연구하면서 일련의 연구 성과를 발표했다. 1917년 장계(庄啓)의 「묘족 문자 약술(苗文略述)」이 『동방잡지(東方雜志)』(제14권 제1기)에 발표되었다. 1939년 왕건광(王建光)의 「묘족의 문자(苗民的文字)」[56]가 『변성월간(邊聲月刊)』(제1권 제3기)에 발표되었고, 후에 『귀주 묘족 고찰(貴州苗族考)』이라는 책에 수록되었다. 1930-1940년대에 묘족 학자 석계귀(石啓貴)가 호남성 서쪽의 묘족 지역을 조사하고 연구하였는데, 그 연구 보고서가 2008년에 정리되어 『상서 묘족 실지 조사 보고(湘西苗族實地調查報告)』[57]라는 제목으로 출간되었다. 그중에는 언어와 문자에 대한 전문적인 내용이 포함되어 있다. 묘족 문자 연구는 주로 문헌 자료와 조사 연구를 결합하는 원칙을 채택했으며, 현장 조사는 줄곧 널리 적용되는 연구 방법이었다.

중화인민공화국 수립 후, 국가는 소수민족의 민족 문자 창립과 개혁을 돕는 문제를 매우 중시하였고, 학자들도 이를 연구하기 시작했다. 왕보세(王輔世)는 「묘족 문자 개혁 문제(苗族文字改革問題)」[58], 「묘

---

56) 王建光, 「苗民的文字」, 『貴州苗族考』(貴州大學出版社, 2009), 253-259쪽.
57) 石啓貴, 『湘西苗族實地調查報告』(湖南人民出版社, 2008).

족 문자의 정자법 문제(苗文的正字法問題)」59)를 발표했다. 마학량(馬學良), 왕보세(王輔世), 장제민(張濟民)은 「왜 묘족에게 하나 이상의 문자를 창립해야 하는가(爲什麼要給苗族創立一种以上的文字)」60), 「묘어 방언의 구분과 묘족 문자 창립 개혁에 대한 의견(苗語方言的劃分和對創立改革苗文的意見)」61) 등을 발표했다.

국가 통용 묘족 문자가 탄생한 후, 학자들은 묘족 문자의 사용과 보급 과정에서 나타난 문제, 특히 문자의 규범화와 통일에 대해 분석하였다. 예컨대, 양충덕(楊忠德)의 「묘어 운남 동북부 차방언 구 묘족 문자의 창제 및 그 영향(苗語滇東北次方言老苗文的創制及其影響)」62), 「운남 동북부 방언 지역에서의 구 묘족 문자의 창제 및 개혁 상황(滇東北方言區老苗文的創制及改革情況)」63), 웅옥유(熊玉有)의 「운남 동북부 차방언 묘족 문자 사용 문제에 대한 견해와 의견(對滇東北次方言苗文使用問題的看法和意見)」64) 등이 있다. 개혁개방 이후, 묘족 문자 연구는 뚜렷한 성과를 거두어 대량의 연구 성과가 봄날의 죽순처럼 쏟아져 나와, 묘족 문자의 문헌 자료 정리, 연구 전문서와 논문이 헤아릴 수 없을 정도로 많다. 점점 더 많은 외국 학자들도 묘족의 언어와 문자를 연구하게 되면서, 현저한 연구 성과를 거두게 되었다.

---

58) 王輔世,「苗族文字改革問題」,『中國語文』第12期(1952).
59) 王輔世,「苗文的正字法問題」,『貴州民族研究』第3期(1984).
60) 馬學良, 王輔世, 張濟民,「爲什麼要給苗族創立一种以上的文字」,『光明日報』1956年10月19日.
61) 馬學良, 王輔世, 張濟民,「苗語方言的劃分和對創立改革苗文的意見」,『人民日報』1956年11月17日.
62) 政協威寧彝族回族苗族自治縣委員會文史資料研究委員會,『威寧文史資料』第1輯 (1984).
63) 政協威寧彝族回族苗族自治縣委員會文史資料研究委員會,『威寧文史資料』第2輯 (1988).
64) 熊玉有,「對滇東北次方言苗文使用問題的看法和意見」,『三峽論壇(三峽大學·理論版)』第2期(2012).

3. 연구 진전

묘족의 서사시와 민간 전설에는 모두 묘족에게 문자가 있었다는 기록이 있다. 근대의 학자들은 이미 묘족 문자의 기원에 관심을 가지기 시작했지만, 체계적이고 심도 있는 연구는 이루어지지 않았다. 우서만(于曙巒)의 「귀주 묘족 잡담(貴州苗族雜譚)」[65], 호내안(胡耐安)의 『중국민족지(中國民族志)』[66] 등의 저서에는 묘족의 고대 문자가 기록되어 있다. 강응량(江應梁)이 저술한 『서남 변경 지역의 특수 문자(西南邊區的特种文字)』[67]에는 자수 묘족 문자의 유래가 기록되어 있다.

최근 30년간 묘족 고대 문자에 대한 심도 있는 연구가 시작되었다. 가봉(歌棒) 문자 연구에서 대표적인 것으로는 주개서(周開瑞) 등의 「묘족 <개친가(開親歌)>와 수학(苗族<開親歌>與數學)」[68]이 있다. 이 논문은 주로 새긴 부호(刻符)와 숫자의 관계, 숫자의 사칙연산을 탐구했다. 소효홍(蘇曉紅)의 「묘족 각도(刻道)의 연원 및 문화적 함의 초탐(苗族刻道淵源及文化內涵初探)」[69]은 새겨진 부호(刻符)와 그것이 대표하는 의미를 탐구하려 시도했으며, 주로 그 문화적 함의를 연구했다. 이평(李平)의 「'각도(刻道)'가 문자 생성에 대해 가지는 인식적 의미('刻道'對文字產生的認識意義)」[70]는 묘족 가봉(歌棒) 문자를 연구하여 가봉 문자 부호가 묘족의 생활과 밀접한 관련이 있음을 지적했다. 왕

---

65) 于曙巒, 「貴州苗族雜譚」, 『東方雜志』 第13期(1923), 87-88쪽.
66) 胡耐安, 『中國民族志』(修訂本)(臺灣商務印書館, 1974).
67) 江應梁, 「西南邊區的特种文字」, 『西南邊疆民族論叢』(珠海大學出版社, 1948), 277-287쪽.
68) 周開瑞, 周群體, 周一勤, 「苗族<開親歌>與數學」, 『西南民族學院學報(哲學社會科學版)』 第5期(1993).
69) 蘇曉紅, 「苗族刻道淵源及文化內涵初探」, 『貴州民族研究』 第4期(2008).
70) 李平, 「"刻道"對文字產生的認識意義」, 『中央民族大學學報』 第2期(2015).

경하(王慶賀)의 「귀주성 동남쪽에 거주하는 묘족의 '각도(刻道)'의 구성 요소 및 문화적 함의 탐석(黔東南苗族'刻道'的构成要素及文化內涵探析)」[71]은 새긴 부호(刻符)가 묘족 문자의 원형이며 풍부한 문화적 함의를 가지고 있어 묘족 혼인의 발전 과정을 증명한다고 지적했다.

묘문의 현장 조사 연구 성과는 풍부하다. 용사평(龍仕平) 등의 「소양 성보 고대 묘족 문자 실지 조사 보고(邵陽城步古苗文實地調査報告)」[72]는 소양 성보 단구진(丹口鎭)의 100여 곳의 마애석각(摩崖石刻) 발견 과정을 소개했다. 마애석각의 문자와 고문헌 자료, 민간 가요 전설 속의 고대 묘족 문자, 명청 시대 성보 묘족 봉기군이 사용했던 묘족 문자, 성보 민간에서 현재도 사용하고 있는 묘족 문자와의 유사성을 고증하여 석각의 문자가 '성보 묘족 문자'임을 추정했다. 양운혜(楊雲惠)와 양부휘(楊付輝)의 「운남 동북부 차방언 구 묘족 문자와 묘족 문자 계보의 현장 조사와 연구(滇東北次方言老苗文與苗文譜的田野調査與硏究)」[73]는 폴라드가 창제한 구 묘족 문자를 조사하고 연구했다.

현장 조사를 바탕으로 묘족 문자의 조자 체계에 대한 심도 있는 연구도 전개되었다. 1986년 조려명(趙麗明)은 호남성 서쪽 묘족 지역을 조사하고 나서 일련의 연구 성과들을 내놓았다. 예컨대, 논문 「호남성 서쪽 지역 방괴 묘족 문자(湘西方塊苗文)」[74]는 '방괴 묘족 문자'의 생성과 전파, 구조와 조자법, 사용에 대해 소개했다. 이우매(李雨梅)의 「호남성 서쪽 지역 민간 방괴묘문의 조자 철학(湘西民間方塊苗文的造字哲理)」[75]은 '판탕 묘족 문자'의 회의자를 분석하여 차용 문자

71) 王慶賀, 「黔東南苗族"刻道"的构成要素及文化內涵探析」, 『民族文化』 第3期(2019).
72) 龍仕平, 曾曉光, 肖淸, 「邵陽城步古苗文實地調査報告」, 『吉首大學學報』 第1期(2013).
73) 楊云惠, 楊付輝, 「滇東北次方言老苗文與苗文譜的田野調査與硏究」, 『內蒙古藝術學院學報』 第3期(2021).
74) 趙麗明, 劉自齊, 「湘西方塊苗文」, 『民族語文』 第1期(1990).
75) 李雨梅, 「湘西民間方塊苗文的造字哲理」, 『中南民族學院學報』 第3期(1991).

창제의 합리성과 과학성을 논증했다. 양재표(楊再彪)와 나홍원(羅紅媛)의 「호남성 서쪽 지역의 묘족 민간에서 사용하는 묘족 문자의 조자 체계(湘西苗族民間苗文造字體系)」[76]는 다섯 가지 묘족 문자의 창제와 사용을 소개하고 형태와 조자법을 연구했다. 최근 몇 년간 학자들은 묘족 마을의 대량 계약서에서 '한자로 묘음을 기록한' 지명의 묘어-한어 상호 차용 현상을 분석하여 '한자로 묘음을 기록한' 지명의 유형과 규칙을 탐구했다. 예컨대, 이일여(李一如)의 「청수강 중하류 묘족 계약서의 묘어-한어 상호 차용 메커니즘 연구(淸水江中下游苗族契約中苗漢語互借机制硏究)」[77], 양정석(楊庭碩)과 주청청(朱晴晴)의 「청수강 삼림 계약서에서 보이는 한자로 번역 표기된 묘어 지명의 해독(淸水江林契中所見漢字譯寫苗語地名的解讀)」[78] 등이 있다. 이 외에도, 한자 전파의 관점에서 '방괴 묘족 문자'를 연구하기도 했다. 예컨대, 왕봉(王鋒)의 『한자에서 한자계 문자로: 한자 문화권 문자 연구(從漢字到漢字系文字: 漢字文化圈文字硏究)」[79]는 호남성 서쪽 지역의 한자형 묘족 문자를 전문적으로 논의하여, 한자형 묘족 문자의 조자법도 가차와 모방이 주를 이룬다고 지적했다. 육석홍(陸錫興)의 『한자 전파사(漢字傳播史)』[80]는 한자형 묘족 문자의 특징을 분석했다.

일부 외국 학자들도 묘족 문자를 연구하기 시작했다. 서양에서 진정한 학술적 의미를 가진 첫 번째 묘족 문자의 연구 성과는 1972년 프랑스 학자 자크 르무안(Jacques Lemoine)의 「묘족 문자 기략(苗族文

---

76) 楊再彪, 羅紅媛, 「湘西苗族民間苗文造字體系」, 『吉首大學學報』 第6期(2008).

77) 李一如, 「淸水江中下游苗族契約中苗漢語互借机制硏究」, 『貴州大學學報』 第2期 (2014).

78) 楊庭碩, 朱晴晴, 「淸水江林契中所見漢字譯寫苗語地名的解讀」, 『中央民族大學學報』 第1期(2017).

79) 王鋒, 『從漢字到漢字系文字: 漢字文化圈文字硏究』(民族出版社, 2003), 75-84쪽.

80) 陸錫興, 『漢字傳播史』(語文出版社, 2002), 201-209쪽.

字紀略, Les éctitures du Hmong)」으로, 이 논문은 최초로 중국과 서양에서 창제한 묘족 문자를 종합적으로 논술했다. 미국의 언어인류학자 윌리엄 A. 스몰리(William A. Smalley)가 1990년에 출판한『문자의 어머니: 구세 묘족 문자의 기원과 발전(文字之母 - 救世苗文的起源與發展)』[81]은 동남아시아 구세 묘족 문자의 창제와 발전 과정을 상세하게 서술하고, 구세 묘족 문자의 문자 원리와 국제적으로 미친 영향을 심도 있게 분석했다. 스웨덴 학자 요아킴 엔월(Joakim Enwall)의 저서『신화에서 현실로: 중국 묘족 문자 발전사(A Myth Become Reality: History and Development of the Miao Written Language)』가 1995년 스웨덴에서 출판되었다. 이는 중국 내 묘족 문자 발전사에 관한 개척적인 저서로, 연구 내용이 풍부하고 연구 시야가 넓으며, 언어학, 문자학, 정치학, 종교학, 역사학, 사회학, 문헌학, 인류학을 아우르고 있다. 이 책은 최초로 각종 묘족 문자의 창제 배경, 창제 과정, 문자학적 원리를 체계적으로 정리하고 분석하여, 묘족 문자 연구의 발전을 추진하는 데 중요한 의미를 가진다. 최근 몇 년간 묘족 원시 문자 연구, 묘족 문자의 디지털화 처리 연구, 묘족 문자 교육 등 분야의 연구 성과가 두드러지며 연구 진전이 상당히 크다.

4. 연구의 기본 자료

묘족 문자 비각에 관한 연구 자료는 다음과 같은 몇 가지 측면이 있다. 현재까지 발견된 가장 오래된 '구 묘족 문자(老苗文)'가 새겨진 비문

---

81) Smalley William A, Yang Gnia Y, Vang Chia K. *Mother of Writing: The Origin and Development of a Hmong Messianic Script.* Chicago: the University of Chicago Press, 1990.

은 운남(雲南)성 곤명(昆明)시 동천(東川)구 홍토지(紅土地)진 법자(法者)촌 라가구(羅家溝)에 위치한 「라가구 마애 묘족 문자 석각(羅家溝摩崖苗文石刻)」이다. 이 비문에는 9행 56자가 새겨져 있으며, 오늘날 사용되는 '구 묘족 문자'와 일정한 차이가 있다. 비문의 대의는 다음과 같다.

> "이 기얄(基嘎)이라 불리는 땅은 원래 이족(彝族) 사람 아카니아(阿卡尼阿)가 경작하던 것으로, 개의 해에 장재흥(張才興)이 이 땅을 경작하기 시작했다. 나는 글을 쓸 줄 모르니, 이 글자들은 상제께서 나에게 쓰라고 가르치신 것이다. 후손들이 우리에게 감사할 것이다."[82]

  1930년대에 귀주 묘족 집거지인 뇌산현(雷山縣) 뇌공산(雷公山)에서 파손된 비석이 발견되었다. 이를 「묘문비(苗文碑)」라고 부르는데, 아직 연구와 해독이 필요하다. 문유(聞宥)는 「귀주 뇌산 묘족 비문 초고(貴州雷山苗碑文初考)」[83)에서 비석의 글자가 상형자도 아니고 음소자도 아니며, 음절자일 것이라고 지적했다. 묘족 지역에서 온 것이므로 일종의 묘족 문자일 것이라고 추정할 수 있다고 하였다. 최근 호남(湖南)성 성보(城步) 묘족자치현 단구진(丹口鎮)에서 100여 곳의 마애석각이 발견되었는데, 전문가들은 이를 '전서체 묘족 문자', 즉 '성보 묘족 문자'로 인정했다. 청대(淸代)의 육차운(陸次雲)의 『동계섬지(洞溪纖志)』에 부록으로 실린 「가장(歌章)」과 「탁훈(鐸訓)」 두 편에는 각각 180자의 문자가 있고 대응되는 한어 번역문이 있는데, 이는 일차적으로 묘족 문자로 인정되어 연구 가치가 매우 높다.

  각종 묘족 문자로 번역된 종교 서적은 묘족 문자 연구의 중요한 자료이다. '구 묘족 문자'로 번역 출판된 종교 서적으로는 『신약전서

---

82) 梁佳雪, 張杰, 「東川羅家溝摩崖苗文石刻考釋」, 『貴州社會主義學院學報』 第2期(2021).
83) 聞宥, 「貴州雷山苗碑文初考」, 『華西文物』 第8期(1952).

(新約全書)』,『찬미시(贊美詩)』,『송찬시가(頌贊詩歌)』,『구약발췌(舊約摘录)』,『사천 묘족 복음시(川苗福音詩)』,『마가복음(馬克福音)』 등이 있다. 2009년 5월 중국 기독교 삼자(三自) 애국운동위원회, 중국기독교협회가『묘족 문자 성경(苗文聖經)』을 출판했고, 이듬해『묘족 문자 송주성가(苗文頌主聖歌)』를 출판했다.

묘족의 중요한 구전 문화유산인 고가(古歌)는 묘족의 백과사전이자, 묘족 문자 연구의 중요한 자료이다. 1979년 전병(田兵)이 편찬한『묘족 고가(苗族古歌)』는 최초로 공개 출판된 사전으로, 귀주성 동남쪽의 청수강(淸水江) 유역에 전해지는 4조 13수의 고가(古歌)를 수록했다. 2004년 필절(畢節) 지역 민족종교사무국 등이 편찬한『육채 묘족 구비문화(六寨苗族口碑文化)』[84]는 육채 묘족의 고가를 기록했는데, 창세사가(創世史歌), 전쟁과 이주, 생산노동가와 의례가, 이사(理詞)와 무사(巫詞), 정가(情歌), 애정서사시, 시정가(時政歌) 등 7편으로 나뉜다. 2007년 11월 운남민족출판사가『중국 서부 묘족 구비문화 자료집성(상하권)(中國西部苗族口碑文化資料集成(上下卷))』을 출판했다. 2019년에는 당천문(唐千文)과 이정걸(李正杰)이 편역한『뇌공산 묘족 고가고사(雷公山苗族古歌古詞)』[85]는 귀주성 동남쪽 지역 묘족의 이주 과정을 기록했으며, 묘족 이주사 연구, 묘족이 어떻게 자연과 조화롭게 지내는지, 묘족 사회 구조 및 그 관리, 묘족 문화의 형성을 연구하는 데 중요한 역사적 가치와 사회적 가치를 지닌다. 이 책은 전부 묘족 문자로 기록된 구전 묘족 고가고사(古歌古詞)를 담고 있으며, '창세신화', '산 넘고 물 건너기(跋山涉水)', '청나라 군대의 묘강 정벌(淸軍征苗疆)', '무사(巫詞)' 네 부분으로 나뉜다. 왕안강(王安江)이 편찬한『왕안강판

---

84) 畢節地區民族宗教事務局等編,『六寨苗族口碑文化』(貴州民族出版社, 2004).
85) 唐千文, 李正杰編譯,『雷公山苗族古歌古詞』(貴州民族出版社, 2019).

묘족 고가(王安江版苗族古歌)』86)는 12부의 대형 묘족 고가를 수집 기록했는데, 60만 자에 가깝고 5만여 행에 달한다. 왕봉강(王鳳剛)의 『묘족 가리(苗族賈理)』87)는 묘족의 구전 경전인 『가(賈)』를 수집 정리하고 번역 주석을 달았는데, 묘족 문자-한자 이중 언어 대조 형식을 채용하였으며 묘족 문자는 귀주성 동쪽 방언 묘족 문자 병음 방안을 사용했다. 유자제(劉自齊)와 조려명(趙麗明)이 주편한 『판당 묘가선(板塘苗歌選)』은 1992년 8월 악록(岳麓)출판사에서 출간되었다. 조려명 등은 500여 자의 자체적으로 만든 '판당 묘족 문자'와 100여 자의 자체적으로 만든 '노채 묘족 문자'를 정리하여 『판당 묘족 문자 자전(板塘苗文字匯)』, 『노채 묘족 문자 자전(老寨苗文字匯)』(미간행)을 편찬했다.

진금전(陳金全)과 곽량(郭亮)이 저술한 『귀주 문두채 묘족 계약 법률 문서 휘편(貴州文斗寨苗族契約法律文書匯編)』88)은 700여 건에 가까운 청수강 문서의 영인본을 공개했는데, 대부분 전사 자료가 첨부되어 있어 귀중한 원시 자료를 대량으로 제공하고 있다. 동시에 일부 학자들은 그 중의 미흡한 점을 지적했다. 예컨대, 장나나(張娜娜)의 「<귀주 문두채 묘족 계약 법률 문서 휘편> 문자 고증과 교정에 관한 10개 항목(<貴州文斗寨苗族契約法律文書匯編>文字考校十則)」89), 부유예(付喩銳)의 「<귀주 문두채 묘족 계약 법률 문서 휘편> 추가 교정 10개 항목(<貴州文斗寨苗族契約法律文書匯編>續校十則)」90), 왕양(王陽)의 「계약 문서를 잘 못 교정한 원인 탐석 - <귀주 문두채 묘족 계

---

86) 王安江編, 『王安江版苗族古歌』(貴州大學出版社, 2008).
87) 王鳳剛編譯, 『苗族賈理』(貴州人民出版社, 2009).
88) 陳金全, 郭亮, 『貴州文斗寨苗族契約法律文書匯編』(人民出版社, 2008).
89) 張娜娜, 「<貴州文斗寨苗族契約法律文書匯編>文字考校十則」, 『皖西學院學報』第3期(2018).
90) 付喩銳, 「<貴州文斗寨苗族契約法律文書匯編>續校十則」, 『皖西學院學報』第4期(2019).

약 법률 문서 휘편>을 예로(契約文書誤校原因探析—以＜貴州文斗寨苗族契約法律文書匯編＞爲例)」[91] 등이 있는데, 사용할 때는 이러한 문제들을 피하도록 주의해야 한다. 중화인민공화국 수립 이후 출판된 공구서로는 1958년 귀주민족출판사가 출판한 『묘한간명사전(苗漢簡明詞典)』, 1997년 4월 귀주성 민위(民委) 민족어문사무실이 편찬하고 양야동(楊亞東)과 아식몽(阿熄蒙)이 편저하여 귀주민족출판사가 출판 발행한 『묘어 상용 어휘 핸드북(苗語常用詞匯手冊)』, 2000년 5월 선송규(鮮松奎)가 편저하고 사천민족출판사가 출판한 『새로운 묘족 문자-한자 사전(서부방언)(新苗漢詞典(西部方言))』 등이 있다.

5. 묘족 문자 연구에서 주목하는 문제들

묘족 문자의 역사에 관한 전반적인 연구 성과
  · 석덕부(石德富)와 양승봉(楊勝鋒)의 「귀주성 동쪽 묘족 문자 50년 회고와 사고(黔東苗文五十年回顧與思考)」[92]
  · 금단(今旦)의 「묘족 문자 문제에 대하여(談苗族文字問題)」[93]
  · 유림(劉琳)의 「사천 남쪽 묘족 언어와 문자 사용의 역사적 변천(川南苗族語言文字使用的歷史演變)」[94]
  · 이금평(李錦平)의 「60년간의 묘족 언어와 문자 연구 총술(六十年來苗族語言文字研究綜述)」[95]

---

91) 王陽, 「契約文書誤校原因探析—以＜貴州文斗寨苗族契約法律文書匯編＞爲例」, 『寧波大學學報』(2020).
92) 石德富, 楊勝鋒, 「黔東苗文五十年回顧與思考」, 『民族語文國際學術研討會論文集』(2007).
93) 今旦, 「談苗族文字問題」, 『今旦文集』(中國國際廣播出版社, 2018), 40-48쪽.
94) 劉琳, 郎維偉, 「川南苗族語言文字使用的歷史演變」, 『西南民族大學學報(人文社會科學版)』 第4期(2018).
95) 李錦平, 「六十年來苗族語言文字研究綜述」, 『貴州民族學院學報(哲學社會科學版)』 第3期(2010).

- 조효양(趙曉陽)의 「묘족 문자의 창제와 묘족 문자 성경 번역본 고
  찰(苗文創制和苗文聖經譯本考述)」96)
- 이운병(李雲兵)의 「묘족 문자 창제 60년의 의미와 존재하는 문제(苗
  文創制六十年來的意義和存在的問題)」97)

묘어 어휘와 묘족의 역사와 문화를 연구한 성과

- 조취운(曹翠雲)과 희안룡(姬安龍)의 「묘족의 언어와 문화에 대한 약
  론(略談苗族的語言與文化)」98)
- 조취운(曹翠雲)의 「묘어로 본 묘족 역사와 기원의 흔적(從苗語看苗
  族歷史和起源的痕迹)」99)
- 희안룡(姬安龍)의 「묘어 어휘 중의 문화적 징후에 대한 소고(淺談苗
  語詞匯中的文化迹象)」100)
- 이금평(李錦平)의 「묘어 어휘로 본 묘족의 역사와 문화(從苗語詞匯
  看苗族歷史文化)」101), 「묘어 속어의 문화적 분석(苗語俗語的文化分
  析)」102), 「묘어 어휘로 본 묘족의 농경 문화(從苗語詞匯看苗族農耕
  文化)」103)
- 주문광(朱文光)과 반학덕(潘學德) 주편의 『묘족 문자 원류(苗文源流)
  』104)는 초기 부호, '구 묘족 문자', 라틴 묘족 문자, 규범 묘족 문
  자, 전승 발전, 문헌 사료 등 장절로 나뉘어 묘족 문자의 기원과
  발전 과정을 설명하였다.
- 초묘(肖淼)의 『폴라드 묘족 문자와 중국과 서양 문화의 융합(伯格理
  苗文與中西文化的融合)』105)

---

96) 趙曉陽, 「苗文創制和苗文聖經譯本考述」, 『民族翻譯』 第2期(2017).
97) 李云兵, 「苗文創制六十年來的意義和存在的問題」, 『中國民族語言學報』 第2輯(商
   務印書館, 2019), 101-109쪽.
98) 曹翠云, 姬安龍, 「略談苗族的語言與文化」, 『貴州民族研究』 第3期(1991).
99) 曹翠云, 「從苗語看苗族歷史和起源的痕迹」, 『貴州民族研究』 第3期(1983).
100) 姬安龍, 「淺談苗語詞匯中的文化迹象」, 『苗語文集』(貴州民族出版社, 1993), 137-149쪽.
101) 李錦平, 「從苗語詞匯看苗族歷史文化」, 『貴州文史叢刊』 第6期(1999).
102) 李錦平, 「苗語俗語的文化分析」, 『貴州民族研究』 第4期(2000).
103) 李錦平, 「從苗語詞匯看苗族農耕文化」, 『貴州民族研究』 第4期(2002).
104) 朱文光, 潘學德主編, 『苗文源流』, 內部資料, 未公開發行(2017).

해외의 묘족 문자 연구

몽창배(蒙昌配)가 발표한 논문들이 가장 대표적인데, 다음과 같다.

- 「백년 간의 해외 묘학의 묘족 문자 연구 문헌 서론(百年來海外苗學的苗族文字研究文獻述論)」106)
- 「해외 묘족 RPA 문자 체계의 창제, 전파와 영향(海外苗族RPA文字系統的創制·傳播與影響)」107)
- 「중국과 해외 비교 시야에서의 세계 묘족 문자 연구사: 세계 묘학계보 정리 연구의 일부(中外比較視域下的世界苗文研究史—世界苗學譜系梳理研究之一隅)」108) 등.

6. 주요 연구 쟁점

묘족 문자 연구의 주요 동향은 '묘족 문자의 보급과 보편화'와 '묘족 문자의 정보 처리'라는 두 가지 측면에서 나타난다. 묘족 지역에서 묘족 문자를 보급하고 보편화하는 과정에서 묘족 문자 보급의 정비가 연구 쟁점이 되었고, 이와 관련된 많은 연구 성과가 나타났는데, 다음과 같다.

- 이금평(李錦平)의 「묘족 문자-한자 이중언어 교육 문제에 대한 소고(淺談苗漢雙語教學問題)」109)
- 선송규(鮮松奎)의 「이중언어로 교육할 때는 먼저 민족 문자의 보급

---

105) 肖淼, 『伯格理苗文與中西文化的融合』(貴州大學碩士學位論文, 2015).
106) 蒙昌配, 「百年來海外苗學的苗族文字研究文獻述論」, 『民族論壇』 第8期(2014).
107) 蒙昌配, 「海外苗族RPA文字系統的創制·傳播與影響」, 『貴州師范學院學報』 第8期(2014).
108) 蒙昌配, 「中外比較視域下的世界苗文研究史」, 『民族論壇』 第8期(2015).
109) 李錦平, 「淺談苗漢雙語教學問題」, 『貴州民族研究』 第2期(1986).

을 중시해야 한다.(開展雙語敎學首先應重視民族文字的推行)」[110]
- 용건화(龍建華)의 「묘족 문자의 보급과 보편화에는 반드시 7가지 관계를 잘 처리해야 한다.(苗文推廣普及必須處理好七个關系)」[111]
- 석무명(石茂明)의 「대강현 묘족 문자 시행과 묘족 문자 교육 전파 연구 보고(臺江縣苗文試行與苗文敎育傳播硏究報告)」[112]
- 오정표(吳正彪)의 「묘족의 언어와 문자의 발전 현황 및 묘족 문자의 보급과 보편화의 곤경과 출로에 대한 고찰(苗族語言文字的發展狀況及苗文推廣普及的困境與出路管窺)」[113] 등.

1990년대부터 현재까지, 사회 발전과 시대적 요구에 따라 컴퓨터 묘족 문자 처리 시스템의 구축과 완비, 묘족 문자 온라인 학습 웹사이트도 주요 연구 쟁점이 되었다. 예컨대, 자형의 생성 및 기술은 호남성 서쪽 민간 묘족 문자의 글자 단위 정보 처리 기술 연구의 중요한 내용이다.

막례평(莫礼平)과 주개경(周愷卿)은 「호남성 서쪽 민간 묘족 문자 자형의 동적 생성 방법 및 그 실현 방안(一种湘西民間苗文字形的動態生成方法及其實現途徑)」[114]에서 구성요소 조합 연산에 기반한 호남성 서쪽 민간 묘족 문자 자형 동적 생성 방법을 제안했다. 이 방법은 묘족 문자 자형의 생성 과정을 묘족 문자 구성요소를 피연산자로, 구성요소의 위치 관계로 결정되는 연산자의 조합 연산 표현식으로 표현하여, 2-3개의 구성요소를 다른 방식으로 조합 연산하여 다양한 구조의

---

110) 鮮松奎, 「開展雙語敎學首先應重視民族文字的推行」, 『貴州民族硏』 第1期(1986).
111) 龍建華, 「苗文推廣普及必須處理好七个關系」, 『畢節師專學報』 第3期(1996).
112) 石茂明, 「臺江縣苗文試行與苗文敎育傳播硏究報告」, 『民族硏究』 第3期(1999).
113) 吳正彪, 「苗族語言文字的發展狀況及苗文推廣普及的困境與出路管窺」, 『文山學院學報』 第1期(2012).
114) 莫礼平, 周愷卿, 「一种湘西民間苗文字形的動態生成方法及其實現途徑」, 『北京大學學報(自然科學版)』 第1期(2016).

묘족 문자 자형을 동적으로 생성할 수 있다. 운영 체제에 기본으로 탑재된 표의문자 기술 순서 해석 메커니즘을 활용하여 구성요소 조합 연산 표현식을 표의문자 기술 순서로 변환한다. 이 방법에 따라 작성된 매핑 스크립트로 생성된 호남성 서쪽 민간 묘족 문자 자형은 실용적 요구를 만족시킬 수 있다. 막례평 등은 「판당 묘족 문자의 컴퓨터 인코딩 및 자형 데이터베이스 구축(板塘苗文的計算机編碼及字庫創建)」[115]에서 호남성 서쪽 '판당 묘족 문자'의 자형 특징을 분석하고 문자 인코딩 표준 및 글꼴 기술을 간단히 소개한 기초 위에, 윈도우 환경에서 유니코드 표준에 기반한 '판당 묘족 문자'의 컴퓨터 인코딩 방안을 제안하고, 포토샵 기술에 기반한 자형 제작 방법 및 트루타입 기술에 기반한 자형 데이터베이스 구축 단계를 제시했다.

7. 미래 전망

현재 점점 더 많은 학자들이 묘족 문자 연구에 참여하고 있으며, 이는 묘족 문자 연구에 큰 추진력이 될 것이다. 앞으로 다음과 같은 몇 가지 측면에서 묘족 문자에 대한 추가 연구가 가능하다.

첫째, 융합 미디어와 묘족 문자의 보급 및 보편화 연구

초기에는 묘족 문자 보급과 보편화 과정에서 존재하는 어려움에 대한 인식이 부족하고 중시하지 않아, 묘족 문자의 보급과 보편화가 대부분 전통적인 방식으로 이루어졌다. 융합 미디어 시대에는 시대에 맞추어 다양한 현대 정보 전파 방식과 묘족 문자의 대응을 결합해야 한다.

둘째, 묘족 문자의 추가적인 규범화 연구

---

115) 莫礼平, 周愷卿, 蔣效會, 「板塘苗文的計算机編碼及字庫創建」, 『吉首大學學報(自然科學版)』 第2期(2013).

묘족 문자가 묘족 사회의 경제·문화 발전을 더 잘 촉진시킬 수 있도록 현행 병음 묘족 문자의 추가적인 개선과 규범화가 필요하다. 개선 과정에서는 과학적이고 전문적인 태도가 필요할 뿐만 아니라 묘족 민중의 감정과 요구를 존중해야 하고, 묘족 민중과 교회 등의 의견을 폭넓게 청취하며, 묘족 문자가 민간에서 사용되고 보급되는 상황을 깊이 있게 살펴봐야 한다.

셋째, 고대 묘족 문자에 대한 고증과 해석 연구

다양한 고대 묘족 문자와 그 문헌에 대한 전문적인 해석이 필요하다. 예컨대, 1930년대에 발견된 뇌공산 「묘문비」의 비문이 아직 해독되지 못했고, 성보 마애석각의 묘족 문자도 고증과 해석이 필요하다.

넷째, 묘족 문자의 문화적 함의에 대한 개발 응용 연구

고대 묘족 문자와 그 묘족의 역사적 함의를 해독하고 다원화 시켜야 한다. 예컨대, 묘족 복식의 전통 자수 문양에 담긴 문화 기호, 고가(古歌) 문화 기호에 대한 산업적 개발과 활용 등이 있다.

다섯째, 묘족 문자와 다른 문자들의 융합 연구

묘족은 전체적으로 볼 때 분산 거주하는 특징을 보이며, 묘족 지역에서는 한자와 묘족 문자를 함께 사용하는 상황이 매우 보편적이다. 또한, 해외에서 거주하는 묘족들도 묘족 문자와 외국어의 융합 상황에 처해 있다. 민족 간 교류가 강화됨에 따라 묘족 문자가 직면한 이러한 문제들은 모두 주목하고 연구할 가치가 있다.

제3부 백족 문자(白文)

1. 백족 문자(白文)의 정의

백족(白族)은 고대 민족으로, 저(氐族)과 강족(羌族)을 기원으로 하며, 역사적으로 오랫동안 '북인(僰人)', '백만(白蛮)', '백인(白人)'으로 불렸다. 주로 운남성 대리(大理) 백족 자치주에 분포한다. 백족의 선조들은 줄곧 중원 지역과 정치, 경제, 문화적으로 밀접한 관계를 유지했으며, 장기간 한어문을 사용하는 과정에서 백족 민간에서는 점차 한자를 차용하여 백어를 기록하기 시작했다.

738년, 남조(南詔) 왕 피라각(皮羅閣)이 이해(洱海) 지역을 통일하여 남조국을 건립했다. 남조 중후기(9세기-10세기)에 이르러, 단순히 한자를 차용하여 백어를 쓰는 것만으로는 사회 생산과 생활의 필요를 충족시킬 수 없게 되자, 사람들은 한자의 필획을 더하거나 줄이거나 한자의 조자법을 모방하여 새로운 글자를 만드는 방법으로 백어를 쓰기 시작했다. 자체적으로 제작한 글자의 출현은 백족 문자가 자체적인 조자 방법을 형성했음을 의미하며, 어느 정도 한자의 구속에서 벗어나 상대적으로 독립적인 발전 경로를 걸었음을 보여준다. 이 문자는 역사적으로 '북족 문자(僰文)'라고도 불렸으며, 건국 후 창제된 '병음 백족 문자'와 구별하기 위해 '구 백족 문자(老白文)', '고대 백족 문자(古白文)', '방괴 백족 문자(方塊白文)' 또는 '한자 백족 문자(漢字白

文)'라고도 불린다. '구 백족 문자(老白文)'는 전형적인 한자계 문자로, 조자 방법은 주로 한자 차용과 한자 모방으로 이루어진다. 모방자는 한자의 조자법을 모방하여 한자와 그 편방을 조합하여 만든 새로운 글자이다. 일부는 한자의 필획을 더하거나 줄여서 만든 글자인데, 이러한 방법들은 비교적 고정된 조자 원칙이 없어 실제로 많은 것들이 한자의 변체자에 속한다. 다양한 역사적, 사회적 이유로 백족 문자의 모방 조자법은 성숙하고 완비된 단계까지 발전하지 못했으며, 시대의 발전에 따라 백족 문자 중에서 모방자는 점점 줄어들었다.

중화인민공화국 수립 이후 창제된 백족 문자는 일반적으로 '신 백족 문자(新白文)' 또는 '병음 백족 문자(拼音白文)'라고 하며, 라틴 자모를 부호 기반으로 하는 일종의 병음 문자이다. 1958년에 설계된『백족 문자 방안(白族文字方案)』(초안)은 특정 역사적 조건의 영향을 받아 시험과 보급이 이루어지지 않았다.

1982년에『백족 문자 방안』(초안)을 수정하여 중부 방언(劍川)을 표준음으로 삼았다. 이 방안은 검천(劍川)현에서 널리 환영받았지만, 다른 백족 지역에서의 보급 상황은 이상적이지 못했다. 1993년에 두 번째 수정을 거쳐, 이후 백족 문자 보급 활동이 전개되었으며,『백족 문자 병음 독본(白族文字拼音讀本)』등의 교재가 출간되었다.

백족은 '구 백족 문자(老白文)'와 '신 백족 문자(新白文)'라는 두 가지 민족 문자를 가지고 있다. '구 백족 문자(老白文)'는 한자를 기반으로 발전한 것이고, '신 백족 문자(新白文)'는 신중국 수립 이후 창제된 병음 문자이다.

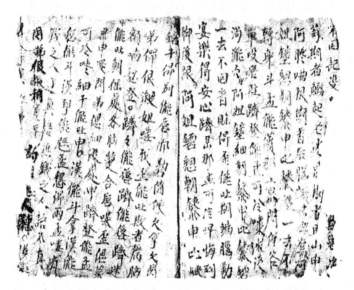

[그림 5-26] '구 백족 문자(老白文)' 『운룡백곡잔본(雲龍白曲殘本)』필사본,
(미국) 세인트 메리 대학교(Saint Mary's University) 부경기(傅京起)
소장본[116]

2. 연구의 역사

백족 문자에 관한 연구는 초기에 '구 백족 문자(老白文)'의 성질에
관해 집중되었다. 1938년, 증소율(曾昭燏) 등이 대리(大理)에서 고고학
발굴을 진행하여 남조(南詔)·대리국(大理國)의 글자가 새겨진 기와 파
편 200여 점을 발견했다. 능순성(凌純聲)이 이를 살펴본 후 일부 북족
문자(僰文)가 한자를 차용한 것으로, 독음과 의미가 한문과 다르다고
보았다[117]. 남조 글자 기와의 발견은 백족 문자 연구의 서막을 열었

---

116) 中國民族圖書館, 『中國少數民族文字古籍版本研究』(民族出版社, 2018), 14쪽.
117) 曾昭燏, 『雲南蒼洱境考古報告乙編—点蒼山下所處古代有字殘瓦』(中央博物院籌
備處出版, 1942).

다. 방국유(方國瑜)는 「이해 민족의 언어와 문자(洱海民族的語言與文字)」[118]에서 현존하는 남조, 대리국 시기의 금석문자 연구를 통해 '북족 문자(백족 문자)'가 한자에서 '북족 문자(僰字)'로 발전한 것으로, 자형이 한자와 같은 것도 있고 다른 것도 있다고 보았다. 석종건(石鐘健)의 「백족의 백문에 대하여(論白族的白文)」[119], 조연손(趙衍蓀)의 「백족 언어 및 기타에 대한 소고(淺談白族語言及其他)」[120] 등 일련의 연구 논문들은 백족이 자신의 문자를 가지고 있으며, 이는 차용 문자에 속한다고 논증했다.

1980년대 이후, 새로운 자료의 발견, 새로운 이론의 수용, 새로운 방법의 적용과 함께 백족 문자 연구는 새로운 시기에 접어들었다. 이 시기에 정부 기관의 적극적인 장려와 추진 하에 백어 교육과 '신 백족 문자' 창제 보급 작업이 두드러진 성과를 거두었다. 한편, 학자들은 수집된 '구 백족 문자' 문헌을 통해 '구 백족 문자'에 대한 심도 있는 해독을 진행하여 풍성한 성과를 거두었다. 예컨대, 서림(徐琳), 조연손(趙衍蓀)의 「백문 <산화비(山花碑)> 해독(白文<山花碑>釋讀)」[121], 장복삼(張福三)과 부광우(傅光宇)의 「대본곡 곡목 신탐(大本曲曲目新探)」[122], 화장(禾章)의 「백문과 백문학(白文和白文學)」[123], 이소니(李紹尼)의 「백족 문자에 관한 몇 가지 문제(有關白族文字的幾個問題)」[124] 등이 있다.

최근 30-40년 동안 더 많은 학자들이 백족 문자를 연구하게 되면

---

118) 方國瑜의 「洱海民族的語言與文字」는 木芹의 『雲南志補注·附彔』(雲南人民出版社, 1995)에서 인용함.

119) 石鐘健, 「論白族的白文」, 『中國民族問題研究集刊』 第6期(1957).

120) 趙衍蓀, 「淺談白族語言及其他」, 『洱海報』1979年7月15日.

121) 徐琳, 趙衍蓀, 「白文<山花碑>釋讀」, 『民族語文』 第3期(1980).

122) 張福三, 傅光宇, 「大本曲曲目新探」, 『大理文化』 第1期(1980).

123) 禾章, 「白文和白文學」, 『民族語文』 第2期(1981).

124) 李紹尼, 「有關白族文字的幾個問題」, 『大理文化』 第4期(1981).

서, 백문 문헌 연구나 백족 문자 본체에 관한 연구 모두 더욱 심도 있고 세밀해졌다. 왕봉(王鋒), 단령(段伶), 서림(徐琳) 등 학자들의 백족 문자 서사 부호 체계 구성에 대한 전반적인 연구와 백문 문헌 정리 연구가 있는가 하면, 위인(韋靭), 왕빈(王彬), 이이배(李二配) 등 학자들의 문헌 데이터베이스, 한자-백족 문자 언어 관계, 문자 잉여성, 기록 언어 단위 등 각각의 독특한 각도에서 백족 문자를 연구한 것도 있다. 백족 문자 연구는 번영 발전의 시기에 접어들었다.

3. 연구 진전

백족 문자는 적어도 천 년의 역사를 가지고 있지만, 백족 문자의 역사적 문헌은 1940년대 이후에야 점차 발견되기 시작했으며, 백족 문자에 대한 학술 연구도 1940년대부터 시작되었다. 초기에 많은 학자들은 '고대 백족 문자(古白文)'의 존재 여부'를 둘러싸고 토론을 전개했다. 서가서(徐嘉瑞)는 '백족에게 문자가 없다'는 설을 처음 주장했다.[125] 두을간(杜乙簡, 1957년)도 백족 역사상 독립적으로 형성된 백족 문자가 존재하지 않았다고 보았다.[126] 서림(徐琳)과 조연손(趙衍蓀)은 '고대 백족 문자(古白文)'가 단지 일부 사람들 사이에서 언어를 식별하는 데 일정한 도움을 주는 역할만 했을 뿐, 자신들의 언어를 정확하고 편리하게 기록하여 광범위하게 전파되어 사용되지는 못했다고 보았다.[127]

대다수의 학자들은 남조·대리국 시기에 '백족 문자'가 존재하고 사

---

125) 徐嘉瑞,『大理古代文化史』(國立雲南大學西南文化研究室, 1949).
126) 杜乙簡,「"白文"質疑」,『雲南白族的起源和形成論文集』(雲南人民出版社, 1957), 83-86쪽.
127) 徐琳, 趙衍称,「自語槪況」,『中國語文』第4期(1964).

용되었다고 확신했다. 이 문자는 한자의 조자법을 참고하여 새로운 글자를 만들어 당시 백족의 발음을 기록했다고 본다. 1950년대에 양곤(楊堃)과 손태초(孫太初)가 처음으로 '백족에게 고문이 있다'는 관점을 제시했다. 이후 임초민(林超民)[128], 단령(段伶)[129], 장증기(張增祺)[130], 마요(馬曜)[131], 조연손(趙衍蓀)[132] 등이 백족 문자 관련 문제를 논의했다. 양응신(楊應新)의『방괴 백족 문자 변석(方塊白文辨析)』(1991년)은 백족 문자에 대해 전면적이고 심도 있는 연구를 하여, 현재 남아있는 '방괴 백문' 문헌 자료가 백문 역사서, 백문 기와 파편, 백문 경전류, 백 문 비각, 백문 곡본, 백문 해석본, 백문 대련 7종을 포함한다고 지적했다. 가장 가치 있는 것은 '백문' 경전류로, 그 안에 대량의 '고대 백족 문자'가 들어 있다.[133]

1980년대 이래, 학자들은 '백족 문자의 존재유무' 논쟁에서 벗어나 '백문' 문헌 전적에 존재하는 '형태는 알지만, 독음과 의미를 알 수 없는' 어휘를 해독하고 해석하였다. 예컨대, 서림(徐琳)과 조연손(趙衍蓀)의『백문 <산화비(山花碑)> 해독(白文<山花碑>釋讀)』[134], 서림(徐琳)의『명대 백문「고선토양종묘지(故善土楊宗墓志)」에 대한 해석(明代白文<故善土楊宗墓志>試釋)』[135], 하일기(何一琪)의「백문 애도사 <조견비(趙堅碑)> 연구(白文哀詞<趙堅碑>研究)」[136], 조계당(趙桂堂)과 시문청

128) 超民, 「漫話白文」, 『思想戰線』 第5期(1980).
129) 段伶, 「六庫謠」, 『中國民族』 第2期(1981).
130) 張增祺, 「南詔·大理國時期的有字瓦一一兼談白族歷史上有無"白文"的問題」, 『文物』 第7期(1986).
131) 馬曜, 「雲南民族問題在中國革命和建設中的地位」, 『民族研究』 第6期(1989).
132) 趙衍蓀, 「淺論白族文字」, 『雲南民族語文』 第3期(1989).
133) 楊立權, 「白族研究一百年」(民族出版社, 2008).
134) 徐琳, 趙衍蓀, 「白文<山花碑>釋讀」, 『民族語文』 第3期(1980).
135) 徐琳, 「明代白文<故善土楊宗墓志>試釋」, 『羅常培紀念論文集』(商務印書館, 1984).
136) 何一琪, 「白文哀詞"趙堅碑"之研究」, 『雲南民院學報』 第2期(1998).

(施文清)의 「명대 봉우「고공묘지(高公墓志)」백문비 주석(明代鳳羽<高公墓志>白文碑注)」137) 등이 백족 문자로 쓰여진 비문을 고증하고 해석했다.

최근 20년간, 관련 연구 기관과 학자들은 '고대 백문' 문서 문헌 편찬 출판에 힘을 쏟아 '고대 백문' 문헌의 편찬 성과가 대량으로 출현하였다. 장문(張文)과 진서홍(陳瑞鴻)이 주편한 『백족 문자 문헌(白族文字文獻)』138)은 명대부터 전해 내려온 검천(劍川) 본자곡창사(本子曲唱詞) '고대 백문' 필사본을 수록했는데, 처음으로 공개 출판된 학술적 가치가 높은 희귀한 '고대 백문' 문헌이다. 장석록(張錫祿)과 카이 카츠지(甲斐勝二)가 주편한 『중국 백족 백문 문헌 석독(中國白族白文文獻釋讀)』139)에 수록된 '백문' 문헌은 백곡곡본(白曲曲本), 대본곡곡본(大本曲曲本), 취취강희본(吹吹腔戲本), 종교경문(宗敎經文), 제문(祭文) 등 다섯 가지로 분류되어 있어, 기본적으로 '백문' 문헌의 주요 종류를 포괄하고 있으며, 선정된 문헌도 매우 대표성이 있어 백족 문자 연구의 표준 문헌으로 삼을 수 있다. 전회청(田怀淸)의 『남조·대리국와문(南詔大理國瓦文)』140)은 남조·대리국의 와문(瓦文)을 수집 정리했다. 장문(張文)과 진서홍(陳瑞鴻)이 주편한 『석보산가회전통백곡(石寶山歌會傳統白曲)』141)은 '방괴 백족 문자', '병음 백족 문자', '한어 번역'을 대조하는 방식으로 편찬되어 공개 출판된 최초의 백족 무형문화유산 민간문학류 구전 문서 문헌 편집본이다. 이러한 문헌 성과들은 '고대 백족 문자' 연구가 새로운 단계에 진입했음을 보여준다.

---

137) 趙桂堂, 施文淸, 「明代鳳羽<高公墓志>白文碑注」, 『德宏師范高等專科學校學報』 第2期(2020).
138) 張文, 陳瑞鴻主編, 『白族文字文獻』(蘭州大學出版社, 2004).
139) 張錫祿, 甲斐勝二, 『中國白族白文文獻釋讀』(廣西師范大學出版社, 2011).
140) 田怀淸, 『南詔大理國瓦文』(雲南人民出版社, 2011).
141) 張文, 陳瑞鴻主編, 『石寶山歌會傳統白曲』(雲南民族出版社, 2011).

4. 연구의 기본 자료

명 왕조의 민족 문화 억압 정책으로 인해 대량의 백족 역사 문헌이 파괴되어, 명대 이전의 '백문' 고적은 대부분 전해지지 않았다. 왕숙무(王叔武)의 『운남성 고일서초(雲南古佚書鈔)』[142]는 여러 문헌에서 한적(漢籍)에 인용된 '백문' 고적 내용을 발췌하여, 오늘날 사람들이 그 대략을 엿볼 수 있게 했다.

명청 이후로, '백족 문자'는 주로 비각, 민간 문학 작품 등, 특히 각종 곡본(曲本)과 창사(唱詞)를 쓰는 데 많이 사용되었다. 현재 볼 수 있는 '백문' 문헌은 '남조 글자 기와(南詔字瓦)', 불경, 비명(碑銘), 사적(史籍), 곡본창사(曲本唱詞) 등으로 나눌 수 있다. '남조 글자 기와(南詔字瓦)'는 1930년대 이후로 점차 발견되었는데, 대부분 남조의 건축 유적지에서 출토되었으며, 소수의 글자 기와는 대리국의 것이다. 이 다수의 기와 파편에는 각종 부호가 새겨져 있는데, 특수한 기호도 있고 한자와 한자의 필획을 더하거나 줄여 만든 문자 부호도 있다. 후자의 두 종류는 일반적으로 당시의 백족 문자로 여겨진다.

남조(南詔)·대리국(大理國) 필사본 불경은 시대가 비교적 이른 '백문' 문헌 중 하나로, 1956년 비효통(費孝通) 등이 대리 봉의(鳳儀)에서 발견한 3천여 권의 불경 중 20권이 남조·대리국 시기의 필사본 불경이다. 이 20권의 불경 중 일부는 '고대 백족 문자' 부호가 섞여 있는 것도 있고, 일부는 한문 경전류 우측에 백족 문자로 쓴 방주(旁注)가 있거나, 권미에 백족 문자로 쓰여진 주해가 있는 것도 있다. 이 '백문' 불경은 남조·대리국 시기 불교의 대리 지역 전파와 백족 문자의 발전

---

142) 王叔武, 『雲南古佚書鈔』(雲南人民出版社, 1996).

연구에 중요한 가치가 있으며, 그중 『인왕호국 반야바라밀다경(仁王護國般若波羅蜜多經)』은 국가 귀중본 고서 목록에 등재되었다.

'백문'의 비명도 백족 문자 연구의 중요한 자료이다. 대표적인 비문으로는 대리국의 「단정흥자발원문(段政興資發願文)」이 있는데, 이는 현존하는 가장 이른 '백문' 문헌으로, 구리로 만든 관음상 뒷면에 새겨져 있다. 전체 43자로, 앞의 23자는 한어로 조상의 연유를 서술하였고, 뒤의 20자는 백족 문자로 쓴 오언시로 강산이 영원하고 제왕의 업적이 영원하기를 기원하는 내용이다. 명대의 「고선사양종묘지비(故善士楊宗墓志碑)」는 전체 347자로, 이 비석의 중요한 가치는 문장 안에 '제양안도서백문(弟楊安道書白文: 아우 양안도가 백문을 쓰다)'이라는 글귀가 있다는 점이다. 이는 백족 문자의 역사 문헌에서 처음으로 '백문(白文)'이라는 명칭이 나온 것으로, 당시 백족 문자가 보편적으로 사용되었을 뿐만 아니라 통일된 명칭도 가지고 있었음을 증명한다. 명대의 「사기산화·영창이경비(詞記山花·咏蒼洱境碑)」는 비문이 520자로, 전체가 백족 문자로 쓰여 있고, 보존 상태가 비교적 양호하여 '백문' 문헌의 대표작이다.

백족 문자로 쓴 역사서로는 주로 『북고통기(僰古通記)』, 『현봉연운지(玄峰年運志)』, 『서남열국지(西南列國志)』 등이 있다. 명대의 저명한 학자 양신(楊愼)이 운남성으로 유배되었을 때 여러 종의 백족 문자로 쓴 역사서를 수집하고 정리하여 한문으로 번역해 『전재기(滇載記)』를 편찬했다. 그러나 이러한 역사서의 원본은 모두 실전되어, 현재는 관련 한문 문헌을 통해서만 그 간략한 상황을 알 수 있다.

'방괴백문'은 주로 백족 민간에서 곡본, 희본, 종교 경문, 제문, 대련, 서신 등에 사용되었으며, 문헌의 수량이 많고 내용이 풍부하며 주로 필사본 형태이다. '방괴백문' 문헌을 정리하고 연구한 주요 성과로는 장문(張文)과 진서홍(陳瑞鴻)이 주편한 『서남소수민족문자문헌·백족문자문헌(西南少數民族文字文獻·白族文字文獻)』143)이 있다. 이는 비교적 희귀한 본자곡(本子曲) 필사본을 수록하여 명대 이래 '방괴백문' 문헌 출판의 공백을 메웠다. 해치남(奚治南)의 『백족대본곡·양산박과 축영대(白族大本曲·梁山伯與祝英臺)』144)는 원문, 국제음표, 직역, 백문, 의역을 대조하는 형식으로 해독했다. 이 외에도 왕진(王晉)의 『백족대본곡 무형문화유산 기록보호 연구(白族大本曲非物質文化遺産建檔保護研究)』145), 대리(大理) 백족 자치주 민족종교 사무위원회가 편찬한 『백족백문대본곡(白族白文大本曲)』146) 등 현대 '방괴백문' 문헌이 있다.

후충(侯沖)의 「백족백문신론(白族白文新論)」147)은 운남 지역의 문헌, 특히 『백고통기(白古通記)』 등 명청시대 운남 지방지를 전면적으로 고찰하여 백문 전적의 분류와 일부 전적의 백문 성질에 대해 자신의 견해를 제시했다. 은군(殷群)과 촌운격(寸云激)의 「백문문헌의 연구와 새로운 발견(白文文獻的研究與新發現)」148)은 최근 현장 조사에서 수집한 백문 문헌을 전면적으로 정리, 분류, 목록화, 교감하고 백문 문헌 연구를 정리하여 새로운 연구 방법과 전승 방식을 제시하고자 했다.

143) 張文, 陳瑞鴻主編, 『西南少數民族文字文獻·白族文字文獻』 第15卷(蘭州大學出版社, 2003).
144) 奚治南, 『白族大本曲·梁山伯與祝英臺』(雲南民族出版社, 2015).
145) 王晋, 『白族大本曲非物質文化遺産建檔保護研究』(中國社會科學出版社, 2018).
146) 大理白族自治州民族宗教事務委員會, 『白族白文大本曲』(雲南民族出版社, 2018).
147) 侯沖, 「白族白文新論」, 『中央民族大學學報』 第4期(2000).
148) 殷群, 寸云激, 「白文文獻的研究與新發現」, 『中央民族大學學報』 第5期(2019).

5. 백족 문자 연구에서 주목하는 문제들

백족 문자에 대한 연구는 주로 '백문의 문자적 성질 연구', '백문 서사 부호 체계 구성 연구', '백문 문헌의 정리와 해독'이라는 세 가지 측면에 집중되어 있다.

(1) 백문의 문자적 성질 연구

'구 백족 문자'의 성질은 학계에서 지속적으로 주목해온 문제이다. 민국 시기에 석종건(石鐘鍵)은 『대리희주방비기(大理喜洲訪碑記)』149), 『전서고고보고(滇西考古報告)』150), 「백족의 백문에 대하여(論白族的'白文')」151), 「대리 명대 묘비의 역사적 가치: <대리방비록> 대서(大理明代墓碑的歷史价值: <大理訪碑彔>代序)」152) 등의 연구 성과에서 백족 문자가 당시 민가에서 사용된 문자로, 대략 12세기 중엽 이전에 생겨났다고 지적했다. 이 문자의 80-90%는 한자를 차용한 것이고, 새로운 글자는 10-20%에 불과했다. 형식은 한문이지만 실질적으로는 백족의 문자라고 했다. 임초민(林超民)의 「백문에 대한 이야기(漫話白文)」153)는 당송 시기에 백족이 생산, 사회, 문화적 필요에 의해 한자를 의미를 나타내고 독음을 기록하는 부호로 이용해 백문을 편제했

---

149) 石鐘鍵, 『大理喜洲訪碑記』, 雲南省立龍洲中學中國邊疆問題硏究會刊印, 民國33年1月.
150) 石鐘鍵, 『滇西考古報告』, 民國33年油印本.
151) 石鐘鍵, 「論白族的"白文"」, 『中國民族問題硏究集刊』第6輯(1957), 125-145쪽.
152) 石鐘鍵, 「大理明代墓碑的歷史价值: <大理訪碑彔>代序」, 『中南民族學院學報(人文社會科學版)』第2期(1993).
153) 林超民, 「漫話白文」, 『思想戰線』第5期(1980).

다고 보았다. 단령(段伶)의 「'백문' 변석('白文'辨析)」154)은 남조 시기부터 백족 문자를 사용하기 시작했다고 보았다. 단령의 「백어(白語)」155)는 '구 백족 문자'의 사용 상황을 단순 기사, 광범위한 응용, 운문 응용의 세 시기로 나눌 수 있다고 보았다. 조연손(趙衍蓀)의 「백문 및 백문 연구에 관하여(關於白文及白文的研究)」156)는 남조 말기 이후 백족 사이에서 한자를 이용하거나 한자의 필획을 더하고 줄이는 방법으로 백어를 기록하는 표의표음 문자인 백족 문자가 생겼다고 보았다. 현대에 이르러 대다수의 백족이 한어와 한문을 이해하는 상황에서도 백족 문자는 여전히 일정 범위 내에서 통용되고 있다. 양인용(楊人龍)의 「백족 문자 창제에 대한 시론(創制白族文字芻議)」157), 조로(趙櫓)의 「북(백)문 고략(僰(白)文考略)」158), 주호(周祜)의 「백문 고증(白文考証)」159), 양정업(楊政業)의 「'백(북)문'의 형태 진화 및 사용 범위에 대하여(論'白(僰)文'的形態演化及其使用範圍)」160), 조인송(趙寅松)의 「백문에 대한 사고(關於白文的思考)」161) 등의 연구 성과는 모두 백문의 역사와 성질에 대해 심도 있는 연구를 했다.

(2) 백문 서사 부호 체계 구성 연구

왕봉(王鋒)의 『한자에서 한자계 문자로: 한자 문화권 문자 연구(從

---

154) 段伶, 「"白文"辨析」, 『大理文化』 第1期(1981).
155) 段伶, 「白語」, 『大理白族自治州志·卷七·方言志』(雲南人民出版社, 2000).
156) 趙衍蓀, 「關於白文及白文的研究」, 『大理文化』 第1期(1982).
157) 楊人龍, 「創制白族文字芻議」, 『大理師專學報』 第1期(1985).
158) 趙櫓, 「僰(白)文考略」, 『大理文化』 第6期(1988).
159) 周祜, 「白文考証」, 『南詔文化論』(雲南人民出版社, 1991).
160) 楊政業, 「論"白(僰)文"的形態演化及其使用範圍」, 『大理師專學報』 第4期(1997).
161) 趙寅松, 「關於白文的思考」, 『大理民族文化研究論叢』 第2輯(民族出版社, 2016).

漢字到漢字系文字—漢字文化圈文字硏究)』162), 「백문 고적으로 본 백문 서사 체계의 역사적 발전(從白文古籍看白文書寫系統的歷史發展)』163) 등의 연구 성과는 백문 서사 부호 체계를 구성 구조상 독체자(獨體字), 파생자(派生字), 합체자(合體字) 세 가지로 분류했다. 조자 방법에서 백문은 주로 한자 차용과 모방자(仿造字)를 사용했으며, 한자 생략자(漢字省略字), 한자 변체자(漢字變體字)와 그밖에 만든 글자들도 있다. 역대 백문 문헌을 보면, 한자 차용이 계속해서 백문의 가장 주요한 서사 수단이었다. 백문의 한자 차용에는 음독자(音讀字), 훈독자(訓讀字), 단어를 빌린 글자(借詞字), 형태를 빌린 글자(借形字) 등 몇 가지 유형이 있다. 백문의 모방자에는 파생자와 합체자 두 가지가 있다.

단령(段伶)의 「‘백문’에 대하여(論‘白文’)』164)는 방괴백문을 크게 백문한자(白文漢字)와 백문백자(白文白字) 두 종류로 나누고, 백문한자를 다시 훈독(訓讀), 가차(假借), 직독(直讀)으로 나누었다. 서림(徐琳)의 「백족의 문자에 대하여(關於白族的文字)』165)는 방괴백문 문자 부호 체계를 음독, 훈독, 직접 차용, 자체적으로 만든 새로운 글자로 나누고, ‘자체적으로 만든 새로운 글자’를 다시 회의, 형성 등으로 분류했다.

(3) 백문 문헌의 정리와 해독

석종건(石鐘健)은 7종의 백문 비각과 텍스트를 분석하여 백문 문헌의 정리와 해독 작업을 처음으로 시도하였으며, 그의 백문의 역사, 특징, 가치 및 저작에 대한 논의는 백문 문헌 연구에 중요한 의의를 지닌

---

162) 王鋒, 『從漢字到漢字系文字--漢字文化圈文字硏究』(民族出版社, 2003).
163) 王峰, 「從白文古籍看白文書寫系統的歷史發展」, 『民族古籍』 第2期(2002).
164) 段伶, 「論“白文”」, 『大理師專學報』 第1期(2001).
165) 徐琳, 「關於白族的文字」, 『白族文化硏究 2001』(2002), 275-278쪽.

다. 서림(徐琳)과 조연손(趙衍蓀)은 처음으로 국제음표를 사용하여 백족 문자의 발음을 표기하고, 「사기산화영창이경(詞記山花咏蒼洱境)」의 비문을 체계적으로 해독했다. 양응신(楊應新)은 백문 비각(白文碑刻)과 대본곡(大本曲), 본자곡(本子曲)의 일부를 해독하는 한편, 백문 문헌 분류 문제도 논의했다. 주호(周祜)는 운룡(雲龍) 백족의 백어 제문(祭文)을 한역하여 백문 문헌의 정리와 해독에 정도는 다르지만 기여를 했다. 최근에는 장석록(張錫祿), 카이 카츠지(甲斐勝二), 단령(段伶) 등이 문헌 수집을 바탕으로 백곡(白曲), 대본곡(大本曲), 취취강희본(吹吹腔戲本), 제문(祭文), 종교 경문(宗敎經文)의 분류에 따라 17종의 백문 문헌의 일부를 해독하고 국제음표를 표기했다.

6. 주요 연구 쟁점

(1) '구 백족 문자'의 문화적 함의에 대한 연구

왕봉(王鋒)의 「방괴백문 역사 발전에서의 문화적 요소(方塊白文歷史發展中的文化因素)」[166]는 문자 부호의 선택과 사용, 남조·대리국 통치 계급 및 백족 사대부 계층의 백문에 대한 태도 등의 측면에서 백문의 문화적 속성이 특정 문화 환경의 산물이며, 그 형성과 발전도 특정 문화 환경과 밀접한 관련이 있음을 설명했다. 주호(周祜)의 「백족의 언어와 문자, 풍속 습관으로 본 한족과 백족의 민족적 융합(從白族語言文字·風俗習慣看漢白民族的融合)」[167]은 '구 백족 문자'의 관점에서 한족과 백족

---

166) 王鋒, 「方塊白文歷史發展中的文化因素」, 『雲南民族學院學報』 第6期(2002).
167) 周祜, 「從白族語言文字·風俗習慣看漢白民族的融合」, 『大理學院學報』 第4期(1982).

간의 민족 문화의 융합을 고찰했다. 시진화(施珍華)의 「고백문의 규범과 개발(古白文的規范與開發)」168)은 '고대 백족 문자'가 전달하는 고대 정보, '고대 백족 문자'와 현대 문명, '고대 백족 문자'의 규범, '고대 백족 문자'의 개발이라는 네 가지 측면에서 '고대 백족 문자' 발전의 방향을 탐색했다. 우옥정(牛玉婷)과 장기(張琪)의 「대리 백족 문자의 문화적 효용(大理白族文字的文化效用)」169)은 '백족 문자'가 백족의 역사 문화 연구의 중요한 접근점임을 지적했다.

(2) '병음 백족 문자'의 보급

카이 카츠지(甲斐勝二)의 「백족 문자 방안에 관하여(關於白族文字方案)」170)는 백족 문자 방안의 제정과 진전을 소개했고, 「백족의 백문 문제에 관하여(關於白族的白文問題)」171)는 '신 백족 문자' 보급을 저해하는 요인을 분석하고 개선 방법을 탐색했다.

양민(楊敏)과 해수정(奚壽鼎)의 「백족의 백족 문자-한자 이중언어 교육 16자 방침 실시 초탐(白族白·漢雙語教學十六字方針實施初探)」172)은 16자 교육 방침 중 '백어를 먼저 가르치고, 한어를 나중에 가르침(先白后漢)'은 교육 경로이고, '백어와 한어 어느 한쪽에 치우치지 않고 두 언어를 균형있게 교육함(白漢幷重)'은 어느 한 언어로 편중되는 것에 대한 방지 조치이며, '백어를 기반으로 한어를 학습에 통합시킴(以白帶漢)'은

---

168) 施珍華, 「古白文的規范與開發」, 『大理民族文化研究論叢』 第2輯(民族出版社, 2016).
169) 牛玉婷, 張琪, 「大理白族文字的文化效用」, 『漢字文化』 第22期(2021).
170) [日] 甲斐勝二, 「關於白族文字方案」, 『大理師專學報』 第2期(1997).
171) [日] 甲斐勝二, 「關於白族的白文問題」, 『大理民族文化研究論叢』 第5輯(民族出版社, 2012).
172) 楊敏, 奚壽鼎, 「白族白·漢雙語教學十六字方針實施初探」, 『民族教育研究』 第1期(1995).

1012   중국문자학 핸드북

연계 규율이고, '백어와 한어 두 언어를 모두 능숙하게 구사함(白漢俱通)'은 최종 목적임을 지적했다.

해수정(奚壽鼎)의 「백어문 작업의 회고 및 몇 가지 사고(白語文工作的回顧及若干思考)」173)와 호주 학자 비리스(畢麗絲)의 「백-한 이중언어와 문자 교육 실험 프로젝트 소개(白漢雙語雙文教學實驗項目的介紹)」174)는 검천(劍川)현의 백족 문자 보급 상황을 소개했다.

나정봉(羅正鵬)의 「새로 만든 병음 백족 문자 시험 보급 50년에 대한 반성(新創拼音白文試驗推行50年來的反思)」175)은 새로 만든 '병음 백족 문자'를 시험적으로 보급하는 과정에서 존재한 문제를 국가와 일반 대중의 관점에서 심도 있게 분석하고, 다원 문화의 관점에서 민족 평등, 민족 단결의 관점에서 새로운 역사 시기에 국가가 민족 문자 사업에서 중시해야 할 몇 가지 측면을 제시했다. 나정봉의 「문화 다양성 보호와 이중언어 교육에 대한 약론: 백족의 새로 만든 문자 응용 상황에 기반한 조사 연구(略論文化多樣性保護與雙語教育—基於白族新創文字應用情況的調查研究)」176)와 장국영(張國榮)과 나정봉의 「문화 다양성 보호와 백어 교육에 대한 시론: 백족의 새로 만든 문자 응용 상황에 기반한 조사 연구(試論文化多樣性保護與白語教育—基於白族新創文字應用情況的調查研究)」177)는 이중언어 교육과 백어 교육에 존재하는 관념적 장애와 해결 방법을 고찰했다.

---

173) 奚壽鼎, 「白語文工作的回顧及若干思考」, 『白族學研究』(白族學學會編印, 1997).
174) [澳] 畢麗絲, 「白漢雙語雙文教學實驗項目的介紹」, 『南詔大理歷史文化國際學術討論會論文集』(2002年10月).
175) 羅正鵬, 「新創拼音白文試驗推行50年來的反思」, 『大理學院學報』 第3期(2008).
176) 羅正鵬, 「略論文化多樣性保護與雙語教育——基於白族新創文字應用情況的調查研究」, 『民族教育研究』 第2期(2015).
177) 張國榮, 羅正鵬, 「試論文化多樣性保護與白語教育－基於白族新創文字應用情況的調查研究」, 『廣西民族研究』 第4期(2015).

7. 미래 전망

백문 문헌 자료는 풍부하며, 담고 있는 문화적 함의는 더욱 발굴될 필요가 있다. 백족 문자 연구에는 아직 많은 작업이 필요하다.

첫째, 민간 '방괴백문' 문헌의 수집과 정리

민간에서 사용된 백문 문헌은 '백족 제문(白祭文)', '민가 창본(民歌唱本)', '대본곡 창본(大本曲唱本)' 등이 포함되어 있어, 문헌 자료가 풍부하다. 과거의 연구는 주로 원·명·청 시기의 백문 문헌에 집중되었고, 최근 민간에 전해지고 사용되는 백문 문헌의 조사와 연구에서 일부 성과를 거두었다. 하지만 여전히 문헌의 내용과 형식에 따라 하나씩 정리하고 분류하여 목록을 편제하고, 문헌의 출처, 전승, 내용, 텍스트 구조 등 관련 상황을 명확히 할 필요가 있다.

둘째, 백문 문헌의 해독

남조·대리국(南詔大理國) 필사본 불경에는 만든 글자가 많아 아직 해독이 완전하게 이루어지지 않았다. 백족 방언 간에 차이가 있어 흔히 한 단어에 서로 다른 표기법이 있거나 한 글자가 여러 의미를 가지는 현상이 있다. 따라서 방괴백문을 해독하기 위해서는 백어 방언과 어휘를 능숙하게 파악하고, 백어 방언 차이가 문헌 해독에 미치는 영향을 해결하고, 백문 문헌을 글자별, 문장별로 체계적이고 완전하게 해독하여, 번역 주석한 문헌이 역사적 원형과 지역적 특징을 유지하도록 노력해야 할 것이다.

셋째, 방괴백문 문자 표준의 제정과 국가와 국제 표준 체계로의 진입

방괴백문은 자형이 복잡하고 각 방언 지역과 사용자들이 쓰는 방괴백문이 통일되어 있지 않아, 통일된 표준을 제정하는 것이 방괴백

문 자전 출판과 방괴백문-한문 번역 시스템 개발에 도움이 될 것이다.

넷째, 백문 데이터베이스 구축

백문 문헌을 원시 언어자료로 삼아 방괴백문 데이터베이스를 구축하고, 데이터베이스의 장점을 활용하여 방괴백문을 정리, 분석하고 의심스러운 문헌을 해독해야 한다. 문헌 자원을 디지털화하여 각종 문헌 전문 데이터베이스를 구축함으로써, 백문 문헌 자원의 공유도와 이용률을 높혀야 할 것이다.

다섯째, 백족 문자와 다른 한자계 문자의 비교 연구 강화

백족 문자의 형성과 발전은 고립된 것이 아니라, 한자 문화권이라는 특정한 역사와 문화에서 형성된 민족 문자이므로, 비교 연구를 통해 백문의 성질에 대한 인식을 깊게 하는 데 도움이 될 것이다.

제4부 동족 문자(侗文)

1. 동족 문자(侗文) 개요

동족(侗族)은 주로 귀주(貴州), 호남(湖南), 광서(廣西) 세 성(省)과 구(區)가 접하는 광대한 지역과 호북(湖北) 서부 산간 지역에 거주하고 있다. 동족은 스스로를 kam¹이라고 부르며, 방언 발음의 변화로 ȶam¹ 또는 ȶəm¹ 등으로도 부른다.[178] 동족은 고대 백월(百越) 족의 무리에서 발전해왔으며, 역사적으로 동족의 선민들은 '료인(僚人)', '동료(侗僚)', '동인(峒人)', '동만(洞蛮)', '동묘(峒苗)', 또는 광범위하게 '묘(苗)' 또는 '이인(夷人)'으로 불렀다. 민국 시기에는 '동가(侗家)'로 불렸으며, 중화인민공화국 수립 이후 동족으로 불리게 되었다. 동족이 단일 민족으로 형성된 것은 대략 수당 시기이다. 당송 시기에 중앙 왕조는 '동구(峒區)'에 기미(羈縻) 정권을 설립하고 토관을 임명하여 '기미주동(羈縻州峒)'이라고 불렀다.

동족은 동어(侗語)를 사용한다. 동어는 이전에 한장어계(漢藏語系) 장동어족(壯侗語族)[179] 동수어지(侗水語支)에 속한다고 여겨졌으나, 현재는 일반적으로 장동어계(壯侗語系)에 속한다고 인정된다[180]. 동어는

---

178) 國家民委全國少數民族古籍整理研究室, 『中國少數民族古籍總目提要·侗族卷』(中國大百科全書出版社, 2010), 서론부분 第1쪽.

179) 또는 '동태어족(侗台語族)', '장태어족(壯台語族)' 등으로 부른다.

180) 미국 학자 폴 베네딕트(Paul K. Benedict)가 장동어(壯侗語)가 한장어계(漢藏

금병현(錦屏縣) 계몽진(啓蒙鎭)을 경계로 남북 두 개의 방언 지역으로 나뉘며, 각 방언 지역 내에서는 각 지역의 발음 차이로 인해 다시 네 가지 토어(土語: 그 지역의 본토박이가 쓰는 말)로 나뉜다. 상대적으로 북부 방언 지역의 언어는 한어 어휘를 흡수하고 한어 문법을 사용하는 것이 더 보편적이며, 발음도 간소화되는 경향을 보인다. 반면, 남부 방언은 더 고대적인 면모를 유지하고 있어, 모음에 장단의 구별이 있고 완전한 촉성운(促聲韻) 체계를 가지고 있다. 남북 방언의 문법 규칙은 기본적으로 일치하며, 방언 간의 동원어가 70%를 넘어, 서로 다른 방언 지역의 사람들도 일정 기간 접촉하게 되면 대화를 할 수 있었다.181)

동족은 예로부터 자체적으로 만든 문자가 없었다. 청대 이종방(李宗昉)의 『검기(黔記)』에 따르면, "동묘(峒苗)는······한어에 통하였으나(峒苗······通漢語)", "동가묘(峒家苗)······남자들은 비록 한어에 통하였으나 문자를 알지 못해 나무에 새겨 신표로 삼았다.(峒家苗······男子雖通漢語, 不識文字, 以刻木爲信)"라고 기록되어 있다. 명청 이후로 동족은 한자를 사용하여 한어를 쓸 뿐만 아니라 동어를 기록하는 데도 사용했는데, 주로 동족 통서(侗族通書), 동족 관사(侗族款詞) 및 가본(歌本), 농서(農書), 역서(歷書), 족보(族譜), 가보(家譜) 등의 내용을 기록했다. 현재 가장 이른 한자로 동어를 기록한 문헌은 명말청초에 출현한 것으로 여겨지는데, 예컨대 『수녕현지(綏寧縣志)』에 기록된 만력 3년(1575)의 『상민책시(喪民冊示)』, 1985년 종강현(從江縣)의 구동(九洞)지역에서 수집된 명말의 『동서소귀(東書少鬼)』, 통도(通道) 양석(楊錫) 선

語系)에 속하지 않는다고 주장한 이후, 이 견해가 점차 언어학계에서 받아들여지고 있다.

181) 國家民委全國少數民族古籍整理硏究室, 『中國少數民族古籍總目提要·侗族卷』(中國大百科全書出版社, 2010), 2쪽.

생이 보관한 건륭 5년(1740)의 필사본 『고관본(古款本)』 등이 있다.182)

위에서 언급한 한자로 동어를 기록한 것이 동문의 주요 내용이며, 일반적으로 '한자동문(漢字侗文)'이라고 부른다. 이외에도 소량의 한자를 모방해서 만든 문자가 있어 '방괴동자(方塊侗字)'라고 부른다. 신중국 수립 후 라틴 자모를 기초로 창제한 『동문방안(侗文方案)』(초안)으로 표기되는 동문을 '신동문(新侗文)'이라고 부른다. 아래에서 각각 설명하도록 하겠다.

(1) 한자동문(漢字侗文)

한자로 동어를 기록하는 것을 일반적으로 '한자동문'이라고 부르며, '한자를 서사 부호로 사용하여 기록한 성문화된 동어 언어 자료'183)를 가리킨다. '한자동문'이 기록한 내용은 동족 사회생활의 각 방면에 걸쳐 있으며, 그중 동족 관사(款詞)와 가본(歌本)이 주를 이룬다. 오용의(吳永誼)의 조사에 따르면, '전국 최대의 동족 집거지'인 삼보동채(三寶侗寨)에서 한자로 동어를 기록한 가본의 수량이 비교적 많아, 두세 가구마다 한 권의 가서(歌書)를 가지고 있다고 한다. 오용의가 분석한 한자로 동어를 기록한 상황은 주로 두 가지이다.184)

1. 한자의 독음을 차용하는 방식

즉, 음독(音讀) 방식이다. 한자를 차용하여 동어의 발음을 기록하는

---

182) 趙麗明, 「漢字侗文與方塊侗字」, 『中國民族古文字研究』 第3輯(天津古籍出版社, 1991), 221-226쪽.

183) 趙麗明, 「漢字侗文與方塊侗字」, 『中國民族古文字研究』 第3輯(天津古籍出版社, 1991), 221-226쪽.

184) 吳永誼, 「漢字記彔侗語初探—以三寶侗寨民間歌本爲例」, 『貴州民族學院學報(哲學社會科學版)』 第3期(2012).

것으로, 여기서 한자는 일종의 표음 부호일 뿐 그 의미와는 무관하다. 음독 방식은 주로 민간 가본을 기록하는 데 사용된다. 예를 들면 다음과 같다.

표 5-2.

동어를 기록하는데 사용된 한자	동어의 독음	동어의 단어 의미
多	to^{33}	唱
怒	nu^{53}	看
赖	lai^{55}	好
胳	ko^{11}	脖子
兰	lam^{22}	忘记
脚	$\mathfrak{t}ot^{22}$	边·侧
吊	$\mathfrak{t}iu^{55}$	我们
宋	$suŋ^{35}$	话

2. 한자의 의미를 차용하는 방식

즉, 훈독(訓讀) 방식이다. 한자의 형태와 의미를 빌리되 동어의 발음으로 읽는 방식이다. 훈독 방식은 주로 동족경전식(侗族經典式), 서사시식(史詩式), 법규식(法規式) 문헌을 기록하는 데 사용된다. 예를 들면 다음과 같다.

표 5-3.

동어를 기록하는데 사용된 한자	동어의 독음	동어의 단어 의미
虎	$mәm^{31}$	虎
尾	$sәt^{55}$	尾

看	ma^{42}	看
雷	pja^{33}	雷
大	mak^{33}	大
肉	nan^{31}	肉

이외에도 한자의 독음과 의미를 모두 차용하는 경우가 있는데, 이를 일반적으로 차사자(借詞字)라고 한다. 이러한 글자들은 동어 중의 한어 차용어를 기록한다. 예를 들면 다음과 같다.

표 5-4.

동어를 기록하는데 사용된 한자	동어의 독음	동어의 단어 의미
金	t̢əm^{55}	金
三	sam^{35}	三
同	toŋ^{22}	同
讲	kaŋ^{33}	讲
鬼	t̢ui^{33}	鬼
日头	ȵət^{22}tou^{22}	日头
风	xoŋ^{35}	风
鸡	tɕi^{55}	鸡

조려명(趙麗明)은 한자로 동어를 기록하는 다른 두 가지 방법에 대해서도 언급했다.[185]

---

185) 趙麗明, 「漢字侗文與方塊侗字」, 『中國民族古文字硏究』 第3輯(天津古籍出版社, 1991), 221-226쪽.

3. 반절법(反切法)

반절법에는 네 가지 유형이 있다.

첫째, 두 개의 한자를 빌려 위의 글자는 소리(聲) 또는 소리(聲)와 운복(韻腹)을, 아래 글자는 운(韻) 또는 운미(韻尾)를 취한다. 예: '니아(尼亞)'는 ȵa(河: 강)이다.

둘째, 세 개의 한자로 동어의 한 음절을 나타낸다. 예: '기하모(其呵母)'는 ṭha:m(走: 걷다)이다.

셋째, 동음(侗音) 반절. 예: '신동(身洞)'(아래로 늘어진 모습)은 동어의 신체 ɕən, 동(洞) jem이다.

넷째, 한어와 동어의 혼합 반절. 예: '살취(薩嘴)'로 절음한 səp(細: 가늘다)는 한어 살(薩) sa과 동어 취(嘴) əp이다.

4. 전차법(轉借法)

전차법은 두 단계로 차용하는 방법을 말한다.

첫 번째 단계, 한자의 의미를 빌려 동어의 독음으로 훈독한다.

두 번째 단계, 동어의 '같은 독음(同音)'어로 의미를 표현한다.

예를 들면 다음과 같다.

路(길): 의미를 빌려 동어 '길'로 훈독하면 음이 khwən이 되는데, 음이 비슷한 '완성하다(完成)'의 wən을 의미 표현에 차용한다.

雨(비): 의미를 빌려 동어 '비'로 훈독하면 음이 pjən이 되는데, 동음인 '깃털(羽毛)', 음 pjən을 의미 표현에 차용한다.

독음을 기록하는 통일된 규범적 방법이 없어서 한자로 동어를 기록하는 것은 매우 강한 개인적 특징과 지역적 차이를 보이며, 보편적으로 통용되기 어렵다.

(2) 방괴동자(方塊侗字)

동족의 민간 지식인들이 한자 구조를 모방하고 한자의 구성 성분을 취하여 자체적으로 만든 일부 한자식 문자를 일반적으로 '방괴동자'라고 부르는데, 이는 그 수가 매우 적다. 조려명(趙麗明)의 조사에 따르면, "현재까지 볼 수 있는 한정된 자료에서 자체적으로 만든 100여 자의 방괴동자를 수집하였는데, 이들은 각각 고대 동관(侗款)과 민가 창본(民歌唱本)에서 발견되었으며, 광서 북부, 호남 남부 및 인근 귀주(貴州) 지역에서 이 글자들이 거의 통용되었다."[186] 양자의(楊子儀)가 동족 문자로 쓴 필사본 『고본등록(古本謄彔)』을 조사한 결과, 이러한 모방 방괴동자는 "총 80여 자로, 사용된 전체 글자 수의 약 10%를 차지하며", 한자로 동어를 기록한 경우가 90%를 차지하였다[187]. 방괴동자(方塊侗字)는 대체로 다음과 같은 몇 가지 유형으로 나눌 수 있다.

1. 상형자(象形字)

ア, pau^{55}, '나무줄기에 있는 옹이나 혹과 같은 형태'

甩, kji^{55}, '거북(烏龜)'이라는 뜻이며, 거북의 모습.

2. 회의자(會意字)

姦, kwak^{33}, '넓다(寬闊)'

稻, wa^{11}, '볏모(禾苗)'

---

186) 趙麗明, 「漢字侗文與方塊侗字」, 『中國民族古文字研究』 第3輯(天津古籍出版社, 1991), 221-226쪽.

187) 楊子儀, 「<古本謄彔>中的古侗字研讀」, 『民族語文』 第4期(2000).

閲, mhən[33], '도망쳐 숨다(躲藏)', 몸이 문 안으로 숨다는 뜻이며, 또 문(門)이 소리부인 회의 겸 형성자이다.

또 한 가지 특수한 경우가 있는데, 우선 회의(會意)로 분류하였다. 예컨대 다음의 두 가지가 있다.

嘗, tɕin[453], 이 글자는 '맛보다(品嘗)'와 '청각(听覺)'이라는 두 가지 의미를 가진다. '상(嘗)'과 '문(聞)'에서 형태를 간략화하여 상하부분이 각각 하나의 의미를 나타낸다.

甕, ke[55], '기와(瓦渣)'와 '참새(麻雀)'라는 의미를 가지는데, '와(瓦)'가 의미부이고 또 '응(鷹)'의 생략된 형태가 의미부이다.

[그림 5-27] 한자로 필사된 동족(侗族)의 관사(款詞)[188]

3. 형성자(形聲字)

형성자의 의미부는 동어 단어의 의미 유형을 나타내고, 소리부는 동어 단어의 언어음[189]을 나타낸다. 또한, 소리부가 의미부의 역할도 하거나, 소리부를 생략하는 변화도 있다.

伓, pu[31], '아버지(父親)·남자(男人)'라는 뜻으로, '인(人)'이 의미부이고 '불(不)'이 소리부이다.

瑆, ɕiŋ[55], '소리(聲音)'라는 뜻으로, '이(耳)'가 의미부이고 '성(星)'이 소리부이다.

鹐, ɕak[33], '까치(喜鵲)'라는 뜻으로, '조(鳥)'가 의미부이고 '수(手)'가

---

188) 廣西壯族自治區少數民族古籍整理出版規劃領導小組辦公室, 『侗族款詞』(廣西民族出版社, 2009), 1059쪽.
189) 똑같은 발음(同音)이나 유사한 발음(近音)을 말한다.

소리부이다.

倸, sa[31], '조모(祖母)'라는 뜻으로, '인(人)'이 의미부이고 '소(掃)'의 생략된 형태가 소리부이다.

4. 부호 첨가 구별자(加符號區別字)

또는 '가형자(加形字)'라고 부르며, 한자를 기초로 구별성 부호를 첨가하여 새로운 글자를 구성한 것이다. 이 구별성 부호는 일반적으로 글자의 왼쪽 부분에 위치하며, 흔히 '구(口)', '인(亻)', '수(扌)' 등이 사용된다. 이들은 독음을 나타내지도, 의미를 나타내지도 않으며, 단지 구별을 위한 표시일 뿐이다. 이는 세 가지 유형으로 나눌 수 있다.

첫 번째 유형은 독음을 기록하는 '부호 첨가 구별자'이다. 예를 들면 다음과 같다.

姐, tɕha[33], '끌어당기다(扯)'

㗒, pe[55], '사다(買)'

㩐, təŋ[33], '뿌리 부분(根部)'

㳠, sai[55], '허가하다(允許)'

이들은 각각 '저(姐)', '비(悲)', '등(等)', '차(差)'를 사용하여 동어(侗語)의 독음을 기록하고, 해당하는 동어(侗語)의 의미를 나타낸다.

두 번째 유형은 의미를 기록하는 '부호 첨가 구별자'이다. 예를 들면 다음과 같다.

仸, mən[55], '하늘(天)'

㚼, mjek[33], '여자(婦女)'

각각 한자 '천(天)', '여(女)'를 빌려 의미를 표현하며, 첨가된 구별성 부호는 의미가 없다. 이런 유형의 글자는 많지 않다.

세 번째 유형은 독음과 의미를 모두 기록하는 '부호 첨가 구별자'이다. 이는 실제로 중국어 단어를 차용하면서 구별성 부호를 추가한 것이다. 예를 들면 다음과 같다.

彷, tak^{33}, '때리다(打)'

嘖, ɕin^{55}, '소리(聲音)'

眍, tɕin^{53}, '바르다(正)'

暗, kwan^{55}, '관리(官)'

5. 한자변체자(漢字變體字)

한자의 독음과 의미를 취하거나(또는 음만 취하거나, 의미만 취하거나), 형체를 약간 바꾼 것이다. 예를 들면 다음과 같다.

逰, ju^{11}, 한자 '유(游)'의 독음과 의미를 취했으며, 글자의 형체는 약간 변화가 있다.

黨, thɔn^{42}, '활짝 열다(敞開)'와 若, jo^{42}, '모습(樣子)'으로 각각 한자 '당(黨)', '약(若)'의 형체에 약간 변화를 주어, 이 중국어의 독음을 차용하여 그 독음에 상응하는 동어(侗語)의 의미와 대응시켰다.

手, ŋo^{11}, '치아(牙齒)'와 冤, jen^{55}, '토끼(兔)'는 각각 한자의 '아(牙)'와 '토(兔)'의 변체자로, 이 중국어의 의미를 차용하여 동어(侗語)의 독음으로 읽는다.

방괴동자(方塊侗字) 중에는 의음합체자(意音合體字)도 소수 있다. 이러한 글자는 두 개의 완전한 한자를 합성하여 만들어지는데, 그중 하나는 해당 글자의 독음을 표시하고 다른 하나는 의미를 표시하여, 형성자와는 다르다. 예컨대, 鷌는 ma로 읽고 '오다(來)'는 뜻을 나타낸다.190)

또한 조자(造字)의 이론적 근거가 불분명한 글자도 있다. 예컨대, 邋, lau⁵⁵는 '우리(我們)'라는 뜻이고, 佗, an⁵⁵는 '월분(月份)'이라는 뜻이다.

(3) 신 동족 문자(新侗文)

'신동문(新侗文)'은 신중국이 1958년에 동어를 기록하기 위해 만든 라틴 자모를 기초로 한 『동문방안(侗文方案)』(초안)으로 표기된 동족 문자를 말한다. 이 방안은 동족 지역에서 반세기 이상 시행되어 왔다.

여기서 논의하는 동족 문자는 주로 앞의 두 가지 문자를 가리키며, 신동문의 연구 상황에 대해서는 간단히 소개만 하겠다.

" Haih, maoh baov daol naengl lis lagx banl ah!" Jav dah geel naih leev, Taik Beex eengv Yeenc Wange pieek yac lagx sunx bail dos maoh. Siut Nyih sunx bail Yange Qip, Jeml Lange sunx bail Bags Liange. Jav Sinc Wap lis lagx touk xenp daengl, wodt maenl wodt nyanl, samp nyanl nuv nas, jus nyanl nuv nyongx daengl lax. Hat jav maoh lis siik xebc beds nyinc, yaot sangx lis maenv lagx yak yedp.	"嗨，先生说咱俩命好，还会生贵子咧！"金元说。这时候，太白和阎王正送一对童男童女给金元。童女送到洋溪，童男送去良口。那钱花身怀有孕了，日复一日，月复一月，一月着床，十月怀胎。当时金元已是四十八岁的人了，才生下这么一个贵子。

[그림 5-28] '신 동족 문자(新侗文)'로 기록된 동족의 장편 서사가(叙事歌) 『邑漢』의 내용[191]

---

190) 王鋒, 『從漢字到漢字系文字─漢字文化圈文字研究』(民族出版社, 2003), 102쪽.

191) 貴州省民族古籍整理辦公室·黎平縣民族宗敎事務局, 『邑漢』(貴州民族出版社, 2015), 38쪽.

2. 연구의 역사

동족 문자에 관한 연구의 역사는 다음과 같은 몇 가지 측면으로 종합할 수 있다.

(1) 초기 동문 문헌의 발견과 수집 정리

초기 동문 문헌으로는 1985년 종강현(從江縣) 구동(九洞) 지역에서 수집한, 명말에 출현한 것으로 추정되는 『동서소귀(東書少鬼)』(『복귀통서(卜鬼通書)』로 번역 가능)192)와 통도(通道) 양석(楊錫) 선생이 보존한 건륭 5년(1740)의 필사본 『고관본(古款本)』 등이 있다.193) 초기 동문의 수집과 정리는 주로 지방지에서 찾아볼 수 있다. 예컨대, 『수녕현지(綏寧縣志)』에 기록된 명나라 만력(万歷) 3년(1575)의 『상민책시(嘗民冊示)』, 청대의 『광서고주청지(光緒古州廳志)』, 『광서여평부지(光緒黎平府志)』, 『민국귀주통지(民國貴州通志)』에 한자로 기록된 동어 내용이 비교적 많이 수록되어 있다. 이 중 출처는 가장 이른 시기에 편찬된 『광서고주청지(光緒古州廳志)』로, 여기에 106개의 한자로 기록된 동어 어휘가 수록되어 있다.194)

---

192) 向零, 「一本珍貴的侗族古籍―＜東書少鬼＞」, 『貴州民族研究』 第2期(1990).

193) 趙麗明, 「漢字侗文與方塊侗字」, 『中國民族古文字研究』 第3輯(天津古籍出版社, 1991), 221-226쪽.

194) 張明, 韋天亮, 姚小云, 「從貴州地方志看淸水江地區的漢字記彔侗語情況」, 『貴州大學學報(社會科學版)』 第6期(2014).

(2) 조사 연구 시작기(1950년대부터 1980년대 말까지)

이 시기의 주요 작업은 동어의 체계적인 조사, 동문 문헌의 수집, 정리, 간행이었다. 그중 50년대와 80년대 이 두 시기는 동족 문자의 조사와 수집의 황금기였고, 60년대 초부터 80년대 초는 정체기였다. 이 시기의 주요 공헌은 다음과 같다.

첫째, 동어(侗語) 및 동족(侗族) 지역 방언 토어(土語)에 대한 체계적인 조사로, 『동-한 간명사전(侗漢簡明詞典)』(초고)[195], 『동어간지(侗語簡志)』[196], 『삼강동어(三江侗語)』[197], 『동어어법(侗語語法)』[198] 등이 그 성과이다.

둘째, 1958년 동어를 기록하기 위해 라틴 자모를 기초로 한 『동문방안(侗文方案)』(초안)을 만들었으며, 이후 대량의 동족 민간 구전 문헌이 조사 발굴되어 '신 동족 문자'로 기록·간행되었다. 예컨대 『동족문학자료(侗族文學資料)』제6집의 『동족의 서사가와 비파가(侗族叙事歌和琵琶歌)』[199], 양석광(楊錫光) 등이 정리한 『동관(侗款)』[200] 등이 있다.

셋째, 역대 동족의 민간 필사본 일부가 조사·간행되었다. 대표적인 것으로 『동족대가(侗族大歌)』[201], 『기원의 노래(起源之歌)』[202] 등이 있다.

---

195) 貴州民族語文指導委員會研究室·中國科學院少數民族語言調查第二工作隊編, 『侗漢簡明詞典』(初稿)(貴州民族出版社, 1959).

196) 梁敏, 『侗語簡志』(民族出版社, 1980).

197) 邢公畹, 『三江侗語』(南開大學出版社, 1985).

198) 楊漢基, 『侗語語法』(天柱民委審印·天柱印刷厂印, 1986).

199) 貴州省民族事務委員會, 貴州省民間文藝研究會編, 『侗族文學資料』共7种, 1984-1985. 그중, 6집이 『동족의 서사가와 비파가(侗族叙事歌和琵琶歌)』(1984)로, 石宗慶, 張盛 등이 독음을 적고, 龍玉成 등이 의미를 번역하였다.

200) 湖南少數民族古籍辦公室主編, 楊錫光, 楊錫, 吳治德整理翻譯, 『侗款』(岳麓書社, 1988).

(3) 조사 연구 초탐기(1990년대부터 2010년까지)

주요 작업은 세 가지 측면을 포함한다.

첫째, 동족 문자에 대한 1차적인 연구

동문 문자 본체에 대한 연구는 조려명(趙麗明)의 「한자동문과 방괴
동자(漢字侗文與方塊侗字)」203)에서 시작되었는데, 현장 조사 후 한자
동문과 방괴동자를 기초적으로 정리하고 소개하였다. 이후 양자의(楊
子儀)는 「<고본등록(古本謄彔)>에서의 고동자 연구(<古本謄彔>中的
古侗字硏讀)」204)에서 한 종류의 동문 필사본(후기에 의하면 건륭년 초
본)에 있는 한자동문과 방괴동자를 상세히 소개했다. 육석흥(陸錫興)
의 『한자전파사(漢字傳播史)』205), 왕봉(王鋒)의 『한자에서 한자계 문자
로: 한자 문화권 문자 연구(從漢字到漢字系文字—漢字文化圈文字硏究)
』206)는 각각 조려명, 양자의가 제공한 자료를 바탕으로 한자 전파의
역사라는 관점에서 동족 문자에 대해 추가 소개와 1차적인 연구 결
과를 제시했다.

둘째, 동어에 대한 지속적인 조사 연구

용요굉(龍耀宏)의 『동어연구(侗語硏究)』207), 구형원(歐亨元)의 『동·한
사전(侗漢詞典)』208)이 관련 연구에 기초 자료를 제공했으며, 석림(石

---

201) 貴州省文聯編, 『侗族大歌』(貴州人民出版社, 1958).
202) 楊權·鄭國喬搜集整理注譯, 『起源之歌』(侗族史詩, 四卷)(遼寧人民出版社, 1988).
203) 趙麗明, 「漢字侗文與方塊侗字」, 『中國民族古文字硏究』 第3輯(天津古籍出版社,
    1991), 221-226쪽.
204) 楊子儀, 「<古本謄彔>中的古侗字硏讀」, 『民族語文』 第4期(2000).
205) 陸錫興, 『漢字傳播史』(語文出版社, 2002).
206) 王鋒, 『從漢字到漢字系文字—漢字文化圈文字硏究』(民族出版社, 2003).
207) 龍耀宏, 『侗語硏究』(貴州民族出版社, 2003).
208) 歐亨元, 『侗漢詞典』(民族出版社, 2004).

林)의 『동어-한어 어법 비교 연구(侗語漢語語法比較研究)』209)와 『동대어 비교 연구(侗臺語比較研究)』210), 황용(黃勇)의 『한어-동어 관계사 연구(漢語侗語關系詞研究)』211)는 동어와 관련 언어를 비교 연구했다.

셋째, '신 동족 문자'에 대한 연구와 문헌 간행

해로(海路), 이방란(李芳蘭)의 '신 동족 문자'에 대한 연구 총술과 역사 총결212), '신 동족 문자'로 기록, 정리, 간행된 동족 전통 문헌 『금한열미(金漢列美)』, 『주랑낭미(珠郎娘美)』 등이 있다.

(4) 조사 연구 개척기(2011년부터 현재까지)

이 시기에 동족 문자 연구는 조사를 통해 얻은 기초 자료와 문헌에서 출발하여 연구하기 시작했으며, 새로운 연구 관점을 드러내었다. 이 시기의 주요 작업은 세 가지 측면에서 나타난다.

첫째, 동문 전통 문헌의 대량 정리, 번역 주석, 간행

예컨대, 전통적인 한자동문 『삼보비파가(三寶琵琶歌)』213), 『북부동족혼가가(北部侗族婚嫁歌)』214), 신동문으로 기록된 『동족비파가(侗族琵琶歌)』215) 등이 있다.

---

209) 石林, 『侗語漢語語法比較研究』(中央民族大學出版社, 1997).
210) 石林, 『侗臺語比較研究』(天津古籍出版社, 1997).
211) 黃勇, 『漢語侗語關系詞研究』(天津古籍出版社, 2002).
212) 海路, 李芳蘭, 「侗族新創文字應用研究評述─以相關文獻研究爲線索」, 『湖北民族學院學報(哲學社會科學版)』 第6期(2010). 「侗族新創文字的歷史沿革」, 『貴州民族研究』 第6期(2010).
213) 楊遠松, 歐安祝, 『中國侗族琵琶歌系列·三寶琵琶歌』, 向延輝·普虹收集翻譯(貴州民族出版社, 2016).
214) 貴州省民族古籍整理辦公室編, 『北部侗族婚嫁歌』, 吳世源等整理(貴州大學出版社, 2015).
215) 廣西壯族自治區少數民族古籍整理出版規劃領導小組辦公室主編, 吳浩·李燕玲(分冊主編), 『侗族琵琶歌』(廣西民族出版社, 2012).

둘째, 1차 문헌과 밀접하게 결합한 동족 문자 연구의 전개

예컨대, 오영의(吳永誼)의 「한자로 동어를 기록한 초기 탐색 - 삼보 동채 민간가본을 예로(漢字記彔侗語初探—以三寶侗寨民間歌本爲例)」[216], 장명(張明) 등의 「귀주지방지로 본 청수강 지역의 한자로 동어를 기록한 상황(從貴州地方志看淸水江地區的漢字記彔侗語情況)」[217]이 있지만, 관련 성과는 매우 적다.

셋째, 새로운 연구 시각의 발견

청수강 문서 연구 열풍과 함께 동문 연구에 새로운 계기가 나타났다. 청수강 문서는 대량의 묘족, 동족의 기본 어휘를 기록하고 있으며, 특정한 물량사, 인명, 지명 등 민속 어휘를 사용했다. 문자 서사에서 속자, 자체적으로 만든 글자, 이체자 및 별자가 혼재되어 있어, 현지 묘족, 동족이 한자 서사 과정에서 본래 민족 문화의 영향으로 인해 발생한 문화 간 교차적 문자 사용과 문자 표기 현상을 보여준다. 기존 연구는 주로 한어 속어와 한자 속자에 주목하고 있었으나, 이로 인해 동족 문자 연구가 촉진되었다.

이를 통해, 동족 문자 연구가 진정한 발전기를 경험하지 못했음을 알 수 있는데, 이는 동족 문자 본체의 특징과 큰 관련이 있다. 청수강 문서의 대규모 발견과 정리는 동족 문자 연구에 새로운 자료와 새로운 사고를 가져왔다.

---

216) 吳永誼, 「漢字記彔侗語初探—以三寶侗寨民間歌本爲例」, 『貴州民族學院學報(哲學社會科學版)』 第3期(2012).
217) 張明, 韋天亮, 姚小雲, 「從貴州地方志看淸水江地區的漢字記彔侗語情況」, 『貴州大學學報(社會科學版)』 第6期(2014).

3. 연구 진전

동문(侗文) 연구의 진전은 세 가지 주요 측면으로 요약할 수 있다.

첫째, 동족 문자 본체에 대한 연구이다. 한자동문(漢字侗文)과 방괴동자(方塊侗字)에 대해 각각 논의했는데, 이 연구는 조려명(趙麗明)과 양자의(楊子儀)에서 시작되었다. 이후 육석흥(陸錫興)과 왕봉(王鋒)이 한자 전파의 관점에서 이를 발전시켰으며, 최근 오영의(吳永誼), 왕종훈(王宗勛), 장명(張明) 등의 연구는 현장 조사를 중시하고 문자 연구를 문헌에 근거하여 동족 문자에 대한 해석을 더욱 심화시켰다.

둘째, 대량의 동문 문헌에 대한 긴급 수집 정리, 영인, 번역 주석 및 출판이다. 이는 동족 문자가 동족의 민간에서 실제로 사용된 상황을 반영하며, 추가 연구를 위한 풍부한 기초 자료를 제공했다. 동시에 위의 문헌 자료와 현장 조사를 바탕으로 관련 『동-한사전(侗漢詞典)』, 『한-동사전(漢侗詞典)』이 출간되어 후속 연구와 문헌 정리, 번역 소개에 편의를 제공했다.

셋째, 청수강 문서(淸水江文書) 연구 열풍이 동족 문자와 어휘 연구를 촉진시켜 동문 연구의 시야를 넓혔다. 청수강 문서는 명청 이후 동족 민간의 한자 사용 실태를 보여줄 뿐만 아니라, 묘족과 동족이 기존의 기초 위에서 한자를 민간에서 만들고 사용한 것을 반영하며, 한자가 동족 지역에서 전파, 사용, 변이된 양상을 보여준다. 또한, 청수강 문서의 속자, 방언 어휘와 동문의 얽힘도 학계의 새로운 관찰 시각이 되고 있다.

4. 연구의 기본 자료

(1) 동어(侗語)에 관한 연구 성과 및 관련 공구서

동어 조사 연구 성과는 많지 않은데, 신중국 수립 이후 70여 년간 대략 다음과 같은 성과가 있다.

· 『동어간지(侗語簡志)』: 동어를 소개한 첫 번째 저서[218].
· 황용(黃勇)의 『한어-동어 관계사 연구(漢語侗語關系詞研究)』[219]: 동어 방언 자료를 사용하여 완전한 초기 동어 성모 체계를 구축, 동어와 한어의 역사적 관계를 탐구.
· 구형원(歐亨元)의 『동-한사전(侗漢詞典)』: 남부 방언을 기초로 하고 남북 방언의 6개 토어 어휘를 함께 수록한 동-한 대역 사전.[220]

그 외의 성과는 다음과 같다.

· 『동-한간명사전(侗漢簡明詞典)』(초고)[221]
· 형공원(邢公畹)의 『삼강동어(三江侗語)』[222]
· 양한기(楊漢基)의 『동어 어법(侗語語法)』[223]

---

218) 梁敏, 『侗語簡志』(民族出版社, 1980). 이는 1980년대 이후로 동어를 소개한 첫 번째 저서이다.
219) 黃勇, 『漢語侗語關系詞研究』(天津古籍出版社, 2002).
220) 歐亨元, 『侗漢詞典』(民族出版社, 2004).
221) 貴州民族語文指導委員會研究室, 中國科學院少數民族語言調查第二工作隊編, 『侗漢簡明詞典』(初稿)(貴州民族出版社, 1959).
222) 邢公畹, 『三江侗語』(南開大學出版社, 1985).
223) 楊漢基, 『侗語語法』(天柱民委審印, 天柱印刷厂印, 1986).

· 양한기와 장성(張盛)의 『간명동어어법(簡明侗語語法)』[224]
· 석림(石林)의 『동어-한어 어법 비교 연구(侗語漢語語法比較研究)』[225], 『동대어 비교 연구(侗臺語比較研究)』[226]
· 용요굉(龍耀宏)의 『동어연구(侗語研究)』[227]
· 반영영(潘永榮)과 석금굉(石錦宏)의 『동-한 상용사전(侗漢常用詞典)』[228] 등.

(2) 동족(侗族) 민간 문헌의 수집 정리와 간행

동문 문헌의 초기 수집과 정리는 주로 지방지에서 볼 수 있으며, 이는 앞서 언급한 '연구의 역사' 부분을 참고할 수 있다. 신중국 수립 이후 70여 년 동안 대량의 동족 민간의 각 시기 필사본 문헌이 조사 발굴되었으며, 또한 대량의 구전 문헌이 차례로 신동문으로 기록되었다. 이 문헌들의 수량은 방대하며, 일부는 이미 정식으로 간행되었다. 아래에 그 주요 내용들을 분류하고 설명해보겠다.

첫 번째 유형은 전통 필사본 동문 문헌으로, 한자동문(漢字侗文)이 주를 이루며 소수의 방괴동자(方塊侗字)가 섞여 있다. 대표적인 성과는 다음과 같다.

· 귀주성 문학 예술계 연합회(貴州省文聯)가 편찬한 『동족대가(侗族大歌)』(1958)[229], 『동족민가(侗族民歌)』(1961)[230]

---

224) 楊漢基·張盛, 『簡明侗語語法』(貴州民族出版社, 1993).
225) 石林, 『侗語漢語語法比較研究』(中央民族大學出版社, 1997).
226) 石林, 『侗臺語比較研究』(天津古籍出版社, 1997).
227) 龍耀宏, 『侗語研究』(貴州民族出版社, 2003).
228) 貴州省少數民族語言文字辦公室, 『侗漢常用詞典』, 潘永榮, 石錦宏編著(貴州民族出版社, 2008).
229) 貴州省文聯編, 『侗族大歌』(貴州人民出版社, 1958).
230) 中國音樂家協會貴陽分會籌委會主編, 貴州大學藝術系編輯, 『侗族民歌』(貴州人民出版社, 1961).

· 향령(向零)이 주편한『삼보 동족 고전 비파가(三寶侗族古典琵琶歌)』
  (1987)[231],『기원의 노래(起源之歌)』(동족 서사시, 1988)[232],『동족
  관사(侗族款詞)』(2008)[233],『북부동족혼가가(北部侗族婚嫁歌)』(2015)[234]
· 향연휘(向延輝)와 보홍(普虹)이 수집 번역한『삼보 비파가(三寶琵琶
  歌)』(2016)[235] 등.

이 문헌들은 기본적으로 한자로 동어 음을 기록하고, 신동문을 표
기하며(일부는 표기하지 않음), 대응하는 한어 의역으로 편집하는 방
식을 취했다. 그중 오호(吳浩)와 양행운(梁杏雲)이 주편한『동족관사』
만이 일부 내용의 영인 페이지가 있을 뿐, 나머지는 모두 전통 필사
본의 원래 모습을 볼 수 없다.

두 번째 유형은 1958년에『동문방안(侗文方案)』(초안)이 만들어지
고 나서 신동문으로 기록된 각종 동어 문헌이다. 여기에는 신동문으
로 기록한 전통 구전 문헌, 전통 필사본 문헌의 전사본, 그리고 창작
된 여러 종류와 다양한 수준의 신동문 교육 교재와 보급 독본이 포함
된다. 대표적인 것으로는 1980년대의 동족 문헌 자료 편집물(대부분
정식 출판되지 않음)이 있다. 예컨대, 1985년 전후 중국민간문예연구
회 귀주 분회가 차례로 번역 및 편집 인쇄한『민간문학자료(民間文學
資料)』총72집 중 동족 문학 부분은 대부분 신동문으로 기록되었다.
또한『동족문학자료(侗族文學資料)』(총7집) 제6집의『동족 서사가와

---

231) 向零,『民族志資料匯編(第四集, 侗族)』(三寶侗族古典琵琶歌)(貴州省志民族志編
    委會, 1987).
232) 楊權, 鄭國喬搜集整理注譯,『起源之歌』(侗族史詩, 四卷)(遼寧人民出版社, 1988).
233) 廣西壯族自治區少數民族古籍整理出版規劃領導小組辦公室主編, 吳浩·梁杏云主
    編,『侗族款詞』(廣西民族出版社, 2008)
234) 貴州省民族古籍整理辦公室編, 吳世源等整理,『北部侗族婚嫁歌』(貴州大學出版
    社, 2015).
235) 卜謙主編"中國侗族琵琶歌系列", 楊遠松·歐安祝主編, 向延輝·普虹收集翻譯『三寶
    琵琶歌』(貴州民族出版社, 2016).

비파가(侗族叙事歌·琵琶歌)』(1985)[236)가 있다. 정식 출판된 신동문 문헌은 다음과 같다.

- 양석광(楊錫光) 등의 『동관(侗款)』(1988)[237)
- 청대 장홍간(張鴻干) 원저, 장인위(張人位) 번역, 반영영(潘永榮)이 정리한 전통 동희(侗戲)인 『금한열미(金漢列美)』(2007)[238)
- 진락기(陳樂基)가 주편한 『주랑낭미(珠郎娘美)』(2010)[239)
- 장민(張民) 등의 『동족고가(侗族古歌)』(2011)[240)
- 오호(吳浩)와 이연령(李燕玲)의 『동족 비파가(侗族琵琶歌)』(2012)[241)
- 은영명(銀永明)과 석봉(石峰)이 수집·정리한 『파한(岜漢)』(2015)[242)
- 오세원(吳世源)과 양장근(楊長根)이 수집·정리한 『북동희극(北侗戲劇)』(2020)[243) 등.

이들은 편집 방식에 있어 모두 신동문으로 전통 문헌 내용을 글자별로 기록하고 한어로 의역한 내용이 적혀있다.

그 외에 『중국 소수민족 고적 총목 제요·동족권(中國少數民族古籍總目提要·侗族卷)』[244), 『귀주 소수민족 고적 총목 제요·동족권(貴州少數

---

236) 貴州省民族事務委員會·貴州省民間文藝研究會編, 『侗族文學資料』共七种, 1984-1985. 如其中第六集爲『侗族叙事歌·琵琶歌』, 石宗慶·張盛等記音, 龍玉成等意譯, 1984.
237) 湖南少數民族古籍辦公室主編, 楊錫光, 楊錫, 吳治德整理翻譯, 『侗款』(岳麓書社, 1988).
238) [淸] 張鴻干原著, 張人位翻譯, 潘永榮整理, 『金漢列美』(貴州人民出版社, 2007).
239) 貴州省民族古籍整理辦公室編, 陳樂基主編, 『珠郎娘美』(貴州民族出版社, 2010).
240) 張民, 普虹, 卜謙編譯, 『侗族古歌』(貴州民族出版社, 2011).
241) 廣西壯族自治區少數民族古籍整理出版規劃領導小組辦公室主編, 吳浩·李燕玲(分冊主編), 『侗族琵琶歌』(上·中·下冊)(廣西民族出版社, 2012).
242) 貴州省民族古籍整理辦公室·黎平縣民族宗教事務局編, 銀永明·石峰收集整理, 『岜漢』(貴州民族出版社, 2015).
243) 貴州省民族古籍整理辦公室編, 吳世源, 楊長根收集整理, 『北侗戲劇』(貴州民族出版社, 2020).
244) 貴州省民族古籍整理辦公室, 『貴州少數民族古籍總目提要·侗族卷』(貴州民族出版

民族古籍總目提要·侗族卷)』245) 등이 있어, 동문 문헌의 기본 상황을 이
해하는 데 도움이 된다.

(3) 청수강 문서(淸水江文書)에서의 동어(侗語), 동문(侗文) 관련
내용

'청수강 문서'는 청수강 유역의 묘족, 동족 위주의 다민족이 공동으로
만들고 보존하고 있는 민간 문헌이다. 시간상으로는 가장 이른 것이 명
나라 성화(成化) 2년(1466)에서 시작하여, 늦게는 1950년대까지로, 500
여 년의 시간 범위를 가진다. 내용이 매우 풍부한데, 주로 토지와 산림
계약에 관련된 문서를 다루고 있지만, 서신, 장부, 소송 기록, 종교 의
례서, 향규민약(鄕規民約), 족보, 관부의 문서 등도 포함하고 있다.

'청수강 문서'에는 대량의 동족과 묘족의 기본 어휘가 보존되어 있
는데, 여기에는 지명, 인명, 수사, 양사, 계량 단위 등이 포함되어 있
다. 문자 형태는 한자, 한자로 기록된 동어의 독음, 속자, 동문에서
자체적으로 만든 글자, 오자, 한자 변체자 등이 혼재되어 있어, 동문
연구의 새로운 지평을 열었다.

'청수강 문서'의 편찬 목록은 매우 풍부하다. 대표적인 예로 장응강
(張應强)과 왕종훈(王宗勛)의 『청수강 문서(淸水江文書)』246)가 있는데,
이미 3집 총33책이 출판되었기에, 다른 것은 따로 언급하지 않겠다.

최근의 편찬 성과 중 주목할 만한 것은 담홍패(譚洪沛)의『구채 동족 금

社, 2012).

245) 國家民委全國少數民族古籍整理硏究室, 『中國少數民族古籍總目提要·侗族卷』(中
國大百科全書出版社, 2010).

246) 張應强, 王宗勛, 『淸水江文書』(第1-3輯, 共33冊)(廣西師范大學出版社, 2007-
2011).

병문서집존(九寨侗族錦屛文書輯存)』(전36책)[247]이다. 이는 명청(明淸)시기부터 1950-1960년대까지 금병현(錦屛縣) 북부 동족(侗族) 구채(九寨) 지역의 20여 가문에 흩어져 있던 6,000여 건의 계약 문서와 향규민약(鄕規民約)을 수록하여 영인 출판한 것으로, 한어 대역본을 함께 제공하고 있다.

5. 동족 문자 연구에서 주목하는 문제들

동족 문자 연구는 다음과 같은 주제를 다루고 있다.

(1) 동문 문헌의 수집 정리와 번역 주석 출판

한자동문(漢字侗文), 방괴동자(方塊侗字), 신동문(新侗文)과 관련되며, 앞서 언급한 기초 자료 부분을 참고할 수 있다.

(2) 동문 연구와 직접 관련된 동어(侗語) 조사 연구

동어의 전체적·종합적 연구, 음운 체계 특히 성모와 성조의 연구, 방언 토어(土語) 연구, 어휘 연구, 동어와 다른 언어의 비교 연구, 관련 공구서 편찬이 포함된다. 동어 조사 연구 성과는 1980년대부터 2010년까지 집중되어 있으며, 대부분이 전문 저서와 공구서이다. 최근에는 부미니(付美妮)의 『동어 용강화(榕江話) 한어 차용어의 역사적 층위 연구(侗語榕江話漢語借詞的歷史層次研究)』[248], 요권귀(姚權貴)의 「'청수강 문서'에서 본 300년 전 금병 방언의 음운 특징(淸水江文書所見300年前錦屛

---

247) 譚洪沛, 『九寨侗族錦屛文書輯存』(全36冊)(鳳凰出版社, 2019).
248) 付美妮, 『侗語榕江話漢語借詞的歷史層次研究』(貴州民族大學碩士學位論文, 2019).

方言的語音特点)」249) 등의 논문이 있지만, 새로운 성과는 많지 않다.

(3) 동족 문자 본체에 대한 연구

동문 전통 문헌에서 문자 본체에 관한 연구 성과는 매우 적으며, 기존 성과의 대부분이 소개하는 식의 기초 연구이다. 대표적 성과는 다음과 같다.

- 조려명(趙麗明)의 「한자동문과 방괴동자(漢字侗文與方塊侗字)」250)
- 양자의(楊子儀)의 「<고본등록(古本謄彔)>에서의 고동자 연구(<古本謄彔>中的古侗字研讀)」251)
- 육석홍(陸錫興)과 왕봉(王鋒)의 한자 한문화 전파 관점에서의 동문 소개와 연구252)
- 오영의(吳永誼)의 「한자로 동어를 기록한 초기 탐색 - 삼보동채 민간가본을 예로(漢字記彔侗語初探—以三寶侗寨民間歌本爲例)」253) 등.

(4) '신 동족 문자'에 대한 연구

신동문은 라틴 자모를 기초로 한 새로 만든 문자이므로, 여기서는 전통 동족 문자와 분리하여 논의하기로 한다. 신동문 연구 성과는 매

---

249) 姚權貴, 「淸水江文書所見300年前錦屛方言的語音特点」, 『貴州民族硏究』 第5期 (2020).
250) 趙麗明, 「漢字侗文與方塊侗字」, 『中國民族古文字硏究』 第3輯(天津古籍出版社, 1991), 221-226쪽.
251) 楊子儀, 「<古本謄彔>中的古侗字研讀」, 『民族語文』 第4期(2000).
252) 陸錫興, 『漢字傳播史』(語文出版社, 2002), 282-287쪽. 王鋒, 『從漢字到漢字系文字—漢字文化圈文字硏究』(民族出版社, 2003), 100-103쪽.
253) 吳永誼, 「漢字記彔侗語初探—以三寶侗寨民間歌本爲例」, 『貴州民族學院學報(哲學社會科學版)』 第3期(2012).

우 풍부하며, 다양한 계열과 수준의 신동문 어문 교과서, 관련 공구
서, 동족 전통 필사 문헌의 전사 번역 주석과 구전 문헌의 기록, 번역
주석, 새로 창작된 과학 보급 및 통속 문학 독본 등이 포함되어 있다.
또한, 신동문 시행 이후의 역사적 발전, 득실, 수정 등에 관한 많은
연구 논문이 있는데, 예컨대 다음과 같다.

· 담후봉(譚厚鋒)의 「1950년대 이후의 동족 언어문자 저작 서평(20世
   紀50年代以來侗族語文著作述評)」[254]
· 해로(海路)와 이방란(李芳蘭)의 「새로 만든 동족 문자의 역사적 변
   천(侗族新創文字的歷史沿革)」[255], 「새로 만든 동족 문자에 관한 응
   용 연구 평론-관련 문헌 연구를 중심으로(侗族新創文字應用研究評
   述—以相關文獻研究爲線索)」[256]
· 등민문(鄧敏文)의 「<동문방안> 보충 수정에 관한 기초적 구상
   (<侗文方案>補充修訂的初步設想)」[257]
· 팽정(彭婧)의 「동어문 규범화 문제 연구(侗語文規范問題研究)」[258] 등.

(5) '청수강 문서(清水江文書)'를 중심으로 한 동어, 동문 연구

'청수강 문서'는 지명, 인명, 계량 단위와 여러 민속 어휘를 포함한
대량의 동어 기본 어휘를 보존하고 있으며, 문서의 필사자들이 동음
또는 유사음의 한자를 사용하여 동어의 독음을 기록했으므로, 이처럼
방대한 '청수강 문서'를 통해 동어와 동문 연구의 새 지평을 열 수 있

---

254) 譚厚鋒, 「20世紀50年代以來侗族語文著作述評」, 『西南邊疆民族研究』 第6輯(雲
   南大學出版社, 2009), 285-296쪽.
255) 海路, 李芳蘭, 「侗族新創文字的歷史沿革」, 『貴州民族研究』 第6期(2010).
256) 海路, 李芳蘭, 「侗族新創文字應用研究評述—以相關文獻研究爲線索」, 『湖北民族
   學院學報(哲學社會科學版)』 第6期(2010).
257) 鄧敏文, 「<侗文方案>補充修訂的初步設想」, 『百色學院學報』 第4期(2014).
258) 彭婧, 『侗語文規范問題研究』(暨南大學博士學位論文, 2018).

다. 그러나 '청수강 문서'에는 언어 면에서 묘어, 동어, 방언 토어 등이 혼재되어 있고, 문자 기록에서도 한자로 동어음 기록, 한자로 묘어음 기록, 한자 속자, 동족 문자와 묘족 문자에서 만든 글자, 한자 변체자 등이 혼재되어 있어 동어 어휘와 동족 문자 연구에 어려움을 더하고 있다.

기존의 연구들은 주로 한어 속어와 한자 속자(俗字) 연구에서 동어(侗語) 어휘와 동문(侗文)을 다루고 있는데, 장명(張明), 당지연(唐智燕), 요권귀(姚權貴), 초아려(肖亞麗), 진정정(陳婷婷), 사광휘(史光輝), 양소평(楊小平), 예영강(倪榮强) 등의 연구가 대표적이다.

음운 방면에서 새로운 시각은 '청수강 문서'를 활용하여 방언 음운 및 역사적 음운 현상을 조사하는 것으로, 사광휘(史光輝)와 요권귀(姚權貴)의 「필사본 문헌의 관점에서 본 청수강 문서의 가치(從寫本文獻角度看淸水江文書的价値)」[259], 사광휘(史光輝)의 「다언어 화합의 관점에서 본 청수강(淸水江) 문서의 언어 연구(多語和諧視野下的淸水江文書語言硏究)」[260] 등을 참고할 수 있다.

어휘 방면에서 대표적인 성과는 다음과 같다.

· 장명(張明) 등의 「귀주(貴州) 지방지를 통해 본 청수강(淸水江) 지역의 한자로 동어(侗語)를 기록한 현황(從貴州地方志看淸水江地區的漢字記彔侗語情況)」[261]
· 왕종훈(王宗勛)의 「청수강(淸水江) 문서 정리 과정에서의 묘어와 동어(苗侗語) 지명 고찰에 대한 시론(淸水江文書整理中的苗侗語地名考

---

259) 史光輝, 姚權貴, 「從寫本文獻角度看淸水江文書的价値」, 『漢字漢語硏究』 第4期 (2021).
260) 史光輝, 「多語和諧視野下的淸水江文書語言硏究」, 『貴州民族硏究』 第5期(2020).
261) 張明, 韋天亮, 姚小雲, 「從貴州地方志看淸水江地區的漢字記彔侗語情況」, 『貴州大學學報(社會科學版)』 第6期(2014).

釋芻議)」262)

· 금승(金勝)의『청수강 문서에서의 명량사 연구(清水江文書名量詞研究)』263)
· 장명(張明) 등의「청수강 유역 토지 계약 문서에 나타난 특수 어휘
  에 관한 논고(論清水江流域土地契約文書中的特殊字詞)」264)
· 당지연(唐智燕)의「청수강 문서의 난해한 이음절어 용례 해석(清水
  江文書疑難雙音詞例釋)」265)
· 초아려(肖亞麗)의「청수강(清水江) 문서의 어휘 연구 가치에 대한
  소고(略論清水江文書的詞匯研究价值)」266) 등.

문자 방면에서 대표적인 성과는 다음과 같다.

· 장명(張明) 등의「청수강 문서 동자 석례(清水江文書侗字釋例)」267)
· 위곽휘(魏郭輝)의「청수강 문서의 언어 연구 가치 및 속자의 형성
  원인 고증과 분석清水江文書語言研究价值及俗字成因考析」268)
· 진정정(陳婷婷)의「청수강 문서 '천주권' 속자고례석―'농(醲)'와 '왕
  (旺)'을 예로(清水江文書"天柱卷"俗字考例釋―以"醲"·"旺"爲例)」269)
· 사광휘(史光輝)와 요권귀(姚權貴)의「필사본 문헌의 관점에서 본 청
  수강 문서의 가치(從寫本文獻角度看清水江文書的价值)」270)

262) 王宗勛,「清水江文書整理中的苗侗語地名考釋芻議」,『原生態民族文化學刊』第2
   期(2015).
263) 金勝,『清水江文書名量詞研究』(湘潭大學碩士學位論文, 2017).
264) 張明, 安尊華, 楊春華,「論清水江流域土地契約文書中的特殊字詞」,『貴州大學學
   報(社會科學版)』第1期(2017).
265) 唐智燕,「清水江文書疑難雙音詞例釋」,『原生態民族文化學刊』第6期(2020).
266) 肖亞麗,「略論清水江文書的詞匯研究价值」,『安慶師范大學學報(社會科學版)』第
   4期(2020).
267) 張明, 韋天亮, 姚小云,「清水江文書侗字釋例」,『貴州大學學報(社會科學版)』第4
   期(2013).
268) 魏郭輝,「清水江文書語言研究价值及俗字成因考析」,『中國山地民族研究集刊』
   第2輯(社會科學文獻出版社, 2014), 184-194쪽.
269) 陳婷婷,「清水江文書"天柱卷"俗字考例釋―以"躶""旺"爲例」,『人文世界』第7期
   (貴州大學出版社, 2016), 12-20쪽.
270) 史光輝·姚權貴,「從寫本文獻角度看清水江文書的价值」,『漢字漢語研究』第4期

이를 통해, '청수강 문서'를 중심으로 한 동어 어휘와 동족 문자 연구가 최근 10년간 집중되어 있으며, 관점이 다양하고 자료가 풍부하지만, 연구의 난이도가 높아 더 많은 연구가 필요한 시점이다.

6. 연구 쟁점과 전망

'연구의 역사'를 정리해서 봤을 때, 동족 문자 연구는 줄곧 큰 발전을 경험하지 못했으며, 문자 본체에 관한 연구 성과가 극히 제한적이다. 다만 최근 10년간 '청수강 문서(清水江文書)'의 언어와 문자 연구의 열풍으로 인해, 한어 속어와 한자 속자와의 연관성 때문에 동족 문자 연구가 비교적 자주 학술적 영역에 들어오게 되어 현재 동족 문자 연구의 유일한 주목점이 되었다. 앞으로의 동족 문자 연구는 확장할 수 있는 공간이 있지만, 자료 정리와 연구에는 어려움이 있다. 개척할 수 있는 분야는 다음과 같다.

첫째, 점진적으로 동문 문헌과 문자 데이터베이스를 구축하고, 한자로 동어음을 기록한 자료를 중심으로 관련 언어 연구를 전개한다. 이미 수집되고 간행된 한자 기록 동어음 문헌을 정리하고, 청수강 문서에서 동문 자료를 정리하여 점진적으로 데이터베이스를 구축한다. 한자 기록 동어음 자료의 체계적 분석을 통해 동어와 관련된 방언 음운, 역사 음운 현상을 조사하고, 동어와 한어의 관계어를 충실히 조사한다.

둘째, 점진적으로 동문 문헌과 문자 데이터베이스를 구축하고, 한어 속어와 동어 어휘를 변별하며, 동어 특유의 지명, 인명, 방언 속어

(2021).

등에 대해 체계적으로 연구한다.

셋째, 동문과 남방계 민족 문자를 비교 연구한다. 동문 문헌을 전면적으로 정리하여, 그중 방괴동자(方塊侗字)를 가능한 한 전면적으로 수집, 정리, 고증한다. 방괴동자의 형태 규칙을 종합하여, 공통된 언어문화 배경 및 문자 특징을 가진 남방계 민족 문자와 비교 연구한다. 예컨대, 주변의 장족 문자(壯文), 포의 문자(布依文), 수족 수자(水族水字) 등과의 비교 연구를 통해, 민족 문자의 한자 차용, 개조 규칙을 연구하고, 남방 민족 문자가 자체적으로 만든 문자의 공통 규칙을 탐구하여 비교 문자학과 일반 문자학 연구를 충실히 한다.

넷째, 동문 문헌과 관련된 문화를 연구한다. 동문 문헌이 반영하는 시대, 지역 문화, 종교, 민속 등 전문적인 주제의 문화는 모두 밝혀낼 필요가 있다.

제6절 이족 문자(彝文), 율속족 문자(傈僳文), 수족 문자(水字)

남방의 민족 문자 중에는 방괴문자(方塊文字) 외에도 다른 유형의 문자가 있다. 이들 문자는 창제 과정에서 한자나 다른 문자의 영향을 받았지만, 일부 또는 대부분의 문자 부호가 해당 민족의 문화적 심리를 반영하고 있다. 이러한 민족에는 이족(彝族), 율속족(傈僳族)[1], 수족(水族) 등이 있다. 아래에 이족, 율속족, 수족이 사용하는 문자와 그 발전사를 구체적으로 소개하고자 한다.

제1부 이족 문자(彝文)

1. 이족 문자(彝文)의 정의

이족 문자는 주로 중국의 운남(雲南), 사천(四川), 귀주(貴州), 광서(廣西) 세 성의 한 지역에 분포되어 있으며, 그중 사천성 양산이족자치주(凉山彝族自治州), 운남성 초웅이족자치주(楚雄彝族自治州), 홍하합니이족자치주(紅河哈尼彝族自治州)가 비교적 큰 세 개의 주요 거주지이다. 또한, 동남아시아의 베트남, 라오스 등 국경 내에서도 이족이

---

1) (역주) 리수족이라는 중국어 발음이 더 익숙한 소수 민족이지만, 본고에서는 한자음으로 통일시켰기에, 율속족이라고 표기하였다.

거주하고 있다.[2)]

이족은 자신들의 언어를 가지고 있을 뿐만 아니라, 이족이 역사적으로 이 언어를 기록하는 본 민족의 문자인 이문을 창조했다는 점은 굉장히 귀중한 일이라 하겠다.[3)] 중국과 해외에서 이미 소멸된 다른 많은 고대 문자들과 비교할 때, 이족 문자는 강한 생명력을 보여주어, 오늘날까지도 '살아있으며', 여전히 사용되고 있다.

이족 문자는 이어(彝語)에서 방언의 차이로 인해 각 지역의 명칭이 약간 다르다. 운남성 무정(武定), 녹권(祿勸) 일대의 이족은 이족 문자를 $na^{33}so^{33}su^{33}so^{55}mo^{11}$라고 부른다. 여기서 $na^{33}so^{33}$는 '이족'을 의미하고, su^{33}는 '책'을, so^{55}는 '표시, 기호'를, mo^{11}는 '흔적'을 의미한다. 이어에서 $so^{55}mo^{11}$를 연용하면 '표시, 부호'라는 뜻이다. 종합하면, 이족 문자는 이족이 책에 표시한 부호를 말한다.

사천성 양산(凉山)에서는 이족 문자를 $no^{33}su^{33}bu^{33}ma^{33}$라고 부른다. $no^{33}su^{33}$는 이족이 스스로를 부르는 호칭이고, bu^{33}는 '그림', ma^{33}는 '각각 개별 글자'를 의미한다. 귀주성 대방(大方) 일대의 이족은 이족 문자를 $n\mu^{55}su^{13}su^{33}na^{33}$라고 부른다. $n\mu^{55}su^{13}$는 '이족', su^{33}는 '책', na^{33}는 '눈'이라는 의미가 있는데, '검다' 또는 '한 점, 한 방울'이라는 의미도 있어 '글자의 눈'으로 확장될 수 있다. 다른 지역에도 유사한 명칭이 있다. 예컨대, 남부 방언에서는 $ni^{55}su^{33}su^{55}$, 동남부 방언 살니

---

2) 샤마라이(沙馬拉毅)의 조사에 따르면, 중국의 이족과 동남아시아 베트남, 라오스 등 국가의 이족 족속은 동일한 기원을 가지고 있으며, 이들 사이는 공통된 습속, 문화, 신앙을 가진 동일한 부족 집단이다.(沙馬拉毅, 「中國彝族及東南亞各國僳僳族之比較研究」, 『天府新論』第2期(2003))

3) 본고에서 '이문(彝文)'이라는 용어를 사용할 때, 특별한 설명이 없는 한 모두 전통 이문을 가리킨다. 전통 이문과 규범 이문 외에도, 이족은 역사적으로 다음과 같은 몇 가지 문자 부호를 사용했다. '폴라드식 이문(柏格里式彝文)', '요안 노국홍 음절 이문(姚安魯國洪音節彝文)', '양산 라틴 자모식 이문(凉山拉丁字母式彝文)', 그리고 운남 녹권(祿勸)에서 사용된 일종의 그림 성질의 문자이다.

어(撒尼語)에서는 $ni^{21}si^{55}$, 아철지계(阿哲支系)에서는 $a^{21}t_{\mathcal{S}}\vartheta^{33}su^{55}$ 등으로 부른다.[4]

이족 각 지역의 이문 명칭의 발음 차이는 결국 한문 전적에서 이문 명칭이 다양하게 변이되는 상황을 초래했다.[5] 한문의 역사서와 지방지 기록에서 이문은 일찍이 통일된 명칭이 없었으며, 일반적으로 앞에는 족칭이나 필마(畢摩) 명칭을 붙이고 뒤에 '문(文)' 또는 '자(字)'를 더하는 방법으로 명명했다. 예컨대, 찬문(爨文)[6], 율속문(倮儸文), 필마문(畢摩文), 서파문(西波文), 북문(僰文), 이문(夷文), 나라문(羅羅文), 만문(蛮文), 산민문(散民文), 백이문(白夷文), 자군문(子君文), 찬자(爨字), 이자(夷字), 위서(韙書), 찬서(爨書), 이경(夷經) 등이다. 이러한 명칭들은 이문이 비교적 오래된 문자임을 보여주는 동시에 이문이 서로 다른 지역에서 전해지고 다른 역사 시기에 발전한 것을 반영하고 있다.[7]

현재 이 문자는 운남성, 사천성, 귀주성, 광서성에 모두 분포되어 있다. 그러나 여러 가지 객관적 조건의 제약으로 인해 이들 네 개의 성에서 이문의 분포 상황은 비교적 복잡한데, 서로 다른 방언 구역 간에는 문자 차이가 크고, 같은 방언 구역 내부의 차이는 작다. 또한, 같은 방언 구역 내에서도 서로 다른 토어 간의 차이는 크고, 같은 토어 내부의 차이는 작다. 그리고 같은 토어 구역 내에서도 서로 다른 마을, 서로 다른 유파의 필마를 사용하는 글자에도 차이가 있다.[8] 예컨대, 주유동(周裕棟)은 운남 지방지(地方志)의 기록과 해방 전후 조사 발굴한 자료를 종합하여, "운남에는 많은 이족이 이문을 사용했거나

---

4) 朱崇先, 『葬族典籍文化硏究』(中央民族大學出版社, 1996), 15-16쪽.
5) 朱崇先, 『彝族典籍文化硏究』(中央民族大學出版社, 1996), 16쪽.
6) 일부 학자들은 이문(彝文)과 찬문(爨文)이 전혀 관련이 없다고 여긴다.(羅顯仁, 「彝文非爨文」, 『貴州彝學』(民族出版社, 2000), 224-235쪽.)
7) 白興發, 『彝族文化史』(雲南民族出版社, 2002), 67쪽.
8) 孔祥卿, 『彝文的源流』(民族出版社, 2005), 278쪽.

사용하고 있다. 이러한 이문은 한 종류가 아니라 여러 종류이다. 이들은 이문 발전의 서로 다른 단계를 대표하며, 이족 발전의 역사와 밀접하게 연관되어 있고, 하위분파, 방언, 토어 사이에 복잡한 관계를 가지고 있다."라고 밝혔다.9) 『전천검계 이문자집(滇川黔桂彝文字集)』은 네 개의 성에 있는 이문의 단어들을 한데 모았는데, 그중에는 운남성의 녹권(祿勸), 무정(武定) 이문 단어 18,588개, 선위(宣威) 4,000개, 홍하(紅河)·옥계(玉溪) 16,140개, 석림(石林) 2,644개, 미륵(彌勒) 5,531개가 있고, 사천성의 21,360개, 귀주성의 17,650개, 광서성의 1,133개가 수록되어 있다.10) 그러나 이 글자집에 수록된 이문 단어들은 각 지역에 있는 이족 문자를 전부 수집한 것이 아니다. 다시 말해, 이족 문자가 각 지역에 실제로 분포하는 수량은 위의 데이터보다 훨씬 더 많다고 할 수 있다.

2. 연구의 역사

이족 문자 연구의 역사는 상당히 오래되어, 늦어도 19세기 전반기에는 이미 학자들이 진정한 의미의 이족 문자 연구를 시작했다. 해방전, 양성지(楊成志)가 소장하고 있던 『곤명 서향 이문 단어 주석(昆明西鄕彝文單字注釋)』은 '지금까지 발견된 최초의 고대 이족 문자 자서'이다. 이 책의 저자 필문룡(畢文龍)은 1804년에 이 책의 편록을 시작하여 1817년에서야 원고를 완성하였으니, 13년의 세월이 걸렸다.11)

---

9) 周裕棟, 「雲南彝文的使用和傳播」, 『民族研究』第6期(1980).
10) 滇川黔桂彝文協作組, 『滇川黔桂彝文字集』(雲南民族出版社·四川出版集團·四川民族出版社·貴州民族出版社, 2004).
11) 朱崇先, 「<昆明西鄕彝文單字注釋>的初步研究」, 『中央民族學院學報(哲學社會科學版)』第4期(1988).

이는 현재까지 중국의 이족 문자 연구의 시초로 볼 수 있다.

이족 문자 연구자의 대열 또한 상당히 방대하여, 원래 이족 학자들 뿐만 아니라 한족 등 다른 민족의 학자들도 이족 문자를 연구하고 있으며, 심지어 많은 외국 학자들도 이족 문자를 연구하고 있다.12)

최근 200년간 중국과 외국 학자들의 관련 연구를 종합해 보면, 기존의 이족 문자 연구 성과가 상당히 고무적임을 쉽게 알 수 있다. 학자들은 이미 다양한 관점(창제 시기, 성질, 구조 방식, 다른 문자와의 관계, 공구서의 편찬 등)에서 이족 문자에 대해 심도 있게 연구했다. 그러나 전체적으로 볼 때, 이족 문자 연구의 중심지는 여전히 중국에 있으며, 이 연구가 학술적 붐을 맞이한 것은 '문화대혁명' 이후에 시작되었다.

3. 연구 진전

(1) 이족 문자의 창제 시기에 관하여

이 문제에 대해 학술계의 의견은 매우 다양하다. 정리하면 주로 다음과 같은 다섯 가지 관점이 있다.

1. 이족 문자가 선진(先秦) 시기에 창제되었다는 견해
이 관점을 지지하는 연구자들은 주로 이족의 학자들이며, 그 대표적 인물로는 정춘수(丁椿壽)13), 주건신(朱建新)14), 진영(陳英)15), 황건

---

12) 黃建明, 『彝文文字學』(民族出版社, 2003), 162-163쪽.
13) 丁椿壽, 『彝文論』(四川民族出版社, 1993), 27-34쪽.

명(黃建明)16) 등이 있다.

2. 이족 문자가 춘추전국 시기에 창제되었다는 견해

이 관점은 이생복(李生福)17), 주문욱(朱文旭)18), 공상경(孔祥卿)19) 등이 대표적이다.

3. 이족 문자가 한대(漢代)에 창제되었다는 견해

마학량(馬學良)20), 초가성(肖家成21)), 무자립(武自立)22) 등이 이 관점을 대표한다.

4. 이족 문자가 한당(漢唐) 이전에 창제되었다는 견해

여굉모(余宏模)23), 풍시(馮時)24) 등이 대표적 인물이다.

5. 이족 문자가 당대(唐代)에 창제되었다는 견해

이 관점은 진사림(陳士林)25)이 대표적이다.

---

14) 朱建新,「彝漢文淵源之爭述略」,『西南民族學院學報(哲學社會科學報)』第1期 (1990).

15) 陳英,「古陶文與彝文對比硏究」,『中國民族古文字硏究』 第2輯(天津古籍出版社, 1993), 159-164쪽.

16) 黃建明,『彝文文字學』(民族出版社, 2003), 91-96쪽.

17) 李生福,「古彝文及其造字規律新探」,『貴州民族硏究』第2期(2001).

18) 朱文旭, 馬娟,「彝文中的借漢字硏究」,『三月三·少數民族語文』第6期(2005).

19) 孔祥卿,『彝文的源流』(民族出版社, 2005).

20) 馬學良,「彝文和彝文經書」,『民族語文』第1期(1981).

21) 肖家成, 武自立, 紀嘉發,「彝文源流試論」,『雲南社會科學』第3期(1982).

22) 武自立,「彝文的起源和發展」,『涼山彝族奴隶制硏究』第1期(1981).

23) 余宏模,「試論彝族文字的起源和發展」,『彝族語言文字論文選』(四川民族出版社, 1988), 294-306쪽.

24) 馮時,「龍山時代陶文與古彝文」,『光明日報』1993年6月6日.「山東丁公龍山時代文字解讀」,『考古』第1期(1994).

25) 陳士林,「彝文硏究的基础和前景」,『中國民族古文字硏究』(中國社會科學出版社, 1984), 275-299쪽.

(2) 이족 문자와 다른 종류의 문자, 부호와의 관계에 대하여

이 문제에 대해 학술계에서는 주로 다음과 같은 다섯 가지 관점이 있다.

1. 이족 문자가 독창적인 민족 고문자라는 견해

마학량(馬學良)[26], 사금파(史金波[27]), 정춘수(丁椿壽)[28], 이가상(李家祥)[29] 등이 이 관점을 지지한다.

2. 이족 문자 중에 한자를 차용한 경우가 있다는 견해

이 관점은 어느 정도 위의 첫 번째 관점에 대응하여 제기된 것이다. 1930년대에 문유(聞宥)는 이족 문자의 "약간 중요한 단위는 대체로 한문에서 취했다. 그 취함이 또한 비교적 긴 시간을 거친 것으로 보이고, 대략 때로는 취하고 때로는 폐기하여 모두 보존되지 않았으며, 각 지파 간에도 모두 일치하지 않는다. 오늘날 볼 수 있는 것 중에는 전서체(篆文)와 유사한 흔적을 유지하고 있는 것도 있고,……완전히 해서(楷書)와 일치하는 것도 있다."고 지적했다.[30] 이후 진사림(陳士林)[31], 육석흥(陸錫興)[32], 황진화(黃振華)[33], 주문욱(朱文旭)[34] 등도 모두 논문을 통해 이 관점을 제시했다.

---

26) 馬學良, 「彝文和彝文經書」, 『民族語文』 第1期(1981).
27) 史金波, 「中國少數民族古文字槪說」, 『民族研究』 第5期(1984).
28) 丁椿壽, 「彝文非仿漢字論」, 『貴州民族研究』 第4期(1989).
29) 李家祥, 「論彝文之創立與發展」, 『貴州民族研究』 第4期(1992).
30) 聞宥, 「讀爨文叢刻」, 『圖書季刊』 第4期(1936).
31) 陳士林, 「試論彝文的起源·類型和造字法原則問題」, 『羅常培紀念論文集』(商務印書館, 1984), 141-158쪽.
32) 陸錫興, 『漢字傳播史』(語文出版社, 2002), 125-126쪽.
33) 黃振華, 「古體彝文字源考」, 『文津學志』 第1輯(北京圖書館出版社, 2003), 1-46쪽.
34) 朱文旭, 馬娟, 「彝文中的借漢字研究」, 『三月三·少數民族語文』 第6期(2005).

3. 이족 문자와 한자가 동원이류(同源異流)의 관계라는 견해

이 관점은 이미 1930년대에 정문강(丁文江)이 『찬문총각(갑편)·자서
(爨文叢刻(甲編)·自序)』에서 제기했다.35) 학술계에서 이 관점을 지지하
는 사람이 많은 편이다. 예컨대, 여굉모(余宏模)는 채도 부호가 이족
문자와 한자의 공통 기원일 것이라고 보았다.36) 진영(陳英)은 반파 도
부(陶符)가 이문과 한문의 공통 시조이며, 이문과 한문이 동일한 기원
에서 나왔다고 제안했다.37) 정춘수(丁椿壽)도 1980년대 초에 논문을
통해 "이문과 한문이 동일한 기원이라는 것은 이미 사람들이 공인하
는 사실이다. …… 이족 문자는 발생학상 한자와 매우 뚜렷한 역사적
연원 관계가 있다."고 제시했다.38)

4. 이족 문자가 파촉(巴蜀) 문자의 영향을 받아 생겼다는 견해

이족 문자와 파촉 문자의 관계 문제는 매우 일찍부터 학술계의 주
목을 받았다. 마학량(馬學良)39), 육석흥(陸錫興)40), 풍광홍(馮廣宏)41),
공상경(孔祥卿)42) 등이 모두 이 문제를 탐구했다.

5. 이족 문자가 도부(陶符)를 새기는 기초 위에서 발전해왔다는 견해

이 관점은 이족 문자 연구계에서 상당한 지지를 받고 있다. 1970
년대, 귀주성 필절(畢節) 이족 문자 번역팀의 나국의(羅國義) 등은 반
파에서 출토된 새김 부호 중 일부가 이족 문자의 기본 필획, 편방 부

---

35) 丁文江,「自序」, 『爨文叢刻(甲編)』(商務印書館, 1936), 1-2쪽.
36) 余宏模,「試論彝族文字的起源和發展」, 『彝族語言文字論文選』(四川民族出版社,
    1988), 294-306쪽.
37) 陳英,「試論漢彝民族的歷史淵源」, 『貴州民族研究』 第1期(1980).「對比研究彝漢
    古文化的啓示」, 『貴州民族學院學報(社會科學版)』 第2期(1998).
38) 丁椿壽, 于風城,「論彝文的類型及其超方言問題」, 『貴州民族研究』 第1期(1981).
39) 馬學良等, 『彝族文化史』(上海人民出版社, 1989), 143쪽.
40) 陸錫興, 『漢字傳播史』(語文出版社, 2002), 123쪽.
41) 馮廣宏,「巴蜀文字的期待(七)」, 『文史雜志』 第1期(2005).
42) 孔祥卿, 『彝文的源流』(民族出版社, 2005), 77-78쪽.

수와 유사하고, 일부는 이족 문자의 형태, 독음, 의미로 해독할 수 있다고 보았다.43) 이후 일부 학자들도 잇달아 논문을 통해 이 관점을 지지했다. 주목할 만한 것은 일부 학자들이 도부와 이족 문자의 관계를 연구할 때 사용한 도부 자료가 더 이상 반파 도부에 국한되지 않았다는 점이다. 예컨대, 유지일(劉志一)은 이족 문자가 대지만(大地灣), 반파, 강채(姜寨) 등지에서 출토된 도부(陶符)에서 발전해왔다고 생각했다.44) 풍시(馮時)는 11개의 정공도문(丁公陶文)을 고이문(古彝文)으로 해독하여 정공도문이 바로 고이문이라고 보았다.45) 왕계초(王繼超)와 진장우(陳長友)는 용산(龍山), 이리두(二里頭) 등지에서 출토된 도문과 이문이 발생학상 필연적인 연관성이 있다고 여겼다.46) 주거원(朱琚元)은 "이문과 가호(賈湖), 팽두산(彭頭山) 유적에서 출토된 새김 부호 사이에 일정한 원류 관계가 있다."고 여겼다.47) 그러나 진사림(陳士林)48), 여굉모(余宏模)49), 왕정현(王正賢)50), 이생복(李生福)51) 등의 학자들은 동시에 이문과 출토된 도부의 관계를 논할 때 신중해야 하며, 단순히 형체 비교를 통해 쉽게 단정 지어서는 안 된다고 지적했다.

---

43) 余宏模, 「試論彝族文字的起源和發展」, 『彝族語言文字論文選』(四川民族出版社, 1988), 294-306쪽.
44) 劉志一, 「論民族文字的起源·發展與消亡」, 『中央民族學院學報』第1期(1988).
45) 馮時, 「龍山時代陶文與古彝文」, 『光明日報』1993年6月6日. 「山東丁公龍山時代文字解讀」, 『考古』第1期(1994).
46) 王繼超·陳長友, 「彝族源初探──兼論彝族文字的歷史作用」, 『中央民族大學學報(哲學社會科學版)』第3期(1993).
47) 朱琚元, 『中華萬年文明的曙光: 古彝文破譯賈湖刻符·彝器辨明文物』(雲南人民出版社, 2003), 136쪽, 170쪽.
48) 陳士林, 「規范彝文的實踐效果和有關的幾個問題」, 『民族語文』第4期(1979).
49) 余宏模, 「試論彝族文字的起源和發展」, 『彝族語言文字論文選』(四川民族出版社, 1988), 294-306쪽.
50) 王正賢, 「彝文金石述略」, 『貴州民族研究』第2期(2002).
51) 李生福, 「論彝族文字的社會性和群衆性」, 『中國彝學』第2輯(民族出版社, 2003), 28-36쪽.

(3) 이족 문자의 성질

이문의 성질에 관한 문제는 학자들이 많이 토론하고 주목하는 부분이지만 또한 의견 차이가 매우 큰 문제 중 하나이다.[52]

1. 이족 문자가 상형문자라는 견해

이 관점은 20세기 전반기에 제시되었으며, 정문강(丁文江)[53], 강응량(江應梁)[54]이 대표적이다. 현재는 이 관점을 지지하는 학자가 거의 없다.

2. 이족 문자가 표의문자라는 견해

이 설은 정춘수(丁椿壽)[55], 왕정현(王正賢)[56], 육석흥(陸錫興)[57] 등이 대표적이다.

3. 이족 문자가 음절문자라는 견해

이 관점을 지지하는 학자가 비교적 많으며, 비교적 일찍 이 설을 제시한 것은 양성지(楊成志)[58]와 가상봉(柯象峰)[59]이다. 이후 부무적(傅懋勣)[60], 이방계(李方桂)[61], 진사림(陳士林)[62], 장공근(張公瑾)[63], 나

---

52) 규범 이문(彝文)의 성질에 대해서는 학계의 견해가 대체로 일치하며, 큰 논란이 없다. 따라서 여기서는 상술하지 않겠다.

53) 丁文江, 『爨文叢刻(甲編)』(商務印書館, 1936).

54) 江應梁, 「西南邊區的特种文字」, 『邊政公論』 第1期(1945).

55) 丁椿壽, 『彝文論』(四川民族出版社, 1993), 51쪽.

56) 王正賢, 「唄耄·彝文·文獻」, 『彝語文集』(貴州民族出版社, 1993), 31-53쪽.

57) 陸錫興, 『漢字傳播史』(語文出版社, 2002), 125-126쪽.

58) 楊成志, 「羅羅文字的起源及其內容一般」, 『國立中山大學語言歷史學研究所周刊』 第125-138期(1930).

59) 柯象峰, 「羅羅文字之初步研究」, 『金陵學報』 第1-2期(1938).

60) 羅常培, 傅懋勣, 「國內少數民族語言文字的概況」, 『中國語文』 第21期(1954).

61) Fang-kuei Li, "Languages and dialects of China". *Journal of Chinese Linguistics*,

미진(羅美珍)64), 섭홍음(聶鴻音)65) 등도 모두 이 관점에 동의했다.

　4. 이족 문자가 표의적 음절문자라는 견해

　이 관점은 마학량(馬學良)66)이 제시했다. 이후 나건곤(那建坤)67), 아루핀하오(阿魯品豪)68), 풍시(馮時)69), 아위티에르(阿余鐵日)70), 황건명(黃建明)71) 등이 모두 이 설을 받아들였다.

　5. 이족 문자가 의미와 소리를 동시에 표기하는 문자라는 견해

　무자립(武自立)72), 주문욱(朱文旭)73), 호소화(胡素華)74), 주유광(周有光)75), 주건신(朱建新)76), 주거원(朱琚元)77) 등이 모두 이렇게 보았다.

　6. 이족 문자가 단어 단위 표기 문자라는 견해

　이 관점은 공상경(孔祥卿)78)이 제시했다.

　　1973 (01), p.l.

62) 陳士林,「規范彝文的實踐效果和有關的幾个問題」,『民族語文』第4期(1979).

63) 張公瑾,「中華民族的共同財富─談談我國各民族的語言和文字」,『百科知識』第10期(1981).

64) 羅美珍,「我國少數民族的語言和文字」,『語文研究』第2期(1983).

65) 聶鴻音,『中國文字槪略』(語文出版社, 1998), 198쪽.

66) 馬學良,「再論彝文"書同文"的問題─兼論彝文的性質」,『中央民族學院學報』第2期(1986).

67) 那建坤,「彝文部首淺析」,『貴州民族研究』第2期(1989).

68) 阿魯品豪,「統一規范彝族文字勢在必行」,『彝語文集』(貴州民族出版社, 1993), 77-90쪽.

69) 馮時,「山東丁公龍山時代文字解讀」,『考古』第1期(1994).

70) 阿余鐵日,『彝文字形探源』(四川民族出版社, 2001).

71) 黃建明,『彝文文字學』(民族出版社, 2003).

72) 武自立, 紀嘉發, 肖家成,「云貴彝文淺論」,『民族語文』第4期(1980).

73) 朱文旭,「彝文說略」,『彝族文化研究論文集』(四川民族出版社, 1993), 168-186쪽.

74) 胡素華,「論彝文類型爭議」,『中國彝學』第1輯(民族出版社, 1997), 165-176쪽.

75) 周有光,「文字發展規律的新探索」,『民族語文』第1期(1999).

76) 朱建新,「傳統文字分類理論及分類標准的反思與評說──兼論彝文的文字類型」,『西南民族大學學報(人文社科版)』第8期(2003).

77) 朱琚元,『中華萬年文明的曙光─古彝文破譯賈湖刻符·彝器辨明文物』(雲南人民出版社, 2003), 59쪽.

78) 孔祥卿,『彝文的源流』(民族出版社, 2005), 276-277쪽.

(4) 이족 문자의 구조 방식

이족 문자의 구조 방식 또한 학자들이 이족 문자 연구에서 많이 주목하는 문제 중 하나이다. 그러나 학자마다 각기 다른 분류 결과를 내놓기도 하는데, 간단히 나열하면 다음과 같다.

- 무자립(武自立), 기가발(紀嘉發), 초가성(肖家成): 상형(象形), 회의(會意), 가차(假借).[79]
- 마학량(馬學良): 상형(象形), 상의(象意), 전위법(轉位法)(上下轉位, 上下左右轉位, 斜轉), 증점법(增點法), 가차(假借).[80]
- 황건명(黃建明): 상형(象形)(具體象形, 抽象象形), 지의(指意)(抽象指意, 原文上加指意符号, 合體指意), 변체(轉位變體, 增減筆畵變體, 綜合變體).[81]
- 주문욱(朱文旭): 상형(象形)(象身, 象物, 象工), 상의(象意), 가형(假形).[82]
- 정춘수(丁椿壽): 상형(象形), 지사(指事), 회의(會意), 형성(形聲), 가차(假借), 의차(義借).[83]
- 주유광(周有光): 상형(象形), 회의(會意), 지사(指事), 가차(假借), 형성(形聲).[84]
- 주건신(朱建新): 상형(象形), 지사(指事), 회의(會意), 유형(類形), 유성(類聲), 유의(類義).[85]

---

79) 武自立, 紀嘉發, 肖家成, 「云貴彝文淺論」, 『民族語文』 第4期(1980).
80) 馬學良, 「再論彝文"書同文"的問題—兼論彝文的性質」, 『中央民族學院學報』 第2期(1986).
81) 黃建明, 「論彝文造字法」, 『中國民族古文字研究』 第3輯(天津古籍出版社, 1991), 134-146쪽. 『彝文文字學』(民族出版社, 2003), 128-136쪽.
82) 朱文旭, 「彝文形聲初探」, 『彝族文化研究論文集』(四川民族出版社, 1993), 205-220쪽.
83) 丁椿壽, 『彝文論』(四川民族出版社, 1993), 60-70쪽, 99-112쪽.
84) 周有光, 「六書有普遍适用性」, 『中國社會科學』 第5期(1996).
85) 朱建新, 「彝文造字法新探」, 『西南民族學院學報(哲學社會科學版)』 第3期(1999).

- 이생복(李生福): 독체(獨體), 합체(合體), 중첩(重迭), 연체(連體), 형근 (形近), 상형(象形), 기타.[86]
- 아위티에르(阿余鐵日): 상형(象形), 지사(指事), 회의(會意), 형성(形聲), 전주(轉注), 가차(假借).[87]
- 육석흥(陸錫興): 상형자(象形字), 지사자(指事字), 회의자(會意字), 형성자 (形聲字)(意符和意兼聲符合成, 兩个意兼聲符号合成), 구성 성분 형체 변 화자(위치 교환, 필획 증가 또는 감소, 앞 두 유형의 종합적 변화).[88]
- 이가상(李家祥): 독체식 직표형(直表形) 문자, 합체식 곡표형(曲表形) 문 자, 간박식(簡朴式) 비표형(非表形) 문자, 복욕식(夏縟式) 비표형 문자.[89]
- 주거원(朱琚元): 상형(象形), 지사(指事), 회의(會意), 독체자 위에 필획 을 추가하여 다른 독체자 구성(원래 독체자와 새 글자가 음과 뜻에 서 내재적 연관이 없음. 원래 글자와 새 글자의 의미는 다르거나 내재적 연관이 없지만 음이 같거나 비슷함), 통가차용(通假借用).[90]
- 바처르후오어(巴且日火): 상형(象形), 회의(會意), 지사(指事), 형성(形 聲), 가차(假借).[91]
- 공상경(孔祥卿): 상형(象形), 시의(示義), 가차(假借), 전주(轉注), 차자 (借字).[92]

(5) 이족 문자의 정보화 처리

이족 문자의 정보화 처리 작업은 1980년대부터 시작되었으며, 수 십 년의 발전을 거쳐 이족 문자 정보화 처리 작업은 이미 괄목할 만

---

86) 李生福,「古彝文及其造字規律新探」,『貴州民族研究』第2期(2001).
87) 阿余鐵日,『彝文字形探源』(四川民族出版社, 2001), 서론 2쪽.
88) 陸錫興,『漢字傳播史』(語文出版社, 2002), 126-129쪽.
89) 李家祥,「彝文形態結构方式簡析」,『涼山大學學報』第3期(2002).
90) 朱琚元,『中華萬年文明的曙光: 古彝文破譯賈湖刻符·彝器辨明文物』(雲南人民出版 社, 2003), 50-59쪽.
91) 巴且日火,「淺談彝族文字類型」,『涼山大學學報』第4期(2000).
92) 孔祥卿,『彝文的源流』(民族出版社, 2005), 258-270쪽.

한 성과를 거두었다. 컴퓨터 이족 문자 시스템의 연구 개발을 예로 들면, 1982년부터 지금까지 이미 십여 종의 이족 문자 컴퓨터 시스템이 출시되었다. 동시에 이족 문자 정보 처리 관련 표준도 계속해서 제정되었다. 1992년 국가기술감독국이 『정보교환용 이족 문자 인코딩 코드집(信息交換用彝文編碼字符集)』, 『정보교환용 이족 문자 15x16 도트 매트릭스 자형집 및 데이터집(信息交換用彝文字符15x16点陣字模集及數据集)』을 발표 시행했고, 1997년에는 『정보교환용 이족 문자 24x24 도트 매트릭스 자형집 및 데이터집(信息交換用彝文字符24x24点陣字模集及數据集)』을 발표했다. 1993년에는 『정보교환용 이족 문자 인코딩 코드집』 국제 표준 방안의 연구 개발이 완성되었고, 1994년에는 국제정보표준기구의 ISO/IEC JTC1/SC2/WG2 제25차 회의에 '이족 문자 인코딩을 ISO/IEC 10646 BMP에 포함시키는 것에 관한 제안'을 제출했다. 1999년, 6년간의 적극적인 노력 끝에 국제정보표준기구가 마침내 이 제안을 승인하여, 2000년판 국제정보표준집에 수록되었다.93)

이외에도, 샤마라이(沙馬拉毅)와 전옥지(錢玉趾)의 「규범 이족 문자 인코딩 방안(規范彝文編碼方案)」94), 『컴퓨터 이족 문자 정보 처리(計算機彝文信息處理)』, 「컴퓨터 이족 문자 운영 시스템의 연구 개발(計算機彝文操作系統的研制)」95), 오병(吳兵), 장남(張楠), 류옥평(劉玉萍), 은봉(殷鋒)의 「X윈도우 시스템에서의 이족 문자 국가 표준 인코딩과 디스플레이(X窗口系統中彝文國標編碼與顯示)」96), 오병, 사군(史軍), 류옥평,

---

93) 沙馬拉毅, 「計算機彝文信息處理研究」, 『西南民族學院學報(哲學社會科學版)』 第S3期(2000).

94) 沙馬拉毅, 錢玉耻, 「規范彝文編碼方案」, 『中文信息』 第3期(1990).

95) 沙馬拉毅, 『計算機彝文信息處理』(四川民族出版社, 2000). 「計算機彝文操作系統的研制」, 『西南民族學院學報(自然科學版)』 第1期(2003).

96) 吳兵, 張楠, 劉玉萍, 殷鋒, 「X窗口系統中彝文國標編碼與顯示」, 『西南民族大學學

장남, 왕리(王莉)의 「Linux 시스템 기반의 이족 문자 입력 동적 연결(基於Linux系統的彝文輸入動態挂接)」[97]은 모두 이족 문자 정보화 처리의 새로운 성과들이다. 우리도 전통 이족 문자의 자형 데이터베이스 구축 문제에 대해 일부 미숙한 고찰을 한 바 있다.[98]

(6) 기타

이족 문자 연구는 위에서 언급한 몇 가지 측면에서 중요한 성과를 거둔 것 외에도, 다음과 같은 분야에서도 학자들의 연구가 이루어졌다. 다만 연구의 깊이와 범위는 아직 매우 부족하다.

1. 이족 문자의 이체자 문제

이체자 현상은 이족 문자의 중요한 문자 현상으로, 문유(聞宥)가 말했듯이, "(이문의) 글자 하나에 형태가 다른 것이 많아 거의 은허 갑골문에서 보이는 것과 맞먹는다."[99] 진사림(陳士林)도 이문에 "한 글자에 여러 형태가 존재(一字多形)"하는 현상이 있다고 언급했으며, "대부분의 기본자가 각각 몇 개, 십여 개, 수십 개, 심지어 백여 개의 이체자를 가지고 있다."[100] 마이자(馬爾子)는 양산(凉山) 이족의 '필변백이십(畢變百二十)'(즉, 필마[101])가 한 글자를 120개의 이체자로 변화

　　報(自然科學版)』第6期(2004).
97) 吳兵, 史軍, 劉玉萍, 張楠, 王莉, 「基於Linux系統的彝文輸入動態挂接」, 『西南民族大學學報(自然科學版)』第4期(2005).
98) 朱建軍, 「古彝文字庫建設的幾点思考」, 『湖州師范學院學報』第1期(2003).
99) 聞宥, 「川滇黔羅文之比較」, 『中國文化研究匯刊』第7卷(金陵大學中國文化研究所·齊魯大學國學研究所·華西大學中國文化研究所, 1947), 245-249쪽.
100) 陳士林, 「試論彝文的起源, 類型和造字法原則問題」, 『羅常培紀念論文集』(商務印書館, 1984), 141-458쪽.
101) (역주) 필마(畢摩)는 중국 이족(彝族) 사회에서 중요한 역할을 하는 종교적, 문

시킬 수 있다)이라는 말을 인용하여 이족 문자에 보편적으로 존재하는 이러한 이체 현상을 형상적으로 설명하고, 필마(畢摩)들의 오기나 변조가 이체자가 널리 퍼지게 된 주요 원인이라고 보았다.102) 정춘수(丁椿壽)는 이족 문자의 이체 현상에 대해 전문적으로 논의했으며, 이족 문자의 이체자 판단의 기준 및 이체자 출현의 원인에 대해 자신의 견해를 제시했다.103) 주거원(朱琚元)은 두 가지 측면에서 이족 문자에 이체자가 많은 이유를 설명했다.104) 또한, 마학량(馬學良)은 『이문 경적 문화사전(彝文經籍文化辭典)』의 부록에서 「이문 상용자와 이체, 변체자 대조표(彝文常用字與異體·變體字對照表)」를 정리했는데, 이족 문자의 이체자 정리 작업은 현재까지 마학량 외에는 다른 사람이 한 것 같지 않다. 그러나 이 작업은 이족 문자의 이체 현상을 체계적으로 연구하는 데 필수적인 단계이므로, 마학량이 정리한 이 대조표는 그 학술적 가치가 매우 크다고 할 수 있다.105)

  2. 이족 문자의 고증과 해석

  이족 문자의 고증은 이족 문자 연구의 기초 작업이다. 진사림(陳士

화적 지도자를 말한다. 이들은 구체적으로 이족의 전통 종교인 필마교의 사제이자 샤먼들이다. 주로, '종교 의례 수행', '전통 문화 전승', '의료 및 치유 활동', '이족 문자(이문) 보존 및 전파'의 역할을 하는데, 이족 사회에서 매우 존경받는 위치에 있으며, 지식과 문화의 수호자로 여겨지고 있다. 이들의 지위는 일반적으로 가족 내에서 대대로 전승되며, 오랜 기간의 학습과 훈련이 필요하다. 필마들이 이족 문자를 사용하고 보존하는 주요 집단이기 때문에 이문(彝文)의 변화와 전파에 큰 영향을 미쳤다고 할 수 있다. 또한, 이들은 오늘날에도 이족의 문화 정체성 유지에 중요한 역할을 하고 있다.

102) 馬爾子, 「彝文的歷史發展和四川規范彝文」, 『中國民族古文字研究』第4輯(天津古籍出版社, 1994), 225-230쪽.
103) 丁椿壽, 『彝文論』(四川民族出版社, 1993), 121-126쪽.
104) 朱琚元, 『中華萬年文明的曙光: 古彝文破譯賈湖刻符·彝器辨明文物』(雲南人民出版社, 2003), 59-61쪽.
105) 馬學良, 『彝文經籍文化辭典』(京華出版社, 1998), 703-717쪽.

林)은 1980년대 초에 논문을 통해 "고이문의 해독, 고증, 번역·주석이 중요한 역할을 한다."고 제안하고, 여덟 가지 예를 들어 이족 문자의 고증 작업을 시도했으며, 동시에 종합법이 비교적 효과적인 해독법이라고 제안했다.106) 또한, 그는 귀주성의 이족 문자에서 '↵⊢'자에 대해 전문적으로 논의했다.107) 이가상(李家祥)은 이족 문자와 한자의 상형자에 형태가 같거나 비슷한 현상이 있음을 논의하면서 이족 문자에서 '수(水)'와 '합(盒)'자의 조자 근거에 대해 고증했다.108) 정춘수(丁椿壽)는 이족 문자를 분석할 때, '글자의 형체 구조 분석 식별, 비교법, 역사 고증법'이라는 세 가지 기본 방법을 제시했다.109) 아위티에르(阿余鐵日)는 155개의 현행 상용 이족 문자 형태의 기원을 추적하여, 글자의 형태와 의미의 결합을 통해 '이문이 어떤 형상, 어떤 의미에 근거하여 글자를 만들었는지' '어떻게 발전 변화했는지' 등의 문제에 대해 직관적인 분석을 했다.110) 황진화(黃振華)는 445개의 한자를 차용한 이족 문자의 자원(字源)에 대해 고증했다.111) 공상경(孔祥卿)은 180여 개의 공통 이자(彝字)의 자형 기원 및 형태·독음·의미의 발전 변화를 해석하고 분석했다.112) 또한, 양첩려(梁帖廬)와 나정인(羅正仁)은 각각 『율율초전(倮倮初箋)』과 『이문 자의 해석(彝文字義剖析)』을 저술하여 이문에 대한 고증 작업을 했다.113)

---

106) 陳士林, 「彝文研究的基础和前景」, 『中國民族古文字研究』(中國社會科學出版社, 1984), 275-299쪽.

107) 陳士林, 「說 "↵⊢"[ɤ a⊣]─關於彝文造字法原則的幾点體會」, 『萬里彝鄕卽故鄕─陳士林著述及紀念文選集』(西北工業大學出版社, 1994), 109-114쪽.

108) 李家祥, 「論彝文之創立與發展」, 『貴州民族研究』第4期(1992).

109) 丁椿壽, 『彝文論』(四川民族出版社, 1993), 20-23쪽.

110) 阿余鐵日, 『彝文字形探源·序言』(四川民族出版社, 2001).

111) 黃振華, 「古體彝文字源考」, 『文津學志』第1輯(北京圖書館出版社, 2003), 1-46쪽.

112) 孔祥卿, 『彝文的源流』(民族出版社, 2005).

113) 黃建明, 『彝文文字學』(民族出版社, 2003).

3. 지역별 이족 문자 비교

지역별 이족 문자의 비교 연구는 과오지·니하(果吉·寧哈)의『운남성, 사천성, 귀주성, 광서성 이족 문자를 논함(論滇川黔桂彝族文字)』과『운남성, 사천성, 귀주성, 광서성 이문 단어 대비 연구(滇川黔桂彝文單字對比研究)』114)라는 진정한 의미의 네 개의 성에 있는 이족 문자를 비교·연구한 전문 저서 2권 외에도, 공상경(孔祥卿)의『이문의 원류(彝文的源流)』115)와 왕원록(王元鹿) 등의『중국 문자 발전사·민족 문자권(中國文字發展史·民族文字卷)』116)도 각 성에 있는 이족 문자를 비교·연구한 성공적인 탐색으로 볼 수 있다. 반면 다른 학자들이 수행한 비교 연구는 상대적으로 산발적이고 체계적이지 못한 것으로 보인다.

무자립(武自立), 기가발(紀嘉發), 초가성(肖家成)은 운남성의 '녹춘/신평(綠春/新平)', '녹권무정(祿勸武定)', '노남미륵(路南彌勒)'과 귀주성의 '대방위녕(大方威寧)' 네 지점의 339개의 글자(단어)를 정량적으로 비교하여, "네 지점의 이족 문자가 같거나 상당히 비슷하다."라고 결론 내렸다.117)

마학량(馬學良)은 사천의『헌주경(獻酒經)』과 운남의「풍씨비(鳳氏碑)」의 이문 단어와 귀주에 있는 이문의 동일한 글자에 대해서도 정량적 통계를 내었다.118)

진사림(陳士林)은 운남성, 귀주성, 사천성 이족 문자를 비교하여 세 개의 성에 있는 이족 문자의 지역적 차이가 주로 서사 부호에서 차이가 나타난다는 것을 발견하고119), 각 성의 서사 특징을 서술했다.120)

---

114) 果吉·寧哈, 『論滇川黔桂彝族文字』油印本(1984). 이후에 1988년에 民族出版社에서 출판함. 『滇川黔桂彝文單字對比研究』油印本(1985).
115) 孔祥卿, 『彝文的源流』(民族出版社, 2005).
116) 王元鹿, 朱建軍, 鄧章應, 『中國文字發展史·民族文字卷』(華東師范大學出版社, 2015).
117) 武自立, 紀嘉發, 肖家成, 「雲貴彝文淺論」, 『民族語文』第4期(1980).
118) 馬學良, 「彝文和彝文經書」, 『民族語文』第1期(1981).

요창도(姚昌道)는 양산(凉山) 이족 문자로 쓰여진 『아시마(阿詩瑪)』
이문 원본을 번역하는 작업에 참여하면서, 운남과 사천 두 지역의 이
족 문자를 기본적으로 비교·연구하여, 형태·독음·의미에서 모두 연원
관계가 있는 100여 개의 동원자를 발견했다.121)

정춘수(丁椿壽)는 각 지역 이족 문자의 전면적이고 체계적인 비교
연구의 중요성에 대해 자신의 견해를 제시했고, 각 지역의 이족 문자
를 비교하기 위한 다섯 가지 기초 작업을 제안했다.122)

마이자(馬爾子)는 여러 성의 이문 단어를 비교한 후, 운남성, 사천
성, 귀주성의 고대 이문 문헌에서 상형문자 중 60% 이상이 자형이
같을 뿐만 아니라 글자의 독음과 의미도 통한다는 것을 발견했다.123)

이생복(李生福)은 운남성, 귀주성, 사천성 세 개의 성에 있는 이족
문자를 비교하여, 이들 이문의 조자 특징을 정리했다.124)

주거원(朱琚元)은 양산(凉山), 귀주(貴州), 노남(路南), 쌍백(雙柏), 무
정(武定)의 이족 문자를 비교한 후, 상기 각 지역의 이문에 존재하는
차이점을 간단히 정리했다.125)

그밖에 문유(聞宥), 양성지(楊成志), 강응량(江應梁) 등도 1949년 이
전에 각 지역 이문에 대한 초기 비교 연구를 시도했다.

119) 陳士林, 「彝文硏究的基礎和前景」, 『中國民族古文字硏究』(中國社會科學出版社, 1984), 275-299쪽.
120) 陳士林, 「試論彝文的起源·類型和造字法原則問題」, 『羅常培紀念論文集』(商務印書館, 1984), 141-158쪽.
121) 姚昌道, 「彝文縱橫談」, 『民族文化』 第3期(1984).
122) 丁椿壽, 『彝文論』(四川民族出版社, 1993), 15-17쪽.
123) 馬爾子, 「彝文的歷史發展和四川規范彝文」, 『中國民族古文字硏究』 第4輯(天津古籍出版社, 1994), 225-230쪽.
124) 李生福, 「古彝文及其造字規律新探」, 『貴州民族硏究』 第2期(2001).
125) 朱琚元, 『中華萬年文明的曙光: 古彝文破譯賈湖刻符·彝器辨明文物』(雲南人民出版社, 2003), 44-45쪽.

4. 한자와의 비교

이 연구를 수행한 학자들은 그리 많지 않다. 대부분의 학자들이 이족 문자와 한자의 연원 관계나 이족 문자의 한자 차용 현상을 다룰 때만 한자와의 비교를 언급할 뿐, 대다수의 비교·연구는 이족문자에서 한자와 동일하거나 유사한 자형에 대한 간단한 설명이나 데이터 통계에 그쳤다. 예컨대, 이가상(李家祥)은 이족 문자에 있는 다수의 글자체가 대전(大篆), 소전(小篆), 예서(隸書), 해서(楷書)와는 다르지만, 갑골문과 같거나 유사한 형태를 가졌다고 주장하면서, 13쌍의 이족 문자를 예로 들어 설명했다.126) 진사림(陳士林)은 이족 문자의 한자 차용 현상을 언급하면서 세 가지 기본 유형을 제시했다.127) 나현인(羅顯仁)은 『이-한자전(彝漢字典)』에 수록된 7천여 자의 이족 문자 중에서 2%가 한자와 자형이 동일하다고 통계를 냈다(독음이 다르고 의미가 같은 경우, 독음과 의미가 모두 다른 경우 포함).128) 이생복(李生福)은 이족 문자를 『고문자류편(古文字類編)』에 수록된 3,042개의 고대 한자와 비교하여, 갑골문과 형태가 같은 것 56자, 유사한 것 8자, 금문과 형태가 같은 것 31자, 유사한 것 6자, 간서(簡書)와 형태가 같은 것 18자, 유사한 것 3자, 전서체와 형태가 같은 것 31자, 유사한 것 3자를 발견했다.129) 주거원(朱琚元)은 운남성 동북부 일대에 전해지는 상용 이문과 『갑골문자전(甲骨文字典)』에 수록된 글자를 개략적으로 비교한 후에, 양자의 자형 구조가 완전히 같은 것이 186자, 유사한 것이 148자임을 발견했다.130) 나아이(羅阿依)와 마소(馬嘯)는 숫

---

126) 李家祥, 「論彝文之創立與發展」, 『貴州民族硏究』 第4期(1992).

127) 陳士林, 「說“ ㄥㅐㄥ”[ɣ aㅓ]—關於彝文造字法原則的幾點體會」, 『萬里彝鄕卽故鄕—陳士林著述及紀念文選集』(西北工業大學出版社, 1994), 109-114쪽.

128) 羅顯仁, 「彝文非羲文」, 『貴州彝學』(民族出版社, 2000), 224-235쪽.

129) 李生福, 「古彝文及其造字規律新探」, 『貴州民族硏究』 第2期(2001).

자를 나타내는 이족 문자와 한자를 비교하고 나서, 두 문자가 "자형이 매우 유사하고, 글자의 의미와 어순이 동일하다. 비록 다른 민족이지만 같은 조상과 뿌리를 가지고 있으며, 모두 중국 고대 문화의 전승과 연용이다. 다만 이족 문자가 고대 문자의 본래 모습을 더 많이 보존하고 있다."는 사실을 발견했다.131) 주건군(朱建軍)도 한자와 이족 문자에서 숫자를 나타내는 글자132) 및 간지자(干支字)133) 간의 관계에 대해 전문적으로 논의한 바 있다.

4. 연구의 기본 자료

이족의 발전 역사에서, 이족들은 이문으로 방대하고 내용이 풍부한 이족 문자로 쓴 역사서를 편찬했다. 이러한 문헌들은 이족의 우수한 전통문화를 대표하며, 중국 문화의 귀중한 유산 중에서 중요 부분을 차지하며, 이족 선인들이 후손들에게 남겨준 소중한 재산이다. 이 문헌들은 문학, 역사, 교육, 종교, 지리, 군사, 천문, 의약 등 영역을 아우르며, 이족의 물질적·정신적 생활과 역사적 발전 과정을 기록했다. 이는 문학, 역사학, 천문학, 종교학, 언어문자학 등 여러 학문 분야의 연구에 중요한 참고 가치를 지닌다.

문헌의 매체 유형에 따라, 이문 문헌은 주로 석각(石刻) 문헌, 간독

---

130) 朱琚元, 『中華萬年文明的曙光: 古彝文破譯賈湖刻符·彝器辨明文物』(雲南人民出版社, 2003), 110쪽.
131) 羅阿依, 馬嘯, 「探析彝漢數目數字之歷史淵源」, 『西昌學院學報(人文社會科學版)』 第3期(2004).
132) 朱建軍, 「漢字與彝文數目字比較研究」, 『紹興文理學院學報(哲學社會科學版)』 第5期(2009).
133) 朱建軍, 「彝文干支字初探—兼與漢字干支字進行比較」, 『華西語文學刊』 第4輯(四川文藝出版社, 2011), 32-37쪽, 271쪽.

(簡牘) 문헌, 골제(骨制) 문헌, 금속기물(金屬器物) 문헌, 피제(皮制) 문
헌, 포백(布帛) 문헌, 지질(紙質) 문헌 등으로 나눌 수 있다. 그중, 지질
문헌은 이문 문헌의 가장 중요한 표현 형식으로, 주로 필사본과 목각
본의 형태로 후세에 전해졌다. 특히 필사본은 수량이 매우 많고 내용
이 풍부하다. 대표적인 문헌으로는 『서남이지(西南彝志)』[134], 『이족원
류(彝族源流)』[135], 『우주인문론(宇宙人文論)』[136], 『아시마(阿詩瑪)』, 『
늑아특의(勒俄特依)』 등이 있다. 반면, 목각본은 비교적 드물게 보이
는데, 마학량(馬學良)의 조사에 따르면, 현재 발견된 가장 이른 시기
의 각본은 1943년 운남성 무정현(武定縣) 무련향(茂蓮鄕) 토서(土署)에
소장된, 이문으로 번역한 『태상감응편(太上感應篇)』의 주제를 재해석
한 목각본 『권선경(勸善經)』이다.[137]

현재, 이문 문헌은 주로 운남(雲南), 귀주(貴州), 사천(四川), 북경(北
京) 등지의 민족 업무 부서, 과학연구 부서와 도서관, 박물관에 소장
되어 있다. 프랑스와 영국의 박물관에도 일부 이문 문헌이 소장되어
있다. 또한, 조사에 따르면 운남, 귀주, 사천 등지의 이족 지역에 아
직 다량의 문헌이 산재해 있다.[138]

---

134) 이어의 명칭은 '哎哺啥額'이다.
135) 이어의 명칭은 '能素恒說'이다.
136) 이어의 명칭은 '安魯歷咪署'이다.
137) 馬學良, 「彝文訪古彖追記」, 『貴州民族硏究』 第1期(1992).
138) 張郝, 「論彝文古籍的收藏·搶救與保護」, 『西南民族大學學報(人文社科版)』 第9期
    (2005).

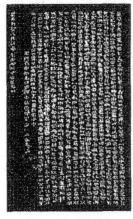
[그림 5-29] 석각문헌[139]

[그림 5-30] 간독문헌[140]

[그림 5-31]
골제문헌[141]

[그림 5-32] 금속기물문헌[142]

현재 발견된 가장 이른 이문(彛文) 사전은 1817년에 편찬된『곤명
서향 이문 단어 주석(昆明西鄉彛文單字注釋)』이다. 무자립(武自立)과 양
문호(楊文虎)가 1960년부터 1965년 사이에 운남(雲南)과 귀주(貴州)에

139) 朱琚元,『彛文石刻譯選』(雲南民族出版社, 1998), 64쪽.
140) 양산(凉山) 이족 노예사회박물관 소장품(주건군 촬영).
141) 張純德,『彛族古代畢摩繪畵』(雲南大學出版社, 2003), 11쪽.
142) 中國民族古文字硏究會,『中國民族古文字圖彔』(中國社會科學出版社, 1990), 205쪽.

서 이족 문자를 조사하던 중 완전하지 않은 두 권의 자전을 발견했다.[143] 운남 홍하주(紅河州)의 이족 산촌에서도 두 권의 이문 개별 글자 모음집이 발견되었다.[144] 19세기 말 20세기 초, 일부 외국 선교사들이 이족 지역에 들어와 선교 활동을 하면서 이문 공구서를 편찬했다. 예컨대, 프랑스 선교사 폴 비알(Paul Vial)이 편찬한 『법보사전(法保詞典)』이 1909년 홍콩 나사렛 교사회에서 인쇄 출판되었다.[145] 20세기 초에는 양성지(楊成志)가 『중라자전(中羅字典)』을 편찬했다.[146]

중화인민공화국 수립 이후, 이문(彝文) 공구서의 편찬은 진정한 전성기를 맞이했다. 이러한 사전들 중 일부는 등사본 형태로 제한된 범위 내에서 사용되었고, 일부는 정식 출판되었다. 주요 사전들은 다음과 같다.

· 중앙민족대학 어문과의 『이한사전(彝漢詞典)』(등사본)(1960)
· 사천성 민위(民委) 이어문 작업조와 량산(凉山) 이족자치주 어문문자지도위원회(語文文字指導委員會)의 『이한어휘(彝漢詞匯)』(1978)
· 귀주성 필절(畢節)지역 민위(民委) 이문 번역조의 『이문자전(彝文字典)』(등사본)(1978)
· 중앙민족대학 이족역사문헌편역실, 중앙민족대학 이족역사문헌반의 『운남·사천·귀주·광서 이한 기본어휘 대조사전(滇川黔桂彝漢基本詞匯對照詞典)』(등사본)(1984)
· 운남성 노남(路南)이족자치현 문사(文史)연구실의 『이한간명사전(彝漢簡明詞典)』(운남민족출판사, 1984)
· 사천성 민위 이어문 작업조의 『이문검자본(彝文檢字本)』(사천민족출판사, 1984)(1997년 재판)[147]

---

143) 武自立,「彝文的起源和發展」,『凉山彝族奴隷制研究』第1期(1981).
144) 華林,「彝族古代文字檔案史料研究」,『思想戰線』第3期(1995).
145) 黄建明, 燕漢生,『保祿·維亞爾文集—百年前的雲南彝族』(雲南教育出版社, 2003), 第178-179쪽.
146) 楊成志,「羅羅文的起源及其內容一般」,『楊成志人類學民族學文集』(民族出版社, 2003), 14-22쪽.

- 사천성 한이사전편역위원회의 『한이사전(漢彝詞典)』(사천민족출판
  사, 1989)
- 사천성 민위 이어문 작업사무실의 『이한자전(彝漢字典)』(사천민족
  출판사, 1990)
- 주건신(朱建新)과 반정운(潘正雲)의 『이문자전(彝文字典)』(사천민족
  출판사, 1990)
- 귀주성 이학연구회, 귀주성 민족사무위원회 민족어문사무실, 귀주
  민족학원 이문문헌연구소, 귀주성 필절(畢節)지역 이문번역조의 『
  간명이한자전(簡明彝漢字典)』(귀주민족출판사, 1991)
- 필운정(畢云鼎), 장계인(張啓仁), 장해영(張海英), 보예(普藝)의 『운남
  규범 이문 한문 글자와 단어 대조(雲南規範彝文漢文字詞對照)』(운
  남민족출판사, 1994)
- 운남성 초웅(楚雄)이족자치주 민족사무위원회, 초웅(楚雄)이족자치
  주 교육위원회, 운남사회과학원 초웅(楚雄)이족문화연구소, 초웅
  (楚雄)민족중등전문학교, 초웅(楚雄)민족사범학교의 『이한자전(초
  웅본)(彝漢字典(楚雄本))』(운남민족출판사, 1995)
- 마학량(馬學良), 주숭선(朱崇先), 범혜연(范慧娟)의 『이문경적문화사
  전(彝文經籍文化辭典)』(경화(京華)출판사, 1998)
- 운남·사천·귀주·광서 이문협력팀의 『운남·사천·귀주·광서 이문자전
  (滇川黔桂彝文字典)』(운남민족출판사, 2001)
- 운남·사천·귀주·광서 이문협력팀의 『운남·사천·귀주·광서 이문자집
  (滇川黔桂彝文字集)』(운남민족출판사·사천출판그룹·사천민족출판사
  귀주민족출판사, 2004)
- 보장개(普璋開)의 『운남 남부 이문자전(滇南彝文字典)』(운남민족출판
  사, 2005)

---

147) 이 참고서는 1978년에 『이문검자법(彝文檢字法)』이라는 제목으로 사천민족출
     판사(四川民族出版社)에서 성 내 발행판으로 출판된 바 있다.

5. 미래 전망

향후 이족 문자는 다음과 같은 몇 가지 측면에서 더 깊이 있는 연구를 할 수 있다.

첫째, 이족 문자의 창제시기에 관한 연구이다. 이는 이족 문자를 연구할 때 피할 수 없는 중요한 과제이다. 그러나 이 문제를 연구할 때는 매우 신중해야 하며, 관련 결론도 반드시 견고한 논거에 기반해야 한다.

둘째, 이족 문자의 기원(혹은 초기 형태)에 대한 탐구이다. 이는 일반 문자학의 관련 연구 성과와 결합하여 진행하는 것이 바람직하다. 일반 문자학 연구에 따르면, 문자의 발생은 단일 기원이 아닌 이원 또는 다원적인 것이 일반적이다. 따라서 이족 문자의 기원(혹은 초기 형태)을 연구할 때 한 가지 기원만으로 한정하거나 절대화하여 다른 기원(혹은 초기 형태)의 존재를 무시해서는 안 된다.

셋째, 이족 문자와 한자 등 다른 문자와의 관계 연구이다. 이는 포괄적이고 실증적인 문자 자료를 기반으로 해야 하며, 관련 문헌 기록과 민족 발전 관계사 등의 자료도 함께 참조해야 한다.

넷째, 이족 문자의 성질에 관한 연구이다. 이는 이족 문자 본체에 관한 연구에서 필연적 요구이며, 연구 과정에서 피할 수 없는 중요한 이론적 문제이다. 일부 학자들이 제기한 "이족 문자의 핵심 문제는 표음성과 표의성을 논하는 데 있지 않다."[148)]는 관점은 재고의 여지

---

148) 夷吉·木哈, 「淺談彝文類型爭議和搶救民族文化遺産」, 『貴州民族研究』 第3期 (1982).

가 있다. 이족 문자의 본질을 탐구하려면 과학적인 문자 분류 작업을 기초로 해야 하며, 이족 문자의 본질적 특징을 충분히 반영해야 한다.

다섯째, 이족 문자의 구조 방식에 관한 연구이다. 기존의 연구에서 일부 학자들은 단순히 한자의 '육서(六書)' 이론을 단순히 차용했을 뿐, 이족 문자의 실제 상황에 맞춰 적절한 수정을 하지 않았다. 또 일부 학자들은 이족 문자의 실제를 고려했으나, 구체적인 분류에서 용어의 혼란이나 각 유형 간의 경계가 불분명한 문제를 보였다. 한자의 '육서' 이론은 여러 세대의 공동 노력을 거쳐 이미 기본적으로 한자의 구조 방식을 과학적으로 개괄할 수 있는 성숙한 이론이 되었다. 한자와 여러 면에서 유사점을 가진 이족 문자의 구조 방식을 연구할 때 '육서' 이론을 참고하는 것은 타당하나, 차용할 때는 반드시 이족 문자의 실제 상황을 고려하여 적절한 수정을 해야 한다.

여섯째, 이족 문자 공구서의 편찬에 관한 연구이다. 각각의 성과 지역에서 이미 여러 이족 문자 공구서가 출간되었지만, 일부 공구서는 이족이 아닌 사용자들에게 불편한 점이 있다. 이는 주로 편찬 체제 등의 문제에서 기인하므로, 일부 이족 문자 공구서를 편찬할 때는 사용자의 다층적 특성을 고려해야 한다. 또한, 공구서 편찬의 이론적 문제도 더 깊이 있는 탐구가 필요하며, 이는 공구서의 질적 향상을 위해 필수적이다.

일곱째, 이족 문자의 정보화 작업에 관한 연구이다. 규범 이족 문자의 정보화 작업은 상당히 진전되어 일상적 필요를 기본적으로 충족시키고 있다. 그러나 전통 이족 문자의 정보화 작업은 아직 시작 단계로, 많은 연구가 진행되어야 하기에, 이족 문자의 고대 문헌의 디지털화를 실현하기까지는 아직 갈 길이 멀다.

여덟째, 이족 문자의 이체자, 고증, 각 지역 이족 문자의 비교 및 다른 문자와의 비교 연구이다. 이문 이체자 연구는 관련 공구서의 편찬, 이족 문자의 규범화 및 정보화 등에 매우 중요하지만, 관련 연구는 아직 충분히 이루어지지 않았다. 이 작업에 상당한 어려움이 있지만, 전문적인 연구가 시급히 요구된다. 이문의 고증 작업도 더욱 발전시켜야 하는데, 이는 이족 문자 자체가 문화, 역사, 민속 등 중요한 정보를 담고 있을 뿐만 아니라, 문자 본체의 다른 측면을 연구하는 기초가 되기 때문이다. 각 지역 이족 문자의 비교 연구도 강화할 필요가 있다. 이는 네 개의 성과 지역에 있는 이족 문자의 '문자통일' 실현과 관련 있을 뿐만 아니라, 그들 이족 문자의 연원 관계를 밝히는 데도 도움이 된다. 이족 문자와 한자 등의 비교 연구도 전면적으로 진행해야 한다. 이는 비교 문자학의 이론을 풍부하게 할 뿐만 아니라, 관련 문자의 본체 연구에도 새로운 관점과 사고방식을 제공할 수 있다.

제2부 율속족 문자(傈僳文)

1. 율속족 문자(傈僳文)의 정의

율속족(傈僳族, Lìsùzú)은 고대 저강족계(氐羌族系)에서 유래했으며, 이족(彝族), 납서족(納西族, Nàxīzú)과 부족의 기원 면에서 밀접한 관계가 있다. 율속족은 국경을 넘어 분포하는 민족으로, 중국에서는 주로 운남성, 사천성의 일부 지역에 분포하고, 해외에서는 미얀마, 태국 등지에 분포하며, 인도, 싱가포르, 필리핀 등지에도 산재해 있다. 율속어는 한장어계(漢藏語系) 장면어족(藏緬語族) 이어지(彝語支)에 속하며, 내부에 어지(語支)가 설정되어 있고, 각종 방언과 토어의 차이는 크지 않다.

역사적으로 율속족은 독자적인 문자를 창제하지 않고, 단지 구전과 끈을 매듭짓거나[結繩], 나무에 새기는[刻木] 등의 원시적인 기록 방식만 있었다. 20세기 초부터 운남성 각지의 율속족 지역에서 네 종류의 율속족 문자가 차례로 출현했다.

(1) 격자틀 식 율속족 병음 문자

1913년 영국 선교사 왕혜인(王慧仁)이 운남성 무정현(武定縣) 율속족의 발음을 기초로 하여 병음 문자를 만들었다. 총 30개의 성모는 대문자로 표시하고, 총 25개의 운모는 소문자로 표시하며, 3-4개의 성조는 운모를 성모의 서로 다른 위치에 배치하여 표시했다[149]. 각 음절이 하나의 사각형 격자를 이루므로 '격자틀 식 율속족 문자'라고 부른다. 이 문자는 주로 무정(武定), 녹전(祿全) 등 현의 기독교를 믿는 율속족 지역에서 통용되었으며, 『성경』 등 기독교 서적이 출판되었으나, 교회 내부에서만 사용되어 율속족의 통용 문자가 되지 못했다.

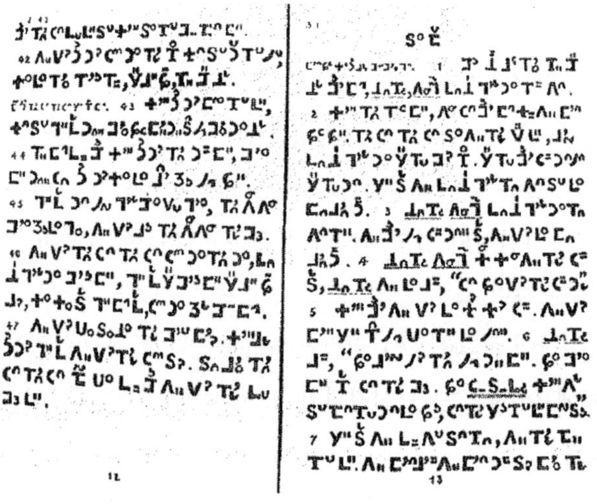

[그림 5-33] 격자틀 식 율속족 병음 문자[150]

(2) 율속족 음절 문자

---

149) (역주) 이 문자 체계에서는 성조를 표시하기 위해 운모를 성모 주변의 다른 위치에 배치하는 방식을 사용했다. 즉, 같은 음절이라도 운모의 위치가 성모를 기준으로 어디에 놓이느냐에 따라 다른 성조를 나타내었다. 예컨대, 운모가 성모의 위쪽에 있으면 1성, 운모가 성모의 오른쪽에 있으면 2성, 운모가 성모의 아래쪽에 있으면 3성과 같은 식으로 운모의 위치로 성조를 구분하는 방식을 사용했다.

150) 趙曉陽, 「聖經翻譯和景頗文·傈僳文的創制」, 『銅仁學院學報』 第10期(2018).

1920년대, 유서현(維西縣)의 율속족 농민 왕인파(汪忍波, 1900-1965)가 혼자의 힘으로 음절 문자를 만들었다. 이 문자는 하나의 음절에 하나의 자형을 가지며, 성조가 다르면 다른 음절로 간주하여 총 천여 자에 이른다. 각 음절은 성모, 운모, 성조를 모두 포함한다. 글자는 음절의 서사 형식으로, 오직 독음만 표시하고 의미와는 연관이 없는 순수한 음절 문자이다. 왕인파는 이 음절 문자로『율속어문교과서(傈僳語文課本)』(일명『율속문자전(傈僳文字典)』)를 편찬했는데, 여기에는 총 1,330자가 있으며, 중복된 것을 제외하면 918자가 있다. 그는 또한 제자들과 함께 이 음절 문자로 율속족의 신화, 천문, 역법, 이야기, 자연지리환경과 생산 생활 등에 관한 10만 자 분량의 문헌을 기록했으며, 이는 율속족 전통문화의 전승에 중요한 역할을 했고, 후대의 연구에 귀중한 자료를 제공했다.

(3) 구 율속족 문자(老傈僳文)

1920년대 영국 선교사 부능인(富能仁)이 음소 자모 체계의 문자를 만들었다. 총 40개의 글자가 있으며, 그중, 25개는 라틴 자모이고, 나머지 15개는 라틴 자모를 상하좌우로 뒤집는 방법으로 변형시켜 서로 다른 음절을 구별했다. 성조는 문장부호로 표시했다. 이 문자는 중국과 미얀마의 일부 율속족 지역에서 통용되었다. 주로 기독교인들 사이에서 통용되어 '성경 문자'라고도 부른다.

(4) 신 율속족 문자(新傈僳文)

1950년대에 중앙민족대학과 중국사회과학원 언어연구소가 만들고 국무원의 승인을 받아 사용되는 율속족 문자로, '신 율속족 문자'라고 부른다. '신 율속족 문자'는 라틴 자모 형식의 병음 문자로, 26개의 라틴 자모를 사용하며, 자신들의 음성적 특징을 충분히 표현하는 기초 위에 한어 병음 방안의 자모표와 동일한 자모 명칭을 채택했다. 율속어와 한어의 같거나 비슷한 음은 최대한 한어 병음 방안과 동일한 자모로 표시하고, 율속어 특유의 음은 다른 방법으로 표시한다.

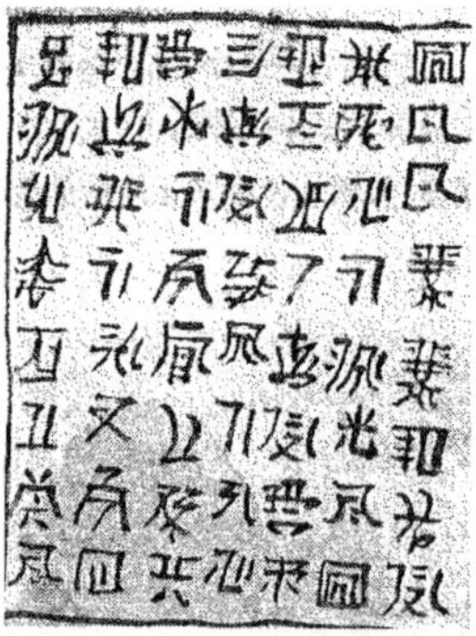

[그림 5-34] 율속족 음절 문자[151]

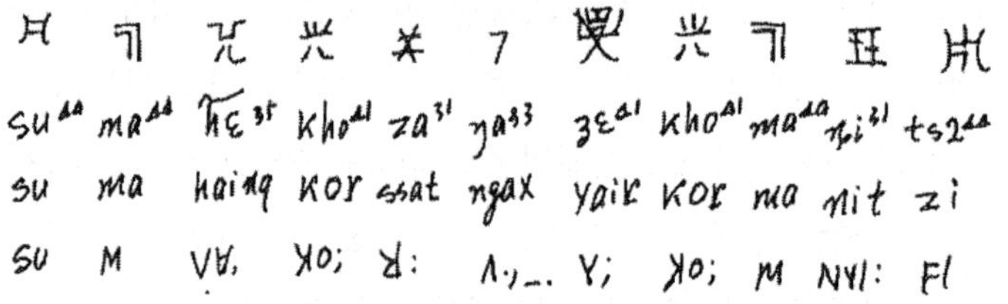

[그림 5-35] 율속족 음절 문자·국제음표·신 율속족 문자구 율속족 문자 대조[152]

---

151) 雲南省少數民族古籍整理出版規劃辦公室, 『雲南少數民族古籍珍本集成·第5卷: 傈僳族』(雲南人民出版社, 2013), 282쪽.

152) 木玉璋, 『傈僳族音節文字文獻資料匯編』(知識産權出版社, 2006), 63쪽.

율속족이 현재 통용하는 문자는 '구 율속족 문자(老傈僳文)', '신 율속족 문자(新傈僳文)', '음절 문자'의 세 종류이며, 이 중 '구 율속족 문자'의 사용 범위가 가장 넓다.

2. 연구의 역사

율속족의 음절 문자는 자체적으로 생긴 문자로, 조자 체계가 가장 특수하며, 이를 통해 기록된 율속족의 역사문화 문헌도 가장 풍부하다. 따라서 율속족 문자의 연구는 주로 율속족 음절 문자에 집중되어 있다.

1943년, 이조풍(李兆豊)은 곤명(昆明)의 『정의보(正義報)』에 「율속족의 두 가지 문자(傈僳族兩种文字)」라는 글을 발표하여, 처음으로 율속족 음절 문자의 창제 과정, 문자 특징 및 당시의 보급 현황을 세상에 알렸다. 1954년, 나상배(羅常培)와 부무적(傅懋勣)은 『중국 소수민족 언어문자의 개황(國內少數民族語言文字的槪況)』이라는 책에서 율속족 음절 문자에 대해 "이는 자모가 없는 음절 문자로, 하나의 형체가 하나의 음절을 나타낸다."라고 과학적으로 논단했다.[153] 이후 학계에서는 왕인파(汪忍波)가 창제한 문자를 '음절 문자' 또는 '율속족 음절 문자'라고 부르게 되었다.

'문화대혁명' 이후에, 율속족 음절 문자 연구가 다시 시작되었다. 중국사회과학원 민족연구소 언어팀은 유서현(維西縣)과 함께 조사단을 구성하여, 1982년부터 1989년 사이에 왕인파의 고향을 여러 차례 현지 조사했다. 왕인파의 친척, 제자 및 현지 주민들을 광범위하게 인터뷰하여 왕인파가 생전에 총 30여 종의 다양한 문체의 저서를 남

---

153) 羅常培, 羅季光, 王均等, 『國內少數民族語言文字的槪況』(中華書局, 1954).

겠다는 것을 알아냈으며, 일부 필사본 잔본을 수집하고 녹음하여 기록, 정리, 번역 작업을 했다. 1995년 목옥장(木玉璋)이 『율속족 음절 문자 및 그 문헌 연구(傈僳族音節文字及其文獻研究)』, 『율속족 음절 문자 자전(傈僳族音節文字字典)』을 편찬했지만, 당시에는 내부 자료로만 사용되었고 공개 발행되지 않았다. 2006년에 중국사회과학원 민족연구소의 중점 프로젝트 성과물로 정식 출판되었다.

'율속족 음절 문자'의 성질에 대한 연구도 점차 심화되었다. 주유광(周有光)은 「한자 문화권의 문자 변천(漢字文化圈的文字演變)」[154]에서 율속족 음절 문자를 한자 체계에 포함시켜 연구했으며, 율속족 음절 문자의 필획이 한자의 전서와 예서 사이의 형태와 유사하다고 지적했다. 육석흥(陸錫興)은 『한자 전파사(漢字傳播史)』[155]에서 율속족 음절 문자가 납서족의 동파 문자, 가파 문자(哥巴文), 마리마사 문자(瑪麗瑪沙文), 그리고 귀주성의 '구 이족 문자(老彝文)'를 흡수했는데, 그 중에서도 한자의 영향을 가장 많이 받았다고 지적했다. 목옥장(木玉璋), 고혜의(高慧宜), 한립곤(韓立坤) 등의 학자들도 음절 문자의 성질을 연구하고 많은 성과를 내었으며, 율속족 음절 문자 연구를 한 단계 발전시켰다.

최근 들어 국가가 소수민족의 전통문화 발굴, 정리, 전승 작업을 강화함에 따라, 율속족은 민족 문화 보호와 전승 연구를 적극적으로 전개하고 있다. 율속족 문자에 대한 현장 조사, 문헌 정리와 번역 등의 분야를 중점적으로 연구하면서, 율속 문자의 교육과 응용에 대한 탐구도 적극적으로 진행하여, 관련 연구 성과가 지속적으로 나오고 있다.

---

154) 周有光, 「漢字文化圈的文字演變」, 『民族語文』 第1期(1989).
155) 陸錫興, 『漢字傳播史』(商務印書館, 2018).

3. 연구 진전

(1) '율속족 음절 문자'에 대한 현지 조사의 성과

율속족 음절 문자에 대한 첫 체계적 조사는 1950년대에 이루어졌다. 중앙민족대학에서 파견한 조사팀이 유서현(維西縣)에 도착하여 음절 문자를 조사했는데, 조사 대상은 주로 음절 문자 자체였으며 음절 문자로 기록된 문헌은 다루지 않았다. 1980년대에는 중국사회과학원 민족연구소의 목옥장(木玉璋) 등이 유서현 지역을 한 달 넘게 조사하여 대량의 음절 문자 서사 자료를 수집했는데, 그중 가장 중요한 것은 24부의 「제천고가(祭天古歌)」였다. 2006년 목옥장이 편저한 3권의 『율속족 언어문자 및 문헌 연구(傈僳族語言文字及文獻研究)』는 이전의 조사 성과를 집대성한 책으로, 율속족 음절 문자를 체계적으로 연구한 전문서이다. 화동사범대학 박사과정생 한립곤(韓立坤)은 2015년부터 2017년 사이에 네 차례 유서현 지역을 방문하여 음절 문자의 사용 현황에 대한 현지 조사를 실시했다.

(2) '구 율속족 문자'의 응용 연구

'구 율속족 문자'는 줄곧 율속족에서 가장 통용되는 문자였으며, 응용 과정에서 학자들은 계속해서 개선 의견을 제시하고 적극적으로 보급을 추진했다. 단령(段伶)은 「구 율속족 문자 <MI MI ⊥O: ˥> 초탐(初識老傈僳文<MI MI ⊥O: ˥>)」[156]에서 '구 율속족 문자'의 결함과 문자 응용에서의 문제를 분석하여, '구 율속족 문자'가 불변의 문자가 아니라 지속적인 수정과 완성 과정을 거쳤다고 지적했다. 또한 「율속족 문자 응용에서의 몇 가지 새로운 문제(傈僳文應用中的幾個新問題)」[157]에서는 성모와 운모의 증감 현상 등의 문제를 논의했다. '구 율속족 문자'의 문자 학습 교재도 계속 개선되어, 1981년에 운남성 소수민족 언어문자 지도 작업 위원회와 유서현(維西縣) 문교국(文敎局)이 공동으로 『율속족 문자 학습 교과서(傈僳文識字課本)』를 편찬했다. 1994년에는 운남성 소수민족 언어문자 지도 작업 위원회와 노강주(怒江州) 소수민족 언어문자 지도 작업 위원회가 공동으로 『율속족 문자 학습 교과서(傈僳文識字課本)』를 편찬했는데, 이 교과서는 각지의 율속족 언어문자 분야 전문가와 학자들의 충분한 논의를 거쳐 최종 출판되었으며, 2012년까지 14만5천 부가 발행되었다.

(3) '율속족 문자'의 디지털화 응용

2018년 유서현(維西縣) 정부와 유방(濰坊) 북대청조(北大靑鳥) '화광(華光) 조판회사'가 공동으로 율속족 음절 문자 입력법 소프트웨어와 『율속족 음절 문자 자형 데이터베이스(傈僳音節文字字庫)』를 출시하여, 율속족 음절 문자의 현대적 전승, 전 세계적 보급과 규범화 사용을 위한 근본적인 기초를 마련했다. '구 율속족 문자' 소프트웨어는 2010년에 개발되어, 대중에게 무료로 공개되었다. 현재까지 해외 율속족은 이 소프트웨어를 이용하여 여러 '구 율속 문자' 웹사이트를 구

---

156) 段伶, 「初識老傈僳文<MI MI ⏌O:ㅣ>」, 『大理民族文化論叢』 第5輯(民族出版社, 2012), 538-549쪽.

157) 段伶, 「傈僳文應用中的幾個新問題」, 『民族語文工作通訊』 第3期(1986).

축했다. 2018년 덕굉(德宏) 미디어 그룹이 율속 문자 v1.0 버전 입력 소프트웨어를 출시했는데, 이는 주로 구 율속 문자의 컴퓨터와 휴대폰 플랫폼에서의 입력 및 표시에 대한 국제 표준화와 통일화 문제를 해결하기 위한 것이었다. 이 소프트웨어는 표준 인쇄체, 예술체, 필기체 등 다양한 글꼴을 포함하고 있다. 이러한 소프트웨어의 개발 성공은 민족 문자의 전승과 보급 확대에 도움이 되며, 민족 문자가 국제 표준과 접목하는 데에도 기여한다.

4. 연구의 기본 자료

음절 문자를 창제한 후, 왕인파(汪忍波)와 그의 제자들은 이 문자를 이용하여 율속족의 신화, 시가, 역법, 천문, 점복 등의 내용을 담은 방대한 문헌을 저술했다. 1980년대의 조사에서 처음으로 음절 문자 문헌이 발견되었는데, 그중 가장 유명한 것은 『제천고가(祭天古歌)』158)이다. 현재까지 약 10만 자 분량의 음절 문자 문헌이 수집되어 여러 문화 기관에 분산 소장되어 있다. 1999년에는 『제천고가』가 운남인민출판사에서 출판되었다. 2013년 운남성 소수민족 고적 정리 출판 계획 사무실에서 편찬한 『운남 소수민족 고적 진본 집성 제5권: 율속족(雲南少數民族古籍珍本集成·第5卷: 傈僳族)』159)에는 『창세기(創世紀)』, 『홍수도천(洪水滔天)』, 『양축경(養畜經)』 등 11편의 율속 음절 문자 문헌 고적 중에서 유일본(孤本: 세상에 단 한 권만 남아있는 책), 선본(善本: 보존 상태가 좋은 판본), 진본(珍本)이 수록되어 있으며, 컬

---

158) 哇忍波, 『祭天古歌』, 光那巴補遺唱述, 木玉璋, 漢剛, 余宏德搜集譯注(雲南民族出版社, 1999).

159) 雲南省少數民族古籍整理出版規劃辦公室, 『雲南少數民族古籍珍本集成·第5卷: 傈僳族』(雲南人民出版社, 2013).

러 영인본 형태로 고대 문헌의 원래 모습을 재현했다.

2013년 유서현(維西縣) 엽지진(葉枝鎭)에서 음절 문자 석비가 발견되었는데, 이는 최초로 발견된 음절 문자 석각 문헌이다. 석각에는 왕인파와 알맥파(嘎麥波, 음역)의 서명이 있으며, 글씨체가 아름답고, 내용은 예언을 담고 있다. 그러나 석비가 광산에 묻힌 시기와 이유, 또 다른 서명자의 신분 등의 문제는 여전히 추가 조사와 연구가 필요하다.

(1) 율속 문자 공구서

1985년 서림(徐琳) 등이 편찬한 『율한사전(傈漢詞典)』160)은 1만여 개의 단어와 구절을 수록하고 있으며, 각 항목마다 '신 율속족 문자', '구 율속족 문자', '한자'를 대조하고 한어 병음으로 발음을 표기하여, 율속족 문자 학습과 연구를 위한 실용 공구서가 되었다. 1987년 축발청(祝發淸)의 『율한소사전(傈漢小詞典)』161)은 3천여 개의 율속어 상용 어휘를 수록하였으며, 율족 문자와 한자를 대조하고 율속 문자로 한자 발음을 표기한 소사전이다. 1992년 운남성 소수민족 언어문자 지도 작업 위원회와 노강주(怒江州) 소수민족 언어문자 지도 작업 위원회가 공동으로 편찬한 『한율 신어·용어집(漢傈新詞術語集)』162)은 3,500여 개의 신어와 용어를 수록했으며, 한자, 한어 병음, '구 율속 문자', '신 율속 문자'를 대조하는 체제를 채택했다. 2012년 출판된 『율한성어사전(傈漢成語詞典)』은 조복보(曹福寶), 호란영(胡蘭英), 장흥덕(張興德)이 십여 년에 걸쳐 수집, 번역, 정리, 편집한 율속어-한어 대역 전

---

160) 徐琳·木玉璋·施履謙等, 『傈漢詞典』(雲南民族出版社, 1985).
161) 祝發淸, 『傈漢小詞典』(德宏民族出版社, 1987).
162) 雲南省少數民族語文指導工作委員會, 怒江州少數民族語文指導工作委員會, 『漢傈新詞術語集』(雲南民族出版社, 1992).

문 공구서이다.

2014년 영봉매(榮鳳妹), 금화매(金華妹)가 편찬한 『율속어 한어 대조 학습 핸드북(傈僳語漢語對照學習手冊)』163)은 율속족의 일상생활 용어를 율속족 문자, 한어 직역, 한어 발음 표기를 대조하는 형식으로 편찬하여 율속족이 간단한 한어 단어를 정확히 익히는 데 도움을 주었다. 현재 율속족 음절 문자를 가장 포괄적으로 수록한 것은 목옥장(木玉璋)이 편찬한 『율속족 음절 문자 자전(傈僳族音節文字字典)』으로, 961개의 율속족 음절 문자를 수록하고 있으며, 각 글자마다 국제음표로 대역하고 한어 번역을 달았다. 표제자 뒤에는 관련 단어, 구절 또는 고사, 역사 인물, 지명 등을 열거했다.

(2) 율속족 음절 문자 문헌의 번역과 주석

다년간의 율속족 문헌 조사와 수집을 바탕으로, 율속족 음절 문자 문헌의 번역 정리 작업은 풍성한 성과를 거두었다. 1981년 서림과 목옥장이 편찬한 『율속족 <창세기> 연구(傈僳族<創世記>研究)』164)가 일본 도쿄외국어대학에서 출판되었는데, 이 책은 '신 율속족 문자'와 한자를 대조하여 율속족의 장편시 「창세기」를 기록했다. 2004년 목옥장이 수집·정리한 『인류의 황금 시대: 율속족 서사 장편시 창세기·목양가(人類的金色童年, 傈僳族叙事長詩創世紀·牧羊歌)』165)는 '신 율속족 문자'와 '한자'를 대조하는 형식으로 율속족의 장편시 「창세기(創

---

163) 榮鳳妹, 金華妹, 『傈僳語漢語對照學習手冊』(雲南民族出版社, 2014).
164) 徐琳, 木玉璋, 『傈僳族<創世記>研究』(日本東京外國語大學亞非語言文化研究所, 1981).
165) 裴阿欠·黑達, 『人類的金色童年—傈僳族叙事長詩創世紀·牧羊歌』, 木玉璋搜集整理(雲南民族出版社, 2004).

世紀)」와「목양가(牧羊歌)」를 기록했으며, 책에는 '구 율속 문자' 본문도 첨부되어 있다. 한강(漢剛), 한유걸(漢維杰)이 편역한『율속족 음절 문자 고적 문헌 역주(傈僳族音節文字古籍文獻譯注)』166)는 수집된 음절 문자 문헌을 초급 교재, 의약, 관상, 제사, 풍수, 기우[招雨], 피우[趨雨]의 일곱 분야로 나누어 정리하고 번역했다. 호걸휘(浩杰輝)와 한강(漢剛)이 역주한『율속족 음절 문자 문헌 역주·점복경(傈僳族音節文字文獻譯注·占卜經)』167)은 민간에서 수집한 율속족 음절 문자 고적인「와량복(蛙亮卜)」을 정리하고 번역했다. 한강과 이귀명(李貴明)이 역주한『율속족 음절 문자 문헌 역주·제천고가(傈僳族音節文字文獻譯注·祭天古歌)』168)는 민간에서 수집한 24부의 제천 경문을 제천 의식의 순서에 따라 번역했다. 기국경(起國慶)과 한강이 주편한『율속족 음절 문자 고적 역주(傈僳族音節文字古籍譯注)』169)는 운남성 소수민족 고적 정리 출판계획사무실에 소장된 율속족 음절 문자 고적 문헌을 번역하고 정리한 것으로, 책에는 고적 원본도 첨부되어 있다. 이러한 역주들은 모두 '구 율속족 문자', 국제음표 발음 표기, 한어 직역, 의역의 형식을 채택하여 율속족의 전통문화를 전방위적으로 보여주고 있으며, 음절 문자와 그 문헌, 율속족의 사회 역사, 생산 생활 등을 연구하는 데 중요한 의미가 지닌다.

2016년 이서화(李瑞華)가 저술한『중국 율속족 연구 문헌 제목록

166) 維西傈僳族自治縣人民政府,『傈僳族音節文字古籍文獻譯注』, 漢剛, 漢維杰注譯(德宏民族出版社, 2013).
167) 迪慶藏族自治州非物質文化遺産保護中心,『傈僳族音節文字文獻譯注·占卜經』, 浩杰輝, 漢剛譯注(雲南民族出版社, 2016).
168) 迪慶藏族自治州非物質文化遺産保護中心,『傈僳族音節文字文獻譯注·祭天古歌』, 漢剛, 李貴明譯注(雲南民族出版社, 2017).
169) 雲南省少數民族古籍整理出版規劃辦公室,『傈僳族音節文字古籍譯注』, 起國慶, 漢剛主編(雲南人民出版社, 2020).

(中國傈僳族硏究文獻題彔)』은 2014년 이전의 율속족 관련 연구 성과를
전면적이고 체계적으로 수집, 정리, 분류하여 기록했다.

5. 율속족 문자 연구에서 주목하는 문제들

(1) 율속족 음절 문자의 체계적 연구

많은 학자들이 율속족 음절 문자의 기원을 탐구하고 고증하며, 문
자의 체계와 성질에 대해 심도 있는 연구를 진행했다.

고혜의(高慧宜)의 『율속족 죽서 문자 연구(傈僳族竹書文字硏究)』[170]
는 처음으로 율속족 음절 문자에 대해 비교적 포괄적이고 체계적으
로 연구했다. 이 논문은 현지 조사를 통해 왕인파(汪忍波)가 편찬한『
율속 교과서(傈僳課本)』를 대상으로 먼저 자형을 고증하고, 음절 문자
의 이체자, 자체적으로 만든 글자, 차용자를 연구하여 음절 문자의
성질을 논증했다. 즉, 한자 부호의 형태를 채용하면서도 납서족 가파
문자(哥巴文)의 음성 기록 특징을 모방하고, 소수의 한자와 가파 문자
(哥巴文)를 차용한 자체적으로 만든 문자임을 밝혔다. 고혜의는 박사
논문을 기초로 다음과 같은 4편의 논문을 발표했다.

- 「율속족 죽서(竹書)문자의 이체자 초탐(傈僳族竹書文字的異體字初探)」[171]
- 「율속족 죽서(竹書)문자에 대한 고증과 해석 방법 연구(傈僳族竹書
  文字考釋方法硏究)」[172]

---

170) 高慧宜, 『傈僳族竹書文字硏究』(華東師范大學博士學位論文, 2005).
171) 高慧宜, 「傈僳族竹書文字的異體字初探」, 『雲南民族大學學報(哲學社會科學版)』
    第2期(2004).

· 「율속족 죽서(竹書)의 발생으로 본 문자 발생의 복잡성(從傈僳族竹書之發生看文字發生的夏雜性)」173)
· 「수족(水族)의 수문(水文)과 율속족 죽서(竹書)의 이체자 비교 연구(水族水文和傈僳族竹書的異體字比較研究)」174)

율속족 음절 문자를 체계적으로 연구한 또 다른 저서는 목옥장(木玉璋)이 편찬한 3권의 『율속족 언어문자 및 문헌 연구(傈僳族語言文字及文獻研究)』175)이다. 제1권 『율속족 음절 문자 및 문헌 연구(傈僳族音節文字及文獻研究)』에서는 음절 문자의 창제, 문자의 형태, 발음 기초, 문화 가치 및 일부 연구 성과를 소개했다. 제2권 『율속족 음절 문자 자전(傈僳族音節文字字典)』에서는 『율속어문 교과서(傈僳語文課本)』 필사본을 기초로 녹음 자료와 대조하여 총 961자를 수록하고 국제음표와 한어 해석을 주석했다. 제3권 『율속족 음절 문자 문헌 자료 휘편(傈僳族音節文字文獻資料匯編)』에서는 음절 문자, 국제음표, 신구 율속 문자 및 한자를 대조하는 형식으로 『장피문서(獐皮文書)』(즉 『왕인파자전』), 『인류 번영과 점복 역법서(人類繁衍和占卜歷法書)』, 『홍수가 하늘을 뒤덮은 이야기(洪水滔天的故事)』(즉 『창세기』) 세 편을 수록했다.

목옥장은 또 다음과 같은 논문을 발표했다. 「율속족의 원시적인 기억 방법과 음절 문자(傈僳族的原始記憶方法和音節文字)」176)와 「율속족의 언어 문자에 대한 대략적인 상황(傈僳族語言文字槪況)」177)에서 율속족의 음절 문자의 상황을 소개했고, 「율속족의 음절 문자 문헌에서

---

172) 高慧宜, 「傈僳族竹書文字考釋方法研究」, 『中文自學指導』 第1期(2006).
173) 高慧宜, 「從傈僳族竹書之發生看文字發生的夏雜性」, 『華東師范大學學報(哲學社會科學版)』 第2期(2007).
174) 高慧宜, 「水族水文和傈僳族竹書的異體字比較研究」, 『民族論壇』 第3期(2008).
175) 木玉璋, 『傈僳族語言文字及文獻研究』(知識産權出版社, 2006).
176) 木玉璋, 「傈僳族的原始記憶方法和音節文字」, 『民族文化』 第2期(1983).
177) 木玉璋, 『傈僳族語言文字槪況』(維西傈僳族自治縣文教局, 1984).

의 역법(傈僳族音節文字文獻中的歷法)」178)에서는 음절 문자에 기록된 율속족 역법을 탐색했으며, 「율속족의 음절 문자 조자법 특징 소개 (傈僳族音節文字造字法特點簡介)」179)에서는 음절 문자의 조자 방법을 연구했다.

이 외에도, 류홍여(劉紅妤)는『율속족 죽서와 납서족 가파 문자의 조자 메커니즘 비교 연구(傈僳竹書與納西哥巴文造字机制比較硏究)』180)에서 두 문자의 모방, 도입, 참조 등의 메커니즘을 비교 연구했다. 고신개(高新凱)는 「죽서 창제와 성질의 재인식(竹書創制與性質的再認識)」181)에서 율속족 음절 문자가 순수한 표음 문자라고 주장했다. 한립곤(韓立坤)은 그의 박사 학위 논문『율속족 음절 문자 연구(傈僳族音節文字硏究)』182)에서 목옥장(木玉璋)의『율속족 음절 문자 자전(傈僳族音節文字字典)』을 기초로 현지 조사에서 얻은 자료를 결합하여 율속족 음절 문자를 비교적 포괄적이고 심도 있게 연구했다. 253자의 유래를 고증하여 차용자의 주요 대상이 한자, 티베트 문자, '구 율속족 문자'임을 지적하고, 율속족 음절 문자의 다량의 이체자에 대해서도 연구했다.

율속족 음절 문자의 보호와 전승을 위해, 유서현(維西縣) 율속족 자치현 율속학 연구소의 여해충(余海忠)과 봉옥정(蜂玉程)이『율속족 음절 문자 학습 독본(傈僳族音節文字識字讀本)』183)을 편찬하여, 초등학교 향토 교재로 삼아 흥미 위주의 수업 형식으로 교육함으로써 음절 문

---

178) 木玉璋, 「傈僳族音節文字文獻中的歷法」, 『民族古籍』 第2期(1988).
179) 木玉璋, 「傈僳族音節文字造字法特点簡介」, 『民族語文』 第4期(1994).
180) 劉紅妤, 『傈僳竹書與納西哥巴文造字机制比較研究』(西南大學碩士學位論文, 2011).
181) 高新凱, 「竹書創制與性質的再認識」, 『中國文字研究』 第20輯(上海書店出版社, 2014), 199-204쪽.
182) 韓立坤, 『傈僳族音節文字研究』(華東師范大學博士學位論文, 2018).
183) 余海忠, 蜂玉程, 『傈僳族音節文字識字讀本』(德宏民族出版社, 2013).

자를 보급했다. 한강(漢剛)과 한유걸(漢維杰)이 저술한 『율속족 음절 문자 학습 교과서(傈僳族音節文字識字課本)』[184]는 음절 문자를 '구 율속족 문자' 자모의 순서에 따라 독음으로 배열하고, 각 음절 문자의 단어에 국제음표와 '구 율속족 문자'로 음을 달고 한어로 번역하여, 율속족 음절 문자의 습득과 음절 문자 문헌의 연구, 정리 등에 적극적인 의미를 지닌다.

(2) '구 율속족 문자'와 '신 율속족 문자'의 선택 문제

1982년 노강주(怒江州)는 전 지역에 걸쳐 농촌 문맹 퇴치 운동을 전개하고 점진적으로 초등학교에서 이중 언어 교육을 실시했으며, 유서현(維西縣) 등지에서 율속족 문자 학습반을 개설하여 주로 '신 율속족 문자'를 사용했다. '신 율속족 문자'의 보급과 사용은 상당히 좋은 경향을 보였다. 웅태하(熊泰河)의 「율속어-한어 이중 언어 교육의 보급과 민족 문화 소양 향상: 노강주 이중 언어 교육 개혁 시범 교수법에 대하여(推廣傈漢雙語文教學, 提高民族文化素質─兼談怒江州雙語文教改試点教學法)」[185]에서는 노강주의 율속어-한어 이중 언어 교육 전개가 노강주의 실제 상황에 따른 것이라고 보고, 이중 언어 교육의 실행 가능성을 논증하며 그에 따른 문제점과 개선 방안을 제시했다.

현지 기독교의 발전과 함께 신자 수가 크게 증가하면서, '구 율속족 문자'의 사용이 점차 빈번해지고 그 범위도 지속적으로 확대되어, 후에는 종교 영역에 국한되지 않고 많은 신문 잡지, 서적, 문서, 현판

---

184) 漢剛, 漢維杰, 『傈僳族音節文字識字課本』(雲南民族出版社, 2017).
185) 熊泰河, 「推廣傈漢雙語文教學,提高民族文化素質─兼談怒江州雙語文教改試点教學法」, 『民族語文』第3期(1990).

등에서도 '구 율속족 문자를' 사용하기 시작했다. 1992년 노장주 정부는 '신·구 율속족 문자'의 '공존 및 병용' 원칙을 재천명했으나, 실제로는 '신 율속족 문자'의 사용이 점점 줄어들고 사람들은 '구 율속족 문자' 사용을 더 선호하게 되었다.

마효의(馬效義)의 박사학위 논문 『문화 변천 과정에서 새로 창제된 문자의 기능과 의미 해석(新創文字在文化變遷中的功能與意義闡釋)』[186]의 조사 결과는 율속족의 '구 율속족 문자'에 대한 지지율이 높다는 것을 보여준다. 영봉매(榮鳳妹)는 「율속족 언어 문자의 현황, 발전 추세 및 대책(傈僳族語言文字現狀·發展趨勢及對策)」[187]에서 한 지역, 한 민족이 두 가지 문자를 사용하는 것은 대중의 부담을 가중시킬 뿐만 아니라 민족 문화 교육 사업과 민족 경제 발전에도 불리하다고 보고, 율속족의 자발적 선택 원칙에 입각하여 '구 율속족 문자' 사용을 지지했다.

개흥지(盖興之)의 「신·구 율속족 문자에 대한 논의(談談新老傈僳文)」[188]와 「신·구 율속족 문자의 선택 문제에 관하여(關於新老傈僳文的選擇問題)」[189] 등은 '신 율속족 문자' 사용을 지지하며, '신 율속족 문자'가 더 과학적이고 컴퓨터 입력 구현이 쉽다고 주장했다. 밀수영(密秀英)은 「율속족 문자 추진은 교육의 질을 높이고 문맹 퇴치 과정을 가속화하는 효과적인 방법이다.(推行傈僳文是提高教學質量和加速掃盲進程的有效途徑)」[190]에서 먼저 문맹 퇴치와 초등학교 이중 언어 교육에서

---

186) 馬效義, 『新創文字在文化變遷中的功能與意義闡釋哈尼, 傈僳和納西族新創文字在學校教育和掃盲教育中的使用歷史與現狀硏究』(中央民族大學博士學位論文, 2007).
187) 榮鳳妹, 「傈僳族語言文字現狀·發展趨勢及對策」, 『雲南民族語言文字現狀調査硏究』(雲南民族出版社, 2001), 106-107쪽.
188) 盖興之, 「談談新老傈僳文」, 『民族語文』 第5期(1983).
189) 盖興之, 「關於新老傈僳文的選擇問題」, 『民族語言文化論集』(雲南大學出版社, 2001), 第239-256쪽.
190) 密秀英, 「推行傈僳文是提高教學質量和加速掃盲進程的有效途徑」, 『中國民族教

'신 율속족 문자' 추진으로 얻은 성과와 그 원인을 긍정적으로 평가하고, 다음으로 '신 율속족 문자' 추진 과정에서 존재하는 문제점을 분석했다. 장군(張軍)은 「율속족의 신·구 문자 사용 문제(傈僳族新老文字使用問題)」[191)에서 율속족의 문자 사용 측면에서 존재하는 두드러진 문제점을 지적했다.

6. 주요 연구 쟁점

(1) 율속문 문헌 정리 연구

1980년대부터 1990년대의 조사에서, 조사자들은 음절 문자 자체에서 문헌으로 관심을 돌렸고, 이를 통해 대량의 문헌을 수집하게 되었다. 재질에 따라 음절 문자 문헌은 백면지(白棉紙) 문헌, 목판 및 조각 문서, 비각 문헌으로 분류할 수 있다. 이 중 가장 유명한 음절 문자 문헌은 「제천고가(祭天古歌)」라고 할 수 있다. 24부의 「제천고가」는 율속족의 제천 의식에서 읊는 가요로, 율속족 고대 생활의 각 측면을 포함하고 있어 중대한 발견이라 할 수 있다. 정리와 번역을 거쳐 최종적으로 출판되었다.

이 외에도 「창세기(創世紀)」, 『신과경(神瓜經)』, 『팔괘서(八卦書)』 등 많은 다른 문헌들이 있어, 율속족의 신화 전설과 점복 역법 등의 내용을 보존하고 있다. 『왕인파 자전(汪忍波自傳)』은 왕인파 본인의 경

育』第3期(1999).
191) 張軍,「傈僳族新老文字使用問題」,『中國語言生活狀況報告2013』(商務印書館, 2013), 第135-140쪽.

험과 음절 문자 창제 과정을 기록하고 있어, 연구자들에게 음절 문자에 대해 매우 중요한 의미를 지닌다. 2013년에 발견된 음절 문자 석비는 음절 문자 문헌 재질의 종류를 확장시켰으며, 최근 몇 년간 음절 문자 문헌의 중요한 발견 중 하나이다. 이를 통해 율속족 음절 문자가 실제로 다양한 재질의 문헌과 내용을 쓰는 데 사용될 수 있음이 증명되었다.

(2) 종교 전파와 율속족 문자 연구

김걸(金杰)의 박사학위 논문 『기독교 전파가 율속족의 언어·문자 및 그 사용에 미친 영향 연구(基督敎傳播對傈僳族語言文字及其使用的影響研究)』[192]에서는 중국과 태국의 율속족 공동체에 대한 심층 조사를 통해 얻은 대량의 일차 자료를 바탕으로, 문자 창제, 방언 교류, 언어 본체, 구전 문학 전승, 언어 사용 등의 측면에서 기독교 전파가 율속족의 언어·문자 및 그 사용에 미친 영향을 분석했다.

왕재흥(王再興)은 「율속어 성경 번역 전파 및 그 사회문화적 영향(傈僳語聖經翻譯傳播及其社會文化影響)」[193]에서 '구 율속족 문자'의 창제와 응용이 율속족의 문화 소양을 크게 향상시켰다고 지적했다.

진건명(陳建明)은 「선교사들의 서남 소수민족 지역에서의 문자 창제 활동(傳敎士在西南少數民族地區的文字創制活動)」[194]에서 선교사들이 각 소수민족 신자들을 이끌어 기독교 교리를 전파하기 위한 문자를 창제하고 사용하는 과정에서, 해당 민족의 전통문화, 가치 체계, 도덕

---

192) 金杰, 『基督敎傳播對傈僳族語言文字及其使用的影響研究』(雲南大學博士學位論文, 2013).

193) 王再興, 「傈僳語聖經翻譯傳播及其社會文化影響」, 『雲南社會科學』 第2期(2008).

194) 陳建明, 「傳敎士在西南少數民族地區的文字創制活動」, 『宗敎學研究』 第4期(2010).

관념, 교육 수준, 생활 방식에도 영향을 미쳤다고 지적했다.

7. 미래 전망

향후 율속족 문자 연구는 다음과 같은 측면에서 심화될 수 있다.

첫째, 율속족의 음절 문자 문헌은 매우 가치가 있어 추가적인 정리와 보호가 필요하다. 율속문 문헌, 특히 민간에 존재하는 율속족 음절 문자 문헌은 풍부하다. 최근 율속족 음절 문자 문헌에 대한 정리 작업이 진행되고 있지만, 아직 충분히 포괄적이지 않다. 음절 문자 문헌의 수집, 정리, 보존, 번역, 출판 등의 측면에서 여전히 해야 할 일이 많이 남아 있다.

둘째, 현장 조사 연구를 강화해야 한다. 초기의 조사 연구는 주로 사회언어학적 조사 방법을 사용했으며, 인터뷰가 충분히 심도 있게 이루어지지 않았고 인터뷰 대상자의 대표성이 부족하여 각 계층의 대표를 포괄적으로 다루지 못했다. 중요 문제에 대한 심층적 탐구가 부족했으며, 정량적 연구도 적었다.

셋째, 율속문 문헌 자원 데이터베이스를 구축해야 한다. '율속족 음절 문자', '구 율속족 문자', '신 율속족 문자' 모두 디지털 입력이 가능해졌으며, 이를 기반으로 율속문 문헌 자원 데이터베이스의 개발과 구축을 위한 조건이 이미 갖추어졌다. 데이터베이스 개발은 각 부문이 공동으로 구축하고 자원을 공유하는 방식을 채택할 수 있다.

넷째, 율속족 문자에는 신·구 율속족 문자가 공존하고 병용되는 복잡한 상황에 있다. 어떤 문자를 보존하고 어떤 문자를 포기해야 하는지에 대해 아직 결론이 나지 않았으며, 명확한 정책도 없어 이 문제에 대한 심도 있는 논의가 필요하다.

제3부 수족(水族) 문자

1. 수족 문자(水字)의 개요

수족(水族)은 주로 귀주성(貴州省) 검남주(黔南州)의 삼도 수족 자치현(三都水族自治縣), 여파(荔波), 독산(獨山), 도균(都勻) 등의 현과 시에 집중적으로 거주하고 있으며, 검동남주(黔東南州)의 용강(榕江), 단채(丹寨), 뇌산(雷山), 종강(從江), 여평(黎平) 등 현이 주요 분산 거주 지역이다. 이 외에도, 광서(廣西) 북부의 하지(河池), 남단(南丹), 환강(環江), 융수(融水) 등 현과 시, 그리고 운남성(雲南省)의 부원현(富源縣)에도 분포하고 있다. 수어(水語)는 과거에는 한장어계(漢藏語系) 장동어족(壯侗語族)[195] 동수어지(侗水語支)에 속한다고 여겨졌으나, 현재는 일반적으로 장동어계(壯侗語系)에 속한다고 본다[196]. 수족은 오랫동안 한문(漢文)을 사용해 왔다.

수족은 백월(百越)에서 기원하여, 진한(秦漢) 시기의 서구(西甌) 또는 낙월(駱越)의 한 갈래에서 발전해 왔다. 이는 수족의 언어, 풍습, 거주 지역 및 백월과의 문화적 공통점을 종합하여 도출된 결론이다. 그러나 수족의 역사적 발전 과정은 자세히 알려져 있지 않다. 『신당서(新

---

195) 또는 동대어족(侗臺語族), 장대어족(壯臺語族) 등으로 부른다.
196) 미국 학자 폴 K. 베네딕트(Paul K. Benedict)가 장동어(壯侗語)가 한장어계(漢藏語系)에 속하지 않는다는 견해를 제시한 이후, 이 관점이 점차 언어학계에서 받아들여지게 되었다.

唐書)·지리지(地理志)·기미주(羈縻州)』에 따르면, 당(唐)나라 초기에 '서북제번(西北諸蕃)' 및 '만이(蠻夷)' 부족에 '주현(州縣)을 설치'했는데, 그 중 강남도(江南道)의 51개 만주(蠻州) 중에 '무수주(撫水州)'가 포함되어 있었다. 일부 학자들은 '무수주(撫水州)'가 오늘날의 수족과 일정한 관계가 있을 것이라고 추측하고 있다.

송대의 기록에서는 '무수주(撫水州)', '무수주만(撫水州蠻)', '무수만(撫水蠻)' 등이 자주 등장하며, 주로 '무수주만(撫水州蠻)'의 조공, 변경 소요, 산천과 그 지역민의 사정 등의 상황이 주로 기록되어 있다. 또한, 원대 마단림(馬端臨)의 『문헌통고(文獻通考)』, 청대의 『속통지(續通志)』, 『광서통지(廣西通志)』 등에도 비슷한 내용이 기록되어 있다. 따라서 지역, 사서에 기록된 현지의 대성(大姓), 지리 환경, 풍물과 민정(民情) 등의 측면에서 볼 때, '무수만(撫水蠻)'과 오늘날의 수족은 역사적 기원을 함께 하고 있다.

수족이라는 전문 명칭이 시작된 것은 명대부터라고 보는 견해가 있다. 그 근거로, 수족이 자신들을 ai^3 sui^3라고 부른다는 점, 명대 왕수인(王守仁)의 『중수월담사건공관기(重修月潭寺建公館記)』에서 '묘(苗), 이(夷), 힐(犵), 수(狖)'를 함께 언급했다는 점, 명말 광로(鄺露)의 『적아(赤雅)』에 "수인(狖人) 역시 오랑캐의 한 무리[犵類]"라는 기록이 있다는 점, 청대의 『광서통지(廣西通志)·제만(諸蠻)·적(狖)』에도 '수인(狖人)'의 민정에 대해 간략히 기록되어 있다는 점 등을 들고 있다. 그러나 이러한 기록들은 매우 단순하고 불확실하며, 수족의 실제 상황과도 완전히 일치하지 않기 때문에, '수(狖)'가 수족의 전문 명칭이라는 주장은 아직 고증이 필요하다.

수족 내부에는 그 형태가 매우 오래된 문자가 있는데, 이를 le^1 sui^3라고 하며 '수자(水字)' 또는 '수서(水書)'를 의미한다. 이 문자는 종교 내부에서만 사용되며 일상생활 언어를 기록할 수 없고, 문자 사용자는 무사(巫師, 水書先生)로 제한되어 있어 외부인은 알지도 못하고 사용하지도 않는다. 이 문자는 각종 점복과 길일 선택의 내용을 필사하는 데 사용되며, 이러한 필사본도 '수서(水書)'라고 한다. 최근 등장응(鄧章應) 등의 학자들이 이 문자를 '수문(水文: 수문의 문자 체계를 지칭)'과 '수자(水字: 개별 수문 문자를 지칭)'로 구분하여 명명했다[197]. 여기서는 수족의 문자를 여전히 '수자(水字)'로, 수자로 쓰인 필사본을 '수서(水書)'로 부르겠다.

'수족 문자(水字)'는 매우 독특한 특징을 가진 문자로, 다양한 문자 체계가 혼합된 체계이다. 그 내부에는 극도로 고대적으로 보이는 자체적으로 기원한 문자(예: 　)가 있는 한편, 한자를 직접 차용하거나 약간 변형하여 만든 한어 차용자(예: 　)도 있으며, 자체적으로 기원한 문자와 한어 차용자의 형태와 구조를 결합하여 만든 합성자(예: 　)도 있다. 수족 문자는 우리에게 특수한 문자 사례를 제공하며, '혼합형 문자'의 특징을 보여줌으로써, 문자가 발전한 역사와 문자 전파 법칙에 대한 우리의 인식을 보충해준다[198].

'수족 문자'와 '수서'의 발생과 발전에 관해서는 정확한 문헌 기록이 부족하다. 현재 볼 수 있는 많은 '수서' 필사본 중 가장 오래된 것은 청대 광서(光緒) 연간의 것으로 여겨지며, 대부분은 청말 민국 초기의 것이다[199]. 다만 일부 학자들은 가장 오래된 필사본이 순치(順

---

197) 鄧章應, 「水族古文字的科學定名」, 『中國科技術語』第3期(2009). 『東巴文與水文比較研究』(人民出版社, 2015), 64-72쪽.
198) 王元鹿, 「水文在文字學硏究中的認識价値與硏究方法」, 『中國文字硏究』第9輯(大象出版社, 2007), 269-272쪽.
199) 王鋒, 『從漢字到漢字系文字─漢字文化圈文字硏究』(民族出版社, 2003), 99쪽.

治) 연간의 것이라고 보기도 한다200).

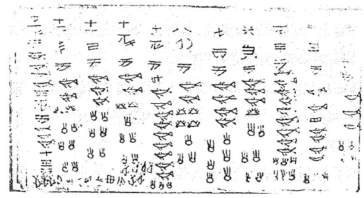

[그림 5-36] 수서(水書) 『논공수(論攻守)』201)

수서는 용도에 따라 백서(白書)와 흑서(黑書)로 나눌 수 있다. 반일
지(潘一志)의 기록에 따르면, "전해지는 바로는 수서에 백서와 흑서
두 종류가 있는데, 백서는 일반적으로 혼인, 장례, 건축, 질병 제거,
자녀 기원, 재물 기원 등의 길일을 선택하는 데 사용된다. 반면, 흑서
는 흉일을 선택하여 재앙을 남에게 전가하거나 또는 남에게 전가된
재앙을 해소하기 위한 날짜를 선택하는 데 사용된다."202)

劉凌, 「關於水字歷史的思考」, 『中國文字硏究』第9輯(大象出版社, 2007), 273-
281쪽.

200) 孫易, 『水族文字硏究』(南開大學博士學位論文, 2006), 75-76쪽.
또한, 손이(孫易) 박사의 논문에 따르면, 수족(水族) 전문가인 왕품괴(王品魁)
가 명대(明代)에 만들어진 것으로 감정한 6권의 수서(水書) 필사본과 명 홍무
(洪武) 연간에 만들어진 것으로 여겨지는 1권의 목각 인쇄본이 있다. 이 논문
에서는 이들 수서의 연대에 대한 재감정이 필요하다고 보고 있다.

201) 中國民族古文字硏究會, 『中國民族古文字圖彔』(中國社會科學出版社, 1990), 237
쪽.

202) 潘一志, 「水族社會歷史資料稿」, 『潘一志文集』(巴蜀書社, 2009), 498쪽.

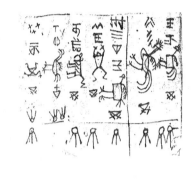

[그림 5-37] 수서
『기린정칠권(麒麟正七卷)』[203]

[그림 5-38.] 수서
『늑금기일권(泐金紀日卷)』[204]

　수서의 내용은 한족의 통서(通書)와 유사하며[205], 점복을 통해 일
상생활의 여러 사항에 대해 길흉을 판단하는 것을 목적으로 한다. 이
는 시간과 방위의 선택을 포함하며, 대체로 다음과 같은 몇 가지 유
형으로 나눌 수 있다.

203) 黔南布依族苗族自治州人民政府, 『水書·麒麟正七卷』(上·下), 楊介欽, 韋光榮注(貴
　　州民族出版社, 2010), 9쪽.
204) 貴州省檔案局(館), 荔波縣人民政府, 『泐金·紀日卷』(貴州人民出版社, 2007), 12쪽.
205) 潘一志, 「水族社會歷史資料稿」, 『潘一志文集』(巴蜀書社, 2009), 437쪽. 王品魁,
　　「水書源流新探」, 『水家學研究─貴州省水家學會第三屆·第四屆學術討論會論文匯
　　編』(貴州民族出版社, 1999), 349-354쪽.

· 천문역법류: 주로 농업 경작에 사용된다.
· 시기 선택류: 혼인, 장례, 건축, 여행 등에 대한 연, 월, 일, 시의 선
택에 사용된다.
· 방위 선택류: 매장, 개간, 가옥 건축의 기초를 공사 시 방위를 선택
하는 데 사용된다.
· 둔장(遁掌): 성수(星宿) 12궁으로 길흉화복을 점치는 데 사용된다.

이 외에도, 1980년대 이후 '수족 문자'로 쓰여진 묘비가 몇 곳에서
발견되었지만[206], '수족 문자'의 사용은 극히 적다.

수서 문헌은 고대적인 면모를 보이며 그 수량이 풍부하다. 이에 대
해서는 이후의 '수족 문자 연구의 기본 자료' 부분을 참고할 수 있다.

수족 문자 체계는 크게 '차용자(借源字)', '자체적으로 만든 글자(自
造字)', '합성자(拼合字)' 세 가지 주요 부분으로 나눌 수 있다.

(1) 차용자(借源字)

수서에 나타나는 간지(干支), 음양(陰陽), 길흉(吉凶), 오행(五行), 팔
괘(八卦), 구성(九星), 이십팔수(二十八宿) 등은 모두 한어 어휘에서 온
것이다. 이 중 일부는 한자를 직접 차용했고, 일부는 한자를 변형하
여 사용했으며, 또 다른 일부는 한어 차용어를 위해 새로운 글자를
만들었다. 아래의 분류를 살펴보자.

1. 한자 가차(假借)

첫째, 음독(音讀) 방식으로, 한자의 음을 빌려 수어에서 해당 음에
대응하는 의미를 표현한다. 예컨대, 씻는 ho³로 읽히며 '가난하다'를

---

206) 蒙耀遠, 「水族銘刻類古籍搜集整理架构述略」, 『廣西民族師范學院學報』 第6期(2013).

의미한다. '배륜(拜倫)'으로 쓰이는 경우, 한어 음으로 읽히며 수서에서는 '돌아가다'를 의미한다.

둘째, 훈독(訓讀) 방식으로, 한자의 의미를 빌리되 수어 음으로 읽는다. 예컨대, 开은 ʔbən¹으로 읽히며 '하늘[天]'을 의미하고, 三은 ha:m¹으로 읽히며 '3[三]'을 의미한다.

셋째, 차용자(借詞字)로, 형태와 독음, 의미를 모두 차용한 것이다. 예컨대, ☉는 ɕi³로 읽히며 '4[四]'를 의미하고, 기⊂는 sui³로 읽히며 '물[水]'을 의미한다. 수족 문자에서 한자를 직접 가차한 경우는 많지 않으며, 대부분은 한자를 변형하여 사용했다.

2. 한자 변체자(變體字)

한자가 표현하는 어휘의 독음과 의미를 차용하되, 한자를 '반서(反書)', '도서(倒書)', 필획 또는 한자 구성 성분의 증감, 필획의 변형, 분해 및 재조합 등의 방식으로 변형한다. 예를 들면 다음과 같다.

· 간지자 '자(子)', '묘(卯)', '신(辛)'은 각각 Σ·ᛁᛁ, ℈ℓ·Яʀ, ⑴×·⑴× 으로 표기된다.
· 겨울을 의미하는 '동(冬)'은 ⴻ·參으로 표기된다.
· 길흉의 '흉(凶)'은 ⋈·⋇·⋙으로 표기된다.
· '봉(逢)'은 雀·ㄅ으로 표기되며, 한어 음 foŋ²로 읽히고 '만나다, 마주치다'를 의미한다.

(2) 자체적으로 만든 글자

자체적으로 만든 글자 중, 일부는 한어 어휘를 기록하기 위한 것이다. 예컨대, 수서의 이십팔수는 한족의 문화에서 왔으며, 이십팔수의 명칭은 모두 한어 차용어이다.

'묘수(昴宿, 일명 昴日鷄)'는 한어 음 $\eta a^2\ n_\jmath\partial t^8\ t_\imath^1$로 읽히며, 이 한어 단어를 위해 🐦·🐦·🐦·🐦와 같은 새 글자를 만들었다.

'여수(女宿, 일명 女土蝠)'는 $n_\jmath ui^3\ thu^3\ fo\eta^8$로 읽히며, 🐦·🐦·🐦로 쓴다. 또한, 수서의 신살(神煞) 명칭에 사용되는 글자 중 상당수가 자체적으로 만든 글자이다. 예컨대 ⅄⅄⅄⅄⅄는 '오추귀(五錘鬼)'를 나타낸다.

이상은 모두 상형(象形) 방식으로 글자를 만든 것이다.

지사자(指事字)의 경우에는 ᲚᲚ(上), ᲛᲛ(下), 爲(中)과 유(전진, 귀신 보내기), ⅄(후퇴, 귀신 거두기)가 있다.

회의자(會意字)의 경우에는 '사망' 또는 '사망한 사람'을 의미하는 글자로 🐦·🐦·🐦·🐦 등 여러 이체자가 있다. 疊疊는 '중상(重喪)'을 의미하며, 이 또한 한어 차용어로 흉신(凶神)의 한 명이다. 관(棺)을 중첩하여 회의한 것으로, 이날 장사를 지내면 집안에서 연이어 사람이 죽을 수 있음을 의미한다.

(3) 합성자

한자 또는 한자의 구성 성분을 수족 문자나 다른 추상적 형태와 결합하여 새로운 글자를 만든 것을 말한다. 예를 들면 다음과 같다.

- 🐦·🐦·🐦는 '조(祖)'를 의미하며, 윗부분은 한자 '천(天)' 또는 '대(大)'이고, 아랫부분의 △ 또는 ○은 '인구(人口)'를 나타낸다. '조(祖)'는 가정에서 가장 연장자를 의미한다.
- 🐦·🐦는 '아버지(父)'를 의미한다.
- 🐦·🐦는 '어머니(母)'를 의미한다.

· 𖼄·𖼀는 '아내(妻子)'를 의미한다.

2. 연구의 역사

'수족 문자' 연구에 관해서는 이미 여러 종합적인 논문들이 있어, 각 시기의 연구 상황을 반영하고 있다. 이에 대해 참고할 만한 학자들의 연구는 다음과 같다.

- · 위충사(韋忠仕)[207]
- · 손이(孫易)[208]
- · 반조림(潘朝霖)[209]
- · 나춘한(羅春寒)[210]
- · 적의강(翟宜疆)[211]
- · 위학순(韋學純)[212]
- · 위종림(韋宗林)과 위술계(韋述啓)[213]
- · 등장응(鄧章應)[214]
- · 백소려(白小麗)와 서염여(徐艶茹)[215]

---

207) 韋忠仕, 「"水書"研究槪況」, 『貴州文史叢刊』 第4期(1992).
208) 孫易, 『水族文字研究』(南開大學博士學位論文, 2006).
209) 潘朝霖, 「水書文化研究150年槪述」, 『采風論壇(7)』(中國文聯出版社, 2006), 1-16쪽.
210) 羅春寒, 「水族·水書與水書研究述評」, 제1회 수서문화국제학술대회, 貴州都勻(2007).
211) 翟宜疆, 『水文造字机制研究』(華東師范大學博士學位論文, 2007).
212) 韋學純, 「水書研究現狀與發展趨勢」, 『中國民族語言學研究』(社會科學文獻出版社, 2008), 192-212쪽.
213) 韋宗林, 韋述啓, 「水族文字研究綜述」, 『釋讀旁落的文明: 水族文字研究』(民族出版社, 2011), 265-277쪽.
214) 鄧章應, 『東巴文與水文比較研究』(人民出版社, 2015).
215) 白小麗, 徐艶茹, 「水文研究回顧與展望」, 『華西語文學刊』 第13輯(四川文藝出版社, 2016), 192-198, 402, 404쪽.

본고에서는 수족 문자 연구를 다음과 같은 다섯 시기로 나누었다.

(1) 발견 및 소개 시기(1860년부터 1940년대)

주로 막우지(莫友芝, 1811-1871)의 수족 문자와 문화 소개[216], 1914년『독산현지(獨山縣志)』, 1925년『도균현지고(都勻縣志稿)』, 1940년『삼합현지략(三合縣志略)』, 1944년『여파현지고(荔波縣志稿)』등 지방지 자료에 소수의 수족 문자가 설명되어 있다.[217]

(2) 조사·연구의 시작 시기(1940-1960년대)

대표적인 학자와 성과는 다음과 같은데, 주로 수서 문헌의 일부 수집 소개, 수족 문자에 관한 간단한 소개, 수어 조사(소량의 수족 문자 부록 포함) 등으로 이루어졌다.

· 장위강(張爲綱)의 「수가의 기원 시탐(水家來源試探)」[218]
· 잠가오(岑家梧)의 「수서와 수가의 기원(水書與水家來源)」[219], 『수어 조사 보고 초고(水語調查報告初稿)』[220]
· 반일지(潘一志)의 『수족사회 역사자료고(水族社會歷史資料稿)』[221], 『

---

216) 劉世彬, 「莫友芝對水族古文字的研究」, 『黔南民族師范學院學報』 第1期(2006).
217) 三都水族自治縣縣志編纂委員會, 『三都水族自治縣縣志』(貴州人民出版社, 1992).
218) 張爲綱, 「水家來源試探」, 『社會研究』 第36期(1942). 이후에 『貴州苗夷社會研究』(文通書局, 1942), 108-110쪽에 수록됨. 이 책은 2004년 민족출판사(民族出版社)에서 재편집하여 출판하였다.
219) 岑家梧, 「水書與水家來源」, 『社會科學論叢』新1卷(1948). 1949년에 수정본이 『西南民族文化論叢』(岭南大學西南社會經濟研究所, 1949), 1-21쪽에 수록됨. 또 『岑家梧民族研究文集』(民族出版社, 1992), 108-126쪽에 수록됨.
220) 中國科學院少數民族語言調查第一工作隊, 『水語調查報告初稿』, 內部資料(1958).

수족간사간지합편(水族簡史簡志合編)」222)

　・ 위경온(韋慶穩)의 「수어개황(水語概況)」223)

　・ 이방계(李方桂)의 「수화연구(水話研究)」224)

　・ 일본의 니시다 타츠오(西田龍雄)의 「수문의 제력(際歷)에 관한 해석
　　(水文之際歷的釋讀)」225) 등.

(3) 조사·연구의 탐색 시기(1980년대부터 21세기 초)

　이 시기의 연구 자료는 여전히 부족했는데, 주요 연구는 다음의 네
가지 측면으로 요약될 수 있다.

　첫째, 수족 문자에 대한 1차적 연구로, 문자 고증 해석, 수족 문자
체계와 문자 성질 연구, 수족 문자의 '반서(反書)' 특징 분석 등이 포
함된다. 그 성과는 다음과 같다.

　・ 석상소(石尚昭)와 오지현(吳支賢)의 「수족문자연구(水族文字研究)」:
　　처음으로 수족 문자의 문자표를 제공226)

　・ 왕국우(王國宇)의 「수서와 수서 표본에 관한 해석(水書與一份水書樣
　　品的釋讀)」: 한 페이지의 수서를 완전히 해독227)

---

221) 반일지(潘一志)의 『수족사회 역사자료고(水族社會歷史資料稿)』는 원래 초고
　　형태였는데, 1959년에 초안이 완성되었고, 최근에 정식으로 출판되었다. 貴
　　州民族學院, 貴州水書文化研究院, 『水族學者潘一志文集』(巴蜀書社, 2009).

222) 中國科學院民族研究所, 貴州少數民族社會歷史調查組, 『水族簡史簡志合編』, 內
　　部編印(1963).

223) 韋慶穩, 「水語概況」, 『中國語文』第5期(1965).

224) 李方桂, 「水話研究」, 『"中研院"歷史語言研究所專刊之七十三』(1977). 이후에 『
　　李方桂全集5: 莫話記略·水話研究』(清華大學出版社, 2005)에 수록됨.

225) [日] 西田龍雄, 「水文之際歷的釋譯」, 王云祥譯, 『民族語文研究情報資料集』第2
　　集(中國社會科學院民族研究所語言研究室, 1983), 64-70쪽.

226) 石尚昭, 吳支賢, 「水族文字研究」, 『中國民族古文字研究』第2輯(天津古籍出版社,
　　1993), 250-262쪽.

227) 王國宇, 「水書與一份水書樣品的釋讀」, 『民族語文』第6期(1987).

· 유일영(劉日榮)의 「<수서>에서의 간지 초탐(<水書>中的干支初探)」: 처음으로 수족 문자와 한자의 간지자를 체계적으로 비교 연구했다.228)
· 유릉(劉凌)의 『'수서'문자 성질 탐색('水書'文字性質探索)』: 처음으로 수족 문자의 체계 및 성질, 수족 문자와 한자의 관계를 전면적으로 정리하고 1차적으로 연구했다.229)

둘째, 수서의 성질, 수서의 원류와 수서의 문화적 함의에 대한 탐구로, 그 성과는 다음과 같다.

· 유일영(劉日榮)의 수서의 성질과 수서에서 한어 차용어에 대한 탐구230)
· 왕연화(王連和)와 유보내(劉寶耐)231), 왕국우(王國宇)232), 몽애군(蒙愛軍)233), 석상소(石尙昭)234), 왕품괴(王品魁)235), 반도익(潘道益)236) 등의 수서 문화에서의 28수, 천상 역법, 음양오행 등에 대한 해독
· 왕품괴(王品魁)의 수서 원류에 대한 탐구237) 등.

그밖에 『수가학연구(水家學研究)』 등의 부정기 논문집이 발간되어

---

228) 劉日榮, 「<水書>中的干支初探」, 『中央民族大學學報(哲學社會科學版)』 第6期 (1994).
229) 劉凌, 『"水書"文字性質探索』(華東師范大學碩士學位論文, 1999).
230) 劉日榮, 「水書研究─兼論水書中的漢語借詞」, 『中央民族大學學報』(1990). 「水書評述」, 『中央民族大學學報(哲學社會科學版)』 第6期(1995).
231) 王連和, 劉寶耐, 「水族的天象歷法」, 『河北省科學院學報』 第1期(1990).
232) 王國宇, 「略論水書與二十八宿」, 『中國民族古文字研究』 第3輯(天津古籍出版社, 1991), 212-220쪽.
233) 蒙愛軍, 「談水族鬼神觀與水書五行觀中的認識結构」, 『貴州民族學院學報』 第4期 (1991).
234) 石尙昭, 「<水書>通義─天文·歷法」, 『黔南教育學院學報』 第4期(1991).
235) 王品魁, 「<水書>二十八宿」, 『貴州文史叢刊』 第2期(1996).
236) 潘道益, 「水族七元歷制初探」, 『水家學研究(三)─貴州省水家學會第三屆·第四屆學術討論會論文匯編』(貴州水家學會, 1999), 148-161쪽.
237) 王品魁, 「水書源流新探」, 『水家學研究(二)─貴州省水家學會第一屆·第二屆學術討論會論文匯編』(貴州水家學會, 1993), 349-354쪽. 「<水書>探源」, 『貴州文史叢刊』 第3期(1991).

수서와 수족 문화 연구 내용을 다수 수록했다.

셋째, 수족 문자 연구와 밀접한 관련이 있는 수어 연구로, 그 성과는 다음과 같다.

- 장균여(張均如)의 『수어간지(水語簡志)』[238]
- 왕균(王均) 등의 『장동어족 언어 간지(壯侗語族語言簡志)』[239]
- 증효투(曾曉渝)의 『한어와 수어의 관계사연구(漢語水語關系詞硏究)』[240]
- 증효투(曾曉渝)와 요복상(姚福祥)의 『한수사전(漢水詞典)』[241] 등.

넷째, 1차 자료로서의 완전한 수서 역주본의 출현하기 시작하였는데, 이 시기에는 왕품괴(王品魁)의 『수서(水書)·정칠권(正七卷), 임진권(壬辰卷)』[242]만이 있었다.

(4) 조사 연구의 발전 시기(21세기 초부터 2015년 전후)

이 시기에는 수서와 수족 문자 연구가 활발히 진행되었으며, 다음과 같은 특징을 보인다.

첫째, 수서의 대규모 수집, 영인과 번역·주석, 출판이 이루어져 학계에 대량의 일차 자료를 제공했다. 주요 성과는 다음과 같다.

- '중국 수서 문헌 시리즈(國水書文獻系列)' 5종(풀컬러 영인본)[243]

---

238) 張均如, 『水語簡志』(民族出版社, 1980).
239) 王均等, 『壯侗語族語言簡志』(民族出版社, 1984).
240) 曾曉渝, 『漢語水語關系詞硏究』(重慶出版社, 1994).
241) 曾曉渝·姚福祥, 『漢水詞典』(四川民族出版社, 1996).
242) 貴州省民委民族古籍整理辦公室, 貴州省黔南州民委, 三都水族自治縣民委, 『水書(正七卷·壬辰卷)』, 王品魁譯注(貴州民族出版社, 1994).
243) 中國水書編委會, 『中國水書文獻系列』풀컬러 영인본: 『分割卷』, 『八探卷』, 『寅

- 『중국수서(中國水書)』(전160책)244)
- 『수서·상장권(水書·喪葬卷)』245), 『낙금·기일권(泐金·紀日卷)』246)
- 『수서와 수족 사회: <육도근원(陸道根原)>을 중심으로 한 연구』
  (수서 문헌 번역 주석 위주, 조사와 연구 병행)247)
- 『수서·음양오행권(水書·陰陽五行卷)』248)
- 2009-2011년 출판된 '중국 수서 역주 총서(中國水書譯注叢書)' 시리
  즈 5종249)
- 2012년 출판된 『금은·택길권(金銀·擇吉卷)』250)
- 2015년 출판된 『수서·구성권(水書·九星卷)』251) 등.

둘째, 수서 문자 본체 연구가 흥성했다. 2003년 왕원록(王元鹿)의 「
'수족 문자'의 숫자와 간지자 연구('水文'中的數目字與干支字研究)」252)와 「

申卷』, 『正七卷』, 『探巨卷』(貴州民族出版社, 2006).
244) 莫善余等, 『中國水書』(全160冊)(巴蜀書社·四川民族出版社, 2006).
245) 貴州省民族古籍整理辦公室, 貴州省黔南布依族苗族自治州民族宗教事務局, 貴州省三都水族自治縣人民政府, 『水書·喪葬卷』, 王品魁·潘朝霖譯注(貴州民族出版社, 2005).
246) 貴州省檔案局(館), 荔波縣人民政府, 『泐金·紀日卷』(貴州人民出版社, 2007).
247) 張振江, 姚福祥, 『水書與水族社會—以<陸道根原>爲中心的研究』(中山大學出版社, 2009).
248) 貴州省民族古籍整理辦公室, 『水書·陰陽五行卷: 水文·漢文』, 蒙耀遠譯注(貴州民族出版社, 2011).
249) 이 시리즈는 다음 다섯 종류를 포함하며, 모두 검남(黔南) 포의족·묘족자치주 인민정부가 편찬하고 귀주민족출판사에서 출판했다. 楊介欽, 韋光榮譯注, 『水書·麒麟正七卷: 漢文·水文』(2010). 楊介欽, 韋光榮譯注, 『水書·金用卷: 漢文·水文』(2010). 蒙邦敏, 蒙君昌譯注, 『水書·正五卷: 漢文·水文』(2010). 陸春譯注, 『水書·秘籍卷: 漢文·水文』(2011). 梁光華, 蒙景村, 蒙耀遠, 蒙君昌譯注, 『水書·婚嫁卷: 漢文·水文』(2009).
250) 貴州省檔案局·黔南州人民政府·荔波縣人民政府, 『金銀·擇吉卷: 漢文·水文』(貴州人民出版社, 2012).
251) 貴州省民族古籍整理辦公室, 陸春譯注, 『水書·九星卷: 水漢對照』(貴州大學出版社, 2015).
252) 王元鹿, 「"水文"中的數目字與干支字研究」, 『華東師范大學學報(哲學社會科學版)』 第4期(2003).

수족 문자의 방위사 연구 및 일반문자학 연구에 주는 시사점: 수족 문자 연구의 필요성과 방법론(水文方位字研究及其對普通文字學研究的啓發—兼論水文研究的必要性与方法論)」253)을 시작으로, 수족 문자 본체 연구가 체계화 및 심층 탐구 단계에 진입했다. 주요 연구 분야는 다음과 같다.

· 수족 문자의 성질, 문자적 지위에 대한 탐구
· 수족 문자 체계의 전체적이고 종합적인 연구
· 수족 문자와 다른 문자와의 비교 연구(한자, 납서(納西)족 동파(東巴)문자, 이(彝)족 문자, 율속(傈僳)족 죽서(竹書), 장(壯)족 문자 등)
· 수족 문자 전문 연구(조자 방법, 조자 메커니즘 연구, 전문서적, 전문적인 수족 문자 연구, 수서와 수족 문자의 기원과 역사 탐구)
· 『수서 상용 자전(水書常用字典)』 출판254)

셋째, 수서 문화 연구가 활발히 발전했다. 수서 문화 연구는 다음과 같이 분류할 수 있다.

· 수서 문화의 전체적 연구
· 수서의 28수와 천상 역법 연구
· 수서와 한족 전통문화의 주역, 음양오행, 연산역에 관한 밀접한 관계 탐구
· 수서 전문서적과 전문 주제 내용 해독
· 수서의 보호 전승과 정리 개발 등 관련 연구
· 부정기적으로 출판되는 수서와 수족 문화 연구 시리즈 논문집: 『수서문화연구(水書文化研究)』(1-5집)255), 귀주(貴州)성 수가(水家)학

---

253) 王元鹿, 「水文方位字研究及其對普通文字學研究的啓發—兼論水文研究的必要性與方法論」, 『湖州師范學院學報』 第2期(2003).
254) 韋世方, 『水書常用字典』(貴州民族出版社, 2007).
255) 潘朝霖, 唐建榮, 『水書文化研究』 第1輯(貴州民族出版社, 2009). 『水書文化研究』 第2輯(中國言實出版社, 2012). 潘朝霖, 韋成念, 『水書文化研究』 第3輯(中國言實

회의 『수가학연구(水家學硏究)』(4, 5권)256)

넷째, 수족 문자 연구와 밀접하게 관련된 수어 연구가 진행되었다.

다섯째, 수서와 수족 문자의 디지털화 연구로, 주로 입력법 개발, 문자 인코딩, 데이터베이스 구축, 수서 문헌 자료의 디지털화 등의 분야를 다루었다.

(5) 연구 방향의 확장 시기(2016년 전후에서부터 현재까지)

이 시기에는 '수족 문자' 본체 연구는 발전이 더디어졌으나, 연구 방향에서는 새로운 개척이 이루어졌다. 주로 수족 문자의 인식 연구 분야에서 나타났다. 이 시기의 연구 현황은 다음의 네 가지 측면으로 요약할 수 있다.

첫째, '수족 문자' 본체의 연구 성과가 적은 편이고, '수족 문자'와 다른 문자와의 비교 연구가 꾸준히 진행되고 있다.

둘째, 수서 역주에 관한 연구 성과는 계속해서 많은 상황을 유지하고 있다. 각 연구자들은 '수서 선생'들의 해설을 토대로 다양한 수서 문헌에 대해 번역하고 주석을 달았다. 일부 중요한 문헌의 경우, 전승되어 온 계통이 다르고, 시대별로 연구자들의 번역 관점도 달랐기 때문에 하나의 문헌에 여러 종류의 역주본이 나오기도 했다. 예를 들면 다음과 같다.

· 반조희(潘朝喜)의 『수서·임진권: 수한대조(水書 壬辰卷: 水漢對照)』257)

出版社, 2012). 潘朝霖, 唐建榮, 『水書文化硏究』 第4輯(中國言實出版社, 2012). 『水書文化硏究: 兼論南方民族文字』 第5輯(中國戱劇出版社, 2013).
256) 貴州省水家學會, 『水家學硏究』(四·五), 非正式出版, 2004年·2010年.

는 왕품괴(王品魁)의 『수서(정칠권, 임진권)(水書(正七卷·壬辰卷))』[258] 이후의 또 다른 번역본이다.

· 양개흠(楊介欽)과 위광영(韋光榮)이 역주한 『수서·기린정칠권(水書·麒麟正七卷)』[259]도 왕품괴(王品魁)의 위 번역본과 밀접한 관련이 있다.

· 귀주민족문화궁(貴州民族文化宮)의 『수서·수서고적·금당권: 수문, 한문대조(水書水書古籍·金堂卷: 水文·漢文對照)』[260]는 육상겸(陸常謙)의 『수서·금당권: 수문, 한문대조(水書·金堂卷: 水文·漢文對照)』[261] 이후의 또 다른 번역본이다.

셋째, 수서 문헌의 긴급 발굴, 보호, 전승, 개발 및 역주 편찬 방법 등에 대한 논의가 이 시기 연구의 주된 동향이었다.

넷째, 수서와 '수족 문자'의 디지털화, 지능화 연구에 주목하고 있으며, 특히 수서 문자 분할(segmentation)[262]과 '수족 문자' 자동 인식 연구에 초점을 맞추고 있다.

3. 연구 진전

'수족 문자'는 발견되고 소개된 이후부터, 조사 연구의 번성기를 거쳐 현재의 연구 방향 확장기에 이르기까지 100여 년의 역사를 거쳤

---

257) 三都水族自治縣檔案館, 『水書·壬辰卷: 水漢對照』, 三都水族自治縣水書搶救暨水書申報世界記憶遺産辦公室譯注(貴州民族出版社, 2021).

258) 貴州省民委民族古籍整理辦公室, 貴州省黔南州民委, 三都水族自治縣民委, 『水書·正七卷, 壬辰卷』, 王品魁譯注(貴州民族出版社, 1994).

259) 黔南布依族苗族自治州人民政府, 『水書·麒麟正七卷』, 楊介欽, 韋光榮譯注(貴州民族出版社, 2010).

260) 貴州民族文化宮(貴州省民族博物館), 『水書·水書古籍·金堂卷: 水文·漢文對照』(貴州民族出版社, 2021).

261) 陸常謙, 『水書·金堂卷: 水文·漢文對照』(貴州民族出版社, 2019).

262) (역주) '분할(segmentation)'은 디지털 문자 처리 분야에서 사용되는 용어로, 수서(水書) 텍스트에서 개별 문자를 식별하고 분리하는 과정을 의미한다.

다. 그 연구 진전은 주로 네 가지 측면에서 나타난다.

(1) 수서와 수족 문자 연구의 1차 자료량의 변화

수서와 수족 문자 연구의 1차 자료는 극도로 부족한 상태에서 점차 풍부해졌다. 대량의 수서가 긴급 발굴 정리되었고, 중요한 수서 문헌들이 영인 출판되었으며, 수서 역주의 범위도 점진적으로 확대되었다.

1860년경 막우지(莫友芝)의 수족 문자 소개부터 20세기 초 지방지 문헌의 간단한 소개를 거쳐, 1985년 첫 수족 문자 문자표(등사본) 출현, 1994년 첫 수서 역주본『수서·정칠권, 임진권(水書·正七卷, 壬辰卷)』의 출현, 21세기 초 수서의 긴급 발굴 정리의 전성기와 대형 시리즈인『중국수서(中國水書)』(전160책, 2007년) 출판, 그리고 21세기 초부터 현재까지 대량의 수서 역주 성과 출현(현재 수서 역주본이 약 30종에 이름)까지 수서와 수족 문자 연구의 1차 자료가 날로 풍부해졌으며, 이는 후속 연구를 위한 충분한 조건을 마련했다.

(2) 수족 문자 본체에 관한 연구: 점진적인 개척과 심화

첫째, 수족 문자 연구의 자료 범위가 점진적으로 확대되었다. 초기에는 소량의 수족 문자만 수집하고 소개했지만, 이후 간단한 문자표 편찬으로 발전했고, 나아가 다량의 수서 문헌에 근거한 체계적인 문자 연구와 자전 편찬으로 발전했다.

둘째, 수족 문자 연구의 방향이 지속적으로 개척되었다. 시작 단계의 문자 구조 분석, 문자 고증 해석, 수족 문자 체계에 대한 기초 연구, 수족 문자의 '반서(反書)' 특징 분석 등에서 발전하여, 각 단계별

중국문자학 핸드북

로 수족 문자의 성질에 대한 반복적 탐구, 수족 문자 체계의 종합적 연구, 수족 문자와 다른 민족 문자와의 관계 비교 연구, 그리고 현재의 수족 문자 디지털화 연구와 문자 인식 연구 등으로 발전했다.

셋째, 수족 문자 연구가 지속적으로 심화되었다. 문자 소개 및 구조 분석, 문자 체계 분석에서 시작하여 문자의 성질, 조자 메커니즘, 이체자에 대한 반복적 탐구로 발전했으며, 최근 10여 년간은 문헌에 근거한 전문서적과 전문 분야의 수족 문자 연구가 이루어졌고, 여러 민족 문자와의 비교 연구를 통해 수족 문자에 대한 이해가 점차 깊어졌다.

(3) 수서 문화 함의 연구의 지속적인 발전

수서 조사 연구의 탐색기에는 연구가 수서의 28수, 천상 역법, 음양 오행을 중심으로 이루어졌으며, 수서의 기원에 대한 탐구도 함께 진행되었다. 수서 조사 연구의 발전기에는 위의 연구들은 여전히 주요 관심사였으며, 수서와 한족 전통문화의 주역, 연산역의 밀접한 관계, 수서의 전문적 내용 해독, 수서의 보호 전승과 정리 개발 등 관련 연구, 수서 문화의 종합적 연구가 새로운 진전을 보였다. 이 시기에는 부정기적으로 수서, 수족 문화 연구 시리즈 논문집이 출판되었는데, 반조림(潘朝霖)과 당건영(唐建榮) 주편한 『수서문화연구(水書文化研究)』(제1-5집)263), 귀주성 수가협회의 『수가학연구(水家學研究)』(4, 5권)264)를 통해 수서 문화 연구의 번성을 엿볼 수 있다. 2016년을 전후하여

---

263) 潘朝霖, 唐建榮, 『水書文化研究』第1輯(貴州民族出版社, 2009). 『水書文化研究』第2輯(中國言實出版社, 2012). 潘朝霖, 韋成念, 『水書文化研究』第3輯(中國言實出版社, 2012). 潘朝霖, 唐建榮, 『水書文化研究』第4輯(中國言實出版社, 2012). 『水書文化研究: 兼論南方民族文字』第5輯(中國戲劇出版社, 2013).

264) 貴州省水家學會, 『水家學研究』(四·五), 非正式出版, 2004年·2010年.

수서 연구는 연구 방향 확장 시기에 들어섰으며, 이 시기 연구의 초점은 수서 문헌의 긴급 보호, 전승과 개발, 편찬 역주와 디지털화 구축에 맞추어졌다.

(4) 수서와 수족 문자의 디지털화 구축: 점진적인 진행

2000년 위종림(韋宗林)의 「수족 고문자 컴퓨터 입력법(水族古文字計算机輸入法)」265)을 시작으로 수서의 디지털화 작업이 시작되었다. 이후 입력법 개발, 문자 인코딩, 데이터베이스 구축, 수서 문서 자료의 디지털화 등의 분야로 확대되었으며, 최근에는 수서 문자 분할과 수족 문자 자동 인식에 관한 연구도 나타나고 있다.

4. 연구의 기본 자료

(1) 초기 수족 문자 자료의 수집과 시대별 문자표 편찬

1914년 『독산현지(獨山縣志)』, 1925년 『도균현지고(都勻縣志稿)』, 1940년 『삼합현지략(三合縣志略)』, 1944년 『여파현지고(荔波縣志稿)』 등의 지방지 자료에 소수의 수족 문자가 수록되어 설명되었다.266)

석상소(石尙昭)와 오지현(吳支賢)의 『수족문자연구(水族文字硏究)』(등사본, 1985)가 수족 문자에 대해 처음으로 문자표를 제공했다267). 이

---

265) 韋宗林,「水族古文字計算机輸入法」,『貴州民族學院學報(哲學社會科學版)』第4期(2000).
266) 三都水族自治縣縣志編纂委員會,『三都水族自治縣縣志』(貴州人民出版社, 1992).

후 진창괴(陳昌槐)의 「수족문자와 <수서>(水族文字與<水書>)」에 첨부된 문자표268), 유일영(劉日榮)의 「수서연구: 수서에서의 한어 차용어에 대한 논의(水書研究─兼論水書中的漢語借詞)」에 첨부된 문자표269), 유릉(劉凌)의 석사 논문 『'수서' 문자 성질 탐구('水書'文字性質探索)』에 첨부된 문자표270), 손이(孫易)의 박사 논문 『수족문자연구(水族文字研究)』에 첨부된 문자표271)가 있다.

현재 가장 많은 문자를 수록한 것은 적의강(翟宜疆)의 『수문 조자 메커니즘 연구(水文造字机制研究)』에 첨부된 「수족 문자 상용 문자표(水文常用字表)」이다. 이는 위에서 언급한 모든 문자표의 수족 문자를 수록했을 뿐만 아니라, 당시 이미 역주 출판된 『수서·정칠권, 임진권(水書·正七卷·壬辰卷)』, 『수서·상장권(水書·喪葬卷)』에 나타난 수족 문자도 모두 수록하여 총 315개의 글자와 1,049개의 자형(이체자 포함)을 수록했다.272)

양광화(梁光華) 등의 『수족 수서 음성 언어 자료 데이터베이스 시스템 연구(水族水書語音語料庫系統研究)』(2012)는 중복되지 않는 수족 문자의 단어 472개(이체자 제외)를 수록했다.273) 또한, 양광화와 몽요원(蒙耀遠)의 「수족 수족 문자 연구(水族水字研究)」(2015)는 수족 문자 472개(이체자 제외)를 수록했다.274)

이 외에, 위세방(韋世方)의 『수서 상용자전(水書常用字典)』은 현재

---

267) 石尚昭, 吳支賢, 「水族文字研究」, 『中國民族古文字研究』 第2輯(天津古籍出版社, 1993), 250-262쪽.
268) 陳昌槐, 「水族文字與<水書>」, 『中央民族學院學報』 第3期(1991).
269) 劉日榮, 「水書研究─兼論水書中的漢語借詞」, 『中央民族大學學報』(1990).
270) 劉凌, 「"水書"文字性質探索」(華東師范大學碩士學位論文, 1999).
271) 孫易, 『水族文字研究』(南開大學博士學位論文, 2006).
272) 翟宜疆, 『水文造字机制研究』(華東師范大學博士學位論文, 2007).
273) 梁光華等, 『水族水書語音語料庫系統研究』(貴州民族出版社, 2012).
274) 梁光華·蒙耀遠, 「水族水字研究」, 『黔南民族師范學院學報』 第3期(2015).

유일한 수족 문자 자전으로, 468개의 글자와 이체자를 포함한 총 1,780개의 글자가 포함되어 있다.[275]

(2) 수서의 긴급 발굴 정리와 역주 성과

수서의 긴급 발굴 정리 성과로는『중국 수서 문헌 시리즈(中國水書 文獻系列)』(풀컬러 영인본)[276]와『중국 수서(中國水書)』(전160책)[277]의 영인 출판이 있다. 각 시기 수서의 역주 성과는 다음과 같다.

수족 전문가 왕품괴(王品魁)의『수서·정칠권, 임진권(水書·正七卷, 壬 辰卷)』[278]은 수서에 대한 역주가 정식으로 출판된 시작점으로, 초기 수서와 수족 문자 연구에 귀중한 기초 자료를 제공했다.

이 시기 역주의 수준이 높고 대표성을 가진 수서 원시 원본 기록 물로는『수서·상장권(水書·喪葬卷)』[279],『낙금·기일권(泐金·紀日卷)』[280], 『수서와 수족 사회: <육도근원(陸道根原)>을 중심으로 한 연구(水書 與水族社會—以<陸道根原>爲中心的研究)』[281],『수서·음양오행권(水書· 陰陽五行卷)』[282]이 있다.

---

275) 韋世方,『水書常用字典』(貴州民族出版社, 2007).
276) 中國水書編委會,『中國水書文獻系列』(풀컬러 영인본):『分割卷』,『八探卷』,『寅申卷』,『正七卷』,『探巨卷』(貴州民族出版社, 2006).
277) 莫善余等,『中國水書』(全套160冊)(巴蜀書社·四川民族出版社, 2006).
278) 貴州省民委民族古籍整理辦公室, 貴州省黔南州民委, 三都水族自治縣民委編,『水書·正七卷, 壬辰卷』, 王品魁譯注(貴州民族出版社, 1994).
279) 貴州省民族古籍整理辦公室, 貴州省黔南布依族苗族自治州民族宗敎事務局, 貴州省三都水族自治縣人民政府,『水書·喪葬卷』, 王品魁, 潘朝霖譯注(貴州民族出版社, 2005).
280) 貴州省檔案局(館), 荔波縣人民政府,『泐金·紀日卷』(貴州人民出版社, 2007).
281) 張振江, 姚福祥,『水書與水族社會—以<陸道根原>爲中心的研究』(中山大學出版社, 2009). 이 책은 수서(水書) 문헌의 역주를 주로 다루며, 현장 조사와 연구에 동등한 비중을 두고 있다.

2009-2011년에 출판된 '중국 수서 역주 총서(中國水書譯注叢書)' 시리즈 5종에는 『수서·기린정칠권(水書·麒麟正七卷)』, 『수서·금용권(水書·金用卷)』, 『수서·정오권(水書·正五卷)』, 『수서·비적권(水書·秘籍卷)』, 『수서·혼가권(水書·婚嫁卷)』이 있다[283].

2015년 이후에는 수서에 대한 역주의 성과가 대량으로 나타났다. 예를 들면 다음과 같다.

- ·『금은·택길권(金銀·擇吉卷)』[284]
- ·『수서·구성권(水書·九星卷)』[285]
- ·『수서·구분권(水書·九噴卷)』[286]
- ·『수서·팔산권(水書·八山卷)』[287]
- · '귀주 국가급 진귀 민족 고적 역주 총서(貴州國家級珍貴民族古籍譯注 叢書)' 제1집 2종인 『수서·길성권(水書·吉星卷)』[288], 『수서·육십용비 요(水書·六十龍備要)』[289]

---

282) 貴州省民族古籍整理辦公室, 『水書·陰陽五行卷: 水文·漢文』, 蒙耀遠譯注(貴州民族出版社, 2011).
283) 이 시리즈는 다음 다섯 종류를 포함하며, 모두 검남(黔南) 포의족·묘족자치주 인민정부가 편찬하고 귀주민족출판사에서 출판했다. 楊介欽, 韋光榮譯注, 『水書·麒麟正七卷: 漢文·水文』(2010). 楊介欽, 韋光榮譯注, 『水書·金用卷: 漢文·水文』(2010). 蒙邦敏, 蒙君昌譯注, 『水書正五卷: 漢文·水文』(2010). 陸春譯注, 『水書·秘籍卷: 漢文·水文』(2011). 梁光華, 蒙景村, 蒙耀遠, 蒙君昌譯注, 『水書·婚嫁卷: 漢文·水文』(2009).
284) 貴州省檔案局, 黔南州人民政府, 荔波縣人民政府, 『金銀·擇吉卷: 漢文·水文』(貴州人民出版社, 2012).
285) 貴州省民族古籍整理辦公室, 『水書·九星卷: 水漢對照』, 陸春譯注(貴州大學出版社, 2015).
286) 陸春, 石龍妹, 『水書·九噴卷: 水漢對照』(貴州大學出版社, 2016).
287) 韋章炳, 韋貞福, 『水書·八山卷』(貴州人民出版社, 2016).
288) 貴州省古籍保護中心, 三都水族自治縣檔案史志局, 『水書·吉星卷: 水漢對照』, 黃琴主編, 韋仕釗譯注(貴州民族出版社, 2017).
289) 貴州省古籍保護中心, 三都水族自治縣檔案史志局, 『水書·六十龍備要: 水漢對照』, 潘中西主編, 楊勝昭, 韋錦濤, 陸常謙等譯注(貴州民族出版社, 2017).

· 『중국수서·춘인권(中國水書·春寅卷)』[290]
· 『중국수서·강선권(中國水書·降善卷)』[291]
· 『청화대학관장 수서 문헌 십본 해독(淸華大學館藏水書文獻十本解讀)』[292]
· 『수서·태평권(水書·太平卷)』[293]
· '중국 수서 역주 총서(中國水書譯注叢書)' 시리즈 3종인 『수서·탐거권(水書·貪巨卷)』[294], 육상겸(陸常謙) 역주 『수서·금당권(水書·金堂卷)』[295], 『수서·기조권(水書·起造卷)』[296]
· 『팔궁취용권역주(八宮取用卷譯注)』[297]
· 장의병(張義兵)의 『수서·금당권(水書·金堂卷)』[298] 역주
· '귀주 국가급 진귀 민족 고적 역주 총서(貴州國家級珍貴民族古籍譯注叢書)' 제2집 3종인 『수서·임진권(水書·壬辰卷)』[299], 『수서·육십갑자권(水書·六十甲子卷)』[300], 『수서·이십팔수(水書·二十八宿)』[301] 등.

이를 통해, 수서에 대한 역주 작업이 수서의 각 중요 분야를 다루고 있음을 알 수 있다. 일부 중요한 문헌의 경우, 전승 관계, 역주 시기, 역주 이념의 차이로 인해 서로 다른 번역본이 만들어졌다는 것을 알 수 있다.

290) 陸春, 『中國水書·春寅卷』(貴州大學出版社, 2018).
291) 陸春, 『中國水書·降善卷』, 貴州大學出版社, 2018).
292) 趙麗明, 『淸華大學館藏十本水書解讀』(貴州人民出版社, 2018).
293) 貴州省民族古籍整理辦公室, 『水書·太平卷: 水文·漢文對照』, 韋章炳·韋光榮譯注(貴州民族出版社, 2019).
294) 陸春, 『水書·貪巨卷: 水文·漢文對照』(貴州民族出版社, 2019).
295) 陸常謙, 『水書·金堂卷: 水文·漢文對照』(貴州民族出版社, 2019).
296) 陸春, 『水書·起造卷: 水文·漢文對照』(貴州民族出版社, 2019).
297) 梁光華, 蒙耀遠, 羅剛, 肖餛, 『八宮取用卷譯注』(上海古籍出版社, 2019).
298) 貴州民族文化宮(貴州省民族博物館), 『水書古籍水書·金堂卷: 水文·漢文對照』(貴州民族出版社, 2021).
299) 三都水族自治縣檔案館, 『水書·壬辰卷: 水漢對照』, 三都水族自治縣水書搶救暨水書申報世界記憶遺産辦公室譯注(貴州民族出版社, 2021).
300) 三都水族自治縣檔案館, 『水書·六十甲子卷: 水漢對照』, 三都水族自治縣水書搶救暨水書申報世界記憶遺産辦公室譯注(貴州民族出版社, 2021).
301) 三都水族自治縣檔案館, 『水書·二十八宿: 水漢對照』, 三都水族自治縣水書搶救暨水書申報世界記憶遺産辦公室譯注(貴州民族出版社, 2021).

(3) 수족 문자 연구와 밀접하게 관련된 수어 조사 연구

수족 문자 연구와 밀접하게 관련된 주요 수어 조사 연구의 성과는 다음과 같다.

- 『수어 조사 보고 초고(水語調査報告初稿)』302)
- 이방계(李方桂)의 「수화연구(水話研究)」303)
- 장균여(張均如)의 『수어간지(水語簡志)』304)
- 왕균(王均) 등의 『장동어족 언어간지(壯侗語族語言簡志)』305)
- 증효투(曾曉渝)의 『한어·수어 관계사 연구(漢語水語關系詞研究)』306)
- 증효투(曾曉渝)와 요복상(姚福祥)의 『한수사전(漢水詞典)』307)

그밖에, 체계적인 수어 자료를 제공하고 있는 학위 논문들은 다음과 같다.

- 호척(胡拓)의 석사학위 논문 『한어·수어 음성 대비연구(漢語水語語音 對比研究)』308)
- 위학순(韋學純)의 박사학위 논문 『수어묘사연구(水語描寫研究)』309)

---

302) 中國科學院語言少數民族調查第一工作隊, 『水語調査報告初稿』, 內部資料(1958).
303) 李方桂, 「水話研究」, 『"中研院"歷史語言研究所專刊之七十三』(1977). 이후에 『 李方桂全集5: 莫話記略·水話研究』(淸華大學出版社, 2005)에 수록됨.
304) 張均如, 『水語簡志』(民族出版社, 1980).
305) 王均等, 『壯侗語族語言簡志』(民族出版社, 1984).
306) 曾曉渝, 『漢語水語關系詞研究』(重慶出版社, 1994).
307) 曾曉渝, 姚福祥, 『漢水詞典』(四川民族出版社, 1996).
308) 胡拓, 『漢語水語語音對比研究』(貴州大學碩士學位論文, 2009).
309) 韋學純, 『水語描寫研究』(上海師范大學博士學位論文, 2011).

5. 수족 문자 연구에서 주목하는 문제들

(1) 수서의 문화재 구제 작업과 번역 주석 작업

이에 대해서는 앞서 언급한 '수족 문자 연구의 기본 자료' 부분을 참고할 수 있다.

(2) 수족 문자 연구와 밀접하게 관련된 수어 연구

이 역시 앞서 언급한 '기본 자료 부분'을 참고할 수 있다.

(3) 수족 문자 본체 연구

이는 대략 다음 여섯 가지 측면으로 나눌 수 있다.

첫째, 수족 문자 수집, 고증 해석, 정리 및 문자표 편찬

· 석상소(石尙昭)와 오지현(吳支賢)의 『수족 문자 연구(水族文字硏究)』: 처음으로 수족 문자의 문자표를 제공310)
· 왕국우(王國宇)의 「수서와 수서 표본에 관한 해석(水書與一份水書樣品的釋讀)」: 한 페이지의 수서를 완전히 해독311)

---

310) 石尙昭, 吳支賢, 「水族文字硏究」, 『中國民族古文字硏究』 第2輯(天津古籍出版社, 1993), 250-262쪽.
311) 王國宇, 「水書與一份水書樣品的釋讀」, 『民族語文』 第6期(1987).

· 왕품괴(王品魁)의 수족 문자 묘비에 대한 문자 고증312)
· 위종림(韋宗林)의 수서의 귀신 이름 용자에 대한 고증과 해석313)

문자표의 정리는 앞서 언급한 기초 자료 부분을 참고할 수 있다. 그밖에 유일한 『수서상용자전(水書常用字典)』의 출판314)과 유릉(劉凌)의 해당 자전에 대한 평가와 분석315)이 있다.

둘째, 수족 문자의 성질과 문자적 지위에 대한 탐구
수족 문자의 성질과 문자적 지위를 전문적으로 분석한 논문들은 다음과 같다.

· 유일영(劉日榮)의 「수서연구: 수서의 한어 차용어에 대한 논의(水書研究—兼論水書中的漢語借詞)」: 수족 문자가 한어 차용어를 위해 만들어진 문자라고 간주316)
· 주유광(周有光)의 『세계문자발전사(世界文字發展史)』: 수족 문자의 성질을 '문자의 유아기'로 판단317)
· 유릉(劉凌)의 석사 논문 『'수서' 문자 성질 탐색('水書文字性質探索')』318)
· 육석흥(陸錫興)의 『한자전파사(漢字傳播史)』319)
· 등장응(鄧章應)의 박사 논문 『서남 소수민족 원시 문자의 발생과

---

312) 王品魁, 「拉下村水文字墓碑辨析」, 『水家學研究(三)—貴州省水家學會第三屆·第四屆學術討論會論文匯編』(貴州水家學會, 1999), 220-224쪽.
313) 韋宗林, 「神秘的水族鬼名符號文字初釋」, 『貴州民族學院學報(哲學社會科學版)』第1期(2012).
314) 韋世方, 『水書常用字典』(貴州民族出版社, 2007).
315) 劉凌, 「<水書常用字典>評述—兼談民族文字字典理想的編纂模式」, 『辭書研究』第1期(2014).
316) 劉日榮, 「水書研究—兼論水書中的漢語借詞」, 『中央民族大學學報』(1990).
317) 周有光, 『世界文字發展史』(上海教育出版社, 1997), 38쪽.
318) 劉凌, 「"水書"文字性質探索」(華東師范大學碩士學位論文, 1999).
319) 陸錫興, 『漢字傳播史』(語文出版社, 2002), 222-223쪽. 『漢字傳播史』(商務印書館, 2018), 299-304쪽.

발전(西南少數民族原始文字的產生與發展)』320), 『동파 문자와 수족
문자의 비교 연구(東巴文與水文比較研究)』321): 수족 문자의 성질
분석
 · 주건군(朱建軍)의 『문자 접촉 시각에서 본 한자가 수족 문자에 미
   친 영향(從文字接触視角看漢字對水文的影響)』322)
 · 적의강(翟宜疆)의 『자생 문자를 근거로 한 수족 문자의 초기 성질
   추측(以自源字爲依据的水文的初期性質擬測)』323), 『수족 문자 부호와
   그것이 기록하는 언어 단위의 대응 관계(水文文字符號與它所記錄的
   語言單位的對應關系)』324)
 · 등장응의 『수족 문자 서사 단위와 송독 단위의 층위 차이 및 수족
   문자의 성질(水文書寫單位與誦讀單位的層次差異及水文的性質)』325)

셋째, 수족 문자 체계에 대한 종합적 연구
여기에는 문자 구조 분석과 분류 등이 포함되어 있는데, 그 성과는
다음과 같다.

 · 유릉(劉凌)의 석사 논문 『'수서' 문자 성질 탐색('水書'文字性質探索)』:
   처음으로 수족 문자 체계, 수족 문자와 한자의 관계에 대해 전면
   적인 정리와 초기 연구 수행326)
 · 육석흥(陸錫興)의 『한자전파사(漢字傳播史)』327)

---

320) 鄧章應, 『西南少數民族原始文字的產生與發展』(華東師范大學博士學位論文,
     2007).
321) 鄧章應, 『東巴文與水文比較研究』(人民出版社, 2015).
322) 朱建軍, 「從文字接触視角看漢字對水文的影響」, 『貴州民族研究』 第3期(2006).
323) 翟宜疆, 「以自源字爲依据的水文的初期性質擬測」, 『中國文字研究』 第8輯(大象出
     版社, 2007), 246-250쪽.
324) 翟宜疆, 「水文文字符號與它所記錄的語言單位的對應關系」, 『中國文字研究』 第
     15輯(大象出版社, 2011), 199-208쪽.
325) 鄧章應, 「水文書寫單位與誦讀單位的層次差異及水文的性質」, 『中國文字博物館』
     第1期(2011).
326) 劉凌, 『"水書"文字性質探索』(華東師范大學碩士學位論文, 1999).

· 왕봉(王鋒)의『한자에서 한자계 문자로(從漢字到漢字系文字)』328)
· 증효투(曾曉渝)와 손이(孫易)의「수족문자신탐(水族文字新探)」329)
· 손이의 박사 논문『수족문자연구(水族文字研究)』330),「수족 문자의
  분류와 분석(水字的分類與分析)」331)
· 위종림(韋宗林)의『잊혀진 문명 해독: 수족 문자 연구(釋讀旁落的文
  明—水族文字研究)』332)
· 양광화(梁光華)와 몽요원(蒙耀遠)의「수족수자연구(水族水字研究)」333) 등.

넷째, 수족 문자의 조자(造字) 방법 및 조자 메커니즘에 대한 연구

· 고혜의(高慧宜)의「수문 조자 방법 초탐(水文造字方法初探)」334)
· 등장응(鄧章應)의「수서 조자 메커니즘 탐색(水書造字机制探索)」335)
· 몽경촌(蒙景村)의「'수서' 및 그 조자 방법 연구('水書'及其造字方法研究)」336)
· 적의강(翟宜疆)의『수문 조자 메커니즘 연구(水文造字机制研究)』337) 등.

수족 문자의 이체자 현상에 대한 연구

· 주건군(朱建軍)의「수족 문자의 상용자 이체 현상 고찰(水文常見字
  異體現象芻議)」338)

327) 陸錫興,『漢字傳播史』(語文出版社, 2002), 222-223.『漢字傳播史』(商務印書館,
    2018), 299-304쪽.
328) 王鋒,『從漢字到漢字系文字—漢字文化圈文字研究』(民族出版社, 2003).
329) 曾曉渝, 孫易,「水族文字新探」,『民族語文』第4期(2004).
330) 孫易,『水族文字研究』(南開大學博士學位論文, 2006).
331) 孫易,「水字的分類與分析」,『南開語言學刊』第1期(2008).
332) 韋宗林,『釋讀旁落的文明: 水族文字研究』(民族出版社, 2012).
333) 梁光華, 蒙耀遠,「水族水字研究」,『黔南民族師范學院學報』第3期(2015).
334) 高慧宜,「水文造字方法初探」,『中國文字研究』第5輯(廣西教育出版社, 2004), 199-201쪽.
335) 鄧章應,「水書造字机制探索」,『黔南民族師范學院學報』第2期(2005).
336) 蒙景村,「"水書"及其造字方法研究」,『黔南民族師范學院學報』第1期(2005).
337) 翟宜疆,『水文造字机制研究』(華東師范大學博士學位論文, 2007).
338) 朱建軍,「水文常見字異體現象芻議」,『中國文字研究』第6輯(廣西教育出版社,

· 적의강(翟宜疆)의 「이체자 관점에서 본 수족 문자의 몇 가지 문제
  (從異體字角度看水文的一些問題)」339)
· 이삼(李杉)의 『수족 문자의 이체자 연구(水文異體字研究)』340)

다섯째, 전문서적 및 전문 분야의 수족 문자 연구

· 왕원록(王元鹿)의 「'수족 문자'의 숫자와 간지자 연구('水文'中的數
  目字與干支字研究)」341)와 「수족 문자의 방위사 연구 및 일반 문자
  학 연구에 주는 시사점: 수족 문자 연구의 필요성과 방법론(水文
  方位字研究及其對普通文字學研究的啓發─兼論水文研究的必要性与方
  法論)」342)
· 위영평(韋榮平)의 『수서 귀신 이름 문자 연구(水書鬼名文字研究)』343)
· 위종림(韋宗林)의 「신비한 수족 귀신 이름 부호 문자 초석(神秘的水
  族鬼名符號文字初釋)」344)
· 적의강(翟宜疆)의 「수족 문자 귀신 이름 용자 분석(水文鬼名用字分
  析)」345), 「수족 문자 상형자 연구(水文象形字研究)」346)
· 요문의(饒文誼)와 양광화(梁光華)의 「명대 수서＜낙금·기일권(泐金·紀日
  卷)＞잔권 수족 문자 연구(明代水書＜泐金·紀日卷＞殘卷水字研究)」347)

2005), 246-249쪽.

339) 翟宜疆, 「從異體字角度看有關水文的一些問題」, 『蘭州學刊』 第3期(2007).

340) 李杉, 『水文異體字研究』(華東師范大學碩士學位論文, 2008).

341) 王元鹿, 「"水文"中的數目字與干支字研究」, 『華東師范大學學報(哲學社會科學版)
    』 第4期(2003).

342) 王元鹿, 「水文方位字研究及其對普通文字學研究的啓發─兼論水文研究的必要性
    與方法論」, 『湖州師范學院學報』 第2期(2003).

343) 韋榮平, 『水書鬼名文字研究』(貴州民族學院碩士學位論文, 2011).

344) 韋宗林, 「神秘的水族鬼名符號文字初釋」, 『貴州民族學院學報(哲學社會科學版)』
    第1期(2012).

345) 翟宜疆, 「水文鬼名用字分析」, 『中國文字研究』 第17輯(上海人民出版社, 2013),
    216-220쪽.

346) 翟宜疆, 「水文象形字研究」, 『蘭州學刊』 第10期(2009).

347) 饒文誼, 梁光華, 「明代水書＜泐金·紀日卷＞殘卷水字研究」, 『黔南民族師范學院
    學報』 第1期(2010).

- 고혜의(高慧宜)의 「수족 '반서' 특징 탐구(水族'反書'特征探究)」348)
- 위종림(韋宗林)의 「수족 고문자 '반서'의 원인(水族古文字'反書'的成因)」349)
- 유양령(劉楊翎)과 유본재(劉本才)의 「수족 문자 '반서'의 원인 및 문자학적 의미(水字'反書'成因及文字學意義)」350)
- 위영평(韋榮平)의 「수서 '반서' 신탐(水書'反書'新探)」351)
- 모곤호(牟昆昊)의 「수서 '공(公)', '자(子)' 등 자형 관련 문제에 대한 고찰(水書'公', '子'諸字形相關問題的思考)」352)

여섯째, 수족 문자와 다른 문자와의 비교 연구

- 유일영(劉日榮)의 「<수서>의 간지 초탐(<水書>中的干支初探)」: 처음으로 수족 문자와 한자에 대한 체계적인 대비 연구353)
- 이자함(李子涵)의 「언어 기록 방식에서 본 수족 문자에서 자체적으로 만든 글자와 한자의 동의성(從記錄語言的方式看水文自造字和漢字的同義)」354)
- 황사현(黃思賢)의 「수자 고대한자 및 납서족 동파 문자의 동의자 비교 예시(水字·古漢字及其納西東巴文同義比較擧例)」355)
- 전철(田鐵)과 아료(阿鬧)의 「수서와 이문의 대비 연구(水書與彝文的對比研究)」356)

---

348) 高慧宜, 「水族"反書"特征探究」, 『華西語文學刊』 第5輯(四川文藝出版社, 2011), 96-102, 255쪽.
349) 韋宗林, 「水族古文字"反書"的成因」, 『貴州民族學院學報(社會科學版)』 第4期(1999).
350) 劉楊翎, 劉本才, 「水字"反書"成因及文字學意義」, 『重慶社會科學』 第5期(2018).
351) 韋榮平, 「水書"反書"新探」, 『民俗典籍文字研究』 第27輯(商務印書館, 2021), 239-248, 269쪽.
352) 牟昆昊, 「水書"公"·"子"諸字形相關問題的思考」, 『貴州民族學院學報(哲學社會科學版)』 第1期(2012).
353) 劉日榮, 「<水書>中的干支初探」, 『中央民族大學學報(哲學社會科學版)』 第6期(1994).
354) 李子涵, 「從記錄語言的方式看水文自造字和漢字的同義」, 『甘肅聯合大學學報(社會科學版)』 第3期(2007).
355) 黃思賢, 「水字·古漢字及其納西東巴文同義比較擧例」, 『蘭州學刊』 第2期(2007).
356) 田鐵·阿鬧, 「水書與彝文的對比研究」, 『貴州社會科學』 第3期(2008).

- 고혜의의 「수족 수문과 율속족 죽서의 이체자 비교 연구(水族水文和㑨粟族竹書的異體字比較研究)」357)
- 위세방(韋世方)의 「수서 구조에서 본 한자가 수족 문자에 미친 영향(從水書結構看漢字對水族文字之影響)」358)
- 동원령(董元玲)의 「동파 문자와 수족 문자 상형자의 비교 연구(東巴文與水文象形字的比較研究)」359)
- 적의강의 「수족 문자와 장족 문자의 차용자 기초 비교(水文與壯文借源字初步比較)」360)
- 모곤호(牟昆昊)의 「수서의 천간·지지와 상·주시대 동류 자형의 비교 연구(水書天干地支與商周同類字形的比較研究)」361)
- 등장응(鄧章應)의 『동파 문자와 수족 문자 비교 연구(東巴文與水文比較研究)』362)
- 원향금(袁香琴)의 『방괴 고대 장족 문자와 수족 문자의 비교 연구(方塊古壯字與水文的比較研究)』363)
- 유양령의 『수자와 고대 이족 문자 비교 연구(水字與古彝文比較研究)』364)
- 양소연(楊小燕)과 양금봉(梁金鳳)의 「장족, 포의족에서 새로 발견한 고문자와 수서의 기초 비교(壯族·布依族新發現古文字和水書的初步比較)」365)

---

357) 高慧宜, 「水族水文和慄像族竹書的異體字比較研究」, 『民族論壇』 第3期(2008).
358) 韋世方, 「從水書結构看漢字對水族文字之影響」, 『水家學研究(五)—水家族文明』, (貴州省水家學會, 2010), 101-108쪽.
359) 董元玲, 「東巴文與水文象形字的比較研究」, 『中國科教創新導刊』 第13期(2011).
360) 翟宜疆, 「水文與壯文借源字初步比較」, 『華西語文學刊』 第6輯(四川文藝出版社, 2012), 43-47쪽.
361) 牟昆昊, 『水書天干地支與商周同類字形的比較研究』(貴州民族大學碩士學位論文, 2012).
362) 鄧章應, 『東巴文與水文比較研究』(人民出版社, 2015).
363) 袁香琴, 『方塊古壯字與水文的比較研究』(華東師范大學博士學位論文, 2017).
364) 劉楊翎, 『水字與古彝文比較研究』(華東師范大學博士學位論文, 2018).
365) 楊小燕, 梁金鳳, 「壯族, 布依族新發現古文字和水書的初步比較」, 『百色學院學報』 第2期(2020).

(4) 수서 문화 연구

수서의 문화를 연구한 내용은 다양하며, 다음의 여섯 가지로 분류할 수 있다.

1. 수서의 28수(二十八宿)와 천상역법 연구

- 왕연화(王連和)와 유보내(劉寶耐)의 「수족의 천상역법(水族的天象歷法)」[366]
- 왕국우(王國宇)의 「수서와 28수에 대한 간략한 논의(略論水書與二十八宿)」[367]
- 석상소(石尙昭)의 「수서통의: 천문역법(水書通義—天文歷法)」[368]
- 왕품괴(王品魁)의 「<수서>28수(<水書>二十八宿)」[369]
- 반도익(潘道益)의 「수족 칠원력제 초탐(水族七元歷制初探)」[370]
- 장남화(蔣南華)와 모육민(蒙育民)의 「수서 문화의 문자와 역법(水書文化中的文字與歷法)」[371]
- 반조림(潘朝霖)의 「수족과 한족의 28수 비교 연구(水族漢族二十八宿比較研究)」[372], 「수족·묘족·한족 28수 비교 연구(水苗漢二十八宿比較研究)」[373]

---

366) 王連和, 劉寶耐, 「水族的天象歷法」, 『河北省科學院學報』 第1期(1990).
367) 王國宇, 「略論水書與二十八宿」, 『中國民族古文字研究』 第3輯(天津古籍出版社, 1991), 212-220쪽.
368) 石尙昭, 「<水書>通義—天文·歷法」, 『黔南教育學院學報』 第4期(1991).
369) 王品魁, 「<水書>二十八宿」, 『貴州文史叢刊』 第2期(1996).
370) 潘道益, 「水族七元歷制初探」, 『水家學研究(三)—貴州省水家學會第三屆·第四屆學術討論會論文匯編』(貴州水家學會, 1999), 148-161쪽.
371) 蔣南華, 蒙育民, 「水書文化中的文字與歷法」, 『貴州社會科學』 第5期(2008).
372) 潘朝霖, 「水族漢族二十八宿比較研究」, 『貴州民族學院學報(哲學社會科學版)』 第2期(2000).
373) 潘朝霖, 「水苗漢二十八宿比較研究」, 『貴州民族研究』 第3期(2001).

· 왕품괴의 「천문학 사상(四象)과 수서 28수(天文學四象與水書二十八宿)」374)

2. 수서와 한족 전통문화의 주역, 음양오행, 연산역(連山易)과의 밀접한 관계 연구

· 몽애군(蒙愛軍)의 「수가족수위음양이행관적인식구조(水家族水爲陰陽
  而行觀的認識結构)」375)
· 양국승(陽國勝) 등의 「수서<연산역(連山易)>진위 고증(水書<連山
  易>眞僞考)」376)
· 몽요원(蒙耀遠)과 문의(文毅)의 「수서의 음양오행에 대한 약론(略論
  水書中的陰陽五行)」377)
· 맹사백(孟師白)의 「수서, 주역, 구성의 데이터 대비 연구(水書·周易·
  九星的數据對比研究)」378)
· 대건국(戴建國) 등의 「수서와 수족 음양오행 관계 분석(水書與水族
  陰陽五行關系分析)」379)

3. 수서의 전문서적과 전문 주제 내용 해독

· 모곤호(牟昆昊)의 『수서 <정칠권(正七卷)>과 한자로 쓰여진 문헌

374) 王品魁, 「天文學四象與水書二十八宿」, 『水家學研究(四)論文集』(貴州省水家學會,
    2004), 77-83쪽.
375) 蒙愛軍, 「水家族水書陰陽五行觀的認識結构」, 『貴州民族學院學報(哲學社會科學
    版)』第5期(2002).
376) 陽國勝, 陳東明, 姚炳烈, 「水書<連山易>眞僞考」, 『貴州大學學報(社會科學版)』
    第5期(2008).
377) 蒙耀遠, 文毅, 「略論水書中的陰陽五行」, 『三峽論壇(三峽文學·理論版)』第6期
    (2011).
378) 孟師白, 「水書·周易·九星的數据對比研究」, 『貴州民族學院學報(哲學社會科學版)』
    第1期(2012).
379) 戴建國, 蒙耀遠, 文毅, 「水書與水族陰陽五行關系分析」, 『黔南民族師范學院學報
    』第3期(2012).

<상길통서(象吉通書)> 비교 연구(水書<正七卷)>與漢文獻<象吉通書>
比較研究)』380)

· 문의(文毅) 등의 「<수서·음양오행권(水書·陰陽五行卷)>해독(解讀<水
書·陰陽五行卷)>)」381)

· 위술계(韋述啓)의 『수족 <제조경(祭祖經)>의 문화적 해독: 위조현
의 <제조경(祭祖經)>을 예로(水族<祭祖經>的文化解讀: 以韋朝賢的
<祭祖經>爲例)』382)

· 반조림(潘朝霖)의 「수서에서 지지 '유(酉)'에 대한 6종의 독음 연구(水
書地支"酉"六種讀音研究)」383), 「수서에서 지지에 대한 여러 종의 독음
탐석(水書地支多种讀音探析)」384)

· 백소려(白小麗)의 「수서 <정칠권(正七卷)> 시간 기록에 사용된 지
지의 문자 이독(水書<正七卷>紀時地支的文字異讀)」385)

4. 수서와 수족 문자의 한족 문화 근원 탐구 및 한자와 한족 문화
가 수서 전파에 미친 영향에 대한 연구

이러한 탐구들은 대부분 수서의 내용과 밀접하게 연관되어 있는데,
관련 논문들은 다음과 같다.

· 왕품괴(王品魁)의 「수서 원류 신탐(水書源流新探)」386)과 「<수서>탐

---

380) 牟昆昊, 『水書<正七卷)>與漢文獻<象吉通書>比較研究』(中央民族大學博士學位
論文, 2015).

381) 文毅, 林伯珊, 蒙耀遠, 「解讀<水書·陰陽五行卷>」, 『凱里學院學報』 第4期
(2012).

382) 韋述啓, 『水族<祭祖經>的文化解讀: 以韋朝賢的<祭祖經>爲例』(貴州民族大學
碩士學位論文, 2012).

383) 潘朝霖, 「水書地支"酉"六種讀音研究」, 『貴州世居民族研究』 第1卷(貴州民族出版
社, 2004), 393-400쪽.

384) 潘朝霖, 「水書地支多种讀音探析」, 『貴州民族學院學報(哲學社會科學版)』 第5期
(2010).

385) 白小麗, 「水書<正七卷>紀時地支的文字異讀」, 『貴州民族學院學報(哲學社會科
學版)』第5期(2010).

원(<水書>探源)」387)
  · 위종림(韋宗林)의 「수족 고문자 탐원(水族古文字探源)」388)과 「수족
    고문자 원류의 몇 가지 문제(水族古文字源頭的幾个問題)」389)
  · 유릉(劉凌)의 「수자 역사에 관한 사고(關於水字歷史的思考)」390)
  · 양민(梁敏)의 「수족의 근원과 수서 형성에 대한 견해(關於水族族源
    和水書形成之我見)」391)
  · 요문의(饒文誼)와 양광화(梁光華)의 「수족 수자 수서 기원 시대에
    관한 학술적 사고(關於水族水字水書起源時代的學術思考)」392)

그밖에 육석흥(陸錫興)의 『한자전파사(漢字傳播史)』393)와 왕봉(王鋒)
의 『한자에서 한자계 문자로(從漢字到漢字系文字)』394)는 한자와 한자
문화의 전파가 수서와 수족 문자의 생성에 미친 영향을 분석했다.

5. 수서 문화에 대한 전반적이고 종합적인 탐색과 분석

  · 위장병(韋章炳)의 『수서와 수족 역사 연구(水書與水族歷史硏究)』395)
  · 반조림(潘朝霖)과 당건영(唐建榮)의 『수서문화연구(水書文化硏究)』396)

---

386) 王品魁, 「水書源流新探」, 『水家學硏究(二)─貴州省水家學會第一屆·第二屆學術
     討論會論文匯編』(貴州水家學會, 1993), 349-354쪽.
387) 王品魁, 「<水書>探源」, 『貴州文史叢刊』 第3期(1991).
388) 韋宗林, 「水族古文字探源」, 『貴州民族硏究』 第2期(2002).
389) 韋宗林, 「水族古文字源頭的幾個問題」, 『水家學硏究(四)論文集』(貴州省水家學會,
     2004), 84-101쪽.
390) 劉凌, 「關於水字歷史的思考」, 『中國文字硏究』 第9輯(大象出版社, 2007),
     273-281쪽.
391) 梁敏, 「關於水族族源和水書形成之我見」, 『廣西民族硏究』 第3期(2008).
392) 饒文誼, 梁光華, 「關於水族水字水書起源時代的學術思考」, 『原生態民族文化學刊
     』 第4期(2009).
393) 陸錫興, 『漢字傳播史』(語文出版社, 2002), 222-223쪽. 『漢字傳播史』(商務印書
     館, 2018), 299-304쪽.
394) 王鋒, 『從漢字到漢字系文字─漢字文化圈文字硏究』(民族出版社, 2003).
395) 韋章炳, 『水書與水族歷史硏究』(中國戲劇出版社, 2009).

· 위장병(韋章炳)의 『중국의 수서에 대한 탐색과 분석(中國水書探析)』397)

또한, 부정기적으로 발간되는 논문집이 있어, 수서와 수족 문화를 연구한 내용을 다수 수록하고 있는데, 다음과 같다.

· 반조림(潘朝霖)과 당건영(唐建榮)이 편집한 『수서문화연구(水書文化研究)』(제1-5집)398)
· 귀주성(貴州省) 수가학회의 『수가학연구(水家學研究)』(1-5)399)

6. 수서의 보호 전승, 정리 개발, 편찬 번역 주석 등 관련 연구

· 장진강(張振江)의 「귀주 수족의 수서와 수서 전승 잡기(貴州水族的水書與水書傳承札記)」400)
· 위소무(韋紹武)의 「수족 문자 문서: 수서 정리 방법 초탐(水族文字檔案—水書整理方法初探)」401)
· 양광화(梁光華)의 「수서 역주 체례 연구(水書譯注體例研究)」402)
· 구지림(瞿智琳)의 『수서 문서 존속 연구(水書檔案存續研究)』403)
· 진금연(陳金燕)의 「수서 전승과 발전 영향 요소의 심층 탐색(水書傳承與發展影響因素的深層探索)」404)

---

396) 潘朝霖, 唐建榮, 『水書文化研究』(貴州民族出版社, 2009).
397) 韋章炳, 『中國水書探析』(中國文史出版社, 2007).
398) 潘朝霖, 唐建榮, 『水書文化研究』 第1輯(貴州民族出版社, 2009). 『水書文化研究』 第2輯(中國言實出版社, 2012). 潘朝霖, 韋成念, 『水書文化研究』 第3輯(中國言實出版社, 2012). 潘朝霖, 唐建榮, 『水書文化研究』 第4輯(中國言實出版社, 2012). 『水書文化研究: 兼論南方民族文字』 第5輯(中國戲劇出版社, 2013).
399) 貴州省水家學會, 『水家學研究』(1-5), 非正式出版, 1992-2010年.
400) 張振江, 「貴州水族的水書與水書傳承札記」, 『文化遺産』 第4期(2008).
401) 韋紹武, 「水族文字檔案—水書整理方·法初探」, 『貴州省檔案學會2008年年會論文集』(貴州省檔案局, 貴州省檔案學會, 2008), 330-331쪽.
402) 梁光華, 「水書譯注體例研究」, 『華南師范大學學報(社會科學版)』 第2期(2009).
403) 瞿智琳, 『水書檔案存續研究』(雲南大學碩士學位論文, 2013).

· 몽요원(蒙耀遠)의 『수족 수서 구제 보호 10년 작업 회고와 사고(水
族水書搶救保護十年工作回顧與思考)』[405]
· 구지림(瞿智琳)의 「수서 문서 편찬 현황 탐색과 분석(水書檔案編纂
現狀探析)」[406]
· 장환(張歡)의 「수족 비각 문헌의 연구 현황, 가치 및 보호 대책(水族
碑刻文獻的研究現狀, 价值及保護對策)」[407]
· 육춘(陸春)의 「수족 수서 문화의 긴급 수집과 번역에 대한 소견(淺
談水族水書文化的搶救與翻譯)」[408]
· 구지림(瞿智琳)의 「수서 문서 개발 이용 연구(水書檔案開發利用研究)」[409]

그밖에, 나세영(羅世榮)과 육춘(陸春)의 『수서 상용어 주해(水書常用
詞注解)』는 수서 역주와 보급을 위한 참고 자료를 제공했다.[410]
귀주성 문서관과 귀주성 사학회(史學會)의 『수서의 비밀을 밝히다:
'수서 선생' 인터뷰록(揭秘水書—水書先生訪談录)』[411]은 수서의 보호 전
승과 직접 관련된 '수서 선생'들을 대상으로 긴급 인터뷰를 실시했다.

(5) 수서와 수족 문자의 디지털화 연구

주로 입력법 개발, 문자 인코딩, 데이터베이스 구축, 수서 문서 자

---

404) 陳金燕, 「水書傳承與發展影響因素的深層探索」, 『中國民族博覽』 第7期(2016).
405) 蒙耀遠, 「水族水書搶救保護十年工作回顧與思考」, 『文史博覽(理論)』 第1期(2016).
406) 瞿智琳, 「水書檔案編纂現狀探析」, 『蘭臺世界』 第1期(2016).
407) 張歡, 「水族碑刻文獻的研究現狀·价值及保護對策」, 『華夏文化論壇』 第18輯(吉林
文史出版社, 2017), 367-373쪽.
408) 陸春, 「淺談水族水書文化的搶救與翻譯」, 『貴州省翻譯工作者協會2019年年會暨
學術研討會論文集』(貴州省翻譯工作者協會, 2019), 39-48쪽.
409) 瞿智琳, 「水書檔案開發利用研究」, 『蘭臺世界』 第1期(2019).
410) 羅世榮, 陸春, 『水書常用詞注解』(貴州民族出版社, 2012).
411) 貴州省檔案館, 貴州省史學會, 『揭秘水書——水書先生訪談录』(貴州民族出版社,
2010).

료의 디지털화, 수자 인식 등의 분야를 다루고 있다.

1. 입력법 개발 분야

2000년 위종림(韋宗林)의 「수족 고문자 컴퓨터 입력법(水族古文字計算机輸入法)」[412]으로 수서의 디지털화에 대한 고찰과 초기 작업이 시작되었고, 이후의 성과들은 다음과 같다.

· 대단(戴丹)과 동방(董芳)의 「수족 문자 입력법의 설계와 구현(水文輸入法的設計與實現)」[413]
· 대단(戴丹)과 진소영(陳笑榮)의 「수서 수자 가시화 입력에서의 모델 매칭(水書水字可視化輸入中的模式匹配)」[414]
· 진소영(陳笑榮) 등의 「수서 키보드 입력 시스템 연구와 구현(水書鍵盤輸入系統研究與實現)」[415]

2. 수족 문자 인코딩 분야

· 동방(董芳) 등의 「'수서' 문자 인코딩 방법 연구('水書'文字編碼方法研究)」[416]
· 동방(董芳)의 「수서 수자 유형 코드 연구(水書水字類屬碼的研究)」[417]
· 황천(黃千) 등의 「수서의 글자 독음 인코딩 연구(水書字音編碼研究)」[418]

---

412) 韋宗林, 「水族古文字計算机輸入法」, 『貴州民族學院學報(哲學社會科學版)』 第4期(2000).
413) 戴丹, 董芳, 「水文輸入法的設計與實現」, 『大衆科技』 第4期(2006).
414) 戴丹, 陳笑榮, 「水書水字可視化輸入中的模式匹配」, 『計算机技術與發展』 第9期(2011).
415) 陳笑蓉, 楊撼岳, 鄭高山, 黃千, 「水書鍵盤輸入系統研究與實現」, 『中文信息學報』 第1期(2013).
416) 董芳, 周石勻, 王崇剛, 「"水書"文字編碼方法研究」, 『黔南民族師范學院學報』 第6期(2006).
417) 董芳, 「水書水字類屬碼的研究」, 『中文信息學報』 第5期(2008).
418) 黃千, 陳笑蓉, 倪利華, 「水書字音編碼研究」, 『貴州大學學報(自然科

· 양감악(楊撼岳) 등의 「수족 문자 서체 인코딩 방법 연구(水族文字筆
形編碼方法究)」[419]

3. 수서와 수자 디지털화 구축 분야

· 동방(董芳) 등의 「수족 수서 언어 코퍼스 구축 원칙 연구(水族水書
語料庫的建立原則研究)」[420]
· 임백산(林伯珊)의 「중국 '수서' 문헌 자원 디지털화 구축에 관한 사
고(關於中國'水書'文獻資源數字化建設的思考)」[421]
· 양광화(梁光華) 등의 『수족 수서 음성 언어 코퍼스 시스템 연구(水
族水書語音語料庫系統研究)』[422]
· 유릉(劉凌)과 형학염(邢學艷)의 「민족 고문헌 언어 코퍼스 구축과
응용: 수족 수서 문헌을 예로(民族古文獻語料庫建設與應用—以水族
水書文獻爲例)」[423]
· 양수장(楊秀璋)의 「수족 문헌 기반의 계량 분석과 지식 지도 연구
(基於水族文獻的計量分析與知識圖譜研究)」[424]
· 황천교(黃天嬌)와 구지붕(邱志鵬)의 「문화 전승 시각에서의 수서 고
적 문서 데이터베이스 구축 연구(文化傳承視閾下水書古籍檔案數据
庫建設研究)」[425]

學版)』 第4期(2011).
419) 楊撼岳, 陳笑蓉, 鄭高山, 「水族文字筆形編碼方法研究」, 『計算機工程』第14期(2011).
420) 董芳, 蒙景村, 羅剛, 「水族水書語料庫的建立原則研究」, 『黔南民族師范學院學報
』第6期(2007).
421) 林伯珊, 「關於中國'水書'文獻資源數字化建設的思考」, 『圖書舘學刊』第3期(2008).
422) 梁光華等, 『水族水書語音語料庫系統研究』(貴州民族出版社, 2012).
423) 劉凌, 邢學艶, 「民族古文獻語料庫建設與應用—以水族水書文獻爲例」, 『中國文字
研究』第25輯(上海書店出版社, 2017), 184-190쪽.
424) 楊秀璋, 「基於水族文獻的計量分析與知識圖譜研究」, 『現代計算機(專業版)』第1
期(2019).
425) 黃天嬌, 邱志鵬, 「文化傳承視閾下水書古籍檔案數据庫建設研究」, 『雲南檔案』第
10期(2020).

4. 수서 문자 분할과 수자(水字) 자동 인식 연구

· 궁장국봉(弓長國鋒)의 「수서 고적의 문자 분할 방법(水書古籍的字切分方法)」426)
· 양수장(楊秀璋) 등의 『수족의 소멸 위기 문자를 기반으로 한 이미지 강화 및 인식 방법(一种基於水族瀕危文字的圖像增强及識別方法)』427)
· 하춘뢰(夏春磊)의 석사학위 논문 『심층 학습을 기반으로 한 수서의 이미지 인식 알고리즘 연구와 응용(基於深度學習的水書圖像識別算法研究與應用)』428)
· 정경(丁琼)의 「수서 문자 인식 시스템 연구와 구현(水書文字識別系統研究與實現)」429)
· 탕휘(湯輝) 등의 「자동 학습을 기반으로 한 상용 수자 인식(基於自動學習的常用水字識別)」430)

6. 주요 연구 쟁점

조사·연구가 탐색 시기에 들어선 이후 40여 년간 지속적으로 연구의 중심이 된 두 가지 주요 분야는 다음과 같다.

첫째, 수서의 정리와 역주이다. 수서 정리와 역주의 범위가 계속 확대되어 많은 성과가 나타났다. 이와 함께 수서 문헌의 긴급 보호, 전승 개발, 편찬 역주, 디지털화 구축 분야의 연구도 이루어졌다.

---

426) 張國鋒, 「水書古籍的字切分方法」, 『黔南民族師范學院學報』 第2期(2016).
427) 楊秀璋, 夏換, 于小民, 「一种基於水族瀕危文字的圖像增强及識別方法」, 『計算机科學』 第S2期(2019).
428) 夏春磊, 『基於深度學習的水書圖像識別算法研究與應用』(中央民族大學碩士學位論文, 2019).
429) 丁琼, 「水書文字識別系統研究與實現」, 『中國新通信』 第19期(2020).
430) 湯輝, 張國鋒, 張維勤, 「基於自動學習的常用水字識別」, 『現代計算机』 第26期(2020).

둘째, 수서의 문화 연구이다. 오랫동안 다음과 같은 주제들이 계속해서 연구되었다.

· 수서의 28수(二十八宿)와 천상역법에 대한 분석
· 수서와 한족 문화의 음양오행, 주역팔괘 등과의 관계 연구
· 수서 문화의 종합적 연구
· 개별 수서 문헌의 심층 분석

21세기 초 조사·연구의 발전 시기에 접어든 이후 20년 동안 계속해서 연구의 중심이 된 두 가지 주요 분야는 다음과 같다.

첫째, 수자 본체 연구로, '수자의 문자적 성질과 지위', '수자의 조자 방법과 조자 기제', '수자 체계 내의 특수한 귀명(鬼名) 용자', '수자의 특수한 반서(反書) 현상', '여러 학자들의 수자 체계에 대한 서로 다른 서술과 분석'은 오랫동안 반복적으로 탐구된 주요 문제들이다.

둘째, 수자와 다른 문자와의 비교 연구로, 여기에는 수자와 한자, 이족 문자(彝文), 납서족 동파 문자, 고대 장족 문자(古壯字), 보상족(保像族) 죽서(竹書), 포의족 문자(布依文) 등과의 비교 연구가 포함되어 있다. 이러한 비교를 통해 수족 문자의 성질과 특징을 부각시키고, 문자 발전사에서 수자가 가지는 특수한 지위를 드러내고 있다.

최근 몇 년간의 연구 쟁점은 수자의 문자 인식 연구, 수서 문헌의 정리·보호·문서 개발·역주 방법 등에 집중되어 있다.

7. 미래 전망

첫째, 수서 정리와 역주 작업의 범위 확대 및 역주의 품질을 향상

시킨다.

최근 20년간 수족(水族) 지역에서는 수서(水書)와 '수서 선생'에 대한 긴급 수집 작업을 적극적으로 전개하여 다량의 수서 필사본을 수집하고 영인 출판했으며, 일부 중요 필사본을 역주하고 수서 문서 구축과 개발 연구 작업을 진행했다. 앞으로의 중점 과제 중 하나는 수서의 역주 성과를 계속 늘려 후속 연구를 위한 1차 자료를 제공하는 것이다. 동시에 '수서 선생'들의 의견을 더 많이 수렴하고, 수서 문헌의 내용을 더 깊이 있게 분석하며, 역주 방식을 규범화하여 전체적인 역주의 수준을 향상시키는 것이다. 현재 알려진 바로는 수서에 관한 역주 작업이 귀주성(貴州省)의 검남주(黔南州), 도균(都勻), 삼도(三都), 여파(荔波), 독산(獨山) 등지에서 체계적으로 진행되고 있다.

그밖에 수서 문헌은 현재 각지의 문서관, 도서관, 박물관 등의 기관에 분산 소장되어 있어, 학계의 편의를 위해 수서 문헌 통합 목록을 편찬해야 한다.

둘째, 기존의 수서 역주와 연구 성과를 종합하고, 수서와 수자의 디지털화 플랫폼을 구축하여 기존 자원의 사회적 공유와 전면적 검색을 실현한다. 문헌의 글자별 조사를 통해 제공되는 데이터 지원을 바탕으로 수자와 수서를 종합적으로 연구하여 연구 진전을 추진한다.

20여 년간의 노력으로 현재 수서 역주 성과가 30종에 이르렀으며, 기존 자원을 충분히 활용하고 연구 진전을 추진하기 위해서는 공공 수서 디지털 플랫폼이 시급히 필요하다. 이 플랫폼은 최소한 다음과 같은 기능을 갖추어야 한다.

· 모든 수서 문헌의 원형 제시
· 문헌 원형과 역주 성과의 글자별 대응

· 문헌 전문의 글자별 검색 실현
· 프로그램을 편성하여 관련된 길흉 선택 내용, 관련 편목 등의 연계
　를 실현함으로써 수서에 관한 종합적인 연구에 편의 제공
· 수자 데이터베이스를 구축하여 수자의 형태, 독음, 의미를 표기하고,
　기존의 고증 해석 연구 성과를 표기하며, 한자 및 기타 민족 문자
　와의 관계 등을 나타내어 수자에 관한 종합적인 연구에 편의 제공

위에서 언급한 디지털화 플랫폼을 통해, 자료를 가능한 한 전면적
으로 확보하고 충분한 양적 통계를 통해 관련 연구의 진전을 추진해
야 한다. 그렇게 해야지만, 수자의 성질, 수자의 조자(造字) 메커니즘,
수자 체계의 전체 양상 등 논란이 많은 문제들을 해결하고 수자에 관
해 깊이 있는 연구를 할 수 있다. 또한, 디지털 플랫폼을 이용하여 수
서 문화의 전문적인 주제를 연계하고, 수서의 내용을 충분히 발굴한
다면 수서 문화의 전체적인 모습을 그려낼 수 있다.

셋째, 수자와 남방 민족의 고문자(古文字)에 대해 비교·연구한다. 한
족 문화와 한자의 영향에서 생겨난 장족 문자(壯文), 동족 문자(侗文),
포의족 문자(布依文), 베트남 쯔놈(字喃) 등은 많은 공통점을 가지고
있다. 수자는 남방계 민족 고문자와는 다른 특징을 보인다. 예컨대,
이체자가 많고, 반서(反書)431)와 도서(倒書)432) 현상이 비교적 많으며,
한자를 대량으로 불규칙하게 개조하고, 한어 어휘를 직접 차용하는
등의 특징을 가지고 있다. 수자 체계를 알아내어 관련 문자와 비교하
는 것은 비교 문자학과 일반 문자학 연구에 도움이 되며, 문자학 이

---

431) (역주) 글자를 거꾸로 쓰거나 좌우를 뒤집어 쓴 글씨를 말한다.
432) (역주) '반서(反書)'와 유사한 개념이지만, 약간의 차이가 있다. '도서(倒書)'는
　　글자나 문장을 거꾸로 쓰는 것을 말한다. 주로 글자나 문장의 순서를 뒤집어
　　쓰는 것을 의미하는데, 예컨대, '안녕하세요'를 '요세하녕안'으로 쓰는 것을
　　의미한다. '반서(反書)'가 주로 개별 글자의 형태를 뒤집는 것이라면, '도서(倒
　　書)'는 글자나 문장의 순서를 뒤집는 것에 중점을 둔다.

론을 풍부하게 할 수 있다.

넷째, 수자의 문자 인식을 연구하고, 네트워크 데이터베이스를 구축하여 각 연구 영역의 자원을 공유한다.

현재 인공지능, 문자 인식 기술 연구는 민족 고문헌을 디지털 이미지에서 자동으로 일괄 디지털 텍스트로 변환하는 것을 목표로 하고 있다. 이를 통해, 기존에 구축된 원문 이미지 데이터베이스를 일괄 변환하여 전문 데이터베이스로 구축할 수 있게 되고, 민족 고적의 전문 디지털화 성과를 규모화하여 산출할 수 있다. 그러나 유지기(劉志基)의 『고문자 인식 연구의 몇 가지 인식 오류에 대한 간단한 분석(簡析古文字識別研究的幾個認識誤區)』과 이러한 인식에서 이루어진 관련 연구, 예컨대 화동사범대학 중국문자연구와 응용센터(華東師范大學中國文字硏究與應用中心)에서 개발한 "'문경만상(文鏡萬象)' 출토 문헌 지능 인식 해독 시스템('文鏡萬象'出土文獻智能識別釋讀系統)"은 수서의 디지털화와 지능화 연구에 더욱 광범위한 전망을 제시하고 있다.

수서 문헌 데이터베이스는 심층 가공을 거쳐 글자, 단어, 문장에서 편장에 이르기까지 단계별로 주석이 달린 복합형 수서 문헌 데이터베이스가 되어야 한다. 그 후 개별 수자와 전체 수서의 통합 인식을 통해 글자 형태를 인식함과 동시에 이 글자 형태와 연관된 전방위적이고, 각 층위의 가치 있는 정보를 인식해야 한다. 예컨대, 글자 형태와 관련된 의미, 맥락, 고증, 문화 등의 정보를 함께 인식하는 것이다. 이렇게 함으로써 문자 인식을 통해 수서 문헌의 충분한 연계와 철저한 검색을 실현할 수 있다. 이를 통해 수자와 수서 문화를 연결하고, 다민족 문자의 비교 연구를 연결하며, 수서와 한족 문화의 관계를 탐구하고, 다민족 문자와 문화의 비교 연구를 전개하는 등, 수서 문헌을 종합적으로 활용하기 어려운 문제를 해결하고 여러 영역에서 수서 문헌을 종합적으로 활용하고자 하는 수요를 충족시킬 수 있다.

위에서 언급한 디지털 플랫폼이 구축된 후에는 네트워크 공유를 실현하여 다양한 영역의 연구 개발 수요를 충족시켜야 한다.

다섯째, 수서 디지털화 플랫폼과 문자 인식 수단을 기반으로 네트워크 데이터베이스를 개발하고 일련의 공구서를 편찬한다.

현재 수집, 정리, 역주의 범위 내에서 복합형 수서 디지털화 플랫폼을 구축하고, 수서 문헌 내용에 대해 글자, 단어, 문장에서 편장에 이르기까지 단계별 주석과 다층적, 다각도의 연관성을 부여한다. 문자 인식 시스템을 통해 수서 문헌 전체 내용의 관통을 실현한다. 이를 기반으로 데이터베이스를 활용하여 현재 시급히 필요한 『수자대자전(水字大字典)』[433], 『수서류찬(水書類纂)』 등을 편찬할 수 있으며, 기타 전자 공구서도 편찬할 수 있다. 이 중 『수서류찬(水書類纂)』은 신살(神煞) 체계, 길일 선택 사항, 시일(時日), 방위 등을 분류 주제로 삼아, 수서의 항목을 분류별로 연계·비교하여 다양한 영역의 연구 수요를 충족시킬 수 있다. 예컨대, 수서 연구를 한어로 써진 문헌 『일서(日書)』, 『통서(通書)』의 전승과 변천 연구의 계열에 놓고, 수서가 한족의 길일 선택 문헌을 계승하고 변화시킨 점을 충분히 발견하여, 양자의 연원 관계를 정리하는 등의 작업을 할 수 있다.

---

433) 현재 유일한 수자(水字) 자전인 위세방(韋世方)의 『수서 상용자전(水書常用字典)』(貴州民族出版社, 2007)은 당시의 제한된 여건으로 인해 수록 글자가 부족하고, 체제가 불완전하며 본문과 체제가 일치하지 않는 문제가 존재한다. 또한, 내용이 산만하고, 용례 제시 형태가 비합리적이며, 색인이 없는 등의 문제점을 가지고 있다.

제7절 납서(納西)족 동파(東巴)문자

1. 납서족 동파 문자의 정의

납서족(納西族)은 주로 중국의 운남성(雲南省), 사천성(四川省), 티베트자치구(西藏) 세 성(省)과 구(區)가 인접한 난창강(瀾滄江), 금사강(金沙江)과 그 지류인 무량하(無量河), 아롱강(雅礱江) 유역에 분포하고 있다. 대략 동경 98.5°-102°, 북위 26.5°-30° 사이, 즉 현재의 여강시(麗江市), 적경주(迪慶州), 양산주(凉山州), 감자주(甘孜州), 창도지구(昌都地區), 반지화시(攀枝花市) 행정 구역 내에 분포한다. 납서족은 횡단산맥(橫斷山區), 청장고원(靑藏高原), 사천분지(四川盆地), 진중고원(滇中高原)의 전이 지대에 거주하며, 이 지역에서는 노강(怒江), 난창강, 금사강, 옥룡설산(玉龍雪山), 합파설산(哈巴雪山), 호도협(虎跳峽), 로고호(瀘沽湖) 등이 유명하다.

납서족은 역사적으로 동파(東巴) 문자, 가파(哥巴) 문자, 달파(達巴) 문자, 마려마살(瑪麗瑪薩) 문자, '납서족 구 병음 문자(納西老拼音文字)', '납서족 병음 문자(納西拼音文字)' 등 여러 문자를 사용했다.

동파 문자의 부호 형태는 그림과 유사하여 '상형문자' 또는 '그림문자'라고도 불린다. 동파 문자는 비교적 원시적인 의음문자(意音文字)에 속하며, 기록된 경전 대부분은 어휘를 정확히 기록하지 못하고,

일부 실용 문헌과 주술 관련 경전만이 언어를 완전히 기록했다. 동파 문자는 언어를 완전히 기록할 수 있는 능력을 가진 문자 체계이다. 동파 문자는 문자 부호의 정태적인 관점에서 볼 때, 주로 의부(意符), 음부(音符), 정부(定符)로 구성되며, 정부(定符)의 수는 매우 적다. 표현 방식으로 보면, 표의 방식, 표음 방식, 의음 결합 방식이 있다. 동파 문자는 아직 미성숙 단계에 있어 대응되는 언어 단위도 매우 복잡하다. 문자와 문자 사이의 자연적 경계와 기록된 언어 상황에 따라, 동파 문자를 두 유형으로 분류하는데, 하나는 단자(單字)로 대응되는 언어 단위가 단어와 같거나 그보다 작다. 나머지는 비단자(非單字) 구조라고 부른다[1]. 일반적으로 단자는 육서(六書)로 분석할 수 있으나, 비단자 조합은 그림의 조합으로 더 복잡하다. 동파 문자의 단자는 약 1,500자 정도이다.

동파경(東巴經)은 전반적으로 위에서 아래로, 왼쪽에서 오른쪽으로 읽는다. 동파 문자는 미성숙한 문자에 속하기 때문에, 문자와 문자 사이의 조합이 언어의 선형적 규칙을 따르지 않고, 문자 간의 논리적 관계나 도상적 조합에 따라 배열되는 경우가 있다.

동파 문자의 주된 기록 매체는 동파지(東巴紙)이다. 현존하는 동파경은 거의 대부분이 필사본이며, 극소수가 벽돌이나 석각 등의 매체에 기록되어 있다. 동파경의 서사 도구는 주로 대나무 붓이며, 일부는 갈대 붓이나 구리 붓 등을 사용하기도 했다. 동파경의 대부분은 왼쪽에서 제본되었으며, 점복(占卜)류 경전은 주로 위쪽에서 제본되었다. 동파경의 표지에는 대부분 장식 도안과 제목란이 있어 해당 경서의 제목을 기록했다. 각 페이지는 일반적으로 3단으로 구분되었지만, 점복(占卜)류와 주술(呪語)류 경전이나 발어(跋語)를 쓸 때는 3단 이상

---

1) 李靜, 『納西東巴文非單字結构硏究』(華東師范大學博士學位論文, 2009).

중국문자학 핸드북

으로 구분되기도 했다. 한 단락이 끝나면 세로선으로 구분했다.

동파경의 기록자이자 사용자는 동파(東巴) 사제이다. 동파 문자로 쓴 문헌은 대부분이 종교 문헌이며, 일부는 서신, 장부, 계약서 등 실용적인 문헌이다. 문자의 기능은 종교와 밀접하게 관련되어 있다. 동파경에 주로 기록된 언어는 납서어(納西語)이며, 간혹 동파 문자로 티베트어, 한어, 이어(彝語), 백어(白語) 등 다른 민족의 언어를 기록하기도 했다. 납서어는 한장어계(漢藏語系) 장면어족(藏緬語族)2)에 속하며, 형태의 변화가 없는 고립어이다.

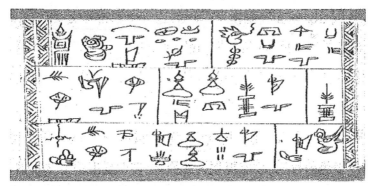

[그림 5-39] A28 동파 문자. 하버드 연경학사 소장 동파경(東巴經)3)

가파(哥巴) 문자는 음을 표기하는 음절 문자로, 부호의 형태는 동파 문자보다 더 간결하다. 가파 문자는 주로 한자(漢字), 동파 문자, 티베트 문자(藏文)를 기반으로 간소화되어 만들어졌다.

가파 문자의 수는 약 400자 정도이며, 순수 가파 문자로 써진 문헌은 매우 적고, 일부는 동파경 속에 산재해 있다.

---

2) 납서어(納西語) 어지(語支)의 귀속 문제에 대해서는 여전히 논란이 많다.
3) 이 그림과 그림5-40은 모두 하버드 연경학사 도서관 공식 웹사이트에서 가져왔다.

가파 문자의 사용 범위는 매우 제한적이어서, 주로 여강패구(麗江壩區)와 노전구(魯甸區) 등에 분포하며, 일부 지역의 동파경(東巴經)에는 가파 문자나 가파경(哥巴經)이 존재하지 않는다.

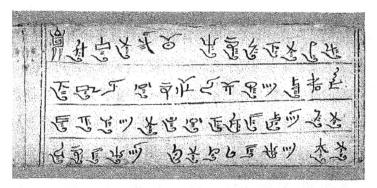

[그림 5-40] A39 가파 문자. 하버드 연경학사 소장 동파경

'마려마살(瑪麗瑪薩) 문자'는 납서족의 하위분파인 마려마살인이 사용했던 문자로, 부호의 형태가 상형이며 동파 문자와 유사하다. 음역의 차이로 인해, '마려마살(瑪麗瑪薩) 문자' 또는 '마려마사(瑪麗瑪沙) 문자' 등으로도 불린다. '마려마살 문자'의 부호 형태는 상형문자에 속하며, 일부 문자는 동파 문자와 같다. 주로 장부 기록, 통신 등에 사용되었다. 문자 수는 100여 자로, 문자 수가 너무 적어 다음다의(多音多義) 현상이 심각하여 언어를 온전하게 기록하기가 쉽지 않다.

'납서족 구 병음문자(納西老拼音文字)'는 1820-1830년대에 서양 선교사들이 선교의 편의를 위해 만든 문자로, 이 문자로 『성경(聖經)』을 번역하기도 했다. 이 '구 병음문자'는 26개의 라틴 자모를 기반으로 만들어졌으며, 자모를 상하좌우로 뒤집어 서양어에 없는 음을 기록했다. 서양 선교사들이 이 문자를 만들었지만, 납서족 중에서 기독교

신자가 매우 적어 이 문자는 만들어진 지 얼마 되지 않아 사라졌다.[4]

'납서족 병음문자(納西拼音文字)'는 중화인민공화국 수립 이후, 정부가 각 민족의 평등과 권리를 보장하기 위해, 자발성의 원칙에 따라 대규모 언어와 문자 조사를 기반으로 장족(壯族), 포의족(布依族), 이족(彝族), 묘족(苗族) 등 10개 민족을 위해 14종의 라틴 자모를 기반으로 만든 병음문자 중 하나이다.[5] '납서족 병음문자'는 라틴 자모로 만든 표음문자로, 1957년에 설계 제작되었으며, 1982년과 1984년에 수정되어 26개의 라틴 자모 범위 내로 문자를 제한했다. '납서족 병음'은 '한어 병음(漢語拼音)'을 참고하여 만들어져, 대부분의 성운(聲韻)이 '한어 병음'과 유사해 학습하기가 더 쉽다. 따라서 '납서족 병음문자'는 제작된 이후 사용이 편리하고 전파 범위가 넓어 문맹 퇴치 운동에서 중요한 역할을 했으며, 현재까지도 납서족 사이에서 널리 사용되고 있다.

엄격한 의미에서 납서 문자는 '동파(東巴) 문자', '가파(哥巴) 문자', '마려마살(瑪麗瑪薩) 문자', '납서 구 병음문자(納西老拼音文字)', '납서 병음문자(納西拼音文字)'를 포함해야 한다. 그러나 동파 문자를 제외한 다른 문자들은 문헌이 적고, 문자의 수가 적으며, 사용 범위가 제한적이고, 연구자도 매우 적다. 따라서 본고에서는 '납서 동파 문자'를 연구 대상으로 삼는다.

---

4) 和虹, 『納西族東巴古籍文獻整理與研究』(雲南民族出版社, 2021).
5) 王麗梅, 「試論納西拼音文的創制及發展」, 『遼寧教育行政學院學報』 第5期(2018).

표 5-5. 『유희 율속족 자치현지(維熙傈僳族自治縣志)』[6]의 '마려마살(瑪麗瑪薩) 문자'

1962 年前收集的玛利玛沙文

表 21—14

文字	读音	意义	文字	读音	意义
(글자)	mv˧	天	○○○	ku˨	星
(글자)	xɯ˧	海	(글자)	be˧	雪
(글자)	dø˨	地方	(글자)	mbu˨	峰
(글자)	lɯ˧	田	(글자)	dʑi˨	水
(글자)	ndzo˨	桥	(글자)	ŋgu˨	仓库
(글자)	tha˥	塔	(글자)	bø˨	圈
(글자)	kə˧	坛	(글자)	mu˨	门
(글자)	dʑl˨	佛铃	(글자)	tɕe˨	对联
(글자)	mu˨	簸箕	(글자)	thie˧	旗子
(글자)	tʂhu˧	尺子	(글자)	pu˥	瓢子
(글자)	khua˨	碗	(글자)	tɕi˨	剪
(글자)	ku˧	针	(글자)	tshø˧	犁
(글자)	to˧	木板	(글자)	ŋgu˨	山片
(글자)	sa˧	麻	(글자)	le˥	茶
(글자)	kv˧	蒜	(글자)	ɕi˨	稻
(글자)	zə˧	烟	(글자)	zl˧	草
(글자)	nie˧	籼米	(글자)	dze˧	麦
(글자)	zø˨	青稞	(글자)	ly˧	果实

---

6) 雲南省維西傈僳族自治縣志編纂委員會, 『維西傈僳族自治縣志』(雲南民族出版社, 1999), 869쪽.

2. 연구의 역사

동파 문자 연구는 해외와 중국이라는 두 가지 방향으로 나눌 수 있다. 동파경(東巴經) 연구는 해외에서 시작되었다. 1867년 프랑스 선교사 데고딩(Père Auguste Desgodins)이 11페이지 분량의 납서족 필사본의 복사본을 프랑스로 보낸 이후, 서양에서는 이 특이한 동파경에 대해 깊은 관심을 보였다.[7] 중국에서의 동파 문자에 대한 기록과 연구는 매우 늦게 시작되었다. 동파경 연구는 주로 다음 여섯 시기로 구분된다.[8]

(1) 제1기: 맹아기(19세기 말)

이 시기의 동파경 수집은 탐색 단계에 있었으며, 수집된 동파경의 수도 매우 적었고 그에 대한 인식도 제한적이어서 대부분의 저서들은 소개에만 그쳤다. 당시 많은 선교사와 탐험가들이 중국 서남 지역에 들어와 동파경을 수집하기 시작했는데, 이 시기의 대표적 인물로는 쿠퍼(Cooper), 질(Gill), 데고딩(Desgodins), 락버리(Rockhill) 등이 있다.

(2) 제2기: 발전기(20세기 초)

---

7) Terrien de Lacouperie., "Beginnings of writing in and around Tibei". *Journal of the Royal Asiatic Society of Great Britain and Ireland*. 1885 (3), pp.415-482.
8) 李曉亮, 『西方納西學史研究(1867-1972)』(西南大學博士學位論文, 2014).

20세기 초에는 많은 언어·문자학자들이 납서족 문자를 연구하기 시작했다. 동파경의 번역과 연구를 시작하고, 동파 문자와 가파 문자 사전을 편찬하여, 납서어에 대한 더 깊은 이해가 이루어졌다. 해외의 대표적 인물로는 존스턴(Johnston), 바크(Bacot), 라우퍼(Laufer), 보닝 (Bonin), 록(Rock) 등이 있다. 이 시기 중국에서 동파 문자 연구는 비 공식적인 학자들이 동파경을 조사하기 위한 수집 단계에 있었다. 이 시기 중국의 대표적 인물로는 방국유(方國瑜), 이림찬(李霖燦), 주여성 (周汝誠), 만사년(萬斯年) 등이 있다.

(3) 제3기: 침체기(1949-1978)

중화인민공화국 수립 이후, 중국과 외국의 교류가 줄어들어 외국 학자들이 중국 서남지역에서 조사를 할 수 없게 되었다. 따라서 이들 은 선배들의 자료에만 의존하여 연구를 진행할 수밖에 없었다. 이 시 기 해외의 대표적 인물은 야네르트(Janert)와 잭슨(Jackson)이다. 중화 인민공화국 수립 초기에는 각 도서관과 박물관에서 대량 수집이 시 작되었다. 그러나 동파 문화가 '사구(四舊: 낡은 사상·문화·풍속·습관)' 의 범위에 속해 '문화대혁명' 시기에 심각한 피해를 입었고, 동파 문 자 연구는 정체기에 들어섰다가 개혁개방 이후에야 새로운 발전을 맞이할 수 있었다.

(4) 제4기: 회복 및 발전기(1978-2000)

개혁개방 이후, 중국과 외국의 연계가 긴밀해지고 국제화 정도가 높아지면서 동파경 연구는 전성기를 맞이하게 되었다. 학자들은 각국의 동파경을 쉽게 열람할 수 있었을 뿐만 아니라 납서족 지역에서 직접 조사와 연구를 수행할 수 있게 되었다. 이 시기의 대표적 인물로는 맹철리(孟徹里), 조성화(趙省華), 반안석(潘安石), 미가(米可) 등이 있다. 이 시기에 중국의 동파 문자 연구도 봄을 맞이한 듯 우수한 학자들이 대거 등장했다. 이정생(李靜生), 하력민(和力民), 유수생(喩遂生), 왕원록(王元鹿) 등이 대표적인 중국 학자이다.

(5) 제5기: 안정적 성장기(2000-2016)

이 시기의 특징은 동파경의 대량 번역, 동파 문자 연구 논문의 급속한 증가, 연구 인력의 지속적 확대를 들 수 있다. 이 시기에 국제 납서학은 침체되었지만, 중국에서는 납서학 연구의 열풍이 불었다. 중국의 대표 학자로는 등장응(鄧章應), 황사현(黃思賢), 유열(劉悅), 목사화(木仕華), 화계전(和継全) 등이 있다.

(6) 제6기: 정체기(2016년-현재)

1세대 동파 문자 전문가들의 은퇴와 나이든 동파(東巴)들의 사망과 함께, 새로운 학자들이 미성숙한 상태에서 석박사 과정이 줄어들고 연구 인력이 축소되면서 동파 문자 연구가 정체기에 접어들었다. 이 시기의 동파 문자 연구 성과는 더딘 증가를 보이고 있지만, 그 연구는 다원적 시각과 학제 간 연구라는 새로운 추세를 나타내고 있다.

3. 연구의 기본 자료

동파 문자에 대한 기본 연구 자료는 경전류, 공구서류, 논문·저술류의 세 부분으로 나눌 수 있다.

(1) 동파경(東巴經) 경전

동파경 전적(典籍)의 간행과 번역의 집대성은 동파문화연구소에서 편역한 『납서 동파 고대 서적 역주 전집(納西東巴古籍譯注全集)』(전 100권)9)으로, 현재까지 동파경을 가장 많이 수록하고 번역 수준이 가장 높은 저서이다. 이 외에도 다음과 같은 저서들이 있다.

- 이림찬(李霖燦) 등의 『마사10)경전 역주 9종(麽些經典譯注九種)』11)
- 부무적(傅懋勣)의 『여강 마사 상형문 '고사기' 연구(麗江麽些象形文 "古事記"研究)』12), 『납서족 그림문자 <백편복취경기>연구(納西族 圖畵文字<白蝙蝠取經記>研究)』13)
- 하즉인(和卽仁)의 『구취점복경(求取占卜經)』
- 동파문화연구소의 『납서 동파 고대 서적 역주(納西東巴古籍譯注)』14)

---

9) 麗江市東巴文化硏究所, 『納西東巴古籍譯注全集』(100卷)(雲南人民出版社, 1999-2000).
10) (역주) '麽些'의 정확한 발음은 '먀오써(Moso)'이다. 이는 납서족을 지칭하는 다른 이름이다. '먀오써'는 납서족의 자칭 중 하나로, 특히 역사적 문헌에서 자주 사용되었다. 동파 문자와 관련된 초기 연구에서 이 용어가 많이 사용되었기 때문에, 학술적 맥락에서 자주 등장한다. 그러나 현대에는 '납서(納西, Naxi)'라는 명칭이 더 일반적으로 사용된다.
11) 李霖燦, 張琨, 和才, 『麽些經典譯注九種』(臺灣編譯館中華叢書編審委員會, 1978).
12) 傅懋勣, 『麗江麽些象形文"古事記"研究』(武昌華中大學, 1948).
13) 傅懋勣, 『納西族圖畵文字<白蝙蝠取經記>研究』(日本東京外國語大學亞非語言文化研究所, 1981·1984. 商務印書館, 2012).

· 중국사회과학원 민족학 및 인류학 연구소, 여강(麗江)시 동파문화
  연구원, 하버드 연경학사(燕京學社)의 『하버드 연경학사 소장 납
  서 동파경서(哈佛燕京學社藏納西東巴經書)』(1권-4권)15)가 있으며,
  이후에 다시 5권-9권이 출간되었다.16)17)
· 최근 여강(麗江)시 동파문화연구원에서 『납서 완가 동파 고대 서적
  역주(納西阮可東巴古籍譯注)』(1-3권), 『상용 동파 의식규정 및 경전
  (常用東巴儀式規程及經典)』등을 편역했다.

  주목할 부분은 이림찬(李霖燦)과 부무적(傅懋勣)이 편찬한 동파경은
4개의 부분을 대조한 것으로, 원문, 음표, 글자해석, 의미가 모두 번
역 텍스트에 존재하여 가장 상세하고 접근하기 쉬운 원전이라는 점
이다. 해외에도 적지 않은 동파경 번역이 있지만, 비교적 산발적이며
주로 록(Rock)18)의 저서에 집중되어 있다.

---

14) 雲南省少數民族古籍整理出版規劃辦公室, 『納西東巴古籍譯注』(一·二·三)(雲南民族
   出版社, 1986·1987·1989).
15) 中國社會科學院民族學與人類學研究所·麗江市東巴文化研究院·哈佛燕京學社, 『哈
   佛燕京學社藏納西東巴經書』(第一~四卷)(中國社會科學出版社, 2011).
16) 中國社會科學院民族學與人類學研究所·麗江市東巴文化研究院·哈佛燕京學社, 『哈
   佛燕京學社藏納西東巴經書』(第五·六卷)(中國社會科學出版社, 2018).
17) 中國社會科學院民族學與人類學研究所·麗江市東巴文化研究院·哈佛燕京學社, 『哈
   佛燕京學社藏納西東巴經書』(第七~九卷)(中國社會科學出版社, 2021).
18) (역주) 조셉 프란시스 찰스 록(Joseph Francis Charles Rock, 1884-1962)을 말한
   다. 오스트리아-미국 식물학자, 언어학자, 인류학자, 탐험가로, 납서족과 동파
   문자 연구에 크게 기여했다. 록은 20세기 초 중국 서남부 지역, 특히 운남성
   에서 광범위하게 탐사를 진행하였고 그와 함께 연구를 수행했다. 그는 납서족
   의 언어, 문화, 종교에 대해 깊이 있는 연구를 하여, 특히 동파 문자에 대한
   중요한 연구 결과를 남겼다. 그의 주요 저작으로는 'The Ancient Na-khi
   Kingdom of Southwest China'(1947)와 'A Na-Khi-English Encyclopedic
   Dictionary'(1963) 등이 있으며, 이 책들은 납서족과 동파 문자 연구의 중요한
   기초 자료가 되었다.

(2) 공구서(工具書)류

납서어(納西語)와 동파 문자 연구의 주요 공구서는 다음과 같다.

- 방국유(方國瑜), 화지무(和志武)의 『납서상형문자보(納西象形文字譜)』[19]
- 이림찬(李霖燦)의 『마사 상형문자 자전(麼些象形文字字典)』[20], 『마사 표음문자 자전(麼些標音文字字典)』[21]
- 록(Rock)의 『납서어 영어 백과사전(納西語英語百科辭典)』상하권[22]
- 무천(木琛)의 『납서상형문자 상용자표(納西象形文字·常用字表)』[23]
- 손당무(孫堂茂)의 『납서 한영사전(納西漢英詞典)』[24]
- 하시모토 만타로(橋本萬太郎)의 『납서의 언어 자료(納西語料)』[25]
- 화발원(和發源) 등의 『동파 경서 전유명사선(東巴經書專有名詞選)』[26]
- 화즉인(和卽仁), 조경련(趙慶蓮), 화길진(和洁珍)의 『납서어 상용 어휘(納西語常用詞匯)』[27]
- 화학광(和學光)의 『납서어·한어 사전(納西語漢語詞典)』[28]
- 이국문(李國文)의 『동파문화사전(東巴文化辭典)』[29]
- 조정수(趙淨修)의 『동파 상형문 상용 단어 역주(東巴象形文常用字詞譯注)』[30]

---

19) 方國瑜, 和志武, 『納西象形文字譜』(雲南人民出版社, 1981).
20) 李霖燦, 『麼些象形文字字典』(臺灣文史哲出版社, 1972).
21) 李霖燦, 『麼些標音文字字典』(國立中央博物院籌備處, 1945)(石印本).
22) [美] J.F.Rock, 『納西語英語百科辭典』(上下冊)(意大利羅馬東方學研究所, 1963·1972). 상권은 중국에서 다음과 같이 번역되었다. 『納西語英語漢語語匯』(雲南教育出版社, 2004).
23) 木琛, 『納西象形文字·常用字表』(雲南人民出版社, 2003).
24) [美] 孫堂茂, 『納西漢英詞典』(雲南民族出版社, 2012).
25) [日] 橋本萬太郎, 『納西語料』(日本東京外國語大學亞非語言文化研究所, 1988).
26) 和發源等, 『東巴經書專有名詞選』(雲南省社會科學院東巴文化研究室, 1983)(油印本).
27) 和卽仁, 趙慶蓮, 和洁珍, 『納西語常用詞匯』(雲南民族出版社, 2011).
28) 和學光, 『納西語漢語詞典』(麗江市納西文化傳習協會, 2013).
29) 李國文, 『東巴文化辭典』(雲南教育出版社, 1997).

· 쿠로사와 나오미치(黑澤直道), 하력민(和力民), 야마다 아야유키(山田
敕之)의 『납서어 지명 휘편(納西語地名匯編)』[31]

이 중에서 방국유(方國瑜), 이림찬(李霖燦), 록(Rock)의 세 자전이 동
파 문자 연구에 가장 많이 사용되는 자전이다.

(3) 논문 저술류

이 유형은 그 수가 많고 종류도 다양하여 여기서 일일이 소개하지 않겠다.

4. 납서족 동파 문자 연구에서 주목하는 문제들

(1) 문헌학적 관점

1. 문헌의 간행과 번역

문헌의 수집, 간행, 번역은 동파경(東巴經) 연구의 기초로서, 중국과
해외의 학자들이 광범위하게 이 분야를 연구했다.

1885년, 영국 학자 라쿠페리(Terrien de Lacouperie)가 「티베트 및
그 주변 문자의 기원(西藏及其周邊文字的起源)」[32]에서 프랑스 선교사
데고댕(Desgodins)이 수집한 11페이지의 동파경을 간행했는데, 이것
이 해외에서 최초로 기록, 간행된 동파경이다.

---

30) 趙淨修, 『東巴象形文常用字詞譯注』(雲南人民出版社, 2001).
31) [日] 黑澤直道, 和力民·[日] 山田敕之, 『納西語地名匯編』(社會科學文獻出版, 2020).
32) Terrien de Lacouperie, "Beginnings of writing in and around Tibet". *Journal of the Royal AsiaticSociety of Great Britain & Ireland*, 1885, pp.459-460.

1898년, 프랑스의 고대 문헌 학자이자 정부 관리였던 보닝(Bonin)
이 번역의 선구자가 되어, 현지 동파(東巴)의 도움을 받아 몇 페이지
의 경서를 번역했고,33) 앙리 도를레앙(Henri d'Orléans)은 8페이지의
경서를 간행하고 번역했다.34)

1907년부터 1909년까지, 프랑스의 티베트학자 바코(Bacot)가 두
차례 티베트 및 주변 지역을 탐험하여 20권의 동파경을 수집했고,
1913년『마사연구(麼些研究)』35)를 출판하여 동파경의 일부를 번역했
으며, 수집한 동파경을 바탕으로 동파 문자 자전을 편찬했다.

1916년, 영국의 식물학자 포레스트(George Forrest)가 여강(麗江)에
서 100여 권의 동파경을 수집했다.36) 라우퍼(Laufer)는『닐의 마사 필
사본(尼爾的麼些手抄本)』에서 닐이 수집한 경서를 간행했다.37)

이 외에도 대영도서관에서 소장하고 있는 동파경이 있는데, 이는
1920-1930년대 여강(麗江)에 있던 영국 선교사들이 영사관을 대표하
여 구입하여, 현지 동파의 도움을 받아 동파경을 번역했고, 후에 영
어로 번역되었다.38)

1880년, 네덜란드의 선교사 샤텐(E. Schartten)이 여강에서 15권의
동파경을 수집했고, 현재 네덜란드 라이덴의 레이크스박물관에서 소

33) Charles-Eudes Bonin, *Note sur résulats géographiques de la mission accomplice au Tibet et en Mongolie en 1895-1896*, Bulletin de la Société de Geographic, vol. XIX, 1898, pp.389-403.
34) [法] Henri d'Orléans,『雲南游記—從東京灣到印度』, 龍云譯(雲南人民出版社, 2001).
35) *Les Mo-so, Ethnographic des Mo-so, leurs religions, leur langue et leur éctriture, Avec les Documents historiques et geographiques relatives d Li-kiang.*
36) Anthony Jackson, "Mo-so magical texts". *Bulletin John Ryland Library*, 48 (1), Manchester University Press, 1965, p.143.
37) Berthold Laufer, "The Nichols Mo-So Manuscript". *Geographical Review*, 1916 (04), pp.277-278.
38) Duncan Pound, *Translation/Re-Creation, Southwest Chinese Naxi Manuscripts in the West*, Lundon: Routledge, 2021, pp.117-137.

장하고 있다. 그녀는 번역의 선구자로, 곤명(昆明)과 여강에서 20년간 거주하며, 납서족 종교 의식을 완전하게 번역한 최초의 인물이자 영어를 납서어로 번역한 유일한 인물이다. 또한, 사전과 자전도 편찬했으며, 록(Rock)과 여강에서 잠시 만난 적도 있었다.[39] 그러나 이상의 연구 성과들이 모두 미출간되어 학계에서는 그녀에 대해 잘 알려져 있지 않다.

록(Rock)은 서양 납서학의 아버지로, 여강에서 약 30년간 거주하며 8천여 권의 동파경을 수집했다. 동파경의 수집과 번역 면에서 최고로 평가받으며, 그가 수집한 서적들은 유명 도서관과 박물관에 많이 소장되어 있다. 그가 번역한 동파경 저서들은 대부분 출간되었는데, 예컨대 「납서인의 제천의식(納西人的祭天儀式)」[40], 『납서족의 나가 숭배 및 관련 의식(納西族的納加崇拜及其相關儀式)』[41], 『중국 서남지역 납서족의 상례 의식(中國西南納西族的開喪儀式)』[42] 등이 있다. 록은 서양 학자 중에서 동파경을 가장 많이, 가장 전반적이고 규범적으로 번역한 학자이다. 록의 작품들이 서양에서 출간되고 전파되면서 많은 추종자들이 생겨났다.

1944년, 퀸틴 루즈벨트(Q. Roosevelt)가 납서족 지역에서 1,861권의 동파경을 수집하여 미국으로 가, 관련 논문을 저술했다.[43] 1950년대, 미국의 현대주의 시인 에즈라 파운드(Ezra Pound)는 록의 저작을

---

39) Duncan Pound, *Translation/Re-Creation, Southwest Chinese Naxi Manuscripts in the West*, Lundon: Routledge, 2021, pp.127-128.

40) Joseph F. Rock, "The Mùan-bpö Ceremony of the Sacrifice to Heaven as Practiced by the Na-khi", *Mounmenta Serica*, 1948 (01), pp.1-166.

41) Joseph F. Rock, *The Na-khi Naga Cult and Related Ceremonies*, Part I, Roma: Istituto Italianoper il Medio ed Estremo Oriente, 1952.

42) Joseph F. Rock, *The Zhi Ma Funeral Ceremony of the Na-khi of Southwest China*, Vienna-Modling, ST. GabrieFs Mission Press, 1955.

43) Quentin Roosevelt, "In the land of the devil priests". *Natural history*, 1940.

가장 탁월하게 소화한 추종자였다. 그의 작품은 록의 자료를 바탕으로 번역 창작한 것이다.[44] 같은 시기에 독일 시인 로버트 코크(Robert Koch)도 동파경의 노래를 번역했다.[45] 이 외에도 잭슨(Jackson)과 반안석(潘安石)이 록이 수집한 동파경을 단편적으로 번역했다.[46]

1970년대에 야네르트(Janert)는 동파경이 전 세계적으로 공유될 필요가 있다는 점에 주목하여, 그의 부인과 함께 부인이 모사한 『납서문헌정선(納西文獻精選)』을 출간했다.[47]

중국에서 동파경을 수집한 것은 상대적으로 늦게 시작되었다. 가장 이른 기록은 유반농(劉半農)의 지시로 방국유(方國瑜)가 동파경을 수집한 것이다. 1935년, 방국유는 중전(中甸)에서 1,000권이 넘는 동파경을 수집했다. 1940년부터 1943년까지 이림찬(李霖燦)은 여강(麗江) 지역에서 중앙박물원과 중앙연구원을 위해 1,500권의 동파경을 수집했다. 1942년 만사년(萬斯年)은 여강에서 북평(北平)도서관을 위해 약 4,000권의 동파경을 수집했다.

해방 이후 여강문화관이 4,000권, 중앙민족대학이 1,000권, 운남성도서관이 600권, 운남성박물관이 300권을 수집했다. 여강시박물관은 약 1,000권, 적경주(迪慶州)박물관은 약 400권을 소장하고 있다.[48]

중국에서 가장 이른 동파경 번역은 1938년 도운규(陶雲逵)의 「마사족의 양골복 및 비복(麼勢族之羊骨卜及肥卜)」[49]이다. 이후 이림찬 등

---

44) Duncan Pound, *Translation/Re-Creation, Southwest Chinese Naxi Manuscripts in the West*, Lundon: Routledge, 2021, pp.168-169.

45) Duncan Pound, *Translation/Re-Creation, Southwest Chinese Naxi Manuscripts in the West*, Lundon: Routledge, 2021, p.177.

46) 潘安石, 『納西經書的翻譯』, 何新元譯, 『納西·摩梭民族志——親屬制·儀式·象形文字』, (雲南大學出版社, 2010), 291-325쪽.

47) Janert Klaus L., Use Pliester, Nachitextedition, teill-7, Wiesbaden, Franz Steiner Verlag Gmbh., 1984-1994.

48) 和継全, 「東巴文百年研究與反思」, 『思想戰線』 第5期(2011).

이 『마사 경전 역주 9종(麼些經典譯注九種)』50)을 번역했다. 1948년에
는 부무적(傅懋勣)의 「여강 마사 상형문 '고사기' 연구(麗江麼些象形文
"古事記"研究)」, 「납서족 그림문자 <백편복취경기> 연구(納西族圖畫
文字<白蝙蝠取經記>研究)」, 「납서족 제풍경 <청락신> 연구(納西族祭
風經<請洛神>研究)」가 있다.

1962년부터 1965년까지 여강현문화관이 『숭반도(崇般圖)』 등 4개
의 언어나 문자로 대조한 22종을 석인본으로 정리했다. 1981년, 운남
성사회과학원 동파문화연구실(1991년 동파문화연구소로 개명, 2004
년 여강시 동파문화연구원으로 개명)이 『납서 동파 고대 서적 역주
(納西東巴古籍譯注)』(1, 2, 3)51)를 출간했고, 1999년에는 『납서 동파
고대 서적 역주 전집(納西東巴古籍譯注全集)』 100권52)을 출간했다.

이후 중국사회과학원 민족학 및 인류학 연구소와 여강시 동파문화
연구원이 협력하여 『하버드 연경 학사 소장 납서동파경서(哈佛燕京學
社藏納西東巴經書)』(1권-6권)53)를 공동으로 번역·출간했다. 2018년에
는 『납서 완가(阮可) 동파 고대 서적 역주(納西阮可東巴古籍譯注)』(1권
-3권)54)를 번역했다.

상술한 대규모 공식 번역 외에도, 일부 학자들이 현지 조사에서 얻
은 동파경을 번역하고 연구했다. 예컨대, 종요평(鐘耀萍), 증소붕(曾小
鵬), 화계전(和継全), 양역화(楊亦花), 조려명(趙麗明) 등이 있다.

---

49) 陶云逵, 「麼孵族之羊骨卜及肥卜」, 『人類學集刊』 第1期(1938).

50) 李霖燦, 張琨, 和才, 『麼些經典譯注九種』(臺灣編譯館中華叢書編審委員會, 1978).

51) 雲南省少數民族古籍整理出版規劃辦公室, 『納西東巴古籍譯注』(一·二·三)(雲南民族
出版社, 1986·1987·1989).

52) 麗江市東巴文化研究所, 『納西東巴古籍譯注全集』(100卷)(雲南人民出版社, 1999-2000).

53) 中國社會科學院民族學與人類學研究所, 麗江市東巴文化研究院, 哈佛燕京學社, 『
哈佛燕京學社藏納西東巴經書』(第1-4卷)(中國社會科學出版社, 2011). 『哈佛燕京學
社藏納西東巴經書』(第5·6卷)(中國社會科學出版社, 2018).

54) 麗江市東巴文化研究院, 『納西阮可東巴古籍譯注』(第1-3卷)(雲南民族出版社, 2018).

2. 문헌 목록 편찬

동파경의 문헌 목록은 비교적 많은데, 동파경이 각 대형 기관에 소장될 때마다 목록이 만들어졌으나, 이러한 목록들은 대부분 정식으로 출판되지 않아 학계에서 효과적으로 활용할 수 없었다.

최초로 공식 간행된 목록은 『납서 필사본 목록(納西手抄本目彔)』인데, 전체 5권으로 구성되어 있다. 1권과 2권은 록(Rock)과 야네르트(Janert)가 공동으로 편찬한 영어판으로 1965년 독일 비스바덴 출판사에서 출간했다. 3권에서 5권까지는 야네르트 혼자 편찬한 독일어판으로 1975년부터 1980년까지 독일 비스바덴 출판사에서 순차적으로 출간되었다. 『납서 필사본 목록(納西手抄本目彔)』(1, 2권)은 '납서족 동파 종교 의식 분류', '의식 분류에 따른 독일 마르부르크 도서관 소장 동파경서의 서술 분석', '경서 복사본 전시', '색인'이라는 네 부분으로 구성되어 있다. 이 중 판본 정보는 모두 두 번째 부분에 집중되어 있다. 저자들은 동파 문자 표제, 소장처 번호와 록의 번호, 표제 해석, 판본 정보 서술, 내용 요약, 발어(跋語) 해독의 내용으로 편성하여 마르부르크 경서에 대한 목록을 연구했다.

주보전(朱寶田)은 하버드대학 소장 동파경과 미국 의회도서관 소장본에 대해 목록을 정리했지만, 오류가 매우 많다.[55]

중국에서는 최근 몇 년간 대형 목록 공구서가 출간되었는데, 다음과 같다.

· 『중국소수민족 고대서적 총목 제요·납서족편(中國少數民族古籍總目

---

55) 朱寶田, 『哈佛大學哈佛燕京圖書館藏中國納西族象形文字經典分類目彔』(哈佛大學 哈佛燕京圖書館, 1997).

提要·納西族卷)』[56]
- 『납서족 동파 문화 연구 총람(納西東巴文化研究總覽)』[57]
- 『북경지역 동파 문자 고대 서적 총목(北京地區東巴文古籍總目)』[58]
- 『<납서족 동파 고대 서적 역주 전집>전석(<納西東巴古籍譯注全集>詮釋)』[59] 등.

산발적으로는 화지무(和志武)의 『납서상형문자보(納西象形文字譜)』와 종요평(鐘耀萍), 화계전(和継全), 증소붕(曾小鵬), 양역화(楊亦花) 등의 박사 논문에서 동파경 목록이 간단히 언급되었다.

납서족 학자 화력민(和力民)은 대북(臺北) 고궁박물원, 중경(重慶) 중국삼협박물관, 프랑스의 극동대학에 소장된 동파경에 대한 목록을 작성했으며,[60] 화근무(和根茂)도 목록을 연구했다.[61]

『북경지역 동파 문자 고대 서적 총목(北京地區東巴文古籍總目)』은 소장 번호, 상형 문자 서명, 국제음성기호 표음, 한문 번역명, 내용 요약, 판형, 페이지 수 등을 기록하고 있어, 현재 수준이 가장 높은 목록으로 대표된다.

---

56) 國家民族事務委員會全國少數民族古籍整理研究室, 『中國少數民族古籍總目提要·納西族卷』(中國大百科全書出版社, 2003).
57) 宋光淑, 『納西東巴文化研究總覽』(雲南大學出版社, 2006).
58) 北京市民族古籍整理出版規劃小組辦公室多語种編輯部, 『北京地區東巴文古籍總目』(民族出版社, 2009).
59) 習煜華, 『<納西東巴古籍譯注全集>詮釋』(雲南民族出版社, 2010).
60) 和力民, 楊亦花, 「重慶中國三峽博物館藏東巴經書目簡編」, 『長江文明』 第3輯(光明日報出版社, 2009), 89-104쪽, 第4쪽. 和力民, 「法國遠東學院東巴經藏書書目簡編」, 『長江文明』 第6輯(河南人民出版社, 2010), 66-77쪽.
61) 和根茂, 「白地吳樹湾村汝卡東巴喪葬用經編目」, 『學行堂語言文字論叢』 第6輯(科學出版社, 2018), 233-263쪽.

3. 동파경의 지역 구분과 유파

이림찬(李霖燦)은 동파경의 서로 다른 문체적 특징을 바탕으로 동파경을 다양한 유파로 분류했다. 이림찬은 동파경에 네 가지 주요 유형이 있다고 처음으로 명확히 제시한 학자이다. 그는 「마사경전의 판본에 대한 논의(論麼些經典之版本)」라는 논문에서 납서족의 이주 경로 순서에 따라, 북쪽에서 남쪽, 다시 서쪽 방향으로 동파경전의 분포 지역을 네 구역으로 나누었다.

제1구역은 약객(若喀)으로, 주요 마을로는 낙길(洛吉), 소지(蘇支), 약미(藥迷), 상하해라(上下海羅) 등이 있다.

제2구역은 중전현(中甸縣)의 백지6촌(白地六村)과 여강현(麗江縣)의 랄보동산(剌寶東山) 두 지역을 말한다.

제3구역은 여강성 인근을 거점으로 한다.

제4구역은 여강의 서쪽으로, 마사인(麼些人)들이 여강으로 이주한 후 서쪽의 유서(維西) 일대로 발전한 지역이다.[62]

이것이 바로 우리가 나중에 잘 알게 된 제1구역 약객경(若喀經), 제2구역 백지경(白地經), 제3구역 여강경(麗江經), 제4구역 노전경(魯甸經)이라는 명칭의 유래이다.

영국 학자 잭슨(Jackson)은 반안석(潘安石)와 함께 동파경의 전체적 문체를 바탕으로 동파경을 구분하는 새로운 방법을 알아냈다고 언급했다. 이 방법을 통해 누가(또는 어떤 유파가) 경서를 썼는지 구별하는 것이 가능해졌고, 관련된 연대 자료를 더하면 심지어 이들 서적의 저술 연대까지 판단할 수 있게 되었다.[63]

---

62) 李霖燦, 「論麼些經典之版本」, 『麼些研究論文集』(臺北故宮博物院, 1984), 101- 112쪽.
63) [英] 安東尼·杰克遜, 潘安石, 「納西儀式, 索引書籍的作者以及占卜書籍」, 吳瑛譯, 『納西·摩梭民族志—親屬制, 儀式, 象形文字』(雲南大學出版社, 2012), 239-290쪽.

잭슨은 동파의 저술 유파를 백사파(白沙派), 태안(노전)파(太安(魯甸)派), 백지파(白地派), 보산파(寶山派)로 구분했다. 그는 다음과 같은 견해를 밝혔다.

백사파는 여강패구(麗江壩區) 지역의 동파를 포함한다. 여강패구는 지금까지도 납서족의 경제문화 중심지이다. 이곳의 동파들은 다른 어떤 지역의 동파들보다 의식에 관한 필사본을 더 많이 작성했으며, 그림과 춤에도 더 능숙하다. 그들은 상형문자를 사용하는 동시에 '가파(哥巴)'라고 부르는 음절 문자도 사용한다. 백사파는 여강패구의 다섯 구역을 포함하고 있는데, a. 여강 북쪽의 백사(白沙), b. 여강 서남쪽 납시향(拉市鄉)의 문필(文筆)과 장수(長水), c. 여강 동쪽의 귀봉(貴峰)과 량미(良美), d. 여강 남쪽의 오대(五臺), e. 여강성(대연진(大研鎭))과 같이 모두 여강성에서 2~3km 이내에 있다.[64]

동파 문자 형태의 지역을 구분하는 이론은 주로 현지 조사를 주요 수단으로 한 박사 논문들에서 보인다.

증소붕(曾小鵬)의 『아아탁지촌 납서 언어·문자 연구(俄亞托地村納西語言文字硏究)』[65]는 아아(俄亞) 지역의 동파경을 조사하고 연구했다.

화계전(和継全)의 『백지파만촌 납서동파문 조사연구(白地波湾村納西東巴文調査硏究)』[66]는 백지(白地) 동파경을 연구했다.

종요평(鐘耀萍)의 『납서족 여가동파문 연구(納西族汝卡東巴文硏究)』[67]는 여가 하위분파의 동파경을 심도 깊게 연구했다.

유서경(維西經)에 관해서, 등장응(鄧章應)은 「이림찬이 소장한 유가

---

64) [英] 安東尼·杰克遜, 潘安石, 「納西儀式, 索引書籍的作者以及占卜書籍」, 吳瑛譯, 『納西·摩梭民族志─親屬制, 儀式, 象形文字』(雲南大學出版社, 2012), 240쪽.
65) 曾小鵬, 『俄亞托地村納西語言文字硏究』(西南大學博士學位論文, 2011).
66) 和継全, 『白地波湾村納西東巴文調査硏究』(西南大學博士學位論文, 2012).
67) 鐘耀萍, 『納西族汝卡東巴文硏究』(西南大學博士學位論文, 2010).

구에서 얻은 동파경에 대한 고찰(李霖燦收藏劉家駒所獲東巴經略考)」68)
에서 유서현(維西縣) 엽지(葉支)의 동파경을 소개했다.

주인(周寅)의 박사 논문『납서족 동파 문자의 형태에 따른 지역 구분 연구(納西東巴文构形分域研究)』69)는 동파 문자의 지역을 구분한 집대성으로, 문자의 형태에 따른 영역에서 여강(麗江), 백지(白地), 노전(魯甸) 세 지역의 글자 형태의 차이점과 공통점에 대해 분석하고, 이들 세 지역만이 가지고 있는 특별한 글자 형태도 제시했다.

등장응의『납서 동파문에 관한 지역 구분과 단대 연구(納西東巴文分域與斷代研究)』와 등장응과 정장려(鄭長麗)의『납서 동파경 발어 및 발어용자 연구(納西東巴經跋語及跋語用字研究)』는 납서 동파경의 지역을 구분하고 연구했으며, 지역을 구분한 유형은 이림찬의 방법을 따랐다.

장춘봉(張春鳳)의『하버드 연경학사 소장 납서 동파경의 계보 분류 방법 연구(哈佛燕京學社藏納西東巴經普系分類方法研究)』70)와 『하버드 연경학사 소장 납서 동파경 서사 유파 연구(哈佛燕京學社藏納西東巴經書寫流派研究)』71)는 동파경의 계보를 분류한 가장 새로운 성과물이다.

전반적으로 말하면, 이림찬의 네 개의 지역 분류법이 가장 큰 영향을 미쳤으며, 후대 학자들이 기본적으로 그의 이론을 따르면서 지속적으로 세분화하고 체계화했다.

4. 동파경에 대한 고증
양역화(楊亦花)의 「화세준 동파 연구(和世俊東巴研究)」와 「화문질 동파

---

68) 鄧章應,『納西東巴文分域與斷代研究』(人民出版社, 2013), 158쪽.
69) 周寅,『納西東巴文构形分域研究』(西南大學博士學位論文, 2015).
70) 張春鳳,『哈佛燕京學社藏納西東巴經譜系分類方法研究』(華東師范大學博士學位論文, 2016).
71) 張春鳳,『哈佛燕京學社藏納西東巴經書寫流派研究』(國家社科基金結項材料, 2022).

연구(和文質東巴硏究)」72)는 동파경 고증 연구의 선구자적 역할을 했다.

화계전(和継全)은 「미국 하버드대학 연경도서관 소장 동파경 발어 초고(美國哈佛大學燕京圖書館館藏東巴經跋語初考)」에서 하버드대학에서 소장하고 있는 동파경 중에서 일부 발어와 인명을 해독함으로써 중국에서 하버드 소장 동파경 연구의 열풍을 불러일으켰고, 경서를 고증한 성과물들이 지속적으로 나오게 되었다.

2013년, 등장응(鄧章應)과 장춘봉(張春鳳)은 「하버드 연경도서관 소장 쌍홍권(雙紅圈) 표시 동파경 초고(哈佛燕京圖書館藏帶雙紅圈標記東巴經初考)」73)를 발표했으며, 장춘봉은 「하버드 소장 동지(東知) 동파경서의 분류와 시대 구분(哈佛所藏東知東巴經書的分類與斷代)」74), 「하버드 연경학사 소장 동파경 두 권의 '새로운' 경서 고찰(哈佛燕京學社藏東巴經兩冊"嶄新"經書考)」75), 『하버드 연경학사 소장 동파경의 발어에서 '알(嘎)'이 있는 경서 지명 고찰(哈佛燕京學社藏東巴經跋語中帶有"嘎"的經書地名考)』76)과 같이 일련의 논문들을 발표했다.

2015년, 이효량(李曉亮)은 「하버드대학 연경학사 도서관 소장 화홍(和鴻) 동파경 필사본 연구(哈佛大學燕京學社圖書館藏和鴻東巴經抄本硏究)」77)를 발표했고, 등장응은 동발(東發)과 이림찬이 수집한 유가구(劉家駒)에서 얻은 동파경 등을 고증했다78).

---

72) 楊亦花, 「和世俊東巴硏究」, 『麗江師范專科學報』 第3期(2009). 「和文質東巴硏究」, 『麗江師范專科學報』 第4期(2009).

73) 鄧章應, 張春鳳, 『哈佛燕京圖書館藏帶雙紅圈標記東巴經初考』, 『文獻』 第3期(2013).

74) 張春鳳, 「哈佛所藏東知東巴經書的分類與斷代」, 『學行堂語言文字論叢』 第2輯(四川大學出版社, 2012), 340-356쪽.

75) 張春鳳, 「哈佛燕京學社藏東巴經兩冊"嶄新"經書考」, 『文獻』 第3期(2016).

76) 張春鳳, 「哈佛燕京學社藏東巴經跋語中帶有"嘎"的經書考」, 『中國文字研究』 第26輯(上海書店出版社, 2017), 178-186쪽.

77) 李曉亮, 張顯成, 「哈佛大學燕京學社圖書館藏和鴻東巴經抄本研究」, 『中南民族大學學報(人文社會科學版)』 第1期(2015).

5. 일상생활 문헌 연구

일상생활 문헌은 비종교 문헌을 말하며, 발어(跋語), 규정(規程), 토지 계약서(地契), 사회적 관계를 기록한 장부(人情賬簿), 대련(對聯), 노래책(歌本) 등이 포함된다.

원래 동파 문자는 종교를 위해 쓰여진 문자로 여겨졌는데, 후에 이림찬(李霖燦), 유수생(喩遂生) 등의 학자들이 동파 문자의 기능이 종교적 역할을 넘어서, 사회 대중을 향한 문자라는 것을 발견했다. 일상생활 문헌에 관한 연구 성과 중에서 발어(跋語)와 토지 계약서에 관한 내용이 제일 많다.

A. 발어(跋語) 연구

문헌 기록에 따르면, 프랑스의 탐험가 앙리 도를레앙(Henri Orleans)이 처음으로 동파경 표지에 쓰인 발어 "토끼해[冤年] 2월 3일. 애막삼(埃莫森) - 점술사의 서명."79)을 번역했다.

록(Rock)은 『납서 필사본 목록(納西手抄本目录)』에서 경서의 판본에 대한 정보를 서술할 때, 경서의 신구(新舊), 제목 번역 등 외에도 특별히 발어 정보를 설명했다. 일부 경서에 발어가 없는 경우, 그는 해당 경서의 소개에 "이 경서에는 발어가 없다."라고 표시했다.80)

1956년, 이림찬은 미국 의회도서관에 소장된 동파경을 정리하면서 동파경 중에서 황제 연호의 표기법을 정리했고, 한 발어를 통해 '강희 7년(康熙七年)'이 그가 본 모든 경서 중에서 가장 이른 연대 기록

---

78) 鄧章應, 『納西東巴文分域與斷代研究』(人民出版社, 2013).

79) [法] 亨利·奧爾良, 『雲南游記: 從東京湾到印度』, 龍云譯(雲南人民出版社, 2001). 李曉亮, 『西方納西學史研究(1867-1972)』(西南大學博士學位論文, 2014), 27쪽과 50쪽에서 재인용.

80) Joseph F. Rock, "Klaus Ludwig Janert". *Na-khi Manuscripts, Part I*, Wiesbaden: Steiner, 1965.

임을 감정했다. 또한, 그는 미국 "의회도서관이 세계에서 가장 이른 마사(麼些) 경전을 소장하고 있다."고 보았다.[81]

록과 이림찬이 '최초의 경서'를 발견했다는 현안은 아직 완전히 해결되지 않았다. 전 세계에 소장된 동파경이 수만 권에 이르기 때문에, 모든 경서를 연구해야만 현존하는 가장 이른 경서가 어느 것인지 확정할 수 있으며, 그렇지 않으면 결론은 다소 부적절할 수 있다.

이림찬은 황제 연호 기록 방식을 체계적으로 정리한 최초의 인물로, 많은 후배 학자들에게 경서의 연대 추정 연구의 중요성을 일깨워주었다.

유수생(喩遂生)은 발어 연구 분야에서 상당한 성과를 이루어, 발어의 전면적이고 체계적인 연구 패러다임을 확립하고 발어 연구의 열풍을 이끌었다. 그는 다음과 같이 말했다.

> 동파는 동파문화의 주요 창조자이자 전승자이지만, 그들의 생애 사적은 대개 역사에 기록되지 않았고, 구전 자료 또한 그리 정확하지 않다. 경서의 발어에 기록된 연대는 실제로 동파 자신이 남긴 일차 사료로, 경서의 연대 추정, 동파의 생애, 동파 문화사 연구에 모두 중요한 의미를 가지므로 주목할 필요가 있다.[82]

그는 『납서 동파경 발어 및 발어 용자 연구·서문(納西東巴經跋語及跋語用字研究·序)』에서 재차 발어의 중요성에 대해 다음과 같이 언급했다.

> 대체로 신령에 대한 경건함, 경전과 기예에 대한 추구, 생활과 자손에 대한 기원, 경서 필사의 고충, 경서의 경제적 가치, 경서의 전승,

---

81) 李霖燦, 「美國國會圖書館所藏的麼些經典」, 『麼些研究論文集』(臺北故宮博物院, 1984), 127쪽.

82) 喩遂生, 「<納西東巴古籍譯注全集>中的年齡紀年經典」, 『納西東巴文研究叢稿』 第2輯(巴蜀書社, 2008), 325-343쪽.

동파의 나이와 본적, 필사를 할 때의 일부 역사적 사건 등이 발어에 모두 반영되어 있다. 경서의 발어는 동파 마음의 창문이며, 동파 자신이 남긴 진실한 역사적 자료로, 일부 발어는 필사본의 시대를 확정하는 데 결정적인 역할을 한다.

그는 연이어 다음과 같은 논문들을 발표했다.

· 「<납서 동파 고대 서적 역주 전집>기년경전술요(<納西東巴古籍譯注全集>紀年經典述要)」[83]
· 「<납서 동파 고대 서적 역주 전집>에서의 연호기년경전(<納西東巴古籍譯注全集>中的年號紀年經典)」[84]
· 「<납서 동파 고대 서적 역주 전집>에서의 화갑기년경전(<納西東巴古籍譯注全集>中的花甲紀年經典)」[85]
· 「<납서 동파 고대 서적 역주 전집>에서의 연령기년경전(<納西東巴古籍譯注全集>中的年齡紀年經典)」[86]
· 「동파 생년 교정의 4원칙(東巴生年校訂四則)」[87]

또한, 그는 처음으로 『납서 동파 고대 서적 역주 전집(納西東巴古籍譯注全集)』 100권을 연구 자료로 삼아 경서의 발어를 체계적으로 정리했다. 발어에서의 연호 기년, 화갑 기년, 연령 기년 세 가지 기년

---

83) 喩遂生, 「<納西東巴古籍譯注全集>紀年經典述要」, 『納西東巴文硏究叢稿』第2輯 (巴蜀書社, 2008), 275-287쪽.
84) 喩遂生, 「<納西東巴古籍譯注全集>中的年號紀年經典」, 『納西東巴文硏究叢稿』 第2輯(巴蜀書社, 2008), 288-301쪽.
85) 喩遂生, 「<納西東巴古籍譯注全集>中的花甲紀年經典」, 『納西東巴文硏究叢稿』 第2輯(巴蜀書社, 2008), 302-324쪽.
86) 喩遂生, 「<納西東巴古籍譯注全集>中的年齡紀年經典」, 『納西東巴文硏究叢稿』 第2輯(巴蜀書社, 2008), 325-343쪽.
87) 喩遂生, 「東巴生年校訂四則」, 『納西東巴文硏究叢稿』 第2輯(巴蜀書社, 2008), 344-354쪽.

방식을 종합하여 경서의 지역별 분류와 연대 추정 연구의 발전을 촉진시켰다. 그리고 선행 연구 성과를 활용하여 발어 번역을 교정하고, 발어를 통해 동파의 생평을 교정했다.

유수생은 동파를 통해 동파경을 연계하고, 경서를 지역별로 분류하고 연대를 추정하는 방식을 최초로 제시했으며, 발어의 중요성을 강조하고 발어 연구의 중요한 자료인 『납서 동파 고대 서적 역주 전집』을 제시했다.

2009년, 화계전(和継全)이 발표한 「미국 하버드대학 연경도서관 소장 동파경 발어 초고(美國哈佛大學燕京圖書館館藏東巴經跋語初考)」[88]는 록(Rock) 이후 처음으로 하버드대학에서 소장한 동파경 발어를 정리한 것이다.

2010년, 그는 「이림찬의 '현존하는 가장 이른 마사 경전 판본' 상의: 미국 의회도서관 '강희 7년' 동파경 출판 시간 고찰(李霖燦"当今最早的麼些經典版本"商榷—美國國會圖書館"康熙七年"東巴經成書時間考)」[89]에서, 해당 경서의 발어를 재감정하여 이 경서의 필사 연대가 '강희(康熙) 7년'이 아니라 '함풍(鹹豐) 원년'이라고 했다. 발어 연구에 대한 그의 공헌은 다음과 같다.

· 일차 자료의 해독과 사용을 중시하고 원문의 발어를 번역했으며, 발어 연구와 현지 조사를 결합하여 경서의 중대한 문제들을 해결했다.
· 「미국 하버드대학 연경도서관 소장 동파경 발어 초고」의 발표는 중국에서 하버드대학에서 소장하고 있는 동파경 연구의 서막을 열었으며, 연구 자료를 『납서 동파 고대 서적 역주 전집』에서 해

---

88) 和継全, 「美國哈佛大學燕京圖書館館藏東巴經跋語初考」, 『中央民族大學學報(哲學社會科學版)』 第5期(2009).
89) 和継全, 「李霖燦"当今最早的麼些經典版本"商榷—美國會圖書館"康熙七年"東巴經成書時間考」, 『民間文化論壇』 第2期(2010).

외에서 소장하고 있는 경서로 전환시켰다.

정장려(鄭長麗)의 『<납서 동파 고대 서적 역주 전집> 발어 연구 (<納西東巴古籍譯注全集>跋語研究)』90)는 처음으로 『납서 동파 고대 서적 역주 전집』의 발어를 전면적이고 체계적으로 정리했다. 큰 지역에서 작은 지역으로 세분화하고, 동파 개인별로 발어를 편집하여 『전집』에서 발어가 있는 경서를 전면적으로 정리하여, 지역별 경서 발어의 특징을 도출해냈다.

등장응과 정장려의 『납서 동파경 발어 및 발어 용자 연구(納西東巴經跋語及跋語用字研究)』는 현재까지 번역된 모든 동파경 발어를 포괄하고 있다.

등장응의 『납서 동파문 지역 구분과 연대 구분 연구(納西東巴文分域與斷代研究)』는 지역 구분과 연대 추정의 기준을 연구하여, 발어 정보를 동파경 지역을 판단하는 기준으로 삼았다.

이효량은 『서양의 납서학사(1867-1972) 연구(西方納西學史(1867-1972)研究)』에서 하버드대학에서 소장하고 있는 동파경 발어 자료를 번역함으로써 일부 새로운 지명을 확인했다.

B. 기타 일상생활 문헌의 간행과 해독 및 연구

일상생활 문헌 분야의 연구 방향은 주로 새로운 문헌의 발견과 해독에 있다. 이와 관련된 유수생(喩遂生)의 논문은 다음과 같다.

· 「납서 동파문 토지 계약서 연구 술요(納西東巴文地契研究述要)」
· 「동파 문자로 써진 백지에서 고달활을 사는 토지 계약서 번역과

---

90) 鄭長麗, 『<納西東巴古籍譯注全集>跋語研究』(西南大學碩士學位論文, 2012).

해석(東巴文白地買古達闊地契譯釋)」

· 「동파 문자로 써진 백지에서 랍사를 파는 토지 계약서에 대한 번
역과 해석(東巴文白地賣拉舍地契譯釋)」

· 「여강 동파문 잔전계 중고(麗江東巴文殘磚契重考)」

· 「화지본 동파 차용증에 관한 번역과 해석(和志本東巴借條譯釋)」

· 「화재 동파 제사 번역과 해석(和才東巴題詞譯釋)」 등91)

유수생(喩遂生)이 '현장의 문자학'을 제창하면서, 현지 조사에서 납
서족의 많은 새로운 자료들이 나타났다. 예를 들면 다음과 같다.

· 화계전(和繼全)의 「민국 시기 백지파만촌 동파 문자 '구서리' 토지
계약서에 관한 번역과 해석(民國時期白地波灣村東巴文'古舒里'地契
譯釋)」92)

· 양역화(楊亦花)의 「아아 동파 문자 광고의 번역과 해석 및 연구(俄
亞東巴文廣告譯釋及研究)」93), 「무리현 갑파촌 동파 문자 묘비의 번
역과 해석 및 연구(木里縣甲波村東巴文墓碑譯釋及研究)」94)

· 증소붕(曾小鵬)의 「사천 노고호 달조 납서족 인정장부의 번역과 해
석(四川瀘沽湖達祖納西族人情賬簿譯釋)」95)

· 화려봉(和麗峰)의 「보산오목촌 건륭 59년 동파 문자 토지 계약서의
번역 및 해석(寶山吾木村乾隆五十九年東巴文地契譯釋)」96)

---

91) 이상의 성과는 喩遂生, 『納西東巴文硏究叢稿』 第2輯(巴蜀書社, 2008)에 집결되
어 있다.

92) 和繼全, 「民國時期白地波灣村東巴文"古舒里"地契譯釋」, 『麗江師范高等專科學校
學報』 第1期(2019).

93) 楊亦花, 「俄亞東巴文廣告譯釋及研究」, 『中國文字研究』 第32輯(華東師范大學出版
社, 2020), 241-245쪽.

94) 楊亦花, 「木里縣甲波村東巴文墓碑譯釋及研究」, 『中國文字研究』 第29輯(上海書店
出版社, 2019), 179-187쪽.

95) 曾小鵬, 「四川瀘沽湖達祖納西族人情賬簿譯釋」, 『民俗典籍文字研究』 第21輯(商務
印書館, 2018), 165-196쪽, 275쪽.

96) 和麗峰, 「寶山吾木村乾隆五十九年東巴文地契譯釋」, 『學行堂語言文字論叢』 第2
輯(四川大學出版社, 2012), 386-403쪽.

이 외에도 등장응, 백소려(白小麗), 감로(甘露), 사정영(史晶英), 화근무(和根茂) 등의 해독 및 번역 연구가 있다.

이 중 유수생 등이 저술한 『아아와 백지의 동파문화(俄亞·白地東巴文化)』는 일상생활 문헌 연구에 이론과 현장 검증을 겸한 종합 전문 서적이다.

전체적으로 볼 때, 일상생활 문헌 연구는 "수집 지역이 점점 더 넓어지고, 일상생활 문헌의 유형이 더 다양해지며, 해독 내용이 더 풍부해지는 특징"을 나타낸다. 그러나 연구의 패러다임은 여전히 큰 변화 없이 유지되고 있다.

6. 동파경의 기원

동파교는 본토의 원시 종교를 주축으로, 분교(苯敎), 티베트 불교, 도교의 내용을 수용하고 흡수했다. 동파경의 기원은 이러한 종교적 기원과 상응하여, 동파가 자체적으로 창작한 동파경뿐만 아니라 다른 민족의 경서 이야기를 참고한 것도 있다.

학자들은 동파경과 다른 민족의 전적을 비교하여 그 차이점과 공통점을 도출해내었는데, 예를 들면 다음과 같다.

· 백경승(白庚勝)의 「납서족의 흑백전쟁(黑白戰爭)과 티베트족의 협안
　전쟁(叶岸戰爭) 비교 연구」[97]
· 양복천(楊福泉)의 「돈황 문서 <마필의궤 작용의 기원>과 동파경
　<헌명마(獻冥馬)> 비교 연구」[98]

---

97) 白庚勝, 「<黑白戰爭>與<叶岸戰爭>比較研究」, 『民間文化』 第1期(2001).
98) 楊福泉, 「敦煌吐蕃文書<馬匹儀軌作用的起源>與東巴經<獻冥馬>的比較研究」, 『民族研究』 第1期(1999).

- 화계전(和継全)의 「돈황 고대 티베트어 잔권 <오아점복법(烏鴉占卜法)>과 동파경 <이오아교성점복(以烏鴉叫聲占卜> 비교 연구」
- 목사화(木仕華)의 「티베트족 분교 신기와 납서 동파교 신기의 관계 논석(藏族苯敎神祇與納西東巴敎神祇關系論析)」[99]
- 구임전(仇任前)과 주탑(洲塔)의 「분교의 <장격경>과 동파교의 <다격삽> 문헌 비교 연구(苯敎<章格經>與東巴敎<多格颯>文獻之比較研究)」[100]

이러한 연구들을 통해, 티베트 불교나 분교 경전과 동파경이 밀접한 관련이 있으며, 일부 동파경의 내용이 티베트족 문헌을 참고했다는 결론을 얻게 되었다.

화계전(和継全)은 티베트어 음독 문헌에 관해, 「동파 문자에서 티베트 독음 글자 연구(東巴文藏音字研究)」, 「동파 문자에서 티베트 문자 차용 예시(東巴文藏借字擧隅)」, 「동파 문자의 티베트 불교 <귀의문> 의미 해석(東巴文藏傳佛敎<皈依文>釋義)」 등 일련의 논문을 저술했는데, 이 성과들은 모두 논문집 『동파문고론고(東巴文考論稿)』[101]에 수록되어 있다.

또한, 동미(同美)의 「티베트 본교 문화와 납서족 동파 문화의 비교 연구(西藏本敎文化與納西東巴文化的比較研究)」[102]가 있으며, 동파경은 티베트어 문헌 외에도 한문 전적의 내용도 포함하고 있다.[103]

---

99) 木仕華, 「藏族苯敎神祇與納西東巴敎神祇關系論析」, 『西藏民族大學學報(哲學社會科學版)』 第4期(2016).

100) 仇任前, 洲塔, 「苯敎<章格經>與東巴敎<多格颯>文獻之比較研究」, 『西藏大學學報(社會科學版)』 第3期(2017).

101) 和継全, 『東巴文考論稿』(民族出版社, 2017).

102) 同美, 「西藏本敎文化與納西東巴文化的比較研究—以<十三札拉神>中的"威瑪"與<東巴文化眞籍>中的"尤瑪"爲例」, 『民族學刊』 第2期(2013).

103) 和継全, 「漢籍<玉匣記>"六壬時課"之納西東巴文譯本述要」, 『雲南社會科學』 第3期(2015). 張春鳳, 「漢語東巴經<五方五帝經>的發現及其价値」, 『西北民族大

(2) 문자학적 관점

동파 문자의 문자학적 연구가 가장 많은 성과를 이루었다. 지면의
제약으로 인해, 여기서는 분류해서 설명해보고자 한다.

1. 문자의 발생

동파 문자가 발생한 시대와 장소는 현재 해결되지 않은 문제로, 선
진(先秦)시대부터 당송(唐宋)시대까지 그 시대적 차이가 상당히 크다.

서중서(徐中舒)는 동파 문자와 한문(漢文), 파문(巴文)이 같은 기원을
가지며, 기원전 16세기 이전에 형성되었다고 했다.[104]

방국유(方國瑜)와 화지무(和志武)는 동파 문자가 납서족이 노예사회
시기에 진입한 당나라 초기에 형성되었으며, 송대에 이미 널리 사용
되었다고 했다.[105]

동작빈(董作賓)은 처음에 "아마도 (송나라 리종(理宗) 시대) 매총(麥
琮)이 창조한 것"이라고 하였다가, 후에 철기시대 후기에 창제되었다
고 주장했다.[106]

이림찬(李霖燦)은 「마사 상형문자의 발원지에 대한 논의(論麽些象形
文字的發源地)」에서 동파 문자의 발생지가 무량하(無量河) 부근이라고
주장했다.[107]

學學報(哲學社會科學版)』第6期(2018).

104) 徐中舒, 『論巴蜀文化』(四川人民出版社, 1982), 47쪽.

105) 方國瑜, 和志武, 『納西象形文字譜』第3版(雲南人民出版社, 2005), 41쪽.

106) 董作賓, 「麽些象形文字字典·序」, 『說文月刊』第3-4期(1945). 「從麽些文看甲骨
文」, 『科學匯報』第2期(1954).

107) 李霖燦, 『麽些研究論文集』(臺北故宮博物院, 1984).

문자의 자체 기원 또는 차용에 대해서, 대부분의 학자들은 동파 문자의 발생이 다른 문자와 관련이 없는, 자체적으로 기원한 문자라고 보았다108). 또한, 일부 학자들은 한자109)나 금사강(金沙江)의 암각화와 관련이 있다고 했다110).

2. 문자의 성질

동파 문자의 성질에 대해서는 의견이 분분한데, 이것이 동파 문자를 연구하는 어려운 점으로 작용하고 있다. 주로 다음과 같은 세 가지 관점이 존재한다.

첫 번째 관점: 동파 문자는 상형문자이거나 문자그림(원시문자)이다. 예컨대, 화지무(和志武)는 다음의 여러 논문에서 이에 대해 전문적으로 분석했다.

· 「납서 상형문자의 특징에 대한 시론(試論納西象形文字的特點)」111)
· 「납서족 고문자 개론(納西族古文字概論)」112)
· 「납서족 고문자 개황(納西族古文字概況)」113)

---

108) 董作賓, 「從麼些文看甲骨文」, 『科學匯報』 第2期(1954). 王元鹿, 「納西東巴文字與漢字不同源流說」, 『雲南民族大學學報』 第1期(1987).
109) 徐中舒, 『論巴蜀文化』(四川人民出版社, 1982), 45쪽.
110) 和力民, 『和力民納西學論集』(民族出版社, 2010), 162쪽.
111) 和志武, 「試論納西象形文字的特点─兼論原始圖畵字·象形文字和表意文字的區別」, 『東巴文化論集』(雲南人民出版社, 1985), 136-154쪽.
112) 和志武, 「納西族古文字概論」, 『雲南社會科學』 第5期(1982). 이 논문은 이후에 다음과 같은 제목으로 또 게재되었다. 「納西族的古文字和東巴經類別」, 『東巴文化論集』(雲南人民出版社, 1985), 155-172쪽.
113) 和志武, 「納西族古文字概況」, 『中國民族古文字研究』(中國社會科學出版社, 1984), 296-312쪽.

동파 문자의 성질에 대한 논쟁은, 주로 글자의 형태 측면에서 그림과 상형 사이의 구분에 집중되어 있다.

부무적(傅懋勣)은 동파 문자가 그림문자와 상형문자라는 두 가지 다른 성질의 문자를 포함하고 있다고 보았다.[114]

동작빈(董作賓)도 "엄밀히 말하자면, 동파 문자는 문자라고 하기보다는 그림이라고 하는 것이 더 적절하며, 실제로 문자와 그림 사이에 있는 회화문자에 불과하다."라고 여겼다.[115]

두 번째 관점: 동파 문자는 상형(그림)에서 문자로 가는 과도기 단계에 있다.

이림찬(李霖燦)은 "마사(麼些) 상형문자는 문자이면서도 그림이며, 그림에서 문자로 변화하는 과정 중에 있다."라고 했다.[116]

구석규(裘錫圭)는 "납서족 문자는 이미 가차자(假借字)와 형성자(形聲字)를 사용하고 있지만, 여전히 문자가 아닌 그림으로 뜻을 표현하는 방법을 섞어 사용하는 일종의 원시 문자이다."라고 했다.[117]

왕백희(王伯熙)는 "어단문자(語段文字)에서 표사문자(表詞文字)로 발전하는 과도기 단계의 문자"라고 여겼다.[118]

왕원록(王元鹿)은 "동파 문자는 충분히 성숙하지 않은 의음문자(意音文字)로, 어단문자(語段文字)에서 의음문자로 발전하는 과도기적 단

---

114) 傅懋勣, 「納西族圖畵文字和象形文字的區別」, 『東巴文化論集』(雲南人民出版社, 1985), 102-117쪽.
115) 董作賓, 「麼些象形文字字典·序」, 『說文月刊』 第3-4期(1945). 「從麼些文看甲骨文」, 『科學匯報』 第2期(1954). 李霖燦, 『麼些硏究論文集』(臺北故宮博物院, 1984)에 수록됨.
116) 李霖燦, 『麼些象形文字字典·序』(臺北文史哲出版社, 1972).
117) 裘錫圭, 「漢字形成問題的初步探索」, 『中國語文』 第3期(1978).
118) 王伯熙, 「文字的分類和漢字的性質──兼與姚孝遂先生商榷」, 『中國語文』 第2期(1984).

중국문자학 핸드북

계에 있다."라고 했다.119)

왕봉양(王鳳陽)은 "동파경에서 그림문자에서 상형문자로의 과도기
적 과정을 온전히 볼 수 있다."라고 했다.120)

섭홍음(聶鴻晋)은 "그림문자에서 상형문자로 진화하는 중간 단계"
라고 했다.121)

세 번째 관점: 다각도 분류

주유광(周有光)은 "동파 문자는 약간의 음부(晋符)를 띤 '장절(章節)·
도부(圖符)·형의문자(形意文字)'이다."라고 했다122).

사서서(謝書書)와 장적가(張積家)는 심리인지 측면에서 동파 문자의
성질에 관한 연구의 진전과 관점에 대해 분석하고, 납서족의 동파 문
자 성질에 관한 연구가 주로 두 단계를 거쳤다고 제안했다. 즉, 초기
연구는 동파 문자를 상형문자로 규정했으나, 1980-1990년대에는 동
파 문자와 한자의 형성자(形聲字)의 차이점과 공통점을 중시하여, '표
의문자의 초급 단계', '원시 그림문자에 가까운 상형문자', '표의문자
에 가까운 상형문자'의 세 가지 다른 관점으로 분화되었다.123)

관점이 일치하지 않는 이유는 문자의 정의에 차이가 있고, 성질을
규정하는 기준이 다르기 때문이다.

3. 문자 단위

동파 문자의 문자 단위 분절은 동파 문자 연구에서 가장 어렵고

---

119) 王元鹿, 『漢古文字與納西東巴文字比較硏究』(華東師范大學出版社, 1988), 161쪽.
120) 王鳳陽, 『漢字學』(吉林文史出版社, 1989), 327쪽.
121) 聶鴻晋, 『中國文字槪略』(語文出版社, 1998), 60쪽.
122) 周有光, 『世界文字發展史』(上海敎育出版社, 1997), 47쪽.
123) 謝書書, 張積家, 「納西東巴文字性質硏究進展和新視角」, 『華南師范大學學報(社
會科學版)』 第3期(2008).

중요한 부분 중 하나이다. 관련 용어로는 '자조(字組)', '합문(合文)', '비단자(非單字) 구조' 등이 있다.

부무적(傅懋勣)이 제일 먼저 '자조(字組)'의 개념을 제시하여, 동파 문자에서의 문자 단위의 복잡성을 지적했다.124)

유수생(喩遂生)은 전문 논문125)에서 동파 문자에서의 '자(字)'와 자조(字組)'의 문제에 대해 상세히 분석했다.

이정(李靜)은 '단자(單字)'와 '비단자(非單字) 구조'를 제시했다.126)

백소려(白小麗)는『납서 동파문 문자 단위와 언어 단위 대응 관계 변천 연구(納西東巴文文字單位與語言單位對應關系演變研究)』에서 단자(單字), 준합문(准合文), 합문(合文)이라는 세 가지 문자 단위와 언어 단위의 관계에서 각각의 발전 방향을 논술했다.127)

이로써 동파문 문자 단위의 이론적 연구는 이미 새로운 경지에 도달했다고 말할 수 있다. 그러나 현재 동파 문자의 문자 단위 분절은 아직도 해결이 되지 않은 상태이다. 이는 동파문 문자 서사의 점착성으로 인해 문자의 분절 기준을 실행하기가 매우 어렵기 때문이다.

4. 동파 문자의 구조

이림찬(李霖燦)은『마사 상형문자 자전(麼些象形文字字典)』의 서문에 '형자(形字)와 그림에 대한 논의, 형자의 자형 변화에 대한 논의, 형자

---

124) 傅懋勣,「納西族圖畵文字和象形文字的區別」,『東巴文化論集』(雲南人民出版社, 1985), 102-117쪽.
125) 喩遂生,「納西東巴字字和字組的劃分及字數的統計」,『語苑擷英: 慶祝唐作藩教授七十壽辰學術論文集』(北京語言文化大學出版社, 1998), 205-215쪽. 이후에『納西東巴文研究叢稿』(巴蜀書社, 2003), 22-34쪽에 수록됨.
126) 李靜,『納西東巴文非單字結构硏究』(華東師范大學博士學位論文, 2009).
127) 白小麗,『納西東巴文文字單位與語言單位對應關系演變硏究』(華東師范大學博士學位論文, 2013).

의 동음가차에 대한 논의, 형자의 경전적 특징에 대한 논의'를 언급하며 동파 문자의 특징을 간략히 요약했다.[128]

방국유(方國瑜)는 『납서 상형문자보(納西象形文字譜)』에서 제일 먼저 '글자를 만든 의도'로 10가지 구조의 동파 문자 유형을 분류했다.

왕원록(王元鹿)은 『한족 고문자와 납서족 동파 문자 비교 연구(漢古文字與納西東巴文字比較研究)』[129]에서 상형, 지사, 회의, 의차(義借), 가차, 형성 등 6가지 조자법을 정리했다.

유수생(喩遂生)은 『납서족 동파 문자 개론(納西東巴文槪論)』에서 상형, 지사, 회의, 형성, 가차, 차형(借形) 등 6가지 조자법을 정리했다.[130]

이상의 연구 성과들은 모두 한자의 '육서(六書)' 이론을 기반으로 도출된 것이다. 실제로 육서는 동파 문자의 단자 분석에 적용 가능성이 있어, 이와 관련된 논문이 많이 발표되었다. 그중에서 가장 큰 기여를 한 것은 형성자 연구와 가차자 연구이다.

정비주(鄭飛洲)는 『납서족 동파 문자 자소연구(納西東巴文字字素研究)』에서 이포(李圃)의 '자소이론(字素理論)'을 참고하여, 조자법을 독소(獨素), 가철(加綴), 합소(合素), 가소(加素), 성소(省素), 경소(更素) 조자 등 6가지로 분류하고, 표사(表詞) 방식을 상형, 지사, 회의, 형성, 의차(義借), 가차 6가지로 분류했다.[131]

이 외에도, 등장응(鄧章應)의 조자 메커니즘[132], 장춘봉(張春鳳)의 '어음(語音)보충'[133], 막준(莫俊)의 '의보(義補)'[134]는 육서 이론과 글자

---

128) 李霖燦, 『麼些象形文字字典』(臺北文史哲出版社, 1972).

129) 王元鹿, 『漢古文字與納西東巴文字比較研究』(華東師范大學出版社, 1988).

130) 喩遂生, 『納西東巴文槪論』(西南大學研究生敎材, 2002)(油印本).

131) 鄭飛洲, 『納西東巴文字字素研究』(民族出版社, 2005).

132) 鄧章應, 「東巴文新造字參照机制試析」, 『麗江第二屆國際東巴藝術節學術研討會論文集』(雲南民族出版社, 2005), 82-90쪽.

133) 張春鳳, 『瑪雅文與納西東巴文音補的比較研究』(西南大學碩士學位論文, 2012).

의 제한을 벗어나 문자 구조 연구의 새로운 관점을 제시했다.

5. 글자해석(字釋) 연구

동파 문자 연구의 기초단계는 글자를 해석하는 데 있다. 동파경은 단어에 따라 언어를 기록한 것이 아니라기 때문에, 번역한 동파경은 읽기가 힘들다. 그래서 초학자나 다른 전문 분야의 사람들이 사용하기에 적합하지 않다. 따라서 유수생(喩遂生)은 동파경을 글자를 해석해서 만들어야 한다고 제시했다. 이러한 흐름 속에서 많은 석사 논문이 나왔는데, 다음과 같다.

- 『납서 동파경 <죽은 자에게 수명을 바꿔줌>에 대한 글자 해석 및 연구(納西東巴經<給死者換壽歲>字釋及研究)』[135]
- 『납서 동파경 <흑백전쟁>에 대한 글자 해석 및 연구(納西東巴經 <黑白戰爭>字釋及研究)』[136]
- 『납서 동파경 <대제풍·초도 남녀 순정자·제작목신>에 대한 글자 해석 및 연구(納西東巴經<大祭風·超度男女殉情者·制作木身>字釋及研究)』[137]
- 『납서 동파경 <9개의 천신과 7개의 지신 이야기>에 대한 글자 해석 및 연구(納西東巴經<九个天神和七个地神的故事>字釋及研究)』[138] 등

가장 주목할 만한 것은 유수생이 편역한 『납서 동파문헌 글자 해석 합집(納西東巴文獻字釋合集)』(전50권)으로, 문자에 대한 해석이 더

---

134) 莫俊, 「論納西東巴文的義補」, 『中央民族大學學報(哲學社會科學版)』第1期(2018).
135) 孔明玉, 『納西東巴經<給死者換壽歲>字釋及研究』(西南大學碩士學位論文, 2007).
136) 張毅, 『納西東巴經<黑白戰爭>字釋及研究』(西南大學碩士學位論文, 2007).
137) 劉洵雪, 『納西東巴經<大祭風 · 超度男女殉情者 · 制作木身>字釋及研究』(西南 大學碩士學位論文, 2007).
138) 莫俊, 『納西東巴經<九个天神和七个地神的故事>字釋及研究』(西南大學碩士學 位論文, 2008).

욱 상세하여 초학자가 사용하기에 적합하다.[139]

6. 이체자(異體字) 연구

이체자 관계는 동파 문자 연구의 주요 주제로, 이체자에 대한 용어
도 이체(異體), 상황(情境) 이체자, 화용 이체자 등으로 변화해 왔다.
관련 연구 성과는 다음과 같다.

· 「동파 문자의 동자와 이체자 간 구조 유형 조합 상황 조사(東巴文
  同字異體之間結構類型組合情況的調査)」[140]
· 「동파 문자의 이체자 형성 원인 초탐(東巴文異體字形成原因初探)」[141]
· 「<납서 상형 문자보>의 이체자 및 관련 문제(<納西象形文字譜>
  的異體字及相關問題)」[142]
· 「납서 동파 문자의 이체자 관계 특징 기초 연구(納西東巴文異體字關
  系特徵初步研究)」[143]
· 『이체 현상 묘사를 기반으로 한 동파 문자 발전 연구(基於異體現象
  描述的東巴文字發展研究)』[144]
· 『동파 문자의 이체자 연구(東巴文異體字研究)』[145] 등

이들은 자전을 바탕으로 정리된 이체자의 유형, 구조, 발전을 연구했다.

---

139) 喩遂生, 『納西東巴文獻字釋合集』(全50冊)(重慶大學出版社, 2003).
140) 周斌, 「東巴文同字異體之間結構類型組合情況的調査」, 『甘肅聯合大學學報(社會
    科學版)』 第1期(2006).
141) 周斌, 「東巴文異體字形成原因初探」, 『西北民族大學學報(哲學社會科學版)』 第5
    期(2005).
142) 鄧章應, 「<納西象形文字譜>的異體字及相關問題」, 『內江師范學院學報』 第5期
    (2006).
143) 李杉, 「納西東巴文異體字關系特征初步研究」, 『邵陽學院學報(社會科學版)』 第1
    期(2011).
144) 劉悅, 『基於異體現象描述的東巴文字發展研究』(華東師范大學博士學位論文, 2010).
145) 周斌, 『東巴文異體字研究』(華東師范大學博士學位論文, 2004).

동파 문자의 이체자는 한자의 이체자 개념과 상당한 차이가 있으며, 언어환경에 따라 변할 수 있는데, 그 연구 성과는 다음과 같다.

- 진계방(秦桂芳)의『납서족 동파 문자와 갑골문 상황 이체자 비교 연구(納西東巴文與甲骨文情境異體字比較研究)』146)
- 등장응(鄧章應)과 백소려(白小麗)의『납서족 동파 문자의 화용 이체자 및 그 변천(納西東巴文語境異體字及其演變)』147)

이들은 언어환경에 따른 이체자의 유형, 변천, 발생 원인에 대해 연구했다.

7. 전문 용자(用字) 연구

미성숙한 문자 단계에 있는 동파 문자는 용자 표현 형식이 풍부하다. 이가(李佳)의『<납서 동파 고대 서적 역주 전집> 축복어 용자 연구(<納西東巴古籍譯注全集>祝福語用字研究)』148)는 축복어를 분류하고, 문자가 언어를 기록하는 방식, 언어와 문자의 대응 관계, 문자의 부호 형태, 글자순서 등의 측면을 연구하여, 용자에 영향을 미치는 원인을 분석했다. 이와 유사한 성과는 다음과 같다.

- 양앙(楊陽)의『납서족 동파 문자의 동물자 연구(納西東巴文動物字研究)』149)
- 이효량(李曉亮)과 모지강(毛志剛)의「납서족 동파 문자와 갑골문 조류자 비교 연구(納西東巴文與甲骨文鳥類字比較研究)」150)

---

146) 秦桂芳,『納西東巴文與甲骨文情境異體字比較研究』(華東師范大學碩士學位論文, 1999).
147) 鄧章應, 白小麗,「納西東巴文語境異體字及其演變」,『中央民族大學學報(哲學社會科學版)』第4期(2009).
148) 李佳,『<納西東巴古籍譯注全集>祝福語用字研究』(西南大學碩士學位論文, 2011).
149) 楊陽,『納西東巴文動物字研究』(西南大學碩士學位論文, 2010).

· 한립곤(韓立坤)의 『납서족 동파 문자의 천상류자 연구(納西東巴文天象類字研究)』[151]
· 곽가려(郭佳麗)의 『납서족 동파 문자의 인체자 연구(納西東巴文人體字研究)』[152]
· 전령령(田玲玲)의 『납서족 동파경 신명 용자 연구(納西東巴經神名用字研究)』[153]
· 양뢰(楊蕾)의 『납서족 동파경 수량 용자 연구(納西東巴經數量用字研究)』[154]
· 담송국(譚松菊)의 『동파경 짐승류 동물 어휘 용자 연구(東巴經走獸類動物詞語用字研究)』[155]
· 마약(馬躍)의 『납서족 동파경 칭호 어휘 용자 연구(納西東巴經稱謂詞語用字研究)』[156] 등

황사현(黃思賢)의 『납서족 동파 문헌 용자 연구(納西東巴文獻用字研究)』[157]는 용자 연구 중에서 가장 체계적이고 수준이 높은 전문서적이다.

8. 다른 문자와의 관계

비교 문자학은 민족 문자 연구에서 중요한 분야이다. 동파 문자 연구에서 많은 성과가 동파 문자와 다른 문자와의 비교에 집중되어 있다. 특히, 동파 문자와 갑골문을 비교한 연구 성과가 두드러지는데, 초기의 연구 성과는 다음과 같다.

---

150) 李曉亮, 毛志剛, 「納西東巴文與甲骨文鳥類字比較研究」, 『學行堂文史集刊』 第1期(2012).
151) 韓立坤, 『納西東巴文天象類字研究』(華東師范大學碩士學位論文, 2013).
152) 郭佳麗, 『納西東巴文人體字研究』(西南大學碩士學位論文, 2013).
153) 田玲玲, 『納西東巴經神名用字研究』(西南大學碩士學位論文, 2015).
154) 楊蕾, 『納西東巴經數量詞用字研究』(西南大學碩士學位論文, 2015).
155) 譚松菊, 『東巴經走獸類動物詞語用字研究』(西南大學碩士學位論文, 2016).
156) 馬躍, 『納西東巴經稱謂詞語用字研究』(西南大學碩士學位論文, 2016).
157) 黃思賢, 『納西東巴文獻用字研究: 以<崇搬圖>和<古事記>爲例』(民族出版社, 2010).

· 동작빈(董作賓)의 「마사 문자로 본 갑골문(從麽些文看甲骨文)」158)
· 유우신(劉又辛)의 「납서 문자와 한자의 형성자 비교(納西文字, 漢字
的形聲字比較)」159)
· 니시다 타츠오(西田龍雄)의 「한자의 육서와 납서 문자(漢字的六書與
納西文)」160)
· 구석규(裘錫圭)의 연구161) 등

가장 많은 연구 성과를 낸 학자로는 왕원록(王元鹿)162)과 유수생(喻
遂生)163)이 있다.
비교 문자학 전공이 개설되면서, 이 전공의 학술 성과들이 대량으
로 나왔는데, 다음과 같다.

· 백경승(白庚勝) 등의 『납서 문자와 한자 형성자 소리부의 형화 비
교(納漢形聲字聲符形化比較)』164)
· 범상희(范常喜)의 『갑골문과 납서족 동파 문자의 회의자 비교 연구

---

158) 이 논문은 『大陸雜志』 第1-3期(1951)에 게재되었다가, 이후 李霖燦의 『麽些硏
究論文集』(臺北故宮博物院, 1984)에 다시 수록되었는데, 상당한 수정이 있었
다.
159) 劉又辛, 「納西文字·漢字的形聲字比較」, 『中央民族大學學報(哲學社會科學版)』 第
1期(1993).
160) [日] 西田龍雄, 「漢字的六書與納西文」, 『國際東巴文化硏究集粹』(雲南人民出版
社, 1993), 245-276쪽.
161) 裘錫圭, 「漢字形成問題的初步探索」, 『中國語文』 第3期(1978).
162) 王元鹿, 『漢古文字與納西東巴文比較硏究』(華東師范大學出版社, 1988).
163) 喻遂生의 「納西東巴字的異讀和納漢文字的比較硏究」, 「納西東巴字, 漢古文字中
的"轉意字"和殷商古音硏究」, 「甲骨文, 納西東巴文的合文和形聲字的起源」, 「漢
古文字, 納西東巴字注音式形聲字比較硏究」의 논문 4편은 『納西東巴文硏究叢稿
』(巴蜀書社, 2003)에 수록됨. 「從納西東巴文看甲骨文硏究」은 『甲金語言文字硏
究論集』(巴蜀書社, 2002), 224-234쪽에 수록됨.
164) 白庚勝, 和自興, 『玉振金聲探東巴: 國際東巴文化藝術學術硏討會論文集』(社會科
學文獻出版社, 2002).

초탐(甲骨文納西東巴文會意字比較研究初探))[165]
· 장의(張毅)의 「갑골문과 동파 문자의 병기 용자 비교 연구(甲骨文與
東巴文兵器用字比較研究))[166]
· 감로(甘露)의 「갑골문과 납서족 동파 문자의 농업과 목축업 용자
비교 연구(甲骨文與納西東巴文農牧業用字比較研究))[167]
· 추연(鄒淵)의 「갑골문과 납서족 동파 문자의 기물자 비교 연구(甲骨
文與納西東巴文器物字比較研究))[168] 등

동파 문자와 수족 문자를 비교한 연구 성과는 다음과 같다.

· 「동파 문자와 수족 문자의 상형자 비교 연구(東巴文與水文象形字的
比較研究))[169]
· 『동파 문자와 수족 문자 비교 연구(東巴文與水文比較研究))』[170]

동파 문자와 이족 문자를 비교한 연구 성과는 다음과 같다.

· 「한자, 이족 문자, 동파 문자의 기원 신화 비교 연구(漢字·彝文·東巴
文文字起源神話比較研究))[171]
· 「이족 문자와 동파 문자의 형태와 의미 비교 연구(彝文東巴文形義
比較研究))

이 외에도 동파 문자와 마야 문자, 동파 문자와 설형(楔形) 문자,
파촉(巴蜀) 부호, 달파(達巴) 문자, 마려마사(瑪麗瑪莎) 문자를 비교한

---

165) 范常喜, 『甲骨文納西東巴文會意字比較研究初探』(西南師范大學碩士學位論文, 2004).
166) 張毅, 「甲骨文與東巴文兵器用字比較研究」, 『現代語文(語言研究版)』 第1期(2010).
167) 甘露, 「甲骨文與納西東巴文農牧業用字比較研究」, 『大理師專學報』 第1期(2000).
168) 鄒淵, 「甲骨文與納西東巴文器物字比較研究」, 『綿陽師范學院學報』 第12期(2009).
169) 董元玲, 「東巴文與水文象形字的比較研究」, 『中國科教創新導刊』 第13期(2011).
170) 鄧章應, 『東巴文與水文比較研究』(人民出版社, 2015).
171) 朱建軍, 「漢字, 彝文, 東巴文文字起源神話比較研究」, 『雲南社會科學』 第4期(2007).

연구 성과가 있다.

9. 심리학 및 인지학 측면의 연구

동파 문자에 대한 심리인지 측면의 연구는 주로 장적가(張積家) 교수의 연구팀에 집중되어 있는데, 주요 성과는 다음과 같다.

· 「납서족 동파 문자의 성질에 대한 연구의 진전과 새로운 관점(納西東巴文字性質研究進展和新視角)」172)
· 「인지적 관점에서 본 납서족 동파 문자의 성질 고찰(從認知角度探查納西東巴文的性質)」173)
· 「영어, 한자어, 초기 문자, 그림의 인지 처리 비교(英文詞·漢字詞·早期文字和圖畵的認知加工比較)」174)
· 「납서족 상형문자 인식에서의 형태, 독음, 의미 활성화(納西象形文字識別中的形·音·義激活)」175)
· 「동파 문자와 결합한 한자 학습이 어린이의 한자 자형 기억에 미치는 영향(結合東巴文學習漢字對幼儿漢字字形記憶的影響)」176)
· 「암묵적 학습에서 동파 문자가 어린이의 한자 자형 기억을 촉진시키는 연구(內隱學習中東巴文促進幼儿漢字字形記憶的研究)」177) 등

---

172) 謝書書, 張積家, 「納西東巴文字性質研究進展和新視角」, 『華南師范大學學報(社會科學版)』 第3期(2008).
173) 謝書書, 張積家, 岑月婷, 周宇婷, 「從認知角度探查納西東巴文的性質」, 『華南師范大學學報(社會科學版)』 第4期(2014).
174) 張積家, 王娟, 劉鳴, 「英文詞, 漢字詞, 早期文字和圖畵的認知加工比較」, 『心理學報』 第4期(2011).
175) 張積家, 和秀梅, 陳曦, 「納西象形文字識別中的形·音·義激活」, 『心理學報』 第5期(2007).
176) 王娟, 張積家, 謝書書, 袁愛玲, 「結合東巴文學習漢字對幼儿漢字字形記憶的影響」, 『心理學報』 第5期(2011).
177) 王娟, 張積家, 謝書書, 袁愛玲, 「內隱學習中東巴文促進幼儿漢字字形記憶的研究」, 『心理科學』 第1期(2013).

10. 동파 문자의 디지털화

동파 문자의 디지털화는 최근 20년간의 새로운 연구 동향으로, 컴퓨터의 보급과 함께 21세기 초에 들어서면서 이러한 기술이 동파 문자 연구에 대규모로 적용되기 시작했다. 주로 화동사범대학 중국문자 연구와 응용센터(華東師范大學中國文字硏究與應用中心)가 대표적인 연구 기관이다.

2003년부터 왕원록(王元鹿)은 민족 고문자 데이터베이스 구축 프로젝트를 신청했는데, 다음과 같다.

- 중화민족 고문자 데이터베이스와 전자사전(中華民族古文字資料庫與電子辭典)
- 중국 문자 디지털화 프로젝트: 중국어 정보화 보완 구축(中國文字數字化工程─中文信息化補缺建設)
- 고대 한자와 다른 민족의 고대 문자 동의자 비교 연구(古漢字與其他民族古文字同義比較研究)
- 한자와 남방 민족의 고문자 관계 연구(漢字與南方民族古文字關系研究)
- 중화민족 초기 문자 데이터베이스와 『중화민족 초기 문자 동의 대조 자전』(中華民族早期文字資料庫與『中華民族早期文字同義對照字典』)

이상의 각 프로젝트는 기본적으로 모두 데이터베이스를 최종 성과나 주요 운용 수단으로 삼았다. 데이터베이스의 기본 구축은 동파 문자의 정량적이고 망라적인 연구를 위한 보장을 제공했다.

2010년 이후, 기술의 혁신과 함께 인공지능 방법이 동파 문자 연구에 도입되었다. 대표적인 인물은 서소력(徐小力) 팀인데, 다음의 연구 성과를 발표했다.

- 「동파 상형문자 인식 방법(東巴象形文字識別方法)」[178]

· 「토폴로지 특징에 기반한 납서족 동파 상형문자 입력 방법 연구(基於拓扑特征的納西東巴文象形文字輸入方法研究)」179)
· 「유전 알고리즘에 기반한 납서족 동파문화 전승 추세 연구(基於遺傳算法的納西東巴文化傳承趨勢研究)」180) 등

  이 외에도 동파 문자의 서예, 예술, 심미, 문화 창의, 학술사 연구도 끊임없이 나오고 있다.

5. 미래 전망

  동파 문자 연구는 100년 이상의 역사를 가지고 있으며, 새로운 천년에 들어서면서 다음과 같은 경향을 보이고 있다.

  첫째, 연구 자료의 변화
  동파 문자의 연구 자료가 자전 연구에서 점차 동파경 원전 연구로 전환되어, 더 이상 자료의 제한을 받지 않게 되었다.
  둘째, 연구 범위의 확장
  동파경의 자료 수집이 지역적 범위에서 세계적 범위로 확대되었다. 동파 문자 연구에 문헌 경전이 사용된 후, 주로 『납서 동파 고대 서적 역주 전집(納西東巴古籍譯注全集)』을 중심으로 진행되었다. 현지 조사를 통한 발견과 해외 동파경의 간행으로 동파경의 사용 범위가 점

---

178) 楊萌, 徐小力, 吳國新, 左云波, 「東巴象形文字識別方法」, 『北京信息科技大學學報(自然科學版)』 第3期(2014).
179) 王海燕, 王紅軍, 徐小力, 「基於拓扑特征的納西東巴文象形文字輸入方法研究」, 『中文信息學報』 第4期(2016).
180) 畢浩程, 蔣章雷, 吳國新, 劉秀麗, 徐小力, 「基於遺傳算法的納西東巴文化傳承趨勢研究」, 『北京信息科技大學學報(自然科學版)』 第6期(2020).

점 넓어지면서, 『납서 동파 고대 서적 역주 전집』의 한계를 점차 극복하고 있다.

셋째, 양적 연구의 질적 전환

동파경의 해독이 일정량에 도달하면, 양적 변화가 질적 변화로 바뀌어, 더 세밀하고 포괄적인 동파 문자 대자전(大字典)과 납서어 사전의 출판을 가능하게 할 것이다.

넷째, 학제 간 연구의 필요성

동파 문자와 동파경의 지속적이고 심도 있는 발전을 위해서는 언어학, 문화학, 종교학, 인공지능 등 다양한 학문 분야를 아우르는 학제 간 연구가 반드시 필요하다.

다섯째, 연구 방법의 진화

동파 문자의 연구 방법이 문자와 문헌의 분석에서 현지 조사로, 일반적인 소량 분석에서 빅데이터 분석 방식으로 전환하고 있다.

제6장

한자문화권 한자

제6장 한자문화권 한자

제1절 일본의 한자와 가나(仮名)

1. 정의

현재 일본인의 일상생활에서 사용되는 문자 종류에는 한자(漢字), 히라가나(平仮名, ひらがな), 가타가나(片仮名, カタカナ), 로마자, 아라비아 숫자 등이 있다. 한자는 그 출처에 따라 한자(협의)와 국자(國字)로 나눌 수 있다.

국자는 일본에서 만든 한자를 말하며, 중국에는 동일한 글자체가 없음을 의미한다. 국자는 또 화자(和字) 또는 일본식 한자라고도 부른다.

국훈(國訓)은 중국에 동일한 글자체가 있는 한자를 말한다. 여기에는 '중국 한자의 의미가 일본에서 변화한 경우'와 '일본에서 만든 한자이지만 그 글자체가 우연히 중국의 기존 한자와 일치(충돌)하는 경우'를 포함한다. 국훈은 또 일본식 글자 의미[日本制字義]라고도 부른다.

국훈의 여부를 판단하기 위해서는 사회적, 문화적 관점에서 문헌에서의 한자의 출현과 변천한 역사를 편집할 필요가 있다.

중국과 일본 양국에서 한자의 품사가 변하는 경우는 일반적으로 국훈으로 간주하지 않는다. 또한, 한자의 발음에는 오음(吳音), 한음(漢音), 당송음(唐宋音) 외에도 관용음(慣用音)이 존재한다.

내각의 '고시·훈령'인 『상용한자표(常用漢字表)』에서 일상적으로 사용되는 한자의 범위를 정한 2,136자 중에서 일본식 한자는 '込', '働', '峠', '枠' 등 단 10자에 불과하다. 약 1만 자의 『JIS 한자』의 제4수준 한자에서는 '인명용 한자' 외에도 일반 서적, 문예 작품, 전문서적, 역사 문헌에 나타나는 일본식 한자와 고유 명사에 사용되는 100여 개의 일본식 한자가 수록되어 있다.

총무성(總務省)의 '주민기본대장 통일 문자'와 법무성의 '호적 통일 문자'에서도 주민 기본 상황 등기부, 호적, 토지 등기부에 사용되는 일본식 한자를 모두 포함하지 않고 있으며, 이에 대한 조사가 아직 진행 중이다. 『대한화사전(大漢和辭典)』, 『금석문자경(今昔文字鏡)』, 『유니코드(統一碼)』도 마찬가지이다.

방언 한자는 지역적 특징을 가진 한자 자종(字種), 글자체를 말하는데, 지역적 특색이 있는 음훈(音訓)을 가진 한자도 포함된다. 이는 문자의 출처와 무관하며 공시적 개념으로, 일본에서 사용되는 방언 한자의 출처에는 일본, 중국, 한국에서 기원한 한자도 포함되어 있다. 다른 나라에서는 볼 수 없는 전형적인 방언 한자로는 '岾'(がけ 사이타마(埼玉)현), '椥'(なぎ 교토(京都)부) 등이 있으며, 그중에 또한 널리 알려진 '大阪(おおさか)'의 '阪(さか)', '岐阜(ぎふ)'의 '阜(ふ)', '澁谷(しぶや)'의 '澁(しぶ)' 등의 한자도 있다. 이러한 한자들은 중국의 용법을 포함하고 있다.

가나(假名) 중에서 한자의 표의성(表意性) 용법을 없앤 것을 '만요가나(萬葉假名)'라고 부른다. 이는 가차(假借)의 일종으로, 상대적으로 고

중국문자학 핸드북

정된 경우와 임의적인 경우를 포함한다. 예컨대, 만요가나에는 한자의 독음이 있는데, 한자의 글자체를 간략화하여 만든 표음문자를 '가나(假名)'라고 부르고, 비규범적인 가나를 '변체가나(變体假名)'라고 부른다.

가나는 초서(草書)에서 유래한 '히라가나'와 해서(楷書)에서 유래한 '가타가나'로 나눌 수 있다. 가타가나의 원형은 나라(奈良) 시대에서 만들어졌지만, 800년경 나라(奈良)의 불교계에서 형성되었다. 히라가나의 원형은 나라 시대의 만요가나로 쓰인 편지에서 볼 수 있으며, 가타가나보다 약간 늦게 생겨났으나, 이 글자체에는 미적 요소가 융합되어 있다.

에도(江戶) 시대에 이르러 아라이 하쿠세키(新井白石) 등이 외래어를 표기할 때 한자와 히라가나 외에 가타가나를 사용하기 시작했다.

본고에서는 일본식 한자, 일본식 글자 의미, 가나에 초점을 맞추어 최근 몇 년간의 새로운 연구 성과를 중심으로 논술하고자 한다.

2. 연구의 역사

나라(奈良) 시대에 이미 '鞆(とも, 무구의 명칭)' 등 일본식 한자를 수록한 『양씨한어초(楊氏漢語抄)』가 있었다. 그 이전에도 '椿(つばき, 동백나무 또는 동백꽃)', '鵤(いかるが, 꾀꼬리의 일종)'[1], '欟(むく, 느티나무의 일종)' 등('鵤'와 '欟'는 쇼토쿠 태자와 관련된 글자로, '鳴(かるが, 꾀꼬리의 일종)'[2]와 '槻(つき, 느티나무)'[3]를 바탕으로 창제됨)

---

1) (역주) 꾀꼬리의 일종. 특히 이카루가데라(斑鳩寺, 이카루가데라) 절과 관련이 있는 새.
2) (역주) '鵤(いかるが, 이카루가)'의 원형이 되는 글자
3) (역주) '欟(むく, 무쿠)'의 원형이 되는 글자

일본식 글자 의미와 일본식 한자가 출현했다. 또한, 이 시기에 일본식 글자 의미만을 나열한 목간 자서가 출토되었다. 이러한 역사의 흔적을 간직한 일본식 한자는 '시준화석(示准化石)'처럼 문헌의 연대와 지역을 파악하는 자료로 활용될 수 있다.

이러한 사전과 금석문(金石文), 목간(木簡)의 상황으로 볼 때, 상술한 표기가 조정이 한 일임을 알 수 있다. 일찍이 텐무 천황(天武天皇)⁴⁾ 시대의 사카이베노 무라지 이시즈미(境部連石積)⁵⁾ 등이 편집한『신자(新字)』44권(682)이 조정과 관련되었을 가능성이 제기되었다. 일본식 한자에 관해서는『소학편(小學篇)』(약 400자로, 일본식 글자의미와 한자 포함)과『임시잡요자(臨時雜要字)』(동일)를 인용하여 편찬한 자서『신찬자경(新撰字鏡)』, 앞서 언급한『양씨한어초』등 사서(辭書)를 인용한『화명류취초(和名類聚抄)』외에도,『강담초(江談抄)』에서도 '榊'을 연구한 흔적이 보인다. 헤이안(平安) 시대에는 일본식 한자 연구가 상대적으로 성숙한 모습을 보인다.

중세 시기의『하학집(下學集)』등 사서에서 '왜자(倭字)' 등의 용어가 등장했고, 필사본에서도 '畠'자의 출처에 대한 견해가 나타났다.

에도(江戶) 시대에 아라이 하쿠세키(新井白石)는『동문통고(同文通考)』에서 '국자(國字)'와 '국훈(國訓)'을 엄격히 구분하고, 국자를 '일본인이 만들어 한자의 서적에 없고 음독도 없는 한자'라고 정의했다.

국학자들 사이에서 반나오카타(伴直方)의『국자고(國字考)』, 오카모토 야스타카(岡本保孝)의『왜자고(倭字攷)』, 키무라 마사나(木村正辭)의『황조조자고(皇朝造字攷)』등과 같은 전문서적은 모두 필사본이었다 해도 이미 일본식 한자에 초점을 맞춘 연구 성과가 있었다.

---

4) (역주) 일본의 제40대 천황
5) (역주) 당시 문자 편찬에 관여한 관리의 이름

수필과 잡저(雜著)에서도 쿠로카와 하루무라(黑川春村)의 『석서만 필(碩鼠漫筆)』처럼 한자지(漢字志) 색채를 띤 기록이 있었다. 고증학자 카리야 에키사이(狩谷掖齋)의 『전주화명류취초(箋注和名類聚抄)』 등에 서도 이러한 연구 성과의 일면을 볼 수 있다6).

근대 시기에 들어서면서, 일본 국어학계는 음성 언어를 중시하는 서양 언어학의 영향을 받아 한학(漢學) 연구가 점차 쇠퇴해져 갔다. 스기모토 쓰토무(杉本孜)와 야마다 토시오(山田俊雄) 등이 재정비하여 근대 일본식 한자와 문헌에서의 일본식 한자 연구에 착수하기 시작 했고, 일본식 한자 연구의 지위 확립을 위해 계속 노력했지만, 현재 까지 학계에서 전문서적을 편찬한 학자가 없고, 언어학자 중에서도 이를 전문적으로 연구하는 학자 없이, 대체로 흥미 위주의 범주에만 그치고 있다.

가나에 관해서는 가마쿠라(鎌倉) 시대부터 가나 사용 문제가 의제 가 되어 『가나문자유(假名文字遣)』와 같은 책들이 출판되기 시작했고, 가나 사용에 관한 논의는 일본 전통 시가인 와카(和歌) 창작과 연구 분야에서 특히 중요하게 다루어졌다. 헤이안(平安) 시대 말기에 불교 계의 여러 종파들이 글자체의 통일을 추진하면서 점차 대중화되었다.

에도(江戶) 시대에 국학자들이 만요슈(萬葉集)7)에 사용된 만요가나 의 정리에 착수하여 가나의 어원 탐구와 고대 특수 가나 사용의 탐 색, 만요슈의 표기법을 분석했다.

근대에 들어서는 한문을 일본어로 읽는 방식인 훈점(訓点) 연구8)에

---

6) [日] 笹原宏之,「日本的"佚存文字"――以狩谷掖齋的考証爲中心」,『文獻·文學·文化: 中日古典學交流與融通工作坊論集·第1卷』(北京大學出版社, 2022), 387-407쪽.

7) (역주) 만요슈(万葉集, まんようしゅう): 일본에서 가장 오래된 와카(和歌) 시가 집이다. 8세기 중반에 편찬되었으며, 4,516수의 시가를 수록하고 있다. 이 시가 집은 만요가나(万葉仮名)라는 특별한 표기 방식을 사용했다.

8) (역주) 훈점어(訓点語, くんてんご) 연구: 훈점(訓点)은 한문을 일본어로 읽기 위

서 오야 토오루(大矢透), 카스가 마사하루(春日政治), 쓰쿠시마 히로시(筑島裕) 등 학자들이 가나의 역사 연구를 가속화했다.

3. 연구의 진전 및 기본 자료

일본식 한자의 글자의미에 관해서, 「국훈(國訓) '宛'의 성립 문제 - 오용이 국훈이 된 경우(關於國訓'宛'的成立問題-誤用成爲國訓的一种情况)」[9]에서는, '充'에서 변형되어 '宛'이 되었고, 'あてる(부치다)'라는 뜻이 부여된 과정을 밝혔다. 「국훈이 성립되는 상황: 편방 첨가자에 관하여(國訓成立的一種情況-關於偏旁添加字)」[10]에서는 '偲'가 '思'에서 유래했다는 한자지와 국자(國字) '働'이 '動'에서 유래했다는 것을 설명했다. 이누이 요시히코(乾善彦)는 또 「국훈 '栫(こしらふ)'의 여러 면모 - 문자 사용사의 관점에서(國訓'栫'的种种-從文字使用歷史的一个視角)」[11]를 발표했다.

다카하시 타다히코(高橋忠彦)의 「국훈의 구조에 관하여: 한자의 일본어 용법(상)(關於國訓的构造-漢字的日本語用法(上)),「자음어의 모든 상(相): 한자의 일본어 용법에 관하여(하)(字音語的諸相-關於漢字的日本語用法(下))」[12]에서는 일본식 한자 의미에 대해 상세하게 분류했다.

해 사용된 부호 체계이다. 훈점어는 이러한 훈점을 사용하여 읽은 일본어를 말한다. 훈점어 연구는 이 독특한 일본어 읽기 방식과 그 역사적 발전을 연구하는 분야이다.

9) [日] 乾善彦, 「關於國訓'宛'的成立問題─誤用成爲國訓的一种情况」, 『國語學』第147輯 (1986), 1-13쪽.
10) [日] 乾善彦, 「國訓成立的一种情況─關於偏旁添加字」, 『國語學』第159輯(1989), 1-14쪽.
11) [日] 乾善彦, 「國訓'栫'的种种─從文字使用歷史的一個視角」, 『帝塚山大學日本文學研究』第19號(1988), 45-60쪽.
12) [日] 高橋忠彦, 「關於國訓的构造─漢字的日本語用法(上)」, 『東京學藝大學紀要』, 第51輯(2000), 313-325쪽.「字音語的諸相─關於漢字的日本語用法(下)」, 『東京學

중국문자학 핸드북

다카하시 히사코(高橋久子)도 중세 시기의 문헌, 문서, 사전을 자료로 삼아, 일본식 한자 의미와 일본식 이체자에 관한 많은 연구를 했다[13]. 이 외에도 '椿'의 일본식 한자 의미 등에 관한 개별 사례 연구가 있다. 또한, '萩'와 '椿'의 일본식 한자 의미에 관해서는 호리 카츠히로(堀胜博)의 『백추고(白萩考)』[14] 등의 연구 성과가 있다.

사토 스스무(佐藤進) 등이 주편집자, 다카하시 타다히코(高橋忠彦), 다카하시 히사코(高橋久子), 사사하라 히로유키(笹原宏之)가 부편집자로 발행한 한화사전(漢和辭典)인 『한사해(漢辭海)』[15]에서는 한자의 일본 용법에 관한 연구 성과를 간결하게 개괄했다. 사토 미노루(佐藤稔)의 『읽기 어려운 이름이 증가하는 원인(難讀的名字增加之原因)』[16]에서는 인명용 한자의 훈독(訓讀)에 관한 역사와 현황을 논술했다.

1990년은 일본식 한자에 있어 획기적인 해였다. 학회 기관지 『국어학(國語學)』163호에 게재된 사사하라 히로유키(笹原宏之)의 「국자(國字)와 위상─에도(江戶) 시대 이후 예시 중 '개인 문자', '위상 문자', '협의의 국자'의 전개에 대하여(國字與位相─對江戶時代以降例子中的'个人文字', '位相文字', '狹義國字'的展開)」[17]에서는 처음으로 일본식 한자에 대해 전면적으로 논술했으며, 사용 계층에 따라 문자를 4가지로 분류하고 '腺', '膵', '鑋' 세 한자의 역사를 '개인 문자', '위상 문자', '협의의 국자'의 관점에서 설명했다.

藝大學紀要』, 第52輯(2001), 293-303쪽.

13) [日] 高橋忠彦, 高橋久子, 『意思分類体辭書的綜合研究』(武藏野書院, 2021).

14) [日] 堀胜博, 『白萩考』(京都ノートルダム女子大學, 2021).

15) [日] 佐藤進等主編, 高橋忠彦, 高橋久子, 笹原宏之副主編, 『漢辭海』(三省堂, 1999). (第1版, 已出第4版)

16) [日] 佐藤稔, 『難讀的名字增加之原因』(吉川弘文館, 2007).

17) [日] 笹原宏之, 「國字與位相─對江戶時代以降例子中的'个人文字'、'位相文字'、'狹義國字'的展開」, 『國語學』 第163號(1990).

일반 독자를 대상으로 한 연구서로는 오바타 에츠코(小畑悅子)의 『일본인이 창제한 한자: 국자(國字)의 모든 문제(日本人創制的漢字: 國字的諸問題)』[18]와 스가와라 요시조(菅原義三)의 『국자사전(國字的辭典)』[19]이 있다. 『국자사전』에는 일본식 한자로 추정되는 1,500여 자가 수록되어 있다.

그밖에 사토 미노루(佐藤稔)는 『한자를 모방해서 만든 국자에 관한 소론(擬制漢字(國字)小論)』[20]에서 일본식 한자에 대해 전방위적으로 논술했다.

개별 한자에 대한 논고도 잇따라 발표되었는데, 이누이 요시히코(乾善彦)와 모리타 아야코(森田亞也子)의 「국자 '皛(さやけし)'의 이모저모(國字'皛(さやけし)'的種種)」[21], 오카모토 카즈코(岡本和子)의 『'辻'자에 관하여』[22] 등이 있다.

사사하라 히로유키(笹原宏之)는 『국자의 위상과 전개(國字的位相與展開)』[23]에서 상술한 선행 연구, 일차 문헌, 미간행 자료, 최신 전자 자료를 종합적으로 활용하여 일본식 한자와 역사, 사회, 지역의 관계를 분석했다. 이는 전문적으로 일본식 한자를 다룬 연구로서, 처음으로 킨다이치 쿄스케(金田一京助) 박사 기념상과 시라카와 시즈카(白川靜) 기념 동양문자문화상을 수상했다.

저서에서는 '腺'과 '粁' 등의 한자에 대해 보충해서 설명했다. 이외에, 도판연구회(圖版研)의 인터넷 기사 「왜 중량 단위 '그램(克)'에 '瓦'

---

18) 〔日〕小畑悅子, 『日本人創制的漢字: 國字的諸問題』(南云堂, 1990).
19) 〔日〕菅原義三, 『國字的辭典』(東京堂, 2017).
20) 〔日〕佐藤稔, 「擬制漢字(國字)小論」, 『國語與國文學』第5期(1999).
21) 〔日〕乾善彦, 森田亞也子, 「國字'さやけし'的种种」, 『國語詞彙史的研究』第21輯 (和泉書院, 2002).
22) 〔日〕岡本和子, 『關於'辻'字』(2006), 漢檢漢字文化研究獎勵賞.
23) 〔日〕笹原宏之, 『國字的位相與展開』(三省堂, 2007).

를 사용했는가?(앞에 이어서)」24)에서는 '瓦'로 '그램[克]'과 '갤런[加侖]'을 표기한 일본식 한자 의미의 더 오래된 용례를 밝혔다. 이러한 지속적인 연구와 그 결과의 공유는 학문 발전에 매우 중요한 역할을 한다.

민간연구출판사에서 출판한 오하라 노조미(大原望)의 『화제한자사전(和制漢字辭典)』25)에는 일본식 한자로 추정되는 3,000여 자가 수록되어 있다. 이 사전은 옛날 사서를 주요 연구 대상으로 삼아 수집하여 일반 대중에게 공개했다. 그 공로가 없다고 할 수 없지만, 각 한자에 대한 설명과 고증에는 즉흥적이고 자의적인 면이 있으며, 단순한 이체자를 일본식 한자로 간주한 경우도 매우 많다. 또한, 판매된 영인판에서는 글자체의 문제로 '天橋立'을 표기하는 '�022'를 '�'로 잘못 인식하여 유령 한자가 생겨났고, 사회에 퍼지게 되었다.

세계문화출판사편집부가 편집하고 사사하라 히로유키(笹原宏之)가 서문을 작성한 『형상화된 '국자(國字)' 자전(形象化的"國字"字典)』26)에서는 각 일본식 한자에 대해 일반적인 견해를 제시했다.

게다가 사사하라 히로유키(笹原宏之)는 「일본식 한자 '蛯'의 출현 및 그 배경(日本制漢字'蛯'的出現及其背景)」27)과 「'蛯'의 사용 분포의 지역 구분과 그 배경('蛯'的使用分布的地域差與其背景)」28)에서 새우를 의

---

24) 圖版研, 『爲何用"瓦"表記重量單位"克"(承前)』2022年1月16日
   (https://note.com/pict_inst_jp/n/neb16599282c3)

25) [日] 大原望, 『和制漢字辭典』2015年2月
   (https://ksbookshelf.com/nozomu-oohara/WaseikanjiJiten/).

26) 世界文化社編輯部, 『形象化的"國字"字典』(世界文化社, 2017).

27) 笹原宏之, 「日本制漢字'蛯'的出現及其背景」, 『訓點語與訓點資料』第118輯(2007), 14-29쪽.

28) [日] 笹原宏之, 「"蛯"的使用分布的地域差與其背景」, 『國語文字史的研究』第10輯(和泉書院, 2007), 245-266쪽.(2007년, 이는 일본 언어학계에서 문자 연구 분야를 개척한 마에다 도키(前田富祺)가 발간한 연구 서적 시리즈이다.)

미하는 일본식 한자 '蛯'를 예로 들어 '蛯'의 표기법 변천사를 논술했다. 여기서 역사적 변천을 시대 구분으로, 지역 변이를 지역 구분으로, 사회 변이를 집단 구분으로 규정하여 일본식 한자 연구의 의의를 명확히 했다.

이 외에도, 사사하라 히로유키의 원소 한자 연구29), 사회언어학적 관점의 연구30), 야스오카 코이치(安岡孝一)의 문자 통일 인코딩 연구31), 오이 츠카사(大居司)의 문헌에 관한 연구32) 등이 있는데, 이 학자들은 개별 한자에 대한 학술적 검증에 중요한 역할을 했다.

상술한 바와 같이, 각 문자가 지닌 다양한 의미와 가치를 이해하기 위해서는 일반 언어학적 지식뿐만 아니라 사회언어학적 관점을 받아들일 필요가 있다. 키쿠치 케이타(菊地惠太)의 「화제(和制) 한자33)(국자)와 제이체자(制異體字)34) 연구의 개황(和制漢字(國字)和制異體字研究的槪況)」35)에서는 일본식 한자와 일본식 이체자에 관한 연구 상황을 요약했다.

---

29) [日] 笹原宏之, 『元素漢字的研究』2020年6月15日
    (https://www.kojundo.blog/kanji/3108/).
30) Sasahara Hiroyuki, "Chinese characters: Variation, policy, and landscape", *Handbook of Japanese Sociolinguistics*, Berlin, Boston: De Gruyter Mouton, 2022.
31) [日] 安岡孝一, 『新しい常用漢字と人名用漢字』(三省堂, 2011).
32) 大居司, 『依据篇韻貫珠集、篇韻拾遺的疑難字考釋』, 『日本漢字學會報』第1期(2019).
33) (역주) 화제한자(和制漢字)는 국자를 포함하는 더 넓은 의미로 사용되며, 다음을 포함한다. a) 국자(純粹な國字): 일본에서 만든 순수한 한자 b) 일본에서 독자적으로 의미나 용법을 변경한 한자 c) 중국 한자를 바탕으로 일본에서 새롭게 만들거나 변형한 한자
34) (역주) '制異體字(제이체자)'는 일본에서 만들어진 한자의 이체자를 의미한다. 이는 일본에서 기존 한자의 변형으로 만들어진 글자 형태를 말하는데, 원래 중국에서 온 한자의 일본식 변형이거나, 일본에서 만든 한자(국자)의 변형 형태를 포함한다. 원래 한자와 같은 의미를 가지지만, 글자 모양이 다르며, 일본의 문화적, 언어적 특성을 반영하여 만들어진 경우가 많다.
35) [日] 菊地惠太, 「和制漢字(國字)和制異體字研究的槪況」, 『日本語學』第38輯(明治書院, 2019), 32-41쪽.

일본어학회에서의 한자 연구도 점차 성황을 이루어, 4년 전에 설립된 일본한자학회에서 한자 연구에 관한 발표가 증가하고 있다. 그러나 각각의 일본식 한자의 출처, 전개와 전체적 상황에 대한 연구는 일본어학계와 한자학계라고 할지라도 매우 드물다. 인터넷에서 이 영역을 조사한 결과를 공개하는 주체는 주로 자유 학자들인데, 그들이 정식으로 그 연구 성과를 발표하기를 기다리고 있다.

사사하라 히로유키(笹原宏之)는 '일존문자(佚存文字)'라는 용어를 제시하고, 그 실태를 고찰하였다. 이외에, 자유 연구자 다케자와 마사후미(竹澤雅文)는 「'鰮'로 처음 정어리를 표기한 국가가 일본인가?(首次用'鰮'表記沙丁魚的國家是日本嗎?)」36)에서 일본과 중국에서의 한자 변천사를 서술하며, '鰮'이 중국의 방언일 가능성을 지적했다. 다만 카노 요시미츠(加納喜光) 등 학자들의 근현대적 관점과 해당 영역의 선행 연구 성과에 대한 인용이 부족한 점이 아쉬움으로 남는다.

미국학자 미스크 매튜 조셉(Matthew Joseph Mewhinney)은 『한자가 화어(和語)37)에 미친 영향－'寫'자와 'うつす'의 관계를 예로(漢字對和語的影響－以"寫"字與"うつす"關系爲例)』38)에서 한자의 의미로 인해 변화가 발생한 일본어 단어의 일본식 한자 의미에 대해 실증적으로 연구하여 뚜렷한 성과를 거두었다.

네고로 아사코(根來麻子)는 「겸양어 'タマフ(下二段)'의 표기 '食'에

36) [日] 竹澤雅文, 「用'鰮'表記沙丁魚的國家是日本嗎」, 『日本漢字學會報』 第3期(2021).

37) (역주) '和語(わご, 와고)'는 일본어 전체를 지칭하는 것이 아니라, 일본어 어휘의 특정 부분을 가리키는 용어이다. 즉, 외래어가 아닌, 일본에서 자생적으로 발생한 어휘를 말한다. 중국에서 유래한 단어를 '漢語(かんご, 칸고)', 서양 등 다른 나라에서 유래한 단어를 '外來語(がいらいご, 가이라이고)'라고 부르는 것과는 대비된다. 화어는 대체로 일상생활과 관련된 기본적인 단어들이 많으며, 주로 훈독(訓讀み)으로 읽힌다.

38) Matthew Joseph Mewhinney, 「漢字對和語的影響—以"寫"字與"うつす"關系爲例」, 『漢字教育研究』 第10期(2009).

관하여(關於謙讓語'タマフ(下二段)'的表記'食')39)에서 '食'의 상대(上代: 나라 시대 이전) 용법에 대해 논술했다.

관용음에 관한 연구로는 하토노 케이스케(鳩野惠介)의 「한화사전 에서의 관용음의 규범(漢和辭典中的慣用音的規范)」40) 등 공개한 논고가 여럿 존재한다. 한화사전마다 일본식 한자로 인정하는 기준이 다르므로, 누모토 카츠아키(沼本克明)의 『일본 한자음의 역사 연구: 체계와 표기 문제에 관하여(對日本漢字音的歷史研究: 關於體系與表記問題)』41), 오구라 하지메(小倉肇)의 『일본 오음 연구(日本吳音的研究)』42), 『속 일본 오음 연구(基於日本吳音的研究(續))』43), 사사키 이사무(佐佐木勇)의 『헤이안 카마쿠라 시대의 일본 한음에 관한 연구』(『關於安鎌倉時代的日本漢音的研究』)44), 오카지마 아키히로(岡島昭浩)의 『당음어 존의(唐音語存疑)』45) 등 선행 연구에 대한 착실한 검증이 필요하다고 생각된다.

가나 연구는 에도(江戸) 시대부터 성행했는데, 『동문통고(同文通考)』에도 아라이 하쿠세키(新井白石) 등의 가나의 자원 해석에 대한 기록이 있다. 근대 이후로는, 상술한 훈점(訓點) 연구에서 가타가나 자형에 관한 연구가 현저히 두드러졌다. 가타가나의 탄생과 한국의 구결(口訣) 간의 관계에 관한 문제는 코바야시 요시노리(小林芳規) 등 학자들의 독창적인 연구를 통해 점차 명확해지고 있다.

---

39) [日] 根來麻子, 「關於謙讓語'タマフ(下二段)'的表記'食'」, 『日本漢字學會報』第3期(2021).
40) [日] 鳩野惠介, 「漢和辭典中的慣用音的規范」, 『語文』第91輯(2008), 35-46쪽.
41) [日] 沼本克明, 『日本漢字音的歷史研究』(汲古書院, 1997).
42) [日] 小倉肇, 『日本吳音的研究』(新典社, 2005).
43) [日] 小倉肇, 『續日本吳音的研究(續)』(和泉書院, 2014).
44) [日] 佐佐木勇, 『關於平安鎌倉時代的日本漢音的研究』(汲古書院, 2009).
45) [日] 岡島昭浩, 「唐音語存疑」, 『文獻探究』第25號(1990).

4. 주요 연구 쟁점과 관련 문제

지금까지의 연구 역사가 보여주듯이, 한자의 창제와 사용의 역사에 관해, 더 많은 자료가 발굴되면서 일부 사실들이 점차 명확해지고 있다. 그러나 에도(江戶) 시대의 국학자들이 문헌을 철저히 조사한 방식에 비해 부족한 점이 많다. 물론 여기에는 역사적 자료들이 소실된 점도 한 원인일 수 있다.

일본식 한자의 자지(字志)에 관한 서술이 점진적으로 발전하고 있다. 조사 작업량이 방대함에도 불구하고, 연구자의 수는 턱없이 부족한 실정이다. 사사하라 히로유키(笹原宏之)는 한자지(漢字志)와 표기지(表記志)를 포함한 자신의 주장을 담은 논문을 꾸준히 발표하고 있다. 앞서 언급했듯이, 한자 연구 분야에서 동태 문자학 연구가 점차 뿌리를 내리고 있으며 지속적으로 발전하고 있다. 이러한 연구 성과는 일본어학과 한자학 뿐만 아니라 사회언어학과도 관련이 있다. 예컨대, 이러한 연구 성과들은 공익재단법인 일본로마자협회의『언어와 문자(語言與文字)』라는 미디어 잡지에 발표된 바 있다. 이 잡지는 로마자 전용론에 치우치지 않고, 일본 문자의 이상적인 상태에 대한 논고를 계속해서 게재하고 있다.

향후 사회문화 환경, 인간과 문자, 미디어 전파의 실태, 자료와 지역의 위치 문제에 대해 더 깊이 탐구할 필요가 있다. 발음과 문법, 어휘 중 어떤 요소가 어떤 상황에서 문자와 융합되는지에 대해서도 검증이 필요하다. 또한, 문자 창작자와 사용자의 의식 문제에 대한 역사적 조사가 아직 충분하지 않으며, 방법론도 개발이 필요한 단계에 있다. 한자의 위상, 즉 사회 집단의 차이로 인해 발생하는 한자의 종류, 글자체, 독음과 의미의 차이에 대한 연구가 성행하고 있으며, 앞으로도 크게 발전할 것이다.

합자(合字)를 포함한 한자 연구도 일본어학, 동양의학 등 여러 분야에서 이루어졌다. 의학 용어의 용자(用字) 측면에서, 사토 타카히로(佐藤貴裕)는 「의사, 타시로 산키(田代三喜)의 조자(造字)－교토대학 후지카와 문고본 『백일미작자』(『百一味作字』) 영인을 덧붙이며(醫家, 田代三喜的造字－附京都大學富士川文庫本『百一味作字』影印)」46)와 「타시로 산키 작자 자료 『삼귀일류(三歸一流)』 영인(田代三喜作字資料『三歸一流』影印)」47)에서 근세, 근대 중의학 분야의 '일자명(一字銘)' 문제를 고찰했다.

그밖에, 의사인 니시지마 유타로(西嶋佑太郎)는 의학계의 조자(造字) 실태에 관한 연구를 끊임없이 추진하며 인터넷에서 자신의 성과를 공개했다. 그는 「의학 분야 한자의 불가사의한 용법(醫學領域漢字的不可思議用法)」48)에서, 사회에서 암호로 작용하는 한자에 대해 간략하게 서술하였다.

'腔'과 '膣'의 일본식 한자 의미(중국에서 전래됨)에 대해, 히사토미 히로시(久具宏司)의 「의학계에서 '膣'로 '腔'을 표기하는 독특한 용법('膣'在医學界是'腔'的奇特用法)」49) 등의 논고가 있으며, 니시지마 유타로(西嶋佑太郎)는 「의학 용어 '腔'·'膣'의 탄생과 혼용(医學用詞'腔'·'膣'的誕生和混用)」50)에서 이 두 글자의 역대 변천 과정을 상세히 논증했다.

---

46) 〔日〕佐藤貴裕,「醫家, 田代三喜的造字—附京都大學富士川文庫本<百一味作字> 影印」, 『國語文字史的研究(九)』(和泉書院, 2006), 132-161쪽.

47) 〔日〕佐藤貴裕,「田代三喜作字資料<三歸一流>影印」, 『岐阜大學國語國文學』 第34輯(2008), 25-47쪽.

48) 〔日〕西嶋佑太郎,「醫學領域漢字的不可思議用法」 (https://kanjibunka.com>rensai>yomimono-7863).

49) 〔日〕久具宏司,「"膣"在醫學界是"腔"的奇特用法」, 『日本漢字學會報』 第1期(2019).

50) 〔日〕西嶋佑太郎,「醫學用詞'腔'·'膣'的誕生和混用」, 『醫譚』夏刊 第112期(2020).

'개인 문자'⁵¹⁾의 조자 문제에 관한 연구로는 니시지마 유타로(西嶋
佑太郎)의 「카이조랜오(海上隨鷗)의 조자법(海上隨鷗的造字法)」⁵²⁾이 있
다. '개인 문자'의 일본식 한자 의미에 관한 연구로는 니시지마 유타
로의 「노로텐넨(野呂天然)의 의학 용어에서의 '바꿔 사용하는' 한자에
대한 문제(野呂天然的医學用語中的漢字'轉用'問題)」⁵³⁾가 있는데, 그의
연구는 역사 속에 묻힐 뻔했던 개인의 행위를 다시 세상에 드러냈다.

니시지마 유타로(西嶋佑太郎)는 「일본어 의학 용어의 읽기 방식의
다양성과 표준화－'楔'자를 예로－(日本語醫學用語的讀法的多樣性與標
准化－以'楔'字爲例－)」⁵⁴⁾에서 '楔'자가 의학 용어에서 자전에 없는 관
용음을 파생시킨 실태를 명확히 했다.

성명진(成明珍)은 『일본·중국·한국의 전문 용어 중 어휘와 문자 연
구－의학·화학 분야의 한자·한자어를 중심으로(關於日中韓三國的專門
用語中的詞匯·文字的研究—以醫學·化學領域的漢字·漢字詞爲中心)』⁵⁵⁾에서
일본, 중국, 한국의 의학 용어, 화학 용어 중 한자를 비교하여 삼국
용자의 일치도가 낮은 실정을 밝혔으며, 이는 일본식 한자와 일본식
한자 의미에서 비롯되었다고 지적했다. 음악 용어 '嬰'에 대해, 야마
모토 사키(山本早紀)는 「음악 용어 '嬰'의 역대 변천에 관하여(關於音樂

---

51) (역주) '개인 문자'는 특정 개인이 만들었거나 사용한 독특한 문자나 글자를 말
   한다. 예컨대, 의학자가 자신의 저술에서만 사용하는 특별한 문자 또는 작가
   나 예술가가 자신의 작품에서 독특하게 사용하는 문자를 들 수 있다. 이러한
   '개인 문자' 연구는 문자의 창조성, 변형 과정, 개인과 문자의 관계 등을 이해
   하는 데 도움을 줄 수 있다.
52) [日] 西嶋佑太郎, 「海上隨鷗的造字法」, 『日本漢字學會』 第2期(2020).
53) [日] 西嶋佑太郎, 「關於野呂天然的醫學用語中的漢字"轉用"問題」, 『日本漢字學會
   報』 第3期(2021).
54) [日] 西嶋佑太郎, 「漢檢漢字文化研究獎勵獎 最優秀獎 日本語医學用語的讀法的多
   樣性與標准化: 以"楔"字爲例」, 『漢字文化研究』 第5期(2014), 7-56쪽.
55) [韓] 成明珍, 『關於日中韓三國的專門用語中的詞匯·文字的研究—以医學·化學領域
   的漢字·漢字詞爲中心』(早稻田大學博士學位論文, 2014).

領域用詞'嬰'的歷史變遷)」56)에서 문헌을 통해 이 글자가 중세 시기의 가차자일 가능성을 지적하고 그 기원과 발전 과정을 추적했다.

일본식 이체자에 대한 연구도 지속적으로 발전하고 있다. 북경사 범대학의 심함(沈涵)은 에도(江戶) 시대의 『이체자변(異體字弁)』의 연구로 2021년 중국에서 박사 학위를 취득했다. 이 논문에서는 실증법으로 『이체자변』이 『자휘(字匯)』를 수록했을 뿐만 아니라 일본 이체자도 수록했다는 사실을 밝혔다.

야마시타 마리(山下眞里)는 「'광(廣)'의 글자체에 관하여: 간체자의 출현 시기 및 그 요인(關於'廣'的字體－簡體字的出現時期及其要因－)」57)에서 메이지(明治) 초기 광산(礦山)문서를 전문적으로 연구하고, '광(廣)'을 '광(広)'으로 간략화한 이 일본 특유의 이체자가 '광(鑛)'이 '광(鉱)'으로 간략화된 광산 사회에서 유래했다는 새로운 설을 제시했다. 그녀의 현장 조사를 통해 문헌을 연구하는 방법과 간체자를 위상 문자로 자리매김한 것은 그 의의가 매우 크다 하겠다.

마찬가지로 도호쿠(東北)대학 출신인 키쿠치 케이타(菊地惠太)는 「간체자의 성립과 확산에 관한 연구: '釈'의 편방 '尺'을 예로(簡體字的成立與擴大使用的一側面—以'釈'的偏旁'尺'爲例)」58) 및 「중첩 부호를 이용한 약체자의 성립과 전개(利用疊用符號的略体字的成立與展開)」59)에서 중세 이후의 일본 특유의 간체자를 위상 관점에서 실증했으며, 이

---

56) [日] 山本早紀, 「關於音樂領域用詞'嬰'的歷史變遷」, 『早稻田日本語研究』 第30輯(2021), 79-90쪽.

57) [日] 山下眞里, 『關於"廣"的字體—簡體字的出現時期及其要因』, 『漢字文化研究』 第1期(2011).

58) [日] 菊地惠太, 「簡体字的成立與擴大使用的一側面—以"釈"的偏旁"尺"爲例」, 『訓點語與訓點資料』 136輯(2016), 102쪽.

59) [日] 菊地惠太, 「利用疊用符號的略体字的成立與展開」, 『日本語的研究』 第14輯(2018), 101-117쪽.

러한 연구들을 『일본 간체자사 논고(日本簡体字史論考)』60)로 총정리 했다.

문자 지리학적 관점에서 일본식 한자와 이체자에 관한 연구도 많은 관심을 받고 있다. 이에 대해, 에도(江戸) 시대부터 언급이 있었으며, 일본어학자와 방언학자들 사이에서 시바타 타케시(柴田武)의 『방언론 (方言論)』61)과 같이 어느 정도 체계화된 연구 성과가 나타났다. 히라 야마 테루오(平山輝男)와 타나카 유카리(田中ゆかり)의 『일본언어시리 즈14: 카나가와현의 원망하는 말(日本語言系列14: 神奈川縣的怨言)』62) 에는 타나카의 카나가와현에서의 방언 한자 '壗'의 분포 상황에 대해 새로운 방향을 제시한 연구와 분포도를 담은 논문이 수록되어 있다.

사사하라 히로유키(笹原宏之)의 『일본한자(日本的漢字)』63), 『국자의 위상과 전개(國字的位相與展開)』64), 『방언 한자(方言漢字)』65), 『신비한 한자(神秘的漢字)』66) 등 일련의 연구 이후, 방언 한자에서 일본식 한자 에 대한 연구도 지속적으로 늘어가고 있다. 또, 그의 「일본식 한자의 지역별 분포(日本制漢字的地域分布)」67)에서는 일본식 한자를 주변 확 산형, 동서지역 대립형, 고립지역형으로 나누어 분석하고, 문헌에서의 용례를 통해 이러한 분포 양상이 형성된 역사적 과정을 논술했다.

각 방언 한자에 대한 꾸준한 연구와 지속적인 연구 성과 발표로 인해, 일본 미디어도 일본의 방언 한자에 대해 주목하기 시작했다.

---

60) ［日］菊地惠太, 『日本簡体字史論考』日本語學會論文賞業書 2 (武藏野書院, 2022).
61) ［日］柴田武的, 『方言論』(平凡社, 1988).
62) ［日］平山輝男, 田中ゆかり, 『日本語言系列14: 神奈川縣的怨言』(明治書院, 2015).
63) ［日］笹原宏之, 『日本的漢字』(岩波新書, 2006).
64) ［日］笹原宏之, 『國字的位相與展開』(三省堂, 2007).
65) ［日］笹原宏之, 『方言漢字』(角川GROUP PUBLISHING, 2013).
66) ［日］笹原宏之, 『神秘的漢字: 查找由來與變遷』(中央公論新社, 2017).
67) ［日］笹原宏之, "The Regional Distribution of Japanese Kanji", *Journal of Chinese Writing Systems*, 2022 (2).

일본 각지의 방언 한자에 관한 보고가 인터넷에서 점차 증가하고 있으며, 사이타마(埼玉)현에서 시민들과 공동으로 개최한 방언 한자 회의(사사하라 히로유키가 고문 역할)에서도 주요 의제로 다루어졌다. 또한, 사사하라 히로유키를 주편집자로 한 일본 최초의 『방언 한자사전(方言漢字辭典)』이 이미 출판되었다.[68]

방언 한자에 관한 연구 성과도 증가하고 있는 추세인데, 홋카이도(北海道) 대학을 졸업한 오카가키 히로타케(岡墻裕剛)는 「시즈오카현 칸나미초의 방언 한자 '函'에 관한 연구(關於靜岡縣函南町的方言漢字'函'的研究)」[69]를 통해 기존에 사사하라가 조사한 내용을 보충했다. 이외에도 그는 또 「고베(神戶)시 스마(須磨)구의 방언 한자 '마(磨)'에 관한 연구(關於神戶市須磨區的方言漢字'磨'的研究)」[70] 등의 논문에서 통시적 관점에서 사진 형식으로 이체자의 최신 사용 상황을 총괄하였다.

와세다(早稻田)대학을 졸업한 사사키 에미(佐佐木繪美)는 『홋카이도 하코다테시 구 토도호코무라의 '椴'자 표기에 관한 고찰(關於北海道函館市旧椴法華村的'椴'字表記的考察)』[71]에서 '椴'자의 'トド(토도)'라는 일본식 글자 의미의 사용 실태를 규명했다.

자유 학자인 츠카다 마사키(塚田雅樹)는 지속적으로 소규모 지역의 지명에 사용된 한자를 조사했는데, 「'作畨(さくがあらく)'에 대한 고찰—지형도에 나타난 소지명 이체자에 관한 연구('作畨(さくがあら く)'考—關於出現在地形圖中的小地名異體字的考察)」[72]와 「등기 정보 서

---

68) [日] 笹原宏之, 『方言漢字辭典』(研究社, 2023).

69) [日] 岡墻裕剛, 「關於靜岡縣函南町的方言漢字"函"的研究」, 『神戶女子大學文學部紀要』 第50輯(2017), 9-21쪽.

70) [日] 岡墻裕剛, 「關於神戶市須磨區的方言漢字"磨"的研究」, 『神戶女子大學文學部紀要』 第51輯(2018), 1-15쪽.

71) [日] 佐木繪美, 『關於北海道函館市旧椴法華村的"椴"字表記的考察』(早稻田大學文學研究科碩士學位論文, 2006). 漢檢漢字文化研究獎勵獎.

비스에 나타난 지명 외자: 유니코드에 없는 예를 중심으로(出現在登記信息服務中的地名外字—以Unicode中沒有的例子爲中心)」73)에서 지명에 사용된 방언 한자를 광범위하게 다루었다. 이를 통해 세밀한 탐구 방법을 확립하고, 주목할 만한 실증적 성과를 거두었다.

의사가 되기 전, 니시지마 유타로(西嶋佑太郎)는 방언 한자에 주목하여 「'杁'자에 관하여(關於'杁'字)」74)를 발표했는데, 지명 용자 '杁'에 대해서도 현지인들이 발표한 연구 성과가 있었다75). 이러한 방언 한자 자료의 혜택을 받은 현지 주민들이 방언 한자 연구를 더욱 발전시켜 나가기를 기대하고 있다.

토야마 히데오(当山日出夫)의 「교토의 '葛' '祇' 사용 실례와 'JIS X 0213:2004': 비문헌 자료를 바탕으로 한 고찰(京都的'葛''祇'的使用實例與 'JIS X 0213:2004'—基於非文獻資料的考察)」76), 요코야마 쇼이치(橫山詔一), 타카다 토모카즈(高田智和), 요네다 준코(米田純子)의 「도쿄의 야마테와 카츠시카, 카사이 지역의 문자 생활의 지역 구분(東京的山手與在葛飾·葛西的文字生活的地域差)」77)도 해당 지역의 지명에 사용된 한자에 주목한 연구로, '祇'와 '葛'의 이체자 사용 상황을 논술하고 분석했다. 후자의 연구에서는 의식 차원의 조사 연구 방법을 시도하고 개척했다.

---

72) [日] 塚田雅樹, 「"作舍(さくがあらく)"考—關於出現在地形圖中的小地名異體字的考察」, 『日本漢字學會報』 第1期(2019).

73) [日] 塚田雅樹, 「出現在登記信息服務中的地名外字—以Unicode中沒有的例子爲中心」, 『日本漢字學會報』 第2期(2020).

74) [日] 西嶋佑太郎, 「關於"杁"字」, 『漢字敎育硏究』 第9輯(公益財團法人: 日本漢字能力檢定協會, 2007), 6-13쪽.

75) [日] 白須大地, 「關於愛知縣的地域文字'杁" "圦"」, 『古文字資料館』 第171號(2017), 6-18쪽.

76) [日] 当山日出夫, 「京都的"葛" "祇"的使用實例與"JIS X 0213:2004"—基於非文獻資料的考察」, 『信息處理學會硏究報告: 人文科學與電腦』 第57輯(2006), 53-60쪽.

77) [日] 橫山詔一, 高田智和, 米田純子, 「東京的山手與在葛飾, 葛西的文字生活的地域差」, 『じんもんこん2006論文集』(2006), 379-386쪽.

일본경제신문사의 코바야시 하지메(小林肇)는 「신문 용자 외 한자에 대한 소견(對報紙用字外漢字之所見)」[78]에서 신문에 출현하는 성명 등 신문에서 사용하는 글자 이외의 한자에 대해 상세히 분석했다. 코바야시는 일본한자능력검정협회 웹사이트의 연재 「신문한자의 이모저모 13: '3.11' 대지진에서 생각한 인명용 한자(報紙漢字的种种13: 從 '3.11'大地震所想到的人名用漢字)」에서 도호쿠(東北) 지방에서 사용되는 '製'(えな) 등의 글자에 대해 세밀한 조사를 했다.

나라(奈良) 시대의 한자 일본화 과정에 대한 관점이 학계의 주목을 받았다.

세마 마사유키(瀨間正之)가 편집한 『'상대 언어와 문자' 입문(상대문학연구법연구회)('上代語言與文字'入門(上代文學研究法研討會)』[79]에서는 세마와 사사하라 히로유키(笹原宏之) 등의 일본식 한자, 일본식 글자 의미, 이체자 등 영역의 최신 연구 상황을 소개했다. 나카가와 유카리(中川由加利)의 「정창원(正倉院) 문서에서 거슬러 올라가는 어휘 세계(從正倉院文書溯源詞匯世界)」, 모리 히로타다(森博達)의 연구를 더욱 발전시킨 카사이 타이치(葛西太一)의 「일본서기 단계별 편수론: 문체, 주기, 문법에서 본 다양성과 다층성(日本書紀階段編修論: 從文体, 注記, 語法所見的多樣性與多層性)」 등의 연구 성과에서도 일본식 한자의 의미에 대한 내용을 다루었다.

나라(奈良)문화재단연구소는 『역사 문자 데이터베이스 통합 검색 시스템(歷史文字數据庫聯合檢索系統)』[80]을 구축했는데, 이 웹사이트는 한자 자료에 나타난 자형에 대해 공시적, 통시적으로 분석했다. 학자

---

78) 〔日〕 小林肇, 「從報紙用字外漢字之所見」, 『日本語學』 第6號(2016), 14-22쪽.
79) 〔日〕 瀨間正之, 『"上代語言與文字"入門(上代文學研究法研討會)』(花鳥社, 2020).
80) 奈良文化財團研究所, 『歷史文字數据庫聯合檢索系統』, 2022年5月18日.

들이 이러한 성과를 활용하여 연구를 수행할 수 있기를 기대한다.

한국 문자가 고대 일본에 영향을 미친 것은 의심할 여지가 없는 사실이다. 이러한 역사적 사실을 증명하는 '椋' 등의 글자에 대한 연구도 진행되고 있다. 그러나 백제(百濟)의 목간에 나타나는 '백전(白田)'과 같은 문자를 1개의 글자 '畠'로 볼 수 있는지에 대해서는 현재 논의 중이다.

일본사 연구자들 사이에서 결론을 성급히 내리는 경향이 있다는 지적이 있었다. 이에 대해 일부에서는 해당 글자의 의미가 'はたけ(畑: 밭)'와 다르다고 지적하며, 문자 자료로서의 전체 문자열, 글자 간 간격, 구성 요소 간의 관계, 의미와 용법 등 다양한 측면에서 종합적인 고찰이 필요하다는 의견이 있다.

나라(奈良) 시대부터 헤이안(平安) 시대까지, 만요가나(万葉仮名), 히라가나(平仮名), 가타가나(片仮名)가 어떻게 탄생했는지에 대한 문제는 현존하는 자료를 바탕으로 활발한 논의가 진행되고 있다. 우치다 요시노리(內田賢德)와 이누이 요시히코(乾善彦)가 편집한 『만요가나와 히라가나: 그 연속성과 불연속성(萬葉仮名與平仮名: 它們之間的連續性與間斷性)』[81]은 이 분야 연구의 집대성이라 할 수 있다. 이 저서는 여러 연구자들의 연구 성과를 집약하여 현재 가나 영역의 연구 수준을 잘 보여주고 있다.

만요가나를 비롯한 나라 시대 이전의 표기 문제에 대해, 와세다(早稻田)대학의 사와자키 분(澤崎文)은 『고대 일본어의 만요가나 표기에 관한 연구(關於古代日本語中的万叶假名表記的研究)』[82]를 출판했으며, 「<만요용자격(万葉用字格)>의 용자법 분류 용어에 대한 재고찰(關於

---

81) [日] 內田賢德, 乾善彦, 『万叶假名與平假名: 它們之間的連續性與間斷性』(三省堂, 2019).
82) [日] 澤崎文, 『關於古代日本語中的万叶假名表記的研究』(塙書房, 2020).

<万叶用字格>中的用字法分類用語的再探討」,83)에서는 그동안 답습되어 온 만요슈(万葉集)의 용자 방법 문제에 대해 이론적으로 탐구했고, 이에 대한 수정이 시급함을 지적했다.

나라(奈良)여자대학의 오야마 신야(尾山愼也)는 끊임없이 실증적 연구와 정밀한 이론적 탐구를 수행하여, 그 연구 성과를 『이합가나의 연구(二合假名的研究)』와 『상대 일본어 표기론의 구상(上代日本語表記論的構想)』84)으로 집대성했다. 가나 사용 문제에 관해서는 사이토 타츠야(齋藤達哉)가 그의 저서 『국어 가나 표기사의 연구(國語假名表記史的研究)』85)에서 더욱 포괄적인 관점에서 조사하고 분석했으나, 본고에서는 상세히 다루지 않겠다.

에도(江戶) 시대부터 메이지(明治) 시대까지, 히라가나와 가타가나의 통일 방안, 가나 활자의 변천 과정 등에 대한 연구에 자유 학자들도 참여하면서 가나 영역의 실상이 계속 명확해지고 있다. 제니타니 마사토(錢谷眞人)는 그의 박사 논문 『근대 활판 인쇄에서의 히라가나 글자체 연구(近代活版印刷中的平假名字体的研究)』86)에서 판본에 대해 연구했다. 오키모리 타쿠야(沖森卓也), 사사하라 히로유키(笹原宏之), 토키와 토모코(常盤智子), 야마모토 신고(山本眞吾)가 저술한 『도해 일본 문자(圖解日本文字)』87)에서 야마모토 신고는 가나의 역사를 간단명료하게 정리했다.

가나 합자를 한자로 볼 수 있는지에 대한 문제도 일부 학자들이

---

83) 〔日〕澤崎文,「關於<万叶用字格>中的用字法分類用語的再探討」,『早稻田大學日本語學會設立60周年紀念論文集(第1冊): 語言的結構』(ひつじ書房, 2021).
84) 〔日〕尾山愼, 『二合假名的研究』(和泉書院, 2019); 『上代日本語表記論的構想』(花鳥社, 2021).
85) 〔日〕齋藤達哉, 『國語假名表記史的研究』(武藏野書院, 2021).
86) 〔日〕錢谷眞人, 『近代活版印刷中的平假名字体的研究』(早稻田大學博士學位論文, 2018).
87) 〔日〕沖森卓也, 笹原宏之, 常盤智子, 山本眞吾, 『圖解日本文字』(三省堂, 2011).

중국문자학 핸드북

문자론적 관점에서 분석했다. 게다가 1900년에 공포된『소학교령 시행규칙(小學校令實行規則)』에 대한 재평가도 시작되었다. 주목할 만한 점은 홋카이도(北海道)대학 출신의 오카다 카즈히로(岡田一祐)는 '이로하 가나(伊呂波假名)'에 대해 실증적으로 연구하여『근대 히라가나 체계의 성립: 메이지 시기의 독본과 히라가나 글자체 의식(近代平假名体系的成立: 明治時期的讀本與平假名字体意識)』[88]을 출판함으로써 기존 연구의 공백을 메웠다는 것이다.

5. 미래 전망

일본어학회가 편집한『일본어학대사전』(『日本語學大辭典』)[89]이 2018년 도쿄도(東京堂) 출판사에서 발행되었는데, 여기에 '국자(國字)'에 관한 전문 칼럼(사사하라 히로유키 집필)이 특별히 마련되었다. 설립 6년 차를 맞은 일본한자학회도 전문용어 사전 편찬을 시작하여 현재의 연구 현황과 수준을 다시 한 번 보여주고 있다.

상대(上代) 한자에 관해서는 사사하라 히로유키와 사와자키 분(澤崎文)이 편집한「상대 문헌과 한자(上代文獻與漢字)」[90]에서 일본의 한자와 가나에 대해 다각도로 고찰하였다.

연구자들은 출토물과 미발굴 자료를 활용하여 새로운 연구 성과를 발표해야 한다. 야다 츠토무(矢田勉)의「일본어학회의 사회적 역할과 <일본어학대사전>: 공공 지식으로서의 <일본어학대사전>에 대한

---

88) [日] 岡田一祐,『近代平假名体系的成立: 明治時期的讀本與平假名字体意識』(文學通信, 2021).

89) 日本語學會,『日本語學大辭典』(東京堂出版, 2018).

90) [日] 笹原宏之, 澤崎文編,「上代文獻與漢字」,『日本文學研究專刊』第24號(2022), 9-24쪽.

기대(日本語學會的社會作用與<日本語學大辭典>: 對公共知識<日本語學大辭典>的期待)」91)에서는 일반 대중의 일본어론과 일본어 연구 성과 간의 괴리에 대해 경종을 울렸다. 그밖에, 학회지의 일부 서평이 실제 상황과 부합하지 않는다는 지적도 있어 논란을 불러 일으켰다92). 일본의 한자와 가나 문제에서도 이러한 건설적인 의견과 건전한 상호 비판이 연구의 지속적 발전을 가능케 할 것이다.

인터넷에서는 세간에서 일본 한자와 가나를 연구한 성과를 드문드문 볼 수 있다. 그중에는 계속 발전하는 전자 자료를 활용하여 우수한 연구를 하는 이들도 있지만, 우물 안 개구리처럼 자기만족에 빠진 이들도 있다. 그런데 적지 않은 자유 학자들이 인터넷에서도 흔적을 남기지 않는 경우가 많다. 인터넷 사회는 이름을 밝히지 않아도 된다는 특징과 함께 서로 간의 연결성이 약하여, 자유 학자들의 연구 수준이 아직 학계의 전문적 수준에는 미치지 못하는 실정이다. 그러므로 이러한 연구자들의 학회 참석을 희망하고 있다.

인터넷에서는 수많은 정보를 접할 수 있으나, 정확한 정보와 부정확한 정보가 혼재되어 있다. 예를 들어, 교토의 지명인 '天橋立'의 독음 'あまのはしだて'에 대한 잘못된 정보가 인터넷에서 확산되었다. 사사하라 히로유키의 「교토 '天橋立'을 표기하는 일본식 한자의 전개와 배경—'▩'와 '▩'를 중심으로(對表記京都'天橋立'的日本制漢字的展開與背景—以'▩' '▩'爲中心)」93)에서는 일반 대중들의 오해를 해소함

---

91) [日] 矢田勉,「日本語學會的社會作用與<日本語學大辭典>對公共知識<日本語學大辭典>的期待」,『日本語的研究』第1號(2020).

92) [日] 佐藤貴裕,「書評的規則—讀完"今野眞二氏'[書評]佐藤貴裕的『近世節用集史的研究』'之感"」,『日本語的研究』第1號(2021), 19-26쪽.

93) [日] 笹原宏之,「對表記京都"天橋立"的日本制漢字的展開與背景—以"▩" "▩"爲中心」,『日本語文字論的挑戰: 爲思考表記·文字·文獻的17章』)(勉誠出版社, 2021), 292-343쪽.

과 동시에 지명을 나타내는 한자의 역사에 도교의 영향을 받은 신도의 부(符)94)와 연가사(連歌師)95)의 요소가 개입되었음을 밝혔다.

사사하라 히로유키(笹原宏之)의 「회의자가 아닌 국자(國字)의 성쇠—'賭(見＋상하 전도된 見)'을 중심으로(一个非會意國字的消長—'賭(見＋上下顚倒的見)'爲中心)」96)에서는 일본식 한자로 추정되는 한자의 기원에 중국과 일본의 신앙적 요소가 존재함을 알 수 있다. 향후 한자 연구는 더욱 국가 간·학제 간 연구로 발전할 필요가 있다.

중국에서는 하화진(何華珍) 등의 학자들이 일본을 포함한 한자권 각 지역의 이체자와 조자(造字) 연구를 적극적으로 추진하여, 풍부한 연구 성과를 거두었다. 홍인선(洪仁善)의 『전후 일본의 한자 정책 연구(戰后日本的漢字政策研究)』97)와 반균(潘鈞)의 『일본 한자의 확립 및 그 역사적 변천(日本漢字的确立及其歷史演變)』98) 등의 개괄적 연구도 있다. 이외에도, 한국 단국(檀國)대학교의 이건식(李建植) 교수도 한국식 한자와 일본식 한자의 비교 연구에 관한 다수 논저를 발표했다. 러시아인 안나 샤르코(Анна Шарко)는 와세다(早稻田)대학에 제출한 박사 논문에서 공문서 발굴을 통해 '露'자가 일본에서 러시아를 의미하는 용어로 사용되기 시작한 계기를 더욱 명확히 논증했다.

---

94) (역주) '신도의 부(符)': '부(符)'는 일본 신도(神道)에서 사용되는 주술적인 부적이나 상징을 의미한다. 이는 도교의 영향을 받아 신도에 도입된 것으로, 신성한 힘을 담고 있다고 여겼다.
95) (역주) '연가사(連歌師)': 연가(連歌)는 일본의 전통 시가 형식 중 하나로, 여러 사람이 돌아가며 짓는 연작시를 말한다. 연가사는 이러한 연가를 전문적으로 짓는 사람들을 지칭하는 말이다. 이들은 일본 중세부터 근세에 걸쳐 문학과 문화에 큰 영향을 미쳤다.
96) [日] 笹原宏之, 「一個非會意國字的消長—"賭(見＋上下顚倒的見)"爲中心」, 『國語文字史的研究』第15號(和泉書院, 2016), 65-83쪽.
97) 洪仁善, 『戰后日本的漢字政策研究』(商務印書館, 2011).
98) 潘鈞, 『日本漢字的确立及其歷史演變』(商務印書館, 2013).

2019년, 일본한자학회는 도쿄대학에서 '일본식 한자와 기타 국가 및 지역의 조자에 관한 비교 연구(關於日本制漢字和其他國家和地區造字的比較硏究)'를 주제로 학회를 개최했다. 이 학회에서는 개별 문자 연구뿐만 아니라 비교문자학, 대조문자학 차원의 논의도 이루어졌다. 그 연구 성과로 2022년『한자계 문자의 세계: 글자체와 조자법(漢字系文字的世界: 字体與造字法)』99)이 간행되었다. 이 책에는 문헌을 통해 한자 글자체 사용의 지역성 문제에 관한 역사적 과정을 규명하고, 유형화와 비교를 통한 논문들이 수록되어 있다. 앞으로 문자 지리학 분야의 연구도 기대할 만하다고 본다.

'屍'와 '臛(うしのあつもの)'100)는 코바야시 타츠오(小林龍雄)의 「글자체와 자형 사이—문자 정보 기초 정비 사업을 예로(字体與字形之間—以文字信息基礎整備事業爲例)」101)에서 일본식 한자로 추정되었다. 이에 대해 사사하라 히로유키(笹原宏之)는 「국자(일본식 한자)로 오인된 당대 한자—일존문자(佚存文字)에 관한 고찰(被誤認爲是國字(日本制漢字)的唐代漢字—關於佚存文字的考察)」102)에서 여러 문헌 조사를 통해 전자는 당대 전후의 일존문자이며, 후자는 '臛'의 글자를 분해한 것이라는 사실을 밝혀냈다. 따라서 후자의 표준화 필요성에 대해서도 의문이 제기되었다. 이상을 종합해볼 때, 향후 한자를 문자 인코딩 표준에 포함시킬 때는 사전에 충분한 문자 연구가 이루어져야 할 것이다.

그밖에, '串'과 '鮑'에 '꼬치(クシ)'와 '전복(アワビ)'의 의미를 부여한 것이 일본, 중국, 한국 중 어느 나라인지에 대한 문제는 현재로서는

---

99) [日] 笹原宏之, 『漢字系文字的世界』(花鳥社, 2022).
100) 『국자사전(國字辭典)』에서 문자 인코딩 표준에 채택되었다.
101) [日] 小林龍雄, 「字体與字形之間: 以文字信息基礎整備事業爲例」, 『情報管理』第3期(2015).
102) [日] 笹原宏之, 「被誤認爲是國字(日本制漢字)的唐代漢字—關於佚存文字的考察」, 『東亞語言接觸硏究』第51輯(2016), 1-39쪽.

결론 내리기 어려운 상황이다. 이에 대해 사사하라는 「'串'자의 어원 탐구—'串'이 꼬치를 의미하는 것을 중심으로('串'字探源—以'串'表扦子之意爲中心)」103)와『한자권에서의 조자와 전파—'鮑·蚫'를 중심으로(漢字圈里的造字與傳播—以'鮑·蚫'爲中心)」104)에서 문헌을 통해 통시적·공시적 관점에서 고증하여, 일부 사전만을 근거로 쉽게 결론을 내리는 행위에 대해 경고를 했다.

사사하라는 출처가 불분명했던 '呎'가 메이지(明治) 초기의 일본식 한자임을 증명했으며, 에도(江戶) 시대의 카리야 에키사이(狩谷棭齋)의 『전주 화명류취초(箋注和名類聚抄)』에서 일본식 한자로 추정되는 부분에 대한 설명을 보충해야 한다고 지적했다105). 또한, 일본식 한자로 추정되던 '𥝱'에 대해서, 그는 이 글자가 베트남의 쯔놈(字喃)이 일본에 유입된 후 변질된 것이라는 사실을 밝혀냈다106).

일본식 한자가 중국에 전파된 역사는 적어도 명대(明代)부터 확인할 수 있다. 근대에 사용 빈도가 높았던 '働(일하다)', '腺(췌장)', '粁(킬로미터)' 등의 한자는 이미 폐지되었지만, '腺(샘)', '鱈(대구)', '呎(피트)' 등의 한자는 완전히 중국 사회에 융화되어 본토 한자로 오인되고 있다. 게다가, 최근에는 고유 명사인 '畑(밭)', '辻(길모퉁이)', '笹(조릿대)',

---

103) [日] 笹原宏之,「"串"字探源—以"串"表扦子之意爲中心」,『中國文字硏究』第21輯 (2015), 219-229쪽.
104) [日] 笹原宏之,『漢字圈里的造字與傳播—以"鮑·蚫"爲中心」, [韓]『漢字硏究』第7輯(2012), 131-162쪽.
105) [日] 笹原宏之,「表碼磅衡量制漢字, 國字的誕生與在日中兩國的傳播—以英系衡量制"碼""磅""噸""哩""呎""吋"爲中心」,『Understanding Regional Dynamics in Asia-Pacific』(2022), 243-259쪽.「創於六朝·隋唐時期存迹於日本的"佚存文字"」,『中國古典學』.
106) [日] 笹原宏之,「用借用於日本語與中國語的字喃所表記的越南語: 關於被辭典所採用的"𥝱"在漢字圈中的伝播與變遷的漢字志」,『早稻田大學日本語學會設立60周年紀念論文集: 語言的結構』第1冊(ひつじ書房, 2021), 55-70쪽.

'㷀(톤)', '凨(바람이 잔잔함)' 등의 한자가 중국의 일부 영역에서 퍼지고 있다. 이러한 한자들의 발음은 아직 규범화되지 않았는데, 예컨대 '笹'자의 독음이 'shì'인지 'tì'(屜에서 유추)인지 아직 불확실하다. 대중문화가 인터넷을 통해 전파되면서 고유 명사를 중심으로 한 일본식 한자의 전파도 지속될 것으로 보인다.

일본과 중국 양국의 개별 한자의 변천 과정에 대해 세밀한 실증적 고찰이 필요하기 때문에, 현재 일본식 한자와 일본식 글자 의미를 연구하는 학자는 많지 않다. 그러나 앞으로는 다양한 문헌과 그 문헌들의 여러 판본 및 특정 분야에 초점을 맞춘 연구가 점차 진행될 것으로 예상된다.

이외에도, 만요가나(万葉仮名)가 히라가나와 가타가나로 발전해 가는 과정은 더 많은 출토물이 증가함에 따라 계속해서 밝혀질 것이다. 근세와 근대의 가나 문자와 자형의 성쇠 및 축소에 관한 연구에는 이미 많은 젊은 연구자들이 참여하고 있어, 여러 문제들이 더욱 명확해질 것으로 보인다. 야다 츠토무(矢田勉)의 『국어 문자·표기사 연구(國語文字·表記史的研究)』107)와 같이, 전체적인 틀을 조망한 후 구체적인 연구와 논술을 진행하는 방법도 참고할 만하다.

한자와 가나의 발전사 및 교류사 연구가 국제적인 시각에서, 종이 매체의 활용과 함께 전자 정보를 최대한 활용하여 자료를 포괄적으로 파악하는 것을 전제로 하여, 전 세계적인 범위에서 진행되기를 희망한다.

---

107) [日] 矢田勉, 『國語文字·表記史的研究』(汲古書院, 2012).

제2절 한국의 한자 사용

한국에서 현재 사용되는 언어는 한국어이다. 한국어 어휘는 한국 고유의 고유어, 한자로 구성된 한자어, 외국에서 도입되어 점차 현지화된 외래어로 구성되어 있다. 이 세 가지 어휘를 문자로 표현하기 위해, 한국은 현재 500여 년 전 한국에서 창제된 한글(언문)을 사용하고 있다. 현재 한글을 공식 문자로 사용하고 있지만, 실제 생활에서는 한자어의 비율이 상당히 높아 효과적인 의사 전달을 위해 한자가 빈번히 사용되고 있다.

이에 본고에서는 '한국에서 한자를 최초로 사용한 시기', '현재의 한자 사용 정도', '학교 교육에서 사용되는 한자의 수', '한자를 사용하는 차자(借字) 표기법', '한국에서 창제한 한자와 중국에서 사용하는 한자의 차이점' 등을 종합적으로 고찰하고자 한다.

1. 한자의 유입

한자가 한국에 언제 전래되었는지에 대해서는 현재까지 정확한 답변을 제시할 수 있는 사람이 없다. 정확한 시기를 특정하기 어려운 이유는 한자가 문화의 산물이기 때문이다. 문화적 산물의 전파는 일반적으로 점진적으로 이루어지므로, 특정 연도에 전파되었다고 단정짓기가 어렵다.

한자의 유입 시기에 대한 기록이 없기 때문에, 이를 이해하기 위해서는 한국과 중국 간의 교류가 발생한 시기와 유형을 밝힘으로써 한자의 유입 과정을 추측할 수밖에 없다.

현존하는 한국의 한자 자료 중에서 가장 오래되고 완전한 것은 바로 『고구려(高句麗) 광개토왕비(廣開土王碑)』이다. 이 비석은 광개토왕의 아들인 장수왕이 광개토왕 사후 2년째인 서기 414년에 제작한 것으로 알려져 있다. 이 유물의 존재를 통해, 우리는 적어도 광개토왕 생전에 한국에서 이미 한자가 보편적으로 사용되었음을 알 수 있다.

유물은 없지만, 그 이전에도 백제의 아직기(阿直岐)와 왕인(王仁)이 4세기경에 이미 일본에 『논어(論語)』 등 다수의 서적을 전해주었다는 기록이 있다. 이를 통해, 우리는 한반도에서 늦어도 4세기 이전에 이미 상당한 수준의 한자 문헌이 존재했으며, 이는 한자가 매우 일찍이 한국에 유입되었음을 시사하고 있다.

그렇다면, 그 이전에 중국과는 얼마나 오랫동안 교류가 있었을까? 역사에 따르면, 기원전 104년 중국의 한무제(漢武帝)가 한국에 한사군(漢四郡)을 설치했다. 낙랑(樂浪) 옛 유적지에서 발견된 유물 중에는 서한(西漢) 시기의 칠기(漆器, 기원전 85년)와 동종(銅鐘, 기원전 41년)이 있다. 최근 한나라가 한반도에 한사군을 설치했다는 사실의 진위에 대해 논란이 계속되고 있지만, 만약 이것이 사실이라면 한자가 이 시기에 한국에 도입되었을 가능성이 매우 높다.

그 근거는 다음과 같다.

한나라가 한반도에 한사군을 설치한 목적은 한반도를 통치하기 위함이었고, 통치를 위해서는 상하 간의 소통이 필요했으며, 소통에는 필연적으로 언어나 문자가 필요하다. 당시 한나라에서는 이미 오랫동안 한자를 사용해 왔으므로, 통치자들은 반드시 한자를 기반으로 통치를 했을 것이다.

물론, 문자가 없는 종족도 다른 나라를 통치할 수 있다. 그러나 그들은 이미 한자라는 고급문화 도구를 사용하고 있었기 때문에, 한사군을 설립할 때 한자를 사용하지 않고 통치했을 가능성은 극히 낮다. 이러한 관점에서 볼 때, 한사군의 설립은 자연스럽게 한자의 도입을 수반했을 것이며, 한반도에서도 늦어도 그 시기에는 한자를 사용하기 시작했을 것이다. 그러나 안타깝게도, 현재까지 당시에 한자를 사용한 흔적을 보여주는 어떤 문물도 발견되지 않았다.

한자와 관련된 유물 중에는 『고구려 광개토왕비』외에도 다른 문물들이 있다. 경상남도(慶尙南道) 남해군(南海郡)의 금산(錦山)을 방문하면, 한 계곡의 길가에 '서불과차(徐市過此: 서불이 여기를 지나갔다.)'라고 새겨진 돌을 볼 수 있다. 전설에 따르면, 진시황이 영생불사를 위해 서불(徐市)이라는 신하를 보내, 500명의 어린 남자아이, 여자아이와 함께 성지로 가서 불로초를 찾게 했는데, 서불 일행이 동방의 제주도에 도착하여 여러 지역을 돌며 물어보던 중에 마침 이곳에 불로초가 있다는 말을 듣고 이곳에 왔다고 한다. 서불 일행은 그들의 도착을 기념하기 위해 돌에 '서불과차(徐市過此)'라는 네 글자를 새겼다고 전해진다.

만약 이것이 사실이라면, 한자가 한국에 유입된 시기는 기원전 220년경의 진시황 시기로 거슬러 올라가며, 이는 한사군 설치 시기보다 100여년 이상 앞선 것이다. 그러나 이는 단지 전설에 불과하며, 이를 뒷받침할 어떤 증거도 없다. 게다가 돌에 새겨진 글자가 분명 한자이기는 하지만, 그것이 정확히 '서불과차(徐市過此)'인지는 확실하지 않다. 더욱이, '서불과차(徐市過此)' 네 글자가 명확하다고 해도 그것이 서불 일행이 직접 썼다고 단정지을 수 없다. 그 이유는 당시 진나라에서 유행하던 서체가 소전(小篆)과 예서(隷書)였는데, 이 네 글자는 이 두 서체에 속하지 않기 때문이다. 따라서 후대 사람들이 오래된 전설을 기록하기 위해 새겼을 가능성이 매우 높다.

한국의 해안선 중에서 특히 경관이 뛰어난 곳들은 그 장엄한 풍경을 더욱 아름답게 만들기 위해 많은 전설이 전해지고 있다. 예컨대, 진시황이 신성한 곳에서 자라는 불로초를 찾기 위해 그의 신하들을 보냈다는 것과 같은 이야기이다. 충무(忠武) 해변의 해금강(海金剛), 여수(麗水) 해변의 백도(白島), 서해안의 홍도(紅島) 등이 모두 이러한 전설이 남아있는 대표적인 장소들이다.[1]

2. 한자 사용 초기의 한자 차용 표기법

한자가 한국에 전래된 초기에는 한자를 직접 사용했지만, 시간이 흐르면서 점차 한자를 한국 고유의 언어와 결합하여 사용하는 방식이 나타났다. 즉, 한자의 음과 뜻을 빌려 한국어를 기록하는 표기법이 고안되었다. 이를 '차자 표기법(借字表記法)' 또는 '한자 차자 표기법(漢字借字表記法)'이라고 한다. 이러한 '한자차자표기법'은 '향찰(鄕札)', '이두(吏讀)', '구결(口訣)', '고유명사 표기' 등을 포함하고 있다.

한자를 빌려 쓰는 방법은 한자의 음과 뜻 중 어느 것을 빌리느냐에 따라 '음(音)'과 '훈(訓)'으로 나뉘고, 한자의 본래 의미를 사용하느냐 아니면 본래 의미를 버리고 음으로만 사용하느냐에 따라 '독(讀)'과 '가(假)'로 나뉜다. 이러한 방법들을 결합하면, 다음과 같은 차자 체계가 도출된다.

· 음독자(音讀字): 한자를 음으로 읽으면서 그 본래 의미도 반영하여

---

1) [韓] 李圭甲, 『한자의 즐거움』(차이나하우스, 2016), 64-66쪽.

빌려 쓴 글자.
- 음가자(音假字): 한자를 음으로 읽지만, 그 본래 의미는 버리고 단순히 음을 표기하기 위해 빌려 쓴 글자.
- 훈독자(訓讀字): 한자를 훈으로 읽으면서 그 본래 의미를 반영하여 빌려 쓴 글자.
- 훈가자(訓假字): 한자를 훈으로 읽지만, 그 의미는 버리고 단순히 음을 표기하기 위해 빌려 쓴 글자.

이들은 표의문자의 성질과 표음문자의 성질을 결합하고 있다. 따라서 표의자로 빌려 쓴 글자를 '독자(讀字)'라고 하고, 표음자로 빌려 쓴 글자를 '가자(假字)'라고 한다. 한자 차용 글자 중에는 '독자'와 '가자'의 중간적 성격을 가진 것들이 있다. 이에 따라, '독자'이면서도 '가자'의 성질을 가진 것을 '의독자(擬讀字)'라 부르고, '가자'이면서도 '독자'의 성질을 가진 것을 '의가자(擬假字)'라고 부른다.

'차자(借字)'의 발음을 나타낼 때, 음독자의 경우 당시 한국의 한자음으로 읽고, 훈독자의 경우 한국어의 고유어인 '훈'으로 읽었다. 하나의 '차자(借字)'가 두 개 이상의 '훈'으로 읽힐 수 있고, 두 개 이상의 '차자(借字)'가 하나의 '훈'으로 읽힐 수도 있다. 예컨대,『향약구급방(鄕藥救急方)』에서 '草'는 '풀'과 '새'로 읽히고, '末'과 '粉'은 모두 'ᄀᆞᄅ'로 읽힌다.

음가자(音假字)도 대체로 당시의 한자음으로 읽히지만, 일부는 그 근원을 알 수 없는 속음(俗音)으로 읽히기도 한다. 예컨대, '省'이 '소'로 읽히는 것은 이전 세대의 한자음일 가능성이 있다. 또 다른 예로, '彌'가『향약구급방』에서 '미'로 읽혔지만, 전통적으로는 '며'로 읽혔는데, 이 '며'는 고대의 한자음으로 추정된다.

'차자(借字)'의 연결 규칙은 음절 단위로 이루어지며, 그 앞부분은 개념을 나타내는 '음독자'나 '훈독자'로 표기하고, 문법 관계를 나타내는 뒷부분은 '음가자'나 '훈가자'로 표기한다. 즉, '독자(讀字)+가자(假字)'의 특징을 가진 표기 구조를 갖는다. 이러한 순서는 특히 글자 사용에서 명확하게 나타난다.

'차자(借字) 표기법'은 지명, 인명, 국명(國名), 관명(官名) 등을 가자(假字)로 표기하는 고유명사 표기에서 시작되었다. 이는 한문의 가차자(假借字) 사용 방법에서 유래했다. 이 표기법은 한국의 가장 오래된 기록인 『고구려 광개토왕비』의 비문에서부터 이미 사용되기 시작했다.

삼국 시대의 금석문에 기록된 한문이나 초기 이두문(吏讀文)에 나타난 글자들을 통해, 신라, 고구려, 백제가 동일한 문자를 사용했음을 확인할 수 있다. 이는 중국인들이 외래어를 기록할 때 사용한 가차자나 일본의 초기 고유명사 표기자와 대체로 유사한데, 이를 통해 이들 국가의 문자가 서로 영향을 주고받았음을 알 수 있다. 그러나 6세기의 자료에서 이미 한국 고유의 용법인 '훈가자(訓假字)'가 사용되었다는 사실은 고유명사 표기법이 이미 한국화되었음을 보여준다.

다음은 '차자(借字) 표기법'을 대표하는 '이두(吏讀)', '구결(口訣)', '향찰(鄕札)'에 대해 간단히 살펴보겠다.[2]

(1) 이두(吏讀)

'이두(吏讀)'는 한자의 음과 훈을 빌려 한국어를 표기하는 방법으로, '이도(吏道)', '이도(吏刀)', '이두(吏頭)', '이토(吏吐)' 등과 같은 의미를 나타내는데, 한자만 다를 뿐이다. '이(吏)'는 '서리(胥吏)'의 '이(吏)'와

---

2) 이상은 '네이버 지식백과'의 '차자 표기법'(한국민족문화대백과, 한국학중앙연구원)에 수록된 관련 내용을 개괄하고 정리한 것이다.

같은 의미이지만, '두(讀)'는 '구두(句讀)'의 '두(讀)'에서 유래한 것으로 추정된다. 이렇게 볼 때, '이두'는 서리들이 사용한 이두문의 '토(吐) (助詞)'가 된다.

자료에서 볼 때, '이두' 문체는 삼국 시대부터 발달하기 시작하여 통일신라 시대에 성립되었으며, 19세기 말까지 전승되었다. 이두문은 한문 문법과 한국어 문법이 혼합된 문체로, 때로는 한문 문법이, 때로는 한국어 문법이 더 강하게 나타나는데, 그 정도가 고정되어 있지 않다. '이두' 문체의 이러한 특징은 그것이 문서체(文書体)에서 기원했기 때문이다.

'이두'의 창제자에 대해서는 일찍이 설총(薛聰)이 창제했다는 기록이 있지만, 실제로 '이두'라는 '차자(借字) 표기법'을 개인이 창작했다고 보기는 어렵다. 따라서 설총이 '이두'를 처음 창제했다기보다는, 당시까지 발전해 온 '차자(借字) 표기법'을 정리하고 한국어로 주석을 달아 경서를 새겼다고 보는 것이 더 적절할 것이다.

'이두'를 정리한 문헌으로 널리 알려진 것에는 이의봉(李義鳳)의 『고금석림(古今釋林)』에 기록된 '나려이두(羅麗吏讀)', 이규경(李圭景)의 '어록변증설(語錄辨證說)', 작자 미상의 『이문(吏文)』, 『이문대사(吏文大師)』, 『이문잡례(吏文雜例)』 등이 있다. 이들은 모두 17세기에서 19세기 사이에 형성된 것으로, 이두에 언문으로 읽는 법을 표시하여 이두의 읽는 법을 알 수 있게 했다.

이두를 기능별로 분류하고, 추정되는 읽는 법과 간단한 해석을 더한 것이 있는데, 그 일부를 소개하면 다음과 같다.

위에서 언급한 '이두'로 표기한 문자들을 '차자(借字) 체계의 관점에서 분류하면 다음의 네 가지로 나눌 수 있다.

- 음독자(音讀字): 告目/고목, 根脚/근각, 衿記/깃긔, 卜數/짐수.
- 훈독자(訓讀字): 進賜/나ᅀ리, 流音/흘림, 所/바, 事/일, 矣身/의몸, 望良/ᄇ라.
- 음가자(音假字): 題音/뎨김, 召史/조ᅀ, 役只/격기, 矣身/의몸, 亦/이, 乙/(으)ㄹ, 果/과, 段/단.
- 훈가자(訓假字): 是/이, 良中/아ᄒ, 以/(으)로, 爲如/ᄒ다, 爲去等/ᄒ거든, 茂火/더브러.3)

(2) 구결(口訣)

'구결(口訣)'은 한문에 '토(吐)'를 넣어 읽는 한국식 한문 읽기 방법을 가리키며, 읽은 내용도 포함한다. '구결'이라는 단어는 '구수비결(口授秘訣)'에서 유래한 것으로 볼 수 있다. 이는 스승이나 대학자가 자신이 파악한 경전의 내용을 제자에게 전수하고, 이것이 계속 전승되는 과정에서 '구결'이라는 단어가 생겨난 것으로 추정된다.

구결은 한문이 한국에 들어온 후 체계적인 학습 과정에서 발전했다. 고구려의 소수림왕 2년(372)에 대학을 설립하여 제자를 교육했는데, 이때 이미 구결이 나타났을 것으로 추정된다. 백제도 이 시기에 '박사(博士)'가 있었다고 추정되므로, 대학과 같은 교육 기관이 있었을 것이며, 이를 통해 구결이 이미 나타났을 것으로 추정할 수 있다. 신라에서 구결이 나타난 시기는 이들 국가보다 약간 늦었지만, 진덕여왕 5년(651)에 '국학(國學)'을 설립했으므로, 당시 이미 『경전(經典)』의 구결이 성립되었다고 볼 수 있다. 이 시대의 구결은 구전되었기 때문에 '토(吐)'의 표기법은 아직 실현되지 않았을 가능성이 있다.

---

3) 이상은 '네이버 지식백과'의 '차자 표기법'(한국민족문화대백과, 한국학중앙연구원)에 수록된 관련 내용을 개괄하고 정리한 것이다.

구결자(口訣字)는 신라 시대에 주로 차자(借字, 한자)의 정자체를 사용했지만, 고려 시대의 『석독구결(釋讀口訣)』에서는 주로 약자를 사용했다. 구결자는 전승된 시대에 따라 변화했고, 기록된 문헌 자료에 따라서도 차이가 있었다. 『화엄경소(華嚴經疏)』에서 『유가사지론(瑜伽師地論)』에 이르는 구결자를 살펴보면, 하나의 문헌 자료에 약 55개의 글자가 사용되었다. 여기에서 그중 일부를 소개하면 다음과 같다.

八/只/ㄱ, 기良/艮 ㄱ去/去/거 *才/在/겨 ㅁ/古/고
入/果/과 *㸚/彌/금 十/中/긔 *㝣/這/又ㄱ/隱/ㄴ
乃/那/나 又/奴/노 *卜/臥/누 匕/尼/니 *飛/飛
*斤/斤/ᆫ *丨/之/다 丁/丁/뎌 *彳/彼/뎌 刀/刀/도

이러한 구결자들은 초서체에서 유래한 것도 있고, 해서체에서 유래한 것도 있다. 필획이 간단한 한자[借字]는 원래의 글자[原字]를 그대로 사용했지만, 필획이 많은 구결자는 정자의 앞부분이나 뒷부분의 필획만을 취했다.

'순독구결(順讀口訣)'은 한문의 어순에 따라 한문을 낭독할 때, 구두점에 해당하는 곳에 '토(吐)'를 넣어 읽는 방법이다. 1970년대에 '석독구결(釋讀口訣)'이 발견되기 전까지는 이 구결만이 알려져 있었기 때문에, 구결이라고 하면 이것을 지칭했다. 후에 고려 시대 이전에 주로 '석독구결'을 사용했다는 것이 확인된 후, 이를 '순독구결'이라고 부르게 되었다.

'순독구결'은 한문을 읽으면서 동시에 그 내용을 이해할 수 있는 읽기 방법이므로, 한문을 이해하는 수준이 높아지면서 발전할 수 있었다. 따라서 '순독구결'은 한문이 광범위하게 보급되고 그 운용 능력

이 향상된 12세기 전후에 발전하기 시작했다고 볼 수 있다.[4]

(3) 향찰(鄕札)

'향찰(鄕札)'은 한자를 빌려 삼국 시대 한국어를 완전히 기록하는 표기법이다. 향찰의 기록으로 현재까지 전해지는 것은 주로 '향가(鄕歌)'이다. 『삼국유사(三國遺事)』에는 삼국 시대와 신라 시대에서 유래했다고 전해지는 14수의 향가 등이 기록되어 있다.

향찰은 차자표기법 중에서 가장 발달한 표기법으로, 관명 등의 고유 명사나 일부 어휘를 표기하는 것에서 시작하여 '이두(吏讀)' → '구결(口訣)' → '향찰'의 순서로 발전했다고 추정된다.

향찰의 표기 구조는 음절을 단위로 하며, '독자(讀字)+가자(假字)'가 주된 구조이다. 즉, 개념을 나타내는 부분은 한자의 본래 의미에 따라 표기하고, 조사나 어미 등 문법 관계를 나타내는 부분과 어휘의 끝소리 부분은 한자의 의미를 버리고 표음문자로 나타낸다. 이 점에서 '이두', '구결'의 표기 구조와 유형적으로 같다.

그러나 향찰은 완전한 한국어 어순에 따라 배열되며, '가자(假字)'의 일부인 '토(吐)'가 거의 완벽하게 조사나 어미를 나타낸다. 그밖에, 고유 명사가 아니더라도 '丘物叱丘物叱(구믌구믌)'처럼 '가자(假字)+가자(假字)' 식의 연결 구조를 사용하는 예도 많이 보인다.

이두문이 주로 한문의 어순과 한국어의 어순을 혼용하는 데 반해, 향찰은 인용문이나 특별한 표현 효과를 나타내는 경우를 제외하고는 한문의 어순을 사용하지 않았다.[5]

---

4) 이상은 '네이버 지식백과'의 '차자 표기법'(한국민족문화대백과, 한국학중앙연구원)에 수록된 관련 내용을 개괄하고 정리한 것이다.

3. 한국의 한자 사용

한자가 한국에서 사용된 것은 당연히 한자가 한국에 전래된 이후의 일이다. 앞서 언급했듯이, 기원전 104년 중국 한무제(漢武帝)가 한반도에 한사군(漢四郡)을 설치한 후에 한국에 도입되었을 가능성이 높다. 이후 한국의 삼국 시대 각국은 학문을 장려하기 위해 학교를 설립했는데, 여기서 사용된 문자는 모두 한자였을 것이다. 그 시기부터 근대에 이르기까지, 역대 왕조에서 학문을 가르치던 기관은 다음과 같다.

- · 4세기, 고구려의 태학(太學)
- · 7세기, 통일신라의 국학(國學)
- · 10세기, 고려 시대의 국자감(國子監). 14세기, 성균관(成均館)
- · 15세기, 조선 시대의 성균관(成均館), 향교(鄕校), 서원(書院)

이러한 기관에서 학문을 교육하는 과정에서 한국의 학문은 문학·역사·철학 등 각 영역에서 탄탄한 학술적 기반을 다졌고, 다양한 학술적 성과를 이루어 상당한 한문 자료를 남겼다. 현재까지 전해지는 대표적인 성과는 다음과 같다.

- · 통일신라: 『대방광불화엄경(大方廣佛華嚴經)』, 『화엄석경(華嚴石經)』,
  각종 비문
- · 고려: 『고려대장경(高麗大藏經)』(약 5천만 자)

---

5) 이상은 '네이버 지식백과'의 '차자 표기법'(한국민족문화대백과, 한국학중앙연구원)에 수록된 관련 내용을 개괄하고 정리한 것이다.

· 조선: 『조선왕조실록(朝鮮王朝實錄)』(약 5천만 자), 『승정원일기(承政院日記)』(약 2억 자), 각종 문집(총 수천만 자)

4. 한글의 창제와 사용

조선 초기 세종대왕이 한글을 창제하기 전까지는 모든 문서가 한자로 작성되었으며, 한자를 알지 못하는 대다수의 백성들은 이로 인해 여러 어려움을 겪었다. 따라서 세종대왕은 이러한 어려움을 해소하고자 한국 고유의 문자인 한글을 창제했다.

세종대왕은 한글을 창제하기 위해 문자와 관련된 많은 문헌을 섭렵했으며, 당시 최고의 학문 기관인 집현전(集賢殿) 학자들의 도움을 받아 한글 창제에 큰 노력을 기울였다. 그 결과, 1443년에 한자 체계와는 다른 음소 문자인 한글을 창제하고 '훈민정음(訓民正音)'이라 명명했는데, 이는 '백성을 가르치는 바른 소리'라는 뜻이다. 훈민정음의 음소는 초기에 총 28개로 구성되었으나, 후에 4개가 통합되어 현재는 24개의 음소를 사용하고 있다.

세종대왕은 훈민정음을 창제한 후 즉시 모든 백성이 사용할 수 있도록 반포하려 했으나, 신하들의 반대에 부딪혀 한동안 반포하지 못했다. 이후 신하들을 설득하여 이해를 얻은 뒤, 1446년에 이르러서야 반포할 수 있었다. 세종대왕은 모든 문서에 한자와 함께 한글을 사용하고자 했지만, 실제로는 거의 모든 문서에서 여전히 한자가 사용되었고, 한글은 주로 여성이나 하층민 사이에서 사용되었다. 그 결과, 한글은 '언문(諺文)'이라는 비하적 명칭으로 불리기도 했다.

20세기에 들어서면서 서구의 교육 제도가 도입되어 학교가 설립되기 시작했고, 학교에서 한글 교육이 이루어지면서 한글 사용이 점차 확대되었다. 이와 함께, 한국의 문맹률이 크게 감소하여 한글 사용이 더욱 증가했다. 그러나 한자가 모든 문서에서 완전히 사라진 것은 아니었으며, 20세기 중반까지도 한자는 여전히 한글과 함께 사용되었다.

앞서 살펴본 바와 같이, 19세기까지 한국에서 제작된 문헌은 거의 대부분 한자를 사용했다. 그러나 20세기에 들어서면서 점차 더 많은 곳에서 한글이 사용되기 시작했다. 하지만 한국어의 상당 부분이 한자어로 구성되어 있어 한자를 사용할 수밖에 없었고, 한자를 사용하지 않더라도 한자에 대한 이해를 바탕으로 한국어를 이해하는 것이 더 효과적이었다.

그렇다면 현재 사용되는 한국어는 어떻게 구성되어 있을까? 이를 알아보기 위해 한국 국립국어원에서 편찬한 『표준국어대사전(標準國語大辭典)』에 수록된 51만 개의 어휘를 살펴보면, 각 유형별 어휘의 비중은 다음과 같다.

- 고유어: 약 26%
- 한자어: 약 58%
- 고유어와 한자어로 구성된 합성어: 약 9%
- 외래어 및 기타: 약 7%

불과 30-40년 전만 해도 한국의 거리 간판에는 대부분 한자가 사용되었고, 신문과 잡지에도 많은 한자가 사용되었다. 그러나 최근에는 한자가 거의 사라지고 모두 한글로 대체되었으며, 심지어 영어가 과도하게 범람하는 경향까지 나타나고 있다. 다음 두 장의 사진은 이러한 현상을 잘 반영하고 있다.

[그림 6-1] 1970년대의 거리 간판   [그림 6-2] 2010년대의 거리 간판

5. 근대의 한자 교육 정책

한자는 한무제가 한반도에 한사군을 설치한 후 한국에 전래되었으며, 이에 따라 자연스럽게 한자 교육이 형성되었다. 한국의 삼국 시대에는 공식적인 교육 기관이 존재했을 뿐만 아니라, 고려 시대부터는 사적 교육을 위한 서당이 설립되었으며, 이러한 기관들은 모두 학생들에게 한자 교육을 실시했다. 그럼에도 불구하고, 조선 시대 말기까지 이러한 교육을 받을 수 있는 사람들은 전체 국민 중 일부에 불과했기 때문에, 한자를 읽고 쓸 수 있는 사람은 매우 제한적이었다.

그러나 대한민국 수립 이후 모든 국민에게 의무 교육이 실시되면서, 학교에 입학한 학생들은 모두 문자를 습득할 수 있게 되었다. 다만 초기에는 정부가 한글 전용 정책을 실시하여 학생들이 한자를 학습하지 않았다. 하지만 시간이 지나면서 1952년부터 국문·한문 혼용 정책이 시행되어, 학생들은 중고교 국어 교과서에서 한자를 접할 수 있게 되었다. 이후 정책에 따라 한글과 한자 교육이 수시로 바뀌었는

데, 그 과정을 요약하면 다음과 같다.6)

- 1945년: 한자 사용 폐지 (학무국, 조선교육심의회)
- 1948년: 한글 전용법 공포
- 1952년: 초등학교 4, 5, 6학년 국어 교과서에 상용한자 1,000자 이 내의 한자 사용
- 1964년: 초등학교 4학년 이상과 중학교 국어 교과서에 한자 사용
- 1969년: 한자 교육 중단
- 1972년: 중학교 한문 교육 실시, 교육용 한자 1,800자 선정 및 발 표(중학교 900자, 고등학교 900자)
- 1997년: 의무 교육에서 한문 교육 과목 제외, 각 학교의 선택적 교 육 허용
- 2000년: 교육부에서 교육용 한자 1,800자 수정 발표(중학교 900자, 고등학교 900자)

결론적으로, 상술한 교육 정책의 시행에 따라 현재 중학교에서의 한문 교육 실시 여부는 각 학교장의 재량에 맡겨져 있어, 상당수의 학교에서 한문을 정식 교과목으로 채택하지 않고 있다. 한문 교육을 처음으로 정식 과목으로 채택한 중학교의 경우, 2007년부터 2012년 까지의 한국 중학교 학급 수를 기준으로 하여, 학교의 재량권에 따라 한문 학습을 선택한 학급 수의 통계는 다음과 같다.

---

6) [韓] 李圭甲, 「韓國의 漢字 教育과 教育用 漢字-漢字選定方式의 問題點 爲主」, 『韓中言語文化研究』 第37號(2015).

표 6-1. 2007-2011년도 한국 중학교 학급 수 및 한문 학습 선택 학급 수

연도	전체 학급 수	한문 학습 선택 학급 수	백분율(%)
2007	58,950	40,846	69.29
2008	58,804	40,285	68.51
2009	58,396	39,712	68.00
2010	58,373	37,080	63.52
2011	57,830	27,242	47.11

이 통계에 따르면, 한문 학습을 선택한 학급 수는 전체 학급 수의 70%를 넘지 않는다. 2009년까지는 큰 차이가 없지만, 2010년부터 한문 학습을 선택한 학급 수가 감소하기 시작하여 2011년에는 크게 줄어들어 전체 학급 수의 절반에도 미치지 못했다. 이를 통해, 한국에서 한문 교육과 학습에 대한 수요가 점차 감소하고 있음을 알 수 있다.

6. 한국 고유 한자

문자는 하나의 문화이기 때문에, 문자를 가진 지역에서 문자가 없는 지역으로 전파되는 것은 보편적인 현상이다. 특정 지역에 우수한 문자가 존재할 경우, 그것은 주변으로 전파되어 결국 주변의 다른 사람들도 그것을 사용하게 된다. 이러한 관점에서 볼 때, 중국에서 만들어진 한자가 후에 한국, 일본, 베트남 등지로 전파된 것은 매우 자연스러운 현상이라고 할 수 있다. 물론, 이들 국가에서도 자체적인 문자 체계를 가지고 있었을 가능성이 있다. 만약 한자보다 더 우수하거나 한자의 필요성을 느끼지 못할 만한 문자 체계를 가지고 있었다면, 한자가 그 나라에 전해지지 않았거나, 전해졌다 하더라도 광범위하게 사용되지 않았을 수 있다. 그러나 어떤 경우든, 한자는 일찍이

한국에 전해졌고, 오늘날까지도 매우 광범위하게 사용되고 있다.

이러한 관점에서 볼 때, 외국에서 한국으로 전해져 사용된 한자는 모두 중국에서 만들어진 것이라고 할 수 있다. 다른 모든 문자와 마찬가지로, 한자에도 생명력이 있어 필요에 따라 변화하며, 더 이상 사용되지 않는 글자는 도태되기도 한다. 따라서 한자가 한국에 전파된 후에도 중국에서는 계속해서 새로운 한자를 창조했고, 이러한 한자들이 다시 차례로 한국에 전해졌다.

그렇다면 중국에서 처음 한자를 창제한 후 한국에 전해진 이래로 현재까지, 한국에서 새롭게 창제한 한자는 전혀 없었을까? 중국이 계속해서 필요한 한자를 만들어내고 한국이 그것을 계속 도입해 왔지만, 한국에도 일부 자체적으로 만든 문자들이 있다. 이는 중국에서 전해지지 않은 어휘들로, 한국에서 필요에 따라 표현의 요구에 맞춰 새로운 한자를 창조하고자 하는 욕구가 생겼기 때문이다.

즉, 한국 고유의 지명, 인명, 관직명 또는 고유 어휘 등을 표현하기 위해 한자를 사용해야 했지만, 한국에 도입된 한자 중에 그것을 적절히 표현할 수 있는 한자가 없어서 그에 맞는 새로운 글자를 만들 필요가 있었다. 따라서 한국의 고유한자는 아주 오래전부터 형성되었을 가능성이 높다. 물론 대부분의 고유한자는 근대 이후에 형성되었지만, 기록에 따르면 삼국 시대의 인명이나 지명 중에도 한국에서 만든 한자가 적지 않았다고 한다. 이러한 한자를 일반적으로 '고유한자(固有漢字)'라고 부르며, 보통 자전에서는 한국의 고유한자를 '국자(國字)'로 표기한다.

이처럼 한국에서 사용되는 어휘를 표현하기 위해 한자를 활용하는 방법은 크게 세 가지로 나눌 수 있다. 첫째는 완전히 새로운 한자를 창제하는 것이고, 둘째는 중국에서 만든 한자의 발음만을 이용하는 방식이며, 셋째는 중국에서 만든 기존 한자의 의미만을 활용하는 방식이다. 통일신라 시대부터 존재했던 이두(吏讀)나 향찰(鄕札) 등에서 사용된 한자의 대부분이 이 범주에 속한다. 이 중에서 진정한 의미에서 한국에서 만든 한자는 첫째 유형의 글자들뿐이다.[7]

한국에서 이러한 국자들을 정리하고 수록한 대표적인 문헌들은 다음과 같다.

· 지석영(池錫永)의 『자전석요(字典釋要)』(1909)
· 최남선(崔南善)의 『신자전(新字典)』(1915)
· 점패장지진(鮎貝房之進)의 『속자고(俗字攷)』(1931)
· 최범훈(崔範勳)의 『한자차용표기체계연구(漢字借用表記體系研究)』(1977)
· 김종균(金鍾埍)의 『한국고유한자연구(韓國固有漢字研究)』(개정증보판, 2014)
· 단국대학교(檀國大學校) 동양학연구소 편찬의 『한국한자어사전(韓國漢字語辭典)』(1권-4권, 1992, 1993, 1995, 1996) 등.[8]

위의 문헌들에 수록된 한국의 국자(國字) 중에서 일부를 열거하면 다음과 같다(한국어 음을 기준으로 나열함).

간(鐗)·갈(乫)·갈(乬)·감(䛪)·갓(乫)·갯(乫)·거(艍)·걱(巪)·걸(乬)·겁(迲)·
겁(㤼)·것(𢒼)·계(𥓔)·고(㑖)·고(藁)·골(廤)·골(乤)·골(䓘)·곱(𧀢)·곶(𦱇)·
곶(𪊲)·곶(𢈢)·광(㹐)·굴(乼)·굴(乼)·굿(㐺)·귀(𣟴)·끝(𡗝)·기(𢗼)·놀(乽)·
놀(乻)·놈(耂)·늣(𦹀)·답(畓)·대(垈)·대(襨)·돈(獤)·돌(乭)·돌(㖠)·둣(𧩲)·

7) [韓] 李圭甲, 『한자의 즐거움』(차이나하우스, 2016), 126-127쪽.
8) Yongki Lim, Jiyoung Lee, "Korean-coined characters and syllable structure". *Journal of Chinese Writing Systems*, 2019 (3).

똥(閪)·똥(㖦)·두(𨑨)·둑(乧)·둔(芚)·둘(乲)·둘(𡊱)·둣(𠮧)·둥(𠳊)·둘(乮)·
등(𣗏)·람(𡅏)·로(㳯)·마(亇)·마(亇)·마(𩸄)·말(𣐹)·말(朶)·망(魟)·망(䋄)·
명(榀)·몰(乮)·반(㮽)·발(炦)·배(环)·배(𥳑)·백(苩)·뻘(浟)·볼(乶)·볻(乶)·
부(𣏖)·뿐(岔)·뿐(𡕔)·비(𦄀)·비(棐)·산(橵)·산(𣁤)·삽(㴙)·쌀(𡚌)·살(乷)·
셔(閪)·선(𤁯)·션(鐥)·션(縇)·설(𡖛)·설(𨯔)·소(螦)·쇼(𡗠)·솔(乺)·솔(乺)·
솟(乸)·수(𥟄)·슈(𨕕)·승(㴑)·씨(𪐼)·식(䬺)·얌(𡖴)·억(𣁤)·얼(乻)·엄(欕)·
엇(乵)·엿(𡬶)·유(𥳏)·올(乯)·욋(乤)·료(𩟗)·우(沊)·우(𥿢)·울(乭)·율(乬)·
자(𡇟)·자(𣝔)·작(𦏴)·잘(乽)·잣(𥿦)·장(欌)·젹(𥓘)·뎐(𤟢)·절(乼)·졈(岾)·
뎡(魟)·조(曺)·조(𥟊)·종(䑐)·줄(乼)·죳(𦦹)·짓(𪇆)·추(橻)·탁(㐅)·택(垞)·
퉁(𢌃)·톨(乭)·퐛(𣎪)·팽(闛)·편(𥳑)·할(乤)·화(𠯈)·횡(遤)[9]

앞서 언급한 예시 외에도, 한국의 국자 중에는 중국에서 사용하는 이체자의 자형과 동일하지만 독음과 의미가 완전히 다른 한자들이 있다. 이러한 한자들은 중국의 정자(正字) 자형과 같지 않고 이체자의 자형과 같기 때문에 중국의 한자로 보기 어렵다. 그렇다고 해서 완전히 한국의 국자로 보기도 어렵다. 예컨대, 섬의 이름을 나타내는 '岁' 자가 있다. 이에 대해 김은희(金殷嬉)는 다음과 같이 설명했다.

> '岁'은 섬 이름인 '岁' 외에는 다른 용례를 찾기 어렵다. 『한국한자어사전(韓國漢字語辭典)』(2권)에서는 "독음 미상, 의미는 섬의 이름"이라고 기록되어 있다. 그러나 『조선왕조실록(朝鮮王朝實錄)』(sillok.history.go.kr)의 『광해군일기(光海君日記)』(59권, 광해 4년 11월 6일, 제5편 기사)에 기록된 '岁崽'를 '불새'로 번역한 것으로 보아, '불'로 읽었음을 알 수 있다. 중국의 『금병매(金瓶梅)』(『송원이래속자보(宋元以來俗字譜)』)와 1936년 『중국가요자료(中國歌謠資料)』에 인용된 『북평세시지(北平岁時志)』에서 '岁'는 '세(歲)'의 이체자로 사용되었다[10]. 그러나 이는 섬 이름에 사

---

9) [韓] 李圭甲, 『한자의 즐거움』(차이나하우스, 2016), 128-129쪽.
10) 岁, 同"歲". 『중국가요자료(中國歌謠資料)』 제1집 제7부분에 인용된 지방지 중에

용된 '嵓'의 의미를 나타내는 편방 '산(山)'의 영향을 받아, 의미를 나타내는 편방 '산(山)'과 음을 나타내는 편방 '불(不)'이 결합하여 만들어진 '국자'로 추정된다.11)

7. 현재 한국의 상용 한자

현재 한국에서는 일부 사람들이 거의 전적으로 한글을 사용하고 있지만, 한국어에는 이미 다량의 한자어가 포함되어 있다. 따라서 한글로 표기하더라도 실제로는 무의식중에 많은 한자어를 사용하고 있다. 그러므로 한글로 쓰인 이러한 한자어를 모두 한자로 바꾼다면, 우리는 상당량의 한자를 사용하고 있다고 볼 수 있다.

그렇다면 한국에서 가장 자주 사용되는 한자는 어떤 것들일까? 현재 한국에서는 한글과 한자를 동시에 사용하고 있지만, 조사나 한국어로 표기할 수 있는 한자어는 모두 한글로 쓰기 때문에, 아무리 많은 글자를 사용하더라도 전체 한자 중에서 차지하는 비율이 높지 않아, 그 빈도 분포가 비교적 균일하다. 반면에 중국어에서는 모든 단어를 한자로 쓰기 때문에, 조사의 하나인 '적(的)'자가 전체 한자 수의 4% 이상을 차지하며, 빈도표 상위 10위 안에 드는 글자들이 전체 한자 사용률의 15% 이상을 차지하고 있다.

는 장강재(張江裁)의 『北平崇時志』가 있다. 『漢語大字典』第二版九卷本(四川辭書出版社·崇文書局, 2010), 787쪽.

11) [韓] 金殷嬉, 「현대 중국 사회에서의 한국 고유한자 '國字'의 존재 양상 분석」, 『外國學硏究』 第58集(2021).

표 6-2. 한국·중국 양국의 한자 사용 빈도가 높은 상위 100개 글자

번호	한국	중국	번호	한국	중국	번호	한국	중국	번호	한국	중국
1	國37	的18	26	州	裏	51	錄	沒	76	集	經49
2	大17	一12	27	日	麼	52	記	能	77	不5	産
3	文	了	28	民67	得	53	城	多	78	光	道25
4	金	是	29	南	去	54	成71	天48	79	說21	十
5	學46	不77	30	主33	也	55	長100	工	80	動58	甚
6	由	我	31	上	那	56	者	家61	81	平	進
7	李	在	32	高	會21	57	官	把	82	北	心98
8	人9	有	33	石	主30	58	物	動80	83	五	現
9	書	人8	34	神	時59	59	時34	用	84	年49	然
10	東	這	35	教	出	60	海	對	85	朴	只
11	法	他	36	水	下	61	家56	中19	86	西	種
12	一2	們	37	王	國1	62	安	作	87	內	老
13	子24	來	38	理	過	63	部	自74	88	門	事17
14	三	個	39	正	爲	64	軍	發	89	相	從
15	史	上	40	實	好	65	世	又	90	川	分
16	韓	地20	41	朝	看	66	代	同	91	白	前
17	事88	大2	42	面68	生24	67	明	民28	92	元	些
18	的1	着	43	行99	可	68	政	面42	93	詩	點
19	中61	就	44	義72	以	69	寺	想	94	德	開
20	地16	你	45	社	還	70	院	樣	95	無	而
21	會32	說79	46	論	學5	71	本	成54	96	方97	很
22	性	到	47	新	起	72	公	義44	97	龍	方96
23	化	和	48	天54	都	73	體	後	98	心82	於
24	生42	子13	49	經76	年84	74	自63	她	99	權	行43
25	道78	要	50	宗	小	75	定	頭	100	江	長55

* 한자 옆의 숫자는 중국에서 이 글자를 사용하는 빈도순을 표시.[12]

---

12) [韓] 李圭甲, 『한자의 즐거움』(차이나하우스, 2016), 232-235쪽.

그럼 중국에서 자주 사용되는 한자 중에서 한국에서 상대적으로 덜 사용하는 글자는 무엇일까? 이를 조사하기 위해, 먼저 양국에서 각각 자주 사용하는 100개의 글자를 순서대로 나열하고, 그중 양국 모두에서 사용하는 글자와 한 국가에서만 사용하는 글자를 아래 표로 정리했다(표 5-7 참조). 이 표에 따르면, 양국에서 모두 사용하는 한자는 31자에 불과하며, 나머지 69자는 각국의 상위 100위 안에 드는 한자들이다.

그중 중국에서 조사로 사용 빈도가 가장 높은 '적(的)'자는 한국에서도 18위를 차지하여 비교적 높은 빈도를 보인다. 사용 빈도 2위인 '일(一)'자 역시 한국에서 12위를 차지하고 있다. 그러나 '료(了)'나 '시(是)'와 같은 글자는 중국에서 자주 사용되지만 한국에서는 그렇지 않다. 이 외에도 '我, 在, 有, 這, 他, 們, 來, 個, 着, 和, 里'와 같은 조사나 대명사들은 한국에서 순수 한국어로 표기되어 한자로 잘 쓰이지 않지만, 중국에서는 매우 빈번하게 사용된다.

전체적으로 볼 때, 한국에서 가장 자주 사용하는 50자 중에서 중국의 상위 100자에 포함되는 것은 20자인 반면, 중국에서 자주 사용하는 50자 중에서 한국의 상위 100자에 포함되는 것은 14자에 불과하다.

반대로 한국에서는 '김(金), 이(李)'와 같이 성씨를 나타내는 글자가 높은 사용 빈도를 보이지만, 중국의 사용 빈도 상위 100자 중에서는 찾아볼 수 없다. 이는 이러한 글자들이 한국에서만 자주 사용되기 때문일 가능성이 높다.

후기

    새로운 세기에 접어들면서 중국 문자학의 학문 체계 구축은 괄목할만한 발전을 이루었습니다. 새로운 자료나 이론 분야의 획기적 발전, 기초 연구와 실제 응용, 도구적 요소와 다학제간 영역 등 모든 면에서 종합적인 정리가 필요합니다. 이는 핵심을 추출하고 요점을 파악하여 인문학적 기초 교양 독서에 적합하고, 문자를 통한 문화간 소통의 현재 수요에 부합합니다.

    학문 체계 구축의 발전된 모습을 반영하고 일반 독자들의 사용을 위해, 한 권의 책으로 복잡한 중국 문자학 체계를 바로 파악할 수 있도록 하는 것이 목표입니다. 이에 화동사범대학(華東師範大學) 중국문자연구와 응용센터에서 이『중국문자학 핸드북』을 출간하였으며, 이 책이 관련 학문 분야에서 실용적이고 편리한 공구서가 되기를 희망합니다.

    학문의 구축과 발전에 비해, 종합적인 요약과 정리는 항상 뒤처지게 마련입니다. 학문 체계가 너무 방대하고 시간이 촉박한 데다, 여러 사람의 손을 거쳐서 이루어졌기 때문에 누락된 부분이 있을 수 있습니다. 여러분의 보완을 기대하며, 이를 통해 적시에 완성도를 높일 수 있기를 바라고 있습니다.

    집필에 참여한 각 전문가들은 관련 세부 분야에서 탄탄한 문자학 기초 소양을 갖추고 있으며, 학계에서 인정받는 학술적 기여를 한 학자들입니다. 그중 일부 학자들은 '당대 최고'라고 할 수 있습니다.

체제에 따라, 오랜 역사를 지닌 문자 기본 용어 체계를 다루고 있으며, 개념 정의, 역사적 논의의 주요 관점, 최신 발전 및 관련 자료 등을 기본적으로 포함하고 있습니다. 『중국문자학 핸드북』은 서론, 한자의 이론, 역사 속의 한자, 한자의 응용, 중국의 민족 문자, 한자 문화권 등 몇 개의 주요 지식 영역으로 유기적으로 구성되어 있습니다.

제1장. 서론 부분: 중국 문자의 기원과 중국 문자의 유형.

· 제1절. 중국 문자의 기원: 사천대학(四川大學) 역사문화대학의 하쟁(何崝)[13] 교수 집필.
· 제2절. 중국 문자의 유형: 상해외국어대학(上海外國語大學) 국제문화교류대학의 주건군(朱建軍)[14] 교수 집필.

제2장. 한자의 이론: 한자의 성질, 한자의 구조, 한자의 간화(簡化), 현대 한자.

· 제1절. 한자의 성질: 화동사범대학 중국문자연구와 응용센터의 장극화(臧克和) 교수 집필.
· 제2절. 한자의 구조: 남통대학(南通大學) 문과 대학의 연등강(連登崗)[15] 교수 집필.
· 제3절. 한자의 간체화: 남통대학 문과 대학의 연등강 교수 집필.

---

13) 고문자 학자. 중국 문자의 기원에 관한 주제를 오랫동안 연구해 왔다. 파촉서사(巴蜀書社)에서 출간한 『중국문자 기원연구』는 약 100만 자에 달하며, 이 분야 연구의 현재 최신 성과를 대표하고 있다.
14) 비교문자학과 민족문자학 전공.
15) 오랫동안 한자학 이론, 현대 한자학 연구 등 상대적으로 취약한 분야에 힘을 쏟아 왔으며, 관련 분야에서 큰 성과를 이루고 많은 기여를 한 저명한 학자.

· 제4절. 현대 한자: 남통대학 문과 대학의 연등강 교수 집필.

제3장. 역대 한자: 갑골문, 상주금문, 죽간·백서, 석각문자, 소전, 도
　　　문(陶文), 화폐문자, 도장문자, 종이에 쓴 문자-이 부분은 역
　　　사적 범위가 넓고 자료 유형이 다양함.

· 제1절. 갑골문: 화동사범대학 중국문자연구와 응용센터의 서려군
　(徐麗群) 박사후 연구원 집필.
· 제2절. 상주금문: 화동사범대학 중국문자연구와 응용센터의 동련
　지(董連池) 교수 집필.
· 제3절. 죽간·백서: 화동사범대학 중국문자연구와 응용센터의 백우
　란(白于藍) 교수 집필.
· 제4절. 석각문자: 화동사범대학 중국문자연구와 응용센터의 요미
　령(姚美玲) 교수 집필.
· 제5절. 소전: 화동사범대학 중국문자연구와 응용센터의 반옥곤(潘
　玉坤) 교수 등 집필.
· 제6절. 도문: 화동사범대학 중국문자연구와 응용센터의 탕지표(湯
　志彪) 교수 등 집필.
· 제7절. 화폐문자: 화동사범대학 중국언어문학계의 도하파(陶霞波)
　조교수 집필.
· 제8절. 도장문자: 화동사범대학 중국문자연구와 응용센터의 탕지
　표 교수 등 집필.
· 제9절. 종이에 쓴 문자: 화동사범대학 중국문자연구와 응용센터의
　요미령 교수 집필.

제4장. 한자의 응용: 한자와 컴퓨터 기술, 한자와 서예, 한자와 교육,
　　　한자와 문화.

· 제1절. 한자와 컴퓨터 기술: 화동사범대학 중국문자연구와 응용센터의 유지기(劉志基) 교수 집필.
· 제2절. 한자와 서예: 사천대학 역사문화대학의 하쟁16) 교수 집필.
· 제3절. 한자와 교육: 화동사범대학 국제한어문화대학, 화동사범대학 중국문자연구와 응용센터의 장덕소(張德劭) 연구원 집필.
· 제4절. 한자와 문화: 화동사범대학 중국문자연구와 응용센터의 유지기17) 교수 집필.

제5장. 중국의 민족 문자: 19종의 민족 문자를 포함하며, 많은 전문가와 학자들이 집필함.

· 제1절. 서하문자: 상해외국어대학 글로벌문명사연구소의 당균(唐均) 연구원 집필. 당균 교수는 연구 분야가 광범위한 것으로 유명한 일반 문자학 전문가입니다.
· 제2절. 거란문자, 여진문자: 상해외국어대학 글로벌문명사연구소의 당균 연구원 집필.
· 제3절. 소그드문자, 위구르문자, 몽골문자, 만주문자: 광주중의약대학(廣州中醫藥大學) 외국어대학의 증준민(曾俊敏) 교수 집필.
· 제4절. 토화라문자, 호탄문자, 티베트문자, 파스파문자: 천진대학(天津大學) 언어과학연구센터의 진흠해(陳鑫海) 교수 집필.
· 제5절. 방괘장자(方塊壯字), 묘족문자, 백족문자, 동족문자
  제1부분. 방괘장자: 강소대학(江蘇大學) 문과 대학의 사유곤(史維坤) 박사 집필.
  제2부분. 묘족문자: 치박사범전문대학(淄博師範高等專科學校) 인문대학의 유열(劉悅) 교수 집필.
  제3부분. 백족문자: 치박사범전문대학 인문대학의 유열 교수 집필.
  제4부분. 동족문자: 화동사범대학 중국문자연구와 응용센터의 유

---

16) 중국의 고문자학에 정통한 서예 대가.
17) 학술계에서 인정받는 고문자 국제 인코딩, 데이터베이스 문자학 전문가. 중국 한자문화학 학문 분야에서 가장 성과를 이룬 학자 중 한 명.

릉(劉凌) 부교수 집필.
- 제6절. 이족문자, 율속문자, 수족문자
  제1부분. 이족문자: 상해외국어대학 국제문화교류대학의 주건군 교수 집필.
  제2부분. 율속문자: 치박사범전문대학 인문대학의 유열 교수 집필.
  제3부분. 수족문자: 화동사범대학 중국문자연구와 응용센터의 유릉 부교수 집필.
- 제7절. 납서 동파문자: 화동사범대학 중국문자연구와 응용센터의 장춘봉(張春鳳) 연구원 집필.

제6장. 한자 문화권: 일본의 한자와 가나, 한국의 한자 사용.

- 제1절. 일본의 한자와 가나: 일본 와세다대학(早稻田大學) 사회과학 연구과 대학원의 사사하라 히로유키(笹原宏之)[18] 교수, 동북사범대학(東北師範大學) 외국어대학 일어계의 홍인선(洪仁善) 교수 집필.
- 제2절. 한국의 한자 사용: 한국 연세대학교(延世大學校) 중문과의 이규갑(李圭甲)[19] 교수 집필.

영국 SAGE 출판사에서 출간한 영문판 『중국문자』(JCWS) 편집부의 장춘봉(張春鳳) 박사가 편집하였고, 장덕소(張德劭) 연구원이 『중국문자학 핸드북』의 개요를 제작했습니다. 화동사범대학 중국문자연구와 응용센터의 정소림(鄭邵琳) 박사가 집필진들의 연락 및 행정 처리를 담당하였습니다.

『중국문자학 핸드북』을 제때에 출간할 수 있었던 것은 중국과 해외의 문자학자들과 한자 문화권 지역의 여러 전문가들의 지지와 화

---

18) 현재 일본에서 한자학 성과가 가장 뛰어난 학자 중 한 명.
19) 한국 고려대장경연구소 소장. 문자학 저서가 많은 학자.

동사범대학 출판사의 지원을 받았기 때문입니다. 화동사범대학 출판사의 왕염(王焰) 대표의 지원으로 인해 중점 선제로 삼게 되었고, 프로젝트 부서의 주화화(朱華華) 주임이 많은 시간과 노력을 기울여 이 책의 출판을 도왔습니다.

이 모든 것이 『중국문자학 핸드북』의 순조로운 출간에 기여한 인연들입니다.

화동사범대학 중국문자연구와 응용센터

장극화(臧克和)

계묘년(癸卯年) 초여름 나무들 사이의 호숫가 거처에서

대표 저자
장극화(臧克和)
중국 화동사범대학교 중문과 종신교수, 박사지도 교수, 화동사범대학교 중국문자연구와응용센터(중국교육부 인문사회과학 중점연구기지) 주임, 중국국가어문위원회 한자위원회 부주임과 중국교육부 학풍건설위원회 위원, 미국 아이오와 대학교 명예교수, 독일 본 대학교 객원교수를 맡고 있다. 중국국가중점과제, 교육부 중점과제 다수를 수행했으며, 『실용설문해자』, 『중국문자학발전사』, 『중고한자유변(中古漢字流變)』, 『간백(簡帛)과 학술』, 『독자록(讀字錄)』 등 다양한 저술이 있다.

역자
하영삼(河永三)
경성대학교 중국학과 교수, 한국한자연구소 소장, 인문한국플러스(HK+)사업단 단장, 세계한자학회(WACCS) 상임이사. 부산대 중문과 학사, 대만 정치대 중국과 석사, 박사. 한자어원과 한자에 반영된 문화성을 연구하고 있으며, 〈한자와 에크리튀르〉, 〈한자어원사전〉, 〈키워드 한자〉, 〈100개 한자로 읽는 중국문화〉, 〈한자의 세계〉 등의 저서와 〈완역설문해자〉(5책), 〈허신과 설문해자〉, 〈갑골학 일백 년〉(5책), 〈한어문자학사〉 등의 역서가 있다.

김화영(金和英)
경성대학교 중국학과 조교수, 부산대학교 중문과 박사.
한자어원 연구와 교육에 종사하고 있으며, 〈그림책 한자〉의 저서와 〈유래를 품은 한자〉, 〈갑골문고급사전〉, 〈삼차원한자학〉, 〈한국한문자전의 세계〉 등 여러 역서가 있다.

중국문자학 핸드북 (하)

초판 1쇄 인쇄 2024년 11월 30일
초판 1쇄 발행 2024년 11월 30일

저자 장극화(臧克和) 외
옮긴이 하영삼(河永三)·김화영(金和英)
펴낸이 정혜정
펴낸곳 도서출판3
표지디자인 배소연
편집 및 교열 김형준

출판등록 2013년 7월 4일 (제2020-000015호)
주소 부산광역시 금정구 중앙대로 1929번길 48
전화 070-7737-6738
팩스 051-751-6738
전자우편 3publication@gmail.com

ISBN: 979-11-87746-78-2 (94720)
      979-11-87746-76-8 (세트)